Rechtsamt
31/519

amortiert
17.01.23

Marschall · Schweinsberg
Eisenbahnkreuzungsgesetz

Marschall · Schweinsberg

Eisenbahnkreuzungsgesetz

Kommentar zum
Gesetz über Kreuzungen von Eisenbahnen und Straßen
zur 1. Verordnung über die Kosten von Maßnahmen
nach dem Eisenbahnkreuzungsgesetz

Begründet von

Ernst A. Marschall
Ministerialdirigent a.D. im Bundesministerium für Verkehr

Bearbeitet von

Ralf Schweinsberg
Ministerialrat im Bundesministerium für Verkehr und Digitale Infrastruktur

Karsten Maas
Regierungsdirektor im Bundesministerium für Verkehr und Digitale Infrastruktur

Dipl.-Ing. (FH) Renate Gerhard
Oberamtsrätin a.D. im Bundesministerium für Verkehr und Digitale Infrastruktur

Dipl.-Ing. (FH) Manfred Rehm
Technischer Oberamtsrat bei der DB Netz AG

6. Auflage

Carl Heymanns Verlag 2018

Zitiervorschlag: Marschall/Schweinsberg, EKrG § ... Rn. ...

Bibliografische Information der Deutschen Nationalbibliothek

Die Deutsche Nationalbibliothek verzeichnet diese Publikation in der Deutschen Nationalbibliografie; detaillierte bibliografische Daten sind im Internet über http://dnb.d-nb.de abrufbar.

ISBN 978-3-452-27706-0

www.wolterskluwer.de
www.heymanns.com

Alle Rechte vorbehalten.
© 2018 Wolters Kluwer GmbH, Luxemburger Straße 449, 50939 Köln.

Das Werk einschließlich aller seiner Teile ist urheberrechtlich geschützt. Jede Verwertung außerhalb der engen Grenzen des Urheberrechtsgesetzes ist ohne Zustimmung des Verlages unzulässig und strafbar. Das gilt insbesondere für Vervielfältigungen, Übersetzungen, Mikroverfilmungen und die Einspeicherung und Verarbeitung in elektronischen Systemen.

Verlag und Autor übernehmen keine Haftung für inhaltliche oder drucktechnische Fehler.

Umschlagkonzeption: Martina Busch, Grafikdesign, Homburg Kirrberg
Satz: WMTP Wendt-Media Text-Processing GmbH, Birkenau
Druck und Weiterverarbeitung: Williams Lea & Tag GmbH, München

Gedruckt auf säurefreiem, alterungsbeständigem und chlorfreiem Papier.

Vorwort

> *»Ein Gesetz kann noch so gut sein,*
> *es wird Ordnung und Wohlfahrt nur bringen,*
> *wenn es von Menschen mit gutem Willen*
> *und verständigem Gemeinsinn angewendet wird.«*
>
> Dipl.-Ing. Karl-Heinz Lemmrich, MdB,
> im Deutschen Bundestag am 16. Mai 1963
> zum Eisenbahnkreuzungsgesetz

Werden neue Eisenbahnkreuzungen errichtet oder Änderungen an vorhandenen Eisenbahnkreuzungen erforderlich, kommt es zwischen den Beteiligten häufig zu unterschiedlichen Auffassungen hinsichtlich der erforderlichen Maßnahmen und der jeweiligen Finanzierungsbeteiligung. Zur Lösung dieser Streitfälle werden regelmäßig Kreuzungsrechtsverfahren vor den Anordnungsbehörden von Bund und Ländern angestrengt und die Verwaltungsgerichte bemüht. Die Erkenntnisse aus diesen Verfahren haben dazu geführt, dass seit dem Erscheinen der 5. Auflage zahlreiche Regelungen zum Eisenbahnkreuzungsrecht konkretisiert, geändert und reformiert worden sind. Der Kommentar einschließlich der Sammlung der hierzu erlassenen Verwaltungsvorschriften sowie der Praxisbeispiele mit Lösungshinweisen ist vor diesem Hintergrund für die jetzige Auflage grundlegend überarbeitet und ergänzt worden, wobei die bewährte Struktur des Werks beibehalten wurde.

Nach wie vor soll der Kommentar in erster Linie eine Hilfe für den Praktiker sein und ihm die Anwendung des Gesetzes erleichtern.

Kommen dann noch guter Wille und verständiger Gemeinsinn hinzu – die Worte von Herrn Dipl.-Ing. Karl-Heinz Lemmrich MdB haben auch nach über 50 Jahren ihre Bedeutung nicht verloren –, sollten die rechtlichen Herausforderungen vieler Eisenbahnkreuzungsmaßnahmen für die Beteiligten beherrschbar bleiben.

Bonn, Februar 2018 *Karsten Maas*

Inhaltsverzeichnis

Vorwort	V
Abkürzungsverzeichnis	XIII
Literaturverzeichnis	XIX

Teil A. Gesetzliche Regelungen	1
1. Gesetz über Kreuzungen von Eisenbahnen und Straßen (Eisenbahnkreuzungsgesetz)	1
2. Gesetz zur Änderung des Gesetzes über Kreuzungen von Eisenbahnen und Straßen (Eisenbahnkreuzungsgesetz)	8
3. Gesetz zur Vereinfachung der Planungsverfahren für Verkehrswege (Planungsvereinfachungsgesetz – PlVereinfG –)	9
4. Gesetz zur Neuordnung des Eisenbahnwesens (Eisenbahnneuordnungsgesetz – ENeuOG –)	10
5. Gesetz zur Änderung des Eisenbahnkreuzungsgesetzes und anderer Gesetze	11
6. Gesetz zur Änderung von wegerechtlichen Vorschriften	12
7. Siebente Zuständigkeitsanpassungsverordnung	13
8. Neunte Zuständigkeitsanpassungsverordnung	14
9. Zehnte Zuständigkeitsanpassungsverordnung	15
10. Verordnung über die Kosten von Maßnahmen nach dem Eisenbahnkreuzungsgesetz (1. Eisenbahnkreuzungsverordnung – 1. EKrV –)	16
11. Erste Verordnung zur Änderung der 1. Eisenbahnkreuzungsverordnung	19
12. Verordnung zur Berechnung von Ablösungsbeträgen nach dem Eisenbahnkreuzungsgesetz, dem Bundesfernstraßengesetz und dem Bundeswasserstraßengesetz (Ablösungsbeträge-Berechnungsverordnung – ABBV)	20

Teil B. Einführung in das Kreuzungsrecht	45
I. Begriffe	45
II. Kreuzungsrechts-Prinzipien	46
1. Das Prioritätsprinzip	46
2. Das Veranlassungsprinzip	47
3. Das Interessenprinzip	49
4. Das Wertigkeitsprinzip	50
5. Das Funktionsprinzip	51
6. Die Kreuzung als Gemeinschaftsanlage	52

Inhaltsverzeichnis

III. Entwicklung des Eisenbahnkreuzungsrechts 53
   1. Regelungen vor 1924 53
   2. Die Regelungen von 1924 und 1930................................. 55
   3. Das Kreuzungsgesetz 1939 56
   4. Das Eisenbahnkreuzungsgesetz 1963................................. 58
   5. Änderung des Eisenbahnkreuzungsgesetzes 1971 69
   6. Planungsvereinfachungsgesetz – PlVereinfG – 71
   7. Eisenbahnneuordnungsgesetz – ENeuOG –............................ 71
   8. Gesetz zur Änderung des Eisenbahnkreuzungsgesetzes und anderer Gesetze ... 72

Teil C

C 1. Erläuterungen zum Gesetz über Kreuzungen von Eisenbahnen und Straßen (Eisenbahnkreuzungsgesetz)............................... 75
   § 1 EKrG [Geltungsbereich].. 75
   § 2 EKrG [Herstellung neuer Kreuzungen].............................. 94
   § 3 EKrG [Änderung oder Beseitigung von Kreuzungen] 105
   § 4 EKrG [Duldungspflicht der Beteiligten]............................. 134
   § 5 EKrG [Regelung durch Vereinbarung] 141
   § 6 EKrG [Antrag auf Kreuzungsrechtsverfahren] 152
   § 7 EKrG [Offizialverfahren] 154
   § 8 EKrG [Zuständige Anordnungsbehörde] 159
   § 9 EKrG [gestrichen].. 165
   § 10 EKrG [Entscheidung der Anordnungsbehörde] 165
   § 11 EKrG [Kostentragung bei neuen Kreuzungen]....................... 176
   § 12 EKrG [Kostentragung bei Änderung von Überführungen] 181
   § 13 EKrG [Kostentragung bei Änderung von Bahnübergängen] 195
   § 14 EKrG [Erhaltungskosten und Betriebskosten] 203
   § 14a EKrG [Einziehung der Straße und Stilllegung der Bahn] 217
   § 15 EKrG [Erstattung und Ablösung von Erhaltungs- und Betriebskosten].... 227
   § 16 EKrG [Ermächtigung zu Rechtsverordnungen] 233
   § 17 EKrG [Zuschüsse]... 237
   § 18 EKrG [Aufsichtsbehörden].. 244
   § 19 EKrG [Übergangsvorschrift] 248
   § 20 EKrG [Aufhebung von Rechtsvorschriften] 272
   § 21 EKrG [Inkrafttreten] 272

C 2. Erläuterungen zur Verordnung über die Kosten von Maßnahmen nach dem Eisenbahnkreuzungsgesetz (1. Eisenbahnkreuzungsverordnung – 1. EKrV –) 273
§ 1 Umfang der Kostenmasse 273
§ 2 Zusammensetzung der Kostenmasse............................... 288
§ 3 Grunderwerbskosten 288
§ 4 Baukosten 291
§ 5 Verwaltungskosten 302
§ 6 Inkrafttreten 306

Teil D. Technische Erläuterungen, Beispiele und Tabellen 307

1. Zu § 2 in Verbindung mit § 11.. 307
    1.1 Zu § 2 Abs. 1: Neue Kreuzungen als Überführungen 307
        1.1.1 Neue Überführungen in neuen Verkehrswegen 307
        1.1.2 Neue Überführungen in vorhandenen Verkehrswegen 309
        1.1.3 Neue Überführung in neuem und gleichzeitig in vorhandenem Verkehrsweg 311
        1.1.4 Neue Überführung über zwei neu angelegte Verkehrswege......... 312
        1.1.5 Neue Überführung außerhalb eines neu angelegten Verkehrsweges.. 314
        1.1.6 Neue Kreuzung mit Tunnel und Darstellung von Folgemaßnahmen 315
        1.1.7 Neue Kreuzungen von Eisenbahnen mit U- und S-Bahnen 316
        1.1.8 Neue Kreuzung durch Nutzung eines anderen Verkehrsträgers 318
        1.1.9 Mitbenutzung nichtöffentlicher Überführungen durch öffentlichen Verkehr 319
    1.2 Zu § 2 Abs. 2: Neue Kreuzungen als Bahnübergänge 320
        1.2.1 Neuer Bahnübergang im Zuge einer Straßenbahn................ 320
        1.2.2 Neuer Bahnübergang zwischen neuem Anschlussgleis und neuer Straße 321
        1.2.3 Neuer Bahnübergang im Zuge einer Ortsumgehung 322
        1.2.4 Neuer Bahnübergang zwischen einer stillgelegten Eisenbahnstrecke und einer neu angelegten Straße 323
    1.3 § 2 Abs. 3: Abgrenzung neue Kreuzung/Änderung einer bestehenden Kreuzung... 324

2. Zu § 3 in Verbindung mit §§ 12, 13 326
   2.1 Allgemeines 326
      2.1.1 Erfordernis 326
      2.1.2 Technische Lösung 328
      2.1.3 Abgrenzung der Kostenmasse und Kostenteilung 332
   2.2. Zu § 3 Nr. 1: Beseitigung von Kreuzungen 334
      2.2.1 Beseitigung eines Bahnüberganges aus kreuzungsbedingten Gründen in Verbindung mit dem Bau einer Ortsumgehungsstraße 334
      2.2.2 Beseitigung eines Doppel-Bahnüberganges aus (teilweise) kreuzungsbedingten Gründen in Verbindung mit der Änderung einer Straßenüberführung 336
      2.2.3 Beseitigung eines Bahnüberganges aus nicht kreuzungsbedingten Gründen 338
   2.3. Zu § 3 Nr. 2: Entlastung von Kreuzungen (Entlastung eines Bahnüberganges und einer Überführung) 339
   2.4. Zu § 3 Nr. 3: Änderung von Bahnübergängen 340
      2.4.1 Ersatz von Bahnübergängen durch Überführungen 340
      2.4.2 Änderung von Bahnübergängen durch Überführungen zusammen mit anderen Bauarbeiten 341
      2.4.3 Ersatz von Bahnübergängen durch Überführungen aus nicht kreuzungsbedingten Gründen 346
   2.5. Zu § 3 Nr. 3: Änderung von Bahnübergängen durch erstmalige Einrichtung/Verbesserung der technischen Sicherungen 349
      2.5.1 Erstmalige technische Sicherungen an Bahnübergängen 349
      2.5.2 Ergänzungen, Verbesserungen und Automatisierung der Bahnübergangssicherungen 349
   2.6. Zu § 3 Nr. 3: Änderung von Bahnübergängen in sonstiger Weise 353
      2.6.1 Bauliche Änderungen an Bahnübergängen 353
      2.6.2 Kostenmasse 354
   2.7 Zu § 3 Nr. 3: Änderung von Überführungen 355
      2.7.1 Änderung von Straßenüberführungen 355
      2.7.2 Änderung von Eisenbahnüberführungen 359
   2.8 Zu § 13 Abs. 1: Kostenregelung bei Maßnahmen an Bahnübergängen 367

3. Zu § 14a Einziehung einer Straße – Betriebseinstellung einer Eisenbahn (Stilllegung nach § 11 AEG) 368

Inhaltsverzeichnis

Teil E.	Anhang	371
E 1.	Hinweise des BMV zum EKrG vom 11. November 1963	371
E 2.	Hinweise des BMV vom 9. September 1964 zur 1. EKrV	376
E 3.	Richtlinien für die Planung, Baudurchführung und Abrechnung von Maßnahmen nach dem Eisenbahnkreuzungsgesetz	377
E 4.	Richtlinie über das Verfahren nach dem Gesetz über Kreuzungen von Eisenbahnen und Straßen bei Zuständigkeit des Bundesministeriums für Verkehr, Bau- und Wohnungswesen – EKrG Richtlinie 2000	387
E 5.	Muster für Vereinbarungen über Eisenbahnkreuzungsmaßnahmen gemäß §§ 5, 11, 12, 13 des EKrG	398
E 6.	Richtlinien zur Ermittlung und Aufteilung der Kostenmasse bei Kreuzungsmaßnahmen	429
E 7.	Vereinfachte Ermittlung der Kostenteilung bei Baumaßnahmen nach § 12 Nr. 2 EKrG und § 41 Abs. 5 WaStrG	438
E 8.	Vereinfachte Ermittlung der Kostenteilung bei Baumaßnahmen nach § 12 Nr. 2 EKrG und § 41 Abs. 5 WaStrG, Ergänzungsschreiben	446
E 9.	Richtlinie für Entwurf und Ausbildung von Brückenbauwerken an Kreuzungen zwischen Strecken einer Eisenbahn des Bundes und Bundesfernstraßen	447
E 10.	Richtlinien und Erläuterungen zu den Richtlinien für die Berechnung der Ablösungsbeträge der Erhaltungskosten für Brücken und sonstige Ingenieurbauwerke – Ablösungsrichtlinien 1980 –	456
E 11.	Richtlinie zur Anwendung der Verordnung zur Berechnung von Ablösungsbeträgen nach dem Eisenbahnkreuzungsgesetz, dem Bundesfernstraßengesetz und dem Bundeswasserstraßengesetz – ABBV-Richtlinien –	457
E 12.	DIN 1076; Ingenieurbauwerke im Zuge von Straßen und Wegen; Überwachung und Prüfung	523
E 13.	Richtlinien zur einheitlichen Erfassung, Bewertung, Aufzeichnung und Auswertung von Ergebnissen der Bauwerksprüfung nach DIN 1076 (RI-EBW-PRÜF)	527
E 14.	Berechnung von Baukosten (Personalkosten/Eigenleistungen) gem. § 4 Abs. 2 1. EKrV	530
E 15.	Richtlinien für die Benutzung der Bundesfernstraßen in der Baulast des Bundes (Nutzungsrichtlinien)	541
E 16.	Bundeswasserstraßengesetz	544
E 17.	Allgemeines Eisenbahngesetz (AEG)	548
E 18.	Eisenbahn-Bau- und Betriebsordnung (EBO)	567
E 19.	Verordnung über den Bau und Betrieb der Straßenbahnen (BOStrab)	573

E 20. Gesetz über Kreuzungen von Eisenbahnen und Straßen vom
4. Juli 1939 576
E 21. Gesetz über Kreuzungen von Eisenbahnen und Straßen (Eisenbahnkreuzungsgesetz) – Stand 1971 –............................... 581
E 22. Bundeshaushaltsordnung (BHO) 582
E 23. Hinweis des BMVI zur Umsatzsteuer bei Maßnahmen nach
§§ 3, 13 EKrG 583
E 24. Hinweise des BMVI zu Mitwirkung, Übertragung von Planungs- und Verwaltungsleistungen, Abgrenzung Verwaltungs- und
Baukosten 589

Stichwortverzeichnis... 607

Abkürzungsverzeichnis

a.a.O.	am angegebenen Ort
Abg.	Abgeordneter
ABl.	Amtsblatt
AllgBergG	Allgemeines Berggesetz für die Preußischen Staaten vom 24. Juni 1865 (GS S. 705)
AllgEisenbahnG	Allgemeines Eisenbahngesetz vom 27. Dezember 1993 (BGBl. I S. 2378 ff.), zuletzt geändert durch Gesetz vom 26. August 1998 (BGBl. I S. 2521)
Anh.	Anhang – Teil E des Kommentars
Anm.	Anmerkung in der Kommentierung
a.M.	andere Meinung
AÖR	Archiv für öffentliches Recht
ARS	Allgemeines Rundschreiben Straßenbau
Art.	Artikel
AVV	Allgemeine Verwaltungsvorschriften
AVVFStr.	Allgemeine Verwaltungsvorschriften für die Bundesfernstraßen vom 3. Juli 1951 (BAnz. Nr. 132) und vom 11. Februar 1956 (BAnz. Nr. 38)
BauNVO	Baunutzungsverordnung
Bay	Bayern
BayBgm	Zeitschrift Bayerischer Bürgermeister
BayStrWG	Bay. Straßen- und Wegegesetz
BayVerwBl.	Bay. Verwaltungsblätter
BayVGH	Bay. Verwaltungsgerichtshof
BB	Betriebsberater
Bbg-StrG	Brandenburgisches Straßengesetz
BGBl.	Bundesgesetzblatt
BGH	Bundesgerichtshof
BHO	Bundeshaushaltsordnung vom 19. Oktober 1969 (BGBl. I S. 1284), zuletzt geändert durch Gesetz vom 2. Mai 1996 (BGBl. I S. 656)
16. BImSchV	16. Verordnung zur Durchführung des Bundes-Immissionsschutzgesetzes (Verkehrslärmschutzverordnung)
BImSchG	Bundesimmissionsschutzgesetz in der Fassung der Bekanntmachung vom 14. Mai 1990, zuletzt geändert durch Art. 1 Gesetz zur Beschleunigung und Vereinfachung immissionsschutzrechtlicher Genehmigungsverfahren vom 9. Oktober 1996 (BGBl. I S. 1498)
BlnStrG	Berliner Straßengesetz
BMF	Bundesminister der Finanzen
BMI	Bundesminister des Innern
BMJ	Bundesminister der Justiz
BMV	Bundesminister für Verkehr
BOStrab	Verordnung über den Bau und Betrieb der Straßenbahnen v. 11. Dezember 1987 (BGBl. I S. 2648)

Abkürzungsverzeichnis

BR	Bundesrat
BremLStrG	Bremisches Landesstraßengesetz
BT	Bundestag
Bundesbahn	Zeitschrift »Die Bundesbahn«
BVerfG	Bundesverfassungsgericht
BVerwG	Bundesverwaltungsgericht
BVerwGE	Entscheidungssammlung des Bundesverwaltungsgerichtes
BW	Baden-Württemberg
DAR	Deutsches Autorecht
DB	Deutsche Bundesbahn
DB	AG Deutsche Bahn Aktiengesellschaft
DIN	Deutsche Industrie-Norm
DÖV	Die öffentliche Verwaltung
Drucks.	Drucksache
DR	Deutsche Reichsbahn
DVBl.	Deutsches Verwaltungsblatt
E	Erlaß oder Entscheidung
EBO	Eisenbahnbau- und Betriebsordnung vom 8. Mai 1967 (BGBl. II S. 1563), zuletzt geändert durch Gesetz zur Neuordnung des Eisenbahnwesens vom 27. Dezember 1993 (BGBl. I S. 2378, 2423)
EdB	Eisenbahn des Bundes
Entw.	Entwurf
EnteignG	Preussisches Enteignungsgesetz vom 11. Juni 1874 (GS S. 221)
EKrÄndG	Gesetz zur Änderung des Gesetzes über Kreuzungen von Eisenbahnen und Straßen (Eisenbahnkreuzungsgesetz) vom 8. März 1971 (BGBl. I S. 167)
EKrG	Gesetz über Kreuzungen von Eisenbahnen und Straßen vom 14. August 1963 (BGBl. I S. 681) in der Bekanntmachung vom 21. März 1971 (BGBl. I S. 337); zuletzt geändert durch Gesetz zur Änderung des Eisenbahnkreuzungsgesetzes und anderer Gesetze vom 9. September 1998 (BGBl. I S. 2858)
FStrG	Bundesfernstraßengesetz in der Fassung der Bekanntmachung vom 19. April 1994 (BGBl. I S. 854), geändert durch Gesetz vom 18. Juni 1996 (BGBl. I S. 1452)
Germershausen	I Wegerecht und Wegeverwaltung in Preußen, Band I Carl Heymanns Verlag 1932, Nachdruck 1953
Germershausen	II Wegerecht und Wegeverwaltung in Preußen, Band II Carl Heymanns Verlag 1932
Germershausen-Marschall	II Wegerecht und Wegeverwaltung in der Bundesrepublik Deutschland und deren Länder, Band II Carl Heymanns Verlag 1961
GG	Grundgesetz für die Bundesrepublik Deutschland vom 23. Mai 1949 (BGBl. I S. 1); zuletzt geändert durch Gesetz zur Änderung des GG vom 3. Novmber 1995 (BGBl. I S. 1492)

Abkürzungsverzeichnis

GS		Gesetzessammlung
GVBl.		Gesetz- und Verordnungsblatt
GVFG		Gemeindeverkehrsfinanzierungsgesetz in der Fassung der Bekanntmachung vom 28. Januar 1988 (BGBl. I S. 100); zuletzt geändert durch Gesetz zur Änderung des Eisenbahnkreuzungsgesetzes und anderer Gesetze vom 9. September 1998 (BGBl. I S. 2858)
He.		Hessen
HeStrG		Hessisches Straßengesetz
HeVGH		Hessischer Verwaltungsgerichtshof
Hbg.		Hamburg
HVB		Hauptverwaltung der Deutschen Bundesbahn
HWG		Hamburgisches Wegegesetz
IntArch-Verkwesen		Internationales Archiv für Verkehrswesen
IMG		Investitionsmaßnahmegesetz über den Bau der »Südumfahrung Stendal« vom 29. Oktober 1993
KrG		Gesetz über Kreuzungen von Eisenbahnen und Straßen vom 4. Juli 1939 (RGBl. I S. 1211)
L I O		Landstraßen erster Ordnung
L II O		Landstraßen zweiter Ordnung
LHO		Landeshaushaltsordnung
LStrG-RP		Landesstraßengesetz Rheinland-Pfalz
MABl.		Ministerialamtsblatt
MDR		Monatsschrift für Deutsches Recht
MinBlFin.		Ministerialblatt des Bundesfinanzministeriums
NE		Nichtbundeseigene Eisenbahnen
N		Niedersachsen
NStrG		Niedersächsisches Straßengesetz
NW		Nordrhein-Westfalen
OLG		Oberlandesgericht
OVG		Oberverwaltungsgericht
PBefG		Personenbeförderungsgesetz in der Fassung der Bekanntmachung vom 8. August 1990; zuletzt geändert durch Art. 6 Abs. 116 Eisenbahnneuordnungsgesetz vom 27. Dezember 1993 (BGBl. I S. 2378)
PlVereinfG		Gesetz zur Vereinfachung der Planungsverfahren für Verkehrswege vom 17. Dezember 1993 (BGBl. I S. 2123)
PrEisenbahnG		Gesetz über die Eisenbahnunternehmungen vom 3. November 1838 (GS S. 505)

Abkürzungsverzeichnis

RAL	Richtlinien für den Ausbau von Landstraßen
RAnz.	Reichsanzeiger
RbG	Reichsbahngesetz
RdErl.-RE	Runderlaß
Rdn.	Randnummer im Werk
RGBl.	Reichsgesetzblatt
Reichsbahn	Zeitschrift »Die Reichsbahn«
RGZ	Reichsgericht in Zivilsachen
RHO	Reichshaushaltsordnung
Rn.	Randnummer
RP	Rheinland-Pfalz
RRO	Rechnungslegungsordnung für das Reich
RS	Rundschreiben
RVM	Reichsverkehrsministerium
S	Schreiben
SaarlStrG	Saarländisches Straßengesetz
SächsStrG	Sächsisches Straßengesetz
SH	Schleswig-Holstein
Städtetag	Zeitschrift »Städtetag«
StrAutobahn	Straße und Autobahn (Zeitschrift)
StrNRegG	Gesetz über die einstweilige Neuregelung des Straßenwesens und der Straßenverwaltung vom 26. März 1934 (RGBl. I S. 24)
StrG-BW	Landesstraßengesetz für Baden-Württemberg
StrWG-MV	Straßen- und Wegegesetz des Landes Mecklenburg-Vorpommern
StrWG-NW	Straßen- und Wegegesetz des Landes Nordrhein-Westfalen
StrG-LSA	Straßengesetz für das Land Sachsen-Anhalt
StrWG-SH	Straßen- und Wegegesetz des Landes Schleswig-Holstein
StVG	Straßenverkehrsgesetz vom 19. Dezember 1952 (BGBl. I S. 837); zuletzt geändert durch Gesetz zur Neuordnung des Postwesens und der Telekommunikation vom 14. September 1994 (BGBl. I S. 2325)
StVO	Straßenverkehrsordnung vom 16. November 1970 (BGBl. I S. 1565); zuletzt geändert durch Verordnung vom 14. Februar 1996 (BGBl. I S. 216)
TKG	Telekommunikationsgesetz vom 25. Juli 1996 (BGBl. I S. 1120)
Techn. Erl.	Technische Erläuterungen, Beispiele und Tabellen – Teil D des Kommentars
ThürStrG	Thüringer Straßengesetz
VG	Verwaltungsgericht
VGH	Verwaltungsgerichtshof
VkBl.	Verkehrsblatt, Amtsblatt des BMV
Vorl.	VV-BHO Vorläufige Verwaltungsvorschriften zur Bundeshaushaltsordnung
VRS	Verkehrsrechtssammlung

Abkürzungsverzeichnis

VwGO	Verwaltungsgerichtsordnung in der Fassung der Bekanntmachung vom 19. März 1991; zuletzt geändert durch Art. 1 Sechstes Gesetz zur Änderung der VwGO und anderer Gesetze vom 1. November 1996 (BGBl. I S. 1626)
VwVfG	Verwaltungsverfahrensgesetz vom 25. Mai 1976; zuletzt geändert durch Art. 1 Genehmigungsverfahrensbeschleunigungsgesetz vom 12. September 1996 (BGBl. I S. 1354)
WaStrG	Bundeswasserstraßengesetz in der Fassung der Bekanntmachung vom 23. August 1990; zuletzt geändert durch Art. 4 Ausführungsgesetz Seerechtsübereinkommen 1982/1994 vom 6. Juni 1995 (BGBl. I S. 778)
ZTV-K	Zusätzliche Technische Vereinbarungen für den Konstruktiven Ingenieurbau
ZVDEV	Zeitschrift des Deutschen Eisenbahnvereins

Literaturverzeichnis

Achterberg	Das Verhältnis der bundesbahnrechtlichen Planfeststellung zur vorläufigen Feststellung des Enteignungsplanes nach preußischem Recht (DÖV 1960 S. 166)
Blümel	Die Bauplanfeststellung I (Kohlhammer Verlag 1961 S. 195 ff.)
Böhmer	Bahnen im Verkehrsraum einer öffentlichen Straße (MDR 1961 S. 473)
Böhmer	Erhöht das Fehlen von Bahnschranken stets die Eisenbahngefahr? (MDR 1964, S. 633)
Bosch	Die technische und wirtschaftliche Bedeutung des EKrG von 1963 (Bundesbahn, 7. Beiheft, S. 15)
Bosch	Die Bahnübergänge und der Generalverkehrsplan für das Land Nordrhein-Westfalen (Bundesbahn 1966, S. 436)
Bosch	Drei Jahre Eisenbahnkreuzungsgesetz (Eisenbahntechnische Rundschau 1966, S. 454)
Bosch	Kreuzungen zwischen Schiene und Straße auf Schnellfahrstrecken (Bundesbahn 1966, S. 134)
Brandt	Das Wichtigste vom neuen Eisenbahnkreuzungsgesetz (Der Eisenbahningenieur 1965, S. 232)
Busch	Gedanken zur Reform des Eisenbahnkreuzungsrechts (Bundesbahn 1952, S. 694)
Charitius	Zum Eisenbahnwegerecht (ZVDV 1929, S. 905)
Cisielski	Anfahrsichere Stützen bei Eisenbahnbrücken (Bundesbahn 1963, S. 796)
Dyroff	BayVerwGG Art. 8 Ziff. 34 Anm. 13
Engert	Das Veranlassungsprinzip bei der Kreuzung öffentlicher Straßen durch Energiefernleitungen (NJW 1964, S. 1550)
Felsch	Kosten der Änderungen an Wegekreuzungen mit Reichsbahnanlagen (RVBl. 1936, S. 157)
Finger	Bahnkreuzungsrecht (VAE 1942, S. 82)
Finger	Die Kreuzungen von Schienenbahnen mit anderen Verkehrswegen (Archiv f. Eisenbahnwesen 1942, S. 357)
Finger	Das Eisenbahnkreuzungsgesetz (Flügelrad 1964, S. 4)
Forsthoff	Die Kostenlast bei der Wiederherstellung kriegszerstörter Kreuzungsanlagen von Schiene und Straße (DÖV 1955, S. 97)
Freise	Auswirkungen des Verwaltungsverfahrensgesetzes auf die Planfeststellung von Bundesbahnanlagen (Die Bundesbahn 1977, Hefte 6 u. 7)
Friesecke	Recht der Bundeswasserstraßen, 6. neubearbeitete Auflage, Carl Heymanns Verlag 2009

Literaturverzeichnis

Fritsch	Eisenbahngesetzgebung, 3. Auflage S. 46 Anm. 153 und S. 86 ff.
Fritsch	Kreuzungen der Reichsbahn mit öffentlichen Wegen (Ztg. d. Vereins mitteleurop. Eisenbahnverwaltungen 1933, S. 733)
Genrich	Gesetz über Kreuzungen von Eisenbahnen und Straßen (Bahningenieur 1939, S. 671)
Genrich u. Vogel	Das Gesetz über Kreuzungen von Eisenbahnen und Straßen (Reichsbahn 1939, S. 704)
Germershausen-Seydel	Wegerecht und Wegeverwaltung in Preußen (I. Band, S. 347 ff.)
Goes	Die Baulastverteilung bei Verkehrskreuzungen (Diss. Tübingen 1955)
Grewe	Die Wiederherstellung kriegszerstörter Kreuzungsbauwerke (AÖR Bd. 74, S. 393)
Hacker	Dritter Partner – der Staat – Zum Entwurf eines Eisenbahnkreuzungsgesetzes (Der Landkreis 1962, S. 119)
Heilfron	Die Reichsbahnkreuzungen (Egers Entscheidungen und Abhandlungen Band 48, S. 197)
Heinze	Neuere Rechtsprechung zum Eisenbahnkreuzungsgesetz NVwZ 1983, S. 261 ff.
Hufnagel	Das Eisenbahngesetz 1957 der Republik Österreich (Archiv für Eisenbahnwesen 1959, S. 183)
Hunziker	Die Kostenverteilung für Kreuzungen von Bahnen und öffentlichen Straßen (Schweizer Recht) (Straßen und Verkehr 1951, S. 53)
Kahr	Bay. Gemeinde-Ordnung Bd. II, S. 560
Illing-Kautz	Handbuch für Verwaltung und Wirtschaft 11. Aufl., Bd. 3, S. 845
Kersten	Gehören Betriebserschwernisse der Bahn zu den Kreuzungskosten? (BayVBl. 1970, S. 54)
Kersten	Anmerkung zum Urteil des BVerwG vom 18. September 1987 – 4C 24.84, Bay VBl. 1988, S. 276 ff.
v. Kienitz	Die rechtliche Lage der Reichsbahn gegenüber dem Nachbarn in Gruchots »Beiträge zur Erläuterung des deutschen Rechts« 1931, S. 488, 502
Kiesow	Wesentliche Änderung einer Kreuzung (DÖV 1967, S. 404)
Knack	Verwaltungsverfahrensgesetz
Koch	Über die Grundlagen und Bedeutung des öffentlichen Eisenbahn-Sachenrechts in der Schriftenreihe Die Bundesbahn Folge 3, S. 48
Koch	Die Rechtslage bei der Beseitigung von Brückentrümmern aus öffentlichen Wasserläufen (Bundesbahn 1950, S. 578)

Literaturverzeichnis

Koch	Die Kosten beim Wiederaufbau kriegszerstörter Straßenüberführungen über Eisenbahnanlagen (Bundesbahn 1950, S. 386)
Koch	Die Neuregelung des Kreuzungsrechtes zwischen Eisenbahnen und anderen öffentlichen Verkehrswegen (AÖR 1952 Bd. 78, S. 63)
Koch	Die öffentlichen Sachen der Eisenbahnen im Hinblick auf die herrschende Verwaltungslehre (Die Eisenbahnen im öffentlichen Recht – Archiv für Eisenbahnwesen 1960, S. 258)
Kodal	Der Übergang der Unterhaltungslast an Kreuzungen zwischen Eisenbahnen und Straßen bei »wesentlichen Änderungen und Ergänzungen« (DÖV 1956, S. 38)
Kodal	Streiflichter zum Kreuzungsgesetz (Autobahn und Straße 1959, S. 104, 196)
Kodal	Neuordnung des Eisenbahnkreuzungsrechts (Str. u. Autobahn 1960, S. 271)
Kodal	Straßenrecht, 7. vollständig überarbeitete Auflage, Verlag C. H. Beck
Kremer	Die Rechtsstellung der Anschlußbahnen nach dem neuen EKrG (Betrieb 1963, S. 1754)
Kreuzer	Kostentragung bei der Änderung höhenfreier Straßenkreuzungen, Bay VBl. 1984, S. 7 ff.
Kruchen	Der Marschallsche Kommentar zum Eisenbahn-Kreuzungsgesetz (Bundesbahn 1964 Heft 5/6)
Kruchen	Zur Geschichte und den Grundzügen des Eisenbahnkreuzungsgesetzes (Bundesbahn, 7. Beiheft 1963, S. 3)
Kruchen	Rechtsfragen nach der dauernden Einstellung des Betriebs bundesbahneigener Schienenbahnen (Bundesbahn 1967, Heft 5, S. 181)
Lange	Zum Übergang der Unterhaltungslast an Kreuzungen zwischen Eisenbahnen und Straßen bei »wesentlichen Änderungen« i.S. des § 19 Abs. 1 S. 2 EKrG (DÖV 1966, S. 450)
Lemhöfer	Das neue Eisenbahnkreuzungsgesetz vom 14. August 1963 (DÖV 1964, S. 476)
Leuenburg	Das neue Eisenbahnkreuzungsgesetz (Der Landkreis 1964, S. 21)
List	Über die allgemeinen Rechtsgrundlagen eines Eisenbahnkreuzungsrechts (IntArch Verkwesen 1951, S. 443)
Löhr	Das Eisenbahnwegerecht in Bayern r.d. Rh. (Bl. 45, S. 193 ff., 225 ff.)
v. d. Lühne	Die Rechtsverhältnisse an Kreuzungen von Reichsbahnlinien und Straßen (RVBl. 1933, Bd. 54, S. 65)

Literaturverzeichnis

Marschall	Pflicht zur Kostentragung für die Wiederherstellung der durch Kriegseinwirkung zerstörten öffentlichen Brücken (DÖV 1949, S. 426)
Marschall	Die Pflicht zur Beseitigung von Trümmern kriegsbeschädigter Brücken (DÖV 1950, S. 449)
Marschall	Anm. zum Urteil des VG Wiesbaden vom 11. Oktober 1949 und zum Urteil des VGH Hessen vom 21. Juli 1950 (DÖV 1950, S. 312, 654)
Marschall	Das Recht der Straßenkreuzungen (Bl. für Grundstücks-, Bau- und Wohnungsrecht 1962, S. 324)
Marschall	Das neue Eisenbahnkreuzungsgesetz (Bl. für Grundstücks-, Bau- und Wohnungsrecht 1963, S. 369)
Marschall	Straßenbau im neuen Eisenbahnkreuzungsgesetz (Str. u. Autobahn 1963, S. 463)
Marschall	Die Straßenbahnen im neuen Eisenbahnkreuzungsgesetz (Der Personenverkehr 1964, S. 31)
Marschall	Bundesfernstraßengesetz 6. Auflage
Maschke	Kostenaufteilung bei Kreuzungen von Eisenbahnen und Straßen (Österr. Recht) (Verkehrsrecht, Wien Nr. 7 1962, S. 169)
Mayer Otto	Eisenbahn und Wegerecht (AÖR Bd 15, S. 511, Bd. 16, S. 38, 203)
Mayer Rich.	Zur Rechtslage am Sichtdreieck von Bahnübergängen (Bundesbahn 1951, S. 309)
Mayer Rich.	Der tatsächlich öffentliche Weg im Bay. Eisenbahnwegerecht (BayVerwBl. 1930, S. 225)
Mayer Rich.	Wegebaurecht und Eisenbahn (Der Eisenbahner Teil A 1950 S. 259)
Moses	Planung und Finanzierung besserer Straßen – Beseitigung von schienengleichen Bahnübergängen, ein besonderes Problem (Preisausschreiben 1953 der General Motors, Detroit/USA)
Nedden	Kreuzungsrecht, Carl Heymanns Verlag 1968
Ottmann	Eisenbahn- und Wegerecht (ZVDEV 1925, S. 876)
Ottmann	Anpassung der Eisenbahnen an Strukturänderungen (IntArchVerkwesen 1957, S. 46)
Ottmann	Schienenwege und schienenlose Wege als öffentliche Sachen (Archiv für Eisenbahnwesen 1961, S. 331)
Ottmann	Das Eisenbahnkreuzungsgesetz vom 14. August 1963 (Archiv für Eisenbahnwesen 1964, S. 241)
Palandt	Bürgerliches Gesetzbuch, 76. Auflage 2017
Peters-Salzwedel	Die Kostenverteilung zwischen Straßenbaulastträgern und öffentlichen Verkehrsunternehmen Berlin 1960 (Erich Schmidt-Verlag)

Literaturverzeichnis

Preiss	Die Befugnisse der Wegeaufsichtsbehörden gegenüber der Deutschen Reichsbahn (Archiv für Eisenbahnwesen 1939, S. 603)
Radecke-Rehling	in Haustein, Die Eisenbahnen im öffentlichen Recht, 1960 (S. 376, 408)
Rein	Zum Übergang der Unterhaltungslast an Kreuzungen zwischen Eisenbahnen und Straßen bei »wesentlichen Änderungen« i.S. des § 19 Abs. 1 S. 2 EKrG (DÖV 1966, S. 453)
Sarter-Kittel	Die Deutsche Reichsbahngesellschaft 3. Aufl (zu § 39 S. 115)
Sarter-Kittel	Die Bundesbahn, Frankfurt/M. 1952, S. 256 ff.
Schattenmann	Gesetz über Kreuzungen von Eisenbahnen und Straßen (Straße 1939, S. 491)
Schroeter	Die Verordnung über die Kosten von Maßnahmen nach dem Eisenbahnkreuzungsgesetz (Str. u. Autobahn 1965, S. 174)
Sperber	Kreuzungen von Eisenbahnen und Straßen (VAE 1939, S. 312)
Standfuß-Klein-Windlinger	StrAutobahn 1979, S. 490, Neue Richtlinien für die Berechnung der Ablösebeträge der Erhaltungskosten für Brücken und sonstige Ingenieurbauwerke
Ter-Nedden	Über die allgemeinen Rechtsgrundlagen eines Eisenbahn-Kreuzungsrechts (IntArchiv f. Verkehrswesen 1952, S. 110)
Ter-Nedden	Gedanken zur Reform des Eisenbahnkreuzungsgesetzes (Bundesbahn 1952, S. 798)
Thoma	Kommentar zur Eisenbahnbau- und -betriebsordnung, Hestra-Verlag Darmstadt, 2. Auflage 1994
Thormann	Das neue Eisenbahnkreuzungsgesetz (Städtetag 1964, S. 104)
Thormann	Die Gemeinden und das Eisenbahnkreuzungsgesetz (Städtetag 1966, S. 578)
Wachtel	Zur Auslegung des § 39 des Reichsbahngesetzes (Reichsbahn 1933, S. 985)
Wachtel	Die Rechtswirkungen des § 39 des RbG gegenüber alten Verträgen und öffentlich-rechtlichen Auflagen (Reichsbahn 1934, S. 218)
Wachtel	Beschränkungen des Prioritätsprinzips bei Kreuzungen der Eisenbahn mit Straßen und Wegen (Reichsbahn 1949, S. 169)
Wahl	Anm. zum Urteil des HeVGH vom 21. Juli 1950 (DÖV 1950, S. 658)
Weckesser	Die Ablösung von öffentlich-rechtlichen Bau- und Erhaltungslasten nach dem EKrG (Str. und Tiefbau 1967, S. 91, 206)

Literaturverzeichnis

Weigelt	Streiflichter zum Problem Schiene-Straße (DAR 1955, S. 247)
Wendrich	Das 2. Gesetz zur Änderung des FStrG (2. FStrÄndG) (DVBl. 1974, S. 756)
Wesemann	Das neue Eisenbahnkreuzungsrecht (Bundesbahn 1963, S. 1452)
Wienbeck	Die »wesentliche Änderung« einer Kreuzung im Eisenbahnkreuzungsrecht (DÖV 1968, S. 202)
Winkler	Die Bedeutung des Privateigentums bei öffentlichen Sachen, insbesondere beim Zusammentreffen öffentlicher Verkehrswege (Schriftenreihe Die Bundesbahn Folge 7, 1955, S. 41 ff.)
Winter	Rechtsfragen im Rahmen der Elektrifizierung der Bundesbahnstrecken (Bundesbahn 1957, S. 959)
Wunschel	Zur Kostenverteilung in einem neuen Kreuzungsgesetz (Städtetag 1960, S. 183)
Zeitler	Bayerisches Straßen- und Wegegesetz, Loseblattkommentar, München

Teil A. Gesetzliche Regelungen

1. Gesetz über Kreuzungen von Eisenbahnen und Straßen (Eisenbahnkreuzungsgesetz)

Vom 14. August 1963 (BGBl. I S. 681) in der Fassung vom 8. März 1971 (BGBl. I S. 167) und vom 21. März 1971 (BGBl. I S. 337),
- § 9 aufgehoben durch Artikel 6 Planungsvereinfachungsgesetz vom 17. Dezember 1993 (BGBl. I S. 2123, 2134);
- §§ 8, 13, und 19 geändert durch Artikel 6 Abs. 106 Eisenbahnneuordnungsgesetz vom 27. Dezember 1993 (BGBl. I S. 2378, 2417);
- § 19 geändert durch Artikel 1 Gesetz zur Änderung des Eisenbahnkreuzungsgesetzes und anderer Gesetze vom 9. September 1998 (BGBl. I S. 2858);
- §§ 5, 8 und 16 geändert durch Artikel 236 siebente Zuständigkeitsanpassungs-Verordnung vom 29. Oktober 2001 (BGBl. I S. 2785, 2837);
- §§ 14a und 16 geändert durch Artikel 2 Gesetz zur Änderung von wegerechtlichen Vorschriften vom 22. April 2005 (BGBl. I S. 1128, 1137);
- §§ 5, 8 und 16 geändert durch Artikel 281 neunte Zuständigkeitsanpassungsverordnung vom 31. Oktober 2006 (BGBl. I S. 2407, 2444).
- §§ 5, 8, 16 geändert durch Artikel 462 der Zehnten Zuständigkeitsanpassungsverordnung vom 31.08.2015 (BGBl. I S. 1474).

Der Bundestag hat mit Zustimmung des Bundesrates das folgende Gesetz beschlossen:

§ 1 EKrG

(1) Dieses Gesetz gilt für Kreuzungen von Eisenbahnen und Straßen.

(2) Kreuzungen sind entweder höhengleich (Bahnübergänge) oder nicht höhengleich (Überführungen).

(3) Eisenbahnen im Sinne dieses Gesetzes sind die Eisenbahnen, die dem öffentlichen Verkehr dienen, sowie die Eisenbahnen, die nicht dem öffentlichen Verkehr dienen, wenn die Betriebsmittel auf Eisenbahnen des öffentlichen Verkehrs übergehen können (Anschlußbahnen), und ferner die den Anschlußbahnen gleichgestellten Eisenbahnen.

(4) Straßen im Sinne dieses Gesetzes sind die öffentlichen Straßen, Wege und Plätze.

(5) Straßenbahnen, die nicht im Verkehrsraum einer öffentlichen Straße liegen, werden, wenn sie Eisenbahnen kreuzen, wie Straßen, wenn sie Straßen kreuzen, wie Eisenbahnen behandelt.

(6) Beteiligte an einer Kreuzung sind das Unternehmen, das die Baulast des Schienenweges der kreuzenden Eisenbahn trägt, und der Träger der Baulast der kreuzenden Straße.

§ 2 EKrG

(1) Neue Kreuzungen von Eisenbahnen und Straßen, die nach der Beschaffenheit ihrer Fahrbahn geeignet und dazu bestimmt sind, einen allgemeinen Kraftfahrzeugverkehr aufzunehmen, sind als Überführungen herzustellen.

(2) In Einzelfällen, insbesondere bei schwachem Verkehr, kann die Anordnungsbehörde Ausnahmen zulassen. Dabei kann angeordnet werden, welche Sicherungsmaßnahmen an der Kreuzung mindestens zu treffen sind.

(3) Eine Kreuzung im Sinne des Absatzes 1 ist neu, wenn einer der beiden Verkehrswege oder beide Verkehrswege neu angelegt werden.

§ 3 EKrG

Wenn und soweit es die Sicherheit oder die Abwicklung des Verkehrs unter Berücksichtigung der übersehbaren Verkehrsentwicklung erfordert, sind nach Maßgabe der Vereinbarung der Beteiligten (§ 5) oder der Anordnung im Kreuzungsrechtsverfahren (§§ 6 und 7) Kreuzungen
1. zu beseitigen oder
2. durch Baumaßnahmen, die den Verkehr an der Kreuzung vermindern, zu entlasten oder
3. durch den Bau von Überführungen, durch die Einrichtung technischer Sicherungen, insbesondere von Schranken oder Lichtsignalen, durch die Herstellung von Sichtflächen an Bahnübergängen, die nicht technisch gesichert sind, oder in sonstiger Weise zu ändern.

§ 4 EKrG

(1) Erfordert die Linienführung einer zu bauenden Straße oder Eisenbahn eine Kreuzung, so hat der andere Beteiligte die neue Kreuzungsanlage zu dulden. Seine verkehrlichen und betrieblichen Belange sind angemessen zu berücksichtigen.

(2) Ist eine Kreuzungsanlage durch eine Maßnahme nach § 3 zu ändern, so haben die Beteiligten die Änderung zu dulden. Ihre verkehrlichen und betrieblichen Belange sind angemessen zu berücksichtigen.

§ 5 EKrG

(1) Über Art, Umfang und Durchführung einer nach § 2 oder § 3 durchzuführenden Maßnahme sowie über die Verteilung der Kosten sollen die Beteiligten eine Vereinbarung treffen. Sehen die Beteiligten vor, daß Bund oder Land nach Maßgabe des § 13 Abs. 1 Satz 2 zu den Kosten beitragen, ohne an der Kreuzung als Straßenbaulastträger beteiligt zu sein, so bedarf die Vereinbarung insoweit der Genehmi-

gung. Die Genehmigung erteilt für den Bund das Bundesministerium für Verkehr und digitale Infrastruktur, für das Land die von der Landesregierung bestimmte Behörde. In Fällen geringer finanzieller Bedeutung kann auf die Genehmigung verzichtet werden.

(2) Einer Vereinbarung nach Absatz 1 bedarf es nicht, wenn sich ein Beteiligter oder ein Dritter bereit erklärt, die Kosten für die Änderung oder Beseitigung eines Bahnübergangs nach § 3 abweichend von den Vorschriften dieses Gesetzes allein zu tragen, und für die Maßnahme ein Planfeststellungsverfahren durchgeführt wird.

§ 6 EKrG

Kommt eine Vereinbarung nicht zustande, so kann jeder Beteiligte eine Anordnung im Kreuzungsrechtverfahren beantragen.

§ 7 EKrG

Die Anordnungsbehörde kann das Kreuzungsrechtverfahren auch ohne Antrag einleiten, wenn die Sicherheit oder die Abwicklung des Verkehrs eine Maßnahme erfordert. Sie kann verlangen, daß die Beteiligten Pläne für Maßnahmen nach § 3 vorlegen.

§ 8 EKrG

(1) Wenn an der Kreuzung ein Schienenweg einer Eisenbahn des Bundes beteiligt ist, entscheidet als Anordnungsbehörde das Bundesministerium für Verkehr und digitale Infrastruktur im Benehmen mit der von der Landesregierung bestimmten Behörde.

(2) In sonstigen Fällen entscheidet als Anordnungsbehörde die von der Landesregierung bestimmte Behörde.

§ 9 EKrG

gestrichen

§ 10 EKrG

(1) Wird eine Maßnahme nach § 2 oder 3 angeordnet, so ist über Art und Umfang der Maßnahme, über die Duldungspflicht sowie über die Rechtsbeziehungen der Beteiligten und die Kostentragung zu entscheiden.

(2) Die Beteiligten sind verpflichtet, der Anordnungsbehörde jede für die Entscheidung erforderliche Auskunft zu erteilen.

(3) Ist eine Maßnahme, die die Sicherheit des Verkehrs erfordert, unaufschiebbar, so kann über Art, Umfang und Durchführung sowie über die Duldungspflicht vorab entschieden werden.

(4) Sind sich die Beteiligten über die durchzuführende Maßnahme einig oder ist die Maßnahme bereits durchgeführt, so kann auf Antrag über die Kostentragung entschieden werden.

(5) Bestehen zwischen den Beteiligten Meinungsverschiedenheiten darüber, ob eine öffentliche Straße nach der Beschaffenheit ihrer Fahrbahn geeignet und dazu bestimmt ist, einen allgemeinen Kraftfahrzeugverkehr aufzunehmen, so kann die Anordnungsbehörde zur Vorbereitung einer Vereinbarung oder einer Anordnung auf Antrag eines Beteiligten darüber entscheiden.

(6) Die Entscheidung ist mit Gründen zu versehen und den Beteiligten zuzustellen.

§ 11 EKrG

(1) Wird eine neue Kreuzung hergestellt, so hat der Beteiligte, dessen Verkehrsweg neu hinzukommt, die Kosten der Kreuzungsanlage zu tragen. Zu ihnen gehören auch die Kosten der durch die neue Kreuzung notwendigen Änderungen des anderen Verkehrsweges.

(2) Werden eine Eisenbahn und eine Straße gleichzeitig neu angelegt, so haben die Beteiligten die Kosten der Kreuzungsanlage je zur Hälfte zu tragen.

§ 12 EKrG

Wird an einer Überführung eine Maßnahme nach § 3 durchgeführt, so fallen die dadurch entstehenden Kosten
1. demjenigen Beteiligten zur Last, der die Änderung verlangt oder sie im Falle einer Anordnung hätte verlangen müssen; Vorteile, die dem anderen Beteiligten durch die Änderung erwachsen, sind auszugleichen (Vorteilsausgleich);
2. beiden Beteiligten zur Last, wenn beide die Änderung verlangen oder sie im Falle einer Anordnung hätten verlangen müssen, und zwar in dem Verhältnis, in dem die Kosten bei getrennter Durchführung der Änderung zueinander stehen würden. Nummer 1 Satz 2 ist entsprechend anzuwenden.

§ 13 EKrG

(1) Wird an einem Bahnübergang eine Maßnahme nach § 3 durchgeführt, so tragen die Beteiligten je ein Drittel der Kosten. Das letzte Drittel der Kosten trägt bei Kreuzungen mit einem Schienenweg einer Eisenbahn des Bundes der Bund, in allen sonstigen Fällen das Land.

(2) Wird zur verkehrlichen Entlastung eines Bahnübergangs ohne dessen Änderung eine Baumaßnahme nach § 3 Nr. 2 durchgeführt, durch die sich eine sonst notwendige Änderung des Bahnübergangs erübrigt, so gehören zu den Kosten nach Absatz 1 nur die Kosten, die sich bei Vornahme der ersparten Änderung ergeben würden. Die übrigen Kosten trägt derjenige Beteiligte allein, an dessen Verkehrsweg die Baumaßnahme durchgeführt wird.

§ 14 EKrG

(1) Die Anlagen an Kreuzungen, soweit sie Eisenbahnanlagen sind, hat der Eisenbahnunternehmer, soweit sie Straßenanlagen sind, der Träger der Straßenbaulast auf seine Kosten zu erhalten und bei Bahnübergängen auch in Betrieb zu halten. Die Erhaltung umfaßt die laufende Unterhaltung und die Erneuerung. Betriebskosten sind die örtlich entstehenden persönlichen und sächlichen Aufwendungen.

(2) An Bahnübergängen gehören
1. zu den Eisenbahnanlagen das sowohl dem Eisenbahnverkehr als auch dem Straßenverkehr dienende Kreuzungsstück, begrenzt durch einen Abstand von 2,25 m, bei Straßenbahnen von 1 m jeweils von der äußeren Schiene und parallel zu ihr verlaufend, ferner die Schranken, Warnkreuze (Andreaskreuze) und Blinklichter sowie andere der Sicherung des sich kreuzenden Verkehrs dienende Eisenbahnzeichen und -einrichtungen,
2. zu den Straßenanlagen die Sichtflächen, die Warnzeichen und Merktafeln (Baken) sowie andere der Sicherung des sich kreuzenden Verkehrs dienende Straßenverkehrszeichen und -einrichtungen.

(3) Eisenbahnüberführungen und Schutzerdungsanlagen gehören zu den Eisenbahnanlagen, Straßenüberführungen zu den Straßenanlagen.

§ 14a EKrG

(1) Wird die Straße eingezogen oder der Betrieb der Eisenbahn dauernd eingestellt, so bleiben die Beteiligten wie bisher verpflichtet, die Kreuzungsanlagen in dem Umfang zu erhalten und in Betrieb zu halten, wie es die Sicherheit oder Abwicklung des Verkehrs auf dem bleibenden Verkehrsweg erfordert. Eine nach den Vorschriften des Eisenbahnrechts genehmigte Betriebseinstellung gilt nicht als dauernd im Sinne dieser Vorschrift, wenn sie mit der Verpflichtung zur weiteren Vorhaltung der Anlagen verbunden ist. Die Einziehung der Straße oder die dauernde Einstellung des Betriebes der Eisenbahn ist dem anderen Beteiligten unverzüglich mitzuteilen.

(2) Der im Zeitpunkt der Einziehung oder dauernden Betriebseinstellung erhaltungspflichtige Beteiligte oder sein Rechtsnachfolger hat Kreuzungsanlagen zu beseitigen, soweit und sobald es die Sicherheit oder Abwicklung des Verkehrs auf dem bleibenden Verkehrsweg erfordert. Die Kosten hierfür haben die Beteiligten je zur Hälfte zu tragen. Die Kosten für Maßnahmen, die darüber hinaus für den bleibenden Verkehrsweg zu treffen sind, trägt der Baulastträger des bleibenden Verkehrsweges. Die Beteiligten haben die Maßnahmen zu dulden.

(3) Soweit Kreuzungsanlagen beseitigt sind, erlöschen die Verpflichtungen des weichenden Beteiligten aus Absatz 1.

(4) Der weichende Beteiligte hat dem bleibenden Beteiligten auf dessen Antrag sein Eigentum an solchen Grundstücken, die schon bisher von dem bleibenden Beteiligten benutzt worden sind oder die für die Verbesserung des bleibenden Verkehrsweges benötigt werden, mit allen Rechten und Pflichten zu übertragen. Für die Übertra-

gung des Eigentums ist eine angemessene Entschädigung in Geld zu gewähren, wobei der Verkehrswert des Grundstücks zugrunde zu legen ist.

§ 15 EKrG

(1) Wird eine neue Kreuzung hergestellt, so hat im Falle des § 11 Abs. 1 der Beteiligte, dessen Verkehrsweg neu hinzukommt, die hierdurch verursachten Erhaltungs- und Betriebskosten dem anderen Beteiligten zu erstatten. Im Falle des § 11 Abs. 2 hat jeder Beteiligte seine Erhaltungs- und Betriebskosten ohne Ausgleich zu tragen.

(2) Wird an einer Überführung eine Maßnahme nach § 3 durchgeführt, so hat der Beteiligte, der nach § 12 Nr. 1 oder 2 die Maßnahme verlangt oder sie im Falle einer Anordnung hätte verlangen müssen, dem anderen Beteiligten die hierdurch verursachten Erhaltungskosten zu erstatten.

(3) Wird an einem Bahnübergang eine Maßnahme nach § 3 durchgeführt, so hat jeder Beteiligte seine veränderten Erhaltungs- und Betriebskosten ohne Ausgleich zu tragen.

(4) In den Fällen des Absatzes 1 Satz 1 sowie des Absatzes 2 ist auf Verlangen eines Beteiligten die Erhaltungs- und Betriebslast abzulösen.

§ 16 EKrG

(1) Das Bundesministerium für Verkehr und digitale Infrastruktur kann mit Zustimmung des Bundesrates Rechtsverordnungen erlassen, durch die
1. der Umfang der Kosten nach §§ 11, 12 und 13 näher bestimmt wird und für die Verwaltungskosten Pauschalbeträge festgesetzt werden;
2. bestimmt wird, wie die bei getrennter Durchführung der Maßnahmen nach § 12 Nr. 2 entstehenden Kosten unter Anwendung von Erfahrungswerten für die Baukosten in vereinfachter Form ermittelt werden;
3. die Berechnung und die Zahlung von Ablösungsbeträgen nach § 15 Abs. 4 näher bestimmt sowie dazu ein Verfahren zur gütlichen Beilegung von Streitigkeiten festgelegt werden;
4. bei neuartigen Anlagen, die nicht von § 14 Abs. 2 erfaßt werden, bestimmt wird, ob sie zu den Eisenbahn- oder zu den Straßenanlagen gehören.

(2) Allgemeine Verwaltungsvorschriften erläßt der Bundesminister für Verkehr und digitale Infrastruktur mit Zustimmung des Bundesrates.

§ 17 EKrG

Zur Förderung der Beseitigung von Bahnübergängen und für sonstige Maßnahmen nach den §§ 2 und 3 soll die Anordnungsbehörde den Beteiligten Zuschüsse gewähren.

§ 18 EKrG

Die Aufsichtsbehörden haben die Durchführung der Anordnung nach diesem Gesetz sicherzustellen.

§ 19 EKrG

(1) Bisherige Vereinbarungen, die sich auf Kreuzungen zwischen Straßen und Straßenbahnen, Anschlußbahnen sowie den Anschlußbahnen gleichgestellte Eisenbahnen beziehen, gelten fort.

(2) Die bisherige Kostenregelung für Erhaltungsmaßnahmen, die bei Inkrafttreten des Eisenbahnneuordnungsgesetzes vom 27. Dezember 1993 (BGBl. I S. 2378) bereits in der Ausführung begriffen sind, bleibt bestehen.

(3) Soweit aufgrund von Artikel 6 Abs. 106 Nr. 4 des Eisenbahnneuordnungsgesetzes die Erhaltungslast für eine Straßenüberführung auf den Straßenbaulastträger übergegangen ist, hat der Eisenbahnunternehmer dafür einzustehen, daß er die Straßenüberführung in dem durch die Verkehrsbedeutung gebotenen Umfang ordnungsgemäß erhalten und den erforderlichen Grunderwerb durchgeführt hat. Als ordnungsgemäßer Erhaltungszustand gilt eine entsprechend seinen Vorschriften durchgeführte Unterhaltung der Straßenüberführung bis zum Zeitpunkt des gesetzlichen Übergangs der Baulast.

§ 20 EKrG

Das Gesetz über Kreuzungen von Eisenbahnen und Straßen vom 4. Juli 1939 (Reichsgesetzbl. I S. 1211), § 24 Abs. 8 des Bundesfernstraßengesetzes in der Fassung vom 6. August 1961 (Bundesgesetzbl. I S. 1742), die Verordnung zur Durchführung des Gesetzes über Kreuzungen von Eisenbahnen und Straßen vom 5. Juli 1939 (Reichsgesetzbl. I S. 1215) und die Zweite Verordnung zur Durchführung des Gesetzes über Kreuzungen von Eisenbahnen und Straßen vom 30. August 1941 (Reichsgesetzbl. I S. 546) treten als Bundesrecht außer Kraft.

§ 21 EKrG

Dieses Gesetz tritt am 1. Januar 1964 in Kraft.

Die Bundesregierung hat dem vorstehenden Gesetz die nach Artikel 113 des Grundgesetzes erforderliche Zustimmung erteilt.

Das vorstehende Gesetz wird hiermit verkündet.

2. Gesetz zur Änderung des Gesetzes über Kreuzungen von Eisenbahnen und Straßen (Eisenbahnkreuzungsgesetz)

Vom 8. März 1971 (BGBl. I S. 167)

– Auszug –

Der Bundestag hat mit Zustimmung des Bundesrates das folgende Gesetz beschlossen:

Artikel 1 EKrÄndG

Das Gesetz über Kreuzungen von Eisenbahnen und Straßen (Eisenbahnkreuzungsgesetz) vom 14. August 1963 (Bundesgesetzbl. I S. 681) wird wie folgt geändert:

(Die Änderungen sind bei den einzelnen Paragraphen angebracht worden)

Artikel 2 EKrÄndG

Der Bundesminister für Verkehr wird ermächtigt, das Eisenbahnkreuzungsgesetz neu bekanntzumachen.

Artikel 3 EKrÄndG

(1) Dieses Gesetz tritt am Tage nach der Verkündung in Kraft.

(2) Bei Inkrafttreten dieses Gesetzes in der Ausführung begriffene Maßnahmen an Bahnübergängen, an denen ein Schienenweg der Deutschen Bundesbahn nicht beteiligt ist, sind nach der bisherigen Kostenregelung abzuwickeln.

3. Gesetz zur Vereinfachung der Planungsverfahren für Verkehrswege (Planungsvereinfachungsgesetz – PlVereinfG –)

Vom 17. Dezember 1993 (BGBl. I S. 2123)

– Auszug –

Art. 6 PlVereinfG Änderung des Eisenbahnkreuzungsgesetzes

§ 9 des Eisenbahnkreuzungsgesetzes in der Fassung der Bekanntmachung vom 21. März 1971 (BGBl. I S. 337) wird aufgehoben.

4. Gesetz zur Neuordnung des Eisenbahnwesens (Eisenbahnneuordnungsgesetz – ENeuOG –)

Vom 27. Dezember 1993 (BGBl. I S. 2378)

– Auszug –

Art. 6

(106) Das Eisenbahnkreuzungsgesetz in der Fassung der Bekanntmachung vom 21. März 1971 (BGBl. I S. 337), geändert durch Artikel 6 des Gesetzes vom 17. Dezember 1993 (BGBl. I S. 2123), wird wie folgt geändert:
1. In § 8 Abs. 1 werden die Wörter »der Deutschen Bundesbahn« durch die Wörter »einer Eisenbahn des Bundes« ersetzt.
2. § 9 wird gestrichen.
3. In § 13 Abs. 1 Satz 2 werden die Wörter »der Deutschen Bundesbahn« durch die Wörter »einer Eisenbahn des Bundes« ersetzt.
4. § 19 wird wie folgt gefaßt:
»§ 19
(1) Bisherige Vereinbarungen, die sich auf Kreuzungen zwischen Straßen und Straßenbahnen, Anschlußbahnen sowie den Anschlußbahnen gleichgestellte Eisenbahnen beziehen, gelten fort.
(2) Die bisherige Kostenregelung für Erhaltungsmaßnahmen, die bei Inkrafttreten des Eisenbahnneuordnungsgesetzes vom 27. Dezember 1993 (BGBl. I S. 2378) bereits in der Ausführung begriffen sind, bleibt bestehen«

5. Gesetz zur Änderung des Eisenbahnkreuzungsgesetzes und anderer Gesetze

Vom 9. September 1998 (BGBl. I S. 2858)

– Auszug –

Der Bundestag hat mit Zustimmung des Bundesrates das folgende Gesetz beschlossen:

Artikel 1 Änderung des Eisenbahnkreuzungsgesetzes

Dem § 19 des Eisenbahnkreuzungsgesetzes in der Fassung der Bekanntmachung vom 21. März 1971 (BGBl. I S. 337), das zuletzt durch Artikel 6 Abs. 106 des Gesetzes vom 27. Dezember 1993 (BGBl. I S. 2378) geändert worden ist, wird folgender Absatz 3 angefügt:

»(3) Soweit aufgrund von Artikel 6 Abs. 106 Nr. 4 des Eisenbahnneuordnungsgesetzes die Erhaltungslast für eine Straßenüberführung auf den Straßenbaulastträger übergegangen ist, hat der Eisenbahnunternehmer dafür einzustehen, daß er die Straßenüberführung in dem durch die Verkehrsbedeutung gebotenen Umfang ordnungsgemäß erhalten und den erforderlichen Grunderwerb durchgeführt hat. Als ordnungsgemäßer Erhaltungszustand gilt eine entsprechend seinen Vorschriften durchgeführte Unterhaltung der Straßenüberführung bis zum Zeitpunkt des gesetzlichen Übergangs der Baulast.«

Artikel 4 Inkrafttreten

Artikel 1 tritt mit Wirkung vom 1. Januar 1994 in Kraft. Im übrigen tritt dieses Gesetz am Tage nach der Verkündung in Kraft.

6. Gesetz zur Änderung von wegerechtlichen Vorschriften

Vom 22. April 2005 (BGBl. I S. 1128)

– Auszug –

Der Bundestag hat mit Zustimmung des Bundesrates das folgende Gesetz beschlossen:

Artikel 2 WegeRÄndG

Das Eisenbahnkreuzungsgesetz in der Fassung der Bekanntmachung vom 21. März 1971 (BGBl. I S. 337), zuletzt geändert durch Artikel 236 der Verordnung vom 29. Oktober 2001 (BGBl. I S. 2785), wird wie folgt geändert:
1. In § 14a Abs. 1 wird Satz 4 gestrichen.
2. § 16 Abs. 1 Nr. 3 wird wie folgt gefasst:
   »3. die Berechnung und die Zahlung von Ablösungsbeträgen nach § 15 Abs. 4 näher bestimmt sowie dazu ein Verfahren zur gütlichen Beilegung von Streitigkeiten festgelegt werden,«.

Artikel 5 WegeRÄndG

Dieses Gesetz tritt am Tag nach der Verkündung in Kraft.

7. Siebente Zuständigkeitsanpassungsverordnung

Vom 29. Oktober 2001 (BGBl. I S. 2785)

– Auszug –

Auf Grund des Artikels 56 Abs. 3 des Zuständigkeitsanpassungsgesetzes vom 18. März 1975 (BGBl. I S. 705) verordnet das Bundesministerium der Justiz aus Anlass der Organisationserlasse vom 22. Januar 1993 (BGBl. I S. 303), vom 17. Dezember 1997 (BGBl. 1998 I S. 68), vom 27. Oktober 1998 (BGBl. I S. 3288), vom 16. Juli 1999 (BGBl. I S. 1723) und vom 22. Januar 2001 (BGBl. I S. 127) sowie des Kabinettbeschlusses betreffend die Einführung der sächlichen Bezeichnungsform für die Bundesministerien vom 20. Januar 1993 (GMBl. S. 46) im Einvernehmen mit dem Bundeskanzler, dem Auswärtigen Amt, dem Bundesministerium des Innern, dem Bundesministerium der Finanzen, dem Bundesministerium für Wirtschaft und Technologie, dem Bundesministerium für Verbraucherschutz, Ernährung und Landwirtschaft, dem Bundesministerium für Arbeit und Sozialordnung, dem Bundesministerium der Verteidigung, dem Bundesministerium für Familie, Senioren, Frauen und Jugend, dem Bundesministerium für Gesundheit, dem Bundesministerium für Verkehr, Bau- und Wohnungswesen, dem Bundesministerium für Umwelt, Naturschutz und Reaktorsicherheit, dem Bundesministerium für Bildung und Forschung und dem Bundesministerium für wirtschaftliche Zusammenarbeit und Entwicklung:

Artikel 236 7. ZustAnpV Eisenbahnkreuzungsgesetz (910-1)

Das Eisenbahnkreuzungsgesetz in der Fassung der Bekanntmachung vom 21. März 1971 (BGBl. I S. 337), zuletzt geändert durch Artikel 1 des Gesetzes vom 9. September 1998 (BGBl. I S. 2858) wird wie folgt geändert:
1. In § 5 Abs. 1 Satz 3 und § 8 Abs. 1 werden jeweils die Wörter »der Bundesminister für Verkehr« durch die Wörter »das Bundesministerium für Verkehr, Bau- und Wohnungswesen« ersetzt.
2. § 16 wird wie folgt geändert:
   a) In Absatz 1 werden die Wörter »Der Bundesminister für Verkehr« durch die Wörter »Das Bundesministerium für Verkehr, Bau- und Wohnungswesen« ersetzt.
   b) In Absatz 2 werden die Wörter »der Bundesminister für Verkehr« durch die Wörter »das Bundesministerium für Verkehr, Bau- und Wohnungswesen« ersetzt.

8. Neunte Zuständigkeitsanpassungsverordnung

Vom 31. Oktober 2006 (BGBl. I S. 2407)

– Auszug –

Auf Grund des § 2 des Zuständigkeitsanpassungsgesetzes vom 16. August 2002 (BGBl. I S. 3165) und der Organisationserlasse vom 27. Oktober 1998 (BGBl. I S. 3288), vom 22. Januar 2001 (BGBl. I S. 127), vom 22. Oktober 2002 (BGBl. I S. 4206) und vom 22. November 2005 (BGBl. I S. 3197) sowie des Kabinettbeschlusses betreffend die Einführung der sächlichen Bezeichnungsform für die Bundesministerien vom 20. Januar 1993 (GMBl. S. 46) verordnet das Bundesministerium der Justiz im Einvernehmen mit dem Bundesministerium für Arbeit und Soziales, dem Auswärtigen Amt, dem Bundesministerium des Innern, dem Bundesministerium der Finanzen, dem Bundesministerium für Wirtschaft und Technologie, dem Bundesministerium für Ernährung, Landwirtschaft und Verbraucherschutz, dem Bundesministerium der Verteidigung, dem Bundesministerium für Familie, Senioren, Frauen und Jugend, dem Bundesministerium für Gesundheit, dem Bundesministerium für Verkehr, Bau- und Stadtentwicklung, dem Bundesministerium für Umwelt, Naturschutz und Reaktorsicherheit und dem Bundesministerium für Bildung und Forschung:

Artikel 281 9. ZustAnpV Eisenbahnkreuzungsgesetz

(910-1) In § 5 Abs. 1 Satz 3, § 8 Abs. 1 und § 16 Abs. 1 und 2 des Eisenbahnkreuzungsgesetzes in der Fassung der Bekanntmachung vom 21. März 1971 (BGBl. I S. 337), das zuletzt durch Artikel 2 des Gesetzes vom 22. April 2005 (BGBl. I S. 1128) geändert worden ist, werden jeweils die Wörter »Verkehr, Bau- und Wohnungswesen« durch die Wörter »Verkehr, Bau- und Stadtentwicklung« ersetzt.

9. Zehnte Zuständigkeitsanpassungsverordnung

Vom 31. August 2015 (BGBl. I S. 1474)

– Auszug –

Auf Grund
- des § 2 des Zuständigkeitsanpassungsgesetzes vom 16. August 2002 (BGBl. I S. 3165),
- der Organisationserlasse vom 27. Oktober 1998 (BGBl. I S. 3288), vom 22. Januar 2001 (BGBl. I S. 127), vom 22. Oktober 2002 (BGBl. I S. 4206), vom 22. November 2005 (BGBl. I S. 3197) und vom 17. Dezember 2013 (BGBl. I S. 4310) und
- des Kabinettbeschlusses betreffend die Einführung der sächlichen Bezeichnungsform für die Bundesministerien vom 20. Januar 1993 (GMBl 1993 S. 46)

verordnet das Bundesministerium der Justiz und für Verbraucherschutz im Einvernehmen mit dem Bundesministerium für Wirtschaft und Energie, dem Auswärtigen Amt, dem Bundesministerium des Innern, dem Bundesministerium der Finanzen, dem Bundesministerium für Arbeit und Soziales, dem Bundesministerium für Ernährung und Landwirtschaft, dem Bundesministerium der Verteidigung, dem Bundesministerium für Familie, Senioren, Frauen und Jugend, dem Bundesministerium für Gesundheit, dem Bundesministerium für Verkehr und digitale Infrastruktur, dem Bundesministerium für Umwelt, Naturschutz, Bau und Reaktorsicherheit und dem Bundesministerium für Bildung und Forschung:

Artikel 462 10. ZustAnpV Eisenbahnkreuzungsgesetz

In § 5 Absatz 1 Satz 3, § 8 Absatz 1 sowie § 16 Absatz 1 und 2 des Eisenbahnkreuzungsgesetzes in der Fassung der Bekanntmachung vom 21. März 1971 (BGBl. I S. 337), das zuletzt durch Artikel 281 der Verordnung vom 31. Oktober 2006 (BGBl. I S. 2407) geändert worden ist, werden jeweils die Wörter »Verkehr, Bau und Stadtentwicklung« durch die Wörter »Verkehr und digitale Infrastruktur« ersetzt.

Artikel 627 Inkrafttreten

(1) Diese Verordnung tritt vorbehaltlich der Absätze 2 und 3 am Tag nach der Verkündung in Kraft.

10. Verordnung über die Kosten von Maßnahmen nach dem Eisenbahnkreuzungsgesetz (1. Eisenbahnkreuzungsverordnung – 1. EKrV –)

Vom 2. September 1964 (BGBl. I S. 711) in der Fassung v. 11. Februar 1983 (BGBl. I S. 85)

Auf Grund des § 16 Abs. 1 Nr. 1 des Eisenbahnkreuzungsgesetzes vom 14. August 1963 (Bundesgesetzbl. I S. 681) wird mit Zustimmung des Bundesrates verordnet:

§ 1 1. EKrV Umfang der Kostenmasse

(1) Die Kostenmasse bei der Herstellung einer neuen Kreuzung (§ 2 des Gesetzes) oder bei Maßnahmen an bestehenden Kreuzungen (§ 3 des Gesetzes) umfaßt die Aufwendungen für alle Maßnahmen an den sich kreuzenden Verkehrswegen, die unter Berücksichtigung der anerkannten Regeln der Technik notwendig sind, damit die Kreuzung den Anforderungen der Sicherheit und der Abwicklung des Verkehrs genügt.

(2) Zur Kostenmasse gehören auch die Aufwendungen für
1. diejenigen Maßnahmen, die zur Berücksichtigung der übersehbaren Verkehrsentwicklung auf den sich kreuzenden Verkehrswegen erforderlich sind,
2. diejenigen Maßnahmen, die infolge der Herstellung einer neuen Kreuzung oder einer Maßnahme nach § 3 des Gesetzes an Anlagen erforderlich werden, die nicht zu den sich kreuzenden Verkehrswegen der Beteiligten gehören,
3. den Ersatz von Schäden, die bei der Durchführung einer Maßnahme den Beteiligten oder Dritten entstanden sind, es sei denn, daß die Schäden auf Vorsatz oder grober Fahrlässigkeit eines Beteiligten oder seiner Bediensteten beruhen.

(3) Wird eine Kreuzung durch Änderung der Linienführung des Verkehrsweges eines Beteiligten verlegt oder beseitigt, obwohl an der bisherigen Kreuzungsstelle eine Maßnahme nach § 3 des Gesetzes mit geringeren Kosten verkehrsgerecht möglich wäre, so ist die Kostenmasse auf die Höhe dieser Kosten beschränkt.

§ 2 1. EKrV Zusammensetzung der Kostenmasse

Die Kostenmasse setzt sich zusammen aus
1. Grunderwerbskosten,
2. Baukosten,
3. Verwaltungskosten.

§ 3 1. EKrV Grunderwerbskosten

(1) Zu den Grunderwerbskosten gehören
1. alle Aufwendungen im Zusammenhang mit dem Erwerb von Grundstücken oder Rechten,
2. Entschädigungen für die durch die Kreuzung bedingten Wertminderungen fremder Grundstücke.

(2) Den Grunderwerbskosten zuzurechnen ist der Verkehrswert der schon im Eigentum der Beteiligten befindlichen Grundstücke oder ihrer Rechte, soweit sie nicht zum Verkehrsweg des nach § 4 des Gesetzes Duldungspflichtigen gehören.

(3) Der Erlös aus der Veräußerung oder der Verkehrswert der für die Kreuzung nicht oder nicht mehr benötigten Grundstücke ist von den Grunderwerbskosten abzuziehen.

§ 4 1. EKrV Baukosten

(1) Zu den Baukosten gehören insbesondere
1. die Aufwendungen für Freimachen des Baugeländes, Entschädigungen für Flur- und Sachschäden, Erdbau, Baugrunduntersuchungen, bodenkundliche und landschaftliche Beratungen, Modelle, Entwässerung, Unterbau, Fahrbahn oder Gleise, Baustoffuntersuchungen, Fahrleitungen, Stützmauern, Leitplanken, Straßenverkehrs- und Eisenbahnzeichen und -einrichtungen, Beleuchtungseinrichtungen, Bepflanzung, Beseitigung nicht mehr benötigter Anlagen, Abbruch von Gebäuden sowie die Aufwendungen für Arbeitszüge, Geräte, Hebezeuge, Hilfsbrücken, Beförderungskosten, Sicherungsposten, Aufrechterhaltung des Verkehrs und Verkehrsumleitungen;
2. an Überführungen ferner die Aufwendungen für Rampen, Bauwerke, Rauch- und Berührungsschutzeinrichtungen, elektrische Isolation, Schutzerdung, Schutzbügel;
3. an Bahnübergängen ferner die Aufwendungen für Schranken, Blinklichtanlagen mit und ohne Halbschranken, Läutewerke, Fernmeldeanlagen, Zugvormeldeanlagen, Sichtflächen, Bahnwärterdienstgebäude.

(2) Führt ein Beteiligter Arbeiten selbst durch, so kann er als Baukosten in Rechnung stellen
1. Tariflöhne und Angestelltenvergütungen mit einem Zuschlag von 100 vom Hundert und Dienstbezüge der Beamten mit einem Zuschlag von 120 vom Hundert; bei der Berechnung der Löhne, Vergütungen und Dienstbezüge können Durchschnittssätze zugrunde gelegt werden;
2. für den Einsatz größerer Geräte die nach betriebswirtschaftlichen Grundsätzen zu errechnenden Kosten; die Stellung von Werkzeug und Kleingeräten ist mit den Zuschlägen nach Nummer 1 abgegolten.

(3) Beschafft ein Beteiligter Stoffe selbst, so kann er als Baukosten in Rechnung stellen die Stoffkosten nach dem Marktpreis mit einem Zuschlag von
1. 15 vom Hundert, wenn er die Stoffe aus seinem Lager entnimmt;
2. 5 vom Hundert, wenn er die Stoffe unmittelbar beschafft.

(4) Mit eigenen Transportmitteln erbrachte Beförderungsleistungen sind nach den Selbstkosten abzurechnen. Soweit im Schienenverkehr Tarife bestehen, sind diese anzuwenden.

(5) Der Erlös aus der Verwertung oder der Wert der nicht mehr benötigten Anlagen der Kreuzung ist von den Baukosten abzuziehen.

§ 5 1. EKrV Verwaltungskosten

Jeder Beteiligte kann Verwaltungskosten in Höhe von 10 vom Hundert der von ihm aufgewandten Grunderwerbskosten und Baukosten in Rechnung stellen. Hiermit sind insbesondere abgegolten die Aufwendungen für Vorarbeiten, Vorentwürfe, die Bearbeitung des vergabereifen Bauentwurfs, die Prüfung der statischen Berechnungen, die Vergabe der Bauarbeiten, örtliche Bauaufsicht (Bauüberwachung), Bauleitung (Baulenkung), ferner Stellung von Prüf- und Meßgeräten, Meßfahrzeugen, Hilfsfahrzeugen für die Bauaufsicht und Bauleitung und Fahrzeugen für die Probebelastung sowie sonstige Verwaltungstätigkeiten einschließlich des Rechnungs- und Kassendienstes.

§ 6 1. EKrV Inkrafttreten

Diese Verordnung tritt mit Wirkung vom 1. Januar 1964 in Kraft.

11. Erste Verordnung zur Änderung der 1. Eisenbahnkreuzungsverordnung

Vom 11. Februar 1983 (BGBl. I S. 85)

Auf Grund des § 16 Abs. 1 Nr. 1 des Eisenbahnkreuzungsgesetzes in der Fassung der Bekanntmachung vom 21. März 1971 (BGBl. I S. 337) wird mit Zustimmung des Bundesrates verordnet:

Artikel 1 1. EKrÄndV

§ 4 Abs. 2 und 3 der 1. Eisenbahnkreuzungsverordnung vom 2. September 1964 (BGBl. I S. 711) werden durch folgende Absätze 2 bis 5 ersetzt:

(Die Änderungen sind bei § 4 1. EKrV eingearbeitet.)

Artikel 2 1. EKrÄndV

Auf Bauvorhaben, die bei Inkrafttreten dieser Verordnung bereits begonnen waren, ist § 4 in der bisherigen Fassung anzuwenden.

Artikel 3 1. EKrÄndV

Diese Verordnung tritt am ersten Tage des auf die Verkündung folgenden Kalendermonats in Kraft.

12. Verordnung zur Berechnung von Ablösungsbeträgen nach dem Eisenbahnkreuzungsgesetz, dem Bundesfernstraßengesetz und dem Bundeswasserstraßengesetz (Ablösungsbeträge-Berechnungsverordnung – ABBV)

Vom 1. Juli 2010 (BGBl. I S. 856)

Das Bundesministerium für Verkehr, Bau und Stadtentwicklung verordnet auf Grund
- des § 16 Absatz 1 Nummer 3 des Eisenbahnkreuzungsgesetzes in der Fassung der Bekanntmachung vom 21. März 1971 (BGBl. I S. 337), der zuletzt durch Artikel 2 des Gesetzes vom 22. April 2005 (BGBl. I S. 1128) geändert worden ist,
- des § 13b Nummer 3 des Bundesfernstraßengesetzes in der Fassung der Bekanntmachung vom 28. Juni 2007 (BGBl. I S. 1206) und
- des § 42 Absatz 4a Satz 2 des Bundeswasserstraßengesetzes in der Fassung der Bekanntmachung vom 23. Mai 2007 (BGBl. I S. 962; 2008 I S. 1980):

§ 1 ABBV Anwendungsbereich

(1) Diese Verordnung gilt für die Berechnung der zu leistenden Ablösungsbeträge nach den Vorschriften des Eisenbahnkreuzungsgesetzes, des Bundesfernstraßengesetzes und des Bundeswasserstraßengesetzes.

(2) Erhaltungskosten (Unterhaltungs- und Erneuerungskosten) im Sinne dieser Verordnung entsprechen den Erhaltungs- und Betriebskosten im Sinne des Eisenbahnkreuzungsgesetzes sowie den Unterhaltungskosten im Sinne des Bundesfernstraßengesetzes und des Bundeswasserstraßengesetzes.

§ 2 ABBV Berechnung

(1) Der Ablösungsbetrag ist durch Gegenüberstellung der kapitalisierten Erhaltungskosten der alten und neuen baulichen Anlagen gemäß der Anlage zu dieser Verordnung zu ermitteln.

(2) Sind die kapitalisierten Erhaltungskosten der neuen baulichen Anlagen höher als die für die alten baulichen Anlagen ermittelten Kosten, handelt es sich bei dem Differenzbetrag um die dem erhaltungspflichtigen Baulastträger von dem anderen Beteiligten abzulösenden Erhaltungsmehrkosten. Im umgekehrten Falle handelt es sich bei dem Differenzbetrag um den vom erhaltungspflichtigen Baulastträger dem anderen Beteiligten zu erstattenden Vorteilsausgleich.

(3) Bei beiderseitigem Änderungsverlangen sind die von dem nicht erhaltungspflichtigen Beteiligten zu erstattenden Mehrkosten oder der von dem erhaltungspflichtigen Beteiligten zu erstattende Vorteilsausgleich entsprechend seinem Anteil an den Baukosten der Kreuzungsmaßnahme zu ermitteln. Satz 1 findet für die Berechnung

des Ablösungsbetrages nach § 13 Absatz 3 Satz 2 des Bundesfernstraßengesetzes keine Anwendung.

(4) Der Ablösungsbetrag ist von dem für die Baudurchführung verantwortlichen Kreuzungsbeteiligten zu ermitteln und auf volle 100 Euro kaufmännisch zu runden. Er ist dem anderen Kreuzungsbeteiligten spätestens sechs Monate nach der verkehrsbereiten Fertigstellung der baulichen Anlage prüfbar darzulegen.

(5) Der Ablösungsbetrag ist von dem verpflichteten Kreuzungsbeteiligten spätestens sechs Monate nach Zugang der Berechnung zu zahlen. Erfolgt die Zahlung zu einem späteren Zeitpunkt, ist der Betrag mit 4 vom Hundert für das Jahr zu verzinsen.

§ 3 ABBV Inkrafttreten

Diese Verordnung tritt am Tag nach der Verkündung in Kraft.

Anlage (zu § 2 Abs. 1)

Inhaltsverzeichnis

Kapitel 1 Begriffe

1.1	Bauliche Anlagen
1.2	Bauwerksteil, Bauteil
1.3	Ingenieurbauwerke
1.4	Brücken
1.5	Unterbauten von Brücken
1.6	Überbauten von Brücken
1.7	Rahmenartige Tragwerke
1.8	Sonstige Bauwerksteile von Brücken
1.9	Tunnel
1.10	Trogbauwerke
1.11	Stützbauwerke
1.12	Lärmschutzbauwerke
1.13	Sonstige Ingenieurbauwerke
1.14	Fahrwege von Eisenbahnen
1.15	Straßen und Wege
1.16	Oberbau von Straßen und Wegen
1.17	Entwässerung von Straßen und Wegen
1.18	Ausstattungen von Straßen und Wegen
1.19	Ausstattungen von Bundeswasserstraßen und sonstigen schiffbaren Gewässern

Kapitel 2 Berechnung, Kapitalisierung

2.1	Ablösungsbetrag
2.2	Erhaltungskosten
2.3	Berechnungsformeln
2.4	Anzuwendender Zinssatz
2.5	Theoretische Nutzungsdauer
2.6	Restnutzungsdauer
2.7	Tabellen

Teil A Gesetzliche Regelungen

Kapitel 3 Kostenermittlung

3.1	Ermittlung der Erneuerungskosten
3.2	Zusammensetzung der Erneuerungskosten
3.3	Reine Baukosten der Ingenieurbauwerke
3.4	Reine Baukosten der Fahrwege von Eisenbahnen
3.5	Reine Baukosten der Straßen und Wege sowie der Ausstattungen für Bundeswasserstraßen und sonstige schiffbare Gewässer
3.6	Aufteilung der Kosten für Abbruch, Behelfszustände, Betriebserschwernisse, Umleitungsmaßnahmen bei Brückenbauwerken
3.7	Aufteilung der Kosten für Abbruch, Behelfszustände, Umleitungsmaßnahmen bei Straßen und Wegen
3.8	Zusammensetzung und Ermittlung der Unterhaltungskosten
3.8.1	Unterhaltungskosten der Ingenieurbauwerke
3.8.2	Unterhaltungskosten der Fahrwege von Eisenbahnen
3.8.3	Unterhaltungskosten der Straßen und Wege sowie der Ausstattungen für Bundeswasserstraßen und sonstige schiffbare Gewässer
3.8.4	Winterdienst
3.9	Energiekosten
3.10	Verwaltungskosten

Kapitel 4 Tabellen der Theoretischen Nutzungsdauern und der Prozentsätze der jährlichen Unterhaltungskosten

Tabelle 1	Brücken
Tabelle 2	Tunnel
Tabelle 3	Trogbauwerke
Tabelle 4	Stützbauwerke
Tabelle 5	Lärmschutzbauwerke
Tabelle 6	Sonstige Ingenieurbauwerke
Tabelle 7	Fahrwege von Eisenbahnen
Tabelle 8	Oberbau von Straßen und Wegen
Tabelle 9	Entwässerung von Straßen und Wegen
Tabelle 10	Ausstattungen von Straßen und Wegen sowie Bundeswasserstraßen und sonstigen schiffbaren Gewässern
Tabelle 11	Geländer, Zäune, Mauern, Böschungsbefestigungen an Straßen und Wegen

Kapitel 1 Begriffe

1.1 Bauliche Anlagen

Ingenieurbauwerke, Fahrwege von Eisenbahnen sowie Straßen und Wege werden als bauliche Anlagen bezeichnet, unabhängig davon, ob es sich um ein Bauwerk oder ein Bauwerksteil handelt.

1.2 Bauwerksteil, Bauteil

Jede Untergliederung eines Ingenieurbauwerks wird mit Bauwerksteil, jede Untergliederung eines Fahrwegs von Eisenbahnen, einer Straße oder eines Weges mit Bauteil bezeichnet.

1.3 Ingenieurbauwerke

Zu den Ingenieurbauwerken gehören Brücken, Tunnel, Trogbauwerke, Stützbauwerke, Lärmschutzbauwerke und sonstige Ingenieurbauwerke.

1.4 Brücken

Brücken gliedern sich in der Regel in Unter- und Überbauten. Zu den Brücken, die nicht in Unter- und Überbauten gegliedert sind, gehören rahmenartige Tragwerke, Gewölbe sowie Wellstahlrohre einschließlich der jeweiligen Flügelwände und Gründungen.

1.5 Unterbauten von Brücken

Zu den Unterbauten von Brücken gehören Widerlager einschließlich Hohlwiderlager (aufgelöste Widerlager, die zur Durchführung von Verkehrswegen genutzt werden), Flügelwände, Pfeiler, Stützen einschließlich Schutzeinrichtungen (Anprallsockel, Anprallbalken), Pylone einschließlich der jeweiligen Gründungen, Abdichtungen und Bauwerksentwässerung. Pylone schließen unter anderem auch Ankerkörper, Seil- und Kabelaufhängungen ein.

1.6 Überbauten von Brücken

Zu den Überbauten von Brücken gehören die Tragkonstruktion einschließlich Lager, Fahrbahnübergänge, Abdichtungen mit Schutzschichten, Kappen, Schutzeinrichtungen wie z.B. Schrammborde, Aufkantungen, Schutzplanken, Schutzwände, Schutzschwellen, Anprallsockel, Geländer, Brüstungen, Einrichtungen für Spritzschutz, Blendschutz, Berührungsschutz über Bahnstrecken mit elektrischer Oberleitung, Lärmschutz, Schneefanggitter und Schutzdächer, Ausstattungen wie z.B. betriebstechnische Beleuchtungen, maschinelle Einrichtungen und Besichtigungseinrichtungen sowie die Bauwerksentwässerung. Zur Bauwerksentwässerung gehören bei Straßenüberführungen nicht die oberirdischen Entwässerungsrinnen neben der Fahrbahn und die Einlaufschächte.

Bei Eisenbahnüberführungen gehören zu den Überbauten Entgleisungsschutz, Schienenauszüge und Vorrichtungen zur Verbindung der Gleise mit den Überbauten.

1.7 Rahmenartige Tragwerke

Zu den rahmenartigen Tragwerken gehören geschlossene Rahmen, unten offene Rahmen und vergleichbare Rahmenkonstruktionen.

1.8 Sonstige Bauwerksteile von Brücken

Zu den sonstigen Bauwerksteilen von Brücken gehören Schutzerdungsanlagen, Oberleitungseinrichtungen (ohne Masten und Ausleger) und sonstige Verankerungen von Leitungen, Berührungsschutzanlagen und Entgleisungsschutz.

1.9 Tunnel

Tunnel werden in geschlossener (bergmännischer) oder offener Bauweise hergestellt. In offener Bauweise erstellte Bauwerke gelten erst ab einer bestimmten Länge als Tunnel: für Eisenbahnen ab 250 m, für Straßen ab 80 m. Kürzere Bauwerke zählen zu den Brücken.

1.10 Trogbauwerke

Zu den Trogbauwerken gehören solche aus Stahlbeton, Pfahlwänden, Schlitzwänden und Stahlspundwänden.

1.11 Stützbauwerke

Zu den Stützbauwerken gehören Stützwände und sonstige Stützkonstruktionen.

1.12 Lärmschutzbauwerke

Zu den Lärmschutzbauwerken gehören Lärmschutzwände und Lärmschutzsteilwälle sowie deren Gründungen.

1.13 Sonstige Ingenieurbauwerke

Zu den sonstigen Ingenieurbauwerken gehören Verkehrszeichenbrücken einschließlich Beschilderungen, Signalausleger, Signalauslegerbrücken sowie Durchlässe.

1.14 Fahrwege von Eisenbahnen

Zu den Fahrwegen von Eisenbahnen gehören im Wesentlichen Schotterbett, Gleisschwellen, Schienen, Weichen, feste Fahrbahnen, Entwässerung, Geländer, Zäune, Mauern und Böschungsbefestigungen, Dienstgehwege einschließlich der erforderlichen Gründungen sowie Bahnübergangssicherungsanlagen.

Für Oberleitungsanlagen und signaltechnische Anlagen sind die Werte der theoretischen Nutzungsdauern m und der Prozentsätze p der jährlichen Unterhaltungskosten im Einzelfall zu vereinbaren. Für Entwässerungsanlagen, Geländer, Zäune, Mauern und Böschungsbefestigungen sind die Werte m und p der Straßen und Wege maßgebend.

1.15 Straßen und Wege

Zu den Straßen und Wegen gehören Oberbau, Entwässerung, Ausstattungen sowie Geländer, Zäune, Mauern und Böschungsbefestigungen einschließlich der erforderlichen Gründungen.

1.16 Oberbau von Straßen und Wegen

Zum Oberbau von Straßen und Wegen gehören Tragschichten, Asphaltbinderschichten, Deckschichten, Decken aus Beton, Oberflächenbehandlungen, Pflasterdecken, Befestigungen von Geh- und Radwegen, Bordsteine.

1.17 Entwässerung von Straßen und Wegen

Zur Entwässerung von Straßen und Wegen gehören die Entwässerungseinrichtungen innerhalb der Straßenkörper, Rohrleitungen zum Vorfluter, Rohrdurchlässe, Rohrleitungen für Abwasser, Druckrohrleitungen mit Pumpanlagen, Sickerrohrleitungen, Sickerbecken, Gräben, Mulden, Straßenabläufe, Prüfschächte, Ablaufschächte, Schachtabdeckungen, mechanische Absetzbecken, Rückhaltebecken, Überlaufbecken sowie Leichtflüssigkeitsabscheider und deren mechanische Einbauten.

1.18 Ausstattungen von Straßen und Wegen

Zu den Ausstattungen von Straßen und Wegen gehören insbesondere Fahrbahnmarkierungssysteme, Fahrzeugrückhaltesysteme, Schutzwände, Verkehrsschilder, Leitpfosten, Straßenbeleuchtungen, Lichtsignalanlagen und Verkehrsbeeinflussungsanlagen.

1.19 Ausstattungen von Bundeswasserstraßen und sonstigen schiffbaren Gewässern

Zu den Ausstattungen an Bundeswasserstraßen gehören Leitwerke, Leitpfähle, Dalben, Absetzpfähle und Schifffahrtszeichen.

Kapitel 2 Berechnung, Kapitalisierung

2.1 Ablösungsbetrag

Die einzelnen Bauwerksteile besitzen eine unterschiedliche theoretische Nutzungsdauer und erfordern unterschiedliche Unterhaltungskosten. Für diese Teile müssen deshalb grundsätzlich getrennte Berechnungen aufgestellt werden.

Zur Verwaltungsvereinfachung werden
1. die unter Nr. 1.5 aufgeführten Bauwerksteile mit den für den Unterbau maßgeblichen Tabellenwerten (Kapitel 4, Tabelle 1, Nr. 1.1) einheitlich abgelöst und
2. die unter Nr. 1.6 aufgeführten Bauwerksteile mit den für den Überbau maßgeblichen Tabellenwerten (Kapitel 4, Tabelle 1, Nr. 1.2) einheitlich abgelöst,

wenn diese Bauwerksteile zeitgleich mit der Brücke erstellt werden. § 2 Abs. 1 Nr. 3 der Verordnung über Kreuzungsanlagen im Zuge von Bundesfernstraßen vom 02.12.1975 (BGBl. I S. 2984) bleibt unberührt.

Bei der Berechnung der Ablösungsbeträge für Brücken sind Fahrwege (Schiene) und Fahrbahnen (Straße) nicht gesondert abzulösen. In den Fällen, in denen die Erhaltungslast der Brücke und der Fahrbahn bei unterschiedlichen Erhaltungspflichtigen liegt, ist auf Verlangen eines Beteiligten die gesonderte Ablösung vorzunehmen.

Teil A Gesetzliche Regelungen

Sonstige Bauwerksteile werden nur dann gesondert abgelöst, wenn sie den Brücken nachträglich hinzugefügt werden oder beim Neubau als einzelne Bauwerksteile abzulösen sind, wie dies bei Schutzerdungsanlagen an Straßenbrücken aufgrund ihrer Zugehörigkeit zur Eisenbahnanlage (§ 14 Abs. 3 des Eisenbahnkreuzungsgesetzes) der Fall ist.

Erdbauwerke (Rampen) für Fahrwege und Fahrbahnen sind nicht abzulösen.

Bei Straßentunnel sind Bauwerk und betriebs- und verkehrstechnische Ausstattungen getrennt abzulösen.

2.2 Erhaltungskosten

Die Erhaltungskosten sind auf der Grundlage einer zeitlich unbegrenzten Erhaltungspflicht zu ermitteln. Besteht in Sonderfällen eine zeitlich begrenzte Erhaltungspflicht, so ist dies bei der Ermittlung der Erhaltungskosten entsprechend zu berücksichtigen.

2.3 Berechnungsformeln

(1) Die kapitalisierten Erhaltungskosten (E) sind zu ermitteln nach der Formel:

$$E = \frac{(1 + \frac{z}{100})^{m-n}}{(1 + \frac{z}{100})^m - 1} \cdot K_e + \frac{p}{z} \cdot K_u$$

(2) Der Ablösungsbetrag (A) der Erhaltungskosten ist zu ermitteln nach den Formeln:

$A = E_{neu} - E_{alt}$ $(E_{neu} > E_{alt} \geq 0)$

$A = E_{alt} - E_{neu}$ $(E_{alt} > E_{neu} \geq 0)$.

(3) Getrennte Ermittlung von Teilbereichen der Erhaltungskosten:

Die Berechnungsformel der kapitalisierten Erhaltungskosten (E)

$$E = \frac{q^{m-n}}{q^m - 1} \cdot K_e + \frac{p}{z} \cdot K_u,$$

wobei $q = \left(1 + \frac{z}{100}\right)$ gesetzt ist,

setzt sich zusammen aus dem Anteil für die kapitalisierten Erneuerungskosten (E_e)

$$E_e = \frac{q^{m-n}}{q^m - 1} \cdot K_e$$

und dem Anteil für die kapitalisierten jährlichen Unterhaltungskosten (E_u)

$$E_u = \frac{p}{z} \cdot K_u$$

Durch Erweiterung des untenstehenden ersten Summanden mit $q^m - 1$ können die kapitalisierten Erhaltungskosten für die Erneuerungskosten (E_e) in den Anteil der kapitalisierten Kosten der nächsten Erneuerung ($E_e^{nä}$), die erste Erneuerung nach der Ablösungsvereinbarung,

$$E_e^{nä} = \frac{1}{q^n} \cdot K_e$$

und den Anteil der kapitalisierten Kosten für die weiteren Erneuerungen (E_e^{wei})

$$E_e^{wei} = \frac{1}{q^n \cdot (q^m - 1)} \cdot K_e$$

aufgegliedert werden. Für die Aufwendungen der weiteren Erneuerungen steht nach n Jahren, also zum Zeitpunkt der ersten Erneuerung nach der Ablösungsvereinbarung, mathematisch ausgedrückt durch die Multiplikation der Gleichung mit q^n, ein Betrag von

$$K_e \cdot \frac{1}{q^n - 1}$$

Euro zur Verfügung. Nach weiteren m Jahren, also zum Zeitpunkt der zweiten Erneuerung nach der Ablösungsvereinbarung, mathematisch ausgedrückt durch die Multiplikation der Gleichung mit q^m, steht ein Betrag von

$$K_e \cdot \frac{q^m}{q^m - 1} = K_e \cdot \frac{(q^m - 1) + 1}{q^m - 1} = K_e + K_e \cdot \frac{1}{q^m - 1}$$

Euro zur Verfügung. K_e wird entnommen, sodass wieder der gleiche Betrag wie nach der ersten Erneuerung zur Verfügung steht und die weiteren Erneuerungen durch Verzinsung bezahlt werden können.

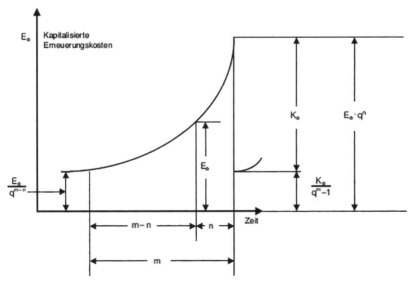

Teil A Gesetzliche Regelungen

(4) Ermittlung einer zeitlich unbegrenzten Unterhaltungsverpflichtung:

Bei einer zeitlich unbegrenzten Unterhaltungsverpflichtung können die kapitalisierten jährlichen Unterhaltungskosten E_u durch folgenden Ansatz hergeleitet werden: Das Kapital E_u muss einen Zinsertrag bringen, der die laufenden jährlichen Unterhaltungskosten deckt:

$$\frac{z}{100} \cdot E_u = \frac{p}{100} \cdot K_u \leftrightarrow E_u = \frac{p}{z} \cdot K_u$$

(5) Ermittlung einer zeitlich begrenzten Unterhaltungsverpflichtung:

Bei einer zeitlich nur begrenzten Unterhaltsverpflichtung über t Jahre ergibt sich die Berechnungsvorschrift für die kapitalisierten jährlichen Unterhaltungskosten (E_u^t) durch die Betrachtung eines nachschüssigen Ansparmodells mit dem Zeithorizont t:

$$E_u^t = K_u \cdot \frac{p}{100} \cdot \frac{q^t - 1}{q^t \cdot (q - 1)}$$

Durch den Übergang $t \to \infty$ ergibt sich wiederum die Formel für die zeitlich unbegrenzte Unterhaltungsverpflichtung.

(6) In den Formeln haben die Berechnungsglieder folgende Bedeutung:

Variable	Bedeutung	Dimension
A	Ablösungsbetrag der Erhaltungskosten	Euro
E	Kapitalisierte Erhaltungskosten	Euro
E_{alt}	Kapitalisierte Erhaltungskosten der alten baulichen Anlage	Euro
E_{neu}	Kapitalisierte Erhaltungskosten der neuen baulichen Anlage	Euro
K_e	Erneuerungskosten der baulichen Anlage	Euro
K_u	Kosten der baulichen Anlage, die der Ermittlung der kapitalisierten Unterhaltungskosten zugrunde zu legen sind	Euro
z	Zinssatz der Kapitalisierung	vom Hundert
q	Zinsfaktor der Kapitalisierung $q = \left(1 + \frac{z}{100}\right)$	[–]
m	Theoretische Nutzungsdauer der fiktiven baulichen Anlage	Jahre
n	Restnutzungsdauer: Anzahl der Jahre vom Zeitpunkt der Fälligkeit der Ablösung bis zur nächsten fälligen theoretischen Erneuerung der alten vorhandenen baulichen Anlage	Jahre
p	Jährliche Unterhaltungskosten der fiktiven baulichen Anlage in Hundertteilen der Kosten K_u	vom Hundert
E_u^t	zeitlich begrenzte Unterhaltungskosten über t Jahre	Euro
t	Zeit der begrenzten Unterhaltungsverpflichtung	Jahre

2.4 Anzuwendender Zinssatz

Der Zinssatz z ist mit 4 % anzusetzen.

2.5 Theoretische Nutzungsdauer

Die theoretische Nutzungsdauer m der Bauwerksteile und der Bauteile beginnt mit dem Jahr der verkehrsbereiten Fertigstellung der baulichen Anlage. Falls bereits Bauwerksteile oder Bauteile erneuert wurden, gilt für diese das Jahr der letzten Erneuerung.

Die theoretische Nutzungsdauer ist ein Erfahrungswert für die mögliche Nutzungsdauer einer baulichen Anlage, eines Bauwerksteils oder eines Bauteils und ist unabhängig von der tatsächlichen Nutzungsdauer bei der Ablösungsberechnung anzuwenden.

2.6 Restnutzungsdauer

Die Restnutzungsdauer n ist unabhängig vom tatsächlichen Zustand der baulichen Anlage stets die Anzahl der Jahre vom Zeitpunkt der Ablösung bis zur nächsten fälligen theoretischen Erneuerung. Nach Ablauf der theoretischen Nutzungsdauer ist die Restnutzungsdauer mit Null anzusetzen.

Wird bei der Ermittlung der Erneuerungskosten nach Nr. 3.1 eine nach Unterbau und Überbau gegliederte Brücke im Fiktiventwurf bspw. durch ein Rahmenbauwerk ersetzt, so ist eine gemeinsame Restnutzungsdauer aus den Restnutzungsdauern von Unterbau und Überbau abzuleiten.

2.7 Tabellen

Die theoretischen Nutzungsdauern m und die Prozentsätze p der jährlichen Unterhaltungskosten der Ingenieurbauwerke sind in Kapitel 4 in den Tabellen 1 bis 6 festgelegt.

Auf beweglichen Brücken sind die Werte nach Tabelle 1 nicht ohne Weiteres anwendbar. Die hierfür anzusetzenden theoretischen Nutzungsdauern m und die Prozentsätze p der jährlichen Unterhaltungskosten bedürfen ggf. besonderer Vereinbarung.

Die theoretischen Nutzungsdauern m und die Prozentsätze p der jährlichen Unterhaltungskosten der Fahrwege von Eisenbahnen, der Straßen und Wege sowie der Ausstattungen von Bundeswasserstraßen und sonstigen schiffbaren Gewässern sind in Kapitel 4 in den Tabellen 7 bis 11 festgelegt.

Kapitel 3 Kostenermittlung

3.1 Ermittlung der Erneuerungskosten

Die Ermittlung der Erneuerungskosten (K_e) erfolgt auf der Grundlage von Fiktiventwürfen. Im Fall der erstmaligen Herstellung einer baulichen Anlage ist ein Fiktiventwurf für die zukünftige Erneuerung zu erstellen.

Im Fall der Änderung einer bestehenden baulichen Anlage sind zwei Fiktiventwürfe erforderlich, von denen der eine für die zukünftige Erneuerung der vorhandenen baulichen Anlage und der andere für die zukünftige Erneuerung der geänderten baulichen Anlage aufzustellen ist. Dabei werden jeweils der Preisstand zum Zeitpunkt der Ablösung und die baulichen Anlagen mit den vorhandenen Grundmaßen in einer zum Zeitpunkt der Ablösung üblichen, wirtschaftlichen Bauweise zugrunde gelegt.

Wenn der zukünftige Erhaltungspflichtige kein Unternehmer im Sinne des Umsatzsteuergesetzes ist (z.B. Bund als Straßenbaulastträger), sind bei den anzusetzenden Kosten, sofern es sich um Unternehmerleistungen handelt, die Bruttokosten zugrunde zu legen. Ist der zukünftige Erhaltungspflichtige Unternehmer im Sinne des Umsatzsteuergesetzes, ist die Berechnung auf Basis von Nettokosten durchzuführen.

Eigenleistungen sind auf der Grundlage von Unternehmerleistungen zu veranschlagen. Soweit Kostenanteile der Erneuerung nicht anhand von Unternehmerleistungen ermittelt werden können, sind diese Kostenanteile in geeigneter Weise nachzuweisen.

Sind bei Lichtsignalanlagen die Erstellungskosten an Instandhaltungsverträge gebunden, so sind die Erneuerungskosten auf der Grundlage von Marktpreisen zu ermitteln.

Erlöse aus der Verwertung oder der Wert nicht mehr benötigter Bauwerksteile und Altstoffe sind von den Kosten abzusetzen.

Alle einmaligen Kosten, die nur bei der Erstellung oder Änderung anfallen, jedoch bei einer späteren Erneuerung nicht wiederkehren (z.B. Hebung von Gleisen, Absenkung von Straßen, Bodenaushub des Verkehrsraums, Pfahlgründungen, Rampen) sind bei der Ermittlung der Erneuerungskosten (K_e) und damit bei der Ablösung nicht zu berücksichtigen.

3.2 Zusammensetzung der Erneuerungskosten

Die Erneuerungskosten (K_e) für bauliche Anlagen setzen sich aus den reinen Baukosten nach Nr. 3.3 bis Nr. 3.5, den Kosten für Abbruch, Behelfszustände, Betriebserschwernisse, Umleitungsmaßnahmen und Sicherungsposten zusammen. Zu den Erneuerungskosten gehören auch die Verwaltungskosten gemäß Nr. 3.10.

Bei der Ermittlung der Erneuerungskosten beziehen sich die Kosten für den Abbruch jeweils auf das abzulösende fiktive Bauwerk und nicht auf das alte vorhandene Bauwerk. Das alte vorhandene Bauwerk dient nur der Bestimmung der Restnutzungsdauer.

3.3 Reine Baukosten der Ingenieurbauwerke

Die reinen Baukosten der Ingenieurbauwerke umfassen die Aufwendungen für die Herstellung aller Bauwerksteile, die zum dauernden Bestand der Ingenieurbauwerke gehören. Dies sind insbesondere die Kosten für zugehörige Erdbauarbeiten, Gründungen, Betonarbeiten, Stahlbauarbeiten, Korrosionsschutz, Abdichtungen und Bauwerksentwässerung. Ebenso gehören hierzu die Kosten für Traggerüste mit Ausnahme der Verschubbahnen (Nr. 3.6), Baugrubenverbau, Wasserhaltung, Baustelleneinrichtung und -räumung sowie die Kosten für die Erstellung der Ausführungsunterlagen (insbesondere statische Berechnungen, Konstruktions- und Ausführungszeichnungen, Baugrunduntersuchungen).

3.4 Reine Baukosten der Fahrwege von Eisenbahnen

Die reinen Baukosten der Fahrwege von Eisenbahnen umfassen neben den Aufwendungen für die Fahrwegsbestandteile im Sinne von Nr. 1.14, die auf den Bau des Fahrwegs entfallenden Kosten für Baustelleneinrichtung und -räumung sowie die Kosten für die Erstellung der Ausführungsunterlagen.

3.5 Reine Baukosten der Straßen und Wege sowie der Ausstattungen für Bundeswasserstraßen und sonstige schiffbare Gewässer

Die reinen Baukosten der Straßen und Wege sowie der Ausstattungen für Bundeswasserstraßen und sonstigen schiffbaren Gewässern umfassen neben den Aufwendungen für die Straßen- und Wegebestandteile im Sinne von Nr. 1.16 bis 1.19, die auf den Bau der Straßen und Wege entfallenden Kosten für Baustelleneinrichtung und -räumung.

Die Kosten für Baustelleneinrichtung und -räumung werden bei Oberbauarbeiten gemäß Nr. 1.16 durch einen Zuschlag von 4 %, bei Erd-, Entwässerungs- und Oberbauarbeiten gemäß Nr. 1.16 bis 1.18 durch einen Zuschlag von 8 % zu den reinen Baukosten berücksichtigt, sofern sie nicht in die Kosten der abzulösenden Leistungen eingerechnet sind.

3.6 Aufteilung der Kosten für Abbruch, Behelfszustände, Betriebserschwernisse, Umleitungsmaßnahmen bei Brückenbauwerken

Bei Ingenieurbauwerken sind die Kosten für Abbruch und für die während der nächsten Erneuerung zur Aufrechterhaltung des Verkehrs notwendigen Behelfszustände einschließlich der Verschubbahnen, Betriebserschwernisse von Eisenbahnen, Umleitungsmaßnahmen auf Unterbau und Überbau und Sicherungsposten entsprechend den Anteilen dieser Bauwerksteile an den reinen Baukosten zu verteilen.

3.7 Aufteilung der Kosten für Abbruch, Behelfszustände, Umleitungsmaßnahmen bei Straßen und Wegen

Bei Straßen und Wegen sind die Kosten für die Aufnahme oder die Teilaufnahme des alten Oberbaus sowie die Kosten für die während der nächsten Erneuerung zur Aufrechterhaltung des Verkehrs notwendigen Behelfszustände und Umleitungsmaßnahmen im Verhältnis der Dicke der zu erneuernden Schichten auf diese aufzuteilen.

Teil A Gesetzliche Regelungen

3.8 Zusammensetzung und Ermittlung der Unterhaltungskosten

Die jährlichen Unterhaltungskosten werden mit pauschalen Prozentsätzen p von K_u ermittelt und kapitalisiert. Für die Ermittlung der Unterhaltungskosten ist der Preisstand z.Zt. der Ablösung maßgebend. Nr. 3.1 gilt entsprechend.

Die Bezugsgröße K_u, die der Ermittlung der kapitalisierten Unterhaltungskosten nach Nr. 3.8.1 bis Nummer. 3.8.3 zugrunde zu legen ist, setzt sich aus den reinen Baukosten nach Nr. 3.3 bis Nr. 3.5 und den anrechenbaren Verwaltungskosten zusammen.

Die Unterhaltungskosten berücksichtigen alle Aufwendungen, die notwendig sind, damit die baulichen Anlagen die theoretische Nutzungsdauer erreichen können. Außerdem beinhalten die Unterhaltungskosten die Aufwendungen für die laufende Überwachung einschließlich Bauwerksprüfungen sowie für Behelfszustände, Betriebserschwernisse und Umleitungsmaßnahmen, die in diesem Zusammenhang anfallen.

3.8.1 Unterhaltungskosten der Ingenieurbauwerke

Zu den Unterhaltungskosten der Brücken zählen insbesondere die Aufwendungen für das Auswechseln von Lagern, die Erneuerung von Abdichtungen und Geländern, die Beseitigung von Setzungsdifferenzen, das Auspressen von Fugen sowie die Instandsetzung von Außenflächen, Kappen und Schutzeinrichtungen.

3.8.2 Unterhaltungskosten der Fahrwege von Eisenbahnen

Zu den Unterhaltungskosten der Fahrwege von Eisenbahnen gehören insbesondere Aufwendungen zur Unterhaltung der Fahrwegsbestandteile gemäß Nr. 1.14 Abs. 1.

3.8.3 Unterhaltungskosten der Straßen und Wege sowie der Ausstattungen für Bundeswasserstraßen und sonstige schiffbare Gewässer

Zu den Unterhaltungskosten der Straßen und Wege sowie der Ausstattungen für Bundeswasserstraßen und sonstige schiffbare Gewässer gehören insbesondere Aufwendungen zur Unterhaltung des Oberbaus, der zugehörigen Entwässerung und der Ausstattungen.

Die Unterhaltungskosten für Straßen und Wege enthalten auch die Aufwendungen für deren Reinigung.

3.8.4 Winterdienst

Die Ablösung von Winterdienstaufgaben ist wegen der außerordentlich unterschiedlichen Gegebenheiten der Einzelfälle nicht Bestandteil dieser Verordnung.

3.9 Energiekosten

Kosten für den durch die bauliche Anlage bedingten Energieverbrauch, wie etwa bei Bahnübergängen und Lichtsignalanlagen, sind in den jährlichen Unterhaltungskosten nicht enthalten. Der Aufwand eines Jahres ist nach der Berechnungsvorschrift für Unterhaltungskosten in Nr. 2.3 zu kapitalisieren und den Unterhaltungskosten zuzuschlagen. § 15 Abs. 3 des Eisenbahnkreuzungsgesetzes bleibt unberührt.

Bei der Berechnung der kapitalisierten Energiekosten gemäß dem zweiten Summanden der Formel in Nr. 2.3 entspricht die Bezugsgröße K_u dem Aufwand eines Jahres zuzüglich Verwaltungskosten i.H.v. 10 % dieses Aufwandes nach Nr. 3.10. Anstelle von p ist der Wert 100 anzusetzen.

3.10 Verwaltungskosten

Mit den Verwaltungskosten i.H.v. 10 % der Kosten nach Nr. 3.3 bis 3.7 sind insbesondere die Aufwendungen für Vorarbeiten, Vorentwürfe, die Bearbeitung des vergabereifen Bauentwurfs, die Vergabe der Bauarbeiten, die Prüfung der statischen Berechnungen und der Ausführungspläne, die Einholung behördlicher Genehmigungen, die örtliche Bauaufsicht (Bauüberwachung) und Bauleitung (Baulenkung), ferner die Stellung von Prüf- und Messgeräten, Messfahrzeugen, Hilfsfahrzeugen für die Bauaufsicht und Bauleitung und von Fahrzeugen für die Probebelastung sowie sonstige Verwaltungstätigkeiten einschließlich des Rechnungs- und Kassendienstes abgegolten.

Ferner sind damit die Aufwendungen für Umweltverträglichkeitsprüfungen, landschaftspflegerische Begleitpläne, schalltechnische Berechnungen sowie die Erstellung und Prüfung von Berechnungen der Ablösungsbeträge der Erhaltungskosten abgegolten.

Kapitel 4 Tabellen der Theoretischen Nutzungsdauern und der Prozentsätze der jährlichen Unterhaltungskosten

Tabelle 1 Brücken

lfd. Nr.	Bauwerksteil	Theoretische Nutzungsdauer m [Jahre]	Jährliche Unterhaltungskosten p [v.H.]
1	2	3	4
1.	Brücken		
1.1	Unterbauten (Widerlager einschließlich Flügelwände, Pfeiler, Stützen, Pylone, jeweils einschließlich Gründungen)		
1.1.1	aus Mauerwerk, Beton, Stahlbeton	110	0,5
1.1.2	aus Pfahlwänden, Schlitzwänden	90	0,5
1.1.3	aus Stahlspundwänden		
1.1.3.1	ohne Korrosionsschutz	50	0,6

Teil A Gesetzliche Regelungen

lfd. Nr.	Bauwerksteil	Theoretische Nutzungsdauer m [Jahre]	Jährliche Unterhaltungskosten p [v.H.]
1	2	3	4
1.1.3.2	mit Korrosionsschutz	70	0,5
1.1.4	aus Stahl	100	0,8
1.1.5	aus Holz	50	2,0
1.2	**Überbauten (Balken, Platten, Bögen, Kastenquerschnitte)**		
1.2.1	aus Stahlbeton	70	0,8
1.2.2	aus Spannbeton		
1.2.2.1	mit internen Spanngliedern	70	1,3
1.2.2.2	mit externen Spanngliedern	70	1,1
1.2.3	aus Stahl	100	1,5
1.2.4	aus Stahl-Beton-Verbundwerkstoffen		
1.2.4.1	Stahltragwerke mit Betonplatte	70	1,2
1.2.4.2	Walzträger in Beton	100	0,8
1.2.4.3	Stahlträger in Beton im Doppelverbund	100	0,6
1.2.5	aus Holz		
1.2.5.1	für Geh- und Radwege (nicht geschützt)	30	2,5
1.2.5.2	für Geh- und Radwege (geschütztes Haupttragwerk)	60	2,0
1.2.5.3	für Straßen (geschütztes Haupttragwerk)	60	2,0
1.3	**Rahmenartige Tragwerke (einschließlich Gründungen und Flügelwände)**		
1.3.1	aus Stahlbeton	70	0,8
1.3.2	aus Spannbeton	70	1,2
1.3.3	aus Stahl	100	1,5
1.4	**Gewölbe (einschließlich Gründungen)**		
1.4.1	aus Mauerwerk, Beton	130	0,6
1.4.2	aus Stahlbeton	110	0,5
1.5	**Wellstahlrohre**	70	0,8

Gesetzestext – Anlage (zu § 2 Abs. 1) **ABBV**

lfd. Nr.	Bauwerksteil	Theoretische Nutzungsdauer m [Jahre]	Jährliche Unterhaltungskosten p [v.H.]
1	2	3	4
1.6	**Sonstige Bauwerksteile**		
1.6.1	Schutzerdungsanlagen Kontaktschienen, Bügelanschlagschienen, Erdleitungen	30	5,0
1.6.2	Fahrleitungseinrichtungen und sonstige Verankerungen von Leitungen an Straßenbrücken		
	Leitungen der Bahn (einschließlich Fahrdrahtaufhängern)	30	5,0
1.6.3	Berührungsschutzanlagen		
1.6.3.1	Schutzplatten aus Stahlbeton	30	0,8
1.6.3.2	Schutzplatten aus Stahl	30	1,2
1.6.3.3	Aufhöhung von Geländern und lückenlose Verkleidung der Geländerteile	30	1,5
1.6.4	Entgleisungsschutz	20	1,0

Tabelle 2 Tunnel

lfd. Nr.	Bauwerksteil	Theoretische Nutzungsdauer m [Jahre]	Jährliche Unterhaltungskosten p [v.H.]
1	2	3	4
2.	**Tunnel**		
2.1	**Herstellung in geschlossener Bauweise**		
2.1.1	mit Entwässerungsanlagen	130	0,9
2.1.2	ohne Entwässerungsanlagen	130	0,6
2.2	**Herstellung in offener Bauweise**	90	0,6
2.3	Betriebstechnische und verkehrstechnische Ausstattungen für Straßentunnel (Beleuchtung, Lüftung, Sicherheitseinrichtungen, zentrale Anlagen, Wechselverkehrszeichen für dynamische Geschwindigkeitsbeschränkungen und Fahrstreifensignalisierung, Schranken [vor dem Tunnelportal] usw.)	20	2,0

Teil A Gesetzliche Regelungen

Tabelle 3 Trogbauwerke

lfd. Nr.	Bauwerksteil	Theoretische Nutzungsdauer m [Jahre]	Jährliche Unterhaltungskosten p [v.H.]
1	2	3	4
3.	Trogbauwerke		
3.1	aus Stahlbeton	110	0,5
3.2	aus Pfahlwänden, Schlitzwänden	90	0,5
3.3	aus Stahlspundwänden	70	0,5

Tabelle 4 Stützbauwerke

lfd. Nr.	Bauwerksteil	Theoretische Nutzungsdauer m [Jahre]	Jährliche Unterhaltungskosten p [v.H.]
1	2	3	4
4.	Stützbauwerke		
4.1	Stützwände		
4.1.1	aus Mauerwerk, Beton, Stahlbeton	110	0,5
4.1.2	aus Pfahlwänden, Schlitzwänden	90	0,5
4.1.3	aus Stahlspundwänden, Trägerbohlwänden	70	0,5
4.2	Sonstige Stützkonstruktionen		
4.2.1	aus mit Erdreich gefüllten Formteilen, vernetztem Erdmaterial	60	1,0
4.2.2	aus Drahtgitterkörben mit Steinfüllung (Gabionen)	50	0,2

Tabelle 5 Lärmschutzbauwerke

lfd. Nr.	Bauwerksteil	Theoretische Nutzungsdauer m [Jahre]	Jährliche Unterhaltungskosten p [v.H.]
1	2	3	4
5.	Lärmschutzbauwerke		
5.1	Gründungen	100	0

Gesetzestext – Anlage (zu § 2 Abs. 1) **ABBV**

lfd. Nr.	Bauwerksteil	Theoretische Nutzungsdauer m [Jahre]	Jährliche Unterhaltungskosten p [v.H.]
1	2	3	4
5.2	Lärmschutzwände		
5.2.1	aus Stahlbeton	60	1,0
5.2.2	aus Holz	30	1,0
5.2.3	aus Acryl- oder Verbundglas	30	1,0
5.2.4	aus Aluminium	40	1,0
5.3	Lärmschutzsteilwälle	60	1,0

Tabelle 6   Sonstige Ingenieurbauwerke

lfd. Nr.	Bauwerksteil	Theoretische Nutzungsdauer m [Jahre]	Jährliche Unterhaltungskosten p [v.H.]
1	2	3	4
6.	Sonstige Ingenieurbauwerke		
6.1	Verkehrszeichenbrücken (einschließlich Beschilderungen)	30	5,0
6.2	Durchlässe aus Mauerwerk, Beton, Stahlbeton, Wellstahl	70	0,8
6.3	Leitwerke	30	4,0

Tabelle 7   Fahrwege von Eisenbahnen

lfd. Nr.	Bauwerksteil	Theoretische Nutzungsdauer m [Jahre]	Jährliche Unterhaltungskosten p [v.H.]
1	2	3	4
7.	Fahrwege von Eisenbahnen		
7.1	Schotterbett, Gleisschwellen, Schienen	30	4,0
7.2	Weichen	20	5,0
7.3	Feste Fahrbahnen	60	1,0

Teil A Gesetzliche Regelungen

lfd. Nr.	Bauwerksteil	Theoretische Nutzungsdauer m [Jahre]	Jährliche Unterhaltungskosten p [v.H.]
1	2	3	4
7.4	**Befestigungen an Bahnübergängen**		
7.4.1	schwere Befestigungen	30	2,0
7.4.2	mittelschwere Befestigungen	20	4,0
7.4.3	übrige Befestigungen	20	6,0
7.5	**Sicherungen an Bahnübergängen**		
7.5.1	Lichtzeichen mit Schranken	30	4,0
7.5.2	Lichtzeichen	30	3,0
7.5.3	elektrische Schranken	35	4,0
7.5.4	sonstige Absperrvorrichtungen	25	2,0

Tabelle 8 Oberbau von Straßen und Wegen

lfd. Nr.	Bauwerksteil	Theoretische Nutzungsdauer m [Jahre]	Jährliche Unterhaltungskosten p [v.H.]
1	2	3	4
8.	**Oberbau von Straßen und Wegen**		
8.1	**Tragschichten**		
8.1.1	ohne Bindemittel	80	0
8.1.2	mit hydraulischen Bindemitteln	35	0
8.1.3	aus Asphalt	40	0
8.2	**Asphaltbinderschichten**	20	0
8.3	**Deckschichten**		
8.3.1	aus Asphaltbeton, Splittmastixasphalt	15	2,0
8.3.2	aus Gussasphalt	25	1,5
8.3.3	aus offenporigem Asphalt	10	3,0
8.4	**Decken aus Beton**	30	1,5

Gesetzestext – Anlage (zu § 2 Abs. 1) **ABBV**

lfd. Nr.	Bauwerksteil	Theoretische Nutzungsdauer m [Jahre]	Jährliche Unterhaltungskosten p [v.H.]
1	2	3	4
8.5	**Asphaltbauweisen – Bauliche Erhaltung**		
8.5.1	Oberflächenbehandlungen	6	3,0
8.5.2	dünne Asphaltdeckschichten	8	2,0
8.6	**Pflasterdecken (einschließlich Bettungen)**		
8.6.1	für Fahrverkehrsflächen	25	3,0
8.6.2	für Flächen mit überwiegend ruhendem Verkehr, Fußgängerzonen	60	0,5
8.7	**Befestigungen von Gehwegen, Radwegen**	25	2,5
8.8	**Ländliche Wege**		
8.8.1	Fundationsschichten	35	0
8.8.2	Tragschichten		
8.8.2.1	ohne Bindemittel	100	0
8.8.2.2	mit hydraulischen Bindemitteln	35	0
8.8.2.3	aus Asphalt	40	0
8.8.3	Asphalttragdeckschichten, Asphaltspurwege	25	2,0
8.8.4	hydraulisch gebundene Tragdeckschichten, Betonspurwege	25	1,5
8.8.5	Deckschichten		
8.8.5.1	ohne Bindemittel	25	5,0
8.8.5.2	mit hydraulischen Bindemitteln	30	1,5
8.8.5.3	aus Asphalt	35	2,0
8.8.5.4	aus Beton	40	1,0
8.8.6	Pflasterdecken (einschließlich Bettungen)	30	1,5
8.9	**Bordsteine**		
8.9.1	aus Naturstein	80	0,5
8.9.2	aus Beton	40	0,5

Tabelle 9 Entwässerung von Straßen und Wegen

lfd. Nr.	Bauwerksteil	Theoretische Nutzungsdauer m [Jahre]	Jährliche Unterhaltungskosten p [v.H.]
1	2	3	4
9.	Entwässerung von Straßen und Wegen		
9.1	Entwässerungseinrichtungen innerhalb der Straßenkörper	80	0,5
9.2	Rohrleitungen zum Vorfluter, Rohrdurchlässe	80	2,0
9.3	Rohrleitungen für Abwasser		
9.3.1	aus Steinzeug	100	2,0
9.3.2	aus duktilem Guss	80	1,0
9.3.3	aus Beton, Stahl, Kunststoff	60	2,0
9.4	Druckrohrleitungen mit Pumpanlagen		
9.4.1	Druckrohrleitungen	50	1,0
9.4.2	Pumpenanlagen (maschinen- und elektrotechnischer Teil)	15	2,0
9.5	Sickerrohrleitungen	60	2,0
9.6	Gräben, Mulden	50	5,0
9.7	Straßenabläufe, Prüfschächte, Ablaufschächte, Schachtabdeckungen	50	1,0
9.8	Mechanische Absetzbecken, Rückhaltebecken, Überlaufbecken, Versickerbecken, Leichtflüssigkeitsabscheider		
9.8.1	aus Beton	60	1,0
9.8.2	als Erdbauwerk	90	2,0
9.9	Mechanische Einbauten in Leichtflüssigkeitsabscheidern	25	2,5

Gesetzestext – Anlage (zu § 2 Abs. 1) **ABBV**

Tabelle 10 Ausstattungen von Straßen und Wegen sowie Bundeswasserstraßen und sonstigen schiffbaren Gewässern

lfd. Nr.	Bauwerksteil	Theoretische Nutzungsdauer m [Jahre]	Jährliche Unterhaltungskosten p [v.H.]
1	2	3	4
10.	Ausstattungen von Straßen und Wegen sowie Bundeswasserstraßen und sonstigen schiffbaren Gewässern		
10.1	Nicht vorgefertigte Markierungssysteme		
10.1.1	Farben		
10.1.1.1	für stark belastete Straßen	1	0
10.1.1.2	für schwach belastete Straßen	3	0
10.1.2	High-Solid-Dispersionen, reaktive Stoffe, thermoplastische Stoffe		
10.1.2.1	für stark belastete Straßen	2	0
10.1.2.2	für schwach belastete Straßen	4	0
10.2	**Vorgefertigte Markierungssysteme (Folien)**		
10.2.1	für stark belastete Straßen	4	0
10.2.2	für schwach belastete Straßen	7	0
10.3	**Fahrzeugrückhaltesysteme**		
10.3.1	Stahlschutzplanken	30	0,5
10.3.2	Schutzwände aus Beton, Stahl	40	2,0
10.4	**Verkehrszeichen**		
10.4.1	Verkehrsschilder (einschließlich Aufstellvorrichtungen) – auch für Schifffahrt		
10.4.1.1	bis 1 m²	10	3,0
10.4.1.2	über 1 m²	15	3,0
10.4.2	Radarreflektoren (für die Schifffahrt)	30	3,0
10.5	**Leitpfosten u.Ä.**		
10.5.1	Leitpfosten an Straßen und Wegen	10	10,0
10.5.2	Leitpfähle, Dalben und Absetzpfähle im Bereich von Bundeswasserstraßen und sonstigen schiffbaren Gewässern	15	5,0

Teil A Gesetzliche Regelungen

lfd. Nr.	Bauwerksteil	Theoretische Nutzungsdauer m [Jahre]	Jährliche Unterhaltungskosten p [v.H.]
1	2	3	4
10.6	Straßenbeleuchtung	30	1,0
10.7	Lichtsignalanlagen		
10.7.1	Signalmaste	30	4,0
10.7.2	Signalgeber	20	4,0
10.7.3	Signalsteuergerät	15	4,0
10.7.4	Kabel	30	0
10.7.5	Kabelschächte	50	0
10.7.6	Induktionsschleifen	7	0
10.7.7	Infrarotdetektoren	15	0
10.8	Verkehrsbeeinflussungsanlagen	15	6,0

Tabelle 11 Geländer, Zäune, Mauern, Böschungsbefestigungen an Straßen und Wegen

lfd. Nr.	Bauwerksteil	Theoretische Nutzungsdauer m [Jahre]	Jährliche Unterhaltungskosten p [v.H.]
1	2	3	4
11.	Geländer, Zäune, Mauern, Böschungsbefestigungen an Straßen und Wegen		
11.1	Geländer (nicht auf Ingenieurbauwerken)		
11.1.1	aus Stahl	50	1,2
11.1.2	aus Aluminium	50	0,6
11.1.3	aus Holz	20	2,5
11.2	Zäune		
11.2.1	mit Holzpfosten	15	2,0
11.2.2	mit Betonpfosten, Stahlpfosten	30	1,5
11.2.3	Wildschutzzäune	20	5,0
11.2.4	Blendschutzzäune	30	2,0
11.2.5	Steinschlagschutzzäune mit Fangnetz	50	3,0

lfd. Nr.	Bauwerksteil	Theoretische Nutzungs-dauer m [Jahre]	Jährliche Unterhal-tungskosten p [v.H.]
1	2	3	4
11.3	Mauern, Begrenzungen aus Mauerwerk, Beton, Stahlbeton	110	0,5
11.4	Böschungsbefestigungen		
11.4.1	aus Pflaster	110	0,5
11.4.2	aus Rasen (einschließlich Oberboden)	100	8,0

Teil B. Einführung in das Kreuzungsrecht

I. Begriffe

Unter **Kreuzungsrecht im weiteren Sinne** wird man alle Rechtsbeziehungen zu verstehen haben, die sich ergeben, wenn sich zwei oder mehrere technische Anlagen oder Einrichtungen verschiedener Rechtsträger in einem Raume überschneiden, mehr oder weniger behindern und aufeinander Rücksicht nehmen müssen, meist mit der Folge, dass für ihre Erstellung, Unterhaltung, Inbetriebhaltung und Änderung höhere Kosten entstehen.

Unter Kreuzungsrecht in diesem Sinne fallen also sowohl bürgerlich-rechtliche als auch öffentlich-rechtliche Rechtsbeziehungen. Es kommt auch nicht darauf an, ob die Anlagen und Einrichtungen privaten oder öffentlichen Zwecken dienen, auch nicht, ob für sie ein Enteignungsrecht gegeben ist. Es fallen darunter auch nicht nur Anlagen und Einrichtungen des Verkehrs, sondern auch solche der Energieversorgung, der Abwasserbeseitigung, der Fernsprechleitungen, der Telekommunikationslinien, der Pipelines und sonstiger Leitungen.

Eine einheitliche gesetzliche Regelung für das **Kreuzungsrecht im weiteren Sinne** besteht nicht. Von einigen speziellen Rechtsvorschriften abgesehen, beruhen die Rechtsbeziehungen der Beteiligten meist entweder auf Verträgen, Verleihungsurkunden (Konzessionen) oder Planfeststellungen.

Unter **Kreuzungsrecht im engeren Sinne** sollen alle diejenigen Rechtsbeziehungen verstanden sein, die Kreuzungsanlagen und -einrichtungen von Trägern öffentlicher Aufgaben betreffen. Hierunter fallen in erster Linie die Anlagen und Einrichtungen aller Unternehmen, die Aufgaben im Interesse des allgemeinen Wohles erfüllen, denen also in der Regel das Enteignungsrecht für ihre Anlagen zusteht.

Die Rechtsverhältnisse an diesen Kreuzungen müssen aber nicht unbedingt öffentlich-rechtlich geregelt werden, es können also auch für sie bürgerlich-rechtliche Verträge abgeschlossen werden, soweit nicht Gesetze etwas anderes bestimmen.

Die Rechtsbeziehungen dieser Art sind zu einem Teil bereits durch Gesetze geregelt, so insbesondere durch das EKrG, § 12–13b FStrG, §§ 40–43 WaStrG, TKG. Daneben bestehen folgende Regelungen in den Landesstraßengesetzen: §§ 29–33 StrG BW, Art. 31–33a BayStrWG, §§ 28–32 BbgStrG, §§ 13, 14 BremLStrG, §§ 29–30b HStrG, §§ 37–42 StrWG-MV, §§ 33–35c NStrG, §§ 33–36 StrWG NRW, §§ 18–20b LStrG-RP, §§ 34–36b SaarlStrG, §§ 29–34 SächsStrG, §§ 28–32 StrG LSA, §§ 34–37 StrWG SH und §§ 28–33 ThürStrG.

Nicht unter das Kreuzungsrecht fällt das Recht der Mitbenutzung einer technischen Anlage durch eine andere in der Längsrichtung, wie dies z.B. in dem § 32 PBefG, in verschiedenen Landeseisenbahngesetzen und auch in §§ 68 ff. TKG geregelt ist.[1]

---

1 S. § 1 EKrG Rdn. 25 ff. und 65 ff.

8   Das **Eisenbahnkreuzungsrecht** umfasst die Rechtsbeziehungen für Kreuzungen, bei denen Eisenbahnen und öffentliche Straßen, in bestimmten Fällen auch Straßenbahnen und Anschlussbahnen beteiligt sind.

II. Kreuzungsrechts-Prinzipien

9   Die Regelungen der Rechtsbeziehungen zwischen den an einer Kreuzung Beteiligten war schon von jeher verschiedenartig und uneinheitlich. Es lassen sich aber aus den bisherigen Regelungen durchaus gewisse Prinzipien feststellen, die aber ihrerseits noch zahlreiche Varianten erkennen lassen. Diese Kreuzungsrechts-Prinzipien gelten aber nicht generell für das gesamte EKrG, vielmehr muss jede Normierung gesondert daraufhin untersucht werden, welches Prinzip der Gesetzgeber in dieser Regelung konkret zum Ausdruck gebracht hat.[2]

10 Um Wiederholungen im Kommentar zu vermeiden, sollen hier die gebräuchlichsten Prinzipien kurz dargestellt und erläutert werden.

1. Das Prioritätsprinzip

11 Das Prioritätsprinzip besagt, dass der später Hinzugekommene dem früher (prior tempore, potior jure) Dagewesenen alle Kosten zu erstatten hat, die sich aus der Kreuzung ergeben, und zwar für alle Zeiten. Es fallen daher unter diese Kosten auch die Kosten aller späteren Änderungen der Kreuzung, auch wenn die Änderung durch die Verkehrsentwicklung des früher Dagewesenen veranlasst wird.

12 Die Regelung nach dem Prioritätsprinzip ergibt sich nicht aus Gesetzen unmittelbar, sondern sie hat ihre Grundlage in Planfeststellungen, Konzessionen oder Verträgen in Anwendung der §§ 4, 14 PrEisenbahnG und § 14 PrEnteignG gefunden. In den Planfeststellungen konnte angeordnet werden, dass der Unternehmer der neuen Anlage die Nachteile auszugleichen hatte, die durch den infolge der Anlage bewirkten Eingriff in die bestehenden Verhältnisse herbeigeführt wurden, wobei das Maß des zu Leistenden durch das jeweils gegebene Verkehrsbedürfnis bestimmt wurde.[3] Während in Deutschland eine positive gesetzliche Regelung des Prioritätsprinzips nicht feststellbar ist, war sie wohl in Art. 15 des schweizerischen Eisenbahngesetzes von 1873 enthalten gewesen.[4]

13 Der entscheidende Nachteil eines reinen Prioritätsprinzips liegt darin, dass mit ihm auf ewige Zeiten ein Rangordnungsverhältnis festgelegt wird, das nach Jahrzehnten der technischen und wirtschaftlichen Entwicklung nicht standhalten kann und dann schließlich zu unbilligen und unertragbaren Verhältnissen führt.[5]

---

2 BVerwG, VkBl. 1975, 549 f.
3 *Germershausen*, I S. 351–355, OVGE 30, 195.
4 *Hunziker*, S. 53.
5 *Ottmann*, ZVDEV 1925, 879.

Eine besondere Regelung des **Prioritätsprinzips mit Vertrauensschutz** war in § 5 Abs. 2 der Richtlinien über Kreuzungen der Reichsautobahnen mit Elektrizitätsversorgungsanlagen vom 30.09.1938 enthalten. Nach Satz 1 galt für neue Kreuzungen von Versorgungsanlagen mit Autobahnen das Prioritätsprinzip, denn die EVU hatten Änderungskosten auch dann zu tragen, wenn sie durch spätere Änderungsmaßnahmen der Autobahnen veranlasst worden sind. Dies galt aber nicht in den ersten 10 Jahren nach der Gestattung. Insoweit genoss also auch der später hinzugekommene Unternehmer einen Vertrauensschutz; er konnte darauf vertrauen, dass ihm in den ersten 10 Jahren keine Änderungskosten erwachsen werden.

2. Das Veranlassungsprinzip

Das Veranlassungsprinzip (auch Verursachungsprinzip genannt) besagt, dass jeweils derjenige Beteiligte, der eine Maßnahme veranlasst, dem anderen Beteiligten die dadurch entstehenden **Mehrkosten** zu erstatten hat. Handelt es sich um eine neue Kreuzung, so ist der Neuhinzugekommene der Veranlasser. Seine besondere Bedeutung hat das Veranlassungsprinzip naturgemäß in den Fällen der Änderung bestehender Kreuzungen. Seinen ersten gesetzlichen Niederschlag hat dieses Prinzip in § 39 des Reichsbahngesetzes von 1924[6] gefunden, wonach die Änderungskosten jeweils der Träger desjenigen Verkehrsweges zu tragen hatte, dessen Verkehr die Änderung veranlasst hatte. Waren die Änderungen durch beide Verkehrswege veranlasst, so waren die Änderungskosten zwischen beiden angemessen zu verteilen. Damit war das Eisenbahnkreuzungsrecht in Deutschland erstmals kodifiziert, wenn auch zunächst beschränkt auf diejenigen Kreuzungen, bei denen die Reichsbahn beteiligt war. Es erstreckte sich aber auf alle Verkehrswege, also z.B. auch auf die Wasserstraßen.

Hinsichtlich der Änderungen von Kreuzungen geht das Veranlassungsprinzip davon aus, dass mit der Schaffung der Kreuzung ein Ruhezustand geschaffen worden ist (Ausgangslage), und dass jeweils derjenige die Änderungen an diesem Zustand zu vertreten und auch die Kosten zu tragen hat, dessen Verkehrsweg eine Änderung der Kreuzungsanlage erfordert.

Das Veranlassungsprinzip – der Kausalitätslehre folgend – erscheint billig und gerecht, soweit und solange die Verursachung eindeutig festgestellt werden kann. Es bereitet aber Schwierigkeiten in seiner Anwendung und Durchführung, wenn beide Verkehrswege Änderungen unterworfen sind und der Grad der Verursachung nicht ohne Weiteres feststellbar ist. Insbesondere war es schwer, den Zeitpunkt für den Vergleich der Verkehrsverhältnisse zu finden. Dann können langwierige Auseinandersetzungen zwischen den Beteiligten die Folge sein mit der Wirkung, dass dringend notwendige Verbesserungsmaßnahmen unterbleiben oder zu spät durchgeführt werden.

---

6 RGBl. II S. 272.

Teil B Einführung in das Kreuzungsrecht

18   Im Eisenbahnkreuzungsrecht hat das Veranlassungsprinzip Eingang gefunden in den Art. 25 ff. des schweizerischen Eisenbahngesetzes vom 20.12.1957. Bei Änderungen hat danach derjenige Träger des Verkehrsweges die gesamten Änderungskosten allein zu tragen, dessen Verkehrsbedürfnisse **vorwiegend** die Änderung bedingen, soweit es sich um die Beseitigung von Bahnübergängen handelt. Bei sonstigen Änderungen haben beide die Kosten in dem Verhältnis zu tragen, als die Entwicklung des Verkehrs auf ihren Anlagen sie bedingt. Das Gesetz gibt aber keinen Anhalt dafür, bis in welche Zeit zurück die Entwicklung berücksichtigt werden muss, auch nicht, ob und inwieweit die Entwicklung berücksichtigt werden kann oder muss.

19   Das österreichische Eisenbahngesetz vom 07.03.1957 regelt in § 48 die Rechtsverhältnisse zwischen Eisenbahnen und Straßen z.T. nach dem Veranlassungsprinzip. Die Kosten von Änderungen sind hiernach zu verteilen nach Maßgabe der seit der Erteilung der Baugenehmigung für die Kreuzung (Ausgangslage) eingetretenen Änderungen des Eisenbahn- oder Straßenverkehrs, der durch die bauliche Umgestaltung erzielten Verbesserungen der Abwicklung des Eisenbahn- oder Straßenverkehrs, der hierdurch allfälligen Ersparnisse und der im Sonderinteresse eines Verkehrsträgers aufgewendeten Mehrkosten. Die Bemessungsgrundlagen sind offensichtlich derartig zahlreich und in sich nicht homogen, sodass eine einwandfreie Berechnung der Kostenanteile der Beteiligten außerordentliche Schwierigkeiten bereiten dürfte.[7]

20   Im Straßenkreuzungsrecht – also bei Kreuzungen mehrerer Straßen – gilt das Veranlassungsprinzip vielfach nur für bestimmte Fälle, so z.B. bei der Errichtung neuer oder der Änderung höhenungleicher Kreuzungen von Bundesfernstraßen (§ 12 Abs. 1 und 3 FStrG), sowie von Straßen in Bayern (Art. 32 Abs. 1 und 3 BayStrWG), Baden-Württemberg (§ 30 Abs. 1 und 3 StrG BW), Hessen (§ 29a Abs. 1 und 3 HStrG), Niedersachsen (§ 34 Abs. 1 und 3 NStrG), Rheinland-Pfalz (§ 19 Abs. 1 und 3 LStrG RP), Saarland (§ 35 Abs. 1 und 3 SaarlStrG), Sachsen (§ 30 Abs. 1 und 3 SächsStrG), Sachsen-Anhalt (§ 29 Abs. 1 und 3 StrG LSA), Schleswig-Holstein (§ 35 Abs. 1 und 3 StrWG SH) und Thüringen (§ 29 Abs. 1 und 3 ThürStrG). In den genannten Straßengesetzen finden sich vom Veranlassungsprinzip abweichende Regelungen insbesondere bei der Änderung höhengleicher Kreuzungen, deren Kostenfolge sich ausschließlich nach den Fahrbahnbreiten – also nach der regelmäßigen Verkehrsbedeutung der beteiligten Straßenäste (Wertigkeitsprinzip) – richtet. Das Veranlassungsprinzip kann daher nicht als ein in Deutschland allgemein anerkanntes Rechtsprinzip angesehen werden.[8] Das BVerwG[9] hat es daher nicht für angängig gehalten, diesem Prinzip in einzelnen Enteignungsverfahren zum Sieg zu verhelfen.

21   Eine Verfeinerung des Veranlassungsprinzips ist das **Veranlassungsprinzip mit Vorteilsausgleich**. Hiernach hat derjenige Beteiligte, der nach dem Veranlassungsprinzip an sich nichts zu den Änderungskosten beizutragen hätte, sich wenigstens insoweit an den Kosten zu beteiligen, als er durch die Maßnahme Ersparnisse gegenüber dem

---

7 S. Rdn. 23 ff.
8 Vgl. BVerwG, VkBl. 1975 S. 549.
9 DÖV 1962, 183.

bisherigen Zustand erzielt. Dies war z.b. früher der Fall, wenn die Eisenbahn bei Beseitigung eines Bahnübergangs durch den Bau einer Überführung die Kosten für die Unterhaltung und den Betrieb einer Schranke einsparte. Dies gilt jetzt bei Änderung von Überführungen. (§§ 3, 12 EKrG).

Die Regelung des Vorteilsausgleichs fand sich in § 39 Reichsbahngesetz 1930, wonach der andere Beteiligte in jedem Fall für die Veränderungskosten in dem Umfange herangezogen werden sollte, als er von der Veränderung finanzielle Vorteile hatte. Ähnliche Regelungen finden sich auch in Art. 27 Abs. 1 des Schweizer Eisenbahngesetzes und § 48 des österreichischen Eisenbahngesetzes. Die Straßengesetze des Bundes und der Länder kennen die Regelung des Vorteilsausgleichs nicht. Die Verpflichtung zum Vorteilsausgleich ist zwar im Schadensrecht allgemein anerkannt, nicht aber in den öffentlich-rechtlichen Beziehungen. Es gilt daher im Kreuzungsrecht nur in den Fällen, in denen es ausdrücklich gesetzlich normiert ist. 22

3. Das Interessenprinzip

Nach dem Interessenprinzip soll grundsätzlich derjenige Beteiligte die Änderungskosten tragen, der der hauptsächliche Nutznießer (Interessent) der Maßnahme ist. Es kommt hier also nicht auf die Ursache (Veranlassung), sondern mehr auf das Verlangen (Interesse) an. Nach *Maschke*[10] enthält § 48 Abs. 2 des österreichischen Eisenbahngesetzes (EisbG) vom 17.03.1957 (BGBl. S. 476 [Österreich]) ein modifiziertes Interessenprinzip (Kostentragung durch den hauptsächlichen Nutznießer unter Beitragsleistung des anderen Verkehrszweiges nach Maßgabe allfälliger Ersparnisse [Vorteilsausgleich] oder einseitig verursachter Kosten). Nach *Maschke* sollte ein Schiedsgericht ein Gutachten darüber abgeben, »wie das Interesse der beteiligten Verkehrsträger zu bewerten ist«. Eine entsprechende Regelung hat inzwischen Eingang in das Gesetz gefunden. Nach § 48 Abs. 4 EisbG hat sich die zuständige Behörde bei der Kostenfestsetzung des Gutachtens einer Sachverständigenkommission zu bedienen. Er meint aber, dass sich das Prinzip mit dem »Veranlassungsprinzip mit Vorteilsausgleich« decke. Im Gesetzeswortlaut kommt das Interessenprinzip gegenüber der Fassung des Veranlassungsprinzips dadurch zum Ausdruck, dass die Kosten zu verteilen sind nach Maßgabe der seit der Baugenehmigung für die Kreuzung eingetretenen Änderung des Eisenbahn- oder Straßenverkehrs (Veranlassung), der durch die bauliche Umgestaltung erzielten Verbesserung der Abwicklung des Eisenbahn- oder Straßenverkehrs (Interesse), der hierdurch allfälligen Ersparnisse (Vorteilsausgleich) und der im Sonderinteresse eines Verkehrsträgers aufgewendeten Mehrkosten (Interesse). Es sind also vier Faktoren zu berücksichtigen, von denen der des Interesses allerdings das Hauptgewicht zu haben scheint. 23

Das Interesse wird sich wohl vielfach mit der äußeren Veranlassung decken, nicht aber immer mit der inneren Veranlassung. 24

---

10 *Maschke*, Zeitschrift für Verkehrsrecht, Wien 1962, 169.

25 Von den bisher getroffenen und von *Maschke* zitierten Entscheidungen interessieren insbesondere die folgenden:
- Die Kosten zusätzlicher Sicherung eines beschrankten Bahnüberganges mit optischen Einrichtungen zur Ankündigung der Schrankenschließung werden, da sich der Eisenbahnverkehr nicht geändert hat, zunächst voll dem Träger der Straßenbaulast angelastet, jedoch muss sich die Eisenbahn zu 15 % an den Kosten beteiligen, weil sie insofern gewisse Ersparnisse erziele, als durch diese zusätzlichen Einrichtungen Unfälle und Schrankenbeschädigungen vermieden würden und sich dadurch das Unfallrisiko und Zugverspätungen und sonstige Behinderungen verringerten.
- Ähnliches wurde entschieden für die Anbringung eines rückstrahlenden Belages an den Schrankenbäumen.
- In einem anderen Falle lautete das Gutachten hinsichtlich der Errichtung und Erhaltung einer fernbedienten Halbschrankenanlage samt Vorblinkung und Vorläutewerk, dass 90 % von der Straße und 10 % von der Bahn zu tragen seien, dass die Bahn aber zusätzlich die Kosten für die Erhaltung und Inbetriebhaltung dieser Anlage allein zu tragen habe.

26 Bei der Einführung des Veranlassungsprinzips im Reichsbahngesetz 1924 hat sich das damals auch im Gespräch befindliche Interessenprinzip nicht durchgesetzt, weil es als unbillig empfunden wurde, z.B. in dem Fall, dass die Eisenbahn dann nicht zu den Kosten herangezogen werden sollte, wenn allein deren gesteigerter Verkehr eine Überführung notwendig machte. Diese damals noch begründeten Bedenken verloren bei dem unerhörten Anstieg des Kraftverkehrs gegenüber der Entwicklung des Eisenbahnverkehrs an Gewicht. Daher ist die Anwendung des Interessenprinzips in den Fällen des § 12 EKrG durchaus vertretbar.

4. Das Wertigkeitsprinzip

27 Das Wertigkeitsprinzip besagt, dass die Kosten für Kreuzungsänderungen auf die Beteiligten nach dem Verkehrswert ihrer Verkehrswege aufgeteilt werden sollen.

28 Dieses Prinzip hat erstmals Anwendung gefunden im Kreuzungsgesetz von 1939. In der Begründung zu diesem Gesetz steht, dass es von dem Gedanken ausgeht, dass Straßen und Eisenbahnen für den Verkehr gleichwertige Verkehrswege sind, und dass Umgestaltungen an ihren Kreuzungen der Abwicklung des Verkehrs auf beiden Verkehrswegen gemeinsam dienen, selbst wenn die Verkehrsverhältnisse nur eines der beteiligten Verkehrswege die Umgestaltung auslösen. Da das KrG von der Gleichwertigkeit der beiden Verkehrswege Schiene und Straße ausgegangen ist, hat man das dort verankerte Prinzip auch als **Äquivalenzprinzip** bezeichnet.

29 Mag man auch den Grundsatz der Gleichwertigkeit im Ganzen gesehen als vertretbar ansehen, so haben sich doch in der praktischen Durchführung dieses Grundsatzes insbesondere nach dem Zweiten Weltkrieg ganz große Schwierigkeiten ergeben, weil die Beteiligten trotz dieses gesetzlich niedergelegten Grundsatzes im Einzelfall mehr darauf gesehen haben, ob sie an der Änderung ein unmittelbares Interesse ha-

ben. Fehlte dieses, so war eine Einigung über zu treffende Änderungsmaßnahmen, insbesondere aber über die gesetzliche Kostenteilung, kaum oder nicht zu erreichen.

Im Einzelfall war auch vielfach eine Gleichwertigkeit in keiner Weise gegeben, so insbesondere, wenn es sich z.b. um Kreuzungen zwischen einer Bundesautobahn und einer Nebenbahn oder einer Hauptbahn und einem untergeordneten Gemeindeweg handelte. 30

Wo die Veranlassung einwandfrei feststellbar war, hatte das KrG auch für Kreuzungsänderungen den Veranlassungsgrundsatz beibehalten, z.b. wenn Straßen zu Bundesautobahnen oder Anschlussbahnen zu Eisenbahnen des öffentlichen Verkehrs, oder wenn nichtkraftfahrzeugfähige Straßen zu kraftfahrzeugfähigen Straßen ausgebaut wurden (§ 7 KrG). 31

Das Wertigkeitsprinzip hatte auch im FStrG 1953 bei Straßenkreuzungen Anwendung gefunden, in dem es die Kreuzungsänderungskosten unabhängig von der Veranlassung nach den Fahrbahnbreiten auf die Beteiligten verteilte, also etwa in den Fahrbahnbreiten die Wertigkeit der Straßen ihren Ausdruck finden ließ. Dieses Prinzip gilt z.T. auch beim gleichzeitigen Neubau und bei der Neuschaffung von Anschlussstellen (§ 12 Abs. 2 FStrG). 32

Das Wertigkeitsprinzip hat bei Straßen zweifellos den Vorteil, dass die Kostenanteile verhältnismäßig leicht und einfach ermittelt werden können, aber auch den Nachteil, dass meist einer der Beteiligten uninteressiert ist, soweit er keinen Vorteil sieht oder nicht genügend Mittel zur Verfügung hat. Der schlechte Wille oder das Unvermögen eines Beteiligten siegen dann leicht über den guten Willen des Gesetzgebers. 33

Im Verhältnis Schiene-Straße ist ein Vergleichsmaßstab nur schwer zu finden. 34

Eine besondere Behandlung hat das Wertigkeitsprinzip bei gleichzeitigen Maßnahmen gefunden. Das Äquivalenzprinzip (Hälfteteilung) ist geregelt in § 6 Abs. 1 KrG und § 11 Abs. 2 EKrG, das Wertigkeitsprinzip nach Fahrbahnbreiten in § 12 Abs. 2 FStrG, Art. 32 Abs. 2 BayStrWG, § 29 Abs. 2 BbgStrG, § 30 Abs. 2 StrG BW, § 29a HStrG, § 34 Abs. 2 StrWG NRW, § 34 Abs. 2 NStrG, § 19 Abs. 2 LStrG RP, § 35 Abs. 2 StrG SL, § 30 Abs. 2 SächsStrG, § 29 Abs. 2 StrG LSA, § 35 Abs. 2 StrWG SH und § 29 Abs. 2 ThürStrG stets, wenn beide Straßen neu angelegt werden. 35

Eine besondere Ermittlung der Wertigkeit bei Straßenkreuzungen brachte § 29 Abs. 4 HStrG a.F., der die Kosten für die Änderung höhengleicher Kreuzungen zu einem Drittel nach Fahrbahnbreiten, zu einem weiteren Drittel nach der Verkehrsdichte auf die Beteiligten verteilt und das letzte Drittel der höher klassifizierten Straße auferlegt. 36

5. Das Funktionsprinzip

Die Zuständigkeiten für die Erhaltung und Inbetriebhaltung sowie für die Kostentragung der Eisenbahn- und Straßenanlagen im Bereich der Kreuzungen richten sich grundsätzlich nach dem sog. Funktionsprinzip. Das heißt: Zuständig ist jeweils der 37

Aufgabenträger für seine Anlagen. Diese Regelung beruht im Wesentlichen auf Praktikabilitätserwägungen, die dazu geführt haben, dass eindeutige Zuständigkeiten und klare Verantwortlichkeiten ein zwingendes Sicherheitsgebot darstellen (§ 14 EKrG).

38 Der Gesetzgeber hat nur besonders bedingte Ausnahmen zugelassen, nämlich hinsichtlich des dem Kreuzungsverkehr bei Bahnübergängen dienenden Kreuzungsstücks und bis zum 31.12.1993 hinsichtlich des Übergangs der entsprechenden Baulast bei Überführungen von Straßen in der Baulast der Kreise und Gemeinden, der erst nach einer wesentlichen Änderung oder Ergänzung der Kreuzung eintreten soll (§ 14 Abs. 2 Nr. 1, § 19 Abs. 1 Satz 3 EKrG a.F.).

39 Die Regelung der Unterhaltungslast nach der neuen Regelung des EKrG ist von der Rechtsprechung anerkannt worden.[11]

6. Die Kreuzung als Gemeinschaftsanlage

40 Vielfach wird versucht, die Rechtsbeziehungen der an einer Kreuzung Beteiligten nach den Grundsätzen einer notwendigen Gemeinschaft, die Kreuzungsanlage also als Gemeinschaftsanlage zu behandeln. Wo eine notwendige Gemeinschaftsaufgabe zu erfüllen ist, haben die Beteiligten gemeinschaftlich dazu beizutragen, dass die Aufgaben, insbesondere die Aufgaben im Interesse des öffentlichen Wohles, in bestmöglicher Weise und weitgehender gegenseitiger Rücksichtnahme erfüllt werden. Das öffentliche Recht hat aber noch kein hierfür passendes positives Recht gesetzt. Auch eine analoge Anwendung des bürgerlichen Rechts, insbesondere der Vorschriften über die Gesellschaft oder die Gemeinschaft, muss versagen. Man muss also auf die jeweiligen Einzelregelungen in den einschlägigen Gesetzen zurückgreifen und kann nicht ein allgemein geltendes Recht für Gemeinschaftsanlagen heranziehen.

41 Im Verhältnis Schiene und Straße spielt in gewissem Umfang auch das Problem der Gleichheit der Wettbewerbsbedingungen eine Rolle. Die Schiene hat kraft ihres Vorrangs stets freie Fahrt an allen Bahnübergängen (Werbeslogan »Garantiert grüne Welle«), braucht also keine Behinderung der freien Fahrt in Kauf zu nehmen, wohl aber muss der Kraftwagen vor geschlossenen Schranken und vor herannahenden Zügen anhalten und oft lange Wartezeiten in Kauf nehmen. Die Beseitigung von Bahnübergängen dient daher nicht nur der Sicherheit und der Abwicklung des Verkehrs auf der Straße, sondern zugleich der Herstellung gleicher Wettbewerbsbedingungen. So mag es auch verständlich sein, dass die Interessenlage bei der Beseitigung von Bahnübergängen unterschiedlich ist.

42 Andererseits hielten es die Eisenbahnen für erforderlich, dass sich die Straßen an den Unterhaltungs- und Betriebskosten der Bahnübergänge beteiligen, weil sie sonst einseitig mit Wegekosten belastet wären. Desgleichen verlangten sie auch zur Herstellung gleicher Wettbewerbsbedingungen, dass die Straßen die Änderungskosten, die durch die Zunahme des Verkehrs bedingt sind, allein tragen sollen.

---

11 BVerfG, Urt. v. 12.10.1973 – IV C 56.70, VkBl. 1974, 291; BVerfG, Urt. v. 13.11.1974 – 1 BvL 27/73 – VkBl. 1975, 104.

Ottmann[12] kommt zu dem Ergebnis, man solle das Wegenetz als Einheit in der Hand des Staates ansehen, und es sei Sache des Staates, die Infrastruktur zu schaffen, wobei die Aufbringung der Mittel ein steuertechnisches und kein Transportproblem sei. Damit würden auch zeitraubende Streitigkeiten vermieden werden, und er bezeichnet seinen Vorschlag als »Integrationsprinzip«. 43

Als ein Element der Gemeinschaftsaufgabe wird man auch die Mitwirkungspflichten der Kreuzungsbeteiligten verstehen können. Die gemeinsame Kreuzungsbaulast der Beteiligten – § 1 Abs. 6 EKrG – bewirkt ein Geflecht von Duldungs-, Mitwirkungs- und Leistungspflichten, die weiter gehen als das Gebot der Rücksichtnahme. Aufgrund dieser rechtlichen Sonderverbindung zwischen den Kreuzungsbeteiligten kann auch die analoge Anwendung des § 278 BGB möglich sein.[13] 44

Demgegenüber sieht das OVG Sachsen-Anhalt[14] aufgrund der Besonderheiten im Eisenbahnkreuzungsrecht keinen Raum für eine analoge Anwendung des Zivilrechts. 45

Mit der Annahme einer Gemeinschaftsaufgabe der Beteiligten ist jedoch nichts gewonnen für die Frage der Kostentragung und -verteilung und für die Erstellungs-, Unterhaltungs-, Inbetriebhaltungs- und Änderungskosten. 46

Im BT-Ausschuss für Verkehr, Post- und Fernmeldewesen hat man bewusst davon Abstand genommen, sich für ein bestimmtes der angeführten Prinzipien zu entscheiden oder festzulegen. Man hielt es vielmehr für richtig, eine für die Beseitigung der beim KrG aufgetretenen Schwierigkeiten geeignete praktikable Lösung zu finden. Die Rechtsprechung hat inzwischen den Gesichtspunkt der Gemeinschaftsanlage verstärkt bei Entscheidungen herangezogen. 47

III. Entwicklung des Eisenbahnkreuzungsrechts

1. Regelungen vor 1924

Die früheren Eisenbahn- und Wegerechtsgesetze enthielten meist nur vereinzelte und bruchstückweise Regelungen für Eisenbahnkreuzungen. 48

Bei dem großartigen Aufschwung und Neubau der Eisenbahnen, besonders im 19. Jahrhundert, wurden die Eisenbahnen als Veranlasser für die neuen Kreuzungen behandelt und damit in der Regel, sei es durch vertragliche Vereinbarungen, sei es aufgrund von Planfeststellungs- oder Konzessionsbescheiden, verpflichtet, die Kreuzungsanlagen zu erstellen und zu unterhalten, bzw. mindestens die Mehrunterhaltungskosten der Kreuzungsanlagen zu erstatten, soweit die Träger der Wegebaulast die Unterhaltung durchführten. 49

---

12 *Ottmann*, IntArch Verkehrswesen 1960, 92.
13 OLG Brandenburg, Urt. v. 18.06.2008 – 4 U 87/06.
14 BVerwG, Urt. v. 12.06.2002 – 9 C 6.01; OVG Sachsen-Anhalt, Urt. v. 30.05.2001 – 1 L 205/00.

50 Über die Kostentragung und Kostenverteilung später notwendig werdender Änderungen an den so geschaffenen neuen Kreuzungen enthielten die Regelungen meist keine ausdrücklichen Bestimmungen.

51 Solange sich die Änderungswünsche und -anforderungen noch in mäßigen Grenzen hielten und auch die Eisenbahnen mangels größerer Konkurrenz gut auskömmliche Einnahmen und Überschüsse erzielten, wurden solche Änderungen als Maßnahmen der notwendigen Unterhaltung meist ohne Weiteres von den Eisenbahnen getragen, insbesondere dann, wenn sie aufgrund öffentlich-rechtlicher Verpflichtung für das Kreuzungsstück selbst in den Kreis der Wegebaupflichtigen eingetreten waren und damit als Baulastträger auch die sich aus der Verkehrsentwicklung und den Verkehrsnotwendigkeiten ergebenden Maßnahmen zu treffen und auch die Kosten hierfür zu tragen hatten.

52 Von den früheren diesbezüglichen Regelungen seien hier einige erwähnt. In den Wegegesetzen der preußischen Provinzen Sachsen,[15] Westpreußen,[16] Ostpreußen[17] und Posen[18] wurden die Wegebaupflichtigen verpflichtet, die von der zuständigen Behörde nach ihrer und der Wegebaupolizeibehörde Anhörung planmäßig festgestellte Herstellung oder Änderung von Bahnübergängen bei Kreuzung des Weges innerhalb des Wegegebietes zu gestatten. Für die Duldung der Benutzung war Entschädigung zu gewähren. Die Wegepolizeibehörde konnte im Fall des öffentlichen Interesses genehmigen, dass die Ausführung durch gerichtliche Entschädigungsfestsetzung nicht aufgehalten werde, also eine Art vorläufige Vollstreckung.[19]

53 Nach § 19 der Bekanntmachung der Bedingungen für Privateisenbahngesellschaften in den Herzogtümern Schleswig und Holstein[20] waren diese zur Errichtung und Unterhaltung aller Anlagen verpflichtet, welche zur Herstellung und Sicherung der Kommunikation auf den von der Bahnlinie durchschnittenen oder berührten Straßen und Wegen sowie Überfahrten erforderlich sind.

54 Grundlegend für die Behandlung der Kreuzungsverhältnisse in Preußen wurden auch die Vorschriften des § 4 PrEisenbahnG und des etwa gleichlautenden § 14 PrEnteignG, wonach das Eisenbahnunternehmen verpflichtet war zur Errichtung derjenigen Anlagen an Wegen und Überfahrten, welche im öffentlichen Interesse zur Sicherung gegen Gefahren und Nachteile notwendig wurden. Es hatte auch die Mehrkosten der Unterhaltung zu übernehmen. In Hohenzollern traf § 7 des Gesetzes betreffend die Anlagen von Eisenbahnen[21] eine dem § 14 PrEnteignG entsprechende Regelung.

---

15 § 10, s. *Germershausen-Marschall*, II, S. 1418.
16 § 6, s. *Germershausen*, II S. 108.
17 § 5, s. *Germershausen*, II, S. 127.
18 § 5, s. *Germershausen*, II S. 108.
19 *Germershausen*, I S. 104.
20 Chronologische Sammlung 1840, S. 176.
21 *Germershausen-Marschall*, II, S. 479.

In Hessen bestand für den Bezirksverband Wiesbaden in § 16 der Allgemeinen Bestimmungen für die Benutzung der Straßen des Bezirksverbandes zur Anlage und Betrieb von Kleinbahnen[22] die Vorschrift, dass der Eisenbahnunternehmer bei Verlegung oder Umbau der Straße die durch die Kleinbahn notwendig werdenden Arbeiten zu tragen habe. Die Unterhaltungspflicht der Kleinbahn für das Kreuzungsstück erstreckte sich auch auf die zur Unterhaltung des bestehenden Zustandes notwendig werdenden Um- und Neubauten.

55

In Baden bestimmte § 30 des Straßengesetzes vom 14.06.1844[23] die grundsätzliche Duldungspflicht für Eisenbahnübergänge, welche im öffentlichen Interesse gelegen sind. Es wurde zwar kein Entgelt für die Wegebenutzung, wohl aber eine Vergütung für die Erschwerung der Unterhaltungslast oder die Minderung der Nutzung zugestanden.

56

In Bayern war die Eisenbahn nach § 10 der Verordnung betr. die Erbauung von Eisenbahnen[24] verpflichtet, gestörte Kommunikationsmittel (Wege, Brücken u.a.) wiederherzustellen und im Umfang des Bahneigentums zu unterhalten. Wurden früher nicht vorhanden gewesene Bauten wie Brücken, Durchlässe usw. notwendig, so fällt dem Eisenbahnunternehmen nicht nur die erste Herstellung, sondern auch die künftige Unterhaltung zur Last. Dazu bestimmten noch die Grundsätze für die Verlegung öffentlicher Wege bei Eisenbahnbauten vom 03.04.1909,[25] dass der Eisenbahnunternehmer die Unterhaltungspflicht bei schienengleichen Überfahrten zwischen den Schienen sowie hinsichtlich den je ein Meter rechts und links der Außenschienen gelegenen Teile des Weges und bei Wegunter- und -überführungen hinsichtlich des eigentlichen Kunstbaues und hinsichtlich aller Wegdurchlässe in den Bahngräben hatte.

57

Nach § 8 PrKleinbahngesetz vom 28.07.1892 war vor der Erteilung der Genehmigung einer Kleinbahn die zuständige Wegepolizeibehörde zu hören. Für die Benutzung öffentlicher Straßen für private Anschlussbahnen bedurfte es der Zustimmung des Unterhaltungspflichtigen und der Wegepolizeibehörde.[26]

58

2. Die Regelungen von 1924 und 1930

Nach dem Ersten Weltkrieg nahm der Straßenverkehr durch die Entwicklung der Motorisierung immer mehr zu. Die Anforderungen der Wegebaupflichtigen an die Änderung der bestehenden, vielfach unzulänglich gewordenen Kreuzungen wurden immer größer. Der Gesetzgeber hat bei der Schaffung des Reichsbahngesetzes hieraus die Konsequenzen gezogen und zur Entlastung der Reichsbahn die neue Rege-

59

---

22 *Germershausen-Marschall,* II S. 1154.
23 *Germershausen-Marschall,* II, S. 404.
24 *Germershausen-Marschall,* II, S. 767.
25 ABl. StMdI S. 297.
26 § 46 a.a.O.; *Germershausen* II, S. 58.

lung nach dem Veranlassungsprinzip getroffen.[27] Nach einer Version des OVG[28] soll diese Regelung insbesondere im Hinblick auf die Verpflichtungen bzw. auf die Verpfändung der Reichsbahngesellschaft für die Kriegsschulden des Ersten Weltkrieges getroffen worden sein, denn für Kreuzungen, bei denen andere Eisenbahnen beteiligt waren, galt diese Regelung nicht, wohl aber auch für Kreuzungen der Reichsbahn mit Wasserstraßen, obwohl bei diesen keine besonderen verkehrlichen Veränderungen eingetreten waren.

60 Nach *Wachtel*[29] soll der Gesetzgeber die Absicht verfolgt haben, im Interesse des Gemeinwohles den Prioritätsgedanken zu beseitigen und dafür das Verursachungsprinzip zur Geltung zu bringen.

61 Somit galt also die Neuregelung nur für Kreuzungen mit der Reichsbahn, nicht aber mit anderen Eisenbahnen. Für letztere blieb es bei der bisherigen Rechtslage.

62 Maßgebend für die Kostenverteilung war nach dem Wortlaut des § 39 RbG 1924, ob die Veränderung durch den einen oder den anderen Verkehr veranlasst worden war, bei beiderseitiger Veranlassung sollten die Kosten angemessen verteilt werden. § 39 RbG regelte also nicht das ganze Eisenbahnkreuzungsrecht, sondern nur die Kostenverteilung bei Kreuzungsänderungen. Die Änderung im RbG 1930 brachte nur zusätzlich den sogenannten Vorteilsausgleich.[30]

3. Das Kreuzungsgesetz 1939

63 Über die Entstehungsgeschichte des Gesetzes über Kreuzungen von Eisenbahnen und Straßen vom 04.07.1939[31] – KrG – ist schon viel geschrieben und diskutiert worden, zumal seine Geburtsstunde in die Zeit der Diktatur fällt. So ist vor allem von der Eisenbahnseite argumentiert worden, es handle sich um ein typisches »Nazigesetz« und könne daher überhaupt nicht mehr als Rechtsgrundlage anerkannt werden. Eine genauere Untersuchung hat ergeben, dass sich der Vorwurf nicht halten ließ, man hat dann das Gesetz als solches anerkannt, aber seine alsbaldige Ablösung durch ein passenderes Gesetz gefordert. Liest man die ersten Absätze der Begründung zum Kreuzungsgesetz, so findet man darin keine These, die irgendwie mit den abzulehnenden Thesen des Dritten Reiches in Einklang stehen würde. Es sind die Sorge um die Verkehrssicherheit auf Schiene und Straße und der Versuch, eine in einem Zentralstaat möglichst einfache und reibungslose Durchführung der erforderlichen Maßnahmen zu gewährleisten, erkennbar. Während die Regelung für die Reichsbahn zweifellos eine Verschlechterung gegenüber dem Rechtszustand nach dem RbG enthielt, brachte sie eine wesentliche Verbesserung der Rechtsstellung der übrigen Eisenbahnen.

---

27 S.o. Rdn. 15 ff.
28 Bd. 94 S. 153.
29 *Wachtel*, Reichsbahn 1934, S. 220.
30 S.o. Rdn. 21 f.
31 RGBl. I S. 1211.

III. Entwicklung des Eisenbahnkreuzungsrechts **Teil B**

Man hatte in der Praxis mit dem im RbG verankerten Veranlassungsprinzip keine guten Erfahrungen gemacht, weil insbesondere mangels fester Maßstäbe es außerordentlich schwer war, den Grad der beiderseitigen Veranlassung in Bruchteilen festzusetzen, was sich schließlich in einer unerwünschten Hemmung bei der Inangriffnahme dringend notwendiger Kreuzungsumbauten ausgewirkt hat.[32] 64

Ohne Rücksicht auf Veranlassung und Interesse sollten Änderungen an Kreuzungen je zur Hälfte von den Eisenbahnen und den Straßen getragen werden.[33] 65

Von wesentlicher Bedeutung war jedoch die durch das KrG geschaffene Möglichkeit, durch Anordnungen (§ 4 KrG) notwendige Änderungen und Verbesserungen an bestehenden Kreuzungen gegenüber untätigen Baulastträgern durchzusetzen. Art und Umfang dieser Maßnahmen wurden in § 3 KrG näher festgelegt. 66

Vordem konnte die Straßenbau- oder -aufsichtsbehörde ohne Mitwirkung des Reichverkehrsministeriums keine Änderungsmaßnahme an Kreuzungen durchsetzen.[34] 67

Nach dem Zweiten Weltkrieg wurde durch § 28 der Satzungen der Südwestdeutschen Eisenbahnen[35] für den Bereich dieser Länder die frühere Regelung des RbG 1924/30 wieder eingeführt. Damit galt es für die Dauer der Geltung der Satzung als partielles Bundesrecht nach Art. 124, 125 Nr. 1 GG bis zur Aufhebung durch § 54 Abs. 5 BbG. Da unsicher war, ob damit das KrG, das formell nicht außer Kraft gesetzt worden war, vielmehr noch für die Eisenbahnen galt, die nicht zu den Südwestdeutschen Eisenbahnen gehörten, unmittelbar wieder aufleben würde, wurde das KrG durch § 53 Abs. 5 Buchst. e) BbG wieder ausdrücklich in Kraft gesetzt. 68

Seit dem Erlass des KrG im Jahr 1939 hatten sich die Verhältnisse in mehrfacher Hinsicht wesentlich geändert. Der Straßenverkehr ist in ganz enormer und unerwarteter Weise gewachsen und wurde zu einem immer stärkeren Konkurrenten der Eisenbahnen. Die Zunahme des Straßenverkehrs erforderte in immer größerem Umfang die Änderung und Verbesserung von Kreuzungen, nicht nur der Bahnübergänge, sondern auch von Überführungen. Das Interesse, das nach dem KrG nicht zu berücksichtigen war, lag überwiegend auf der Seite des Straßenverkehrs, während die Eisenbahnen sich mehr und mehr sträubten, Kosten aufzuwenden für die Verbesserung des mit ihnen konkurrierenden Straßenverkehrs. 69

Dazu kam, dass die einst meist gut florierenden Eisenbahnen – die Reichsbahn konnte dem Reich noch erhebliche Erträge abführen – infolge verschiedener hier nicht weiter zu erörternder Umstände nach dem Zweiten Weltkrieg finanziell schwer zu kämpfen hatten. 70

---

32 *Genrich* und *Vogel*, Reichsbahn 1939, S. 707.
33 Äquivalenzprinzip, s. hierzu Rdn. 28, 35.
34 *Blümel*, Die Bauplanfeststellung I, S. 196/197.
35 Anlage zum Gesetz des Landes Baden vom 18.09.1947 – GVBl. 1948, S. 30 – und zum Gesetz des Landes Württemberg-Hohenzollern vom 01.08.1947 – RegBl. 1948 S. 49 – s. *Germershausen-Marschall* II, S. 481, 485.

71 In dem Bestreben, alle Lasten, die der Bundesbahn billigerweise nicht aufgebürdet werden können, abzuschütteln, hat die Bundesbahn auch die sich aus dem KrG ergebenden Verpflichtungen insbesondere hinsichtlich der Kostenhalbierung bei Kreuzungsänderungen abzustoßen getrachtet. Eine bedeutende Grundlage für dieses Bestreben gab dann der sogenannte Brand-Bericht,[36] der unter vielen anderen Wünschen aus verkehrspolitischen Gründen verlangte, dass die Bundesbahn von diesen Lasten befreit werde, und dass auch die Inbetriebhaltungskosten für die Bahnübergänge von der Straße mitgetragen werden müssten. Diese Auffassung des Brand-Berichtes hat der Bundestag am 29.06.1961[37] gebilligt. Dementsprechend hat die Bundesregierung eine Neufassung des Kreuzungsgesetzes für dringend erforderlich gehalten. Im Verhältnis der DB zu den Bundesfernstraßen in der Baulast des Bundes hat der Bundesminister für Verkehr im Einvernehmen mit dem Bundesminister der Finanzen schon im Jahr 1957 mit der Bundesbahn Vereinbarungen getroffen, die die Kostenregelungen des KrG hinsichtlich der Änderungskosten z.T. außer Kraft setzten. In der Vereinbarung vom 10. Januar/14.02.1957 wurde für die Änderungen und Ergänzungen von Über- und Unterführungen wieder ausschließlich das Veranlassungsprinzip mit Vorteilsausgleich eingeführt.[38] Sind beide Beteiligte Veranlasser, dann waren die Anteile nach dem Verhältnis zu berechnen, in dem die Kosten der von jedem Verkehrsträger veranlassten Änderung bei getrennter Durchführung zueinanderstehen würden, was durch Fiktiventwürfe ermittelt werden konnte. Für die Änderung oder Beseitigung von Bahnübergängen blieb es bei der Regelung des KrG, jedoch erklärte sich das BMVI bereit, aus Straßenbaumitteln für den Anteil der Bundesbahn darlehensweise in Vorlage zu treten.[39]

4. Das Eisenbahnkreuzungsgesetz 1963

72 Schon seit 1954 bearbeitete im Bundesverkehrsministerium ein Arbeitsausschuss, in dem Vertreter der Zentral-, der Eisenbahn- und der Straßenbau- und -verkehrsabteilungen, ferner der Hauptverwaltung der Bundesbahn beteiligt waren, die Fragen der Neugestaltung des Eisenbahnkreuzungsrechtes. Bis zum Jahre 1957 stellte er zwar noch keinen neuen Gesetzentwurf auf, er erarbeitete aber die oben erwähnten Vereinbarungen zwischen der Abteilung Straßenbau des BMVI und der Hauptverwaltung der Bundesbahn vom Jahre 1957.

73 Im Jahr 1958 verlangte der Bundesminister für Verkehr die Vorlage eines neuen Kreuzungsgesetzentwurfes in der 3. Legislaturperiode des Bundestages, wobei der Entwurf die sich aus der Entwicklung ergebenden neuen Verhältnisse berücksichtigen sollte.

---

36 BT-Drucks. 1602 S. 11, 12, 207.
37 StenBer. S. 9627 D.
38 Ähnlich jetzt § 12 EKrG.
39 Vereinbarung vom 13. August/31.08.1957.

III. Entwicklung des Eisenbahnkreuzungsrechts   Teil B

Der im Bundesverkehrsministerium mit den beteiligten Bundesministerien aufgestellte Entwurf wurde am 12.11.1959 der Bundesregierung vorgelegt, die ihn in der Kabinettssitzung vom 09.12.1959 annahm. 74

Nach der amtl. Begr. zu dem Entwurf[40] enthält die Neuregelung sechs Leitgedanken, insbesondere den des Vereinbarungsprinzips, (§ 5 Entw.), des Kreuzungsrechtsverfahrens (§§ 6, 7 Entw.), des Veranlassungsprinzips mit Vorteilsausgleich (§§ 11 ff. Entw.) und des Zuschussprinzips (§ 15 Entw.). Nachdem aber bereits das KrG die Möglichkeit freier Vereinbarungen vorgesehen (§ 5 Abs. 2 Satz 2 KrG) und auch für Anordnungen ein Verfahren geregelt hatte (§ 4 KrG), bleibt als wesentlicher neuer Inhalt des EKrG die neue Kostenverteilung und die Zuschussregelung, die damit auch das Kernstück des Entwurfs bilden. 75

Der Bundesrat machte zu dem Entwurf im ersten Durchgang in seiner 214. Sitzung vom 05.02.1960 erhebliche Änderungsvorschläge, die z.T. den Grundgedanken der Regierungsvorlage widersprachen. Die Bundesregierung ist insbesondere den Vorschlägen, die das Veranlassungsprinzip ablehnten, nicht gefolgt. 76

In der 3. Legislaturperiode des Bundestages wurde der Entwurf zwar noch am 22.06.1960 in erster Lesung[41] und im mitbeteiligten Ausschuss für Kommunalpolitik und Sozialhilfe behandelt, der federführende Ausschuss für Verkehr, Post- und Fernmeldewesen hat ihn jedoch nicht mehr beraten. Der kommunalpolitische Ausschuss hatte erkannt, dass die Regelung des Entwurfes in erheblichem Maße die Kommunen als Träger der Straßenbaulast für die Gemeindestraßen und z.T. auch für die Ortsdurchfahrten klassifizierter Straßen belasten würde, und daher vorgeschlagen, eine Verpflichtung des Bundes für die Bundesbahnkreuzungen und der Länder für die übrigen Kreuzungen dahin zu statuieren, dass den Gemeinden und Gemeindeverbänden die sich aus dem Gesetz ergebenden Kosten insoweit zu erstatten seien, als die nach dem Gesetz von ihnen zu tragenden Kosten ein Drittel der gesamten Kosten überstiegen. Damit hätte praktisch der Bund bei allen Bundesbahnkreuzungen mit Gemeindestraßen oder Landstraßen I. Ordnung zwei Drittel der Änderungskosten zu übernehmen gehabt. 77

In der 4. Legislaturperiode wurde der Gesetzentwurf von der Bundesregierung erneut unverändert, d.h. in der ursprünglichen Regierungsvorlage, unter Berücksichtigung der von der Bundesregierung gebilligten Änderungsvorschläge des Bundesrates eingebracht. 78

Der Bundesrat hat die Vorlage im Rechtsausschuss am 20.01.1962, im Ausschuss für innere Angelegenheiten und im Ausschuss für Verkehr, Post- und Fernmeldewesen am 24.01.1962 und im Finanzausschuss am 25.01.1962 behandelt. Er hat die früher bereits vorgetragenen, von der Bundesregierung aber nicht berücksichtigten Abänderungsanträge wiederholt, also insbesondere hinsichtlich der Konkretisierung des Ausmaßes der Ermächtigung für den BMVI, die im Kreuzungsrechtsverfahren anzuhö- 79

---

40 BT-Drucks. III/1683.
41 BT-Drucks. III/1683.

renden Stellen zu bestimmen (§ 9 Entw.), hinsichtlich der Ablehnung des reinen Veranlassungsprinzips bei Kreuzungsänderungen (§§ 11 ff. Entw.) und schließlich hinsichtlich der zeitlichen Beschränkung der Fortgeltung von bestehenden Unterhaltungsvereinbarungen (§ 17 Abs. 1 und 4 Entw.). Der Bundesrat hat hierüber in seiner 240. Sitzung vom 02.02.1962 beschlossen. Die Bundesregierung hat wie schon früher den Anregungen des Bundesrates nicht entsprochen und den Entwurf dem Bundestag vorgelegt.

80 Die erste Beratung im Bundestag fand ohne Aussprache am 14.02.1962[42] statt. Als zuständige Ausschüsse wurden der Ausschuss für Verkehr-, Post- und Fernmeldewesen und mitberatend der Ausschuss für Kommunalpolitik und Sozialhilfe und nunmehr auch der Haushaltsausschuss bestimmt.

81 Der Ausschuss für Kommunalpolitik und Sozialhilfe hat in seiner Sitzung vom 21.02.1962 verschiedene Anregungen gegeben. In erster Linie trat er dafür ein, dass bei allen Änderungsmaßnahmen unter Ablehnung des reinen Veranlassungsprinzips der Träger der Straßenbaulast und der Eisenbahnunternehmer je ein Drittel der Kosten tragen sollten, während das letzte Drittel der Bund allein tragen sollte, wenn eine Bundesfernstraße beteiligt ist, das Land in allen übrigen Fällen, also wenn sonstige klassifizierte oder öffentliche Straßen beteiligt sind. Er stellte den Gemeinschaftsgedanken in den Vordergrund, ließ es jedoch offen, ob man die Beteiligung des Bundes beim letzten Drittel nicht auch auf die Beteiligung der Bundesbahn und die der Länder auf die Beteiligung einer nichtbundeseigenen Eisenbahn abstellen solle. Ferner hat er eine Ergänzung des § 3 Nr. 3 EKrG vorgeschlagen, die der federführende Ausschuss übernommen hat (Ausführung technischer Sicherungen, Sichtflächen).

82 Der BT-Ausschuss für Verkehr, Post- und Fernmeldewesen hat das EKrG in 7 Sitzungen behandelt. Am 9. und 10.05.1962 hat er Änderungen vorgenommen in § 3 Nr. 3 EKrG (Übernahme des Vorschlages des BT-Ausschusses für Kommunalpolitik und Sozialhilfe), § 7 EKrG (Einbeziehung der Abwicklung des Verkehrs), § 9 (Übernahme des Vorschlages des Bundesrates hinsichtlich der zu beteiligenden Stellen), § 15 Entw. (Sollvorschrift statt Kannvorschrift). Am 17.10.1962 wurden geändert die Vorschriften über die Kostenregelung insbesondere durch Ausschaltung des § 12 Entw. und Neufassung von § 11a (Änderung von Überführungen nach dem Veranlassungsprinzip mit Vorteilsausgleich), § 11b (Änderung von Bahnübergängen mit der Kostendrittelung) und § 14 Entw. EKrG (Ablösung der Erhaltungs- und Inbetriebhaltungslast bei neuen Kreuzungen). Am 15.11.1962 wurde § 11b nochmals in gleichem Sinne behandelt, in § 5 EKrG eine Ergänzung für die Genehmigungspflicht bei Kostenbeteiligung von Bund und Land und das Gleiche in § 8 Abs. 2 EKrG hinsichtlich der Abstimmung zwischen Bund und Land vorgesehen; in § 13 Abs. 1 Entw. wurde die Kostenbeteiligung von Bund und Land an den Erhaltungs- und Inbetriebhaltungskosten von Bahnübergängen eingeführt und in § 13 Abs. 2 Entw. einige Ergänzungen für die Definition der Eisenbahnanlagen vorgesehen. Am

---

42 BT-Drucks. IV/183.

29.11.1962 wurde noch § 14 Entw. der neuen Kostenregelung in §§ 11a und 11b angepasst, § 17 Abs. 2 in der Regierungsfassung gegen die Wünsche der Anschlussgleisbesitzer verabschiedet und ein neuer § 14a geschaffen, der Ermächtigungen zu notwendigen Rechtsverordnungen enthält.

Der Haushaltsausschuss hat den Entwurf in seiner Sitzung am 07.03.1963 beraten und sich für die Beschlüsse des federführenden Ausschusses ausgesprochen.

In der Sitzung vom 25.04.1963 hat der federführende Ausschuss noch das Inkrafttreten (§§ 17, 19 Entw.) abschließend behandelt.

Der Berichterstatter des Ausschusses für Verkehr, Post- und Fernmeldewesen, Abg. Cramer, führte in seinem Bericht[43] unter anderem aus:

»Der Entwurf der Bundesregierung soll das Gesetz über Kreuzungen von Eisenbahnen und Straßen vom 4. Juli 1939 (RGBl. I S. 1211) ablösen. Der Ausschuß ist mit der Bundesregierung der Auffassung, daß das geltende Gesetz weder in seinem materiellen Inhalt, insbesondere in seiner Kostenregelung, noch in seinen Verfahrensvorschriften den heutigen Verhältnissen entspricht und deshalb keine geeignete Grundlage mehr ist, den Gefahren an den Kreuzungen von Eisenbahnen und Straßen, vor allem an den Bahnübergängen, zu begegnen. Die zunehmende Dichte des Verkehrs besonders auf den Straßen macht wirksame Maßnahmen zur Verbesserung der Sicherheit an Kreuzungen notwendig; in erster Linie gilt es, diejenigen Bahnübergänge, die den Verkehr in erheblichem Maße behindern und bei denen die Verkehrssicherheit auf andere Weise nicht mehr gewährleistet werden kann, durch Überführungen (Eisenbahn- oder Straßenbrücken) zu ersetzen oder durch andere Maßnahmen zu entlasten. Dieses Ziel kann nur dadurch erreicht werden, daß die Rechtsverhältnisse an Kreuzungen von Eisenbahnen und Straßen im ganzen neu geordnet werden.

Der Entwurf verpflichtet vornehmlich die beiden Baulastträger des Schienenweges und der kreuzenden Straße zu eigener Initiative. Sie sollen sich über die Art und die Durchführung der notwendigen, in den §§ 2 und 3 beschriebenen Maßnahmen untereinander verständigen. Dieses Vereinbarungsprinzip (§ 5) trägt dem Gedanken der Eigenverantwortlichkeit der Kreuzungspartner für die Sicherheit an den Schnittpunkten ihrer Verkehrswege Rechnung. Die Anordnungsbehörde (§ 8) soll grundsätzlich erst dann angerufen werden, wenn die Bemühungen der Beteiligten um eine Vereinbarung gescheitert sind (§ 6). Sie soll aber von Amts wegen eingreifen und die notwendigen Anordnungen treffen, wenn die Sicherheit des Verkehrs dies erfordert (§ 7). Die Aufsichtsbehörden der Beteiligten haben im Rahmen ihrer Zuständigkeiten dafür zu sorgen, daß die in der Anordnung festgelegten Verpflichtungen erfüllt und die vorgesehenen Maßnahmen durchgeführt werden (§ 17 [§ 19 EKrG]).

Der Ausschuß ist insoweit, von einigen Änderungen abgesehen, die redaktioneller oder klarstellender Art sind oder der Verwaltungsvereinfachung und der Straffung des Verfahrens dienen sollen, der Regierungsvorlage gefolgt.

---

43 BT-Drucks. IV/1206.

Entscheidende Bedeutung für das Rechtsverhältnis zwischen den Beteiligten kommt der Kostenregelung zu; sie ist der Kernpunkt der Neuordnung des Kreuzungsrechts.

Der Ausschuß hat sich dem Regierungsentwurf in dieser Hinsicht in wesentlichen Punkten nicht anschließen können; das gilt sowohl hinsichtlich der Kostenregelung für Baumaßnahmen an Bahnübergängen als auch hinsichtlich der Kosten für die Erhaltung und den Betrieb der Anlagen an Kreuzungen.

Hinsichtlich der Kosten für Baumaßnahmen ist der Ausschuß mit dem Bundesrat und den mitberatenden Ausschüssen der Auffassung, daß der Veranlassungsgrundsatz der Regierungsvorlage (§§ 11, 12) nicht bei allen Baumaßnahmen als Maßstab für die Kostenregelung den Eigenarten der verschiedenen Fälle gerecht wird.

Er hat sich deswegen in Anlehnung an das geltende Recht, den Empfehlungen des Ausschusses für Kommunalpolitik und Sozialhilfe sowie den Vorschlägen des Bundesrates angeschlossen, für die in Betracht kommenden drei Fälle eigene, auf die jeweiligen Besonderheiten abgestellte Kostenregelungen zu treffen:

*§ 11 der Ausschußfassung behandelt die **Herstellung neuer Kreuzungen**. Die Regelung deckt sich mit dem geltenden Recht, mit der Empfehlung des Ausschusses für Kommunalpolitik und Sozialhilfe sowie mit dem Vorschlag des Bundesrates; sie entspricht sachlich auch dem Veranlassungsprinzip der Regierungsvorlage.*

*§ 11a (§ 12 EKrG) enthält die Kostenregelung für **Änderungen von Überführungen**. Der Ausschuß ist – auch insoweit in Übereinstimmung mit dem Regierungsentwurf – der Meinung, daß die von ihm vorgeschlagene Regelung, die Kosten demjenigen Beteiligten anzulasten, der die Maßnahme verlangt oder sie im Falle einer Anordnung hätte verlangen müssen, mit den Belangen der Beteiligten am besten übereinstimmt.*

*§ 11b (§ 13 EKrG) beinhaltet die Kostenregelung für **Änderungen von Bahnübergängen**. Die Anwendung des Veranlassungsgrundsatzes der Regierungsvorlage würde, wenngleich dieser Grundsatz der Gerechtigkeit am nächsten kommen würde, in diesen Fällen häufig nicht nur die Leistungskraft des »Veranlassers« übersteigen und dadurch die Durchführung notwendiger Maßnahmen vereiteln oder verzögern, sondern auch in den Fällen beiderseitiger Veranlassung erhebliche Schwierigkeiten bei der Ermittlung des Ausmaßes der Mitveranlassung mit sich bringen, die die Durchführbarkeit einer solchen Regelung in Frage stellen würden. Der Ausschuß hat sich deshalb abweichend von der Regierungsvorlage hier für eine starre Kostenteilung ausgesprochen. Statt der jetzt geltenden Kostenhalbierung, die mit Recht als eine Regelung bezeichnet worden ist, die den Belangen der Beteiligten nicht entspricht, hat sich der Ausschuß für eine Drittelung der Kosten unter den Baulastträgern von Schiene und Straße und dem Staat als solchen (Bund oder Land) entschlossen. Er hält dies für eine Lösung, die die Leistungsfähigkeit der Baulastträger, insbesondere finanzschwacher Gemeinden und Gemeindeverbände, berücksichtigt. Er will zugleich dem Gedanken Rechnung tragen, daß die Beseitigung von Gefahrenlagen an Bahnübergängen auch eine staatliche Aufgabe von Bund und Ländern ist. Diese Kostenregelung läßt erwarten, daß die Gefahrenpunkte an Bahnübergängen schneller beseitigt werden.*

Die Neuordnung des Kreuzungsrechts gebietet auch eine Abweichung von § 13 des Regierungsentwurfs, soweit dieser die Kosten der Erhaltung und Inbetriebhaltung der Anlagen an Bahnübergängen regelt. Der Ausschuß ist der Auffassung, daß die Sicherung des sich kreuzenden Verkehrs an Bahnübergängen eine Gemeinschaftsaufgabe beider Baulastträger ist und daß die Kosten hierfür nicht nur vom Eisenbahnunternehmer zu tragen sind. Sie müssen vielmehr im Prinzip von beiden Baulastträgern je zur Hälfte übernommen werden. Dieses Prinzip läßt sich allerdings in den Fällen, in denen Straßen in der Baulast von Kreisen und Gemeinden beteiligt sind, nicht durchführen, da die auf sie entfallende Kostenlast ihre Finanzkraft übersteigen würde. Der Ausschuß hat deswegen beschlossen, daß in diesen Fällen die Eisenbahnen die Hälfte ihrer Kosten vom Bund bzw. vom Land erstattet bekommen.

Der Ausschuß geht bei der Kostenneuregelung davon aus, daß diejenigen Mittel, die vom Bund in seiner Eigenschaft als dritter Kostenpartner (§§ 11b, 13 [§§ 12, 14 EKrG]) zu tragen sind, im Haushalt besonders bereitgestellt werden. Er ist einmütig der Auffassung, daß es nicht in Betracht kommen kann, die den Bund insoweit treffende Belastung durch Kürzungen im Verkehrshaushalt oder durch zweckwidrige Verwendung zweckgebundener Mittel abzuwenden.[44]

Ferner soll nach Ansicht des Ausschusses der Bedeutung des § 15 (§ 17 EKrG) dadurch entsprochen werden, daß ausreichende Mittel für die Gewährung von Zuschüssen zur Verfügung gestellt werden.«

Der Bundestag beschloss in seiner 77. Sitzung am 16.05.1963 das Eisenbahnkreuzungsgesetz in der vom Ausschuss für Verkehr, Post- und Fernmeldewesen vorgeschlagenen Fassung[45] einstimmig in zweiter und dritter Lesung. Die Fraktionen gaben zu dem Gesetz Erklärungen ab, Abänderungsanträge wurden jedoch nicht gestellt. Für die CDU/CSU-Fraktion sprach Abg. *Lemmrich* den Wunsch aus, dass die Kreuzungspartner das Gesetz mit gutem Willen und verständigem Gemeinsinn anwenden mögen. 86

Im Bundesrat haben der Innenausschuss und der Rechtsausschuss empfohlen, dem Gesetz zuzustimmen. 87

Hingegen haben der Finanzausschuss und der federführende Verkehrsausschuss vorgeschlagen, den Vermittlungsausschuss anzurufen. 88

Im Einzelnen ist hierzu zu bemerken: 89

Der Innenausschuss folgte dem Bundestag darin, dass die Kostenregelung – insgesamt gesehen – ausgewogen sei, den Belangen aller Beteiligten daher am besten gerecht werde und die größte Aussicht verspreche, dass die Verhältnisse an den Eisenbahnkreuzungen zügig verbessert werden.

---

44 Red. Anm.: Diesem Wunsch ist in keinem Haushaltsjahr Rechnung getragen worden. Die Bundesanteile wurden stets aus den zweckgebundenen Mitteln des Straßenbauplanes bestritten.
45 BT-Drucks. IV/1206 – S. 5–11.

90 Der Rechtsausschuss sah in den Gesetzesbestimmungen keine verfassungsrechtlichen Bedenken. Er teilte insbesondere nicht die vom Finanzausschuss vertretene Auffassung, dass es dem Bundesgesetzgeber verwehrt sei, die Länder zugunsten der Gemeinden zur Übernahme von Kostenanteilen zu verpflichten (§§ 13, 14 Abs. 1 Satz 4). Der Rechtsausschuss befindet sich damit in Übereinstimmung mit der von den Bundesressorts (BMI, BMJV, BMF, BMVI) vertretenen Meinung.

91 Der Finanzausschuss schlug vor, den Vermittlungsausschuss mit dem Ziel anzurufen, den Kostenvorschriften die vom Bundesrat im ersten Durchgang empfohlene Fassung zu geben, also statt des vom Bundestag beschlossenen Veranlassungsprinzips mit Vorteilsausgleich bei Änderung von Überführungen (§ 12) und der Kostendrittelung bei Änderung von Bahnübergängen (§ 13) die starre Aufteilung der Kosten zu 1/2 auf den Straßenbaulastträger und zu je 1/4 auf Bundesbahn und Bund bzw. auf NE-Bahn und Land, d.h. nur Entlastung der Eisenbahn und nicht auch Entlastung der Gemeinden. Darüber hinaus lehnte der Finanzausschuss die Bestimmung des § 14 Abs. 1 Satz 4 ab (Entlastung der Eisenbahn um die Hälfte der Erhaltungs- und Betriebskosten an Bahnübergängen zulasten von Bund und Land). Er wollte ferner den Wechsel in der Unterhaltungslast (§ 19 Abs. 1) in allen Fällen erst nach einer wesentlichen Änderung oder Ergänzung der Kreuzung eintreten lassen.

92 Zu § 14 Abs. 1 Satz 4 lehnte der Verkehrsausschuss im Gegensatz zum Finanzausschuss eine Beteiligung der Länder an den Erhaltungs- und Betriebskosten der Eisenbahn an Bahnübergängen zwar nicht völlig ab; er empfahl aber, § 14 Abs. 1 Satz 4 dahin zu ändern, dass der Bund der Bundesbahn und die Länder den anderen Eisenbahnen des öffentlichen Verkehrs die Hälfte der Kosten erstatten. Die Annahme dieses Vorschlages hätte zur Folge gehabt, dass die jährliche Belastung des Bundes von etwa 90 Mio. DM (nach der Fassung des Bundestages) auf 110 Mio. DM gestiegen, die der Länder von etwa 30 Mio. DM auf 10 Mio. DM gefallen wäre.

93 Zu § 19 Abs. 1 stellte der Verkehrsausschuss keinen Änderungsantrag. Dagegen wünschte er in § 9, der die verfahrensmäßige Zusammenziehung von Planfeststellungs- und Anordnungsverfahren vorsieht, durch folgenden neuen Absatz 3

»(3) In den Fällen des § 8 Abs. 2 können die Länder Verfahren und Zuständigkeiten abweichend von Absatz 1 regeln.«

die Möglichkeit zu schaffen, dass nicht in allen Fällen die Anordnungsbehörde auch Planfeststellungsbehörde sein müsse, sondern dass auf die Verwaltungsgliederung der Länder Rücksicht genommen werden könne.

94 Der Bundesrat hat in seiner 258. Sitzung am 31.05.1963 beschlossen, dass der Vermittlungsausschuss gem. Art. 77 Abs. 2 GG angerufen wird. Als Gründe für die Anrufung sind angegeben:
1. Anfügung eines Abs. 3 an § 9 EKrG, durch den die Länder ermächtigt werden, Verfahren und Zuständigkeiten abweichend von Abs. 1 zu regeln;
2. §§ 12 und 13 EKrG durch die frühere Fassung, wie sie der Bundesrat schon im ersten Durchgang verlangt hatte, zu ersetzen;

3. § 14 Abs. 1 Satz 4 EKrG zu streichen, also keine Entlastung der Eisenbahnen für die Erhaltungskosten der Bahnübergänge vorzusehen;
4. die Kostenregelung des § 15 EKrG für die Erstattung von Mehrkosten bei Änderungen einheitlich zu regeln;
5. in § 19 Abs. 1 EKrG bisherige Regelungen bis zu einer wesentlichen Änderung einer Kreuzungsanlage weitergehen zu lassen.

Der Bericht des Berichterstatters, Minister *Böhrnsen*, hat folgenden Wortlaut:[46]   95

*»Der Bundestag hat das Eisenbahnkreuzungsgesetz (BT-Drucks. IV/183) nach den Vorschlägen des Ausschusses für Verkehr, Post- und Fernmeldewesen (BT-Drucks. IV/1206) einstimmig verabschiedet (BR-Drucks. 211/63 neu). Das Gesetz weicht sowohl von der Regierungsvorlage als auch von den Vorschlägen des Bundesrates im ersten Durchgang ab, vor allem in den §§ 12 bis 14, soweit es um die **Verteilung der Kosten** für die Änderungen, die Erhaltung und die Inbetriebhaltung von Kreuzungen geht. Das Gesetz soll am 1. Januar 1964 in Kraft treten und bedarf noch der Zustimmung des Bundesrates.*

Der Innenausschuß des Bundesrates hat die Änderungen begrüßt, weil sie die kommunalen Straßenbaulastträger entlasten werden. Der Rechtsausschuß ist den geltend gemachten verfassungsrechtlichen Bedenken nicht gefolgt. Beide Ausschüsse schlagen daher vor, dem Gesetz zuzustimmen.

Der Finanzausschuß dagegen empfiehlt, den Vermittlungsausschuß wegen der Verteilung der Kostenlast anzurufen. Der federführende Ausschuß für Verkehr und Post hat sich diesem Antrag insbesondere wegen der Verteilung der Kostenlast angeschlossen, jedoch auch mit abweichenden Vorschlägen.

*Es ging dem **Bundestag** vor allem um folgendes Anliegen: Das Gesetz soll wesentlich dazu beitragen, die Verkehrsverhältnisse an Kreuzungen hinsichtlich der Sicherheit und auch der Flüssigkeit des Eisenbahn- und Straßenverkehrs möglichst schnell und erheblich zu verbessern.*

Die Sprecher der drei Fraktionen des Bundestages haben dies übereinstimmend herausgestellt und den Bundestag aufgefordert, für 1964 noch rechtzeitig die sich aus dem Gesetz ergebenden zusätzlichen Mittel bereitzustellen.

Das erstrebte Ziel soll unter anderem dadurch erreicht werden, daß diese Gemeinschaftsaufgabe künftig von Bund und Ländern unter Entlastung der Gemeinden und Eisenbahnen finanziert wird. Bund und Länder sollen nämlich den als Baulastträger beteiligten Kreisen, Gemeinden und Eisenbahnen einen Teil ihrer Kosten abnehmen. Die derzeitigen unzulänglichen Verhältnisse an Bahnkreuzungen führt der Bundestag auch darauf zurück, daß die finanzschwächeren Kreise, Gemeinden und Eisenbahnen nicht bereit und in der Lage waren, schnellere und erhebliche Verbesserungen durchzuführen.

---

46 BR 258. Sitzung Protokoll S. 125 ff.

*§ 12 beinhaltet: Bei Änderung von **niveaufreien Kreuzungen** (Überführungen) soll aus diesen Gründen das Veranlassungsprinzip zum Zuge kommen. Kostenpflichtig wird damit in den meisten Fällen der Straßenbaulastträger; die nicht interessierten Bahnen werden entlastet.*

*§ 13 beinhaltet: Bei der Änderung von **niveaugleichen Kreuzungen** (Bahnübergänge) werden die Lasten nicht wie bisher je zur Hälfte auf die Baulastträger Schiene und Straße verteilt, sondern nur zu je einem Drittel. Das letzte Drittel wird je nach dem Charakter der Straße dem Bund oder den Ländern zugeteilt, und zwar bei Bundesstraßen dem Bund, bei Landstraßen erster Ordnung den Ländern, bei den übrigen Straßen Bund und Ländern zu je einem Sechstel. Es ist nicht genau zu ermitteln, wie die Kosten sich auf die Beteiligten jetzt verlagern werden, weil man weitgehend auf Schätzungen angewiesen ist. Eine repräsentative Erhebung für den gesamten Bund gibt nur einen gewissen Überblick. Danach werden sich die Kosten für die Beseitigung von 3 600 Bahnübergängen unter Berücksichtigung der zu erwartenden Verkehrszunahme in den Jahren 1960 bis 1980 auf 10 Milliarden DM belaufen.*

*§ 14 beinhaltet: Die Erhaltung und Inbetriebhaltung von **Bahnübergängen** ging bisher fast ausschließlich zu Lasten der Eisenbahnen, da die Kosten der Straßenbaulastträger verhältnismäßig gering sind. Künftig soll der Bund die Hälfte der Kosten des Eisenbahnunternehmens in den Fällen tragen, in denen eine Bundesstraße gekreuzt wird, aber auch dann, wenn die Deutsche Bundesbahn nicht klassifizierte öffentliche Wege, also vor allem Gemeindestraßen, kreuzt. Die Länder sollen die Hälfte der Kosten tragen, falls eine Landstraße erster Ordnung und Landstraße zweiter Ordnung gekreuzt wird und auch dann, wenn eine nichtbundeseigene Eisenbahn nicht klassifizierte öffentliche Wege kreuzt. Hiernach hätte der Bund der Deutschen Bundesbahn jährlich Kosten von rund 90 Millionen DM zu erstatten, die Länder rund 30 Millionen DM.*

§ 19 beinhaltet: Ab 1. Januar 1964 fallen die vom Gesetz abweichenden Regelungen hinsichtlich der Erhaltungslast an bestehenden Kreuzungen zur Rechts- und Verwaltungsbereinigung teilweise fort.

*Die Vorschläge der **Bundesratsausschüsse** sind folgende.*

*Der **Finanzausschuss** des Bundesrates hat hinsichtlich der Änderungskosten (§§ 12, 13) in Übereinstimmung mit der Stellungnahme des Bundesrates im ersten Durchgang daran festgehalten, daß man im Gesetz lediglich die Bahnen entlasten soll. Sie sollen ein Viertel der Kosten tragen. Das letzte Viertel soll nach dem Charakter der Schiene verteilt werden. Für das Bundesunternehmen »Bundesbahn« hat der Bund, für die zur Verwaltungshoheit der Länder gehörenden nicht-bundeseigenen Eisenbahnen haben die Länder einzutreten. Nach diesem Vorschlag des Finanzausschusses würden Regelungen vermieden, die finanzausgleichsähnlich wirken, indem die Kostenlast zwischen Bund, Ländern und Kommunen anders verteilt wird, als es deren Beteiligung als Baulastträger entspräche. Diese Lösung ist auch verwaltungstechnisch einfacher, weil in keinem Falle Bund, Bundesbahn, Kommunen und das Land zugleich an der Kostentragung beteiligt sind. Sie belastet allerdings den Bund ungleich stärker,*

III. Entwicklung des Eisenbahnkreuzungsrechts **Teil B**

weil an etwa 90 vom Hundert der Kreuzungen die Bundesbahn beteiligt ist. Zu bedenken ist aber, daß die für die Verbesserung der Kreuzungen notwendigen korrespondierenden kommunalen Mittel nur dann zur Verfügung stehen, wenn die Länder entweder eigene gesetzliche Maßnahmen treffen oder die finanzschwachen Kommunen im Wege des Finanzausgleichs höher als bisher dotieren.

Hinsichtlich der Erhaltung und Inbetriebhaltung von **Kreuzungen** *(§ 14) will der Finanzausschuß den Regierungsentwurf wiederherstellen. Die Eisenbahnunternehmen sollen also nicht entlastet werden. Vertragliche Vereinbarungen nach § 19, die von der gesetzlichen Erhaltungspflicht für bestehende Kreuzungen abweichen, will der Finanzausschuß entsprechend der bisherigen Regelung und dem Votum des Bundesrates im ersten Durchgang bis zu einer wesentlichen Änderung oder Ergänzung an der Kreuzung bestehen lassen.*

Der federführende **Ausschuss für Verkehr und Post** *hatte mehr auf verkehrliche Belange Bedacht zu nehmen als auf finanzpolitische. Allerdings ist die Sicherstellung der Mittel für den Straßenbau zugleich ein Finanz- und Verkehrsproblem.*

Hinsichtlich der Kosten für die Änderung von Kreuzungen nach §§ 12 und 13 ist der Verkehrsausschuß mit knapper Mehrheit in seinem Hauptantrag dem Finanzausschuß und dem Bundesrat im ersten Durchgang gefolgt, will also lediglich die Bahnen entlasten.

Da die Kommunen durch diesen Vorschlag nicht unmittelbar entlastet werden, wurde mit einem **Hilfsantrag** *mit großer Mehrheit beschlossen, für alle Kreuzungen einheitlich so zu verfahren, wie es das Gesetz lediglich für Bahnübergänge vorsieht, also je ein Drittel der Kosten für Schiene und Straße, das letzte Drittel verteilt nach dem Charakter der Straße. Der Verkehrsausschuß lehnte damit ab, Überführungen nach dem Veranlassungsprinzip mit Vorteilsausgleich zu behandeln, weil er zusätzliche verwaltungstechnische Schwierigkeiten vermeiden wollte. Hinsichtlich der Erhaltung und Inbetriebhaltung von Bahnübergängen nach § 14 hat der Verkehrsausschuss vorgeschlagen, die Bahnen zur Hälfte von den Kosten zu entlasten und hierfür den Bund und die Länder entsprechend dem Charakter der Schiene eintreten zu lassen.*

Zusammenfassend ist zu berichten, daß der Innenausschuß und der Rechtsausschuß des Bundesrates vorschlagen, dem Gesetz zuzustimmen. Der Finanzausschuss und der Ausschuss für Verkehr und Post empfehlen, den Vermittlungsausschuss entsprechend den obengenannten Beschlüssen der Ausschüsse anzurufen. Im einzelnen wird auf die Drucksache 211/1/63 vom 24. Mai 1963 verwiesen.«

Im Vermittlungsausschuss am 07.06.1963 wurden die Anträge des Bundesrates zu 2, 4 und 5 abgelehnt, es blieb damit also bei der Bundestagsfassung für die §§ 11, 12, 15 und 19, während die Anträge 1 und 3 angenommen wurden. Damit wurde im Fall 3 die Regierungsvorlage wiederhergestellt, die eine Erstattung der Hälfte der Erhaltungskosten an die Eisenbahnen nicht vorgesehen hatte.

96

97 Den Vorschlägen des Vermittlungsausschusses haben der Bundestag in seiner Sitzung am 19.06.1963 und der Bundesrat in seiner 259. Sitzung am 21.06.1963 zugestimmt.

98 In der Bundestagssitzung vom 19.06.1963 hat der Abgeordnete *Dr. Schäfer* die Vorschläge des Vermittlungsausschusses begründet. Mit der Annahme des Abs. 3 zu § 9 EKrG sollte auf die Verwaltungsgliederung der Länder Rücksicht genommen werden.

99 Die Kostenregelungen der §§ 12 und 13 EKrG sollten in der Fassung der Bundestagsentschlüsse bleiben, weil insbesondere die Belastung der Gemeinden, soweit sie Straßenbaulastträger sind, mit der Hälfte der Lasten zu hoch erscheint. Die Initiative zur Beseitigung der Bahnübergänge zu ergreifen, werde für die Gemeinden leichter sein, wenn sie nur ein Drittel der Kosten zu tragen haben würden.

100 Hinsichtlich der Erhaltungs- und Inbetriebhaltungskosten für Bahnübergänge sollte es bei der bisherigen Regelung verbleiben. Eine nähere Begründung unterblieb.

101 Die Regelung in § 19 Abs. 4 EKrG hielt der Vermittlungsausschuss um der Rechtsklarheit und Rechtssicherheit willen für zweckmäßig.

102 Da die somit vom Bundestag und Bundesrat beschlossene Fassung des EKrG gegenüber der Fassung des Regierungsentwurfes für den Bund höhere Ausgaben zur Folge hatte, musste ihr die Bundesregierung nach Art. 113 GG erst zustimmen, bevor sie verkündet werden konnte. Die Bundesregierung hat der Fassung im Umlaufverfahren zugestimmt.

103 Das Gesetz wurde am 20.08.1963 im BGBl. 1963 Teil I S. 681 verkündet und trat am 01.01.1964 in Kraft.

104 Die erste Verordnung zum EKrG erging in Ausübung der Ermächtigung des § 16 Abs. 1 EKrG über die Kosten von Maßnahmen nach dem Eisenbahnkreuzungsgesetz am 02.09.1964.[47] Sie bringt zum ersten Male eine umfassende gesetzliche Regelung der Kostenmasse mit verbindlicher Wirkung für alle an der Kreuzung Beteiligten. Der vom Bundesminister für Verkehr dem Bundesrat vorgelegte Entwurf zu dieser Verordnung wurde in einigen wichtigen Punkten geändert. So wurde in § 1 ein Absatz gestrichen, der bestimmen sollte, dass Kosten, die aufgrund bestehender Rechtsverhältnisse einem Beteiligten nicht zur Last fallen, nicht zur Kostenmasse gehören sollten. Es war insbesondere an die Folgekostenpflicht bei Leitungen in Straßen und Eisenbahnanlagen gedacht. Durch die Streichung ist aber materiell nichts geändert worden, denn durch das EKrG ist die Folgekostenpflicht Dritter nicht aufgehoben worden, da das Gesetz nur die Rechtsverhältnisse zwischen den Beteiligten, nicht aber zu Dritten geregelt hat (S. Anh. E 2). Aus der Aufzählung der Baukosten (§ 4 1. EKrV) sind die »Betriebserschwernisse« gestrichen worden, woraus die Länder nunmehr schließen, dass diese nicht als Baukosten geltend gemacht werden können, während das BMVI den Standpunkt vertritt, dass diese Frage erst durch die Recht-

---

47 1. EKrV – BGBl. I S. 711, abgedruckt A 10.

sprechung geklärt werden sollte, weil man sich zwischen Bundesregierung und Bundesrat nicht habe einigen können und die Aufzählung in § 4 der 1. EKrV nur beispielshaft und nicht erschöpfend sei (»insbesondere«). Schließlich wurden die Kosten für Baugrunduntersuchungen, bodenkundliche und landschaftliche Beratungen und Modelle nicht zu den Verwaltungskosten, sondern zu den Baukosten genommen. Ob die Kosten für die Aufstellung von statischen Berechnungen zu den Bau- oder Verwaltungskosten gerechnet werden, blieb in der 1. EKrV offen.[48]

Mit der Verordnung zur Berechnung von Ablösungsbeträgen nach dem Eisenbahnkreuzungsgesetz, dem Bundesfernstraßengesetz und dem Bundeswasserstraßengesetz – Ablösungsbeträge-Berechnungsverordnung – ABBV vom 01.07.2010 (Teil A. 12.) wurde ein für sämtliche Verkehrswegekreuzungen einheitlicher und verbindlicher Rechtsrahmen zur Berechnung der Ablösungsbeträge geschaffen. Sie soll einer verlässlichen Kostenplanung der beteiligten Baulastträger dienen, Streit über die Anwendung des Berechnungsverfahrens vermeiden und damit den Verwaltungsaufwand bei der Abwicklung von Kreuzungsmaßnahmen reduzieren. 105

5. Änderung des Eisenbahnkreuzungsgesetzes 1971

Im Jahr 1968 brachte der Bundesrat beim Bundestag einen Entwurf zur Änderung des EKrG ein, in dem die mit der Stilllegung von Eisenbahnstrecken und der Einziehung von Straßen zusammenhängenden Rechtsfragen geregelt werden sollten.[49] Die Bundesregierung hat hierzu Stellung genommen,[50] den Entwurf zwar unterstützt, aber nicht für dringend erforderlich gehalten. Der Entwurf wurde daher vom Bundestag in der 5. Legislaturperiode nicht mehr verabschiedet. 106

Durch den Beschluss des BVerfG[51] sind Teile des EKrG für nichtig erklärt worden, sodass die Bundesregierung gehalten war, die entstandenen Lücken durch eine Novelle auszufüllen. Zugleich wurden einige sonst als erforderlich gehaltenen Ergänzungen und Klarstellungen mit der Gesetzesvorlage[52] eingebracht, u.a. auch die Regelung für die Stilllegung von Eisenbahnstrecken und die Einziehung von Straßen (§ 14a des Entwurfs). 107

Wichtig war die Neuregelung des § 13 Abs. 1 EKrG, nachdem das BVerfG diese Regelung für verfassungswidrig erklärt hat, soweit den Ländern ein Drittel oder ein Sechstel der Kosten bei der Änderung von Bahnübergängen auferlegt war bei Kreuzungen mit der Deutschen Bundesbahn, weil dies gegen Art. 106 (alt) GG – jetzt Art. 104a GG – verstieß. 108

Die Bundesregierung hat dementsprechend vorgeschlagen, bei Kreuzungen mit einem Schienenweg der Deutschen Bundesbahn das letzte Drittel allein zu überneh- 109

---
48 S. § 5 1. EKrV Rdn. 15 f.
49 BR-Drucks. 422/68.
50 BT-Drucks. V/3969.
51 VkBl. 1970, 26.
52 BT-Drucks. VI/1140.

men, aber entsprechend dem Lastenverteilungsgrundsatz des Art. 104a Abs. 1 GG bei Bahnübergängen mit nichtbundeseigenen Eisenbahnen und Straßenbahnen das letzte Drittel in voller Höhe dem Land aufzuerlegen. Von der Anwendung des Veranlassungsprinzips in diesen Fällen hat die Bundesregierung bewusst abgesehen, weil bei der Ermittlung der Veranlassung meist große Schwierigkeiten auftreten und damit auch der VO (EWG) Nr. 1192/69 des Rates der Europäischen Gemeinschaften vom 26.06.1969 über gemeinsame Regeln für die Normalisierung der Konten der Eisenbahnunternehmen Rechnung getragen wird.

110 Der Entwurf enthielt noch eine Reihe von Vorschlägen, die teils die Entscheidung des BVerfG berücksichtigen (zu §§ 8 und 9 EKrG), teils den bisher gemachten Erfahrungen der Praxis Rechnung tragen (zu §§ 2 und 15) und Unstimmigkeiten im bisherigen Text beseitigen (zu § 19).

111 Der Bundesrat hat dazu einige weitere Anträge in seiner Stellungnahme[53] gestellt, die von der Bundesregierung und dann auch vom Bundestag z.T. übernommen worden sind (so zu §§ 5 und 9), z.T. aber auch nicht (zu §§ 12 Abs. 2, 13, 15, 15a und 16).

112 Für § 12 Abs. 2 hat der BR vorgeschlagen, die Kosten zu halbieren, weil dies der Verwaltungsvereinfachung dienlich sei. Es würden dann die Aufstellung von Fiktiventwürfen und die Berechnung von Vorteilsausgleich entfallen. Die Bundesregierung hat diesen Vorschlag abgelehnt, weil er sich nicht mit dem dem § 12 zugrunde liegenden Veranlassungsprinzip verträgt und im Einzelfall zur Benachteiligung eines Beteiligten führen kann. Sie hat sich aber bereit erklärt, Richtlinien herauszugeben. Ferner sei eine Rechtsverordnung über die Ermittlung der Kosten in Vorbereitung, um zu der vom BR gewünschten Verfahrensvereinfachung zu kommen. Die Bundesregierung hat sich verpflichtet, diese Rechtsverordnung (§ 16 Abs. 1 Nr. 2 EKrG) kurzfristig herauszugeben. In Vorbereitung einer solchen Verordnung hat das BMVI ein Verfahren für die vereinfachte Ermittlung der Kostenteilung bei Baumaßnahmen nach § 12 Nr. 2 EKrG und § 41 Abs. 5 WaStrG entwickelt (vgl. Anh. E 7. und 8.). Eine entsprechende Verordnung ist bisher allerdings nicht ergangen.

113 Zu § 13 hat der BR vorgeschlagen, den Bund auch mit dem letzten Drittel zu belasten, wenn es sich um Anschlussbahnen zum Schienennetz der Deutschen Bundesbahn handelt. Die Bundesregierung hat dies abgelehnt, weil die Verwaltungsverantwortung für die Anschlussbahnen nicht beim Bund liegt, somit eine solche Regelung dem Art. 104a Abs. 1 GG widersprechen würde. In § 15a wollte der BR festlegen, dass Betriebserschwernisse nicht zu den Kosten der Maßnahme gehören. Dies hat die Bundesregierung im Hinblick auf die Entscheidung des BVerwG[54] abgelehnt.

114 Der Bundestag hat die Novelle in seiner 87. Sitzung am 16.12.1970 verabschiedet. Sie ist unter dem 08.03.1971 im BGBl. I S. 167 verkündet und in seiner Fassung am 21.03.1971[55] bekannt gegeben worden.

---

53 BR-Drucks. 267/70.
54 VkBl. 1969, 626.
55 BGBl. I S. 337.

Gemäß dem Vertrag zwischen der Bundesrepublik Deutschland und der Deutschen Demokratischen Republik über die Herstellung der Einheit Deutschlands (Einigungsvertrag) vom 31.08.1990[56] trat das EKrG in der Fassung der Bekanntmachung vom 21.03.1971[57] mit der Maßgabe in Kraft, dass Schienenwege der Deutschen Reichsbahn (DR) in den in § 8 Abs. 1, § 9 Abs. 1, § 13 Abs. 1 Satz 2 genannten Fällen Schienenwegen der Deutschen Bundesbahn gleichstehen.

115

6. Planungsvereinfachungsgesetz – PlVereinfG –

Durch Art. 6 des Gesetzes zur Vereinfachung der Planungsverfahren für Verkehrswege – Planungsvereinfachungsgesetz vom 17.12.1993[58] – wurde § 9 EKrG aufgehoben. Seit dem Bestehen dieser Regelung war sie nicht zur Anwendung gekommen. Zudem ist es unpraktikabel, eine oberste Bundesbehörde als Planfeststellungsbehörde zu bestimmen.

116

7. Eisenbahnneuordnungsgesetz – ENeuOG –

Die Strukturreform der Bundeseisenbahn soll die Eisenbahnen zum einen in die Lage versetzen, ihre Leistungsfähigkeit zu erhöhen und sie zum anderen stärker als bisher an dem zu erwartenden Verkehrswachstum teilhaben zu lassen. Mit dem Gesetz wurde die Deutsche Bundesbahn und die Deutsche Reichsbahn zu einem einheitlichen Bundeseisenbahnvermögen zusammengelegt. Es wurde intern in einen unternehmerischen Bereich (DB AG) und einen Verwaltungsbereich (Eisenbahn-Bundesamt) gegliedert.

117

Anlässlich dieser Reform wurde durch Art. 6 Abs. 106 ENeuOG auch das EKrG geändert.

118

Es erfolgten notwendige Änderungen aufgrund der Privatisierung der DB AG, zudem wurden § 9 EKrG gestrichen und § 19 EKrG geändert. § 9 EKrG war bereits durch Art. 6 des Planungsvereinfachungsgesetzes[59] aufgehoben.

119

§ 9 EKrG (alt) begründete eine Zuständigkeit des Bundesverkehrsministeriums unter bestimmten Voraussetzungen nicht nur als Anordnungsbehörde im Kreuzungsrechtsverfahren, sondern auch als Planfeststellungsbehörde zuständig zu sein. In der Praxis hat sich in der Vergangenheit kein Anwendungsfall ergeben.[60] Außerdem ist die Durchführung eines Planfeststellungsverfahrens durch eine oberste Bundesbehörde wenig praktikabel. Künftig werden die Planfeststellungsbehörden auch für diese Fälle zuständig sein. Nach welchen Vorschriften das Planfeststellungsverfahren

120

---

56 BGBl. II S. 889.
57 BGBl. I S. 337.
58 BGBl. I S. 2123.
59 BGBl. I S. 2123.
60 BT-Drucks. 12/4609 S. 117.

Teil B Einführung in das Kreuzungsrecht

durchzuführen ist, richtet sich nach dem jeweils anzuwendenden Fachplanungsgesetz.[61] Bei verschiedenen Verkehrswegen ist ggf. nach § 78 VwVfG zu verfahren.

121 Die Änderung des § 19 EKrG beseitigte eine seit ca. 30 Jahren bestehende Übergangsregelung. Danach galt ein sog. Gemeindeprivileg. Die frühere Deutsche Bundesbahn hatte die Erhaltungslast für kommunale Straßenüberführungen bis zur Durchführung einer wesentlichen Änderung oder Ergänzung an der Kreuzung. Die damals maßgeblichen Gründe für dieses sog. Gemeindeprivileg liegen nicht mehr vor.[62] Eine Übergangsregelung für Erhaltungsmaßnahmen, die bereits in Ausführung begriffen sind, wurde vorgesehen.

8. Gesetz zur Änderung des Eisenbahnkreuzungsgesetzes und anderer Gesetze

122 Durch das ENeuOG wurde auch § 19 EKrG geändert. Gemäß Art. 6 Abs. 106 Nr. 4 des ENeuOG ist die Baulast für Brücken über Eisenbahnen im Zuge von Kommunalstraßen auf die kommunalen Baulastträger übergegangen. Insgesamt betrafen das rund 1.200 Überführungen in den alten Ländern, die so in die Erhaltungslast kommunaler Straßenbaulast überführt wurden. Bei einem großen Teil dieser Straßenüberführungen meldeten die Kommunen bei der Übergabe einen schlechten Erhaltungszustand an.

123 Im Bundesfernstraßengesetz – § 6 Abs. 1a FStrG – und in den Landesstraßengesetzen hat der bisherige Straßenbaulastträger dem neuen Träger der Straßenbaulast dafür einzustehen, dass er die Straße in dem durch die Verkehrsbedeutung gebotenen Umfang ordnungsgemäß unterhalten hat.

124 Bei Inkrafttreten der EKrG vom 14.08.1963 galt dieser allgemein straßenrechtliche Grundsatz, wie er inzwischen in § 6 Abs. 1a FStrG normativ geregelt ist, auch schon. Einer ausdrücklichen Regelung im EKrG bedurfte es damals nicht, weil dieser Grundsatz auch seitens des Bundes ausdrücklich anerkannt wurde.[63]

125 Der Bundesrat hat deshalb einen Gesetzesentwurf zur Änderung des EKrG's eingebracht.[64] Ebenfalls brachte die Gruppe PDS[65] einen Gesetzesentwurf ein. Zum federführenden Ausschuss wurde bzgl. beider Gesetzesinitiativen der Verkehrsausschuss bestimmt.

126 Im Rahmen der Beratungen erstattete in der Verkehrsausschusssitzung am 25.06.1997 das für den Fahrweg zuständige Vorstandsmitglied der DB AG Prof. Häusler einen Bericht über den Stand der Projekte zur Übergabe der auf die Gemeinden übergegangenen Straßenüberführungen.[66] Ausgehend von 1.235 übergegangenen Brücken

---

61 BT-Drucks. 12/4609 S. 117.
62 BT-Drucks. 12/4609 S. 117.
63 Vgl. Hinweise des BMVI zum Eisenbahnkreuzungsgesetz vom 11.11.1963 – Anh. E 1.
64 Vgl. BT-Drucks. 13/1446.
65 Vgl. BT-Drucks. 13/1784.
66 Vgl. BT-Drucks. 13/8537, – Bericht des Abgeordneten Ibrügger.

war in 675 Fällen eine abschließende Regelung mit den Kommunen erfolgt. Bei weiteren 325 Überführungsbauwerken seien auf der Basis von Gutachten Einigungen erzielt worden; die Gemeindeparlamente hatten aber noch nicht zugestimmt. In 132 Fällen könnte wahrscheinlich in den nächsten Monaten eine einvernehmliche Regelung erzielt werden, da es hier durchgehend um die Höhe des Geldbetrages und nicht um Differenzen hinsichtlich des Grundtatbestandes geht. In 103 Sachverhalten würden die Gemeinden die Übernahme strikt verweigern und Gespräche ablehnen.

In der o.g. Sitzung lehnte der Ausschuss für Verkehr mit den Stimmen der Koalitionsparteien und der SPD es ab, die Finanzierungsverantwortung für die Sanierung der Bauwerke im Sinne einer 10jährigen Restnutzungsdauer festzulegen. Die Koalition lehnte darüber hinaus den SPD-Änderungsantrag, wonach neben dem Eisenbahnunternehmer der Bund die Hälfte der Sanierungskosten tragen soll, ebenfalls ab. Ebenso wurde der Gesetzentwurf der Gruppe PDS mit den Stimmen der Koalition abgelehnt. Mit den Stimmen der Koalition wurde deren Änderungsantrag, wonach der ordnungsgemäße Erhaltungszustand eines Bauwerkes dann gegeben ist, wenn es im Zeitpunkt des gesetzlichen Übergangs entsprechend den einschlägigen technischen Vorschriften überwacht und geprüft worden ist, angenommen. 127

Der Bundesrat[67] hat in seiner 721. Sitzung am 06.02.1998 beschlossen, zu dem vom Deutschen Bundestag am 11.12.1997 verabschiedeten Gesetz den Vermittlungsausschuss anzurufen. 128

Der Vermittlungsausschuss hat am 18.06.1998 den nun gültigen Abs. 3 des § 19 EKrG dem Bundestag und Bundesrat vorgeschlagen. 129

Durch das Gesetz zur Änderung von wegerechtlichen Vorschriften[68] wurden Änderungen in §§ 14a, 16 vorgenommen. Während es sich bei der Änderung des § 14a um eine redaktionelle Änderung handelt, wird mit der Änderung des § 16 eine Verordnungsermächtigung geschaffen für die Berechnung und Zahlung von Ablösungsbeträgen nach dem EKrG. Von dieser Verordnungsermächtigung ist mit der Verordnung zur Berechnung von Ablösungsbeträgen nach dem Eisenbahnkreuzungsgesetz, dem Bundesfernstraßengesetz und dem Bundeswasserstraßengesetz (Ablösungsbeträge-Berechnungsverordnung – ABBV) Gebrauch gemacht worden – s. Teil A. 12 und Rdn. 105. Mit drei Zuständigkeitsanpassungsverordnungen sind die §§ 5, 8 und 16 an die jeweils geänderte Bezeichnung des Verkehrsressorts des Bundes angepasst worden – s. Teil A. 7., 8. und 9. Materiell-rechtliche Änderungen des EKrG sind damit nicht eingetreten. 130

---

67 Vgl. BT-Drucks. 13/9840.
68 Vgl. BT-Drucks. 15/3982 – Teil A. 6.

Teil C

C 1. Erläuterungen zum Gesetz über Kreuzungen von Eisenbahnen und Straßen (Eisenbahnkreuzungsgesetz)

Der Bundestag hat mit Zustimmung des Bundesrates das folgende Gesetz beschlossen:

§ 1 EKrG [Geltungsbereich]
(1) Dieses Gesetz gilt für Kreuzungen von Eisenbahnen und Straßen.

(2) Kreuzungen sind entweder höhengleich (Bahnübergänge) oder nicht höhengleich (Überführungen).

(3) Eisenbahnen im Sinne dieses Gesetzes sind die Eisenbahnen, die dem öffentlichen Verkehr dienen, sowie die Eisenbahnen, die nicht dem öffentlichen Verkehr dienen, wenn die Betriebsmittel auf Eisenbahnen des öffentlichen Verkehrs übergehen können (Anschlußbahnen), und ferner die den Anschlußbahnen gleichgestellten Eisenbahnen.

(4) Straßen im Sinne dieses Gesetzes sind die öffentlichen Straßen, Wege und Plätze.

(5) Straßenbahnen, die nicht im Verkehrsraum einer öffentlichen Straße liegen, werden, wenn sie Eisenbahnen kreuzen, wie Straßen, wenn sie Straßen kreuzen, wie Eisenbahnen behandelt.

(6) Beteiligte an einer Kreuzung sind das Unternehmen, das die Baulast des Schienenweges der kreuzenden Eisenbahn trägt, und der Träger der Baulast der kreuzenden Straße.

Übersicht	Rdn.
A. Kreuzungen (Abs. 1)	1
B. Bahnübergänge, Überführungen (Abs. 2)	13
C. Eisenbahnen (Abs. 3)	25
D. Straßen (Abs. 4)	44
E. Straßenbahnen (Abs. 5)	56
F. Eisenbahnen im Verkehrsraum einer Straße	65
G. Beteiligte (Abs. 6)	68

C 1. Erläuterungen zum Eisenbahnkreuzungsgesetz

A. Kreuzungen (Abs. 1)

1 Eine Kreuzung liegt vor, wenn sich zwei Verkehrswege überschneiden und an der Kreuzungsstelle die gleiche Grundstücksfläche benötigen.[1] Das EKrG behandelt nur die Kreuzungen der Verkehrswege der Eisenbahnen, Straßen und Straßenbahnen.

2 Die Frage, ob das EKrG die Rechtsbeziehungen zwischen den Kreuzungsbeteiligten erschöpfend geregelt hat, ist umstritten. Sicherlich gilt es, was die Regelungen der Kreuzungsänderungen anlangt, nicht für Rationalisierungsmaßnahmen. Die Rechtsbeziehungen bei der Wiederherstellung von durch höhere Gewalt zerstörten Bauwerken ist nicht ausdrücklich geregelt. Das BVerwG hält diese Maßnahmen für eine Änderungsmaßnahme (wenigstens für das KrG) im Sinne des Kreuzungsrechts.[2]

3 Eine Kreuzung liegt nur dann vor, wenn eine Fortsetzung der Straße i.S.d. EKrG hinter dem Bahnübergang gegeben ist.[3]

4 Wird die gleiche Grundstücksfläche von der Eisenbahn (Straßenbahn) und der Straße in der gleichen Richtung beansprucht, so liegt keine Kreuzung, sondern eine Mitbenutzung der Straße durch die Eisenbahn (Straßenbahn) vor.[4] Dies gilt entsprechend z.b. für die Längsführung von Straßen an Bundeswasserstraßen.[5]

5 Benutzt eine Eisenbahn die Straße nur auf ein gewisses Stück in der Längsrichtung und überschneidet sie die Straße nur an einem oder beiden Enden, dann sind diese Überschneidungen keine Kreuzungen i.S.d. EKrG, sondern ein Teil der Mitbenutzung der Straße in der Längsführung.

6 Den Begriff der Einmündung kennt nur das Straßenbaurecht.[6] In früheren Gesetzen sind Kreuzungen vielfach als Überwege bezeichnet worden.

7 Laufen eine Strecke einer Eisenbahn des Bundes und eine Anschlussbahn an der Kreuzungsstelle mit der Straße nebeneinander, dann liegen rechtlich zwei Kreuzungen vor, auch wenn beide auf einer gemeinsamen Überführung liegen oder mit nur einer Schrankenanlage gesichert sind.[7]

8 Rechtlich unerheblich ist es, ob die Kreuzung recht- oder schrägwinklig ist.

9 Für die in einem Verkehrsweg untergebrachten fremden Anlagen und Einrichtungen, z.B. Fernmeldeleitungen, Abwasserleitungen, Versorgungsleitungen, bestehen in

---

1 S. Einführung Teil B.
2 Vgl. § 3 Rdn. 122 ff.
3 BVerwG, Urt. v. 05.11.1965 – IV C 49.65.
4 S. Rdn. 59 ff. und 65 ff.
5 *Friesecke* Rn. 2 zu § 40 WaStrG.
6 § 12 Abs. 6 FStrG, § 29 Abs. 1 StrBW, Art. 31 Abs. 1 BayStrWG, § 28 Abs. 1 BbGStrG, § 29 Abs. 1 HessStrG, § 37 Abs. 2 StrWG-MV, § 33 Abs. 1, 3 NStrG, § 33 Abs. 1 StrWG-NW, § 18 Abs. 3 LStrG-RP, §§ 34 Abs. 1, 35 Abs. 6 SaarlStrG, § 29 Abs. 1 Satz 3 SächsStrG, § 28 Abs. 1 Satz 3 StrG-LSA, § 34 Abs. 2 StrWG-SH, § 28 Abs. 1 satz 3 ThürStrG.
7 S. Teil D Rdn. 115 ff.

der Regel keine unmittelbaren Rechtsbeziehungen mit dem Baulastträger des kreuzenden Verkehrsweges, sodass für diese Anlagen das EKrG nicht anwendbar ist und ihre Baulastträger nicht Beteiligte i.S.d. Abs. 6 sind.[8] Interessen dieser Anlagen wären daher jeweils von dem Träger des Verkehrsweges mitzuvertreten, in dem sie aufgrund gesetzlicher oder vertraglicher Regelung verlegt sind.

Beruht ein Bahnübergang zwischen einer Straße und einem Anschlussgleis auf einer jederzeit widerruflichen Sondernutzung,[9] so ist nach Entscheidung des BVerwG vom 02.12.1966[10] das EKrG nicht anwendbar, vielmehr kann der Träger der Straßenbaulast jederzeit widerrufen, wenn öffentliches Interesse gegeben ist. 10

Unter das Kreuzungsrecht des EKrG fallen nicht Kreuzungen von Straßen mit Stromerzeugungs- und -verteilungsanlagen einer Eisenbahn des Bundes (Starkstromleitungen), weil § 1 Abs. 2 den Kreuzungsbegriff auf Bahnübergänge und Überführungen beschränkt. 11

Zur Kreuzung i.S.d. § 1 Abs. 1 EKrG gehören alle Bestandteile des Schnittpunktes der Verkehrswege. Dies selbst dann, wenn sie für die Sicherheit und Abwicklung des Verkehrs keine Bedeutung mehr haben. Dies gilt umso mehr, wenn die Bestandteile des Kreuzungsbauwerks früher unzweifelhaft eine – z.B. statische – Funktion hatten, diese aber infolge einer technischen Veränderung des Bauwerks verloren haben.[11] Es würde zu einer Zersplitterung der Gemeinschaftsaufgabe Kreuzungsanlage führen, wenn man die Anwendung des EKrG davon abhängig machen würde, ob einzelne Bauteile ihre ursprüngliche Funktion behalten haben.[12] 12

B. Bahnübergänge, Überführungen (Abs. 2)

Bahnübergänge sind nach der Legaldefinition des Gesetzes höhengleiche Kreuzungen, Überführungen nicht höhengleiche Kreuzungen. Für Letztere verwandte das KrG den Begriff der schienenfreien Kreuzungen.[13] 13

Bei Bahnübergängen galt als Kreuzungsstück in der Regel der Abschnitt zwischen den Schranken und bei Bahnübergängen ohne Schranken ein Abschnitt, der jeweils 1 m rechts und links der äußeren Schiene begann.[14] 14

---

8 S. hierzu noch Rdn. 68 ff.
9 Z.B. § 8 mit § 24 Abs. 12 FStrG.
10 VkBl. 1967 S. 502.
11 OVG Berlin-Brandenburg, Urt. v. 20.06.2007 – 12 B 21.07.
12 OVG Berlin-Brandenburg, Urt. v. 20.06.2007 – 12 B 21.07.
13 § 3 Abs. 1 KrG.
14 So für Bayern § 10 der JME vom 03.04.1909 Nr. 9926 – MABl. S. 297 – *Sieder-Zeitler*, Bay-StrWG S. 339. S.a. Teil B Rdn. 57.

15 Bahnübergänge waren bisher in der Regel innerhalb der Bahnschranken vom Eisenbahnunternehmer zu unterhalten.[15] § 14 EKrG definiert für die Erhaltung den Begriff neu und einheitlich.[16]

16 Im Bereich eines Bahnübergangs wurde ein Weg durch das KrG nicht zum öffentlichen Weg, wenn er nicht schon vorher ein öffentlicher Weg im Rechtssinne war.[17]

17 Die Sperrung der Straße (durch Bahnschranken) soll Störungen und Gefahren, die sich an den Wegübergängen für die Eisenbahntransporte ergeben, verhindern und gleichzeitig den Straßenverkehr vor den aus dem Eisenbahnbetrieb drohenden Gefahren schützen.[18]

18 Durch Überführungen wird die unmittelbare Behinderung des Verkehrsflusses beider beteiligter Verkehrswege ausgeschaltet und eine erhebliche Gefahrenquelle beseitigt. Es ist daher eine der wesentlichsten Aufgaben des EKrG, den Ersatz von Bahnübergängen durch Überführungen, soweit dies für die Sicherheit und die Abwicklung des Verkehrs erforderlich ist, zu ermöglichen und zu erleichtern. Es bestehen noch rund 17.000 Bahnübergänge (Stand 2015) bei der DB Netz AG.[19] Die Gesamtzahl ist seit Jahren rückläufig, weil die Einrichtung neuer Bahnübergänge grundsätzlich nicht zulässig ist und bestehende Bahnübergänge beseitigt werden.

19 Überführungen sind Bauwerke, die den einen Verkehrsweg über den anderen oder auch über mehrere andere (z.B. Straße, Wasserstraße, Anschlussbahn) hinwegführen. Meist liegt die Fahrbahn des überführten Verkehrsweges unmittelbar auf dem Brückenbauwerk, sie kann aber auch auf einer zwischengeschalteten Erdschicht (Auffüllung) liegen. Die sich kreuzenden Verkehrswege sind grundsätzlich gleichzeitig sichtbar.

20 Keine Kreuzung im Rechtssinn liegt vor, wenn zwischen den beiden Verkehrswegen ein natürlich gewachsener Boden bestehen bleibt. Dabei spielt es keine Rolle, ob der Tunnel aufgefahren oder in offener Bauweise erstellt wird. Ist jedoch zwischen einem in einem Tunnel verlaufenden Verkehrsweg und dem auf der Oberfläche verlaufenden nur noch ein so geringer Höhenunterschied (z.B. beim Tunnelmund), dass eine gegenseitige Behinderung gegeben und eine gegenseitige Rücksichtnahme erforderlich ist, dann kann zwischen den beiden Verkehrswegen insoweit eine Kreuzung i.S.d. § 1 EKrG bestehen.[20]

21 Ein Kreuzungsverhältnis i.S.d. EkrG liegt unzweifelhaft dann vor, wenn eine unmittelbare »Berührung« der Verkehrswege gegeben ist. Dies ist bei einem Tunnel der

---

15 *Germershausen* I, S. 353.
16 S. § 14 EKrG Rdn. 33 ff.
17 BayVGH VkBl. 1956 S. 756.
18 BGH, NJW 1963 S. 1107.
19 https://www.deutschebahn.com/file/de/11874580/zQ7Ujscu7Vv74h9enn2Z_tAl7GA/11870930/data/themendienst_bahnuebergaenge.pdf.
20 BMVI, S. vom 29.05.1967 – StB 2 Lkb Vms 67 u. v. 22.12.1975, StB 2/78.11.10/2083 He 75.

Fall, wenn der andere Verkehrsweg unmittelbar auf der Tunnelkonstruktion aufliegt. Entscheidend ist immer, ob eine gegenseitige Behinderung gegeben oder eine Rücksichtnahme der Kreuzungsbeteiligten erforderlich ist.

Der Tunnel ist grundsätzlich eine bauliche Anlage des Verkehrsweges, dem er (die Tunnelröhre) dient.[21] Nach einer Entscheidung des BMVI ist eine Lösung außerhalb des EKrG's zu suchen, wenn bei Großstadtbahnhöfen (Straße, DB AG, S- und U-Bahn in verschiedenen Ebenen) keine unmittelbare Berührung der Tunnelröhren mehr stattfindet. Allerdings bietet sich dann eine analoge Heranziehung des EKrG's an. Anders dürfte zu entscheiden sein, wenn ein vorhandener Bahnhof (z.B. die »21-Projekte« der DB Netz AG) mit in die Tiefe gelegt werden muss. 22

Auch nach der Herstellung einer Überführung bleiben gegenseitige Behinderungen und Erschwerungen bestehen, soweit die Verkehrsentwicklung Änderungen (z.B. Änderungen des Lichtraumprofils, der lichten Weite oder der Tragfähigkeit) erforderlich macht. 23

Besteht für einen Verkehrsweg ein hoher Talübergang (Viadukt), unter dem ein anderer Verkehrsweg kreuzt, so ist formell eine Kreuzung gegeben, denn das EKrG unterscheidet nicht zwischen Überführungen, die wegen der topografischen Lage erforderlich geworden sind, und solchen, die zur besseren Abwicklung des sich überschneidenden Verkehrs geschaffen worden sind. 24

C. Eisenbahnen (Abs. 3)

Unter das EKrG fallen die öffentlichen Eisenbahnen, die Anschlussbahnen und die den Anschlussbahnen gleichgestellten nicht öffentlichen Eisenbahnen. Die Straßenbahnen gelten zwar als Schienenbahnen, nicht aber als Eisenbahnen,[22] und sind daher besonders behandelt. 25

Eisenbahnen i.S.d. EKrG sind solche, die dem öffentlichen Verkehr dienen, d.h. die nach ihrer Zweckbestimmung jedermann zur Personen- oder Güterbeförderung benutzen kann. Das Allgemeine Eisenbahngesetz (AEG) unterscheidet zwischen Eisenbahnverkehrs- und Eisenbahninfrastrukturunternehmen, § 2 Abs. 1 AEG. § 3 AEG definiert den öffentlichen Eisenbahnverkehr. Die DB AG und andere Eisenbahnen des Bundes (EdB) dienen dem öffentlichen Verkehr. Das Eisenbahn-Bundesamt (EBA) veröffentlicht im Internet eine Liste der öffentlichen Eisenbahnverkehrsunternehmen in Deutschland, aus welcher die EdB (nur für diese ist das EBA Aufsichtsbehörde) differenziert ersichtlich sind.[23] 26

---

21 Vgl. z.B. § 1 Abs. 4 Nr. 1 FStrG.
22 S. Rdn. 56.
23 https://www.eba.bund.de/DE/Themen/Eisenbahnunternehmen/eisenbahnunternehmen_node.html

DB AG und Usedomer Bäderbahn GmbH als Eisenbahninfrastruktur und Eisenbahnverkehrsunternehmen. S-Bahn Berlin GmbH, Zug Bus Regionalverkehr Alb-Bodensee GmbH, Regionalbahn Schleswig-Holstein GmbH, Unisped GmbH, S-Bahn Hamburg GmbH, Deutsche Bahn Foster Yeoman GmbH, DB Regionalbahn Rheinland, DB Regionalbahn Rhein-Ruhr GmbH und Regionalbahn Westfalen GmbH als Eisenbahnverkehrsunternehmen. Dies gilt nicht für Anschlussbahnen in der Unterhaltung der DB AG und für Stammbahnen. S-Bahnen sind dem öffentlichen Verkehr dienende Eisenbahnen (Stadtschnellbahnen).

27 Zu den Eisenbahnen des nicht öffentlichen Verkehrs gehören diejenigen, die nur einem beschränkten Benutzerkreis (z.b. dem Eigentümer und den von ihm zugelassenen Personen) offenstehen, wie z.b. Werk-, Gruben-, Privatanschlussbahnen und Feldbahnen.

28 Nicht zu den Eisenbahnen i.S.d. EKrG gehören die eisenbahneigenen Starkstromleitungen.[24]

29 Die Rechtsverhältnisse der Eisenbahnen sind mit dem ENeuOG neu geregelt worden. Für Eisenbahnen des Bundes enthält das AEG die entsprechenden Regelungen. Die Länder haben nach Art. 74 Nr. 23 GG die Befugnisse der konkurrierenden Gesetzgebung für die Schienenbahnen, die nicht Eisenbahnen des Bundes sind, mit Ausnahme der Bergbahnen. Für die nichtbundeseigenen Eisenbahnen gelten also das AEG und die erlassenen Landeseisenbahngesetze. Folgende Länder haben Landeseisenbahngesetze erlassen:
- Baden-Württemberg – Landeseisenbahngesetz vom 23. Juni 1995, GBl. 1995 S. 421 ff., zuletzt geändert durch Artikel 64 der Verordnung vom 25. Januar 2012, GBl. S. 65;
- Bayern – Bayerisches Eisenbahn- und Seilbahngesetz vom 9. August 2003, GVBl. S. 598.
- Bremen – Landeseisenbahngesetz vom 3. April 1973, Brem.GBl. S. 33, zuletzt geändert durch Nummer 2.3 der Bekanntmachung vom 24. Januar 2012, Brem.GBl. S. 24, 153;
- Hamburg – Landeseisenbahngesetz vom 4. November 1963, HmbGVBl. S. 205, zuletzt geändert am 22. September 1987, HmbGVBl. S. 177;
- Hessen – Hessisches Eisenbahngesetz vom 25. September 2006, GVBl. I S. 491, zuletzt geändert durch Artikel 46 des Gesetzes vom 13. Dezember 2012, GVBl. I S. 622;
- Niedersachsen – Niedersächsisches Gesetz über Eisenbahnen und Seilbahnen vom 16. Dezember 2004, Nds. GVBl. S. 658;
- Rheinland-Pfalz – Landeseisenbahngesetz in der Fassung vom 23. März 1975, zuletzt geändert durch Artikel 7 des Gesetzes vom 22. Dezember 2008, GVBl. S. 317;

---

24 Siehe BMVI ARS 4/77 – VkBl. 1977, 218.

– Sachsen – Gesetz zur Regelung der Rechtsverhältnisse bei Eisenbahnen und Seilbahnen im Freistaat Sachsen vom 12. März 1998, GVBl. 1998 S. 97, zuletzt geändert durch Gesetz vom 19. Mai 2010, Sächs. GVBl. S. 142;
– Sachsen-Anhalt – Landeseisenbahn- und Bergbahngesetz vom 12. August 1997, GVBl. 1997 S. 750, zuletzt geändert durch Gesetz vom 27. August 2002, GVBl. LSA S. 372;
– Schleswig-Holstein – Landeseisenbahngesetz vom 27. Juli 1995, GVBl. 1995 S. 266, zuletzt geändert durch LVO vom 12. Oktober 2005, GVBl. I S. 487.

Die **Bergbahnen** sind, soweit sie Eisenbahnen des öffentlichen Verkehrs sind, vom EKrG erfasst, nicht aber die Schwebebahnen. Dabei kommt es nicht darauf an, dass nach Art. 74 Nr. 23 GG für den Bund keine konkurrierende Gesetzgebungsbefugnis besteht, denn jedenfalls fallen Kreuzungen zwischen einer Bundesfernstraße und einer Bergeisenbahn unter die Regelung kraft der Zuständigkeit nach Art. 74 Nr. 22 GG. Das EKrG wird jedoch mangels Gesetzgebungszuständigkeit nicht gelten können für Kreuzungen zwischen Bergeisenbahnen und Straßen, die nicht Bundesfernstraßen sind. Insoweit ist die ausschließende Gesetzgebungskompetenz der Länder gegeben. 30

Wegen der Eisenbahnen, die öffentliche Straßen in der Längsrichtung benutzen, s. Rdn. 65 ff. 31

Hafenbahnen gehören in der Regel zu den Eisenbahnen des nicht öffentlichen Verkehrs; es gibt aber eine Reihe von Hafenbahnen, die zu den Eisenbahnen des öffentlichen Verkehrs zählen. 32

Anschlussbahnen sind Eisenbahnen, die nicht dem öffentlichen Verkehr dienen, deren Betriebsmittel aber auf Eisenbahnen des öffentlichen Verkehrs übergehen können. Nach der amtlichen Begründung ist die Einbeziehung dieser Eisenbahnen in die Regelung des EKrG erforderlich, weil bei ihnen die gleichen Gefahren für den Verkehr auftreten, wie bei den öffentlichen Eisenbahnen. 33

Für die Beurteilung der Frage, ob es sich bei einem Schienenweg um eine öffentliche Eisenbahn oder eine Anschlussbahn handelt, kommt es nicht auf den Unternehmer (z.B. DB Netz AG, Eisenbahnunternehmer), sondern auf die Zweckbestimmung des Schienenweges an. Nach § 3 AEG dienen Eisenbahnen dem öffentlichen Verkehr, wenn sie als Eisenbahnverkehrsunternehmen gewerbs- oder geschäftsmäßig betrieben werden und jedermann sie nach ihrer Zweckbestimmung zur Personen- oder Güterbeförderung benutzen kann (öffentliche Eisenbahnverkehrsunternehmen) oder Eisenbahninfrastrukturunternehmen gewerbs- oder geschäftsmäßig betrieben werden und ihre Schienenwege nach ihrer Zweckbestimmung von jedem Eisenbahnverkehrsunternehmen benutzt werden können (öffentliche Eisenbahninfrastrukturunternehmen). Eine Stammbahn ist daher in der Regel eine Anschlussbahn.[25] 34

---

25 BayVGH, Urt. v. 16.10.1968 Nr. 65 VIII 68.

35 Die Anschlussbahnen waren auch schon in die Regelung des KrG einbezogen, insofern ist also keine Änderung eingetreten.

36 Unter die Anschlussbahnen können u.a. fallen die Gruben- und Hafenbahnen, aber auch die Werkanschlussbahnen.[26]

37 Das KrG hatte aber die Anschlussbahnen im Verhältnis zu den Straßen vielfach schlechtergestellt als die öffentlichen Eisenbahnen. So musste sich die Anschlussbahn als neuer Verkehrsweg behandeln lassen, auch wenn die Straße zur gleichen Zeit neu hergestellt wurde[27] oder wenn sie zu einer Eisenbahn des öffentlichen Verkehrs ausgebaut wurde.[28] Schließlich blieben trotz der neuen Kostenregelung des KrG abweichende Regelungen i.S.d. § 9 Abs. 2 KrG, also z.B. nach § 5 Abs. 2 und 3, § 7 und § 8 Abs. 1 KrG, zwischen Straße und Anschlussbahnen unberührt.[29] Das EKrG hatte in § 19 Abs. 2 alt ebenfalls bestimmt, dass bisherige Vereinbarungen diesbezüglicher Art fortbestehen. Eine den §§ 6 Abs. 2 und 7 Abs. 2 Nr. 2 KrG entsprechende Vorschrift hat das EKrG jedoch nicht mehr vorgesehen.

38 Das Verlangen des Bundesverbandes der deutschen Industrie für eine volle und gleichmäßige Behandlung der Anschlussbahnen, insbesondere durch eine Vorschrift, dass bestehende Vereinbarungen nicht weitergelten sollten, womit insbesondere die Folgepflicht der Anschlussbahnen beseitigt worden wäre, hat der BT-Ausschuss für Verkehr, Post- und Fernmeldewesen abgelehnt,[30] weil es sich hier nicht um öffentliche Verkehrswege handele, sondern um solche im privaten Interesse der Anschlussgleisbesitzer.

39 Nach dem Verkehrspolitischen Programm der Bundesregierung 1968, sollte durch Einrichtung und Verbesserung von Anschlussgleisen der Gleisanschlussverkehr gesteigert werden, dies insbesondere für den Massengut- und Schwerlastverkehr. Wenn Anschlussgleise von Straßenbaumaßnahmen betroffen werden, sollten daher die Straßenbauverwaltungen auch die Bundesbahn rechtzeitig unterrichten.[31]

40 Für die Anschlussbahnen trifft es nicht zu, wie *Goes* (S. 2) ausführt, dass unter Verkehrsweg i.S.d. KrG nur der öffentlich-rechtliche gemeint sei.[32]

41 Durch § 1 Abs. 3 EKrG sind private Anschlussbahnen ausdrücklich in den Geltungsbereich des EKrG miteinbezogen worden. An dem zum KrG entwickelten Grundsatz von dem Erfordernis der Gleichwertigkeit der Verkehrswege[33] kann nicht mehr festgehalten werden.[34] Den gesetzlichen Tatbestandsmerkmalen ist nicht zu

---

26 S. Teil D Rdn. 38.
27 § 6 Abs. 2 KrG.
28 § 7 Abs. 2 Nr. 2 KrG.
29 § 9 Abs. 3 KrG.
30 Sitzung am 09./10.05.1962.
31 BMVI S. vom 30.10.1968 – StB 2/E 1 – Lkb – 63 Vm 68 I.
32 BVerwG, NVwZ 1983 S. 292.
33 BVerwG, Urt. v. 02.12.1966 – IV C 18.65, Buchholz 407.4, § 17 FStrG Nr. 3 S. 9 (14).
34 BVerwG, NVwZ 1983, 291 (293).

[Geltungsbereich] § 1 EKrG

entnehmen, dass das EKrG seinen Anwendungsbereich in Bezug auf Anschlussbahnen eingeschränkt hat. Für die Frage der Kostenverteilung ist § 19 Abs. 1 EKrG zu beachten.

Die Kreuzungen mit Anschlussbahnen fallen in den Geltungsbereich der EKrG auch 42 dann, wenn die Benutzung der Straße durch den Schienenweg nicht auf unwiderruflichen Nutzungsrechten beruht.[35] Durch § 1 Abs. 3 sind die Anschlussbahnen ausdrücklich in den Geltungsbereich des Eisenbahnkreuzungsgesetzes einbezogen worden, wenn deren Betriebsmittel auf Eisenbahnen des öffentlichen Verkehrs übergehen können. Im Gesetzgebungsverfahren wurde dies damit begründet, dass die privaten Eisenbahnen, die mit öffentlichen Eisenbahnen durch einen Schienenweg so verbunden sind, dass ihre Fahrzeuge überführt werden können, an ihren »Straßenkreuzungen« die gleichen Gefahren für den Verkehr verursachen wie die öffentlichen Eisenbahnen.[36] An der gegenteiligen Rechtsprechung,[37] die vornehmlich zum »KrG 39« entwickelt wurde, hält das Bundesverwaltungsgericht für das EKrG nicht mehr fest.[38]

Die Kategorie der **den Anschlussbahnen gleichgestellten Eisenbahnen** ist auf Anre- 43 gung des Bundesrates im ersten Durchgang in der 3. Legislaturperiode aufgenommen worden.[39] Die Anregung wurde damit begründet, dass in einzelnen Ländern – es wurde insbesondere auf Niedersachsen verwiesen – die Möglichkeit bestünde, Eisenbahnen des nicht öffentlichen Verkehrs, die nicht Anschlussbahnen sind, diesen rechtlich gleichzustellen und damit dem allgemeinen Eisenbahnrecht zu unterwerfen. So kann nach § 38 N-Landeseisenbahngesetz vom 16.04.1957[40] eine Eisenbahn des nicht öffentlichen Verkehrs, die nicht Anschlussbahn ist, den Bestimmungen über Anschlussbahnen unterstellt werden, wenn sie nach Anlage und Ausstattung sowie nach ihrer Eingliederung in den allgemeinen Verkehrsraum einer Bahn ähnlich ist, die den Bestimmungen des Gesetzes unterliegt. Nach § 14 LEisenbG-BW können Eisenbahnen des nichtöffentlichen Verkehrs mit Genehmigung der Aufsichtsbehörde in beschränktem Umfang öffentlichen Verkehr abwickeln. Es muss die Sicherheit der Personenbeförderung gewährleistet werden.

D. Straßen (Abs. 4)

Das EKrG befasst sich nur mit den rechtlich-öffentlichen Straßen, Wegen und Plät- 44 zen, nicht aber, wie die StVO, mit den tatsächlich-öffentlichen Straßen. Dabei definiert das EKrG den Begriff Straße nicht selbst, sondern übernimmt sachlich den im Straßenrecht des Bundes und der Länder weitgehend übereinstimmenden Inhalt.[41]

---

35 BVerwG, Urt. v. 04.06.1982 – 4 C 28.79.
36 BT-Drucks. IV/183 S. 5.
37 BVerwG, Urt. v. 02.12.1966 – IV C 18.65.
38 BVerwG, Urt. v. 04.06.1982 – 4 C 28.79.
39 S. Anh. E 1 zu § 1.
40 *Germershausen-Marschall* II, S. 1442.
41 BVerwG, VkBl. 1988 S. 643.

45 Nach der amtlichen Begründung wird der Kreis der Straßen gegenüber dem KrG erweitert, indem nunmehr außer den **kraftfahrzeugfähigen Straßen** auch alle sonstigen rechtlich öffentlichen Straßen, Wege und Plätze in die Regelung einbezogen werden.[42] Dies sei notwendig, weil auch bei diesen Kreuzungen eine Gefahrenlage für den Verkehr eintreten könne, zu deren Beseitigung es einer gesetzlichen Regelung bedürfe. Für die **nichtkraftfahrzeugfähigen Straßen** seien allerdings nicht die gleichen strengen Vorschriften anzuwenden.[43] Für sie besteht nicht die zwingende Vorschrift, dass neue Kreuzungen als Überführungen auszubilden sind. Das EKrG gilt daher auch für rechtlich öffentliche Gehwege und Radwege.

46 Die Einbeziehung der nichtkraftfahrzeugfähigen Straßen und Wege[44] in die Regelung des EKrG hat nicht unbedeutende finanzielle Auswirkungen, so insbesondere auch zulasten der Eisenbahnen, da diese bei Änderungen von Bahnübergängen mit nichtkraftfahrzeugfähigen oder nicht mehr kraftfahrzeugfähigen Straßen künftig mit einem Drittel an den Änderungskosten beteiligt werden,[45] nachdem eine dem § 7 Abs. 2 KrG entsprechende Vorschrift im EKrG fehlt.

47 Die Änderung dieser Kreuzungen wird auch in den kommenden Jahren aufgrund der Motorisierung der Landwirtschaft in größerem Umfange erforderlich werden, weil hierdurch früher nichtkraftfahrzeugfähige Wege mehr und mehr dem Kfz-Verkehr dienen werden.

48 Das EKrG erfasst nicht **Privatwege**, auf denen mit ausdrücklicher oder stillschweigender Duldung des Eigentümers ein öffentlicher Verkehr stattfindet. Eine Ausweitung auf diese Straßen wäre auch aus rechtssystematischen Gründen nicht richtig. Das Problem des EKrG liegt darin, die widerstreitenden öffentlichen Aufgaben, die Straßenbaulast und die Eisenbahnbau- und -betriebspflicht gegeneinander abzugrenzen und durch die Schaffung besonderer Anordnungsbefugnisse die Lücke zu schließen, die sich daraus ergibt, dass weder die Straßen- noch die Eisenbahnaufsichtsbehörde für sich allein in der Lage ist, mit den ihr zu Gebote stehenden Befugnissen die notwendigen gemeinschaftlichen Maßnahmen an Kreuzungen durchzusetzen. Daraus ergibt sich auch, dass es sich beim EKrG nicht um ein polizeirechtliches, sondern um ein sachenrechtliches Gesetz handelt. Der Eigentümer eines Privatweges erfüllt keine öffentliche Aufgabe, es gibt insoweit auch keine Straßenbaulast. Es könnte auch nicht die Duldungspflicht des § 4 EKrG als Auswirkung der Sozialbindung des Eigentums angesehen werden. Privatwege unterfallen vom Grundsatz her nicht dem EKrG. Für sie gibt es nämlich keine öffentlich-rechtliche Baulastverpflichtung.[46] Es ist vielmehr – vorbehaltlich eingegangener Verpflichtungen – eine

---

42 S. Anh. E 1 zu § 1.
43 S. § 2 EKrG, Rdn. 24.
44 S. § 2 EKrG, Rdn. 24 ff.
45 § 13 EKrG.
46 *Kodal*, Straßenrecht, Kap. 5 Rn. 12.

[Geltungsbereich] § 1 EKrG

Entscheidung des Eigentümers, ob und wie er seinen Privatweg instand halten will.[47] Allerdings kann sich aufgrund von freiwilligen Vereinbarungen ergeben, dass diese eine Grundlage für Instandhaltungsverpflichtungen beinhalten.[48] Eine durch Vereinbarung – außerhalb des EKrGs – begründete Erhaltungslast von nicht öffentlichen Straßen bleibt von Rechtsänderungen des EKrG[49] unberührt. Es findet demzufolge auch kein Übergang der Erhaltungslast gem. § 19 EKrG statt.[50]

Schon nach den Erläuterungen zum KrG gehörten nur die nach jeweils geltendem Recht (Landesrecht) »rechtlich-öffentlichen Wege« dazu, nicht dagegen »tatsächlich-öffentliche Wege«. 49

Zu den **rechtlich-öffentlichen Straßen** gehören neben den Bundesfern-, Landes-, Staats-, Kreis- und Gemeindestraßen auch die **sonstigen öffentlichen Straßen**. Hierzu zählen u. a. 50
- **öffentliche Feld- und Waldwege**, die der Bewirtschaftung von Feld- und Waldgrundstücken dienen (vgl. Art. 3 Abs. 1 Nr. 4, 53 Nr. 1 BayStrWG, § 3 Abs. 5 Nr. 1 BbgStrG, § 3 Abs. 2 Nr. 4a StrG BW, § 3 Abs. 1 Nr. 4a SächsStrG, § 3 Abs. 1 Nr. 4a StrWG SH),
- **beschränkt-öffentlichen Wege**, das sind Wege, die einem beschränkt-öffentlichen Verkehr dienen und eine besondere Zweckbestimmung haben können wie z.B. Fußgängerbereiche, Friedhofs-, Kirchen- und Schulwege sowie Radwege, soweit sie nicht Bestandteil einer anderen öffentlichen Straße sind, (vgl. Art. 53 Nr. 2 BayStrWG, § 3 Abs. 5 Nr. 2 BbgStrG, § 3 Abs. 2 Nr. 4 StrG BW, § 39 HStrG, § 48 StrWG NRW, § 3 Abs. 1 Nr. 4b SächsStrG, § 3 Abs. 1 Nr. 4b StrWG SH, § 3 Abs. 1 Nr. 4 ThürStrG)
- **Eigentümerwege**, welche dadurch gekennzeichnet sind, dass sie von den Grundstückseigentümern in unwiderruflicher Weise einem beschränkten oder unbeschränkten öffentlichen Verkehr zur Verfügung gestellt werden und keiner anderen Straßenklasse angehören (vgl. Art. 53 Nr. 3 BayStrWG, § 3 Abs. 5 Nr. 3 BbgStrG, § 3 Abs. 1 Nr. 4c SächsStrG). Rechtlich wird also ein tatsächlich-öffentlicher Weg nach der Erklärung des Eigentümers, dass er den Weg unwiderruflich eröffnet und duldet, durch Widmung der zuständigen Behörde zu einem rechtlich öffentlichen Weg und damit auch vom EKrG erfasst.

Eine rechtlich-öffentliche Straße kann auch durch stillschweigende Widmung entstehen.[51] 51

Aufgrund landesrechtlicher Regelungen bzw. Übergangsregelungen (vgl. § 64 HWG, § 54 Satz 2 LStrG RP, § 57 Abs. 3 StrWG SH) können altrechtliche Straßen und Wege auch ohne nachweisbare Widmung als rechtlich-öffentliche Straßen anzusehen 52

---

47 OVG Rheinland-Pfalz, Urt. v. 05.04.2000 – 8 C 11743/99.
48 OVG Rheinland-Pfalz, Urt. v. 05.04.2000 – 8 C 11743/99.
49 Z.B. § 19.
50 OVG Rheinland-Pfalz, Urt. v. 05.04.2000 – 8 C 11743/99.
51 OVG NW DÖV 1988 S. 1064.

sein. Lassen sich deutliche Widmungshandlungen nicht nachweisen, so kann sich aus dem Grundsatz der unvordenklichen Verjährung eine Rechtsvermutung für die Öffentlichkeit des Weges ergeben. Das EKrG verlangt für solche Fälle dann ebenfalls keine ausdrückliche Widmung, vielmehr übernimmt es insoweit grundsätzlich die im Straßenrecht des Bundes und der Länder enthaltene Definition des Begriffes öffentlicher Straße.[52]

53 Zu den rechtlich-öffentlichen Straßen gehören auch die Fahrbahnen und Parkplätze für die Nebenbetriebe (Tank- und Rast AG) der Bundesautobahnen, nicht aber die Zufahrten nur für Betriebsangehörige und Zulieferer zum öffentlichen Verkehrsnetz.

54 Ist eine rechtswirksame ausdrückliche Widmung nicht nachweisbar, so ist die tatsächliche Benutzung als Beweis für eine wirksame Widmung nur zugelassen, wenn die ungehinderte Benutzung für den öffentlichen Verkehr unter Umständen erfolgt ist, die auf die Überzeugung der rechtlich Beteiligten (Eigentümer, Wegepolizeibehörde und Unterhaltspflichtiger nach preußischem Wegerecht) schließen lassen, der Weg sei für den öffentlichen Verkehr bestimmt.[53]

55 Wird ein Radweg neben der Fahrbahn einer klassifizierten Straße geführt, sodass er durch ein Rasenbankett oder Büsche getrennt ist, so gehört er gleichwohl zur klassifizierten Straße, er ist also insoweit kein selbstständiger Weg.[54] Dies ist in einigen Straßengesetzen ausdrücklich geregelt.[55]

E. Straßenbahnen (Abs. 5)

56 Straßenbahnen sind zwar Schienenbahnen, aber nicht Eisenbahnen.[56] Das Recht der Straßenbahnen ist in der Hauptsache im Personenbeförderungsgesetz in der Fassung der Bekanntmachung vom 08.08.1990,[57] zuletzt geändert durch Artikel 5 des Gesetzes vom 29.08.2016[58] geregelt. Straßenbahnen sind hiernach Schienenbahnen, die den Verkehrsraum einer öffentlichen Straße benutzen und sich mit ihren baulichen und betrieblichen Einrichtungen sowie in ihrer Betriebsweise der Eigenart des Straßenverkehrs anpassen, oder einen besonderen Bahnkörper haben und in der Betriebsweise den obigen Bahnen gleichen oder ähneln, und die ausschließlich oder überwiegend der Beförderung von Personen im Orts- oder Nachbarbereich dienen.[59] Liegt ein für den öffentlichen Eisenbahnverkehr gewidmeter Schienenweg, auf dem

---

52 BVerwG, VkBl. 1988 S. 463; zum Begriff der rechtlich-öffentlichen Straßen, Wege und Plätze darf noch verwiesen werden auf *Marschall* § 2 Rn. 2 ff., *Kodal* Kap. 5 Rn. 4 ff.; *Sieder-Zeitler*, BayStrWG S. 45 und *Nedden-Mecke*, Handbuch des Niedersächsischen Straßenrechts S. 54 ff.
53 BGH, BB 1962 S. 975 mit Hinweis auf zahlreiche OVG-Entscheidungen.
54 HVB E. vom 13.06.1953 – 6.871 Rak 70.
55 Z.B. Baden-Württemberg § 3 Abs. 3 LStrG-BW, Niedersachsen § 3 Abs. 2 NStrG.
56 § 1 Abs. 1 AEG.
57 BGBl. I S. 1690.
58 BGBl. I S. 2082.
59 § 4 Abs. 1 PBefG.

neben Straßenbahnen auch Eisenbahnen verkehren, nicht im Verkehrsraum einer öffentlichen Straße, kommt das EKrG für Kreuzungen dieses Schienenweges mit Eisenbahnstrecken nicht zur Anwendung.[60] Welchen Anteil der eisenbahnfremde Verkehr am Gesamtverkehrsaufkommen auf dem Schienenweg hat und ob dieser nach dem Personenbeförderungsgesetz planfeststellungsbegürftig ist, kommt dabei keine tragende Bedeutung zu. Entscheidend nach dem EKrG sind allein die Widmung des Schienenweges für den öffentlichen Eisenbahverkehr und dessen tatsächliche Nutzbarkeit im Sinne der Widmung.

Nach der amtlichen Begründung sollte es hinsichtlich der Straßenbahnen bei der bisherigen Rechtslage[61] verbleiben (s.u.). 57

Zu den Straßenbahnen zählen auch die Hoch- und Untergrundbahnen, Schwebebahnen und ähnliche Bahnen besonderer Bauart, § 4 Abs. 2 PBefG. Vom EKrG werden sie aber nur erfasst, wenn es sich um Schienenbahnen handelt. Die S-Bahnen in Großstädten sind Eisenbahnen, nicht Straßenbahnen.[62] Die Abgrenzung ist nicht immer ganz klar.[63] U-Bahnen sind nicht nur solche Bahnen, die unter den Straßen verlaufen, sondern auch solche, bei denen das Unterfahren von privaten Grundstücken die Regel bildet. 58

Bei der Behandlung der Straßenbahnen nach dem EKrG muss man unterscheiden:[64] 59
a) Straßenbahnen, die im **Verkehrsraum einer Straße** liegen, sie also in der Längsrichtung benutzen. Sie teilen das Schicksal der Straße. Eine Straßenbahn, die auf besonderem Bahnkörper eine Straße nur kreuzt, liegt nicht im Verkehrsraum dieser Straße.[65] Gegenüber der Eisenbahn, die von der in der Straße liegenden Straßenbahn mitgekreuzt wird, ist es Sache der Straße, deren Interessen mitzuvertreten (Sondernutzung). Die Kostenverteilung zwischen Straße und Straßenbahn richtet sich dann nach deren Innenverhältnis.
Der Wortlaut des § 1 Abs. 5 Satz 2 Entw. war nicht ganz klar. Es war nicht gewollt, dass die Straßenbahn hier selbst wie eine Straße, sondern als Teil der Straße behandelt werde (das Gleiche gilt z.B. auch für Versorgungsleitungen in der Straße). Die Straßenbahn ist in diesem Fall nicht Beteiligte i.S.d. EKrG. Dadurch, dass die Straßenbahn nur an der Kreuzungsstelle in der zweiten Ebene geführt wird, wird sie auch an der Kreuzungsstelle nicht zu einer Straßenbahn außerhalb der Straße, wenn die Verlegung nur auf den Kreuzungsbereich beschränkt bleibt.
b) Straßenbahnen **außerhalb des Verkehrsraumes einer Straße**, die also auf unabhängigem Bahnkörper betrieben werden. Die Straßenbahn muss also unabhängig von der Straße auf eigenem Bahnkörper verlaufen, ohne dass unmittelbar dane-

---

60 BVerwG, Urt. v. 28.05.2015 – 3 C 1.15.
61 § 12 KrG.
62 *Finger*, Eisenbahngesetze, Anm. 1.2 f., Finger, Allgemeines Eisenbahngesetz, § 1 AEG, Punkt 3f, S. 14; BVerwG, Urt. v. 14.12.2000 – 11 B 46.00.
63 S. *Rautenberg-Frantzjoch*, Anm. 1 am Ende zu § 4 PBefG.
64 S. Anh. E 1 zu § 1.
65 BGH VRS Bd. 8 S. 439.

ben beiderseits gleichlaufende und besondere abgegrenzte Fahrbahnen einer öffentlichen Straße oder auf einer Seite anstelle einer Fahrbahn Geh-, oder Radwege verlaufen.[66] Wenn eine weitgehende technische und verkehrliche Unabhängigkeit von Straßenbahn und Straße gegeben ist, kann man von zwei selbstständigen Verkehrswegen ausgehen (Trasse der Straßenbahn im Eigentum der Bahn, keine Sondernutzung). Ist dies der Fall, würde es sich bei einer Kreuzung mit der Eisenbahn durch ein einheitliches Bauwerk gleichwohl um zwei selbstständige Kreuzungsfälle handeln.

aa) Wenn diese Straßenbahnen Eisenbahnen kreuzen, sind sie wie Straßen zu behandeln, d.h., hier tritt die Straßenbahn in unmittelbare Beziehung zur Eisenbahn, weil keine Straße beteiligt ist. Die Straßenbahn hat also in diesem Fall die Rechte und Pflichten gegenüber der Eisenbahn, die sonst nach dem EKrG die Straße hat.[67] Man muss darauf abstellen, ob die Straßenbahn wie eine kreuzende Straße rechtlich und organisatorisch als selbstständiger Verkehrsweg der Eisenbahn gegenübersteht. Ist Letzteres der Fall, würden Straße und Straßenbahn als zwei selbstständige Verkehrswege anzusehen sein, die aus technischen Gründen durch ein einheitliches Bauwerk überführt werden.[68]

bb) Wenn diese Straßenbahnen eine Straße kreuzen, dann werden sie wie eine Eisenbahn behandelt, d.h., hier haben sie dann gegenüber der Straße die Rechte und Pflichten der Eisenbahn, während die Rechte und Pflichten der Straße bei der Straße bleiben. Das KrG hatte diesen Fall nicht geregelt gehabt. Im PBefG ist die Kreuzung von Straßenbahnen und Straßen nicht geregelt, sondern nur die Längsbenutzung einer Straße durch die Straßenbahn, §§ 31 ff. PBefG. § 31 Abs. 1 Nr. 2 PBefG behandelt nur das Erfordernis der Zustimmung des Trägers der Straßenbaulast.

60 U-Bahnen liegen in der Regel nicht im Verkehrsraum einer öffentlichen Straße und fallen daher unter das EKrG.

61 Für die Anwendung des EKrG ist zu beachten, dass die Straßenbahn mit ihren Strecken sowohl innerhalb als auch außerhalb des Verkehrsraumes einer öffentlichen Straße liegen kann. So werden Straßenbahnen vielfach in den äußeren Stadtbezirken oder zwischen Nachbarorten auf besonderem Bahnkörper und in den inneren Stadtbezirken als U-Bahnen geführt; sie verlaufen dazwischen aber auch auf längeren Strecken im Verkehrsraum öffentlicher Straßen.

---

66 § 16 Abs. 4 Satz 5 BOStrab, BGBl. 1987 I S. 2648, zuletzt geändert durch Artikel 1 der Verordnung vom 16. Dezember 2016 (BGBl. I S. 2938).
67 Wie früher § 12 Abs. 1 Halbs. 1 KrG.
68 BMVI E v. 20.10.1971 StB 2/11.40.78.0077/11255 NW 71.

Zum Begriff »Straßenbahnen innerhalb des Verkehrsraumes einer öffentlichen Straße« i.S.d. § 2 Sachhaftpflichtgesetz[69] s. *Böhmer*,[70] *Finger*[71] und die hierzu ergangene Entscheidung des BGH[72]. Es besteht nach diesem Urteil des BGH durchaus ein Unterschied zwischen dem dort und dem in der BOStrab verwendeten Begriff. 62

Die Benutzung einer Straße durch eine Straßenbahn ist eine Sondernutzung.[73] Bei höhengleichen Kreuzungen von Straßenbahnen außerhalb des Verkehrsraumes einer öffentlichen Straße mit Straßen wird nach der Neuregelung des EKrG keine Sondernutzung nach dem Straßenrecht mehr angenommen werden können, weil die Rechtsbeziehungen zwischen diesen Straßenbahnen und den Straßen nunmehr durch das EKrG geregelt sind. Nicht entfällt jedoch die Zustimmung nach § 31 Abs. 1 PBefG, da diese Vorschrift nicht aufgehoben worden ist. 63

Nicht geregelt hat das EKrG jedoch die Fälle, in denen sich zwei Eisenbahnen oder Straßenbahnen außerhalb der Straße kreuzen. 64

F. Eisenbahnen im Verkehrsraum einer Straße

Das EKrG regelt nicht den Fall, dass eine Eisenbahn des öffentlichen Verkehrs oder eine Anschlussbahn in einer öffentlichen Straße liegt und diese Straße eine Eisenbahn i.S.d. § 1 Abs. 3 EKrG kreuzt. Die Eisenbahngesetze regeln wohl das Verhältnis von Straße und der in ihrer Längsrichtung und in ihrem Verkehrsraum liegenden Eisenbahn oder Anschlussbahn,[74] nicht aber die sich dann ergebenden Kreuzungen dieser Eisenbahnen mit anderen Eisenbahnen. Das EKrG regelt also nicht die Kreuzungen von Eisenbahnen unter sich, sondern nur von Eisenbahnen und Straßenbahnen außerhalb des Verkehrsraumes einer Straße.[75] 65

Die EBO enthält keine kreuzungsrechtliche Regelung für die Kreuzung von Schienenbahnen untereinander,[76] sondern regelt nur die grundsätzliche Unzulässigkeit höhengleicher Kreuzungen außerhalb der Bahnhöfe oder der Hauptsignale von Ab- 66

---

69 RGBl. 1940 I 691.
70 MDR 1961, 473.
71 Eisenbahngesetze I Anm. 2d.
72 BGH, MDR 1962, 124.
73 Siehe Teil B Nr. 13 der Richtlinien für die Benutzung der Bundesfernstraßen in der Baulast des Bundes (Nutzungsrichtlinien), ARS 02/2018 des BMVI vom 15.01.2018.
74 Z.B. §§ 6 ff., 46 PrKleinbahnG vom 28.07.1892, die Allgemeinen Bestimmungen des Landesausschusses des Bezirksverbandes Wiesbaden für die Benutzung der Straßen zur Anlage und zum Betriebe von Kleinbahnen vom 16.03/08.06.1901 – *Germershausen-Marschall* II S. 1154 –, Art. 11 des Großherz. Hessischen Nebenbahngesetzes vom 29.05.1884 – RegBl. 11 S. 51 – und die dazu ergangenen Bestimmungen – *Germershausen-Marschall*, II S. 1167 –, §§ 6, 8, 20 NS-GEB, §§ 7, 9, 18 NW-Landeseisenbahngesetz, §§ 6, 7, 9, 18, 22 RP-Landeseisenbahngesetz und §§ 6, 7, 8 NS-Landeseisenbahngesetz.
75 S. Rdn. 56 ff.
76 § 12 EBO.

zweigstellen. Für vorübergehend anzulegende Kreuzungen sind Ausnahmen möglich, § 12 Abs. 1 Satz 2 EBO. Gemäß § 3 Abs. 1 Nr. 2 EBO sind für solche Ausnahmegenehmigungen für Eisenbahnen des Bundes sowie Eisenbahnverkehrsunternehmen mit Sitz im Ausland das Eisenbahn-Bundesamt, für nichtbundeseigene Eisenbahnen die normativ festgelegten Landesbehörden zuständig.

67 Man wird daher auch bei Kreuzungen von Straßen, in deren Verkehrsraum eine Eisenbahn verläuft, mit einer anderen Eisenbahn entsprechend der Regelung des § 1 Abs. 5 EKrG verfahren müssen, d.h., im Verhältnis Schiene-Straße gilt das EKrG, und es bleibt der internen Auseinandersetzung zwischen der Straße und der sie benutzenden Eisenbahn überlassen, aufgrund der zwischen ihnen bestehenden Rechtsverhältnisse die Kostenlast unter sich aufzuteilen und ihre Rechtsbeziehungen zu regeln.

G. Beteiligte (Abs. 6)

68 § 1 Abs. 6 EKrG regelt nur die an der Kreuzung beteiligten Partner, also die Kreuzungsbeteiligten. Dabei stellt das Kreuzungsrecht auf den aktuellen Kreuzungsbeteiligten ab. Das ist der Kreuzungspartner, der zum Zeitpunkt des Abschlusses der Kreuzungsvereinbarung Baulastträger des an der Kreuzung beteiligten Verkehrswegs ist. Zu unterscheiden von den Kreuzungsbeteiligten sind die an den Kosten Beteiligten.[77]

69 Bei den Eisenbahnen ist Kreuzungsbeteiligter der Träger der Baulast für den Schienenweg. Mit dem ENeuOG ist das die DB Netz AG bei den Eisenbahnen des Bundes. Das KrG hatte diese Regelung nicht getroffen, sondern den Eisenbahnunternehmer für beteiligt erklärt.[78] Als Eisenbahnunternehmer in diesem Sinne wurde der Betriebsunternehmer i.S.d. § 1 Reichshaftpflichtgesetz angesehen. Das EKrG stellt es demgegenüber allein darauf ab, wer die Baulast für den Schienenweg hat, auf die Betriebsführung kommt es nicht mehr an. So führt vielfach auf Anschlussbahnen das Eisenbahnunternehmen nur den Betrieb, während für den Bau und die Unterhaltung der im Privateigentum stehenden Gleisanlage der Eigentümer (Fabrikunternehmen, Bergwerksgesellschaft, Hafengesellschaft) zuständig ist. Der private Eisenbahnunternehmer bleibt daher auch Beteiligter i.S.d. § 1 Abs. 6 EKrG, wenn er durch besondere Vereinbarung die alleinige Betriebsführung, Verwaltung und unmittelbare Nutznießung einem anderen Eisenbahnunternehmer übertragen hat.[79] Die DB Netz AG ist nach dem ENeuOG Kreuzungsbeteiligte, § 1 Abs. 6 EKrG i.V.m. Art. 1 § 1 und § 3, Art. 2 § 1 und § 3 ENeuOG.[80]

---

77 §§ 11, 12, 13 und § 17 EKrG.
78 § 3 Abs. 1, § 5 Abs. 2 KrG.
79 BMVI S. v. 28.07.1975 – E 6/78.11/30 N 75.
80 Vgl. BGBl. 93 I S. 2378.

[Geltungsbereich] § 1 EKrG

Zwar sah das VG Augsburg in einem Rechtsstreit um eine Maßnahme nach §§ 3, 12 EKrG das Bundeseisenbahnvermögen[81] als Rechtsnachfolger der Deutschen Bundesbahn an, der BayVGH[82] hat jedoch die DB AG als passiv legitimiert angesehen. Das BVerwG schließlich[83] geht davon aus, dass der Bau von Eisenbahnanlagen nach § 3 Abs. 1 Nr. 2 des Gesetzes über die Gründung einer Deutsche Bahn Aktiengesellschaft (DBGrG) Aufgabe des DB AG ist und Abwehransprüche gegen Baumaßnahmen sich nur gegen diese Gesellschaft als Rechtsnachfolgern der Deutschen Bundesbahn richten. In einem weiteren Beschluss des BVerwG[84] zu Kostenregelungen von Eisenbahnkreuzungen in einem Planfeststellungsbeschluss nach § 36 BbG sieht das BVerwG die Bundesrepublik Deutschland vertreten durch das Eisenbahn-Bundesamt (EBA) als Rechtsnachfolger der Deutschen Bundesbahn an. Das Eisenbahnkreuzungsrecht ist auch weiterhin dem öffentlichen Recht zuzuordnen, obwohl die DB Netz AG als privatrechtliche Aktiengesellschaft betrieben wird. Auf die Rechtsform, in der das Unternehmen betrieben wird, das die Baulast des Schienenweges hat, kommt es nicht an.[85] 70

In Eisenbahnkreuzungsangelegenheiten[86] ist die DB Netz AG Beteiligte. Dagegen obliegen hoheitliche Entscheidungen, wie Planfeststellungen oder Streckenstilllegungen, der Bundesrepublik Deutschland, vertreten durch das Eisenbahn-Bundesamt. Kreuzungsbeteiligte i.S.d. EKrG ist lediglich die DB Netz AG – innerhalb des DB Konzerns –, weil Beteiligter i.S.d. § 1 Abs. 6 das Unternehmen ist, das die Baulast des Schienenwegs der kreuzenden Bahn trägt. Andere Eisenbahninfrastrukturunternehmen i.S.d. Art. 87e GG – wie Station und Service oder DB Energie erfüllen diese Voraussetzungen nicht und sind deshalb keine Kreuzungsbeteiligten i.S.d. § 1 Abs. 6. Allerdings können im Einzelfall Anlagen der o.g. anderen Eisenbahninfrastrukturunternehmen betroffen sein und damit Aufwendungen für Maßnahmen an deren Anlagen Teil der kreuzungsbedingten Kosten werden. In diesen Fällen hat eine interne Absprache zwischen DB Netz AG als Kreuzungsbeteiligter und z.B. DB Station und Service, falls Stationsanlagen betroffen sind, zu erfolgen. 71

Aufseiten der Straße ist Beteiligter der Träger der Baulast der kreuzenden Straße. Dies entspricht auch der Regelung des § 3 Abs. 2 KrG, wonach es nicht auf die Straßenbaulast für das Kreuzungsstück ankommt, das vielfach noch in der Baulast der Eisenbahnen liegt, sondern entscheidend ist die Straßenbaulast für die kreuzende Straße. 72

Wechselt die Straßenbaulast im Bereich des Bahnübergangs, so sind beide Träger der Straßenbaulast je zur Hälfte beteiligt, es sei denn, dass sich aus den Straßenverzeich- 73

---

81 VG Augsburg, Urt. v. 18.02.1994.
82 Vgl. VGH Bayern, Urt. v. 26.09.1996 – 8 B 95.1780.
83 Vgl. BVerwG, Beschl. v. 21.01.1994.
84 Vgl. BVerwG, Beschl. v. 15.04.1994 – 7 B 33.94.
85 Vgl. OVG Sachsen-Anhalt, Urt. v. 13.04.2000 – 1 L 50/00.
86 § 1 Abs. 6 EKrG.

nissen oder sonstigen Unterlagen etwas anderes ergibt. Das OVG Niedersachsen[87] hat inzwischen bei einem Wechsel des Baulastträgers im Bereich des Bahnüberganges ebenfalls beide Träger der Straßenbaulast als Beteiligte angesehen.

74 Der Träger der Straßenbaulast ergibt sich aus den Straßengesetzen, § 5 FStrG, §§ 43, 44, 47, 56 StrG-BW, §§ 41, 42, 47, 48, 54, 54a, 55, 57 BayStrWG, § 7 BerlStrG, § 9 BbgStrG, § 11 BremLStrG, § 12 HWG, §§ 41 bis 44 HStrG, §§ 12 bis 14, 16 StrWG-MV, §§ 43, 48, 54, 56 NStrG, §§ 43, 44, 47, 50 StrWG-NW, §§ 12, 14, 15 LStrG-RP, §§ 46, 47, 50, 54 SaarlStrG, § 44 SächsStrG, § 42 StrG-LSA, §§ 11, 12, 13, 15 StrWG-SH, § 43 ThürStrG.

75 Die Straßenbaulast kann nach besonderen gesetzlichen Vorschriften oder öffentlich-rechtlichen Verpflichtungen auch Dritten obliegen. Dies ist auch für das EKrG zu beachten.[88] Wenn dort (§ 5 Abs. 1 Satz 2 FStrG) gesagt ist, dass bürgerlich-rechtliche Verpflichtungen unberührt bleiben, so werden die bürgerlich-rechtlich Verpflichteten nicht öffentlich-rechtliche Träger der Straßenbaulast und scheiden daher als Beteiligte aus.

76 Liegt die Einmündung einer Gemeindestraße in eine Landesstraße in nächster Nähe einer Kreuzung dieser Landesstraße mit einer Eisenbahn, so ist der Träger der Straßenbaulast der Gemeindestraße nicht Beteiligter i.S.d. EKrG, auch dann nicht, wenn im Zusammenhang mit Änderung der Eisenbahnkreuzung auch die Einmündung geändert werden muss, und auch dann nicht, wenn der Verkehr, der von der Gemeindestraße kommt, stärker und ausschlaggebender für die Kreuzungsänderung ist, als der Verkehr auf der Landesstraße.

77 Wird ein Bahnübergang, der innerorts im Zuge einer Gemeindestraße bestand, beseitigt und als Ersatzmaßnahme eine Ortsumgehung gebaut, die nicht in die Baulast der Gemeinde fällt, so ist die Gemeinde Beteiligter i.S.d. § 1 Abs. 6 EKrG. Die Erforderlichkeit zur Kreuzungsänderung ergibt sich aus dem Zustand der »alten Kreuzungsstelle«.

78 Wenn auch in der Regel nur zwei Beteiligte (Kreuzungsbeteiligte) gegeben sein werden, so ist trotz der Singularfassung des Abs. 6 tatsächlich und rechtlich die Möglichkeit gegeben, dass an einer Kreuzung mehr als zwei Verkehrswege beteiligt sind. Dies kann der Fall sein, wenn sich in einem Raum drei Verkehrswege kreuzen, z.B. eine Straße, eine Eisenbahn und eine Anschlussbahn in drei Ebenen, aber auch wenn über eine Straße zwei Eisenbahnen (eine öffentliche und eine Anschlussbahn) geführt werden, die beide in einem Überführungsbauwerk überführt werden. Es handelt sich dann in letzterem Falle rechtlich um zwei Kreuzungen mit jeweils zwei Beteiligten. Sinnvollerweise wird das Verfahren aber zusammengefasst werden.[89]

---

87 Vgl. OVG Niedersachsen, Urt. v. 02.09.1991 – 7 L 34/90.
88 Z.B. § 5 Abs. 1 FStrG.
89 S. Teil D Rdn. 115 ff. und 133 f.

[Geltungsbereich] § 1 EKrG

Kreuzt in einer Ortsdurchfahrt eine Landesstraße mit geteilter Baulast eine Eisenbahn, so sind Beteiligte auf der Straßenseite sowohl das Land als Baulastträger für die Fahrbahn, als auch die Gemeinde als Baulastträger für den Gehweg. Letztere hat daher auch anteilig die Kosten nach den §§ 11 bis 13 EKrG zu tragen, soweit sie den Gehweg betreffen. Der Anteil der Gemeinde ist in der Regel nach Fahrbahnbreite zu ermitteln. Mehrere Beteiligte können vorhanden sein, wenn eine Straße zwei nebeneinanderliegende Stränge einer öffentlichen Eisenbahn und einer Anschlussbahn kreuzt, oder eine Eisenbahn zwei nebeneinanderliegende öffentliche Straßen **verschiedener Klassifizierung.** 79

In diesen Fällen liegen rechtlich jeweils zwei Kreuzungen vor, die jedoch bei Änderungen meist nur einheitlich behandelt und entschieden werden können, wenn die Änderungen nur durch eine einheitliche Baumaßnahme (Überbrückung beider Verkehrswege durch ein Bauwerk) durchgeführt werden können. Jede Kreuzung muss zunächst selbstständig daraufhin überprüft werden, ob die tatbestandsmäßigen Voraussetzungen für eine Kreuzungsänderung gegeben sind. 80

Ist die Änderung nur erforderlich wegen des Verkehrs auf einer der beiden nebeneinanderlaufenden Verkehrswege, dann ist der andere Verkehrsweg zwar Beteiligter aber nicht Kostenbeteiligter. Die für seinen Verkehrsweg notwendigen Bauten hat er nach § 14 EKrG zu übernehmen. Das EKrG geht als Spezialrecht den Rechtsvorschriften vor, die im Übrigen für die sich kreuzenden Verkehrswege gelten.[90] Soweit Bund und Länder zu den Kreuzungsmaßnahmen Beiträge leisten müssen[91] oder Zuschüsse gewähren,[92] werden sie damit nicht Kreuzungsbeteiligter i.S.d. § 1 Abs. 6 EKrG. Sie werden dies auch nicht dadurch, dass sie beide Empfänger von Verkehrssteuern sind. 81

Liegt eine Personalunion der beiden Verkehrsträger vor (z.B. Gemeinde ist Straßenbaulastträger und unterhält eine Hafenbahn), dann kann gleichwohl eine Anordnung zu einer Kreuzungsänderung erlassen werden. 82

Nach einer Umstufung ist der weichende Baulastträger in analoger Anwendung des § 6 FStrG grundsätzlich nicht mehr zur Beseitigung eines Bahnüberganges verpflichtet. Kreuzungsbeteiligter ist nämlich der aktuelle Baulastträger. Ist die Beseitigung eines Bahnüberganges missbräuchlich unterblieben bzw. verzögert worden, so ändert dies nichts an der Betrachtung des Kreuzungsbeteiligten. Allerdings können sich Regressansprüche im Innenverhältnis von weichendem und neuem Baulastträger ergeben. 83

---

90 BVerwGE 64, 346 f.
91 § 13 EKrG.
92 § 17 EKrG.

C 1. Erläuterungen zum Eisenbahnkreuzungsgesetz

§ 2 EKrG [Herstellung neuer Kreuzungen]

(1) Neue Kreuzungen von Eisenbahnen und Straßen, die nach der Beschaffenheit ihrer Fahrbahn geeignet und dazu bestimmt sind, einen allgemeinen Kraftfahrzeugverkehr aufzunehmen, sind als Überführungen herzustellen.

(2) In Einzelfällen, insbesondere bei schwachem Verkehr, kann die Anordnungsbehörde Ausnahmen zulassen. Dabei kann angeordnet werden, welche Sicherungsmaßnahmen an der Kreuzung mindestens zu treffen sind.

(3) Eine Kreuzung im Sinne des Absatzes 1 ist neu, wenn einer der beiden Verkehrswege oder beide Verkehrswege neu angelegt werden.

Übersicht	Rdn.
A. Neue Kreuzungen (Abs. 1, 3)	1
B. Kraftfahrzeugfähige Straßen	24
C. Verbot neuer Bahnübergänge (Abs. 1)	29
D. Ausnahmen vom Verbot (Abs. 2)	36
E. Anordnung von Sicherungsmaßnahmen (Abs. 2)	50

A. Neue Kreuzungen (Abs. 1, 3)

1 Das Gesetz unterscheidet zwischen neuen Kreuzungen (§§ 2, 11 EKrG) und der Beseitigung und Änderung bestehender Kreuzungen (§§ 3, 12 ff. EKrG). Dies entspricht schon den Regelungen des KrG (§§ 2, 5 Abs. 1 und §§ 3, 5 Abs. 2 und 3 KrG).

2 Abs. 3, eingefügt durch das EKrÄndG, definiert, wann eine Kreuzung »neu« ist: Wenn einer der beteiligten Verkehrswege oder beide Verkehrswege neu angelegt werden. Durch die Vorschrift soll nach der amtl. Begründung[1] zur Behebung aufgetretener Zweifel klargestellt werden, »wann eine neue Kreuzung im Sinne dieser Vorschrift vorliegt, die im Falle ihrer höhengleichen Herstellung (als Bahnübergang) einer Ausnahmegenehmigung bedarf«.

3 Eine grundsätzliche Auslegung des § 2 Abs. 3 EKrG ist durch sog. Zeißstraßenurteil des BVerwG erfolgt.[2] Allerdings ist zu bedenken, dass Urteile nur konkrete Einzelfälle entscheiden; eine Verallgemeinerung muss deshalb daraufhin überprüft werden, ob ein gleich gelagerter Sachverhalt vorliegt.[3]

4 Dem Willen des Gesetzgebers, durch die Legaldefinition des § 2 Abs. 3 EKrG dem Begriff neue Kreuzung mehr Eindeutigkeit zu verschaffen,[4] ist dadurch Rechnung zu tragen, dass entscheidend auf den äußeren Zustand der sich kreuzenden Verkehrs-

---

1 BT-Drucks. VI/1140.
2 BVerwG, Urt. v. 11.12.1981 – 4 C 97.79, DÖV 1983, 211.
3 BVerwG Buchholz 407.2 Nr. 10.
4 Amtl. Begründung BT-Drucks. VI/1140.

[Herstellung neuer Kreuzungen] § 2 EKrG

wege abgestellt wird. Maßgeblich ist demzufolge das äußere Erscheinungsbild des Verkehrsweges im Gelände. Da das Kreuzungsrecht ein Ausschnittsrecht darstellt – nur bzgl. des Kreuzungsbereiches gelten die Regelungen – kommt es darauf an, ob der Verkehrsweg in seiner realen Existenz im Kreuzungsbereich bereits vorhanden war oder neu angelegt wird.[5] Diesen Grundsätzen folgend stellt etwa die seitliche Verbreiterung des Bahnkörpers einer Eisenbahnstrecke um ein oder mehrere zusätzliche Gleise grundsätzlich keinen neuen Verkehrsweg dar.[6] Dies gilt selbst dann, wenn das zusätzliche Gleis im Rahmen einer Neubaustrecke (z.B. neue S-Bahn) notwendig wird. Parallel verlaufende Gleisanlagen sind aber ausnahmsweise dann als selbstständige Verkehrswege anzusehen, wenn erkennbar trennende Merkmale – z.B. größere Abstandsflächen, trennende Gehölze oder Wasserflächen, Höhenunterschiede u.ä.) das Bild eines einheitlichen Verkehrsweges nicht entstehen lassen. Eine genaue Entfernungsangabe, bis wie weit eine Änderung bzw. ab wann ein Neubau gegeben ist, lässt sich nicht vornehmen. Entscheidend ist vielmehr, ob bei einer parallelen Gleislage »trennende Merkmale« vorliegen.[7]

Da § 2 Abs. 3 EKrG maßgeblich auf die baulich technische Neuanlegung des Verkehrsweges abstellt, ist allein die Veränderung der rechtlichen Qualität eines Verkehrsweges kein aussagekräftiges Kriterium, zur Beantwortung der Frage, ob ein neuer Verkehrsweg angelegt wird. Beispiele: 5
1. Eine kreuzende Privatstraße[8] wird durch Widmung in eine rechtlich-öffentliche Straße umgewandelt. Die so durch Rechtsakt entstandene Kreuzung, die vorher kreuzungsrechtlich nicht existierte, bedarf allein wegen der Widmung keiner Ausnahmegenehmigung nach § 2 Abs. 2 EKrG, wenn sie als Bahnübergang beibehalten werden soll.[9]
2. Ein eine öffentliche Straße kreuzendes Privatgleis wird an eine öffentliche Eisenbahn angeschlossen und damit zur Anschlussbahn (§ 1 Abs. 3 EKrG); es ist ebenfalls keine Ausnahmegenehmigung erforderlich.

Der Gesetzessystematik des EKrG ist zu entnehmen, dass grundsätzlich nur die erstmalige Überschneidung von zwei Verkehrswegen als neue Kreuzung anzusehen ist. Jede weitere Maßnahme stellt dagegen eine Kreuzungsänderung bzw. eine Unterhaltungsmaßnahme dar. Ein neuer Verkehrsweg i.S.d. § 2 Abs. 3 EKrG kann aber auch dann gegeben sein, wenn sich die Art der bisherigen und der künftigen Verwendung – zumeist durch Widmung festgelegt – wesentlich ändert.[10] Z.B.: auf einer stillgelegten Eisenbahntrasse wird ein Fahrradweg errichtet; anstelle eines Gehweges wird eine kraftfahrzeugfähige Straße gebaut.[11] 6

---

5 BVerwGE 28, 263 ff.; VGH Bayern, Beschl. v. 23.08.1985 – Nr. 8 As 85 A 1403, 1404.
6 BVerwG Buchholz 407.2 Nr. 8.
7 S.a. Teil D Rdn. 52 ff.
8 § 1 Rdn. 44 ff.
9 A. M. anscheinend VG München Urt. v. 29.11.1982 – Nr. M 4021 III 82 –.
10 BVerwG Buchholz 407.2 Nr. 8; VGH Bayern, Urt. v. 03.08.1982 Nr. 8 B 80 A 544.
11 *Kodal* Straßenrecht Kap. 20 Rn. 13.

C 1. Erläuterungen zum Eisenbahnkreuzungsgesetz

7 Eine Neuanlegung soll ferner nicht gegeben sein, wenn ein kreuzender öffentlicher Weg zur kraftfahrzeugfähigen Straße ausgebaut wird.[12] Dies kann aber auch nur im Einzelfall anhand der oben dargestellten Kriterien entschieden werden.

8 Ebenfalls ist keine neue Kreuzung gegeben, wenn eine bestehende Kreuzung (Überführung oder Bahnübergang) aus kreuzungsbedingten Gründen verlegt wird und die Kreuzung zwischen denselben Verkehrswegen an alter Stelle entfällt.[13] Voraussetzung ist, dass die Kreuzung den verkehrlichen Anforderungen nicht mehr genügt, eine Anpassung an Ort und Stelle aber nicht möglich ist und somit der Kreuzungspunkt unter Aufgabe des alten (geringfügig) verlegt werden muss. Die Änderungen, die vorzunehmen sind, müssen aber immer ihren Grund in der Unzulänglichkeit der vorhandenen Kreuzung haben.

9 Problematisch sind die Fälle, in denen an alter Stelle eine Geh- und Radwegkreuzung beibehalten wird. In besonders begründeten Einzelfällen werden solche Aufteilungen von einer Kreuzung in zwei Kreuzungspunkte – eine Kreuzung für den Kfz-Verkehr an neuer Stelle und eine Überführung für Radfahrer und Fußgänger an alter Stelle – zugelassen. Dem Gesetzeswortlaut des § 2 Abs. 3 EKrG ist eine solche Regelung nicht zu entnehmen. Im Rahmen der Prüfung einer Ausnahmegenehmigung nach § 2 Abs. 2 EKrG erscheint sogar das gegenteilige Ergebnis richtig.[14] Durch eine konsequente Anwendung des § 2 EKrG kann dem Ziel des Abs. 2, keine neuen Bahnübergänge zuzulassen, besonders gut Rechnung getragen werden. Die Sachverhalte, in denen durch eine Aufteilung in zwei Kreuzungspunkte eine wesentliche Verbesserung der Sicherheit oder Leichtigkeit des Verkehrs in den Kreuzungsbereichen erreicht werden kann, ohne dass zwei Überführungen errichtet werden, könnten über die Erteilung einer Ausnahmegenehmigung geregelt werden. Eine geringfügige Verschiebung der Kreuzungsstelle wird man aber ohne Ausnahmegenehmigung zulassen können.

10 Ein Bahnhof stellt mit allen seinen Gleisanlagen einen einheitlichen Verkehrsweg dar.[15]

11 Die Kreuzungsbeteiligten können nicht frei darüber entscheiden, ob eine neue Kreuzung i.S.d. EKrG entstanden ist.[16] Die Zuordnung einer Fläche zur Bahn- oder Straßenanlage richtet sich nach ihrer objektiven Funktion und ist einer vertraglichen Vereinbarung der Beteiligten nicht zugänglich.[17] Allerdings können die Kreuzungsbeteiligten über die Kostentragung eine freie vertragliche Vereinbarung treffen.

---

12 Amtl. Begründung BT-Drucks. VI/1140.
13 Amtl. Begründung BT-Drucks. VI/1140.
14 Ebenso VGH Bayern, Beschl. v. 23.08.1985 – Nr. 8 AS 85 A 1403, 1404.
15 BVerwG, DVBl 1987 S. 1267.
16 Vgl. BVerwG, Urt. v. 27.11.1996 – 11 A 2.96.
17 Vgl. BVerwG, Urt. v. 12.10.1973 – 4 C 56.70.

[Herstellung neuer Kreuzungen] § 2 EKrG

Die baulich-technische Neuanlegung einer Kreuzung ist gegeben, wenn 12
a) eine neue Straße eine Eisenbahn, eine Anschlussbahn oder eine Straßenbahn, die nicht im Verkehrsraum einer Straße liegt, kreuzt,
b) eine neue Eisenbahn, eine neue Anschlussbahn oder eine neue Straßenbahn, die nicht im Verkehrsraum einer Straße liegt, eine Straße kreuzt,
c) ein Verkehrsweg so verlegt wird, dass unter Beibehaltung der bisherigen Kreuzung eine neue Kreuzung gebaut wird (z.B. beim Bau einer Ortsumgehung oder einer Ringbahn), ausgenommen der Fall des § 3 Nr. 2 EKrG,
d) eine kraftfahrzeugfähige Straße anstelle eines Gehweges gebaut wird.[18]

Zur Abgrenzung zwischen Neuanlegung und Änderung einer Kreuzung s.a. zu § 3 13
Rdn. 106 ff. Beispiele für neue Kreuzungen (als Überführungen) s. Teil D Rdn. 5 ff.

Hingegen sind Änderungen in der **Klassifizierung der Verkehrswege**, z.B. die Auf- 14
stufung von Straßen oder die Änderung einer Nebenbahn zu einer Hauptbahn, schon nach dem KrG nicht als Tatbestände einer neuen Kreuzung angesehen worden.[19] Derartige Nutzungsänderungen stellen nämlich keine wesentliche Änderung der Verwendungsart dar.

Zwar bezieht sich Abs. 3 nach seinem Wortlaut nur auf Abs. 1, die Gesetzessystema- 15
tik[20] spricht aber dafür, dass die Def. auch für § 11 gilt.[21] § 11 stellt ebenso wie § 2 auf die baulich-technische Neuanlegung ab, sodass eine unterschiedliche Auslegung nicht gerechtfertigt ist.

Der Fall, dass eine technisch vorhandene Kreuzung durch Widmung der kreuzenden 16
Straße zu einer Kreuzung im Rechtssinn nach § 1 wird, wird durch diese Formulierung nicht gedeckt.[22]

Eine neue Kreuzung dürfte auch anzunehmen sein, wenn eine Anschlussbahn, die 17
zwei Autobahnen mit Überführung kreuzt, nach Einstellung und späteren Verkauf der Trassengrundstücke als Straßenbahntrasse ausgebaut wird. Gegenüber dem früheren Werksbahnverkehr hat der Straßenbahnverkehr eine grundsätzlich andere Verkehrsfunktion; deshalb stellt die Straßenbahn einen neuen Verkehrsweg dar.[23]

Im Rahmen der deutschen Wiedervereinigung und durch die Regionalisierung stellt 18
sich die Frage des rechtlichen Fortbestandes von Eisenbahnstrecken trotz dauerhafter Stilllegung des Verkehrs. Von dieser Entscheidung hängt folgerichtig die Frage »Neubau« einer Strecke ab.

---

18 Vgl. Rdn. 7.
19 *Finger*, Eisenbahngesetze S. 70.
20 S. Rdn. 1 f.
21 Im Ergebnis ebenso BVerwG Buchholz 407.2 Nr. 8.
22 So im Ergebnis – aus Billigkeitsgründen – schon vor dem EKrÄndG *Nedden*, Kreuzungsrecht, S. 7.
23 Vgl. Teil D Rdn. 41 f.

19 Nach der Rechtsprechung des BVerwG[24] verliert eine Bahnanlage ihre rechtliche Zweckbestimmung nur durch einen eindeutigen Hoheitsakt, der für jedermann klare Verhältnisse darüber schafft, ob und welche Flächen künftig wieder für andere Nutzungen offenstehen. Möglich ist allerdings auch, dass die bestehende Fachplanung einer Fläche als Bahnanlage infolge der tatsächlichen Entwicklung funktionslos und damit rechtlich obsolet wird.[25] Ein Indiz für die Funktionslosigkeit einer Strecke könnte in einem sog. Rechtsträgerwechsel zu finden sein. Weitere Indizien könnten in der Demontage von Gleisanlagen und Stellwerken liegen. Zudem können auch starker Baumbewuchs und mangelnde Unterhaltungsmaßnahmen Anzeichen darstellen. In der DDR gab es aber auch sog. Vorhaltestrecken, die aus militärischen Gründen bestehen blieben. Eine endgültige Entscheidung kann nur im Einzelfall getroffen werden.

20 Die Rechtsprechung des BVerwG[26] bleibt dabei in vollem Umfang bestehen.

21 Wie eine neue Kreuzung planerisch zu gestalten ist, richtet sich nach den Fachplanungsgesetzen für die beteiligten Verkehrswege.[27] Auch die übersehbare Verkehrsentwicklung ist zu berücksichtigen. Dies ergibt sich nicht unmittelbar aus § 2 EKrG, aber aus § 1 Abs. 2 Nr. 1.1. EKrV.[28]

22 Der vollständige Neubau eines Kreuzungsbauwerkes ist kein maßgebliches Kriterium für die Frage, ob eine Kreuzung neu angelegt wird.

23 Ob Lärmschutzmaßnahmen an der Straße oder am Schienenweg notwendig sind, bestimmen §§ 41 und 42 BImSchG.[29] Aufgrund § 43 Abs. 1 Nr. 1 BImSchG ist inzwischen die Verkehrslärmschutzverordnung[30] erlassen worden.[31] Diese regelt die näheren Einzelheiten.

B. Kraftfahrzeugfähige Straßen

24 § 2 gilt nur für kraftfahrzeugfähige Straßen.

25 Den Begriff der kraftfahrzeugfähigen Straße hatte schon das KrG im § 1 Abs. 2 geschaffen, indem es der Regelung des KrG nur diese Straßen unterworfen hatte. Sie mussten nach der Beschaffenheit ihrer Fahrbahn geeignet und dazu bestimmt sein,

---

24 Vgl. BVerwG, Urt. v. 16.12.1988 – 4 C 48.86; BVerwG, Urt. v. 26.02.1996, DVBl 1996, 929.
25 Vgl. BVerwG, Urt. v. 26.02.1996, DVBl 1996, 929; BVerwG DVBl 1996, 50.
26 Sog. Zeißstraßenurteil – BVerwG v. 11.12.1981 – 4 C 97.79, DÖV 1983, 211.
27 S. § 3 EKrG Rdn. 3 ff.
28 S. dort § 1 Rdn. 13 ff.
29 Zur Rechtslage vor Inkrafttreten des BImSchG grundlegend BVerwG, Urt. v. 21.05.1976, VkBl. 1976, 640 = NJW 1976, 1760, *Fickert*, Planfeststellung für den Straßenbau S. 231 ff.
30 16. BImSchVO.
31 Vgl. BGBl. 1990 I S. 1036, geändert durch Gesetz vom 19.09.2006 – BGBl. I S. 2146.

einen allgemeinen Kfz-Verkehr aufzunehmen. Das EKrG hat den Begriff in gleicher Definition übernommen, jedoch andere Rechtsfolgen daran geknüpft.[32]

Ob eine Straße für den allgemeinen Kfz-Verkehr »geeignet« ist, hängt von ihrer objektiven technischen Beschaffenheit ab. Die Straße muss grundsätzlich alle Verkehrsarten, auch Lastkraftwagen, aufnehmen können, ohne einen über die normale Abnutzung hinausgehenden Schaden zu erleiden.[33] Straßen, die nach ihrer Beschaffenheit und Breite den Verkehr mit Kfz gestatten, sind kraftfahrzeugfähige Straßen, auch wenn sie schlechte Straßen sind. Die eine Siedlung erschließende Straße dient auf jeden Fall dem allgemeinen Kfz-Verkehr.[34] »Bestimmt« für den allgemeinen Kfz-Verkehr ist eine Straße, wenn sie nach dem Willen des Trägers der Straßenbaulast für jedermann erkennbar dem allgemeinen Kfz-Verkehr dienen soll. Nach der amtl. Begründung[35] soll es insoweit auf die Verkehrsauffassung ankommen. Dem kann aber wohl nach dem Gesetzeswortlaut nicht zugestimmt werden. »Zu dienen bestimmt« weist auf die der Straße zugedachte Verkehrsfunktion, d.h. die mit dem Bau und der Unterhaltung verfolgte Verkehrskonzeption, hin, in diesem Sinne wird das Wort in den Straßengesetzen verwendet. (z.B. § 1 Abs. 1 FStrG, Art. 1 BayStrWG, § 2 StrWG-SH, § 2 SächsStrG).[36] Dies kann nur Aufgabe des Trägers der Straßenbaulast sein. Sein Wille kann ausdrücklich – durch Widmung – oder auch stillschweigend – durch Duldung einer bestimmten Verkehrsentwicklung, die sich aber im Rahmen der Widmung halten muss – geäußert werden.

26

Es gibt Straßenarten, die schon nach ihrer gesetzlichen Zweckbestimmung nicht für den allgemeinen Kfz-Verkehr bestimmt sind (z.B. öffentliche Feld- und Waldwege nach Art. 53 BayStrWG) oder die in ihrer Widmung eine Beschränkung enthalten, die den allgemeinen Kfz-Verkehr ausschließt (z.B. Verbot von Lastkraftwagen aller Art). Dagegen kann trotz vorübergehender Beschränkungen nach § 3 Abs. 2 und § 7 Abs. 2 FStrG (und entsprechenden Bestimmungen der Landesstraßengesetze) ein allgemeiner Kfz-Verkehr vorliegen, ebenso trotz verkehrsrechtlicher Beschränkungen nach § 45 StVO (z.B. Verbot schwerer Lastkraftwagen). Die Benutzbarkeit eines Weges für Fahrräder mit Hilfsmotor oder für Mofas machen diesen noch nicht zu einer kraftfahrzeugfähigen Straße, obwohl es sich um Kfz nach § 1 StVG handelt.[37]

27

Zur Frage des Ausbaues eines nicht kraftfahrzeugfähigen Weges zu einer kraftfahrzeugfähigen Straße s. Rdn. 6 ff.

28

---

32 S. hierzu Rdn. 29 ff.
33 Vgl. Nr. 4 Abs. 2 Straßen-Kreuzungsrichtlinien – ARS 02/2010 des BMVI, VkBl. 2010 S. 62.
34 BVerwG Buchholz 407.2 Nr. 2.
35 BT-Drucks. IV/183.
36 Vgl. Marschall, Bundesfernstraßengesetz, § 1 FStrG Rn. 24.
37 Amtl. Begründung, BT-Drucks. IV/183.

# C 1. Erläuterungen zum Eisenbahnkreuzungsgesetz

C. Verbot neuer Bahnübergänge (Abs. 1)

29 Das grundsätzliche Verbot neuer Bahnübergänge im Zuge kraftfahrzeugfähiger Straßen war schon in § 2 Satz 1 KrG enthalten, da sich das KrG nur auf kraftfahrzeugfähige Straßen bezogen hatte.

30 Der Gesetzgeber ging bei der Regelung davon aus, dass es das Ziel des EKrG sein muss, alle (insbesondere die stark belasteten) Bahnübergänge im Laufe der Jahre zu beseitigen, und dass es daher schon bei neuen Kreuzungen Bahnübergänge grundsätzlich nicht geben sollte.

31 § 2 Abs. 1 EKrG ist keine drittschützende Norm.[38] Drittschutz vermitteln nach ständiger Rechtsprechung des BVerwG die Normen, die auch der Rücksichtnahme auf Interessen eines individuellen Personenkreises dienen.[39] Eine solche Bestimmung stellt § 2 Abs. 1 EKrG nicht dar.[40] Das BVerwG hat diese zutreffende Rechtsauffassung in einem weiteren Beschluss ausdrücklich bestätigt.[41] Ziel der Vorschrift ist, im Interesse der Sicherheit und Leichtigkeit des Verkehrs höhengleiche Bahnübergänge bei der Anlegung neuer Kreuzungen von vornherein zu vermeiden. Die Regelung des § 2 Abs. 1 EKrG knüpft somit nicht an ein konkretes Sicherheitsdefizit eines Bahnüberganges und an besondere Gefahren für einen bestimmten Personenkreis an, sondern bezweckt im öffentlichen Interesse eine generelle Verbesserung der Verkehrsverhältnisse beim Bau neuer Kreuzungen.

32 Das Verbot bzw. das Gebot zum Bau von Überführungen ist ein Planungsleitsatz im Sinne der Rechtsprechung des Bundesverwaltungsgerichts,[42] der die planerische Gestaltungsfreiheit der Baulastträger begrenzt und bindet. Das strikte Verbot gilt bei kraftfahrzeugfähigen Straßen nur dann nicht, wenn materiell die Voraussetzungen des Abs. 2 Satz 1 vorliegen und formell die Anordnungsbehörde eine Ausnahme zugelassen hat.[43]

33 Das Verbot gilt generell nicht für nicht kraftfahrzeugfähige Straßen, z.B. Geh- und Radwege.[44] Bei ihnen sind neue Bahnübergänge grundsätzlich – ohne Zulassung einer Ausnahme nach Abs. 2 – zulässig,[45] wenn auch sicher unerwünscht.

34 Eine neue, nicht im Verkehrsraum einer öffentlichen Straße liegende Straßenbahn,[46] die eine Eisenbahn kreuzen soll, fällt nicht unter das Verbot des § 2 Abs. 1. Sie gilt zwar nach § 1 Abs. 5 als Straße, hat aber keine »kraftfahrzeugfähige« Fahrbahn. Zum Planungsermessen bei Kreuzungsmaßnahmen s. § 3 Rdn. 5 f. EKrG.

---

38 Vgl. BT-Drucks. IV/183 S. 4.
39 Vgl. BVerwGE 95, 338.
40 Vgl. BVerwG, Beschl. v. 19.03.1997 – 11 B 102.96.
41 BVerwG, Beschl. v. 16.01.2007 – 9 B 14.06.
42 BVerwG, DVBl 1975, 713.
43 S. Rdn. 36 ff.
44 S. hierzu Rdn. 24 ff.
45 *Thormann*, Städtetag 1964, S. 104.
46 S. § 1 Rdn. 56 ff.

Dem Wortlaut nach gilt das Gebot des Abs. 1 nur für neue Kreuzungen. Seit dem 35
Inkrafttreten des EKrG sind aber insbesondere durch die Verringerung der verkehrlichen Belastung auf einzelnen Eisenbahnstrecken Konstellationen aufgetreten, in denen ein abgängiges Überführungsbauwerk durch einen Bahnübergang ersetzt werden soll. Der ratio legis des § 2 EKrG ist zu entnehmen, dass auch bei dieser Fallvariante ein Bahnübergang nur zugelassen werden kann, wenn die materiellen Voraussetzungen des Abs. 2 vorliegen. Diese Auffassung hat inzwischen das BVerwG bestätigt.[47] Fraglich ist, ob diese Entscheidung auch der Anordnungsbehörde obliegt oder ob mangels ausdrücklicher Zuständigkeit die Planfeststellungsbehörde diese Frage mitentscheiden kann. Wegen der größeren Sachkompetenz sollte der Anordnungsbehörde die Entscheidung vorbehalten bleiben.

D. Ausnahmen vom Verbot (Abs. 2)

Abs. 2 bestimmt nicht abschließend, wann eine Ausnahme vom Verbot des Abs. 1 36
zugelassen werden kann, sondern hebt nur als Beispiel hervor »… insbesondere bei schwachem Verkehr«.[48] Nach der amtl. Begründung[49] sollen Ausnahmen möglich sein, wenn unter Berücksichtigung der übersehbaren Verkehrsentwicklung vom Bau von Überführungen abgesehen werden kann, weil der Verkehr auf andere Weise ausreichend zu sichern ist und weil die Kosten für eine Brücke zu einer unmäßig hohen Belastung des Veranlassers führen müssten. Ausnahmen seien daher angebracht bei Kreuzungen mit schwachem Verkehr, z.B. wenn es möglich ist, bei Anschlussbahnen die Bedienung auf die verkehrsschwachen Nachtstunden zu verlegen.

»**Schwacher Verkehr**« sollte auf beiden Verkehrswegen herrschen, um eine Ausnahme 37
zu rechtfertigen. Die notwendigen Maßstäbe für die Beurteilung dieses Begriffes fehlen. Die Richtzahlen für schwachen Verkehr an Bahnübergängen nach § 11 Abs. 13 EBO beziehen sich nur auf den Kfz-Verkehr und lassen den Fußgänger- und Radverkehr, insbesondere aber den Schienenverkehr, außer Betracht. Sie sind auch für die Beurteilung des Kfz-Verkehrs nur beschränkt verwendbar, weil sie für die Beurteilung der Sicherung von vorhandenen Bahnübergängen geschaffen sind. Ein wichtiger Anhalt wird die Zahl der möglichen Begegnungen sein. Bei zwei Zügen pro Tag und Richtung z.B. könnte eine Ausnahme begründet sein.

Ist auf einem oder beiden Verkehrswegen kein schwacher Verkehr vorhanden, so 38
wird eine Ausnahme nur bei Vorliegen ganz besonderer Gründe zugelassen werden können. Aus dem Gesetzeswortlaut »insbesondere« ist zu schließen, dass bei Vorliegen ganz besonderer anderer Gründe Ausnahmen ebenfalls zugelassen werden können. Dafür ist eine umfassende Würdigung und Abwägung des konkreten Einzelfalls erforderlich. Maßgebliche Kriterien sind z.B. die technische Möglichkeit der höhenfreien Lösung, Landschafts- und Naturschutz, unverhältnismäßige Mehrkosten.

---

47 BVerwG, Urt. v. 16.05.2000 – 4 C 3.99, DVBl 2000, 1881 (amtl. LS), NVwZ-RR 2001, 63–65 (Volltext mit amtl. LS).
48 S. Teil D Rdn. 43 ff.
49 BT-Drucks. IV/183.

C 1. Erläuterungen zum Eisenbahnkreuzungsgesetz

Grundsätzlich ist die Vorschrift – sowohl als Ausnahmebestimmung als auch nach dem Zweck des Gesetzes[50] – streng und restriktiv zu handhaben. Ein Mittel dazu kann die Befristung der Ausnahme sein.[51]

39 Die Ausnahme darf nur für einen Einzelfall erteilt werden (anders § 2 KrG, der auch Ausnahmen für bestimmte Arten von Fällen gestattete).

40 Beispiele für neue Bahnübergänge s. Teil D Rdn. 43 ff.

41 Die Ausnahmegenehmigung ist grundsätzlich ein Verwaltungsakt. Die Ausnahmegenehmigung steht im Ermessen der Anordnungsbehörde und kann mit Befristungen, Bedingungen und Auflagen, z.b. Anordnung von Sicherungsmaßnahmen[52] erteilt werden.[53]

42 Befristet oder unbefristet konnten Ausnahmegenehmigungen schon nach den Erläuterungen des RVM und GI vom 27.09.1943 erteilt werden: Unbefristet, wenn die Verkehrsrücksichten eine schienenfreie Gestaltung gegenwärtig und in absehbarer Zeit nicht erforderten; befristet, wenn der neue Verkehrsweg einer vordringlichen Aufgabe diente und eine zeitlich begrenzte Zweckbestimmung hatte.

43 Eine Befristung kann in Betracht kommen, wenn
a) dem neu hinzukommenden oder dem bereits bestehenden Verkehrsweg nur eine zeitlich begrenzte Bedeutung zukommt, mit dem Wegfall der Kreuzung also gerechnet werden kann (Einziehung, Verlegung, Stilllegung eines beteiligten Verkehrsweges),
b) die nicht höhengleiche Gestaltung der Kreuzung sicher in Aussicht genommen ist, der neue Verkehrsweg aber ohne Verzögerung angelegt werden muss und aus zwingenden Gründen die Überführung noch nicht sogleich gebaut werden kann, oder
c) die Sicherheit oder Abwicklung des Verkehrs zwar nicht gegenwärtig, aber nach der übersehbaren Verkehrsentwicklung zu einem späteren Zeitpunkt den Bau einer Überführung erfordern wird. Es genügt aber nicht der allgemeine Hinweis, dass sich später einmal Änderungen als notwendig erweisen könnten, denn damit würde das Prinzip des EKrG, dass erst später auftretende Tatsachen nach den Regeln des EKrG zu behandeln sind, für diese Fälle außer Kraft gesetzt. »Später« in diesem Sinne kann also nur der Zeitraum der zur Zeit der Erteilung der Ausnahmegenehmigung übersehbaren Verkehrsentwicklung sein.

44 Nach Ablauf der Frist muss, falls der Zweck noch nicht erfüllt ist, entweder eine neue Ausnahmegenehmigung erteilt oder eine Überführung hergestellt werden, die dann als neue Kreuzung zu behandeln ist. Gerade wenn auf einem Verkehrsweg die zukünftige Kreuzung nicht klar vorhersehbar ist, z.B. es findet z.Zt. kein regelmäßi-

---

50 S. Rdn. 30 ff.
51 S. Rdn. 41 ff.
52 S. Rdn. 50 ff.
53 § 36 Abs. 2 VwVfG und VwVfGe der Länder.

ger Schienenverkehr statt, kann mit befristeter Ausnahmeregelung gearbeitet werden.[54] Auch nach Ablauf der »ersten Befristung« bleibt es bei einer neuen Kreuzung und es kann, soweit die Situation dies weiterhin erlaubt, eine »zweite Befristung« ausgesprochen werden. Die Kosten der danach erforderlichen Überführung hat dann der Beteiligte zu tragen, dessen Verkehrsweg aufgrund der Ausnahmegenehmigung seinerzeit neu hinzugekommen war. Genügt zunächst nur eine sonstige Änderung des Bahnübergangs, dann hat auch diese Änderungskosten der Baulastträger des neuen Verkehrswegs zu tragen.

Unbefristete Ausnahmen werden nur dort zuzulassen sein, wo mit großer Sicherheit die Errichtung einer Überführung nicht erforderlich werden dürfte. Aufgrund der Erfahrungen über die Verkehrsentwicklung in den vergangenen Jahren wird eine solche Prognose nur schwer zu erstellen sein. Bei Unsicherheiten sollte eine befristete Ausnahmegenehmigung erteilt werden. Nach Ablauf der Befristung ist eine erneute Überprüfung möglich. Teilweise dürfte auch eine unbefristete Genehmigung mit Widerrufsvorbehalt infrage kommen. Nicht als zulässig muss angesehen werden, eine unbefristete Ausnahmegenehmigung zu erteilen mit der Auflage, dass der später hinzugekommene Baulastträger die Kosten einer späteren Umgestaltung in eine Überführung oder sonstigen Änderung des Bahnübergangs trägt. Die spätere Beseitigung wegen Zunahme des Verkehrs eines unbefristeten und unwiderruflich genehmigten Bahnüberganges stellt eine Maßnahme nach §§ 3, 13 EKrG dar. Etwas anderes dürfte dann gegeben sein, wenn sich ein Beteiligter bei Antragstellung einer Täuschung schuldig gemacht hat. 45

Rücknahme und Widerruf richten sich nach den §§ 48, 49 VwVfG (bzw. den VwVfG der Länder). Unzulässig ist der Widerruf einer unbefristeten Ausnahme wegen veränderter Umstände, um damit die Kostenfolgen nach § 13 EKrG auszuschalten. 46

Zuständig für die Entscheidung über die Ausnahmegenehmigung ist die Anordnungsbehörde.[55] Wegen des Verfahrens und der Antragsunterlagen s. Nr. 16 der EKrG-Richtlinie 2000.[56] Die Ausnahmegenehmigung unterliegt nicht der Konzentrationswirkung der Planfeststellung. Die Entscheidung ist ausdrücklich der Anordnungsbehörde vorbehalten. § 2 Abs. 2 EKrG stellt insoweit eine Durchbrechung des Prinzips der Ausschließlichkeit der Planfeststellung gegenüber anderen behördlichen Entscheidungen dar. Solche Durchbrechungen sind auch in anderen Gesetzen enthalten, z.B. § 19 Wasserhaushaltsgesetz, § 9 Abs. 1 Luftverkehrsgesetz. 47

Soweit die Entscheidung einen Verwaltungsakt darstellt,[57] ist sie mit einer Rechtsbehelfsbelehrung § 59 VwGO den an der Kreuzung beteiligten Baulastträgern be- 48

---

54 BayVGH, Beschl. v. 28.02.2007, 8 CS 06.1660.
55 S. § 8.
56 Anh. E 4.
57 S. Rdn. 41 ff.

kannt zu geben,[58] förmliche Zustellung ist nicht vorgeschrieben, kann aber zu Beweiszwecken zweckmäßig sein.

49 Die Entscheidung kann angefochten werden. Anfechtungsberechtigt ist, wer geltend macht, durch die Entscheidung in seinen Rechten verletzt zu sein,[59] z.b. der Antragsteller wegen Ablehnung der Ausnahme oder einer Befristung oder Auflage; der Baulastträger des vorhandenen Verkehrsweges wegen Zulassung einer (unbefristeten) Ausnahme oder wegen nicht ausreichender technischer Sicherungen.

E. Anordnung von Sicherungsmaßnahmen (Abs. 2)

50 Die Anordnungsbehörde hat bei Erteilung der Ausnahmegenehmigung nicht nur zu prüfen, ob die Voraussetzungen für eine Ausnahme gegeben sind, sondern zugleich, welche Sicherungsmaßnahmen für den Bahnübergang mindestens erforderlich sind, um die durch den Bahnübergang entstehenden Gefahren möglichst auszuschalten. Diese Maßnahmen kann sie anordnen, die Unterlassung der Anordnung einer notwendigen Sicherungsmaßnahme kann aber trotz der Kann-Bestimmung eine Amtspflichtverletzung darstellen.

51 Da es sich hier um eine besondere Anordnungsbefugnis handelt, muss angenommen werden, dass die angeordneten Sicherungsmaßnahmen im Einzelfall auch über die in Gesetzen und Rechtsverordnungen für Bahnübergänge bestehenden Sicherheitsvorschriften (z.B. EBO) hinausgehen können. Allerdings kann dies nur bei erbrachtem Nachweis gleicher Sicherheit möglich sein. Denn einer besonderen Anordnung bereits gesetzlich geregelter Sicherheitsmaßnahmen bedarf es nicht.[60] Aus Gründen der Rechtsklarheit sollte in der Ausnahmegenehmigung die Sicherung nach EBO aber genannt werden.

52 Sicherungsmaßnahmen können z.B. bei Anschlussbahnen darin bestehen, dass die Zustellungszeiten auf die Zeiten des schwächsten Straßenverkehrs beschränkt oder zumindest für die Zeiten des Spitzenverkehrs untersagt werden. Angeordnet können werden z.B. die Anbringung einer Blinklichtanlage mit oder ohne Halbschranken, Überholverbote beiderseits des Bahnübergangs, Geschwindigkeitsbeschränkungen. Die Zahl der Unfälle an Bahnübergängen mit schwachem Verkehr auf der Schiene ist relativ hoch, da insbesondere die ortskundigen Straßenverkehrsteilnehmer sich darauf verlassen, dass kein Zug zu erwarten ist. Deshalb erscheint bei der Zulassung von neuen Bahnübergängen eine hohe technische Sicherung angebracht.

---

58 § 41 VwVfG.
59 § 42 Abs. 2 VwGO.
60 S.a. BVerwG, Beschl. v. 19.12.1966 – IV B 234.65, VkBl. 1967, 69.

§ 3 EKrG [Änderung oder Beseitigung von Kreuzungen]
Wenn und soweit es die Sicherheit oder die Abwicklung des Verkehrs unter Berücksichtigung der übersehbaren Verkehrsentwicklung erfordert, sind nach Maßgabe der Vereinbarung der Beteiligten (§ 5) oder der Anordnung im Kreuzungsrechtsverfahren (§§ 6 und 7) Kreuzungen
1. zu beseitigen oder
2. durch Baumaßnahmen, die den Verkehr an der Kreuzung vermindern, zu entlasten, oder
3. durch den Bau von Überführungen, durch die Einrichtung technischer Sicherungen, insbesondere von Schranken oder Lichtsignalen, durch die Herstellung von Sichtflächen an Bahnübergängen, die nicht technisch gesichert sind, oder in sonstiger Weise zu ändern.

Übersicht   Rdn.
A. Maßnahmen nach § 3 EKrG   1
B. Voraussetzungen für die Maßnahmen   20
C. Berücksichtigung der Verkehrsentwicklung   59
D. Vereinbarung oder Anordnung   68
E. Beseitigung von Kreuzungen (Nr. 1)   72
F. Entlastungsmaßnahmen (Nr. 2)   78
G. Bau von Überführungen (Nr. 3)   83
H. Technische Sicherungen (Nr. 3)   88
I. Sonstige Änderungen (Nr. 3)   98
J. Abgrenzung gegenüber Neubau und Erhaltung   106

A. Maßnahmen nach § 3 EKrG

Die Vorschrift betrifft Verbesserungsmaßnahmen an bestehenden Kreuzungen[1] und bestimmt deren Art (Nr. 1–3) sowie deren Umfang (»wenn und soweit«). Verbesserungsmaßnahmen sind solche, durch die eine Kreuzung beseitigt,[2] entlastet[3] oder geändert[4] wird. Der die gleiche Materie behandelnde § 3 KrG, der bis 31.12.1963 als Bundesrecht gegolten hat,[5] zählte lediglich die Maßnahmen auf, die angeordnet werden konnten. § 3 EKrG wendet sich an die kreuzungsbeteiligten Baulastträger[6] direkt und fordert eine Verbesserung der bestehenden Kreuzung unter bestimmten Voraussetzungen, nämlich wenn und soweit es die **Sicherheit oder Abwicklung des Verkehrs** unter Berücksichtigung der übersehbaren Verkehrsentwicklung erfordert. Das EKrG geht als Spezialrecht den Rechtsvorschriften vor, die für die sich kreuzen- 1

---
1 Zum Begriff der Kreuzung s. § 1.
2 Nr. 1, s. Rdn. 72 ff.
3 Nr. 2, s. Rdn. 78 ff.
4 Nr. 3, s. Rdn. 83 ff.
5 BVerwG v. 21.05.1965 – IV C 16/65, VkBl. 1965 S. 517.
6 S. § 1 Rdn. 68 ff.

den Straßen und Eisenbahnen[7] im Übrigen gelten. Im Gegensatz zu den allgemeinen Baulastregelungen, die eine Ermessensentscheidung beinhalten,[8] sind die Kreuzungsbeteiligten zur Änderung verpflichtet, wenn und soweit es die Sicherheit oder Abwicklung des Verkehrs erfordert.[9] § 3 EKrG regelt im Gegensatz zu FStrG und WaStrG eine eigenständige kreuzungsrechtliche Baulast für die Kreuzungsbeteiligten.[10] Danach sind die Kreuzungsbeteiligten zum Handeln verpflichtet, wenn die Sicherheit oder Abwicklung des Verkehrs auf ihrem Verkehrsweg dies erfordert. Diese Handlungspflicht gilt selbst dann, wenn die Beeinträchtigung sich nur durch bauliche Maßnahmen an dem anderen Verkehrsweg beseitigen lässt.[11] Im Gegensatz zu den allgemeinen Baulastvorschriften steht den Kreuzungsbeteiligten kein Ermessensspielraum zu. Sie müssen die notwendigen Änderungen vornehmen, wenn und soweit die Sicherheit oder Abwicklung des Verkehrs dies erfordert. Wird das Brückenbauwerk erneuert, so müssen die dem heutigen Stand der Technik entsprechenden Maßnahmen durchgeführt werden. Durch besonders örtliche Verhältnisse an der Kreuzungsstelle kann es im Einzelfall sogar gerechtfertigt sein, weitergehende Maßnahmen, als in der EBO gefordert, für erforderlich zu halten.[12] Soweit keine ausdrücklichen normativen Regelungen die Mindestanforderungen festlegen, bestimmt § 2 Abs. 1 EBO, dass die anerkannten Regeln der Technik einzuhalten sind. Für weitergehende Maßnahmen i.S.d. § 3 EKrG, die im Einzelfall erforderlich sein können, bedarf es einer besonderen Begründung.[13] Wem dieses als »Verlangen bzw. verlangen müssen« zuzurechnen ist, ist eine zweite Frage.[14] Die mangelnde Leistungsfähigkeit eines Kreuzungsbeteiligten ist bei § 3 EKrG unbeachtlich.[15] Etwas anderes könnte sich aus Art. 28 GG für Gemeinden nur dann ergeben, wenn die kreuzungsbeteiligte Gemeinde eine nachhaltige, von ihr nicht mehr zu bewältigende und hinzunehmende Einengung ihrer Finanzspielräume darlegen und beweisen kann.[16] Eine Berufung auf den haushaltsrechtlichen Sparsamkeitsgrundsatz kann nicht zur Befreiung der Kostentragungspflicht führen. Er betrifft nämlich die Ausgabengestaltung und kann nicht dazu verwendet werden, die Erfüllung von Verpflichtungen, die sich aus zwingenden gesetzlichen Regelungen – z.B. §§ 3, 13 EKrG – ergeben, zu verweigern.[17] Ist der Baulastträger aufgrund seiner finanziellen Situation nicht in der Lage, Vorsorge zu treffen, dass sich sämtliche Anlagen in einem vollkommen einwandfrei-

---

7 Für Straßen § 3 FStrG bzw. entsprechende Landesstraßengesetze, für Eisenbahnen z.B. § 4 AEG.
8 *Marschall* § 3 Rn. 12 ff.
9 A.A. *Kodal* Kap. 21, Rn. 47.
10 Vgl. BVerwG, Urt. v. 11.03.1993 – 7 C 35.92; BVerwG, Urt. v. 14.05.1992 – 4 C 28.90.
11 Vgl. BVerwG, Urt. v. 11.03.1993 – 7 C 35.92.
12 Vgl. OVG Sachsen-Anhalt, Urt. v. 13.04.2000 – 1 L 50/00.
13 Vgl. OVG Sachsen-Anhalt, Urt. v. 13.04.2000 – 1 L 50/00.
14 S. § 12 Rdn. 20 ff.
15 BVerwG VkBl. 1988 S. 311 zu § 12 Abs. 3 FStrG, BVerwG Urt. v. 14.05.1992 – 4 C 28.90.
16 Vgl. BVerwG, Urt. v. 05.12.2000 – 11 C 6.00.
17 Vgl. BVerwG, Urt. v. 05.12.2000 – 11 C 6.00.

en Zustand befinden, so soll er sich nach BVerwG[18] damit begnügen dürfen, als »vorläufige Lösung«, durch Verkehrszeichen auf den die Verkehrssicherheit gefährdeten Zustand hinzuweisen. Diese Maßnahme ist aber nur als Sofortlösung und als Notbehelf zu akzeptieren. Der Baulastträger muss im Ergebnis grundsätzlich die Verkehrsanlage durch bauliche Maßnahmen so gestalten, dass sie den regelmäßigen Verkehrsbedürfnissen genügt.

§ 3 enthält ferner den Maßstab, nach dem die Anordnungsbehörde in den Fällen des § 6 (Nichtzustandekommen einer Vereinbarung) oder § 7 (Tätigwerden bei Untätigkeit der Kreuzungsbeteiligten) zu entscheiden hat. Treffen die Kreuzungsbeteiligten eine sog. freie Kreuzungsvereinbarung – abweichend von den Regelungen des EKrG – und können sie sich nur über einen Teilbereich nicht einigen, so kann die Anordnungsbehörde auch diese Entscheidung nur unter Anwendung des EKrG treffen. Die Anordnungsbehörde kann keine ergänzende Vertragsauslegung vornehmen.[19] 2

Zur Kreuzung gehören dabei alle Bestandteile der kreuzenden Verkehrswege, selbst dann, wenn Bestandteile für die Sicherheit und Abwicklung des Verkehrs keine Funktion mehr haben.[20]

Den rechtlichen Vorgaben des § 3 EKrG ist erst dann genügt, wenn der den Verkehrsanforderungen nicht genügende Zustand beseitigt wird. Allein ein langer Zeitablauf zwischen Abschluss einer Vereinbarung beseitigt das Erfordernis nicht.[21] 3

Ist eine Maßnahme nach § 3 EKrG gegeben, so richtet sich die Tragung der Kosten nach den §§ 12 und 13 EKrG. 4

Welche der möglichen Maßnahmen die Beteiligten wählen, richtet sich nach der Lage des Falles und konnte im Gesetz nicht eingehender geregelt werden. Die Beteiligten haben die Wahl nach ihrem planerischen Ermessen (planerische Gestaltungsfreiheit). Dieses ist unter anderem begrenzt durch das Abwägungsgebot, wie es sich aus dem jeweiligen Fachplanungsrecht ergibt, das für die Kreuzungsbeteiligten gilt.[22] Das Gebot, die öffentlichen und privaten Belange, die von der Kreuzungsmaßnahme berührt werden, abzuwägen, ergibt sich aus dem Wesen rechtsstaatlicher Planung, ohne dass es einer gesetzlichen Normierung bedarf.[23] Als Fachplanungsrecht der Kreuzungsbeteiligten kommen in Betracht §§ 17 ff. FStrG und entsprechendes Landesstraßenrecht, §§ 18 ff. AEG und §§ 72 ff. VwVfG, das entsprechende Landeseisenbahnrecht und §§ 28 ff. PBefG. Bei der Abwägung spielen Belange des Umweltschutzes, insbesondere des Lärmschutzes, des Natur- und Landschaftsschutzes, 5

---

18 BVerwG, Urt. v. 14.05.1992 – 4 C 28.90.
19 S. § 10 EKrG Rdn. 30 ff.
20 So OVG Berlin-Brandenburg, Urt. v. 20.06.2007 – 12 B 21.07 – für nach einem Umbau funktionslos gewordene Pendelstützenfundamente.
21 Vgl. VG Gelsenkirchen, Urt. v. 27.02.2007 – 14 K 3014/04.
22 Zum Planungsermessen und zum Abwägungsgebot s. *Marschall* § 17 Rn. 24 ff.
23 BVerwG, DVBl 1975, 713.

des Städtebaues eine bedeutende Rolle. Dabei sind auch immer mehr Vorgaben der Europäischen Gemeinschaft, z.b. Flora-Fauna Habitat Richtlinie, zu beachten. Bei der Anlegung von Geh- und Radwegen im Bereich von Rampen sind die Belange der Behinderten[24] zu beachten. Zu wählen ist die planerische Lösung, die sich nach Abwägung aller öffentlichen und privaten Belange als die optimale erweist.

6 Die Kreuzungsmaßnahme darf nicht nur auf die gegenwärtigen Verhältnisse abgestellt werden; die künftige Entwicklung des Verkehrs darf nicht außer Betracht bleiben.[25]

7 Der bei einer Kreuzungsmaßnahme notwendig werdende Lärmschutz richtet sich nach den §§ 41 ff. und 50 BImSchG i.V.m. der Verkehrslärmschutzverordnung – 16. BImSchV.[26]

8 Die Ausführung einer Kreuzungsmaßnahme ist meist zugleich Neubau oder wesentliche Änderung einer Straße oder eines Schienenweges i.S.d. § 41 BImSchG. Die Beteiligten sind nach § 50 BImSchG verpflichtet, die Kreuzungsmaßnahme so zu planen, dass mit Mitteln der planerischen Gestaltung Lärm möglichst vermieden wird (z.B. Linienführung abgesetzt von der Wohnbebauung, Straßenunterführung statt -überführung zur Lärmminderung). Die Entscheidung darüber ist ein Teil der planerischen Abwägung.[27]

9 Wenn ausreichender Lärmschutz durch planerische Mittel nicht möglich ist, so ist Lärmvorsorge durch aktive Lärmschutzmaßnahmen am Verkehrsweg (z.B. Wälle, Wände) zu treffen.[28] Nur wenn öffentliche oder private Belange entgegenstehen, können sie unterbleiben. In diesem Fall hat aber der Eigentümer Anspruch auf Erstattung der Aufwendungen für notwendige Lärmschutzmaßnahmen an seinem Gebäude.[29]

10 Die Verpflichtung zur Lärmschutzvorsorge hat die Rechtsprechung schon vor Inkrafttreten des BImSchG aus den Fachplanungsgesetzen hergeleitet.[30]

11 In der Verkehrslärmschutzverordnung – 16. BImSchV – sind inzwischen Immissionsgrenzwerte festgesetzt worden. Damit ist der Begriff »schädliche Umwelteinwirkung« i.S.d. § 41 Abs. 1 BImSchG normativ festgelegt worden. Nach § 2 Abs. 1 Nr. 2 16. BImSchV beträgt der Grenzwert z.B. in reinen und allgemeinen Wohngebieten 59 Dezibel (A) am Tag und 49 Dezibel (A) in der Nacht.

---

24 DIN 18040-3:2014-12 Barrierefreies Bauen – Planungsgrundlagen – Teil 3: Öffentlicher Verkehrs- und Freiraum.
25 S. Rdn. 59 ff.
26 Vgl. BGBl. 1990 I S. 1036.
27 S. Rdn. 5 ff.
28 § 41 BImSchG.
29 § 42 BImSchG.
30 Für die (Bundesfern-)Straßen Urt. v. 21.05.1976, VkBl. 1976 S. 640 = NJW 1976 S. 1760, für die DB Urt. v. 14.12.1979, DVBl 1980, 301.

Das BVerwG hatte vor Erlass der VerkehrslärmschutzVO[31] die Grenze des noch zumutbaren Straßenlärms etwa bei einem äquivalenten Dauerschallpegel von 55 Dezibel (A) am Tag und 45 Dezibel (A) in der Nacht als erreicht angesehen. 12

Nach § 3 16. BImSchV gilt für Schienenverkehr grundsätzlich ein Abschlag von 5 Dezibel (A), es sei denn, es werden auf dem Schienenweg in erheblichen Umfang Güterzüge gebildet oder zerlegt, sog. Schienenprivileg. Der Gesetzgeber prüft zurzeit, ob das sog. Schienenprivileg noch zeitgerecht ist. 13

Meistens werden die Maßnahmen nach § 3 EKrG in baulichen Änderungen der beteiligten Verkehrswege bestehen. Das BImSchG selbst enthält keine Definition der wesentlichen Änderung. Nach § 1 Abs. 2 16. BImSchV ist eine Änderung wesentlich, wenn eine Straße um einen oder mehrere durchgehende Fahrstreifen für den Kfz-Verkehr oder ein Schienenweg um ein oder mehrere durchgehende Gleise baulich erweitert wird oder durch einen erheblichen baulichen Eingriff der Beurteilungspegel des von dem zu ändernden Verkehrsweg ausgehenden Verkehrslärms um mindestens 3 Dezibel (A) oder auf mindestens 70 Dezibel (A) am Tag oder mindestens 60 Dezibel (A) in der Nacht erhöht wird. Eine Änderung ist auch wesentlich, wenn der Beurteilungspegel des von dem zu ändernden Verkehrsweg ausgehenden Verkehrslärms von mindestens 70 Dezibel (A) am Tage oder 60 Dezibel (A) in der Nacht durch einen erheblichen baulichen Eingriff erhöht wird; dies gilt nicht in Gewerbegebieten. 14

Durch eine Maßnahme nach § 3 EKrG kann aber auch ein neuer Verkehrsweg im Sinne von § 41 BImSchG geschaffen werden, wenn durch den Bau (Neubau) eines Verkehrsweges eine Kreuzung beseitigt oder entlastet[32] oder wenn eine Kreuzung aus kreuzungsbedingten Gründen an eine ganz andere Stelle verlegt wird,[33] sodass Eigentümer erstmals vom Lärm des Verkehrsweges betroffen werden. 15

Nicht zu den Kreuzungsmaßnahmen gehören Lärmschutzmaßnahmen an bestehenden Straßen, weil die Lärmsanierung nicht durch die Kreuzungsmaßnahme im Sinne von § 3 EKrG bedingt ist. Wird eine Straße neu gebaut oder wesentlich geändert, während der Schienenweg nicht verändert wird, so ist in die Überprüfung nach § 41 BImSchG i.V.m. 16. BImSchV nur die neue Straße, nicht aber die baulich unveränderte Bahn einzubeziehen. Wenn eine Straße, für die an sich die Voraussetzungen der Lärmsanierung vorliegen, durch eine Kreuzungsmaßnahme so geändert wird, dass auch Lärmvorsorge notwendig wird, so sind die Kosten der Lärmvorsorge insgesamt kreuzungsbedingt und gehören zur Kostenmasse. Mit der Fassung »nach Maßgabe der Vereinbarung der Beteiligten[34] oder der Anordnung im Kreuzungsrechtsverfahren[35]« sollte klargestellt werden, dass das Gesetz keinen unmittelbaren 16

---

31 Vgl. BVerwG, Urt. v. 22.05.1987 – 4 C 33-35.83.
32 S. Rdn. 72 ff., 78 ff.
33 S. Rdn. 83 ff., 98 ff.
34 § 5.
35 §§ 6 und 7.

109

Anspruch eines Dritten begründen wollte, vielmehr nur die Beteiligten und diese nur im Rahmen der im Gesetz vorgesehenen Möglichkeiten zum Handeln verpflichten wollte.[36] Dieser Auffassung hat sich das BVerwG[37] ausdrücklich angeschlossen und ist der Gegenmeinung[38] nicht gefolgt. § 13 EKrG verweist deshalb nur auf das Vorliegen der materiellen und nicht der formellen Voraussetzungen des § 3 EKrG. Demzufolge ist das Vorliegen einer Vereinbarung oder einer Anordnung nach dem EKrG nicht Voraussetzung für den materiell-rechtlichen Anspruch auf Erstattung der Änderungskosten eines Bahnübergangs nach §§ 3, 13 EKrG.[39]

17 Wie das Gesetz Dritten keinen unmittelbaren Anspruch geben wollte, kann es auch nicht als ein Schutzgesetz i.S.d. § 823 Abs. 2 BGB angesehen werden. Ein solches ist nur gegeben, wenn das Gesetz nicht nur dem Schutz der Allgemeinheit dient, sondern gerade den Schutz des Einzelnen oder eines bestimmten Personenkreises im Auge hat, und zwar den Schutz, wie er wegen der behaupteten Verletzung in Anspruch genommen wird[40] Zweck des Kreuzungsgesetzes ist aber in erster Linie, die Rechte und Pflichten der an einer Eisenbahnkreuzung Beteiligten gegeneinander abzugrenzen und zu regeln, und festzulegen, wer zu entscheiden hat, wenn sich die Beteiligten nicht zu einigen vermögen. Eine Haftung der Beteiligten Dritten gegenüber kann daher aus dem EKrG unmittelbar nicht hergeleitet werden. Ob in einer Untätigkeit eines oder aller Beteiligten eine Verletzung der Verkehrssicherungspflicht oder der Amtspflicht hergeleitet werden kann, richtet sich nach §§ 823 Abs. 1, 839 BGB im Zusammenhang mit den einschlägigen Eisenbahn- und Straßenbaugesetzen und kann hier nicht eingehender erörtert werden.[41] § 18 der früheren BO ist als Schutzgesetz anerkannt worden.[42] Dies dürfte nunmehr für § 11 EBO in gleicher Weise gelten. Jedenfalls schafft das EKrG keinen neuen Tatbestand der Verkehrssicherungspflicht. Diese Auffassung ist inzwischen durch die Rechtsprechung[43] bestätigt worden. Wegen der Haftung für die Untätigkeit der Aufsichtsbehörde s. § 7 EKrG Rdn. 13 ff.

18 Die Form der Einplanung einer Maßnahme im Haushalt ist nicht entscheidend für die Frage, ob es sich um einen Kreuzungsfall i.S.d. EKrG handelt.

19 Das durch die Kreuzung hervorgerufene Rechtsverhältnis wird bereits dann begründet, wenn sich bauliche Maßnahmen nach § 3 EKrG als erforderlich erweisen und nicht erst, wenn die Kreuzung errichtet worden ist.[44]

---

36 S. Rdn. 68 ff.
37 BVerwG, Urt. v. 05.12.2000 – 11 C 6.00.
38 VGH München, Urt. v. 30.01.1996 – 8 B 94.1428.
39 Vgl. BVerwG, Urt. v. 05.12.2000 – 11 C 6.00.
40 RGZ 138 S. 165, BGHZ 46 S. 23, *Palandt*, § 823 BGB Rn. 58.
41 S. hierzu *Marschall* § 3 Rn. 18 ff.
42 BGH VkBl. 1963 S. 524.
43 Vgl. BVerwG, Beschl. v. 19.03.1997 – 11 B 102.96.
44 Vgl. OLG Brandenburg, Urt. v. 18.06.2008 – 4 U 87/06.

B. Voraussetzungen für die Maßnahmen

Maßnahmen nach § 3 liegen nur dann vor, wenn und soweit die Sicherheit oder Abwicklung des Verkehrs sie erfordern. Hierbei handelt es sich um unbestimmte Rechtsbegriffe, die von der Anordnungsbehörde und auch im gerichtlichen Verfahren voll nachgeprüft werden können. 20

§ 3 EKrG normiert eine eigenständige kreuzungsrechtliche Baulast.[45] Vergleichbare gesetzliche Regelungen sind im Fernstraßen- und Wasserstraßengesetz nicht enthalten. Diese kreuzungsrechtliche Baulastverpflichtung ist Ausdruck des Gemeinschaftsverhältnisses im Kreuzungsbereich. Eine Verpflichtung zum Tätigwerden besteht für den kreuzungsrechtlichen Baulastträger, wenn die Voraussetzungen des § 3 EKrG vorliegen. Dies gilt unabhängig davon, ob er auch nach den allgemein für ihn geltenden Baulastvorschriften dazu verpflichtet ist. Ein Ermessensspielraum eröffnet § 3 EKrG – im Gegensatz zu den allgemeinen Baulastregelungen – nicht. Auch auf den Einwand mangelnder Leistungsfähigkeit kann sich ein Kreuzungsbeteiligter nicht berufen.[46] 21

Im EKrG gilt für die Kreuzungsbeteiligten das sog. Rücksichtnahmegebot.[47] Dieses verpflichtet die Kreuzungsbeteiligten zwar auch dazu, die Kostenmasse möglichst klein zu halten,[48] daraus folgt aber nicht, eine erforderliche Kreuzungsänderung wegen der fehlenden Leistungsfähigkeit des anderen Kreuzungsbeteiligten zu unterlassen.[49] Liegen die Voraussetzungen des § 3 vor, sind die Kreuzungsbeteiligten verpflichtet, die erforderlichen Maßnahmen durchzuführen. Die kreuzungsrechtliche Baulast eröffnet keine Ermessensspielräume, auch nicht unter dem Gesichtspunkt der Leistungsfähigkeit. 22

Eine Berufung auf mangelnde Leistungsfähigkeit ergibt sich auch nicht aus dem Grundsatz der Garantie der kommunalen Selbstverwaltung, Art. 28. Zwar hat das BVerwG[50] eine Berücksichtigung dieses Grundsatzes anscheinend davon abhängig gemacht, dass eine nachhaltige, von der Gemeinde nicht mehr zu bewältigende und hinzunehmende Einengung ihrer Finanzspielräume vorliegt.[51] Jedoch richtet sich der Anspruch der Gemeinden gegen das Land auf eine gewisse finanzielle Mindestausstattung und nicht gegen den anderen Kreuzungsbeteiligten.[52] Die Länder müssen im Rahmen ihrer Fördermöglichkeiten, auch unter Berücksichtigung von Sonderzuweisungen, auf außergewöhnliche Belastungen bzw. Notlagen einzelner Gemeinden 23

---

45 Vgl. BVerwG, Urt. v. 14.05.1992 – 4 C 28.90; BVerwG VkBl 1993, 438 f.
46 Vgl. BVerwG, Urt. v. 14.05.1992 – 4 C 28.90; ebenso für das FStrG BVerwG, VkBl. 1988, 311.
47 Vgl. Teil B Rdn. 40 ff.
48 BVerwG Urt. v. 04.07.1996 – 11 B 41.96.
49 Vgl. OVG Brandenburg Urt. v. 13.02.2003 – 4 A 40/00.
50 BVerwG, Urt. v. 05.12.2000 – 11 C 6.00.
51 BVerwG, Urt. v. 05.12.2000 – 11 C 6.00.
52 Vgl. BVerwG, Urt. v. 12.02.2002 – 9 C 6.01.

reagieren.⁵³ Zur Frage, ob sich die Gemeinden im Rahmen eines zu zahlenden Vorteilsausgleiches auf Art. 28 berufen können, vgl. § 12 Rdn. 9.

24 Aus der kreuzungsrechtlichen Baulast lässt sich aber nicht ableiten, dass einem Kreuzungsbeteiligten neben der Sorge für seinen eigenen Verkehrsweg auch die für den anderen kreuzenden Verkehrsweg obliegt. Jeder Baulastträger ist nur für seinen Verkehrsweg zuständig.⁵⁴ Die Handlungspflicht tritt aber unabhängig davon ein, wodurch die Beeinträchtigung hervorgerufen worden ist; sie wird selbst dann ausgelöst, wenn die Beeinträchtigung sich nur durch bauliche Maßnahmen an dem anderen Verkehrsweg beseitigen lässt.⁵⁵

25 Der Schwerpunkt liegt naturgemäß auf dem Erfordernis der Sicherheit des Verkehrs. Die Verhältnisse an der Kreuzung müssen so sein, dass Gefahren gegeben sind, die einer Beseitigung bedürfen. Eine Kreuzung, die früher durchaus sicher gebaut worden war, kann voll Gefahren geworden sein durch die Steigerung des Verkehrs auf einem der Verkehrswege oder auf beiden, durch Änderungen der Verkehrsart (mehr Autos, elektrische Zugförderung), durch Veränderungen in der Umgebung (Verschlechterung der Sichtverhältnisse durch Anbauten), durch Änderung der Verkehrsbenutzer (bisher nur Pkw, nunmehr starker Lastkraftwagen- oder Omnibusverkehr), Erhöhung der Geschwindigkeiten auf Schiene und/oder Straße und anderes mehr.

Im Rahmen eines »Verkehrsprojekts Deutsche Einheit« wurde die Eisenbahnstrecke Berlin-Halle mit einer Streckengeschwindigkeit von 200 km/h ausgebaut. Gemäß § 11 Abs. 2 EBO ist ein Bahnübergang bei einer zugelassenen Geschwindigkeit von mehr als 160 km/h nicht mehr zulässig. Die Sicherheit des Verkehrs i.S.d. § 3 Nr. 3 EKrG erfordert einen Ersatz der Bahnübergänge durch Überführungen.

26 Auch das Tatbestandsmerkmal der **Erforderlichkeit** ist ein unbestimmter Rechtsbegriff, der sowohl von der Anordnungsbehörde im kreuzungsrechtlichen Verfahren als auch von den Gerichten im Verwaltungsprozess voll nachprüfbar ist. Ob die Voraussetzungen für Maßnahmen nach § 3 EKrG vorliegen, hängt somit nicht von der Beurteilung eines Beteiligten ab.⁵⁶ Für die Frage der Erforderlichkeit einer Kreuzungsmaßnahme kommt es nicht darauf an, auf welchem Verkehrsweg die Schwierigkeiten auftreten oder auf welchem Verkehrsweg die Entwicklung des Verkehrs ursächlich ist. Dies kann aber von Bedeutung sein für die Frage der Kostentragung. Aufgrund der Gemeinschaftsaufgabe kann sich die Änderungspflicht allein wegen des Zustandes auf einem Verkehrsweg ergeben. Allerdings müssen die Ursachen für die Änderung im räumlichen Kreuzungsbereich liegen.⁵⁷ Ursache für die Änderung

---

53 Vgl. OVG Berlin-Brandenburg Urt. v. 13.02.2003 – 4 A 40/00.
54 BVerwG, VkBl. 1993 S. 438 f.
55 Vgl. BVerwG VkBl. 1993 S. 438 f.
56 Vgl. BVerwG, Urt. v. 14.05.1992 – 4 C 28.90.
57 S. ARS 8/1989, Anh. E 6, vgl. auch OVG Niedersachsen, Urt. v. 17.10.1996 – 7 L 2839/95.

[Änderung oder Beseitigung von Kreuzungen] § 3 EKrG

können sein stärkere Benutzung einer Straße durch Kasernenbauten, Siedlungsbauten, allgemeine Steigerung des Kraftverkehrs, verkehrslenkende Maßnahmen (Einbahnstraßen, Ringstraßen), nicht aber ein Verkehr, der außer dem Gemeingebrauch liegt, also Sondernutzung ist, z.b. Ausbau einer Straße zu einer Panzerstraße.[58]

Die Frage der Erforderlichkeit i.S.d. § 3 EKrG muss unabhängig davon beantwortet werden, ob für das Vorhaben unter planungsrechtlichen Vorzeichen ein als Planrechtfertigung dienendes Bedürfnis bejaht worden ist.[59] Die Rspr. hat dies nochmals für durchgeführte Kreuzungsmaßnahmen – automatische Bahnübergangssicherungsanlagen – bestätigt, für die das EBA Planungsgenehmigungen erteilt hatte.[60] Entscheidend sind vielmehr Normierungen (z.B. EBO), technische Richtlinien (z.B. DIN) oder soweit keine ausdrücklichen Regelungen bestehen, die »anerkannten Regeln der Technik«. Mindestens wenn Normierungen – z.b. der EBO – auf die anerkannten Regeln der Technik verweisen, gilt der allgemeine Grundsatz, dass für technische Normen nur eine Vermutung der Richtigkeit gilt, nicht.[61] § 2 Abs. 1 EBO verweist gerade auf die »anerkannten Regeln der Technik«. Dies können neben tatsächlich normativen Regelungen, z.B. Technische Spezifikationen für Interoperabilität (TSI), technische Vorgaben in der EBO oder ESO selbst, im Übrigen sonstige technische Normen – z.B. EN, DIN, DS usw. – sein, wenn sie als Regeln der Technik anerkannt sind. Eine besondere Rechtfertigung ist in diesen Fällen nur dann notwendig, wenn einer der Beteiligten über diesen normierten Sicherheitsstandard hinausgehen will. Denn die Träger der sich kreuzenden Verkehrswege sind verpflichtet, das immer verbleibende im Zusammenhang mit der Kreuzung stehende Restrisiko unter Berücksichtigung des jeweiligen Standes der Technik so gering wie möglich zu halten.[62] Die Kreuzungsbeteiligten sind aber auch bei Einhaltung des gesetzlich normierten Sicherheitsstandards – z.B. EBO – gehalten, die Bahnübergänge den Erfordernissen des dort herrschenden Verkehrs anzupassen und ausreichend zu sichern.[63]

Es ist ohne Belang, aus welchen Gründen (z.B. Erhöhung der Verkehrsgeschwindigkeiten, Elektrifizierung, raumordnerische Gesichtspunkte, höhere Anforderungen der EBO, Verkehrsumleitungen, Zubringerstraße zu neuer Autobahn) der Verkehr auf einem Verkehrsweg sich so vermehrt hat, dass eine Änderung notwendig geworden ist. Dies gilt auch, wenn die Verbesserung nur für eine begrenzte Zeit erforderlich ist.

Entgegen dem KrG bringt das EKrG durch seinen Wortlaut klar zum Ausdruck, dass es Kreuzungsmaßnahmen geben kann, die nur der Sicherheit dienen, ohne zugleich die Abwicklung des Verkehrs zu verbessern. In § 3 Abs. 1 KrG ist nur von der

27

28

29

---
58 Beispiele bei *Kodal*, StrAutobahn 1959 S. 104; s. auch Teil D Rdn. 68 ff.
59 Vgl. BVerwG, Urt. v. 14.05.1992 – 4 C 28.90.
60 Vgl. OVG Sachsen-Anhalt vom 13.04.2000 – 1 L 50/00.
61 Vgl. BVerwG, Urt. v. 14.05.1992 – 4 C 28.90.
62 OVG Mecklenburg-Vorpommern, Urt. v. 12.09.2012 – 1 L 62/08.
63 Vgl. OLG Oldenburg, Urt. v. 23.04.1999 – 13 U 1/99.

Verbesserung der Abwicklung des Eisenbahn- und Straßenverkehrs die Rede. Weil eine Verbesserung der Abwicklung auch eintritt, wenn die Sicherheit des Verkehrs erhöht wird, dürfte aber auch zum KrG keine andere Auffassung gelten.

30   Was die Frage der Sicherheit anlangt, so muss nach BGH[64] mit unvorsichtigem und unvernünftigem Verhalten von Verkehrsteilnehmern an Bahnübergängen nach der Lebenserfahrung gerechnet werden.

31   Bei der Verbesserung der Abwicklung des Verkehrs handelt es sich in erster Linie darum, die Flüssigkeit des Verkehrs zu verbessern. Dazu gehört insbesondere Stauungen an Kreuzungen zu beseitigen oder zu ermäßigen. Die Beseitigung von Staus führt auch zur Erhöhung der Sicherheit, da beim Wegfall von Staus auch Unfallgefahren vermindert werden.[65] Auch die Beseitigung von Sichtbehinderungen, von Kurven vor Überführungen oder Bahnübergängen vermögen die Abwicklung des Verkehrs zu verbessern.

32   Selbstverständlich gibt es auch Maßnahmen, die sowohl der Sicherheit als auch der Abwicklung des Verkehrs dienen. So dient wohl stets eine bessere Abwicklung des Verkehrs der Erhöhung der Sicherheit, weil beim Wegfall von langen Stauungen beim Wiederanfahren Auffahrunfälle u.ä. vermieden werden können.

33   Der Baulastträger ist grundsätzlich verpflichtet, durch bauliche Maßnahmen die Verkehrsanlage so zu gestalten, dass sie den regelmäßigen Verkehrsbedürfnissen genügt.[66] Auf die mangelnde Leistungsfähigkeit kann er sich grundsächlich nicht berufen.[67] Dies gilt auch in Bezug auf einen zu zahlenden Vorteilsausgleich. Der handlungspflichtige Kreuzungsbeteiligte braucht eine nach § 3 EKrG erforderliche Maßnahme nicht deshalb zu unterlassen, weil der andere Kreuzungsbeteiligte nicht ausreichend leistungsfähig ist.[68] Die Verpflichtung aus der kreuzungsrechtlichen Baulast des § 3 EKrG gilt ohne die Eröffnung von Ermessen. Insoweit geht diese Verpflichtung als Spezialregelung den allgemeinen Baulastverpflichtungen aus den Straßengesetzen der Länder vor. In diesen Straßengesetzen der Länder ergibt sich, dass die allgemeine Straßenbaulast nur im Rahmen der Leistungsfähigkeit besteht, z.B. § 9 BbgStrG. Die Wörter »Wenn und soweit« geben die Voraussetzungen und die Grenzen der Aufgabe. Es brauchen also keine weitergehenden Maßnahmen durchgeführt zu werden, als zur Behebung der Unsicherheit und/oder der schlechten Abwicklung notwendig sind. Damit zieht das Gesetz eine Linie für den Umfang der erforderlichen Maßnahmen und ermöglicht damit auch die Wahl unter den unter Nr. 1 bis 3 angegebenen Möglichkeiten, wobei selbstverständlich auch der Grundsatz der Verhältnismäßigkeit der Mittel zu beachten ist. Die Rechtsprechung[69] hat

---

64 VRS Bd. 6 S. 369.
65 So Hessischer VGH, Urt. v. 23.11.2007 – 7 UE 1422/07.
66 Vgl. BVerwG, Urt. v. 14.05.1992 – 4 C 28.90.
67 Vgl. BVerwG, VkBl. 1992 S. 460; BVerwG, VkBl. 1988 S. 311 zu § 12 Abs. 3 FStrG.
68 Vgl. OVG Brandenburg Urt. v. 13.02.2003 – 4 A 40/00.
69 Vgl. BVerwG, VkBl. 1992 S. 460.

[Änderung oder Beseitigung von Kreuzungen] § 3 EKrG

angedeutet, dass ein Kreuzungsbeteiligter, der nicht in der Lage ist, alle Anlagen, für die er verantwortlich ist, in einem vollkommen einwandfreien Zustand zu erhalten, auch durch ein Verkehrszeichen auf den die Verkehrssicherheit gefährdeten Zustand hinweisen darf. Die Aufstellung eines Verkehrsschildes soll allerdings nur als subsidiäre Maßnahme und auch nur vorläufig in Betracht kommen. Diese Maßnahme kann die endgültige – bauliche Beseitigung – des Mangels nicht ersetzen. Eine solche auf Ausnahmefälle zu beschränkende »Notlösung« sollte – wenn überhaupt – sehr restriktiv gehandhabt werden. Die Anwendung muss mit den Grundsätzen der kreuzungsrechtlichen Baulast[70] vereinbar sein.

Für die Sicherheit und Abwicklung des Verkehrs wurden u.a. als erforderlich anerkannt[71]: 34

– Alarm-, Sperr- und Meldeeinrichtungen	Teil D Rdn. 149 ff.
– Anpassungsmaßnahmen nach der EBO, soweit die EBO gegenüber der außer Kraft gesetzten BO höhere Anforderungen stellt	Teil D Rdn. 149 ff.
– Anpassungsmaßnahmen nach der EBO im Bereich der ehemaligen Deutschen Reichsbahn, da z.B. die alten signalabhängigen BÜ-Sicherungsanlagen der ehemaligen Deutschen Reichsbahn nicht EBO gerecht sind	
– Anprallschutz an Stützen von Eisenbahnüberführungen, die sowohl der Sicherheit des Eisenbahn- als auch des Straßenverkehrs dienen. Möglich ist auch die Verstärkung der Stützen	§ 12 EKrG Rdn. 43 ff.
– Anrückmelder	Teil D Rdn. 149 ff.
– Belegmeldeeinrichtungen	
– Berührungsschutzanlagen, das sind insbesondere erhöhte oder verkleidete Brückengeländer und mit dem Überbau verbundene Kragplatten	
– Blinklichtanlagen mit oder ohne Halbschranken	Anh. E 6–II, 2a
– Büstra-Anlagen,	
– Einbau-/Umbaumaßnahmen von/in EBÜT-80-Anlagen, zumindest dann, wenn keine Vollschranken vorhanden waren.	
– Elektrifizierung der Eisenbahn, wenn damit die Abwicklung verbessert wird	
– Engstellenbeseitigung bei Bahnübergängen, sofern ihre Einrichtung nicht aus Rationalisierungsgründen vorgenommen wird	Teil D Rdn. 149 ff.

---

70 S.o. Rdn. 20 ff.
71 Weitere Beispiele vgl. Teil D.

C 1. Erläuterungen zum Eisenbahnkreuzungsgesetz

– Gefälle beseitigen an Bahnübergängen	
– Gehwegschranken	Teil D Rdn. 149 ff.
– Gradientenverbesserungen	
– Halbschranken s. Blinklichtanlagen	Teil D Rdn. 149 ff.
– Hilfsein- und -ausschalttasten, soweit sie nicht erst nachträglich eingebaut werden	Teil D Rdn. 149 ff.
– Höhenlage der Gleise bei Überhöhung verbessern	
– Induktive Zugsicherung	Teil D Rdn. 149 ff.
– Kennzeichnung der lichten Höhe bei Eisenbahnüberführungen	
– Kreuzungswinkel verbessern	
– Kurven verbessern	S. Anh. E 6–II 1a
– Leitsteine, rückstrahlende, wenn sie ohne Vorhandensein der Kreuzung nicht notwendig gewesen wären	
– Lichtraumprofil verbessern,	
– Lichtzeichen an Schranken	Teil D Rdn. 149 ff.
– Linienführung verbessern	
– Nachrüstung von Führungsschienen als Anprallschutz im Bereich von Straßenbrücken	
– Postenbedienten Vollschranken mit einer zusätzlichen Signalabhängigkeit nachrüsten,	
– Sicherung des Bahnüberganges durch Posten i.S.d. § 11 Abs. 11 EBO,	
– Schrankenbehang, auch rückstrahlend	Teil D Rdn. 149 ff.
– Schrankenverriegelungen	Teil D Rdn. 149 ff.
– Schrankenpostengebäude	Teil D Rdn. 149 ff.
– Schutzerdungsanlagen, insbesondere Geländererdungen, Kontaktschienen, Bügelanschlagschienen und Erdleitungen	
– Sichtflächen	Anh. E 6–II.2a, Teil D Rdn. 149 ff.
– Signalabhängigkeit der Schranken	Teil D Rdn. 149 ff.
– Straßenausbau	
– Tragfähigkeit von Brücken erhöhen	

[Änderung oder Beseitigung von Kreuzungen] § 3 EKrG

– Überspannungsschutz, es sei denn, dass er erst nachträglich eingebaut wird	
– Verankerung von Leitungen an Straßenbrücken einschl. Fahrdrahtaufhänger und Stromverbinder an Straßenbrücken	
– Verändern der Einschaltkontakte zuggesteuerter Schranken bei Erhöhung der Streckengeschwindigkeit (z.b. Nitec-Züge),	
– Verbesserung der Linienführung,	
– Verbreiterung der Fahrbahn oder Gleisanlage,	Teil D Rdn. 149 ff.
– Vergrößerung der Durchfahrtshöhe einer Eisenbahnunterführung,	
– Verkabelung, soweit es sich nicht um eine nachträgliche Verkabelung handelt,	
– Verkehrszeichen- und -einrichtungen	Teil D Rdn. 149 ff., Anh. E 6–II.2a
– Verkürzung der Sperrstrecke durch Wegfall von Gleisen und damit Rückbau im Bereich des BÜ einschließlich der Schranken,	
– Weißes Zusatzlicht zur Kennzeichnung des verkürzten Bremswegabstandes an lokführerüberwachten Blinklichtanlagen.	

Der Einigungsvertrag regelt für bestehende Bahnanlagen im Bereich der Deutschen Reichsbahn, dass die Vorschriften der EBO 1928 bis zum 31.12.1993 fortgelten. Für § 11 EBO 1967 wurde dies nochmals bis zum 31.12.2003 vom BMVI verlängert. 35

Die Bahnübergangsvorschrift DS 815 der DB v. 01.10.1973 enthält Anweisungen und Empfehlungen zur einheitlichen Sicherung nach den Vorschriften der EBO. Der Bayerische VGH bestätigt, dass das technische Regelwerk der DB Netz AG – hier DS 815 – im Regelfall geeignete und ausreichende Sicherungsmaßnahmen für Bahnübergänge vorsieht.[72] 36

Bei den Ausbaustrecken in den neuen Bundesländern ist in vielen Fällen die Auflassung von Bahnübergängen vorgesehen. Im Verlauf des unterschiedlichen Baufortschrittes der Einzelmaßnahmen kann der Fall eintreten, dass die Sicherungstechnik vor Beseitigung des Bahnüberganges ersetzt werden muss. Wenn in diesem Zusammenhang bei der Fertigstellung von EStW die vorhandene Sicherungstechnik nicht mehr an die EStW-Technik angepasst werden kann, wird übergangsweise der Einbau von EBÜT-80-Anlagen – quasi als ein vorübergehender Bauzustand – erforderlich. Nach Einzelfallprüfung sind derartig technisch bedingte und zeitlich befristete Maß- 37

---

72 Vgl. VGH Bayern, Beschl. v. 28.02.2007 – 8 CS 06.1660.

nahmen vom Eisenbahnbundesamt (EBA) nach dem Bundesschienenwegeausbaugesetz (BSchwAG) insgesamt finanziert worden. Voraussetzung ist, dass der Restwert der EBÜT-80-Anlage dem Vorhaben gutgeschrieben wird bzw. nur deren Leasingkosten finanziert werden und der DB AG eine Frist zur endgültigen Beseitigung des Bahnüberganges gesetzt wurde.

38 Im Abschlussbericht hat die vom BMVI gebildete Kommission »Sicherheit im Eisenbahnbetrieb« im März 1972 empfohlen, wegen der hohen Unfallhäufigkeit an Blinklichtanlagen ohne Halbschranken jährlich etwa 100 Blinklichtanlagen durch Halbschranken zu ergänzen. Nach dem Verkehrssicherheitsprogramm der Bundesregierung von 1973 wurden nach einem Sonderprogramm diese Maßnahmen durchgeführt, unabhängig von der Klassifizierung von Eisenbahn oder Straße und von Lage und Breite des Bahnüberganges. Der nachträgliche Einbau der Halbschranken hat sich für die Sicherheit an der Kreuzung als erforderlich erwiesen.

39 Auf Veranlassung des BMVI hatte die HVB daher angeordnet, dass bei eingleisigen Bahnen Blinklichtanlagen zur Erhöhung der Verkehrssicherheit zusätzlich mit Halbschranken zu versehen sind. Die Anbringung von Halbschranken ist in diesen Fällen eine Maßnahme nach § 3.

40 Auch der nachträgliche Einbau von Lichtzeichenanlagen, Fernsehanlagen oder Indusi-Magneten kann eine Maßnahme nach § 3 EKrG sein, wenn die in Rdn. 20 ff. genannten Voraussetzungen gegeben sind. Für den Einbau von Indusi-Magneten ist zu prüfen, ob der Bahnübergang bei Ausfall der technischen Sicherung von einem Zug infolge Fehlverhaltens des Triebfahrzeugführers befahren werden könnte. Ferner sind Stärke des Eisenbahn- und Straßenverkehrs, Streckengeschwindigkeit und Übersichtsverhältnisse[73] zu berücksichtigen.

41 Die in technischen Vorschriften (z.B. in der EBO) und Richtlinien gegebenen Maßnahmen stellen in der Regel nur Mindestanforderungen auf. Durch besondere örtliche Verhältnisse kann es durchaus gerechtfertigt sein, Maßnahmen i.S.d. § 3 EKrG als erforderlich zu halten, die über diese Vorschriften und Richtlinien hinausgehen. Es bedarf dazu jedoch einer besonderen Begründung.

42 Die vom Koordinierungsausschuss für Straßenplanung beim BMVI 1974 vorgelegte Bewertung nach verkehrlicher Dringlichkeit hat alle Bahnübergänge im Zuge von kraftfahrzeugfähigen Straßen in eine entsprechende Reihenfolge gebracht. Da die Bahnübergänge nur aus verkehrlicher Sicht beurteilt wurden und andere Faktoren, wie z.B. Unfallhäufigkeit, baulicher Zustand, Sichtverhältnisse, Ausbau von Straßen und Schienenwegen, von Baugebieten, außer Betracht blieben und auch schwer zu quantifizieren sind, kann die Bewertung für die Beurteilung von Vorhaben nach § 3 EKrG nicht ausschlaggebend sein.

43 Nach § 11 Abs. 2 EBO sind auf Strecken mit einer zugelassenen Geschwindigkeit von mehr als 160 km/h Bahnübergänge unzulässig. In einem Gutachten wurde un-

---

[73] S. Teil D Rdn. 149 ff.

tersucht, ob und unter welchen Umständen bei einer Erhöhung der Geschwindigkeit auf über 160 km/h eine vorübergehende befristete Ausnahmeregelung an Bahnübergängen infrage kommen könnte. Die Gutachter sind zu dem Ergebnis gekommen, dass von den heutigen EBO-Festlegungen nicht abgewichen werden sollte. Ein Verzicht auf die Beseitigung von Bahnübergängen würde das Sicherheitsniveau vermindern. Die Erhöhung der Zuggeschwindigkeit führt zu einer Zunahme der Entgleisungswahrscheinlichkeit der Schienenfahrzeuge bei Unfällen an Bahnübergängen. Die Risiken erhöhen sich noch weiter – insbesondere für die Bahnreisenden – durch den Einsatz von leichten Frontfahrzeugen. Neben diesen Sicherheitsgesichtspunkten sind auch andere volkswirtschaftliche Kosten, die sich durch die Wartezeiten an Bahnübergängen ergeben, zu beachten. Hierzu haben die Gutachter eine Kosten-Risiko-Analyse erstellt. Danach kann man die Möglichkeit einer befristeten Ausnahmegenehmigung statt einer Bahnübergangsbeseitigung im Regelfall ausschließen. Schließlich regen die Gutachter an, dass die Bahnübergangssicherungen im Geschwindigkeitsbereich bis 160 km/h risikobasiert überprüft werden sollten. Im Bundeshaushalt wurden 2016 und 2017 je 81 Mio. € für die Änderung oder Beseitigung von Bahnübergängen zur Verfügung gestellt.

Ein Fall nach § 3 liegt nicht vor, wenn eine Kreuzung aus anderen Gründen geändert oder beseitigt wird, die Voraussetzungen der Vorschrift – Erforderlichkeit im Interesse der Sicherheit oder Abwicklung des Verkehrs – also nicht vorliegen. Grundsätzlich muss eine unmittelbare verkehrliche Ursache die Maßnahme im Kreuzungsbereich erfordern.[74] Schwierig sind auch die Fälle zu beurteilen, in denen im Zuge von Eisenbahngleisen in Städten an mehreren Bahnübergängen die Signalabhängigkeit eingebaut wird. Im Ergebnis liegt die Erforderlichkeit i.S.d. § 3 nur an den Kreuzungen vor, an denen aus Gründen der Sicherheit oder Abwicklung des Verkehrs die Änderung des Bahnübergans notwendig ist. Stellt die Eisenbahn die Signalabhängigkeit an mehreren Bahnübergängen her, so dürfte eine Maßnahme nach § 3 nur an den Bahnübergängen erkannt werden, an denen dies erforderlich ist. An den anderen Bahnübergängen liegt keine Maßnahme nach § 3 vor.[75] Die Fälle müssen in jedem Einzelfall gesondert betrachtet werden. 44

Weitere Beispiele hierfür sind reine **Rationalisierungsmaßnahmen** (z.B. Ersatz von fern- oder nahbedienten Schranken durch automatische Bahnübergangssicherung), Maßnahmen, die auf einer Infrastrukturforderung (z.B. der Bundeswehr oder eines anderen Aufgabenträgers) beruhen, Anpassung der Anlage an die technische Entwicklung (z.B. nachträglicher Einbau von Hilfsein- und -ausschalttasten, nachträgliche Verkabelung, Wechsel der Beleuchtungsart an der Schranke, Schienenauswechslung, Änderung der Befestigung des Bahnüberganges) und Maßnahmen zur Behebung von Personalschwierigkeiten. Eine Kostenteilung nach § 3 EKrG kann im Einzelfall jedoch dann gegeben sein, wenn die Lichtzeichenanlage zwar für die Rationalisierungsmaßnahme erforderlich ist, aber aufgrund der starken Belastung der kreuzen- 45

---

74 Vgl. VG Münster, Urt. v. 10.08.2007 – 10 K 1556/06.
75 Vgl. OVG Niedersachsen, Urt. v. 17.10.1997 – 7 L 2839/95.

den Verkehrswege auch ohne sie hätte eingebaut und demzufolge als Maßnahme nach §§ 3, 13 EKrG behandelt werden müssen.[76] Eine allgemeingültige und abschließende Einordnung von einzelnen Sicherungstechniken in Rationalisierungsmaßnahmen oder Maßnahmen nach § 3 EKrG ist nach dem Eisenbahnkreuzungsrecht nicht möglich, es ist vielmehr in jedem Einzelfall eine Entscheidung zu treffen. Es lassen sich aber folgende Grundsätze festhalten:

46 Wenn eine Maßnahme in vollem Umfang zur Verbesserung der Verkehrsverhältnisse an einem Bahnübergang gem. § 3 EKrG erforderlich ist, zugleich aber auch der Rationalisierung dient, unterliegt sie in vollem Umfang der Kostenteilung nach § 13 EKrG. Wird die Maßnahme dagegen zum Zweck der Rationalisierung umfangreicher ausgeführt, als nach § 3 EKrG erforderlich, ist die Kostenteilungsmasse nach § 13 EKrG durch Fiktiventwurf auf das nach § 3 EKrG Erforderliche zu beschränken. Nach den Richtlinien zur Ermittlung der Kostenmasse[77] kann sie stattdessen auf Teile des Ausführungsentwurfes beschränkt werden.[78]

47 Ist bei einer Flurbereinigung die Kreuzungsänderung durch die Umlegung bedingt und nicht durch die Verhältnisse an den vorhandenen Kreuzungen, dann liegt kein Fall des § 3 EKrG vor, sondern eine Folgemaßnahme der Flurbereinigung, der die Kosten für die Änderungen anzulasten sind, z.B. wenn mehrere Wege mit eigenen Bahnübergängen in der Flurbereinigung zu einer Kreuzung zusammengefasst werden.[79]

48 Der Ersatz von wärterbedienten Vollschranken durch Lichtzeichen mit Halbschranken und ggf. zusätzlichen Gehwegschranken ist in der Regel eine reine Rationalisierungsmaßnahme. Die automatische – durch Gleiskontakt vom Zug eingeschaltete – Bahnübergangssicherung erfordert grundsätzlich keine zusätzliche Signalabhängigkeit. Daher stellt die aufgrund der örtlichen Verhältnisse (z.B. vorhandene Signalstandorte) für die ordnungsgemäße Funktion der Lichtzeichen mit Halbschranken notwendige Signalabhängigkeit für sich allein keine für die Sicherheit an der Kreuzung erforderliche Verbesserung gem. § 3 EKrG dar. Grundsätzlich ist auch der Einbau zusätzlicher Gehwegschranken beim Ersatz von Vollschranken durch Lichtzeichen keine Maßnahme im Sinne von § 3 EKrG. Diese Gehwegschranken sind im allgemeinen Ersatz für den bisher auch für den Fußgängerverkehr vorhandenen Vollschrankenabschluss (sog. Folgemaßnahme).

49 Der Ersatz von Anrufschranken durch Lichtzeichen mit oder ohne Halbschranken ist dann eine reine Rationalisierungsmaßnahme, wenn lediglich die Bedienstelle wegfallen soll und der Straßenverkehr weiterhin äußerst gering und nicht regelmäßig ist. Demgegenüber liegt eine Maßnahme nach § 3 EKrG vor, wenn der Straßenverkehr derart zugenommen hat, dass aus Gründen der Verkehrsabwicklung die in

---

76 Vgl. BMVI-Schreiben vom 14.03.1977 – StB2/78.10/2010 BW 77.
77 S. Anh. E 6.
78 Wegen der Möglichkeiten im Einzelnen s. Teil D Rdn. 149 ff.
79 A.A. anscheinend *Kruchen*, Bundesbahn 1964 Heft 4/5; s.a. Teil D Rdn. 141.

Grundstellung geschlossene Anrufschranke nicht mehr hinnehmbar ist und deshalb die Änderung der Bahnübergangssicherung erforderlich ist.

Die Anpassung der Bahnübergangssicherung im Bereich der ehemaligen Deutschen Reichsbahn an die Regelungen der EBO sind grundsätzlich Maßnahmen, die für die Sicherheit des Verkehrs erforderlich sind, § 3 EKrG. Wird z.b. ein Bahnübergang, der durch Halbschranken und Andreaskreuz mit integriertem Blinklicht gesichert ist, an den EBO gerechten Zustand angepasst, und weitere Maßnahmen werden nicht vorgenommen, so liegt eine Maßnahme nach §§ 3, 13 EKrG vor. Die Gesamtmaßnahme kann dabei entweder aus dem Umrüsten der Anlage, wenn die vorhandene Sicherungstechnik es zulässt oder aus der Erneuerung der Anlage bestehen, wenn mit der am Bahnübergang vorhandenen Technik eine derartige Umrüstung nicht möglich ist. 50

Erfordert der Straßenausbau (z.B. Anpassung der Straßenbreite an die anschließenden Straßenabschnitte) und/oder der Ausbau der Eisenbahnstrecke (z.b. Bau zusätzlicher Gleise) eine Änderung der Bahnübergangssicherung mit gleichzeitiger Anpassung an den EBO-Standard, so richtet sich die Kostentragung der Gesamtmaßnahme nach §§ 3, 13 EKrG. 51

Der Einbau von Lichtzeichen bei Vollschranken dürfte in der Regel eine Rationalisierungsmaßnahme (z.B. Wegfall bzw. Verlegung des Wärterpostens) sein. Nach den Regeln der EBO sind nämlich bei Vollschranken keine zusätzlichen Lichtzeichen vorgeschrieben. 52

Wird aus Gründen der Rationalisierung oder einer Infrastrukturforderung ein Bahnübergang durch eine Überführung ersetzt, dann sind alle Vorschriften des EKrG, die sich auf § 3 EKrG beziehen,[80] nicht anwendbar, wohl aber § 14 EKrG, der allgemeine Gültigkeit hat.[81] 53

Weitere Beispiele s. Teil D Rdn. 130 ff. 54

In allen diesen Fällen sind die Kostenregelungen der §§ 12 und 13 EKrG für die Maßnahmen nach § 3 nicht anwendbar. In der Regel wird die Kostentragungspflicht bei dem Veranlasser liegen. 55

Problematisch sind Fallgestaltungen, in denen zwar unstreitig eine Maßnahme nach § 3 EKrG vorliegt, gleichzeitig die Ersatzmaßnahme aber umfangreicher ausfällt, weil noch andere Ziele mitverwirklicht werden. § 3 EKrG und alle Vorschriften des EKrG, die sich auf diese Normierung beziehen, gelten dann nur in dem Umfang, soweit sie zur Verwirklichung der Maßnahme nach § 3 EKrG erforderlich sind. Auch die kreuzungsrechtliche Kostenmasse umfasst nur den Teil, der für die Sicherheit oder die Verbesserung der Abwicklung erforderlich ist. Die Kostenmasse ist ggf. mittels eines Fiktiventwurfes zu bestimmen. Fiktiventwürfe müssen nicht der Genau- 56

---

80 Z.B. §§ 5, 10, 15, 17 EKrG.
81 S. § 14 EKrG Rdn. 1 ff.

igkeit von Ausführungsentwürfen entsprechen.[82] Aus Vereinfachungsgründen können die Kreuzungsbeteiligten einvernehmlich auch Teile des Ausführungsentwurfes als Kostenmasse festlegen (hierbei ist jedoch häufig von den Kreuzungsbeteiligten die BHO zu beachten). Die Genehmigungsbehörde prüft selbstverständlich auch insoweit die Kostenmasse.

57 Beim Zusammentreffen einer Rationalisierungsmaßnahme (z.b. Ersatz einer wärterbedienten Vollschrankenanlage durch eine zugsignalgesteuerte Lichtzeichenanlage mit Halbschranken und Fußwegschranken) und einer aus Gründen der Sicherheit oder Abwicklung des Verkehrs an der Kreuzung erforderlichen Verbesserung der Bahnübergangssicherung ist nach den oben dargestellten Grundsätzen deshalb eine anteilige Kostentragung nach § 13 EKrG vorzusehen. Dies liegt bspw. vor, wenn gleichzeitig neben der Rationalisierungsmaßnahme, ein Ausbau des Kreuzungsbereiches entsprechend der Straßenbreite in den anschließenden Abschnitten erforderlich ist, oder wenn wegen des starken Auto- und Fußgängerverkehrs eine getrennte Führung der Geh- und Radwege im Kreuzungsbereich erforderlich ist, oder die Abwicklung des Verkehrs eine Verkürzung der bisherigen Sperrzeiten am Bahnübergang erfordert.

58 Wird an drei Bahnübergängen gleichzeitig der Einbau von gleichartig zu bedienenden signalabhängigen Lichtzeichen mit Halbschranken anstelle bisheriger wärterbedienter Vollschrankenanlagen vorgenommen, und nur an einem dieser drei Bahnübergänge liegen auch die Voraussetzungen nach § 3 EKrG vor, so können die an den beiden übrigen Bahnübergängen beteiligten Straßenbaulastträger nicht nach §§ 3, 13 EKrG an den Kosten beteiligt werden.[83]

C. Berücksichtigung der Verkehrsentwicklung

59 Art und Umfang der zu treffenden erforderlichen Maßnahme dürfen nicht allein auf den gegenwärtigen Verkehr abgestellt werden, sondern es muss auch die künftige übersehbare Verkehrsentwicklung berücksichtigt werden. Diese Verpflichtung ist schon ein Gebot wirtschaftlicher Vernunft und hat ausdrücklich in § 3 EKrG seinen Niederschlag gefunden.

60 Zu berücksichtigen ist eine zu erwartende Verkehrssteigerung, z.B. Verbreiterung der Fahrbahn wegen steigenden Kfz-Verkehrs, zusätzliches Gleis für S-Bahn-Verkehr, zweites Gleis für bisher eingleisige Straßenbahn.[84] Zu berücksichtigen ist aber auch eine absehbare Verkehrsminderung, wie Stilllegung einer Eisenbahnstrecke infolge zurückgegangenen Verkehrsaufkommens oder Einziehung einer Straße wegen Neubaues an anderer Stelle. Ist eine Stilllegung zu erwarten, so sind nur diejenigen Maßnahmen durchzuführen, die im Interesse der Sicherheit keinen Aufschub dulden.

---

82 ARS 8/1989, Anh. E 6.
83 Vgl. OVG Niedersachsen, Urt. v. 17.10.1996 – 7 L 2839/95.
84 *Thormann*, Städtetag 1964 S. 104.

Weitergehende Maßnahmen (z.b. Beseitigung des Bahnüberganges) werden nicht mehr infrage kommen.

Zu entscheiden ist aufgrund einer Prognose der künftigen Entwicklung des Verkehrs auf den an der Kreuzung beteiligten Verkehrswegen. Welcher Zeitraum bei der Prognose zu berücksichtigen ist, lässt das EKrG offen, es hat auch nicht vorgesehen, diese Frage durch Rechtsverordnung zu regeln, § 16 Abs. 1 Nr. 1 EKrG dürfte dafür keine ausreichende Ermächtigung geben.[85] Auch § 12 Abs. 1 FStrG und § 41 Abs. 3 WaStrG stellen inzwischen auf die vorhersehbare Verkehrsentwicklung und nicht mehr auf einen 10-Jahreszeitraum ab. Im FStrG wurde ohne gesetzliche Grundlage die Berücksichtigung der Verkehrsentwicklung in etwa 10 Jahren praktiziert. Dieser Zeitraum fand sich in § 5b Straßenkreuzungsrichtlinien 1962.[86] § 41 Abs. 3 WStrG a.F. sah sogar als gesetzliche Regelung den 10-Jahreszeitraum vor. 61

Nach EKrG kommt es darauf an, welcher Zeitraum nach Lage des Einzelfalles übersehbar ist. Notwendig sind konkrete Anzeichen, z.B. Bedarfsplan für die Bundesfernstraßen, Linienbestimmung nach § 16 FStrG, Fachplan, Bauleitplanung oder vergleichbare Pläne, konkrete Erörterungen über Streckenstilllegungen. Nicht notwendig ist der Beginn von Bauvorbereitungen, nicht ausreichend sind vage Vermutungen. 62

Um Fehlinvestitionen zu vermeiden, ist es erforderlich, dass die Beteiligten ihre Forderungen im Hinblick auf die übersehbare Verkehrsentwicklung eingehend begründen. Die Anordnungsbehörde ist im Fall des § 10 EKrG gehalten, von Amts wegen zu prüfen, ob und inwieweit die übersehbare Verkehrsentwicklung Berücksichtigung verlangt. 63

Eine Vereinbarung, nachdem ein Bahnübergang sofort geschlossen wird, die Ersatzmaßnahme aber erst später errichtet werden soll, ist grundsätzlich möglich. Der Prüfung der Erforderlichkeit der Ersatzmaßnahme kommt dann ganz besondere Bedeutung zu, da die Verkehrsabwicklung in der Übergangszeit auch erfolgen muss; von daher könnte ein Fall von § 3 Abs. 1 EKrG gegeben sein. Je länger der Zeitabstand zwischen Schließung des Bahnüberganges und der Durchführung der Ersatzmaßnahme ist, um so höhere Anforderungen werden an den Nachweis der Erforderlichkeit der späteren Ersatzmaßnahme zu stellen sein. 64

Die Berücksichtigung der übersehbaren Verkehrsentwicklung belastet finanziell in den Fällen des § 11 EKrG (Herstellung neuer Kreuzungen) und des § 13 EKrG (Beseitigung und Änderung von Kreuzungen) den »anderen« Kreuzungsbeteiligten ganz oder teilweise, während in den Fällen des § 12 EKrG (Änderung von Überführungen) jeder fordernde Kreuzungsbeteiligte die hieraus entstehenden Kosten ganz oder anteilig zu tragen hat. 65

---

85 A.A. *Hufnagel*, Das deutsche Bundesrecht VI C 24 S. 10.
86 VkBl. 1962 S. 9.

C 1. Erläuterungen zum Eisenbahnkreuzungsgesetz

66 Wenn die prognostizierte Verkehrsentwicklung nicht eintritt, der Bau einer zweiten Fahrbahn, auf die bei Herstellung der Eisenbahnüberführung Rücksicht genommen wurde, z.b. unterbleibt wegen geänderter planerischer Vorstellungen, so besteht kein Rückzahlungsanspruch des belasteten Kreuzungsbeteiligten kraft Gesetzes bezüglich der Mehraufwendungen.

67 Ist im Rahmen eines Streckenausbaus (z.b. Geschwindigkeitserhöhung auf 200 km/h) die Beseitigung von mehreren Bahnübergängen geplant, so darf im Rahmen der Planrechtfertigung auf den Fahrzeitgewinn abgestellt werden, der sich aus der Summe der Einzelmaßnahmen ergibt.[87] Auch die EBO verlangt bei dieser Geschwindigkeit eine Beseitigung der Bahnübergänge, § 11 Abs. 2 EBO.

D. Vereinbarung oder Anordnung

68 Eine Kreuzungsmaßnahme nach § 3 EKrG ist nach »Maßgabe der Vereinbarung der Beteiligten oder der Anordnung« durchzuführen. Vereinbarung oder Anordnung konkretisiert die Verpflichtungen der Kreuzungsbeteiligten und macht die Duldungspflicht nach § 4 EKrG und die Kostenpflicht nach den §§ 11 bis 13 EKrG wirksam. Vorhaben ohne Vereinbarung oder Anordnung fallen nicht unter diese Vorschriften, es sei denn, dass nachträglich eine Vereinbarung geschlossen oder eine Anordnung bzw. verwaltungsgerichtliche Entscheidung getroffen wird.[88]

69 Der Gesetzgeber erwartet von den Beteiligten, dass sie sich nach Möglichkeit verständigen und eine Vereinbarung im Geiste des Gesetzes treffen. In der allgemeinen Begründung zum Gesetz heißt es dementsprechend, dass die an einer Kreuzung Beteiligten verpflichtet sind, sich untereinander um eine Verständigung über die für die Verbesserung der Verkehrsverhältnisse erforderlichen Maßnahmen zu bemühen.

70 Das KrG hatte die Notwendigkeit der Verständigung unter den Beteiligten nicht in dieser Deutlichkeit zum Ausdruck gebracht, getroffenen Vereinbarungen aber gleichwohl rechtlich maßgebende Bedeutung beigemessen.[89] So löste die im Einverständnis mit dem anderen Beteiligten durchgeführte Änderungsmaßnahme die gesetzliche Kostenteilung automatisch aus, sofern nicht nach § 9 Abs. 1 KrG zulässigerweise eine abweichende Vereinbarung getroffen worden war.

71 Zum Inhalt der Vereinbarung s. § 5 EKrG und Anh. E Nr. 5, zum Inhalt der Anordnung s. § 10 EKrG.

E. Beseitigung von Kreuzungen (Nr. 1)

72 Eine Beseitigung von Kreuzungen liegt vor, wenn an der Stelle der Kreuzung jegliche kreuzende Berührung der beiden Verkehrswege entfällt und die Kreuzung auch nicht

---

87 OVG Bremen, Urt. v. 12.12.2007 – 1 D 95/05.
88 BVerwG, Urt. v. 12.06.2002 – 9 C 6.01; zur nachträglichen Anordnung vgl. BVerwG, VkBl. 1965 S. 517 = *Buchholz* Nr. 407.2 Nr. 1 zum KrG 1939.
89 § 5 Abs. 2 Satz 2 KrG.

[Änderung oder Beseitigung von Kreuzungen] § 3 EKrG

an andere Stelle verlegt wird. Nach der amtlichen Begr.[90] soll es sich nur um die völlige Aufhebung eines der beiden an der Kreuzung beteiligten Verkehrswege handeln. Die Verlegung einer »schon bestehenden Kreuzung« an eine andere Stelle ist demzufolge eine Änderung einer bestehenden Kreuzung i.S.d. § 3 Nr. 3 EKrG.

Die Beseitigung von Kreuzungen umfasst sowohl Bahnübergänge als auch Überführungen, während das KrG nur die Beseitigung von Bahnübergängen in seinem Katalog der zulässigen Maßnahmen[91] vorgesehen hatte.   73

Falls nicht eine Straße ihre Verkehrsbedeutung völlig verloren hat oder eine Eisenbahnlinie eingestellt wird,[92] wird jede Beseitigung einer Kreuzung zur Folge haben, dass der bisher über die Kreuzung geführte Verkehr auf einem anderen Wege, meist über eine andere Kreuzung, geführt werden wird.   74

Eine Beseitigung ohne Ersatz wird in der Regel nur da möglich sein, wo zwei Kreuzungen vorhanden sind, und man durch die Verlegung des einen Verkehrsweges auf die eine Seite des anderen Verkehrsweges beide Kreuzungen oder wenigstens eine sparen kann.[93]   75

Eine Beseitigung kann sich auch ergeben durch die Verlegung des Bahnhofes vom Stadtzentrum in die äußeren Stadtbezirke (Heidelberg, Ludwigshafen, Braunschweig) mit Stilllegung gewisser Streckenabschnitte. Es gibt auch Fälle, in denen ein Bahnübergang gegen Zahlungen von Umwegentschädigungen – an einige wenige Betroffene – ohne Ersatzmaßnahme beseitigt werden konnte.   76

In den meisten Fällen wird aber der Verkehr auf eine andere Kreuzung verlegt werden müssen, was dann die Folge haben wird, dass diese Kreuzung ausgebaut oder verbessert, kurz also geändert werden muss, um dort den vermehrten Verkehr aufnehmen zu können. Die Maßnahme der Beseitigung steht dann in engem Zusammenhang mit einer Änderung nach Nr. 3.   77

F. Entlastungsmaßnahmen (Nr. 2)

Maßnahmen im Sinne von Nr. 2 (inhaltlich übereinstimmend mit § 3 Abs. 1 Nr. 5 KrG) sind solche, die durch Baumaßnahmen an anderer Stelle den Verkehr an der Kreuzung vermindern. Die Kreuzungsverbesserung besteht in der verkehrlichen Entlastung der Kreuzung. Voraussetzung ist, dass an der Kreuzung selbst keine Maßnahme getroffen wird.   78

Über die Art der verkehrsmindernden Maßnahmen schweigt das Gesetz. Die amtl. Begr.[94] nennt als Beispiel den Bau einer Umgehungsstraße, durch die der Hauptverkehrsstrom von der Kreuzung abgeleitet wird, sodass sie nur noch von dem örtlichen   79

---

90 BT-Drucks. IV/183.
91 § 5 Abs. 1 Nr. 4 KrG.
92 S. § 14a EKrG.
93 S. Teil D Rdn. 110 ff.
94 BT-Drucks. IV/183.

oder Anliegerverkehr benutzt wird. Das ist das Beispiel Bild 2a der Begründung zum KrG.[95]

80 Ein Fall der Nr. 2 kann auch gegeben sein, wenn eine neue Eisenbahnstrecke gebaut wird unter Aufrechterhaltung der alten Bahnstrecke und der Kreuzung für den Ortsverkehr.[96]

81 Das BMVI legt § 3 Nr. 2 i.V.m. § 13 Abs. 2 EKrG dahin gehend aus, dass der Hauptzweck der Maßnahme die Entlastung der Kreuzung sein muss. Dies ergäbe sich bereits aus dem Wortlaut des § 13 Abs. 2 EKrG. § 13 Abs. 2 EKrG fordert nämlich, dass die Baumaßnahme »zur« verkehrlichen Entlastung des Bahnüberganges durchgeführt wird. Aufgrund dieses Wortlautes soll die Entlastung des Bahnüberganges der alleinige oder zumindest der Hauptzweck der Entlastungsmaßnahme sein. Demgegenüber hatte das VG Hamburg[97] darauf abgestellt, dass die Entlastung des Bahnüberganges wesentlicher Zweck der Maßnahme sein muss. Das OVG Hamburg[98] als Berufungsinstanz verlangt, dass die Entlastung des Bahnüberganges zumindest der Hauptzweck sein muss. Als Revisionsinstanz[99] hat das BVerwG die Anwendung des § 3 Nr. 2 auch dann bejaht, wenn die verkehrliche Entlastung nicht der Hauptzweck, sondern nur einer von mehreren Zwecken ist, die mitbestimmend für die Baumaßnahmen sind.

82 Die Vorschrift ist hauptsächlich für die Entlastung von bestehenden Bahnübergängen von Bedeutung. Für sie gilt auch die besondere Kostenregelung des § 13 Abs. 2 EKrG. Ergibt sich durch die Entlastungsmaßnahme eine zusätzliche Kreuzung, so ist sie nicht als neue Kreuzung im Sinne von § 2 EKrG, sondern als Kreuzungsänderung aufgrund der Spezialvorschrift des § 3 Nr. 2 EKrG zu behandeln mit der Folge, dass bezüglich der Kostentragung § 13 Abs. 2 EKrG anzuwenden ist.[100] Der Sinn der Vorschrift ist, die Entlastung einer Kreuzung als Änderung mit der entsprechenden Kostenfolge zu behandeln, wenn sie nach Lage des Falles am zweckmäßigsten in dieser Weise verbessert wird. Da in diesem Fall die Änderung der bestehenden Kreuzung sich erübrigt, ist es gerechtfertigt, die Kostentragung wie bei der Änderung von Kreuzungen zu verteilen. Wäre die gegenteilige Auffassung richtig, so wären Entlastungsmaßnahmen auf die Änderung anderer Kreuzungen beschränkt. Das kann § 3 Nr. 2 EKrG nicht entnommen werden. Die materiellen Voraussetzungen an die Ausgestaltung der Kreuzung sind aber entsprechend den Anforderungen des § 2 EKrG zu entnehmen, d.h. im Regelfall muss die Kreuzung höhenfrei ausgestaltet werden.

---

95 S.a. Teil D Rdn. 126.
96 *Finger*, Eisenbahngesetze, § 3 EKrG Rn. 70 ff.
97 Vgl. VG Hamburg, Urt. v. 27.11.1986 – 13 VG 3411/85.
98 Vgl. OVG Hamburg, Urt. v. 18.05.1999 – 3 BT 1/91.
99 BVerwG, Urt. v. 16.05.2000 – 4 C 3.99.
100 Ebenso *Nedden*, Kreuzungsrecht, S. 9; a.A. *Finger*, § 3 EKrG Rn. 70 ff., und *Kruchen*, Bundesbahn 1964, Nr. 4/5.

G. Bau von Überführungen (Nr. 3)

Der Bau einer Überführung ist der Ersatz eines Bahnüberganges durch eine schienenfreie Kreuzung.[101] Das KrG hatte die Maßnahme an die Spitze der möglichen Maßnahmen gesetzt, weil sie wohl auch die häufigste und die wirksamste Maßnahme überhaupt ist.[102] 83

Entsprechend der großen Bedeutung der Beseitigung von Bahnübergängen durch den Bau von Überführungen vor allem für die Sicherheit, aber auch für die Abwicklung des öffentlichen und individuellen Verkehrs wurde nach Beschluss der Bundesregierung vom 20.06.1979 ein Programm zur Beseitigung von Bahnübergängen im Zuge von Bundesstraßen aufgestellt, mit dem Ziel, das Tempo der Beseitigung zu beschleunigen.[103] Darauf soll auch im Bereich der Landes- und Kommunalstraßen hingewirkt werden. Schon im »Programm für Zukunftsinvestitionen 1977–1981« (ZIP) wurden dafür erhebliche Mittel bereitgestellt. 84

Nach der Wiedervereinigung wurde im sog. 750-BÜ-Beseitigungsprogramm ebenfalls eine Dringlichkeitseinstufung vorgelegt. 85

Ob die Maßnahme in der Schaffung einer Eisenbahn- oder Straßenüberführung besteht, hängt von den örtlichen Verhältnissen ab. Insoweit besteht ein planerisches Ermessen der Kreuzungsbeteiligten um die optimale Lösung zu erreichen. Die Entscheidung darf sich nicht danach richten, wer von den Kreuzungsbeteiligten künftig die Unterhaltungslast zu tragen hat, wenn diese bei der Änderung eines Bahnüberganges nach § 15 Abs. 3 EKrG von einem Beteiligten ohne Ausgleich zu tragen ist. 86

Der Bayerische Verwaltungsgerichtshof[104] hat entschieden, dass die dauerhafte Beseitigung eines Bahnüberganges als latente Gefahrquelle den Einsatz auch erheblich höherer Mittel rechtfertigt. Dieser Gesetzeszweck lässt sich auch aus der Zielsetzung des § 2 Abs. 1 EKrG ableiten. 87

H. Technische Sicherungen (Nr. 3)

Die Einrichtung besonderer technischer Sicherungen an Bahnübergängen war im Regierungsentwurf nicht ausdrücklich erwähnt, fiel aber unter die allgemeine Formulierung »in sonstiger Weise zu ändern«. Denn auch die Anbringung zusätzlicher Einrichtungen an den Kreuzungen gilt grundsätzlich als eine Änderung. 88

Der Zusatz wurde vom BT-Ausschuss für Kommunalpolitik und Sozialhilfe empfohlen und vom BT-Ausschuss für Verkehr, Post- und Fernmeldewesen übernommen. Die Bundesregierung hat die klärende Ergänzung durch Aufzählung weiterer Beispiele begrüßt. 89

---

101 So § 1 Abs. 1 Nr. 1 KrG.
102 S. Teil D Rdn. 127 ff.
103 S.a. Vorschlag des Bundesrates für Dringlichkeitsliste, BR-Drucks. 267/70.
104 VGH Bayern, Urt. v. 20.10.2002 – 20 A 01.40103.

90 Die Einrichtung technischer Sicherungen wird vom Gesetzgeber als eine Maßnahme angesehen, die der Verbesserung der Sicherheit und der Abwicklung des Verkehrs dient und damit Gegenstand einer Vereinbarung oder Anordnung sein kann.

91 Beispiele technischer Sicherungen, die hierunter gerechnet werden können, sind in Rdn. 34 ff. und in Teil D Rdn. 149 ff. gegeben.

92 Der Einbau einer Sperr- und Meldeeinrichtung,[105] die die Bedienung der Signale vom Öffnen und Schließen der Schranken abhängig macht, kann die Sicherheit, die Versetzung eines Signals kann der Verbesserung der Abwicklung des Verkehrs dienen.[106]

93 Die Herstellung von **Sichtflächen** ist nur »an Bahnübergängen, die nicht technisch gesichert sind« (so Wortlaut Nr. 3) eine Verbesserungsmaßnahme im Sinne von § 3 EKrG. Gute Anhaltspunkte bietet diesbezüglich die Richtlinie 815 (Bahnübergangsanlagen planen und instandhalten) der DB Netz AG zur Beurteilung der Übersichtlichkeit von unbeschrankten Wegübergängen in Schienenhöhe.[107]

94 Sichtflächen sind zwischen der Bahn und der Straße gelegene dreieckige Flächen, die von jedem Aufwuchs, jeder Bebauung und Lagerung von Gegenständen freigehalten werden müssen. Sie sollen an Bahnübergängen ohne technische Sicherung den Verkehrsteilnehmern die Übersicht über die Bahnstrecke ermöglichen.

95 Die Größe der Sichtflächen richtet sich nach den örtlichen Verhältnissen und den zugelassenen Höchstgeschwindigkeiten.[108] Die Richtlinien für die Übersicht auf die Bahnstrecke sind in der Bahnübergangsvorschrift Richtlinie 815 der DB Netz AG enthalten.

96 Soweit in Landesstraßengesetzen Vorschriften über Baubeschränkungen an Kreuzungen von Straßen oder von Straßen mit Schienenbahnen enthalten sind,[109] berühren diese das Eisenbahnkreuzungsrecht nicht, da dieses, insoweit es sich um Kreuzungen i.S.d. § 1 EKrG handelt, als Bundesrecht vorgeht und die Herstellung von Sichtflächen in § 3 Nr. 3 EKrG bereits geregelt ist. Soweit diese Bauverbote bestehen, haben die Träger der Straßenbaulast nach Landesrecht die Entschädigungen zu tragen.[110]

97 Wegen der Erhaltung von Sichtflächen s. § 14 EKrG Rdn. 48 ff.

---

105 S. Teil D Rdn. 149 ff.
106 VG Karlsruhe, Urt. v. 08.06.1978 – V 296/77.
107 BGH VRS 10, 180.
108 RAL Nr. 6.6.
109 § 24 Abs. 4 Bbg StrG, § 25 StrG BW, Art. 26 BayStrWG, § 22 BremLStrG, § 27 StrWG NRW, § 26 LStrG RP, § 27 StrG SL, § 37 StrWG SH, § 42 StrWG – MV und § 25 SächsStrG
110 So *Nedden*, NStrG S. 185, a.A. *Siegel*, StrWG-SH S. 87, der § 13 entspr. anwenden will.

[Änderung oder Beseitigung von Kreuzungen] **§ 3 EKrG**

I. Sonstige Änderungen (Nr. 3)

Da die Möglichkeiten für die Verbesserung von Kreuzungen sehr zahlreich sind und das EKrG nicht alle vollständig nennen kann, enthält es eine Art Generalklausel »... oder in sonstiger Weise zu ändern«. Auch für sie gilt, dass die Sicherheit oder Abwicklung des Verkehrs solche Maßnahmen erfordern muss.[111] Im Übrigen ist dem Ermessen ein großer Spielraum gelassen, da keinerlei Richtschnur oder Maß angegeben wird. Als sonstige Änderungsmaßnahmen führt die amtl. Begründung[112] an: die Ergänzung von Kreuzungsbauwerken, den Einbau von Blinklichtanlagen – was jetzt aber zur technischen Sicherung gehört – und den Einbau von Fernmelde- und Zugmeldeeinrichtungen. Zu den sonstigen Änderungsmaßnahmen werden vor allem auch die Änderungen aller technischen Sicherungsanlagen gehören, z.B. die Umwandlung einer fernbedienten Schranke in eine nahbediente, einer Halbschranke in eine Vollschranke, die Änderung der Beleuchtungsart, wenn dadurch die Schranke besser erkennbar ist. Ferner können in Betracht kommen Änderungen des Kreuzungswinkels oder des Straßengefälles, Verbreiterung des Kreuzungsstückes entsprechend der sonstigen Breite der Straße, Zugvormeldeanlagen.[113] 98

Zu den wichtigsten sonstigen Änderungen gehört die Änderung von Überführungen, z.B. durch Verbreiterung, Vergrößerung der Durchfahrtshöhe, **Erhöhung der Tragfähigkeit**, ferner durch Änderung des Kreuzungswinkels, der Rampenhalbmesser und -neigungen, durch Auswechslung gusseiserner Brückenstützen durch solche aus Stahl,[114] Anbringen von Berührungsschutzanlagen, Schutzerdungsanlagen, Verankerungen für Fahr- und Speiseleitungen an Straßenbrücken[115] durch Tieferlegung der Straße, Anordnung von Rammbalken und Abweisriegeln, Ausbildung anfahrsicherer Überbauten, Anbringung von Leitmalen und Verkehrszeichen.[116] 99

Eine Änderung einer Überführung liegt auch vor, wenn neben eine bestehende Überführung im Zuge des gleichen Verkehrsweges eine zweite Überführung, z.B. für ein zweites Gleis oder eine neue Fahrspur einer Straße, hinzugebaut wird, auch wenn die bestehende selbst baulich nicht geändert wird.[117] 100

Der Abbruch der vorhandenen und die Errichtung der geänderten Überführung ist der einheitliche Vorgang der Änderung.[118] Die Beseitigung einer Kreuzung und die Verlegung an eine andere Stelle ist ebenfalls eine einheitliche Maßnahme nach § 3 Nr. 3 EKrG. Zur Abgrenzung der Änderung von der Erhaltung s. Rdn. 106 ff. 101

---

111 S. Rdn. 20 ff.
112 BT-Drucks. IV/183.
113 S. Beispiele Rdn. 34 ff. und Teil D Rdn. 149 ff.
114 S. Rdn. 112 ff.
115 ARS 18/1979, VkBl. 1979 S. 735.
116 S.a. Bek. d. Bayer. Staatsm. d. Innern, MABl. 1972 S. 656.
117 Vgl. BVerwG Buchholz 407.2 Nr. 10.
118 VG Gelsenkirchen v. 15.11.1962 – 2 K 256/61.

102 Eine sonstige Änderung kann auch vorliegen, wenn sie außerhalb der Kreuzung vorgenommen wird, aber zur Sicherheit oder Abwicklung des Verkehrs auf der Kreuzung erforderlich ist, wie z.b. eine Lichtzeichenanlage im Zuge der Straße, gekoppelt mit der Schrankenanlage.

103 Der Ersatz einer alten Blinklichtanlage durch eine solche neue Bauart kann eine Änderung nach § 3 EKrG sein, wenn sie eine notwendige Verbesserung bedeutet.[119] Die Anpassung von Vollschranken mit Blinklichtern im Andreaskreuz in den neuen Bundesländern kann je nach Einzelfall als Maßnahme nach §§ 3, 13 oder auch als Rationalisierungsmaßnahme eingestuft werden. Ein wesentliches Kriterium dürfte sein, ob die Blinklichter im Andreaskreuz zwingend zum Abstimmen des Schließens der Schranken auf den Straßenverkehr erforderlich sind – z.B.: weil die mittelbare oder unmittelbare Sicht des Wärters auf den Bahnübergang nicht vorhanden ist.

104 Eine Änderung ist auch gegeben, wenn ein Bahnübergang verbreitert werden muss, weil in die kreuzende Straße eine Straßenbahn gelegt wird.

105 Keine sonstigen Änderungen sind Vorhaben, die der Anpassung an die technische Entwicklung, der Beseitigung technischer Mängel, der Verminderung von Störungen, der Typenbereinigung oder der Rationalisierung dienen, aber keine Verbesserung der Sicherheit oder Abwicklung des Verkehrs bewirken. Wegen der Rationalisierungsmaßnahmen s. Rdn. 45 f. u. Teil D Rdn. 149 ff.

J. Abgrenzung gegenüber Neubau und Erhaltung

106 Die Abgrenzung von Maßnahmen nach § 3 EKrG gegenüber Neubau (§ 2 EKrG) und Erhaltung (§ 14 EKrG) kann im Hinblick auf die Kostenfolgen von Bedeutung sein. Eine klare und eindeutige Abgrenzung zwischen Neubau, Änderung und Erhaltung ist deshalb geboten. Zwischen zwei Kreuzungsbeteiligten liegt grundsätzlich entweder eine Neubau- oder eine Änderungsmaßnahme vor.

107 Eine Kreuzung ist neu, wenn einer der beteiligten Verkehrswege oder beide baulichtechnisch neu angelegt werden.[120] Maßnahmen nach § 3 EKrG setzen voraus, dass beide beteiligten Verkehrswege schon existieren.[121]

108 Daraus ergibt sich, dass das Hinzufügen von weiteren Fahrstreifen an eine bestehende Straße im Interesse der Sicherheit oder Abwicklung des Verkehrs im Kreuzungsbereich als Änderung nach § 3 EKrG zu werten ist.[122] Aus demselben Grund ist als Änderung nach § 3 EKrG zu werten, wenn eine bestehende Eisenbahnstrecke um ein oder mehrere Gleise erweitert wird und deshalb eine Kreuzung geändert werden muss.

---

119 BMVI S. v. 16.03.1965 – E 1/E 4/StB 2 – Ark 4 – 14 N 65.
120 S. § 2 EKrG Rdn. 1 ff.
121 S. Rdn. 1 ff.
122 Weitere Beispiele s. § 2 Rdn. 3 ff. EKrG.

[Änderung oder Beseitigung von Kreuzungen] § 3 EKrG

Diese Sachverhalte werden insbesondere beim Bau von S-Bahnen, Neu- und Aus- 109
baustrecken auftreten.

Eine Kreuzungsänderung ist bei paralleler Trassenführung anzunehmen, solange 110
neue und alte Gleisanlage räumlich nicht so voneinander getrennt sind, dass ein Bild
eines einheitlichen Verkehrsweges nicht entsteht.[123]

Eine Kreuzungsänderung setzt auch voraus, dass derselbe Kreuzungsbeteiligte (Bau- 111
lastträger) die Erweiterung vornimmt. Legt ein anderer Baulastträger z.B. ein Anschlussgleis neben die Gleise einer DB-Strecke, so entsteht zwischen dem Anschlussgleis und der vorhandenen Straße, die gekreuzt wird, eine neue Kreuzung nach § 2
EKrG; auf die Betriebsführung kommt es dabei in diesem Zusammenhang nicht an.

Maßnahmen nach § 3 sind solche, die die bestehende Kreuzung im Bezug auf Si- 112
cherheit oder Abwicklung des Verkehrs gegenüber dem bisherigen Zustand verbessern.[124] Die Erhaltung umfasst demgegenüber die Dauerverpflichtung zur Durchführung aller Maßnahmen, die erforderlich sind, um die Kreuzungsanlage in einem
ordnungsgemäßen Zustand zu erhalten.[125] Sie beinhaltet die laufende Unterhaltung
und die Erneuerung.[126] Die Abgrenzung kann Schwierigkeiten bereiten und ist
nicht unstreitig.

Ein technischer Neubau eines Brückenbauwerkes kann sowohl eine Erhaltungs- als 113
auch eine Änderungsmaßnahme sein.[127] Bei der Abgrenzung im Einzelfall ist darauf
abzustellen, ob eine der alten gleichwertige oder eine verbesserte Brücke errichtet
wird. Eine Verbesserung und damit eine Änderung ist insbesondere anzunehmen,
wenn die Fahrbahn verbreitert oder die Tragfähigkeit des Brückenbauwerkes erhöht
wird. Den Entscheidungen des Bay VGH – Urt. v. 19.01.1988, Nr. 8 B 85 A. 524 –
und des VGH Baden-Württemberg – Urt. v. 08.12.1983 10 S 1574/82 –, die eine
Änderung nur dann annehmen wollen, wenn eine erhebliche Erhöhung der Tragfähigkeit vorgenommen wird, kann nicht gefolgt werden. Ein Erheblichkeitskriterium ist weder dem Gesetzeswortlaut noch dem Sinn und Zweck des Gesetzes – klare
und eindeutige Zuständigkeiten und Verantwortlichkeiten festzulegen – zu entnehmen. Eine Änderung ist vielmehr schon dann anzunehmen, wenn bei dem
technischen Neubau Anforderungen erfüllt werden, die dem heute üblichen Standard entsprechen.[128] Die gegenteilige Auffassung des OVG Lüneburg – Urt. v.
20.06.1979 IV OVG A 174/77 – wonach der zuständige Baulastträger im Rahmen
seiner Erhaltungspflicht die Anlage so zu erhalten hat, dass sie allen Anforderungen

---

123 BVerwG Buchholz 407.2 Nr. 8; s. § 2 Rdn. 3 ff. EKrG.
124 S. Rdn. 1 ff.
125 Vgl. BVerwG Buchholz 407.2 Nr. 5, BVerwG Buchholz 407.2 Nr. 15, VkBl. 1988,
S. 643.
126 S. § 14 Rdn. 1 ff. EKrG.
127 BVerwG, VkBl. 1988 S. 643.
128 BVerwG, VkBl. 1988 S. 643.

der Sicherheit genügen und zwar auch dann, wenn diese sich durch die Entwicklung erhöht haben, ist nicht zutreffend.[129]

114 Unter Erneuerung i.S.d. § 14 Abs. 1 Satz 2 EKrG fallen nur Maßnahmen, die sich auf die Sicherung des vorhandenen Bestandes (status quo) beschränken.[130] Bei Baumaßnahmen, die darüber hinausgehen, sei es auch nur in der Weise, dass die Tauglichkeit der Kreuzungsanlage für den Verkehr erhöht wird, liegt eine Maßnahme nach § 3 EKrG vor. Dies kann schon dann gegeben sein, wenn die Dimensionierung und Lage des Überführungsbauwerkes geändert werden.[131]

115 Die bloße Verwendung neuzeitlicher Materialien, moderner Formelemente oder konstruktiver Techniken stellt allein kein aussagekräftiges Kriterium dar.

116 Ebenso liegt eine Änderungsmaßnahme nach § 3 Abs. 3 EKrG vor, wenn »nicht anprallsichere Stützen« einer Eisenbahnüberführung gegen »anprallsichere Stützen« ausgewechselt werden, um die Brückenkonstruktion bei Anprall von Fahrzeugen gegen Einsturz zu schützen.[132] Eine Änderung eines Kreuzungsbauwerkes und nicht nur eine Erhaltungsmaßnahme liegt somit auch dann vor, wenn nur einzelne Anlagenteile nicht durch gleichartige neue (status quo), sondern durch andersartige ersetzt werden, um so den gestiegenen Sicherheitsanforderungen Rechnung zu tragen.[133] Wegen der Kostenteilung s. § 12 Rdn. 24 ff. und 47 ff.

117 Die Anbringung von Abweisriegeln einschließlich des Verkehrszeichens »beschränkte Durchfahrtshöhe« stellt ebenfalls eine Änderungsmaßnahme dar.[134] Das Gleiche gilt für die Vergrößerung der Durchfahrtshöhe einer Brücke.[135] Ebenso hat das OVG Brandenburg die Vergrößerung der Durchfahrtshöhe und -breite als Änderung i.S.d. § 3 gewertet.[136] Wegen der Frage der Kostentragung s. § 12 Rdn. 24 ff. und 47 ff.

118 Eine Änderung i.S.d. § 3 Nr. 3 EKrG kann auch vorliegen, wenn das Brückenbauwerk z.B. bzgl. Tragfähigkeit und/oder Abmessungen verkleinert wird. Geschieht dies aus Gründen der Sicherheit oder Abwicklung des Verkehrs, so ist insgesamt eine Änderungsmaßnahme anzunehmen. Ein solcher Sachverhalt ist gegeben, wenn nach der Herabstufung einer Straße zum Geh- und Radweg das »neue Brückenbauwerk«

---

129 BVerwG, Beschl. v. 26.03.1982 – 4 C 6. 80; VG Hannover Urt. v. 17.09.1987 – 6 VG A 160/86.
130 Vgl. BayVGH, Urt. v. 20.06.2007 – 12 B 21.07.
131 Vgl. BayVGH, Beschl. v. 10.04.2007 – 8 ZB 06.1243; BVerwG, Urt. v. 24.09.1997 – 11 C 10.96; OVG Brandenburg Urt. v. 13.02.2000 – 4 A 40/00.
132 VG Hannover Urt. v. 17.09.1987 – 6 VG A 160/86; OVG Hamburg, VkBl. 1979 S. 31; BVerwG Urt. v. 14.05.1992 – 4 C 28.90.
133 Vgl. OVG Lüneburg, Urt. v. 18.07.1990 – 7 L 5/89.
134 OVG Hamburg, VkBl. 1979 S. 31.
135 Vgl. BVerwG, VkBl. 1993 S. 438 f.
136 OVG Brandenburg, Urt. v. 13.02.2003 – 4 A 40/00.

[Änderung oder Beseitigung von Kreuzungen] § 3 EKrG

in kleineren Abmessungen errichtet wird, dabei aber eine bisher fehlende Trennung von Fußgängern und Radfahrern vorgenommen wird.

Eine **Verringerung der** bislang **vorhandenen Abmessungen** (z.B. durch Reduzierung der Fahrbahnbreiten oder Entfall von Gleisen) soll nach Auffassung des BMVI keine Änderung i.S.d. § 3 EKrG sein. Soweit der Unterhaltspflichtige der Kreuzungsanlage die bisherigen Bauwerksabmessungen nicht mehr im vollen Umfang benötigt, wird er bei einer unterhaltungsbedingt anstehenden Erneuerung das neue Bauwerk nur noch in den verringerten Abmessungen erstellen. Das Gleiche soll gelten, wenn der andere Kreuzungsbeteiligte für seinen Verkehrsweg eine mögliche Reduzierung avisiert. 119

Zumindest in besonders gelagerten Einzelfällen der Verringerung vorhandener Abmessungen, in denen ausdrücklich aus Gründen der Sicherheit oder Abwicklung des Verkehrs die Änderung erfolgt, erscheint es der Systematik des Gesetzes zu entsprechen, eine Maßnahme nach § 3 EKrG anzunehmen. Eine Entscheidung kann nur einzelfallbezogen erfolgen. Wenn nach dem Rückbau von Bahnanlagen (im Bahnhofsbereich werden Gleise zurückgebaut) die Schrankenanlage zur Reduzierung der Sperrzeiten verändert wird, liegt eine Maßnahme nach §§ 3, 13 EKrG vor. 120

Das EKrG bringt keine ausdrückliche Bestimmung über die Pflicht zur Wiederherstellung, wenn eine Kreuzungsanlage durch höhere Gewalt, z.B. durch Kriegsmaßnahmen oder Hochwasser, zerstört oder stark beschädigt worden ist. 121

Zum KrG hat das BVerwG mit Urt. v. 06.12.1967[137] entschieden, dass der Wiederaufbau einer kriegszerstörten Brücke sinngemäß nach § 5 Abs. 2 EKrG als eine Änderung der Kreuzungsanlage zu behandeln sei. Die Wiederherstellungspflicht könne nicht auf die Herstellungspflicht[138] und auch nicht auf die Erhaltungspflicht[139] gestützt werden. 122

Wird durch Hochwasser ein Bahnübergang zerstört, dann würde die Wiederherstellung nach dem Urteil des BVerwG zu je einem Drittel von Straße und Bahn zu tragen sein, das letzte Drittel von Bund oder Land. 123

Die Begründung des BVerwG, dass die Regelung für Änderungen anzuwenden sei, weil das KrG eine abschließende Regelung des Kreuzungsrechts enthalte, vermag nicht zu überzeugen. Die Entscheidung ist vielmehr anhand der oben dargestellten Kriterien vorzunehmen. Wird die Kreuzungsanlage ohne jede Verbesserung in alter Abmessung wiederhergestellt, so ist dies als eine Erhaltungsmaßnahme anzusehen. Würden beim technischen Neubau dagegen Verbesserungen vorgenommen, so liegt eine Änderungsmaßnahme i.S.d. § 3 EKrG vor. 124

Im Straßenkreuzungsrecht ist die Wiederherstellungspflicht an die Unterhaltungslast geknüpft. Das WaStrG hat diese Frage nicht geregelt. 125

---
137 BVerwGE 28, 263.
138 So BayVGH, Urt. v. 19.06.1952 – 18 IV 51, DVBl 1952, 627.
139 So VGH Hessen, DÖV 1950, 654, BMVI S. vom 06.11.1951 – StB2 – Lkb 409 – 824/51 II, *Marschall/Schroeter/Kastner* § 13 FStrG, Rn. 19.

126 Beim Neubau einer Straße über eine eingleisige Strecke der DB AG hat die DB AG im Planfeststellungsverfahren keine Ausbauabsichten geäußert. Während der Errichtung des Überführungsbauwerkes legt die DB AG Pläne für einen zweigleisigen Streckenausbau vor. Dieser erfordert im Bereich der Überführung zusätzlich zumindest den Bau von Stützmauern für die Straßenrampen. Nach § 11 EKrG i.V.m. § 1 1. EKrV ist beim Neubau die übersehbare Verkehrsentwicklung zu berücksichtigen. Der Gesetzgeber hat keine Entscheidung getroffen, auf welchen Zeitpunkt dabei abzustellen ist. Es kommen die Kreuzungsvereinbarung, der Planfeststellungsbeschluss oder auch ein Zeitpunkt danach, solange die Planänderung noch zumutbar berücksichtigt werden kann, in Betracht. Da das EKrG ausdrücklich die übersehbare Verkehrsentwicklung berücksichtigt wissen will (zukunftsträchtiges Bauen) selbst aber keinerlei Hinweis auf einen Prüfungszeitpunkt enthält, lässt sich der gesetzgeberische Wille am besten mit der letztgenannten Alternative erreichen. Wann die Zumutbarkeit eine Planungsänderung des anderen Kreuzungsbeteiligten noch zu berücksichtigen, erreicht ist, kann nur im Einzelfall entschieden werden. Im vorliegenden Fall war die Zumutbarkeitsgrenze für die Errichtung der zusätzlichen Stützmauern bereits durch die ausgeführte Baumaßnahme überschritten. Es lag deshalb eine Kreuzungsänderung auf Verlangen der DB AG vor.

§ 4 EKrG [Duldungspflicht der Beteiligten]

(1) Erfordert die Linienführung einer neu zu bauenden Straße oder Eisenbahn eine Kreuzung, so hat der andere Beteiligte die neue Kreuzungsanlage zu dulden. Seine verkehrlichen und betrieblichen Belange sind angemessen zu berücksichtigen.

(2) Ist eine Kreuzungsanlage durch eine Maßnahme nach § 3 zu ändern, so haben die Beteiligten die Änderung zu dulden. Ihre verkehrlichen und betrieblichen Belange sind angemessen zu berücksichtigen.

Übersicht Rdn.
A. Duldungspflicht.. 1
B. Voraussetzungen 27
C. Rücksichtnahme 32
D. Ende der Duldungspflicht...................................... 38
E. Durchsetzbarkeit... 39

A. Duldungspflicht

1 Ohne eine gesetzlich normierte Duldungspflicht könnte der Eigentümer des berührten Grundstücks des Verkehrsweges die Inanspruchnahme durch den anderen Kreuzungsbeteiligten von seiner Zustimmung – und diese von weiteren Bedingungen, z.B. finanzieller Art – abhängig machen.

[Duldungspflicht der Beteiligten] § 4 EKrG

Die Duldungspflicht ist ihrem Wesen nach eine Institution des öffentlichen Rechts und findet sich häufig bei Gemeinschaftsverhältnissen. Beispiele enthalten § 14 FStrG (Umleitung des Verkehrs auf andere Straßen), § 32 PBefG (Anbringen von Leitungen, Signalen und Haltezeichen an Grundstücken und Bauwerken), § 5b Abs. 6 Straßenverkehrsgesetz (Anbringen von Verkehrszeichen auf Anliegergrundstücken), § 126 BauGB (Versorgungsleitungen an Häusern für die Beleuchtung), § 40 WaStrG und § 76 TKG. 2

Nach der amtlichen Begründung zum EKrG besteht kein Anspruch auf Entgelt für die Duldung, da sie noch unter die Sozialbindung des Eigentums fällt. Wohl aber hat grundsätzlich der Berechtigte dem Duldungspflichtigen die Mehrkosten zu erstatten, die diesem durch die Benutzung entstehen. Es kann aber der Duldungsverpflichtete vom Duldungsberechtigten keine Haftungsfreistellungserklärung fordern.[1] Dies dürfte auch für sog. Baudurchführungsvereinbarungen gelten.[2] Die Haftung der Kreuzungsbeteiligten untereinander auch während der Bauphase regelt sich nach § 1 Abs. 2 Nr. 3 1. EKrV. 3

Im Bereich des § 14 EKrG gilt die 1. EKrV dagegen nicht; hier dürften die allgemeinen Regelungen – z.B. die Schadenersatzregelungen – gelten. 4

§ 4 EKrG trifft keine besondere Regelung, sodass die aus der Duldungspflicht entstehenden Kosten des einen Partners durch die Kostenregelung der §§ 11 ff. EKrG abgegolten sind, also keine besondere Verrechnung mehr zulässig ist. 5

Die Duldungspflicht besteht insbesondere in der Zurverfügungstellung oder Mitzurverfügungstellung des benötigten Grund und Bodens und Raumes. Sie beinhaltet weiter das Inkaufnehmen der sich aus der Mitbenutzung ergebenden Unannehmlichkeiten in der Verwaltung und im Betrieb der eigenen Anlage. Maßgebend ist hier das sogenannte Funktionsprinzip nach der Funktion der Anlage.[3] 6

Die Duldungspflicht geht als öffentlich-rechtliche Verpflichtung bürgerlich-rechtlichen Rechten vor.[4] Es kann bei Bahnübergängen keine den anderen Verkehrsweg ausschließende Sachherrschaft bestehen, es muss vielmehr eine Art öffentlich-rechtliches condominium beider Träger der Verkehrswege angenommen werden.[5] 7

Die Duldungspflicht besteht für die Kreuzungsanlage als solche, welches sich aus der Formulierung des Abs. 1 »die neue Kreuzungsanlage ist zu dulden« ergibt. Sie bezieht sich also neben dem Bau auch auf die Unterhaltung, Benutzung, Änderung und Erneuerung. Was alles zur Kreuzungsanlage gehört, ist in jedem Einzelfall aus der Funktion der beiden Verkehrswege abzuleiten. Einen wichtigen Anhaltspunkt stellt der Katalog der in § 14 Abs. 2 EKrG genannten Straßen- und Eisenbahnanla- 8

---

1 BMVI S. v. 28.02.1967 StB 2/E 1 Lkb 5 VM 67.
2 Vgl. auch § 5 Rdn. 24.
3 S. Teil B Rdn. 37 ff.
4 *Winkler*, S. 39.
5 *Winkler*, S. 45.

gen dar. Eine engere Auffassung[6] beschränkt die Duldungspflicht dagegen auf die unmittelbare Kreuzungsanlage (bei höhenfreien Kreuzungen entspricht dies dem Brückenbauwerk ohne Rampen). Diese Meinung ist weder mit dem Wortlaut noch mit Sinn und Zweck der Norm vereinbar. Die Duldungspflicht erstreckt sich auf den Bereich und den Umfang, der zur einwandfreien technischen Lösung des Kreuzungsverhältnisses erforderlich ist. Nur so kann der gesetzgeberischen Intention, Bau-, Änderungs- und Unterhaltungsmaßnahmen nicht von der Zustimmung des anderen Kreuzungsbeteiligten abhängig zu machen, Rechnung getragen werden.

9 Die Abgrenzung im Einzelfall kann schwierig sein:

10 1. Das Anbringen von Straßenbeleuchtungskörpern unter einer Eisenbahnbrücke kann nach § 4 EKrG zu dulden sein, wenn wegen der Breite der Überführung eine Beleuchtung des Straßentunnels erforderlich ist. Ist die Eisenbahnbrücke dagegen schmal, so ist aus kreuzungsbedingten Gründen eine Beleuchtung nicht erforderlich. Sie kann aber aus anderen Gründen, z.B. § 126 BauGB zu dulden sein. Die Aufwendungen für Errichtung, Änderung oder Unterhaltung gehören im letzteren Fall auch nicht zur kreuzungsrechtlichen Kostenmasse. Die Kostentragung richtet sich nach den Regelungen in den Gesetzen, die die Duldungspflicht statuiert.

11 2. Die Befestigung der Fahrleitung einer EdB an einer Straßenüberführung ist nur nach § 4 EKrG zu dulden, wenn die Straßenüberführung so breit oder niedrig ist, dass aus technischen Gründen die Befestigung an der Überführung notwendig ist. In allen anderen Fällen, in denen eine derartige Notwendigkeit zu verneinen ist, muss die Befestigung des Fahrdrahtes außerhalb des EKrG mit dem Straßenbaulastträger vereinbart werden.

12 3. Die Duldungspflicht erstreckt sich grundsätzlich auf die Bestandteile des Verkehrsweges wie Leitungen des Straßenbaulastträgers (z.B. Entwässerungs-, Signal- oder Betriebsfernmeldeleitungen), die Straßenbestandteile sind und Bahnanlagen kreuzen. Dies gilt zumindest dann, wenn die Leitungen in einer Eisenbahnkreuzung oder in einem räumlichen Zusammenhang zu ihr abgesetzt verlaufen.

13 Selbstständige Betriebsleitungen ohne Zusammenhang mit einer Straßentrasse dürften dagegen nicht ohne Weiteres von der Duldungspflicht erfasst sein. Der nachträgliche Bau einer Regenwasserpumpleitung, entfernt von der eigentlichen Kreuzungsanlage und zum Zwecke der Entwässerung einer Ortsumgehung, ist nicht i.S.d. § 4 zu dulden.[7]

Die »neue Schnittstelle« der Pumpleitung mit der Eisenbahnstrecke ist keine neue Kreuzung, da die Pumpleitung keine eigene Verkehrsfunktion hat. Ein Analogie- oder Erstrecht-Schluss auf die Überschneidung zwischen dem Verkehrsweg und bloßen Bestandteilen des anderen Kreuzungsweges verbietet sich.[8] Isolierte Nebenanla-

---

6 *Finger*, Eisenbahngesetz S. 93.
7 Vgl. OVG Nordrhein-Westfalen, Urt. v. 23.10.1997 – 20 A 3740/96.
8 Vgl. OVG Nordrhein-Westfalen, Urt. v. 23.10.1997 – 20 A 3740/96.

gen ohne eigenes Verkehrsaufkommen fallen nicht unter § 4, weil das EKrG dem Ziel dient, die Sicherheit oder Leichtigkeit des Verkehrs zu verbessern.

Was zur Kreuzungsanlage gehört, dürfte nicht allein aus räumlichen Gesichtspunkten entschieden werden, sondern auch funktionale Betrachtungen sind vorzunehmen. 14

Sog. Fiskalgrundstücke der DB AG, auf denen sich keine Eisenbahnanlagen befinden, werden von der Duldungspflicht nicht erfasst. Die Duldungspflicht des § 4 erstreckt sich auch nicht auf sonstige Flächen, die zwar im Eigentum eines Kreuzungsbeteiligten stehen, ohne aber der verkehrlichen Zweckbestimmung der beanspruchten Kreuzungsbereiche zu dienen. 15

Soweit die Duldungspflicht reicht, darf für die Nutzung der Flächen kein Entgelt genommen werden. 16

Im Fall einer kreuzungsrechtlichen Duldung gehören alle Kosten zur Kostenmasse und sind nach §§ 11, 12, 13 EKrG von den Kreuzungsbeteiligten zu tragen. Im Fall der Duldung außerhalb des EKrG sind die durch die Duldung entstandenen Aufwendungen entweder per Gesetz oder kraft Vereinbarung vom Begünstigten oder Gestaltungsnehmer zu tragen. Im letzten Fall sollten entsprechende Regelungen in die Kreuzungsvereinbarung mit aufgenommen werden. 17

Bei Kreuzungen mit U-Bahnen kann sich die Duldungspflicht nur auf die für die U-Bahnen als solche erforderlichen Anlagen beziehen, also insbesondere auf die für den Betrieb erforderlichen Anlagen, wie Gleise, Bahnsteige, Zugänge, Treppen, aber auch auf die für die Fahrgäste erforderlichen Anlagen, wie Schalterräume, Toiletten und auf übliche Nebenbetriebe, die der Versorgung der Reisenden mit Reisebedarf auch außerhalb der örtlich üblichen Geschäftszeiten dienen. Für sonstige Geschäfte gibt es keine Duldungspflicht, vielmehr wären hierfür entsprechende Nutzungsverträge erforderlich. Eine Fußgängeretage der U-Bahn-Anlage gehört zur duldungspflichtigen Anlage, auch wenn die Etage dem Verkehr von einer Gehwegseite zur anderen einer Straße dient. 18

Die Duldungspflicht gilt natürlich auch für notwendige betriebliche Anlagen der Kreuzung, z.B. für Signale, Zuführung von Strom- oder Fernmeldekabeln. 19

Die Duldungspflicht bezieht sich jedoch nicht auf die Werbung an einer Brücke.[9] 20

Bei U-Bahnkreuzungen steht die Tunnelröhre im Eigentum des U-Bahn-Unternehmers. 21

Die Duldungspflicht erstreckt sich also nicht nur auf die Baumaßnahme, sondern auch auf die geschaffene oder geänderte Kreuzungsanlage. 22

So muss man die Pflicht zur Duldung der Entwässerungsanlage einer Eisenbahnüberführung in die Straßenkanalisation anerkennen, weil diese Ableitung eine not- 23

---

9 *Wendrich* DVBl 1974, 759.

C 1. Erläuterungen zum Eisenbahnkreuzungsgesetz

wendig Folge der Errichtung der Brücke ist und somit auch technisch und rechtlich geordnet werden muss. Das OVG Nordrhein-Westfalen hat in einem Urt. v. 23.10.1997 mit dem Aktenzeichen 20 A 3740/96 eine Duldungspflicht gem. § 4 EKrG für eine Straßenentwässerungsleitung, die entfernt von der Eisenbahnkreuzung die Bahnanlage selbstständig kreuzt, verneint. Dabei wurde der Bezug als Straßenbestandteil infolge der funktionalen Trennung infrage gestellt. Eine Duldungspflicht dürfte aber schon allein aufgrund eines funktionalen Zusammenhanges der Leitung mit der kreuzenden Straße gegeben sein. Wünscht ein Beteiligter trotz bestehender Duldungspflicht des anderen Beteiligten, den Grund und Boden zu Eigentum zu erwerben, dann muss er, das Einverständnis des anderen vorausgesetzt, den Grund und Boden gegen Kaufpreis erwerben. Ein Enteignungsrecht wird ihm insoweit nicht zustehen.

24 Eine Duldungspflicht i.S.d. § 4 Abs. 2 setzt stets voraus, dass eine Maßnahme nach § 3 vorliegt.

25 Eine Regelung der Eigentumsverhältnisse an den Teilen der Kreuzungsanlage enthält das EKrG nicht.[10] Sie ist entbehrlich, da die Duldungspflicht genügt und grundsätzlich das Eigentum oder den Besitz des Duldungspflichtigen voraussetzt. Die straßenbaurechtlichen Vorschriften, wonach das Eigentum grundsätzlich der Baulast folgt,[11] kommen hier im Verhältnis der Kreuzungsbeteiligten nicht zum Zuge; sie gelten nur im Verhältnis zwischen den Trägern der Straßenbaulast beim Wechsel der Straßenbaulast.

26 Es besteht keine gesetzliche Regelung, von welchem Kreuzungsbeteiligten die Planung und Durchführung der einzelnen Teilmaßnahmen vorzunehmen ist. Nach der Richtlinie für die Planung, Baudurchführung und Abrechnung von Maßnahmen nach dem Eisenbahnkreuzungsgesetz – s. Anhang E 3 – ist vorgesehen, dass aus technischen Gründen in der Regel die Baumaßnahmen an Eisenbahnanlagen durch das Eisenbahnunternehmen und Arbeiten an Straßenanlagen durch die Straßenbauverwaltung durchgeführt werden. Bei allein vom Straßenbaulastträger veranlassten Kreuzungsmaßnahmen (§§ 11 Abs. 1 und § 12 Nr. 1) soll im Regelfall die Gesamtplanung und Baudurchführung vom Straßenbaulastträger erfolgen. Der Straßenbaulastträger erhält sodann in vollem Umfang die Verwaltungskostenpauschale nach § 5 1. EKrV i.H.v. 10 % der aufgewandten Bau- und Grunderwerbskosten. Aufgrund des Gemeinschaftsverhältnisses zwischen dem Straßen- und dem Schienenbaulastträger ist neben der gesetzlich normierten Duldungspflicht (§ 4 EKrG) die gegenseitige Mitwirkung der Kreuzungsbeteiligten für eine ordnungsgemäße Durchführung von Eisenbahnkreuzungsmaßnahmen unabdingbar. Die hieraus folgende **Mitwirkungspflicht der Kreuzungsbeteiligten** ist allerdings auf den Bereich beschränkt, in dem der Baudurchführende auf die Mitwirkung des anderen Beteiligten angewiesen ist. Sie kann demnach ausschließlich Tätigkeiten betreffen, die nur der andere Beteiligte

---

10 So auch BVerwG, Urt. v. 12.10.1973 – VkBl. 1974, S. 291.
11 Z.B. § 6 FStrG.

selbst durchführen kann oder die in seine unentziehbare Verantwortung nach § 4 AEG bzw. § 4 FStrG bzw. entsprechender landesrechtlicher Regelung fallen (z.b. Bestandsunterlagen zur Verfügung stellen, Prüfung der Planung hinsichtlich eisenbahntechnischer/straßenbautechnischer Belange, Wahrnehmung von sicherheitsrelevanten Aufgaben des BÜB nach § 4 Abs. 1 AEG. Die Mitwirkungs- und hoheitlichen Sicherungspflichten gehören bei allen Kreuzungsmaßnahmen nach §§ 11–14 EKrG zu den gesetzlichen Baulastaufgaben der Kreuzungsbeteiligten. Ihre Erfüllung erfolgt unentgeltlich.[12]

B. Voraussetzungen

§ 4 EKrG gilt nicht rückwirkend, sondern nur für neue Kreuzungen, also für nach Inkrafttreten des EKrG neu zu schaffende Kreuzungen. Bei bestehenden Kreuzungen tritt die Duldungspflicht erst mit einer Maßnahme nach § 3 EKrG ein, und zwar nur für den Umfang der Änderung.[13] Soweit demnach § 4 nicht sofort in Kraft tritt, ist für die bestehenden Kreuzungen noch weitgehend ein rechtlich nicht geordneter Zustand gegeben, der sich aber praktisch im Lauf der Jahrzehnte als ein Zustand der gegenseitigen Rücksichtnahme und Duldung des anderen Beteiligten entwickelt hat. 27

§ 4 EKrG stellt aber für die Duldungspflicht die Voraussetzung auf, dass die Linienführung die Kreuzung erfordert, d.h. mit anderen Worten, wenn eine Linienführung möglich ist, die keine Kreuzung zur Folge hat, dann ist die Duldungspflicht nicht gegeben. Das kann selbstverständlich zu Schwierigkeiten unter den Beteiligten führen, wenn Streit über die Notwendigkeit und Art einer Linienführung besteht. 28

Für die Bundesfernstraßen wird die Linienführung nach § 16 FStrG bestimmt. Eine solche Bestimmung dürfte für die Anwendung des § 4 EKrG ohne Weiteres ausreichend sein. Ähnliche Vorschriften finden sich in den Landesstraßenbaugesetzen nicht. Die Linienführung wird bei diesen meist erst in der Planfeststellung förmlich behandelt, soweit sie sich nicht aus Bebauungsplänen i.S.d. BauGB ergibt.[14] Schienenwege von Eisenbahnen einschließlich der für den Betrieb der Schienenwege notwendigen Anlagen und der Bahnstromfernleitungen dürfen nur gebaut oder geändert werden, wenn der Plan zuvor festgestellt wurde, § 18 AEG. Eine Linienbestimmung kennt das AEG nicht. Unter den Voraussetzungen des § 18 Abs. 2 AEG kann anstelle eines Planfeststellungsbeschlusses eine Plangenehmigung erteilt werden. Bei Straßenbahnen wird die Linienführung (Streckenführung) in die Genehmigungsurkunde aufgenommen.[15] Die Duldungspflicht kann sich nur auf das im öffentlichen Dienst stehende Grundstückseigentum beziehen, nicht aber auf rein fiskalisches.[16] 29

---

12 S. Rundschreiben des BMVI – StB 15/7174.2/5-14/2095549 – vom 29.01.2014, Anhang E 24.
13 S. Anh. E 1 Nr. 3 zu § 4.
14 S.a. § 37 StrG NRW.
15 § 17 Abs. 1 Nr. 7 PBefG.
16 *Winkler* S. 41.

C 1. Erläuterungen zum Eisenbahnkreuzungsgesetz

30 § 4 EKrG stellt nicht auf das Eigentum des Beteiligten ab, die Duldungspflicht besteht daher auch, wenn der Beteiligte nur ein Benutzungsrecht an einem anderen Grundstück (Grunddienstbarkeit, Miete) hat, das seinem Verkehrsweg dient.

31 Für die Regelung des § 4 EKrG ist es gleichgültig, ob sich das Grundstück im Eigentum des einen oder anderen Beteiligten befindet. Eine grundbuchmäßige Behandlung ist ebenso wenig erforderlich wie die Bestellung einer Grunddienstbarkeit, weil der öffentlich-rechtlichen Duldungspflicht ein gleichwertiges öffentlich-rechtliches Benutzungsrecht gegenübersteht.

C. Rücksichtnahme

32 Ein wesentlicher Inhalt von Rechtsbeziehungen für Gemeinschaftsverhältnisse ist die gegenseitige Rücksichtnahme. Dies muss insbesondere gelten, wenn die an der Gemeinschaftsaufgabe Beteiligten Aufgaben zu erfüllen haben, die dem allgemeinen Wohl dienen.

33 Was im Einzelnen unter die Berücksichtigung der betrieblichen und verkehrlichen Belange zu rechnen ist, hat das Gesetz, auch die amtliche Begründung, nicht näher erläutert.

34 Das Tatbestandsmerkmal »angemessen« bedeutet, dass grundsätzlich eine Abwägung vorgenommen werden muss. Kann die zu duldende Maßnahme auf verschiedene Weise durchgeführt werden, wobei je nach gewählter Ausführung, sich für den anderen Beteiligten unterschiedlich starke Beeinträchtigungen ergeben, so ist die mit den geringsten Eingriffen zu wählen. Im Allgemeinen wird man davon ausgehen können, dass der gesetzlichen Forderung genügt wird, wenn keinem Beteiligten aus der Umgestaltung der Kreuzungsanlage ein nennenswerter Nachteil für die Sicherheit und die Abwicklung des Verkehrs unter Berücksichtigung der übersehbaren Verkehrsentwicklung auf seinem Verkehrsweg erwächst.

35 Im Grundsatz sind die Maßnahmen so durchzuführen und zu gestalten, dass der andere Beteiligte in der Erfüllung seiner Aufgaben für den Verkehrsweg so wenig wie möglich behindert wird, und der Verkehr sicher abgewickelt werden kann.

36 So kann es z.B. notwendig sein, eine Straßenüberführung mit größerer Lichtweite anzulegen, als der lichte Raum einer Eisenbahn es erfordert, wenn dadurch die erforderliche Sicht auf eine Signalanlage der Eisenbahn erhalten bleibt.

37 Das Gebot der Rücksichtnahme gilt auch für Maßnahmen nach § 3 EKrG an bestehenden Kreuzungen. Die Folgen bezüglich der Kostentragung sind aber ausschließlich nach den §§ 12 und 13 EKrG zu beurteilen, denn § 4 EKrG ist keine Kostenvorschrift.

D. Ende der Duldungspflicht

Die Duldungspflicht endet mit dem Zeitpunkt, in dem die Kreuzung wegfällt, also insbesondere im Fall des § 3 Nr. 1 EKrG.[17] 38

E. Durchsetzbarkeit

Bei Streit über die Duldungspflicht – bzw. den spiegelbildlichen Duldungsanspruchs – ist hierüber eine Anordnung gem. §§ 6, 10 EKrG im Kreuzungsrechtsverfahren möglich. Im Regelfall wird auch über Art und Umfang der Maßnahme mit zu entscheiden sein. 39

Fraglich ist, ob § 4 EKrG eine Rechtsgrundlage für ein aufsichtliches Einschreiten des EBA gegen eine Eisenbahn des Bundes (z.B. DB AG) sein kann. Das BVerwG[18] hat in einem Urteil die Auffassung vertreten, die Aufsichtskompetenz des EBA über die DB AG nach § 3 EVerkVerwG umfasse Verstöße gegen sämtliche öffentlich-rechtliche Bestimmungen, da sonst rechtsfreie Räume entstünden. Danach könnten grundsätzlich auch Rechtsverstöße der DB AG gegen § 4 Abs. 2 EKrG vom EBA zu unterbinden sein. 40

§ 5 EKrG [Regelung durch Vereinbarung]

(1) Über Art, Umfang und Durchführung einer nach § 2 oder § 3 durchzuführenden Maßnahme sowie über die Verteilung der Kosten sollen die Beteiligten eine Vereinbarung treffen. Sehen die Beteiligten vor, daß Bund oder Land nach Maßgabe des § 13 Abs. 1 Satz 2 zu den Kosten beitragen, ohne an der Kreuzung als Straßenbaulastträger beteiligt zu sein, so bedarf die Vereinbarung insoweit der Genehmigung. Die Genehmigung erteilt für den Bund das Bundesministerium für Verkehr und digitale Infrastruktur, für das Land die von der Landesregierung bestimmte Behörde. In Fällen geringer finanzieller Bedeutung kann auf die Genehmigung verzichtet werden.

(2) Einer Vereinbarung nach Absatz 1 bedarf es nicht, wenn sich ein Beteiligter oder ein Dritter bereit erklärt, die Kosten für die Änderung oder Beseitigung eines Bahnübergangs nach § 3 abweichend von den Vorschriften dieses Gesetzes allein zu tragen, und für die Maßnahme ein Planfeststellungsverfahren durchgeführt wird.

Übersicht	Rdn.
A. Vereinbarungsprinzip	1
B. Inhalt der Vereinbarung	18
I. Durchführung der Maßnahme	24
II. Kostenregelung	25

---

17 S. § 14a EKrG.
18 Vgl. BVerwG, DÖV 1995, 198.

	Rdn.
III. Finanzierung von EKrG-Maßnahmen	27
IV. Duldungspflicht	32
C. Genehmigungsvorbehalt	33

A. Vereinbarungsprinzip

1 Nach der amtlichen Begründung[1] ist das Gebot an die Beteiligten, sich wegen der zu treffenden Maßnahmen um eine Einigung zu bemühen, eines der Hauptanliegen der Neuordnung des Kreuzungsrechts.[2] In erster Linie sollen die Beteiligten selbst handeln und sich über die notwendigen Maßnahmen verständigen.[3] Das Gesetz soll den Beteiligten vor Augen führen, dass sie selbst in erster Linie für die Sicherheit an ihren Kreuzungen zu sorgen haben.[4]

2 Dass die Beteiligten eine Vereinbarung treffen konnten, hatte auch das KrG vorgesehen,[5] wie es ja wohl der Sinn und Zweck aller Gesetze ist, dass sich die Beteiligten verständnisvoll im Rahmen der Rechtsordnung einigen, und dass die Zwangsmittel nur die ultima ratio darstellen.

3 Der Unterschied zum KrG besteht also vor allem darin, dass das EKrG eine ausdrückliche Sollvorschrift gebracht hat, die sich an die Beteiligten wendet.

4 Auch wenn Sollvorschriften für die Behörden ebenso verbindlich sein sollen wie Mussvorschriften, so kann daraus nicht im Verhältnis der Kreuzungsbeteiligten eine Pflicht zum Tätigwerden gegenüber dem jeweils anderen Beteiligten statuiert werden.[6]

5 Das Nichtzustandekommen einer Vereinbarung ist allerdings, wie die amtliche Begründung betont, keine förmliche Zulässigkeitsvoraussetzung für das Kreuzungsrechtsverfahren nach §§ 6 ff. EKrG. Nach der Intention des Gesetzgebers und dem Wortlaut »Soll-Vorschrift« sind die Beteiligten lediglich verpflichtet, sich um Einigung zu bemühen. Die Herstellung eines übereinstimmenden Willens kann nämlich nicht erzwungen werden.[7]

6 Die Vereinbarung ist ein öffentlich-rechtlicher Vertrag i.S.d. § 54 VwVfG, und zwar ein koordinierungsrechtlicher Vertrag, weil sich die Kreuzungsbeteiligten gleichgeordnet gegenüberstehen. Das schließt aber nicht aus, dass im gleichen Vertrag auch bürgerlich-rechtliche Fragen, z.B. über das Eigentum, geregelt werden.[8] Zur Auslegung der Kreuzungsvereinbarung sind gem. § 62 Satz 2 VwVfG die Vorschriften

---

1 BT-Drucks. III, 1683.
2 S. Teil B. III. 4.
3 Nr. 2 EKrG – Richtlinien, Anh. E 4, Anlage 1 Nr. 2.
4 *Seebohm* im BR am 05.02.1960.
5 § 5 Abs. 2 Satz 2 KrG.
6 A.A. *Lemhöfer* DÖV 1964 S. 478 unter Hinweis auf BVerwG, DVBl 1961, 166.
7 Im Ergebnis ebenso BVerwGE 116, 312, 314.
8 § 3 EKrG Rdn. 44 ff.

des BGB – insbesondere §§ 133, 157 BGB – ergänzend heranzuziehen. Dabei ist eine Gesamtbetrachtung der Kreuzungsvereinbarung vorzunehmen.

Es gibt keinen allgemeinen Grundsatz des Verwaltungsrechts, der zur Zahlung von Prozesszinsen verpflichtet. Vielmehr bedarf es hierfür einer besonderen Rechtsgrundlage. Eine solche stellt § 62 Satz 2 VwVfG für Ansprüche aufgrund öffentlich-rechtlicher Verträge dar. Die ausdrücklich auf solche Verträge bezogene Verweisung kann jedoch nicht auf gesetzliche Schuldverhältnisse des öffentlichen Rechts erstreckt werden. 7

Die §§ 5 ff. EKrG betreffen nur echte Kreuzungsfälle i.S.d. §§ 2 und 3 EKrG, also z.B. nicht reine Rationalisierungsmaßnahmen und auch nicht Maßnahmen nach § 14a EKrG.[9] 8

Falls eine Vereinbarung nach § 5 EKrG hinsichtlich der Verteilung der Kosten für nichtig erklärt werden sollte, verbleibt den Beteiligten die Möglichkeit, eine Entscheidung nach § 10 Abs. 4 EKrG zu beantragen, und zwar auch dann, wenn mit den Baumaßnahmen schon begonnen worden ist oder sie auch schon abgeschlossen sind. Auch dreiseitige Kreuzungsvereinbarungen sind zulässig. Das vom BMVI veröffentlichte Muster für Kreuzungsvereinbarungen lässt dies ausdrücklich zu.[10] Zwar ist das grundsätzliche Modell eine zweiseitige Vereinbarung der beiden Baulastträger, ein Verbot weiterer Beteiligter besteht jedoch nicht. 9

In einem Fall war in einer dreiseitigen Kreuzungsvereinbarung der Erschließungsträger zur gesamten Kostenlegung für ein Kreuzungsbauwerk verpflichtet. Dieser öffentlich-rechtliche Vertrag ist vom Grundsatz her als wirksam angesehen worden.[11] Die Rechte der Beteiligten richteten sich nach den allgemeinen Grundsätzen über Datum, Wegfall der Geschäftsgrundlage usw.). 10

Eine geschlossene Kreuzungsvereinbarung kann nicht aufgrund einer durchgeführten Bürgerbefragung gekündigt werden.[12] Ein Bürgerbescheid schafft kein gesetzliches Sonderkündigungsrecht. Auch eine Vertragsanpassung kommt nicht infrage. Wenn die Voraussetzungen des § 3 vorliegen, sind die Kreuzungsbeteiligten aufgrund der eigenständigen kreuzungsrechtlichen Baulast[13] zum Tätigwerden verpflichtet. 11

In Bayern ist den Gemeinden empfohlen worden, vor Abschluss einer Vereinbarung den Rat der Regierung einzuholen.[14] 12

Um die Ziele des EKrG weiter zu erleichtern, hat die Novelle von 1971 die besondere Regelung getroffen (Abs. 2), dass es einer Vereinbarung nach Abs. 1, also mit dem Genehmigungsvorbehalt, nicht bedarf, wenn sich ein Beteiligter oder ein Dritter be- 13

---

9 BVerwG, VkBl. 1974, 291.
10 Vgl. Anhang E 5.
11 Vgl. VG Augsburg, Urt. v. 08.03.2006, Au 6 K 05.384.
12 Vgl. VG Augsburg, Urt. v. 22.01.2004, Au 8 K 03.364.
13 S. § 3 Rdn. 21 ff.
14 BayMABl. 1972, 656.

reit erklärt, die Kosten der Änderung oder Beseitigung eines Bahnüberganges nach § 3 EKrG abweichend von den Vorschriften des EKrG, also insbesondere des § 13 EKrG, allein zu tragen, und für die Maßnahme ein Planfeststellungsverfahren durchgeführt wird. Diese Sonderregelung gilt also nicht für die Änderung von Überführungen und für neue Kreuzungen. Abs. 2 wird man wohl aber auch dann analog anwenden können, wenn ein Beteiligter und – also nicht oder – ein Dritter zusammen die Kosten allein übernehmen wollen.

14 Diese Sonderregelung für Bahnübergänge soll der Verwaltungsvereinfachung dienen besonders in den Fällen, in denen ein Beteiligter allein ein solches Interesse an der Änderung hat, dass er auch die Kosten allein tragen will. Die Rechte des anderen Kreuzungsbeteiligten sind dadurch ausreichend gewahrt, dass dies nur dann gilt, wenn für die Maßnahme ein Planfeststellungsverfahren durchgeführt wird, in dem etwaige Einwendungen oder Wünsche (z.B. Berücksichtigung der übersehbaren Verkehrsentwicklung) vorgebracht werden können. Eine Verzögerung tritt dadurch nicht ein, weil ein Planfeststellungsverfahren ohnedies notwendig sein wird.

15 Für alle nach Inkrafttreten des EKrG liegenden Sachverhalte kommt dem in § 5 EKrG verankerten Vereinbarungsgrundsatz tragende Bedeutung zu. Eine getroffene Vereinbarung, die sich auf eine bestimmte gesetzliche Regelung bezieht, behält ihren Inhalt nach dem Zeitpunkt des Abschlusses der Vereinbarung, auch wenn das Gesetz später geändert wird.[15] Zur Frage der Weitergeltung von Änderungsvereinbarungen im Rahmen des § 19 EKrG 1971 hat der BayVGH[16] entschieden, dass die Vereinbarung nach Änderung des § 19 EKrG durch Art. 6 Abs. 106 ENeuOG nicht weiter gültig ist. Das BVerwG[17] hat sich dieser Auffassung im Wesentlichen angeschlossen.[18]

16 Wenn die Kreuzungsvereinbarung sämtliche Kosten umfasst, bedarf es keines Rückgriffs auf die gesetzlichen Regelungen des EKrGs und der 1. EKrV, die Vereinbarung selbst stellt einen eigenständigen Rechtsgrund dar. Damit müssen die Voraussetzungen der gesetzlichen Anspruchsgrundlagen nicht vorliegen, z.B. Erforderlichkeit, Kostenpositionen gehören zur Kostenmasse i.S.d. § 11, 12 EKrG i.V.m. 1. EKrV.[19]

17 Fraglich ist, ob und ggf. wie Rechtsnachfolgeklauseln in Kreuzungsvereinbarungen rechtlich Bestand haben. Vom Grundsatz her gilt die Kreuzungsvereinbarung nur zwischen den jeweiligen Beteiligten. Das Kreuzungsrecht kennt auch keine automatische Rechtsnachfolge. Ansonsten könnten zwingende gesetzliche Bestimmungen durch gewillkürte Rechtsnachfolge überwunden werden. Grundsätzlich müssen die Kreuzungsverhältnisse z.B. bei einer wesentlichen Veränderung, in diesem Zeitpunkt zwischen den dann aktuellen Kreuzungsbeteiligten betrachtet werden.

---

15 VGH Bayern, BayVBl. 1977, 53.
16 Vgl. VGH Bayern, Urt. v. 26.09.1996 – 8 B 95.1780.
17 Vgl. BVerwG, Urt. v. 24.09.1997 – 11 C 10.96.
18 S. § 19 Rdn. 40 ff.
19 Vgl. VG Saarland, Urt. v. 31.10.2008 – 11 K 292/07.

B. Inhalt der Vereinbarung

Nach Abs. 1 soll sich die Vereinbarung erstrecken auf Art, Umfang, Durchführung und Kostenverteilung der Maßnahme.

Dies schließt jedoch nicht aus, dass sich die Beteiligten nur über einige der angeführten Probleme einigen. Ein Kreuzungsrechtsverfahren braucht dann nur noch über die strittigen Probleme eingeleitet und durchgeführt zu werden. § 10 Abs. 4 EKrG sieht ausdrücklich vor, dass dann, wenn sich die Beteiligten über die Maßnahme einig sind, auf Antrag nur über die Kostentragung entschieden wird.

Über Art, Umfang und Durchführung der Maßnahmen wird meist eine Einigung leichter erzielt, weil es sich da um technische Probleme handelt. Häufig scheitern die Verhandlungen nur an der Regelung über die Kostentragung.

Das BMVI hat mit den Obersten Straßenbaubehörden der Länder und der DB AG die »Muster für Vereinbarungen über Eisenbahnkreuzungsmaßnahmen gemäß §§ 5, 11, 12, 13 EKrG« konzipiert und zuletzt 2015 neu bekannt gegeben.[20] Ansprüche aus einer Kreuzungsvereinbarung verjähren in entsprechender Anwendung des § 195 BGB i.V.m. § 62 Satz 2 VwVfG in 3 Jahren. Die Richtlinien für die Planung, Baudurchführung und Abrechnung von Maßnahmen nach dem Eisenbahnkreuzungsgesetz[21] sehen allerdings die Vereinbarung einer **Verjährungsfrist** von 10 Jahren vor, um dem regelmäßig zu erwartenden Zeitaufwand für die Abwicklung von Eisenbahnkreuzungsmaßnahmen gerecht zu werden.

Gegen Forderungen aus Kreuzungsvereinbarungen ist die Aufrechnung zulässig.[22]

Enttäuschte Fördererwartungen einer Gemeinde stehen der Wirksamkeit einer als öffentlich-rechtlicher Vertrag abgeschlossenen Kreuzungsvereinbarung im Einzelfall nicht entgegen.[23]

I. Durchführung der Maßnahme

Da es sich um eine Gemeinschaftsaufgabe handelt, ist es selbstverständlich erforderlich, dass sich die Beteiligten auch über die Durchführung der erforderlichen Maßnahme einigen. So legt der Schienenbaulastträger aus betrieblichen Gründen vielfach Wert darauf, dass er Baumaßnahmen, bei denen Gleise verlegt oder Eisenbahnüberführungen geschaffen werden müssen, in eigener Regie und Verantwortung durchführt, um den reibungslosen Ablauf seines Eisenbahnbetriebes während des Baues sicherzustellen. Für das Verfahren gelten die Richtlinien für die Planung, Baudurchführung und Abrechnung von Maßnahmen nach dem Eisenbahnkreuzungsgesetz.[24] Sie regeln insbesondere das Verfahren, wenn ein Beteiligter die Bauaufgaben durch-

---

20 BMVI ARS 02/2015 vom 20.01.2015.
21 S. Anhang E 3, Ziffer 4.7.
22 BVerwG, Urt. v. 09.02.2017 – 3 C 9.15.
23 Vgl. VG Saarland, Urt. v. 31.10.2008 – 11 K 292/07.
24 S. Anh. E 3.

führt, deren Kosten ganz oder z.T. der andere Beteiligte zu tragen hat, ferner nähere Bestimmungen zur Planung, Abwicklung des Vergabeverfahrens, Abnahme der Bauleistungen sowie zur Abrechnung gegenüber dem Unternehmer und dem Kreuzungsbeteiligten. Nach Ziffer 4 Abs. 3 der EKrG-Richtlinie 2000[25] findet eine fachtechnische und wirtschaftliche Prüfung durch das EBA bei allen Planungen von Maßnahmen nach §§ 3, 13 der Eisenbahnen des Bundes statt, soweit es sich nicht um Straßenanlagen handelt. Gemäß Ziffer 12 Abs. 2 findet eine Verwendungsprüfung für die von den Eisenbahnen des Bundes durchgeführten Maßnahmen statt. In der Praxis ist es üblich geworden, neben der Kreuzungsvereinbarung noch sogenannte **Baudurchführungsvereinbarungen** abzuschließen. Der Abschluss derartiger Vereinbarungen kann zur Festlegung der technischen Durchführung und zur Regelung von Ausführungsdetails sinnvoll sein. Fragen von grundsätzlicher Bedeutung gehören aber in die Kreuzungsvereinbarung. Haftungs- und Beweislastregelungen sind in der Kreuzungsvereinbarung grundsätzlich nicht notwendig. Es genügen insoweit die bestehenden gesetzlichen Regelungen einschließlich der 1. EKrV.

II. Kostenregelung

25 Bei der Vereinbarung über die Kostenregelung sind die Beteiligten nicht an die gesetzlichen Kostenregelungen der §§ 11 ff. gebunden; es handelt sich somit um disponibles Recht. Sonst hätte die Bestimmung in § 5 EKrG, dass sie über die Verteilung der Kosten eine Vereinbarung treffen sollen, keinen Sinn.

26 Vereinbarungen über die Kostenregelung werden aber besonders schwierig sein, wenn auf Wunsch eines Beteiligten der andere eine gegenüber der gesetzlichen Regelung ungünstigere Lösung annehmen soll. Das Gesetz enthält in den §§ 11 ff. EKrG materiellrechtliche Vorschriften über die Kostenverteilung auf die Beteiligten. Soweit es sich bei den Beteiligten um öffentlich-rechtliche Körperschaften handelt, sind sie der Kontrolle eines Rechnungshofes oder einer sonstigen Prüfungsinstanz unterworfen, die die Wirtschaftlichkeit und Gesetzmäßigkeit ihrer Verwaltung überprüft mit dem Ergebnis, dass jede Abweichung von der gesetzlichen Regelung eine unfruchtbare Verwaltungsarbeit in der Auseinandersetzung mit diesen Instanzen zur Folge haben kann. Aber auch bei privatrechtlichen Unternehmen (z.B. DB Netz AG) ist der Spielraum nicht minder gering, weil auch deren Verwaltungen Prüfungsinstanzen unterworfen sind. Die Beteiligten werden sich in der Regel an die gesetzliche Kostenregelung halten, dies umso mehr, wenn noch Beiträge Dritter (§ 13 EKrG) oder Zuschüsse Dritter (§ 17 EKrG) erwartet werden.

III. Finanzierung von EKrG-Maßnahmen

27 Mit der Privatisierung der Deutschen Bundesbahn haben sich auch die Finanzierungsmodalitäten von Schienenwegen der Eisenbahnen des Bundes geändert. Insoweit gilt, dass Kreuzungsmaßnahmen nach dem Bundesschienenwegeausbaugesetz

---

25 S. Anh. E 4, Anlage 1.

(BSchwAG), dem Gemeindeverkehrsfinanzierungsgesetz (GVFG) und dem EKrG (Zuschüsse nach § 17) finanziert werden können. Da jedoch die Höhe der Zuwendungen nach diesen Vorschriften hinter dem Kostenanteil nach EKrG zurückbleiben kann, sind regelmäßig auch Eigenmittel der DB Netz AG einzusetzen. Das EBA hat für EKrG-Maßnahmen mit Kostenteilung gem. §§ 11 Abs. 2, 12 Abs. 2 und 13 EKrG festgelegt, dass die zuwendungsfähigen Kosten gleich dem von der Eisenbahn des Bundes zu tragenden Kostenanteils der kreuzungsbedingten Kosten sind. Dies selbst dann, wenn darin Kosten enthalten sind, die nach dem BSchwAG grundsätzlich nicht zuwendungsfähig sind. Damit werden die gleichen Regelungen angewandt, wie sie im Rahmen von GVFG-Maßnahmen schon lange gelten.

Demgegenüber gelten bei EKrG-Maßnahmen ohne Kostenteilung gem. §§ 11 Abs. 1, 12 Abs. 1 EKrG die Zuwendungskriterien des BSchwAG. Es würde dem Ziel der Verwaltungsvereinfachung widersprechen, wenn z.B. beim mehrgleisigen Ausbau eines Schienenweges im Kreuzungsbereich einer Straße im Vergleich zur übrigen Strecke die Kosten nach einem anderen Verfahren ermittelt würden, wenn hier keine Notwendigkeit einer Kostenteilung besteht. Dies gilt unabhängig davon, wer die Maßnahme durchführt. Die Zuwendungskriterien im Detail ergeben sich aus dem Handbuch zur Antrags- und Verwendungsprüfung des EBA.[26]   28

Die oben genannten Regelungen gelten sinngemäß für Kreuzungen von Bundeswasserstraßen mit Schienenwegen, §§ 40, 41 WaStrG.   29

Bei EKrG-Maßnahmen nach § 14a EKrG handelt es sich insgesamt um nicht aktivierungsfähige Maßnahmen, sodass hier unabhängig von der bei § 14a EKrG vorgenommenen Kostenteilung, die Zuwendungsfähigkeit nach BSchwAG nicht gegeben ist.   30

Nach Auffassung des BT-Ausschusses für Verkehr, Post- und Fernmeldewesen sollen Vereinbarungen der Beteiligten im Rahmen des pflichtgemäßen Ermessens nicht unstatthaft sein, wenn ein Beteiligter etwa aus städtebaulichen Gründen oder Interessen Verpflichtungen eingeht, die über seine gesetzliche Pflicht hinausgehen. Die Vereinbarung kann auch Regelungen über Kostenvorschüsse, Abrechnungsfragen und Invorlagetreten enthalten. Treffen die Beteiligten keine ausdrückliche Kostenregelung, so gelten die gesetzlichen Regelungen der §§ 11 ff. EKrG, wenn es sich bei der von der Vereinbarung umfassten Maßnahme um eine reine EKrG-Maßnahme handelt. Liegt dagegen eine Vereinbarung außerhalb des EKrG vor, so gelten die §§ 11 ff. EKrG nur entsprechend, wenn sie ausdrücklich vereinbart wurden.   31

IV. Duldungspflicht

Im Gegensatz zu § 10 Abs. 1 EKrG enthält § 5 EKrG nichts darüber, dass die Beteiligten auch über die Duldungspflicht eine Vereinbarung treffen sollen, denn diese   32

---

26 Zu beziehen über https://www.eba.bund.de/DE/Themen/Finanzierung/Handbuch_AVP/handbuch_avp_node.html.

Duldungspflicht besteht schon kraft Gesetzes. Dennoch kann es zweckmäßig sein, sich über Umfang und Inhalt im Einzelfall zu vereinbaren.

C. Genehmigungsvorbehalt

33 Nach § 13 EKrG, also bei der Änderung von Bahnübergängen, ist der Bund oder das Land mit einem Anteil an den Kosten der Änderung beteiligt. Die Einfügung des Satzes 2 ist die Folge der Neuregelung der Kosten für die Maßnahmen an Bahnübergängen in § 13 durch das EKrÄndG. Dadurch wird erreicht, dass eine Vereinbarung zwischen den Beteiligten an die Genehmigung des Bundes oder des Landes gebunden ist, wenn diese – ohne an der Kreuzung als Straßenbaulastträger beteiligt zu sein – zu den Kosten im Rahmen des § 13 beitragen sollen. Das Genehmigungsverfahren richtet sich nach den hierzu ergangenen EKrG-Richtlinien 2000.[27]

34 Es wäre unbillig und nicht vertretbar, dass diese Beteiligungsmöglichkeit dann nicht gegeben sein sollte, wenn sich die Beteiligten freiwillig einigen, obwohl das Gesetz das Vereinbarungsprinzip besonders herausgestellt hat. Es ginge aber auch nicht an, Bund und Länder automatisch zu einer Kostenbeteiligung zu zwingen, wenn sich die Beteiligten geeinigt haben. Schon aus haushaltsrechtlichen Gründen, aber auch weil Bund und Ländern vorbehalten bleiben muss, zu entscheiden, ob es sich um eine Änderung nach § 3 EKrG handelt, müssen solche Vereinbarungen der Beteiligten den Genehmigungsvorbehalt vorsehen.

35 Der Verwaltungsvereinfachung dient die Neuregelung des EKrÄndG, dass es dann keiner Genehmigung von Bund oder Land bedarf, wenn diese als Träger der Straßenbaulast bereits beteiligt sind, sowie in Fällen geringer finanzieller Bedeutung. Im ersteren Fall ist sicherzustellen, dass auch das letzte Drittel bereitgestellt wird. Sind an der Kreuzungsmaßnahme neben der Bundesstraße noch andere Straßen (Länder-, Kreis- oder Gemeindestraßen) beteiligt, so ist wiederum eine ausdrückliche Genehmigung erforderlich. Erst durch den Abschluss und die Genehmigung der Kreuzungsvereinbarung besteht ein zweifelsfreier Anspruch gegen den anderen Straßenbaulastträger.

36 Wann ein Fall von geringer finanzieller Bedeutung vorliegt, hat das Gesetz selbst nicht abgegrenzt, sodass es hierzu noch entsprechender Ausführungen des Bundes und der Länder bedarf. Für die Fälle, in denen der Bund das letzte Drittel zu tragen hat, also bei Kreuzungen, bei denen ein Schienenweg einer Eisenbahn des Bundes beteiligt ist,[28] ist insoweit die EKrG-Richtlinie 2000 insbesondere deren Nr. 4 Abs. 2[29] anzuwenden.

37 Da sich die Leistungspflicht des Bundes oder des Landes nach dem EKrÄndG nicht mehr nach der Beteiligung der Straße, sondern nach der Beteiligung der Schiene

---

27 S. Anh. E 4.
28 § 13 Abs. 1 EKrG.
29 Anh. E 4.

richtet,[30] also z.b. bei einer Kreuzung zwischen einer Bundesfernstraße mit einer nichtbundeseigenen Eisenbahn das Land das letzte Drittel beizutragen hat, bedarf es der Genehmigung des Landes, da dieses in diesem Fall nicht als Straßenbaulastträger beteiligt ist. Das Gleiche gilt für den Bund, wenn es sich um eine Kreuzung zwischen einer Eisenbahn des Bundes und einer Nichtbundesfernstraße oder einer Bundesstraße in der Baulast einer Gemeinde handelt, da der Bund insoweit nicht als Träger der Straßenbaulast beteiligt ist. Bei Kreuzungen zwischen nichtbundeseigenen Eisenbahnen mit Kreis- und Gemeindestraßen und Ortsdurchfahrten in der Baulast der Gemeinden ist die Genehmigung des Landes erforderlich.

Mit dieser neuen Regelung sind auch die verfassungsrechtlichen Bedenken des BVerfG im Beschluss vom 15.07.1969[31] ausgeräumt worden. 38

Wenn einer oder beide Beteiligte Zuschüsse nach § 17 EKrG erwarten, so kann dies nicht in der Vereinbarung festgelegt werden. Aber die Beteiligten können sich schon vor Abschluss der Vereinbarung die Gewährung eines Zuschusses von der zuständigen Anordnungsbehörde in Aussicht stellen lassen. Dies ist erforderlich, weil Bund und Länder die Genehmigung nur dann erteilen können, wenn die Durchführung der Maßnahme auch finanziell gesichert ist. 39

Der Genehmigungsvorbehalt bezieht sich nicht nur auf die Kostenbeteiligung,[32] sondern auch darauf, dass Art, Umfang und Durchführung der Maßnahme den Vorschriften des Gesetzes entsprechen, denn die Kostenbeteiligung ist auf die Maßnahmen beschränkt, die das Gesetz verlangt. 40

Die Zuständigkeiten für die Genehmigung sind in den Ländern besonders geregelt: 41
- **Baden Württemberg:** Regierungspräsidium gemäß § 5 Abs. 1 Nr. 1 der Verordnung der Landesregierung und des Verkehrsministeriums über Zuständigkeiten nach dem Bundesfernstraßengesetz und dem Eisenbahnkreuzungsgesetz vom 29.08.1988 – GBl. 1988, S. 262, geändert durch VO vom 23.02.2017 (GBl. S. 99, 120)
- **Bayern:** Regierungen gemäß § 12 Abs. 1 der Zuständigkeitsverordnung vom 16.06.2015 – GVBl. S. 184 – soweit nicht eine Genehmigung entfällt, weil die Gemeinden und Kreise den Anteil des Landes nach § 13 EKrG selbst aus den ihnen zur Verfügung stehenden Mitteln tragen, das Land selbst also nicht beizutragen hat[33]
- **Berlin:** Senatsverwaltung für Umwelt, Verkehr und Klimaschutz gemäß Anlage Nr. 10 Abs. 12 zu § 4 Abs. 1 Satz 1 Allgemeines Zuständigkeitsgesetz – AZG vom 22.07.1996 – GVBl. 1996 S. 302

---

30 § 13 Abs. 1 EKrG.
31 VkBl. 1970 S. 26.
32 So *Finger*, Eisenbahngesetze S. 95.
33 Geändert durch VO v. 01.02.1982 – GVBl. S. 65.

C 1. Erläuterungen zum Eisenbahnkreuzungsgesetz

- **Brandenburg:** Landesbetrieb Straßenwesen gemäß § 2 Verordnung zur Ausführung des Eisenbahnkreuzungsgesetzes (EKrG-AV) vom 18.07.1996 – GVBl. II S. 572
- **Bremen:** Senator für Umwelt, Bau, und Verkehr gemäß Bek. v. 16.11.1965 – AmtsBl. S. 313
- **Hessen:** Hessen Mobil – Straßen- und Verkehrsmanagement gemäß § 3 Abs. 1 der Verordnung zur Bestimmung von Zuständigkeiten im Geschäftsbereich des Ministeriums für Wirtschaft, Verkehr und Landesentwicklung vom 11.02.2008 – GVBl. II 50-45
- **Hamburg:** Behörde für Wirtschaft, Verkehr und Innovation gemäß Anordnung des Senats zur Durchführung des Eisenbahnkreuzungsgesetzes vom 16.12.1993 – Amtl. Anzeiger 1993 S. 2569
- **Mecklenburg-Vorpommern:** Ministerium für Energie, Infrastruktur und Digitalisierung gemäß Zuständigkeitsneuregelungsgesetz vom 20.12.1990 – GVOBl 1991 S. 2 GS M-VGl. Nr. 200–1
- **Niedersachsen:** Niedersächsische Landesbehörde für Straßenbau und Verkehr gemäß Beschl. der Landesregierung vom 23.11.2004 – Nds. MBl. 39/2004, S. 841
- **Nordrhein-Westfalen:** Landesbetrieb Straßenbau, wenn an der Kreuzung eine Bundesstraße beteiligt ist, in allen anderen Fällen die Bezirksregierungen, § 5 der Verordnung zur Regelung von Zuständigkeiten nach dem Straßenrecht und Eisenbahnkreuzungsrecht vom 26.01.2010 – GV. NRW. S. 125
- **Rheinland-Pfalz:** Ministerium für Wirtschaft, Verkehr, Landwirtschaft und Weinbau gemäß § 1 der Landesverordnung über Zuständigkeiten nach dem Eisenbahnkreuzungsgesetz vom 08.01.1982
- **Saarland:** Ministerium für Wirtschaft, Arbeit, Energie und Verkehr gemäß Verordnung über die Zuständigkeit von Landesbehörden nach dem Eisenbahnkreuzungsgesetz vom 20.05.1969, zuletzt geändert durch Verordnung vom 24. Januar 2006, Amtsblatt 1969, S. 310
- **Sachsen:** Landesamt für Straßenbau und Verkehr gemäß § 1 Nr. 1 der Verordnung der Sächsischen Staatsregierung zum Vollzug des Gesetzes über Kreuzungen von Eisenbahnen und Straßen vom 12.10.1993 – SächsGVBl. 1993 S. 1010
- **Sachsen-Anhalt:** Ministerium für Landesentwicklung und Verkehr gemäß § 2 Abs. 1 Nr. 1 der Verordnung zur Durchführung von straßenrechtlichen Vorschriften für das Land Sachsen-Anhalt (StrVO-LSA) – GVBl. LSA Nr. 14/1994 S. 493
- **Schleswig-Holstein:** Landesbetrieb Straßenbau und Verkehr Schleswig-Holstein gemäß § 1 Nr. 10 der Landesverordnung über Zuständigkeiten im Eisenbahnwesen vom 05.12.2001 – GVOBl. 2001, 415
- **Thüringen:** Ministerium für Infrastruktur und Landwirtschaft. Die Zuständigkeit beruht somit auf dem EKrG, da keine landesrechtliche Regelung geschaffen worden ist

[Regelung durch Vereinbarung] § 5 EKrG

Soweit die Genehmigung durch das Land zu erteilen ist, haben einige Länder z.B. Baden-Württemberg,[34] Hessen,[35] Niedersachsen,[36] Nordrhein-Westfalen[37] und Schleswig-Holstein[38] Verfahrensvorschriften erlassen. 42

Die Genehmigung ist im Verhältnis zu den Beteiligten ein Verwaltungsakt, der der Anfechtung unterliegt. Mit der Privatisierung stellt sie nun auch gegenüber der DB AG einen Verwaltungsakt dar. 43

Mangels Außenwirkung handelt es sich um keinen Verwaltungsakt, wenn z.B. der Bund eine Genehmigung erteilen muss, die sich auf Bundesfernstraßen in der Baulast Dritter[39] bezieht. Dies ist von Bedeutung, wenn die Genehmigung versagt, aber auch wenn sie unter Bedingungen und Auflagen erteilt wird oder wenn sie nur für einen Teil der Kostenmasse ausgesprochen wird. Die Beteiligten werden in ihren Rechten nicht verletzt sein, wenn die Genehmigung aus haushaltsrechtlichen Gründen versagt wird, z.B. wenn keine Mittel mehr vorhanden oder dringlichere Maßnahmen vorab zu befriedigen sind.

Wird eine Straße in Erfüllung einer Verpflichtung einer Vereinbarung nach § 5 EKrG errichtet, so kann der Straßenbaulastträger hierfür keine Erschließungsbeiträge erheben.[40] 44

Mit der Privatisierung der ehemaligen Deutschen Bundesbahn durch das ENeuOG stellen sich auch die Fragen der hoheitlichen Bauaufsicht und Bauüberwachung an Eisenbahnkreuzungen. Die DB AG hat keinerlei hoheitliche Befugnisse mehr. Gemäß § 3 Abs. 2 Nr. 2 EVerkVerwG obliegt die Ausübung der Bauaufsicht für Betriebsanlagen der Eisenbahnen des Bundes dem EBA. Nach § 4 Abs. 6 AEG obliegen ihm ferner Baufreigaben, Abnahmen, Prüfungen und Zulassungen nach Maßgabe anderer Gesetze und Verordnungen für Betriebsanlagen der Eisenbahnen des Bundes. Vor Inkrafttreten des ENeuOG bestand die Praxis, dass der allein Bauausführende nach der Kreuzungsvereinbarung auch die hoheitliche Bauaufsicht über die berührten Anlagen der anderen Beteiligten übernimmt. Durch den Gesetzentwurf des Bundesrates u.a. zu § 4 Abs. 2 AEG[41] wurden die aufsichtlichen Befugnisse des EBA für die Eisenbahn-Betriebsanlagen im Umfang an den früheren § 38 BbG weiter angeglichen. Zu den Betriebsanlagen der Eisenbahnen des Bundes gehören aber auch nach der Neuregelung nicht die Straßenanlagen i.S.d. § 14 EKrG. Zudem kann durch einfach gesetzliche Regelung – § 4 Abs. 2 AEG –, der verfassungsrechtliche Grundsatz, dass Bundesbehörden keine Ländergesetze ausführen dürfen, nicht 45

---

34 VO vom 13.10.1964 – GABl. 1964 S. 590.
35 AO v. 29.11.1971 (GVBl. S. 301).
36 RE vom 07.11.1978 – MBl. S. 2042.
37 VO vom 14.04.1964 – GBl. 1964 S. 156.
38 RE vom 20.08.1966 – ABl. S. 527.
39 Vgl. § 5 Abs. 2 FStrG.
40 Vgl. OVG Hamburg, DÖV 1995, 478.
41 Vgl. BT-Drucks. 13/4386.

durchbrochen werden. Außerdem bleibt nach den gesetzlichen Regelungen auch bei Kreuzungsmaßnahmen die Zuständigkeit des Straßenbaulastträgers zur hoheitlichen Bauaufsicht seiner Straßen (z.b. § 4 FStrG) bestehen.

46 Andererseits gilt für die Kreuzungsanlage das Gemeinschaftsprinzip. Es dürfte grundsätzlich möglich sein, die hoheitliche Bauaufsicht in ihrer Ausübung zu regeln; eine Übertragung durch Vereinbarung dürfte dagegen nicht möglich sein. Der DB AG kann die hoheitliche Bauaufsicht nach der Privatisierung nicht mehr übertragen werden. Sie kann generell nur noch eine zivilrechtliche Bauüberwachung durchführen.

§ 6 EKrG [Antrag auf Kreuzungsrechtsverfahren]

Kommt eine Vereinbarung nicht zustande, so kann jeder Beteiligte eine Anordnung im Kreuzungsrechtsverfahren beantragen.

Übersicht	Rdn.
A. Kreuzungsrechtsverfahren	1
B. Voraussetzungen für den Antrag	8

A. Kreuzungsrechtsverfahren

1 Das Kreuzungsrechtsverfahren ist nach der amtlichen Begründung ein förmliches Verfahren, das den Beteiligten eine ausreichende Gewähr bietet, ihre Interessen zu wahren.

2 Es ist aber kein förmliches Verwaltungsverfahren nach § 63 VwVfG, weil die Anwendung dieser Vorschriften nicht angeordnet ist, auch kein gerichtliches Verfahren, sondern ein Verwaltungsverfahren, das in § 10 EKrG näher geregelt ist. Das Antragsrecht steht nur den Beteiligten i.S.d. § 1 Abs. 6 EKrG, nicht aber Dritten zu. Eines Nachweises, dass Vereinbarungsverhandlungen geführt und gescheitert sind, bedarf es nicht, weil nach der amtlichen Begründung zu § 5 EKrG das Nichtzustandekommen einer Vereinbarung keine förmliche Voraussetzung für das Kreuzungsrechtsverfahren ist (s. § 5 Rdn. 1). Jedoch wird die Anordnungsbehörde vor einer Entscheidung gut beraten sein hierauf zu drängen, damit die Beteiligten sich über ihre gegensätzlichen Auffassungen klar werden. Sie haben schließlich im Verfahren hierzu Stellung zu nehmen.

3 Das nähere Verfahren für die Antragstellung ist in den Nr. 4 und 5 der EKrG-Richtlinien 2000[1] geregelt.

4 Aus dem Wort »kann« im Gesetzestext wird deutlich, dass die Beteiligten nicht verpflichtet sind, bei Streitigkeiten das Kreuzungsrechtsverfahren zu betreiben, sie

---

1 S. Anh. E 4.

[Antrag auf Kreuzungsrechtsverfahren] § 6 EKrG

können vielmehr auch direkt das Verwaltungsgericht im Parteienstreitverfahren anrufen.² Die Durchführung des Kreuzungsrechtsverfahrens ist demzufolge auch keine Zulässigkeitsvoraussetzung für das Verwaltungsgerichtsverfahren. Angesichts der Ausgestaltung des Verfahrens der §§ 6 ff. EKrG ist die Durchführung eines Kreuzungsrechtsverfahrens keine Sachurteilsvoraussetzung für ein Klageverfahren.

Das BVerwG³ sieht es allerdings als grundsätzlich wünschenswert an, dass die Verwaltungsgerichte durch das vorgelagerte behördliche Kreuzungsrechtsverfahren entlastet werden. Dafür spricht auch, die Vielzahl der beim BMVI in der Vergangenheit durchgeführten Verfahren und des damit verbundenen Erfahrungsschatzes. 5

Ein Kreuzungsbeteiligter kann somit entscheiden, ob er das Kreuzungsrechtsverfahren oder das gerichtliche Verfahren wählt. Die Möglichkeiten bestehen grundsätzlich nebeneinander. 6

Das Vorliegen einer Vereinbarung oder einer Anordnung im Kreuzungsrechtsverfahren ist zudem nicht Anspruchsvoraussetzung für eine Klage auf Erstattung der Änderungskosten einer Überführung gem. § 12 EKrG.⁴, ⁵ Der Wortlaut des § 3 EKrG, wonach die Kreuzungsänderungen »nach Maßgabe der Vereinbarung der Beteiligten (§ 5) oder der Anordnung im Kreuzungsrechtsverfahren (§§ 6 und 7)« erfolgen, lässt einen gegenteiligen Schluss nicht zu. Soweit § 13 EKrG die in dieser Vorschrift getroffene Kostenfolge davon abhängig macht, dass »eine Maßnahme nach § 3« EKrG durchgeführt wird, verweist die Regelung nur auf die materiellen, nicht jedoch die formellen Voraussetzungen des § 3 EKrG. Diese Beurteilung ist konsistent mit Blick auf die Entscheidung über die Zulässigkeit des Verwaltungsgerichtsverfahrens ohne Durchführung eines Kreuzungsrechtsverfahrens.⁶ Denn es wäre widersinnig, die unmittelbare Klage auf Kostenerstattung zwar zuzulassen, ihren materiellen Erfolg jedoch an der mangelnden Durchführung eines Kreuzungsrechtsverfahrens scheitern zu lassen.⁷ 7

B. Voraussetzungen für den Antrag

Wenn das Gesetz als Voraussetzung für den Antrag bestimmt, dass eine Vereinbarung nicht zustande kommt, die Begründung zum Gesetz jedoch feststellt, dass das Nichtzustandekommen einer Vereinbarung keine förmliche Voraussetzung für das Kreuzungsrechtsverfahren ist, so kann der gesetzlichen Bestimmung nur die Bedeutung beigemessen werden, dass ein Antragsrecht nicht gegeben ist, wenn eine Vereinbarung zustande gekommen ist. Problematisch sind Fälle, in denen ein Betei- 8

---

2 BVerwG, Urt. v. 14.09.1992 – 4 C 12.90, DVBl 1987, 1267; VG München Urt. v. 05.12.1988 – M 3 K 84.6508.
3 BVerwG, Urt. v. 14.09.1992 – 4 C 12.90.
4 BVerwG, Urt. v 12.06.2002 – 9 C 6.01.
5 BVerwG, Urt. v 05.12.2000 – 11 C 6.00.
6 BVerwG, Urt. v. 14.09.1992 – 4 C 12.90.
7 BVerwG, Urt. v 05.12.2000 – 11 C 6.00.

ligter nachträglich behauptet, über einen bestimmten Punkt sei die Vereinbarung nicht oder nicht vollständig abgeschlossen worden und insoweit nun eine Anordnungsentscheidung begehrt. Sind alle Kreuzungsbeteiligten der Auffassung, dass eine Vereinbarungslücke vorliegt oder ist eine solche offensichtlich, so wird ein Anordnungsantrag zulässig sein. Besteht dagegen zwischen den Kreuzungsbeteiligten Streit, ob die Vereinbarung den nachträglich strittig gewordenen Punkt mitregelt oder nicht und ist die Lücke auch nicht offensichtlich, so dürfte ein Anordnungsantrag als unzulässig zurückzuweisen sein. Im Streit steht nämlich die Auslegung der Kreuzungsvereinbarung, zu der die Anordnungsbehörde nicht berufen ist. Die Auslegung von Verträgen obliegt den Vertragspartnern selbst und falls diese keine Einigung erzielen können, müssen sie die Verwaltungsgerichte direkt anrufen. Zur Auslegung der Kreuzungsvereinbarung s. § 5 Rdn. 6.

9 Die Anordnungsbehörde (§ 8 EKrG) wird, wenn Einigungsverhandlungen überhaupt nicht oder nicht ernstlich stattgefunden haben sollten, aufgrund der Regelung des § 6 EKrG i.V.m. § 5 EKrG die Beteiligten darauf hinweisen können und müssen, dass es ihre Pflicht ist, zunächst eine Einigung zu versuchen, und sie wird durchaus in der Lage sein, den Beteiligten hierzu eine angemessene Frist zu stellen, bevor sie in das eigentliche Verfahren eintritt.

10 Weigert sich ein Beteiligter, überhaupt in Verhandlungen einzutreten, ohne sachliche Gesichtspunkte anzuführen, dann ist dies einer vergeblichen Einigungsbemühung gleichzusetzen. Ist dies jedoch der Antragsteller, dann wird er von der Anordnungsbehörde darauf hinzuweisen sein, dass er sich erst um eine Vereinbarung bemühen muss, bevor sie tätig wird.

11 Wenn abzusehen ist, dass eine Übereinkunft mit dem anderen Kreuzungsbeteiligten in angemessener Zeit nicht zu erreichen ist, empfiehlt es sich zur Beschleunigung des Verfahrens, rechtzeitig das Kreuzungsrechtsverfahren nach § 6 EKrG zu beantragen.

§ 7 EKrG [Offizialverfahren]

Die Anordnungsbehörde kann das Kreuzungsrechtsverfahren auch ohne Antrag einleiten, wenn die Sicherheit oder die Abwicklung des Verkehrs eine Maßnahme erfordert. Sie kann verlangen, daß die Beteiligten Pläne für Maßnahmen nach § 3 vorlegen.

Übersicht	Rdn.
A. Offizialverfahren	1
B. Voraussetzungen	4
C. Anordnungsbehörde	12
D. Untätigkeit der Anordnungsbehörde	13
E. Planvorlage	21

A. Offizialverfahren

Das Offizialverfahren kommt insbesondere in Betracht, wenn keiner der Beteiligten einen Antrag stellt, obwohl die Sicherheit des Verkehrs oder seine Abwicklung dies erfordert. Die Anregung für das Offizialverfahren an die Anhörungsbehörde kann von den Aufsichtsbehörden (Eisenbahnaufsicht, Straßenaufsicht) oder auch von Dritten kommen. Die zuständigen Aufsichtsbehörden werden aber auch durch Weisung einen Kreuzungsbeteiligten zum Antrag nach § 6 EKrG zwingen können.[1] Dabei wird sie aber berücksichtigen müssen, dass § 6 EKrG eine »Kann-Vorschrift« enthält. Die Weisung, einen Anordnungsantrag zu stellen, wird demzufolge nur beim Vorliegen einer Ermessensreduzierung auf null rechtmäßig sein. In seltenen Fällen der äußersten Dringlichkeit wird sogar ein Selbsteintrittsrecht der Aufsichtsbehörde angenommen werden können.[2]

1

Die Kreuzungsanlagen der Eisenbahnen mit öffentlichen Wegen waren nach der früheren Regelung »konstruktive Bestandteile der nach einem festgestellten Plan hergestellten Eisenbahnanlagen«.[3] Mit dem KrG wurden die seinerzeit voll als Eisenbahnanlagen charakterisierten Kreuzungsanlagen aufgespalten in Eisenbahnanlagen und Straßenanlagen (§ 10 Abs. 1 KrG mit Art. 5 KrGDV). Mit dieser Aufspaltung ging auch die alleinige Zuständigkeit des Reichsverkehrsministers für Entscheidungen in Kreuzungsangelegenheiten verloren.

2

Die Anregungen können aber auch von dritter Seite kommen, z.B. von Gemeinden oder Städten, die nicht selbst Beteiligte an der Kreuzung sind, die Unzulänglichkeit der Kreuzung sich aber auf ihr übriges Verkehrsnetz nachteilig auswirkt. Anregungen können auch die Verkehrsbehörden z.B. aufgrund von Unfallzahlen geben. Über die Pflicht der Anordnungsbehörden s. Rdn. 13 ff.

3

B. Voraussetzungen

Das Gesetz nennt die beiden das Kreuzungsrecht beherrschenden Voraussetzungen, die Sicherheit und die Abwicklung des Verkehrs, als Voraussetzung für das Offizialverfahren.[4] Dabei ist zu beachten, dass § 3 eine eigenständige Baulast festlegt und den Kreuzungsbeteiligten entgegen ihrer generellen Baulastverpflichtung kein Ermessen eröffnet ist.[5]

4

Ob die Sicherheit des Verkehrs eine Maßnahme erfordert, ist eine Rechtsfrage, die die Gerichte nachprüfen können. Nach der amtlichen Begründung[6] soll dies der Fall sein, wenn nach Auffassung der Anordnungsbehörde die Verkehrssicherheit an einer

5

---

1 *Nedden* Kreuzungsrecht S. 35.
2 VGH Kassel, NJW 1960, 1317; *Forsthoff* Verwaltungsrecht S. 232.
3 RVM Entscheidung vom 31.05.1933 E 14.2813, Sächs. OVG Entscheidung vom 15.04.1932 – 281 – I 1930, Erlass des PrMin. für öffentliche Arbeiten vom 03.12.1902.
4 S. § 3 EKrG Rdn. 20 ff.
5 Vgl. § 3 Rdn. 1 ff.
6 BT-Drucks. IV/183.

Kreuzung ernsthaft bedroht ist. Wann dies der Fall ist, wird ebenfalls eine Rechtsfrage sein. Anhaltspunkte hierfür geben insbesondere die Erkenntnisse der Verkehrsingenieure über die Sicherung von Verkehrswegen und schließlich auch die Tatsache der Unfallhäufung an einer Kreuzung.

6   Nicht zu prüfen ist die Frage, ob die Nichtbeseitigung der Unsicherheit auf der mangelnden Leistungsfähigkeit eines oder beider Beteiligter beruht.[7] Denn dies kann die Durchführung von Maßnahmen nicht behindern, die der Verkehrssicherheit und damit dem Schutz von Menschenleben dienen.[8] Etwas anderes ist es hingegen, wie sich die mangelnde Leistungsfähigkeit gegebenenfalls auf die Gewährung von Zuschüssen (§ 17 EKrG) auswirkt.[9]

7   Die Einleitung des Offizialverfahrens aus Gründen der Abwicklung des Verkehrs hatte der Regierungsentwurf[10] nicht vorgesehen, sodass nach ihm aus diesem Anlass eine Anordnung von Amts wegen überhaupt nicht möglich gewesen wäre, es sei denn, die Abwicklung des Verkehrs hätte zugleich die Sicherheit des Verkehrs beeinträchtigt.

8   Die Wörter »oder Abwicklung« sind auf Antrag des Abg. *Lemmrich* vom BT-Ausschuss für Verkehr, Post- und Fernmeldewesen eingefügt worden.

9   Der Regierungssprecher hatte zwar erklärt, dass er auch ohne diesen Zusatz die Abwicklung des Verkehrs als Grundlage für ein Offizialverfahren angesehen hätte, weil Störungen in der Abwicklung des Verkehrs auch eine Gefährdung der Verkehrssicherheit zur Folge hätten. Es war aber doch richtig, diese Ergänzung vorzunehmen, weil man sonst aus der Verschiedenheit der Regelungen in § 3 und § 7 EKrG hätte schließen können, dass Schwierigkeiten in der Abwicklung des Verkehrs keine Grundlage für ein Offizialverfahren abgeben sollten.

10 Die Möglichkeit, aus diesem Grunde ein Offizialverfahren einleiten zu können, interessiert natürlich in erster Linie Straßenbau und Straßenverkehr, weil bei den Eisenbahnen kraft des ihr gegebenen Vorranges vor dem Straßenverkehr Schwierigkeiten bei der Abwicklung des Verkehrs kaum auftreten.

11 Für Rationalisierungsmaßnahmen können keine Anordnungen erlassen werden.

C. Anordnungsbehörde

12 Siehe § 8 EKrG Rdn. 9 ff. und 16 ff.

D. Untätigkeit der Anordnungsbehörde

13 Das Gesetz hat die Einleitung des Offizialverfahrens als Kannvorschrift behandelt.

---

7 BVerwG, Urt. v. 14.05.1992 – 4 C 28.90.
8 BVerwG, VkBl. 1988 S. 311 zu § 12 Abs. 3 FStrG; BVerwG, VkBl. 1992 S. 460.
9 S. § 17 Rdn. 1 ff.
10 BT-Drucks. IV/183.

Die Kannvorschrift berechtigt aber die Anordnungsbehörde keineswegs zur Untätigkeit da, wo Gefahr im Verzug ist. Es würde eine solche Auslegung dem Sinn und Zweck des Gesetzes nicht gerecht werden, nämlich die Voraussetzungen zu schaffen, dass gefahrdrohende Zustände an Kreuzungen zur Erhöhung der Verkehrssicherheit so schnell wie möglich beseitigt werden.

Es wird daher Aufgabe der Anordnungsbehörde sein, die Voraussetzungen dafür zu schaffen, dass sie auch ohne Anträge tätig werden kann, wenn dies die Verhältnisse erfordern. Sie muss sich daher auch die hierfür erforderliche Sachkenntnis verschaffen.

Ob eine Untätigkeit der Anordnungsbehörde eine Amtspflichtverletzung sein kann, wird man etwa mit den gleichen Maßstäben beurteilen können wie das Nichttätigwerden der Polizei. Hierzu hat der BGH[11] ausgeführt, dass grundsätzlich die Bestimmung des Umfanges der Untersuchung, ob eine Polizeigefahr besteht, Ermessensangelegenheit der Polizei ist. Das setze aber freilich voraus, dass überhaupt eine Untersuchung stattgefunden hat, bejahendenfalls, dass sie nicht so oberflächlich gewesen ist, dass das Verhalten als willkürlich, als mit einer ordnungsmäßigen Verwaltung völlig unvereinbar angesprochen werden müsste. Liegt ein gefahrdrohender Zustand vor, müsse eingeschritten werden, wenn es sich um die Abwendung einer unmittelbaren Gefahr für wesentliche Rechtsgüter handele.

Der BGH[12] hat es nicht für ausgeschlossen gehalten, in der Verletzung der Aufsichtspflicht eine Amtspflichtverletzung zu sehen. Die Haftung kann dann in Betracht kommen, wenn durch Erteilung unsachgemäßer Weisungen oder durch Untätigbleiben in solchen Fällen, in denen nach Lage der Dinge ihr Eingreifen geboten gewesen wäre, ein Schaden eingetreten ist.[13]

Nun bestehen grundsätzlich Aufsichtsbehörden für die an einer Kreuzung Beteiligten, denen es in erster Linie obliegt, für die Sicherheit zu sorgen. Die Anordnungsbehörde tritt nur für Kreuzungen zu diesen Aufsichtsbehörden mit besonderen Befugnissen hinsichtlich der Kreuzungsanordnung hinzu. Sie wird sich in der Regel schon dadurch exkulpieren können, dass sie Berichten der zuständigen Aufsichtsbehörden, die Anlass zu Maßnahmen geben können, mit der gebotenen Sorgfalt nachgeht.

Aus der Natur der Sache ergibt sich, dass weder die Aufsichtsbehörde der Schiene noch die der Straße einseitig eine Änderungsmaßnahme anordnen kann, die in den Bereich der anderen Verwaltung eingreift. Die Aufsichtsbehörden sind auch nicht antragsberechtigt, sie können also nur Anregungen an die Anordnungsbehörde geben. Eine Pflicht zur dauernden Überwachung der Kreuzungen durch die Aufsichtsbehörden kann nicht angenommen werden.

---

11 BGH, DAR 1962, 205.
12 BGH, NJW 1956, 1028, *Marschall* § 3 Rn. 25.
13 BGH, NJW 1955, 299.

20 Unabhängig von der Frage, ob die Aufsichtsbehörde einen Kreuzungsbeteiligten anweisen kann, das Kreuzungsrechtsverfahren nach § 6 EKrG zu beantragen, erscheint es zweckdienlicher, weil schneller wirkend, wenn sich die Aufsichtsbehörden an die Anordnungsbehörde, wenn auch nicht mit einem Antrag, so doch mit einer Anregung wenden und damit die volle Verantwortung auf diese übertragen. In der amtlichen Begründung zu § 7 EKrG ist ausdrücklich gesagt, dass mit dieser Regelung »der Anordnungsbehörde neben den Beteiligten eine eigene Verantwortung übertragen« werde.

E. Planvorlage

21 Die Anordnungsbehörde, in der Regel wohl eine Ministerialinstanz,[14] wird meist nicht in der Lage sein, selbst einen Plan für die Maßnahmen nach §§ 2 und 3 aufzustellen, um ihn ihrer Anordnung zugrunde zu legen.

22 Das Gesetz verpflichtet daher die Beteiligten, auf Verlangen der Anordnungsbehörde dieser einen Plan zur Vorbereitung ihrer Entscheidung vorzulegen. Dieses Verlangen ist auf Maßnahmen nach § 3 beschränkt, weil bei neuen Kreuzungen (§ 2) keine gefahrdrohenden Zustände beseitigt werden sollen und für neue Kreuzungen die Unternehmer der neuen Verkehrswege von sich aus Pläne für die Kreuzungsanlagen vorlegen werden.

23 Da die Anordnungsbehörde nicht in jedem Fall vorgesetzte Behörde des Beteiligten ist, der den Plan vorlegen soll, ist die Anordnung der Planvorlage ein besonderer Verwaltungsakt, und nicht etwa eine Weisung im Rahmen der Verwaltungshierarchie.

24 Das Gesetz regelt nicht, wer die Kosten der Planaufstellung und -vorlage trägt. Wenn es zu einer Anordnung kommt, werden die Kosten als Verwaltungskosten der Baumaßnahmen zu behandeln sein. Kommt es jedoch zu keiner Anordnung, wird die Anordnungsbehörde die Kosten als eigene Verwaltungskosten zu tragen haben.

25 In dem gesetzlich statuierten Verlangen der Planvorlage liegt incidenter auch die Verpflichtung, mit den Kosten für Planvorlage in Vorlage zu treten.

26 Wenn in § 7 Satz 2 die Beteiligten angesprochen sind, so ist daraus nicht der Schluss zu ziehen, dass das Verlangen an beide Beteiligte gestellt werden müsste. Im Gegenteil wird es gerade dann, wenn ein Offizialverfahren mangels Vereinbarung oder jeglicher Tätigkeit der Beteiligten notwendig geworden ist, richtiger sein, nur einem Beteiligten die Planvorlage aufzuerlegen, weil nicht zu erwarten sein dürfte, dass beide zu einem gemeinschaftlichen Plan gelangen.

27 Die Anordnungsbehörde kann natürlich von sich aus auch ein Ingenieurbüro mit der Planausarbeitung beauftragen oder selbst einen Plan aufstellen, wenn sie dazu die erforderlichen Einrichtungen hat.

---

14 S. § 8 Rdn. 16 ff.

Bei den in § 7 Satz 2 genannten Plänen kann es sich selbstverständlich auch um Ausführungspläne, die einem Planfeststellungsverfahren und der Baudurchführung zugrunde gelegt werden sollen, handeln. 28

Dass zu einem Plan auch ein überschlägiger Kostenanschlag gehört, ist selbstverständlich. Das Gesetz hat dies daher nicht besonders betont. 29

§ 8 EKrG [Zuständige Anordnungsbehörde]

(1) Wenn an der Kreuzung ein Schienenweg einer Eisenbahn des Bundes beteiligt ist, entscheidet als Anordnungsbehörde der Bundesministerium für Verkehr und digitale Infrastruktur im Benehmen mit der von der Landesregierung bestimmten Behörde.

(2) In sonstigen Fällen entscheidet als Anordnungsbehörde die von der Landesregierung bestimmte Behörde.

Übersicht	Rdn.
A. Verfassungsrechtliche Fragen	1
B. Kreuzungen mit Eisenbahnen des Bundes (Abs. 1)	9
C. Sonstige Kreuzungen (Abs. 2)	16

A. Verfassungsrechtliche Fragen

§ 8 EKrG wurde durch das Eisenbahnneuordnungsgesetz[1] geändert. Mit der Privatisierung der Deutschen Bundesbahn bezieht sich die Zuständigkeit des BMVI nun auf alle Eisenbahnen des Bundes. Dies stellt lediglich eine Folgeänderung dar. 1

Bei der Bestimmung der Zuständigkeit von Behörden ist auf die verfassungsrechtlichen Zuständigkeitsvorschriften (Art. 83 ff. GG) Rücksicht zu nehmen. Bei den Kreuzungen handelt es sich um Gemeinschaftsanlagen, für die das Grundgesetz keine besondere Zuständigkeitsregelung vorsieht, vielmehr richtet sich diese nach dem Sachzusammenhang mit der Wirkung, dass die Zuständigkeit der Länder insoweit nicht gegeben ist, als eine Zuständigkeit des Bundes besonders begründet ist (wie z.B. in Art. 86, 87 GG). 2

Eine ausschließliche Verwaltungszuständigkeit besteht bei Eisenbahnkreuzungen nur für Eisenbahnen des Bundes, nicht aber für die sonstigen Eisenbahnen und Straßenbahnen, auch nicht für die Straßen schlechthin. Für die Straßen liegt die Verwaltungszuständigkeit z.T. bei den Ländern (für die Bundesfernstraßen als Auftragsverwaltung des Bundes nach Art. 90, 85 GG), für die Landstraßen I. Ordnung kraft Landesrecht und für die Landstraßen II. Ordnung bei den Landkreisen (jedoch nur z.T., was je nach Landesrecht verschieden ist), soweit sie die Verwaltung nicht auf die Länder übertragen haben, und bei den Gemeinden für die Gemeindestraßen. 3

---

1 Vgl. BGBl. 1993 I, S. 2378.

4 Berücksichtigt man, dass es sich bei den Anordnungen im Kreuzungsrechtsverfahren im Wesentlichen um eine aufsichtsrechtliche Zuständigkeit handelt, so ergibt sich, dass die Aufsichtsbefugnisse des BMVI gegenüber den Eisenbahnen des Bundes beschränkt sind (die Aufsicht über die Eisenbahnen des Bundes obliegt der dem BMVI nachgeordneten Behörde, dem EBA, § 5 Abs. 1a AEG) und die über die Bundesfernstraßen nach § 20 Abs. 1 Satz 2 FStrG von den Ländern im Auftrage des Bundes wahrgenommen werden. Die Aufsichtsbefugnisse der Länder sind über die Landstraßen I. Ordnung ohne Weiteres gegeben, bei den Landstraßen II. Ordnung sind die landesrechtlichen Regelungen durchaus verschieden, und sie beschränken sich z.T. auf die Rechtsaufsicht.[2] Dies gilt insbesondere für die Gemeindestraßen.

5 Die Zuständigkeit des Bundes kann nicht aus dem Grundsatz des überregionalen Verwaltungsaktes hergeleitet werden, weil es sich jeweils um örtlich abgegrenzte Fälle handelt. Der Gedanke an eine Mischverwaltung liegt nahe, das hieße also, ein gegenseitiges Einvernehmen zu verlangen. Dies wäre aber einer praktischen Durchsetzung der Ziele des Gesetzes nicht förderlich gewesen. Die in § 8 EKrG getroffene Lösung stellt schließlich einen Kompromiss dar, der vom Bundesrat gebilligt worden ist. Der Rechtsausschuss des Bundesrates hatte keine verfassungsrechtlichen Bedenken erhoben.

6 Die Ausführungen von *Köttgen*,[3] dass es nicht dem GG widerspreche, wenn Anordnungen des BMVI nach § 4 KrG an das Einvernehmen der Länder gebunden werden, soweit eine Verdrängung der Landesverwaltung überhaupt durch Art. 87 GG gedeckt werde, vermögen nicht zu überzeugen, da dann auch Entscheidungen der Länder, wenn die Rechtssphäre des Bundes berührt würde, ebenfalls an das Einvernehmen des Bundes geknüpft werden müssten.

7 Die reinliche Scheidung der Zuständigkeit, die nach der Beteiligung der Bahnen ausgerichtet wurde, ist daher zu begrüßen.

8 Die amtliche Begründung[4] hat daher mit Recht aufgeführt, dass die Bindung der Anordnungsbehörde an das Einvernehmen anderer Stellen häufig dazu führt, ein Gesetz unanwendbar zu machen, weshalb die Entscheidungsbefugnis jeweils einer Stelle allein übertragen werden müsse, die dann auch die Verantwortung für die zu treffende Maßnahme trage.

B. Kreuzungen mit Eisenbahnen des Bundes (Abs. 1)

9 Im Hinblick auf Art. 87 GG ist, wie die amtliche Begründung[5] ausführt, das BMVI Anordnungsbehörde, wenn ein Schienenweg einer Eisenbahn des Bundes beteiligt ist. Die Zuständigkeit, die sich aus der Verwaltungszuständigkeit des Bundes für Ei-

---
2 Z.B. Art. 62 Abs. 2 BayStrWG.
3 *Köttgen* DÖV 1955 S. 485, 490.
4 BT-Drucks. III/1683.
5 BT-Drucks. III/1683.

senbahnen des Bundes ergibt, bestimmt die Zuständigkeit auch dann, wenn Sachgebiete beteiligt sind, die in den Zuständigkeitsbereich der Länder fallen.

Um jedoch den Landesbehörden die Möglichkeit der Beteiligung zu geben, ist auf Antrag des BR mit Zustimmung der Bundesregierung angefügt worden, dass die Entscheidung des BMVI im Benehmen mit der von der Landesregierung bestimmten Behörde ergehen solle. 10

Es ist damit gewährleistet, dass die von der Landesregierung bestimmte Behörde ihre Auffassung zur Sach- und Rechtslage noch vor der Entscheidung des BMVI zur Geltung bringen kann. Von einer entscheidenden Mitwirkung in der Form des Einvernehmens wurde abgesehen.[6] 11

Anschlussbahnen, die keine Eisenbahn des Bundes sind, sondern von ihr nur betrieben werden, fallen nicht darunter; für sie ist daher die Zuständigkeit der Länder nach Abs. 2 gegeben. 12

Das Benehmen ist herzustellen mit den hierfür von den Landesregierungen bestimmten Behörden: 13
- **Baden Württemberg:** Ministerium für Verkehr gemäß § 5 Abs. 1 Nr. 2 der Verordnung der Landesregierung und des Verkehrsministeriums über Zuständigkeiten nach dem Bundesfernstraßengesetz und dem Eisenbahnkreuzungsgesetz vom 29.08.1988 – GBl. 1988, S. 262, geändert durch VO vom 23.02.2017 (GBl. S. 99, 120)
- **Bayern:** Staatsministerium des Innern, für Bau und Verkehr gemäß § 26 der Verordnung über Zuständigkeiten im Verkehrswesen vom 22.12.1998 (GVBl. S. 1025, BayRS 9210-2-I), zuletzt geändert durch Verordnung vom 28. April 2017 (GVBl. S. 98)
- **Berlin:** Senatsverwaltung für Umwelt, Verkehr und Klimaschutz gemäß Allgemeinem Zuständigkeitsgesetz vom 22.07.1996 – GVBl. 1996 S. 302
- **Brandenburg:** Ministerium für Infrastruktur und Landesplanung gemäß § 2 Verordnung zur Ausführung des Eisenbahnkreuzungsgesetzes (EKrG-AV) vom 18.07.1996 – GVBl. II S. 572
- **Bremen:** Senator für Umwelt, Bau, und Verkehr gemäß Bek. v. 16.11.1965 – AmtsBl. S. 313
- **Hessen:** Regierungspräsidium gemäß § 3 Abs. 2 der Verordnung zur Bestimmung von Zuständigkeiten im Geschäftsbereich des Ministeriums für Wirtschaft, Verkehr und Landesentwicklung vom 11.02.2008 – GVBl. II 50-45
- **Hamburg:** Behörde für Wirtschaft, Verkehr und Innovation gemäß Anordnung des Senats zur Durchführung des Eisenbahnkreuzungsgesetzes vom 16.12.1993 – Amtl. Anzeiger 1993 S. 2569
- **Mecklenburg-Vorpommern:** Ministerium für Energie, Infrastruktur und Digitalisierung gemäß Zuständigkeitsneuregelungsgesetz vom 20.12.1990 – GVOBl 1991 S. 2 GS M-VGl. Nr. 200-1

---

6 S. Rdn. 1 ff.

- **Niedersachsen:** Niedersächsische Landesbehörde für Straßenbau und Verkehr gemäß Beschl. der Landesregierung vom 23.11.2004 – Nds. MBl. 39/2004, S. 841
- **Nordrhein-Westfalen:** Ministerium für Verkehr gemäß § 5 Abs. 2 der Verordnung zur Regelung von Zuständigkeiten nach dem Straßenrecht und Eisenbahnkreuzungsrecht vom 26.01.2010 – GV. NRW. S. 125
- **Rheinland-Pfalz:** Ministerium für Wirtschaft, Verkehr, Landwirtschaft und Weinbau gemäß § 1 der Landesverordnung über Zuständigkeiten nach dem Eisenbahnkreuzungsgesetz vom 08.01.1982
- **Saarland:** Ministerium für Wirtschaft, Arbeit, Energie und Verkehr gemäß Verordnung über die Zuständigkeit von Landesbehörden nach dem Eisenbahnkreuzungsgesetz vom 20.05.1969, zuletzt geändert durch Verordnung vom 24. Januar 2006, Amtsblatt 1969, S. 310
- **Sachsen:** Staatsministerium für Wirtschaft, Arbeit und Verkehr gemäß § 2 der Verordnung der Sächsischen Staatsregierung zum Vollzug des Gesetzes über Kreuzungen von Eisenbahnen und Straßen vom 12.10.1993 – SächsGVBl. 1993 S. 1010
- **Sachsen-Anhalt:** Ministerium für Landesentwicklung und Verkehr gemäß § 2 Abs. 1 Nr. 2 der Verordnung zur Durchführung von straßenrechtlichen Vorschriften für das Land Sachsen-Anhalt (StrVO-LSA) – GVBl. LSA Nr. 14/1994 S. 493
- **Schleswig-Holstein:** Landesbetrieb Straßenbau und Verkehr Schleswig-Holstein gemäß § 1 Nr. 12 der Landesverordnung über Zuständigkeiten im Eisenbahnwesen vom 05.12.2001 – GVOBl. 2001, 415
- **Thüringen:** Ministerium für Infrastruktur und Landwirtschaft. Die Zuständigkeit beruht auf dem EKrG, da keine landesrechtliche Regelung geschaffen worden ist.

14 Der BMVI braucht das Benehmen dann nicht herzustellen, wenn sich seine Entscheidung mit der Stellungnahme der obersten Landesbehörde deckt.[7]

15 Das Herstellen des **Benehmens** bedeutet, dass der so zu beteiligenden Stelle Gelegenheit zur Äußerung gegeben werden muss. Dazu gehört die Einsicht in die Unterlagen des Vorhabens und Auskünfte auf Rückfragen. Wird kein Benehmen hergestellt, dann ist der Verwaltungsakt fehlerhaft und anfechtbar. Nach der Fassung des § 8 Abs. 1 EKrG ist das Benehmen mit der Landesbehörde auch dann herzustellen, wenn es sich um Kreuzungen handelt, bei denen Belange der Länder nicht betroffen sind (z.B. Kreuzungen von einer Eisenbahn des Bundes mit Bundesfernstraße). Hingegen fehlt in Abs. 2 ein Benehmen des Landes mit dem Bund, wenn es sich um Kreuzungen von Landeseisenbahnen mit Bundesfernstraßen handelt. Ein hergestelltes Benehmen schließt die Anfechtung der Anordnung nicht aus, wenn die anfechtende Behörde geltend macht, dass die Anordnung so nicht erforderlich gewesen sei oder die Kostenmasse übersetzt sei.

---

[7] S. Nr. 8 der EKrG-Richtl. 2000 Anh. E 4.

C. Sonstige Kreuzungen (Abs. 2)

»In sonstigen Fällen« heißt, wenn kein Schienenweg einer Eisenbahn des Bundes an der Kreuzung beteiligt ist, also insbesondere bei nichtbundeseigenen Eisenbahnen, Straßenbahnen, die nicht im Verkehrsraum einer öffentlichen Straße liegen, und Anschlussbahnen.[8] 16

Die zuständige Behörde bestimmt die Landesregierung; ihr ist also die Entscheidung darüber überlassen, welcher Fachsparte sie die Zuständigkeit zuweist und auch welcher Ebene (Ministerium, Regierung, Landrat). 17

In der ursprünglichen Fassung der Regierungsvorlage war in Abs. 2 noch ausdrücklich bestimmt, dass in den Fällen, in denen eine Bundesfernstraße beteiligt ist, die für ihre Verwaltung zuständige oberste Landesbehörde, also praktisch die oberste Landesstraßenbaubehörde im Auftrage des Bundes, zuständig sein sollte. Dies war eine logische Regelung, die der des Abs. 1 entsprochen hätte. Der Bundesrat machte dagegen verfassungsrechtliche Bedenken geltend, weil man die Auftragsverwaltung nicht ausdehnen solle auf Fälle, in denen eine Bundesfernstraße eine nichtbundeseigene Eisenbahn kreuzt. Auch sei es verfassungspolitisch bedenklich, die Zuständigkeit von Landesbehörden in einer bestimmten Ebene festzulegen. Die Bundesregierung ist dem BR zwar insoweit gefolgt, als die Ebene und die fachliche Zuständigkeit den Ländern überlassen bleiben sollte, brachte aber gleichzeitig zum Ausdruck, dass die von der Landesregierung bestimmte Anordnungsbehörde im Fall der Beteiligung einer Bundesfernstraße im Auftrage des Bundes handele, was sich unmittelbar aus Art. 90 Abs. 2 GG ergebe.[9] 18

Auch der Berichterstatter im Bundesrat, Minister *Böhrnsen*,[10] bestätigte, dass die Rechte des Bundes gem. dem FStrG der Auftragsverwaltung Weisungen zu geben, auch im Rahmen dieser Regelung gewahrt werden könnten. 19

Die frühere Bestimmung in Abs. 2 Halbs. 2 des § 8 EKrG, wonach im Fall einer Kostenbeteiligung des Bundes nach § 13 Abs. 1 Satz 2 EKrG die Anordnungsbehörde das Benehmen mit dem BMVI herzustellen hat, ist durch das EKrÄndG ersatzlos aufgehoben worden. 20

Als Anordnungsbehörden der Länder sind zuständig in: 21
- **Baden-Württemberg:** Ministerium für Verkehr in den Fällen des § 2 Abs. 2 EKrG, im Übrigen das Regierungspräsidium gemäß § 5 Abs. 1 Nr. 3 der Verordnung der Landesregierung und des Verkehrsministeriums über Zuständigkeiten nach dem Bundesfernstraßengesetz und dem Eisenbahnkreuzungsgesetz vom 29.08.1988 – GBl. 1988 S. 262

---

8 S. § 1 EKrG Rdn. 33 ff. und Rdn. 43.
9 BT-Drucks. III/1638 S. 9, 12.
10 BR-Bericht vom 05.02.1960 S. 290.

C 1. Erläuterungen zum Eisenbahnkreuzungsgesetz

- **Bayern:** Regierungen gemäß § 12 Abs. 1 der Zuständigkeitsverordnung vom 16.06.2015 – GVBl. S. 184
- **Berlin:** Senatsverwaltung für Umwelt, Verkehr und Klimaschutz gemäß Allgemeinem Zuständigkeitsgesetz vom 22.07.1996 – GVBl. 1996 S. 302
- **Brandenburg:** Ministerium für Infrastruktur und Landesplanung gemäß § 1 Verordnung zur Ausführung des Eisenbahnkreuzungsgesetzes (EKrG-AV) vom 18.07.1996 – GVBl. II S. 572
- **Bremen:** Senator für Umwelt, Bau, und Verkehr gemäß Bek. v. 16.11.1965 – AmtsBl. S. 313
- **Hamburg:** Behörde für Wirtschaft, Verkehr und Innovation gemäß Anordnung des Senats zur Durchführung des Eisenbahnkreuzungsgesetzes vom 16.12.1993 – Amtl. Anzeiger 1993 S. 2569
- **Hessen:** Regierungspräsidium gemäß § 3 Abs. 2 der Verordnung zur Bestimmung von Zuständigkeiten im Geschäftsbereich des Ministeriums für Wirtschaft, Verkehr und Landesentwicklung vom 11.02.2008 – GVBl. II 50-45
- **Mecklenburg-Vorpommern:** Ministerium für Energie, Infrastruktur und Digitalisierung gemäß Zuständigkeitsneuregelungsgesetz vom 20.12.1990 – GVOBl 1991 S. 2 GS M-VGl. Nr. 200-1
- **Niedersachsen:** Niedersächsische Landesbehörde für Straßenbau und Verkehr gemäß Beschl. der Landesregierung vom 23.11.2004 – Nds. MBl. 39/2004, S. 841
- **Nordrhein-Westfalen:** Bezirksregierung, in deren Bezirk die Kreuzung liegt gemäß § 5 Abs. 1 der Verordnung zur Regelung von Zuständigkeiten nach dem Straßenrecht und Eisenbahnkreuzungsrecht vom 26.01.2010 – GV. NRW. S. 125
- **Rheinland-Pfalz:** Ministerium für Wirtschaft, Verkehr, Landwirtschaft und Weinbau gemäß § 1 der Landesverordnung über Zuständigkeiten nach dem Eisenbahnkreuzungsgesetz vom 08.01.1982
- **Saarland:** Ministerium für Wirtschaft, Arbeit, Energie und Verkehr gemäß Verordnung über die Zuständigkeit von Landesbehörden nach dem Eisenbahnkreuzungsgesetz vom 20.05.1969, zuletzt geändert durch Verordnung vom 24. Januar 2006, Amtsblatt 1969, S. 310
- **Sachsen:** Landesamt für Straßenbau und Verkehr gemäß § 1 Nr. 2 der Verordnung der Sächsischen Staatsregierung zum Vollzug des Gesetzes über Kreuzungen von Eisenbahnen und Straßen vom 12.10.1993 – SächsGVBl. 1993 S. 1010
- **Sachsen-Anhalt:** Landesverwaltungsamt gemäß § 2 Abs. 3 der Verordnung zur Durchführung von straßenrechtlichen Vorschriften für das Land Sachsen-Anhalt (StrVO-LSA) – GVBl. LSA Nr. 14/1994 S. 493
- **Schleswig-Holstein:** Landesbetrieb Straßenbau und Verkehr Schleswig-Holstein gemäß § 1 Nr. 11 der Landesverordnung über Zuständigkeiten im Eisenbahnwesen vom 05.12.2001 – GVOBl. 2001, 415
- **Thüringen:** Ministerium für Infrastruktur und Landwirtschaft. Die Zuständigkeit beruht auf dem EKrG, da keine landesrechtliche Regelung geschaffen worden ist.

§ 9 EKrG [gestrichen]

§ 9 EKrG 1971 ist durch Art. 6 Abs. 106 ENeuOG gestrichen worden. 1

Die Gesetzesbegründung dazu lautet: 2

»Die Streichung des § 9 EKrG beseitigt eine Verwaltungszuständigkeit des Bundesministers für Verkehr. Nach dieser Vorschrift war bisher der Bundesminister für Verkehr unter bestimmten Voraussetzungen nicht nur als Anordnungsbehörde im Kreuzungsrechtsverfahren, sondern auch als Planfeststellungsbehörde zuständig. In der Praxis ist diese Vorschrift bisher nicht zur Anwendung gekommen. Für eine Streichung der Vorschrift spricht auch, daß die Durchführung eines Planfeststellungsverfahrens durch eine oberste Bundesbehörde wenig praktikabel ist. Die Streichung bewirkt, daß für das Planfeststellungsverfahren künftig die auch in den übrigen Fällen zuständige Behörde zuständig wird. Nach welchen Vorschriften das Planfeststellungsverfahren durchzuführen ist, richtet sich nach dem jeweils anzuwendenden Fachplanungsgesetz. Bei verschiedenen Verkehrswegen ist ggf. nach § 78 Verwaltungsverfahrensgesetz zu verfahren.«

Es gelten somit für die Planfeststellung die Fachplanungsgesetze, AEG, FStrG bzw. 3
die entsprechenden Regelungen in den Landesstraßengesetzen und Landeseisenbahngesetzen. Als neues Instrumentarium sei auf das Investitionsmaßnahmengesetz (IMG) hingewiesen; s. das Gesetz über den Bau der »Südumfahrung Stendal« der Eisenbahnstrecke Berlin-Oebisfelde vom 29.10.1993 (BGBl. I S. 1906).

Der § 9 EKrG a.F. ist als Anh. E 21 abgedruckt. 4

§ 10 EKrG [Entscheidung der Anordnungsbehörde]

(1) Wird eine Maßnahme nach § 2 oder 3 angeordnet, so ist über Art und Umfang der Maßnahme, über die Duldungspflicht sowie über die Rechtsbeziehungen der Beteiligten und die Kostentragung zu entscheiden.

(2) Die Beteiligten sind verpflichtet, der Anordnungsbehörde jede für die Entscheidung erforderliche Auskunft zu erteilen.

(3) Ist eine Maßnahme, die die Sicherheit des Verkehrs erfordert, unaufschiebbar, so kann über Art, Umfang und Durchführung sowie über die Duldungspflicht vorab entschieden werden.

(4) Sind sich die Beteiligten über die durchzuführenden Maßnahmen einig oder ist die Maßnahme bereits durchgeführt, so kann auf Antrag über die Kostentragung entschieden werden.

(5) Bestehen zwischen den Beteiligten Meinungsverschiedenheiten darüber, ob eine öffentliche Straße nach der Beschaffenheit ihrer Fahrbahn geeignet und dazu bestimmt ist, einen allgemeinen Kraftfahrzeugverkehr aufzunehmen, so kann die

Anordnungsbehörde zur Vorbereitung einer Vereinbarung oder einer Anordnung auf Antrag eines Beteiligten darüber entscheiden.

(6) Die Entscheidung ist mit Gründen zu versehen und den Beteiligten zuzustellen.

Übersicht	Rdn.
A. Maßnahmen (Abs. 1)	1
B. Inhalt der Entscheidung	5
I. Art und Umfang	6
II. Duldungspflicht	7
III. Rechtsbeziehungen	8
IV. Kostenentscheidung	14
C. Auskunftspflicht (Abs. 2)	22
D. Vorabentscheidung (Abs. 3)	25
E. Kostenentscheidung (Abs. 4)	30
F. Vorentscheidung über die Kfz-Fähigkeit einer Straße (Abs. 5)	38
G. Verfahren (Abs. 6)	43

A. Maßnahmen (Abs. 1)

1 Bei den Maßnahmen i.S.d. § 10 Abs. 1 EKrG handelt es sich um die bei neuen Kreuzungen auftretenden Meinungsverschiedenheiten, um die Erteilung der Ausnahmegenehmigung nach § 2 Abs. 2 Satz 1 EKrG, die Auferlegung von Sicherungsmaßnahmen im Zusammenhang mit einer Ausnahmegenehmigung[1] und um Beseitigungs-, Änderungs- oder sonstige Maßnahmen i.S.d. § 3 EKrG.[2] Rationalisierungsmaßnahmen fallen nicht unter diese Regelung.

2 Zulässig sind auch nachträgliche Entscheidungen, wenn sich die Beteiligten über gewisse Fragen einig sind und nur besondere Einzelfragen noch geregelt werden müssen.[3]

3 Die Beteiligten sind nicht verpflichtet bei Streitigkeiten ein Kreuzungsrechtsverfahren durchzuführen. Sie können auch gleich das Verwaltungsgericht anrufen.[4] Wegen der großen Sachkenntnis des BMVI erscheint ein Kreuzungsrechtsverfahren aber ratsam.

4 Eine andere Frage ist, ob das Vorliegen einer Vereinbarung oder Anordnung Sachurteilsvoraussetzung für eine Klage auf Erstattung der Kosten bzw. Teile der Kosten ist. Dies wird man ebenfalls verneinen müssen. Soweit die §§ 12 und 13 EKrG die

---

1 § 2 Abs. 2 Satz 2 EKrG, s. § 2 EKrG Rdn. 50 ff. und § 11 Rdn. 22.
2 S. § 3 EKrG Rdn. 72–105.
3 S. Abs. 4 hinsichtlich der Kostentragung und BVerwG, Urt. v. 21.05.1965 – IV C 16.65 VkBl. 1965, 517.
4 S. § 6 EKrG Rdn. 4 ff.

Kostenfolgen davon abhängig machen, dass eine Maßnahme nach § 3 EKrG durchgeführt wird, verweisen die Regelungen nur auf die materiellen, nicht jedoch die formellen Voraussetzungen des § 3 EKrG.[5]

B. Inhalt der Entscheidung

Die Entscheidung der Anordnungsbehörde hat sich insbesondere zu erstrecken auf: 5

I. Art und Umfang

Siehe hierzu §§ 3 bis 5 EKrG. Bei der Entscheidung über die Art sollen nach der 6 amtlichen Begründung[6] auch die finanziellen Möglichkeiten der Beteiligten Berücksichtigung finden. Die finanzielle Leistungsfähigkeit eines Kreuzungsbeteiligten ist aber bei der Frage, ob eine Kreuzungsmaßnahme durchzuführen ist, unbeachtlich.[7]

II. Duldungspflicht

Inhalt und Umfang der Duldungspflicht ergeben sich aus der materiell-rechtlichen 7 Vorschrift des § 4.[8] Da aber auch über diese Fragen durchaus Meinungsverschiedenheiten zwischen den Beteiligten auftreten können, ist die Entscheidung hierüber der Anordnungsbehörde übertragen worden. Wenn in § 5 EKrG über die Regelung der Duldungspflicht nichts erwähnt ist, so schließt dies natürlich nicht aus, dass sich die Beteiligten auch hierüber, sei es im Rahmen des Gesetzes, sei es abweichend hiervon, vereinbaren.[9]

III. Rechtsbeziehungen

Das Gesetz lässt es offen, welche Rechtsbeziehungen zwischen den Beteiligten außer 8 den ausdrücklich aufgeführten noch geregelt werden sollen, zumal das Gesetz hierfür auch keine besonderen materiell-rechtlichen Vorschriften enthält. Nach der amtlichen Begründung kann die Anordnungsbehörde alle mit der Maßnahme an der Kreuzung zusammenhängenden Rechtsbeziehungen zwischen den Beteiligten regeln. Es kann sich insoweit z.B. um die Behandlung der in der Straße liegenden Straßenbahnen oder Versorgungsleitungen oder im Bahnkörper liegenden Fernmeldeleitungen und dergleichen handeln. Das Gesetz beschränkt aber die Zuständigkeit auf die Beteiligten unmittelbar. Rechte Dritter bleiben nach der amtlichen Begründung durch die Entscheidung im Kreuzungsrechtsverfahren unberührt. Sie sind, soweit sie der Durchführung der Maßnahme entgegenstehen, sei es im Planfeststellungsverfah-

---

5 Vgl. BVerwG, Urt. v. 05.12.2000 – 11 C 6.00; s.a. § 6 Rdn. 7.
6 BT-Drucks. III/1683.
7 S. § 12 EKrG Rdn. 30, 35.
8 S. § 4 EKrG Rdn. 1 ff.
9 § 5 EKrG Rdn. 32.

ren, sei es auf sonstige, je nach der Art des betroffenen Rechts infrage kommenden Weise besonders zu regeln.

9   Die Anordnung soll nach der amtlichen Begründung den Rahmen darstellen, innerhalb dessen die Einzelheiten und ihre technische Durchführung im Planfeststellungsverfahren geregelt werden.

10 Für die Anordnung von Schutzauflagen im Planfeststellungsverfahren ist erforderlich ein adäquater Ursachenzusammenhang zwischen dem durch die Planfeststellung genehmigten Vorhaben und den nachteiligen Einwirkungen, deren Abwendung oder Verminderung die Auflagen dienen sollen.[10]

11 Über die möglichen Zuständigkeiten muss man sich klar werden. Soweit es sich um Rechtsbeziehungen der Beteiligten zu Dritten handelt, muss die Regelung entweder einer Vereinbarung oder einer Entscheidung im Planfeststellungsverfahren, gegebenenfalls mit nachfolgendem Enteignungsverfahren überlassen bleiben, während die kreuzungsrechtlichen Beziehungen zwischen den Beteiligten i.S.d. § 1 Abs. 6 EKrG mangels einer Vereinbarung durch die Anordnungsbehörde im Kreuzungsrechtsverfahren geregelt werden können.

12 Dies ist insbesondere auch von Bedeutung für die Vereinbarung der Folgepflicht für Versorgungsleitungen und dergleichen im Zuge von Straßen und Eisenbahnen, wenn die Folgepflicht ausgelöst werden soll, gleichgültig, ob die Änderung von dem einen oder anderen Verkehrsweg ausgeht.[11]

13 Soweit sich die Beteiligten nicht darüber einig sind, gehört hierzu auch die Entscheidung, wer die Baumaßnahme durchzuführen hat und dass der andere Beteiligte in jeder Hinsicht beitragen muss, damit die Baumaßnahme durchgeführt werden kann. Der Entscheidung über das Verfahren bei der Durchführung der Maßnahme können die Richtlinien für die Planung, Baudurchführung und Abrechnung von Maßnahmen nach dem Eisenbahnkreuzungsgesetz[12] zugrunde gelegt werden. Welchem Beteiligten die Anordnungsbehörde die Durchführung auferlegt, hängt vom einzelnen Fall ab. Wo die Sicherheit und die Aufrechterhaltung des Eisenbahnbetriebs im Vordergrund stehen, wird die Durchführung zweckmäßig in die Hand der Eisenbahnverwaltung gelegt. Wo es sich überwiegend um straßenbauliche Maßnahmen handelt, wird man die Straßenbauverwaltung bestimmen. Handelt es sich um typische Verkehrssicherungseinrichtungen der Eisenbahnen (z.B. Schranken, Blinklichter), wird man die Durchführung nur den Eisenbahnen auferlegen können.

---

10 BVerwGE 41, 178 und VkBl. 1974, 241.
11 Vgl. BGH, VkBl. 1962, 572.
12 Anh. E 3.

IV. Kostenentscheidung

Die Entscheidung über die Kostentragung, d.h. über die Verteilung der Kosten auf die Beteiligten, stellt einen wesentlichen Inhalt der Entscheidung dar.[13]   14

Die Kostenentscheidung muss sich an das materielle Recht, also an die Vorschriften der §§ 11 ff. EKrG halten. Einen Ermessensspielraum in der Kostenfrage räumt das Gesetz der Anordnungsbehörde nicht ein. Die Kreuzungsbeteiligten hingegen können auch andere Kostenregelungen treffen.[14] Allerdings können sich Beschränkungen aus der BHO/LHO ergeben. Die Anordnungsbehörde kann lediglich über die Gewährung eines Zuschusses nach § 17 EKrG nach freiem Ermessen entscheiden.   15

Soweit es sich um die finanziellen Möglichkeiten, also um die Leistungsfähigkeit eines Beteiligten handelt, kann diese in der Kostenentscheidung nicht berücksichtigt werden.[15] Hierauf kann aber nach der amtlichen Begründung bei der Art der anzuordnenden Maßnahme Rücksicht genommen werden oder bei der Gewährung von Zuschüssen (§ 17 EKrG).   16

Die Meinung, die Anordnungsbehörde habe sich nach dem Haushalt der Beteiligten zu richten, muss abgelehnt werden vor allem, wenn die Anordnung der Sicherheit dient und die Beteiligten in erster Linie die Maßnahmen, die der Sicherheit dienen, durchzuführen haben unter Zurückstellung weniger dringlicher Aufgaben.   17

In § 10 EKrG ist nicht gesagt, dass bei der Kreuzungsrechtsentscheidung zugleich auch über die Zuschussgewährung mitentschieden werden kann oder soll. Das Gesetz schließt das aber auch nicht aus. Die Entscheidung über einen Zuschuss mit der Anordnung zu verknüpfen, empfiehlt sich schon aus praktischen Gründen, weil insbesondere leistungsschwache Beteiligte bei Gewährung angemessener Zuschüsse eher bereit sein werden, die getroffene Entscheidung hinzunehmen und auf eine Anfechtung zu verzichten. Die Zuschussgewährung kann gegebenenfalls in der Anordnung unter der Bedingung zugesagt werden, dass die Anordnung angenommen wird.   18

Voraussetzung für die Verbindung der Zuschusszusage mit der Anordnung ist natürlich, dass die Anordnungsbehörde auch die zuschussgewährende Behörde ist.[16]   19

§ 10 Abs. 1 EKrG ist eine Mussvorschrift. Die Anordnungsbehörde muss also über die aufgeführten Sachgebiete entscheiden, es sei denn, es handele sich um einen Fall der reinen Kostenentscheidung nach Abs. 4 oder um eine Dringlichkeits-Teilentscheidung nach Abs. 3.[17] Selbst wenn sich die Beteiligten über einige Punkte geeinigt hatten, kann die Anordnungsbehörde anders entscheiden, soweit dies aus Gründen der Sicherheit oder Abwicklung des Verkehrs geboten ist. Denn sie muss eine   20

---

13 S.a. Rdn. 30 ff.
14 Vgl. § 5 Rdn. 25 ff.
15 Vgl. BVerwG, VkBl. 1988 S. 311 zu § 12 Abs. 3 FStrG.
16 S. § 17 EKrG Rdn. 11 ff.
17 S. Rdn. 30 ff. und 25 ff.

Entscheidung treffen, die alle Gesichtspunkte umfasst, kann also nicht durch Teilvereinbarungen gebunden sein. Dies muss auch deshalb gelten, weil die Beteiligten auch Teilvereinbarungen unabhängig von den gesetzlichen Festlegungen treffen können. Die Anordnungsbehörde kann ihre Entscheidung aber nur nach dem Gesetz treffen.

21 Die besondere Regelung des § 10 EKrG ist einer extensiven Auslegung für Fälle, wie z.b. die Anordnung über die Erhaltungskosten, nicht zugänglich.[18]

C. Auskunftspflicht (Abs. 2)

22 Die Auskunftspflicht besteht nur für die Beteiligten i.S.d. § 1 Abs. 6 EKrG.

Im Wesen der Auskunft liegt es, dass sie sich nur auf das beziehen kann, was der Auskunftspflichtige weiß oder wissen müsste. Besondere umfangreiche Erhebungen anstellen zu müssen, liegt nicht mehr im Rahmen einer Auskunft.

23 Nach der amtlichen Begründung soll diese Vorschrift es der Anordnungsbehörde erleichtern, den Sachverhalt zu klären und die Grundlagen für ihre Entscheidung zusammenzutragen. Welche Unterlagen einem Antrag auf Anordnung beizufügen sind, ist in der EKrG-Richtlinie 2000 Nr. 5, 7 näher bestimmt.[19] Die Planvorlage ist damit nicht angesprochen, sie ist vielmehr in § 7 Abs. 2 EKrG besonders geregelt und dient der Vorbereitung des Verfahrens (nicht nur der Entscheidung).

24 Es würde den Rahmen der Auskunftspflicht überschreiten, wenn die Anordnungsbehörde aufgrund des § 10 Abs. 2 EKrG eine besondere Verkehrszählung oder ein verkehrswirtschaftliches Gutachten von einem Beteiligten verlangen würde, soweit Letzteres erst erstellt werden müsste. Selbstverständlich sind die Beteiligten aber verpflichtet, vorhandene Ausarbeitungen und Gutachten vorzulegen. Die Auskunft kann auch in der Vorlage erst noch zu fertigender Zusammenstellungen bereits vorhandenen Materials bestehen (z.B. Zusammenstellung mehrerer Verkehrszählungen, um die Verkehrszunahme erkennen zu können).

D. Vorabentscheidung (Abs. 3)

25 Der Gesetzgeber hat, was im KrG nicht vorgesehen war, eine besondere Regelung für den Fall getroffen, dass über eine Maßnahme, die die Sicherheit des Verkehrs erfordert, vorab unter Ausklammerung der Kostenregelung entschieden werden kann. Die Frage der Kostenverteilung ist zwar von wesentlicher Bedeutung für die Beteiligten und nicht immer einfach zu entscheiden. Wenn es aber um die Sicherheit geht – die Frage der Abwicklung des Verkehrs ist hier nicht erfasst –, muss die Anordnungsbehörde auch zu schnellem Handeln befugt sein und das Notwendigste anordnen können.[20]

---

18 BMVI S. v. 28.07.1975 – E 6/E 1/78.11.20/10 Bb 75.
19 S. Anh. E 4.
20 S.a. § 7 EKrG Rdn. 4 ff.

Besonders aufgezählt sind Vorabentscheidungen über Art, Umfang und Durchführung der Maßnahmen und die Duldungspflicht. 26

Das Wort »Durchführung« ist erst im BT-Ausschuss für Verkehr, Post- und Fernmeldewesen eingefügt worden, weil gerade bei einer dringenden Maßnahme festgelegt werden muss, wer die Maßnahme durchzuführen hat. Dies war besonders im Hinblick auf die Fassung des § 5 EKrG erforderlich, in dem die Durchführung neben Art und Umfang besonders aufgeführt ist.[21] 27

Für diese akuten und dringlichen Fälle ist selbstverständlich auch Entscheidung zu treffen, wer die Kosten vorläufig auszulegen hat. Dies ist eine Teilvorabentscheidung über die Kostentragung. Mit der Streichung des § 9 EKrG ist eine Entscheidung über das zuständige Planfeststellungsverfahren nicht mehr möglich. Die Zuständigkeit bzgl. der Planfeststellung richtet sich nach den allgemeinen Normierungen (z.B. AEG, FStrG, VwVfG). 28

Bei der Dringlichkeit, die diese Vorschrift voraussetzt, wird auch die sofortige Vollziehung der Anordnung ausgesprochen werden können und müssen. 29

E. Kostenentscheidung (Abs. 4)

Eine besondere Kostenentscheidung kommt nur in Betracht, wenn sich die Beteiligten über die Maßnahmen nach §§ 2 und 3 EKrG einig geworden sind oder wenn die Maßnahme von einem Beteiligten bereits durchgeführt worden ist. Insoweit trifft die Anordnungsbehörde dann eine isolierte Kostenentscheidung.[22] 30

Das BVerwG[23] hatte schon zum KrG – entgegen dem Gesetzeswortlaut – eine nachträgliche Kostenentscheidung zugelassen. Die jetzige Regelung des EKrG trägt zudem der Erfahrung Rechnung, dass über die notwendigen technischen Maßnahmen sehr oft eine baldige Einigung erzielt wurde, die Frage der Kostentragung aber streitig blieb. Voraussetzung ist dabei nicht, dass die Kreuzungsbeteiligten die Kostenfrage bewusst ausgeklammert haben.[24] Vielmehr ergibt sich bereits aus dem Wortlaut der Norm, dass eine isolierte Kostenbelastung möglich ist.[25] Aus der Formulierung »kann über die Kostentragung« entscheiden, ist nicht zu schließen, dass der Anordnungsbehörde ein Ermessen über das »ob« der Entscheidung über die Kosten zusteht. Es sollte nur zum Ausdruck gebracht werden, dass eine Entscheidung über Art und Umfang der Maßnahme, die Duldungspflicht und die Rechtsbeziehung der Beteiligten nicht mehr getroffen werden muss.[26] 31

---

21 Vgl. § 5 EKrG Rdn. 24.
22 Vgl. OVG Hamburg Urt. v. 18.05.1999 – 3 Bf 1/91.
23 BVerwG Buchholz 407.2 Nr. 1.
24 So aber BayVGHE 31, 70, 75.
25 Vgl. OVG Hamburg, Urt. v. 18.05.1999 – 3 B 1/91.
26 BVerwG, Urt. v. 16.05.2000 – 4 C 3.99.

32 Bisweilen musste einer der Beteiligten, um sich gegenüber den Verkehrsteilnehmern exkulpieren zu können, dass er das Notwendige für die Sicherheit des Verkehrs getan habe, schon Maßnahmen ohne Einigung und Anordnung durchführen. Hier sollte er nicht schlechtergestellt werden, als wenn er das zeitraubende Anordnungsverfahren abgewartet hätte. Daher kann die Kostenentscheidung in solchen Fällen auch noch nachträglich ergehen.

33 In diesen Fällen kann die Anordnungsbehörde nicht von Amts wegen tätig werden, sondern nur auf Antrag eines Beteiligten. Wird von einem Beteiligten ein Antrag gestellt, so muss die Anordnungsbehörde darüber entscheiden; es steht ihr insoweit kein Ermessensspielraum zu.

34 Bei einer nachträglichen Kostenentscheidung muss die Anordnungsbehörde natürlich auch prüfen, ob ein Fall des § 3 EKrG überhaupt vorgelegen hat, ob die Maßnahme nach Art und Umfang erforderlich gewesen ist, wer welche Kosten zu tragen hat und welche Kosten zur Kostenmasse gehören, ferner muss sie sich über die Erforderlichkeit, Zweckmäßigkeit und Wirtschaftlichkeit entscheiden können, da dies schon im Interesse Drittbeteiligter (z.B. bei § 13 Abs. 1 EKrG) erforderlich ist, es sei denn, dass Letztere die Vereinbarung bereits genehmigt haben.

35 Bei der Kostenentscheidung kann es sich einmal darum handeln, welche Kostenregelung nach den §§ 11 ff. EKrG für den strittigen Fall anzuwenden ist, aber auch darum, welche Kostenbestandteile zur Kostenmasse gehören und welche gegebenenfalls von einem Beteiligten allein zu tragen sind.[27]

36 Das Vereinbarungsprinzip lässt es zu, dass die Kreuzungsbeteiligten sich über Teile der Kostentragung einigen und bezüglich des Restes das Kreuzungsrechtsverfahren einleiten. Auch in diesem Fall kann die Anordnungsbehörde die gesamte Maßnahme überprüfen und selbstverständlich kann sie die Entscheidung nur aufgrund der gesetzlichen Regelungen treffen. Sie wird zwar nur über die strittigen Punkte eine Entscheidung treffen, dabei kann sie aber die Kostentragung insgesamt überprüfen. Wollen die Kreuzungsbeteiligten z.B. einen strittigen Punkt in ergänzender Vertragsauslegung geklärt bekommen, so müssten sie direkt das Verwaltungsgericht anrufen.[28]

37 Zu den Kosten gehören auch die durch die Maßnahme besonders anfallenden Kosten für die Erhaltung und Inbetriebhaltung der vorhandenen Eisenbahn- und Straßenanlagen. Dies betrifft die Kostentragung i.S.d. § 10 Abs. 1 EKrG und die Rechtsbeziehungen der Beteiligten. Es ist kein Grund ersichtlich, die hierfür zuständigen Beteiligten schon in der generellen Anordnung nach § 10 EKrG zu bestimmen. Wenn es sich jedoch nur um Meinungsverschiedenheiten über die Höhe dieser Kosten handelt, wären die Verwaltungsgerichte zuständig, hierüber zu entscheiden.

---

27 S. hierzu Erl. zur 1. EKrV unter C 2.
28 Zur Zulässigkeit s. § 6 EKrG Rdn. 4 ff.

F. Vorentscheidung über die Kfz-Fähigkeit einer Straße (Abs. 5)

Der Frage der Kfz-Fähigkeit einer Straße kommt nach dem EKrG nur Bedeutung zu bei neuen Kreuzungen. Bei nichtkraftfahrzeugfähigen Straßen brauchen neue Kreuzungen nicht als Überführungen gebaut zu werden. Einer Ausnahmegenehmigung nach § 2 Abs. 2 EKrG bedarf es bei ihnen nicht. 38

Der Zweck der Vorschrift des § 10 Abs. 5 EKrG liegt darin, dass durch eine Vorentscheidung zum Zwecke der Vorbereitung einer Vereinbarung nach § 5 EKrG oder einer Anordnung nach § 7 EKrG klargestellt werden soll, welche Vorschriften des Gesetzes auf die in Betracht kommende Straße überhaupt anzuwenden sind. 39

Da § 3 EKrG keinen Unterschied macht, ob es sich um kraftfahrzeugfähige Straßen handelt oder nicht, hat die Vorfrage nur Bedeutung für eine Anordnung nach § 2 Abs. 2 EKrG, also darüber, ob eine Ausnahmegenehmigung erforderlich ist, falls es sich um eine kraftfahrzeugfähige Straße handelt. Denn über die Zulassung einer Ausnahme können die Beteiligten selbst keine Vereinbarung treffen. 40

Die Vorentscheidung wird nach der ausdrücklichen Vorschrift nur auf Antrag eines Beteiligten getroffen. Eine Entscheidung von Amts wegen scheidet aus, weil in einem solchen Fall zugleich auch über die Ausnahme entschieden werden kann. 41

Bei Kreuzungsänderungen bedarf es keiner Vorentscheidung über die Kfz-Fähigkeit einer Straße, weil sich besondere Rechtsfolgen, auch kostenrechtlicher Art, nicht mehr ergeben. 42

G. Verfahren (Abs. 6)

Weitere Einzelheiten des Verfahrens sind in der EKrG-Richtlinie 2000[29] festgelegt. Vor dem Erlass der Anordnungsentscheidung muss das BMVI nach Nr. 8 der EKrG-Richtlinie das Benehmen mit der von der Landesregierung bestimmten Behörde herstellen, sofern seine Entscheidung sich nicht mit der Stellungnahme des Landes deckt. 43

Die Entscheidung der Anordnungsbehörde ist ein Verwaltungsakt, und zwar in der Regel ein belastender Verwaltungsakt. Dies gilt insoweit nicht, als die Entscheidung keine Außenwirkung entfaltet; was – wenn Anordnungsbehörde der BMVI ist – bei Bundesfernstraßen (in der Baulast des Bundes) der Fall ist. Nach der Privatisierung der DB zur DB AG stellt die Anordnungsentscheidung einen Verwaltungsakt dar. Soweit gleichzeitig über die Gewährung eines Zuschusses (§ 17 EKrG) mitentschieden wird, enthält er auch einen begünstigenden Verwaltungsakt; es ist dann ein gemischter Verwaltungsakt gegeben. In den Fällen des § 12 EKrG ist der Verwaltungsakt sowohl beschwerend als auch begünstigend. 44

Fühlt sich einer der Beteiligten in seinen Rechten verletzt, dann muss er auch in der Lage sein, den Verwaltungsakt anzufechten. Daher ist die Entscheidung der Anord- 45

---

29 S. Anh. E 4.

nungsbehörde mit Gründen zu versehen und den Beteiligten zuzustellen. Als Beteiligte kommen insoweit nur die Kreuzungsbeteiligten (§ 1 Abs. 6 EKrG) in Betracht.

46 Die Notwendigkeit der Rechtsbehelfsbelehrung ist nicht besonders erwähnt. Für Bundesbehörden ergibt sie sich aus § 58 VwGO. Das Fehlen der Rechtsbehelfsbelehrung macht den Akt nicht fehlerhaft. Nachholung ist möglich. Bei fehlender oder unrichtiger Belehrung läuft anstelle der gesetzlichen Frist für den Rechtsbehelf (§ 58 Abs. 1 VwGO) eine Ausschlussfrist von 1 Jahr seit Zustellung (§ 58 Abs. 2 VwGO).

47 Nachdem nunmehr aber die Anordnungsbehörde auch über die Kostentragung bzw. die Kostenverteilung zwischen den Beteiligten zu entscheiden hat, muss auch die Möglichkeit gegeben sein, dass diese die diesbezügliche Entscheidung anfechten. Anfechtungsbeklagte ist dann nicht der andere Beteiligte, sondern die Körperschaft der Anordnungsbehörde, also die Bundesrepublik Deutschland oder die Länder.[30] Fechten beide Beteiligte die Kostenentscheidung an, dann treten sie beide in die Rolle von Anfechtungsklägern gegen die Anordnungsbehörde, ohne notwendige Streitgenossen zu sein, denn das Begehren jedes Beteiligten geht gegen das des anderen Beteiligten.

48 Eine notwendige Streitgenossenschaft[31] kann aber gegeben sein, wenn beide Beteiligte in einem Anfechtungsprozess geltend machen, dass die Voraussetzungen für eine Anordnung nicht gegeben seien.

49 Nach § 61 Nr. 3 VwGO können Beteiligte im Verwaltungsgerichtsprozess auch Behörden sein.[32]

50 Ficht nur ein Beteiligter an, dann wird sein Klagebegehren dahin gehen, ihn zu entlasten und den anderen Beteiligten zu belasten, sodass der andere Beteiligte auch am Verfahren in der Form der notwendigen Beiladung (§ 65 Abs. 2 VwGO) zu beteiligen ist.

51 Eine notwendige Beteiligung liegt vor, wenn ein Akt notwendigerweise den einen belastet und den anderen begünstigt und umgekehrt. Jede Änderung der Kostenverteilung muss zwangsläufig den einen be- und den anderen entlasten.

52 Unterlässt das Verwaltungsgericht eine notwendige Beiladung, so ist dieser Verfahrensmangel vom Revisionsgericht von Amts wegen zu beachten, jedenfalls dann, wenn der Beizuladende widerstreitende Interessen verfolgt.[33]

53 Die Anordnung kann bei Anfechtung durch nur einen Beteiligten auch gegenüber dem anderen Beteiligten, der nicht angefochten hat, nicht in Rechtskraft erwachsen.

---

30 § 78 Abs. 1 VwGO.
31 § 64 VwGO i.V.m. § 62 ZPO.
32 So z.T. ausdrücklich in den Ausführungsgesetzen der Länder zur VerGO geregelt – s. *Noack*, DVBl 1962, 850.
33 BVerwG, DÖV 1963, 701.

Hebt das Verwaltungsgericht die Anordnung auf und ergeht eine neue Entscheidung, die nunmehr den anderen Beteiligten, der bisher nicht angefochten hatte, belastet, so kann nun dieser Rechtsmittel einlegen. Rechtskräftige Entscheidungen binden die Beteiligten und ihre Rechtsnachfolger (§ 121 Nr. 1 VwGO).

Durch die Privatisierung der DB AG können die bisher bestehenden Probleme bei Meinungsverschiedenheiten zwischen Bundesbehörden nicht mehr auftreten. Bis Ende 1993 war dabei von folgenden Grundsätzen auszugehen: »Bei Meinungsverschiedenheiten zwischen den für die Bundesfernstraßen und den für die Bundesbahn zuständigen Behörden ist keine Anfechtungsmöglichkeit gegeben, soweit es sich um Bundesfernstraßen in der Baulast des Bundes handelt (§ 5 FStrG). Für die Austragung von Rechtsstreitigkeiten zwischen Bundesbehörden und der Bundesbahn (auch der Bundespost) besteht keine rechtliche Möglichkeit, da diese nur unselbständige Einrichtungen des Bundes sind.[34] Wenn die Bundesbahn als unselbständige bundesunmittelbare Anstalt des öffentlichen Rechts im verwaltungsgerichtlichen Verfahren partei- und prozessfähig war,[35] so galt das nicht, wenn es sich um eine Entscheidung des BMVI als oberster Bundesbehörde handelte. Anordnungen des BMVI nach § 10 EKrG konnten daher nur von den Trägern der Straßenbaulast der an den Bundesbahnkreuzungen beteiligten Straßen angefochten werden, soweit es sich nicht um Bundesfernstraßen in der Baulast des Bundes handelte. 54

Dem steht auch das Urteil des BayVGH[36] nicht entgegen, das festgestellt hat, dass dem Staat als Fiskus das Recht zustehe, sich gegen Eingriffe des Staates als Hoheitsbehörde auch mit prozessualen Mitteln zur Wehr zu setzen, denn dieses Recht bestehe nur insoweit, als beide staatliche Stellen nicht einer gemeinsamen weisungsberechtigten Stelle unterstünden.[37] 55

Der Staat als Fiskus kann nicht in einem Anfechtungsprozess gegen den Staat beigeladen werden.[38] Im Kreuzungsrechtsverfahren sind die Beteiligten aber nicht als Fiskus, sondern als Träger hoheitlicher Aufgaben beteiligt.« 56

Soweit der Bund oder das Land – ohne Anordnungsbehörde zu sein – als Straßenbaulastträger nach § 13 EKrG an den Änderungskosten mit einem Drittel beteiligt ist, müssen sie auch im Fall einer Anordnung berechtigt sein, den sie belastenden Verwaltungsakt anzufechten. Dies auch dann, wenn das Benehmen nach § 8 Abs. 1 EKrG hergestellt worden war. 57

---

34 BMF – E vom 4. Oktober 1954 – MinBlFin. S. 612, *Finger*, Eisenbahngesetze S. 397 Anm. 1c zu § 2 BbG.
35 VGH Stuttgart, DÖV 1955, 569.
36 VGH Bayern, DÖV 1963, 585.
37 A.A. *Kruchen*, Bundesbahn 1964 Heft 5/6.
38 *Ule*, VwGO S. 193 Anm. 2b mit Zitaten.

58 § 10 Abs. 6 EKrG hat die Zustellung der Anordnung nur an die Beteiligten vorgesehen. Schon im Interesse der Rechtssicherheit wird es notwendig sein, in diesen Fällen die Anordnung auch den an den Kosten Beteiligten (Bund oder Land) zuzustellen.

59 Im Fall der Anfechtung der Entscheidung der Anordnungsbehörde, insbesondere hinsichtlich der Kostentragung (Kostenverteilung), bewirkt die aufschiebende Wirkung die vorläufige Unwirksamkeit des Verwaltungsaktes mit absoluter Wirkung, d.h. im Verhältnis aller Beteiligten zueinander.[39]

60 Die Zuständigkeit des Verwaltungsgerichts im Fall einer Anfechtung wird sich nicht nach dem Sitz der Anordnungsbehörde richten, sondern örtlich zuständig ist das Verwaltungsgericht, in dessen Bezirk der Ort liegt, an den das streitige Rechtsverhältnis anknüpft (s. § 52 Nr. 1 VwGO).

61 Wechselt während eines Parteistreitverfahrens infolge Auf- oder Abstufung einer Straße der Kläger oder Beklagte so bewirkt dies – auch im Revisionsverfahren – einen gesetzlichen Parteiwechsel.[40]

62 Über die Zustellung der Anordnung s. Nr. 9 der EKrG-Richtlinie 2000 Anh. E 4.

§ 11 EKrG [Kostentragung bei neuen Kreuzungen]

(1) Wird eine neue Kreuzung hergestellt, so hat der Beteiligte, dessen Verkehrsweg neu hinzukommt, die Kosten der Kreuzungsanlage zu tragen. Zu ihnen gehören auch die Kosten der durch die neue Kreuzung notwendigen Änderungen des anderen Verkehrsweges.

(2) Werden eine Eisenbahn und eine Straße gleichzeitig neu angelegt, so haben die Beteiligten die Kosten der Kreuzungsanlage je zur Hälfte zu tragen.

Übersicht	Rdn.
A. Neue Kreuzungen	1
B. Kostentragung (Abs. 1)	2
C. Kosten	6
D. Gleichzeitige Anlage neuer Verkehrswege (Abs. 2)	13
E. Vereinbarung, Anordnung	21

A. Neue Kreuzungen

1 Wann eine neue Kreuzung i.S.d. EKrG vorliegt, ist in der Kommentierung zu § 2 EKrG Rdn. 1 ff. erläutert.

---

39 *Schäfer* DVBl 1962, 844, 849.
40 § 173 VwGO; BVerwG, DÖV 1974, 241.

[Kostentragung bei neuen Kreuzungen] § 11 EKrG

B. Kostentragung (Abs. 1)

§ 11 EKrG regelt die Kostenpflicht für neue Kreuzungen – ebenso §§ 12 und 13 EKrG für Maßnahmen an bestehenden Kreuzungen nach § 3 EKrG – ausschließlich und abschließend.[1]

Abs. 1 regelt die Kostentragung für den Fall, dass ein Verkehrsweg neu hinzukommt und einen bestehenden Verkehrsweg kreuzt, sodass eine neue Kreuzung hergestellt wird.

Die Kosten der Kreuzungsanlage[2] hat der Träger des neuen Verkehrsweges zu tragen. Diese Regelung entspricht sowohl dem Veranlassungsprinzip als auch dem Prioritätsprinzip[3] und findet sich auch im Straßenkreuzungsrecht,[4] sowie in § 41 Abs. 1 und 2 WaStrG. Auch das KrG hatte in § 5 Abs. 1 die gleiche Regelung getroffen. Im Gesetzgebungsverfahren wurden Bedenken geäußert, ob § 11 EKrG nicht erhebliche Belastungen der Gemeinden zur Folge haben könnte, wenn diese neue Straßen zu ihren Satellitenstädten bauen und dabei vorhandene Eisenbahnlinien kreuzen müssten. Um den Gemeinden zu helfen, ist § 2 EKrG in § 17 EKrG zusätzlich aufgenommen worden. Außerdem können die Gemeinden auch Zuschüsse für Maßnahmen zur Verbesserung der Verkehrsverhältnisse in den Gemeinden erhalten.[5]

Die zeitweise diskutierte Behandlung der (Eisenbahn-)Ausbaustrecken – insbesondere in den neuen Bundesländern – als Neubau i.S.d. § 11 EKrG anzusehen, wurde im Hinblick auf die Privatisierung der »DB« nicht weiterverfolgt. Es bleibt auch diesbezüglich bei der oben dargestellten gesetzlichen Regelung.

C. Kosten

In § 11 EKrG ist die Verteilung der Kosten bei Neuanlage von Kreuzungen geregelt. Den näheren Umfang der kreuzungsbedingten Kosten – Kostenmasse – regelt die 1. EKrV und die vom BMVI erlassenen Richtlinien.[6]

Zu den Kosten der Kreuzungsanlage gehören die Aufwendungen im räumlichen Kreuzungsbereich für alle Maßnahmen an den sich kreuzenden Verkehrswegen, die unter Berücksichtigung der anerkannten Regeln der Technik notwendig sind, damit die Kreuzung den Anforderungen der Sicherheit und Abwicklung des Verkehrs genügt. Wegen der Einzelheiten s. die 1. EKrV, die Erläuterungen unter C 2 und ARS 8/1989, Anh. E 6.

---

1 Für KrG so BVerwG v. 06.12.1967 – IV C 93/65; VkBl. 1968 S. 273, BVerwGE 28, 263.
2 S. Rdn. 6 ff.
3 S. Einführung, Teil B. II. 1. und 2.
4 §§ 12 Abs. 1 und 12a Abs. 1 FStrG und entsprechendes Landesstraßenrecht.
5 § 2 Abs. 1 Nr. 5 GVFG, s. § 17 EKrG Rdn. 27 ff.
6 ARS 8/1989, Anh. E 6.

8 Dabei ist die Kostentragungspflicht des neu hinzukommenden Verkehrsträgers nicht auf solche Abmessungen und Ausbaustandards beschränkt, die sich aus dem gegenwärtigen Zustand des gekreuzten Verkehrsweges ergeben, sondern umfasst alle erforderlichen Aufwendungen, um der vorhersehbaren Verkehrsentwicklung zu genügen.[7]

9 Mehrkosten, die z.B. infolge von einer nicht durch die Umstände gebotenen besonders kostspieligen Bauausführung erforderlich werden, gehören nicht zur Kostenmasse und gehen zulasten desjenigen, der sie fordert. Als Vergleichsmaßstab kann auf die Ortsüblichkeit der gewählten Bauausführung abgestellt werden.

10 Im Rahmen von Neubaustrecken der DB AG, die gebündelt zu bestehenden Autobahnen errichtet werden (z.B. Köln/Rhein-Main, Nürnberg-Ingolstadt) sind zwischen DB AG und der Straßenbauverwaltung Rahmenvereinbarungen für den Bau der Ingenieurbauwerke abgeschlossen worden. In diesen Vereinbarungen hat die Straßenbauverwaltung u.a. die hoheitliche Aufsicht für die neu zu erbauenden Straßenüberführungen – unter Einschaltung von Prüfingenieuren – gegen volle Kostenerstattung durch die DB AG übernommen, da aufgrund der Vielzahl der zu prüfenden Einzelmaßnahmen im Rahmen der funktionalen Ausschreibung eine zeitgerechte Prüfung, auf der die DB AG bestanden hatte, mit eigenem Personal nicht durchführbar war. Das kreuzungsrechtliche Verfahren stellt gegenüber den Planfeststellungsverfahren ein verselbstständigtes Verfahren dar: die kreuzungsrechtlichen Kostenregelungen sind dabei nicht davon abhängig, auf welcher verfahrensrechtlichen Grundlage die Maßnahme selbst durchgeführt wird.[8] Deshalb ist die Art der Finanzierung des Vorhabens kein Gegenstand des Planfeststellungsbeschlusses und im Rahmen einer Klage gegen diesen Beschluss grundsätzlich nicht entscheidungserheblich.[9] Die Kreuzungsbeteiligten können ihre Kostenausgleiche nach §§ 11 ff. im Streitfall in einem gesonderten Verfahren geltend machen.

11 Da § 11 EKrG die Gewährung eines Vorteilsausgleiches nicht vorschreibt, kann er auch von den Beteiligten nicht verlangt werden, weil der Grundsatz des Vorteilsausgleiches im öffentlichen Recht nicht allgemein anerkannt ist, wie z.B. im zivilen Schadensersatzrecht.

12 Über seine Kostenpflichten nach § 11 Abs. 1 EKrG hinaus hat der Baulastträger des neuen Verkehrsweges die durch die neue Kreuzung verursachten Erhaltungs- und Betriebskosten des anderen Beteiligten zu erstatten (s. § 15 Abs. 1 EKrG) bzw. auf Verlangen abzulösen (§ 15 Abs. 4 EKrG). Der Ablösungsbetrag berechnet sich nach der Ablösungsbeträge-Berechnungsverordnung[10] – ABBV – und den ABBV-Richtlinien[11] – RL ABBV.

---

7 § 1 Abs. 2 Nr. 1 der 1. EKrV, § 3 EKrG Rdn. 59 ff.
8 Vgl. BVerwG, Beschl. v. 02.08.2006 – 9 B 9.06.
9 Vgl. BVerwG, Beschl. v. 02.08.2006 – 9 B 9.06.
10 S. A 12.
11 S. Anh. E 11.

D. Gleichzeitige Anlage neuer Verkehrswege (Abs. 2)

Abs. 2 regelt die Kostenverteilung, wenn eine neue Kreuzung durch die gleichzeitige Schaffung zweier neuer Verkehrswege hergestellt wird. Die Fassung entspricht dem seinerzeitigen Vorschlag des Bundesrates.[12] Die Kosten der Kreuzungsanlage sind hälftig zu teilen.[13] § 11 Abs. 1 und § 11 Abs. 2 schließen sich gegenseitig aus und müssen gegeneinander abgegrenzt werden, nur so gelangt man zu einer tragfähigen Auslegung des § 11.[14] Im Regelfall dürfte sich anbieten, die Abgrenzung danach vorzunehmen, ob ein Verkehrsweg schon vorhanden ist, wenn der andere geplant und gebaut wird. »Gleichzeitig« werden zwei Verkehrswege nicht nur dann angelegt, wenn die Bauausführung zeitlich ganz oder teilweise zusammentrifft, sondern auch dann, wenn während der Planung oder Bauausführung des einen Verkehrsweges das Bedürfnis nach dem Bau des anderen aufgrund von Plänen so rechtzeitig dargelegt wird, dass auf die Kreuzung in zumutbarer Weise Rücksicht genommen werden kann.[15] Den zukünftigen Kreuzungsbeteiligten erwächst dabei auch schon aus dem sich anbahnenden Kreuzungsverhältnis eine gegenseitige Pflicht zur Rücksichtnahme,[16] wozu auch gehört, die Kostenmasse möglichst klein zu halten. Es gilt insbesondere, einen »Wettlauf« der konkurrierenden Planungsträger zu verhindern.[17] Ab wann die Rücksichtnahmepflicht eingreift, wird nur im Einzelfall zu entscheiden sein. Kriterien zur Abgrenzung dürften sein: Die Möglichkeit einer gemeinsamen »Planfeststellung« i.S.d. § 78 VwVfG und der Geltendmachung der Belange in dem jeweils anderen Planfeststellungsverfahren. Auch der Abschluss einer Finanzierungsvereinbarung dürfte ein Anhaltspunkt sein, da damit die Kostenplanung festgestellt ist. Andererseits darf die mögliche Wartepflicht auch nicht überspannt werden.[18] Darum können auch die Bedingungen für eine Fremdmittelfinanzierung Berücksichtigung finden. Ohne dass »Baureife« vorliegt, wird der andere Vorhabenträger nicht mit seinen Ausführungen warten müssen. Auch wenn in einem neuen Bebauungsplan oder einer größeren Raumplanung mehrere Verkehrswege vorgesehen sind. Es genügt dann, wenn aufgrund dieser Pläne die Beteiligten aufeinander Rücksicht zu nehmen haben und die Verkehrswege in zeitlich nicht zu großem Abstand gebaut werden.

Letzteres Kriterium hält *Kruchen*[19] für zu unbestimmt und damit nicht für praktikabel. Er hält eine irgendwie geartete Gleichzeitigkeit der Anlegung beider Verkehrswege (ohne einen Abstand) für erforderlich, mag auch der zeitliche Rahmen für die Annahme einer solchen Gleichzeitigkeit weit gezogen werden.

---

12 BT-Drucks. IV/183.
13 Ebenso § 41 Abs. 4 WaStrG; § 12 Abs. 2 FStrG sieht die Kostenteilung nach Fahrbahnbreiten vor.
14 Vgl. BVerwG, Urt. v. 26.11.2003 – 9 C 8.02.
15 S. Nr. 5 der Straßen-Kreuzungsrichtlinien des BMVI, VkBl. 2010, S. 62.
16 Vgl. BVerwG Urt. v. 26.11.2003 – 9 C 8.02.
17 Vgl. BVerwG Urt. v. 26.11.2003 – 9 C 8.02.
18 Vgl. BVerwG Urt. v. 26.11.2003 – 9 C 8.02.
19 *Kruchen* Bundesbahn 1964 Heft 5/6.

15 Ein Verkehrsweg wird – jedenfalls im Kreuzungsbereich, auf den es für die kreuzungsrechtliche Beurteilung ankommt – auch schon gebaut, wenn für ihn eine Überführung angelegt wird. Nicht unbedingt notwendig ist, dass die an die Kreuzung anschließende Strecke gleichzeitig gebaut wird oder gar schon verkehrswirksam ist. Bei der Anwendung des Kreuzungsrechtes, das spezielle Vorschriften für Kreuzungsanlagen enthält, kommt es auf die Verhältnisse im Bereich der Kreuzungsanlagen an.[20]

16 Liegt für einen Verkehrsweg bereits eine Planfeststellung oder ein Bebauungsplan vor, ohne dass bereits mit den Bauarbeiten begonnen worden ist, und ergibt sich dann die Notwendigkeit einer neuen Kreuzung durch das Hinzukommen eines anderen Verkehrsweges, dann liegt auch noch Gleichzeitigkeit vor. Es kommt nach dem Gesetzeswortlaut nicht darauf an, wer zuerst geplant und den Plan hat feststellen lassen, sondern darauf, dass beide Verkehrswege gleichzeitig »angelegt« werden, d.h. es kommt auf die Baudurchführung an. Gleichzeitigkeit ist also insbesondere dann gegeben, wenn beide Verkehrswege an der Kreuzungsstelle erst geschaffen werden und dabei auf das Zusammentreffen Rücksicht genommen werden muss.

17 Die gleiche Regelung hatte § 6 Abs. 1 KrG vorgesehen. § 11 Abs. 2 EKrG hat jedoch eine Ausweitung insofern gebracht, als sich die Regelung nunmehr auch auf die Anschlussbahnen erstreckt, die früher fiktiv als neu hinzukommender Verkehrsweg mit der Folge behandelt wurden, dass der Unternehmer des Anschlussgleises die Kosten allein zu tragen hatte (§ 6 Abs. 2 KrG). Diese Benachteiligung der Anschlussbahnen hat das EKrG nicht übernommen.

18 Die Kostenhalbierung hat sich als die gerechteste und zweckmäßigste Lösung angeboten. In Anlehnung an die Regelung des § 12 Abs. 2 FStrG (s.a. § 41 Abs. 4 WaStrG) war unter anderem auch der Vorschlag gemacht worden, die Kosten im Verhältnis des Lichtraumprofils der Eisenbahn und der Fahrbahnbreite der Straße zu verteilen (Vorschlag des Landes Niedersachsen). Aber der Bundesrat hat selbst die Kostenhalbierung vorgeschlagen. Bei dieser Lösung ist es nämlich am besten möglich, die wirtschaftlichste Maßnahme zur Durchführung zu bringen, weil jeder Beteiligte in gleicher Weise an den Kosten beteiligt ist. Die Bauwerkskosten für eine Straßenüberführung werden meist geringer sein als die einer Eisenbahnüberführung, deshalb wird aus technischen Gründen vielfach eine Straßenüberführung zur Ausführung kommen müssen, zudem bei der Straße auch größere Neigungen möglich sind als bei der Eisenbahn.

19 Erhaltungs- und Betriebskosten hat jeder Beteiligte ohne Ausgleich zu tragen (§ 15 Abs. 1 Satz 2 EKrG).

20 Beispiele s. Teil D Rdn. 5 ff.

---

20 BVerwG, VkBl. 1975 S. 549 zu § 41 WaStrG.

E. Vereinbarung, Anordnung

Für die nach § 5 EKrG abzuschließende Vereinbarung zwischen den Beteiligten über die Herstellung einer neuen Kreuzung hat das BMVI Muster mit Erläuterungen herausgegeben.[21] 21

Im Fall des § 11 EKrG (neue Kreuzungen) können Anordnungen der Anordnungsbehörde notwendig sein, wenn Streit besteht, ob und in welcher Weise eine neue Kreuzung geschaffen werden soll und kann, ferner ob und inwieweit die übersehbare Verkehrsentwicklung zu berücksichtigen ist, ob Gleichzeitigkeit i.S.d. § 11 Abs. 2 EKrG vorliegt, welche Kosten zur Kostenmasse gehören, ferner darüber, ob eine Ausnahmegenehmigung für einen Bahnübergang bei einer kraftfahrzeugfähigen Straße erteilt werden kann und welche Sicherungsmaßnahmen dabei aufzuerlegen sind. 22

Die Frage ob eine Kreuzung neu i.S.d. EKrG ist, können die Beteiligten nicht vertraglich vereinbaren.[22] Im Rahmen der Kostentragung gilt aber im Übrigen der Vereinbarungsgrundsatz gem. § 5 EKrG (s. § 5 Rdn. 25 ff.). Die Kreuzungsbeteiligten können danach auch abweichend von den Regelungen des § 11 EKrG die Kostenverteilung festlegen. Hierbei haben die Baulastträger, soweit sie dazu verpflichtet sind, jedoch die BHO/LHO zu beachten. 23

§ 12 EKrG [Kostentragung bei Änderung von Überführungen]

Wird an einer Überführung eine Maßnahme nach § 3 durchgeführt, so fallen die dadurch entstehenden Kosten
1. demjenigen Beteiligten zur Last, der die Änderung verlangt oder sie im Falle einer Anordnung hätte verlangen müssen; Vorteile, die dem anderen Beteiligten durch die Änderung erwachsen, sind auszugleichen (Vorteilsausgleich);
2. beiden Beteiligten zur Last, wenn beide die Änderung verlangen oder sie im Falle einer Anordnung hätten verlangen müssen, und zwar in dem Verhältnis, in dem die Kosten bei getrennter Durchführung der Änderung zueinander stehen würden. Nummer 1 Satz 2 ist entsprechend anzuwenden.

Übersicht	Rdn.
A. Allgemeines	1
B. Kostentragung bei einseitigem Verlangen (Nr. 1)	4
C. Kostentragung bei beiderseitigem Verlangen (Nr. 2)	18
D. Vereinbarung, Anordnung	51

---

21 Anlage 1 zum ARS 02/2015 vom 20.01.2015, Anh. E 5.
22 Vgl. BVerwG, Urt. v. 27.11.1996 – 11 A 2.96.

C 1. Erläuterungen zum Eisenbahnkreuzungsgesetz

A. Allgemeines

1 § 12 EKrG regelt die Verteilung der Kosten, wenn eine bestehende Überführung durch eine Kreuzungsmaßnahme nach § 3 EKrG geändert wird. Es muss sich um eine Maßnahme zur Verbesserung der Sicherheit oder Abwicklung des Verkehrs handeln.[1] Die Änderung von Überführungen fällt unter Nr. 3 des § 3 EKrG. Wegen der wichtigsten Änderungsfälle s. § 3 EKrG Rdn. 98 ff. Zur Abgrenzung von Änderung und Erhaltung s. § 3 EKrG Rdn. 106 ff.

2 Nach § 5 Abs. 2 KrG, der als Bundesrecht bis 31.12.1963 gegolten hat,[2] galt für die Änderung von Überführungen Kostenhalbierung. Nach Vorschlag des Bundesrates sollte für diese Fälle auch § 13 EKrG gelten. Der Gesetzgeber hat sich jedoch durch Schaffung des § 12 EKrG im Bezug auf die Änderung von Überführungen für das Interessenprinzip entschieden.[3] Die beiden sich kreuzenden und daher störenden Verkehrswege sind durch eine Überführung bereits voneinander getrennt. Änderungen, die trotz der Trennung noch erforderlich werden, kann man verhältnismäßig genau dem einen oder anderen Verkehrsweg zurechnen. Es entspricht der Interessenlage, mit den Kosten der Änderung jeweils den Träger des Verkehrsweges zu belasten, der an der Änderung interessiert ist oder sein müsste und der sie deshalb verlangt oder verlangen müsste. Entscheidend ist die Frage, ob nach den dem einzelnen Beteiligten obliegenden Aufgaben für seinen Verkehrsweg die Änderung der Überführung in seinem Interesse, im Bereich seiner Aufgaben liegt oder nicht. Nicht entscheidend ist, wer die Ursache dafür gesetzt hat, dass die Änderung der Überführung erforderlich geworden ist.

3 Diese Auffassung ist nicht unbestritten geblieben.[4] Teilweise wird vertreten, dass § 12 EKrG das Veranlassungsprinzip wiedergebe, wie das auch in der Begründung zum EKrG der Bundesregierung gestanden habe. Sachlich unterscheiden sich beide Prinzipien wesentlich dadurch, dass beim Veranlassungsprinzip geprüft und festgestellt werden muss, welcher Beteiligte zu vertreten hat, dass die Sicherheit oder Abwicklung des Verkehrs eine Änderung erfordert, während beim Interessenprinzip nur geprüft zu werden braucht, welcher Beteiligte das Verlangen stellen muss, damit die Sicherheit oder Abwicklung des Verkehrs wieder gewährleistet ist. Da der Regelung des § 12 EKrG das Interessenprinzip zugrunde liegt, kommt es auf die Frage, warum die bestehende Überführung unzureichend und änderungsbedürftig geworden ist und welche zurückliegenden Ursachen hierfür eventuell veranlassend sind, nicht an.[5]

---

1 S. § 3 EKrG Rdn. 20 ff.
2 BVerwG, VkBl. 1965 S. 517.
3 S. Einführung Teil B. II. 3.
4 *Kruchen*, Bundesbahn 1964 Heft 5/6.
5 S. Rdn. 24 ff. u. Teil D Rdn. 161 ff.

B. Kostentragung bei einseitigem Verlangen (Nr. 1)

§ 12 Nr. 1 EKrG regelt den Fall, dass allein ein Kreuzungsbeteiligter wegen der Interessen seines Verkehrsweges die Änderung der Überführung verlangt oder im Fall einer Anordnung hätte verlangen müssen. Ihm allein fallen die Kosten der Kreuzungsänderung zur Last (ebenso § 12 Abs. 3 FStrG). Ob ein Beteiligter eine Änderung im Fall einer Anordnung hätte verlangen müssen, hängt von seinen Pflichten als Träger des Verkehrsweges ab, die sich aus den für den Verkehrsweg geltenden Fachgesetzen (z.B. § 3 FStrG und entsprechendes Straßenrecht der Länder) ergeben.[6] § 3 EKrG normiert insoweit eine eigene kreuzungsrechtliche Baulastverpflichtung.[7]

Zum Umfang der Kosten s. 1. EKrV unter C 2. Die Erstellung einer Betriebs- und Bauanweisung (**Betra**) vor einer Maßnahme nach §§ 3, 12 EKrG auf Verlangen des Straßenbaulastträgers ist eine Planungstätigkeit (Mitwirkungshandlung),[8] die mit der Verwaltungskostenpauschale gem. § 5 1. EKrV abgegolten ist. Dies gilt selbst dann, wenn die DB AG hierbei nur geringe oder keine Grunderwerbs- und Baukosten aufwendet. Wenn ein Kreuzungsbeteiligter die Kosten der Änderung nach Nr. 1 allein trägt, so braucht er Änderungswünsche des anderen Beteiligten nicht zu berücksichtigen. Lediglich darf er den vorhandenen Zustand für den anderen Verkehrsweg nicht verschlechtern. Stellt der andere Beteiligte seinerseits Forderungen, die seinem eigenen Interesse entsprechen und Kosten verursachen, so ist ein Fall des beiderseitigen Verlangens (Nr. 2) gegeben,[9] und er wird ebenfalls kostenpflichtig. Die Kostentragungsregel des § 12 Nr. 1 EKrG muss angesichts der Regelung des § 14a EKrG, der die Abwicklung des Kreuzungsverhältnisses nach Einziehung eines der Verkehrswege regelt, einschränkend ausgelegt werden, danach ist § 12 EKrG nur anwendbar, wenn sich beide Verkehrswege noch in Funktion befinden.[10]

Als zweite Rechtsfolge bezüglich der Kostentragung bestimmt § 12 Nr. 1 EKrG, dass der nicht kostenpflichtige Beteiligte Vorteile, die ihm durch die Änderung der Überführung erwachsen, dem Beteiligten, der die Änderung verlangt hat, auszugleichen hat.

Anders als im Schadensersatzrecht[11] gibt es im Kreuzungsrecht keinen allgemein geltenden Grundsatz des **Vorteilsausgleichs**. Vorteile sind nur dann auszugleichen, wenn dies ausdrücklich gesetzlich angeordnet ist.[12] Das öffentliche Recht kennt auch keinen einheitlichen Begriff des Vorteilsausgleichs, vielmehr muss jedes Gesetz ausgelegt werden, was jeweils unter Vorteilsausgleich zu verstehen ist.[13] Der handlungs-

---

6 S.a. Rdn. 24 ff.
7 Vgl. § 3 EKrG, Rdn. 1 ff.
8 S. Anlage 1 zum Rundschreiben des BMVI vom 29.01.2014, Anh. E 24.
9 S. Rdn. 18 ff.
10 Vgl. OVG Hamburg, Urt. v. 02.11.2001 – 1 Bf 383/99.
11 Vgl. BGH, MDR 1962, 804.
12 Beispiele aus anderen Rechtsgebieten: § 58 Wassergesetz für Baden-Württemberg, § 53 Berliner Wassergesetz, § 32 Bundesleistungsgesetz – BGH, VersR 1962, 765.
13 VGH Bayern, Urt. v. 23.03.1979 Nr. 99 VIII/76.

C 1. Erläuterungen zum Eisenbahnkreuzungsgesetz

pflichtige Kreuzungsbeteiligte nach § 3 EKrG braucht eine erforderliche Änderung der Kreuzung nicht deshalb zu unterlassen, weil der andere Kreuzungsbeteiligte nicht hinreichend leistungsfähig ist, um den Vorteilsausgleich nach § 12 zu erbringen.[14]

8 Die Grundsätze der besonderen Baulastverpflichtung gelten auch bzgl. Vorteilsausgleiches.[15] Man kann insoweit aus §§ 14 Abs. 1 i.V.m. § 3 von einer besonderen Erhaltungslast sprechen.

9 Die kommunale Selbstverwaltung Art. 28 GG ist grundsätzlich nicht tangiert, da der Vorteilsausgleich nur ersparte Aufwendungen abschöpft. Die Gemeinden sind zur Erbringung dieser Leistungen aufgrund der Landesstraßengesetze oder des EKrG verpflichtet.

10 Aus §§ 12 Nr. 1 Halbs. 2, Nr. 2 Halbs. 2 EKrG und § 3 Abs. 2 1. EKrV folgt darüber hinaus, dass auch im EKrG der Grundsatz des Vorteilsausgleiches nicht allgemein gilt.[16] Im EKrG sind Vorteile deshalb nur auszugleichen, wenn spezielle Gesetzesnormierungen – wie § 12 EKrG – dies ausdrücklich verlangen. § 12 Nr. 1 Halbs. 2 setzt stillschweigend voraus, dass dem vorteilsausgleichspflichtigen Kreuzungsbeteiligten durch die Maßnahme ein künftiger Vorteil erwächst.[17] Das Freiwerden von der Erhaltungslast stellt jedoch dann keinen künftigen Vorteil dar, wenn die Änderungsmaßnahme auf Grundlage von § 19 Abs. 1 Satz 3 EKrG a.F. dem bislang erhaltungspflichtigen Schienenbaulastträger die Kosten einer »anstehenden« Erhaltungsmaßnahme erspart. Eine andere Auffassung liefe auf die Abgeltung eines von Gesetzes wegen eintretenden Übergangs der Erhaltungslast hinaus.[18] Ein auszugleichender Vorteil nach Nr. 1 liegt im Wesentlichen dann vor, wenn die Änderung der Überführung dem nicht kostenpflichtigen, aber erhaltungspflichtigen Beteiligten eine Verringerung oder den Wegfall seiner Erhaltungslast bringt. Eine Verringerung der Erhaltungslast ist insbesondere gegeben, wenn sich durch die Änderung die bisherige Erhaltungslast ermäßigt, indem z.B. durch die Änderung die nächstfällige Erneuerung des Bauwerks gespart oder hinausgeschoben wird.

11 Die Kostenregelung des § 12 EKrG findet auch Anwendung, wenn keine Kreuzungsvereinbarung und auch keine Anordnung im Kreuzungsrechtverfahren getroffen wurde. Die Bezugnahme auf § 3 EKrG bezieht sich nur auf das Vorliegen der materiellen Voraussetzungen.[19]

12 Im Rahmen des Überganges der Erhaltungslast nach § 19 EKrG 1971 stellte sich die Frage des Vorteilsausgleichs. Nach VG München[20] soll ein auszugleichender Vorteil

---

14 Vgl. OVG Brandenburg, Urt. v. 13.02.2003 – 4 A 40/00.
15 Vgl. OVG Brandenburg, Urt. v. 13.02.2003 – 4 A 40/00.
16 VG Ansbach, Urt. v. 25.10.1980 – AN 355 XI/77.
17 Vgl. BVerwG, NVwZ 2006, 1062/64.
18 Vgl. BVerwG, Urt. v. 14.09.1992 – 4 C 12.90.
19 Vgl. OVG Brandenburg, Urt. v. 13.02.2003 – 4 A 40/00.
20 VG München, Urt. v. 05.12.1988 – M3K 84.6508.

dann anzunehmen sein, wenn der Träger der Erhaltungslast die nächstfällige Erneuerung erspart, weil der andere Kreuzungsbeteiligte bei der von ihm durchgeführten Änderung aufgrund des baulichen Zustandes des Überführungsbauwerkes dieses insgesamt, wenn auch in veränderten Abmessungen, erneuert hat. Nach der Systematik des EKrG liegt entweder eine Änderungs- oder eine Erhaltungsmaßnahme vor, grundsätzlich aber nicht beide Maßnahmen gleichzeitig. Diese klare Trennung würde durch einen Vorteilsausgleich, wie das VG München ihn versteht, unterlaufen werden. Bei einem abgängigen Brückenbauwerk verlangt die Durchführung der Änderungsmaßnahme grundsätzlich auch die Erneuerung. Für einen Vorteilsausgleich ist dann aber kein Raum mehr. Das BVerwG[21] hat diese Auffassung inzwischen bestätigt. Ist ein Kreuzungsbeteiligter aufgrund eines von ihm ausgehenden Änderungsverlangens nach § 12 Nr. 1 EKrG kostentragungspflichtig, so steht ihm ein Vorteilsausgleich gem. § 12 Nr. 1 Halbs. 2 EKrG gegen den anderen – nicht kostentragungspflichtigen – Kreuzungsbeteiligten nur dann zu, wenn die Änderung keinen Wechsel in der Erhaltungslast gebracht hat. Die Regelung des § 12 Nr. 1 Halbs. 2 EKrG setzt stillschweigend voraus, dass den vorteilspflichtigen Kreuzungsbeteiligten durch die Maßnahme ein künftiger Vorteil erwächst.[22] Allein das Freiwerden von der Erhaltungslast stellt selbst dann keinen künftigen Vorteil dar, wenn die Änderungsmaßnahme dem bislang erhaltungspflichtigen Kreuzungsbeteiligten die Kosten einer anstehenden Erhaltungsmaßnahme erspart. Nur wer erhaltungspflichtig bleibt, kann für eine Maßnahme, die seiner fortdauernden Erhaltungslast zugutekommt, zum Vorteilsausgleich herangezogen werden.

Demzufolge besteht keine Vorteilsausgleichspflicht, wenn die Erhaltungslast desjenigen Kreuzungsbeteiligten, der bei unveränderten Verhältnissen eine anstehende Erhaltungsmaßnahme hätte durchführen müssen, nunmehr kraft Gesetzes auf den anderen Kreuzungsbeteiligten übergeht. 13

Der Vorteil wird auf Grundlage der Ablöungsbeträge-Berechnnsverordnung (ABBV) festgestellt durch einen Vergleich der kapitalisierten Erhaltungskosten der Überführung (Ablösungsbeträge) nach dem Bauzustand vor der Änderung und dem Bauzustand nach der Änderung.[23] Ein Wegfall der Erhaltungslast liegt z.B. dann vor, wenn als Ersatz für eine Eisenbahnüberführung in der Erhaltungslast der Bahn eine Straßenüberführung errichtet wird, die künftig der Träger der Straßenbaulast zu erhalten hat. 14

Die Ablösungsbeträge werden nach der ABBV berechnet.[24] 15

---

21 Vgl. BVerwG, Urt. v. 14.09.1992 – 4 C 12.90.
22 Vgl. BVerwG, Urt. v. 14.09.1992 – 4 C 12.90.
23 S. Teil A 12.; ABBV-Richtlinien, Anh. E 11; *Standfuß/Klein/Windsinger/Meyer*, StrAutobahn 1979 S. 490, *Windsinger*, Bundesbahn 1979 S. 758.
24 S. Teil A 12.

16 Für Altfälle können auch noch die Ablösungsrichtlinien 1980 – Anh. E 10. – zur Anwendung kommen.

17 Wechselt die Erhaltungslast einer Überführung im Zuge einer kommunalen Straße nach § 19 Abs. 1 Satz 3 EKrG a.f. erst nach einer Änderung oder Ergänzung gem. §§ 3 und 12 EKrG auf den kommunalen Baulastträger, so ist dieser Wechsel nicht als vom abgebenden Kreuzungsbeteiligten auszugleichender Vorteil anzusehen, weil die Rechtsfolge des Überganges der Erhaltungslast lediglich in zeitlicher Hinsicht kraft Gesetzes an eine wesentliche Änderung geknüpft ist.[25]

C. Kostentragung bei beiderseitigem Verlangen (Nr. 2)

18 In dem in § 12 Nr. 2 EKrG geregelten Fall trifft das Verlangen des einen Beteiligten auf Änderung der Überführung[26] mit dem Verlangen des anderen Beteiligten, die Überführung aus den Interessen seines Verkehrsweges zu ändern, zusammen, z.B. Verbreiterung der Eisenbahnüberführung für ein zusätzliches Gleis und Verlängerung der Eisenbahnüberführung für zusätzliche Fahrstreifen der unterführten Straße.[27]

19 Die Kosten der – gemeinsamen – Änderung fallen beiden Beteiligten zur Last, und zwar in dem Verhältnis, in dem sie bei getrennter Durchführung der Änderung zueinander stehen würden.[28] Die gleiche Regelung enthalten § 41 Abs. 5 WaStrG und § 12 Abs. 3 FStrG, letzterer mit anderer Kostenfolge.[29]

20 Jedem Beteiligten obliegt grundsätzlich nach dem in § 12 EKrG zum Ausdruck kommenden Interessenprinzip[30] nur die Sorge für seinen Verkehrsweg. Auf diesen allein bezieht sich seine Verpflichtung aus § 3 EKrG und aus der allgemeinen Baulast im Sinne von § 3 FStrG und § 4 Abs. 1 AEG – rein bauordnungsrechtlichen Vorschriften – und den entsprechenden landesrechtlichen Bestimmungen. Eine klare Zuordnung dieser Verpflichtung zu der Baulast jedes Beteiligten ist ohne Weiteres möglich, da bei nicht höhengleichen Kreuzungen der eine Verkehrsweg von dem anderen baulich klar abgegrenzt ist. Die genannten Bestimmungen sind keine Rechtsgrundlage für eine Verpflichtung des einen Beteiligten, auch den anderen Verkehrsweg zu verbessern. Der verlangende Beteiligte muss im Bezug auf den anderen Verkehrsweg lediglich den bestehenden Zustand aufrechterhalten und darf ihn durch die Änderung nicht verschlechtern. Für ihn besteht aber kein »Interesse« an der Verbesserung des anderen Verkehrsweges. Dieses kann nur aus den Baulastverpflichtungen des anderen Beteiligten begründet werden. Nur aus ihnen ist die Frage zu beantworten, ob z.B. der andere Verkehrsweg, der in seiner vorhandenen – und wie-

---

25 BVerwG Buchholz 407.2 Nr. 13, VGH Bayern v. 23.03.1979–99 VIII/76, ebenso *Nedden*, Kreuzungsrecht S. 14, *Finger*, Rn. 4 ff., a.A. *Thormann*, Städtetag 1966 S. 578.
26 S. Rdn. 4 ff.
27 S. Teil D Rdn. 161 ff.
28 S. Rdn. 47 ff.
29 *Marschall*, Bundesfernstraßengesetz, § 12 FStrG Rn. 8 ff.
30 S. Einführung Teil B. II. 3.

[Kostentragung bei Änderung von Überführungen] § 12 EKrG

derherzustellenden – Gestalt nicht mehr den Anforderungen der technischen Vorschriften entspricht, in seiner Breite oder Tragfähigkeit zu verbessern ist. Ist die Frage zu bejahen und der andere Beteiligte »verlangt« nicht selbst, so »hätte er im Falle einer Anordnung verlangen müssen«, was seine Kostenpflicht nach § 12 Nr. 2 EKrG auslöst.[31] Alles, was der andere Beteiligte über die Erhaltung des bestehenden Zustandes hinaus wegen des vorhandenen oder künftig zu erwartenden Verkehrs[32] fordert, ist als Verlangen im Sinne von § 12 Nr. 2 EKrG zu werten. Das tatsächliche Verlangen wird in der Regel in der Kreuzungsvereinbarung für das jeweilige Vorhaben vertraglich fixiert. Dabei handelt es sich um Tatsachenfeststellungen. Das Revisionsgericht kann deshalb grundsätzlich nur die Beachtung der Auslegungsregeln der §§ 133, 157 BGB überprüfen. Ansonsten wird es mangels entsprechender Verfahrensrügen nach § 137 Abs. 2 VwGO an die Tatsachenfeststellungen der Vorinstanz gebunden sein.

Die Rücksichtnahme auf die verkehrlichen und betrieblichen Belange nach § 4 Abs. 2 EKrG bezieht sich im Rahmen des § 12 EKrG grundsätzlich nur auf die Erhaltung eines im Vergleich mit den Verhältnissen vor der Änderung gleichwertigen Zustandes auf dem anderen Verkehrsweg. § 4 Abs. 2 EKrG ist keine Kostenvorschrift, für die Kostentragung ist ausschließlich § 12 EKrG maßgebend. 21

Oft wird bei Änderungen die alte Überführung entfernt und an ihre Stelle eine Überführung gebaut, die aufgrund der technischen Entwicklung eine günstigere, technisch aber gleichwertige Konstruktion mit geringeren Bauwerks-Abmessungen erhält, ohne dass dadurch Mehrkosten entstehen (z.B. geringere Bauhöhe der Brücke, dadurch größere Durchfahrtshöhe für den unterführten Verkehrsweg). Diesen Vorteil kann der Beteiligte, der allein die Kosten trägt, für sich nutzen. Wenn sich diese Konstruktion gleichzeitig günstig für den anderen Beteiligten auswirkt, so führt dieser Umstand nicht zu seiner Kostenbeteiligung. Der kostenpflichtige Beteiligte führt nicht mehr aus, als im Interesse seines Verkehrsweges ohnehin notwendig ist. 22

Eine Maßnahme nach §§ 3, 12 EKrG kann auch vorliegen, wenn eine bisherige Straßenüberführung abgestuft wird und eine Geh- und Radwegüberführung hergestellt wird, wenn dabei nun Fußgänger und Radfahrer getrennt werden und damit die Sicherheit und Abwicklung des Verkehrs verbessert wird.[33] 23

Nicht nur das tatsächliche Verlangen von Beteiligten löst die Kostenpflicht nach § 12 Nr. 2 EKrG aus. Sie tritt auch ein, wenn Beteiligte die Änderung »im Falle einer Anordnung hätten verlangen müssen«.[34] 24

Es hatte sich seit Inkrafttreten des EKrG eine Verwaltungspraxis herausgebildet, die bei der Entscheidung über die Frage der gebotenen Änderung – hätte verlangen 25

---

31 S.a. Rdn. 24 ff.
32 S. § 3 EKrG Rdn. 59 ff.
33 S. § 3 EKrG Rdn 112 ff.
34 S.a. Rdn. 4 ff.

C 1. Erläuterungen zum Eisenbahnkreuzungsgesetz

müssen – regelmäßig auf die gesetzlichen Vorschriften und die anerkannten Regeln der Technik (z.b.: technische Regelwerke und Richtlinien) abstellte.

26 Dies vermied umfangreiche Streitigkeiten darüber, in welchen Abmessungen, bzw. welcher Tragfähigkeit Überführungen, die zu ändern waren neu zu errichten waren. Durch die Aufstellung von entsprechenden Regelwerken und Richtlinien hatten sich die Kreuzungsbeteiligten bzw. ihre Aufsichtsbehörden selbst daran gebunden. Bestehende Ermessensspielräume wurden eingeengt. Es war sichergestellt, dass Bauwerke zukunftsträchtig und dem aktuellen Stand der Technik entsprechend errichtet wurden.

27 Diese Verwaltungspraxis des BMVI galt für die Auslegung des Begriffes »hätte verlangen müssen« für alle drei Verkehrswegegesetze (§ 12 EKrG, § 12 FStrG und § 41 WaStrG).

28 Das BVerwG[35] bestätigte diese Verwaltungspraxis. Ein »hätte verlangen müssen« wurde angenommen, wenn der »andere« Beteiligte bei eigener Durchführung der Kreuzungsmaßnahme die Änderung seines Verkehrsweges zur ordnungsgemäßen Wahrnehmung seiner eigenen Baulast seinerseits hätte vornehmen müssen.

29 Streitigkeiten darüber, ob z.B. eine vor 100 Jahren mit einer Fahrbahnbreite von 3,00 m und einer Tragfähigkeit von 6 t gebaute Straßenüberführung bei einer Änderung aufgrund einer Maßnahme des darunter liegenden Schienenweges mit eben diesen alten Abmessungen wieder zu errichten seien, sind dem BMVI bis zum Urteil des BVerwG[36] nicht zur Anordnung vorgelegt worden.

30 In diesem Urteil befasst sich das BVerwG erneut mit der Frage, was ein beteiligter Baulastträger aufgrund seiner Baulast »hätte verlangen müssen«. Abweichend von der bis dahin reibungslos funktionierenden Praxis hat das BVerwG nun zunächst darauf abgestellt, ob der andere beteiligte Straßenbaulastträger seinerseits verpflichtet gewesen wäre, eine Planfeststellung mit dem Ziel der Änderung der Straßenbrücke einzuleiten. Dabei ist grundsätzlich auf den Zeitpunkt des Antrages auf Planfeststellung abzustellen. Des Weiteren wird eine Verpflichtung zur Einleitung eines Planfeststellungsverfahrens dann als gegeben angesehen, wenn das Unterlassen straßenbaurechtlich relevant sei. Ein »hätte verlangen müssen« scheidet immer dann aus, wenn straßenbaurechtlich ein Anspruch auf Einschreiten, mit dem Ziel der Einleitung eines Planfeststellungsverfahrens, nicht gegeben ist. Daneben hat das BVerwG ausgeurteilt, dass sich ein Kreuzungsbeteiligter grundsätzlich nicht auf mangelnde Leistungsfähigkeit berufen kann.

31 Aufgrund dieses Urteils entstanden zahlreiche Streitigkeiten der Kreuzungsbeteiligten. Die Frage, ob Verkehrssicherheit und -bedürfnis eine Änderung erfordern, konnte nur gutachterlich geklärt werden. Der andere Kreuzungsbeteiligte verneinte

---

35 BVerwG, Urt. v. 28.02.1975 – IV C 37.72 zu § 41 Abs. 5 WaStrG.
36 BVerwG, Urt. v. 18.09.1987 – 4 C 24.84 zu § 12 FStrG.

– schon um Kosten zu vermeiden – seinerseits eine Verpflichtung zur Kreuzungsänderung.

In einem Anordnungsverfahren nach § 10 EKrG hat das BMVI bei der zuständigen Landesbehörde nachgefragt, ob Verkehrssicherheit und Verkehrsbedürfnis eine Änderung erfordern. Die Straßenbauaufsichtsbehörde hat die Neuerrichtung der im Jahr 1877 gebauten Brücke mit 3,00 m Fahrbahnbreite und 6 t Tragfähigkeit als straßenbaurechtlich nicht zu beanstanden bezeichnet. Ein »hätte verlangen müssen« i.S.d. § 12 EKrG wurde also verneint. Eine andere Beurteilung hätte nach § 12 EKrG eine (Mit-)Kostentragung des gemeindlichen Baulastträgers bedeutet. 32

Als der Eisenbahnunternehmer nun begann, das Brückenbauwerk in den o.g. alten Abmessungen neu zu errichten, kam es zu heftigen Protesten in der Öffentlichkeit, weil in der Region bekannt war, dass die Überführung in beträchtlichem Umfang von landwirtschaftlichen Fahrzeugen mit über 6 t Gesamtgewicht in der Vergangenheit befahren wurde und auch künftig befahren werden sollte, um umfangreiche Umwege zu vermeiden. Die konsequente Umsetzung dieses Urteils hätte zukunftsträchtig dem aktuellen technischen Standard entsprechende Bauwerke wohl nicht zugelassen. 33

In zwei Entscheidungen zu § 12 EKrG[37] hat das BVerwG zur Auslegung des »hätte verlangen müssen« wesentlich auf § 3 EKrG abgestellt. § 3 EKrG beinhalte im Gegensatz zum Straßen- und Wasserstraßenkreuzungsrecht eine über die Baulastverpflichtung hinausgehende eigenständige kreuzungsrechtliche Baulastverpflichtung. Eine vergleichbare Vorschrift fehlt im Straßen- und Wasserstraßenrecht. Im Gegensatz zu den allgemeinen Baulastvorschriften, die dem Baulastträger einen weiten Entscheidungsspielraum zugestehen, sind die Kreuzungsbeteiligten gem. § 3 EKrG zur Änderung verpflichtet, wenn und soweit es die Sicherheit oder Abwicklung des Verkehrs erfordert. § 3 EKrG wendet sich an die Kreuzungsbeteiligten direkt und fordert – ohne Ermessensspielräume zu eröffnen – unter den dort genannten Voraussetzungen eine Verbesserung der bestehenden Kreuzung. 34

Die Handlungspflicht der Beteiligten greift unabhängig davon ein, auf welchem der beteiligten Verkehrswege sich die Notwendigkeit für die Änderung gezeigt hat. Dabei sind die Baulastträger grundsätzlich verpflichtet, die Verkehrsanlage durch bauliche Maßnahmen so zu gestalten, dass sie den regelmäßigen Verkehrsbedürfnissen genügen. Die kreuzungsrechtliche Baulastverpflichtung der § 3 EKrG bedeutet aber nicht, dass einem Kreuzungsbeteiligten neben der Verantwortung für seinen Verkehrsweg auch die für den kreuzenden – anderen – Verkehrsweg obliegt. Gemeint ist nur, dass ein Kreuzungsbeteiligter zum Handeln verpflichtet ist, wenn die Sicherheit oder Abwicklung des Verkehrs auf seinem Verkehrsweg dies erfordert, und zwar unabhängig davon, wodurch die Beeinträchtigung hervorgerufen werde. Schließlich hat 35

---

37 BVerwG, Urt. v. 14.05.1992 – 4 C 28.90 und BVerwG, Urt. v. 03.11.1993 – 7 C 35.92.

C 1. Erläuterungen zum Eisenbahnkreuzungsgesetz

das BVerwG[38] auch in diesen Urteilen nicht zugelassen, dass sich die Kreuzungsbeteiligten erfolgreich auf die mangelnde Leistungsfähigkeit berufen können.

36 Die Abweichung zum Urteil des BVerwG zu § 12 FStrG[39] wird auf § 3 EKrG gestützt. Eine weitere Auseinandersetzung mit dem unterschiedlichen Ansatz findet nicht statt.

37 In einer weiteren Entscheidung[40] hat sich das BVerwG nochmals mit der Auslegung des »hätte verlangen müssens« in § 41 Abs. 5 Satz 2 WaStrG befasst. Dieses »Verlangenmüssen« setze ebenso wie in § 12 EKrG und § 12 Abs. 3 FStrG voraus, dass die Änderung des Verkehrsweges nach Maßgabe der für den jeweiligen Kreuzungsbeteiligten geltenden Baulast objektiv geboten sei. Ein solches objektives Gebot sei jedenfalls im Wasserstraßenrecht auch dann anzunehmen, wenn der Änderungszwang für den Kreuzungsbeteiligten erst durch den Ausbau des anderen Verkehrsweges ausgelöst werde. Dies gelte trotz des Urteils des BVerwG[41] zu § 12 Abs. 3 Nr. 2 FStrG. Da im WaStrG eine erkennbare Schutzfunktion zugunsten kommunaler Baulastträger nicht enthalten sei. Allen drei Gesetzen über Verkehrswegekreuzungen sei eigen, dass jedem Kreuzungsbeteiligten nur die Sorge für seinen Verkehrsweg obliege. Sobald einer der Kreuzungsbeteiligten aus der Sicht seines Verkehrsweges einen Änderungsbedarf sieht und die Planfeststellung beantrage, stehe die gesamte Kreuzungsanlage zur »Disposition«. Ergebe sich bei dieser Betrachtung aus der Sicht des anderen Kreuzungsbeteiligten ein weiterer Änderungsbedarf, so fällt dieser dem anderen Kreuzungsbeteiligten zur Last. Aus dem Grundsatz der Kreuzungsanlage als Gemeinschaftseinrichtung müsse in die an den Blickwinkeln der Beteiligten ausgerichtete Betrachtung, wer die Änderung hätte verlangen müssen, alle Maßnahmen einbezogen werden, die durch die Planung objektiv erforderlich werden, also auch solche Änderungen, deren Notwendigkeit sich aus der Sicht des anderen Verkehrsweges erst infolge der Planung ergebe. Allein diese Sichtweise trage dem Charakter der Kreuzung als Gemeinschaftsanlage Rechnung, sei interessengerecht, vermeide unbillige Ergebnisse und verhindere vor allem, dass sachwidrige Erwägungen den Zeitpunkt von Kreuzungsänderungen beeinflussen. Zugleich werde so sichergestellt, dass Entscheidungen über Kreuzungsänderungen ausschließlich aus Sicherheits- bzw. Verkehrsabwicklungsgründen getroffen werden, nicht aber von sog. Mitnahmeeffekten beeinflusst werden. Ein solches Taktieren käme von vornherein nicht in Betracht, wenn die Kosten des gesamten durch die Planfeststellung ausgelösten Änderungsbedarfs nach Maßgabe der für die Kreuzungsbeteiligten geltenden objektiven Baulast verteilt werde, also danach, welche Maßnahmen aus dem Blickpunkt des jeweiligen Kreuzungsbeteiligten notwendig sind. Zu § 41 Abs. 5 WaStrG hat der BayVGH diese Rechtsprechung nochmals bestätigt.[42]

---

38 S. Fn. 36.
39 BVerwG, VkBl. 1987, 311.
40 BVerwG, VkBl. 1993, 343 f.
41 Vgl. VkBl. 1987, 311.
42 BayVGH, Urt. v. 20.12.2007 – 8 A 06.40028.

[Kostentragung bei Änderung von Überführungen] § 12 EKrG

Aufgrund der dargestellten Rechtsprechung ist für die Auslegung des »hätte verlangen müssen« i.S.d. § 12 EKrG von folgenden Grundsätzen auszugehen: Jeder Kreuzungsbeteiligte ist nur für seinen Verkehrsweg verantwortlich. Das Verlangenmüssen setzt voraus, dass die Änderung des Verkehrsweges nach Maßgabe der für ihn geltenden Baulastverpflichtung objektiv geboten ist. Ein solch objektives Gebot ist selbst dann anzunehmen, wenn der Änderungszwang sich erst aus dem Ausbau des anderen Verkehrsweges ergibt. Aus § 3 EKrG folgt zudem eine eigene kreuzungsrechtliche Baulastverpflichtung, die den Kreuzungsbeteiligten keine Ermessensspielräume eröffnet. 38

Wenn ein Kreuzungsbauwerk neu errichtet wird, sind deshalb grundsätzlich die anerkannten Regeln der Technik anzuwenden. Für den Baulastträger des Schienenweges ergibt sich dies aus § 2 EBO. Das BMVI hat allerdings in einem Einzelfall zugelassen, dass mit dem Nachweis gleicher Sicherheit (vgl. § 2 Abs. 2 EBO) ein geringerer Abstand zur Gleismitte ausreicht, indem z.B. eine Geschwindigkeitsbegrenzung eingeführt wird. 39

Auch der Straßenbaulastträger ist durch seine Richtlinien im Sinne einer Ermesseneinschränkung gebunden. Dabei sind jedem Kreuzungsbeteiligten seine Änderungsverlangen zuzurechnen. Nur so ist sichergestellt, dass neue Kreuzungsbauwerke dem aktuellen technischen Standard entsprechend errichtet werden, und gleichzeitig ein Taktieren der Kreuzungsbeteiligten nicht stattfindet. Gerade die neuralgischen Kreuzungsbereiche müssen den Sicherheitserkenntnissen angepasst werden. Auf mangelnde Leistungsfähigkeit kann sich ein Kreuzungsbeteiligter grundsätzlich nicht berufen. Er ist zudem verpflichtet, durch bauliche Maßnahme den Sicherheitsanforderungen Rechnung zu tragen. 40

Eine **Mehrkostenlösung** – z.B. Übernahme der Mehrkosten für die Erhöhung der Tragfähigkeit – entspricht nicht der gesetzlichen Regelung. 41

Ob ein »hätte verlangen müssen« vorliegt, ist auch im Rahmen einer Anordnung nach §§ 6, 10 EKrG zu entscheiden. 42

Das Auswechseln von bei Anprall einsturzgefährdeten Brückenstützen gegen sog. anprallsichere Stützen dient der Sicherheit auf beiden Verkehrswegen; die Kosten sind demzufolge im Verhältnis 1 : 1 aufzuteilen.[43] Der Straßenbaulastträger kann sich seiner Verpflichtung auf Dauer nicht durch Aufstellen eines Verkehrsschildes, das auf den die Verkehrssicherheit gefährdeten Zustand hinweist, entziehen. Grundsätzlich sind die Kreuzungsbeteiligten gem. § 3 EKrG nämlich verpflichtet, durch bauliche Maßnahmen einen verkehrssicheren Zustand zu verwirklichen.[44] Bei mangelnder Leistungsfähigkeit kann – soweit z.B. landesrechtliche Regelungen diese Möglichkeiten eröffnen – als vorläufige Maßnahme die Aufstellung eines Verkehrszeichens ge- 43

---

43 Vgl. BVerwG, Urt. v. 14.05.1992 – 4 C 28.90; s. § 3 EKrG Rdn. 116 und Teil D Rdn. 211 f.
44 Vgl. BVerwG, Urt. v. 14.05.1992 – 4 C 28.90.

nügen. Dies stellt aber nur eine vorläufige Lösung dar und kann nicht die Behebung eines zutage getretenen Mangels sein.[45]

44 Die Kostenteilung richtet sich nach § 12 Nr. 2 EKrG. § 12 Nr. 2 EKrG ist auch dann anwendbar, wenn nur eine Maßnahme – hier Stützenauswechselung – im Interesse beider Verkehrswege liegt.[46] Aus der Zielvorstellung des § 12 Nr. 2 EKrG, der proportionalen Kostenzuordnung, folgt zwangsläufig, die Kostenaufteilung im Verhältnis 1 : 1.

45 Die Vergrößerung einer durch Anfahrunfälle gefährdeten Eisenbahnüberführung mit beschränkter Durchfahrtshöhe[47] liegt nur dann auch im Interesse der DB AG, wenn bei Anfahrunfällen die Gleise verschoben werden könnten oder die Brücke sogar einsturzgefährdet ist. Kann die DB AG, z.B. durch Art und Konstruktion des Brückenoberbaues ihren Verkehrsweg ausreichend sichern – ihr Verkehrsweg wird bei einem Anfahrunfall nicht beeinträchtigt – so muss sie keine Vergrößerung der Durchfahrtshöhe verlangen.[48] Diese Lösung entspricht dem in § 12 EKrG verankerten Interessenprinzip, wonach jeder Kreuzungsbeteiligte nur für seinen Verkehrsweg verantwortlich ist. Im Einzelfall können auch andere Änderungsmaßnahmen (z.B. Tieferlegung der Straße, Anbringung von Rammbalken und Abweisriegeln) notwendig sein.

46 Im Zuge von Bundesfernstraßen ist unter Eisenbahnbrücken regelmäßig eine **lichte Durchfahrtshöhe** von 4,70 m vorzusehen.[49] Auf Grundlage der anerkannten Regeln der Technik soll diese bei den übrigen für den allgemeinen Verkehr gewidmeten Straßenkategorien 4,50 m nicht unterschreiten.[50] Diese lichte Höhe resultiert aus der regelmäßig zugelassenen Fahrzeughöhe von 4 m und einem Bewegungsspielraum sowie einem Sicherheitsabstand von jeweils 0,25 m. Wenn die Kreuzung eine geringere Durchfahrtshöhe und auch keine Besonderheiten aufweist, welche es rechtfertigen könnten, ausnahmsweise von diesem Regelmaß abzuweichen (z.B. Lkw-Verkehr aus besonderen Gründen nicht möglich oder nicht bzw. in ganz geringem Umfang zu erwarten), hat der Straßenbaulastträger eine entsprechende Änderung zu verlangen.

47 Bei beiderseitigem Verlangen fallen die Kosten beiden Beteiligten in dem Verhältnis zur Last, in dem die Kosten bei getrennter Durchführung der Änderung zueinander stehen würden. Das erfordert, dass für die von jedem Beteiligten verlangte Änderung ein Fiktiventwurf mit Kostenermittlung aufzustellen ist. Im Verhältnis dieser beiden Kostensummen sind die Kosten für die gemeinsam durchgeführte tatsächliche Änderung der Überführung zu teilen. Der Fiktiventwurf muss technisch durchführbar

---

45 Vgl. BVerwG, Urt. v. 14.05.1992 – 4 C 28.90.
46 Vgl. BVerwG, Urt. v. 14.05.1992 – 4 C 28.90.
47 Zur Durchfahrtshöhe vgl. ARS Nr. 07/2012 Anh. E 9.
48 Vgl. BVerwG, Urt. v. 11.03.1993 – 7 C 35.92.
49 Vgl. Ziffer 3.2 der Richtlinie für Entwurf und Ausbildung von Brückenbauwerken an Kreuzungen zwischen Strecken einer Eisenbahn des Bundes und Bundesfernstraßen, VkBl. 2003, S. 473.
50 Vgl. § 3 EKrG Rdn. 27; VG Berlin, Urt. v. 13.11.2008 – VG 13 A 139.01.

[Kostentragung bei Änderung von Überführungen] § 12 EKrG

und wirtschaftlich angemessen sein. Bei der Frage der wirtschaftlichen Angemessenheit sind die Kosten für die Änderung, die Länge der Haltbarkeit und die Kosten für eine umfangreichere Änderung zu berücksichtigen. Schwierigkeiten sind insbesondere bei dem Anbau eines Steges an Eisenbahnüberführungen aufgetreten. In Streitfällen kann es sinnvoll sein, vor der Durchführung der Baumaßnahme einen Gutachter einzuschalten.

Diese die beiderseitigen Interessen ziemlich exakt wiedergebende Methode der Kostenverteilung ist verhältnismäßig arbeitsaufwendig. Deshalb gibt § 16 Abs. 1 Nr. 2 EKrG[51] die Ermächtigung zum Erlass einer Rechtsverordnung, die bestimmt, wie in diesen Fällen die Baukosten bei getrennter Durchführung der Maßnahme in vereinfachter Form unter Anwendung von Erfahrungswerten ermittelt werden. Eine Rechtsverordnung ist bisher nicht erlassen, zu ihrer Vorbereitung wurde aber unter Auswertung von 70 ausgeführten Baumaßnahmen ein entsprechendes Verfahren entwickelt, das bei Kreuzungen im Zuge von Strecken der DB, Bundesfernstraßen in der Baulast des Bundes und Bundeswasserstraßen angewandt werden soll und dessen Anwendung den übrigen Baulastträgern empfohlen wird.[52] Die Beteiligten können vereinbaren, die Aufteilung der Kostenmasse nach diesem vereinfachten Verfahren zu ermitteln. Verlangt ein Beteiligter die Ermittlung nach Fiktiventwürfen, so muss die gesetzliche Regelung angewandt werden. Das vereinfachte Kostenteilungsverfahren hat sich in einigen Fallgestaltungen als nicht unproblematisch herausgestellt. Zum Beispiel benachteiligt es bei Einsatz eines Provisoriums (z.B. Behelfsbrücke) einen der Kreuzungsbeteiligten. Bei der Änderung einer Eisenbahnüberführung aus beiderseitigem Verlangen, § 12 Nr. 2 EKrG, war eine umfangreiche Grundwasserwanne für die Straße erforderlich. Die allein vom Straßenbaulastträger verlangte Grundwasserwanne wurde als Teil der Kostenmasse diesem vorweg zugerechnet und lediglich die Kosten des Überführungsbauwerkes gemäß ARS Nr. 10/1985[53] im vereinfachten Kostenteilungsverfahren aufgeteilt. Ohne die Grundwasserwanne wären für die Eisenbahnüberführung eigene Unterbauten erforderlich gewesen. Deshalb benachteiligte der gewählte Abrechnungsmodus hier den Straßenbaulastträger. Bei einem einheitlichen Teilungsschlüssel für die gesamte Kostenmasse hätte die DB AG dem gegenüber anteilig auch die Kosten der Grundwasserwanne mittragen müssen. Im Ergebnis wäre hier eine Kostenteilung nach Fiktiventwürfen angemessen gewesen. 48

Die Änderung einer Eisenbahnüberführung aus beiderseitigem Verlangen – § 12 Nr. 2 EKrG – wurde mit einem entsprechenden, vereinfacht ermittelten Kostenteilungsschlüssel und einer vorläufigen Kostenmasse vorbehaltlos vereinbart. Während der Bauausführung stellte sich die Notwendigkeit einer zusätzlichen Grundwasserwanne für die Straße heraus, die zur Kostenmasse gehörte. Streitig ist, ob nur die Kostenmasse oder auch der Kostenteilungsschlüssel angepasst werden müssen und 49

---

51 Ebenso § 41 Abs. 7 Nr. 2 WaStrG.
52 Rundschreiben des BMVI v. 29.01.1973 und 03.12.1973, s. Anh. E 7, VkBl. 1973, 138; s.a. Bek. d. Bayer Staatsmin. d. I. v. 18.03.1974, MABl. 1974, 237.
53 Vgl. Anh. E 8.

C 1. Erläuterungen zum Eisenbahnkreuzungsgesetz

können. Da es sich um reine Vertragsauslegung handelt, dürfte eine Anordnungsentscheidung nicht möglich sein. Ein Wegfall der Geschäftsgrundlage wäre bei Teilung nach Fiktiventwürfen einfach zu begründen und würde auch den Teilungsschlüssel umfassen. Bei der Vertragsauslegung wird zu beurteilen sein, ob die ursprüngliche Vereinbarung auch die erst später als notwendig erkannte Grundwasserwanne mit umfasste.

50 Auch in § 12 Nr. 2 EKrG ist der Vorteilsausgleich vorgesehen.[54] Der erhaltungspflichtige Beteiligte hat den durch die Maßnahme des anderen Beteiligten verursachten Vorteil anteilig auszugleichen. Dessen Anteil an dem Vorteil ist nach dem Verhältnis zu ermitteln, in dem die Kosten der Kreuzungsmaßnahme bei getrennter Durchführung der Änderung zueinander stehen würden. Die Ablösungsbeträge werden nach der ABBV[55] und den ABBV-Richtlinien[56] berechnet.

D. Vereinbarung, Anordnung

51 Über die Änderung einer Überführung sollen die Beteiligten eine Vereinbarung treffen (§ 5 EKrG). Muster und Erläuterungen hierfür enthält das ARS Nr. 2/2015 des BMVI v. 20.01.2015, Anlage 2; Anh. E 5.

52 Kommt eine Vereinbarung nicht zustande, so kann jeder Beteiligte eine Anordnung im Kreuzungsrechtsverfahren beantragen (§ 6 EKrG). Im Rahmen ihrer Entscheidung nach § 10 EKrG hat die Anordnungsbehörde auch zu prüfen, ob ein Beteiligter eine Forderung im Interesse der Sicherheit oder Abwicklung des Verkehrs auf seinem Verkehrsweg hätte stellen müssen, also »hätte verlangen müssen«. Die Kostentragungsregelung des § 12 EKrG findet auch Anwendung, wenn die Kreuzungsbeteiligten weder eine Vereinbarung nach § 5 EKrG geschlossen noch eine Anordnung im Kreuzungsrechtsverfahren beantragt haben.[57] Die Bezugnahme auf § 3 EKrG in § 12 EKrG bezieht sich nämlich nur auf die materiellen Voraussetzungen. Die kreuzungsrechtlichen Kostenregelungen sind unabhängig davon anwendbar, auf welcher verfahrensrechtlichen Grundlage die Maßnahme durchgeführt wurde.[58] Das Kreuzungsrechtsverfahren stellt insoweit ein gegenüber dem Planfeststellungsverfahren verselbstständigtes Verfahren dar.[59]

53 Im Fall einer Anordnung im Offizialverfahren (§ 7 EKrG) wird kein Beteiligter ein Verlangen auf Änderung gestellt haben. Die Anordnungsbehörde muss prüfen, welche Änderung jeder Beteiligte aufgrund der aus der Baulast an seinem Verkehrsweg herrührenden Pflichten hätte verlangen müssen, und hat über die Verteilung der Kosten zu entscheiden.

---

54 S. hierzu Rdn. 6 ff. und Teil D Rdn. 161 ff.
55 S. Teil A 12.
56 S. Anh. E 11.
57 Vgl. OVG Brandenburg, Urt. v. 13.02.2003 – 4 A 40/00.
58 Vgl. OVG Hamburg, Urt. v. 02.11.2001 – 1 Bf 383/99.
59 Vgl. OVG Hamburg, Urt. v. 02.11.2001 – 1 Bf 383/99.

§ 13 EKrG [Kostentragung bei Änderung von Bahnübergängen]

(1) Wird an einem Bahnübergang eine Maßnahme nach § 3 durchgeführt, so tragen die Beteiligten je ein Drittel der Kosten. Das letzte Drittel der Kosten trägt bei Kreuzungen mit einem Schienenweg einer Eisenbahn des Bundes der Bund, in allen sonstigen Fällen das Land.

(2) Wird zur verkehrlichen Entlastung eines Bahnübergangs ohne dessen Änderung eine Baumaßnahme nach § 3 Nr. 2 durchgeführt, durch die sich eine sonst notwendige Änderung des Bahnübergangs erübrigt, so gehören zu den Kosten nach Absatz 1 nur die Kosten, die sich bei Vornahme der ersparten Änderung ergeben würden. Die übrigen Kosten trägt derjenige Beteiligte allein, an dessen Verkehrsweg die Baumaßnahme durchgeführt wird.

Übersicht	Rdn.
A. Inhalt, Entstehungsgeschichte	1
B. Kostenverteilung (Abs. 1)	20
C. Entlastungsmaßnahme statt Änderung (Abs. 2)	29
D. Kostenmasse, Verfahren	36

A. Inhalt, Entstehungsgeschichte

Die Vorschrift regelt die Verteilung der Kosten von Kreuzungsmaßnahmen an Bahnübergängen nach § 3 EKrG. Sie war bei den parlamentarischen Beratungen zum EKrG besonders umstritten. 1

Der Regierungsentwurf von 1960[1] hatte auch für die Änderung von Bahnübergängen das Veranlassungsprinzip vorgesehen. Maßgebend sollte sein, dass derjenige als Veranlasser angesehen werden sollte, auf dessen Verkehrsweg die Sicherheit oder Abwicklung des Verkehrs die Maßnahme erfordert. Sind beide Veranlasser, dann sollten die Kosten nach Maßgabe der Veranlassung geteilt werden, wobei die Stärke des Verkehrs und die Inspruchnahme der Kreuzung durch die Beteiligten berücksichtigt werden sollten. Eine Rechtsverordnung sollte hierüber Näheres bestimmen. 2

Diese Regelung hätte sich in Anbetracht des technisch bedingten Vorranges der Eisenbahn überwiegend zulasten der Straße ausgewirkt. Nach der amtlichen Begründung sollte entscheidend sein der Verkehrsumfang auf beiden Verkehrswegen z.Zt. des Erlasses der Anordnung unter Berücksichtigung der bisherigen und der voraussehbaren Verkehrsentwicklung. Man hatte versucht, für die sich hieraus ergebende Kostenverteilung einen Rechtsverordnungsentwurf aufzustellen, der jedoch kaum der gesetzlichen Ermächtigung und den Erfordernissen der Praxis gerecht wurde. Es stellte sich die grundsätzliche Schwierigkeit heraus, bei Bahnübergängen in praktikabler Weise festzustellen, von welcher der beiden sich ebenerdig überschneidenden Verkehrswegen die Veranlassung für die Änderung ausgeht. 3

---

1 BT-Drucks. III/1683.

C 1. Erläuterungen zum Eisenbahnkreuzungsgesetz

4   Schon der Bundesrat hatte diese Lösung im ersten Durchgang abgelehnt und gefordert, die Kosten so zu verteilen, dass der Träger der Straßenbaulast die eine Hälfte der Kosten tragen sollte, die andere Hälfte bei Bundesbahnkreuzungen der Bund und die Bundesbahn, bei nichtbundeseigenen Eisenbahnen das Land und der Eisenbahnunternehmer zu je gleichen Teilen, also zu je einem Viertel.

5   In den weiteren parlamentarischen Erörterungen des EKrG-Entwurfs in der vierten Legislaturperiode trat dann mehr und mehr der Gemeinschaftsanlagengedanke hervor, der neben den Beteiligten noch den Staat (Bund und Länder) an den Änderungskosten zu beteiligen suchte unter dem Gesichtspunkt, dass beide für die Sicherheit mitbeizutragen hätten, wenn dies den Beteiligten nicht mehr zumutbar und möglich sei.

6   Im Ergebnis kam man zur Drittelung der Änderungskosten: ein Drittel sollte der Träger der Straßenbaulast (anstelle der Hälfte nach dem KrG), ein Drittel die Eisenbahn (ebenfalls anstelle der Hälfte) und das letzte Drittel Bund oder Land tragen.

7   Auch bezüglich der Aufteilung des letzten Drittels wurden mehrere Lösungen erörtert. Schließlich wurde die Fassung des Verkehrsausschusses des Bundestages Gesetz (§ 13 Abs. 1 Satz 2 EKrG a.F.), nach der bei Bahnübergängen mit Bundesfernstraßen der Bund, bei Bahnübergängen mit Landstraßen I. Ordnung das Land das letzte Kostendrittel der Änderung übernehmen sollte, bei den sonstigen Straßen Bund und Land je ein Sechstel. Zu den weiteren Einzelheiten der Gesetzgebungsverfahren s. Einführung Teil B. III. 4.

8   Das BVerfG hat jedoch im Beschl. v. 15.07.1969 – 2 BvF 1/64,[2] § 13 Abs. 1 Satz 2 EKrG a.F. als mit dem GG nicht für vereinbar und insoweit für nichtig erklärt, als die Vorschrift hinsichtlich Kreuzungen, an denen ein Schienenweg der DB beteiligt ist, dem Land Kosten auferlegt. Nach Auffassung des BVerfG widerspricht die Regelung Art. 106 Abs. 4 Satz 2 Nr. 1 GG. Soweit sie das Land mit Kosten für Maßnahmen an anderen Bahnübergängen belastet, ist sie mit dem GG vereinbar.

9   Der Auffassung des BVerfG hat das EKrÄndG 1971 Rechnung getragen, wodurch § 13 Abs. 1 Satz 2 EKrG seine jetzt geltende Fassung erhalten hat (die Änderung des Satzes 1 ist nur redaktionell).

10 Durch das Gesetz zur Neuordnung des Eisenbahnwesens (Eisenbahnneuordnungsgesetzes – ENeuOG) ist § 13 EKrG geändert worden, Art. 6 Abs. 106 ENeuOG. Der Bund trägt das sog. Bundesdrittel nur, wenn eine Eisenbahn des Bundes an der Kreuzungsmaßnahme beteiligt ist. Eisenbahnen des Bundes sind z.B. die DB AG, die Berliner S-Bahn, die Usedomer Bäderbahn.

11 In allen anderen Fällen haben die Länder das letzte Drittel zu tragen.

12 Weder in den §§ 11 bis 13 noch in der 1. EKrV ist zur Frage der Entstehung bzw. der Fälligkeit der Zahlungsansprüche eine Regelung enthalten.

---

2 BGBl. I S. 2150; BVerfGE 26, 338; DVBl 1970, 108; VkBl. 1970, 26.

[Kostentragung bei Änderung von Bahnübergängen] **§ 13 EKrG**

Ein Rückgriff auf Erschließungsbeitragsrecht oder die Anwendung der Regelungen des bürgerlichen Rechts analog bedarf es nicht.[3] Aus § 3 folgt eine gemeinsame besondere Baulastverpflichtung für beide Kreuzungsbeteiligte.[4] Danach sind die Kreuzungsbeteiligten gemeinsam verpflichtet, die kreuzungsbedingten Gefährdungen zu beseitigen.[5] 13

Dieses kreuzungsrechtliche Gemeinschaftsverhältnis beinhaltet auch eine Pflicht zur Rücksichtnahme. Danach besteht die Obliegenheit, im Interesse anderer Kostenpflichtiger die durch eine Kreuzungsbaumaßnahme entstehenden Kosten möglichst gering zu halten.[6] Demzufolge entsteht der Anspruch nach § 13 auf anteiligen Ersatz bereits mit der Bezahlung von kreuzungsbedingt anfallenden Kosten an den jeweiligen Unternehmer. Anderenfalls würden bei dem bauausführenden Kreuzungsbeteiligten zusätzlich Kosten für die Finanzierung des vorausgelagten Betrages anfallen.[7] 14

Bei einer anderen Auslegung müsste der baudurchführende Kreuzungsbeteiligte den anderen Kostenanteil vorfinanzieren. Der andere Kreuzungsbeteiligte müsste zu einem späteren Zeitpunkt den gleichen Beitrag bezahlen und ggf. dann finanzieren. Der anteilige Kostenbeitrag müsste mehrfach kreditiert werden.[8] 15

Vor diesem Hintergrund sehen die Richtlinien für die Planung, Baudurchführung und Abrechnung von Maßnahmen nach dem Eisenbahnkreuzungsgesetz[9] die Zahlung von Abschlagszahlungen entsprechend dem Baufortschritt vor. 16

Die Entstehung und die Fälligkeit einer Forderung müssen nicht zwangsläufig zusammenfallen. 17

Die Pflicht zur gegenseitigen Rücksichtnahme muss auch bzgl. des zur anteiligen Zahlung verpflichteten Kreuzungsbeteiligten angemessen berücksichtigt werden. Dazu muss er zwei Dinge wissen. Zum einem muss er die Höhe der entstandenen Kosten kennen. Zum anderen muss er auch die Möglichkeit haben, die Richtigkeit der geforderten Summe zu überprüfen.[10] Der bauausführende Kreuzungsbeteiligte muss deshalb hinreichende Nachweise über die entstandenen Kosten zur Verfügung stellen. Insoweit wird auf Nr. 4.4 der Richtlinien für die Planung, Baudurchführung und Abrechnung von Maßnahmen nach dem Eisenbahnkreuzungsgesetz – Anh. E 3 – verwiesen. Dem zahlungspflichtigen Kreuzungsbeteiligten muss eine angemessene Überprüfungsfrist der Unterlagen und auch eine gewisse Frist zur Beschaffung der erheblichen Geldbeträge zugebilligt werden.[11] Das BVerwG hat insoweit eine Frist von 18

---

3 So aber OVG Sachsen-Anhalt, Urt. v. 30.05.2001 – 1 L 205/00.
4 S. § 3 Rdn. 20 ff.
5 Vgl. BVerwG, Urt. v. 14.05.1992 – 4 C 28.90.
6 Vgl. BVerwG, Urt. v. 12.06.2002 – 9 C 6.01.
7 Vgl. BVerwG, Urt. v. 12.06.2002 – 9 C 6.01.
8 Vgl. BVerwG, Urt. v. 12.06.2002 – 9 C 6.01.
9 Anh. E 3 Nr. 4.2, 4.3.
10 Vgl. BVerwG, Urt. v. 12.06.2002 – 9 C 6.01.
11 Vgl. BVerwG, Urt. v. 12.06.2002 – 9 C 6.01.

C 1. Erläuterungen zum Eisenbahnkreuzungsgesetz

3 Monaten für angemessen gehalten.[12] Auch Nr. 4.5 der o.g. Richtlinien – Anh. E 3 – enthält eine entsprechende Frist für die Prüfung der Schlussrechnung und den Zahlungsausgleich. Abschlagszahlungen sind nach Nr. 4.3 dagegen innerhalb von 30 Tagen nach Zugang der Abschlagsrechnung fällig, soweit nichts anderes vereinbart wurde.

19 Die **Verjährung** richtet sich auf Grundlage des EKrG grundsätzlich nach § 195 BGB.[13] Nach den Richtlinien für die Planung, Baudurchführung und Abrechnung von Maßnahmen nach dem Eisenbahnkreuzungsgesetz (Nr. 4.7) ist indessen eine Verjährungsfrist von 10 Jahren für wechselseitige Ansprüche vorgesehen, um dem durchschnittlichen Zeitbedarf für die Abwicklung derartiger Maßnahmen gerecht zu werden. Ausgenommen von dieser Regelung sind Ablösungsbeträge.

B. Kostenverteilung (Abs. 1)

20 Die Kosten für Kreuzungsmaßnahmen an Bahnübergängen nach § 3 EKrG werden gedrittelt. Je ein Drittel fällt dem Träger der Straßenbaulast und dem Eisenbahninfrastrukturunternehmer zur Last. Das dritte Drittel trägt der Bund, wenn eine Eisenbahn des Bundes[14] am Bahnübergang beteiligt ist. In allen sonstigen Fällen, d.h. wenn keine Eisenbahn des Bundes Kreuzungsbeteiligter ist, hat das Land das letzte Drittel zu tragen. Erfolgt die Einrichtung technischer Maßnahmen an Bahnübergängen aus Rationalisierungsgründen, entsteht keine Kostentragungspflicht i.S.d. § 13 EKrG. Nur wenn der Einbau der technischen Sicherung aus Gründen der Sicherheit oder Abwicklung des Vorhabens erforderlich ist, § 3 EKrG, löst dies die Kostendrittelung gemäß § 13 EKrG aus.[15]

21 Der Bund hat nach Art. 73 Nr. 6 und Art. 74 Nr. 23 GG die Gesetzgebungskompetenz, die vom Baulastträger der Schienenbahn, aber auch die vom Träger der Straßenbaulast zu tragenden Kosten der Kreuzungsmaßnahme zu bestimmen. Er kann dem Land auch unabhängig davon, ob es zu den an der Kreuzung Beteiligten gehört, Kosten für Maßnahmen an Bahnübergängen auferlegen, allerdings eben nur für Maßnahmen an Bahnübergängen, an denen eine nichtbundeseigene Eisenbahn beteiligt ist, weil es sich insoweit um eine Länderaufgabe i.S. von Art. 106 Abs. 4 Satz 2 Nr. 1 GG handelt (Art. 83 GG). Der Bund greift auch nicht unzulässig in die Selbständigkeit und Unabhängigkeit der Haushaltswirtschaft der Länder ein, wenn er ihnen in Einklang mit dem GG durch Bundesgesetz finanzielle Lasten auferlegt.[16]

22 Der Gedanke der gemeinsamen Aufgabe – unabhängig vom Grad der Veranlassung – für eine Gemeinschaftsanlage[17] findet in § 13 EKrG seinen besonderen Ausdruck.

---

12 Vgl. BVerwG, Urt. v. 12.06.2002 – 9 C 6.01.
13 Vgl. BVerwG, Beschl. v. 08.06.1982 – 4 B 86.82.
14 S. Rdn. 10, 11.
15 Vgl. zur Abgrenzung Rationalisierungsmaßnahme – Maßnahmen nach § 3 Rdn. 44 ff.
16 S. hierzu im Einzelnen BVerfG, Beschl. v. 15.07.1969 – 2 BvF 1/64, siehe Rdn. 1 ff.
17 S. Einführung Teil B. II. 5.

[Kostentragung bei Änderung von Bahnübergängen] **§ 13 EKrG**

Das Problem der Verbesserung von Bahnübergängen hat der Gesetzgeber nicht nur als eine Gemeinschaftsaufgabe der Beteiligten angesehen, sondern er hat außerdem auch noch Bund und Länder zu Leistungen verpflichtet. Diese werden dadurch allerdings nicht zu Beteiligten i.S.d. § 1 Abs. 6 EKrG.

Die gesetzliche Kostenregelung des Abs. 1 ist stets im Fall einer Anordnung nach § 10 EKrG anzuwenden. Sie wird auch überwiegend bei freiwilligen Vereinbarungen der Beteiligten nach § 5 EKrG angewandt werden, dennoch sind die Beteiligten in diesem Fall frei, auch eine andere Kostenverteilung zu wählen, wie sich aus dem Vereinbarungsprinzip ergibt;[18] dies gilt nicht für abweichende Vereinbarungen bezgl. des letzten Drittels zulasten von Bund oder Land.[19] Eine zulässige Abweichung von § 13 Abs. 1 EKrG liegt z.B. in der Vereinbarung zwischen Bund und der ehemaligen DB, nach der an Kreuzungen zwischen Bundesfernstraßen in der Baulast des Bundes und Strecken der DB die Kosten für die Aufstellung und Änderung (auch Unterhaltung und Erneuerung) von Verkehrszeichen nach der StVO der Bund die Kosten für Andreaskreuze und für Eisenbahnzeichen die DB allein trägt, obwohl diese Kosten grundsätzlich teilungspflichtig wären.[20]

23

Die Tragung des letzten Drittels der Kreuzungskosten ist eine gesetzliche Verpflichtung von Bund bzw. Land, auf deren Erfüllung die Beteiligten einen Rechtsanspruch haben, wenn alle Voraussetzungen einer Kreuzungsmaßnahme nach § 3 EKrG erfüllt sind. Der Genehmigungsvorbehalt nach § 5 Satz 2 EKrG soll u.a. Bund bzw. Land Gelegenheit geben, diese Voraussetzungen zu prüfen.[21] Die Verpflichtung zur Tragung des Bundesdrittels ist nicht davon abhängig, ob eine Vereinbarung von allen Kreuzungsbeteiligten unterschrieben wurde.[22] In diesen Fällen ist die Kreuzungsvereinbarung über die zuständige oberste Landesbehörde dem BMVI vorzulegen. Dabei ist gesondert darzulegen, aus welchen Gründen die Vereinbarung nicht abgeschlossen werden konnte. Die Bereitstellung und Auszahlung des Bundesdrittels erfolgt im Fall der Genehmigung unter dem ausdrücklichen Vorbehalt eines der Leistungsklage stattgebenden Urteils. Ist eine Strecke einer Eisenbahn des Bundes durch Pachtvertrag auf Dritte übergegangen, so gilt Folgendes: Für die Kostentragung ist das Datum des Übergangs der Eisenbahnstrecke von einer Eisenbahn des Bundes auf eine nichtbundeseigene Eisenbahn entscheidend (Stichtagsregelung):
1. Bei Baumaßnahmen oder Teilen davon, die bereits vor dem Stichtag durchgeführt worden sind, zahlt der Bund das Staatsdrittel gem. § 13 EKrG.
2. Baumaßnahmen oder Teile davon, die nach dem Stichtag durchgeführt werden, sind vom zuständigen Land zu bezuschussen.

24

---

18 S. § 5 EKrG Rdn. 25 f.
19 S.a. § 1 1. EKrV Rdn. 2 ff.
20 S. Nr. 2b der Richtlinien zur Ermittlung und Aufteilung der Kostenmasse bei Kreuzungsmaßnahmen, Anh. E 6.
21 S. § 5 EKrG Rdn. 33 ff.
22 S. Nr. 6 und 7 EKrG-Richtlinie 2000, Anh. E 4.

3. Neu abzuschließende Kreuzungsvereinbarungen nach dem Übergang einer Strecke sind vom zuständigen Land zu genehmigen.

25 Eine Finanzierung von Maßnahmen nach § 3 EKrG an Bahnübergängen durch den Bund setzt zwingend voraus, dass die Maßnahme von einer Eisenbahn des Bundes i.S.d. Art. 87e GG betrieben wird.

26 Der Abschluss einer Kreuzungsvereinbarung nach § 5 EKrG oder die Durchführung eines Kreuzungsrechtsverfahrens nach § 6 EKrG sind keine Vorbedingung für die Entstehung eines Zahlungsanspruchs nach § 13 EKrG und dessen prozessuale Durchsetzung. Der Wortlaut des § 3 EKrG lässt einen gegenteiligen Schluss nicht zu. Zwar sollen die Kreuzungsbeteiligten über Art, Umfang und Durchführung einer Maßnahme nach den §§ 2 und 3 EKrG sowie über die Verteilung der Kosten eine Vereinbarung schließen. Diese Regelung soll jedoch lediglich deutlich machen, dass keine unmittelbaren Ansprüche Dritter auf Änderung einer Kreuzung bestehen.[23] Der Zahlungsanspruch nach § 13 EKrG kann somit unmittelbar vor dem Verwaltungsgericht verfolgt werden. Das Land braucht als Anordnungsbehörde nach der Änderung des § 8 Abs. 2 EKrG durch das EKrÄndG kein Benehmen mit dem Bund herzustellen.

27 Ein Vorteilsausgleich ist in § 13 EKrG nicht statuiert, ebenso wenig in der 1. EKrV. Durch die Kreuzungsmaßnahme ersparte Kosten (z.B. Schrankenwärterkosten bei Beseitigung eines Bahnübergangs) können daher vom anderen Beteiligten nicht geltend gemacht werden. Das EKrG gewährt nämlich nur dann einen Vorteilsausgleich, wenn er ausdrücklich angeordnet ist, ein allgemeiner Grundsatz, dass Vorteile auszugleichen sind, ist im EKrG nicht statuiert worden.

28 Maßnahmen an Bahnübergängen, die bei Inkrafttreten des EKrÄndG bereits in Ausführung begriffen waren und an denen ein Schienenweg der DB nicht beteiligt war, waren nach der Kostenregelung des § 13 Abs. 1 EKrG a.F. abzuwickeln.[24] Damit sollte nach der amtl. Begr.[25] sichergestellt werden, dass ein Wechsel bezüglich des Trägers des letzten Kostendrittels nicht mehr eintritt. Dies galt auch für Maßnahmen, die ausgeführt, aber finanziell noch nicht abgewickelt waren. Zum Begriff »in Ausführung begriffen« s. § 19 EKrG Rdn. 80 ff. Für Maßnahmen an Bahnübergängen der DB wurde keine Übergangsregelung getroffen, da nach verwaltungsinternen Regelungen bereits entsprechend dem EKrÄndG vor dessen Inkrafttreten verfahren wurde.

C. Entlastungsmaßnahme statt Änderung (Abs. 2)

29 Die Regelung des Abs. 2 entspricht im Zusammenhang mit § 3 Nr. 2 EKrG der früheren Regelung des § 3 Abs. 1 Nr. 5 mit § 5 Abs. 3 KrG und wurde auf Anregung des Bundesrates eingefügt.

---

23 BVerwG, Urt. v. 12.06.2002 – 9 C 6.01.
24 Art. 3 EKrÄndG, s. A 2.
25 BT-Drucks. VI/1140.

[Kostentragung bei Änderung von Bahnübergängen] § 13 EKrG

Die Anwendung des § 13 Abs. 2 EKrG ist abzugrenzen von den Fällen des § 13 Abs. 1 i.V.m. § 3 Nr. 2 EKrG. § 13 Abs. 2 EKrG schränkt die Kostendrittelung nach § 13 Abs. 1 EKrG unter den dort genannten Voraussetzungen ein.[26] Wird zur verkehrlichen Entlastung eines Bahnübergangs ohne dessen Änderung eine Baumaßnahme nach § 3 Nr. 2 EKrG durchgeführt, durch die sich eine sonstige Änderung des Bahnübergangs erübrigt, so gehören zu den Kosten nach Abs. 1 nur die Kosten, die sich bei Vornahme der ersparten Änderungen ergeben würden.[27] Die übrigen Kosten hat der Kreuzungsbeteiligte zu tragen, an dessen Verkehrsweg die Baumaßnahme durchgeführt wird. § 13 Abs. 2 EKrG ist insoweit eine Sonderregelung zu § 13 Abs. 1 EKrG. Zwar knüpft § 13 Abs. 2 EKrG – wie auch § 13 Abs. 1 EKrG – tatbestandlich an § 3 Nr. 2 EKrG an, als er auf die verkehrliche Entlastung eines Bahnübergangs ohne dessen Änderung abhebt. Allerdings muss als weiteres Tatbestandsmerkmal hinzukommen, dass sich eine ansonsten notwendige Änderung des Bahnübergangs durch die durchgeführte Baumaßnahme einbringt.[28] Welche Voraussetzungen vorliegen müssen, damit sich eine Maßnahme erübrigt, ergibt sich aus § 3 Nr. 3 EKrG. Danach sind höhengleiche Kreuzungen durch den Bau von Überführungen oder in sonstiger Weise zu ändern, wenn und soweit es die Sicherheit oder Abwicklung des Verkehrs erfordert. Diesen rechtlichen Vorgaben ist erst dann Genüge getan, wenn der den Verkehrsanforderungen widersprechende Zustand beseitigt ist.[29] Hieran fehlt es, solange die Beeinträchtigung der Sicherheit oder Leichtigkeit des Verkehrs an der Kreuzung fortdauert. Dabei reicht es nicht aus, Maßnahmen zu treffen, die gemessen an den Kriterien des § 3 EKrG den Handlungsbedarf nicht entfallen, sondern nur nicht mehr besonders dinglich erscheinen lassen.[30] Die Maßnahmen, mit denen die Entlastung des Bahnübergangs bezweckt wird, müssen die Gewähr dafür bieten, dass sich in absehbarer Zeit eine Änderung an dem Bahnübergangs nicht mehr als notwendig erweisen wird.[31] Anderenfalls laufen der andere Kreuzungsbeteiligte und der das letzte Drittel tragende Bund oder Land Gefahr, gegebenenfalls sogar mehrfach, an den Kosten für Entlastungsmaßnahmen beteiligt zu werden, die zwar das Gefährdungspotenzial verringern, die das in § 3 EKrG markierte Ziel aber verfehlen.[32] Reichen die geplanten Änderungsmaßnahmen nicht aus, so wird der Bau einer Überführung sich letztlich als unumgänglich erweisen.

Einen Anhaltspunkt, wann der Gesetzgeber eine Überführung für erforderlich hält, ergibt sich aus § 2 EKrG.[33] Danach sind nun Eisenbahnkreuzungen grundsätzlich als Überführungen herzustellen. Ausnahmen sind nach § 2 Abs. 2 Satz 1 EKrG insbesondere bei schwachem Verkehr zulässig. Zu der Voraussetzung s. § 2 EKrG

30

31

---

26 Vgl. BVerwG, Urt. v. 16.05.2000 – 4 C 3.99.
27 Vgl. BVerwG, Urt. v. 16.05.2000 – 4 C 3.99.
28 Vgl. BVerwG, Urt. v. 16.05.2000 – 4 C 3.99.
29 Vgl. BVerwG, Urt. v. 16.05.2000 – 4 C 3.99.
30 Vgl. BVerwG, Urt. v. 16.05.2000 – 4 C 3.99.
31 Vgl. BVerwG, Urt. v. 16.05.2000 – 4 C 3.99.
32 Vgl. BVerwG, Urt. v. 16.05.2000 – 4 C 3.99.
33 Vgl. BVerwG, Urt. v. 16.05.2000 – 4 C 3.99.

Rdn. 36 ff. Dieser Regelung lässt sich der Wille des Gesetzgebers entnehmen, dass eine Überführung grundsätzlich nur dann nicht erforderlich ist i.s.d. § 3 EKrG, wenn der Verkehr am Bahnübergang als »schwach« i.s.d. § 2 Abs. 2 EKrG zu qualifizieren ist.[34] Zwar enthält das EKrG selbst keine Definition, was unter »schwachem Verkehr« zu verstehen ist, eine brauchbare Hilfe leistet aber die EBO.[35] Nach § 11 Abs. 13 EBO haben Bahnübergänge schwachen bzw. mäßigen Verkehr, wenn sie neben anderem Verkehr idR innerhalb eines Tages von höchstens 100 bzw. 100 bis 2.500 Kfz überquert werden. Die auf Erfahrung und technischem Sachverstand gegründete EBO kam auch zur Konkretisierung des in § 3 EKrG verwandten unbestimmten Rechtsbegriffs der Erforderlichkeit verwandt werden.[36] Vgl. zu den Voraussetzungen § 3 Rdn. 20 ff. und 34 ff.

32 Die Regelung sieht vor, dass in die Kostenmasse und damit unter die Drittelung nur die Kosten fallen, die sich ergeben würden, wenn der Bahnübergang selbst beseitigt oder geändert worden wäre. Es muss also eine technische Möglichkeit der Änderung oder Beseitigung gegeben sein, anderenfalls ist die Kostenbegrenzung nicht zulässig.[37]

33 Die Vorschrift soll eine unangemessene Kostenbelastung des einen Beteiligten durch großzügige Maßnahmen des anderen Beteiligten verhindern.[38]

34 Würden die Kosten der ersparten Änderung des Bahnüberganges höher sein, so bestehen die Kosten aus den Aufwendungen für die tatsächlich durchgeführte Entlastungsmaßnahme.

35 Abs. 2 Satz 2, der bestimmt, dass die übrigen Kosten derjenige Beteiligte zu tragen hat, an dessen Verkehrsweg die Baumaßnahme durchgeführt wird, war erforderlich, weil sich sowohl die Vereinbarung als auch eine Anordnung auf die gesamte Maßnahme erstrecken soll und muss, da sonst die Durchführung der ganzen Maßnahme, die ja erst die Entlastung der Kreuzung bringt, nicht gesichert wäre. Die Entscheidung auch über diesen Teil der Maßnahme muss daher auch in dem Kreuzungsrechtsverfahren mitgetroffen werden.

D. Kostenmasse, Verfahren

36 § 13 EKrG bestimmt nicht, welche Kosten der Kreuzungsmaßnahme zur Kostenmasse gehören, auf die die Kostenpflicht sich bezieht. Diese ergibt sich aus der 1. EKrV, die aufgrund der Ermächtigung des § 16 Nr. 1 EKrG erlassen wurde.[39]

---

34 Vgl. BVerwG, Urt. v. 16.05.2000 – 4 C 3.99.
35 Vgl. BVerwG, Urt. v. 16.05.2000 – 4 C 3.99.
36 Vgl. BVerwG, Urt. v. 14.05.1992 – 4 C 28.90.
37 S. Teil D Rdn. 126.
38 S. § 3 EKrG Rdn. 78 ff.
39 S. die Erläuterungen dazu im Teil C 2.

Wegen der Genehmigung von Vereinbarungen durch Bund oder Land s. § 5 EKrG   37
und Nr. 3–6 EKrG-Richtlinie 2000.⁴⁰ Nach der Privatisierung der DB AG ist die
Prüfung der Eisenbahnplanung durch das EBA erforderlich geworden – vgl. Nr. 4
Abs. 3 EKrG-Richtlinie 2000.⁴¹ In die Prüfung sind ausdrücklich die Überschneidungen mit anderen Planungen einzubeziehen.

Nach Nr. 4 Abs. 4 EKrG-Richtlinie 2000 erhält das EBA auch Abdruck der Ent-   38
scheidung von Maßnahmen unter 3 Mio. Euro, bei denen der Bund auf eine Genehmigung einstweilen verzichtet hat und die Länder die Prüfung vornehmen.

Nach Nr. 6 der EKrG-Richtlinie 2000 kann das Kostendrittel des Bundes auch ohne   39
abgeschlossene Vereinbarung erbracht werden. Voraussetzung ist, dass neben dem
Vorliegen der Voraussetzungen der §§ 3, 13 EKrG die Auszahlung unter dem Vorbehalt eines stattgebenden rechtskräftigen Urteils steht, das der betreibende Beteiligte im Rahmen einer **Leistungsklage** zu erwirken hat.

An die Begründung einzelner Planungselemente (z.B. Fahrbahnbreiten, Bauwerks-   40
abmessungen u.ä.) sind angemessene Maßstäbe zu setzen.

Die haushaltsmäßige Behandlung finden sich in den Nr. 12–15 der EKrG-Richtlinie   41
2000.⁴² Aufgrund der Privatisierung der DB AG hat das EBA die sachliche und
rechnerische Richtigkeit von eisenbahntechnischen Maßnahmen zu bescheinigen, soweit nicht der beteiligte Straßenbaulastträger sich die Feststellung vorbehalten hat –
Nr. 12 Abs. 2 EKrG-Richtlinie 2000. Das EBA führt für eisenbahntechnische Maßnahmen einer Eisenbahn des Bundes die sog. **Verwendungsprüfung** durch – Nr. 12
Abs. 2 Satz 2 EKrG-Richtlinie 2000.

§ 14 EKrG [Erhaltungskosten und Betriebskosten]

(1) Die Anlagen an Kreuzungen, soweit sie Eisenbahnanlagen sind, hat der Eisenbahnunternehmer, soweit sie Straßenanlagen sind, der Träger der Straßenbaulast
auf seine Kosten zu erhalten und bei Bahnübergängen auch in Betrieb zu halten.
Die Erhaltung umfaßt die laufende Unterhaltung und die Erneuerung. Betriebskosten sind die örtlich entstehenden persönlichen und sächlichen Aufwendungen.

(2) An Bahnübergängen gehören
1. zu den Eisenbahnanlagen das sowohl dem Eisenbahnverkehr als auch dem
   Straßenverkehr dienende Kreuzungsstück, begrenzt durch einen Abstand von
   2,25 m, bei Straßenbahnen von 1,00 m jeweils von der äußeren Schiene und
   parallel zu ihr verlaufend, ferner die Schranken, Warnkreuze (Andreaskreuze)
   und Blinklichter sowie andere der Sicherung des sich kreuzenden Verkehrs dienende Eisenbahnzeichen und -einrichtungen,

---
40 Anh. E 4.
41 Anh. E 4.
42 Anh. E 4.

2. zu den Straßenanlagen die Sichtflächen, die Warnzeichen und Merktafeln (Baken) sowie andere der Sicherung des sich kreuzenden Verkehrs dienende Straßenverkehrszeichen und -einrichtungen.

(3) Eisenbahnüberführungen und Schutzerdungsanlagen gehören zu den Eisenbahnanlagen, Straßenüberführungen zu den Straßenanlagen.

Übersicht   Rdn.
A. Erhaltung und Erneuerung... 1
B. Verteilung der Erhaltung und Inbetriebhaltung auf die Beteiligten............ 6
I. Eisenbahnanlagen.. 7
II. Straßenanlagen.. 21
III. Erhaltung... 33
IV. Inbetriebhaltung... 44
V. Betriebskosten 45
C. Durchführung der Erhaltung und Inbetriebhaltung........................ 48
D. Kostentragung.. 60

A. Erhaltung und Erneuerung

1 § 14 EKrG regelt die Fragen der Erhaltung und Inbetriebhaltung der Kreuzungsanlagen. Weitere Regelungen hierzu finden sich in den §§ 15 und 19 EKrG.

2 Die Regelung des § 14 EKrG beruht wesentlich auf Praktikabilitätserwägungen, die dazu führen soll, zwingenden Sicherheitsgeboten folgend, eindeutige Zuständigkeiten und klare Verantwortlichkeiten zu bekommen. Entscheidendes Merkmal für die Zuordnung der einzelnen Anlagen einer Kreuzung zu den Eisenbahn- oder Straßenanlagen ist ihre Funktion für den Betrieb der Eisenbahn oder der Straße.[1] Diese Regelung verstößt auch nicht gegen den allgemeinen Gleichheitsgrundsatz des Art. 3 Abs. 1 GG, denn die in § 14 Abs. 2 Nr. 1 EKrG umschriebenen Eisenbahnanlagen an Kreuzungen dienen in erster Linie den Bedürfnissen des Eisenbahnverkehrs und so können diese Kosten auch auf die Eisenbahn überbürdet werden.[2]

3 § 14 EKrG ist nicht beschränkt auf Kreuzungsanlagen, die durch Maßnahmen der §§ 2 und 3 EKrG geschaffen oder geändert worden sind, sondern gilt für alle Kreuzungsanlagen, also auch für solche, die aufgrund von Rationalisierungs- oder anderen nicht kreuzungsrechtlichen Maßnahmen entstanden sind. Die Verpflichtung für die Erhaltung und Inbetriebhaltung ist damit einheitlich für alle Kreuzungsanlagen geregelt. Erst nach Herstellung und Inbetriebnahme der Kreuzungsanlage tritt die Verpflichtung zur Kostentragung im Rahmen der Erhaltungs- bzw. Betriebslast ein.

4 Regelungen, die von der neuen abweichen, sind mit dem Inkrafttreten des EKrG am 01.01.1964 hinfällig geworden, soweit es sich nicht um Kreuzungen von Straßen

---
1 BVerwG, VkBl. 1974, 291, Teil B II. 5.
2 BVerfG, VkBl. 1975, 104; BVerfGE 38, 225; BayVerwBl. 1975, 701.

mit Anschlussbahnen, diesen gleichgestellten Eisenbahnen und Straßenbahnen handelt, § 19 Abs. 2 EKrG a.f.[3] Nach dem Inkrafttreten des EKrG abgeschlossene Vereinbarungen über die Erhaltungslast, die der Regelung des § 14 EKrG widersprechen, sind nichtig.[4] Sicherheitsgebote und die Festlegung klarer Verantwortlichkeit lassen es nicht zu, dass die Kreuzungsbeteiligten über die Frage der Erhaltung zu streiten beginnen. Zulässig sind allerdings sowohl Ablösungsvereinbarungen wie auch Vereinbarungen über die Erstattung von Erhaltungskosten.[5]

Mit dem Eisenbahnneuordnungsgesetz – ENeuOG – gelten nun die Regeln der Erhaltungslast i.S.d. § 14 EKrG generell. Das sog. Gemeindeprivileg des § 19 EKrG a.F. ist entfallen. Sonderregelungen zur Frage der Erhaltungslast ergeben sich aus § 19 EKrG.[6]   5

B. Verteilung der Erhaltung und Inbetriebhaltung auf die Beteiligten

Die Zuteilung zu den Eisenbahnanlagen oder Straßenanlagen ist entscheidend dafür, wer für die einzelnen Anlagen zuständig und verantwortlich ist. Ob die Einzelanlage einer Kreuzung zur Eisenbahnanlage oder zur Straßenanlage i.S.d. § 14 gehört, richtet sich nach der Funktion für den Betrieb der Eisenbahn oder den der Straße.[7]   6

I. Eisenbahnanlagen

Zu den Eisenbahnanlagen gehören in erster Linie die Eisenbahnüberführungen (§ 14 Abs. 3 EKrG). Dies war ebenso in Art. 5 Abs. 2 KrDV geregelt. Zu einer Überführung gehören die Widerlager, die Pfeiler und Stützen, die Überbauten und die Rampen, d.h. kreuzungsbedingte Dämme oder Einschnitte nebst Böschungen und Stützmauern, die im Zuge der Eisenbahn liegen. § 14 Abs. 3 EKrG grenzt jeweils aus der Sicht des Überführten ab.   7

Zu den Eisenbahnanlagen gehören bei Bahnübergängen nach der gesetzlichen Regelung (§ 14 Abs. 2 Nr. 1 EKrG) das sowohl dem Eisenbahn- als auch dem Straßenverkehr dienende Kreuzungsstück, das aber durch einen Abstand von 2,25 m – bei Straßenbahnen von 1,00 m – jeweils von der äußeren Schiene und parallel zu ihr verlaufend begrenzt ist. Zu den Eisenbahnanlagen gehören dabei auch Blinklichter und sonstige der Sicherung des sich kreuzenden Verkehrs dienende Eisenbahnzeichen und -einrichtungen. Gemäß § 2 Abs. 1 EBO müssen diese Bahnanlagen so beschaffen sein, dass sie den Anforderungen der Sicherheit und Ordnung genügen.   8

Diese Lösung entspricht dem Praktikabilitätsprinzip, denn die Durchschneidung der fortlaufenden Straße durch die Schienen bringt notwendigerweise sonst nicht entste-   9

---

3 BVerwG Buchholz 407.2 Nr. 7; BVerwG Buchholz 407.2 Nr. 6.
4 BVerwG Buchholz 407.2 Nr. 7; BayVGH Urt. v. 03.05.1988 – Nr. 8 B 85 A 442.
5 BVerwG, Urt. v. 13.03.1981 – IV C 29.77; BayVGH Urt. v. 03.05.1988 – Nr. 8 B 85 A 442.
6 Vgl. § 19 Rdn. 33 ff.
7 Vgl. BVerwG, Urt. v. 12.10.1973 – IV C 56.70.

hende Kosten mit sich, wobei es sich überwiegend um einen Bereich handelt, über den die Eisenbahn zur Sicherung des Verkehrs allgemein verfügt.

10 Diese Regelung hat allerdings zur Folge, dass die Schranken vielfach auf einem Gebiet zu stehen kommen, das in der Baulast des Trägers der Straßenbaulast liegt. Aufgrund des § 4 EKrG besteht aber eine Duldungspflicht für die Einrichtung von Kreuzungsanlagen schlechthin, sodass hieraus keine Schwierigkeiten entstehen dürften.

11 Die Abstände von 2,25 m bzw. 1,00 m wurden aufgrund eingehender Ermittlungen bei den Ländern als ausreichend angesehen. Sie umfassen den lichten Raum der Eisenbahnen zuzüglich eines gewissen Schutzstreifens. Dass die Begrenzungslinie parallel zur Schiene verläuft, ist eigentlich selbstverständlich.

12 In Baden war ehedem die Unterhaltungspflicht des Eisenbahnunternehmens ausgedehnt auf die Eigentumsgrenze, in der Regel zwischen den Abschlussschranken.[8]

13 Auch in der einzigen bekannten Entscheidung des RVM zu § 39 RbG vom 31.05.1933 – E 14.2813 – ist ausgeführt, dass die Kreuzungsanlagen konstruktive Bestandteile der Reichseisenbahnanlagen seien, z.B. wenn ein Stück der Gleisanlagen in besonders hergerichteter Form gleichzeitig dem Wegeverkehr dient.

14 Gegenüber früher tritt insoweit eine für die Straße ungünstigere Regelung ein, als bei beschrankten Bahnübergängen die Fläche zwischen den Schranken als Eisenbahnanlage angesehen wurde. In den Ländern bestehen vielfach Abmachungen mit den Eisenbahnen, dass der Streudienst auch über den Bahnübergang hinweg von der Straßenbauverwaltung mitübernommen wird.

15 In Bayern wurde nach einer Entschließung vom 03.04.1909 bei Übergängen ohne Schranken in der Regel ein Abschnitt angesehen, der jeweils 1 m rechts und links der äußeren Schiene beginnt, bei beschrankten Übergängen der Abschnitt zwischen den Schranken. Die dem Eisenbahnunternehmer auferlegte Erhaltungslast hinsichtlich des Kreuzungsstückes ist eine Sonderbaulast i.S.d. Art. 44 Abs. 1 BayStrWG. Zu den Eisenbahnanlagen gehören die Schranken, auch die Halbschranken, wenn letztere auch nicht im Gesetz erwähnt sind. Die EBO unterscheidet zwischen nah-, fern- und auf Anruf bedienten Schranken (§ 11 Abs. 16, 17 EBO). Ferner gehören zu den Eisenbahnanlagen die Andreaskreuze (§ 11 Abs. 3 EBO) und Umlaufsperren (§ 11 Abs. 9 EBO), letztere zu den sonstigen Eisenbahneinrichtungen.

16 Nach der Änderung des Abs. 3 durch die Novelle 1971 gehören die **Schutzerdungsanlagen**[9] zu den Eisenbahnanlagen. Der BR hatte beantragt, auch die Berührungsschutzanlagen den Eisenbahnanlagen zuzurechnen. Dies hat die Bundesregierung mit der Begründung[10] abgelehnt, dass es sich bei diesen im Wesentlichen um erhöh-

---

8 *Cassinone*, Die geschichtliche und technische Entwicklung des Straßenwesens in Baden 1810–1920 S. 17.
9 S. § 3 EKrG Rdn. 34 ff.
10 BT-Drucks. VI/1140.

te und verkleidete Geländer der Straßenüberführungen und um mit der Straßenüberführung fest verbundene Kragplatten handelt. Die Schutzerdungsanlagen stehen demgegenüber in engem Zusammenhang mit den elektrischen Anlagen der Eisenbahn, und ihre Erhaltung erfordert daher aus technischen Gründen die Mitwirkung des Eisenbahnunternehmens.

Die Straßenbauverwaltung hat die Kosten der Erhaltung der Schutzerdungsanlagen 17 (insbesondere Geländererdungen, Kontaktschienen, Bügelanschlagschienen und Erdleitungen) nunmehr nur noch in den Fällen zu erstatten oder abzulösen, in denen sie nach § 15 Abs. 1 und 2 EKrG dazu verpflichtet ist. In anderen Fällen sind Vereinbarungen mit Inkrafttreten des EKrÄndG am 13.03.1971 gegenstandslos geworden.[11]

Nach der amtlichen Begründung zum EKrG[12] soll die Aufzählung in § 14 Abs. 2 18 nicht erschöpfend sein, was sich allerdings aus der Fassung des Gesetzes selbst nicht ergibt.

Eisenbahnsignale, die an Straßenüberführungen angebracht sind, gehören zu den Ei- 19 senbahnanlagen, desgl. Verankerungen von Fahr- und Speiseleitungen einschließlich Fahrdrahtaufhängern und Stromverbindern an Straßenüberführungen.

Schwierig und nicht generell zu beantworten ist die Frage der Erhaltungslast von 20 Tunneln. Das EKrG findet nur dann Anwendung, wenn eine gegenseitige Beeinflussung der Verkehrswege und eine damit verbundene Pflicht zur Rücksichtnahme vorliegt.[13] Diese Entscheidung kann nur im konkreten Einzelfall getroffen werden. Tunnel sind grundsätzlich Bestandteil des Verkehrsweges, dem sie dienen. Bei langen Tunnelanlagen, die nur in einem kurzen Stück von einer Straße überquert werden, wird der gesamte Tunnel als Eisenbahnanlage einzustufen sein. Verläuft dagegen die Eisenbahntrasse fast ausschließlich unter der Straße, so stellt der Tunnel eine Straßenüberführung im Sinne einer Brücke dar. Die Kreuzungsbeteiligten sollten diese Frage ausdrücklich in der Vereinbarung nach § 5 EKrG aufnehmen.

II. Straßenanlagen

Zu den Straßenanlagen gehören in erster Linie die Straßenüberführungen (Widerla- 21 ger, Pfeiler, Stützen, Überbauten) und Rampen, d.h. die kreuzungsbedingten Dämme oder Einschnitte nebst Böschungen und Stützmauern, die im Zuge der Straße liegen. § 14 Abs. 3 EKrG grenzt jeweils aus der Sicht des überführten Verkehrsweges ab.

Bei Eisenbahnüberführungen gehören zu den Straßenanlagen die Verkehrszeichen, 22 die die lichte Höhe und Breite anzeigen, sowie die sie ergänzenden Leitmale. Die **Berührungsschutzanlagen** und Schutzerdungsanlagen bei Straßenüberführungen ge-

---

11 BMVI S. v. 03.08.1971 – StB 2/3/E 1/6/72.10/2053 Vms 71.
12 BT-Drucks. III/1683.
13 S. § 1 EKrG Rdn. 20 ff.

hören zu den Straßenanlagen. Anprallschutzanlagen an Eisenbahnüberführungen gehören konstruktionsmäßig zur Eisenbahnüberführung und damit zur Eisenbahnanlage,[14] nicht aber die diese schützenden Leitplanken. Eine besondere Bedeutung kommt der Regelung zu, dass auch die Sichtflächen (Übersicht auf die Bahnstrecke nach § 11 Abs. 12 EBO), früher Sichtdreiecke genannt, zu den Straßenanlagen gehören und mit Inkrafttreten des EKrG für alle Straßen in die Erhaltungslast der Träger der Straßenbaulast übergegangen sind. Für den Übergang dieser Baulast bedurfte es auch keiner Vereinbarung der Beteiligten oder eines Verwaltungsaktes.

23 **Sichtflächen** sind nur vorgeschrieben an Bahnübergängen ohne technische Sicherung.[15] Soweit noch Sichtflächen der Eisenbahnen an technisch gesicherten Bahnübergängen bestanden haben sollten, brauchen diese von den Trägern der Straßenbaulast nicht übernommen und erhalten zu werden.[16] Seitens mancher Länder wird allerdings auch die Auffassung vertreten, dass die Bestimmung des § 14 Abs. 2 Nr. 2 EKrG unabhängig von § 3 Nr. 3 EKrG auszulegen sei, also auch die Sichtflächen an technisch gesicherten Bahnübergängen auf die Straßenbaulastträger übergegangen seien. Diese Auffassung dürfte kaum zutreffend sein, denn schon § 18 Abs. 3 der alten BO hatte Sichtflächen bei technisch gesicherten Bahnübergängen nicht vorgeschrieben. In § 3 Nr. 3 EKrG hatte man den Zusatz »die nicht technisch gesichert sind« nur angefügt, um klarzustellen, dass die Schaffung von Sichtflächen bei technisch gesicherten Bahnübergängen keine Kreuzungsänderung i.S.d. EKrG ist. Es besteht somit kein Anlass, Sichtflächen an technisch gesicherten Bahnübergängen weiter aufrecht- und zu erhalten, also brauchen hierfür auch keine Kosten aufgewendet zu werden.

24 Hieraus ergibt sich auch, dass eine besondere Vereinbarung der Beteiligten oder ein besonderer Akt der Planfeststellungs- oder Anordnungsbehörde nicht erforderlich ist, dass die noch vorhandenen Sichtflächen an technisch gesicherten Bahnübergängen keine Straßenanlagen i.S.d. § 14 Abs. 2 Nr. 2 EKrG sind.

25 Als andere der Sicherung des sich kreuzenden Verkehrs dienende Straßenverkehrszeichen und -einrichtungen können in Betracht kommen: Fahrbahnmarkierungen und Verkehrszeichen und -einrichtungen nach der StVO.

26 Beleuchtungseinrichtungen, die an der Eisenbahnüberführung angebracht sind und der **Beleuchtung** der unter der Bahnüberführung verlaufenden Straße dienen, gehören zur Straßenanlage. Zivilrechtliche Vorschriften – §§ 93 ff. BGB – sind nicht anwendbar für die Zuordnung, da § 14 auf die Funktion als Zuordnungskriterium der Einzelanlage zum Betrieb der Straße oder der Eisenbahn abstellt.[17] Die Straßenbeleuchtung dient der Sicherheit und Leichtigkeit des Verkehrs auf der Straße.[18]

---

14 BMVI S. vom 25.01.1968 StB 2/E 1 – Lkb 79 B 67.
15 § 11 EBO, § 3 EKrG Rdn. 88 ff.
16 BMVI S. vom 28.04.1964 und 12.03.1965 – StB 2/E 1 – Lkb 156 bzw. 21 NS.
17 BVerwG, Urt. v. 12.10.1973 – IV C 56.70.
18 BVerwG, Urt. v. 12.10.1973 – IV C 56.70.

[Erhaltungskosten und Betriebskosten] § 14 EKrG

Ist zur Erreichung besserer Sichtverhältnisse in einer Eisenbahnüberführung ein neuer Anstrich erforderlich, so gehört dies zu den Aufgaben des Straßenbaulastträgers. Auch die Beseitigung von potentiell ablenkenden oder aus sonstigen Gründen ordnungswidrigen **Graffitis** an Eisenbahnüberführungen liegt vornehmlich im Interesse des Straßenbaulastträgers. Die Vereinbarungsmuster – Herstellung einer neuen Kreuzung[19] – sowie – Änderung einer Überführung[20] – sehen daher explizit keine Verpflichtung des Erhaltungspflichtigen eines Kreuzungsbauwerks vor, die Ansichtsflächen zu säubern. Der Baulastträger des jeweils unterführten Verkehrsweges ist indessen berechtigt, Ansichtsflächen im Bedarfsfall auf eigene Kosten zu säubern. 27

Zur Erhaltungslast müssen auch die Wartungs- und Stromkosten für die Straßenbeleuchtung gerechnet werden. Nur in Bezug auf Bahnübergänge unterscheidet § 14 EKrG (ebenso § 15 Abs. 3 EKrG) zwischen Erhaltung und Inbetriebhaltung. 28

Ob Erhaltungsmaßnahmen erforderlich sind und über deren Umfang entscheidet der zuständige Baulastträger. Die Forderungen des anderen Kreuzungsbeteiligten stellen grundsätzlich nur einen Hinweis dar. 29

Aufgrund einer Vereinbarung zwischen dem Ministerium für Eisenbahnwesen, dem Staatssekretariat für Schifffahrt und dem Amt für Wasserwirtschaft sowie dem Staatssekretariat für Kraftverkehr und Straßenwesen vom 16.11.1953 wurden bis dahin noch bestehende Sondererhaltungslasten der Deutschen Reichsbahn an Eisenbahnbrücken im Zuge nicht klassifizierter kommunaler Straßen für das Gebiet der früheren DDR auf die staatliche Verkehrsverwaltung übertragen. Mit dieser Vereinbarung wurde die Verwaltung und Unterhaltung der Brücken der Verkehrsverwaltung desjenigen Verkehrsweges übertragen, in dessen Zuge das Bauwerk liegt.[21] 30

Bereits mit Anweisung des Ministers für Verkehr vom 08.12.1952 für die Übertragung der Verwaltung und Erhaltungspflicht für Brücken im Zuge der klassifizierten Straßen von der Reichsbahn auf die staatliche Straßenverwaltung war eine Beendigung der Sondererhaltungslasten insoweit beendet worden. 31

Damit waren die Sondererhaltungslasten öffentlicher Eisenbahnunternehmen im Gebiet der DDR bereits infolge der Vereinbarung aus dem Jahre 1953 erloschen.[22] 32

III. Erhaltung

Das EKrG gebraucht – soweit ersichtlich – erstmalig das Wort Erhaltung als Terminus technicus und definiert den Begriff damit, dass er die laufende Unterhaltung und die Erneuerung umfasst. Bei Bahnübergängen unterscheidet es von der Erhal- 33

---

19 Anlage 1 zum ARS 02/2015 vom 20.01.2015, s. Anh. E 5.
20 Anlage 2 zum ARS 02/2015 vom 20.01.2015, s. Anh. E 5.
21 Vgl. OVG Brandenburg Urt. v. 13.02.2003 – 4 A 40/00.
22 Vgl. OVG Brandenburg Urt. v. 13.02.2003 – 4 A 40/00; vgl. § 19 Rdn. 9.

tung die Inbetriebhaltung.²³ Eine Begründung für die neue Begriffsschöpfung gibt die amtliche Begründung nicht.

34 Das KrG (§ 8 Abs. 1 KrG) kannte nur den Begriff der Unterhaltung, der die Inbetriebhaltung und Erneuerung ausdrücklich umfasste (§ 8 Abs. 1 Satz 2 KrG).

35 Wenn der Begriff Erhaltung nur die laufende Unterhaltung und Erneuerung umfasst (so § 14 Abs. 1 Satz 2 EKrG), so ist damit zum Ausdruck gebracht, dass diejenige Unterhaltung, die nicht zur laufenden Unterhaltung, wie z.b. auch die Änderung oder Ergänzung gehört, vom § 14 EKrG nicht erfasst ist.

36 Unter Erhaltung wird man zu verstehen haben eine Dauerverpflichtung, die alle Maßnahmen umfasst, die erforderlich sind, um die Kreuzungsanlage in einem zur Erfüllung ihres öffentlichen Zwecks brauchbaren Zustand zu erhalten, wobei es gleichgültig ist, ob es sich um die Ausgleichung einer gewöhnlichen Abnutzung oder die Behebung einer vermehrten Abnutzung oder Zerstörung handelt.²⁴

37 Der Begriff »Unterhaltung« hat im Straßenbaurecht eine allumfassendere Bedeutung bekommen. So sagt § 3 Abs. 1 FStrG, dass die Straßenbaulast alle mit dem Bau und der Unterhaltung der Bundesfernstraßen zusammenhängenden Aufgaben umfasst, um dann anschließend zum Begriff der Unterhaltung noch hinzuzufügen, dass die Straßen in einem dem regelmäßigen Verkehrsbedürfnis genügenden Zustand zu erweitern und sonst zu verbessern sind. Ähnlich § 9 StrG-BW, Art. 9 BayStrWG, § 7 Abs. 2 BerlStrG, § 9 Abs. 1 BbgStrG, § 10 BremLStrG, § 9 Abs. 1 HStrG, § 11 StrWG-MV, § 9 NStrG, § 9 StrWG NRW, § 11 LStrG RP, § 9 SächsStrG, § 9 StrG-LSA, § 9 StrG SL, § 10 Abs. 1 StrWG SH, § 9 Abs. 1 ThürStrG.

Die in § 14 Abs. 1 EKrG geregelte Materie erfasst sämtliche Maßnahmen, die durch die Abnutzung erforderlich werden, also die Ausbesserungen zur Erhaltung der normalen Benutzbarkeit (z.B. auch den regelmäßigen Rostschutzanstrich stählerner Bauteile) und die Erneuerung.²⁵ Diese Auslegung ist logisch, denn Maßnahmen der Erweiterung und sonstigen Verbesserung werden in der Regel auch bauliche Änderungen an den Kreuzungsanlagen zur Folge haben, deren Anordnung und Durchführung aber gerade nicht Gegenstand der Regelung des § 14 EKrG sein kann, weil sie in den §§ 3 bis 13 EKrG eingehend behandelt sind.²⁶ Die Erhaltungsmaßnahmen umfassen somit nicht die Aufgaben der Erweiterung oder sonstigen Verbesserung an der Kreuzung. Dies gilt auch dann, wenn bei dem »technischen Neubau« zusätzliche Anforderungen erfüllt werden, die dem heute üblichen Standard entsprechen, ohne dass dafür ein aktueller Verkehrsbedarf vorliegt.²⁷

---

23 S.u. Rdn. 44.
24 *Stengel*, Wörterbuch des deutschen Verwaltungsrechts 1890 2. Bd. S. 889, § 3 EKrG Rdn. 112 ff.
25 OVG, Hamburg, VkBl. 1971 S. 31.
26 So auch *Nedden*, Kreuzungsrecht S. 26 Fußnote.
27 BVerwG, VkBl. 1988, 643.

Die Erneuerung ist grundsätzlich ein Teil der Unterhaltung, und zwar mit Recht der 38
laufenden Unterhaltung. Einer besonderen Erwähnung hätte es daher nicht bedurft.
Doch ist die Diktion nicht einheitlich. Während sich z.b. aus § 13 Abs. 4 FStrG a.F.
dies ohne Weiteres ergibt, weil dort bei der Verwendung des Begriffs Unterhaltungskosten ausdrücklich die Kosten späterer Erneuerungen ausgenommen sind, so ist in
der Neufassung des § 13 Abs. 4 FStrG von »Kosten der Unterhaltung und Erneuerung« die Rede, obwohl auch bei der Verwendung des Wortes Unterhaltung in den
anderen Absätzen die Erneuerung ohne Weiteres miterfasst ist, ähnlich § 36 Abs. 5
StrWG-SH. § 13 Abs. 4 FStrG umfasst nun ausdrücklich auch die Wiederherstellung nach Zerstörung durch höhere Gewalt als einen Fall der Unterhaltung. Einer
Differenzierung zwischen Erneuerung und Instandhaltung, was im Straßenbeitragsrecht wegen der Folge beitragsfähigen Straßenbaus und beitragsfreier Straßenerhaltung wichtig ist, bedarf es im Rahmen § 14 EKrG nicht.[28]

Nicht zu den Erhaltungs-, sondern zu den Änderungskosten gehört die Auswechs- 39
lung von Brückenstützen, wenn damit das Bauwerk den geänderten Verkehrsverhältnissen angepasst werden soll. Eine zusätzliche Festigkeit dient auch der Verkehrssicherheit, die den gestiegenen Anforderungen gerecht wird. Dies gilt auch für das
Anbringen von Abweisriegeln, von Leitmalen und auch von einem Verkehrsschild,
weil damit der Verkehrssicherheit gedient wird.[29]

Die Erhaltungslast für das Kreuzungsstück ist eine Sonderbaulast i.S.d. Art. 44 40
Abs. 1 BayStrWG.[30] Dies wird auch für § 5 Abs. 1 FStrG zutreffen. Die gesetzlich
geregelte Erhaltungslast i.S.d. § 14 kann nicht durch Vereinbarung durchbrochen
werden, § 14 verweist nämlich nicht auf § 5. Die strikte Regelung des § 14 dient dazu, klare Verantwortlichkeiten zu schaffen. Ein Streit über nicht hinreichend klare
Verantwortung könnte zum Aufschub notwendiger Erhaltungsmaßnahmen führen
und würde deshalb ein Sicherheitsrisiko für den Verkehrsweg darstellen.[31]

Das EKrG hat keine besondere Regelung für die Fälle getroffen, in denen Kreu- 41
zungsanlagen durch höhere Gewalt zerstört oder beschädigt worden sind.[32] Über die
Erhaltungslast im Fall der Stilllegung von Eisenbahnen s. § 14a EKrG. Für Unterhaltungsarbeiten, die die DB an Straßenüberführungen durchzuführen hat, kann sie
keine Haftungsfreistellung verlangen.[33]

Für die Durchführung von Erhaltungsmaßnahmen enthält das EKrG keine de- 42
taillierten Regelungen. Die 1. EKrV ist nicht unmittelbar anwendbar. Zur Regelung
der technischen und verwaltungsmäßigen Abwicklung von Erhaltungsmaßnahmen

---

28 Vgl. zu diesen Beitragsfragen z.B. OVG Rheinland-Pfalz, Urt. v. 14.03.2007 – 6 A 11637/06.
29 OVG Hamburg, VkBl. 1979, 31; s. § 3 EKrG Rdn. 98 ff.
30 BVerwG, VkBl. 1966, 39.
31 Vgl. BVerwG, Urt. v. 13.03.1981 – IV C 29.77.
32 S. Rdn. 121 ff. zu § 3 EKrG.
33 § 1 Abs. 2 Nr. 3 1. EKrV – BMVI S. v. 05.07.1972 – StB 2/78.10/2002 B 72.

sind sog. Baudurchführungsvereinbarungen zweckmäßig. In derartigen Baudurchführungsvereinbarungen dürfen die Risiken und Lasten gegenüber dem EKrG nicht verschoben werden. Ob dabei analog die Regeln der 1. EKrV, oder statt dessen die allgemeinen Rechtsvorschriften gelten, muss im Einzelnen geprüft werden. Die Haftung zwischen den Kreuzungsbeteiligten richtet sich nach den allgemeinen Normierungen.[34] Übertragbare Leistungen, die vom nicht erhaltungspflichtigen Kreuzungsbeteiligten erbracht werden sollen, bedürfen einer gesonderten vertraglichen Vereinbarung. Die an den anderen Kreuzungsbeteiligten übertragenen Leistungen sind ihm auf Grundlage der Vereinbarung zu erstatten. Für Mitwirkungshandlungen, wie z.b. die Erstellung einer Betriebs- und Bauanweisung (Betra) durch die DB Netz AG oder die Prüfung der Planung der Straßenüberführung hinsichtlich straßenplanerischer Belange durch den Straßenbaulastträger, erfolgt keine Kostenerstattung.[35] Wenn vor Ausführung einer Erhaltungsmaßnahme – nach § 14 EKrG – der Straßenbauverwaltung an einer Straßenüberführung die DB AG auf Antrag eine Betriebs- und Bauanweisung erstellt, handelt es sich mangels hoheitlicher Tätigkeit nicht um Amtshilfe. Dies sind vielmehr Planungsleistungen, deren Kosten außerhalb des Geltungsbereiches des 1. EKrV nach betriebswirtschaftlichen Sätzen in Rechnung gestellt werden können. Sie sind aber andererseits von der reinen Verwaltungstätigkeit (z.B. Schriftverkehr) abzugrenzen, deren Kosten jeder Beteiligte selbst zu tragen hat.

43 Man wird der DB AG nicht untersagen können, neben der hoheitlichen Bauaufsicht des EBA zusätzlich eine zivilrechtliche Bauüberwachung durchzuführen. Aus den neueren europäischen Vorgaben, Sicherheitsmanagementsystemen (SMS), wird man sogar eine zivilrechtliche Bauüberwachung durch den Infrastrukturbetreiber ableiten können. Fraglich ist, ob die DB AG die Baustelle stilllegen darf. Dies wird man höchstens bei »Gefahr im Verzug« annehmen können, wenn eine Entscheidung der zuständigen Straßenbaubehörde nicht eingeholt werden kann. Derartig seltene Notfälle bedürfen aber keiner Regelung in einer Baudurchführungsvereinbarung.

IV. Inbetriebhaltung

44 Die Inbetriebhaltung ist von der Erhaltung bei Bahnübergängen zu trennen. Man wird darunter alle diejenigen Maßnahmen an den Anlagen eines Bahnüberganges zu verstehen haben, die eine dauernde Betätigung erfordern, ohne der Erhaltung der Anlage selbst zu dienen. Dazu gehören in erster Linie der gesamte Schrankendienst (Schrankenwärterlöhne), der Betrieb der Blinklichtanlagen (Wartungs- und Stromkosten), die Beleuchtung der Bahnübergänge, soweit erforderlich und der Säuberungs- und Reinigungsdienst auf den Bahnübergängen, auch das **Schneeräumen**. Soweit es aus besonderen Umständen erforderlich sein sollte, dass Straßenverkehrszeichen für die Kreuzung beleuchtet werden müssen, fallen die Beleuchtungskosten

---

34 BGH, Urt. v. 11.01.2007 – III ZR 294/05; vgl hierzu Rdn. 56 f.
35 Anlage 1 zum Rundschreiben des BMVI – StB 15/7174.2/5-14/2095549 – vom 29.01.2014, Anh. E 24; vgl. auch § 4 EKrG Rdn. 26.

unter die Kosten der Inbetriebhaltung (Betriebskosten). Aufwendungen für Hilfsposten, die im Fall einer Außerbetriebsetzung einer Lichtzeichenanlage zur Sicherung eines Bahnüberganges eingesetzt werden, sind vom Eisenbahnunternehmer zu tragen.[36] Mehraufwendungen, die zur Sicherung eines unbeschrankten Bahnüberganges notwendig geworden sind (Streckenbewachungsposten), nachdem infolge einer verkehrsbehördlich angeordneten Umleitung der die Bahnlinie kreuzende Verkehr stark angestiegen ist, können weder gegenüber der anordnenden Behörde noch dem Straßenlastträger geltend gemacht werden. Weder Geschäftsführung ohne Auftrag noch andere Ausgleichssysteme, nach denen Ersatz von Mehraufwendungen verlangt werden könnten, sind im EKrG analog anwendbar.[37] Es fehlt bereits an einer Gesetzeslücke im EKrG, die die Möglichkeit einer analogen Anwendung eröffnet.

V. Betriebskosten

Betriebskosten sind die Kosten der Inbetriebhaltung,[38] jedoch mit der Maßgabe, dass nur die örtlich entstehenden persönlichen und sächlichen Aufwendungen darunter fallen (§ 14 Abs. 1 Satz 3 EKrG). Mit der Begrenzung »örtlich entstehenden« wird man auf die örtliche Lage der Kreuzung Rücksicht nehmen und alle Kosten ausscheiden müssen, die an entfernteren Stellen anfallen, also insbesondere alle Kosten, die bei den Hauptverwaltungen und Regionalniederlassungen anfallen. Örtlich anfallend sind aber jedenfalls die, die bei den Dienststellen anfallen, die mit der Kreuzungsanlage unmittelbar zu tun haben, also den Bahnhöfen, Bahn- und Straßenmeistereien, Stellwerken, bei letzteren auch dann, wenn es sich um fernbediente Schranken handelt. Gemeinkostenzuschläge werden demnach nicht zu den örtlich entstehenden Aufwendungen gehören. 45

Dementsprechend werden insbesondere zu den Betriebskosten gerechnet werden können die Schrankenwärterlöhne und Straßenwärterlöhne einschließlich der tarifmäßigen Zuschläge, Reinigungs- und Stromkosten, während Kosten für neuen Anstrich der Schranken oder für Erneuerung zerbrochener Schranken zu den Erhaltungskosten (s.o.) gehören. 46

So war es der Wille des Gesetzgebers, um eine gewisse Beschränkung der Betriebskosten zu erreichen. Gemeinkostenzuschläge nur für einen Teil der Verwaltung (z.B. soziale Betreuung) in Anrechnung zu bringen,[39] erscheint damit nicht vertretbar. 47

C. Durchführung der Erhaltung und Inbetriebhaltung

§ 14 Abs. 1 EKrG spricht den Grundsatz aus, dass jeweils die Eisenbahnanlagen vom Eisenbahnunternehmer und die Straßenanlagen vom Träger der Straßenbaulast 48

---

36 VGH Baden-Württemberg, Beschl. v. 07.07.1988 – 10 S 3143/87.
37 Vgl. BVerwG, Urt. v. 11.06.1991 – 7 C 1.91.
38 S. unter Rdn. 44.
39 So *Kruchen*, Die Bundesbahn, 1964 Heft 4/5.

C 1. Erläuterungen zum Eisenbahnkreuzungsgesetz

zu erhalten und bei Bahnübergängen in Betrieb zu halten sind, und zwar zunächst je auf ihre Kosten. Damit sind vor allem die Verwaltungszuständigkeiten reinlich geschieden, wobei der Gesetzgeber nach dem Funktionsprinzip[40] schon bei der Zuordnung der einzelnen Teile der Kreuzungsanlagen darauf Bedacht genommen hat, jeweils demjenigen Beteiligten die Verwaltung zu übertragen, der sie auch sachlich am besten durchzuführen und zu bewältigen vermag.

49 Diese reinliche Scheidung hatte auch schon das KrG in § 8 vorgesehen, sie war jedoch durch lange Übergangsfristen (§ 9 Abs. 2 KrG) noch längst nicht durchgeführt. Daher sieht § 19 Abs. 1 EKrG vor, dass die sachgerechte Verwaltungs- und Verantwortungsverteilung für Bahnübergänge und für Überführungen von Straßen in der Baulast des Bundes und der Länder mit dem Inkrafttreten des EKrG wirksam werden.[41]

50 Der BMVI hat zum Ausdruck gebracht, dass die Erhaltung der Schutzerdung (Geländererdung, Kontaktschienen, Bügelanschlagschienen, Erdleitung) in einem so engen Zusammenhang mit der starkstromtechnischen Anlage der Eisenbahn stände, dass diese Anlagen von der Eisenbahn mit ihrem Fachpersonal betreut werden müssten.[42] Wenn die Eisenbahn die Erhaltung von Sichtflächen übernimmt, müssen die Erhaltungskosten erstattet oder abgelöst werden.

51 Die Verteilung der Verantwortung wird auch zur Folge haben, dass Dritte bei der Geltendmachung von Schadensersatzansprüchen sich jeweils an denjenigen Beteiligten werden halten müssen, dem nach § 14 Abs. 1 EKrG die Verantwortungszuständigkeit obliegt. Insofern wird künftig eine Verurteilung der Eisenbahn, wenn die Sichtflächen nicht freigehalten worden sind,[43] nicht mehr möglich sein.[44]

52 Durch die Regelung des § 14 EKrG ist die Erhaltungslast des Oberliegers (bei einer Überführung) für den untenliegenden Verkehrsweg in Wegfall gekommen.

53 Die Verpflichtung zur Erhaltung ihrer Anlagen ergibt sich für die Eisenbahnen aus § 4 Abs. 1 AEG mit den Bestimmungen der EBO und ESO, für die Straßenbahnen aus § 36 PBefG und für die Träger der Straßenbaulast aus den Vorschriften über die Straßenbaulast.[45]

---

40 S. Teil B II. 5.
41 S. § 19 EKrG Rdn. 3.
42 S. Rdn. 7 ff.
43 S.o. Rdn. 21 ff.
44 Vgl. BGH, Urt. v. 03.12.1955 – VI ZR 257/54, LG Oldenburg, Urt. v. 22.11.1956 – 4 O 206/567.
45 Z.B. § 3 FStrG, § 9 StrG BW, Art. 9 BayStrWG, § 7 Abs. 2 BerlStrG, § 9 BbgStrG, § 10 BremLStrG, § 13 HWG, § 9 HStrG, § 11 Abs. 1 StrWG – MV, § 9 NStrG, §§ 9, 49 StrWGNRW, § 11 LStrG RP, § 9 Abs. 1 StrG SL, § 9 SächsStrG, § 9 StrG LSA, § 10 Abs. 1 StrWG SH, § 9 ThürStrG.

[Erhaltungskosten und Betriebskosten] § 14 EkrG

Soweit die Eisenbahn die Erhaltungsarbeiten an Straßenbrücken noch durchzuführen 54
hat, kann sie von der Straßenverwaltung eine Haftungsfreistellung nicht verlangen.[46]

§ 14 EKrG enthält materielles Eisenbahn- und Wegerecht; er legt fest, wer für die 55
einzelnen Bestandteile einer Kreuzungsanlage die Verantwortung und damit die Kosten zu tragen hat. Die Durchsetzung der sich hieraus ergebenden Pflichten der Beteiligten regelt das EKrG nicht selbst, denn § 18 EKrG bezieht sich nur auf die Durchsetzung von Anordnungen nach dem EKrG, während für § 14 EKrG Anordnungen nicht vorgesehen sind. Soweit es sich um die Erzwingung der Erhaltung und Inbetriebhaltung handelt, muss die jeweils zuständige Fachaufsichtsbehörde, also bei Eisenbahnanlagen die Eisenbahnaufsichtsbehörde, bei Straßenanlagen die Straßenaufsichtsbehörde tätig werden im Rahmen der einschlägigen Eisenbahn- und Straßengesetze.

Im Bereich einer Eisenbahnkreuzung besteht zwischen den Baulastträgern für die 56
Straße und den Schienenweg in Bezug auf die Unterhaltung der Kreuzungsanlage eine rechtliche Sonderverbindung, die zur analogen Anwendung der §§ 241, 278 BGB im Verhältnis beider Kreuzungsbeteiligten führt.[47] Die Gemeinde haftet deshalb für die Beseitigung von Verunreinigungen, die am Schotter und Faltdraht anlässlich von Spritzbetonarbeiten an der Straßenbrücke durch eine von der Gemeinde beauftragte Baufirma entstanden sind.

An Kreuzungen von Eisenbahn und Straßen besteht ein Gemeinschaftsrechtsverhältnis. 57
Aus diesem kreuzungsrechtlichen Gemeinschaftsverhältnis folgt zum einen eine gemeinsame Kreuzungsbaulast,[48] daneben aber auch die Pflicht zur Rücksichtnahme auf die berechtigten Belange des anderen Kreuzungsbeteiligten. In diesem Zusammenhang muss der die Kreuzungsbaumaßnahme veranlassende Kreuzungsbeteiligte die entstehenden umlagefähigen Kosten möglichst gering halten.[49] Diese Verpflichtung gilt sowohl für die Phase der Dauer neuer und der Änderung bestehender Kreuzungsanlagen als auch bei Erhaltungsmaßnahmen. Der sachliche Grund ergibt sich aus der gemeinsamen Benutzung ein und derselben Fläche.[50] Die Erhaltung der Kreuzungsanlage ist eine Dauerverpflichtung. Wegen der gemeinsamen Nutzung der gleichen Fläche müssen sich die Kreuzungsbeteiligten bei Erhaltungsmaßnahmen untereinander abstimmen und ggf. arbeitsteilig zusammenwirken. Erhaltungsmaßnahmen an den Anlagen des einen Kreuzungsbeteiligten führe oftmals zu Beeinträchtigungen z.B. Funktionsfähigkeit, Sicherheit des anderen Verkehrsweges. Darüber hinaus sind teilweise auch Mitwirkungen der anderen Kreuzungsbeteiligten (z.B. Sperrung bei Arbeiten an der Unterseite von Überführungen) notwendig. Dieses gegenseitige Geflecht von wechselseitigen Duldungs-Mitwirkungs- und Leistungs-

---

46 BMVI S. v. 05.07.1972 – StB 2/78.10/2002 B 72.
47 Vgl. BGH, Urt. v. 11.01.2007 – III ZR 294/05.
48 S. § 3 Rdn. 1 ff.
49 Vgl. § 1 1. EKrV Rdn. 25.
50 Vgl. BGH a.a.O.

pflichten begründet eine rechtliche Sonderverbindung, die ein Schuldverhältnis gem. § 241 Abs. 1 BGB darstellt.

58 Für die Überwachung und Prüfung von Ingenieurbauwerken im Zuge von Bundesfernstraßen gilt nach dem ARS Nr. 25/1999[51] die DIN 1076. Den Ländern wurde empfohlen, diese Regelung ebenfalls anzuwenden. Gemäß ARS 10/2013[52] ist bei Bundesfernstraßen die Richtlinie zur einheitlichen Erfassung, Bewertung, Aufzeichnung und Auswertung von Ergebnissen der Bauwerksprüfung nach DIN 1076 zu beachten.

59 Für die Überwachung und Prüfung von Ingenieurbauwerken der DB AG gilt das Modul 803.0001 – Inspektion von Ingenieurbauwerken.

D. Kostentragung

60 Im Regierungsentwurf richtete sich die Verpflichtung zur Kostentragung nach der Aufteilung der Kreuzungsanlage in Eisenbahnanlagen und Straßenanlagen. In der Begründung zum Regierungsentwurf[53] war zwar ausgeführt, dass zur Erreichung einer wahren Interessenslage und aus verkehrspolitischen Grundsätzen künftig auch durch die Inbetriebhaltung, die laufende Unterhaltung und die Erneuerung der Bahnübergänge entstehenden Lasten verteilt werden sollten. Dies war aber in der Begründung nur aus Versehen stehengeblieben, weil zwar in dem Entwurf des BMVI im Hinblick auf das sogenannte Brandgutachten[54] hierfür eine Kostenteilung auf Eisenbahn und Straße vorgesehen gewesen war, dieser Vorschlag aber vom BMF nicht akzeptiert worden war. Die Kostenbeteiligung von Bund und Ländern in § 14 Abs. 1 Satz 4 EKrG ist erst im BT-Ausschuss für Verkehr, Post- und Fernmeldewesen eingeführt worden.

61 Im Vermittlungsausschuss ist dieser Satz 4 jedoch wieder gestrichen worden, und zwar mit folgender Begründung:

»Die Eisenbahnanlagen an Bahnübergängen sind typisch auf den Eisenbahnbetrieb abgestellt und wegen dessen besonderer Verhältnisse (Gebundenheit an Schiene und Fahrplan, Höhe, Geschwindigkeiten und sehr langer Bremsweg) notwendige Einrichtungen, die primär der Sicherung der Vorfahrt der Züge dienen und nach den Bedürfnissen des Eisenbahnbetriebs gesteuert werden. Eine Verpflichtung der Straßenbaulastträger, sich an derartigen Kosten zu beteiligen, ist hiernach nicht gerechtfertigt. Für eine Regelung zu Lasten der Länder fehlt dem Bund – insbesondere soweit es sich um Kreuzungen handelt, an denen die Länder nicht als Straßenbaulastträger beteiligt sind (Landstraßen II. Ordnung) –, auch die Gesetzgebungsbefugnis.«

---

51 Anh. E 12.
52 Vgl. Anh. E 13.
53 BT-Drucks. IV/183.
54 S. BT-Drucks. IV/840 S. 204, 207.

Trotz dieser gesetzlichen Regelung beteiligt sich der Bund an den Kosten für den Betrieb und die Erhaltung der höhengleichen Kreuzungen von Bundesstraßen mit Strecken der nichtbundeseigenen Eisenbahnen in Höhe von 50 % aus Mitteln des Straßenbauplanes, § 16 AEG. Den bundeseigenen öffentlichen Eisenbahnen stehen Ausgleichszahlungen für den Betrieb und die Erhaltung höhengleicher Kreuzungen mit öffentlichen Straßen nach den Regelungen der Verordnung (EWG) Nr. 1192/69 des Rates vom 26. Juni 1969 über gemeinsame Regeln für die Normalisierung der Konten der Eisenbahnunternehmen zu.[55] 62

Meinungsverschiedenheiten zwischen Beteiligten über Fragen der Erhaltung können nicht nach § 10 EKrG, sondern müssen notfalls im Parteistreitverfahren von den Verwaltungsgerichten entschieden werden.[56] 63

Zur Kostentragung für die Erhaltung von Schutzerdungsanlagen nach der Änderung der Erhaltungslast durch das EKrÄndG s. Rdn. 16, 17. 64

§ 14a EKrG [Einziehung der Straße und Stilllegung der Bahn]

(1) Wird die Straße eingezogen oder der Betrieb der Eisenbahn dauernd eingestellt, so bleiben die Beteiligten wie bisher verpflichtet, die Kreuzungsanlagen in dem Umfang zu erhalten und in Betrieb zu halten, wie es die Sicherheit oder Abwicklung des Verkehrs auf dem bleibenden Verkehrsweg erfordert. Eine nach den Vorschriften des Eisenbahnrechts genehmigte Betriebseinstellung gilt nicht als dauernd im Sinne dieser Vorschrift, wenn sie mit der Verpflichtung zur weiteren Vorhaltung der Anlagen verbunden ist. Die Einziehung der Straße oder die dauernde Einstellung des Betriebes der Eisenbahn ist dem anderen Beteiligten unverzüglich mitzuteilen.

(2) Der im Zeitpunkt der Einziehung oder dauernden Betriebseinstellung erhaltungspflichtige Beteiligte oder sein Rechtsnachfolger hat Kreuzungsanlagen zu beseitigen, soweit und sobald es die Sicherheit oder Abwicklung des Verkehrs auf dem bleibenden Verkehrsweg erfordert. Die Kosten hierfür haben die Beteiligten je zur Hälfte zu tragen. Die Kosten für Maßnahmen, die darüber hinaus für den bleibenden Verkehrsweg zu treffen sind, trägt der Baulastträger des bleibenden Verkehrsweges. Die Beteiligten haben die Maßnahmen zu dulden.

(3) Soweit Kreuzungsanlagen beseitigt sind, erlöschen die Verpflichtungen des weichenden Beteiligten aus Absatz 1.

(4) Der weichende Beteiligte hat dem bleibenden Beteiligten auf dessen Antrag sein Eigentum an solchen Grundstücken, die schon bisher von dem bleibenden Beteiligten benutzt worden sind oder die für die Verbesserung des bleibenden Verkehrsweges benötigt werden, mit allen Rechten und Pflichten zu übertragen. Für

---

55 BMVI S. v. 13.02.1963 E 2 – Kh[Kreuz] – 2017 Vm 63/2.
56 BMVI S. v. 28.07.1975 – E 6/1/78.11.20/10 Bb 75.

C 1. Erläuterungen zum Eisenbahnkreuzungsgesetz

die Übertragung des Eigentums ist eine angemessene Entschädigung in Geld zu gewähren, wobei der Verkehrswert des Grundstücks zugrunde zu legen ist.

Übersicht   Rdn.
A. Inhalt 1
B. Einziehung der Straße, Einstellung des Eisenbahnbetriebes 7
C. Beteiligte 11
D. Erhaltungs- und Inbetriebhaltungslast 15
E. Beseitigungspflicht 20
F. Eigentum an Grundstücken der Kreuzungsanlagen 32
G. Verfahren 35
H. Zuschüsse 38

A. Inhalt

1 Die Vorschrift regelt die Liquidierung des Kreuzungsrechtsverhältnisses, die notwendig wird, wenn einer der Verkehrswege durch Einziehung oder dauernde Betriebseinstellung (Rdn. 7 ff.) wegfällt und eine »Kreuzung« aufhört, zu bestehen. Sie bestimmt die Rechte und Pflichten der Beteiligten (Rdn. 11 ff.) in Bezug auf die Erhaltung und Inbetriebhaltung der Kreuzungsanlagen (Rdn. 15 ff.) sowie deren Beseitigung[1] (Rdn. 20 ff.) und trifft Regelungen über das Eigentum an Grundstücken der Kreuzungsanlagen (Rdn. 32 ff.).

2 Eine solche vor dem EKrÄndG im EKrG nicht enthaltene Bestimmung hielt der Bundesrat für unerlässlich, weil die Deutsche Bundesbahn im Zuge verstärkter Rationalisierung eine Reihe unwirtschaftlicher Strecken stilllegen muss. Jedenfalls sollten diese Rechtsfragen nicht erst durch die Rechtsprechung zu § 14 EKrG geklärt werden, sondern durch eine besondere Regelung im EKrG im Zusammenhang mit § 14 EKrG. Die Bundesregierung hat daher den Vorschlag des Bundesrates[2] mit einigen Änderungen in die Novelle[3] übernommen.

3 § 14a EKrG gilt auch für den Fall, dass die Stilllegung oder Einziehung vor Inkrafttreten der Vorschrift stattgefunden hat, die Kreuzungsanlagen aber erst nach Inkrafttreten beseitigt werden. Stilllegung oder Einziehung ist nur tatbestandsmäßige Voraussetzung für das – mögliche – Eintreten der Beseitigungspflicht nach Abs. 2. Sie löst aber die Beseitigungspflicht noch nicht aus. Diese tritt erst ein, »sobald es die Sicherheit oder Abwicklung des Verkehrs auf dem bleibenden Verkehrsweg erfordert«. Liegt dieser Zeitpunkt nach Inkrafttreten des § 14a EKrG, so ist die Vorschrift als zu dieser Zeit geltendes Recht anzuwenden. Sie enthält keine Dauerverpflichtung wie z.B. § 14 EKrG, vielmehr ist die Beseitigungspflicht eine einmalige Verpflichtung – ähnlich § 3 EKrG – die durch Vorliegen bestimmter Voraussetzungen ausgelöst wird

---
1 S. Rdn. 20 ff.
2 BR-Drucks. 422/68.
3 BT-Drucks. VI/1140.

[Einziehung der Straße und Stilllegung der Bahn] § 14a EKrG

und mit ihrer Erfüllung erlischt. Auch Abs. 3 ist in diesem Fall anwendbar, weil er die Rechtsfolge aus der Beseitigung der Kreuzungsanlage nach Abs. 2 enthält. Schließlich wird auch Abs. 4 anzuwenden sein, der auf den Zeitpunkt der Stilllegung oder Einziehung gar nicht abstellt. Nach der endgültigen Einziehung eines Verkehrsweges bemisst sich die Kostentragung nach der lex specialis Regelung des § 14a EKrG. Der Anwendungsbereich der Kostenregelungen des § 12 beschränkt sich auf Eisenbahnkreuzungen, bei denen sich beide Verkehrswege noch in Funktion befinden.[4]

Anlässlich der Einführung des § 14a EKrG sind die Übergangsregelungen des § 19 EKrG a.F. nicht geändert worden. Dies rechtfertigt im Umkehrschluss, dass die Aufhebung aller Vereinbarungen auch hinsichtlich der Kostentragung des § 14a EKrG gilt. Der an einer Eisenbahnkreuzung beteiligte Träger der Straßenbaulast hat auch dann die Hälfte der Kosten der Beseitigung einer Straßenüberführung nach Stilllegung der Bahnlinie zu tragen, wenn dem Eisenbahnunternehmer die Erhaltungslast für die Kreuzungsanlage in vollem Umfang oblag.[5] (§ 19 Abs. 1). Mit dem sog. Gemeindeprivileg des § 19 Abs. 1 sollten die Gemeinden in ganz bestimmten Fällen von der Unterhaltungslast verschont werden.[6] Diese »Sonderregelung« ist nicht geeignet, auf andere Paragrafen übertragen zu werden. Die Kreuzungsbeteiligten sind abschließend für das EKrG in § 1 definiert.   4

§ 14a Abs. 1 Satz 4 EKrG ist auch durch das ENeuOG nicht geändert worden.   5

Mit Art. 2 des Gesetzes zur Änderung von wegerechtlichen Vorschriften wurde in § 14a Abs. 1 EKrG der Satz 4 gestrichen.[7] In der Begründung ist ausgeführt, dass es sich um eine redaktionelle Berichtigung handelt. Mit dem Wegfall des sog. Gemeindeprivilegs des § 19 Abs. 1 Satz 3 und 4 i.F.v. 08.03.1971.[8] Damit kann der in § 14a Abs. 1 Satz 4 EKrG geregelte Fall nicht mehr auftreten. Der Satz könnte somit als redaktionelle Berichtigung gestrichen werden.   6

B. Einziehung der Straße, Einstellung des Eisenbahnbetriebes

Die Einziehung ist ein wegerechtlicher Begriff (s. z.B. § 2 Abs. 4 FStrG). Durch sie wird die durch die Widmung bewirkte öffentliche Zweckbestimmung der Straße aufgehoben. Wird die Straße als Privatstraße noch weiter benutzt, fällt sie nicht mehr unter die Regelung des EKrG. § 14a EKrG ist aber nicht anwendbar bei einer Teileinziehung,[9] weil insoweit immer noch eine öffentlich-rechtliche Straße bleibt, die unter § 1 Abs. 4 EKrG fällt.   7

Der Begriff der »Einstellung des Betriebs einer Eisenbahn« ist ein eisenbahnrechtlicher Begriff. § 11 AEG ist mit der Neuordnung des Eisenbahnwesens eingeführt   8

---

4 Vgl. OVG Hamburg, Urt. v. 02.11.2001 – 1 Bf 383/99.
5 Vgl. VGH Hessen, Urt. v. 25.03.1997 – 2 UE 3728/95.
6 S. § 19 Rdn. 4 ff.
7 Vgl. BT-Drucks. 15/3982.
8 S. E 21.
9 S. Marschall, Bundesfernstraßengesetz Rn. 72 ff. zu § 2 FStrG.

worden. Er beinhaltet insbesondere Verfahrensregelungen für die dauernde Einstellung des Betriebes einer Strecke und der sonstigen Stilllegung von Eisenbahninfrastruktureinrichtungen. Der Eisenbahninfrastrukturunternehmer muss die Stilllegung bei der zuständigen Aufsichtsbehörde beantragen. Dabei hat er darzulegen, dass ihm der Betrieb der Infrastruktureinrichtung nicht mehr zugemutet werden kann und Verhandlungen mit Dritten, denen ein Angebot für die Übernahme der Infrastruktureinrichtung zu in diesem Bereich üblichen Bedingungen gemacht wurde, erfolglos geblieben sind, § 11 Abs. 1 AEG. Im Bereich der Eisenbahnen des Bundes entscheidet das Eisenbahn-Bundesamt im Benehmen mit der zuständigen Landesbehörde, § 11 Abs. 2 AEG. Bis zur Entscheidung hat das Unternehmen den Betrieb der Schieneninfrastruktur aufrechtzuerhalten, § 11 Abs. 2 AEG. Die Betriebseinstellung hat nicht unbedingt die Beseitigung der öffentlichen Zweckbestimmung der Eisenbahnstrecke zur Folge und zur Voraussetzung, sie kann auch mit der Auflage genehmigt werden, die Gleisanlagen für eine etwaige spätere Wiederaufnahme des Betriebs weiterhin vorzuhalten. In letzteren Fällen liegt keine dauernde Einstellung des Betriebs vor, sodass insoweit nicht § 14a EKrG, sondern die übrigen Vorschriften des EKrG unmittelbar weiter zur Anwendung kommen. Ist also bei einer nicht dauernden Einstellung des Betriebs eine Änderung eines Bahnübergangs i.S.d. § 3 EKrG erforderlich, dann hat das Eisenbahninfrastrukturunternehmen sich an den Kosten der Änderung nach § 13 Abs. 1 EKrG zu beteiligen.

9 Wird dagegen die dauernde Einstellung einer Eisenbahnstrecke mit der Auflage genehmigt, das Planum der Strecke unter Verzicht auf Kunstbauwerke so weit zu erhalten, dass bei Bedarf die Strecke wieder hergestellt werden kann, so handelt es sich um eine dauernde Einstellung im Sinne von § 14a EKrG. Durch die Vorhaltung des Planums soll lediglich der Neubau einer in nicht absehbarer Zeit vielleicht erforderlich werdenden »neuen« Strecke erleichtert werden.

10 Die Entwidmung von Betriebs- und Bahnanlagen muss durch eindeutige und bekanntgemachte Erklärungen erfolgen, damit für jedermann klare Verhältnisse bestehen.[10] Eigene rechtliche Normierungen wie zur Widmung/Entwidmung von Straßen – vgl. § 6 FStrG – enthält das Eisenbahnrecht nicht. Die Fragen der Einstellung des Eisenbahnbetriebes und die der Entwidmung betreffen getrennte rechtliche Sachverhalte.

C. Beteiligte

11 Das Gesetz unterscheidet hier zwischen dem weichenden Beteiligten und dem bleibenden Beteiligten (Abs. 4). Jedenfalls handelt es sich aber bei den Beteiligten um solche i.S.d. § 1 Abs. 6 EKrG, also um die Träger der Baulast für die Schiene oder die Straße.[11] Weichender Beteiligter ist der Beteiligte, dessen Schienenweg dauernd stillgelegt oder dessen Straße eingezogen worden ist. Schwierig ist die Festlegung der

---

10 Vgl. BVerwG, DÖV 1997, 508, 509.
11 S. § 1 EKrG Rdn. 68 ff.

[Einziehung der Straße und Stilllegung der Bahn] § 14a EKrG

Beteiligten, wenn die DB AG Sonderbaulastträger einer Straßenüberführung ist. Zunächst liegt es nahe, die DB AG als Baulastträger für den Schienenweg und für die Straße – als Sonderbaulastträger – anzusehen. Die DB AG wäre dann als Beteiligte für beide Verkehrswege anzusehen. Dieses Ergebnis könnte sich auf die Überlegung stützen, dass die DB AG als Sonderbaulastträger auch die volle Zuständigkeit für den Verkehrsweg Straße trifft. Der Wortlaut des § 14a Abs. 2 EKrG scheint aber ein gegenteiliges Ergebnis nahezulegen. Satz 1 des Abs. 2 spricht ausdrücklich den erhaltungspflichtigen Beteiligten an; Satz 2 spricht demgegenüber nur von dem Beteiligten. Aus dem Gebrauch von unterschiedlichen Begriffen muss der Schluss gezogen werden, dass die Kostenregelung in § 14a Abs. 2 Satz 2 EKrG einen anderen Beteiligten als den nach Satz 1 Erhaltungspflichtigen meint. Dem folgend wäre zwar die DB AG nach § 14 Abs. 2 Satz 1 EKrG als erhaltungspflichtiger Sonderbaulastträger verpflichtet, die Kreuzungsanlage zu beseitigen, die Kosten sind aber nach § 14 Abs. 2 Satz 2 EKrG zwischen Schienenbaulastträger und dem Regelbaulastträger der Straße zu teilen.

Der Hessische Verwaltungsgerichtshof hat ebenfalls entschieden, dass der an einer Eisenbahnkreuzung beteiligte Träger der Straßenbaulast auch dann die Hälfte der Beseitigungskosten einer Straßenüberführung nach Stilllegung der Bahnlinie zu tragen hat, wenn dem Eisenbahninfrastrukturunternehmer die Erhaltungslast für die Kreuzungsanlage in vollem Umfang oblag.[12]   12

Für Brückenbauwerke, die vor der Bahnreform als nicht betriebsnotwendig zugeordnet wurden, kann Beteiligter i.S.d. § 14a EKrG auch das BEV sein. Dies muss im Einzelfall geprüft werden. Im Zuge der Bahnreform ging die Unterhaltungslast an den Eisenbahnbrücken von der Deutschen Bundesbahn auf das Bundeseisenbahnvermögen über, §§ 1, 2 Gesetz zur Zusammenführung und Neugliederung der Bundesbahnen. Gemäß Art. 1 § 20 Eisenbahnneuordnungsgesetz sind aus diesem Vermögen lediglich die »bahnnotwendigen Liegenschaften und Einrichtungen« auf die DB AG übertragen worden.[13] Der Gesetzgeber wollte die neu gegründete DB AG von Verbindlichkeiten und Belastungen entlasten. Deshalb sollten nur solche Verbindlichkeiten auf sie übergehen, die für den unmittelbaren Bahnbetrieb notwendig waren. Dies wird für die fortbestehende Erhaltungsverpflichtung aus einem früheren längst abgegebenen Bahnbetrieb nicht gelten.[14]   13

§ 14a EKrG ist auch auf Kreuzungen mit Anschlussbahnen anwendbar, wenn diese Eisenbahnen i.S.d. § 1 Abs. 3 sind, d.h. wenn die Betriebsmittel von den privat genutzten Anlagen auf Eisenbahnen des öffentlichen Verkehrs übergehen können. Liegen diese Voraussetzungen und die weiteren des § 14a EKrG vor, so geht auch für Anschlussbahnen das EKrG anderen möglicherweise einschlägigen Regelungen vor.[15] Für Fragen nach Selbsteintrittsrecht, analoger Anwendung § 14a Abs. 2 Satz 1   14

---

12 VGH Hessen, Urt. v. 25.03.1997 – 2 UE 3728/95.
13 Vgl. OVG Rheinland-Pfalz, Urt. v. 06.07.2006 – 1 A 11417/05.
14 Vgl. OVG Rheinland-Pfalz, Urt. v. 06.07.2006 – 1 A 11417/05.
15 Vgl. VG Hamburg, Urt. v. 08.08.2007 – 15 K 91/07.

EKrG, Geschäftsführung ohne Auftrag gelten die in Rdn. 24 dargestellten Grundsätze genauso.[16]

D. Erhaltungs- und Inbetriebhaltungslast

15 Die Erhaltungs- und Inbetriebhaltungslast[17] des bisher dazu verpflichteten Beteiligten bleibt nach Einziehung oder Stilllegung eines Verkehrsweges zunächst als eine vorübergehende Verpflichtung – bis zur endgültigen Beseitigung der Kreuzungsanlagen – bestehen. Die Kreuzungsanlagen haben grundsätzlich nach Wegfall eines Verkehrsweges ihren Sinn verloren. Die Erhaltungs- und Inbetriebhaltungslast gilt nur deshalb noch fort, weil die Beseitigungspflicht – im Interesse der Kreuzungsbeteiligten – zeitlich aufgeschoben wird und erst dann eintritt, sobald (und soweit) es die Sicherheit oder Abwicklung des Verkehrs auf dem bleibenden Verkehrsweg erfordert (Abs. 2). Insbesondere intakte Bauwerke brauchen nicht – unter Umständen mit hohen Kosten – sofort abgebrochen zu werden. Die Erhaltungs- und Inbetriebhaltungslast ist daher auf den Umfang beschränkt, »wie es die Sicherheit oder Abwicklung des Verkehrs auf dem bleibenden Verkehrsweg erfordert«. An Bauwerken können umfangreiche Substanzerhaltungsmaßnahmen, die deren Bestand auf Jahre hinaus garantieren, nach Sinn und Zweck dieser Liquidationsvorschrift nicht gefordert werden. Geraten sie in einen Bauzustand, der den vorhandenen Verkehrsweg zu gefährden beginnt, tritt die Beseitigungspflicht nach Abs. 2 ein.

16 Da § 14a Abs. 1 Satz 4 EKrG durch das ENeuOG nicht geändert wurde, ist für diese Bestimmung maßgeblich, wer im Zeitpunkt der Einziehung bzw. dauernden Betriebseinstellung Träger der Erhaltungslast war. Lag dieser Zeitpunkt vor dem 01.01.1994, so treffen die Erhaltungsverpflichtungen nach § 14a Abs. 1 Satz 4 EKrG die DB AG anstelle des Straßenbaulastträgers, wenn sie bisher die Sondererhaltungslast hatte.

17 Der Eisenbahnunternehmer, der aufgrund der Übergangsregelung des § 19 Abs. 1 Satz 4 EKrG a.F. eine Straßenbrücke zu erhalten hatte, konnte sich von dieser Last befreien, indem er nach § 14a Abs. 1 Satz 4 a.F. EKrG die Erhaltungslast – auch gegen den Willen des anderen Baulastträgers – ablöst. Für die Berechnung der Ablösung konnten die Ablösungsrichtlinien 1980 angewendet werden.[18] Zur Ablösung anderer Erhaltungs- und Inbetriebhaltungslasten bestand kein Ablösungsrecht, konnte also nur auf freiwilliger Basis vereinbart werden.

18 Wird der Schienenweg des Eisenbahninfrastrukturunternehmers nach der dauernden Einstellung des Betriebs noch als Anschlussgleis für ein Industrieunternehmen, eine Hafenanlage, einen Truppenübungsplatz u.ä. weiter benutzt, so handelt es sich insoweit zwar nicht um eine neue Kreuzung i.S.d. § 2 EKrG, da das Anschlussgleis nicht

---

16 Vgl. auch VG Hamburg, Urt. v. 08.08.2007 – 15 K 91/07.
17 S. § 14 EKrG Rdn. 1 ff.
18 VkBl. 1979 S. 733, VkBl. 1988 S. 727, s. Anh. E 10.

erst neu angelegt werden muss (§ 2 Abs. 3 EKrG), jedoch gelten dann für die Kreuzung die besonderen Regelungen für die Anschlussbahnen.

Die Eisenbahnunternehmerin wird nach Einstellung des Eisenbahnbetriebes von ihrer Erhaltungspflicht i.S.d. § 14a EKrG bezüglich eines Eisenbahnüberführungsbauwerkes nicht dadurch frei, dass sie dieses Bauwerk an einen Dritten veräußert und ihre Erhaltungslast daran durch Vertrag auf diesen ohne Zustimmung des anderen Kreuzungsbeteiligten überträgt.[19] Die Unterhaltungslast i.S.d. §§ 14, 14a EKrG knüpft nämlich gerade nicht an das Eigentum, sondern daran an, welchem Verkehrsweg die Anlage in ihrer Funktion dient.[20] 19

E. Beseitigungspflicht

An die Stelle der Erhaltungs- und Inbetriebhaltungspflicht tritt die Beseitigungspflicht, »soweit und sobald es die Sicherheit oder Abwicklung des Verkehrs auf dem bleibenden Verkehrsweg erfordert« (Abs. 2). Die Frage der Erforderlichkeit ist auch in § 14a EKrG ein unbestimmter Rechtsbegriff, der der vollen Überprüfung durch die Verwaltungsgerichte obliegt. 20

Der Zeitpunkt und der Umfang der Beseitigung der Kreuzungsanlagen werden bestimmt durch die Erfordernisse des Verkehrs auf dem bleibenden Verkehrsweg. Zur Sicherheit und Abwicklung des Verkehrs s. § 3 EKrG Rdn. 20 ff.

Zu beseitigen sind die Kreuzungsanlagen (s. § 14 EKrG) 21
– bei Bahnübergängen insbesondere die Gleise, Schwellen, Bahnübergangsplatten, Schrankenanlagen, Lichtzeichenanlagen, Verkehrszeichen,
– bei Überführungen insbesondere das Überführungsbauwerk, ggf. auch Dämme und Einschnitte.

Zur Beseitigung gehört nicht nur die Wegnahme der Kreuzungsanlagen, sondern auch die Beseitigung der durch die Wegnahme entstandenen Schäden oder Lücken an dem bleibenden Verkehrsweg. Dieser muss nach den Beseitigungsarbeiten für den Verkehr wieder funktionstüchtig hergerichtet sein (z.B. Auffüllen einer Straßenüberführung einschließlich Wiederherstellen der Fahrbahn). Diese »Folgenbeseitigung« gilt selbstverständlich nur für den Kreuzungsbereich. Die Verbreiterung oder Verbesserung des Verkehrsweges gegenüber dem alten Zustand kann nicht verlangt werden. Die Erforderlichkeit der einzelnen Maßnahmen hängt von den Umständen des Einzelfalles ab. Soll eine Straße im Zuge einer Straßenüberführung über einer aufgegebenen Eisenbahnstrecke verbreitert werden, so ist der Abbruch der Brücke und die Herstellung eines Erdkörpers erforderlich. Es würde nicht dem Zweck der Liquidierung des Kreuzungsverhältnisses entsprechen, das Brückenbauwerk beizubehalten und zu verbreitern oder einen Damm danebenzulegen. Eine Eisenbahnüberführung im Zuge einer stillgelegten Strecke ist zu beseitigen, wenn sie baufällig geworden ist 22

---

19 Vgl. OVG Rheinland-Pfalz, Urt. v. 13.02.1997 – 1 A 13249/95.
20 Vgl. § 14 Rdn. 7 ff.

und den Straßenverkehr darunter gefährdet. § 14a Abs. 2 EKrG findet auch Anwendung, wenn nach Stilllegung der Eisenbahnstrecke, durch zwischenzeitliche Zunahme des Straßenverkehrs die Kreuzung verlegt wird. Die Kosten für die Beseitigung des funktionslos gewordenen Bauwerkes haben die Beteiligten je zur Hälfte zu tragen, § 14 Abs. 2 Satz 2 EKrG.

23 § 14a Abs. 2 Satz 1 EKrG geht als lex specialis der allgemeinen Regelung über die Beseitigung von Kreuzungen § 3 Nr. 1 EKrG vor. Bei § 3 Nr. 1 EKrG sollen die Verkehrswege voraussetzungsgemäß weiter genutzt werden.[21]

24 Beseitigungspflichtig ist der im Zeitpunkt der Einziehung oder dauernden Betriebseinstellung erhaltungspflichtige Beteiligte (Abs. 2 Satz 1). Durch die Umwidmung einer früheren Bahntrasse als öffentlicher Wanderweg ändert sich zwar die öffentlich-rechtliche Zweckbestimmung des betreffenden Verkehrsweges. Damit wird aber nicht das bereits vorher zwischen den Kreuzungsbeteiligten entstandene Abwicklungsverhältnis i.S.d. § 14a EKrG zum Erlöschen gebracht.[22] Dies soll zumindest dann gelten, wenn die Übertragung der Erhaltungslast ohne Zustimmung des anderen Kreuzungsbeteiligten vorgenommen wurde.[23] Dem nach § 14a Abs. 2 Satz 1 EKrG nicht beseitigungspflichtigen Kreuzungsbeteiligten steht kein Selbsteintrittsrecht zu, das ihn berechtigt, die Beseitigung der Kreuzungsanlage selbst vorzunehmen, selbst dann, wenn der erhaltungspflichtige Kreuzungsbeteiligte seiner Beseitigungspflicht nicht nachkommt.[24] Auch aus einer analogen Anwendung des § 14 Abs. 2 Satz 1 EKrG lässt sich kein Selbsteintrittsrecht ableiten. Durch die Streichung des Kreuzungsrechtsverfahrens im Falle der Nichteinigung im Gesetzgebungsverfahren[25] kann ebenfalls nicht auf die Möglichkeit des Selbsteintritts geschlossen werden.[26] Unter dem Hinweis, dass die Kreuzungsbeteiligten Streitigkeiten im Bereich des § 14a EKrG »unter sich austragen sollen«, ist zu verstehen, dass direkte Klagemöglichkeiten oder auch die Einschaltung der zuständigen Aufsichtsbehörde möglich ist. Ein Selbsteintrittsrecht lässt sich weder aus dem kreuzungsrechtlichen Gemeinschaftsverhältnis noch aus den Grundsätzen der Geschäftsführung ohne Auftrag oder dem öffentlich-rechtlichen Erstattungsanspruch herleiten.[27] Es fehlt insoweit an einer »planwidrigen Lücke« im EKrG.

25 Die Verpflichtung zur hälftigen Kostentragung – § 14a Abs. 2 Satz 2 EKrG – besteht nur dann, wenn die Kreuzungsanlage durch den dadurch berufenen Kreuzungsbeteiligten beseitigt wurde. Einen Kostenerstattungsanspruch kann der im Wege eines

---

21 Vgl. OVG Nordrhein-Westfalen, Urt. v. 18.03.1993 – 20 A 25/91.
22 Vgl. OVG Rheinland-Pfalz, Urt. v. 13.02.1997 – 1 A 13249/95.
23 Vgl. OVG Rheinland-Pfalz, Urt. v. 13.02.1997 – 1 A 13249/95.
24 Vgl. VG Koblenz Urt. v. 22.08.2005 – 8 K 3606/04.KO, bestätigt durch OVG Rheinland-Pfalz Urt. v. 06.07.2006 – 1 A 11417/05.
25 Vgl. BT-Drucks. IV/1140, BT-Drucks. V/3969.
26 Vgl. OVG Rheinland-Pfalz, Urt. v. 13.02.1997 – 1 A 13249/95.
27 Vgl. OVG Rheinland-Pfalz, Urt. v. 13.02.1997 – 1 A 13249/95.

Selbsteintritts die Kreuzungsanlage beseitigte Kreuzungsbeteiligte nicht auf § 14 Abs. 2 Satz 2 EKrG stützen.[28]

Die Kosten der erforderlichen Beseitigung haben die beiden Beteiligten je zur Hälfte zu tragen (Abs. 2 Satz 2), weil die Beseitigung ebenso wie die Sicherung des sich kreuzenden Verkehrs an bestehenden Kreuzungen eine gemeinsame Aufgabe der Beteiligten ist.[29] Der Entwurf des Bundesrates hatte die alleinige Kostentragung durch den weichenden Beteiligten vorgesehen. 26

Die 1. EKrV gilt nur für die Kostenermittlung bei Maßnahmen nach §§ 2 und 3 EKrG, wie sich aus § 16 EKrG und § 1 der 1. EKrV ergibt. Das OVG Nordrhein-Westfalen[30] hat dementsprechend zu den Kosten für die Beseitigung der Kreuzungsanlage (z.B. Schranken) nicht die Erlöse aus der Verwertung oder den Wert der nicht mehr benötigten Anlagen gerechnet. Bei den Erlösen würde es sich nämlich gerade um das wirtschaftliche Gegenteil von Kosten handeln. Darüber hinaus hätten die Regelungen in der 1. EKrV auch keinen mittelbaren Einfluss auf die Frage, was unter Kosten i.S.d. § 14a Abs. 2 Satz 2 EKrG zu verstehen sei. Auch eine analoge Anwendung der 1. EKrV ist nicht möglich. Es liegt keine Regelungslücke vor. Der Gesetzgeber hat bei Einführung des § 14a EKrG die Verordnungsermächtigung in § 16 Abs. 1 Nr. 1 EKrG nicht auf den Fall des § 14a Abs. 2 EKrG erstreckt. Hingegen hat er in § 16 Abs. 1 Nr. 3 EKrG gewisse Regelungen in § 14a EKrG berücksichtigt. Auch § 14a Abs. 2 EKrG dient in seiner Pauschalierung der möglichst raschen und unstreitigen Abrechnung zwischen den Kreuzungsbeteiligten. 27

Die Erlöse aus der Verwertung der nicht mehr benötigten Anlagen von den Kosten der Kreuzungsbeseitigung abzuziehen rechtfertigt sich auch nicht aus dem Gedanken des Vorteilsausgleichs.[31] Zum einen ist der Vorteilsausgleich im EKrG nur dort anwendbar, wo er ausdrücklich erwähnt ist, z.B. § 12 Nr. 1 EKrG.[32] Zum anderen ist nicht ersichtlich, welcher Vorteil beim Rückbau der Anlagen entstehen soll, der nicht schon vor dem Rückbau bestand. Der Erlös der Anlagen kommt nämlich dem jeweiligen Eigentümer zugute. Diese Anlagen wurden auch allein von der DB AG unterhalten. Möglich sein dürfte aber eine vertragliche Vereinbarung, die den Grundsätzen der 1. EKrV entspricht. 28

Zur Kostenmasse gehören nur die Aufwendungen, die durch das Entfernen der Anlagen in der zweckmäßigsten und wirtschaftlichsten Weise entstehen. Kosten, die durch Maßnahmen entstehen, die über die Beseitigung der Kreuzungsanlagen einschließlich der Wiederherstellung des bleibenden Verkehrsweges in seiner vorhandenen Linienführung und sonstigen Beschaffenheit hinausgehen, trägt der Baulastträger des bleibenden Verkehrsweges allein (Abs. 2 Satz 3). Beispiele sind Verbreiterungen 29

---

28 Vgl. OVG Rheinland-Pfalz, Urt. v. 13.02.1997 – 1 A 13249/95.
29 Amtl. Begründung, BT-Drucks. VI/1140.
30 Vgl. VkBl. 1993, 595, 596.
31 Vgl. OVG Nordrhein-Westfalen, Urt. v. 18.03.1993 – 20 A 25/91.
32 S. § 12 Rdn. 6 ff.

oder Verbesserungen der Linienführung.[33] Werden wegen Verlegung des bleibenden Verkehrsweges Wiederherstellungskosten erspart, so können sie nicht fiktiv in die nach Abs. 2 Satz 2 zu teilende Kostenmasse eingesetzt werden, weil ein derartiger Vorteilsausgleich nicht vorgesehen ist.

30 Die Duldungspflicht der Beteiligten (Abs. 2 Satz 4) umfasst sowohl die Beseitigungsmaßnahmen nach Abs. 2 Satz 1 als auch die darüber hinausgehenden Maßnahmen nach Abs. 2 Satz 3 des Baulastträgers des bleibenden Verkehrsweges, für den Fall, dass dafür Grundstücke jeweils des anderen Beteiligten benötigt werden. Die Duldungspflicht erlischt, wenn der bleibende Beteiligte das Eigentum nach Abs. 4 erworben hat.

31 Liegen die Voraussetzungen für die Beseitigung der Kreuzungsanlagen nach Abs. 2 Satz 1 nicht vor (»soweit und sobald«), so kann der erhaltungspflichtige Beteiligte trotzdem tätig werden. Er muss dann allerdings alle Kosten selbst tragen, eine Kostenbeteiligung findet nicht statt.

F. Eigentum an Grundstücken der Kreuzungsanlagen

32 Während der Entwurf des Bundesrates einen kostenfreien Eigentumsübergang vom weichenden auf den bleibenden Beteiligten vorgesehen hatte, wie es etwa das FStrG (§ 6) für den Eigentumsübergang beim Wechsel der Straßenbaulast geregelt hatte, hat die Novelle der Bundesregierung nur bestimmt, dass der weichende Beteiligte auf Antrag des bleibenden Beteiligten diesem sein Eigentum an den Grundstücken zu übertragen hat, die schon bisher von dem Bleibenden benutzt worden sind (Duldungspflicht), oder die zur Verbesserung des bleibenden Verkehrsweges benötigt werden (s. Abs. 4 Satz 1). Der Anspruch auf Übereignung geht also weiter als nur auf die Grundstücke, die schon bisher der Kreuzungsanlage dienten.

33 Für die zu übereignenden Grundstücke ist dem weichenden Beteiligten eine angemessene Entschädigung zu gewähren, der der Verkehrswert zugrunde zu legen ist. Die vom Bundesrat im Entwurf vorgesehene entschädigungslose Übereignung von den Grundstücken, die schon bisher von dem bleibenden Beteiligten benutzt worden sind, hat die Bundesregierung wegen verfassungsrechtlicher Bedenken nicht übernommen (Art. 14 GG), besonders im Hinblick darauf, dass es sich bei den stillzulegenden Eisenbahnstrecken auch um privatrechtliche Unternehmen handeln kann.

34 Für die Ermittlung des Verkehrswertes der Grundstücke s. *Marschall*, Bundesfernstraßengesetz § 19 Rn. 25 ff.

G. Verfahren

35 Verfahrensmäßig schreibt § 14a EKrG nur vor, dass der den Betrieb stilllegende Eisenbahninfrastrukturunternehmer bzw. der die Einziehung einer Straße betreibende Straßenbaulastträger dem anderen Beteiligten unverzüglich Mitteilung zu machen

---

33 Z.B. Beseitigung von S-förmigen Krümmungen, s. Teil D Rdn. 217 ff.

hat. Ferner sieht § 14a EkrG vor, dass der bleibende Beteiligte für die Übertragung des benötigten Grundeigentums einen Antrag zu stellen hat.

Im Übrigen handelt es sich bei den Rechtsbeziehungen zwischen den Beteiligten um ein öffentlich-rechtliches Rechtsverhältnis. Soweit über die notwendigen Maßnahmen oder die Kostentragungspflichten oder sonstige sich aus dem § 14a EkrG ergebenden Rechtsbeziehungen zwischen den Beteiligten keine Einigung auf freier Basis erreicht werden kann, ist es deren Sache, ihre Rechte aus dieser Regelung unmittelbar vor den Verwaltungsgerichten zu verfolgen. 36

Insbesondere ist der Gesetzgeber nicht dem Vorschlag des Bundesrates gefolgt, auch für diese Rechtsbeziehungen die §§ 5–8, 10 Abs. 1–4 und 6 und 17 EkrG entsprechend anzuwenden, sodass hierfür die Anordnungsbehörde wesentlich eingeschaltet gewesen wäre (z.B. Genehmigung, Anordnung). Die Bundesregierung hatte Zweifel, ob es zweckmäßig sei, das relativ komplizierte Verfahren nach §§ 5 ff. EkrG auch für die rechtliche und tatsächliche »Liquidation« bestehender Kreuzungen anzuwenden. Durch die Einschaltung der Anordnungsbehörde würde sich die Abwicklung nur noch verzögern, weil dann ein Anfechtungsprozess gegen die Anordnungsbehörde geführt werden muss. Dies sei aber nicht erforderlich, weil ein wesentliches öffentliches Interesse an den Liquidationsmaßnahmen nicht mehr besteht. Mit dieser Regelung würden auch oberste Bundes- und Landesbehörden von einer reinen Verwaltungstätigkeit befreit (Verwaltungsvereinfachung). 37

H. Zuschüsse

Zu den Maßnahmen nach § 14a Abs. 2 EkrG können keine Zuschüsse nach § 17 EkrG gegeben werden, weil dieser nur für die Maßnahmen nach §§ 2 und 3 EkrG Zuschüsse vorsieht und in § 14a EkrG die entsprechende Anwendung des § 17 EkrG entgegen dem Vorschlag des Bundesrates nicht in die Novelle 1971 übernommen worden ist. Bei der Stilllegung von Strecken einer Eisenbahn des Bundes ist daher der Bund weder zuständig noch sonst verpflichtet, für die Maßnahmen nach § 14a EkrG den Gemeinden oder Kreisen Zuschüsse zu gewähren. 38

§ 15 EkrG [Erstattung und Ablösung von Erhaltungs- und Betriebskosten]

(1) Wird eine neue Kreuzung hergestellt, so hat im Falle des § 11 Abs. 1 der Beteiligte, dessen Verkehrsweg neu hinzukommt, die hierdurch verursachten Erhaltungs- und Betriebskosten dem anderen Beteiligten zu erstatten. Im Falle des § 11 Abs. 2 hat jeder Beteiligte seine Erhaltungs- und Betriebskosten ohne Ausgleich zu tragen.

(2) Wird an einer Überführung eine Maßnahme nach § 3 durchgeführt, so hat der Beteiligte, der nach § 12 Nr. 1 oder 2 die Maßnahme verlangt oder sie im Falle einer Anordnung hätte verlangen müssen, dem anderen Beteiligten die hierdurch verursachten Erhaltungskosten zu erstatten.

(3) Wird an einem Bahnübergang eine Maßnahme nach § 3 durchgeführt, so hat jeder Beteiligte seine veränderten Erhaltungs- und Betriebskosten ohne Ausgleich zu tragen.

(4) In den Fällen des Absatzes 1 Satz 1 sowie des Absatzes 2 ist auf Verlangen eines Beteiligten die Erhaltungs- und Betriebslast abzulösen.

Übersicht	Rdn.
A. Allgemeines	1
B. Neue Kreuzungen (Abs. 1)	8
C. Änderung von Überführungen (Abs. 2)	16
D. Änderung von Bahnübergängen (Abs. 3)	22
E. Ablösung (Abs. 4)	23

A. Allgemeines

1 Während die §§ 11 ff. die Kostentragung für neue Kreuzungen und die Änderungen von Kreuzungen regeln, befasst sich § 15 EKrG mit den Kosten, die nach der Erstellung oder Änderung als Erhaltungs- und Betriebskosten anfallen. Da deren Verteilung auf die Beteiligten in § 14 EKrG entsprechend der Zugehörigkeit der Anlage als Eisenbahn- oder Straßenanlage geregelt ist, bestimmt § 15 EKrG, in welchen Fällen und in welchem Umfang ein Beteiligter dem anderen die Erhaltungs- und Betriebskosten zu erstatten oder abzulösen hat.

2 Dabei ist der Gesetzgeber von dem Grundsatz ausgegangen, dass eine Erstattung bzw. Ablösung in allen Fällen gerechtfertigt ist, in denen auch bei der Herstellung oder Änderung das Veranlassungs- bzw. Interessenprinzip gilt (§ 11 Abs. 1 und § 12 EKrG). Hingegen soll eine Erstattung oder Ablösung dann nicht in Betracht kommen, wenn das Kostenteilungsprinzip angewendet wird (§ 11 Abs. 2, § 13 EKrG).

3 Es gibt keinen allgemeinen Grundsatz im EKrG, der besagt, dass Mehrerhaltungskosten zu erstatten oder abzulösen sind. § 15 Abs. 1 bis 3 EKrG enthalten Einzelregelungen, ohne dass sie im Verhältnis Grundsatz zu Ausnahme zueinanderstehen. Mehrerhaltungskosten sind demzufolge nur zu erstatten, wenn und soweit eine gesetzliche Regelung diese Rechtsfolge vorschreibt.

4 § 15 EKrG ist nicht anzuwenden in Fällen, in denen es sich nicht um Kreuzungsmaßnahmen i.S.d. §§ 2 und 3 EKrG handelt, also z.B. bei Rationalisierungsmaßnahmen.

5 Im Rahmen der Kreuzungsvereinbarung ist es in diesen Fällen möglich, die Erstattung oder Ablösung von Erhaltungskosten zu regeln.[1]

---

1 Zur Zulässigkeit solcher Vereinbarungen vgl. BVerwG Buchholz 407.2 Nr. 7.

[Erstattung und Ablösung von Erhaltungs- und Betriebskosten] § 15 EKrG

Die Erstattung oder Ablösung der Erhaltungslast umfasst auch die Wartungs- und 6
Stromkosten für Straßenbeleuchtungsanlagen unter Eisenbahnüberführungen oder
in Tunneln.[2]

Aus dem in § 5 EKrG verankertem Vereinbarungsprinzip[3] folgt, dass Vereinba- 7
rungen über die Kostenregelung nach § 15 EKrG, die vor dem Inkrafttreten des
EKrÄndG geschlossen worden sind, weiter voll Geltung behalten haben, weil die
bisherige Regelung (Begrenzung auf 20 Jahre) für die Ablösung der Erhaltungs- und
Betriebslast nicht mit rückwirkender Kraft geändert worden ist und eine solche
Rückwirkung auch nicht dem § 15 Abs. 4 EKrG entnommen werden kann.[4]

B. Neue Kreuzungen (Abs. 1)

Bei neuen Kreuzungen i.S.d. § 11 Abs. 1 EKrG gilt das Veranlassungsprinzip, sodass 8
der neu Hinzukommende dem anderen Beteiligten die auf ihn zukommenden Erhal-
tungs- und Betriebskosten zu erstatten hat. Vor der Änderung durch das EKrÄndG
war nicht die Erstattung, sondern die **Ablösung** gesetzlich vorgeschrieben. Nunmehr
ist nur dann abzulösen, wenn ein Beteiligter dies verlangt (Abs. 4).

Aus dem Wort »erstatten« im Gegensatz zu »ablösen« in Abs. 4 ergibt sich, dass der 9
neu Hinzukommende die vermehrte Erhaltungs- und Betriebslast nicht sofort zu bezahlen hat, wenn die Maßnahme durchgeführt ist, sondern nur jeweils nach Anfall.
Die Ablösung muss er jedoch dann bezahlen, wenn der andere Beteiligte dies verlangt.

Die Beschränkung der Ablösungssumme auf einen 20 jährigen Zeitraum ist durch 10
das EKrÄndG fallengelassen worden. Die amtliche Begründung[5] führt dazu aus,
dass die Regelung des Abs. 1 (neue Kreuzungen) der des Abs. 2 (Änderung von
Überführungen) angepasst werden soll, weil keine Notwendigkeit für eine unterschiedliche Regelung besteht.

Bei neuen Überführungen kommt grundsätzlich eine Erstattung bzw. Ablösung nur 11
in Betracht, wenn der neue Verkehrsweg unterführt wird, sodass für den vorhandenen Verkehrsweg eine Überführung entsteht, für die deren Baulastträger nach § 14
EKrG die Erhaltungslast hat.

Bei neuen Bahnübergängen kommt sowohl die Erhaltungs- als auch die Betriebslast 12
in Betracht. Mit der Erhaltungslast muss auch die Betriebslast erstattet bzw. abgelöst
werden. Ist die Eisenbahn der neue Verkehrsweg, kommt eine Ablösung nur in Betracht für die Erhaltungs- und Betriebskosten der Sichtflächen und Straßenverkehrszeichen.

---

2 S. § 14 EKrG Rdn. 26.
3 S. § 5 EKrG Rdn. 1 ff.
4 BVerwG Buchholz 407.2 Nr. 7; BayVGH BayVerwBl. 1977 S. 53.
5 BR-Drucks. 26/70.

13 Sind beide Verkehrswege neu (§ 11 Abs. 2 EKrG), dann haben die Beteiligten ihre Erhaltungs- und Betriebskosten ohne Ausgleich zu tragen, obwohl die Herstellungskosten der neuen Kreuzung halbiert werden. Es wäre daher wohl näherliegend und systematischer gewesen, auch die Erhaltungs- und Betriebskosten zur Hälfte ablösen zu lassen. Die Regelung des Gesetzes führt zu dem Ergebnis, dass bei einem neuen Bahnübergang, der bei gleichzeitiger Neuanlage zweier Verkehrswege entsteht, die Eisenbahn die Erhaltungs- und Betriebskosten allein zu tragen hat, während die Straße nicht belastet wird. Bei Überführungen ist bei dieser Regelung jeweils derjenige Beteiligte in der besseren Situation, dessen Verkehrsweg unterführt wird, während der Oberlieger die gesamten Erhaltungskosten allein zu tragen hat. Dieses Ergebnis ist meist ein zufälliges, denn es hängt wesentlich von den örtlichen Verhältnissen ab.

14 Verwaltungskosten werden bei der Ablösung der Erhaltungslast,[6] nicht aber bei der Betriebslast in Rechnung gestellt werden können.[7]

15 Zur Frage in welchem Umfang Erhaltungskosten abzulösen sind, wenn ein Bahnübergang beseitigt wird, indem an alter Stelle eine Fuß- und Radwegunterführung errichtet und unter Berücksichtigung einer geplanten Ortsumgehung die Straße verlegt und das Brückenbauwerk an der »verlegten Kreuzungsstelle« errichtet wird, vgl. Teil D Rdn. 130 ff. Im Rahmen des § 15 Abs. 1 EKrG sind auch die Kosten für Sicherungsposten zu erstatten, wenn bei einer neuen Straßenanlage eine neue Kreuzung entsteht und wegen geringen Verkehrs i.S.d. § 2 Abs. 2 EKrG ein Bahnübergang ausnahmsweise zugelassen wurde. Diese Ausnahmegenehmigung war mit der Anordnung versehen worden, dass der neue Bahnübergang mit Sicherungsposten zu sichern sei. Diese Betriebsposten – Sicherungsposten – sind vom Straßenbaulastträger gem. § 15 Abs. 1 Satz 1 EKrG zu erstatten.[8]

C. Änderung von Überführungen (Abs. 2)

16 Bei der Änderung von Überführungen gilt nach § 12 EKrG das Interessenprinzip. Dementsprechend sind auch hier die Erhaltungsmehrkosten zu erstatten. Nach der Regelung des Abs. 4 kann jeder Beteiligte auch die Ablösung anstelle der Erstattung verlangen.

17 Sind beide Beteiligte Veranlasser, dann hat der nicht erhaltungspflichtige Beteiligte die von ihm verursachten Erhaltungsmehrkosten dem Baulastträger der Überführung zu erstatten, wobei sein Anteil an den Erhaltungsmehrkosten nach dem Verhältnis zu ermitteln ist, in dem die fiktiven Kosten der Kreuzungsmaßnahme bei getrennter Durchführung der Änderung zueinanderstehen würden.[9]

18 Wird der Straßenbaulastträger erst nach einer wesentlichen Änderung der Straßenüberführung über die Bundesbahnstrecke Träger der Erhaltungslast, so kann er nicht

---

6 Vgl. Nr. 3.10 der Anlage zu § 2 Abs. 1 ABBV.
7 S. § 14 EKrG Rdn. 45 ff.
8 Vgl. BayVGH Beschl. v. 28.02.2007 – 8 CS 06.1660.
9 S. Anh. E 11 Nr. 2.4.

Erstattung der durch die Änderung entstehenden Mehrerhaltungskosten verlangen.[10] § 15 Abs. 2 EKrG enthält den Grundgedanken, dass nur wer erhaltungspflichtig bleibt, für eine Maßnahme, die seiner fortdauernden Erhaltungslast zugutekommt, zum Vorteilsausgleich herangezogen werden kann. Werden nach dem Übergang der Erhaltungslast auf Veranlassung eines Kreuzungsbeteiligten Änderungsmaßnahmen durchgeführt, so findet § 15 Abs. 2 EKrG selbstverständlich Anwendung.

Kann die DB AG eine überdimensionierte Eisenbahnüberführung deshalb bei einer zukünftigen Erhaltungsmaßnahme nicht verkleinern, weil nun die Straße verbreitert wird, so rechtfertigt dies keine Ablösung der Mehrerhaltungskosten nach § 15 Abs. 2 EKrG.[11] Die Chance auf einen späteren Rückbau der Kreuzungsanlage stellt keinen auszugleichenden Vorteil dar. Chancen sind nach allgemeinen Grundsätzen im Verwaltungsrecht keine geschützten Rechtspositionen. 19

Nach § 15 Abs. 2 EKrG sind die den Erhaltungspflichtigen infolge der Änderung treffenden Erhaltungsmehrkosten zu erstatten. Es sollen die zusätzlichen Lasten ausgeglichen werden, die durch die von den anderen Kreuzungsbeteiligten veranlasste Maßnahme entstehen.[12] Da die Erhaltung die laufende Unterhaltung als auch die Erneuerung umfassen kann, sind deshalb grundsätzlich auch die Mehrkosten für eine Erneuerung erstattungsfähig. Voraussetzung für die Erstattungspflicht ist jedoch, dass die Änderung unmittelbar zu Mehrkosten bei der Erhaltung durch den anderen Beteiligten führt.[13] Daran fehlt es, wenn – z.B. eine Straßenverbreiterung – keinerlei Auswirkung auf die bestehende Eisenbahnüberführung hat, wenn also auch ein Neubau der Brücke an der Stelle der alten ungehindert möglich bleibt. Der Eisenbahninfrastrukturunternehmer mag zwar nach der Verbreiterung der Straße nicht mehr die Möglichkeit haben, das »überdimensionierte« Brückenbauwerk durch ein kleineres zu ersetzen. Auf die Erhaltung dieser Möglichkeit hat er aber keinen Rechtsanspruch.[14] Es fehlt insoweit an der Unmittelbarkeit der Mehrkosten. 20

Eine davon getrennt zu prüfende Frage ist, in welche Abmessungen das Brückenbauwerk zu ersetzen ist. Jedenfalls ist der Erhaltungspflichtige nicht ausnahmslos verpflichtet, eine abgängige Brücke in alten Abmessungen zu ersetzen. Diese Frage ist nach den tatsächlichen Erfordernissen im Zeitpunkt der Erneuerung zu beurteilen. 21

D. Änderung von Bahnübergängen (Abs. 3)

Bei der Änderung von Bahnübergängen, also auch im Fall der Beseitigung eines Bahnübergangs durch Schaffung einer Überführung, haben die Beteiligten die veränderten Erhaltungs- und Betriebskosten ohne Ausgleich zu tragen. Die Erhaltungs- 22

---

10 BVerwG Urt. v. 14.09.1992 – 4 C 12.90.
11 Vgl. BVerwG Beschl. v. 05.03.1991 – 4 B 67.90.
12 Vgl. BVerwG Urt. v. 10.05.1985 – 4 C 52.82.
13 Vgl. BVerwG Beschl. v. 05.03.1991 – 4 B 67.90.
14 Vgl. BVerwG Beschl. v. 05.03.1991 – 4 B 67.90.

C 1. Erläuterungen zum Eisenbahnkreuzungsgesetz

kosten einer so geschaffenen Überführung hat demnach jeweils der Oberlieger allein zu tragen. Wegen der sog. Doppelmaßnahme vgl. Teil D Rdn. 130 ff.

E. Ablösung (Abs. 4)

23 Die alte Fassung des § 15 EKrG hatte für die Fälle des § 11 Abs. 1 EKrG die Erstattung der Erhaltungs- und Betriebslast und für die Fälle des § 12 Nr. 1 u. 2 EKrG der Erhaltungslast vorgeschrieben. Durch das EKrÄndG wurde zugelassen, dass jeder Beteiligte anstelle der Erstattung auch die Ablösung verlangen kann.

24 Für die Erstattung und Ablösung hat das BMVI am 10.07.2010 die Verordnung zur Berechnung von Ablösungsbeträgen nach dem Eisenbahnkreuzungsgesetz, dem Bundesfernstraßengesetz und dem Bundeswasserstraßengesetz (Ablösungsbeträge – Berechnungsverordnung – ABBV) erlassen; die Berechnungsvorschrift der Verordnung berücksichtigt auch unter Umständen auszugleichende Vorteile für ersparte Unterhaltungs- und Erneuerungskosten. Ein derartiger Vorteilsausgleich ist unter § 12 Nr. 1 Halbsatz 2 und Nr. 2 EKrG normiert (s. Teil A Nr. 12).

25 Eine Änderung wurde hinsichtlich der Zahlungsmodalitäten der Ablösungsbeträge vorgenommen, § 2 Abs. 4 und 5 ABBV. Der Abösungsbetrag ist nunmehr sofort – unter Berücksichtigung der notwendigen Zeiträume für Aufstellung und Prüfung der Berechnung – zu zahlen. Das bisherige Verfahren gemäß der Ablösungsrichtlinien 1980 hat sich nicht als sachgerecht erwiesen, da häufig über Jahrzehnte Teile des Ablösungsbetrages zinslos zurückgehalten worden sind. Das Berechnungsmodell zielt darauf ab, dem Baulastträger, welchem durch die Maßnahme des anderen Beteiligten Mehrkosten für Unterhaltung und spätere Erneuerung entstehen, den Geldbetrag zur Verfügung zu stellen, aus dem sich – zinsbringend angelegt – diese Mehrkosten begleichen lassen.

26 Diese Verordnung gilt für alle Ablösungsberechnungen. Lediglich für solche »Altfälle«, in denen die Ablösungsrichtlinie 1980 vereinbart wurde, könnte die Abrechnung noch danach erfolgen. Deshalb sind die Ablösungsrichtlinien auch noch als Anhang E 10 abgedruckt.

27 Zu der ABBV hat das BMVI mit ARS Nr. 26/2012 (Anhang E 11) die Richtlinien zur Anwendung der Verordnung zur Berechnung von Ablösungsbeträgen nach dem Eisenbahnkreuzungsgesetz, dem Bundesfernstraßengesetz und dem Bundeswasserstraßengesetz (ABBV-Richtlinien – RL ABBV) bekanntgegeben. Diese und die im Anhang dazu dargestellten Berechnungsbeispiele dienen als Arbeitshilfe bei dem praktischen Vollzug der ABBV.

28 Gegenüber den Ablösungsrichtlinien 1980 hat sich die Berechnungsmethodik zur Ermittlung der Ablösungsbeträge nicht geändert. Die Tabellen der theoretischen Nutzungsdauer und der Prozentsätze der jährlichen Unterhaltungskosten sind allerdings entsprechend der aktuellen Erkenntnisse erweitert und die Werte angepasst worden.

Eine Ablösungszahlung des Straßenbaulastträgers an den Eisenbahnunternehmer 29
nach § 15 Abs. 4 EKrG unterliegt der **Umsatzsteuerpflicht**.[15] Die Zahlung des geschuldeten Ablösungsbetrages stellt ein Entgelt für eine (sonstige) Leistung gemäß § 1 Nr. 1 UStG dar, da die Erhaltung der Kreuzungsanlagen mit Blick auf das kreuzungsrechtliche Gemeinschaftsverhältnis im Interesse beider Kreuzungsbeteiligter liegt.

§ 16 EKrG [Ermächtigung zu Rechtsverordnungen]

(1) Der Bundesminister für Verkehr und digitale Infrastruktur kann mit Zustimmung des Bundesrates Rechtsverordnungen erlassen, durch die
1. der Umfang der Kosten nach §§ 11, 12 und 13 näher bestimmt wird und für die Verwaltungskosten Pauschalbeträge festgesetzt werden;
2. bestimmt wird, wie die bei getrennter Durchführung der Maßnahmen nach § 12 Nr. 2 entstehenden Kosten unter Anwendung von Erfahrungswerten für die Baukosten in vereinfachter Form ermittelt werden;
3. die Berechnung und die Zahlung von Ablösungsbeträgen nach § 15 Abs. 4 näher bestimmt sowie dazu ein Verfahren zur gerichtlichen Beilegung von Streitigkeiten festgelegt werden;
4. bei neuartigen Anlagen, die nicht von § 14 Abs. 2 erfaßt werden, bestimmt wird, ob sie zu den Eisenbahn- oder zu den Straßenanlagen gehören.

(2) Allgemeine Verwaltungsvorschriften erläßt der Bundesminister für Verkehr und digitale Infrastruktur mit Zustimmung des Bundesrates.

Übersicht	Rdn.
A. Rechtsverordnungen (Abs. 1)	1
B. Die Ermächtigungen	7
I. Nr. 1	8
II. Nr. 2	12
III. Nr. 3	15
IV. Nr. 4	20
C. Allgemeine Verwaltungsvorschriften (Abs. 2)	23

A. Rechtsverordnungen (Abs. 1)

Während in den §§ 11 ff. EKrG allgemein von Kosten der Maßnahme, von Erhaltungs- und Betriebskosten die Rede ist und für diese geregelt ist, wie sie von den Beteiligten oder Dritten zu tragen sind, befassen sich die Rechtsverordnungsermächtigungen in Nr. 1 bis 3 des § 16 EKrG mit dem Problem, was zur Kostenmasse gehört, wie Verwaltungskosten zu behandeln sind und wie für einzelne Teile Pauschalbeträge festgesetzt werden können. 1

---

15 Vgl. Nr. 3.3 der ABBV-Richtlinien, Anh. E 11; a.A. Sächs. OVG Urt. v. 19.09.2017 – 4 A 664/16 (nicht rechtskräftig).

C 1. Erläuterungen zum Eisenbahnkreuzungsgesetz

2 Die Erfahrungen mit dem KrG haben gezeigt, dass gerade über diese Fragen zwischen den Beteiligten häufig erhebliche Meinungsverschiedenheiten aufgetreten sind, die der Durchführung der Maßnahmen meist hinderlich waren. Während für die Bundesverwaltung eine Reihe von diesbezüglichen Erlassen ergangen war, kann für alle Kreuzungen eine Regelung nur durch Rechtsverordnung ergehen. Verwaltungsvorschriften würden über Art. 3 GG nur die Anordnungsbehörde und die Körperschaft, die die Richtlinie erlassen hat, binden können, nicht aber alle Beteiligten.

3 Das BMF wünschte eine formelle Beteiligung im Gesetz eingearbeitet. Eine Notwendigkeit hierfür besteht nach der GGO (Gemeinsame Geschäftsordnung der Bundesministerien) nicht.

4 Der Regierungsentwurf enthielt keine entsprechenden Ermächtigungen. Sie wurden erst im BT-Ausschuss für Verkehr, Post- und Fernmeldewesen eingefügt.

5 Mit Art. 2 Nr. 2 des Gesetzes zur Änderung von wegerechtlichen Vorschriften wurde die Verordnungsermächtigung des § 16 Abs. 1 Nr. 3 EKrG geändert. Ziel war dabei, für Verkehrswegekreuzungen eine einheitliche Berechnung der Ablösungsbeträge zu ermöglichen und gleichzeitig ein Verfahren zur gerichtlichen Beilegung von Meinungsverschiedenheiten einzuführen[1].

6 Von dieser Verordnungsermächtigung ist mit Erlass der Verordnung zur Berechnung von Ablösebeträgen nach dem Eisenbahnkreuzungsgesetz, dem Bundesfernstraßengesetz und dem Bundeswasserstraßengesetz (Ablösungsbeträge-Berechnungsverordnung – ABBV –) Gebrauch gemacht worden.[2]

B. Die Ermächtigungen

7 Zu den einzelnen Ermächtigungen ist zu bemerken:

I. Nr. 1

8 Hiernach soll der Umfang der Kosten nach §§ 11, 12 und 13 EKrG näher bestimmt werden. Damit soll erreicht werden, dass näher bestimmt wird, welche Kosten der Maßnahme zu den Kosten im Sinne dieser Bestimmungen gehören. Dies ist vor allem dann nötig, wenn neben den eigentlichen Kreuzungsmaßnahmen gleichzeitig noch Maßnahmen mit durchgeführt werden, die nicht zu diesen gehören. Mit der Fassung »näher bestimmt« kommt zum Ausdruck, dass in der Rechtsverordnung nicht wesentliche Kosten weggelassen oder nicht einschlägige Kosten dazugenommen werden können. Die Ermächtigung beinhaltet daher wesentlich nur eine Ausführungsbestimmung und weniger eine Durchführungsbestimmung.

9 Von nicht unwesentlicher Bedeutung ist die Regelung der Verwaltungskosten, worüber vielfach Meinungsverschiedenheiten auftreten, auch wenn sie im Verhältnis zur Gesamtkostensumme nicht so sehr bedeutend sind.

---

1 Vgl. BT-Drucks. 15/3982; s. A 6.
2 Vgl. A 12.

[Ermächtigung zu Rechtsverordnungen] § 16 EKrG

Um langwierige Auseinandersetzungen über die Abgeltung von Verwaltungskosten zu ersparen, ist das BMVI ermächtigt, mit Zustimmung des Bundesrates hierfür Pauschalbeträge festzusetzen. 10

Mit der 1. EKrV[3] ist von der Ermächtigung Gebrauch gemacht worden. 11

II. Nr. 2

Im Fall des § 12 Nr. 2 EKrG müssten, falls keine Sonderregelung durch Rechtsverordnung getroffen wird, sogenannte Fiktiventwürfe angefertigt werden, um die Kosten der Änderungen je für einen Beteiligten zu ermitteln und daraus dann die Quotenverteilung vorzunehmen. Für Brückenbauwerke haben sich gewisse Erfahrungswerte herausgebildet, die man zugrunde legen könnte, um den Verwaltungsaufwand und die Planungskosten zu reduzieren. 12

Die Ermächtigung gestattet, zur Verwaltungsvereinfachung die hierfür zu verwendenden Erfahrungswerte in einer Rechtsverordnung für alle Beteiligten einheitlich festzulegen. 13

Eine Verordnung ist bisher nicht ergangen, siehe aber das Rundschreiben des BMVI zur vereinfachten Ermittlung der Kostenteilung bei Baumaßnahmen nach § 12 Nr. 2 EKrG und § 41 Abs. 5 WaStrG.[4] 14

III. Nr. 3

Hier handelt es sich zunächst um den Umfang der Erhaltungskosten bei Überführungen und Bahnübergängen und der Betriebskosten bei den letzteren und bei neuen Kreuzungen. Eine Pauschalierung dieser Kosten ist nicht Gegenstand der Rechtsverordnung, sodass hier stets einzeln abgerechnet werden muss. In der Rechtsverordnung kann nur über den Umfang etwas bestimmt werden.[5] 15

Die Änderung der Nr. 3 des Abs. 1 durch das EKrÄndG war erforderlich geworden, weil seinerzeit auch § 14a EKrG eine Ablösung vorsah und § 15 EKrG geändert worden war. Durch Rechtsverordnung konnte geregelt werden, wie die Ablösung nach § 14a und § 15 Abs. 4 EKrG berechnet werden sollte. Die Möglichkeit, hierfür Pauschalbeträge festzusetzen, bestand nicht. 16

Mit Art. 2 Nr. 2 des Gesetzes zur Änderung von wegerechtlichen Vorschriften[6] wurde die Verordnungsermächtigung der Nr. 3 in zweifacher Weise geändert. Zum einen wurde der Verweis auf § 14a EKrG gestrichen, zum anderen wurde die Verordnungsermächtigung erweitert, damit in der Rechtsverordnung ein Verfahren zur 17

---

3 S. C 2.
4 Anh. E 7 und § 12 EKrG Rdn. 47 ff.
5 S. Rdn. 8 ff.
6 BT-Drucks. 15/3982.

gütlichen Beilegung von Meinungsverschiedenheiten bei der Anwendung dieser Verordnung festgelegt werden kann.[7]

Der Verweis auf § 14a Abs. 1 Satz 4 EKrG konnte gestrichen werden, da diese Bestimmung wegen des Wegfalls des sog. Gemeindeprivileg gemäß § 19 Abs. 1 Satz 4 EKrG insoweit angepasst wurde.[8]

Mit dem Wegfall der Gemeindeprivilegien ist die Erhaltung der Straßenüberführung im Zuge von Kommunalstraßen auf die Gemeinde übergegangen. Demzufolge konnte der Eisenbahnunternehmer nicht mehr zur Erhaltung einer Straßenbrücke verpflichtet sein, deshalb konnte sich auch die Frage der Ablösung der Erhaltung nicht mehr stellen. Folgerichtig braucht es auch keine Verordnungsermächtigung mehr, die Ablösungsbetragsberechnung näher zu bestimmen.

18 Die Ergänzung des § 16 Abs. 1 Nr. 3 EKrG erfolgte wortgleich auch in § 13b Nr. 3 des Bundesfernstraßengesetzes in der Fassung vom 20.02.2003[9] und im Bundeswasserstraßengesetz, § 42 Abs. 4a.[10] Damit wird für alle Verkehrswegekreuzungen die gleiche Verordnungsermächtigung eingeführt. Von dieser Verordnungsermächtigung des § 16 Abs. 1 Nr. 3 ist mit dem Erlass der Verordnung zur Berechnung von Ablösungsbeträgen nach dem Eisenbahnkreuzungsgesetz, dem Bundesfernstraßengesetz und dem Bundeswasserstraßengesetz (Ablösungsbeträge-Berechnungsverordnung – ABBV –) Gebrauch gemacht worden.[11]

19 Für die Altfälle wird auch noch auf die Ablösungsrichtlinie 1980 Anh. E 10 verwiesen.

IV. Nr. 4

20 § 14 Abs. 2 EKrG enthält eine enumerative Aufzählung der zu den Eisenbahnen und zu den Straßen gehörenden Anlagen. Wenn auch in der amtlichen Begründung dazu ausgeführt ist, dass die Aufzählung nicht erschöpfend sei, was bei den Bahnübergängen den Eisenbahnanlagen und was den Straßenanlagen zuzurechnen sei, so lässt die Fassung des Gesetzes eine freie Ergänzung nicht zu. Dies gilt natürlich auch für die Überführungen. Daher erschien es notwendig, dem BMVI die Ermächtigung zu erteilen, zu bestimmen, welche Anlagen bei neuartigen Anlagen zu den Eisenbahn- oder zu den Straßenanlagen gehören.

21 Wenn die Ermächtigung auch keinen Hinweis dafür gibt, nach welchem System diese Einordnung geschehen soll, so wird man doch davon ausgehen müssen, dass grundsätzlich jeder Baulastträger diejenigen Anlagen erhalten soll, die er am besten und zweckmäßigsten in seiner Verwaltung und Verantwortung betreuen kann. Anla-

---

7 BT-Drucks. 15/3982.
8 Vgl. § 19 Rdn. 2 ff.
9 Vgl. BT-Drucks. 15/3982 S. 15.
10 Vgl. BT-Drucks. 15/3982 S. 5.
11 S. A 12.

gen, die mit dem Eisenbahnsignaldienst zusammenhängen, z.b. Zugvormeldeanlagen, wird man zu den Eisenbahnanlagen rechnen müssen, Anlagen, die auf der Straße stehen und von dem Straßenbaupersonal mitbetreut werden können, wird man den Straßenanlagen zuordnen müssen.

Eine Rechtsverordnung ist bisher nicht erlassen worden. 22

C. Allgemeine Verwaltungsvorschriften (Abs. 2)

Zum Erlass von Allgemeinen Verwaltungsvorschriften ist nach Art. 84 Abs. 2 GG die Bundesregierung zuständig. Ob anstelle der Bundesregierung ein Bundesminister zuständig sein kann, ist bislang von Bundesregierung und Bundesrat noch nicht einheitlich entschieden. Die Bundesregierung vertritt die Meinung, dass dies zulässig sei, weil dies auch nach der Weimarer Reichsverfassung so gehandhabt worden sei. Demgegenüber hält der Bundesrat die Verhältnisse der damaligen Zeit nicht mit denen nach dem GG vergleichbar. Der Bundesrat hat sich aber damit einverstanden erklärt, dass ein einzelner Bundesminister durch Gesetz ermächtigt werden könne, wenn der Bundesrat diesem Gesetz zustimmt. Er hält dann aber nicht mehr einen Fall des Art. 84 Abs. 2 GG für gegeben, sondern eine besondere Regelung i.S.d. Art. 84 Abs. 1 GG, womit das Gesetz schon aus diesem Grunde ein Zustimmungsgesetz wäre. Das BVerfG[12] hat die Zulässigkeit dieser Ermächtigung verfassungsrechtlich bejaht mit dem Hinweis, dass das GG zwar eine Ermächtigung nur für die Bundesregierung enthalte, dass es aber verfassungskonform sei, wenn ein Bundesgesetz mit Zustimmung des Bundesrates einen Bundesminister hierzu ermächtige. Eine besondere Regelung i.S.d. Art. 84 Abs. 1 GG liege aber nicht vor. 23

Richtlinien zum EKrG[13] sind vom BMVI für den Bereich der Bundesfernstraßen bekannt gegeben worden. Im Interesse einer einheitlichen Handhabung wird den Ländern jedoch empfohlen, diese auch für die übrigen Straßenkategorien einzuführen. 24

Die Notwendigkeit allgemeiner Verwaltungsvorschriften kann sich insbesondere im Zusammenhang mit den Verfahrensvorschriften der §§ 10, 17 EKrG ergeben. 25

§ 17 EKrG [Zuschüsse]

Zur Förderung der Beseitigung von Bahnübergängen und für sonstige Maßnahmen nach den §§ 2 und 3 soll die Anordnungsbehörde den Beteiligten Zuschüsse gewähren.

Übersicht	Rdn.
A. Inhalt	1
B. Förderungsfähige Vorhaben	3
C. Zuschussempfänger	5

---

12 VkBl. 1970 S. 26.
13 Z.B. Anh. E 3, E 4.

	Rdn.
D. Zuschussgeber	11
E. Zuschusshöhe	14
F. Verfahren	18
G. Zuschüsse nach GVFG und FStrG	27

A. Inhalt

1 § 17 EKrG gibt die materiellrechtliche Grundlage zur Gewährung von Zuschüssen zu Kreuzungsmaßnahmen nach den §§ 2 und 3 EKrG. **Zuschüsse** des Bundes/Landes sind nicht zurückzuzahlende Leistungen an Stellen außerhalb der Bundes-/Landesverwaltung zur Erfüllung bestimmter Zwecke i.s.d. §§ 23, 44 BHO und entsprechenden Landesrechts. Die Vorschrift bestimmt die förderungsfähigen Vorhaben, Zuschussempfänger und Zuschussgeber, nicht aber die Höhe des Zuschusses und sonstige Einzelheiten, z.B. des Verfahrens.

2 Im Gesetzgebungsverfahren wurde die ursprünglich geplante »Kann-Vorschrift« in eine »Soll-Vorschrift« geändert.[1] Die Vorschrift gewährt keinen Rechtsanspruch auf einen Zuschuss. Aufgrund der Gesetzesformulierung ist aber beim Vorliegen der einzelnen Voraussetzungen,[2] in der Regel im Rahmen der zur Verfügung stehenden Haushaltsmittel, der Zuschuss zu gewähren. In welcher Höhe jährlich Finanzmittel zur Verfügung gestellt werden, entscheidet die politische Körperschaft im Rahmen des Haushaltes.

B. Förderungsfähige Vorhaben

3 Zuschüsse können für alle Maßnahmen gewährt werden, die in den §§ 2 und 3 EKrG genannt sind. Die Beseitigung von Bahnübergängen ist nur einer der möglichen Fälle (§ 3 Nr. 1 und 3 EKrG) und wegen ihrer besonderen verkehrlichen Bedeutung ausdrücklich hervorgehoben. Zuschüsse für die Schaffung neuer Kreuzungen werden insbesondere in Betracht kommen, um den Bau kostspieliger Überführungen zu unterstützen. Rationalisierungsmaßnahmen sind nicht förderungsfähig, da sie nicht zu den Maßnahmen nach §§ 2 und 3 EKrG gehören.[3]

4 Ebenso wenig sind Zuschüsse zu Erhaltungsmaßnahmen i.S.d. § 14 EKrG möglich, da auch sie nicht zu den Maßnahmen nach §§ 2, 3 EKrG gehören.

C. Zuschussempfänger

5 Zuschussempfänger sind die Baulastträger der an der Kreuzung beteiligten Verkehrswege.[4]

---

1 BT-Drucks. IV/120.
2 Vgl. dazu Nr. 10 EKrG-Richtlinie 2000, Anh. E 4.
3 S. § 3 EKrG Rdn. 44 ff.
4 S. § 1 EKrG Rdn. 68 ff.

[Zuschüsse] § 17 EKrG

Der Wortlaut der Vorschrift »für Maßnahmen« und »den Beteiligten« lässt nicht 6
ganz eindeutig erkennen, ob die Zuschussgewährung nur an die Maßnahme gebunden ist und somit allen Kreuzungsbeteiligten zugutekommt oder ob nur der Beteiligte ihn erhalten soll, dessen finanzielle Lage die Gewährung eines Zuschusses rechtfertigt. In der amtlichen Begründung zum Regierungsentwurf wurde ausdrücklich darauf hingewiesen, dass im Bedarfsfalle (z.B. leistungsschwachen Gemeinden, Kreisen und nicht bundeseigenen Eisenbahnen) Zuschüsse gewährt werden können. Aus der Entstehungsgeschichte der Norm folgt somit, dass der Zuschuss nur dem Beteiligten zugutekommen soll, für den er bestimmt ist.[5]

Die Anordnungsbehörde kann aber jedem Beteiligten einen Zuschuss gewähren, 7
wenn beide leistungsschwach sind (z.B. Kreuzung einer Gemeindestraße mit einer nicht bundeseigenen Eisenbahn).

Die Bedürftigkeit eines Beteiligten ist keine gesetzliche Voraussetzung für die Ge- 8
währung eines Zuschusses. Die im Gesetzgebungsverfahren angeregte besondere Berücksichtigung wirtschaftsschwacher und ferngelegener Gebiete fand im Gesetz keinen Niederschlag.

Da Zuschüsse freiwillige Leistungen sind,[6] steht es den Zuschussgebern frei, im Inte- 9
resse eines möglichst wirksamen Einsatzes der zur Verfügung stehenden Zuschussmittel von sich aus zusätzliche Bedingungen für ihre Gewährung aufzustellen. So hat der Beteiligte in seinem Zuschussantrag zu begründen, warum er seinen Kostenanteil an der Maßnahme nicht selbst tragen kann, und hat darüber eine Bestätigung der zuständigen Aufsichtsbehörde beizubringen.[7] Zur richterlichen Interpretation von Richtlinien über Förderungsmittel s. die Entscheidung des BVerwG[8] vom 26.04.1979.

Ein Zuschuss kommt dann nicht in Betracht, wenn die Finanzierung anderweitig ge- 10
sichert ist. Hat der Antragsteller die Baumaßnahme in seinen Haushalt eingestellt, bevor ihm der Zuschuss gewährt wurde, so hat er damit kundgetan, dass er die Finanzierung ohne einen Zuschuss sicherstellen kann. Der Zuschuss ist deshalb zu versagen.

D. Zuschussgeber

Zuschussgeber ist die für die Kreuzungsmaßnahme zuständige Anordnungsbehörde. 11
Die Finanz- und Verwaltungskompetenz für die Zuschussgewährung richtet sich nach der Sachkompetenz für den an der Kreuzung beteiligten Schienenweg (§ 8 EKrG). Danach ist der Bund für die Gewährung von Zuschüssen zu Maßnahmen an Kreuzungen zuständig, an denen ein Schienenweg einer Eisenbahn des Bundes beteiligt ist (s. § 8 Abs. 1 EKrG), das Land ist für die Gewährung von Zuschüssen für Kreuzungsmaßnahmen »in sonstigen Fällen« zuständig (s. § 8 Abs. 2 EKrG), d.h.

---

5 Nr. 10 EKrG-Richtlinie 2000, Anh. E 4.
6 S. Rdn. 2.
7 S. Nr. 10 der EKrG-Richtlinie 2000, Anh. E 4.
8 BVerwG, Urt. v. 26.04.1979 – 3 C 111.79, DVBl 1979, 881, m. Anm. von *Götz*.

239

wenn kein Schienenweg einer Eisenbahn des Bundes an der Kreuzung beteiligt ist, also insbesondere bei nichtbundeseigenen Eisenbahnen, Straßenbahnen, die nicht im Verkehrsraum einer öffentlichen Straße liegen, und Anschlussbahnen.[9] Die Befugnis des Bundes, für Maßnahmen an Kreuzungen mit Strecken der DB, Zuschüsse an beteiligte Träger der Straßenbaulast, insbesondere an die Kommunen, zu gewähren, ergibt sich aus dem verfassungsrechtlichen Gesichtspunkt des Sachzusammenhanges. Dieser Sachzusammenhang ist im Bezug auf das Gemeinschaftsverhältnis »Kreuzung« zu bejahen.[10] Zu dem Verhältnis von GVFG, 5a FStrG und § 17 EKrG s. Rdn. 27 ff.

12 Ist der Bund Zuschussgeber, so entscheidet über den Zuschuss der BMVI, in Bagatellfällen (Antrag eines Straßenbaulastträgers und Kostenmasse bis zu 150.000 €) die zuständige oberste Landesbehörde oder die von ihr bestimmte zuständige Landesbehörde.[11] Wegen der Zuständigkeit der Landesbehörden für Kreuzungsmaßnahmen »in sonstigen Fällen« s. § 8 EKrG Rdn. 16 ff.

13 Die Gewährung von Zuschüssen ist nicht davon abhängig, dass die Anordnungsbehörde eine Anordnung nach § 10 EKrG erlässt. Zuschüsse können auch gegeben werden, wenn sich die Beteiligten nach § 5 EKrG freiwillig einigen. Um die freiwillige Vereinbarung zu erleichtern, kann es zweckmäßig sein, dass die Anordnungsbehörde einen Zuschuss in Aussicht stellt.

E. Zuschusshöhe

14 Die Zuschusshöhe ist gesetzlich nicht festgelegt (ebenso in § 5a FStrG), während § 4 GVFG die Höhe der Förderung eines Vorhabens ausdrücklich bestimmt.

15 Der Zuschussgeber ist daher frei in der Bestimmung der Höhe des Zuschusses. Der Bund gewährt einen Zuschuss bis zu 50 % des Anteils an den Kosten der Kreuzungsmaßnahme, den der Antragsteller zu tragen hat.[12] Da es sich um keine gesetzliche Festlegung handelt, kann von ihr in begründeten Fällen abgewichen werden. So wurden durch eine Sonderregelung im Rahmen des »Programms für Zukunftsinvestitionen 1977« aus besonders bereitgestellten Mitteln Kreuzungsmaßnahmen nach §§ 3, 13 EKrG mit Zuschüssen an die Kommunen i.H.v. 90 %, an die Länder i.H.v. 70 % und an die DB i.H.v. 100 % des vom Beteiligten zu tragenden Kostenanteils gefördert.[13]

16 Im Rahmen der Ausbaustrecken bei den Verkehrsprojekten Deutsche Einheit (VDE) wurde auch eine 100 %-Förderung für die Kommunen der neuen Bundesländer diskutiert. Dieser Vorschlag wurde aber ebenso wie eine Änderung des § 11 EKrG (die Ausbaustrecken der VDE-Projekte als Neubau anzusehen) verworfen. Härten für die

---

9 S. § 1 EKrG Rdn. 43.
10 S. Marschall, Bundesfernstraßengesetz, § 5a Rn. 1.
11 Nr. 10 Abs. 1 der EKrG-Richtlinie 2000, Anh. E 4.
12 Nr. 10 Abs. 1 Satz 2 EKrG-Richtlinie 2000, Anh. E 4.
13 Bundeshaushalt 1977 ff. Kap. 1210 Titel 883 68, 882 68, 891 67.

kommunalen Baulastträger waren durch Zuwendungen nach GVFG und eventuell nach Landesrecht zu vermeiden. Das GVFG wurde 1993[14] insoweit geändert, dass in den neuen Bundesländern bis zu 90 % der zuwendungsfähigen Kosten gefördert werden konnten, § 4 Abs. 1 GVFG. Eine Doppelförderung nach § 17 EKrG kommt nach Auffassung des BMVI nicht in Betracht. Dies gilt selbst dann, wenn ein Straßenbaulastträger finanziell völlig unvermögend ist.

Der Zuschuss wird auf den Kostenanteil gewährt, den der Antragsteller als Beteiligter nach EKrG zu tragen hat.[15] Er wird in einem Vom-Hundert-Satz und in einem Höchstbetrag festgelegt.[16] Es handelt sich grundsätzlich um eine Anteilfinanzierung im Sinne von Nr. 2.2.1 der VV zu § 44 BHO,[17] nicht um eine Festbetragsfinanzierung.

F. Verfahren

Das EKrG enthält für die Gewährung von Zuschüssen keine Verfahrensvorschriften. Allgemeine Verwaltungsvorschriften nach § 16 Abs. 2 EKrG sind nicht ergangen.

Wenn der Bund Zuschussgeber ist, ist die EKrG-Richtlinie 2000[18] anzuwenden: Nr. 10 regelt Inhalt und Vorlage des Zuschussantrages, Nr. 11 den Bewilligungsbescheid, Nr. 12 Auszahlung der Kostenanteile und Zuschüsse des Bundes; Überwachung ihrer Verwendung, Nr. 13 Kostenerhöhung, Kostenminderung, Nr. 14 Antragsunterlagen bei Kostenerhöhung, Nr. 15 Nachweisung der Ausgaben gegenüber dem BMVI. Soweit die EKrG-Richtlinie keine speziellen Bestimmungen enthält, sind auch die VV zu §§ 23, 44 BHO anzuwenden.

Zuschüsse sind vor Beginn der Baumaßnahme zu beantragen. Da sie eine Kreuzungsmaßnahme finanzieren helfen sollen, kommen sie nicht in Betracht, wenn die Kreuzungsmaßnahme schon durchgeführt und finanziert ist.[19] Für einen Sachverhalt der Förderung nach § 2 Abs. 1 Nr. 5 GVFG hat das OVG des Landes Sachsen-Anhalt die Frage des »Baubeginns« bei einer Kreuzungsmaßnahme dahingehend entschieden, dass der Baubeginn des einen Beteiligten auch den anderen am Gemeinschaftsverhältnis Beteiligten zuzurechnen sei.[20] Diese Folge sei geboten, da es sich um ein Gemeinschaftsvorhaben handele.[21]

Allerdings sei die Versagung der Fördermittel gegenüber der Gemeinde wegen vorzeitigen Baubeginns ermessensfehlerhaft, wenn die Gemeinde von dem Beginn der

---

14 Vgl. BGBl. I S. 2378, 2417.
15 S. Rdn. 3 f.
16 Nr. 11 der EKrG-Richtlinie 2000, Anh. E 4.
17 Vgl. Anh. E 22.
18 Anh. E 4.
19 Vgl. Nr. 10 Abs. 2 EKrG-Richtlinie 2000, Anh. E 4.
20 OVG Sachsen, Urt. v. 18.05.2000, A 1 5167/99.
21 OVG Sachsen, Urt. v. 18.05.2000, A 1 5167/99.

C 1. Erläuterungen zum Eisenbahnkreuzungsgesetz

eigentlichen Baumaßnahme weder von der DB AG informiert worden sei, noch anderweitig davon Kenntnis erlangt hat.[22]

21 Des Weiteren ist in dem Antrag konkret darzulegen, dass die Leistungskraft der Gemeinde unter dem Durchschnitt der übrigen Gemeinden des Landes liegt. Dies ist durch Angaben über das Verhältnis von Schuldenstand zu Steuerkraft (Gewerbesteuer, Grundsteuer A und B, Einkommensteueranteil, Schlüsselzuweisung) nachzuweisen und durch die zuständige oberste Aufsichtsbehörde zu bestätigen. Schließlich ist anzugeben, warum eine Finanzhilfe nach GVFG nicht in Anspruch genommen wird. Soweit das BMVI über den Zuschussantrag entscheidet, sind die in Nr. 5 der EKrG-Richtlinie 2000 genannten Unterlagen beizufügen. Seit der Privatisierung der DB AG ist insbesondere auch eine fachtechnische und wirtschaftliche Prüfung durch das Eisenbahn-Bundesamt vorzulegen.

22 Erhöhen sich die Kosten im Laufe der Ausführung einer Kreuzungsmaßnahme, so ist eine nachträgliche Erhöhung des Zuschusses möglich.[23]

23 Gemäß Nr. 13 Abs. 3 der EKrG-Richtlinie 2000 sind Kostenminderungen ab 10 % dem BMVI mitzuteilen.

24 Die Gewährung von Zuschüssen nach § 17 EKrG ist ein begünstigender Verwaltungsakt. Sollte es hierbei zu Überzahlungen kommen, richten sich die Rückabwicklung und die Verzinsung des Erstattungsbetrages nach Verwaltungsverfahrensrecht (vgl. insbesondere §§ 48, 49, 49a VwVfG).[24] Gemäß Nr. 8.5 der VV zu BHO § 44 ist im Falle einer Rückforderung der Zuwendung eine Verzinsung in Höhe von jährlich fünf Prozentpunkten über dem Basiszinssatz nach § 247 BGB zu berechnen.[25]

25 Soweit die Länder Anordnungsbehörde und damit Zuschussgeber sind, gelten die Verwaltungsvorschriften der Länder für die Zuschussgewährung. Manche haben die EKrG-Richtlinie übernommen.[26]

26 Ergeht eine Anordnung nach § 10 EKrG, so kann die Entscheidung über den Zuschuss mit der Anordnung verbunden werden, auch wenn dies in § 10 EKrG nicht vorgesehen ist. Voraussetzung ist, dass ein Zuschussantrag von einem Beteiligten gestellt ist. Das Gleiche gilt, wenn die Anordnungsbehörde nach § 10 EKrG nur noch über die Kostentragung zu entscheiden hat. Zwar kann die Maßnahme dann schon durchgeführt sein, aber, da über die Kostentragung Streit herrscht, ist sie noch nicht abschließend finanziert.

---

22 Vgl. OVG Sachsen, Urt. v. 18.05.2000, A 1 5167/99.
23 S. Nr. 13, 14 der EKrG-Richtlinie 2000.
24 Vgl. Nr. 8.1 der VV zu § 44 BHO.
25 Wegen eines konkreten Einzelfalls vgl. VGH Bayern, Urt. v. 03.11.1992 – 8 B 89.3561.
26 Z.B. Niedersachsen, Nds. MinBl. 1979 S. 1897.

[Zuschüsse] § 17 EKrG

G. Zuschüsse nach GVFG und FStrG

Das Verhältnis zu Zuschüssen nach GVFG und FStrG ist gesetzlich nicht geregelt. Da Zuschüsse nach § 17 EKrG freiwillige Leistungen sind,[27] ist der Zuschussgeber in der Gestaltung frei. Bundeszuschüsse nach § 17 EKrG werden nicht gewährt, wenn für die Kreuzungsmaßnahme ein Zuschuss nach dem GVFG oder nach § 5a FStrG gewährt wird.[28] 27

Zuschüsse zu Kreuzungsmaßnahmen nach dem EKrG sind auch und in erheblichem Umfang aufgrund des § 2 Abs. 1 Nr. 5 GVFG gewährt worden, und zwar an Gemeinden, Landkreise oder kommunale Zusammenschlüsse, die anstelle von Gemeinden und Landkreisen Baulastträger sind, in Ausnahmefällen auch an nichtbundeseigene Eisenbahnen und an die DB AG (s. § 11 GVFG). Mit dem GVFG gewährt der Bund seit dem Jahr 1971 Finanzhilfen zur Verbesserung der Verkehrsverhältnisse in den Gemeinden. Für die auf der Grundlage des Art. 104a Abs. 4 GG a.F. erlassenen Regelungen im Bereich der Gemeindeverkehrsfinanzierung ist mit der Föderalismusreform I von 2006 eine Übergangsregelung im Grundgesetz geschaffen worden. Danach gelten u. a. die Regelungen für Förderprogramme des Bundes nach § 6 Abs. 1 GVFG bis zum 31.12.2019 fort. Für die Zeit nach 2019 haben Bund und Länder mittlerweile beschlossen, die Mittel des Bundesprogramms nach dem Gemeindeverkehrsfinanzierungsgesetzes (GVFG) im Rahmen der Neuregelung der Bund-Länder Finanzbeziehungen ungekürzt über 2019 hinaus fortzuführen.[29] Förderbar sind die Kostenanteile, die der beteiligte Schienenbaulastträger nach EKrG zu tragen hat mit Ausnahme der Verwaltungskosten.[30] Die Höhe der Förderung ist gesetzlich vorgeschrieben und beträgt bis zu 60 % der zuwendungsfähigen Kosten. 28

Im Zuge der Föderalismusreform I im Jahr 2006 wurden zur Ablösung der bis dahin nach dem GVFG an die Länder geflossenen Bundesfinanzhilfen für die sogenannten GVFG-Länderprogramme neue Finanzierungsgrundlagen geschaffen. Für den Wegfall der »Landesprogramme« wurde gemäß Art. 143c GG nach Maßgabe des Entflechtungsgesetzes eine Kompensationsregelung geschaffen. Demnach erhalten die Länder zeitlich befristete Kompensationszahlungen bis 2019, wobei die Länder über die Höhe der Förderung jeweils eigenständig entscheiden. 29

Eine GVFG- oder anderweitige Finanzhilfe des Bundes ist gegenüber Zuschüssen nach § 17 EKrG vorrangig in Anspruch zu nehmen.[31] Ein Zuschuss nach § 17 EKrG dürfte aber dann in Betracht kommen, wenn die konkrete Maßnahme nicht 30

---

27 S. Rdn. 1 ff.
28 S. Nr. 10 Abs. 7 EKrG-Richtlinie 2000, Anh. E 4, ferner Nr. 3 e) der Richtlinien für die Gewährung von Bundeszuwendungen zu Straßenbaumaßnahmen von Gemeinden und Gemeindeverbänden nach § 5a FStrG, VkBl. 1971 S. 566.
29 BT-Drs. 18/9433.
30 Wegen der Einzelheiten s. *Schroeter/Wittich*, Zuwendungen für den Verkehrswegebau in den Gemeinden – Kommentar zum GVFG, Köln 1971 Rn. 18 zu § 2 GVFG.
31 Nr. 10 Abs. 7 EKrG-Richtlinie 2000, Anh. E 4.

in einem Vorhaben des GVFG oder einem entsprechenden Förderprogramm des betreffenden Landes gefördert werden kann. Sobald die Förderung der GVFG-Länderprogramme mit Entflechtungsmitteln des Bundes Ende 2019 ausläuft, könnten die Zuschüsse nach § 17 EKrG wieder an Bedeutung gewinnen.

31 Nach § 5a FStrG kann der Bund zum Bau oder Ausbau von Ortsdurchfahrten im Zuge von Bundesstraßen und zum Bau oder Ausbau von Gemeinde- und Kreisstraßen, die Zubringer zu Bundesfernstraßen in der Baulast des Bundes sind, Zuwendungen gewähren. Ein Zuschuss nach dieser Vorschrift für eine Kreuzungsmaßnahme nach dem EKrG an den beteiligten Straßenbaulastträger kommt in Betracht, wenn die Kreuzungsmaßnahme im Zuge der Neu- oder Ausbaustrecke einer der genannten Straßen liegt und deren Bestandteil ist. Empfänger der Bundeszuschüsse sind die kommunalen Baulastträger, die Höhe des Zuschusses beträgt bis zu 50 % der zuwendungsfähigen Ausgaben, hier des Kostenanteils des Zuschussempfängers.[32] Zuwendungen nach § 5a FStrG sind in das Ermessen des Bundes gestellt. Nach § 23 BHO dürfen Leistungen an Stellen außerhalb der Bundesverwaltung nur gegeben werden, wenn der Bund an der Erfüllung durch solche Stellen ein erhebliches Interesse hat, das ohne die Zuwendung nicht oder nicht im notwendigen Umfang befriedigt werden kann. Das nähere Verfahren ist in den sog. § 5a-Richtlinien[33] geregelt. Eine Überschneidung mit § 17 EKrG dürfte relativ selten sein. Nach Nr. 10 Abs. 7 der EKrG-Richtlinie 2000[34] ist klargestellt, dass eine Förderung nach § 5a FStrG vorrangig gegenüber einer nach § 17 EKrG ist. Zuschüsse nach § 17 EKrG werden nämlich nicht gewährt, wenn für die Kreuzungsmaßnahme eine Finanzhilfe nach dem GVFG oder eine andere Förderung aus Bundesmitteln gewährt wird.

§ 18 EKrG [Aufsichtsbehörden]

Die Aufsichtsbehörden haben die Durchführung der Anordnung nach diesem Gesetz sicherzustellen.

Übersicht	Rdn.
A. Anordnungen	1
B. Aufsichtsbehörden	4

A. Anordnungen

1 Als Anordnungen nach diesem Gesetz kommen in Betracht
   a) die Anordnung von Sicherheitsmaßnahmen nach § 2 Abs. 2 EKrG,
   b) die Anordnung der Planvorlage nach § 7 Satz 2 EKrG,

---

32 Nr. 6 der Richtlinien zu § 5a vom 15.09.1971 – VkBl. 1971, 566.
33 ARS 22/1971 – VkBl. 1971, 566.
34 Vgl. Anh. E 4.

[Aufsichtsbehörden] § 18 EKrG

c) die Anordnung der Auskunftserteilung nach § 10 Abs. 2 EKrG,
d) die Anordnung einer Maßnahme nach §§ 2, 3 EKrG über Art und Umfang, Duldungspflicht, Rechtsbeziehungen der Beteiligten und Kostentragung (§ 10 Abs. 1 EKrG),
e) die Anordnung über die Kostentragung nach § 10 Abs. 4 EKrG,
f) die Anordnung über die Kfz-Fähigkeit einer Straße nach § 10 Abs. 5 EKrG.

Hingegen unterliegen nicht der Entscheidung durch die Anordnungsbehörde Meinungsverschiedenheiten über die Erhaltungs- und Inbetriebhaltungskosten nach §§ 14, 14a und 15 EKrG. Insoweit ist im Streitfalle im Wege des Parteistreitverfahrens vor den Verwaltungsgerichten zu entscheiden. 2

Die Durchführung der Anordnung setzt ihre Rechtskraft oder ihre vorläufige Vollziehbarkeit voraus. Die Aufsichtsbehörden haben daher, bevor sie die Maßnahmen treffen, hierauf zu achten. 3

B. Aufsichtsbehörden

Aufsichtsbehörden sind 4
a) für Eisenbahnen des Bundes und Eisenbahnverkehrsunternehmen mit Sitz im Ausland für das Gebiet der Bundesrepublik Deutschland – mit Ausnahme der in § 5 Abs. 3 AEG geregelten Sachverhalte – das Eisenbahn-Bundesamt, § 5 AEG i.V.m. § 3 Abs. 1a BEVVG,[1]
b) für nichtbundeseigene Eisenbahnen mit Sitz in der Bundesrepublik Deutschland das Land, in dem sie ihren Sitz haben, § 5 Abs. 1a Nr. 2 AEG. Das jeweilige Land und der Bund können miteinander vereinbaren, die Eisenbahnaufsicht, die Befugnis zur Erteilung von Genehmigungen sowie die Untersuchung von Unfällen und gefährlichen Ereignissen ganz oder teilweise dem Bund zu übertragen, § 5 Abs. 2 Satz 2 AEG. Die Länder Baden-Württemberg, Bayern, Brandenburg, Mecklenburg-Vorpommern, Nordrhein-Westfalen, Rheinland-Pfalz, Saarland, Sachsen, Sachsen-Anhalt, Schleswig-Holstein und Thüringen haben von dieser Möglichkeit Gebrauch gemacht und mit dem Eisenbahn-Bundesamt Verwaltungsvereinbarungen abgeschlossen. Nach § 5 Abs. 2 Satz 5 AEG können die Landesregierungen anderen öffentlichen oder privaten Stellen die Eisenbahnaufsicht und die Befugnis zur Erteilung von Genehmigungen ganz oder teilweise durch Rechtsverordnung übertragen. Niedersachsen hat davon Gebrauch gemacht und die Eisenbahnaufsicht auf eine private Gesellschaft übertragen. Hamburg und Berlin führen die Eisenbahnaufsicht selber durch.

Die jeweils zuständigen Straßenaufsichtsbehörden ergeben sich aus den Landesstraßengesetzen oder Landesverordnungen. 5

---

1 Bundeseisenbahnverkehrsverwaltungsgesetz vom 27. Dezember 1993 (BGBl. I S. 2378, 2394).

C 1. Erläuterungen zum Eisenbahnkreuzungsgesetz

6 Die Länder haben die Straßenaufsicht für die Bundesfernstraßen im Auftrag des Bundes auszuüben, § 20 Abs. 1 Satz 2 FStrG. Die für die Bundesfernstraßen zuständigen Straßenaufsichtsbehörden sind:
- in **Baden-Württemberg** gemäß § 53b Abs. 6 StrG BW das Ministerium für Verkehr (oberste Straßenaufsichtsbehörde) und die Regierungspräsidien (Straßenaufsichtsbehörden)
- in **Bayern** für Bundesautobahnen das Staatsministerium des Innern, für Bau und Verkehr und für Bundesstraßen einschließlich der Ortsdurchfahrten die Regierungen, Art. 62a Abs. 3 BayStrWG;
- in **Berlin** der Senator für Umwelt, Verkehr und Klimaschutz für Bundesautobahnen und Bundesstraßen außerhalb der Ortsdurchfahrten, für Ortsdurchfahrten der Bundesstraßen die Bezirksverwaltungen, § 3 Abs. 2 und Nr. 10 Abs. 3 der Anlage zu § 4 Abs. 1 Satz 1 Allgemeines Zuständigkeitsgesetz – AZG – vom 22.07.1996 – GVBl. S. 302;
- in **Brandenburg** das Ministerium für Infrastruktur und Landesplanung, § 1 Abs. 4 der Verordnung zur Regelung von Zuständigkeiten nach dem Bundesfernstraßengesetz und dem Brandenburgischen Straßengesetz (Fern- und Landesstraßenzuständigkeitsverordnung – FLStrZV) vom 31. März 2005 (GVBl. II/05, [Nr. 09], S. 161);
- in **Bremen** der Senator für Umwelt, Bau und Verkehr, § 46 BremLStrG;
- in **Hamburg** die Behörde für Wirtschaft, Verkehr und Innovation, Nummer I Abs. 1 der Anordnung zur Durchführung des Bundesfernstraßengesetzes vom 21.02.1978 – Amtl. Anz. S. 377, zuletzt geändert am 17. Dezember 2013 (HmbGVBl. S. 540, 541);
- in **Hessen** das Ministerium für Wirtschaft, Energie, Verkehr und Landesentwicklung, § 50 HStrG;
- in **Mecklenburg-Vorpommern** das Ministerium für Energie, Infrastruktur und Digitalisierung gemäß § 60 StrWG-MV;
- in **Niedersachsen** die Landesbehörde für Straßenbau und Verkehr (NLStBV) gemäß RdErl. des Ministeriums für Wirtschaft, Technologie und Verkehr vom 22.12.2004 (Nds. MBl. Nr. 41/2004, S. 879);
- in **Nordrhein-Westfalen** das Ministerium für Verkehr, § 1 Abs. 4 der Verordnung zur Regelung von Zuständigkeiten nach dem Straßenrecht und Eisenbahnkreuzungsrecht vom 26. Januar 2010 (GV. NRW. S. 125);
- in **Rheinland-Pfalz** das Ministerium für Wirtschaft, Verkehr, Landwirtschaft und Weinbau (§ 51 Nr. 1 LStrG-RP);
- im **Saarland** das Ministerium für Wirtschaft, Arbeit, Energie und Verkehr, § 5 der Verordnung zur Durchführung des Bundesfernstraßengesetzes vom 28.07.1983 – ABl. S. 470;
- in **Sachsen** das Staatsministerium für Wirtschaft und Arbeit und Verkehr, § 50 Abs. 2 SächStrG;
- in **Sachsen-Anhalt** das Ministerium für Landesentwicklung und Verkehr, § 1 Abs. 4 der Verordnung zur Durchführung straßenrechtlicher Vorschriften für das Land Sachsen-Anhalt vom 18.03.1994 – GVBl. LSA S. 493;

[Aufsichtsbehörden] § 18 EkrG

- in **Schleswig-Holstein** das Ministerium für Wirtschaft, Verkehr, Arbeit, Technologie und Tourismus, § 55 Abs. 1 StrWG SH;
- in **Thüringen** das Ministerium für Infrastruktur und Landwirtschaft, § 48 Abs. 3 ThürStrG.

Die Straßenaufsichtsbehörden für die sonstigen öffentlichen Straßen sind in den Landesstraßengesetzen bestimmt. Dies sind z.B.: 7

- in **Baden-Württemberg** grundsätzlich die jeweiligen Rechtsaufsichtsbehörden, ist aber ein Dritter Träger der Straßenbaulast, dann die Regierungspräsidien bei Landesstraßen, bei Kreisstraßen und Gemeindestraßen in Stadtkreisen und Großen Kreisstädten und die Landratsämter bei den Gemeindestraßen in den übrigen Gemeinden (§ 49 StrG-BW);
- in **Bayern** die Regierungen für Staatsstraßen und Kreisstraßen und für Gemeindestraßen kreisfreier Gemeinden, die Kreisverwaltungsbehörden im Übrigen (Art. 61 BayStrWG);
- in **Brandenburg** das Ministerium für Infrastruktur und Landesplanung als oberste Straßenaufsichtsbehörde. Straßenaufsichtsbehörden sind für Landesstraßen, die nicht in der Baulast des Landes stehen, und Kreisstraßen sowie für Gemeindestraßen kreisfreier Städte der Landesbetrieb Straßenwesen; im Übrigen die Landräte, § 44 Abs. 3 BbgStrG;
- in **Bremen** der Senator für Umwelt, Bau, und Verkehr, § 46 Abs. 1 BremLStrG;
- in **Hessen** das Regierungspräsidium für Landes- und Kreisstraßen sowie für Gemeindestraßen in Gemeinden mit mehr als 30.000 Einwohnern, und der Kreisausschuss für alle übrigen öffentlichen Straßen; das Ministerium für Wirtschaft, Energie, Verkehr und Landesentwicklung jedoch für Landes- und Kreisstraßen, für die außerhalb der Ortsdurchfahrten ein Dritter Träger der Straßenbaulast ist, der Landrat für alle übrigen öffentlichen Straßen (§ 50 HStrG);
- in **Mecklenburg-Vorpommern** das Ministerium für Energie, Infrastruktur und Digitalisierung für Straßen in der Baulast des Landes, § 53 Abs. 2 StrWG-MV; Das Landesamt für Straßenbau und Verkehr, wenn Landkreise oder Zweckverbände mit Beteiligung eines oder mehrerer Landkreise Träger der Straßenbaulast sind. Sind Gemeinden oder gemeindliche Zweckverbände Träger der Straßenbaulast, ist deren Rechtsaufsichtsbehörde gleichzeitig Straßenaufsichtsbehörde, § 54 StrWG-MV; für kommunale Straßen in kreisfreien Städten fungiert der Oberbürgermeister bzw. Bürgermeister als Straßenaufsicht, § 55 StrWG-MV. In allen sonstigen Straßenkategorien ist der Landrat zuständig, § 55 StrWG-MV. Die weiteren Straßenaufsichtsbehörden sind in den §§ 54, 55 StrWG-MV festgelegt;
- in **Niedersachsen** der Minister für Wirtschaft, Technologie und Verkehr für Landstraßen, die Regierungspräsidien für Kreis- und Gemeindestraßen und für sonstige öffentliche Straßen in kreisfreien und selbstständigen Städten,[2] die Landkreise für die Gemeindestraßen in den kreisangehörigen Gemeinden – ausgenom-

---

2 Mustergeschäftsverteilungsplan RdErl. v. 06.09.1973 – NdsMBl. Nr. 43 S. 1365 – Anlage 3 Nr. 9.

men der selbstständigen Städte und die sonstigen öffentlichen Straßen in gemeindefreien Gebieten – ausgenommen in kreisfreien und selbstständigen Städten;[3]
- in **Nordrhein-Westfalen** das Ministerium Verkehr für die Landstraßen, die Bezirksregierungen für Ortsdurchfahrten der Landesstraßen, Radschnellverbindungen des Landes, soweit nicht das Land Träger der Straßenbaulast ist, Kreisstraßen, Gemeindestraßen und sonstige öffentliche Straßen in kreisfreien Städten und der Landrat bzw. die Landrätin für die übrigen Gemeindestraßen und sonstigen öffentlichen Straßen (§ 54 StrWG NRW);
- in **Rheinland-Pfalz** das Ministerium für Wirtschaft, Verkehr, Landwirtschaft und Weinbau für die Landesstraßen, der Landesbetrieb Mobilität für die Kreisstraßen, Gemeindestraßen und sonstigen Straßen in kreisfreien und großen kreisangehörigen Städten und die sonstigen Straßen, soweit die Landesforstverwaltung Baulastträger ist, und die Kreisverwaltung für die übrigen Gemeindestraßen und sonstigen Straßen (§ 51 LStrG-RP);
- in **Sachsen** für Staatsstraßen das Staatsministerium für Wirtschaft, Arbeit und Verkehr, § 50 Abs. 2 SächstrG, für Kreisstraßen und für Gemeindestraßen kreisfreier Städte das Landesamt für Straßenbau und Verkehr, § 49 Abs. 5 SächsStrG, und für alle anderen Straßen die Landratsämter oder kreisfreien Städte;
- im **Saarland** das Ministerium für Wirtschaft, Arbeit, Energie und Verkehr für die Landstraßen I. und II. Ordnung, sowie die in der Baulast des Landes stehenden sonstigen öffentlichen Straßen, die Landeshauptstadt für die Gemeindestraßen und die übrigen sonstigen öffentlichen Straßen in der Landeshauptstadt, der Regionalverband in den übrigen Gemeinden des Regionalverbandes und die Landkreise oder kreisfreien Städte für übrigen Gemeinden, § 57 SaarlStrG;
- in **Schleswig-Holstein** die Kommunalaufsichtsbehörde, wenn Kreise, Zweckverbände oder Gemeinden Träger der Straßenbaulast sind (§ 49 Abs. 1 StrWG-SH), der Landrat, wenn ein anderer als Land, Kreis, Zweckverband oder Gemeinde Träger der Straßenbaulast ist (§ 50 Abs. 1 StrWG-SH), die Bürgermeisterin oder der Bürgermeister, wenn die Straße im Gebiet einer kreisfreien Stadt liegt (§ 50 Abs. 1 StrWG-SH);
- in **Thüringen** das Ministerium für Infrastruktur und Landwirtschaft für die Landesstraßen und das Landesamt für Bau und Verkehr für die in der Straßenbaulast der Landkreise, kreisfreien Städte und Gemeinden stehenden Straßen, § 48 Abs. 3 ThürStrG.

§ 19 EKrG [Übergangsvorschrift]

(1) Bisherige Vereinbarungen, die sich auf Kreuzungen zwischen Straßen und Straßenbahnen, Anschlußbahnen sowie den Anschlußbahnen gleichgestellte Eisenbahnen beziehen, gelten fort.

---

[3] Beschl. v. 05.02.1963 – MBl. S. 104.

(2) Die bisherige Kostenregelung für Erhaltungsmaßnahmen, die bei Inkrafttreten des Eisenbahnneuordnungsgesetzes vom 27. Dezember 1993 (BGBl. I S. 2378) bereits in der Ausführung begriffen sind, bleibt bestehen.

(3) Soweit aufgrund von Artikel 6 Abs. 106 Nr. 4 des Eisenbahnneuordnungsgesetzes die Erhaltungslast für eine Straßenüberführung auf den Straßenbaulastträger übergegangen ist, hat der Eisenbahnunternehmer dafür einzustehen, daß er die Straßenüberführung in dem durch die Verkehrsbedeutung gebotenen Umfang ordnungsgemäß erhalten und den erforderlichen Grunderwerb durchgeführt hat. Als ordnungsgemäßer Erhaltungszustand gilt eine entsprechend seinen Vorschriften durchgeführte Unterhaltung der Straßenüberführung bis zum Zeitpunkt des gesetzlichen Übergangs der Baulast.

Übersicht Rdn.
A. Allgemeines 1
B. Verfassungsrechtliche Überprüfung 33
C. Haftung der DB AG vor Inkrafttreten des ENeuOG 42
D. Fortgeltung von Vereinbarungen (§ 19 Abs. 1 EKrG) 75
E. Übergangsregelung für in Ausführung befindliche Maßnahmen
   (§ 19 Abs. 2 EKrG) 80
F. Ordnungsgemäße Erhaltung (§ 19 Abs. 3 EKrG) 89

A. Allgemeines

§ 19 EKrG ist mehrfach geändert worden. 1

Im Zuge der Bahnreform ist durch Art. 6 Abs. 106 des Gesetzes zur Neuordnung 2 des Eisenbahnwesens vom 27.12.1993[1] die bisher in § 19 EKrG a.F.[2] enthaltene Übergangsregelung aufgehoben worden. Mit dieser Aufhebung ist die Erhaltungslast für Straßenüberführungen von Gemeindestraßen über Eisenbahnanlagen, sofern diese vor 1963 durch Vereinbarungen dem Eisenbahnunternehmen auferlegt worden war, kraft Gesetzes mit Wirkung vom 01.01.1994 endgültig auf die zuständigen Städte und Gemeinden übergegangen. Die Regelung des § 14 EKrG gilt nach Wegfall des sog. **Gemeindeprivilegs** damit für alle Überführungen.

Im Gesetzgebungsverfahren[3] ist als Begründung ausgeführt: 3

»Bei § 19 Abs. 1, 3 und 4 EKrG handelt es sich um Übergangsvorschriften, für deren Beibehaltung rund 30 Jahre nach Inkrafttreten des Eisenbahnkreuzungsgesetzes vom 14. August 1963 die seinerzeit maßgeblichen Gründe nicht mehr gegeben sind. Eine Übergangsregelung für Erhaltungsmaßnahmen, die bereits in Ausführung begriffen sind, ist vorgesehen.«

---

1 BGBl. I S. 2378.
2 Vgl. Anh. E 21.
3 BT-Drucks. 12/4609.

C 1. Erläuterungen zum Eisenbahnkreuzungsgesetz

4 Nach Art. 104a GG haben Bund und Länder gesondert die Ausgaben zu tragen, die sich aus der Wahrnehmung ihrer Aufgaben ergibt. Dieser Verfassungssatz gilt auch für Sondervermögen des Bundes – wie der früheren Bundesbahn – und auch im Verhältnis zu den Gemeinden. § 14 EKrG hat diesen Verfassungsgrundsatz dahingehend geprägt, dass an Kreuzungen entsprechend ihrer jeweiligen Aufgabenverantwortung die Eisenbahninfrastrukturunternehmer die zu den Eisenbahnanlagen gehörigen Eisenbahnüberführungen und die Straßenbaulastträger die zu den Straßenanlagen gehörenden Straßenüberführungen auf ihre Kosten zu erhalten haben. Durch § 19 Abs. 1 EKrG a.F. wurde von diesem seit 1963 geltenden Grundsatz zugunsten der Gemeinden eine Übergangsregelung geschaffen. Danach waren Straßenüberführungen im Zuge von Gemeindestraßen, sofern vor 1963 die Unterhaltungslast durch Vereinbarung dem Eisenbahnunternehmer auferlegt worden war, übergangsweise bis zu einer wesentlichen Änderung oder Ergänzung der Kreuzung ausgenommen.

5 Diese Übergangsregelung von 1963 stand im Widerspruch zu Art. 104a GG und musste deshalb aufgehoben werden. Abgesehen davon soll eine Übergangsregelung nur für einen überschaubaren Zeitraum Abweichungen von den Grundregelungen eines Gesetzes zulassen. Dreißig Jahre nach Inkrafttreten des EKrG ist dafür kein Raum mehr. Die Kommunen hatten genügend Zeit, sich auf die Rechtslage des § 14 EKrG einzustellen.

6 Im Zuge der Bahnreform sollten der »neuen« DB AG keine aufgabenfremden Kosten aufgebürdet werden, die nach der grundsätzlichen Regelung des § 14 EKrG von Straßenbaulastträgern zu tragen sind.

7 Schließlich galt das Gemeindeprivileg des § 19 Abs. 1 EKrG a.F. nur für Gemeinden in den alten Bundesländern. Es galt nicht für die durchweg schwächer gestellten Gemeinden in den neuen Bundesländern, in denen der Abschluss derartiger Vereinbarungen nicht möglich gewesen war. Diese Benachteiligung musste beseitigt und aufgehoben werden.

8 Mit der Aufhebung des sog. Gemeindeprivilegs des § 19 Abs. 1 EKrG a.F. gilt der Grundsatz des § 14 EKrG nun auch für die kommunalen Straßenbaulastträger. Die Erhaltungslast für Straßenüberführungen ist kraft Gesetzes auf sie übergegangen. Das BVerfG[4] hat Verfassungsbeschwerden gegen den Wegfall der sog. Gemeindeprivilegien mangels ausreichender Begründung als unzulässig bewertet und nicht angenommen. Das Gericht hat dabei darauf hingewiesen, dass das Gemeindeprivileg nur als Übergangsregelung für die Erhaltungslast ausgestattet war.

9 Das sog. Gemeindeprivileg des § 19 Abs. 1 Satz 3 a.F.[5] war für die Gemeinden in den neuen Bundesländern ohne Bedeutung, weil die bahnseitige Sondererhaltungslast, die mit dieser Vorschrift für eine Übergangszeit aufrechterhalten werden sollte,

---

4 Vgl. BVerfG, Kammerbeschl. v. 06.02.1998 – 2 BvR 2627/94, 2 BvR 2673/94.
5 Gültig bis zum 31.12.1993.

nach DDR-Recht bereits vor dem Inkrafttreten des EkrG erloschen war.[6] Mit der DDR-Verordnung zur Neuordnung des Straßenwesens vom 10.05.1951[7] wurde eine Neueinteilung der Straßen entsprechend ihrer wirtschaftlichen Bedeutung vorgenommen. Nach § 2 der Straßenverordnung erfolgte die Eingruppierung in Fernstraßen, Landstraßen I. und II. Ordnung und in kommunale Straßen.

Auf Grundlage einer Vereinbarung zwischen dem Ministerium für Eisenbahnwesen, dem Staatssekretariat für Schifffahrt, und dem Amt für Wasserwirtschaft sowie dem Staatssekretariat für Kraftverkehr und Straßenwesen vom 16.11.1953,[8] erfolgt eine Übertragung der Erhaltungslast bei Bauwerken im Zuge von nicht klassifizierten (kommunalen) Straßen auf die Gemeinden.[9] Danach fand keine Veränderung der kommunalen Straßenbaulast mehr statt. Damit bestand 1963 keine Baulast der Eisenbahn mehr, als das EKrG in Kraft trat.

Nach VG Regensburg[10] entspricht es allgemeiner Auffassung, dass Unterhaltungsregelungen von Kreuzungen nur so lange Gültigkeit besitzen, bis die Kreuzungsanlage geändert wird. Vom Regelfall abweichende Sonderbaulasten werden danach bei baulicher Veränderung hinfällig und führen zur Regelbaulast.

Die übergegangenen Straßenüberführungen müssen im Zeitpunkt der Übergabe ordnungsgemäß erhalten sein. Zusätzlich müssen die Brückenbücher übergeben werden. Diese Auffassung hat das BMVI bereits 1963 anlässlich des Inkrafttretens des Eisenbahnkreuzungsgesetzes zu § 19 a.F. in Hinweisen an die Straßenbauverwaltungen der Länder gegeben.[11]

Ordnungsgemäßer Zustand ist ein unbestimmter Rechtsbegriff.[12]

Unter ordnungsgemäßem Zustand kann man nicht verstehen, dass Sanierungsarbeiten, die erst mittelfristig anstehen, auf den Zeitpunkt der Übergabe des Bauwerks und des Übergangs der Erhaltungslast vorgezogen werden müssen. Die Kommunen werden auch nicht verlangen können, die Brückenbauwerke in einem vollständig sanierten Zustand zu erhalten.

Es muss im Regelfall davon ausgegangen werden, dass die ehemalige Deutsche Bundesbahn ihren Verpflichtungen aufgrund der ihr bis zum 31.12.1993 obliegenden Erhaltungslast für diese Straßenüberführungen nachgekommen ist. Ein starkes Indiz dürfte auch sein, wenn vor dem Übergang der Erhaltungslast am 01.01.1994 weder die Aufsichtsbehörde der damaligen Deutschen Bundesbahn noch der mit Ausnahme des Brückenbauwerkes zuständige Straßenbaulastträger die Nichterfüllung der

---

6 Vgl. OVG Brandenburg, Urt. v. 13.02.2003 – 4 A 40/00.
7 GBl. S. 422 ff.
8 Verfügungen und Mitteilungen des Ministeriums für Eisenbahnwesen, Beilageblatt Nr. 15/54.
9 Vgl. OVG Brandenburg, Urt. v. 13.02.2003 – 4 A 40/00.
10 Vgl. VG Regensburg, Urt. v. 07.07.2003 – RO 5 K 02.937.
11 Vgl. VkBl. 1963 S. 612, 613; Anh. E 1.
12 S. Rdn. 89 ff.

Erhaltung gerügt haben. Im konkreten Einzelfall ist der Erhaltungszustand durch die der Gemeinde zu übergebenden Bauwerksunterlagen und Prüfprotokolle nachvollziehbar.

15 Meinungsverschiedenheiten über die Durchführung der notwendigen Erhaltungsmaßnahmen können nur unmittelbar zwischen dem jeweiligen Straßenbaulastträger und der DB AG geklärt werden. Die Anordnungsbehörde ist insoweit nicht zuständig.

16 Die mit dem Wegfall der Übergangsregelung den Kommunen zugewachsene Erhaltungslast für die kommunalen Straßenüberführungen belastet diese nicht mit höheren Kosten als die frühere Deutsche Bundesbahn. Diese Kostenbelastungen der Kommunen sind im Rahmen der parlamentarischen Beratung des Eisenbahnneuordnungsgesetzes im Bundestag und Bundesrat eingehend erörtert worden. Dabei sind auch die bisherigen Aufwendungen der früheren Deutschen Bundesbahn in Betracht gezogen worden. Die Kommunen und insbesondere auch die kommunalen Spitzenverbände (Deutscher Städtetag und Deutscher Städte- und Gemeindebund) haben sich nach Inkrafttreten des § 19 EKrG n.F. gegen diese Neuregelung gewandt und gegen die ehemalige Deutsche Bundesbahn den Vorwurf der mangelnden Erhaltung erhoben. Die nun von den Kommunen eingeforderte Nachbesserung der angeblich von der früheren Deutschen Bundesbahn unzureichend erfüllten Erhaltungslast darf aber nicht mit den zur Verbesserung der Verhältnisse an den Kreuzungen notwendigen Änderungen oder Neubauten der Straßenüberführung verwechselt werden. In einer Reihe von Fällen hat zudem die bisherige systemwidrige Zuschneidung der Erhaltungslast durch § 19 Abs. 1 EKrG a.F. dazu geführt, dass aus Verkehrsgründen notwendige oder sinnvolle Verbesserungen an Straßenüberführungen allein deshalb unterblieben sind, weil sonst nach § 19 Abs. 1 Satz 3 EKrG a.F. im selben Augenblick die Erhaltungslast auf die Kommunen übergegangen wäre. Etwaige derartige »Versäumnisse« – oder aus taktischen Gründen bestimmte Vorgehensweisen der Kommunen – können nun nicht der früheren Deutschen Bundesbahn mit dem Vorhalt unzureichender Erfüllung ihrer Erhaltungsverpflichtung und Forderung nach Erneuerung der Straßenüberführungen angelastet werden. Die kraft Gesetzes endgültig in die Erhaltungslast der Kommunen übergegangenen Straßenüberführungen müssen aber ordnungsgemäß erhalten sein, § 19 Abs. 3 EKrG.

17 Eine Vereinbarung, in der die Deutsche Bundesbahn es unter der Geltung des § 19 Abs. 1 EKrG a.F. – sog. Gemeindeprivileg[13] – übernommen hat, ein als »abgängig« bezeichnetes Brückenbauwerk durch einen Neubau mit höherer Tragkraft zu ersetzen, ist bei Inkrafttreten des ENeuOG am 01.01.1994 wirksam geblieben.[14] Durch die Streichung des Gemeindeprivilegs ist die Vereinbarung nämlich nicht gegenstandslos geworden. Dabei muss zwischen einer reinen Erhaltungslastvereinbarung und einer Vereinbarung einer Änderungsmaßnahme unterschieden werden.

---

13 S. Anh. E 21.
14 Vgl. BVerwG, Urt. v. 24.09.1997 – 11 C 10.96, NuR 1998, 200–202 (Volltext mit amtl. LS).

Eine reine Erhaltungslastvereinbarung dürfte wohl gegen den dem Funktionsprinzip 18
des § 14 EKrG folgenden Grundsatz verstoßen, dass jeder an der Kreuzung beteiligte
Baulastträger für seine Anlage verantwortlich ist, nämlich der Eisenbahnunternehmer für die Eisenbahnanlagen – § 14 Abs. 2 Nr. 1 EKrG – und der Straßenbaulastträger für die Straßenanlagen – § 14 Abs. 2 Nr. 2 EKrG –. Denn eine reine Erhaltungslastvereinbarung würde nach der Gesetzesänderung gegen dieses gesetzliche Verbot verstoßen – § 134 BGB i.V.m. 59 Abs. 1 VwVfG – und wäre damit gegenstandslos.[15] Anders verhält es sich dagegen bei einer Vereinbarung zur Änderung einer bestehenden Überführung. Die Abgrenzung erfolgt danach, ob es sich um eine Maßnahme der laufenden Unterhaltung – einschließlich Erneuerung – handelt, die sich auf die Sicherung des vorhandenen Bestandes (status quo) beschränkt oder ob es sich um eine Verbesserung handelt, die die Tauglichkeit der Anlage für den Verkehr erhöht, §§ 3, 12 EKrG.[16]

Wenn die Tragfähigkeit einer Überführung verbessert wird, liegt eine Änderungsmaßnahme nach §§ 3, 12 EKrG vor.[17] Eine hierauf gerichtete Vereinbarung ist 19
nicht gesetzeswidrig, sondern von dem Vereinbarungsprinzip des § 5 EKrG gedeckt.

Allerdings kann die Deutsche Bahn AG wegen der Neuregelung der Erhaltungslast 20
und Wegfall des Gemeindeprivilegs in § 19 EKrG gegenüber einem Erfüllungsanspruch der Gemeinde einredeweise eine Änderung der Geschäftsgrundlage geltend machen und eine Anpassung der Vereinbarung nach § 60 VwVfG verlangen.[18]

Da das EKrG Regelungen zur Koordinierung der Ansprüche und Pflichten der Beteiligten des Kreuzungsverhältnisses regelt, liegt insoweit eine abschließende Son- 21
dermaterie vor, die den allgemeinen Rechtsvorschriften des Straßen- und Eisenbahnrechts vorgehen. Deshalb können Erhaltungsrückstände nur im Rahmen des § 19 Abs. 3 EKrG ausgeglichen werden.

Der Bund hat keine Möglichkeit, den Kommunen für die kraft Gesetzes auf sie 22
übergegangene Erhaltungslast für Straßenüberführungen von Gemeindestraßen unmittelbar Finanzhilfen zu gewähren.

Sollte sich aber herausstellen, dass die in die Erhaltungslast der Kommunen überge- 23
gangenen Straßenüberführungen zur Verbesserung der Verkehrsverhältnisse geändert oder erweitert werden müssen, besteht die Möglichkeit der Bezuschussung solcher Maßnahmen aus den vom Bund und den Ländern zur Verfügung gestellten Förderungsmitteln. Als solche kommen insbesondere Mittel aus dem Gemeindeverkehrsfinanzierungsgesetz (GVFG) und auch solche aus § 17 EKrG in Betracht.

---

15 Vgl. BVerwG, Urt. v. 24.09.1997 – 11 C 10.96, NuR 1998, 200–202 (Volltext mit amtl. LS).
16 Vgl. § 3 Rdn. 106 ff.
17 Vgl. BVerwG, Urt. v. 24.09.1997 – 11 C 10.96, NuR 1998, 200–202 (Volltext mit amtl. LS).
18 Vgl. BVerwG, Urt. v. 24.09.1997 – 11 C 10.96, NuR 1998, 200–202 (Volltext mit amtl. LS).

24 Nach dem Inkrafttreten des ENeuOG am 01.01.1994 traten zahlreiche Schwierigkeiten bei der tatsächlichen Abwicklung des Überganges der Straßenüberführungen auf.

25 Deshalb wurde § 19 EKrG durch das Gesetz zur Änderung des Eisenbahnkreuzungsgesetzes und anderer Gesetze[19] erneut geändert. Nach Art. 4 des Gesetzes zur Änderung des Eisenbahnkreuzungsgesetzes und anderer Gesetze tritt § 19 Abs. 3 EKrG rückwirkend zum 01.01.1994 in Kraft.

26 Durch die Änderung des § 19 EKrG im Rahmen des ENeuOG sind zum 01.01.1994 1.235 Straßenüberführungen im Zuge von Kommunalstraßen in die Erhaltungslast der Kommunen übergegangen.[20] Diese Regelung betraf nur Gemeinden in den alten Bundesländern. Bei einem großen Teil dieser Straßenüberführungen hatten die Kommunen bereits im Jahr 1994 wegen eines von ihnen geltend gemachten schlechten Erhaltungszustandes die Annahme verweigert oder diese nur unter Vorbehalt angenommen. Die DB AG hatte als Rechtsnachfolgerin der DR und der DB in gewissem Umfang anerkannt, dass sie für einen ordnungsgemäßen Zustand der Bauwerke zum Zeitpunkt des Übergangs der Erhaltungslast einzustehen habe. Strittig blieb zwischen den Beteiligten, was »ordnungsgemäßer Erhaltungszustand« umfasst.

27 Bis 1998[21] hatte die DB AG, ausgehend von 1.235 Überführungen in 675 Fällen eine Einigung mit den Kommunen erzielt. In weiteren 325 Fällen war auf Basis von Brückengutachten eine Einigung erzielt, aber noch nicht von den Gemeindeparlamenten gebilligt worden. Absehbar waren einvernehmliche Regelungen in 132 Fällen. In den restlichen 103 Sachverhalten rechnete die DB AG seinerzeit mit gerichtlichen Auseinandersetzungen.

28 Der Bundesrat[22] als auch die Gruppe PDS[23] hatte mit seinen Gesetzentwürfen gefordert, Brücken dann als ordnungsgemäß erhalten anzusehen, wenn eine unbeschränkte Restnutzungsdauer von mindestens 10 Jahren gewährleistet ist. Der Verkehrsausschuss[24] hat sich diesem Vorschlag nicht angeschlossen. Unter einem ordnungsgemäßen Erhaltungszustand sei vielmehr die vorschriftsmäßig durchgeführte Unterhaltung der Straßenüberführung bis zum Zeitpunkt des gesetzlichen Übergangs der Baulast zu verstehen.

29 Der Gesetzentwurf der Gruppe PDS sah darüber hinaus vor, dass die Kommunen in den neuen Bundesländern von ihren anteiligen Kosten bei Eisenbahnkreuzungsmaßnahmen der »Verkehrsprojekte Deutsche Einheit« und bei Anpassungsmaßnahmen

---

19 Vgl. BGBl. 1998 I S. 2858.
20 BT-Drucks. 13/8537.
21 Vgl. BT-Drucks. 13/8537.
22 Vgl. BT-Drucks. 13/1446.
23 Vgl. BT-Drucks. 13/1784.
24 Vgl. BT-Drucks. 13/8537.

im Bereich von Bahnübergängen an Bestimmungen der Eisenbahnbau- und Betriebsordnung freigestellt werden. Diese Kosten sollte der Bund übernehmen.

Der BT-Vermittlungsausschuss – auf Anrufung der BR – hat in seiner Sitzung am 18.06.1998 dem Bundestag den jetzigen Abs. 3 des § 19 EKrG als Beschlussempfehlung zugeleitet.[25] Das Änderungsgesetz wurde am 09.09.1998 beschlossen.[26] Nach Art. 4 des Gesetzes tritt § 19 Abs. 3 EKrG am 01.01.1994 in Kraft. 30

Neben der Änderung des EKrG wurde auch das GVFG und das Investitionsförderungsgesetz Aufbau Ost geändert. 31

Dadurch wurden für kommunale Straßenüberführungen über Schienenwege 50 Mio. DM pro Jahr für die neuen Länder zur Verfügung gestellt, um dem schlechten Erhaltungszustand in den neuen Ländern Rechnung zu tragen, weil die Kommunen in der ehemaligen DDR keine eigene Finanzhoheit hatten und sie deshalb für den schlechten Zustand der Brückenbauwerke nicht verantwortlich zu machen waren. Die dadurch entstehenden Belastungen überstiegen die Finanzkraft der ostdeutschen Kommunen in noch höherem Maße, als dies in Westdeutschland der Fall war.[27] 32

B. Verfassungsrechtliche Überprüfung

§ 19 EKrG in der Fassung des ENeuOG 1993[28] ist verfassungsgemäß.[29] 33

Nach § 1 Abs. 6 EKrG i.V.m. Art. 1 § 1 und 3, Art. 2 § 1 und § 3 ENeuOG ist die DB AG bei Streitigkeiten über die Frage des Überganges der Erhaltungslast passiv legitimiert. 34

Art. 28 Abs. 2 Satz 1 GG ist durch § 19 EKrG nicht verletzt. Art. 28 GG gewährleistet den Gemeinden die Selbstverwaltungsgarantie nur »im Rahmen der Gesetze«. Deshalb sind gesetzliche Beschränkungen dann mit Art. 28 Abs. 1 GG vereinbar, wenn sie den Kernbereich der Selbstverwaltungsgarantie unangetastet lassen. Durch § 19 EKrG könnte lediglich wegen der finanziellen Auswirkungen des Erhaltungslastüberganges in das Selbstverwaltungsrecht eingegriffen worden sein. Ein unzulässiger Eingriff in die Finanzhoheit ist aber erst erreicht, wenn die Kommunen durch den Gesetzgeber solche finanziellen Belastungen auferlegt bekommen, dass ihnen die Erfüllung ihrer Aufgaben unmöglich gemacht oder zumindest erheblich erschwert wird.[30] 35

Ein derartiger Eingriff, der das Selbstverwaltungsrecht der Gemeinden aushöhlt, ist durch die Streichung des § 19 Abs. 1 Satz 3 EKrG a.F. (1971) nicht gegeben. Der 36

---

25 Vgl. BT-Drucks. 13/11085.
26 Vgl. BGBl. I S. 2858.
27 Vgl. BT-Drucks. 13/9840.
28 Vgl. BGBl. I S. 2378.
29 Vgl. BayVGH, Urt. v. 26.09.1996 – 8 B 95.1786.
30 Vgl. BVerwG, Beschl. v. 18.03.2008 – 9 VR 5.07.

Gesetzgeber hat lediglich eine Übergangsregelung aufgehoben, die seit dem Inkrafttreten des § 19 EKrG a.f. – also seit dem 01.01.1964 – 30 Jahre lang gegolten hat. Berücksichtigt man zusätzlich, dass § 9 Abs. 2 KrG 1939 und im Ergebnis auch schon § 39 RbG 1924 bestehende Vereinbarungen über Sonderunterhaltungslasten aufrechterhalten haben, so handelt es sich sogar um einen Zeitraum von ca. 55 bis 70 Jahren. Mit dem ENeuOG greift nunmehr der Grundtatbestand des § 14 EKrG ausnahmslos ein. § 14 EKrG soll vor allem klare Rechtsverhältnisse schaffen.[31] Die Regelung des § 14 EKrG folgt dem Funktionsprinzip, wonach jeder der an der Kreuzung beteiligten Aufgabenträger für seine Anlage verantwortlich ist; der Eisenbahninfrastrukturunternehmer für die Eisenbahnanlagen und der Träger der Straßenbaulast für die Straßenanlagen. Mit der Gesetzesänderung wird den Gemeinden nicht ohne parallele zusätzliche Finanzausstattung eine zusätzliche Belastung auferlegt, sondern sie bekommen nur eine Aufgabe wieder, die sie originär als Straßenbaulastträger schon haben.

37 Eine finanzielle Aushöhlung liegt auch deshalb nicht vor, weil die Gemeinden für ihre Aufgabe als Straßenbaulastträger nach Art. 13, 13b, 13c Finanzausgleichsgesetz und für Kreuzungsmaßnahmen unter Umständen auch nach § 2 Abs. 1 Nr. 5 i.V.m. § 3 GVFG vom Staat zweckgebundene Finanzmittel zugewiesen erhalten. Das EKrG selbst sieht in § 17 ebenfalls Förderungsmöglichkeiten vor.

38 Schließlich kann eine untragbare finanzielle Regelung auch deshalb nicht angenommen werden, weil eine, eine längere Zeit bestehende, die Gemeinden finanziell begünstigende Vorschrift anlässlich der Neuordnung der Eisenbahnen ausläuft. Aufgrund der zeitlichen Länge der Übergangsfrist erscheint das Aufheben nicht unangemessen, und die Gemeinden hatten genügend Zeit, sich auf diese Situation vorzubereiten.

39 Die Regelung ist auch nicht unverhältnismäßig oder willkürlich i.S.d. Art. 3 Abs. 1 GG. § 19 EKrG legt den Gemeinden keine Sonderopfer auf. Die Übergangsregelung privilegierte nur Gemeinden, die Vereinbarungen mit der Deutschen Bundesbahn geschlossen hatten. Insoweit liegt keine durch das Gesetz verursachte Ungleichbehandlung vor. Die Verhältnismäßigkeit folgt daraus, dass die Übergangsregelung 30 Jahre Bestand hatte (§ 19 Abs. 1 Satz 3 EKrG 1971 bzw. § 19 Abs. 1 Satz 2 EKrG 1963) und damit ihre Funktion, den Übergang der Erhaltungslast finanziell zu mindern und mildern, erfüllt hat. Schließlich liegt auch kein Verstoß gegen das Willkürverbot vor. Der Grundtatbestand des § 14 Abs. 1 Satz 1 EKrG stellt eine sachgerechte und klare Regelung dar, indem er, dem Funktionsprinzip folgend, jedem Baulastträger für seine Anlage die Erhaltungslast zuweist.

40 Die Streichung des § 19 Abs. 1 Satz 3 EKrG 1971 verstößt auch nicht gegen das Verbot der Rückwirkung von Gesetzen. Zwar liegt eine unechte Rückwirkung vor, weil durch die Streichung der Übergangsregelung § 14 Abs. 1 Satz 1 EKrG für die Frage der Erhaltungslast zur Anwendung kommt und damit bestehende, noch nicht

---

31 Vgl. BVerwG Buchholz 407.2 EKrG Nr. 7 und § 14 Rdn. 1 ff.

[Übergangsvorschrift] **§ 19 EKrG**

erfüllte Vereinbarungen, die eine von dieser Grundregelung abweichende Festlegung der Erhaltungslast zum Inhalt haben, gegenstandslos werden. Damit wirkt Art. 6 Abs. 106 Nr. 4 ENeuOG auf gegenwärtige, noch nicht abgeschlossene Sachverhalte für die Zukunft und entwertet nachträglich die betroffene Rechtsposition. Die »unechte Rückwirkung« ist zwar auch an Art. 20 Abs. 3 GG zu messen, im Gegensatz zur echten Rückwirkung aber in der Regel zulässig.[32] Ausnahmsweise ist eine unechte Rückwirkung dann verfassungswidrig, wenn das Gesetz einen Eingriff vornimmt, mit dem der Betroffene nicht zu rechnen brauchte, den er also bei seinen Dispositionen nicht berücksichtigen konnte, oder wenn sein Vertrauen schutzwürdiger als das mit dem Gesetz verfolgte Anliegen ist.[33] Aufgrund der Übergangsregelung konnten die Gemeinden gerade nicht darauf vertrauen, dass der Gesetzgeber diese Regelung unbefristet bestehen lassen wollte. Dabei muss zusätzlich noch die tatsächliche Länge der Übergangsregelung – mit den Vorgängervorschriften 70 Jahre – berücksichtigt werden.

Ein eventuelles Vertrauen in den Weiterbestand der Übergangsregelung des § 19 Abs. 1 Satz 3 EKrG 1971 ist auch nicht als schutzwürdiger anzusehen, als die vom Gesetzgeber mit der Neufassung des § 19 EKrG verfolgten Ziele. Im Hinblick auf die bereits oben erwähnte lange Dauer der Übergangsregelungen ist der bei den Gemeinden eingetretene Vertrauensschaden nur als gering zu bewerten.[34] Innerhalb dieses langen Zeitraums – insgesamt 70 Jahre – konnten wesentliche Erhaltungskosten auf die damalige Deutsche Bundesbahn abgewälzt werden. Demgegenüber stellt es ein legitimes Interesse des Gesetzgebers dar, die DB AG anlässlich der Strukturreform der Eisenbahnen des Bundes von finanziellen Altlasten freizustellen, die nicht einer originären Verteilung der Baulastrisiken, sondern einer vorrangigen Interessenbewertung zugunsten der Gemeinden und zulasten der Deutschen Bundesbahn entsprach.[35] Bundesweit betrachtet hätte die Aufrechterhaltung der Übergangsregelung eine nur schwer überschaubare Startbelastung für die DB AG bedeutet. Gerade dadurch hätte die Leistungsfähigkeit gehemmt und der Erfolg der Eisenbahnstrukturreform beeinträchtigt werden können. Diese Erwägungen haben sich im Gesetzgebungsverfahren gegenüber der auf Unterstützung der Gemeinden gerichtete Haltung des Bundesrates durchgesetzt. Sie liegen auch innerhalb des »Ermessensspielraumes«, der dem Gesetzgeber zukommt.[36]

41

C. Haftung der DB AG vor Inkrafttreten des ENeuOG

Vor der Einführung des § 19 Abs. 3 EKrG bestand keine Haftung der DB AG aus Art. 104a Abs. 5 Satz 1 Halbs. 2 GG, da ein Ausführungsgesetz bisher nicht erlassen

42

---

32 Vgl. BVerfGE 72, 141 (154); BVerfGE 14, 297.
33 Vgl. BVerfGE, 13, 278; BVerfGE 14, 300; BVerfGE 68, 287 (300); BVerfGE 72, 141 (154).
34 Vgl. VGH Bayern, Urt. v. 26.09.1996 – 8 B 95.1780.
35 Vgl. VGH Bayern, Urt. v. 26.09.1996 – 8 B 95.1780.
36 Vgl. VGH Bayern, Urt. v. 26.09.1996 – 8 B 95.1780.

worden war. Zwar hat das BVerwG[37] in bestimmten, den Kernbereich dieser grundgesetzlichen Regelung betreffenden Fragen, auch ohne Ausführungsgesetz eine Haftung im Verhältnis Land gegenüber Bund bejaht, wenn eine ordnungsgemäße Verwaltung nicht gegeben war. Um aber die Haftung eines früheren nicht rechtsfähigen Sondervermögens des Bundes – Deutsche Bundesbahn – im Verhältnis zu einer Gemeinde zu begründen, bedarf es einer spezialgesetzlichen Ausformung der Anspruchsgrundlage in einem Ausführungsgesetz. Art. 104a Abs. 5 Satz 1 Halbs. 2 GG genügt insoweit nicht.[38]

43 Ein Anspruch auf Gewährleistung der DB AG ließ sich weder direkt noch analog aus § 6 Abs. 1a FStrG oder entsprechender Landesstraßengesetze (z.B. Art. 9 Abs. 4 BayStrWG) herleiten.

44 Nach § 6 Abs. 1a FStrG (oder entsprechender landesgesetzlicher Regelungen – z.B. Art. 9 Abs. 4 BayStrWG) hat der bisherige Träger der Straßenbaulast dem neuen Träger der Straßenbaulast dafür einzustehen, dass er die Straße in dem durch die Verkehrsbedeutung gebotenen Umfang ordnungsgemäß unterhalten hat.

45 Einer direkten Anwendung stand schon entgegen, dass es sich durch die Änderung des § 19 EKrG um den Wechsel der Erhaltungslast von einem Schienenbaulastträger zu einem Straßenbaulastträger handelt.

46 Auch eine analoge Anwendung des § 6 Abs. 1a FStrG war nicht möglich. Im EKrG selbst fehlte eine Regelung über die Haftung eines Baulastträgers für die ordnungsgemäße Unterhaltung einer Anlage.

47 Die allgemeinen Baulastaufgaben an Eisenbahnkreuzungen werden durch die entsprechenden Regelungen in dem Straßen- bzw. Eisenbahnrecht festgelegt, z.B. § 3 FStrG (bzw. das entsprechende Landesrecht) und § 4 Abs. 1 AEG. Das Eisenbahnkreuzungsrecht übernimmt es demgegenüber, die vorhandenen gesetzlichen Aufgaben und Pflichten der Beteiligten gegeneinander abzugrenzen, falls notwendig den Besonderheiten des Kreuzungsverhältnisses Rechnung zu tragen und die Lasten zwischen den Beteiligten des Kreuzungsrechtsverhältnisses zu verteilen.[39] § 14 EKrG verändert deshalb bestehende wegerechtliche Anforderungen an Bau- und Erhaltungslast nicht grundsätzlich in ihrem Inhalt, sondern trifft nur die notwendigen Sonderregelungen zur Koordinierung der Ansprüche und Pflichten der Kreuzungsbeteiligten.[40] Insoweit geht das EKrG als Spezialregelung dem allgemeinen Straßen- und Eisenbahnrecht vor.[41] Mit dem abschließenden Charakter der Regelung der Ansprüche der Beteiligten aus dem Kreuzungsrechtsverhältnis, zu dem insbesondere auch der § 14 EKrG gehört, war es nicht vereinbar, Gewährleistungsvorschriften wie

---

37 Vgl. BVerwGE 96, 45.
38 Vgl. VGH Bayern, Urt. v. 26.09.1996 – 8 B 95.1780.
39 Vgl. VGH Bayern, Urt. v. 26.09.1996 – 8 B 95.1780.
40 Vgl. BVerwG, Urt. v. 11.03.1988 Buchholz 407.2 EKrG Nr. 15; BVerwG, VkBl. 1975 S. 549.
41 Vgl. BVerwG, Urt. v. 04.06.1982 Buchholz 407.2 EKrG Nr. 9.

§ 6 Abs. 1a FStrG und entsprechende Regelungen in den Landesstraßengesetzen analog anzuwenden. Diese Regelungen sind ihrerseits nämlich gerade keine allgemeinen Grundsätze der Straßenbaulast, sondern selbst Spezialregelungen, die aus Anlass eines Baulastwechsels gelten.

Es fehlte auch an einer unbewussten Gesetzeslücke. Der Gesetzgeber hat bei Erlass des EKrG 1963 nämlich nicht unbewusst die Regelung von Gewährleistungsansprüchen anlässlich von Baulastträgerwechseln unterlassen. Der Gesetzgeber hat nämlich keinen Anlass gesehen, den am 10.07.1961[42] in Kraft getretenen § 6 Abs. 1a FStrG auch in das erst 1963 verkündete Eisenbahnkreuzungsgesetz aufzunehmen. Ein eventuelles Bedürfnis für eine entsprechende Regelung hätte ihm aber aus dem 1. Fernstraßenänderungsgesetz bewusst sein müssen. Die am Gesetzgebungsverfahren beteiligten Stellen gingen jedoch auch ohne gesetzliche Ausgestaltung von einer Einstandspflicht der beteiligten Baulastträger für eine ordnungsgemäße Erhaltung der übergehenden Bauwerke aus.[43] Im Ergebnis richtig – aber nicht gänzlich überzeugend – schließt der BayVGH daraus, dass dem Gesetzgeber die Problematik bekannt war, er bewusst aber keine Regelung getroffen habe.[44] Aufgrund der bewussten gesetzgeberischen Entscheidung sei eine Ergänzung im Wege der richterlichen Rechtsfortbildung nicht möglich. Gegen diese Argumentation lässt sich einwenden, dass ein Erhaltungslastwechsel im EKrG anders als im Fernstraßenrecht nur selten (oder sogar nur einmal – s. § 19 EKrG 1971) eintritt. Gerade aber der Übergang nach § 19 EKrG 1971 trat erst nach einer wesentlichen Änderung und damit bei einem technischen Neubau oder aber einem »sanierten Bauwerk« ein. Daneben trat ein Wechsel in der Erhaltungslast nun per Gesetz ein, nämlich 1963 und 1994 durch das EKrG bzw. dessen Änderung. Wenn der Gesetzgeber gerade beim ENeuOG keine Gewährleistungsregelung eingeführt hat, so wird deutlich, dass er eine solche bewusst und abschließend auch nicht wollte. Dies entsprach auch dem Ziel des ENeuOG, die DB AG von sachfremden Lasten zu befreien. Demzufolge lag auch keine Regelungslücke vor, die durch die Rechtsprechung im Wege einer analogen Anwendung des § 6 Abs. 1a FStrG geschlossen werden konnte. Dieses Ergebnis wurde auch durch einen Gesetzentwurf des Bundesrates[45] bestätigt, der die Einführung eines Abs. 2a in § 19 EKrG mit einem an § 6 Abs. 1a FStrG angelehnten Inhalt vorsah. Außerdem ist die Frage des Umfanges des jährlichen Erhaltungsaufwandes im Gesetzgebungsverfahren des ENeuOG erörtert worden; der Gesetzgeber hatte im Wissen darum es nicht für erforderlich angesehen, eine Gewährleistungsregelung zu statuieren.

Wenn man eine analoge Anwendung des § 6 Abs. 1a FStrG und damit eine Gewährleistungspflicht für ordnungsgemäßen Erhalt seinerzeit für zutreffend erachtet hätte, wäre diese lediglich auf die Vornahme der notwendigen Reparaturarbeiten gerichtet

---

42 1. Fernstraßenänderungsgesetz, BGBl. I S. 877.
43 Vgl. Hinweise des BMVI zum Eisenbahnkreuzungsgesetz vom 11.11.1963 – Anh. E 1 –.
44 VGH Bayern, Urt. v. 26.09.1996 – 8 B 95.1780.
45 Vgl. BT-Drucks. 13/1446.

gewesen.[46] Diese Pflichten hätten in besonderen Einzelfällen auch die Erneuerung von ganzen Teilen der Anlage, nicht jedoch die Neuherstellung der gesamten Anlage eingeschlossen. Inhalt derartiger Gewährleistungspflichten ist nämlich nicht, den neuen Baulastträger für längere Zeit von seiner eigenen Erhaltungspflicht freizustellen.

50 Es könnten sich aus der Kreuzungsvereinbarung selbst oder aus sonstigen vertraglichen Regelungen der Kreuzungsbeteiligten Ansprüche des neuen Baulastträgers auf Erfüllung eines ordnungsgemäßen bzw. auf den vertraglich fixierten Erhaltungszustand ergeben.

51 Frühere Erhaltungslastvereinbarungen oder Kostenregelungen über die Erhaltungslast[47] sind infolge der Streichung des § 19 Abs. 1 Satz 3 EKrG zum 01.01.1994 gegenstandslos geworden. § 14 EKrG, der ab 01.01.1964 gilt, beinhaltet die grundsätzliche Verteilung der Erhaltungslast nach dem Funktionsprinzip. Die Übergangsregelung des § 19 Abs. 1 Satz 3 EKrG 1971 hat lediglich bewirkt, dass die Grundsatzregelung des § 14 EKrG erst nach einer wesentlichen Änderung oder Ergänzung der Kreuzung anwendbar wurde. Nur bis zu diesem Zeitpunkt wurden abweichende Vereinbarungen aufrechterhalten (auflösend bedingt) und hatten damit Vorrang vor der gesetzlichen Regelung. Mit der Streichung des § 19 Abs. 1 Satz 3 EKrG 1971 wird der Vorbehalt der Geltung der Vereinbarung ab diesem Zeitpunkt von der vorrangigen gesetzlichen Regelung überholt und damit gegenstandslos.

52 Dieses Ergebnis rechtfertigt sich auch, weil nur so die seit 1964 gewollte klare Zuständigkeitsregelung in Kraft tritt. Zudem war es ein klares Ziel des ENeuOG, die Eisenbahnen des Bundes von sachfremden Belastungen zu befreien. Schließlich bestätigt auch die nun gültige Übergangsregelung des § 19 Abs. 2 EKrG 1993 (Art. 6 Abs. 106 Nr. 4 ENeuOG) diese Auslegung. Bisherige Kostenregelungen für Erhaltungsmaßnahmen blieben nur bestehen, wenn sie bei Inkrafttreten des ENeuOG »bereits in Ausführung begriffen waren«. Nur Vereinbarungen, deren konkrete bauliche Durchführung schon begonnen hatte, sollten von der Neuregelung ausgenommen sein. Der Beginn oder die Durchführung von Planungen genügte nicht.[48]

53 Auch der Abschluss einer Vereinbarung über die Durchführung einer Erhaltungsmaßnahme unterlag den o.g. Grundsätzen. Sie konnte auch nicht dadurch anders ausgelegt werden, dass die zeitliche Umsetzung wegen fehlender Finanzmittel zeitlich über den 01.01.1994 hinausgeschoben wurde.

54 Vereinbarungen über die Erhaltung konnten auch nicht so ausgelegt werden, dass die DB AG im Sinne der Gesetzesinitiative[49] für einen ordnungsgemäßen Erhaltungszustand der Brückenbauwerke bei Übergang der Erhaltungslast haften würde.

---

46 Vgl. VGH Bayern, Urt. v. 26.09.1996 – 8 B 95.1780.
47 Zur Zulässigkeit s. § 14 Rdn. 6.
48 Vgl. VGH Bayern, Urt. v. 26.09.1996 – 8 B 95.1780.
49 Vgl. BT-Drucks. 13/1446 S. 7.

Bei z.B. aus finanziellen Gründen auf einen Termin nach dem 01.01.1994 verscho- 55
benen Beginn der Erhaltungsmaßnahmen, aber vor diesem Zeitpunkt geschlossenen
Vereinbarung kam auch ein Anspruch aus positiver Forderungsverletzung – pFV –
auf Übergabe eines ordnungsgemäß erhaltenen Brückenbauwerkes nicht in Betracht.

Vom Grundsatz her ist die pFV auch auf gesetzliche Schuldverhältnisse des öffent- 56
lichen Rechts subsidiär anwendbar. Bei zeitlicher Verzögerung des Beginns der Erhaltungsmaßnahme auf einen Termin nach dem 01.01.1994 scheiterte eine pFV schon
daran, dass dieser Anspruch nur bei Schlechterfüllung eingreift. Wurde aber mit der
Durchführung noch gar nicht begonnen, so lag keine Schlecht-, sondern eine Nichterfüllung vor.

Bezüglich des ordnungsgemäßen Erhaltungszustandes im Zeitpunkt der Übergabe 57
ergab sich ebenfalls kein Anspruch aus pFV.

Selbst wenn man die pFV auch auf das gesetzliche Schuldverhältnis – Erhaltungs- 58
lastwechsel – anwendet, so müsste eine sinnwidrige Gesetzeslücke in den öffentlich-
rechtlichen Vorschriften des EKrG gewesen sein.[50] Eine solche Gesetzeslücke lag
indessen nicht vor. Eine analoge Anwendung der pFV hätte im Ergebnis die Einführung eines Gewährleistungsrechtes im EKrG zur Folge gehabt. Das EKrG gehört
zum Wegerecht. Deshalb wären die wegerechtlichen Gewährleistungsvorschriften –
z.B. § 6 Abs. 1a FStrG – wesentlich besser geeignet, adäquate Regelungen zu treffen,
als die vom Zivilrecht herkommende pFV. Dieses Ergebnis durfte nicht dadurch um-
gangen werden, dass im Wege der Heranziehung der Grundsätze über die pFV für ein
gesetzliches Schuldverhältnis des öffentlichen Rechts ein Gewährleistungsrecht eingeführt wurde, das der Gesetzgeber im EKrG im Gegensatz zum Straßenrecht (vgl. § 6
Abs. 1a FStrG) gerade nicht eingeführt hatte und dies auch bewusst nicht einführen
wollte.

Ein Anspruch auf die Einhaltung eines ordnungsgemäßen Erhaltungszustandes an- 59
lässlich des gesetzlichen Wechsels der Unterhaltungslast ließ sich auch nicht aus Treu
und Glauben gem. § 242 BGB herleiten. Dies galt zumindest dann, wenn in der
Vereinbarung über die Erhaltungsmaßnahme kein fester Zeitpunkt für die Erfüllung
vorgesehen war.[51]

Schließlich liegt für den ordnungsgemäßen Erhaltungszustand auch keine Zusage 60
der DB AG vor.

Durch die Änderung des § 19 EKrG 1971 im Rahmen des ENeuOG sind rund 61
1.300 Straßenüberführungen im Zuge von Kommunalstraßen in die Erhaltungslast der Kommunen übergegangen. Auf der Länderverkehrsministerkonferenz am
23./24.11.1994 hatte der Vorstand der DB AG zugesagt, dass die DB AG
– die betroffenen kommunalen Straßenbaulastträger, soweit noch nicht geschehen,
unverzüglich von der Übernahme unterrichten wird;

---

50 Vgl. VGH Bayern, Urt. v. 26.09.1996 – 8 B 95.1780.
51 Vgl. VGH Bayern, Urt. v. 26.09.1996 – 8 B 95.1780.

- ihnen die Bauwerksunterlagen übergeben;
- wenn gewünscht, Bauwerksbegehungen durchzuführen;
- und auf ihre Kosten vereidigte Sachverständige auszuwählen und die dafür notwendigen Bauwerksuntersuchungen und -dokumentationen übernehmen wird, wenn eine Kommune den ordnungsgemäßen Erhaltungszustand bestreitet.

62 Eine sanierungsfreie Restnutzungsdauer von mindestens 10 Jahren, wie sie der Bundesrat[52] gefordert hat, hat die DB AG jedoch nicht zugesagt.

63 Eine entsprechende Auslegung hätte zudem zur Folge gehabt, dass die Erhaltungslast tatsächlich erst weitere 10 Jahre später auf die Kommunen übergegangen wäre. Im Ergebnis hätte dies eine weitere Übergangsregelung bedeutet. Dies wollte der Gesetzgeber aber gerade nicht.

64 Ob andere Zusagen vorliegen, kann nur im Einzelfall entschieden werden. Es können dazu aber die folgenden Grundsätze herangezogen werden:

65 In mehreren Schreiben hat sich die DB AG für die Konkretisierung – ordnungsgemäßer Erhaltungszustand – auf ihre DS 803, Ausgabe 1991 gestützt. Danach war der Erhaltungszustand in drei Kategorien A, B und C, einzuteilen.

66 Der Zustand A bedeutete, dass keine Instandsetzung (nur geringfügige Mängel und Schäden) an dem Bauwerk erforderlich war.

67 Bei der Kategorie B erforderte der Zustand des Bauwerk(-teils) eine Instandsetzung (Substanzerhalt). Die Sicherheit war noch gegeben.

68 Die Kategorie C besagte, dass der Zustand des Bauwerk(-teils) zur Wahrung der Sicherheit dringend eine Baumaßnahme erforderte. Durch die vorhandenen Mängel und Schäden war die Sicherheit nur noch befristet gegeben.

69 Ob und wie in diesem Rahmen Aussagen des Vorstandes der DB AG als Zusage, für »gewisse Mängel« im Zeitpunkt des Überganges noch einstehen zu wollen, gewertet werden mussten, konnte nur im Einzelfall entschieden werden. Das Schriftformerfordernis des § 38 Abs. 1 Satz 1 VwVfG war nicht gegeben, da es sich hierbei nicht um die Zusage auf Erlass eines Verwaltungsaktes, sondern um eine Zusicherung außerhalb des VwVfG handelte. Eine Zusage musste aber die Selbstverpflichtung der DB AG – gegebenenfalls entgegen der gesetzlichen Regelung – beinhalten. Der BayVGH[53] hat in einem konkreten Einzelfall eine Zusage der DB AG für die o.g. Kategorie C abgelehnt.

70 Zu unterscheiden von sog. echten Erhaltungslastvereinbarungen sind solche, in denen neben der Erhaltung auch die Änderung i.S.d. § 3 EKrG geregelt ist.

---

52 Vgl. BT-Drucks. 13/1446 und 13/1784.
53 Vgl. VGH Bayern, Urt. v. 26.09.1996 – 8 B 95.1780.

Das BVerwG[54] hat eine Vereinbarung, in der die Deutsche Bundesbahn es unter Geltung des § 19 Abs. 1 EKrG 1971 (sog. Gemeindeprivileg) gegenüber einer Gemeinde übernommen hat, ein als »abhängig« bezeichnetes Brückenbauwerk durch einen Neubau mit verbesserter Tragkraft zu ersetzen, als bei Inkrafttreten des Eisenbahnneuordnungsgesetzes am 01.01.1994 weiterhin wirksam geblieben, angesehen. Durch das ENeuOG sind nur »echte Erhaltungslastvereinbarungen« zwischen DB und den Gemeinden gegenstandslos geworden, weil sie gegen ein gesetzliches Verbot verstoßen.[55] Vereinbarungen, die aber neben der Frage der Erhaltungslast auch die Durchführung von Änderungen nach §§ 3, 12 EKrG beinhalten, sind nicht automatisch unwirksam durch Inkrafttreten des ENeuOG geworden. Die Abgrenzung zwischen Erhaltung und (wesentlicher) Änderung bei einem technischen Neubau des Brückenbauwerks ist Gegenstand mehrerer Entscheidungen des BVerwG gewesen.[56] Danach umfasst die Erhaltung i.S.d. § 14 Abs. 1 Satz 2 EKrG die laufende Unterhaltung und die Erneuerung, die sich auf die Sicherung des vorhandenen Bestandes (Status quo) beschränkt, während Baumaßnahmen, die darüber hinausgehen, sei es auch nur in der Weise, dass die Tauglichkeit der Anlage für den Verkehr erhöht wird, sich als Änderung nach § 3 EKrG beurteilen lässt.[57] Da die Erhöhung der Tragfähigkeit, ebenso wie die Verbreiterung, eine wesentliche Änderung darstellen, sind Vereinbarungen mit derartigem Inhalt nicht mit Inkrafttreten des ENeuOG unwirksam geworden. Der Gesichtspunkt, ob ein altes Brückenbauwerk ohnehin im Hinblick auf seinen Erhaltungszustand hätte erneuert werden müssen, hindert insofern die Annahme einer wesentlichen Änderung nicht. 71

Allerdings konnte die DB AG als Rechtsnachfolgerin der Deutschen Bundesbahn wegen der Neuregelung der Erhaltungslast in § 19 EKrG n.F. gegenüber einem Erfüllungsanspruch der Gemeinde einredeweise eine Änderung der Geschäftsgrundlage geltend machen und die Anpassung der Vereinbarung nach § 60 VwVfG verlangen.[58] Die Gemeinden konnten also bei gemischten Erhaltungs-/Änderungsvereinbarungen nicht die Durchsetzung der Vereinbarung (z.B. Erneuerung der Überführung nach den geprüften Plänen) verlangen. Ein Anspruch ergab sich weder aus Vertrag noch aus außervertraglicher Anspruchsgrundlage wie etwa einer pFV oder einer analogen Anwendung des § 6a FStrG.[59] 72

Die DB AG konnte sich ihrerseits nicht durch Kündigung völlig aus geschlossenen Vereinbarungen (gemischte Erhaltungs-/und Änderungsvereinbarungen) lösen. Eine Kündigung wäre nur dann zulässig gewesen, wenn eine Anpassung des Vertrages an die geänderte Geschäftsgrundlage nicht möglich oder den Kreuzungsbeteiligten 73

---

54 Vgl. BVerwG, Urt. v. 24.09.1997 – 11 C 10.96.
55 Vgl. § 134 BGB i.V.m. § 59 VwVfG.
56 BVerwG, Urt. v. 11.12.1970 – IV C 48.68; BVerwG, Beschl. v. 27.11.1982 – 4 B 57.82; BVerwG, Urt. v. 11.03.1988 – 4 C 75.84.
57 Vgl. BVerwG Buchholz 407.2 EKrG Nr. 17; BVerwG, Urt. v. 24.09.1997 – 11 C 10.96.
58 Vgl. BVerwG, Urt. v. 24.09.1997 – 11 C 10.96.
59 Vgl. BVerwG, Urt. v. 24.09.1997 – 11 C 10.96.

nicht zumutbar gewesen wäre. Wie eine solche Vertragsanpassung ausgesehen hätte, hat das BVerwG nicht entschieden, sondern insoweit an die Vorinstanz zurückverwiesen.[60]

74 Durch die Einfügung des neuen Abs. 3 in § 19 EKrG[61] sind die oben diskutierten Fragen einer gesetzlichen Regelung unterzogen worden; diese Probleme dürften sich damit erledigt haben.[62]

D. Fortgeltung von Vereinbarungen (§ 19 Abs. 1 EKrG)

75 Der neue Abs. 1 entspricht wortgenau dem § 19 Abs. 2 EKrG 1971.

76 Entgegen der grundsätzlichen Regelung gelten Vereinbarungen fort, die sich auf Kreuzungen zwischen Straßen und Straßenbahnen, Anschlussbahnen und diesen gleichgestellten Eisenbahnen beziehen.[63] Es handelt sich insoweit um eine Ausnahme von der in § 14 EKrG getroffenen Erhaltungslastregelung.

77 Für die Einbeziehung der Straßenbahnen in diese Sonderregelung gibt die amtliche Begründung zum Regierungsentwurf keinen Hinweis. Für die Anschlussbahnen hatte das KrG als Begründung der Sonderregelung angeführt, dass eine Aufhebung solcher Vereinbarungen nicht erforderlich sei, weil die Anschlussbahnen keine öffentlichen Verkehrswege sind.

78 Für die Straßenbahnen kann diese Begründung nicht gelten. Ein Fortgelten bestehender Vereinbarungen lässt sich aber daraus erklären, dass die Rechtsbeziehungen zwischen Straßen und Straßenbahnen, auch für höhengleiche Kreuzungen,[64] nicht der vollkommen freien Vereinbarung der Beteiligten unterliegen, sondern bei mangelnder Einigung der Entscheidung der Genehmigungsbehörde.[65] Es wäre daher nicht sinnvoll, die nach dem PBefG getroffenen Vereinbarungen durch das EKrG wieder außer Kraft treten zu lassen. Aus diesem Grunde ist für die Straßenbahnen diese Sonderregelung getroffen worden. Die Fortgeltung alter Verträge bestimmte auch § 31 Abs. 2 Satz 2 PBefG.

79 Unter diesem Gesichtspunkt ist natürlich auch die Frage zu prüfen, wie es sich mit den Vereinbarungen zwischen Straße und Straßenbahn verhält, die vor Inkrafttreten des alten PBefG (1934) und bis zum Inkrafttreten des KrG (1939) abgeschlossen worden sind. Sie werden wohl als außer Kraft getreten betrachtet werden müssen, soweit es sich um die Regelung der § 5 Abs. 2 und 3 und § 7 KrG handelt, nicht aber hinsichtlich der Unterhaltungskosten.[66] Vereinbarungen, die jedoch nach dem In-

---

60 Vgl. BVerwG, Urt. v. 24.09.1997 – 11 C 10.96.
61 Vgl. BT-Drucks. 13/11085.
62 Vgl. Rdn. 89 ff.
63 S. § 1 EKrG Rdn. 33 ff., 43 und 56 ff.
64 § 31 Abs. 2 PBefG.
65 § 31 Abs. 5 PBefG.
66 § 8 Abs. 1 KrG.

krafttreten des KrG geschlossen worden sind, bleiben auch über das Inkrafttreten des EKrG hinaus rechtswirksam.

E. Übergangsregelung für in Ausführung befindliche Maßnahmen (§ 19 Abs. 2 EKrG)

Das Gesetz sollte in bereits in Ausführung begriffene Maßnahmen kreuzungsrechtlicher Art nicht mehr eingreifen. Dies war in § 14 KrG und auch in § 19 Abs. 3 EKrG 1971 in gleicher Weise geregelt. Für solche Maßnahmen sollten die bisherigen Regelungen oder Vereinbarungen maßgeblich bleiben. Dies galt auch dann, wenn die Beteiligten eine besondere Kostenregelung vereinbart hatten mit dem Vorbehalt, dass für den Fall des Inkrafttretens eines neuen Kreuzungsgesetzes dieses angewendet werden soll. Die Anwendung des neuen Kreuzungsrechts im Sinne der getroffenen Vereinbarung führte dazu, dass es nicht angewendet werden konnte, weil seine Anwendung durch § 19 Abs. 2 EKrG ausdrücklich ausgeschlossen worden ist. Mit dieser besonderen Regelung hat das EKrG bewusst für diese Fälle keine andere Regelung treffen wollen, sie waren also nach der Regelung der Vereinbarung, oder falls diese keine andere Kostenregelung enthielt, nach der Kostenregelung des EKrG zu Ende zu führen. 80

Sowohl aus der Entstehungsgeschichte wie auch aus dem Zweck der Vorschrift des Abs. 2 ergibt sich, dass alle früheren Vereinbarungen hinsichtlich der Kosten außer Kraft treten, soweit mit der Ausführung noch nicht begonnen worden ist. Zu dem wortgleichen § 19 Abs. 3 EKrG 1971 hat das BVerwG[67] dies ebenso beurteilt. Es liegt insoweit auch kein Eingriff in eine geschützte Rechtsposition i.S.d. Art. 14 Abs. 1 GG vor, da es sich hier nur um eine vermögensrechtliche Position handelt.[68] Aus der Entstehungsgeschichte des § 19 Abs. 2 EKrG ergibt sich, dass alle anderen Vereinbarungen – außer der schon in Ausführung begriffenen – über die Verteilung der Erhaltungslast außer Kraft treten sollen. Der Gesetzgeber hat gerade mit der Streichung des § 19 Abs. 1 EKrG 1971 die Grundregel des § 14 EKrG über die Erhaltungslast in vollem Umfang gültig werden lassen wollen. 81

In Ausführung begriffen waren Maßnahmen erst dann, wenn schon mit der Ausführung an der Kreuzungsanlage (z.B. Mutterbodenabhub, Erdarbeiten, Abbruch des vorhandenen Bauwerks) begonnen worden war. Es musste also etwas im Sinne der Ausführung der Maßnahme geschehen sein (z.B. Aufgabe von Bestellungen, Herstellung bestimmter technischer Einrichtungen aufgrund einer Bestellung, Lieferung solcher Einrichtungen, Herstellung einer Stahlkonstruktion im Werk aufgrund einer Bestellung). 82

Eine Ausschreibung allein genügte nicht, eine Vergabe nur dann, wenn sie nicht mehr rückgängig gemacht werden konnte. Auch die bloße Entnahme eines Stoffes aus einem Lager, der nicht nur für die Kreuzung selbst beschafft worden ist, stellte 83

---

67 Vgl. BVerwG, Verw Rspr. 25, 613.
68 BVerfG, Beschl. v. 26.05.1965 – 1 BvR 772/64.

keinen Anfang der Ausführung dar. Das galt auch für eine rechtskräftige Planfeststellung.

84 Ebenso wenig war der Abschluss einer Kreuzungsvereinbarung ausreichend. Zum nahezu wortgleichen § 19 Abs. 3 EKrG 1971 galt, dass auch wirksam zustande gekommene Kreuzungsvereinbarungen außer Kraft treten, wenn nicht die vereinbarte Maßnahme bereits ins Werk gesetzt wurde und damit Bestandsschutz erlangt hat. Für den Abs. 2 in der jetzigen Fassung galt nichts anderes.

85 Ein in der Kreuzungsvereinbarung fest vereinbarter Baubeginn – vor dem 01.01.1994 – konnte unter dem Gesichtspunkt der vertraglichen Erfüllung bei tatsächlichem Baubeginn nach dem Inkrafttreten des ENeuOG zu »Schaden«-Ersatzansprüchen führen. Dies dürfte insbesondere dann der Fall gewesen sein, wenn die damalige Deutsche Bundesbahn in Erwartung der Neuregelung der Übergangsvorschrift des § 19 EKrG 1971 den Baubeginn aus diesem Grunde – quasi treuwidrig – verzögert hat.

86 War der Beginn der Ausführung wegen mangelndem Finanzbudget verzögert worden, so werden in der Regel daraus keine Ansprüche aus treuwidrigem Verhalten herzuleiten sein. Entscheidend ist auch insoweit eine Einzelfallbetrachtung.

87 Wurden mehrere Bahnübergänge durch eine Überführung ersetzt, genügte es, wenn an einer Stelle mit den Arbeiten begonnen worden ist, denn hier konnten alle Maßnahmen nur als eine Einheit angesehen und behandelt werden.

88 Nach Art. 3 Abs. 2 EKrÄndG 1971 sind bei Inkrafttreten dieses Gesetzes in der Ausführung begriffene Maßnahmen an Bahnübergängen, an denen ein Schienenweg der DB nicht beteiligt ist, nach der bisherigen Kostenregelung abzuwickeln. Damit sollte nach der amtlichen Begründung sichergestellt werden, dass ein Wechsel bezüglich des Kostenträgers des letzten Drittels nicht mehr eintritt. Dies galt auch für Maßnahmen, die ausgeführt, aber finanziell noch nicht abgewickelt worden sind.

F. Ordnungsgemäße Erhaltung (§ 19 Abs. 3 EKrG)

89 Nach Inkrafttreten des ENeuOG am 01.01.1994 traten Schwierigkeiten bei der tatsächlichen Abwicklung des gesetzlichen Übergangs der kommunalen Straßenüberführungen über Schienenwege der DB AG auf. Es traten zahlreiche Streitigkeiten auf, was unter ordnungsgemäßer Erhaltung zu verstehen ist. Durch das Gesetz zur Änderung des Eisenbahnkreuzungsgesetzes und anderer Gesetze vom 09.09.1998[69] wurde der Abs. 3 des § 19 EKrG zur Klarstellung und zur Vermeidung zahlreicher Rechtsstreitigkeiten eingeführt. Die DB AG hatte sich zuvor bereits bereiterklärt, für die ordnungsgemäße Erhaltung im Zeitpunkt des gesetzlichen Übergangs einstehen zu wollen.[70]

90 Nach § 19 Abs. 3 Satz 1 EKrG hat die DB AG als Rechtsnachfolgerin der Deutschen Bundesbahn dafür einzustehen, dass die Überführungen im Zuge von Kom-

---

69 Vgl. BGBl. I S. 2858.
70 Zum Gesetzgebungsverfahren s. Rdn. 1 ff.

munalstraßen, deren Baulast durch das ENeuOG auf die Gemeinden übergangen ist, im Zeitpunkt des Übergangs ordnungsgemäß erhalten waren und der notwendige Grunderwerb durchgeführt war.

§ 19 Abs. 3 Satz 1 EKrG ist dem § 6 Abs. 1a FStrG nachgebildet. 91

Bereits das EKrG vom 14.08.1963 enthielt eine entsprechende Regelung für Straßenüberführungen im Zuge der Straßen in der Baulast des Bundes, der Länder und der Landschaftsverbände, die bis zu diesem Zeitpunkt in der Erhaltungslast der DB standen. Auch damals galt bereits der straßenrechtliche Grundsatz, wie er inzwischen in § 6 Abs. 1a FStrG und den meisten Straßengesetzen der Länder ausdrücklich normativ geregelt ist. Einer besonderen Regelung im EKrG bedurfte es danach nicht, weil dieser Grundsatz auch seitens des Bundes ausdrücklich anerkannt wurde.[71] Dieser allgemeine Grundsatz im Straßenrecht soll nun auch für den Wechsel der Erhaltungslast von der Bahn auf die Kommunen gelten. 92

Die Verpflichtung zur »Gewährleistung« des ordnungsgemäßen Erhaltungszustandes sollte sicherstellen, dass der bisherige Baulastträger – DB – auf den bevorstehenden Wechsel hin seine Verpflichtungen schon reduziert oder sogar eingestellt hat. Es durfte im Zeitpunkt des Übergangs kein Nachholbedarf an der Erhaltung vorhanden sein. Ansonsten würde eine vom Gesetzgeber nicht gewollte Abwälzung der Erhaltungspflicht auf den nachfolgenden Baulastträger eintreten. 93

Entscheidend war der Erhaltungszustand im Zeitpunkt des gesetzlichen Überganges der Baulast, also am 01.01.1994. Um keine Regelungslücke entstehen zu lassen, sieht Art. 4 des Gesetzes zur Änderung des Eisenbahnkreuzungsgesetzes und anderer Gesetze vor, dass die »Gewährleistungsregelung« rückwirkend vom 01.01.1994 in Kraft gesetzt wird. 94

Die rückwirkende Inkraftsetzung der durch § 19 Abs. 3 idF vom 09.09.1998[72] angeordneten Einstandspflicht des Eisenbahnunternehmers für den ordnungsgemäßen Erhaltungszustand einer zum 01.01.1994 in die Erhaltungslast des kommunalen Straßenbaulastträgers übergegangenen Straßenüberführung ist verfassungsgemäß.[73] Dabei kann dahinstehen, ob die DB AG als Rechtsnachfolgerin der Deutschen Bundesbahn und der Deutschen Reichsbahn, die vor ihrer Zusammenführung zum Bundeseisenbahnvermögen als Sondervermögen des Bundes verwaltet wurden, nur eingeschränkt grundrechtsfähig ist.[74] § 19 Abs. 3 ist insgesamt verfassungsgemäß.[75] Es liegt zwar ein Fall der »echten Rückwirkung« vor. Mit § 19 Abs. 3 wird nachträglich in einen abgewickelten, der Vergangenheit angehörenden Tatbestand – Erhaltungszustand der fraglichen Straßenüberführung am 01.01.1994 – eingegriffen. Aus- 95

---

71 Vgl. Hinweise des BMVI zum Eisenbahnkreuzungsgesetz vom 11.11.1963, VkBl. 1963, S. 612; Anh. E 1.
72 BGBl. I S. 2558.
73 Vgl. BVerwG, Urt. v. 04.05.2006 – 9 C 3.05.
74 Vgl. BayVGH Urt. v. 03.08.2004 – 8 BV 03.275.
75 Vgl. BVerfG, Beschl. v. 06.02.1998 – 2 BvR 2627/94.

nahmsweise kann ein Gesetz rückwirkend in Kraft gesetzt werden, wenn eine unsichere zuvor unklare und verworrene Rechtslage geklärt wird.[76] Durch Art. 6 Abs. 106 Nr. 4 wurde das sog. Gemeindeprivileg des § 19 Abs. 1 Satz 3 EKrG idF vom 21.03.1971[77] aufgehoben und damit die allgemeine Erhaltungslastregel des § 14 EKrG zur Anwendung gebracht. Bereits in diesem Gesetzgebungsverfahren wurde seitens der Länder auf »erhebliche Erhaltungsrückstände« der ca. 2.200 Brücken hingewiesen.[78] Der Bundesrat hat bereits am 31.03.1995 beschlossen, eine Gesetzesänderung – § 19 Abs. 2a EKrG – einzubringen, die rückwirkend ab dem 01.01.1994 vorsah, dass die DB AG für den ordnungsgemäßen Erhaltungszustand der Straßenüberführung einzustehen habe und darüber hinaus sollte eine Restnutzungsdauer von mindestens 10 Jahren gewährleistet werden. Vorstandsmitglieder der DB AG sicherten zudem eine »Einstandspflicht« für die geänderte Erhaltung zu. Schließlich wies der Bund auf die gesetzlich geregelten Einstehungspflichten im FStrG und in den Landesstraßengesetzen und auf die Hinweise zum Eisenbahnkreuzungsgesetz[79] hin und folgerte im Gesetzentwurf des Bundesrates daraus, dass eine solche Einstandspflicht selbstverständlich sei.[80] Aus alledem ist zu folgern, dass die Rechtslage infolge der Aufhebung des sog. Gemeindeprivilegs unklar und unsicher war.[81]

96 Da die Gesetzesänderung nur Ansprüche klarstellen sollte, die bei Inkrafttreten des Art. 6 Abs. 106 ENeuOG bereits bestanden, sollte die Regelung dementsprechend zum 01.01.1994 in Kraft treten.[82] Eine rückwirkende Belastung der Kreuzungsbeteiligten sollte damit nicht verbunden sein.[83]

97 Entgegen den Forderungen des Bundesrates und dem Gesetzentwurf der Gruppe PDS[84] beinhaltet § 19 Abs. 3 EKrG keine Verpflichtung auf eine 10 jährige unbeschränkte Restnutzungsdauer. Das Einstehen für den ordnungsgemäßen Zustand einer Straßenüberführung kann sich nur auf den Zeitpunkt des Überganges der Erhaltungslast beziehen. Diese Regelung trifft auch § 6 Abs. 1a FStrG. Eine andere Lösung würde letztendlich auf ein nachträgliches Hinausschieben des Erhaltungslastüberganges hinausgehen.

98 Der Anspruch des neuen Baulastträgers geht auf den ordnungsgemäßen Erhaltungszustand. Es handelt sich bei § 19 Abs. 3 EKrG um einen öffentlich-rechtlichen Gewährleistungsanspruch, der dem § 6a Abs. 1a FStrG nachgebildet wurde.[85] Allerdings gilt der Anspruch des § 19 Abs. 3 EKrG nur auf Geldersatz, während § 6a

---

76 Vgl. BVerfGE 88, 384 (404).
77 BGBl. I S. 337.
78 BT-Drucks. 13/1446 S. 1 ff.
79 Vgl. Anh. E 1.
80 Vgl. BT-Drucks. 13/1446 S. 7.
81 Vgl. BVerwG Urt. v. 04.05.2006 – 9 C 3.05.
82 Vgl. BT-Drucks. 13/1446 zu Art. 2.
83 Vgl. BT-Drucks. 13/1446.
84 Vgl. BT-Drucks. 13/1784.
85 Vgl. BVerwG, Urt. v. 04.05.2006 – 9 C 3.05.

[Übergangsvorschrift] § 19 EKrG

FStrG entweder auf Vornahme (Naturalrestitution) der zum Stichtag unterbliebenen Erhaltungsmaßnahme oder auf Geldersatz i.H.d. erforderlichen Kosten eröffnet. Dies ergibt sich schon allein aus dem Umstand, dass die Einstandspflicht des § 19 Abs. 3 EKrG zu einem ca. 4 Jahre rückwirkenden Zeitpunkt in Kraft getreten ist.[86] Die Erhaltungslast ist nämlich bereits am 01.01.1994 an die Gemeinden kraft Gesetz übergegangen. Damit ist es dem Eisenbahnunternehmer rechtlich und in der Regel auch tatsächlich unmöglich, einen Erhaltungszustand nachträglich wieder herzustellen. Auch die Gesetzesmaterialen sprechen ausdrücklich von einem »finanziellen Einzustehen« des Eisenbahnunternehmers.[87]

Weitere tatbestandliche Voraussetzung des § 19 Abs. 3 EKrG ist, dass sich das Brückenbauwerk zum 01.01.1994 – Zeitpunkt des Übergangs der Erhaltungslast – in einem nicht ordnungsgemäßen Erhaltungszustand befand.[88] Dies wird im Regelfall durch ein Sachverständigengutachten festgestellt werden. 99

Die Kostenerstattungspflicht kann sich auf alle Maßnahmen erstrecken, die sich als Erhaltungsmaßnahme i.S.d. § 14 EKrG darstellen. Dies kann neben einer Sanierung über eine grundhafte Sanierung bis zur Erneuerung des Bauwerks gehen. 100

Im Gesetzgebungsverfahren ist insbesondere der Gesichtspunkt, die ursprüngliche Tragfähigkeit der Brückenbauwerke wiederherzustellen, erörtert worden. Allerdings nach dem eindeutigen Wortlaut des § 19 Abs. 3 Satz 1 EKrG ist der Erhaltungszustand nur in dem durch die Verkehrsbedeutung gebotenen Umfang sicherzustellen. Dieser kann nur im konkreten Einzelfall ermittelt werden. 101

Es kann unter diese Gewährleistungspflicht z.B. auch die Erneuerung einer unzureichend ausgebesserten Fahrbahndecke gehören. Diese Verpflichtung ist aber im konkreten Einzelfall immer dahingehend abzugrenzen, dass nur für die ordnungsgemäße Erhaltung zum Zeitpunkt des 01.01.1994 einzustehen ist. 102

Eine Verbesserung der Überführung aufgrund gestiegener Verkehrsbedürfnisse kann nicht verlangt werden. Ein derartiges Verlangen wäre eine Änderung i.S.d. §§ 3, 12 EKrG, mit den dort genannten Kostenfolgen. Insoweit gilt die Abgrenzung zwischen Änderung und Erhaltung im Kreuzungsrecht auch im Rahmen des § 19 Abs. 3 EKrG.[89] § 19 Abs. 3 EKrG ist damit auf Baumaßnahmen zu beschränken, die als laufende Unterhaltung einschließlich Erneuerung i.S.d. § 14 Abs. 1 Satz 1 EKrG der Sicherung des vorhandenen Bestandes dienen.[90] 103

Bei Streitigkeiten zwischen dem alten und nachfolgenden Baulastträger über den ordnungsgemäßen Erhaltungszustand müssen die Verwaltungsgerichte entscheiden. Die Anordnungsbehörde hat keine Zuständigkeit. 104

---

86 Vgl. BVerwG, Urt. v. 04.05.2006 – 9 C 3.05.
87 Vgl. BT-Drucks. 13/8537, S. 4.
88 S. Rdn. 105 ff.
89 Vgl. § 14 Rdn. 37 ff.
90 Vgl. VG Koblenz, Urt. v. 16.06.2003 – 8 K 2785/02.KO.

C 1. Erläuterungen zum Eisenbahnkreuzungsgesetz

105 § 19 Abs. 3 Satz 2 EKrG bestimmt zum einen, nach welchen Vorschriften die Erhaltung vorgenommen werden musste und zum zweiten, auf welchen Zeitpunkt – gesetzlicher Übergang der Baulast – bei der Betrachtung abzustellen ist.

106 Die Straßenüberführungen, die bis zum 01.01.1994 durch die DB zu erhalten waren, mussten entsprechend dem Regelwerk der DB ordnungsgemäß erhalten worden sein. Es galten insoweit nicht die einschlägigen Vorschriften für Straßen, z.b. DIN 1076 und RI-EBW-PRÜF.[91] Die DB hatte eigene Regelwerke bezüglich der Brückenprüfung und Bewertung des Brückenzustandes, nämlich die DS 803 – später geändert durch das Modul 803.0001.

107 Aus dem Wortlaut des § 19 Abs. 3 EKrG folgt, dass als ordnungsgemäßer Erhaltungszustand die Durchführung allgemeiner Unterhaltungsmaßnahmen zu verstehen war, die bis zum Zeitpunkt des gesetzlichen Übergangs der Baulast nach den damals geltenden Vorschriften des Eisenbahnunternehmers durchzuführen waren. Eine Differenzierung nach der verbliebenen theoretischen Restnutzungsdauer der Straßenüberführung findet sich weder im Wortlaut des § 19 Abs. 3 EKrG noch in den darin in Bezug genommenen Dienstvorschriften der Deutschen Bundesbahn.[92] Zur Wertung der Äußerung des damaligen Vorstandsvorsitzenden der DB AG, der für bestimmte Erhaltungszustände eine Einstandspflicht der DB AG akzeptierte, siehe Urteil des BayVGH vom 26.09.1996 – 8 B 95.1780.

108 Ordnungsgemäßer Erhaltungszustand i.S.d. § 19 Abs. 3 Satz 2 EKrG ist eine entsprechend den Vorschriften des Eisenbahnunternehmers durchgeführte Unterhaltung der Straßenüberführung bis zum gesetzlichen Übergang der Baulast am 01.01.1994. Das VG München[93] zielt zur Konkretisierung diese Legaldefinition die Kriterien heran, die sich der Gesetzgeber anschaulich zu eigen gemacht hat. Der Bundesrat hat bei der Zustimmung zur Änderung des EKrGs zugleich mehrheitlich einen Entschließungsantrag des Landes Baden-Württemberg angenommen.[94] Danach ist der Bundesrat der Auffassung: »dass zur Frage des ordnungsgemäßen Erhaltungszustandes klarstellende Kriterien geboten sind. Er geht davon aus, dass sich die Straßenüberführungen, bei denen die Baulast übergegangen ist, zum Zeitpunkt des Baulastübergangs in einem ordnungsgemäßen Erhaltungszustand befinden, wenn folgende Kriterien erfüllt sind:
– Bauwerksprüfungen werden vorschriftsmäßig durchgeführt
– Schäden, die Einfluss auf die Verkehrssicherheit, Betriebssicherheit und Standsicherheit haben, werden beseitigt.
– Die Straßenüberführung ist, bezogen auf die ursprüngliche Brückenklasse, voll belastbar
– Die theoretische Restnutzungsdauer der Straßenüberführung kann durch die durchgeführten Unterhaltungsarbeiten erreicht werden. Ist die theoretische Nut-

---

91 Vgl. Anhang E 12 und E 13.
92 Vgl. VG Koblenz, Urt. v. 16.06.2003 – 8 K 2785/02.KO.
93 Vgl. VG München, Urt. v. 22.04.2002 – M 24 K 00.6109.
94 Vgl. BR-Drucks. 597/98.

zungsdauer annähernd erreicht oder überschritten, dürfen die Verkehrssicherheit, Betriebssicherheit und Standsicherheit weder gefährdet sein noch darf eine Gefahr unmittelbar drohen. Gegebenenfalls ist bei abgängigen Brückenbauwerken eine Erhaltung durch Neubau notwendig.«

Diese Kriterien sind ähnlich den sog. Nitsch-Kriterien, die der damalige Parlamentarische Staatssekretär Nitsch zum Zustimmungsbeschluss des Bundesrates vom 10.07.1998 abgegeben hat.[95] Letztendlich muss ein Sachverständigengutachten im konkreten Einzelfall eine Empfehlung abgeben. 109

§ 19 Abs. 3 Satz 2 EKrG stellt nochmals ausdrücklich klar, dass die Verpflichtung der DB nur bis zum Zeitpunkt des Übergangs der Baulast bestanden hat. 110

Der im Gesetzgebungsverfahren geforderten 10-jährigen unbeschränkten Restnutzungsdauer oder der DB eine Beweislastverpflichtung für den ordnungsgemäßen Zustand aufzuerlegen, ist der Gesetzgeber nicht gefolgt. Auch insoweit hat sich der Gesetzgeber der straßenrechtlichen Regelung des § 6 Abs. 1a FStrG angeschlossen. 111

§ 19 Abs. 3 EKrG umfasst auch nicht den anteiligen Ersatz »fiktiver Sanierungskosten« in der Höhe der von dem Eisenbahnunternehmer ersparten Aufwendungen, wenn der Straßenbaulastträger anstelle einer Sanierung des noch nicht abgängigen Bauwerks diese Brücke abreißt und durch einen Neubau mit geänderten Dimensionen, die dem veränderten Verkehrsbedürfnis entsprechen, ersetzt.[96] Ein Vorteilsausgleich ist nämlich an dieser Stelle nicht normiert. Er ist kein allgemeiner Grundsatz im EKrG, sondern gilt nur dann, wenn er in einer bestimmten Norm ausdrücklich angeordnet ist. Der Vorteilsausgleich im EKrG setzt zudem voraus, dass ein künftiger Vorteil ausgeglichen wird. Das bloße Freiwerden von der Erhaltungslast selbst stellt insoweit keinen künftigen Vorteil dar. Nur wer erhaltungspflichtig bleibt, kann für eine Änderungsmaßnahme, die seiner fortdauernden Erhaltungslast zugutekommt, zu einem Vorteilsausgleich herangezogen werden. § 19 Abs. 3 EKrG beschränkt sich darauf, die Gemeinden vor Unterhaltungsrückständen zu schützen. Weitergehende Rechte wollte und sollte der Gesetzgeber nicht eröffnen. Es gibt keine Anhaltspunkte, dass der Gesetzgeber mit § 19 EKrG insbesondere dessen Abs. 3 aus der allgemeinen im EKrG gültigen Systematik, es handelt sich entweder um eine Änderungsmaßnahme oder um eine Erhaltungsmaßnahme, durchbrechen wollte. Dieser Grundsatz besagt im Kreuzungsrecht auch, dass bloße Erhaltungsmaßnahmen – § 14 EKrG – der Träger der Erhaltungslast zu tragen hat, während Änderungsmaßnahmen nach dem Veranlassungsprinzip derjenige Kreuzungsbeteiligte zu tragen hat, der die Änderung verlangt oder hätte verlangen müssen – §§ 3, 12 EKrG.[97] 112

Auch der § 19 Abs. 1 Satz 3 EKrG idF vom 08.03.1971 hat die o.g. Gesetzessystematik gerade nicht durchbrochen. Denn die wesentliche Änderung führte zum 113

---

95 BR-Protokoll 1998 S. 341 f.
96 Vgl. BVerwG, Urt. v. 04.05.2006 – 9 C 3.05; a.M. VGH Bayern, Urt. v. 03.08.2004 – 8 BV 03.275.
97 Vgl. BVerwG, Urt. v. 04.05.2006 – 9 C 3.05.

Übergang der Erhaltungslast, ohne dass der kommunale Baulastträger wegen eines Unterhaltungsrückstandes von der Bahn Aufwendungsersatz beanspruchen konnte.[98] Auch für § 19 EKrG gilt, dass die Erhaltung auch die Erneuerung umfassen kann.[99] Allerdings umfasst die Erneuerung nur Maßnahmen, die sich auf die Sicherung des vorhandenen Bestands (status quo) beschränken, während Baumaßnahmen, die darüber hinausgehen, indem sie die Tauglichkeit der Kreuzungsanlage erhöhen, als Änderung nach §§ 3, 12 EKrG zu werten sind.

§ 20 EKrG [Aufhebung von Rechtsvorschriften]

Das Gesetz über Kreuzungen von Eisenbahnen und Straßen vom 4. Juli 1939 (Reichsgesetzbl. I S. 1211), § 24 Abs. 8 des Bundesfernstraßengesetzes in der Fassung vom 6. August 1961 (Bundesgesetzbl. I S. 1742), die Verordnung zur Durchführung des Gesetzes über Kreuzungen von Eisenbahnen und Straßen vom 5. Juli 1939 (Reichsgesetzbl. I S. 1215) und die Zweite Verordnung zur Durchführung des Gesetzes über Kreuzungen von Eisenbahnen und Straßen vom 30. August 1941 (Reichsgesetzbl. I S. 546) treten als Bundesrecht außer Kraft.

1 Die in § 20 EKrG aufgeführten aufzuhebenden Rechtsvorschriften treten – wie es ausdrücklich heißt – als Bundesrecht außer Kraft. Dass das KrG als Bundesrecht nach Art. 123 ff. GG weitergegolten hat, hat BVerwG[1] bestätigt. Damit kommt zum Ausdruck, dass diese Vorschriften noch als Landesrecht fortbestehen können. Dies gilt insbesondere für Rechtsverhältnisse, für die keine Gesetzgebungskompetenz des Bundes besteht. § 20 EKrG hat keine rückwirkende Gültigkeit. Deshalb richten sich Streitigkeiten über z.B. Kosten für Änderungsmaßnahmen, die vor Inkrafttreten des EKrG – 01.01.1964 – entstanden sind, nach früherem Recht, insbesondere nach dem KrG 1939.[2]

2 Auf Seite der Schienenbahnen kommen hier vor allem die Bergbahnen in Betracht, auf Seite der Straßen alle Straßen, die nicht Landstraßen des Fernverkehrs sind. Letzteres sind insbesondere alle Nichtbundesfernstraßen. Das KrG gilt also in den Ländern noch weiter für alle Kreuzungen zwischen Bergbahnen, die Schienenbahnen sind, und Nichtbundesfernstraßen. Seilbahnen, Schwebebahnen oder Hängebahnen kommen hier nicht in Betracht, denn sie fielen nicht unter das KrG.

§ 21 EKrG [Inkrafttreten]

Dieses Gesetz tritt am 1. Januar 1964 in Kraft.

---

98 Vgl. BVerwG, Urt. v. 04.05.2006 – 9 C 3.05.
99 Vgl. § 14 Abs. 1 Satz 2 EKrG.
1 BVerwG Buchholz 407.2 Nr. 1.
2 Vgl. BVerwG, Urt. v. 05.11.1965 – IV C 49.65.

C 2. Erläuterungen zur Verordnung über die Kosten von Maßnahmen nach dem Eisenbahnkreuzungsgesetz (1. Eisenbahnkreuzungsverordnung – 1. EKrV –)

vom 2. September 1964 (BGBl. I S. 711); geändert durch Erste Verordnung zur Änderung der 1. Eisenbahnkreuzungsverordnung vom 11. Februar 1983 (BGBl. I S. 85, BGBl. III 910-1-1)

Aufgrund des § 16 Abs. 1 Nr. 1 des Eisenbahnkreuzungsgesetzes vom 14.08.1963 (Bundesgesetzbl. I S. 681) in der Fassung vom 11.02.1983 (Bundesgesetzbl. I S. 85) wird mit Zustimmung des Bundesrates verordnet:

§ 1 Umfang der Kostenmasse

(1) Die Kostenmasse bei der Herstellung einer neuen Kreuzung (§ 2 des Gesetzes) oder bei Maßnahmen an bestehenden Kreuzungen (§ 3 des Gesetzes) umfaßt die Aufwendungen für alle Maßnahmen an den sich kreuzenden Verkehrswegen, die unter Berücksichtigung der anerkannten Regeln der Technik notwendig sind, damit die Kreuzung den Anforderungen der Sicherheit und der Abwicklung des Verkehrs genügt.

(2) Zur Kostenmasse gehören auch die Aufwendungen für
1. diejenigen Maßnahmen, die zur Berücksichtigung der übersehbaren Verkehrsentwicklung auf den sich kreuzenden Verkehrswegen erforderlich sind,
2. diejenigen Maßnahmen, die infolge der Herstellung einer neuen Kreuzung oder einer Maßnahme nach § 3 des Gesetzes an Anlagen erforderlich werden, die nicht zu den sich kreuzenden Verkehrswegen der Beteiligten gehören,
3. den Ersatz von Schäden, die bei der Durchführung einer Maßnahme den Beteiligten oder Dritten entstanden sind, es sei denn, daß die Schäden auf Vorsatz oder grober Fahrlässigkeit eines Beteiligten oder seiner Bediensteten beruhen.

(3) Wird eine Kreuzung durch Änderung der Linienführung des Verkehrsweges eines Beteiligten verlegt oder beseitigt, obwohl an der bisherigen Kreuzungsstelle eine Maßnahme nach § 3 des Gesetzes mit geringeren Kosten verkehrsgerecht möglich wäre, so ist die Kostenmasse auf die Höhe dieser Kosten beschränkt.

Übersicht	Rdn.
A. Allgemeines zur 1. EKrV	1
B. Notwendige Aufwendungen für die kreuzenden Verkehrswege (Abs. 1)	4
C. Andere notwendige Aufwendungen (Abs. 2)	13
D. Schäden (Abs. 2)	45
E. Beschränkung der Kostenmasse (Abs. 3)	49
F. Verfahren, Abrechnung	55

C 2. Erläuterungen zur 1. Eisenbahnkreuzungsverordnung

A. Allgemeines zur 1. EKrV

1 Die 1. EKrV wurde aufgrund der Ermächtigung des § 16 Abs. 1 Nr. 1 EKrG erlassen. Sie bestimmt den Umfang der Kosten nach den §§ 11, 12 und 13 EKrG näher und setzt für die Verwaltungskosten Pauschalbeträge fest. Am 02.09.1964 erlassen, trat sie rückwirkend – gleichzeitig mit dem EKrG – am 01.01.1964 in Kraft. Durch sie wird die Kostenmasse materiell-rechtlich geregelt. § 1 1. EKrV bestimmt den Umfang der Kostenmasse, §§ 2 bis 5 ihre Bestandteile, aus denen sie sich zusammensetzt.

2 Die 1. EKrV gilt für die Kreuzungsbeteiligten, die allerdings durch Vereinbarung (§ 5 EKrG) von ihr abweichen können. Sie ist verbindlich für die Anordnungsbehörde im Fall einer Anordnung nach § 10 EKrG; Gleiches gilt für die Verwaltungsgerichte. Die Verpflichtung von Bund oder Land nach § 13 Abs. 1 Satz 2 EKrG, ein Drittel der Kosten bei Maßnahmen an Bahnübergängen zu tragen, bezieht sich nur auf die Kostenmasse nach der 1. EKrV. Nur auf diese Kosten gewährt der Bund auch Zuschüsse nach § 17 EKrG. Ebenso werden Zuschüsse nach § 2 Abs. 1 Nr. 5 GVFG nur gegeben, soweit Beteiligte Kostenanteile »zu tragen haben«.

3 Die 1. EKrV gibt nicht kreuzungsbeteiligten Dritten keinen Rechtsanspruch.

B. Notwendige Aufwendungen für die kreuzenden Verkehrswege (Abs. 1)

4 Abs. 1 enthält den Grundsatz, dass zur Kostenmasse alle Aufwendungen für Maßnahmen an den beteiligten Verkehrswegen gehören, die notwendig sind, damit die Kreuzung den Anforderungen der Sicherheit und der Abwicklung des Verkehrs genügt. Aus dem kreuzungsrechtlichen Grundgedanken, dass das EKrG nur Rechte und Pflichten der Beteiligten in Bezug auf die Kreuzung regelt und nicht deren sonstige allgemeine Baulastverpflichtungen, folgt, dass nur die kreuzungsbedingten Aufwendungen zur Kostenmasse gehören. Dasselbe ergibt sich speziell auch aus der Formulierung »wenn und soweit« in § 3 EKrG.[1] Kreuzungsbedingt sind die Aufwendungen für alle die Maßnahmen, für die die Kreuzung der beteiligten Verkehrswege ursächlich ist. Alle anderen Maßnahmen, »die auch ohne Herstellung oder Vorhandensein einer Kreuzung erforderlich gewesen wären«,[2] gehören nicht zu den kreuzungsbedingten Aufwendungen und nicht zur Kostenmasse. Zur Abgrenzung s. ARS 8/1989 – Richtlinien zur Ermittlung und Aufteilung der Kostenmasse bei Kreuzungsmaßnahmen.[3]

5 Welche Maßnahmen zu ergreifen sind, damit die Kreuzung »den Anforderungen der Sicherheit und Abwicklung des Verkehrs genügt«, richtet sich unter Beachtung des konkreten Einzelfalles nach technischen Maßstäben.

---

1 S. dort Rdn. 1.
2 S. amtliche Begründung, BR-Drucks. 279/64.
3 Anh. E 6.

Hinzu kommen die planerischen Anforderungen der für die beteiligten Verkehrs- 6
wege geltenden Fachplanungsgesetze,⁴ die durch EKrG und 1. EKrV unberührt bleiben.

Zu den zu berücksichtigenden **anerkannten Regeln der Technik** gehören z.b. technische Richtlinien, DIN-Normen, EN-Normen, von Sachverständigenausschüssen herausgegebene Merkblätter, die zur Verwendung von neuen Baustoffen, Bauteilen und Bauarten (Bauverfahren) ausgesprochenen amtlichen Zulassungen, ferner die Vorschriften zum Schutz der am Bau beschäftigten Personen gegen Berufsgefahren. Es sollen aber auch neue Bauweisen angewandt werden können, wenn dies im Einzelfall sich anbietet, da der technische Fortschritt nicht gehemmt werden soll.⁵ Andererseits kann es notwendig sein, die Anforderungen der Richtlinien zu über-, aber auch zu unterschreiten und z.b. durch besondere örtliche Verhältnisse bedingte weitere Sicherungen vorzusehen, die in den Vorschriften nicht enthalten sind.⁶ 7

Zur Kostenmasse gehört auch notwendiger Lärmschutz nach § 41 BImSchG i. V.m. 8
der 16. BImSchV. Wird eine Eisenbahnkreuzung durch das Hinzukommen einer Straße neu errichtet, so dürfte in die Überprüfung nach Lärmvorsorge – § 41 BImSchG i.V.m. 16. BImSchV – nur die neue Straße, nicht aber die baulich unveränderte Eisenbahnstrecke einbezogen werden. Das Kreuzungsrechtsverhältnis lässt die Grundsätze der 16. BImSchV unberührt.

Die kreuzungsbedingten Kosten werden durch zwei Kriterien bestimmt; ein räumli- 9
ches und ein kausales.⁷ Der räumliche Kreuzungsbereich beschränkt sich dabei nicht zwangsläufig auf das engere Kreuzungsstück i.S.d. § 14 Abs. 2 Nr. 1 EKrG, sondern erfasst den ganzen – aber auch nur den – von der Maßnahme notwendigerweise betroffenen Kreuzungsbereich, also z.B. auch Beseitigung von Kurven beiderseits der Kreuzung, Verbesserung der Höhenlage. Ist bei einem Bahnübergang lediglich die **Straßenverbreiterung** Gegenstand der Kreuzungsmaßnahme, dann beschränkt sich die Kostenmasse auf das eigentliche Kreuzungsstück, während die Verbreiterung außerhalb des Kreuzungsstücks allein von der Straße zu tragen ist.⁸ Sind im Zusammenhang damit auch Schranken außerhalb des Kreuzungsstückes zu ändern oder zu versetzen, dann gehören die Kosten hierfür auch zur Kostenmasse. Innerhalb des räumlichen Kreuzungsbereiches gehören zur Kostenmasse grundsätzlich alle Aufwendungen, die zu einer den anerkannten Regeln der Technik entsprechenden Ausführung erforderlich sind. Dies gilt insbesondere nicht, wenn die Maßnahme auf ganz besondere außerhalb des EKrG liegende Gründe (z.B. städtebaulicher Art) zurück-

---

4 S. Rdn. 21 zu § 2 EKrG, § 3 EKrG Rdn. 5 ff.
5 Amtliche Begründung, BR-Drucks. 279/64.
6 S. BVerwG VkBl. 1967, 69.
7 S. Rdn. 4.
8 BVerwG, Urt. v. 16.08.1968 – IV B 106.68.

zuführen ist. Eine Entscheidung kann nur im konkreten Einzelfall getroffen werden.[9]

10 Kosten für Rationalisierungsmaßnahmen[10] gehören nicht zur Kostenmasse, da sie nicht zu den Maßnahmen des § 3 EKrG gehören. Haben jedoch Änderungsmaßnahmen i.S.d. § 3 EKrG auch Rationalisierungseffekt, dann ist das für die Kostenmasse nicht entscheidend. Kosten für das Anlegen von Parkplätzen gehören nur insoweit zur Kostenmasse, als für bestehende wieder Ersatz geschaffen werden soll.

11 Beim Einsatz von Funkfahrbetrieb (FFB) sind auch Bahnübergangs-Sicherungen betroffen.

Beim FFB wird sicherheitstechnisch gewährleistet, dass ein Zug vor einem Bahnübergang zum Stehen kommt, wenn die Sicherungsanlage nicht eingeschaltet ist oder die Technik geteilt ist. Damit wird systembedingt eine Signalabhängigkeit hergestellt, obwohl es beim FFB keine Streckensignalisierung gibt. Sofern bei der Ausrüstung einer Strecke mit FFB auch Bahnübergänge betroffen sind, gelten nach Festlegung des BMVI folgende Grundsätze:
1. Teil der Kostenmasse sind nur die Infrastrukturkosten der Bahnübergangs-Sicherung, nicht die Kosten der Sicherungstechnik in Fahrzeugen und nicht ein fiktiver Anteil an der Funkanlage.
2. Wird an einem nicht technisch gesicherten Bahnübergang infolge der Erhöhung der Streckengeschwindigkeit eine technische Sicherung erforderlich, sind die FFB-Infrastrukturkosten für die Bahnübergangs-Sicherung kreuzungsbedingt (§§ 3, 13 EKrG).
3. Muss eine vorhandene herkömmliche Bahnübergangs-Sicherung infolge der Einführung des FFB – ohne dass die Sicherung oder Abwicklung des Verkehrs eine Änderung erforderlich machen – geändert werden, sind die Kosten nicht kreuzungsbedingt. Dies gilt auch dann, wenn die herkömmliche Technik keine Signalabhängigkeit umfasste.
4. Werden gleichzeitig die Streckengeschwindigkeit erhöht (was mit einer Verlegung der Einschaltkontakte möglich wäre) und der FFB eingeführt, sind kreuzungsbedingt nur die fiktiven Kosten der Anpassungsmaßnahmen an der vorhandenen Anlage. Das Gleiche gilt auch dann, wenn aus anderen Gründen eine Anpassung der Sicherungstechnik erforderlich wird und dies mit geringeren Kosten als mit einer FFB-Anlage möglich wäre.
5. Wird an einer FFB-Strecke aus Gründen der Sicherheit oder Abwicklung des Verkehrs der Ersatz einer Bahnübergangs-Sicherung notwendig, weil die Anlage in bisheriger Technik nicht mehr angepasst werden kann, sind kreuzungsbedingt die Kosten der FFB-Infrastruktur für die Bahnübergangs-Sicherung.

12 Übernimmt ein beteiligtes Eisenbahninfrastrukturunternehmen (EIU) die Durchführung einer Kreuzungsmaßnahme, für die der Straßenbaulastträger ganz oder teil-

---

9 S.a. Anh. E 6.
10 S. § 3 EKrG Rdn. 45 f.

weise kostentragungspflichtig ist, unterliegt der entsprechende Erstattungsanspruch des EIU der Umsatzsteuerpflicht. Bei dem sog. Staatsdrittel, welches vom Bund oder Land nach § 13 EKrG zu tragen ist, handelt es sich dagegen um einen nicht steuerbaren echten Zuschuss, der nicht der **Umsatzsteuer** unterliegt.[11] Nähere Bestimmungen hierzu sowie Übergangsregelungen mit Blick auf die geänderten Rechtsprechung finden sich unter Ziffer 4.6 der Richtlinien für die Planung, Baudurchführung und Abrechnung von Maßnahmen nach dem EKrG[12] unter Hinweis auf ARS 13/2013 vom 02.05.2013. Zu der Besteuerung des Ablösungsbetrages siehe die Kommentierung zu § 15 EKrG, Rdn. 29.

C. Andere notwendige Aufwendungen (Abs. 2)

Abs. 2 Nr. 1 bezieht die Aufwendungen für erforderliche Maßnahmen zur Berücksichtigung der übersehbaren Verkehrsentwicklung an den beteiligten Verkehrswegen in die Kostenmasse ein. Er gehört systematisch zu Abs. 1. Diese Rechtsfolge ergibt sich für die Änderung von Kreuzungen bereits aus § 3 EKrG. Wegen der Berücksichtigung der Verkehrsentwicklung s. dort Rdn. 59 ff. 13

Soll im Fall des § 2 EKrG i.V.m. § 11 Abs. 1 EKrG die übersehbare Verkehrsentwicklung auf dem vorhandenen Verkehrsweg berücksichtigt werden, so gehören zur Kostenmasse die kreuzungsbedingten Aufwendungen (Bauwerk, Dämme, Einschnitte) für Maßnahmen, die die entsprechende Gestaltung des vorhandenen Verkehrsweges nicht beengen, sondern ohne Mehrkosten so ermöglichen, als wenn der neue Verkehrsweg nicht vorhanden wäre (entsprechende Gestaltung des Kreuzungsbauwerkes mit der notwendigen Breite, der Dämme und Einschnitte). Im räumlichen Kreuzungsbereich gehören die Aufwendungen für den Ausbau des Verkehrsweges selbst, z.B. zweites Gleis, Verbreiterung der Fahrbahn, grundsätzlich zur Kostenmasse. 14

Das BMVI hat inzwischen in mehreren Anordnungen nach § 10 EKrG entschieden, dass beim Bau neuer Straßenüberführungen durch Hinzukommen eines neuen Schienenweges – § 11 EKrG – der Oberbau eines bisher nicht vorhandenen Radweges auf der Überführung nicht zur Kostenmasse zähle. Der Hinzukommende habe die Verbesserung des vorhandenen Verkehrsweges zur Berücksichtigung der übersehbaren Verkehrsentwicklung nur offenzuhalten. Zur Kostenmasse gehören nur die Kosten, die durch das Hinzukommen des neuen Verkehrsweges bedingt seien. Die Kosten, die auch ohne die neue Kreuzung entstanden wären, fallen demzufolge nicht in die kreuzungsbedingte Kostenmasse. Dagegen gehörten die Kosten eines zusätzlichen Radweges im Kreuzungsbereich im Fall des § 12 EKrG als Verlangen (ggf. auch als »Verlangen müssen«) sowie im Fall des § 13 EKrG, da Gemeinschaftsmaßnahme, zur Kostenmasse. Entsprechend gehört der Oberbau einer Eisenbahn in Fällen des § 11 EKrG nicht, wohl aber in denen der §§ 12 und 13 EKrG (z.B. bei dem Ersatz 15

---

11 BFH, Urt. v. 16.12.2010 – V R 16/10.
12 Anhang E 3.

eines Bahnüberganges durch eine Überführung bis zu 1 m neben den Widerlagern) in die Kostenmasse einbezogen. Dieser Auffassung könnte entgegengehalten werden, dass nach § 1 Abs. 2 Nr. 1 1. EKrV diejenigen Maßnahmen, die zur Berücksichtigung der übersehbaren Verkehrsentwicklung auf den sich kreuzenden Verkehrswegen erforderlich sind, zur Kostenmasse gehören. Zur ordnungsgemäßen Herstellung der Kreuzung gehört aber auch der Oberbau eines Radweges oder einer Eisenbahn. Das Kreuzungsrecht will klare und einfache Kostenzuscheidungen, dem würde eine allein räumliche Abgrenzung – auch in Fällen des § 11 EKrG – Rechnung tragen. Andererseits darf nicht verkannt werden, dass das EKrG nur die kreuzungsbedingten Maßnahmen und Aufwendungen regelt.

16 Gerade durch die Wiedervereinigung sind Fragen im Zusammenhang zwischen (eventuell fortbestehender) Widmung von Eisenbahnstrecken und der Berücksichtigung der übersehbaren Verkehrsentwicklung bei stillgelegten Gleisen aufgetaucht. Allein eine (fortbestehende) Widmung ist bei einem stillgelegten zweiten Gleis einer Eisenbahnstrecke nicht im Rahmen der übersehbaren Verkehrsentwicklung zu berücksichtigen. Vielmehr sind konkrete Anhaltspunkte notwendig, die die Wiederinbetriebnahmeabsicht des zweiten Gleises nachweisen.

17 Ob die Wiederinbetriebnahme einer Strecke oder eines weiteren Gleises als Neubau – §§ 2, 11 EKrG – zu werten ist, s. § 2 EKrG Rdn. 14 ff.

18 Zur Berücksichtigung der übersehbaren Verkehrsentwicklung bei Maßnahmen nach den §§ 3 und 13 EKrG s. Beispiele in Nr. 1 der Richtlinien zur Ermittlung und Aufteilung der Kostenmasse bei Kreuzungsmaßnahmen.[13]

19 Unter den in § 1 Abs. 2 Nr. 2 1. EKrV aufgeführten Maßnahmen (Folgemaßnahmen) sind alle diejenigen Maßnahmen zu verstehen, die an anderen Anlagen als an den beteiligten Verkehrswegen notwendig sind und in ursächlichem Zusammenhang mit der Kreuzungsmaßnahme stehen, also insbesondere die Verlegung von Versorgungsleitungen, Straßenbahnen, anderen Straßen und Wegen, Gewässern.

20 Die Baulastträger für diese Anlagen sind nicht Beteiligte i.S.d. § 1 Abs. 6 EKrG, wohl aber Beteiligte in einem im Zusammenhang mit der Kreuzungsmaßnahme stattfindenden Planfeststellungsverfahren.

21 Als **Folgemaßnahme** ist nur der vorhandene Bestand der anderen Anlage in der vorhandenen Art und Ausführung wiederherzustellen; nur insoweit gehören die Aufwendungen zur Kostenmasse. Verbesserungen einschließlich der Anpassung an den heute üblichen Standard gehören dagegen nicht zur Kostenmasse. Es besteht auch keine Verpflichtung der Kreuzungsbeteiligten zur Berücksichtigung der übersehbaren Verkehrsentwicklung. Die Aufwendungen für diese, wenn der Träger der Anlage sie fordert, gehören nicht zur Kostenmasse der Kreuzungsmaßnahme, vielmehr richtet sich die Tragung solcher Kosten nach den für den beteiligten Verkehrsweg und die Anlage maßgeblichen Rechtsverhältnissen. Soweit der Träger der Anlage gegenüber

---

13 Anh. E 6.

einem Kreuzungsbeteiligten aufgrund eines Rechtsverhältnisses – Gesetz oder Vertrag – zur Kostentragung der Anpassung (Folgekostentragung) verpflichtet ist, gehören diese Aufwendungen nicht zur Kostenmasse.[14] Somit müssen die Kreuzungsbeteiligten prüfen, ob solche die Kostenmasse entlastende gesetzliche oder vertragliche Regelungen bestehen.[15]

Als andere Anlagen kommen z.b. andere Verkehrswege, Versorgungsleitungen, Wasserläufe in Betracht. 22

Eine Folgemaßnahme liegt u.a. dann vor, wenn anlässlich einer Kreuzungsänderung auch im Bereich der Änderungsmaßnahme einmündende oder kreuzende Verkehrswege geändert werden müssen, wobei aber die Kosten auf die bisherigen Abmessungen und Ausführungen beschränkt sind. Werden bei der Änderung der Straßenkreuzung jedoch zusätzlich nicht durch die Eisenbahnkreuzungsmaßnahme bedingte Änderungen verlangt, die für die Abwicklung und Sicherheit des Straßenverkehrs erforderlich sind, so gehören die dadurch entstehenden Kosten nicht zur Kostenmasse der Eisenbahnkreuzungsmaßnahme. 23

Für **Versorgungsleitungen** bestehen zwischen DB AG bzw. Straßenbaulastträger und Versorgungsunternehmen oftmals **Folgekostenpflichten** aufgrund Gestattungs-, Rahmen-, Gegen- oder Mustervertrag.[16] Soweit solche Folgekostenregelungen eingreifen, muss das Versorgungsunternehmen die Anpassungskosten tragen, sie gehören also nicht zur Kostenmasse. Diese Regelung gilt aber nur, wenn das Versorgungsunternehmen eine eigene juristische Person darstellt. Der BGH[17] hat diese Auffassung inzwischen bestätigt. Nur wenn diese Voraussetzung vorliegt, kann es als Dritte i.S. der Hinweise des BMVI zur 1. EKrV angesehen werden.[18] Das OLG Celle[19] hatte die Rechtsmeinung vertreten, dass die Kosten der Verlegung von Versorgungsleitungen auch dann zur Kostenmasse gehören, wenn sie nicht von einem Kreuzungsbeteiligten zu tragen sind. Es hatte sich dabei insbesondere auf die Entstehungsgeschichte der 1. EKrV berufen. Aus ihr ergibt sich, dass der im Regierungsentwurf[20] enthaltene § 1 Abs. 3, nach dem ausdrücklich »nicht zur Kostenmasse ... die Aufwendungen für Maßnahmen (gehören sollten), die von einem Beteiligten als Träger der Baulast der kreuzenden Eisenbahn oder Straße aufgrund bestehender Rechtsverhältnisse nicht zu tragen sind«. Im Gesetzgebungsverfahren war § 1 Abs. 3 gestrichen worden. Über die Bedeutung der Streichung gingen die Meinungen der Beteiligten des Rechtsetzungsverfahrens auseinander – s. Hinweise des BMVI zur 1. EKrV, Anh. E 2. Der 24

---

14 S. BMVI S. v. 09.09.1964 Z7/E1/StB2 – 88512.3 – 63F/64, Anh. E 2, Nutzungsrichtlinien – Anh. E 15.
15 Zur Auslegung eines solchen Vertrages, OVG Hamburg, Urt. v. 18.07.1997 – Bf I 24/94.
16 Vgl. zur Gesamtproblematik *Kodal* Straßenrecht Kapitel 28 Rn. 30 ff.
17 BGH, Urt. v. 06.09.1993, VkBl. 1994, 85 ff.
18 Anh. E 2.
19 Vgl. OLG Celle, Urt. v. 26.07.1991 – 4 U 169/90.
20 Vgl. BR-Drucks. 279/64, 1.

C 2. Erläuterungen zur 1. Eisenbahnkreuzungsverordnung

BGH[21] hat jetzt wesentlich auf den Zweck der Kostenregelung des EKrG, nämlich die Entlastung der Kreuzungsbeteiligten abgestellt. Von Dritten, die in vertraglichen Beziehungen zu den Kreuzungsbeteiligten stehen, spricht das Gesetz nicht. Rechtsbeziehungen Dritter zu Kreuzungsbeteiligten werden daher durch das EKrG und die 1. EKrV nicht berührt. Dritten entstehende Kosten gehören deshalb auch nicht zur Kostenmasse.

25 Das kreuzungsrechtliche Gemeinschaftsverhältnis begründet die grundsätzliche Pflicht der Kreuzungsbeteiligten, die Kostenmasse möglichst klein und die anderen Partner von Kosten frei zu halten, die aufgrund bestehender Rechtsverhältnisse zwischen einem Kreuzungsbeteiligten und einem Dritten von Letzterem zu tragen sind.[22]

26 Welche Kosten der Dritte zu tragen hat und um welchen Betrag sich damit die kreuzungsrechtliche Kostenmasse verringert, ergibt sich aus der vertraglichen Beziehung zwischen dem Dritten und dem Kreuzungsbeteiligten.

27 Haben zwei Kreuzungsbeteiligte mit einem Dritten z.B. Gestattungsverträge mit unterschiedlicher Folgekostenregelung, so ist grundsätzlich nicht der hinsichtlich der Folgekostenpflicht weitestgehende, sondern der jeweils räumlich einschlägige für die Verringerung der Kostenmasse maßgeblich.[23] Entscheidend ist aber auch insoweit der geschlossene Vertrag und die Auslegung dieser vertraglichen Regelungen. In den Nutzungsrichtlinien des BMVI[24] ist für diese Konstellation ein mit Vertretern der Versorgungswirtschaft abgestimmter Lösungsvorschlag enthalten.

28 Die Frage der im Rahmen der Kreuzungsvorhaben notwendigen Änderungen von **Ver-** und **Entsorgungsleitungen** sowie **Telekommunikationslinien** (dazu gehören auch die Kommunikationslinien der DB AG, die auf die Firma Arcor übergegangen sind) sind in jedem Einzelfall auf die bestehenden Rechtsverhältnisse im Hinblick auf Folgekostenregelungen zu prüfen.

29 Für die Fälle, in denen kein spezieller Nutzungsvertrag für die Ver- und Entsorgungsleitungen mit dem Grundstückseigentümer bzw. keine dingliche Sicherung der Leitung besteht, ist vom Vorliegen eines Miet- oder Leihvertrages auszugehen[25] mit der Folge, dass die Versorgungsunternehmen die Folgekosten ganz oder teilweise zu tragen haben. Das Veranlassungsprinzip ist als allgemeine Rechtsgrundlage für eine Kostenerstattung nicht anerkannt. Es gilt nur, soweit es in gesetzlichen Regelungen konkret zum Ausdruck gebracht ist.[26]

---

21 BGH, Urt. v. 06.09.1993, VkBl. 1994, 85 ff.
22 Vgl. BVerwG, Beschl. v. 04.07.1996 – 11 B 41.96.
23 Vgl. BVerwG, Beschl. v. 04.07.1996 – 11 B 41.96.
24 S. Anh. E 15. Ziffer 8.1.2.
25 BGH, Urt. v. 20.02.1992, VkBl. 1992, 362; OLG Frankfurt Urt. v. 10.06.1992, VkBl. 1992« 582; BGH Urt. v. 17.03.1994, VkBl. 1994, 497.
26 Vgl. BGH VkBl. 1994, 497.

Die Folgekosten bei der Änderung von Telekommunikationslinien ergeben sich aus § 72 des Telekommunikationsgesetzes (TKG). Betreibt die kreuzungsbeteiligte Gemeinde das Versorgungsunternehmen dagegen im Eigenbetrieb, so ist sie nicht als Dritte anzusehen. Eine juristische Person kann bezüglich ihrer Beteiligteneigenschaft nicht unterteilt werden. Die Folgekosten für die Anpassung bzw. die Verlegung der Versorgungsleitung gehören deshalb in diesen Fällen zur Kostenmasse.[27]

30

Das Versorgungsunternehmen kann auch die Anrechnung von Zuschüssen nach dem GVFG nicht verlangen.[28] Nach § 4 Abs. 3 Nr. 1 GVFG sind Kosten, die ein anderer als der Träger des Vorhabens zu tragen verpflichtet ist, nicht zuwendungsfähig. Für Kosten, die er nicht selbst zu tragen hat, erhält der Träger des Vorhabens keine Zuwendungen. »Ein anderer« ist auch ein Versorgungsunternehmen mit eigener Rechtspersönlichkeit. Kosten für die Änderung von Versorgungsleitungen sind daher nicht zuwendungsfähig, wenn das Versorgungsunternehmen sie übernehmen muss. Trifft das Versorgungsunternehmen die Folgekostenpflicht, muss es also aufgrund der vertraglichen Vereinbarung bei Änderung des Verkehrsweges mit seinen Leitungen auf eigene Kosten folgen, so ist der Träger des Vorhabens nicht belastet und kann insoweit keine Zuwendungen nach GVFG beanspruchen.

31

Etwas anderes könnte dann gelten, wenn zwischen Gemeinde und Versorgungsunternehmen vertraglich vereinbart ist, das Versorgungsunternehmen habe die Kosten der Leitungsverlegung zu tragen, »es sei denn, die Gemeinde kann die Kosten ganz oder teilweise umlegen«.[29]

32

Aufgrund des kreuzungsrechtlichen Gemeinschaftsverhältnisses sind die Kreuzungsbeteiligten verpflichtet, die Kostenmasse klein zu halten. Hat ein Kreuzungsbeteiligter gegen einen Dritten vertragliche oder gesetzliche Ansprüche, wonach der Dritte die Folgekosten zu tragen hat, so ist er verpflichtet, diese Rechte durchzusetzen, um die Kostenmasse zu entlasten.[30]

33

Nicht geregelt hat die 1. EKrV, ob der Baulastträger für die Anlage, die zulasten der Kostenmasse geändert oder verlegt wurde, den Vorteil auszugleichen hat, der ihm gegebenenfalls durch Ersparung von Erhaltungs-, Betriebs- oder Erneuerungskosten erwächst. Da im öffentlichen Recht nicht jeder Vorteil auszugleichen ist, würde der Vorteil nur auszugleichen sein, wenn man die Folgekosten als einen Schadensausgleich ansehen könnte, da im Schadensrecht die Pflicht zum Vorteilsausgleich allgemein anerkannt ist.[31] Im Ergebnis dürfte dies zu verneinen sein.

34

Die Kosten für den Bau eines neuen Weges können zur Kostenmasse gehören, wenn Anlieger eine durch eine Kreuzungsänderung wegfallende Zufahrt zu ihren Grundstücken ersetzt bekommen müssen. Grundsätzlich gehören nach § 1 1. EKrV die

35

---

27 *Nedden*, 19, a.M., *Schroeter* StrAutobahn 1965, 176.
28 Vgl. BGH VkBl. 1994, 85–87.
29 Vgl. OLG Nürnberg, Recht der Elektrizitätswirtschaft 1986, 141.
30 Vgl. BVerwG, Beschl. v. 07.04.1996 – 11 B 41.96.
31 BVerwG, Urt. v. 16.07.1958, NJW 1958, 947.

C 2. Erläuterungen zur 1. Eisenbahnkreuzungsverordnung

Aufwendungen für alle Maßnahmen, die infolge der Herstellung der neuen Kreuzung erforderlich sind, zur Kostenmasse. Kreuzungsbedingt sind ausschließlich die Maßnahmen, die für die Kreuzung der beteiligten Verkehrswege ursächlich sind.[32] Demzufolge gehört der Bau einer Straße zur Erschließung eines Neubaugebietes nicht zu den Kreuzungskosten, da diese Erschließungsanlage auch ohne den Neubau einer Eisenbahnüberführung notwendig gewesen wäre.[33]

36 Wird zur Beseitigung eines Bahnüberganges im Zuge einer Straße und einer stark befahrenen DB-AG-Strecke auch – aus technischen Gründen – die Überführung des neben der DB-AG-Strecke liegenden Gleises einer NE-Bahn notwendig, so fallen diese Kosten in die Kostenmasse der Kreuzungsänderung Straße/DB AG, sofern der Bahnübergang mit der NE-Bahn nicht selbst nach § 3 EKrG beseitigungswürdig ist.[34]

37 Wird unter Bezug auf die entsprechenden Regelungen des EKrG und der 1. EKrV wirksam die Kostenmasse bestimmt, so stellt die Kreuzungsvereinbarung einen eigenständigen Rechtsgrund dar.[35] Ein Rückgriff auf die gesetzlichen Regelungen der 1. EKrV bedarf es nicht. Ein ansonsten erforderlicher Nachweis der Notwendigkeit der Kosten – hier Nachweis der Erforderlichkeit jeder einzelnen Kostenposition – ist dann nicht notwendig.[36]

38 Zum TWG hatte es einige Entscheidungen gegeben, deren Grundsätze auch heute zum TKG noch zu berücksichtigen sind: Die Kosten für die Änderung von Telekommunikationslinien gehören nicht zur Kostenmasse, diese Aufwendungen sind vielmehr von dem Telekommunikationsunternehmen nach § 72 Abs. 3 TKG zu tragen.[37] Dieses Ergebnis gilt auch, wenn die Änderungsmaßnahme auf alleiniger Veranlassung der DB AG beruht. Der Beschluss des BVerwG[38] betraf nur das Rechtsverhältnis des Straßenbaulastträgers gegenüber dem Telekommunikationsunternehmen. Ist bei einer Maßnahme nach §§ 3, 12 EKrG – Änderung einer Überführung – der Straßenbaulastträger alleiniger Veranlasser oder Mitveranlasser, so ist ebenfalls von einer Folgekostenpflicht des Telekommunikatiosunternehmens auszugehen.

39 Der BayVGH[39] scheint zu Recht den § 72 TKG (seinerzeit noch § 3 TWG), mit der Folge der Kostentragung durch das Telekommunikationsunternehmen, auch im Verhältnis Schienenbaulastträger-Telekommunikationsunternehmen anwenden zu wollen.

---

32 S. Rdn. 4.
33 Vgl. VG Neustadt, Urt. v. 20.05.2009 – 4 K 1153/08.NW.
34 S. Teil D Rdn. 115 ff.
35 Vgl. § 5 EKrG Rdn. 16.
36 Vgl. VG Saarland v. 31.10.2008 – 11 K 292/07.
37 BVerwG, Beschl. v. 23.05.1986 – 4 C 27.83; BayVGH, Urt. v. 22.02.1983 – 8 B 81 A.1086; BMVI S v. 21.12.1982 StB17/78.11.00/17031 Va 82.
38 BVerwG, Beschl. v. 23.05.1986 – 4 C 27.83.
39 BayVGH, Urt. v. 22.02.1983 – 8 B 81 A.1086.

Die Folgekosten für die Verlegung von Fernmeldeanlagen der früheren Deutschen 40
Bundespost im Verhältnis zur Deutschen Bundesbahn bei EKrG-Maßnahmen waren
lange Zeit strittig und Gegenstand mehrerer Musterprozesse, die allerdings ohne
Sachurteil endeten. Daraufhin haben die Deutsche Bundesbahn und die Deutsche
Bundespost eine Rahmenvereinbarung getroffen. Danach trägt die Deutsche Bundespost bei Änderungs-, Rationalisierungs- und Erhaltungsmaßnahmen an vorhandenen höhengleichen Kreuzungen die Folgekosten für die Verlegung, Änderung oder
Sicherung ihrer Fernmeldeanlagen selbst. Bei dieser Vereinbarung handelt es sich
um einen öffentlich-rechtlichen Vertrag i.S.d. § 54 Satz 1 VwVfG, der auch nach
den erfolgten Umstrukturierungen der früheren Sondervermögen des Bundes in
Rechtssubjekte des Privatrechts wirksam bleibt.[40] Dieser öffentlich-rechtliche Vertrag
verstößt auch nicht gegen ein gesetzliches Verbot i.S.d. §§ 134, 138 BGB. Zwar enthält § 75 TKG (wie früher § 6 TWG) für den Fall eines Konfliktes zwischen einer
Telekommunikationslinie und einem Schienenweg Regelungen über den grundsätzlichen Vorrang der älteren Anlage sowie über die Verteilung der Folgekosten im Fall
der Verlegung solcher Anlagen. Jedoch können die Beteiligten nach Auffassung des
Hessischen VGH[41] eine davon abweichende vertragliche Vereinbarung treffen. Die
Beteiligten eines gesetzlichen Schuldverhältnisses können im Rahmen eines verwaltungsrechtlichen Vertrages die bestehenden gegenseitigen Verpflichtungen abändern.
In der Vereinbarung werde auf § 3 EKrG als Voraussetzung für eine »Änderung« Bezug genommen. Dies darf nicht in einem engeren Sinne verstanden werden, dass eine kreuzungsbedingte Maßnahme vorliegt, wenn die Änderung der Kreuzung die
Folge einer aus anderen Gründen eingetretenen oder alsbald zu erwartenden Verkehrssteigerung ist.[42] Wenn die Voraussetzungen des § 3 EKrG vorliegen[43] greift
auch die Folgekostenregelung. Dies ist auch dann der Fall, wenn die zu erwartende
Verkehrssteigerung auf die Errichtung eines zweiten zusätzlichen Gleises beruht und
deshalb eine höhengleiche Kreuzung durch den Bau einer Überführung ersetzt
wird.[44] Auch sonstige Voraussetzungen des § 3 EKrG gelten wegen der Bezugnahme
für die Auslegung dieser Folgekostenvereinbarung. Deshalb ist nicht erforderlich,
dass die Verbesserung der Verkehrssituation im Kreuzungsbereich der einzige Zweck
der baulichen Veränderung ist. Eine Maßnahme nach § 3 EKrG liegt nur dann nicht
vor, wenn die ergriffene Änderungsmaßnahme ausschließlich der Erfüllung anderer
Aufgaben dient und die Verbesserung der Sicherheit oder der Abwicklung des Verkehrs nur einen unbeabsichtigten Nebenerfolg darstellt.[45]

Schließlich hält der Hessische VGH[46] die Vereinbarung auch unter den bei Vertrags- 41
schluss geltenden §§ 5 und 6 TWG, deren wesentliche Übernahme zum 01.08.1996

---

40 Vgl. VGH Hessen, Urt. v. 23.11.2007 – 7 UE 1422/07.
41 VGH Hessen, Urt. v. 23.11.2007 – 7 UE 1422/07.
42 Vgl. VGH Hessen, Urt. v. 23.11.2007 – 7 UE 1422/07.
43 S. § 3 EKrG Rdn. 44 ff.
44 Vgl. § 3 EKrG Rdn. 44 ff.
45 Vgl. § 3 EKrG Rdn. 44 ff.
46 VGH Hessen, Urt. v. 23.11.2007 – 7 UE 1422/07.

C 2. Erläuterungen zur 1. Eisenbahnkreuzungsverordnung

in §§ 55, 56 TKG a.F. und in die seit 26.06.2004 geltenden Regelungen in §§ 74, 75 TKG für möglich, da alle Regelungen kein zwingendes Recht darstellen. Zudem enthält der gesamte Abschnitt zum Wegerecht §§ 68 bis 77 TKG keine Formulierung, die auf ein inhaltliches Verbot der von den Beteiligten bereits vor seinem Inkrafttreten getroffenen Vereinbarung über die Kosten der Verlegung von Fernmeldeanlagen schließen lässt. Hinsichtlich der im Rahmen des Kreuzungsvorhabens notwendigen Änderungen von Ver- und Entsorgungsleitungen sowie Telekommunikationslinien (dazu gehören auch die Kommunikationslinien der DB AG, die auf die Firma Arcor übergegangen sind) sind die bestehenden Rechtsverhältnisse in jedem Einzelfall im Hinblick auf Folgekostenregelungen zu überprüfen.

42 Für die Fälle, in denen kein spezieller Nutzungsvertrag für die Ver- und Entsorgungsleitungen mit dem Grundstückseigentümer bzw. keine dingliche Sicherung der Leitung besteht, ist vom Vorliegen eines Miet- oder Leihvertrages auszugehen[47] mit der Folge, dass die Versorgungsunternehmen die Folgekosten ganz oder teilweise zu tragen haben. Das Veranlassungsprinzip ist als allgemeiner Rechtsgrundsatz für eine Kostenerstattung nicht anerkannt. Es gilt nur, soweit es in gesetzlichen Regelungen konkret zum Ausdruck gebracht ist.[48]

Generell hat die Rechtsprechung auch außerhalb des Telekommunikationsbereichs Folgekostenvereinbarungen für zulässig erachtet.[49]

43 Bei Maßnahmen nach §§ 3, 13 EKrG trifft beide Kreuzungsbeteiligte gleichermaßen die Pflicht zum Tätigwerden. Das Gesetz unterscheidet nämlich gerade nicht nach der Veranlassung. Gegenüber einem Versorgungsunternehmen liegt deshalb von beiden Kreuzungsbeteiligten eine Eigen- und keine Drittveranlassung vor.

44 Nicht zu den Folgekosten rechnen die Fälle, in denen Kreuzungsmaßnahmen nach dem EKrG mit anderen Baumaßnahmen zusammentreffen. Siehe Beispiel Teil D Rdn. 138 ff.

D. Schäden (Abs. 2)

45 Alle kausal durch die Kreuzungsmaßnahme an anderen Rechtsgütern als an der Kreuzungsanlage entstandene Schäden sind als solche i.S.d. § 1 Abs. 2 Nr. 3 1. EKrV anzusehen.[50] Nach der amtlichen Begründung[51] sollten zwar wohl nur Schäden, die auf einem Verwaltungsverschulden eines Beteiligten beruhen, zur Kostenmasse gerechnet werden. Dabei scheint insbesondere an Ansprüche aus § 839 BGB i.V.m. Art. 34 GG gedacht worden zu sein. Der eindeutige Wortlaut des § 1 Abs. 2 Nr. 3 1. EKrV steht aber der einengenden Auslegung entgegen. Der Halbs. 1 des § 1

---

47 BGH, Urt. v. 20.02.1992, VkBl. 1992, 363; OLG Frankfurt, Urt. v. 10.06.1992, VkBl. 1992, 582; BGH, Urt. v. 17.03.1994, VkBl. 1994, 497.
48 BGH, Urt. v. 17.03.1994, VkBl. 1994, 497.
49 Vgl. VGH Baden-Württemberg, Urt. v. 22.03.1990 – 2 S 1058/88.
50 BVerwG, Urt. v. 09.02.2017 – 3 C 9.15.
51 Vgl. BR-Drucks. 279/64.

Abs. 2 Nr. 3 1. EKrV bestimmt, dass alle Schäden – ohne jegliche Einschränkung – die bei Durchführung einer Maßnahme den Beteiligten oder Dritten entstanden sind, zur Kostenmasse gehören. Auch nach Sinn und Zweck der Regelung ist obiges Ergebnis geboten. Es ist kein Grund ersichtlich, warum ein Schaden, der infolge leichter Fahrlässigkeit eines Kreuzungsbeteiligten oder seiner Mitarbeiter entstanden ist, zur Kostenmasse, der aber ohne Verschulden entstandene Schaden dagegen nicht zur Kostenmasse gerechnet werden soll.

Schäden, die auf Vorsatz oder grober Fahrlässigkeit eines Beteiligten oder eines seiner Bediensteten beruhen, gehören dagegen nicht zur Kostenmasse (§ 1 Abs. 2 Nr. 3 1. EKrV). Dies entspricht einer interessensgerechten Haftungsgemeinschaft der Kreuzungsbeteiligten, nur für einfaches Verschulden einstehen zu müssen. Für grobes Verschulden – Vorsatz oder grobe Fahrlässigkeit – muss der Verursacher haften und nicht die Kreuzungsbeteiligten über die Kostenmasse. 46

Schäden, die von dritter Seite – z.B. beauftragte Firmen, Gehilfen – verursacht werden, fallen niemals, und zwar unabhängig vom Verschuldensgrad, in die Kostenmasse.[52] Diese Schäden sind vom Schadensverursacher zu ersetzen. Mängelbedingte Mehraufwendungen für die Errichtung einer Kreuzungsanlage, deren Ausgleich auf bauvertraglicher Ebene gegenüber dem Auftragnehmer z.B. wegen dessen Insolvenz nicht durchgesetzt werden können, gehören unabhängig davon, wer den Mangel zu vertreten hat, gemäß § 1 Abs. 1 der 1. EKrV zur Kostenmasse.[53] Hat der zur Baudurchführung verpflichtete Kreuzungsbeteiligte jedoch seine Pflichten aus der Kreuzungsvereinbarung (z.B. ordnungsgemäße Vergabe, Bauüberwachung, Abnahme, Verfolgung von Mängelansprüchen) verletzt und dies auch zu vertreten, kann der Kostenpflichtige die Mehraufwendungen von dem Baudurchführenden als Schaden ersetzen verlagen. Ob die in der Praxis regelmäßig zur Anwendung kommenden Muster für Vereinbarungen über Eisenbahnkreuzungsmaßnahmen über die Wahrnehmung von Bauherrenaufgaben hinaus auch die Bauausführung verpflichtend umfassen,[54] muss bezweifelt werden. Ausgehend von den haushaltsrechtlichen Bindungen der Beteiligten liegt es vielmehr nahe, dass der zur Baudurchführung verpflichtete Kreuzungsbeteiligte lediglich die Baumaßnahmen vergeben und überwachen, nicht aber für den anderen Beteiligten das Risiko einer Insolvenz des Bauunternehmers übernehmen soll.[55] 47

Anders stellt sich die Situation bei Erhaltungsmaßnahme nach § 14 Abs. 1 EKrG dar, für die die 1. EKrV nicht zur Anwendung kommt. In diesem Kontext hat der zur Erhaltung verpflichtete Kreuzungsbeteiligte für Schäden an Anlagen des andere Kreuzngsbeteiligten, welche das beauftragte Bauunternehmen zu vertreten hat, auf Grundlage von § 278 BGB einzustehen.[56] Die Aufwendungen für Schäden werden 48

---

52 Vgl. OLG Brandenburg, Urt. v. 18.06.2008 – 4 U 87/66.
53 BVerwG, Urt. v. 09.02.2017 – 3 C 9.15.
54 So BayVGH, Urt. v. 21.04.2015 – BV 12.2488.
55 BVerwG, Urt. v. 09.02.2017 – 3 C 9.15.
56 BGH, Urt. v. 11.01.2007 – III ZR 294/05.

in der Regel zu den Baukosten zu rechnen sein, es sei denn, dass es sich um Schäden beim Grunderwerb handelt.

E. Beschränkung der Kostenmasse (Abs. 3)

49 § 1 Abs. 3 1. EKrV bringt eine Beschränkung der Kostenmasse in Ergänzung des Abs. 1, wenn anstelle einer an Ort und Stelle möglichen Änderung aus Gründen der Linienführung eine aufwendigere Lösung an anderer Stelle, sei es durch Verlegung oder Beseitigung durchgeführt wird. Die Kostenmasse wird in diesen Fällen auf die Kosten beschränkt, die bei der Änderung an Ort und Stelle angefallen wären. Die Kosten sind durch einen Fiktiventwurf zu ermitteln.

50 Die Beschränkung gilt aber nicht für die Fälle, in denen bei objektiver Wertung aufgrund der örtlichen Verhältnisse im Kreuzungsbereich die Verlegung oder die Beseitigung der Kreuzung erforderlich ist, dabei kann dann auch eine Verbesserung der Linienführung erzielt werden. Eine kreuzungsbedingte Verlegung liegt insbesondere vor, wenn wegen der vorhandenen Bebauung oder der bestehenden Geländeverhältnisse (enges Tal, Flusslauf) die Maßnahme an Ort und Stelle nicht möglich ist.[57] Bei derartigen Verlegungen ist die Möglichkeit zu wählen, bei der die Änderung mit geringstem Aufwand verkehrsgerecht möglich ist. Will ein Beteiligter aus nicht kreuzungsbedingten Gründen (z.B. andere Planungen) eine aufwendigere Lösung verwirklichen, so sind nur die geringeren Kosten für die theoretisch mögliche Änderung kreuzungsbedingt. Der zur Bestimmung der Kostenmasse zu erstellende Fiktiventwurf muss technisch möglich und rechtlich durchsetzbar sein.[58] Fiktiventwürfe müssen dabei nicht der Exaktheit von Ausführungsentwürfen entsprechen. Auf sie kann verzichtet werden, wenn die Kostenmasse einvernehmlich anderweitig objektiv nachvollziehbar festgelegt wird, z.B. auf ein Teilstück des Ausführungsentwurfes. Dabei muss aber darauf geachtet werden, dass keine grundsätzlich anderen Gegebenheiten an alter Kreuzungsstelle und der verlegten Kreuzungsstelle bestehen. Selbstverständlich sind auch solche Festlegungen im Genehmigungsverfahren mit zu überprüfen.

51 Für den Fiktiventwurf in den Fällen des § 12 Nr. 2 EKrG ist immer nur das eigene Verlangen unter Beibehaltung der vorhandenen Abmessungen bzw. Anlagen des anderen Beteiligten anzusehen. Bei Änderung von Überführungen löst die Berücksichtigung auch geringfügiger Änderungen des anderen Kreuzungsbeteiligten, die i.S.d. § 3 EKrG für die Sicherheit oder Abwicklung des Verkehrs auf den kreuzenden Verkehrswegen erforderlich ist, eine Kostentragung nach § 12 Nr. 2 EKrG aus. Statt der Erstellung von Fiktiventwürfen kann die Abrechnung und Kostenteilung auch nach dem sog. vereinfachten Verfahren[59] erfolgen. Das sog. vereinfachte Verfahren zur Er-

---

57 S. Nr. II 1 b der Richtlinien zur Ermittlung und Aufteilung der Kostenmasse bei Kreuzungsmaßnahmen – Anh. E 6.
58 S. § 12 EKrG Rdn. 47.
59 S. Vereinfachte Ermittlung der Kostenteilung bei Baumaßnahmen nach § 12 Nr. 2 EKrG und § 41 Abs. 5 WaStrG – Anh. E 7.

mittlung des Kostenteilungsschlüssels bezieht sich dabei nur auf das Brückenbauwerk. Da das sog. vereinfachte Verfahren nicht in allen Fällen (z.B. Errichtung von Provisorien, nachträgliche Änderungen, Umwegstrecken) zu sachgerechten Kostenverteilungen führt, ist doch eine Kostenteilung nach Fiktivberechnungen sinnvoll. Soweit bei einzelnen durchgeführten bzw. vereinbarten Maßnahmen das sog. vereinfachte Verfahren für die Kostenteilung nicht nur – wie vorgesehen – für das Brückenbauwerk, sondern für die gesamte Kostenmasse angewandt wurde und sich aus Untersuchungen ergibt, dass dies nur zu unwesentlichen Auswirkungen führt, sollte aus Gründen der Verwaltungsvereinfachung auf nachträgliche Fiktivkostenentwürfe verzichtet werden. Anders ist die Situation dann, wenn ein Änderungsverlangen erhebliche zusätzliche Aufwendungen (z.B. Grundwasserwannen, Umfahrungsstrecken, umfangreiche Änderung der Verkehrswege) auslöst, die für die Realisierung des anderen Änderungsverlangens allein nicht notwendig wären. In diesen Fällen empfiehlt sich die Erstellung von Fiktiventwürfen.

Bei Maßnahmen nach §§ 3, 13 EKrG stellt sich oftmals die Frage des Umfangs der Kostenmasse, wenn gleichzeitig mit der Lösung des Kreuzungsproblems eine Rationalisierungsmaßnahme durchgeführt wird. Sind die gesamten Kosten für die Sicherheit oder Abwicklung des Verkehrs erforderlich – § 3 EKrG – und tritt dabei der Rationalisierungseffekt zusätzlich noch ein, so sind die gesamten Kosten der kreuzungsrechtlichen Kostenmasse zuzuschlagen. Wird dagegen die Maßnahme zum Zweck der Rationalisierung umfangreicher ausgeführt als sie zur Lösung der Kreuzungsverhältnisse erforderlich ist, so ist die Kostenmasse mittels Fiktiventwurf auf das für die Sicherheit und Abwicklung des Verkehrs Erforderliche zu beschränken. Ebenso ist zu verfahren, wenn aus anderen Gründen (z.B.: Stadtplanung, Sonderwünsche) die Maßnahme großzügiger als erforderlich i.S.d. § 3 EKrG ausgeführt wird. Nach der Richtlinie zur Ermittlung der Kostenmasse[60] kann die Ermittlung statt mit Fiktiventwürfen auch auf Teile des Ausführungsentwurfes beschränkt werden. Für den Fall der Änderung der tatsächlichen Ausführungskosten gegenüber dem Ausführungsentwurf sollten die Kreuzungsbeteiligten nach dem Fiktiventwurf einen bestimmten Prozentsatz der Ausführungskosten als kreuzungsbedingt vereinbaren.[61] 52

Da zwischen Abschluss der Kreuzungsvereinbarung und Durchführung der Baumaßnahme einige Jahre liegen können, können zur Berücksichtigung der Preissteigerung sog. Gleitklauseln vereinbart werden. Bei Abschluss der Vereinbarung wird das Verhältnis von Ausführungs- zu Fiktiventwurf berechnet. Die Kostenmasse steigt dann im gleichen Umfang, in dem der Ausführungsentwurf sich verteuert hat. 53

Über den Fall einer Automatisierung der Bahnübergangssicherung anstelle einer sonst erforderlichen Änderung der vorhandenen Sicherung s. Teil D Rdn. 149 ff. und 154 ff. und Anh. E 2. 54

---

60 Vgl. VkBl. 1989, 420 – Anh. E 6 –.
61 Zu anderen Möglichkeiten, Teil D Rdn. 93 ff.

F. Verfahren, Abrechnung

55 Kreuzungsmaßnahmen lösen in der Regel Baumaßnahmen sowohl an der Eisenbahn als auch an der Straße aus. Die Baudurchführung und das abgestimmte Zusammenwirken der Beteiligten werden zweckmäßigerweise in der Kreuzungsvereinbarung geregelt.[62] Nähere Einzelheiten sowie technische Details werden auch in sog. Baudurchführungsvereinbarungen geregelt.[63] Weitere Einzelheiten über die verwaltungsmäßige Abwicklung der Kreuzungsmaßnahme enthalten die Richtlinien für die Planung, Baudurchführung und Abrechnung von Maßnahmen nach dem EKrG.[64]

Hinsichtlich Abschlagszahlungen, Vorfinanzierungskosten und Verzugszinsen s. § 4 1. EKrV Rdn. 10.

§ 2 Zusammensetzung der Kostenmasse

Die Kostenmasse setzt sich zusammen aus
1. Grunderwerbskosten,
2. Baukosten,
3. Verwaltungskosten.

1 Mit der Regelung des § 2 1. EKrV ist zum Ausdruck gebracht, dass nur die hier aufgeführten Aufwendungen zur Kostenmasse gerechnet werden dürfen. Die Aufzählung ist erschöpfend, während z.B. die Aufzählungen in den §§ 4 und 5 1. EKrV nur beispielhaft sind.

2 Die Begriffe Grunderwerbskosten, Baukosten und Verwaltungskosten werden in den §§ 3 bis 5 1. EKrV näher erläutert.

§ 3 Grunderwerbskosten

(1) Zu den Grunderwerbskosten gehören
1. alle Aufwendungen im Zusammenhang mit dem Erwerb von Grundstücken oder Rechten,
2. Entschädigungen für die durch die Kreuzung bedingten Wertminderungen fremder Grundstücke.

(2) Den Grunderwerbskosten zuzurechnen ist der Verkehrswert der schon im Eigentum der Beteiligten befindlichen Grundstücke oder ihrer Rechte, soweit sie nicht zum Verkehrsweg des nach § 4 des Gesetzes Duldungspflichtigen gehören.

---

62 S. § 4 der Mustervereinbarungen, ARS Nr. 2/2015 des BMVI Anh. E 5.
63 S. § 14 EKrG Rdn. 42 ff.
64 Anh. E 3.

(3) Der Erlös aus der Veräußerung oder der Verkehrswert der für die Kreuzung nicht oder nicht mehr benötigten Grundstücke ist von den Grunderwerbskosten abzuziehen.

Übersicht   Rdn.
A. Grunderwerbskosten (Abs. 1)   1
B. Zusätzliche Kosten (Abs. 2)   5
C. Abzug von Kosten (Abs. 3)   8

A. Grunderwerbskosten (Abs. 1)

Hierunter fallen alle Aufwendungen für den Erwerb der für die Maßnahme erforderlichen Grundstücke und Rechte, also insbesondere der Kaufpreis oder die Enteignungsentschädigung einschließlich aller sogenannter Nebenentschädigungen, ferner alle mit dem Grunderwerb verbundenen Nebenkosten wie z.b. Notariatsgebühren, Gerichtsgebühren, Vermarktungs- und Vermessungskosten (auch als Eigenleistung), Flurbereinigungskosten, Maklergebühren. Zu den Nebenentschädigungen gehören insbesondere Umzugskosten, Kosten für nicht mehr verwendbare Einrichtungsgegenstände, Wirtschaftserschwernisse, Versetzen von Einfriedungen, Aufwuchsentschädigungen, Umstellungsentschädigungen bei land- und forstwirtschaftlichen Betrieben. Ferner fallen hierunter Entschädigungsansprüche von betroffenen Mietern und Pächtern, von Anliegern, denen durch die Maßnahme der Zugang zur Straße oder der Zutritt von Licht und Luft dauernd wesentlich beeinträchtigt wird.[1] 1

Für die Grunderwerbskosten sind als Bemessungsgrundlage die Entschädigungsgrundsätze des Enteignungsrechtes anzuwenden. Enteignungsentschädigung ist nach diesen Grundsätzen kein Schadensersatz, sondern ein angemessener, der erlittenen Einbuße entsprechender Wertausgleich, der den Betroffenen in die Lage versetzt, sich ein gleichwertiges Objekt zu verschaffen.[2] Dabei sind die Grundsätze des Vorteilsausgleichs anzuwenden, soweit es sich um Vermögensvorteile handelt, die den Betroffenen im adäquaten Zusammenhang mit dem Schaden erwachsen sind, also nicht nur etwa unterbliebene Unannehmlichkeiten. Auszugehen ist in der Regel vom Verkehrswert des betroffenen Grundstücks. Er wird durch den Preis bestimmt, der im Zeitpunkt der Wertermittlung im gewöhnlichen Geschäftsverkehr nach den rechtlichen Gegebenheiten und tatsächlichen Eigenschaften, der sonstigen Beschaffenheit und der Lage des Grundstücks oder des sonstigen Gegenstands der Wertermittlung ohne Rücksicht auf ungewöhnliche oder persönliche Verhältnisse zu erzielen wäre, § 194 BauGB. 2

Die Zulässigkeit der Enteignung für Kreuzungsmaßnahmen ergibt sich nicht aus dem EKrG, sondern aus den einschlägigen Eisenbahn- und Straßengesetzen (z.B. § 19 FStrG, § 22 AEG). 3

---

1 Wertminderung fremder Grundstücke i.S.d. Abs. 1 Nr. 2 des § 3 1. EKrV.
2 BGH, Urt. v. 08.11.1962 – III ZR 86/61.

C 2. Erläuterungen zur 1. Eisenbahnkreuzungsverordnung

4 Voraussetzung für die Übernahme der Aufwendungen des Grunderwerbs in die Kostenmasse ist selbstverständlich, dass die Betroffenen einen Rechtsanspruch auf Entschädigung haben.

B. Zusätzliche Kosten (Abs. 2)

5 Soweit für Kreuzungsmaßnahmen Grundstücke bereits im Eigentum oder in der Verfügungsgewalt eines Beteiligten sind, somit ein Grunderwerb nicht notwendig ist, ist der Verkehrswert dieser Grundstücke in die Kostenmasse einzubeziehen. Dies gilt nicht für Grundstücke, die ein Beteiligter aufgrund der Duldungspflicht (§ 4 EKrG) kostenlos zur Verfügung stellen muss. Nach der ausdrücklichen Regelung, dass dabei der Verkehrswert anzurechnen ist, kann kein Beteiligter verlangen, dass ein früher bezahlter Kaufpreis zuzüglich Zinsen und Nebenkosten in Rechnung gestellt wird. Die Verpflichtung nach § 4 EKrG ist entschädigungslos.[3] Insoweit fallen also keine Grunderwerbskosten an. Dies gilt auch, wenn und soweit die Rampen einer Straßenüberführung auf Betriebsgelände der Eisenbahn oder Rampen einer Eisenbahnüberführung auf Sicherheitsstreifen der Straße zu liegen kommen.

6 Welche Grundstücke bzw. Grundstücksteile zu den Betriebsgrundstücken gehören, ergibt sich aus der Verwendungsart im Zeitpunkt der Maßnahme.

7 Aus der Regelung des Abs. 2 ergibt sich, dass insoweit kein Grunderwerb erforderlich ist.

C. Abzug von Kosten (Abs. 3)

8 Von den Grunderwerbskosten ist abzuziehen der Verkehrswert oder der Erlös der für die Kreuzungsanlagen nicht mehr benötigten Grundstücke. Abs. 3 betrifft zwei verschiedene Fälle, in denen der Verkehrswert oder der Erlös aus der Veräußerung von Grundstücken von den Grunderwerbskosten abzuziehen ist:
   1. Wenn beim Grunderwerb für die Kreuzungsmaßnahme Restflächen mit erworben werden müssen, die aber für die Kreuzung nicht benötigt werden;
   2. wenn eine Fläche, die bisher für die Kreuzung notwendig war, infolge der Kreuzungsänderung entbehrlich wird.

9 Will ein Beteiligter das Grundstück behalten, dann muss er dafür den Gegenwert einbringen, um den sich die Kostenmasse verringert. Soweit sich die Entscheidung über die Verwertung solcher Grundstücke länger hinziehen sollte, muss für die Abrechnung der Kostenmasse ein entsprechender Vorbehalt gemacht werden und der später erzielte Erlös entsprechend den Kostenanteilen auf die Beteiligten und Zuschussgeber verteilt werden.

---

3 S. § 4 EKrG Rdn. 1 ff.

§ 4 Baukosten

(1) Zu den Baukosten gehören insbesondere
1. die Aufwendungen für Freimachen des Baugeländes, Entschädigungen für Flur- und Sachschäden, Erdbau, Baugrunduntersuchungen, bodenkundliche und landschaftliche Beratungen, Modelle, Entwässerung, Unterbau, Fahrbahn oder Gleise, Baustoffuntersuchungen, Fahrleitungen, Stützmauern, Leitplanken, Straßenverkehrs- und Eisenbahnzeichen und -einrichtungen, Beleuchtungseinrichtungen, Bepflanzung, Beseitigung nicht mehr benötigter Anlagen, Abbruch von Gebäuden sowie die Aufwendungen für Arbeitszüge, Geräte, Hebezeuge, Hilfsbrücken, Beförderungskosten, Sicherungsposten, Aufrechterhaltung des Verkehrs und Verkehrsumleitungen;
2. an Überführungen ferner die Aufwendungen für Rampen, Bauwerke, Rauch- und Berührungsschutzeinrichtungen, elektrische Isolation, Schutzerdung, Schutzbügel;
3. an Bahnübergängen ferner die Aufwendungen für Schranken, Blinklichtanlagen mit und ohne Halbschranken, Läutewerke, Fernmeldeanlagen, Zugvoranmeldeanlagen, Sichtflächen, Bahnwärterdienstgebäude.

(2) Führt ein Beteiligter Arbeiten selbst durch, so kann er als Baukosten in Rechnung stellen
1. Tariflöhne und Angestelltenvergütungen mit einem Zuschlag von 100 vom Hundert und Dienstbezüge der Beamten mit einem Zuschlag von 120 vom Hundert; bei der Berechnung der Löhne, Vergütungen und Dienstbezüge können Durchschnittssätze zugrunde gelegt werden;
2. für den Einsatz größerer Geräte die nach betriebswirtschaftlichen Grundsätzen zu errechnenden Kosten; die Stellung von Werkzeug und Kleingeräten ist mit den Zuschlägen nach Nummer 1 abgegolten.

(3) Beschafft ein Beteiligter Stoffe selbst, so kann er als Baukosten in Rechnung stellen die Stoffkosten nach dem Marktpreis mit einem Zuschlag von
1. 15 vom Hundert, wenn er die Stoffe aus seinem Lager entnimmt;
2. 5 vom Hundert, wenn er die Stoffe unmittelbar beschafft.

(4) Mit eigenen Transportmitteln erbrachte Beförderungsleistungen sind nach den Selbstkosten abzurechnen. Soweit im Schienenverkehr Tarife bestehen, sind diese anzuwenden.

(5) Der Erlös aus der Verwertung oder der Wert der nicht mehr benötigten Anlagen der Kreuzung ist von den Baukosten abzuziehen.

Übersicht	Rdn.
A. Allgemeines	1
B. Baukosten (Abs. 1)	7
C. Eigenleistungen (Abs. 2)	17
D. Stoffkosten (Abs. 3)	29
E. Transportkosten (Abs. 4)	31

C 2. Erläuterungen zur 1. Eisenbahnkreuzungsverordnung

	Rdn.
F. Abzug von Kosten (Abs. 5)	32
G. Umsatzsteuer	34

A. Allgemeines

1 Die Aufzählung der Aufwendungen, die zu den Baukosten gehören, ist nicht erschöpfend. So ist es möglich, Aufwendungen für neue technische Einrichtungen oder Bauweisen ebenfalls zu den Baukosten zu rechnen, wenn sie ihrem Wesen nach dazu gehören. Eine allgemeine Formulierung des Begriffes »Baukosten« enthält die Vorschrift nicht, die Abgrenzung zu den Verwaltungskosten kann schwierig sein. Auf Initiative des Bundesrates wurden die im Regierungsentwurf als Verwaltungskosten beurteilten Aufwendungen für **Baugrunduntersuchungen**, bodenkundliche und landschaftliche Beratungen zu den Baukosten genommen.

2 Die Aufwendungen für Betriebserschwernisse, die einem Kreuzungsbeteiligten wegen einer Kreuzungsmaßnahme erwachsen, sind in § 4 1. EKrV nicht ausdrücklich erwähnt. Die Frage wurde vom Verordnungsgeber – wegen Meinungsverschiedenheiten mit den Ländern – bewusst offengelassen.[1] Das BVerwG hat für den Fall des § 12 EKrG entschieden, dass die Betriebserschwerniskosten zu den Baukosten zu rechnen sind, weil sie zu den Aufwendungen für die Aufrechterhaltung des Verkehrs im Sinne von § 4 Abs. 1 Nr. 1 1. EKrV zu rechnen sind.[2] Es besteht kein Grund, die **Betriebserschwernisse** bei Maßnahmen nach §§ 11 und 13 EKrG anders zu behandeln und deren Aufwendungen nicht zur Kostenmasse zu rechnen.[3]

3 Der Bundesrat hatte bei der Änderung des EKrG durch einen neuen § 15a gesetzlich regeln wollen, dass Betriebserschwernisse nicht zu den Kosten i.S.d. EKrG gehören.[4] Die Bundesregierung hat diesem Vorschlag widersprochen, er ist nicht Gesetz geworden.[5] Kosten für **Schienenersatzverkehr** gehören als Betriebserschwerniskosten zur Kostenmasse, wenn sie unmittelbar bei der DB Netz AG anfallen oder die DB Netz AG aufgrund Gesetz oder Vertrag zur Erstattung verpflichtet ist; dies ist nachzuweisen und darf sich nicht auf Maßnahmen nach dem EKrG beschränken, sondern muss sich allgemein auf alle Baumaßnahmen der DB Netz AG beziehen.

4 Die in § 4 Abs. 1 1. EKrV genannten Aufwendungen sind gegliedert in solche, die bei allen Kreuzungsmaßnahmen anfallen können (Nr. 1) und solche, die nur bei Überführungen (Nr. 2) und nur bei Bahnübergängen (Nr. 3) in Betracht kommen.

---

1 S. *Schroeter*, StrAutobahn 1965 S. 174.
2 BVerwG VkBl. 1969, 626; s.a. *Nedden*, Kreuzungsrecht S. 21; *Schroeter*, StrAutobahn 1965 S. 177; *Leonhardt*, DVBl, 1970, 116; *Frieling*, BayBgm 1970, 39; *Kersten*, BayVerwBl. 1970, 54.
3 A.A. wohl *Frieling*, BayBgm 1971, 64.
4 BR-Drucks. 267/70.
5 BT-Drucks. VI/1140.

Baukosten § 4 1. EKrV

§ 4 Abs. 2 und 3 sind durch die Erste Verordnung zur Änderung der 1. Eisenbahnkreuzungsverordnung geändert worden. Diese Novellierung war erforderlich, um die Abrechnung von Eigenleistungen der Kreuzungsbeteiligten an die geänderten sozialen Verhältnisse (Verbesserung der Lohn-, Vergütungs- und Besoldungsstruktur) anzupassen. 5

Nach Art. 2 der Ersten Verordnung zur Änderung der 1. EKrV gelten die neuen Bestimmungen nicht für Bauvorhaben, die bei deren Inkrafttreten bereits begonnen worden waren. Die Änderungen sind am 01.03.1983 in Kraft getreten. 6

B. Baukosten (Abs. 1)

Aufwendungen für bauliche Maßnahmen, die zu den Baukosten gehören, sind insbesondere (in alphabetischer Reihenfolge): 7
- **Abbruch von Gebäuden** (Abs. 1 Nr. 1). Hierunter kann auch der Abbruch von Bahnhofs- und Bahnwärterdienstgebäuden fallen, soweit es sich um unmittelbare Auswirkungen einer Kreuzungsmaßnahme handelt.
- **Alarmeinrichtungen** (Abs. 1 Nr. 3) s. Teil D Rdn. 149 ff.,
- **Andreaskreuze** s. Verkehrszeichen und -einrichtungen,
- **Anprallschutz** an Stützen (Mittelpfeiler) von Eisenbahnüberführungen,[6]
- **Anrückmelder** (Abs. 1 Nr. 3),
- **Arbeitszüge**, Wohnwagen auch als Eigenleistung (Abs. 2),
- **Architektengebühren**, wenn und soweit im Einzelfall besondere Aufwendungen für architektonische Gestaltung eines Bauwerks entstehen,[7]
- **Aufrechterhaltung des Verkehrs** während der Bauzeit. Hierunter fallen auch die Kosten für Betriebserschwernisse[8] und bauliche Aufwendungen an den Verkehrswegen während der Bauzeit.[9]
- **Bahnwärterdienstgebäude** (Abs. 1 Nr. 3) s. Teil D Rdn. 149 ff.,
- **Baken** s. Verkehrszeichen und -einrichtungen (Abs. 1 Nr. 1),
- **Baugrunduntersuchungen** (Abs. 1 Nr. 1) für die Ausführungsplanung sowie die für die Baudurchführung (Hauptuntersuchung des Baugrundes – s. DIN 4020 –); Baugrunduntersuchungen, die im Rahmen der Voruntersuchung für die Aufstellung eines vergabereifen Entwurfs anfallen, gehören dagegen zu den Verwaltungskosten i.S.d. § 5 1. EKrV,
- **Baustoffuntersuchungen** (Abs. 1 Nr. 1), s.a. Güteprüfungen,
- **Bauwerke** bei Überführungen (Abs. 1 Nr. 2),
- **Bauzüge** s. Arbeitszüge, wobei auch die Kosten des Bauzugführers zu den Bau- und nicht zu den Verwaltungskosten gehören, da dieser keine Bauaufsicht ausübt (Abs. 1 Nr. 1),
- **Beförderungskosten**, aber nicht Reisekosten für das Personal (Abs. 1 Nr. 1),

---
6 S. § 3 EKrG 114 ff.
7 Amtliche Begründung, *Schroeter*, StrAutobahn 1965 S. 177.
8 S. Rdn. 2, 3.
9 *Schroeter*, StrAutobahn 1965 S. 177.

C 2. Erläuterungen zur 1. Eisenbahnkreuzungsverordnung

- **Behelfsmaßnahmen** für die Bauzeit, z.B. Umleitungen, Behelfsbrücken (Abs. 1 Nr. 1),
- **Beleuchtungseinrichtungen**, es sei denn, sie wären auch ohne die Kreuzung erforderlich gewesen (amtliche Begründung),
- **Bepflanzung** (Abs. 1 Nr. 1),
- **Beratungen**, bodenkundliche und landschaftliche (Abs. 1 Nr. 1),
- **Beseitigung nicht mehr benötigter Anlagen** (Abs. 1 Nr. 1), insbesondere Kreuzungsanlagen,
- **Berührungsschutzeinrichtungen** (Abs. 1 Nr. 2),
- **Bewachung** eines Bahnüberganges, soweit diese während der Bauarbeiten zusätzlich erforderlich ist,[10]
- **Blinklichtanlagen** mit und ohne Halbschranken (Abs. 1 Nr. 3),
- **Eigenleistungen** s. Rdn. 17 ff.,
- **Eisenbahnzeichen und -einrichtungen** s. Verkehrszeichen und -einrichtungen (Abs. 1 Nr. 1),
- **Entwässerungsanlagen** (Abs. 1 Nr. 1),
- **Entschädigungen für Flur- und Sachschäden** (Abs. 1 Nr. 1),
- **Erdbau** (Abs. 1 Nr. 1),
- **Erdungen** s. Schutzerdungen (Abs. 1 Nr. 2),
- **Fahrbahn** einschließlich Unterbau (Abs. 1 Nr. 1),
- **Fahrdrahtaufhänger**, d. i. die Verankerung von Fahr- und Speiseleitungen an Überführungen,
- **Fahrleitungen und Fahrleitungsmaste**,[11]
- **Fahrzeuggestellung** als Eigenleistung (Abs. 2 Satz 2),
- **Falschfahrkontakte** s. Teil D Rdn. 149 ff.,
- **Fernmeldeanlagen** bei Bahnübergängen (Abs. 1 Nr. 3),
- **Fernsehanlagen** s. Teil D Rdn. 149 ff.,
- **Flurentschädigungen**, die bei der Baudurchführung anfallen, nicht aber Nebenentschädigungen beim Grunderwerb (Abs. 1 Nr. 1),
- **Freimachen des Baugeländes** (Abs. 1 Nr. 1),
- **Frostschutzschicht** als zum Unterbau gehörend,
- **Fuhrleistungen** als Eigenleistungen (Abs. 2 Satz 2) s. Rdn. 17 ff.,
- **Gehwegschranken** (Abs. 1 Nr. 1) s. Teil D Rdn. 149 ff.,
- **Gerätegestellungen**, nicht aber für Prüf- und Messgeräte (Abs. 1 Nr. 1, § 5),
- **Gleise** mit Unterbau (Abs. 1 Nr. 1),
- **Güteprüfungen**,
- **Halbschranken** s. Blinklichter, s. Teil D Rdn. 149 ff.,
- **Hebezeuge, Hebefahrzeuge** (Abs. 1 Nr. 1),
- **Hilfsbrücken** s. Behelfsmaßnahmen (Abs. 1 Nr. 1),
- **Hilfsein- und -ausschalttasten** s. Teil D Rdn. 149 ff.,

---

10 BMVI S. vom 11.07.1966 – StB 2 Lkb – 111 By 66.
11 Abs. 1 Nr. 1, BMVI S vom 20.02.1967 – StB 2/3/E1/E4 – Lkb – 6 B 67.

- **Hilfsfahrzeuge**, sofern sie nicht für die Bauaufsicht eingesetzt werden,[12]
- **Induktive Zugsicherung** s. Teil D Rdn. 149 ff.,
- **Isolation, elektrische** (Abs. 1 Nr. 2) bei Überführungen,
- **Läutewerke** (Abs. 1 Nr. 3),
- **Leitplanken** (Abs. 1 Nr. 1),
- **Modelle** (Abs. 1 Nr. 1),
- **Optikverbesserung von Blinklichtanlagen**,
- **Optische Ankündigung** des Schrankenschließens, s. Lichtzeichen an Schranken, Teil D Rdn. 149 ff.,
- **Rampen** bei Überführungen (Abs. 1 Nr. 2),
- **Rauchschutzeinrichtungen** (Abs. 1 Nr. 2),
- **Rückstrahler** an Schranken,
- **Sachschädenentschädigungen** (Abs. 1 Nr. 1),
- **Scheinwerfer** an Schranken,
- **Schranken** (Abs. 1 Nr. 3) s. Teil D Rdn. 149 ff.,
- **Schrankenantriebe**,
- **Schrankenbehänge** s. Teil D Rdn. 149 ff.,
- **Schutzbügel** an Überführungen (Abs. 1 Nr. 2),
- **Schutzerdung** bei Überführungen (Abs. 1 Nr. 2), z.B. Geländererdungen,
- **Kontaktschienen**, Bügelanschlagschienen, Erdleitungen,
- **Sicherungsposten**, auch als Eigenleistung (Abs. 2 Nr. 1),
- **Sichtflächen** (Sichtdreiecke) nur bei Bahnübergängen ohne technische Sicherung,[13]
- **Sperr- und Meldeeinrichtungen** bei Schranken s. Teil D Rdn. 149 ff.,
- **Statische Berechnungen** als unmittelbare Unterlage für die Bauausführung, nicht aber als Unterlage für die Vergabe,[14]
- **Stoffkosten** s. unter Eigenleistungen,
- **Straßenumleitungen**,
- **Straßenverkehrszeichen und -einrichtungen** s. Verkehrszeichen und -einrichtungen,
- **Stützmauern** (Abs. 1 Nr. 1),
- **Transportkosten** auch als Eigenleistungen (Abs. 1 Nr. 1),
- **Überführungen** (Abs. 1 Nr. 2),
- **Umsatzsteuer**, die für die Leistungen und Lieferungen der Unternehmer berechnet wird und nicht im Vorsteuerabzug abgesetzt werden kann. Hinsichtlich der Umsatzsteuer bei Eigenleistungen und Leistungen eines Beteiligten für Rechnung des anderen s. Rdn. 34 ff.
- **Unterbau** (Abs. 1 Nr. 1),

---

12 S. § 5 Satz 2 1. EKrV.
13 § 3 EKrG Rdn. 88 ff.
14 S. § 5 1. EKrV Rdn. 15.

- **Verkehrsumleitungen.**[15] Es kann sich aber auch um Verkehrsumleitungen der Eisenbahnen handeln (Abs. 1 Nr. 1).
- **Verkehrszeichen und -einrichtungen.** Hierunter fallen alle in der StVO und der EBO enthaltenen Verkehrszeichen und -einrichtungen, gleichgültig ob in diesen Vorschriften die Kostentragung dem Träger der Straßenbaulast oder dem Eisenbahnunternehmen auferlegt ist (Abs. 1 Nr. 1).
- **Vorflutanlagen** (Abs. 1 Nr. 1),
- **Werkzeug** als Eigenleistung,[16]
- **Zugvoranmeldeanlagen** (Abs. 1 Nr. 3), s. Teil D Rdn. 149 ff.

8 Soweit Genehmigungen – z.b. Verkehrsanordnungen/-beschränkungen von Dritten (z.b. Straßenverkehrsbehörden) erteilt werden, sind diese den Baukosten zuzuordnen und nicht durch die Verwaltungskostenpauschale gem. § 5 1. EKrV abgegolten.

9 Nicht zu den Baukosten gehören Aufwendungen, die bereits mit den Verwaltungskosten nach § 5 1. EKrV abgegolten sind. Eine Zuordnung der Leistungen bei Eisenbahnkreuzungsmaßnahmen, die nicht in den §§ 4 und 5 der 1. EKrV aufgelistet sind, zu den Bau- bzw. Verwaltungskosten findet sich in der Anlage 2 zum Rundschreiben des BMVI vom 29.01.2014 (s. Anh. E 24.)

10 Die 1. EKrV hat nicht geregelt, ob und in welchem Umfang ein Beteiligter dem anderen, falls dieser die Baumaßnahme durchführt, Vorschuss- oder Abschlagszahlungen zu leisten hat, und ob für verauslagte Beträge Zinsen zu zahlen sind. Ferner ist die Frage der **Fälligkeit** der Forderungen im EKrG und in der 1. EKrV nicht ausdrücklich festgelegt. Es bedarf aber keiner analogen Heranziehung anderer Rechtsgebiete – z.b. Erschließungs- oder Straßenbaubeitragsrecht, sondern ergibt sich aus den vorrangigen anwendbaren Grundsätzen des Eisenbahnkreuzungsrechts, welches auch die Pflicht zur Rücksichtnahme auf die Belange des anderen Kreuzungsbeteiligten erhält.[17] Dies beinhaltet auch die Verpflichtung, die kreuzungsbedingten Kosten möglichst gering zu halten.[18] Deshalb entsteht der Anspruch mit der Zahlung von kreuzungsbedingt anfallenden Kosten an den jeweiligen Unternehmer.[19] Nur so können in umgekehrter Betrachtung auch für den Baudurchführenden Kosten für die Finanzierung – ebenfalls Ausfluss des Rücksichtnahmegebots – vermieden werden. Allerdings muss der Baudurchführende dem anderen Kreuzungsbeteiligten – nachdem er seine Anforderungen zügig ermittelt hat – diese mit entsprechenden Nachweisen zur Verfügung stellen, damit dieser sie nachprüfen kann. Nach den Richtlinien für die Planung, Baudurchführung und Abrechnung von Maßnahmen nach dem Eisenbahnkreuzungsgesetz des BMVI[20] sind die Abschlagszahlungen nach dem Baufortschritt unverzüglich (innerhalb von 30 Tagen nach Zugang der Ab-

---

15 Vgl. § 14 FStrG und die entsprechenden Regelungen der Straßenbaugesetze.
16 S. Rdn. 17 ff.
17 Vgl. Teil B Rdn. 43.
18 Vgl. § 1 1. EKrV Rdn. 25 ff.
19 Vgl. BVerwG, Beschl. v. 04.07.1996 – 11 B 41.96.
20 ARS 10/2014 vom 18.11.2014, Anh. E 3.

schlagsrechnung) und die Schlusszahlung innerhalb von 3 Monaten ab Zugang der prüffähigen Rechnung zu leisten, sodass der Baudurchführende nicht längerfristig in Vorlage zu treten hat. Auch das Bundesverwaltungsgericht hat für die Prüfung der Schlußrechnung eine Frist von 3 Monaten als angemessen bewertet.[21] BMVI und HVB hatten ferner vereinbart, gegenseitig von der Verrechnung von Verzugszinsen Abstand zu nehmen, da die §§ 288, 289 BGB auf öffentlich-rechtliche Rechtsverhältnisse nicht entsprechend anwendbar seien.[22] Bei der Frage der Verzinsung ist zwischen Verfahrenszinsen (§ 291 BGB) und Verzugszinsen (§ 288 BGB) zu differenzieren. Verfahrenszinsen analog § 291 BGB i.V.m. § 62 Satz 2 VwVfG ab Antragstellung auf Durchführung eines Kreuzungsrechtsverfahrens können nicht zugebilligt werden. Es dürfte kein allgemeiner Grundsatz des Verwaltungsrechts bestehen, der Verfahrenszinsen anerkennt. Im EKrG sind auch keine Anhaltspunkte ersichtlich, die einen Anspruch auf Verfahrenszinsen rechtfertigen könnten. Da das Kreuzungsrechtsverfahren kein Vorverfahren i.S.d. §§ 68 ff. VwGO ist, kann aber sofort das verwaltungsgerichtliche Verfahren eingeleitet werden.[23] In dem Verwaltungsgerichtsverfahren besteht grundsätzlich ein Anspruch auf Prozesszinsen.[24] Prozesszinsen wären analog §§ 291, 288 BGB nur dann nicht zu zahlen, wenn das EKrG eine bewusst abweichende Regelung treffen würde, was nicht der Fall ist.[25]

Anders ist die Frage nach Verzugszinsen zu beurteilen. Eine ausdrückliche Normierung über Verzugszinsen ist im EKrG nicht vorgenommen worden. Die analoge Anwendung der §§ 284 ff. BGB im öffentlichen Recht ist immer noch umstritten. Nach der Rechtsprechung[26] ist eine schematische Übertragung der §§ 284 ff. BGB ins öffentliche Recht nicht möglich. Es muss vielmehr auf den Charakter des jeweiligen Rechtsgeschäftes abgestellt werden.[27] In Fällen der Gleichordnung der Vertragspartner – wie bei EKrG-Vereinbarungen – sind die §§ 284 ff. BGB i.V.m. § 62 Satz 2 VwVfG analog anwendbar.[28] Auch das BVerwG hat bei Vorliegen einer Kreuzungsvereinbarung einen Anspruch auf Ersatz des Verzugsschadens zugebilligt.[29] Denn die Kreuzungsvereinbarung gem. § 5 EKrG begründet einen öffentlich-rechtlichen Vertrag, der insoweit keine entscheidenden Unterschiede zu bürgerlich-rechtlichen Rechtsbeziehungen aufweist. 11

Allein das gesetzliche Kreuzungsrechtsverhältnis – ohne den Abschluss einer Vereinbarung i.S.d. § 5 EKrG – erfüllt diese Voraussetzungen jedoch nicht, Verzugszinsen können nicht zugebilligt werden.[30] Das EKrG gewährt nämlich keine Vergütung für 12

---

21 Vgl. BVerwG, Urt. v. 12.06.2002 – 9 C 6.01.
22 BMVI S v. 21.10.1968, VkBl. 1968, 548.
23 S. § 6 EKrG Rdn. 1 ff.
24 *Kopp* VwGO § 90, Rn. 22 m.w.N.
25 Vgl. BVerwGE 99, 53 f.
26 BVerwG, DÖV 1979, 761.
27 BVerwG, Beschl. v. 08.06.1982 – 4 B 86/82.
28 VG Augsburg, NVwZ 1983, 307.
29 Vgl. BVerwG, Beschl. v. 08.06.1982 – 4 B 86.82.
30 Vgl. BVerwG, Urt. v. 12.06.2002 – 9 C 6.01.

C 2. Erläuterungen zur 1. Eisenbahnkreuzungsverordnung

die Kreuzungsänderung, sondern begründet einen reinen Aufwendungsersatzanspruch.[31] Eine rechtliche Annäherung des kreuzungsrechtlichen Gemeinschaftsverhältnisses an die gegenseitigen Leistungspflichten zivilrechtlicher Verträge bzw. Rechtsverhältnissen kann daher nicht angenommen werden. Auch nach der »Privatisierung« der DB AG hat der Gesetzgeber bei Änderungen des EKrG eine Neuregelung der Verzugszinsen nicht vorgenommen.

13 Den oben ausgeführten Grundsätzen folgend, kann das Kreuzungsverhältnis als solches keine Pflicht zur Zahlung von Verzugszinsen begründen, wohl aber die Nichterfüllung einer Verpflichtung aus einer Kreuzungsvereinbarung.[32] Werden Abschlagszahlungen nicht rechtzeitig geleistet, so kann der bauausführende Kreuzungsbeteiligte – bei Vorliegen der Voraussetzungen der §§ 284 ff. BGB – Verzugszinsen verlangen. Der säumige Kreuzungsbeteiligte kann mit einer Leistungsklage vor dem Verwaltungsgericht zur Zahlung angehalten werden.

14 Auch Kreditkosten sind im Kreuzungsrechtsverhältnis nicht erstattungsfähig.[33] §§ 677 ff. BGB können nicht entsprechend herangezogen werden, weil das Kreuzungsrecht insoweit keine Lücke aufweist. Mit dem Erlass der 1. EKrV hat der Gesetzgeber die Kostenmasse durch eine Rechtsverordnung näher bestimmt, § 16 Abs. 1 Nr. 1 EKrG. § 2 1. EKrV enthält eine enumerative und abschließende Aufzählung der Bestandteile der Kostenmasse – Grunderwerbskosten, Baukosten und Verwaltungskosten.[34] Fremdfinanzierungskosten zählen, weil nicht in § 2 1. EKrV erwähnt, nicht zur Kostenmasse. Auch die Verwaltungskosten werden pauschal mit 10 % der Bau- und Grunderwerbskosten abgegolten; Raum für zusätzliche Kreditkosten lässt das Gesetz nicht zu. Die 1. EKrV stellt insoweit eine abschließende Regelung dar, was sich aus den detaillierten Bestimmungen der §§ 3 bis 5 1. EKrV ergibt.[35]

15 Hat einer der Kreuzungsbeteiligten vertraglich zugesagt, eine Vorfinanzierung vorzunehmen, so dürften auch aus diesem Grund die Kreditkosten nicht zur Kostenmasse gehören.[36]

16 In die Kostenmasse können nur die tatsächlich gezahlten Beträge einfließen, d.h. gewährte Skonti sind von der Kostenmasse abzuziehen. Aufgrund des kreuzungsrechtlichen Gemeinschaftsverhältnisses ist der zum **Skonto** Berechtigte verpflichtet, die für die Kostenmasse günstigste Lösung zu wählen. Im Regelfall dürften Preisnachlässe wegen sofortiger bzw. kurzfristiger Bezahlung in Anspruch zu nehmen sein.

---

31 Vgl. BVerwG, Urt. v. 12.06.2002 – 9 C 6.01.
32 Vgl. OVG Schleswig-Holstein, VkBl. 1993, 307, 308.
33 Vgl. BVerwG, Urt. v. 12.06.2002 – 9 C 6.01.
34 Vgl. BVerwG, Urt. v. 12.06.2002 – 9 C 6.01.
35 Vgl. BVerwG, Urt. v. 12.06.2002 – 9 C 6.01.
36 Vgl. VG Frankfurt, Urt. v. 06.09.2005 – 10 E 1207/05.

C. Eigenleistungen (Abs. 2)

Eigenleistungen sind Leistungen, die ein Beteiligter mit eigenen Bediensteten und Geräten erbringt, also nicht durch Unternehmer durchführen lässt. Abs. 2 bestimmt, welche in diesem Zusammenhang speziell auftretenden Aufwendungen als Baukosten in Rechnung gestellt werden können. 17

Bis zur Privatisierung der DB AG hatte das BMVI Durchschnittssätze für Personalleistungen im Rahmen des § 4 Abs. 2 Nr. 1 1. EKrV herausgegeben.[37] Dabei wurde differenziert nach alten und neuen Bundesländern. 18

Mit der Privatisierung und Zusammenführung der ehemaligen DB und DR zur DB AG sind diese Durchschnittssätze nicht mehr notwendig. Die DB AG hat einen neuen Tarifvertrag (ETV) abgeschlossen. Beamtenleistungen kann die DB AG nicht mehr abrechnen. Das BMVI hat deshalb mit Rundschreiben vom 18.09.1995 an die Obersten Straßenbaubehörden der Länder dieses Verfahren eingestellt. 19

Die Berechnung der Personalkosten im Rahmen des § 4 Abs. 2 Satz 1 1. EKrV erfolgt nun nach dem tatsächlich eingesetzten Personal.[38] 20

Setzt die DB AG Leihbeamte (des BEV) bei der Bauausführung ein, erstattet sie dem BEV nicht deren Beamtenbezüge, sondern die Vergütungen nach dem Eisenbahntarifvertrag. Demzufolge kann sie auch diese – tatsächlich gezahlte – Vergütung dem Kreuzungspartner in Rechnung stellen. Im Zweifel muss die DB AG die von ihr bezahlte Vergütung nachweisen. 21

Zur Vereinfachung und Verwaltungserleichterung könnten zwischen einem Land und der DB AG Personaldurchschnittssätze in Rahmenvereinbarungen festgelegt werden. Bei Kreuzungsmaßnahmen mit Bundesfernstraßen werden die Eigenleistungen der DB Netz AG seit 01.07.2010 im Einvernehmen mit dem BMVI auf Grundlage der sog. örtlichen dispositiven Kostensätze (**DISPO-KOSA**) abgerechnet.[39] 22

Die Personalkosten als Baukosten können nur für solche Bedienstete berechnet werden, die unmittelbar an den Arbeiten beteiligt sind (z.B.: Sicherheitsposten, Werkführer, Werkmeister, Führer von Arbeitszügen). 23

An der Abgrenzung von Baukosten zu Verwaltungskosten hat sich nichts geändert. Die Kosten für Bedienstete, die eine Aufsichts- oder Verwaltungstätigkeit ausüben, werden weiterhin durch die Verwaltungskostenpauschale nach § 5 1. EKrV abgegolten. Nimmt ein Bediensteter der DB AG Aufsichtstätigkeiten wahr und ist gleichzeitig unmittelbar an den Arbeiten beteiligt, so ist es Aufgabe der DB AG, hierüber eindeutige, nachvollziehbare Aufzeichnungen zu machen, damit eine Zuscheidung möglich ist. 24

---

37 Vgl. Vorauflage Anh. E 13.
38 Vgl. Rundschreiben des BMVI vom 10.06.2010, Anh. E 14.
39 Vgl. Rundschreiben des BMVI vom 10.06.2010, Anh. E 14.

C 2. Erläuterungen zur 1. Eisenbahnkreuzungsverordnung

25 Gebühren und Auslagen, die das EBA erhebt (z.b. für Bauabnahme, Zulassungen, Baufreigaben), gehören nach der Auffassung des BMVI zu den Baukosten.[40] Das OVG Berlin-Brandenburg ist diesem Standpunkt hinsichtlich der Gebühren für Planrecht und Bauaufsicht mit Urteil vom 06.04.2016 (OVG 12 B 13.14) entgegengetreten. Diese seien mit der Verwaltungskostenpauschale nach § 5 1. EKRV abgegolten.

26 Wenn die DB AG bei der Durchführung von EKrG-Maßnahmen Teile der Verwaltungstätigkeit auf Signalbaufirmen überträgt (z.b.: Vorlage der Entwürfe der Kreuzungsvereinbarung) handelt es sich nicht um Baukosten, diese Kosten sind im Rahmen der Verwaltungskosten nach § 5 1. EKrV abzurechnen.

27 Durch Fremdvergaben an Dritte – die von den Kreuzungsbeteiligten zu bezahlen sind – erfolgt keine Verschiebung von den Verwaltungskosten zu den Baukosten.

28 Die Kosten für den Einsatz größerer Geräte sind nach betriebswirtschaftlichen Grundsätzen zu errechnen (Abs. 2 Nr. 2). Wegen der Vielzahl solcher Geräte konnten einheitliche Sätze in der 1. EKrV nicht bestimmt werden. Anhaltspunkte für eine zutreffende Berechnung kann z.B. die Baugeräteliste (herausgegeben vom Hauptverband der Deutschen Bauindustrie) geben, die Beträge für Abschreibung, Verzinsung und Reparaturen enthält.[41] Für die Stellung von Werkzeugen und Kleingerät dürfen keine Kosten in die Kostenmasse eingerechnet werden, weil sie mit den Zuschlägen nach Abs. 1 Nr. 1 für Löhne und Gehälter abgegolten sind (Abs. 2 Nr. 2), ebenso nicht für Prüf- und Messgeräte, die durch die Verwaltungskostenpauschale nach § 5 1. EKrV erfasst sind.

D. Stoffkosten (Abs. 3)

29 Stoffkosten, die ein Beteiligter aus seinem Lager entnimmt, können mit einem Zuschlag von 15 %, die er unmittelbar beschafft, mit einem von 5 % berechnet werden, § 4 Abs. 3 1. EKrV. Eventuell anfallende Beförderungskosten können nach der Ersten Verordnung zur Änderung der 1. EKrV nun neben dem Gemeinkostenzuschlag geltend gemacht werden.[42]

30 Die Zuschläge sollen die Gemeinkosten abdecken, bei den Stoffkosten auch die Aufwendungen für Lagern, Entladen und Transport von der Entladestelle zur Verwahrungsstelle. Sie gelten nur, wenn ein Beteiligter Arbeiten an einer Kreuzungsmaßnahme selbst durchführt. Führt der Beteiligte Arbeiten nicht selbst durch, stellt er aber Stoffe oder Geräte bei, so betätigt er sich insoweit nicht als Kreuzungsbeteiligter, sondern wie ein selbstständiger Unternehmer. Er kann dann einen Gemeinkostenzuschlag berechnen, ohne hinsichtlich dessen Höhe an die 1. EKrV gebunden zu sein.

---

40 Siehe Anlage 2 zum Rundschreiben des BMVI vom 29.01.2014, Anh. E 24.
41 S. amtliche Begründung, BR-Drucks. 279/64.
42 BR-Drucks. 418/82.

E. Transportkosten (Abs. 4)

Die von einem Kreuzungsbeteiligten selbst erbrachten Beförderungsleistungen sind nach Selbstkosten abzurechnen. Zur Anforderung der Bezahlung von Eigenleistungen bei dem kostenpflichtigen Beteiligten s. Richtlinien für die Planung, Baudurchführung und Abrechnung von Maßnahmen nach dem Eisenbahnkreuzungsgesetz.[43]

31

F. Abzug von Kosten (Abs. 5)

Der Erlös aus der Verwertung oder der Wert der nicht mehr benötigten Anlagen ist bei den Baukosten abzuziehen. Was zu den Anlagen im Sinne dieser Bestimmung gehört, ergibt sich aus § 14 EKrG.

32

§ 4 Abs. 5 1. EKrV ist aber nicht bei Maßnahmen nach § 14a Abs. 2 EKrG anwendbar, sodass der Erlös aus der Verwertung der nicht mehr benötigten Anlagen nicht von den Kosten der Kreuzungsbeseitigung abgezogen werden kann.[44] Auch eine analoge Anwendung des § 4 Abs. 5 1. EKrV kommt bei § 14a Abs. 2 EKrG nicht in Betracht.

33

G. Umsatzsteuer

Die **Umsatzsteuer**, die in den Leistungen und Lieferungen der Unternehmer enthalten ist, gehört grundsätzlich zur Kostenmasse.[45] Soweit jedoch ein Beteiligter die Umsatzsteuer im Vorsteuerabzug wieder absetzen kann, wie das bei den Eisenbahnunternehmen in der Regel der Fall ist, gehört sie nicht zur Kostenmasse. Die Frage der Umsatzsteuerpflicht der Deutschen Bundesbahn (DB) war jahrelang strittig. Nach Erlass eines Vorbescheides des BFH[46] hat die damalige DB die Revision zurückgenommen. Damit wurde das Urteil des Hessischen Finanzgerichtes vom 14.12.1978[47] rechtskräftig. Dieses bejahte eine Umsatzsteuerpflicht der DB. Die DB sei Unternehmer i.S.d. Umsatzsteuergesetzes. EKrG-Maßnahmen unterlägen der Umsatzsteuer, soweit die DB über ihren Eigenfinanzierungsanteil hinaus Leistungen an die anderen Beteiligten erbringt und hierfür Kostenerstattung erhält.[48] Diese Feststellungen galten seit dem 03.10.1990 auch für die Deutsche Reichsbahn. Soweit die Länder »öffentlich-rechtliche Eisenbahnen« gründen sollten, würden diese Grundsätze auch gelten.

34

Nach der Privatisierung gilt die Umsatzsteuerpflicht für die DB AG wie für jede andere AG. Hingegen erfüllen die Körperschaften des öffentlichen Rechts, die die Aufgaben der Straßenbaulast erfüllen, eine öffentliche Last. Ihre Leistungen und Lieferungen fallen nur dann unter das Umsatzsteuergesetz, wenn sie die Arbeiten von

35

---

43 Anh. E 3.
44 Vgl. OVG Nordrhein-Westfalen, VkBl. 1993, 595.
45 Vgl. Anh. E 3, Nr. 4.6.
46 Vgl. BFH, Vorbescheid vom 19.06.1986 – VoR 23/79.
47 FG Hessen, Urt. v. 14.12.1978 – VI 35/72.
48 S. ARS 10/1993, VkBl. 1993, 324.

einem Betrieb gewerblicher Art oder von einem land- oder forstwirtschaftlichen Betrieb einer Körperschaft des öffentlichen Rechts ausführen lassen (§ 2 Abs. 3 Satz 1 UStG) oder soweit aus solchen Betrieben Gegenstände für Zwecke außerhalb des Unternehmens entnommen werden.

36 Führt die Straßenbauverwaltung die Maßnahmen nach §§ 11, 12 EKrG durch, so besteht keine Umsatzsteuerpflicht, auch dann nicht, wenn und soweit die Eisenbahn die Kosten ganz oder z.t. erstattet oder eine Ablösung nach § 15 EKrG leistet.

37 Für Maßnahmen nach § 13 EKrG ist keine Umsatzsteuerpflicht gegeben, wenn die Straßenbauverwaltung die Maßnahmen allein durchführt.

38 Führt die Eisenbahn die Maßnahme allein durch, dann ist sie umsatzsteuerpflichtig für den Anteil, den sie vom Träger der Straßenbaulast erstattet verlangen kann, also in der Regel hinsichtlich des auf die Straße entfallenden Drittels. Führen Eisenbahn und Straßenbauverwaltung eine Maßnahme nach § 13 EKrG jeweils z.t. durch, so ist für die Eisenbahn die Umsatzsteuerpflicht insoweit gegeben, als sie einen Betrag von der Straßenbauverwaltung erstattet bekommt. Die im Rahmen der Kostenerstattung anfallende Umsatzsteuer ist von den Kreuzungsbeteiligten – bei Maßnahmen nach §§ 3, 13 EKrG auch vom Bund bzw. Land als Träger des sog. Staatsdrittels – nach Maßgabe der für die Aufteilung der Kostenmasse geltenden Regelung zu tragen.[49] Auf den Umsatzsteueranteil des Ausgleichsbetrages sind keine Verwaltungskosten gemäß § 5 der 1. EKrV zu bezahlen. Erhält die Straßenbauverwaltung einen Betrag von der Eisenbahn erstattet, dann fällt insoweit keine Umsatzsteuer an.[50] Das Staatsdrittel, welches vom Bund oder Land nach § 13 EKrG zu tragen ist, unterliegt ebenfalls nicht der Umsatzsteuer.[51]

39 Auch Zuwendungen des Bundes nach § 17 EKrG an die DB AG halten die Steuerbehörden für umsatzsteuerpflichtig. Dagegen sind dieselben Argumente anzuführen, die umso mehr gelten, als Zuschüsse freiwillige Leistungen sind[52] und mit Sicherheit kein Entgelt für empfangene Leistungen darstellen. Lediglich Zuschüsse an die DB AG nach dem ZIP (Programm für Zukunftsinvestitionen) hält der BMF für echte, nicht steuerbare Zuschüsse, da der Bund der DB AG »aus übergeordneten Gesichtspunkten« den ursprünglich von der DB AG selbst zu tragenden Kostenanteil ersetze.[53]

§ 5 Verwaltungskosten

Jeder Beteiligte kann Verwaltungskosten in Höhe von 10 vom Hundert der von ihm aufgewandten Grunderwerbskosten und Baukosten in Rechnung stellen. Hiermit

---

49 Vgl. Nr. 4.6 der Richtlinien für die Planung, Baudurchführung und Abrechnung von Maßnahmen nach dem Eisenbahnkreuzungsgesetz, Anh. E 3.
50 S. BMVI S v. 30.03.1971 – StB 2/E 1/2/6 – Lkb – 2033 Vms.
51 S. § 1 1. EKrV Rdn. 12.
52 S. § 17 EKrG Rdn. 1 ff.
53 BMVI S v. 04.01.1980 – StB 15/78.10/15042 Fi 79.

sind insbesondere abgegolten die Aufwendungen für Vorarbeiten, Vorentwürfe, die Bearbeitung des vergabereifen Bauentwurfs, die Prüfung der statischen Berechnungen, die Vergabe der Bauarbeiten, örtliche Bauaufsicht (Bauüberwachung), Bauleitung (Baulenkung), ferner Stellung von Prüf- und Meßgeräten, Meßfahrzeugen, Hilfsfahrzeugen für die Bauaufsicht und Bauleitung und Fahrzeugen für die Probebelastung sowie sonstige Verwaltungstätigkeiten einschließlich des Rechnungs- und Kassendienstes.

Übersicht   Rdn.
A. Pauschalierung   1
B. Mit der Pauschale abgegoltene Leistungen   15

A. Pauschalierung

Die bei der Durchführung von Kreuzungsmaßnahmen bei den Beteiligten anfallenden Verwaltungskosten werden aus Gründen der Verwaltungsvereinfachung durch pauschale Zuschläge zu den Grunderwerbs- und Baukosten abgegolten. Es findet insoweit keine Einzelverrechnung statt und es bedarf auch keines besonderen Nachweises. 1

Mit der Pauschale werden vor allem abgegolten die beim Grunderwerb anfallenden Verwaltungskosten und bei den Baukosten die sogenannten Auftraggebernebenleistungen. Der Pauschbetrag ist einheitlich 10 % und kann für die von jedem Beteiligten durchgeführten Arbeiten in Rechnung gestellt werden. Die Pauschale wird der Kostenmasse zugerechnet und dann mit der gesamten Kostenmasse auf die Beteiligten verteilt. 2

Soweit nach den §§ 3 Abs. 3 und 4 Abs. 3 1. EKrV Beträge von den Kosten abzusetzen sind, können nur für die Beträge die Verwaltungskostenzuschläge verrechnet werden, die sich nach Abzug der Erlöse von den Grunderwerbs- und Bauausgaben ergeben.[1] 3

Wenn ein Beteiligter weder den Grunderwerb noch die Baumaßnahme durchführt, dann kann er auch keine Verwaltungskosten der Kostenmasse anlasten, obwohl selbstverständlich für die Maßnahme auch auf seiner Seite gewisse Verwaltungstätigkeiten anfallen werden. 4

Etwas anderes gilt, wenn Dienststellen des einen Beteiligten im Einzelfall für den bauausführenden anderen Beteiligten Leistungen wie ein Unternehmer erbringen, z.B. anstelle eines Ingenieurbüros die Zeichnungen und Berechnungen prüfen oder Fahrzeuge für die Probebelastung stellen. Diese Leistungen hat der bauausführende Beteiligte nach den üblichen Sätzen zu vergüten. Mit der Frage der Verwaltungskosten hat dies aber nichts zu tun. 5

---

1 BMVI S v. 28.01.1969 – StB 2 – Lkb – 8 Vms 69.

C 2. Erläuterungen zur 1. Eisenbahnkreuzungsverordnung

6 Wenn vor der Ausführung einer Baumaßnahme des Straßenbaulastträgers auf Grundlage des EKrG eine **Betriebs- und Bauanweisung** (Betra) der DB Netz AG erforderlich ist, ist hinsichtlich der Kostentragung zu differenzieren zwischen deren Beantragung (Baukosten), Erstellung, d.h. Genehmigung des Antrags (Mitwirkungshandlung der DB Netz AG), und deren Überwachung (Verwaltungskosten).[2] Zu den Eigenleistungen nach § 4 Abs. 2 1. EKrV, die zu den Baukosten gehören, kann der Verwaltungskostenzuschlag in Rechnung gestellt werden.

7 Bei Kreuzungsmaßnahmen im Zuge von Bundesfernstraßen in der Baulast des Bundes haben die auf den Bund entfallenden Verwaltungskosten die Länder als Auftragsverwaltungen zu tragen; das sind die Verwaltungskosten in den Fällen der §§ 11 und 12 EKrG und bei § 13 Abs. 1 EKrG für das eine Drittel, das der Bund als Träger der Straßenbaulast zu tragen verpflichtet ist. Verwaltungskosten dürfen in diesen Fällen als eigene Position im Kostenanschlag und in der Kostenübersicht nicht erscheinen; der Bund beteiligt sich an ihnen nur durch seinen Beitrag an die Länder für Entwurfsbearbeitung und Bauaufsicht nach § 6 Abs. 3 Bundesstraßenvermögensgesetz. Folgerichtig stehen den Ländern in diesen Fällen die Verwaltungskosten zu, die der andere Kreuzungsbeteiligte nach § 5 1. EKrV zu leisten hat, da die Länder die Kosten der Auftragsverwaltung nach Art. 85, 90, 104a Abs. 5 GG zu tragen haben.[3]

8 Hat der Bund (oder das Land) den Kostenanteil nach § 13 Abs. 1 Satz 2 EKrG (letztes Drittel) zu tragen, so gehören hierzu insoweit auch die anteiligen Verwaltungskosten. Da der Bund zur Finanzierung des letzten Drittels der Kreuzungskosten nicht als Träger der Straßenbaulast, sondern als Staat herangezogen wird, gehört diese finanzielle Beteiligung nicht in den Bereich der Auftragsverwaltung nach Art. 85, 90 GG. Die auf das letzte Drittel entfallenden Verwaltungskosten können im Kostenanschlag oder in der Baukostenübersicht ausgewiesen werden.

9 Grundsätzlich sind mit den 10 % die gesamten Planungskosten mit abgegolten. Dies gilt selbst dann, wenn mehrere Planungen für ein und dasselbe Vorhaben erforderlich waren. Wird die Kreuzungsmaßnahme nicht ausgeführt, so gibt es nach dem EKrG für den vergeblich betriebenen Aufwand keinen Aufwendungsersatz. Auch ein allgemeiner Verwaltungsgrundsatz besteht insoweit nicht. Durch die vermehrte Einschaltung von Ingenieurbüros entstehen aber dem planenden Kreuzungsbeteiligten auch in diesen Fällen Kosten. Es werden deshalb sog. Planungsvereinbarungen abgeschlossen. Dabei muss aber darauf geachtet werden, dass nicht Verwaltungskosten i.S.d. § 5 1. EKrV doppelt abgerechnet werden können.

10 Das BMVI hat inzwischen gebilligt, dass bei Maßnahmen nach § 11 und § 12 EKrG der Veranlasser auch die Planung der Anlagen des anderen Beteiligten übernehmen kann. Dann kann er sich auch gegen das Planungsrisiko absichern. Ein

---

2 Vgl. Anhang E 24.
3 BMVI S v. 07.03.1967 – StB 2 – Olab – 7 SH 67.

Rechtsanspruch auf eine derartige »Planungsvereinbarung« lässt sich aber aus der 1. EKrV nicht herleiten.

Die hoheitlichen Tätigkeiten des EBA sind grundsätzlich gebührenpflichtig. Derartige amtliche **Gebühren** gehören grundsätzlich zu den Baukosten und sind nicht mit der Verwaltungskostenpauschale abgegolten.[4] Strittig ist diese Zuordnung allerdings hinsichtlich der Gebühren des EBA für Planrecht und Bauaufsicht, welche nach der Rechtsprechung des OVG Berlin-Brandenburg Verwaltungskosten sind.[5] Im Hinblick auf eine geplante Änderung der 1. EKrV hat das BMVI dieser Entscheidung keine grundsätzliche Bedeutung beigemessen, von der Durchführung des zugelassenen Revisionsverfahrens abgesehen und in Ziffer 3 der Anlage 2 zum Rundschreiben StB 15/7174.2/5-14/2095549 vom 29.01.2014 eine entsprechende Differenzierung vorgenommen.

11

§ 4 Abs. 1 AEG verpflichtet die Eisenbahninfrastrukturbetreiber, ihre Infrastruktur sicher zu bauen und in einem betriebssicheren Zustand zu halten. Bei Baumaßnahmen, bei denen Anlagen der Eisenbahn des Bundes betroffen sind, wird die Betriebssicherheit bei Baumaßnahmen durch den **Bauüberwacher Bahn** (BÜB) wahrgenommen. Neben dieser sicherheitlichen Tätigkeit nimmt der BÜB auch reine Bauherrnaufgaben wahr (vgl. Verwaltungsvorschrift). Die Kosten für die öffentlich-rechtlichen Verpflichtungen hat die DB Netz AG im Rahmen ihrer kreuzungsrechtlichen Mitwirkungspflicht zu tragen. Die Aufwendungen für die übrigen Tätigkeiten der BÜB sind Bestandteil der Verwaltungskosten i.S.d. § 5 1. EKrV.[6]

12

Im Einzelfall kann der BÜB darüber hinaus auch Aufgaben übernehmen, die den Baukosten i.S.d. § 4 1. EKrV zuzuordnen sind – z.B. Ab- und Anschalten der Oberleitung, Setzen der Sh2 Halttafeln.

13

Führt der Straßenbaulastträger als allein veranlassender Kreuzungsbeteiligter Maßnahmen an seinen Anlagen durch (Straßenüberführungen), so hat er den Einsatz eines BÜB zur Erfüllung von Aufgaben nach § 4 Abs. 1 AEG mit der DB Netz AG abzustimmen.[7]

14

B. Mit der Pauschale abgegoltene Leistungen

Die Regelung der Verwaltungskostenpauschale ist eine abschließende. Die in § 5 Satz 2 1. EKrV gebrachte Aufzählung ist nicht erschöpfend, sondern nur beispielhaft. Eine Übersicht der Aufwendungen, die neben den in § 5 1. EKrV ausdrücklich genannten zu den Verwaltungskosten gehören, findet sich in der Anlage 2 zum

15

---

4 Vgl. Abgrenzung der nicht in der 1. EKrV aufgelisteten Verwaltungs- und Baukosten durch das BMVI, Anh. E 24 Anlage 2 Nr. 3.
5 OVG Berlin-Brandenburg, Urt. v. 06.04.2016 – OVG 12 B 13.14.
6 Vgl. Auflistung von Mitwirkungshandlungen der Kreuzungsbeteiligten durch das BMVI, Anh. E 24 Anlage 1.
7 Vgl. Rundschreiben der BMVI vom 06.08.2008; S 16/7174.2/5-06/889423.

C 2. Erläuterungen zur 1. Eisenbahnkreuzungsverordnung

Rundschreiben des BMVI vom 29.01.2014.[8] Diese Arbeitshilfe ist für den Bereich der Bundesfernstraßen und der DB AG verbindlich eingeführt, findet aber darüber hinaus fast flächendeckend Anwendung. Bei der Zuordnung der dort genannten Leistungen hat sich das BMVI von Überlegungen leiten lassen, die eine restriktive Anwendung des § 5 1. EKrV nahelegen. Eine zu extensive Bemühung der Verwaltungskostenpauschale würde zu einer verfassungsrechtlich bedenklichen Differenzierung der Kostentragungsgrundsätze des EKrG führen. Maßgeblich für die Kostenverteilung wären nicht mehr nur die Bestimmungen der §§ 11 bis 13 EKrG, sondern auch, welcher Kreuzungsbeteiligter die Baudurchführung übernähme, weil diese mit einer erhöhten Kostenlast verbunden wäre. Da sich bereits die explizit unter § 5 Satz 2 der 1. EKrV erfassten Leistungen insbesondere wegen einer signifikanten Erhöhung des Planungsaufwands für Infrastrukturprojekte in den vergangenen Jahrzehnten schon lange nicht mehr mit 10 % der Bau- und Grunderwerbskosten finanzieren lassen, ist von einer weiteren Ausdehnung des Anwendungsbereichs auf Sachverhalte, die der Gesetzgeber vor über 40 Jahren noch nicht vor Augen hatte, Abstand zu nehmen. Eine schlichte Erhöhung der Pauschale stößt indessen mit Blick auf sehr heterogene Kostenstrukturen bei Eisenbahnkreuzungsmaßnahmen auf Schwierigkeiten. Der Verordnungsgeber wird somit künftig für die Planungsaufwendungen auch alternative Abrechnungsoptionen in Erwägung zu ziehen haben, um eine auskömmliche Baudurchführung und gesetzeskonforme Kostenteilung zu gewährleisten.[9]

§ 6 Inkrafttreten

Diese Verordnung tritt mit Wirkung vom 1. Januar 1964 in Kraft.

1 Die 1. EKrV wurde rückwirkend zum 01.01.1964 eingeführt, damit sie gleichzeitig mit dem Inkrafttreten des EKrG rechtswirksam wird. Nach der amtlichen Begründung[1] soll dies den Beteiligten ermöglichen, bereits seit dem 01.01.1964 in Angriff genommene Bauvorhaben nach den Bestimmungen dieser VO abzurechnen. Dies galt natürlich nicht für Baumaßnahmen, für die noch das KrG anzuwenden ist (§ 19 Abs. 3 EKrG).

2 Mit der Ersten Verordnung zur Änderung der 1. EKrV, in Kraft getreten am 01.03.1983 (BGBl. I S. 85), sind § 4 Abs. 2 und 3 der 1. EKrV vom 02.09.1964 (BGBl. I S. 711) durch die aktuell geltenden Abs. 2 bis 5 ersetzt worden.

---

8 Vgl. Anh. E 24.
9 Vgl. OVG Berlin-Brandenburg, Urt. v. 06.04.2016 – OVG 12 B 13.14.
1 BR-Drucks. 279/64.

Teil D. Technische Erläuterungen, Beispiele und Tabellen

Das EKrG kann nur allgemeine Grundregeln für die Behandlung von Kreuzungsfällen aufstellen, deren Anwendung auf die häufig sehr unterschiedlichen und kompliziert gestalteten Einzelfälle Schwierigkeiten bereitet. 1

In den nachfolgenden Beispielen sollen Hinweise gegeben werden, wie eine Reihe von Kreuzungsfällen in den vergangenen Jahren behandelt und gelöst wurden. Der Zweck der nachstehenden Ausführungen soll sein, Rechtsstreitigkeiten zu vermeiden und praktikable Lösungen aufzuzeigen. 2

1. Zu § 2 in Verbindung mit § 11

Neue Kreuzungen entstehen, wenn ein neuer Verkehrsweg im Sinne des § 1 EKrG einen bereits bestehenden Verkehrsweg im Sinne des § 1 höhen- oder nicht höhengleich kreuzen soll[1]. Neue Kreuzungen entstehen auch, wenn beide Verkehrswege zur gleichen Zeit neu hergestellt werden sollen.[2] 3

Bei neuen Kreuzungen richtet sich die Kostentragung immer nach § 11 des EKrG. Nach § 11 Abs. 1 hat der Beteiligte die Kosten der Kreuzungsanlage zu tragen der neu hinzukommt. Die gleichzeitige Herstellung löst die hälftige Kostenteilung nach § 11 Abs. 2 EKrG aus. 4

1.1 Zu § 2 Abs. 1: Neue Kreuzungen als Überführungen

1.1.1 Neue Überführungen in neuen Verkehrswegen

Am Rande einer Großstadt soll eine neue Großsiedlung mit einer neuen Landesstraße, die die in die Siedlung führenden neuen Ortsstraßen nicht höhengleich und die vorhandenen Straßen höhengleich kreuzen soll, erschlossen werden. Die in diesem Raum vorhandenen S-Bahnen und die topographischen Verhältnisse machen es leicht möglich, neben der neuen Landesstraße auch eine neue Eisenbahn anzulegen (Abb. 1). Die Pläne für alle neuen Verkehrswege, insbesondere für die zahlreichen neuen Kreuzungen, wurden zur gleichen Zeit und unter gegenseitiger Rücksichtnahme erarbeitet. Die Siedlung wird an zwei Stellen an die neue Landesstraße beidseitig angebunden. Die beiden Anbindungsstraßen in der Erhaltung des Landes werden mit zwei neuen Überführungen über die Eisenbahn hinweggeführt (3) + (7). Die neuen Überführungen der zwei Ortsstraßen und eines Fußweges (4) (5) (6) über die neue Verbindungsstraße wurden so gebaut, dass sie gleichzeitig die Verbindungsstraße und die geplante Eisenbahn überspannen. Während die neue Landesstraße die vorhandenen Straßen höhengleich kreuzen darf, ist dies für die neue Eisenbahn gemäß § 2 Abs. 1 EKrG nicht zulässig. An diesen neuen Kreuzungen (1) (2) (8) sind gemäß § 2 Abs. 1 EKrG Überführungen vorzusehen, wobei die Kreuzung (2) als Ei- 5

---

1 S. § 2 EKrG Rdn. 1 ff.
2 Wegen des Begriffes »gleichzeitig« s. § 11 EKrG Rdn. 13 ff.

Teil D Technische Erläuterungen, Beispiele und Tabellen

senbahnüberführung und die Kreuzungen (1) und (8) als Straßenüberführungen hergestellt werden.

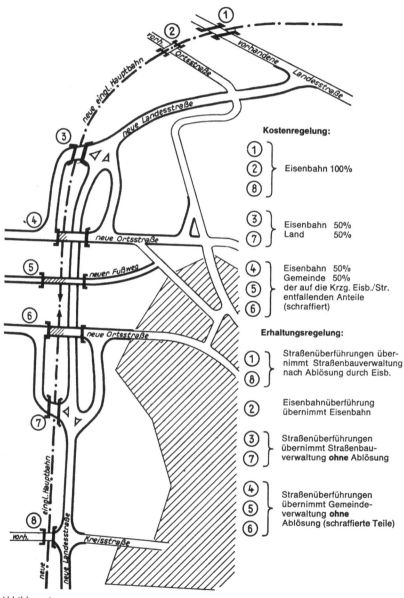

Abbildung 1

1. Zu § 2 in Verbindung mit § 11   **Teil D**

Die Kosten für die neuen Kreuzungen (1) (2) (8) hat der Baulastträger der Eisen- 6
bahn gemäß § 11 Abs. 1 EKrG allein zu tragen. Die Kosten für die Überführungen
(3) und (7) werden gem. § 11 Abs. 2 EKrG zwischen Eisenbahn und Landesstraßenverwaltung halbiert; die Kosten für die die Eisenbahn überspannenden Teile der
Überführungen (4), (5) und (6) werden gem. § 11 Abs. 2 EKrG vom Baulastträger
der Ortsstraßen und der Eisenbahn je zur Hälfte und die Kosten für die die Landesstraße überspannenden Teile werden entsprechend des Landesgesetzes von den Trägern der Straßenbaulast im Verhältnis der Fahrbahnbreiten getragen.

Für die Straßenüberführungen (1) und (8) hat der Baulastträger der Eisenbahn dem 7
Straßenbaulastträger die diesem zufallende Erhaltungslast gemäß § 15 Abs. 1 EKrG
zu erstatten bzw. auf Antrag eines Beteiligten abzulösen[3]. Die Erhaltung der Eisenbahnüberführung (2) obliegt der Eisenbahn. Die Erhaltungskosten für die Wege-/
Straßenüberführungen (4), (5) und (6) im Bereich der Eisenbahnstrecke fallen ohne
Ausgleich gemäß § 15 Abs. 1 letzter Satz EKrG zunächst dem Baulastträger der
Ortsstraßen zu. Aufgrund der bestehenden Landesgesetze entfällt bei Straßenkreuzungen die Unterhaltungslast von Kreuzungsbauwerken auf den Träger der Straßenbaulast für die Straße der höheren Straßenklasse. Insofern sind die Erhaltungskosten
für die die Landesstraße überspannenden Teile der Überführungen (4), (5) und (6)
von der Landesstraßenverwaltung zu tragen. **Hinweis:** Im Planfeststellungsverfahren
sollte geregelt werden, wer die Unterhaltung für das Überführungsbauwerk insgesamt übernimmt und inwieweit dann ein Ausgleich der Mehrerhaltungskosten an-
fällt. Die Erhaltung für die Überführungen (3) und (7) obliegt der Landesstraßenverwaltung ohne Ausgleich.

1.1.2 Neue Überführungen in vorhandenen Verkehrswegen

Beim Aus- und Umbau vorhandener Verkehrswege können u.U. auch neue Über- 8
führungen erforderlich werden, wobei nicht zwangsläufig eine neue Kreuzung i.S.
des § 2 Abs. 1 EKrG entstehen muss, wie das folgende Beispiel zeigt (Abb. 2).

Die Überführung einer Eisenbahn über die Bundesstraße (1) genügte nicht mehr 9
dem angewachsenen Straßenverkehr; daneben war die in der Nähe der Kreuzung
befindliche höhengleiche Anbindung einer Kreisstraße (2) sehr störend für den
Durchgangsverkehr. Die Straßenbauverwaltung plante daher, für die Kreuzung Bun-
desstraße/Eisenbahn eine neue Eisenbahnüberführung (3), für die Anbindung der
Kreisstraße an die Bundesstraße ein neues Kreuzungsbauwerk Kreisstraße/Bundes-
straße (4) zu errichten und für die künftig erforderliche Kreuzung Kreisstraße/Eisen-
bahn die vorhandene alte Eisenbahnüberführung (1) ohne weitere Änderung aus-
zunutzen; der Schienenbaulastträger hat nichts verlangt und für ihn lag auch kein
»hätte verlangen müssen« vor.

---

3 S. § 15 EKrG Rdn. 8 ff.

Teil D Technische Erläuterungen, Beispiele und Tabellen

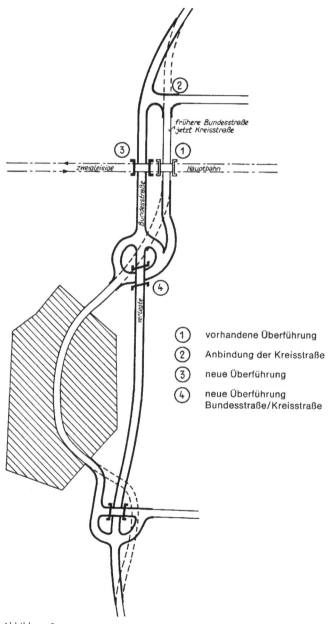

Abbildung 2

1. Zu § 2 in Verbindung mit § 11   **Teil D**

Auch wenn in vorliegendem Fall zwei nebeneinander liegende, getrennte Bauwerke entstehen, ist davon auszugehen, dass es sich um eine Änderungsmaßnahme handelt, weil die ursprünglichen Verkehrsbeziehungen für die Bundes- und Kreisstraße erhalten bleiben. Für das vorhandene Bauwerk ergibt sich durch die Abstufung lediglich eine Änderung in der Straßenbaulastträgerschaft. Für den Fall, dass die Bundesstraße weiträumig verlegt werden soll, um z.b. das Straßennetz neu zu ordnen und auch dann die Eisenbahnstrecke gekreuzt werden müsste, ist von einer neuen Kreuzung gem. §§ 2, 11 auszugehen. Es ist immer der jeweilige Einzelfall zu betrachten. 10

Die kreuzungsrechtliche Einordnung ist in vorliegendem Fall für die Kostentragung aber unerheblich. Die Kosten für die zusätzliche Eisenbahnüberführung (3) trägt der Verlangende, hier die Straßenbauverwaltung. 11

Für die Erhaltungsregelung gilt § 15 EKrG, so dass dem Schienenbaulastträger die Mehrerhaltungskosten für das zusätzliche Bauwerk zu erstatten sind. 12

In den zahlreichen Fällen, in denen zur Vermeidung kostspieliger Umbauten seitlich einer bestehenden Brücke eine weitere Brücke für zusätzliche Gleise oder Straßenspuren oder für einen Fuß- bzw. Radweg gebaut werden soll, handelt es sich grundsätzlich nicht um neue Kreuzungen, sondern um Änderungen bestehender Überführungen mit der Kostenregelung nach § 12 EKrG und der Erhaltungsregelung nach § 15 Abs. 2 und 4 EKrG. Dies gilt auch dann wenn für Straße und Rad-/Gehweg eine geteilte Baulast (z.B. Bund und Gemeinde) vorliegt, weil hier nur eine Entflechtung der vorhandenen Verkehre (Kfz und Radfahrer/Fußgänger) vorgenommen wird. Sofern allerdings eine Geh- und Radwegbrücke neben eine vorhandene Autobahnbrücke gebaut werden soll, handelt es sich um eine neue Kreuzung. 13

1.1.3 Neue Überführung in neuem und gleichzeitig in vorhandenem Verkehrsweg

Um wenig Land in Anspruch nehmen zu müssen und möglichst Landschaftszerschneidungen zu vermeiden, wird vermehrt versucht neue Trassen auf engem Raum neben bereits vorhandene Trassen zu verlegen. Bei solchen Trassenbündelungen kommt es immer wieder vor, dass Kreuzungsbauwerke im Bereich des bestehenden Verkehrswegs – auf Veranlassung eines dritten Beteiligten – an gleicher Stelle neu gebaut werden müssen. 14

Eine neue Eisenbahnstrecke wird neben eine vorhandene Autobahn gebaut. Dabei muss eine bestehende Straßenüberführung im Zuge einer Gemeindestraße über die Autobahn zurückgebaut und eine neue Straßenüberführung als gemeinsames Bauwerk über Autobahn und Eisenbahn erstellt werden. In vorliegendem Fall wird gleichzeitig auch noch die Verbreiterung der Autobahn mit realisiert, so dass sich eine Maßnahme nach EKrG und nach Bundesfernstraßengesetz (FStrG) überlagern. 15

Die anteiligen Kosten für die Herstellung des Bauwerkes sind vom Baulastträger der Eisenbahn sowie dem Straßenbaulastträger Bund zu tragen. Es empfiehlt sich die Kostenaufteilung – in Anlehnung an § 12 Nr. 2 EKrG – über Fiktiventwürfe (Straßenüberführung über Eisenbahn und vorhandene Autobahn/Straßenüberführung über verbreitete Autobahn) zu ermitteln. 16

311

17 Für den die Eisenbahn überspannenden Teil hat der Schienenbaulastträger zunächst der Gemeinde, die für diesen Teil Unterhaltungspflichtige wird, die zukünftigen Erhaltungskosten zu erstatten. Der Teil, der die Autobahn überspannt, war und bleibt in der Unterhaltungslast des Bundes. Da eine geteilte Unterhaltungslast an einem Bauwerk wenig sinnvoll ist, sollte im Planfeststellungsverfahren geregelt werden, dass die Unterhaltung für das Überführungsbauwerk insgesamt beim Bund liegt und dieser von der Gemeinde den vom Schienenbaulastträger gezahlten Betrag für die Erhaltungskosten erhält.

18 Sofern der Baulastträger der oben liegenden Gemeindestraße zusätzlich die Verbreiterung der Brücke fordern würde (z.B. aufgrund eines bereits im Bebauungsplan ausgewiesenen Neubaugebietes), wäre diese in den v.g. Fiktiventwürfen (ohne Straßenaufbau, da dieser auch ohne die das Vorhandensein der Kreuzung erforderlich wäre, siehe auch Anm. 2.1 der 1. EKrV) zu berücksichtigen. An dem vom Schienenbaulastträger zu tragenden Anteil der tatsächlichen Kosten hätte sich der Straßenbaulastträger der Gemeindestraße nicht zu beteiligen[4]. Der verbleibende Anteil wäre (im Verhältnis der Fahrbahnbreiten der an der Kreuzung beteiligten Straßenäste nach der Änderung, FStrG § 12 (3) Nr. 2) auf die beiden Straßenbaulastträger Bund und Gemeinde aufzuteilen.

1.1.4 Neue Überführung über zwei neu angelegte Verkehrswege

19 Bei der Planung für eine neue Fernbahnstrecke stellte sich heraus, dass die Straßenbauverwaltung eine neue Bundesstraße in etwa gleicher Linienführung plant. Beide Planungen sind soweit fortgeschritten, dass von der Gleichzeitigkeit beider Maßnahmen ausgegangen werden kann.

20 Dort, wo die beiden neuen Verkehrswege dicht nebeneinander liegen sollen, muss eine vorhandene Kreisstraße gekreuzt werden (Abb. 3). An dieser Stelle sollen also rechtlich zwei Kreuzungen entstehen: 1. Eisenbahnkreuzung (Eisenbahn/Kreisstraße), 2. Straßenkreuzung (Bundesstraße/Kreisstraße). Für die erste Kreuzung ist gemäß § 2 EKrG eine Überführung gesetzlich vorgeschrieben, für die zweite Kreuzung richtet sich die Gestaltung gemäß §§ 3, 4 FStrG nach den Regeln der Straßenbau- und Verkehrstechnik, damit die Anlage den Anforderungen der Verkehrssicherheit und der Sicherheit und Ordnung sowie der Straßenbaugestaltung genügt[5]. Demnach können 2 Fälle unterschieden werden:
a) Infolge der zu erwartenden mäßigen Verkehrsbelastung wäre für die Straßenkreuzung eine höhengleiche Kreuzung ausreichend. Trotzdem muss wegen der Überführung für die Eisenbahnkreuzung auch die Straßenkreuzung aus technischen Gründen als Überführung ausgebildet und eine Anbindung der neuen Bundesstraße an die Kreisstraße hergestellt werden.
b) Wegen zu erwartender starker Verkehrsbelastung muss auch für die zweite Kreuzung eine Überführung vorgesehen werden.

---

4 Übersehbare Verkehrsentwicklung, siehe 1. EKrV § 1 (2) Nr. 1.
5 S. Nr. 12 Abs. 1 Straßenkreuzungsrichtlinien [StrKR] VkBl. 2010, 62.

1. Zu § 2 in Verbindung mit § 11   **Teil D**

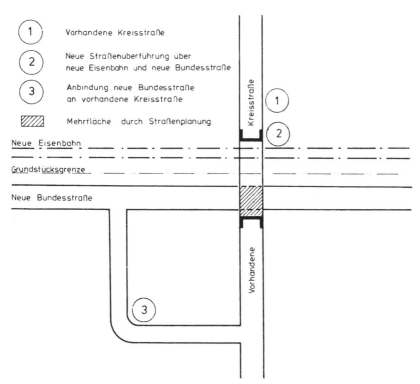

Abbildung 3

Zur Festlegung der jeweiligen Kostenbeteiligung wird empfohlen die beiden Kreuzungspunkte Eisenbahn/Kreisstraße und Bundesstraße/Kreisstraße zunächst separat ohne die Maßnahme des jeweils anderen zu betrachten und die tatsächlich anfallenden Kosten aufgrund von entsprechenden Fiktivplanungen in Anlehnung an § 12 Nr. 2 EKrG aufzuteilen.   21

Dies bedeutet für: 22
a) Fiktivplanung **höhenfreie** Kreuzung Eisenbahn/Kreisstraße ohne Berücksichtigung der neuen Bundesstraße und Fiktivplanung **höhengleiche** Kreuzung Bundesstraße/Kreisstraße ohne Berücksichtigung der neuen Eisenbahntrasse.
b) Fiktivplanung **höhenfreie** Kreuzung Eisenbahn/Kreisstraße ohne Berücksichtigung der neuen Bundesstraße und Fiktivplanung **höhenfreie** Kreuzung Bundesstraße/Kreisstraße mit Anbindung der neuen Bundesstraße an die Kreisstraße ohne Berücksichtigung der neuen Eisenbahntrasse.

Teil D   Technische Erläuterungen, Beispiele und Tabellen

23 Hinsichtlich der Erstattung bzw. Ablösung der Erhaltungs- und Betriebskosten kann wie folgt verfahren werden:

Nach § 14 (1) des EKrG geht der Teil der Straßenüberführung, der die Eisenbahn überspannt in die Erhaltungslast des Kreises über und gemäß § 13 (Abs. 2) FStrG geht der Teil des Bauwerkes der die Bundesstraße überspannt, in die Unterhaltungslast des Bundes über. Wer die Unterhaltung für das Überführungsbauwerk insgesamt übernimmt ist im Rahmen der Planfeststellung zu klären. Der Verbindungsarm zwischen Bundesstraße und Kreisstraße gehört zur Bundesstraße (siehe Bundesfernstraßenkreuzungsverordnung (FStrKV) § 2 Abs. 3). Die Erstattung bzw. Ablösung der Erhaltungs- und Betriebskosten sollte für beide Fälle und für beide Anlagen (Brückenbauwerk und Verbindungsarm) zwischen den beiden Kostenpflichtigen entsprechend des jeweiligen Kostenteilungsschlüssels (nach a) oder b)) aufgeteilt werden. Im Fall a) wäre – wenn nur die Bundesstraße gebaut würde – der Verbindungsarm zwar entbehrlich, dafür müsste dann aber die höhengleiche Kreuzung (ggf. mit Lichtzeichenanlagen) vom Bund (siehe FStrKV § 1) unterhalten werden.

1.1.5 Neue Überführung außerhalb eines neu angelegten Verkehrsweges

24 Im Zusammenhang mit dem Neubau einer Eisenbahnstrecke wird eine vorhandene Bundesstraße gekreuzt. Die Kreuzung wird als Eisenbahnüberführung hergestellt, mit der Folge, dass die Tieferlegung der Straße erforderlich wird. Dies wiederum hat Auswirkungen auf die sich in unmittelbarer Nähe befindliche höhengleiche Straßenkreuzung von der Bundesstraße mit einer Landesstraße, so dass diese ebenfalls höhenfrei hergestellt werden muss (Abb. 4, Fall a). Die Kosten für die geänderte Straßenkreuzung sind vom EIU zu tragen (siehe § 11 (1), Satz 2 EKrG). Das Bauwerk geht in die Erhaltungslast des Straßenbaulastträgers Bund über. Da dieser auch Beteiligter an der Eisenbahnkreuzung ist, sind ihm die Mehrerhaltungskosten nach § 15 (1) EKrG zu erstatten.

25 Sofern die Landesstraße die Eisenbahnstrecke (Abb. 4, Fall b) kreuzen würde und die Bundesstraße parallel zur Schiene verliefe, würde die neue Überführung der Straßenkreuzung ebenfalls in die Erhaltungslast des Bundes übergehen, der aber in diesem Fall nicht Beteiligter an der Eisenbahnkreuzung ist. Da § 15 EKrG nur Regelungen über die Erhaltungskosten der Kreuzungsbeteiligten trifft, käme eine Erstattung der Mehrerhaltungskosten für den Bund nur in Betracht, wenn diese in der Planfeststellung geregelt wurde.

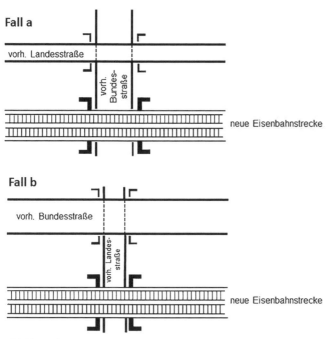

Abbildung 4

1.1.6 Neue Kreuzung mit Tunnel und Darstellung von Folgemaßnahmen

Im Zuge einer Neubaustrecke der Bahn musste eine neue Kreuzung als Tunnel mit der Bundesautobahn erstellt werden; gleichzeitig sollte die Autobahn um 2 Spuren erweitert werden. Hinzu kam, dass die neue Kreuzung eine vorhandene Straßenkreuzung verdrängte, bei der ein Wirtschaftsweg <u>unter</u> der Autobahn hindurch geführt worden war. Aufgrund der örtlichen Gegebenheiten musste der Wirtschaftsweg so verlegt werden, dass nunmehr eine Wegeüberführung über die BAB entstand. 26

Die neue Kreuzung des Tunnels liegt unmittelbar unter der Autobahn und die Kosten werden vom EIU getragen (siehe § 11 (1)). Dieser hat im Rahmen der vorhersehbaren Verkehrsentwicklung die Verbreiterung der Autobahn zu berücksichtigen. Das Bauwerk verbleibt in der Erhaltungslast der Bahn, da der Tunnel zum Verkehrsweg der Bahn gehört und eine Ablösung des Abschnittes im Bereich der Autobahn in diesem Fall keinen praktischen Sinn ergibt, zumal der Tunnel auf beiden Seiten der Autobahn jeweils mehrere hundert Meter weitergeführt wird. 27

Die Aufwendungen für die Verlegung des Wirtschaftsweges, der Abbruch und die Verfüllung der Wirtschaftswegeunterführung sowie der Bau der Wirtschaftswegeüberführung gehören als Folgekosten zu den kreuzungsbedingten Kosten. 28

Teil D   Technische Erläuterungen, Beispiele und Tabellen

29 Bei der vorhandenen Straßenkreuzung hatte der Baulastträger Bund das Bauwerk in seiner Unterhaltungslast, da sein Verkehrsweg überführt wurde. Gleichzeitig ist der Bund auch Kreuzungsbeteiligter an der Eisenbahnkreuzungsmaßnahme. Bei der verlegten neuen Straßenkreuzung wird nun der Wirtschaftsweg überführt. Da es sich bei dem Wirtschaftsweg nicht um einen öffentlichen Weg handelt, kommt § 13 Abs. 2 FStrG (»Bei Über- oder Unterführungen hat das Kreuzungsbauwerk der Träger der Straßenbaulast der Bundesfernstraße, ..., zu unterhalten«) nicht zum Tragen. Insofern ist zunächst zu klären, wer zukünftig Unterhaltungspflichtiger des Brückenbauwerkes sein wird.

30 Sofern (z.b. im Rahmen der Planfeststellung, da eine Rechtsgrundlage nach § 13 Abs. 2 FStrG nicht gegeben ist) festgelegt worden ist, dass der Bund zukünftiger Unterhaltungspflichtiger ist, sind ihm als Kreuzungsbeteiligter die durch den Bau der Wirtschaftswegeüberführung verursachten Erhaltungskosten nach EKrG § 15 (1)/(4) zu erstatten/abzulösen. Ein Vorteilsausgleich durch den Entfall der alten Brücke ist in diesem Fall nicht zu berücksichtigen, da das EKrG dies für Maßnahmen nach § 11 EKrG nicht vorsieht.

31 Soll der Eigentümer des Wirtschaftsweges Unterhaltungspflichtiger des Brückenbauwerkes werden, ist die Erstattung der zukünftigen Erhaltungskosten im Rahmen der Planfeststellung zu regeln. Ebenso verhält es sich mit anfallenden Unterhaltungsmehraufwendungen für den – bedingt durch die Verlegung – erforderlich werdenden längeren Weg.

32 Beim Bau der Wirtschaftswegeüberführung ist die vorhersehbare Verkehrsentwicklung der Autobahn von vier auf sechs Fahrspuren nicht zu Lasten des EIU zu berücksichtigen, da es sich hierbei um eine Folgemaßnahme handelt. Die Mehrkosten für das breitere Kreuzungsbauwerk sind vom veranlassenden Baulastträger Bund zu tragen. Hierbei könnte die Festlegung eines Kostenteilungsschlüssels in Anlehnung an § 12 Nr. 2 EKrG aufgrund einer Fiktivplanung (Wegeüberführung über vorhandene Breite der Autobahn zu Lasten des EIU und Änderung der vorhandenen Wegeunterführung für breitere Autobahn zu Lasten des SBL) eine Möglichkeit zur Aufteilung der Kosten zwischen den beiden Kostenpflichtigen sein.

1.1.7 Neue Kreuzungen von Eisenbahnen mit U- und S-Bahnen

33 In den Ballungszentren werden in großem Umfang U- und S-Bahnen ober- und unterirdisch gebaut. Da die U-Bahnen zu den »Straßenbahnen, die nicht im Verkehrsraum einer öffentlichen Straße liegen«, zählen, sind sie gemäß § 1 Abs. 5 EKrG, wenn sie Eisenbahnen kreuzen, wie Straßen zu behandeln. In diesen Fällen handelt es sich also grundsätzlich um Kreuzungen nach dem EKrG. Ob eine Kreuzung als Überführung im Sinne des § 2 Abs. 1 EKrG angesehen werden kann, ist aber in jedem Einzelfall zu entscheiden. Ein Kreuzungsverhältnis i.S.d. EKrG wird immer anzunehmen sein, wenn eine unmittelbare »Berührung« der Verkehrswege vorliegt. Dies ist dann gegeben, wenn der andere Verkehrsweg unmittelbar auf der Tunnelkonstruktion aufliegt, so dass eine gegenseitige Beeinflussung unvermeidbar

ist. Wenn eine U-Bahn in einem in bergmännischer Bauweise hergestellten Tunnel[6] tief unter der Eisenbahn diese kreuzt, wie unter einigen Bahnhöfen großer deutscher Städte ausgeführt, wird es weder während des Baues noch später im Betrieb (ausgenommen geringfügige Setzungen der Eisenbahngleise beim Bau des Tunnels) irgendwelche gegenseitige Behinderungen geben, die eine Rücksichtnahme erfordern. In solchen Fällen sollte zwischen den Beteiligten ein Gestattungsvertrag (soweit keine dingliche Sicherung des beanspruchten Grundstücks erforderlich wird) oder eine Vereinbarung über die Baudurchführung außerhalb des EKrG abgeschlossen werden.

In einem konkreten Fall in einer deutschen Großstadt wurde der Hauptbahnhof durch eine neue U-Bahn gekreuzt. Der Tunnel wurde in offener Bauweise, gewissermaßen als »außergewöhnlich lange Überführung«, hergestellt. Außerdem wurde noch ein öffentlicher Fußweg, der zwischen Eisenbahn und U-Bahn über dem U-Bahn-Tunnel in gleicher Richtung wie dieser verläuft, angelegt. Sowohl während des Baues als auch später im Betrieb entstehen hier erhebliche gegenseitige Beeinflussungen, die Rücksichtnahmen erfordern, so dass es sich in diesem Falle um eine neue Kreuzung im Sinne des § 2 Abs. 1 EKrG handelt, wobei zu berücksichtigen ist, dass ggf. zwei verschiedene Kreuzungsbeteiligte (für den öffentlichen Weg/die U-Bahn) betroffen sind. Die Baukosten sind in vollem Umfange vom Baulastträger der U-Bahn oder bei zwei Baulastträgern anteilig vom Baulastträger der U-Bahn und dem Baulastträger des öffentlichen Weges zu tragen. Insoweit zwangsläufig und als Folge der für den Bau gewählten technischen Lösung alte Bahnanlagen durch neue Anlagen ersetzt werden müssen, fallen auch die Kosten hierfür gemäß § 11 Abs. 1 S. 2 EKrG dem Baulastträger/den Baulastträgern zu. Ein Vorteilsausgleich, z.B. neu für alt, ist für derartige Fälle im Gesetz nicht vorgesehen und kommt daher nicht in Betracht. 34

Hinsichtlich der neuen Kreuzung eines neuen, unterirdisch verlaufenden S-Bahn-Abschnitts mit einer bestehenden Autobahn hatte der BMV in der Vergangenheit für diese Kreuzung folgende Meinung vertreten:»Für die Anwendbarkeit des EKrG kommt es entscheidend darauf an, ob zwischen dem Tunnel und dem auf der Oberfläche verlaufenden Verkehrsweg nur ein so geringer Höhenunterschied besteht, dass eine gegenseitige Behinderung gegeben und eine gegenseitige Rücksichtnahme notwendig ist. Diese Voraussetzungen halte ich für gegeben, weil nach Darstellung der DB im Hinblick auf die einwirkenden Lasten im Kreuzungsbereich ein Gewölbebauwerk errichtet wurde ...«. Bezüglich der Erhaltung des Gewölbebauwerks hatte der BMV im gleichen Schreiben die Meinung vertreten, diese abweichend von § 14 EKrG der Eisenbahn zu überlassen, weil dies in diesem Falle zweifellos zweckmäßiger sei. Hierdurch entfällt die Erstattung oder Ablösung von Erhaltungskosten an den Straßenbaulastträger. 35

Für den Fall, dass eine U- oder S-Bahn (auf besonderem Bahnkörper) oberirdisch verläuft und eine unterirdisch verlaufende Straße kreuzt, ist U- oder S-Bahn wie eine Eisenbahn zu behandeln, mit der Folge, dass bei gegenseitiger Beeinflussung eben- 36

---

6 S. § 1 EKrG Rdn. 20 ff.

falls das EKrG anzuwenden ist. Kreuzen sich beide Verkehrswege (U- oder S-Bahn mit öffentlicher Straße) unterirdisch in einem in offener Bauweise hergestellten Tunnel, so kann auch eine solche Kreuzung als eine neue nicht höhengleiche Kreuzung i.S. des § 2 Abs. 1 EKrG mit der Duldungspflicht nach § 4 Abs. 1 EKrG angesehen werden. Die Vorschriften des EKrG stellen zwar nicht auf derartige unterirdische Kreuzungen ab, es spricht jedoch nichts dagegen dieses in solchen Kreuzungsfällen anzuwenden.

37 Andererseits entstehen keine neuen Kreuzungen im Sinne des § 2 Abs. 1 EKrG, wenn neue U- oder S-Bahnen unterirdisch mit einer Straße parallel oder in etwa parallel verlaufen.

1.1.8 Neue Kreuzung durch Nutzung eines anderen Verkehrsträgers

38 Eine Anschlussbahn (Werksbahn) kreuzte zwei Autobahnen durch eine Überführung. Die Werksbahn, deren Konzession (wohl) nicht übertragbar war, hat ihren Betrieb tatsächlich eingestellt. Der Oberbau wurde teilweise zurückgebaut. Nach Verkauf der Trassengrundstücke an die entsprechende Kommune baute diese die Überführung zur Aufnahme von Straßenbahntrassen und (nicht gewidmeten) Busspuren um. In den ursprünglichen Kreuzungsvereinbarungen für den Neubau dieser Überführungen war eine Übertragungsklausel für den Fall einer Rechtsnachfolge vereinbart.

39 Für die Frage, ob die früheren Kreuzungsverhältnisse der Werksbahn in geänderter Form fortbestehen oder die Herstellung einer neuen Eisenbahnkreuzung gemäß §§ 1 Abs. 5; 2 Abs. 1 EKrG darstellt, sind folgende Erwägungen maßgeblich: Die Kreuzung der Straßenbahn auf eigenem Gleiskörper mit der Autobahn wird wie eine Eisenbahnkreuzung behandelt, § 1 Abs. 5 EKrG. Die nicht gewidmete Busspur auf dem Überführungsbauwerk ist im Verhältnis zur Autobahn eine sonstige Nutzung gemäß § 8 Abs. 10 FStrG und kreuzungsrechtlich irrelevant. Gegenüber dem früheren Werksbahnverkehr hat der Straßenbahnverkehr eine grundsätzlich andere Verkehrsfunktion; deshalb stellt sie einen neuen Verkehrsweg dar. Die Fallgestaltung ist vergleichbar mit dem Bau einer kraftfahrzeugfähigen Straße auf der ehemaligen Trasse eines Gehweges (vgl. § 2 EKrG Rdn. 12). Auch wenn die Straßenbahn wie eine Eisenbahn behandelt wird, ist sie wegen ihrer völlig anderen Betriebsabläufe, unterschiedlicher rechtlicher Anforderungen (PBefG, BOStrab) ein aliud gegenüber der Werksbahn. Zweifelhaft mag zwar sein, wie die Werksbahn im Sinne der Rechtsprechung[7] formell entwidmet wurde. Für die Liquidierung des früheren Kreuzungsverhältnisses lässt aber § 14a EKrG die dauernde Betriebseinstellung genügen. Diese ist durch den Rückbau des Oberbaus erwiesen[8]. Auch die Unübertragbarkeit der Werksbahnkonzession spricht für die Beendigung des früheren Kreuzungsverhältnis-

---

7 Vgl. BVerwG, DVBl 1989, 458.
8 Anmerkung: nach neuer Rechtslage wäre zu prüfen, ob es sich bei der Anschlussbahn um eine Eisenbahn im Sinne § 1 Abs. 3 EKrG handelt und ggf. die Freistellung von Bahnbetriebszwecken gemäß § 23 AEG erforderlich wird.

ses. Die Rechtsnachfolgeklauseln gelten nach Sinn und Zweck nur für eine Veräußerung des gesamten Hüttenwerkes bei Beibehaltung des Werksverkehrs, nicht aber für eine völlige Änderung der Verkehrsfunktion des Schienenweges in den Kreuzungsbereichen. Der Eigentumsübergang an den Trassengrundstücken ist für die kreuzungsrechtliche Beurteilung unbeachtlich.

Im Streitfall ist eine Entscheidung im Anordnungsverfahren zulässig. Die Erhaltungslast für die Überführungsbauwerke liegt gemäß § 14 Abs. 3 EKrG zwingend beim Betreiber der Straßenbahn. 40

1.1.9 Mitbenutzung nichtöffentlicher Überführungen durch öffentlichen Verkehr

Neue Kreuzungen im Sinne des § 2 EKrG entstehen nicht notwendigerweise, wenn für Eisenbahnzwecke geschaffene Bahnsteig- oder Gepäckunterführungen für den öffentlichen Verkehr freigegeben, also nun tatsächlich-öffentliche Wege werden[9]. Dies ist zunächst auch unabhängig davon, ob die vorhandene Unterführung erst verlängert werden muss, um einen Anschluss an das öffentliche Straßennetz herzustellen bzw. verbreitert werden muss. Soll in diesen Fällen keine Widmung als öffentlicher Weg stattfinden, werden am besten Gestattungsverträge abgeschlossen, in denen z.B. der Umfang der Mitbenutzung, Erhaltung und Verkehrssicherung, Vergütung, Kündigungsmöglichkeiten usw. zu regeln sind. Allerdings besteht keine gesetzliche Verpflichtung, die Mitbenutzung für den öffentlichen Verkehr zu dulden. D.h. die Unterführung, die als Eisenbahnanlage gewidmet bleibt, kann für den Zeitraum, in dem kein Eisenbahnverkehr stattfindet, geschlossen werden (z.B. durch Rollgitter). 41

Für den Fall, dass der Weg als öffentlicher Weg gewidmet wird, liegt eine neue Kreuzung gemäß § 2 EKrG vor. Voraussetzung für die Widmung ist allerdings, dass die Bahnsteigunterführung als Bahnanlage entwidmet werden kann. Dies wiederum ist nur dann möglich wenn die Bahnsteige nicht ausschließlich über die Bahnsteigunterführung erreichbar sind[10]. Besteht keine andere Zuwegung zu den Bahnsteigen, muss der vorhandene Teil der Unterführung Bestandteil der Eisenbahnanlage bleiben und nur der verlängerte Teil (Einbindung an das öffentliche Wegenetz) könnte straßenrechtlich als öffentlicher Weg gewidmet werden. Für den Fall, dass im Bereich der Verlängerung auch noch Gleise liegen, wäre § 2 EKrG einschlägig, für den Fall, dass kein Schienenweg mehr gekreuzt wird (Abb. 5) könnte § 2 EKrG analog angewendet werden. Ob eine solche Trennung sinnvoll ist, ist im Einzelfall zu entscheiden, wobei diese Entscheidung wesentlich vom Inhalt des Gestattungsvertrages im Bereich der Bahnanlage geprägt sein wird. Grundsätzlich ist es aber zweckmäßiger in den Fällen, in denen der gesamte Weg öffentlich gewidmet werden kann, eine Kreuzungsvereinbarung nach § 2 EKrG abzuschließen und dort wo nur eine teilweise Widmung als öffentlicher Weg möglich wäre, alle Rechte und Pflichten insgesamt über einen Gestattungsvertrag zu regeln. 42

---

9 S. § 1 EKrG Rdn. 48.
10 Sog. Griebnitzsee-Urteil, vgl. BVerwG, Urt. v. 27.11.1996 – 11 A 2.96.

Teil D Technische Erläuterungen, Beispiele und Tabellen

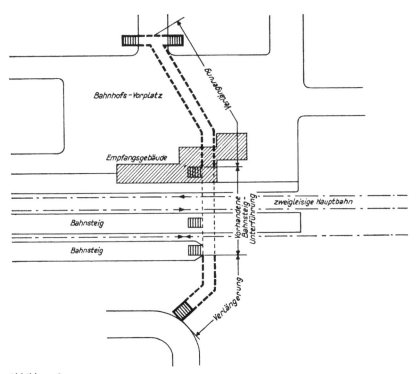

Abbildung 5

1.2 Zu § 2 Abs. 2: Neue Kreuzungen als Bahnübergänge

1.2.1 Neuer Bahnübergang im Zuge einer Straßenbahn

43 Eine zweigleisige Straßenbahn auf eigenem Bahnkörper, neben einer Bundesstraße aber außerhalb des Verkehrsraums der Straße liegend, soll verlängert werden und muss dabei eine eingleisige Nebenbahn kreuzen. Während die Straßenbahn in dichtem, starrem Fahrplan befahren werden soll, liegt auf der Nebenbahn nur ein geringer Güterverkehr. Deswegen und wegen der hohen Kosten einer Überführung mit langen Rampen wird eine höhengleiche Kreuzung geplant. Dies ist in diesem Falle ohne Verletzung der Vorschrift des § 12 EBO[11] möglich, da die Kreuzungsstelle durch die Hauptsignale einer Abzweigstelle gedeckt wird. Für die Betriebsführung an dieser Kreuzungsstelle müssen die entsprechenden Bestimmungen gemäß § 12 Abs. 2 EBO erlassen werden. Zur Erfüllung der Vorschriften des § 2 Abs. 1 EKrG bedarf es in diesem Falle keiner besonderen Ausnahmegenehmigung nach § 2 Abs. 2 EKrG, weil zwar nach § 1 Abs. 5 EKrG die Straßenbahn wie eine »öffentliche Stra-

---

11 S. Anh. E 18.

ße« zu behandeln ist, diese jedoch nach der Beschaffenheit ihrer Fahrbahn nicht geeignet und dazu bestimmt ist, einen allgemeinen Kraftfahrzeugverkehr aufzunehmen. § 2 Abs. 1 EKrG trifft daher für diesen Kreuzungsfall nicht zu; es brauchten nur die Bestimmungen des § 12 EBO erfüllt zu werden. Da es sich um eine neue Kreuzung handelt, sind alle Grunderwerbs- und Baukosten einschließlich der Kosten für die Änderung und Ergänzung der Bahnübergangs- und Zugsicherungsanlagen von dem Straßenbahnunternehmer zu tragen; ihm fallen auch die zusätzlichen Erhaltungs- und Inbetriebhaltungskosten für die neue höhengleiche Kreuzung zu. Er hat sie gemäß § 15 EKrG dem Eisenbahnunternehmer zu erstatten oder auf Antrag abzulösen.

1.2.2 Neuer Bahnübergang zwischen neuem Anschlussgleis und neuer Straße

Bei der Erschließung neuen Industriegeländes durch neue Straßen und Anschlussbahnen sind neue Bahnübergänge oft unvermeidbar, da beide Verkehrswege im Allgemeinen in die gleichen Arbeitsebenen führen müssen. Wollte man hier für die Kreuzungen unbedingt Überführungen verlangen, würden große Geländeflächen für die Rampen gebraucht und für gewerbliche Zwecke verloren gehen. Bei der heutigen Grundstücksknappheit erscheint dies für Hafen- und Industriegebiete untragbar, während andererseits Bahnübergänge in solchen meist geschlossenen Gebieten, in denen auf beiden Verkehrswegen nur geringe Geschwindigkeiten gefahren werden und die Gleise nur geringen Verkehr aufweisen – nach Definition des BMVI i.d.R. nicht mehr als 2 Fahrten je Tag und Richtung –, weder eine besondere Gefahr noch eine große gegenseitige Behinderung bedeuten. Liegt auch auf der Straße schwacher Verkehr vor, so kann im Rahmen einer Einzelfallabwägung eine Ausnahmegenehmigung nach § 2 Abs. 2 EKrG erteilt werden[12]. 44

Hierzu ein *Beispiel:* Ostwärts einer zweigleisigen stark befahrenen Hauptbahn soll von der Stadtverwaltung ein sehr großes Industriegebiet völlig neu erschlossen werden. Zu diesem Zweck plant die Stadt, von dem benachbarten kleinen Bahnhof im Süden des Geländes ein sogenanntes Industriestammgleis zu bauen, an das die interessierten Betriebe nach beiden Seiten mit eigenen Anschlussgleisen angeschlossen werden können. Das Stammgleis soll von der städtischen Hafenbahn verwaltet und von der Eisenbahn betrieben werden. Da die Planung die Konzentration derjenigen Betriebe, die Gleisanschlüsse benötigen, beiderseits des Stammgleises vorsieht, ist es möglich, das Stammgleis nur einmal mit der Hauptschließungsstraße kreuzen zu lassen. Da auf das Stammgleis Betriebsmittel der öffentlichen Eisenbahn übergehen, handelt es sich um eine Anschlussbahn im Sinne des § 1 Abs. 3 EKrG, und da die Erschließungsstraße dem öffentlichen Verkehr im Sinne des § 1 Abs. 4 EKrG gewidmet werden soll, handelt es sich um eine neue Kreuzung im Sinne des § 2 Abs. 1 EKrG. Zur Vermeidung hoher Investitionskosten und großer Verluste wertvollen Industriegeländes für die Herstellung einer Überführung will die Stadtverwaltung einen Bahnübergang einplanen, der nach ihrer Meinung in einem Industriegelände 45

---

12 S. § 2 EKrG Rdn. 36 ff.

vertretbar ist, ohne dem Grundgedanken des EKrG zuwiderzuhandeln. Hierfür ist eine Ausnahmegenehmigung nach § 2 Abs. 2 EKrG erforderlich, die in diesem Falle von der zuständigen Landesbehörde als Anordnungsbehörde (§ 8 Abs. 2 EKrG) unbefristet erteilt wurde mit der Auflage, den neuen Bahnübergang durch eine Blinklichtanlage zu sichern. Die Kosten fallen den beiden Beteiligten gemäß § 11 Abs. 2 EKrG je zur Hälfte zur Last, da beide Verkehrswege neu sind. Die Betriebskosten für die Blinklichtanlage sowie die Erhaltungskosten für alle gemäß § 14 Abs. 2 Nr. 1 EKrG zu den Eisenbahnanlagen gehörenden Kreuzungseinrichtungen hat der Eisenbahnunternehmer gemäß § 15 Abs. 1 letzter Satz EKrG in Verbindung mit § 14 Abs. 1 EKrG zu tragen, während der Straßenbaulastträger die Erhaltungskosten für die zu den Straßenanlagen gemäß § 14 Abs. 2 Nr. 2 EKrG gehörenden Kreuzungseinrichtungen zu tragen hat. In diesem Falle hatte die Kostenaufteilung allerdings nur haushaltsrechtliche Bedeutung, da die Stadtverwaltung Baulastträger für beide Verkehrswege ist.

1.2.3 Neuer Bahnübergang im Zuge einer Ortsumgehung

46 Die Ortsdurchfahrt einer Bundesstraße auf der Hauptstraße einer Kreisstadt stört mit ihrem starken Durchgangsverkehr in erheblichem Umfange den innerstädtischen Verkehr und ist durch zwei Engstellen selbst auch stark behindert. Eine Umgehungsstraße ist geplant, kann jedoch wegen der sehr hohen Baukosten erst in ferner Zukunft gebaut werden. Die Stadt möchte aber ihre Hauptstraße möglichst bald von dem Durchgangsverkehr entlastet haben. Sie plant daher eine kleine Umgehung lediglich des Ortskerns, die mit geringen Kosten verwirklicht werden kann. Bei Benutzung auszubauender vorhandener Straßen muss lediglich ein etwa 1 km langes Teilstück neu gebaut werden, das eine eingleisige Nebenbahn, auf der täglich etwa 24 Züge verkehren, kreuzt.

47 Die Kreuzung soll als Bahnübergang gebaut werden, weil die Straße nur bis zur späteren Fertigstellung der großen Umgehung stark benutzt und danach wieder zu einer Ortsstraße mit geringem Verkehr abgestuft werden wird. Ein in der Nähe liegender Bahnübergang im Zuge eines nichtöffentlichen Feldweges kann dabei beseitigt werden; der Feldweg soll künftig diesseits der Eisenbahn enden und jenseits der Eisenbahn ganz aufgegeben werden (Abb. 6). Nach übereinstimmender Auffassung der Beteiligten handelt es sich hier um eine neue Kreuzung im Sinne des § 2 Abs. 1 EKrG, für die eine Ausnahmegenehmigung nach § 2 Abs. 2 EKrG erforderlich ist.

48 Maßgebend hierfür waren folgende Überlegungen: Es handelt sich nicht um eine nach § 3 EKrG erforderliche Änderung in Verbindung mit einer geringfügigen Verschiebung des Kreuzungspunktes, sondern um eine völlig neue Straßenführung für den Bundesstraßenverkehr, die zur Entlastung der Ortsdurchfahrt erforderlich ist. Unter funktionaler Betrachtungsweise fließt über den neuen Bahnübergang ein ganz anderer Verkehr als über den Feldwegübergang. Dass dabei der in der Nähe gelegene Bahnübergang im Zuge eines Feldweges aufgegeben werden soll, ist nur eine Nebenerscheinung.

1. Zu § 2 in Verbindung mit § 11   **Teil D**

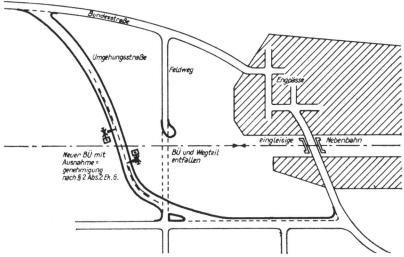

Abbildung 6

Alle Kosten fallen in vollem Umfange gemäß § 11 Abs. 1 EKrG und § 15 EKrG   49
dem Straßenbaulastträger zur Last. Die Ausnahmegenehmigung nach § 2 Abs. 2
EKrG wurde in diesem Falle unbefristet erteilt, weil der neue Bahnübergang auch
den allerdings nur ganz geringfügigen Verkehr des aufgehobenen Bahnübergangs mit
aufnehmen muss und auch auf die Dauer behält.

1.2.4 Neuer Bahnübergang zwischen einer stillgelegten Eisenbahnstrecke und einer neu angelegten Straße

Im Zusammenhang mit dem Aus- und Weiterbau einer Bundesautobahn wurde u.a.   50
eine neue Autobahnanschlussstelle mit einem vierstreifigen Autobahnzubringer erstellt. Dabei war die Querung einer zwischenzeitlich stillgelegten Eisenbahnstrecke
erforderlich. Da auf der Strecke noch betriebsnotwendige Eisenbahnanlagen (Steuerungskabel) vorhanden waren, konnte die Freistellung der Strecke von Bahnbetriebszwecken nach § 23 AEG kurzfristig nicht festgestellt werden. Demzufolge entstand
mit dem Bau des Autobahnzubringers im Bereich der Eisenbahnstrecke eine neue
Kreuzung im Sinne des Eisenbahnkreuzungsgesetzes. Der Straßenbaulastträger (eine
Stadt mit mehr als 80.000 Einwohnern) hatte zunächst eine Straßenüberführung
geplant, dann aber eine Ausnahmegenehmigung gemäß § 2 Abs. 2 EKrG auf Zulassung einer höhengleichen Kreuzung beim BMVI als zuständige Anordnungsbehörde beantragt. Diesem wurde entsprochen, da für einen Verzicht auf eine Überführung sowohl die Verkehrsentwicklung (die Querung betraf eine nicht mehr
genutzte Gleisanlage) als auch der Kostenaspekt (der Brückenneubau für eine vierstreifige Straße sollte gegenüber einer niveaugleichen Querung der Eisenbahngleise

ca. 1,4 Mio. Euro Mehrkosten verursachen) sprach. Seitens der DB Netz AG wurden gegen den Antrag der Stadt keine Bedenken geäußert.

51 Wenn nicht auszuschließen ist, dass der Verkehr später wieder aufgenommen wird, empfiehlt es sich im Zusammenhang mit der Ausnahmegenehmigung festzulegen, wie dann hinsichtlich der Ausgestaltung der Kreuzung zu verfahren ist (z.b. nachträgliche, höhenfreie Lösung zu Lasten des ursprünglich neuen Verkehrsweges in Abhängigkeit von einem definierten Zeitraum).

1.3 § 2 Abs. 3: Abgrenzung neue Kreuzung/Änderung einer bestehenden Kreuzung

Fall 1:

52 Eine zweispurige Bundesstraße kreuzt eine zweigleisige Eisenbahnstrecke. Die Kreuzung ist als Straßenüberführung hergestellt und überführt z. Zt. sowohl Kfz – als auch landwirtschaftlichen Verkehr, zusätzlich steht für Fußgänger/Radfahrer eine separate Spur zur Verfügung.

53 Der Straßenbaulastträger fordert eine Verbreitung der Bundesstraße mit Entflechtung der verschiedenen Verkehrsarten. Vorgesehen ist ein Überbau mit zwei Spuren nach Norden, ein Überbau mit zwei Spuren nach Süden und ein weiterer Überbau mit einer Spur für landwirtschaftliche Fahrzeuge, Fußgänger und Radfahrer. Die vorgesehene »Bauart« – drei Überbauten – wurde auch deshalb gewählt, weil die Bundesstraße während der Bauzeit nicht für den Verkehr gesperrt werden kann.

54 Die DB Netz AG verlangt die Aufweitung des Bauwerkes; lichte Höhe von 5,50 m auf 5,70 m sowie beidseitig die Vergrößerung der Abstände von Gleismitte zum Widerlager auf 3,80 m.

55 Es handelt sich bei der Gesamtmaßnahme um die Änderung einer vorhandenen Kreuzung, auch wenn die verschiedenen Verkehrsarten baulich durch drei Überbauten getrennt sind. Die Änderungsmaßnahme ist nach §§ 3, 12 Nr. 2 EKrG zu bewerten. Die Kosten werden nach Fiktiventwürfen, mit dem jeweiligen Änderungsverlangen der Kreuzungsbeteiligten berechnet.

Fall 2:

56 Seitens der DB Netz AG wird eine Ausbaustrecke (ABS) erstellt mit dem Ziel höhere Geschwindigkeiten zu fahren. Aufgrund der örtlichen Gegebenheiten muss hierfür die Trassenführung der ABS geändert werden und unterscheidet sich nunmehr von derjenigen der vorhandenen Strecke. Mit der Fertigstellung wird die bestehende Trasse in dem Teil, welcher durch die neu geschaffene Verbindung der ABS ersetzt wird, außer Betrieb genommen. Die bestehende Strecke kreuzt in ihrem außer Betrieb zu nehmenden Abschnitt die BAB. In einer Entfernung von etwa 5 km kreuzt auch die Strecke in neuer Führung die BAB.

57 Da es sich hier um eine Maßnahme handelt, die aus Gründen der »Abwicklung des Verkehrs« erforderlich wird, die Änderung der Kreuzung an Ort und Stelle nicht

möglich ist, sich die gleichen vorhandenen Verkehrswege – wenn auch an anderer Stelle – kreuzen, und die ursprüngliche Kreuzung nicht beibehalten wird, ist von einer Maßnahme nach § 12 EKrG auszugehen. Die Änderungen, die vorzunehmen sind, müssen aber immer ihren Grund in der Unzulänglichkeit der vorhandenen Kreuzung haben. Inwieweit die anfallenden Kosten auf Kreuzungsmaßnahme und Ausbaumaßnahme aufzuteilen sind, ist in jedem Einzelfall zu entscheiden, ggf. sind diese über Fiktiventwürfe zu ermitteln.

Das bestehende Kreuzungsbauwerk ist für den Eisenbahnbetrieb nicht mehr erforderlich und kann beseitigt werden. Da hier von der Änderung einer vorhandenen Kreuzung auszugehen ist, sind die Rückbaukosten Teil der Maßnahme nach EKrG. 58

Sofern durch die Verlegung der Strecke weitere Straßen zum ersten Mal gekreuzt werden, handelt es sich um eine Maßnahme nach §§ 2, 11 EKrG. 59

Für den Fall, dass die vorhandene Bahnanlage im Rahmen einer Ausbaumaßnahme erweitert werden sollte (z.B. um zusätzliche Gleise), die vorhandenen Gleise an Ort und Stelle verbleiben und nur die zusätzlichen Gleise in neuer Lage verlegt werden, hätte die Entfernung (Lage der vorhandenen Gleise zu der Lage der neuen Gleise) eine Rolle dafür gespielt, ob es sich um eine neue oder eine geänderte Kreuzung handelt. 60

Dazu hat das BVerwG in dem sog. Zeißstraßen-Urteil[13] ausgeführt, dass es nicht auf die Benennung der vorhandenen zu den zu erweiternden Gleisanlagen (z.B. Stammgleis, NBS, ABS) ankommt. Ein wesentliches Kriterium sei aber, in welchem Abstand die neuen Gleise zu den vorhandenen Gleisen verlegt werden. Eine Entfernungsangabe, bis wie weit eine Änderung, bzw. ab wann ein Neubau vorliegt, hat das Gericht nicht vorgegeben. Es hat jedoch auf den Begriff der »trennenden Merkmale« (z.B. größere Abstandsflächen, trennende Gehölze oder Wasserflächen) bei paralleler Gleislage hingewiesen[14]. 61

Fall 3:

Ein öffentlicher Wirtschaftsweg, kreuzt die Eisenbahn höhengleich. Im Zuge des Neubaus einer neuen Straße als Verbindung zwischen zwei Orten, soll die vorhandene Kreuzung um ca. 20 m verlegt werden; die Anlage an Ort und Stelle wird zurück gebaut. 62

Es handelt sich hierbei grundsätzlich um eine neue Kreuzung nach § 2 EKrG, da vollkommen neue Verkehrsverbindungen hergestellt werden. Ob diese neue Kreuzung wieder als Bahnübergang mit der entsprechenden Ausnahmegenehmigung hergestellt werden kann oder höhenfrei gebaut werden muss, ist in Abhängigkeit vom Verkehrsaufkommen zu entscheiden. 63

---

13 Vgl. BVerwG, Urt. v. 11.12.1981 – 4 C 97.79.
14 S. § 2 EKrG Rdn. 3 f.

64 Sofern die bestehende Kreuzung ohne weitere Maßnahmen beseitigt werden kann, weil der Weg aufgegeben wird, regelt sich der Rückbau nach § 14a des EKrG. Wird aber, ein Anschluss der bestehenden Verkehrsverbindung an die neue Verbindungsstraße erforderlich, können Rückbau und Ersatzweg als Maßnahme nach §§ 3, 13 behandelt werden.

2. Zu § 3 in Verbindung mit §§ 12, 13

2.1 Allgemeines

65 Maßnahmen nach § 3 EKrG beziehen sich immer auf **vorhandene** Kreuzungen von Schiene und Straße. Dabei ist zu unterscheiden zwischen höhenfreien Kreuzungen (Straßenüberführung bzw. Eisenbahnüberführung) und höhengleichen Kreuzungen (Bahnübergang). In Abhängigkeit von der Art der Kreuzung und der anstehenden Verkehrsentwicklung können unterschiedlichste Maßnahmen – Beseitigungen, Entlastungen, Ergänzungen, Änderungen – erforderlich werden, damit die Kreuzung den Anforderungen der Sicherheit und ordnungsgemäßen Abwicklung des Verkehrs genügt.

66 Die Kostentragung bei höhenfreien Kreuzungen richtet sich nach § 12 Nr. 1 bzw. Nr. 2 EKrG je nachdem, ob ein Kreuzungsbeteiligter oder beide Kreuzungsbeteiligte die Änderung der Kreuzung verlangen oder im Falle einer Anordnung »hätten verlangen müssen«. Für Maßnahmen an höhengleichen Kreuzungen richtet sich die Kostentragung nach § 13 EKrG.

67 Bei allen Maßnahmen sind zunächst drei Fragen von besonderer Bedeutung:
   – Erfordernis nach § 3 EKrG,
   – Technische Lösung nach § 1 Abs. 1 1. EKrV sowie
   – Kostenteilung und Abgrenzung der Kostenmasse nach § 1 Abs. 2 1. EKrV.

2.1.1 Erfordernis

68 Das Erfordernis, eine Kreuzung zu verbessern[15] muss immer im räumlichen Kreuzungsbereich bestehen[16]; dabei können mehrere Erfordernisse nach § 3 EKrG zusammentreffen oder das Erfordernis nur für einen Beteiligten oder nur für einen Teil der Verkehrsteilnehmer, z.B. Fußgänger, gegeben sein. Objektiv festzustellen, ob im Einzelfall eine Maßnahme im Sinne des § 3 EKrG »erforderlich« ist, wird nicht immer einfach sein. Das Erfordernis ist aber beschränkt auf die übersehbare Verkehrsentwicklung und zwar nur auf den Verkehr auf den an der Kreuzung beteiligten Verkehrswegen[17].

69 Es kommt häufig vor, dass der Ausgangspunkt für die Beseitigung einer Kreuzung nicht in der Kreuzung, sondern in den anschließenden Straßenstrecken liegt, z.B. in

---

15 S. § 3 EKrG Rdn. 20 ff.
16 Vgl. Anh. E 6.
17 S. § 3 EKrG Rdn. 59 ff.

ungünstigen Ortsdurchfahrten, ungünstigen Straßeneinmündungen und -kreuzungen, unübersichtlichen Linienführungen von Straßen oder Eisenbahnen im Grund- und/oder Aufriss. In diesen Fällen ist das Erfordernis für das Beseitigen einer Kreuzung nach § 3 EKrG besonders sorgfältig zu prüfen. Es ist nur anzunehmen, wenn auch im räumlichen Kreuzungsbereich aus Gründen der Sicherheit oder Abwicklung des Verkehrs eine Änderung erfolgen muss. Das Erfordernis nach § 3 EKrG besteht nicht, wenn z.b. weder vor noch nach Herausnahme des Durchgangsverkehrs aus einer Ortsdurchfahrt das Beseitigen einer Kreuzung (Bahnübergang) erforderlich ist, sondern sich nur zufällig aus der Gesamtplanung ergibt.

Auch hinsichtlich des Erfordernisses ist zu unterscheiden zwischen höhenfreien und höhengleichen Kreuzungen. 70

Überführungen über Eisenbahnen oder Straßen:

Bei höhenfreien Kreuzungen geht dem Erfordernis in der Regel ein Änderungsverlangen voraus. So z.B., wenn als Folge von Ausbaumaßnahmen des einen Verkehrsweges oder beider Verkehrswege das vorhandene Kreuzungsbauwerk in seinen Abmessungen zu ändern ist. Ein Verlangen im Rechtssinne kann aber auch dann angenommen werden, wenn der eine Kreuzungsbeteiligte im Rahmen der anstehenden Erhaltungsmaßnahme des anderen Kreuzungsbeteiligten seine eigenen neuen Vorschriften umsetzen muss, weil der Bestandsschutz entfällt. Der Bestandsschutz entfällt für den einen Kreuzungsbeteiligten in der Regel auch dann, wenn der andere Kreuzungsbeteiligte eine Änderung der Kreuzung verlangt. Soweit der jeweils zuständige Kreuzungsbeteiligte in diesem Fall ein Änderungsverlangen nicht äußert, kann im Wege der Anordnung oder im Rahmen eines Gerichtsverfahrens geprüft werden, inwieweit er die Änderung »hätte verlangen müssen«. 71

Bahnübergänge:

Bei höhengleichen Kreuzungen bedarf es keines Verlangens des einen oder anderen Kreuzungsbeteiligten. Hier sind die Kreuzungsbeteiligten gleichermaßen gefordert, die Kreuzung so herzustellen, dass sie den Anforderungen der Sicherheit und Abwicklung des Verkehrs genügt. 72

Maßnahmen an einem BÜ sind insbesondere dann erforderlich, wenn Unfallhäufigkeiten zu verzeichnen sind, erhebliche Wartezeiten und Staus aufgrund von hoher Zugdichte mit langen Schrankenschließzeiten entstehen, eine Rückstaugefahr durch dichten Straßenverkehr besteht/im Bereich von Einmündungen kein ausreichender Stauraum vorhanden ist, wenn sich eine Änderung der Verkehrsbelegung (z.B. Fußgängerverkehr in größerem Umfang) ergeben hat, Umgebungsbedingungen vorhanden sind, die eine Räumung des BÜ erschweren oder die gültigen/geänderten Rechtsvorschriften umgesetzt werden müssen. Die Art der Maßnahme – vollständige Beseitigung ohne Ersatz, Änderung/Verbesserung der Sicherungseinrichtungen, Ersatz des BÜ durch Überführungen/Ersatzweg zu benachbarten Kreuzungen oder in Ausnahmefällen Entlastung des BÜ – ist zwischen den Kreuzungsbeteiligten, in Abhängigkeit von der Verkehrsbelastung, der Verkehrsart und den örtlichen Gegebenheiten, festzulegen. 73

74 Der Ersatz von Bahnübergängen durch Überführungen ist heute in vielen Fällen erforderlich. Hauptgründe für die räumliche Trennung des Verkehrs auf der Schiene von dem auf der Straße sind vor allem die starke Verkehrsbelastung auf einem oder beiden Verkehrswegen, die Erhöhung der Geschwindigkeiten auf einem oder auf beiden Verkehrswegen, der mehrspurige oder mehrgleisige Ausbau des einen oder anderen Verkehrsweges, Einrichtung neuer öffentlicher Nahverkehrslinien auf Schiene und/oder Straße, Bau neuer Siedlungs- und Gewerbegebiete u.a.m. Da nach § 11 der Eisenbahn-Bau- und Betriebsordnung (EBO) auf Strecken mit einer zugelassenen Geschwindigkeit von mehr als 160 km/h Bahnübergänge unzulässig sind, ist in diesen Fällen deren Beseitigung mit den entsprechenden Ersatzmaßnahmen unumgänglich.

75 Wird die Notwendigkeit einer Änderung in Frage gestellt, muss der fordernde Beteiligte die Berechtigung seiner Forderung auf geeignete Weise nachweisen (z.B. aktuelle Verkehrsbelastung anhand von Verkehrszählungen, Unfallzahlen, Bahnübergangsschauen). Soweit sich die Kreuzungsbeteiligten nicht über das Erfordernis einigen können, kann im Wege der Anordnung oder im Rahmen eines Gerichtsverfahrens geprüft werden, ob ein solches besteht.

Notwendigkeit des Umfangs der Maßnahme:

76 Wenn von keinem Beteiligten das Erfordernis bestritten wird, treten oft Zweifel hinsichtlich der Notwendigkeit des Umfangs der geforderten Maßnahme auf; in solchen Fällen muss der fordernde Kreuzungsbeteiligte den Nachweis erbringen, dass die vorgeschlagene Maßnahme den Grundsätzen der Wirtschaftlichkeit und Sparsamkeit entspricht, z.B. anhand von Variantenuntersuchungen oder Fiktiventwürfen. Der Nachweis muss sich an der übersehbaren Verkehrsentwicklung orientieren. Darüber hinaus muss der Lösungsvorschlag technisch einwandfrei und rechtlich durchsetzbar sein. Auch der erforderliche Umfang der Maßnahme kann für den Fall, dass sich die Kreuzungsbeteiligten nicht einigen können, per Anordnung oder per Gerichtsverfahren festgestellt werden.

2.1.2 Technische Lösung

77 Die technische Lösung muss den Anforderungen der Sicherheit und Abwicklung des Verkehrs, auch für die übersehbare Zukunft[18] entsprechen und die anerkannten Regeln der Technik berücksichtigen.

78 Die technisch beste Lösung eines Kreuzungsproblems ist die vollständige Beseitigung einer Kreuzung[19]. Oft ist es z.B. möglich, im Zusammenhang mit dem Bau von Ortsumgehungen oder dem Ausbau von Schienenstrecken eine oder mehrere Kreuzungen beseitigen zu können.

---

18 S. § 3 EKrG Rdn. 59 ff.
19 S. § 3 EKrG Rdn. 72 ff.

Liegen zwei Kreuzungen nebeneinander (z.b. eine höhenfreie Kreuzung und ein Bahnübergang) kann – in Abhängigkeit von der Örtlichkeit – der BÜ ggf. ersatzlos aufgegeben werden und der Verkehr mittels Ersatzweg zu der höhenfreien Kreuzung geführt werden. U.U. kann es in einem solchen Fall auch wirtschaftlich sein den Bahnübergang ersatzlos zu beseitigen und die vorhandene Überführung zu Lasten §§ 3, 13 aufzuweiten. Mit der technischen Lösung können manchmal auch andere Notwendigkeiten, z.b. die Erneuerung einer Flussbrücke oder die Neugestaltung einer Straßenkreuzung, verbunden sein. Es kann auch eine technische Lösung gewählt werden, die aus straßenverkehrlichen, städtebaulichen oder eisenbahnbetrieblichen – d.h. außerhalb der Kreuzung liegenden – Gründen eine Verlegung der Trasse zur Linienverbesserung, eine Ortsumgehung oder eine Zusammenlegung verschiedener Verkehrswege vorsieht. In solchen Fällen ist neben dem Ausführungsentwurf ein Fiktiventwurf zu erstellen, der die kreuzungsbedingten Maßnahmen enthält und damit die Kostenmasse begrenzt. 79

Die Wahl der technischen Lösung wird durch den sogenannten »Bestandsschutz« und die »anerkannten Regeln der Technik« beeinflusst und in der Folge ergeben sich auch Auswirkungen auf die Kostentragung der Kreuzungsmaßnahme. 80

Bestandsschutz:

Die Frage des Bestandsschutzes stellt sich in der Regel dann, wenn im Zusammenhang mit Maßnahmen an Kreuzungen einzelne Bauteile und nicht die gesamte bauliche Anlage erneuert oder geändert werden muss. Wird der Bestandsschutz einer Anlage dadurch nicht aufgehoben, besteht keine Veranlassung des anderen Kreuzungsbeteiligten weitergehende Änderungen des Bauwerks zu verlangen. 81

Wenn jedoch aufgrund einer vorgesehenen Erhaltungs- oder Änderungsmaßnahme kein Bestandsschutz mehr besteht, weil die vorhandenen Bauteile nicht mehr verwendet werden können, dann müssen die neuen Bauteile den heutigen Anforderungen und den anerkannten Regeln der Technik (siehe auch § 1 Abs. 1 1. EKrV) entsprechen, wodurch § 12 Nr. 2 zur Anwendung kommen kann (gemeinsame Veranlassung). 82

Berücksichtigung der anerkannten Regeln der Technik:

Zu den anerkannten Regeln der Technik gehören die Einhaltung der gesetzlichen Vorgaben (z.B. EBO), DIN-Fachberichte (z.B. 101), Technische Richtlinien, DIN-Normen, EN-Normen, Merkblätter und Bauverfahren. 83

Technische Lösungen bei Maßnahmen an Bahnübergängen:

Müssen Bahnübergänge geändert werden, so ist z.B. grundsätzlich der Anschluss der Straße vor und nach dem Bahnübergang zu erneuern. Dabei sind in der Regel, unter Berücksichtigung der Aufstelllänge (zusammengesetzt aus Fahrzeug, Überhang und Sicherheitszuschlag) Straßen auf einer Länge von 25 m auf die erforderliche Breite und der Aufbau der Straße entsprechend den technischen Grundlagen herzustellen, obwohl der Straßenbereich nicht unbedingt im weiteren Verlauf – weder in der Brei- 84 te noch im Aufbau – dem neuen Zustand entspricht. Die Kosten gehören zur Kostenmasse und sind entsprechend der Kostenfolge des § 13 zu teilen.

Technische Lösungen bei Maßnahmen an Überführungen und die Frage des Verlangens:

85 Brückenüberbauten und Rampen sind modern zu konstruieren und an den heute üblichen Standard anzupassen. Strittig ist dabei oft die Frage, wann die Berücksichtigung der anerkannten Regeln der Technik durch den veranlassenden Kreuzungsbeteiligten eine dahingehende Forderung des anderen Beteiligten – z.b. hinsichtlich einer modernen Konstruktion – i.S. des § 12 EKrG zur Folge hat.

86 Dazu ist zunächst festzustellen, dass sich eine Kostenbeteiligung des einen Kreuzungsbeteiligten sowohl dann ergeben kann, wenn seine Anlagen durch den anderen Kreuzungsbeteiligten (Veranlasser) geändert werden oder aber wenn der Veranlasser die eigenen Anlagen ändert bzw. erneuert.

87 Wann muss also ein Kreuzungsbeteiligter, der zunächst nicht der Veranlasser der Maßnahme ist, eine Verbesserung seiner Anlagen verlangen und sich an den Kosten beteiligen[20] oder im Falle einer reinen Erneuerung im Sinne der Erhaltung durch den Veranlasser die Kosten alleine tragen (wobei der Vorteilsausgleich zu berücksichtigen ist)?

88 Ein Änderungsverlangen des einen Kreuzungsbeteiligten ist immer dann anzunehmen, wenn er bei eigener Durchführung (z.B. im Rahmen einer Erhaltungsmaßnahme) gezwungen wäre (aufgrund eigener Vorschriften) eine Vergrößerung oder Änderung der Abmessungen seiner baulichen Anlagen vorzunehmen und es keine Möglichkeit einer Ausnahme gibt (z.B. der Straßenbaulastträger veranlasst die Aufweitung einer Eisenbahnüberführung für einen zusätzlichen Geh- und Radweg; die erforderlichen Gleisabstände/Abstände von den äußeren Gleisen zum Geländer entsprechen nicht den Vorschriften des EIU). Ein Änderungsverlangen im Rechtssinne ergibt sich auch dann, wenn der Veranlasser seine eigenen Anlagen ändert oder erneuert und die Vorschriften/Sicherheitsbestimmungen des anderen Kreuzungsbeteiligten nicht eingehalten sind (z.B. der EIU erneuert im Rahmen der Erhaltung eine Eisenbahnüberführung; eine Bundesstraße wird unterführt und die lichte Höhe entspricht nicht den Richtlinien des Bundes).

89 Dies gilt selbst dann, wenn bei Wahl der wirtschaftlich günstigsten Ausführung durch den Veranlasser, die Vorschriften des anderen Kreuzungsbeteiligten vollständig eingehalten werden. So liegt z.B. auch dann ein »hätte verlangen müssen« des EIU vor, wenn der Straßenbaulastträger als wirtschaftlichste Lösung für die Änderung einer Straßenüberführung mit nicht anprallsicheren Stützen eine Straßenüberführung mit hoch gesetzten Widerlagern ohne Stützen wählt **oder** ein »hätte verlangen müssen« des Straßenbaulastträgers, wenn der EIU aus wirtschaftlichen Gründen im Zuge der Änderung einer dreifeldrigen Eisenbahnüberführung mit nicht anprallsicheren

---

20 S. § 12 EKrG Rdn. 20 ff.

Stützen, die neuen Stützenreihen so wählt, dass die Anprallsicherheit zukünftig gewährleistet ist. Soll hierbei die Kostenteilung über Fiktiventwürfe ermittelt werden, sind diese auf das unbedingt Erforderliche des jeweils Beteiligten (z.b. Nachrüstung von Führungsschienen bei der SÜ oder Sicherung der Stützen mit Betonsockel bei der EÜ) zu beschränken. Entsprechend der Kostenbeteiligung wäre dann auch der Ablösungsbetrag aufzuteilen. Da in solchen Fällen der Kostenanteil desjenigen der die Änderung hätte verlangen müssen sehr gering sein kann, steht es den Kreuzungsbeteiligten frei eine vereinfachte Kostenteilung vorzunehmen.

Somit besteht kein Raum für ein Taktieren der Kreuzungsbeteiligten in Bezug auf die lichte Höhe oder die lichte Weite unter Überführungen. Ein solches Taktieren liegt z.b. darin, dass der Straßenbaulastträger im Zusammenhang mit der Änderung einer Eisenbahnüberführung trotz einschlägiger Vorschriften keine Vergrößerung der lichten Höhe verlangt, weil diese ja im Nachhinein mit dem Absenken der Straße auch erreicht werden könnte. Das Ziel eines solches Verhaltens ist ganz eindeutig, die vollständige oder anteilige Kostentragung durch den Straßenbaulastträger an der Erneuerung der Eisenbahnüberführung zu vermeiden und steht daher im Widerspruch zu den Grundsätzen des Kreuzungsrechts. Ähnlich ist die Situation, wenn im Zusammenhang mit der Änderung von Straßenüberführungen/Eisenbahnüberführungen, bei denen die neuen Widerlager hinter den vorhandenen Widerlagern erstellt werden, keine größere lichte Weite verlangt wird, obwohl diese aus Gründen der Sicherheit oder Abwicklung des Verkehrs erforderlich wäre, weil man diese bei Abbruch der alten Widerlager ohne vollständige oder anteilige Kostentragung für den Neubau der Überführung erreichen kann, was selbst dann gegen die Regelungen des EKrG zur Kostentragung verstößt, wenn der jeweils andere Kreuzungsbeteiligte bereit, ist die Abbruchkosten alleine zu tragen. 90

Kein Änderungsverlangen des anderen Beteiligten liegt vor, wenn eine Brücke erneuert wird und der Ersatz nach dem heutigen Stand der Technik z.B. der Ersatz eines genieteten Stahlüberbaus durch folgende Maßnahmen erfolgt: 91
– stählerne Straßenbrücken mit Stahlflachblechen und Asphaltbelag,
– stählerne Eisenbahnbrücken mit Stahlflachblechen und durchgehendem Schotterbett.

Ein Änderungsverlangen des anderen Beteiligten liegt u.a. vor, wenn z.B. folgende Maßnahmen am jeweils anderen Verkehrsweg erfolgen (müssen): 92
– Verbreiterungen der Fahrbahn oder Gleisanlage
– Vergrößerung von Abständen zum Widerlager des anderen Verkehrsweges
– Verbesserungen von Kurven oder Linienführung
– Erweiterung von Straßenanlagen
– Erhöhen der Tragfähigkeit
– behindertengerechte Ausbildung von Rampen (DIN 18160)
– Änderung von direkt befahrenen Überbauten durch Deckbrücken

2.1.3 Abgrenzung der Kostenmasse und Kostenteilung

93 Über den Umfang der Kostenmasse s. § 1 1. EKrV Rdn. 4 ff., Rdn. 13 ff., Rdn. 49 ff. Nach dem ARS Nr. 8/1989 des BMV v. 17. Mai 1989[21] gehören grundsätzlich zur Kostenmasse nur die Aufwendungen für solche Maßnahmen, für die die Kreuzungsmaßnahme ursächlich ist. Dabei werden Vorteile, die der eine oder andere Beteiligte aus der Kreuzungsmaßnahme in betrieblicher oder wirtschaftlicher Hinsicht erzielt, nicht ausgeglichen; ausgenommen hiervon sind nur die Fälle des § 12 EKrG[22].

Fiktiventwürfe und mögliche Abrechnungsformen zur Abgrenzung der Kostenmasse:

94 Zur Kostenmasse gehören immer nur die kreuzungsbedingten Kosten (siehe § 1 1. EKrV). Schwierigkeiten ergeben sich, insbesondere im Zusammenhang mit Maßnahmen an Bahnübergängen, wenn die Maßnahme umfangreicher ausgeführt wird, als sie zur Lösung des Kreuzungsverhältnisses erforderlich ist. In dem Gesamtentwurf wird zweckmäßigerweise der kreuzungsbedingte Teil besonders kenntlich gemacht. Hiernach ist dann die Kostenmasse nach § 1 Abs. 2 1. EKrV abzugrenzen[23]. In diesen Fällen ist neben dem Ausführungsentwurf ein Fiktiventwurf für den kreuzungsbedingten Anteil aufzustellen, der sich z.B. auf den Ersatz des Bahnüberganges im Zuge der vorhandenen Straße oder in deren Nähe beschränkt[24].

95 Wenn eine Maßnahme zum Zweck der Rationalisierung umfangreicher ausgeführt wird (z.B. komplett neue BÜ-Technik im Rahmen des Baus eines neuen elektronischen Stellwerkes), als § 3 EKrG es erfordert (Nachrüstung der vorhandenen BÜ-Technik), ist die Kostenmasse nach § 13 EKrG ebenfalls durch Fiktiventwurf auf das zur Sicherheit und Abwicklung des Verkehrs Erforderliche zu beschränken.

96 Der Fiktiventwurf muss technisch einwandfrei und rechtlich durchsetzbar sein; er muss aber nicht der Exaktheit des Ausführungsentwurfes entsprechen. Die Ausführungskosten dieses Fiktiventwurfes bilden dann die Kostenmasse, sofern sie nicht höher sind als die Kosten des tatsächlich ausgeführten Entwurfs. Der Kreuzungsbeteiligte, der den Fiktiventwurf für durchführbar hält, muss den Nachweis dafür erbringen.

97 Für den Fall der Änderung der tatsächlichen Ausführungskosten gegenüber dem Ausführungsentwurf, können die Kreuzungsbeteiligten in der Kreuzungsvereinbarung folgende Abrechnungsformen der fiktiv ermittelten kreuzungsbedingten Kosten festlegen:
1. Die nach Fiktiventwurf ermittelten kreuzungsbedingten Kosten werden als Festkosten vereinbart.

---

21 S. Anh. E 6.
22 S. § 12 EKrG Rdn. 6 ff. und Rdn. 50.
23 S. § 1 1. EKrV Rdn. 4 ff.
24 S. Techn. Erl. D Rdn. 110 ff.

2. Nach dem Fiktiventwurf wird ein Prozentsatz der Ausführungskosten als kreuzungsbedingt vereinbart.
3. Bei Änderung der Ausführungskosten werden anhand eines weiteren Fiktiventwurfes die kreuzungsbedingten Kosten neu ermittelt.

Die Lösung zu 2. erscheint sowohl verwaltungsökonomisch als auch zu korrekten Ergebnissen gelangend und ist grundsätzlich vorzuziehen. Das gilt allerdings dann nicht, wenn ein völlig anderes Bauwerk (z.b. SÜ statt EÜ) oder ein Bauwerk an weit entfernter Stelle errichtet wird. 98

Nach den Richtlinien zur Ermittlung der Kostenmasse (s. Anh. E 6) kann die Kostenmasse aber auch auf Teile des Ausführungsentwurfes beschränkt werden. 99

Fiktiventwürfe bei Maßnahmen nach §§ 3, 12 Nr. 2 zur Ermittlung des Kostenteilungsschlüssels

Da die Kosten der kreuzungsbedingten Maßnahmen in der Regel im Verhältnis von Fiktiventwürfen aufgeteilt werden, sind folgende Punkte bei deren Erstellung zu berücksichtigen: 100

Zum Fiktiventwurf des jeweiligen Kreuzungsbeteiligten gehören die Maßnahmen, die er allein durchführen würde und die in seinem Interesse als Kreuzungsbeteiligter liegen. 101

Bestandteil des Fiktiventwurfes ist die jeweils wirtschaftlichste Lösung, wobei auch hier der Fiktiventwurf technisch einwandfrei und rechtlich durchsetzbar sein muss. 102

Dabei muss der Fiktiventwurf auf realistischen Parametern basieren. Es sollen – nur um die Kostenmasse und damit den eigenen Kostenanteil möglichst gering zu halten – keine Annahmen vom betreffenden Kreuzungsbeteiligten getroffen bzw. vom anderen Beteiligten verlangt werden, die als Realentwurf nicht durchgeführt würden oder nicht realisiert werden könnten (z.b. nur Verbreiterung des vorhandenen Überbaus, obwohl das Bauwerk insgesamt abgängig ist oder Vorgabe/Verlangen, dass eine Autobahn/stark befahrene Eisenbahnstrecke über Wochen gesperrt wird, um aufwändige Bauzwischenzustände zu ersparen). Es ist hilfreich sich am Realentwurf zu orientieren. Parameter die hier keine Berücksichtigung finden können brauchen grundsätzlich auch im Fiktiventwurf nicht hingenommen werden. 103

Beabsichtigt der unterhaltungspflichtige Kreuzungsbeteiligte aufgrund eines reduzierten Verkehrsbedürfnisses ein Bauwerk mit geringeren Abmessungen herzustellen, ist die Reduzierung auch dem Fiktiventwurf des anderen Kreuzungsbeteiligten zugrunde zu legen. 104

Liegen Maßnahmen im Interesse beider Verkehrswege, so werden sie Bestandteil beider Fiktiventwürfe sofern sie beiden Verkehrswegen dienen. 105

Hierbei handelt es sich z.B. um folgende Maßnahmen: 106
– Herstellung von anprallsicheren Stützen oder Verstärkungsmaßnahmen
– Änderungen von Fahrzeugrückhaltesystemen der Straße aus den Vorgaben der RPS 2009

107 Sofern der unterhaltungspflichtige Kreuzungsbeteiligte einen über die wirtschaftlichste Lösung hinausgehenden Realentwurf (z.b. besondere architektonische Gestaltung) verlangt, können die Kreuzungsbeteiligten über einen dritten Fiktiventwurf, der die wirtschaftlichste Lösung in Bezug auf das beiderseitige Verlangen enthält, die kreuzungsbedingten Gesamtkosten ermitteln und diese der Kostenteilung zu Grunde legen. Die darüber hinausgehenden nicht kreuzungsbedingten Kosten sind dann alleine vom Verlangenden zu tragen. In diesem Fall empfiehlt es sich, die kreuzungsbedingten Kosten als Festkosten zu vereinbaren.

Vereinfachte Verfahren zur Kostenteilung bei Maßnahmen mit Kostenfolge nach § 12 Nr. 2

108 Statt der Erstellung von Fiktiventwürfen kann in Fällen des § 12 Nr. 2 EKrG die Kostenteilung auch nach dem sog. vereinfachten Verfahren zur Ermittlung der Kostenteilung[25] erfolgen.

109 Dieses Verfahren ist nicht immer unproblematisch z.B. bei Provisorien, die während der Bauzeit notwendig sind. Die Kostenteilung errechnet sich nur aus den Kosten des eigentlichen Brückenbauwerkes und berücksichtigt nicht die Rampen und Folgemaßnahmen. Daher führt das vereinfachte Verfahren in vielen Fällen nicht zu sachgerechten Kostenverteilungen, sodass dann vollständige Fiktiventwürfe erforderlich sind[26].

2.2. Zu § 3 Nr. 1: Beseitigung von Kreuzungen

2.2.1 Beseitigung eines Bahnüberganges aus kreuzungsbedingten Gründen in Verbindung mit dem Bau einer Ortsumgehungsstraße

110 Im Zuge eines weiträumigen Bundesstraßenausbaues soll unter anderem auch eine Ortsdurchfahrt, die über einen Bahnübergang aus dem Ort herausführt, durch eine Umgehung ersetzt werden. Da auch nach Herausnahme des Durchgangsverkehrs der kreuzende Verkehr im Bereich des Bahnübergangs erheblich sein wird und weiterhin lange Schrankenschließzeiten anfallen, ist das Erfordernis zur Beseitigung des Bahnübergangs weiterhin gegeben. Die Beteiligten werden sich darüber einig, dass für den Anschluss des Ortes an die neue Bundesstraße – als Ersatz für den Bahnübergang – eine in der Mitte der Ortsseite liegende, allerdings in der Breite unzureichende Eisenbahnüberführung benutzt werden soll (Abb. 7).

111 Der Beseitigung des Bahnüberganges und damit auch der Kreuzung dienen: der teilweise Bau der Umgehungsstraße (bis zum Anschluss an die zu verbreiternde Eisenbahnüberführung), die Verbreiterung der Eisenbahnüberführung (1) selbst und der Rückbau der Bahnübergangsanlagen. Der Bau dieses Teils der Umgehungsstraße ist aber auch erforderlich für die Ortsumgehung. Weitere Maßnahmen der Ortsumgehung sind die Beseitigung der Eisenbahnüberführung (2) und die dann noch erforderlich werdende Verlängerung der Umgehungsstraße.

---

25 Siehe Anh. E 7.
26 Siehe § 1 1. EKrV Rdn. 49 ff.

2. Zu § 3 in Verbindung mit §§ 12, 13   **Teil D**

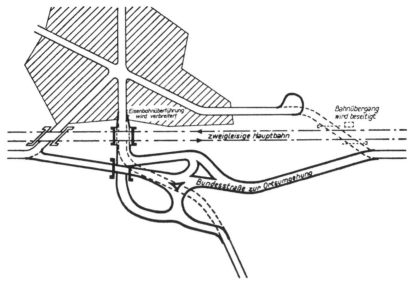

Abbildung 7

Zur Ermittlung der kreuzungsbedingten Kosten für die Beseitigung des Bahnüberganges war zunächst zu prüfen, ob der Bahnübergang an Ort und Stelle – ohne Berücksichtigung der Umgehungsstraße – beseitigt werden könnte. Es wurde ein fiktiver Entwurf, der auch technisch umsetzbar gewesen wäre, aufgestellt, der den Ersatz des Bahnüberganges durch eine Straßenüberführung an der jetzigen Kreuzungsstelle vorsah. Da dieser Fiktiventwurf wirtschaftlicher war als die Verbreiterung der vorhandenen Eisenbahnüberführung einschließlich der erforderlichen Folgemaßnahmen, wurden die sich für die Straßenüberführung und den Rückbau der Bahnübergangsanlagen ergebenden Kosten gedrittelt. Der Umbau der Eisenbahnüberführung wurde gesondert als Maßnahme nach § 12 Nr. 1 EKrG zu Lasten des Straßenbaulastträgers behandelt, wobei die Kostenlast des Straßenbaulastträgers durch die fiktiv ermittelten Kosten für den Ersatz des Bahnübergangs durch eine Straßenüberführung reduziert wurde. 112

Die ggf. entstehenden Mehrerhaltungskosten gingen voll zu Lasten der Straße, ein ggf. dem EIU entstehender Vorteil wäre von diesem gegenüber dem Straßenbaulastträger auszugleichen. 113

Wäre der Fiktiventwurf für die Maßnahmen an Ort und Stelle nicht umsetzbar gewesen, so hätten die Kosten für die Verbreiterung der Eisenbahnüberführung (einschließlich Folgemaßnahmen) die kreuzungsbedingte Kostenmasse nach § 13 EKrG bestimmt. Ein Ausgleich der Mehrerhaltungskosten/des Vorteilaus käme dann nicht in Betracht. 114

Teil D Technische Erläuterungen, Beispiele und Tabellen

2.2.2 Beseitigung eines Doppel-Bahnüberganges aus (teilweise) kreuzungsbedingten Gründen in Verbindung mit der Änderung einer Straßenüberführung

115 Schwierig sind solche Fälle, an denen im Zusammenhang mit der Beseitigung von Bahnübergängen verschiedene Eisenbahnunternehmen beteiligt sind. Hierzu ein Beispiel, in dem die Beseitigung der Bahnübergänge mit der Änderung einer benachbarten Straßenüberführung – diese aufgrund beiderseitigen Verlangens – zusammengefasst werden soll. Der Bahnübergang besteht rechtlich aus »BÜ 1« Eisenbahninfrastrukturunternehmer (EIU) 1 (DB Netz AG) und »BÜ 2« mit dem EIU 2 (anderer EIU einer öffentlichen Bahn), ihre Gleise sind unterschiedlich (etwa 3:1) mit Zügen und Rangierfahrten belastet. Bei den beiden Straßen (im Zuge des BÜ und der vorhandenen Überführung) handelt es sich um Straßen des gleichen Straßenbaulastträgers (Abb. 8).

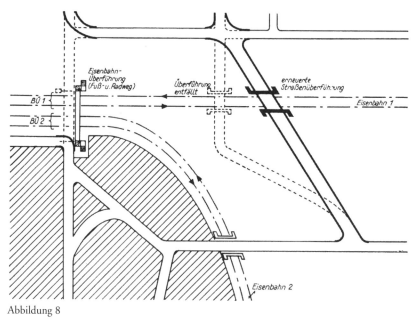

Abbildung 8

116 Anlässlich der Elektrifizierung der stärker belasteten Eisenbahn 1 muss unter der Straßenüberführung, die *nur* die zu elektrifizierende Eisenbahn 1 kreuzt, die lichte Höhe vergrößert werden. Gleichzeitig verlangt der Straßenbaulastträger die Verbreiterung der vorhandenen Straßenfahrbahn auf zwei ausreichend dimensionierte Fahrspuren und die Erhöhung der Tragfähigkeit. Die Erfüllung beider Verlangen macht einen Brückenneubau erforderlich.

Gleichzeitig macht die geplante Erhöhung der Geschwindigkeit auf den Gleisen des 117
EIU 1 die Aufhebung des Bahnüberganges in diesem Bereich erforderlich. Aus technischen Gründen muss aber der Doppel-Bahnübergang ohne Rücksicht auf die unterschiedlichen Belastungen auf den Gleisen der beiden EIU vollständig ersetzt werden.

Die Beseitigung des Bahnübergangs soll in die Kreuzungsänderung einbezogen werden. 118
Der Kraftfahrzeugverkehr auf dem Doppel-Bahnübergang soll durch entsprechende Straßenanschlüsse auf die zu erneuernde Straßenüberführung, die für den zusätzlichen Verkehr um zwei weitere Fahrspuren verbreitert werden soll, geleitet werden. Für den Fußgänger- und Radfahrerverkehr auf dem Doppel-Bahnübergang ist als Ersatz eine Eisenbahnüberführung (Fuß- und Radweg) vorgesehen. Es liegt hier sowohl eine Maßnahme nach §§ 3, 12 als auch nach §§ 3, 13 EKrG vor. Da die Beseitigung des Bahnübergangs sich aber nur aufgrund der Abwicklung des Verkehrs auf dem BÜ 1 ergibt, kann auch nur der EIU 1 zur Kostentragung herangezogen werden; der EIU 2 ist Kreuzungsbeteiligter, aber nicht Kostenbeteiligter.

Die kreuzungsbedingten Gesamtkosten können in diesem Falle folgendermaßen aufgeteilt werden: 119

Für die Änderung der Straßenüberführung aus dem beidseitigen Verlangen ist ein 120
Fiktiventwurf (1) zu erstellen. Die sich hieraus ergebenden Kosten für zwei volle Fahrspuren sowie die Traglasterhöhung und die Vergrößerung der lichten Höhe der Straßenüberführung einschl. Änderung der Straßenrampen tragen das EIU 1 und der Straßenbaulastträger im Verhältnis der Baukosten bei getrennter Durchführung (§ 12 Nr. 2 EKrG). Zur Ermittlung der Aufteilung der Kosten auf den Straßenbaulastträger und den EIU 1 sind zwei weitere Fiktiventwürfe (2 und 3) erforderlich[27].

Die Kosten für die tatsächlich ausgeführten Baumaßnahmen (Straßenüberführung 121
mit 4 Fahrspuren, erforderliche Straßenanschlüsse und Eisenbahnüberführung für den Fuß- und Radweg an Ort und Stelle des BÜ) werden um die Kosten für die Änderung der Straßenüberführung gemäß Fiktiventwurf (1) reduziert. Die dann noch verbleibenden Kosten tragen gemäß § 13 Abs. 1 EKrG zu je ⅓ Straßenbauverwaltung, EIU 1 und Bund. Erhaltungspflichtig für die Eisenbahnüberführung über dem Fuß- und Radweg wird das EIU 1, das keinen Anspruch auf Ausgleich der Erhaltungskosten hat.

In Bezug auf die Straßenüberführung ist für die Ermittlung eines Ablösungsbetrages 122
von Mehrerhaltungskosten/Vorteilsausgleich der Fiktiventwurf (1) zugrunde zu legen. Die Mehrerhaltungskosten, die durch die zwei zusätzlichen Fahrspuren auf der SÜ entstehen, muss der Straßenbaulastträger ohne Ausgleich tragen, weil es sich bei den Straßen im Zuge des BÜ und der vorhandenen Überführung um den gleichen

---

27 S. § 12 EKrG Rdn. 18 ff.

Straßenbaulastträger handelt. Wären zwei unterschiedliche Baulastträger betroffen, müssten die Mehrerhaltungskosten, die der Verbreiterung der Straßenüberführung aus der BÜ-Beseitigung geschuldet sind, anders behandelt werden. Diese Kosten wären im Rahmen der Planfeststellung als Folgekosten aus der Beseitigung von dem Unterhaltungspflichtigen der Straßenüberführung geltend zu machen.

123 Anders wäre der Fall zu beurteilen, wenn es die Situation am »BÜ 2« erforderlich macht, auch diesen zu beseitigen, so dass das Erfordernis einer sofortigen Beseitigung für den Doppel-Bahnübergang insgesamt bejaht werden muss. Wie die Eisenbahnunternehmer in solchen Fällen das auf sie fallende Drittel aufzuteilen haben, ist gesetzlich nicht festgelegt. Die zweckmäßigste Grundlage für die Kostenaufteilung des Eisenbahndrittels ist in diesen Fall die Anzahl der Gleise. Wäre das Erfordernis für beide BÜ bei unterschiedlicher Belegung gegeben, könnte die Aufteilung auch über die Anzahl der Zugbewegungen ermittelt werden.

124 Das letzte Drittel trägt dann für den Teil des EIU 1 (DB Netz AG) der Bund und für den Teil des EIU 2 das Land. Die Erhaltung für die Fuß- und Radwegunterführung könnte in gleicher Weise aufgeteilt werden.

2.2.3 Beseitigung eines Bahnüberganges aus nicht kreuzungsbedingten Gründen

125 Die gemeinsame Ortsdurchfahrt der Bundesstraßen 1 und 2 ist für den Verkehr nicht mehr ausreichend. Für die B 2 soll daher eine Ortsumgehungsstraße angelegt werden. Da für die Anbindung des Ortes an die B 2 ein Anschluss genügt, kann auf den östlichen Ast mit einem Bahnübergang über eine eingleisige Nebenbahn verzichtet werden. Ferner soll die Abzweigung einer Landesstraße 1. Ordnung von der B 1/2 an die neue Ortsumgehung verlegt werden, um eine Kreuzung B 2/Landesstraße 1. Ordnung zu vermeiden (Abb. 9). Durch diese straßenbaulichen Maßnahmen entfallen die Bahnübergänge (1) und (2). Als Ersatz für (1) war lediglich eine Überführung für Fußgänger (3) einzuplanen, ohne dass dies aus Gründen der Sicherheit oder Abwicklung des Verkehrs erforderlich gewesen wäre. Da die gesamte Maßnahme aus allgemeinen straßenverkehrlichen Gründen durchgeführt wurde und Änderungen an den beiden Bahnübergängen nicht erforderlich waren, konnte in diesem Falle das EKrG nicht angewendet werden; es wurde eine Regelung außerhalb des EKrG gesucht und gefunden.

2. Zu § 3 in Verbindung mit §§ 12, 13   **Teil D**

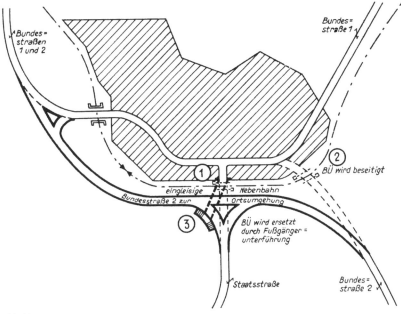

Abbildung 9

2.3. Zu § 3 Nr. 2: Entlastung von Kreuzungen (Entlastung eines Bahnüberganges und einer Überführung)

Bauliche Maßnahmen zur Entlastung von Kreuzungen[28] ohne Änderungen an den Kreuzungen selbst sind verhältnismäßig selten. Dies gilt besonders für Bahnübergänge, weil allerseits angestrebt wird, diese im Rahmen der zur Verfügung stehenden Mittel entsprechend der Dringlichkeit zu beseitigen oder durch Bauwerke zu ersetzen. Zur Entlastung von zwei Kreuzungen diente die folgende Maßnahme: Im Zuge einer stark befahrenen Ortsdurchfahrt einer Landesstraße durch einen langgestreckten Ort befinden sich im Norden ein Bahnübergang und im Süden eine Straßenüberführung. Die Straße ist durchweg ausreichend breit angelegt, nur an den beiden Kreuzungen sind Engstellen, die verbreitert werden müssten. Für den Durchgangsverkehr soll eine Ortsumgehung ohne Kreuzungen mit der Eisenbahn angelegt werden, die die Kreuzungen so stark entlastet, dass die vorhandenen Straßenbreiten auch für die übersehbare Verkehrsentwicklung weiterhin ausreichen. Auf keine der beiden Kreuzungen kann jedoch wegen der großen Umwege, die ein Teil der Verkehrsteilnehmer dann in Kauf nehmen müsste, verzichtet werden. Die an dem Bahnübergang Beteiligten müssen in diesem Falle den Bau der Ortsumgehung als EKrG-

---

28 S. § 3 EKrG Rdn. 78 ff.

Entlastungsmaßnahme anerkennen. Als Kostenmasse, die nach § 13 Abs. 2 EKrG zu teilen ist, sind die für die fiktive Verbreiterung des Bahnüberganges ersparten Kosten anzusetzen. Die fiktive Verbreiterung der Überführung, deren Kosten zwar ebenfalls erspart wurde, bleiben außer Betracht, da es sich hier um eine Überführung handelt, deren Änderung nach § 12 Nr. 1 EKrG zu behandeln wäre; eine Kostenbeteiligung für die fiktiv ersparten Kosten an der Überführung sieht der § 12 EKrG nicht vor.

2.4 Zu § 3 Nr. 3: Änderung von Bahnübergängen

2.4.1 Ersatz von Bahnübergängen durch Überführungen

Fall 1:

127 In einer Großstadt wurde ein auf Schiene und Straße stark befahrener Bahnübergang im Zuge einer vierspurigen Straße, an dem es wegen der langen Schrankenschließzeiten zu erheblichen Staubildungen kam, durch eine vierspurige Straßenüberführung in der bisherigen Linienführung ersetzt. An den Rampenenden und seitlich der Rampen mussten verschiedene Straßen an die neue Straßengradiente angepasst werden. Zur Kostenmasse gehörten die gesamten Kosten für das Kreuzungsbauwerk, für die Rampen und die Neugestaltung der angrenzenden Straßen. Für die Umleitung des Straßenverkehrs während der Bauzeit musste ein Ersatzstraßenzug ausgebaut werden. Die Kosten hierfür gingen nicht in die Kostenmasse ein, da dieser Straßenzug ohnehin in etwa 5 Jahren ausgebaut werden sollte. In die Kostenmasse fielen daher insoweit nur die Mehrkosten, die im Zusammenhang mit der Kreuzungsänderung entstanden sind: in diesem Falle die Zinsen für die gesamten Ausbaukosten auf die Dauer von 5 Jahren.

Fall 2:

128 Auch im Zusammenhang mit der Einrichtung von S-Bahn-Verkehren in Ballungsräumen kann der Ersatz von Bahnübergängen durch Überführungen nach § 3 EKrG erforderlich werden. Hierzu das folgende Beispiel: Eine bisher eingleisige Güterzugstrecke mit geringem Verkehr am Rande einer Großstadt soll zu einer zweigleisigen S-Bahnstrecke ausgebaut werden. Dabei soll in möglichst verkehrsgünstiger Lage zu einem Vorort an einer jetzt höhengleichen Kreuzung mit einer Hauptverkehrsstraße ein Haltepunkt errichtet werden. Der S-Bahnbetrieb mit sehr dichter Zugfolge hätte lange Schrankenschließzeiten zur Folge, was aufgrund der hohen Verkehrsdichte auf der Straße zu großen Staubildungen führen würde. Die Eisenbahn soll tiefer gelegt und die Straße in ihrer jetzigen Höhe mit einer Überführung über die Eisenbahn geführt werden. Dabei soll für den Fußgängerverkehr außer einer besonderen Bahnsteigüberführung auch der neue Bahnsteig über Treppen von der neuen Straßenüberführung aus erreichbar sein (s. Abb. 10). Die Straßenüberführung einschließlich Geh- und Radweg ist kreuzungsbedingt. Die Treppenzugänge von der Überführung aus zum Bahnsteig können nicht den nach § 13 EKrG zu teilenden kreuzungsbedingten Kosten zugeordnet werden. Für die Erhaltungs- und Betriebskosten gilt dann § 15 Abs. 3 EKrG in Verbindung mit § 14 Abs. 1 EKrG, wobei die Zugangstreppen zum Bahnsteig zu den Bahnanlagen zählen.

2. Zu § 3 in Verbindung mit §§ 12, 13 **Teil D**

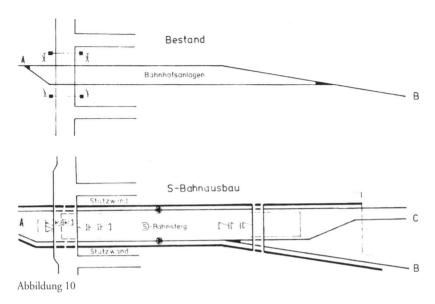

Abbildung 10

Nur für den Fall, dass ein Bahnsteig bereits vorhanden ist und man auch vom Bahn- 129
überganges aus auf den Bahnsteig gelangen kann, sind beim Ersatz des Bahnüberganges durch Straßen- oder Eisenbahnüberführungen die dann erforderlich werden Bahnsteigzugänge den kreuzungsbedingten Kosten zuzuordnen, weil im Rahmen der Kreuzungsmaßnahme die vorhandenen Verkehrsbeziehungen wieder herzustellen sind.

2.4.2 Änderung von Bahnübergängen durch Überführungen zusammen mit anderen Bauarbeiten

2.4.2.1 Ersatz eines Bahnüberganges und gleichzeitiger Bau einer Ortsumgehung

Ein innerorts gelegener Bahnübergang wurde durch eine Eisenbahnüberführung (für 130
Fußgänger und Radfahrer) an der bisherigen Kreuzungsstelle und dem Bau einer weiteren Eisenbahnüberführung (für den Kfz-Verkehr) ausserorts im Zuge der gleichzeitig durchgeführten Ortsumgehung beseitigt. Die Voraussetzungen des § 3 EKrG lagen vor (Abb. 11).

Die Kreuzungsbeteiligten haben sich zu Recht in der Vereinbarung nach § 5 EKrG 131
darauf geeinigt, die Kostenmasse mittels eines Fiktiventwurfes festzulegen. Dieser umfasste die Beseitigung des Bahnüberganges durch eine Eisenbahnüberführung an der bisherigen Stelle (für Fußgänger, Radfahrer und Kfz-Verkehr). Rechtlich gesehen liegen zwei Maßnahmen vor, die Beseitigung des Bahnüberganges und der Bau einer Ortsumgehung. Die über die Fiktivkosten hinausgehenden Kosten des Ausführungsentwurfes muss der Straßenbaulastträger außerhalb des EKrG alleine finanzieren. Dem EIU entstehen durch die zwei Eisenbahnüberführungen gegenüber der Fiktiv-

341

lösung auch Mehrerhaltungskosten. Soweit eine Maßnahme nach §§ 3, 13 EKrG vorliegt, sind Mehrerhaltungskosten nach § 15 *Abs.* 3 EKrG nicht erstattungsfähig. Für den darüber hinausgehenden Teil steht dem EIU keine Anspruchsgrundlage für die Erstattung der Mehrunterhaltungskosten zur Seite. Das EKrG gilt insoweit nicht; eine allgemeine Anspruchsgrundlage auf Erstattung von Mehrerhaltungskosten ist im Verwaltungsrecht ebenfalls nicht anerkannt. Es ist aber sach- und interessengerecht, wenn der EIU die Erstattung der zusätzlichen Mehrerhaltungskosten im Rahmen der Planfeststellung geltend macht und die Beteiligten in der Vereinbarung ausdrücklich eine Erstattung dieser zusätzlichen Kosten vorsehen.

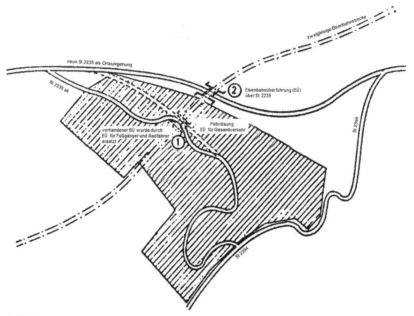

Abbildung 11

132 Für den Fall, dass im Rahmen einer Maßnahme nach §§ 3, 13 EKrG der Straßenbaulastträger eine Eisenbahnüberführung wünscht, obwohl eine – technisch durchführbare und rechtlich durchsetzbare – Straßenüberführung wirtschaftlicher wäre, sollte entsprechend vorgegangen werden.

2.4.2.2 Ersatz eines Bahnübergangs im Zusammenhang mit dem Neubau einer Bundesfernstraße

Fall 1:

133 Zur Bündelung der Verkehre wird eine neue Bundesfernstraße in Parallellage neben eine Eisenbahnstrecke verlegt. Dies hat zur Folge, dass eine vorhandene Straße, die

2. Zu § 3 in Verbindung mit §§ 12, 13   Teil D

bereits die Eisenbahnstrecke höhengleich kreuzt, planfrei nicht nur über die Fernstraße, sondern zwangsläufig auch über die Bahn geführt und der vorhandene Bahnübergang beseitigt werden muss.

Es liegen zwei Kreuzungen vor, eine Eisenbahn- und eine Straßenkreuzung (sog. Doppelkreuzung). Wegen der Parallellage ist ein einheitliches Kreuzungsbauwerk über Straße und Schiene erforderlich. Jede Kreuzungsmaßnahme muss zunächst selbständig hinsichtlich der kreuzungsrechtlichen Einordnung überprüft werden. Sofern gleichzeitig aus Gründen der Sicherheit oder Abwicklung des Verkehrs das Erfordernis zur Beseitigung des vorhandenen Bahnüberganges gegeben sein sollte, bestimmen sich die Rechts- und Kostenfolgen für diese Kreuzung nach §§ 3, 13 EKrG. Die Gesamtkosten für das einheitliche Kreuzungsbauwerk sind dann zwischen den beiden Kreuzungen aufzuteilen. Eine gesetzliche Regelung besteht dafür nicht. Es empfiehlt sich in vorliegendem Fall die Kosten für die EKrG-Maßnahme mittels Fiktiventwurf zu berechnen und als Festbetrag festzuschreiben. Diese EKrG-Kostenmasse ist dann nach der gesetzlichen Regelung aufzuteilen. Die verbleibenden Kosten sind vom Straßenbaulastträger der Fernstraße zu tragen. Liegen dagegen im Hinblick auf ein geringes Verkehrsaufkommen die Voraussetzungen des § 3 EKrG nicht vor, so bestimmen sich die Rechtsfolgen für **beide** Kreuzungen nur nach dem FStrG und nicht nach dem EKrG. Die Beseitigung des Bahnüberganges ist dann eine Folgemaßnahme des Neubaus der Straßenkreuzung   134

Fall 2:

Das folgende Beispiel zeigt auf, wie verfahren werden kann, wenn sich z.B. die Erdarbeiten für die Dammschüttungen oder andere Arbeiten von zwei Bauprojekten überlagern, von denen das eine Projekt eine EKrG-Maßnahme ist. Der Bahnübergang im Zuge einer Stadtstraße soll durch eine Straßenüberführung ersetzt und gleichzeitig eine neue Bundesstraße parallel zur Eisenbahn in ca. 50 m Abstand gebaut werden. Auch bei der entstehenden Straßenkreuzung Bundesstraße/Stadtstraße ist die Überführung der Stadtstraße vorgesehen. Die Beteiligten einigen sich, dass bei der geringen Entfernung der Eisenbahn von der neuen Bundesstraße die Stadtstraße zwischen den beiden Kreuzungen in der Höhe der Überführungen verlaufen soll. Somit dient das Zwischenstück der Verwirklichung beider, etwa gleichzeitig auszuführender Projekte.   135

Zweckmäßigerweise werden in diesem Fall die tatsächlich aufzuwendenden Kosten analog der Vorschrift des § 12 Nr. 2 EKrG auf die beiden Projekte aufgeteilt D.h. es werden zwei Fiktiventwürfe erstellt. Der Fiktiventwurf 1 bezieht sich auf den Ersatz des BÜ als SÜ mit den entsprechenden Rampen. Fiktiventwurf 2 beinhaltet die Straßenkreuzung, ebenfalls mit den entsprechenden Rampen. Die Kosten des Realentwurfes, der als Zwischenstück den durchgehenden Damm beinhaltet, werden dann entsprechend des Kostenteilungsschlüssels aus den Fiktiventwürfen geteilt.   136

Sofern zwischen vorhandenem BÜ und neuer Straßenkreuzung nicht genügend Platz für Rampen wäre, würde der Fiktiventwurf 1 gleich bleiben und der Fiktiventwurf 2 müsste auch noch die Überführung der Gleise beinhalten.   137

Teil D Technische Erläuterungen, Beispiele und Tabellen

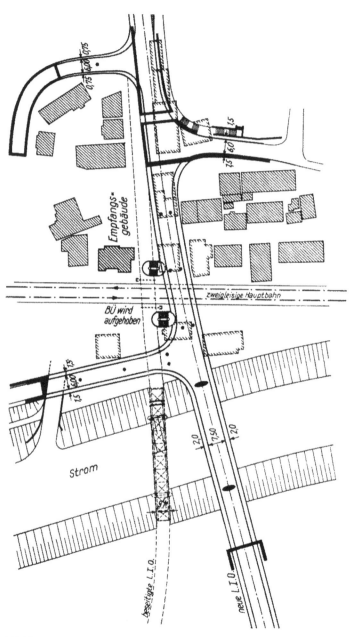

Abbildung 12

2.4.2.3 Ersatz eines Bahnüberganges in Zusammenhang mit der Erneuerung einer Flussbrücke

Die Erneuerung einer alten, zu schmalen und nicht mehr genügend tragfähigen Flussbrücke wird mit der aus Gründen der Sicherheit und Abwicklung des Verkehrs erforderlichen Änderung eines Bahnüberganges (Ersatz des BÜ durch eine SÜ) – beide im Zuge einer Landesstraße verbunden (Abb. 12). In einem solchen Falle regelt weder das EKrG noch die 1. EKrV, wie zu verfahren ist, vielmehr müssen die Beteiligten nach näherer Vereinbarung ermitteln, in welchem Umfange die Baukosten kreuzungsbedingt und daher in die Kostenmasse zu übernehmen und in welchem Umfange sie nicht kreuzungsbedingt und daher vom verlangenden Baulastträger allein zu tragen sind. In diesem Falle kann eine quotenmäßige Aufteilung der Kosten vereinbart werden und zwar in dem Verhältnis, in dem die Baukosten bei getrennter Durchführung (Änderung der Flussbrücke und Ersatz des BÜ durch eine SÜ) zueinander stehen würden, also analog der Vorschrift des § 12 Nr. 2 EKrG. Hierfür sind dann zwei fiktive Entwürfe gegenüber zu stellen. Der 1. Entwurf umfasst die Beseitigung des BÜ mit Anpassung der vorhandenen Flussbrücke an die neue Höhenlage der Kreuzung zwischen Bahn und Straße. Dabei sind u.U. nicht nur die Kosten der Höherlegung selbst zu berücksichtigen; ggf. zählen die Gesamtkosten eines notwendig werdenden Neubaus der Flussbrücke in der erforderlichen Höhe und Lage, aber ohne Verbreiterung und Verstärkung des Überbaus zur kreuzungsbedingten Kostenmasse des Fiktiventwurfs 1. Im 2. Entwurf ist dann die Verbreiterung und Verstärkung der Flussbrücke ohne Änderung ihrer Höhe und Lage, also ohne Berücksichtigung der Kreuzung von Schiene und Straße vorzusehen, weil hierfür die Kreuzungsmaßnahme nicht ursächlich ist[29].

138

Die Kostenmasse für nachstehendes Beispiel wäre wie folgt aufzuteilen:
Kosten Fiktiventwurf 1 (mit Neubau der Flussbrücke): 4.800.000 €
Kosten Fiktiventwurf 2: 3.200.000 €
Realentwurf: 5.200.000 €

139

Anteil BÜ:

$$\frac{4.800.000 \cdot 5.200.000}{4.800.000 + 3.200.000} = 3.120.000$$

Somit entfallen hiervon auf Land, DB Netz AG und Bund je 1.040.000 €

Anteil Flussbrücke:

$$\frac{3.200.000 \cdot 5.200.000}{4.800.000 + 3.200.000} = 2.080.000$$

Dieser Anteil ist zu 100 % vom Land zu tragen.

Beim Zusammentreffen mehrerer Bauprojekte obliegt es den Kreuzungsbeteiligten – in Abhängigkeit der Gegebenheiten (z.B. gleiche/unterschiedliche Baulastträger der Straße) zu entscheiden, ob die Kostenmasse für das EKrG Vorhaben anhand **eines**

140

---
29 S. Anh. E 6.

Teil D Technische Erläuterungen, Beispiele und Tabellen

Fiktiventwurfs ermittelt wird und die verbleibenden Kosten vom Verursacher des anderen Bauprojektes getragen werden oder die kreuzungsbedingten Kosten analog der Vorschrift des § 12 Nr. 2 EKrG berechnet werden, so dass die Vorteile gleichzeitiger Ausführung verschiedener Bauprojekte den Baulastträgern beider Projekte im Verhältnis der Baukosten bei selbständiger Ausführung zu Gute kommen.

2.4.3 Ersatz von Bahnübergängen durch Überführungen aus nicht kreuzungsbedingten Gründen

141 Bei vielen Straßenbaumaßnahmen sind fehlende oder entfallende Stauräume sowie Flurbereinigungen, insbesondere wenn Schiene und Straße dicht nebeneinander parallel verlaufen, Ursache für Folgemaßnahmen an Kreuzungen Schiene/Straße, die die Voraussetzungen des § 3 EKrG nicht erfüllen, weil die Kreuzung als solche nicht verbesserungsbedürftig im Sinne der Vorschrift ist, und daher nicht unter das EKrG fallen.

Fall 1:

142 Eine Bundesstraße führt auf engen und verwinkelten Ortsstraßen mit zwei Bahnübergängen (1/3) über eine eingleisige Nebenbahn; der Ort hat nur geringen Quell- und Zielverkehr. Außerdem existiert ein weiterer Bahnübergang (2) im Zuge einer Ortsstraße (Abb. 13). Die Bundesstraße hat mäßigen Verkehr, auf der Eisenbahn verkehren nur wenige Güterzüge, hauptsächlich mit Massengut. Wegen der äußerst geringen gegenseitigen Behinderungen besteht kein Erfordernis, an den Bahnübergängen in absehbarer Zeit etwas zu ändern. Dringend erforderlich ist es jedoch, die ungünstige Ortsdurchfahrt der Bundesstraße durchgreifend durch eine Ortsumgehung zu verbessern. Die neue Ortsumgehung wird in etwa parallel und direkt neben der Eisenbahn geführt, und kreuzt die Eisenbahnstrecke nicht mehr, so dass die beiden Bahnübergänge im Zuge der alten Bundesstraße entfallen können. Wegen des fehlenden Stauraums zwischen Straße und Eisenbahn kann aber der Bahnübergang im Zuge der Ortsstraße nicht belassen werden. Dieser wird durch eine Überführung

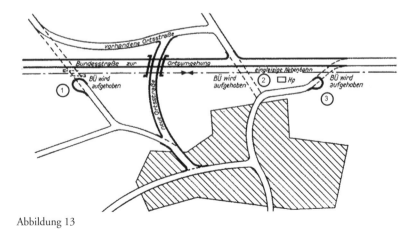

Abbildung 13

2. Zu § 3 in Verbindung mit §§ 12, 13 **Teil D**

(etwa in Ortsmitte) ersetzt. Die Überführung ist so zu bemessen, dass sie nunmehr alle Verkehre – auch die der beiden entfallenen Bahnübergänge – aufnehmen kann. Die Kosten hierfür hat der Straßenbaulastträger der Bundesstraße zu tragen. Es liegt keine Maßnahme nach §§ 3, 13 vor, so dass auch der Abschluss einer entsprechenden Vereinbarung nicht zwingend erforderlich ist. Es empfiehlt sich aber zwischen Bund (Träger der Kosten), Gemeinde (zukünftiger Unterhaltungspflichtiger der Straßenüberführung) und der Bahn (Wegfall der Bahnübergänge) eine gemeinsame Vereinbarung über die Kostentragung und Durchführung der Maßnahme abzuschließen.

Fall 2:

Die höhengleiche Kreuzung einer Gemeindestraße soll mit einer stark befahrenen Bundesstraße, die parallel neben einer eingleisigen Hauptbahn verläuft, durch eine Überführung der Bundesstraße (die Gemeindestraße wird tiefer gelegt) ersetzt werden. Dies hat zur Folge, dass auch die höhengleiche Kreuzung der Gemeindestraße mit der Bahn nicht beibehalten werden kann, sondern durch eine Eisenbahnüberführung (die tiefer gelegte Gemeindestraße wird unterführt) ersetzt werden muss. Hier fallen die Kosten für die Eisenbahnüberführung dem veranlassenden Straßenbaulastträger zur Last. Im Rahmen des Planfeststellungsverfahrens kann die DB Netz AG verlangen, dass ihr die Erhaltungs- und Betriebslast erstattet oder abgelöst wird. 143

Fall 3:

Im Zusammenhang mit einer Flurbereinigung im Rahmen einer Bundesfernstraßenmaßnahme wurde eine Bundesstraße an den Ortsrand verlegt. Für den ursprünglich vorhandenen Bahnübergang war keine Ersatzmaßnahme erforderlich, weil die Bundesstraße die Eisenbahnstrecke nicht mehr kreuzte. Zur einwandfreien Gestaltung des Ortsanschlusses an die Bundesstraße wurde allerdings eine neue Ortsverbindungsstraße erforderlich, die mittels einer Straßenüberführung – aus geländebedingten Gründen nicht an Ort und Stelle des ursprünglichen Bahnübergangs – die Eisenbahnstrecke kreuzte (Abb. 14). 144

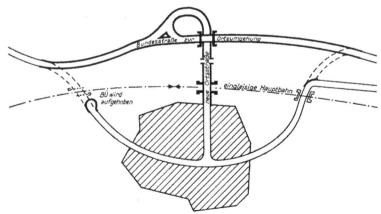

Abbildung 14

Teil D   Technische Erläuterungen, Beispiele und Tabellen

145   Hier war der Anlass für die Kreuzungsänderung weder die Sicherheit noch die Abwicklung des Verkehrs an der Kreuzungsstelle, sondern die Flurbereinigung. Die Kreuzungsänderung – Wegfall des Bahnüberganges und neue Straßenüberführung – ist nur ein Nebenprodukt, das für eine verkehrsgerechte Lösung des Gesamtprojektes erforderlich war. Auch dieser Fall war außerhalb des EKrG §§ 3, 13 zu regeln. Es empfiehlt sich aber zwischen Bund (Träger der Kosten), Gemeinde (zukünftiger Unterhaltungspflichtiger der Straßenüberführung) und der Bahn (Wegfall der Bahnübergänge) eine gemeinsame Vereinbarung über die Kostentragung und Durchführung der Maßnahme abzuschließen.

Fall 4:

146   Im gleichen Sinne liegt das vierte Beispiel, in dem eine die Eisenbahn nicht kreuzende Bundesstraße zur Verbesserung ihrer Linienführung neben die Eisenbahn gelegt wurde. Dadurch entfielen die bisher als Stauraum ausreichenden Abstände zwischen zwei Bahnübergängen und der Bundesstraße. Die beiden Bahnübergänge mussten deshalb durch eine gemeinsame Straßenüberführung über Eisenbahn und Bundesstraße ersetzt werden (Abb. 15). Hier handelte es sich also nicht um einen Tatbestand nach § 3 EKrG, sondern um eine bauliche Maßnahme als Folge des Ausbaues und der Verlegung einer die Bahn nicht kreuzenden Straße. Die Kosten fielen dem Straßenbaulastträger der Bundesstraße allein zu, der in diesem Falle kein Beteiligter im Sinne des § 1 EKrG ist. Dies gilt in gleicher Weise, wenn aus solchem Anlass Bahnübergänge und deren Sicherungseinrichtungen geändert werden müssen. Etwaige Vorteile (hier z.B. für die DB Netz AG durch den Wegfall der Bahnübergänge) können in solchen Fällen gegebenenfalls, jedoch ohne rechtliche Verpflichtung, gegenseitig ausgeglichen werden. Anordnungen gemäß §§ 6, 10 EKrG können in diesen Fällen die Baulastträger der nicht kreuzenden Straße nicht beantragen.

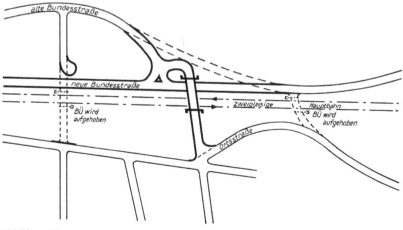

Abbildung 15

2.5. Zu § 3 Nr. 3: Änderung von Bahnübergängen durch erstmalige Einrichtung/ Verbesserung der technischen Sicherungen

Hierhin gehören alle Maßnahmen an Bahnübergängen, die der Sicherheit oder Abwicklung des Straßen- und/oder Eisenbahnverkehrs dienen. Die Anwendung des § 3 EKrG in Verbindung mit § 13 EKrG ist nicht davon abhängig, dass beide Beteiligten einen Vorteil von oder ein Interesse an solchen Maßnahmen haben; maßgeblich ist vielmehr, dass sie durch die örtlichen Verhältnisse im Kreuzungsbereich bedingt sind.

2.5.1 Erstmalige technische Sicherungen an Bahnübergängen

Die erstmalige technische Sicherung eines Bahnüberganges wird grundsätzlich nötig, wenn ein Bahnübergang wegen der aktuell/zukünftig vorliegenden Verkehrsstärke oder wegen Erhöhung der Geschwindigkeit an der Kreuzung (auf der Eisenbahnstrecke bzw. auf der Straße) oder wegen Aufstufung einer Nebenbahn zur Hauptbahn zur Erfüllung der Bestimmungen des § 11 EBO eine technische Sicherung haben muss. Hierfür kommen in Betracht:
- **Anrufschranken** mit Ruf- oder Wechselsprechanlagen,
- **Bahnwärterdienstgebäude** s. Schrankenpostengebäude,
- **Ersatz von Drehkreuzen oder Umlaufsperren** an öffentlichen Fußwegen durch Schranken oder Lichtzeichen,
- **Lichtzeichen gelb-rot** mit und ohne Halbschranken nach Anlage 5 (Abschnitt C) der EBO,
- **Schranken**, nah- oder fernbedient, mit elektrischem Antrieb, erforderlichenfalls auch besondere Schranken für Gehwege,
- **Schrankenpostengebäude**, soweit für die Nah-, Fern- oder Anrufbedienung der neuen Schranken erforderlich.

2.5.2 Ergänzungen, Verbesserungen und Automatisierung der Bahnübergangssicherungen

Die vorhandenen Sicherungen an Bahnübergängen müssen zur Erleichterung der Verkehrsabwicklung oder zur Erhöhung der Sicherheit immer wieder verbessert, den geänderten Verhältnissen z.b. hinsichtlich der Geschwindigkeiten und den geänderten gesetzlichen Vorschriften (EBO, StVO) angepasst werden. Hierfür kommen in Betracht:
- **Alarmeinrichtungen**, s. Sperr- und Meldeeinrichtungen,
- **Bahnwärterdienstgebäude**, s. Schrankenpostengebäude,
- **BÜSTRA-Anlagen**, bahnabhängige Lichtsignalanlagen die dann einzusetzen sind, wenn die Gefahr besteht, dass durch eine benachbarte Straßenkreuzung oder -einmündung mit Lichtsignalanlage die Verkehrsabwicklung am BÜ durch Rückstau von Kfz beeinträchtigt wird. Eine Abhängigkeit zwischen der BÜ-Sicherung und der Lichtsignalanlage nach den »Richtlinien über Abhängigkeiten zwischen der technischen Sicherung von Bahnübergängen und der Verkehrsregelung an be-

Teil D Technische Erläuterungen, Beispiele und Tabellen

nachbarten Straßenkreuzungen und -einmündungen (BÜSTRA)« ist dann herzustellen.
- **Eisenbahnzeichen**, Läute- und Pfeiftafeln, Langsamfahrsignale an der Bahnstrecke,
- **Elektrische Schrankenantriebe** können erforderlich werden zur Beschleunigung der Schrankenbedienung oder wegen der Verlängerung oder Teilung der Schrankenbäume bei Straßenverbreiterungen,
- **Falschfahrkontakte** am Gleis zur automatischen Einschaltung von Blinklichtanlagen, Anrückmeldern und anderer automatischer Sicherungseinrichtungen für Bahnübergänge für den Fall, dass Züge aus betrieblichen Gründen öfter das Gleis der Gegenrichtung benutzen müssen,
- **Fernsehanlagen** können erforderlich werden, um die mittelbare Sicht auf den Gefahrenraum bei BÜ mit Schranken zu überwachen (s. EBO § 11 Abs. 15; Abb. 16),
- **Gefahrraumfreimeldeanlagen (GFR)** sind im Gegensatz zu den Fernsehanlagen in die technische Sicherung integriert und dienen der Überwachung des Gefahrenraumes bei BÜ mit Schranken,
- **Gehwegschranken** – automatische und wärterbediente – können erforderlich werden als zusätzliche Sicherungen für Gehwege an Bahnübergängen, die mit Blinklichtern oder Lichtzeichen gesichert sind oder bei Trennung der Fußgänger vom übrigen Verkehr auf Bahnübergängen mit nah- oder fernbedienten Schranken,
- **Halbschranken** sind Zusatzeinrichtungen zur Ergänzung von Blinklichtern und Lichtzeichen, die mit diesen gemeinsam automatisch vom Zuge gesteuert werden;

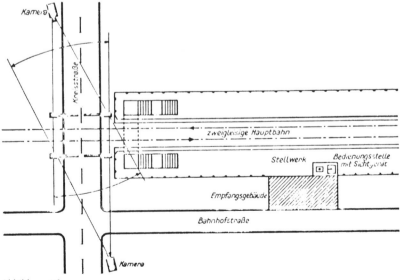

Abbildung 16

sie sperren nur die halbe Straßenseite. Sie können zur Erhöhung der Sicherheit auch nachträglich erforderlich und eingebaut werden (Abb. 17),
- **Hilfsein- und -ausschalttasten** für Blinklichter sind zur Handbedienung der Anlagen erforderlich; an älteren Anlagen müssen sie nachträglich eingebaut werden,
- **Induktive Zugsicherungen** (Indusi) werden an den Überwachungssignalen eingebaut und stellen sicher, dass der Zug bei gestörter BÜ-Anlage bei einem Fehlverhalten des Triebfahrzeugführers automatisch vor dem Bahnübergang zum Halten gebracht wird. Diese Einrichtungen sollen nach und nach an allen Strecken mit induktiver Zugsicherung zur Erhöhung der Sicherheit eingebaut werden, was nach Auffassung des BMV in der Regel die Voraussetzungen nach § 3 EKrG erfüllt.
- **Lichtzeichen an Schranken** und auch vorgeschaltete Lichtzeichen können erforderlich werden zur optischen Ankündigung des Schrankenschließens bei sehr starkem Straßenverkehr oder auch zum Abstimmen des Schrankenschließens auf den Straßenverkehr, um trotz gestiegenen Verkehrs (s. EBO § 11) die Bedienungsstelle einer Schranke beibehalten zu können. Kombinationen mit Fernsehanlagen oder GFR sind möglich und in gewissen Fällen zweckmäßig.
- **Schranken** (Sperrung der gesamten Straßenbreite) mit einem Schrankenabschluss oder mit zwei Schrankenbäumen
- **Schrankenbehänge** können zur besseren Absperrung des Straßenverkehrs, insbesondere für Fußgänger erforderlich werden.
- **Schrankenpostengebäude** können änderungsbedürftig werden, um die Sicht des Schrankenbedieners auf Schiene oder/und Straße zu verbessern oder um zusätzlich erforderlich gewordene technische Einrichtungen unterbringen zu können.
- **Schrankenteilungen oder -umsetzungen** können notwendig werden, um eine verkehrsgerechtere Bedienung der Schranken zu ermöglichen: auf breiten Straßen

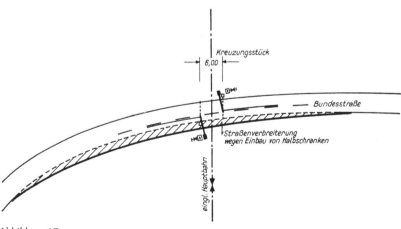

Abbildung 17

statt einschlägiger Schranken Einbau doppelschlägiger Schranken, auf anderen Straßen rechtsseitige Anordnung der Schrankengestelle.
- **Schrankenverriegelungen** können erforderlich werden, um ein unzeitiges Öffnen der Schranken – also vor Durchfahrt der gemeldeten Zugfahrten – zu verhindern, meist mit automatischer Freigabe durch den Zug.
- **Sichtflächen,** sind nach der EBO in Abhängigkeit von der Örtlichkeit für die Übersicht erforderlich. Die Erweiterung kann erforderlich werden zur Beseitigung von örtlichen Langsamfahrstellen auf der Schiene, von Geschwindigkeitsbeschränkungen auf der Straße, zur Erhöhung der Streckengeschwindigkeit.
- **Sperr- und Meldeeinrichtungen** sind signaltechnische Einrichtungen, die eine rechtzeitige Bedienung der Schranken sicherstellen und bei denen die Schranken und die den Bahnübergang schützenden Signale derart voneinander abhängig sind, dass kein Zug den Bahnübergang bei offener Schranke befahren darf. Diese Einrichtungen sollen nach und nach an allen beschrankten Bahnübergängen zur Erhöhung der Sicherheit eingebaut werden (= Signalabhängigkeit handbedienter Schranken und Blinklichtanlagen mit und ohne Halbschranken).
- **Straßenverbreiterungen** im Kreuzungsbereich sind vielfach erforderlich für den Einbau von Halbschranken an Blinklichtern oder Lichtzeichen (s. Abb. 17). Der Einbau von Mittelinseln dient grundsätzlich der Erhöhung der Sicherheit bei Halbschranken.
- **Straßenverkehrszeichen,** erstmalige Aufstellung oder Ergänzung von Andreaskreuzen, Baken, Warnzeichen (z.B. beschrankter Bahnübergang), Zeichen für Geschwindigkeitsbeschränkungen oder Überholverbote, Sicherheits- und Sperrlinien, Leiteinrichtungen (soweit im übrigen Straßenverlauf nicht vorhanden) (s. Abb. 17). Hierzu gehören auch die erstmalige Aufstellung oder Ergänzung von Tafeln mit Angaben der Fahrdrahthöhen bei elektrischen Fahrleitungen.
- **Verlängerungen von Einschaltstrecken** zwischen Schaltmitteln im Gleis und zuggesteuerten Anlagen aller Art können erforderlich werden zur Erhöhung der Streckengeschwindigkeiten und bei baulichen Änderungen an der Kreuzung.
- **Zugvormeldeanlagen** die den Schrankenwärtern automatisch die Annäherung von Zügen akustisch ankündigen sind noch vorhanden – jedoch keine neue Anwendung.
- **Zusatzeinrichtungen,** wie z.B. Fußgängerakustik dienen der besonderen Warnung

150 Nach Auffassung des BMVI kann der Einbau von Lichtzeichen oder Fernseheinrichtungen an beschrankten Bahnübergängen in der Regel in folgenden Fällen als Maßnahme im Sinne des § 3 EKrG angesehen werden:
- »An Bahnübergängen mit starkem Verkehr und fernbedienten Schranken, damit gemäß § 11 Abs. 14 EBO das Schrankenschließen auf den Straßenverkehr abgestimmt werden kann (sie gelten dann als nahbedient);
- an Bahnübergängen mit mäßigem Verkehr und fernbedienten Schranken, wenn z.B. wegen schwieriger örtlicher Verhältnisse oder wegen der Verkehrsdichte (mäßiger Verkehr im oberen Bereich) die Fernbedienung nicht mehr vertretbar erscheint;

– an Bahnübergängen mit nahbedienten Schranken und starkem Verkehr, wenn durch das Ankündigen des Schrankenschließens mittels Lichtzeichen die Verkehrsabwicklung verbessert und die Sicherheit erhöht wird;
– an Bahnübergängen, bei denen die Vorschrift des § 11 Abs. 13 EBO nur mittels einer Fernseheinrichtung erfüllt werden kann, wenn also die unmittelbare Sicht, z.b. durch ein Bauwerk, behindert wird.«

Die volle oder teilweise Automatisierung der Bahnübergangssicherungen, also z.B. der Ersatz von Schranken durch Lichtzeichen, die Einrichtung von Anrufschranken und ähnliches, sind, soweit diese ohne sonstigen Anlass nur aus **wirtschaftlichen Gründen** durchgeführt werden, **keine Maßnahmen** nach § 3 EKrG, weil in diesen Fällen im allgemeinen das Erfordernis nach § 3 EKrG fehlt; der Veranlasser hat sämtliche Kosten für die Durchführung der baulichen Maßnahmen zu tragen. 151

Werden im Zusammenhang mit den o.a. Maßnahmen aber bereits im Rahmen der übersehbaren Verkehrsentwicklung liegende bauliche Verbesserungen – z.b. größere Bahnübergangsbreite, besondere Gehwege o.ä. – mit ausgeführt, so liegt insoweit eine Maßnahme nach §§ 3, 13 EKrG vor. 152

Wird die Automatisierung einer Bahnübergangssicherung aus Anlass oder anstelle einer sonst erforderlichen Änderung einer vorhandenen Sicherung durchgeführt, so kann durchaus eine Maßnahme nach § 3 EKrG vorliegen, wobei jedoch die Kostenmasse auf die Kosten für die ersparten Änderungen oder Ergänzungen zu beschränken ist. Das ist z.b. der Fall, wenn wegen einer Straßenverbreiterung eine neue Schrankenanlage erforderlich wäre oder wenn eine fernbediente Schranke infolge Verkehrszunahme durch Einbau von Lichtzeichen, einer Fernsehanlage oder durch Einrichtung eines neuen Schrankenpostens nahbedient eingerichtet werden müsste[30], statt dessen aber eine automatische Sicherungsanlage (Lichtzeichen usw.) eingebaut wird. 153

2.6. Zu § 3 Nr. 3: Änderung von Bahnübergängen in sonstiger Weise

2.6.1 Bauliche Änderungen an Bahnübergängen

Bauliche Änderungen im Sinne des § 3 EKrG sind erforderlich, wenn ein Bahnübergang verbreitert werden soll, um eine Engstelle im Straßenverlauf zu beseitigen, oder um die Höhenlage der Gleise der Straßengradiente besser anzupassen (Abb. 18). Auch kann es notwendig sein, den Kreuzungswinkel oder die ungünstige Linienführung der Straße oder Eisenbahn im Kreuzungsbereich, und zwar im Grund- und/oder Aufriss zu verbessern, wobei auch der Kreuzungspunkt, soweit notwendig, verlegt werden kann. 154

Bauliche Änderungen an der Straße oder an den Gleisen können Änderungen im Kreuzungsbereich erforderlich machen. Bei diesen handelt es sich um Maßnahmen im Sinne der §§ 3, 13 EKrG, wenn sie zwar durch Maßnahmen außerhalb der Kreu- 155

---

30 S. § 1 1. EKrV Rdn. 49 ff.

Teil D Technische Erläuterungen, Beispiele und Tabellen

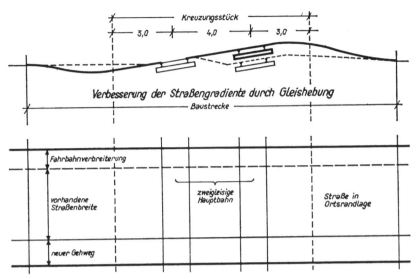

Abbildung 18

zung bedingt, aber für die Sicherheit oder Abwicklung des Verkehrs auf der Kreuzung – auf Schiene oder Straße – erforderlich sind. Derartige Änderungen kommen vor, wenn der Straßenzug, in dem der Bahnübergang liegt, vor und/oder hinter dem Bahnübergang aus allgemeinen verkehrlichen Gründen, aber im Rahmen der übersehbaren Verkehrsentwicklung, verbreitert werden muss oder wenn eine zweigleisige Eisenbahn drei- oder viergleisig ausgebaut wird, z.B. um Nah- (S-Bahn) und Fernverkehr voneinander zu trennen. Hierunter fallen aber auch Kreuzungsänderungen, die durch nicht kreuzungsbedingte Linienverbesserungen der die Bahn kreuzenden Straße oder der Eisenbahn notwendig werden.

156 Bauliche Änderungen an Bahnübergängen infolge von Gleisumbauten inner- und außerhalb der Kreuzung, die ausschließlich der Rationalisierung oder der Minderung des Erhaltungsaufwandes dienen, sind im allgemeinen keine Maßnahmen im Sinne des § 3 EKrG, z.B. die in Abb. 19 dargestellte Gleis- und Weichenvereinfachung, die auch eine Verkürzung des Bahnüberganges ermöglichte[31].

2.6.2 Kostenmasse

157 Im Falle der Änderung der Gradiente oder der Linienführung gehören zur Kostenmasse neben den Arbeiten im Kreuzungsbereich auch die außerhalb der Kreuzung anfallenden Gleisbauarbeiten zur Höhenberichtigung, die Erdbauarbeiten zur Anpassung der anschließenden Straßenteile an die neue Höhenlage der Eisenbahn bis

---

31 S. jedoch BMV ARS Nr. 8/1989, II.2.10 – Anhang E 6 –.

2. Zu § 3 in Verbindung mit §§ 12, 13 **Teil D**

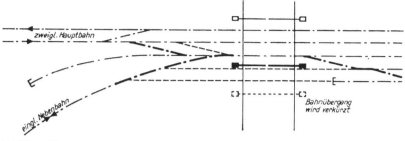

Abbildung 19

zu dem Punkt, wo ein Wiederanschluss an die bestehenden Gleisanlagen möglich ist.

Bei der Verbreiterung der Straße zur Beseitigung von Engstellen sind die erforderliche Breite und der Aufbau der Straße grundsätzlich auf einer Länge von 25 m vor und hinter dem Bahnübergang entsprechend den technischen Grundlagen herzustellen. 158

Wird eine Straße aus verkehrlichen Gründen verbreitert oder wird der Schienenweg um ein zusätzliches Gleis erweitert, gehören zur Kostenmasse nur die Kosten für die Änderung der Kreuzungsanlagen im Sinne des § 14 Abs. 2 EKrG, weil nur diese Kosten kreuzungsbedingt sind und alle anderen Kosten auch ohne Vorhandensein der Kreuzung Schiene/Straße entstanden wären. 159

In den Fällen gleichzeitiger baulicher Änderungen an der Kreuzung, an der Straße und/oder an der Schiene, z.B. Anheben der Gleise aus eisenbahntechnischen Gründen und Verbreitern der Straßenfahrbahn aus straßenverkehrlichen Gründen, gehören zur Kostenmasse die beiderseitig verursachten Kosten für alle Aufwendungen im Bereich des nach § 14 Abs. 2 EKrG abzugrenzenden Kreuzungsstücks in neuer Breite, die Kosten für den Erdkörper in neuer Breite zur Anpassung der anschließenden Straßenteile an die neue Höhenlage der Eisenbahn und die Kosten für Fahrbahn und Unterbau in diesen Straßenteilen, in Breite und technischer Ausführung wie vor. 160

2.7 Zu § 3 Nr. 3: Änderung von Überführungen

2.7.1 Änderung von Straßenüberführungen

Fall 1: Erhaltungsmaßnahme der Straße oder »hätte verlangen müssen« der Eisenbahn

Der Überbau einer Straßenüberführung im Zuge einer Bundesstraße muss wegen des schlechten baulichen Zustandes vorzeitig erneuert werden. Die Widerlager des Bauwerkes können bestehen bleiben. Die Abstände der Gleise zu den Widerlagern entsprechen nicht den zwischen BMVI und DB Netz AG festgelegten Werten in den »Richtlinien für Entwurf und Ausbildung von Brückenbauwerken an Kreuzungen 161

Teil D Technische Erläuterungen, Beispiele und Tabellen

zwischen Strecken einer Eisenbahn des Bundes und Bundesfernstraßen«[32]. In diesem Fall ist zu prüfen, ob für die Gleisanlagen Bestandsschutz besteht (ggf. in Abstimmung mit dem Eisenbahn-Bundesamt). Kann der Bestandsschutz bejaht werden (z.b. weil die Belastung der Strecke gering ist, bisher keine Einschränkungen im Zugverkehr aufgetreten und zukünftig nicht zu erwarten sind), liegt eine reine Erhaltungsmaßnahme gemäß § 14 EKrG vor. Entfällt der Bestandsschutz, so liegt eine Maßnahme nach § 12 Nr. 1 EKrG (Veranlasser DB Netz AG) vor. Die Mehrerhaltungskosten/Vorteile sind zu erstatten bzw. auf Grundlage einer entsprechenden Ablösungsberechnung abzulösen.

Fall 2: Verlangen der Eisenbahn

162 Im Zuge der Elektrifizierung einer Eisenbahn muss der lichte Raum unter der Überführung einer Kommunalstraße für die elektrische Fahrleitung – durch Anheben des Überbaus – vergrößert werden. Außerdem müssen zum Schutze der Straßenverkehrsteilnehmer gegen Berühren der Fahrleitungen an der Brückenkonstruktion Schutzplatten angebracht und alle stählernen Bauteile leitend miteinander verbunden und geerdet werden. Die zuständige Kommunalverwaltung wünscht keine Änderungen an der Überführung, muss aber die eisenbahnseitig verlangten Änderungen nach § 4 Abs. 2 EKrG dulden. Die Kosten fallen allein der Eisenbahn zu.

163 Der Berührungsschutz wird Teil der Straßenüberführung[33] und fällt somit in die Unterhaltungslast des Straßenbaulastträgers. Die Kosten hierfür sind diesem zu erstatten/abzulösen. Die Schutzerdungsanlagen gehören gemäß § 14 EKrG Abs. 3 zu den Eisenbahnanlagen und bleiben daher in der Unterhaltungslast der DB Netz AG.

164 In den Fällen (Neubau), in denen neben der äußeren Erdung auch eine innere Erdung (im Bereich der Bewehrung zur Vermeidung von unzulässigen Spannungen innerhalb des Bauwerks, z.B. bei gerissenem Fahrdraht, gebrochenem Stromabnehmer) erforderlich wird, ist diese Bestandteil des jeweiligen Bauwerks, wobei hierfür kein Mehrerhaltungsaufwand entsteht.

Fall 3: Verlangen der Straße mit »hätte verlangen müssen« der Bahn

165 Eine zweispurige Straßenüberführung im Zuge einer Landesstraße soll auf vier Spuren verbreitert werden. Die unterführten Gleise haben keinen regelkonformen Gleisabstand gemäß Eisenbahn-Bau- und Betriebsordnung. Zudem entspricht an einer Seite der erforderliche Abstand von Gleismitte zum Widerlager nicht den »Richtlinien für Entwurf und Ausbildung von Brückenbauwerken an Kreuzungen zwischen Strecken einer Eisenbahn des Bundes und Bundesfernstraßen«; diese sind vom Land für seinen Zuständigkeitsbereich ebenfalls eingeführt worden. In solchen Fällen wird oft die Auffassung vertreten, dass der Kreuzungsbeteiligte der die Änderung zunächst verlangt (hier der Straßenbaulastträger) sein Bauwerk entsprechend den Regeln der Technik herstellen muss und damit die Vorschriften des anderen Beteiligten (hier die

---

32 Siehe Anh. E 9.
33 Siehe A 12 Anlage zur ABBV Nr. 1.6 bzw. E 11, Nr. 2.2.1.

2. Zu § 3 in Verbindung mit §§ 12, 13   **Teil D**

DB Netz AG) eingehalten werden, so dass dieser auch kein Verlangen gemäß § 12 Nr. 2 EKrG hat. Da aber jeder Kreuzungsbeteiligte für seinen Verkehrsweg verantwortlich ist und sich im vorliegenden Fall die Abstände aus der EBO/von der DB Netz AG anerkannten Vorschriften ergeben, liegt ein »hätte Verlangen müssen« vor und die Maßnahme ist nach § 12 Nr. 2 EKrG abzuwickeln (s. Anm. 3.3 zu § 12). Die Mehrerhaltungskosten/Vorteile sind zu erstatten bzw. auf Grundlage einer entsprechenden Ablösungsberechnung abzulösen.

Fall 4: Verlangen der Eisenbahn mit »hätte verlangen müssen« der Straße

Eine Straßenüberführung mit nichtanprallsicheren Stützen soll auf Verlangen der DB Netz AG aufgeweitet werden. Aus wirtschaftlichen Gründen wählt diese ein Bauwerk ohne Stützen. Da zwischenzeitlich im DIN Fachbericht 101/der DIN EN 1991-1-7 geregelt ist, dass bei Straßenüberführungen die Lasten aus Eisenbahnverkehr zu berücksichtigen sind, ist nunmehr die Grundlage gegeben bei der Herstellung der Anprallsicherheit an Straßenüberführungen ebenso zu verfahren wie bei der Herstellung der Anprallsicherheit an Eisenbahnüberführungen[34]. Dies bedeutet in vorliegendem Fall, dass hinsichtlich der Herstellung der Anprallsicherheit ein »hätte Verlangen müssen« des Straßenbaulastträgers vorliegt und die entsprechenden Kosten nach § 12 Nr. 2 des EKrG zu teilen sind. 166

Der Fiktiventwurf der DB Netz AG beinhaltet die Herstellung des neuen, aufgeweiteten Bauwerkes gemäß dem Stand der Technik (in vorliegendem Fall stützenfrei; sofern Stützen erforderlich würden, wären diese anprallsicher zu planen). Der Fiktiventwurf des Straßenbaulastträgers kann – soweit es technisch möglich ist – sich auf das Auswechseln der Stützen oder Herstellen der Anprallsicherheit (z.B. Nachrüstung von Führungsschienen) beschränken oder aber die Erneuerung der Überführung in alten Abmessungen beinhalten. Soweit die Mehrerhaltungskosten/Vorteile der Gesamtmaßnahme abgelöst werden, sind diese auf Grundlage einer Ablösungsberechnung zu ermitteln und entsprechend des Kostenteilungsschlüssels aufzuteilen. 167

In den Fällen, in denen die Kostenbeteiligung des »hätte verlangen Müssenden« sehr gering ist, könnten sich die Kreuzungsbeteiligten aus Verwaltungsvereinfachungsgründen auch darauf einigen die Kostenbeteiligung vereinfacht zu ermitteln z.B. nur Aufteilung der Abbruchkosten der vorhandenen Stützen zu je 50 % (in Analogie zu der Kostenteilung aus o.g. BVerwG Urteil) und Verzicht auf Fiktiventwürfe mit Ablösungsberechnung. 168

Ein »hätte Verlangen müssen« hinsichtlich der Anprallsicherheit von Stützen ist beim Ersatz/der Änderung von Überführungen nicht mehr gegeben, wenn sich der entsprechende Kreuzungsbeteiligte – im Vorfeld – bereits an der Herstellung anprallsicherer Stützen (z.B. Sicherung durch Führungsschienen/Sicherung durch Betonsockel) beteiligt hatte. 169

---

34 Siehe BVerwG, Urt. v. 14.05.1992 – 4 C 28.90.

Teil D Technische Erläuterungen, Beispiele und Tabellen

Fall 5: beidseitiges Verlangen (Änderung Bauwerk)

170 In einer Großstadt wurde eine Bundesstraße in Ortsdurchfahrt mit einer vor 100 Jahren erbauten gewölbten Brücke von rd. 8 m Fahrbahnbreite über vier Eisenbahngleise hinweggeführt. Die Straßenbauverwaltung wünschte eine Verbreiterung der Straße auf insgesamt 28 m; die Eisenbahn wünschte die Vergrößerung der lichten Höhe für den Einbau elektrischer Fahrleitungen und die Vergrößerung der lichten Weite für ein weiteres (5.) Gleis. Die Vielfalt der beiderseitigen Wünsche machte den Abbruch der alten Überführung und einen vollständigen Neubau erforderlich. Es wurde eine Kostenregelung auf der Grundlage fiktiver Entwürfe und Kostenanschläge vereinbart, wobei der Entwurf A eine neue Überführung mit der neuen Straßenbreite, der Entwurf B eine neue Überführung mit der neuen lichten Höhe und größeren lichten Weite vorsah. Die Verteilung der Gesamtkosten C auf Eisenbahn (E) und Straße (S) ergab sich gemäß § 12 Nr. 2 EKrG wie folgt:

$$S = \frac{C \cdot A}{A + B} \quad \text{und} \quad E = \frac{C \cdot B}{A + B}$$

171 Soweit die Mehrerhaltungskosten/Vorteile abgelöst werden, sind diese auf Grundlage einer Ablösungsberechnung zu ermitteln und entsprechend des Kostenteilungsschlüssels aufzuteilen.

Fall 6: beidseitiges Verlangen (Änderung Bauwerksteile)

172 Im Zusammenhang mit dem Neubau einer Eisenbahnstrecke für den Hochgeschwindigkeitsverkehr (HGV) wurden u.a. auch neue Straßenüberführungen erforderlich. Die Brücken wurden auf Grundlage des geltenden Rechts gebaut und in Betrieb genommen; zu diesem Zeitpunkt war die Eisenbahnstrecke noch nicht fertiggestellt. Im Rahmen der Erteilung der Betriebsgenehmigung durch das Eisenbahn-Bundesamt ist die Frage aufgetreten, welche kreuzungsrechtlichen Auswirkungen sich durch die zwischenzeitlich seitens des BMVI mit ARS 28/2010 eingeführten »Richtlinien für passiven Schutz an Straßen durch Fahrzeug-Rückhaltesysteme (RPS 2009)« ergeben.

173 Nach Auffassung des BMVI liegt eine Änderung im Sinne von §§ 3, 12 Nr. 2 vor, wenn der zuständige Straßenbaulastträger auf Grund dieser neuen Richtlinien bei Straßenbrücken über HGV die Änderung der vorhandenen Schutzeinrichtungen fordert, weil die Rückhaltesysteme sowohl der Sicherheit des Straßenverkehrs als auch des Eisenbahnverkehrs dienen. Insofern sollten beide Kreuzungsbeteiligten zur Kostentragung zu je 50 % (analog der Entscheidung zu den nichtanprallsicheren Stützen) herangezogen werden. Die Kosten richten sich nach der jeweils technisch erforderlichen Maßnahme (z.B. nur Nachrüstung oder ggf. Neubau des gesamten Bauwerkes).

2.7.2 Änderung von Eisenbahnüberführungen

Fall 1: »hätte verlangen müssen« der Straße im Zusammenhang mit einer Erhaltungsmaßnahme der Eisenbahn (Entscheidung im Anordnungsverfahren)

In unmittelbarer Nähe eines Bahnhaltepunktes wird die Eisenbahnstrecke von einer Kreisstraße höhenfrei gekreuzt. Die vorhandene Eisenbahnüberführung hat eine lichte Höhe von ca. 3,34 m und eine lichte Weite von ca. 3,77 m; ein Gehweg ist im Kreuzungsbereich nicht vorhanden. Um von der sich auf der westlichen Seite befindenden Park & Ride-Anlage zum Bahnsteig des Haltepunktes zu gelangen, müssen die Bahnreisenden die Eisenbahnkreuzung auf der einspurigen Fahrbahn der Kreisstraße passieren. (Verkehrsstärke: rd. 5.000 Kfz/24h und in der Zeit von 05:30 bis 19:00 Uhr 162 Fußgänger und 54 Radfahrer, ermittelt durch Verkehrszählung). 174

Die DB Netz AG plante die erhaltungsbedingte Erneuerung des Kreuzungsbauwerks und vertrat die Auffassung, dass hier ein »hätte verlangen müssen« des Straßenbaulastträgers hinsichtlich einer Vergrößerung der lichten Weite/Höhe des Bauwerks vorliegt. Seitens des Landkreises als zuständiger Kreuzungsbeteiligter wurde ein Verlangen jedoch abgelehnt, da man der Meinung war, dass ausschließlich Bahnkunden als Fußgänger die Unterführung nutzen würden und es deshalb in der Verantwortung der DB Netz AG läge, die Sicherheit ihrer Kunden durch Anlegung eines Gehweges zu gewährleisten. 175

Da das BMVI im Falle eines Kreuzungsrechtsverfahrens die zuständige Anordnungsbehörde wäre (gemäß § 8 Abs. 1 EKrG), hat mit den Kreuzungsbeteiligten ein informelles Gespräch zur Klarstellung der kreuzungsrechtlichen Einordnung stattgefunden. U.A. wurde erläutert, dass nicht nach Ziel- und Quellverkehr unterschieden wird und es kreuzungsrechtlich nicht maßgebend ist, warum die Fußgänger (z.B. Bahnkunden) die Kreuzung nutzen, wobei in vorliegendem Fall zunächst der Baulastträger der Straße in Abhängigkeit von der Verkehrsbelastung, der Verkehrsart und auf Grund seines gültigen Regelwerkes zu entscheiden hat, ob er die Aufweitung des Brückenbauwerkes verlangt. Zudem wurde der Landkreis darüber informiert, dass im Falle von §§ 3, 12 Nr. 1 (Veranlasser Straße) die DB Netz AG den ihr entstehenden Vorteil auszugleichen hat. 176

Auch nach dem Gespräch sah sich der Landkreis nicht in der Verantwortung und hat unter Hinweis auf fehlende Fördermöglichkeiten, der DB Netz AG schriftlich mitgeteilt, dass eine Aufweitung der Überführung nicht verlangt werde. Diese Entscheidung hat dann die Stadt, in deren Stadtteil das Bauwerk liegt, zum Anlass genommen, eine Anordnung im Kreuzungsrechtsverfahren bei der Anordnungsbehörde des BMVI zu beantragen. 177

Da die Stadt gemäß § 6 EKrG nicht antragsbefugt war, wurde der Antrag auf Erlass einer Anordnungsentscheidung als Anregung, ein Offizialverfahren durchzuführen, umgedeutet. (Nach § 6 EKrG können nur Beteiligte eine Anordnung im Kreuzungsrechtsverfahren beantragen. Beteiligt an einer Kreuzung sind nach § 1 Abs. 6 EKrG das Unternehmen, das die Baulast des Schienenweges der kreuzenden Eisenbahn 178 trägt (DB Netz AG), und der Träger der Baulast der kreuzenden Straße (der Landkreis).

179 Daraufhin hat die Anordnungsbehörde eine Stellungnahme bei der für die Sicherheit und Abwicklung des Verkehrs zuständigen Straßenverkehrsbehörde zu der Frage, ob die Herstellung der EÜ in den alten Abmessungen die Sicherheit oder Abwicklung des Verkehrs gefährdet, angefordert. In ihrer Stellungnahme führte diese aus, dass die Verkehrssicherheit für Fußgänger in der Unterführung derzeit nicht gewährleistet sei. Die Breite lasse ein Begegnen von Fußgängern und mehrspurigen Fahrzeugen nicht zu; auch Radfahrer könnten dadurch gefährdet sein. Damit hatte die Anordnungsbehörde des BMVI das Kreuzungsrechtsverfahren gemäß § 7 Satz 1 EKrG auch ohne Antrag einzuleiten, da die Sicherheit und Abwicklung des Verkehrs eine Maßnahme nach § 3 Abs. 3 EKrG – Aufweitung des Bauwerks als Änderung in sonstiger Weise – an der streitgegenständlichen Kreuzung erforderte.

180 Im Ergebnis kam die Anordnungsbehörde zu dem Schluss, dass der Landkreis als zuständiger Baulastträger für eine sichere Verkehrsabwicklung auf der Kreisstraße verantwortlich ist und somit gemäß § 12 Nr. 1 EKrG eine Änderung der EÜ in der Gestalt hätte verlangen müssen, dass die aktuell geltenden straßenbautechnischen Mindestanforderungen (Stand der Technik) nach der erhaltungsbedingten Erneuerung erfüllt sind.

181 Es erging folgende Anordnungsentscheidung:

Die Eisenbahnüberführung ist im Rahmen der anstehenden erhaltungsbedingten Erneuerung mit einer vergrößerten lichten Weite von mindestens 5,75 m unter Berücksichtigung eines Gehweges von 1,50 m Breite herzustellen. Der Landkreis ist gemäß §§ 12 Nr. 1, 15 Abs. 2 EKrG verpflichtet, die Kosten für die Änderung sowie die hierdurch bedingten Erhaltungsmehrkosten der DB Netz AG zu tragen. Die DB Netz AG ist gemäß § 12 Nr. 1 EKrG verpflichtet, die ihr durch die Änderung erwachsenden Vorteile gegenüber dem Landkreis auszugleichen.

182 Die ebenfalls zu geringe lichte Durchfahrtshöhe von 3,34 m durfte wegen der besonderen hochwassergefährdeten Lage der Kreuzung in unmittelbarer Nähe zu einem Fluss ausnahmsweise auch nach der Erneuerung des Bauwerks Bestand haben.

183 Die angeführten fehlenden Haushaltsmittel des Straßenbaulastträgers führten zu keiner anderen rechtlichen Bewertung. Die mangelnde finanzielle Leistungsfähigkeit eines Kreuzungsbeteiligten ist nach der ständigen Rechtsprechung des Bundesverwaltungsgerichts kein berechtigter Einwand gegen die Durchführung von Maßnahmen, die der Verkehrssicherheit und damit dem Schutz von Menschenleben dienen.

Fall 2: Änderungsmaßnahme der Eisenbahn ohne »hätte verlangen müssen« der Straße

184 Eine Eisenbahnstrecke kreuzt in einer Stadt von mehr als 80.000 Einwohnern eine Bundesstraße höhenfrei. Die Straßenbaulast liegt in diesem Fall (gemäß § 5 Abs. 2 FStrG) bei der Stadt, der gemäß § 4 des FStrG auch die Sicherheitspflicht obliegt. Die DB Netz AG beabsichtigte die Änderung der Eisenbahnüberführung; der Stra-

ßenbaulastträger äußerte kein Verlangen, obwohl die Abmessungen des Bauwerks nicht in allen Punkten den Richtlinien des BMVI entsprechen.

Vor und hinter dem Bauwerk ist die Straße zweibahnig mit je zwei Richtungsspuren und zwischen den Fahrbahnen befindet sich auf eigenem Gleiskörper die Straßenbahn. Im Bereich der Brücke verengt sich der Straßenquerschnitt, so dass nunmehr die jeweils linken Richtungsspuren in den Gleisbereich der Straßenbahn führen. Das Bauwerk hat durchgängig eine lichte Höhe von 4,50 m. Im Bereich der sich überschneidenden Richtungsspur mit der Straßenbahn ist bis zum Fahrdraht aber nur noch eine Höhe von 4,20 m vorhanden. Dies hat zur Folge, dass der LKW-Verkehr grundsätzlich nur die äußere Spur (außerhalb der Oberleitung) benutzen kann. Die lichte Weite beträgt 19,86 m mit beidseitigem Geh- und Radweg von ca. 3,40 m. 185

Da die DB Netz AG Planungssicherheit haben wollte, bat sie das BMVI um Bestätigung, dass die Höhe von 4,50 m und die Einschränkung der Durchfahrtshöhe auf 4,00 m unter Berücksichtigung der Fahrdrahthöhe von 4,20 m zulässig ist und die vorhandene lichte Weite den Anforderungen aller Nutzer insbesondere der Radfahrer, genügt und damit kein »hätte Verlangen müssen« des Straßenbaulastträgers vorliegt. 186

Aufgrund des vorgetragenen Sachverhaltes bestand Veranlassung, mit Blick auf die Sicherheit und Abwicklung des Verkehrs (§ 3 EKrG) auch aus Sicht des Straßenbaulastträgers eine Änderung des Bauwerks in Erwägung zu ziehen. Daher wurde die zuständige Straßenverkehrsbehörde seitens des BMVI um Stellungnahme gebeten. 187

Diese teilte mit, dass in vorliegendem Fall die vorhandenen Abmessungen ausreichend sind, auch wenn nicht alle Regel- oder Richtwerte der einschlägigen Straßenbaurichtlinien eingehalten werden. Gründe für diese Aussage waren u.a. »die Anlage der Bundesstraße einschl. Geh- und Radwege sowie der Straßenbahngleise ist bei entsprechender Aufteilung der Flächen bei der vorhandenen lichten Weite möglich und auch unter Verkehrssicherheitsaspekten unbedenklich; in dem Bereich unter der Überführung ist bislang kein signifikantes Unfallgeschehen zu verzeichnen; die gleichzeitige Benutzung eines Fahrstreifens von Straßenbahn und Kfz ist erfahrungsgemäß mit keinem erhöhten Unfallrisiko verbunden; aufgrund der Fertigstellung einer neuen Straßentangente wird der Verkehr zukünftig rückläufig sein.« In Bezug auf die lichte Höhe entspricht der Wert von 4,20 der Verordnung über den Bau und Betrieb der Straßenbahnen (BOStrab). 188

Insofern wurde der DB Netz AG seitens des BMVI bestätigt, dass hier eine einseitig veranlasste Maßnahme der DB Netz AG nach §§ 3, 12 Nr. 1 EKrG vorliegt. 189

Fall 3: Einseitiges/beiderseitiges Verlangen (EÜ über Geh- und Radweg)

Mitte des 20 Jahrhunderts wurde ein Bahnübergang mit zwei Gleisen beseitigt und durch eine Personenunterführung ersetzt. Die Außenbahnsteige wurden über gesonderte Treppen erreicht. Der Durchgangs-Autoverkehr wurde aus der Ortschaft herausgenommen und über eine Straßenüberführung geführt. 190

Ende der 70er Jahre wurde die Unterführung durch zwei zusätzliche Gleise einer Ausbaustrecke von 12 m auf 30 m verlängert. Dabei wurde der alte Teil der Unter- 191

Teil D Technische Erläuterungen, Beispiele und Tabellen

führung mit dem vorhandenen Querschnitt verlängert und ein Mittelbahnsteig mit Treppen und Aufzug realisiert.

192 Wegen einer Neubaustrecke soll nun die bestehende Unterführung unter Verlegung des Zugangs zum Haltepunkt von 30 auf 50 m für Radfahrer und Fußgänger verlängert werden.

193 Da keine vertragliche Vereinbarung von der ursprünglichen BÜ-Beseitigungsmaßnahme vorlag und auch keine Vereinbarung nach der Erweiterung durch die Ausbaustrecke erstellt wurde, stellte sich zunächst die Frage, ob es sich hier um einen Bahnsteigzugang oder um einen öffentlich rechtlichen Weg mit Bahnsteigzugang handelt. Die Klärung dieser Frage war wichtig zur Festlegung der anzuwendenden technischen Bestimmungen für die Unterführung, da die Vorschriften der Bahn und die des Straßenbaulastträgers unterschiedlich sind. Die Bahnrichtlinie sieht eine Breite von 5,00 m (Längen zu Breiten-Verhältnis mindestens 10:1) und 2,50 m lichte Höhe und die RASt 06 bei längeren Unterführungen eine Breite von 6,00 m vor.

194 Seitens der Stadt wurde mitgeteilt, dass der Weg im Straßenverzeichnis aufgeführt und der Weg somit als öffentlich rechtlich einzustufen ist. Damit war zu klären, wie die gesamte Unterführung (vorhandener Teil und Verlängerung) hinsichtlich der lichten Abmessungen für Straßenanlagen zu gestalten ist und ob sich daraus ein Verlangen des Straßenbaulastträgers ergibt.

195 Dabei war zu berücksichtigen, dass die Bahn den vorhandenen Zustand für Fußgänger und Radfahrer nicht verschlechtern darf.

196 Sofern die vorhandene Unterführung bereits eine regelgerechte lichte Weite von 6 m hat, ist die Verlängerung mit der lichten Weite von 6 m herzustellen. Es handelt sich insoweit um eine Maßnahmen nach § 12 Nr. 1 EKrG zu Lasten der DB Netz AG.

197 Bestand bei der vorhandenen Unterführung noch keine lichte Weite von 6 m, so ist in diesem Bereich die lichte Weite auf 6 m zu vergrößern. Diese Aufweitung stellt ein Verlangen des Straßenbaulastträgers dar, da im Bestand die lichte Weite nicht regelkonform war. Das führt dazu, dass es sich um eine Maßnahme nach § 12 Nr. 2 EKrG handelt. In den Fällen in denen der vorhandene Teil einer Unterführung regelkonform ist und nur durch die Verlängerung insgesamt verbreitert werden muss, liegt kein Verlangen des Straßenbaulastträgers vor.

198 Da in vorliegendem Fall eine vom alten Bauwerk getrennte Realisierung mit zusätzlichem Bau einer Lichtöffnung zwischen altem und neuem Teil möglich war, galt für den bestehenden Teil der Unterführung Bestandsschutz und insofern wurde nur der neue Teil der Fuß- und Radwegunterführung entsprechend den Vorschriften des Straßenbaulastträgers mit einer lichten Weite von 6,00 m erstellt. Der Straßenbaulastträger war somit an der Maßnahme kostenmäßig nicht zu beteiligen, weil er kein eigenes Interesse an einer Änderung hatte. Zwischen den Beteiligten wurde eine entsprechende Kreuzungsvereinbarung gemäß §§ 3, 12 Nr. 1 abgeschlossen, Mehrkosten entstanden der DB Netz AG durch diese Lösung nicht.

2. Zu § 3 in Verbindung mit §§ 12, 13   Teil D

Wären außerdem im Bereich des Geh- und Radweges nicht behindertengerechte Rampen vorhanden, so wäre die Herstellung von behindertengerechten Rampen ein Verlangen des Straßenbaulastträgers. 199

Fall 4: beiderseitiges Verlangen (Gewölbebrücke)

Eine bestehende Gewölbebrücke über eine Landesstraße musste wegen der Anlegung eines Rad- und Gehweges geändert werden. Wegen der S-förmigen Kurve im Brückenbereich wurde aus Gründen der Sicherheit und Abwicklung des Verkehrs die Straße im Kreuzungsbereich zusätzlich verlegt und der Straßenverlauf in diesem Zusammenhang begradigt. Wegen des schleifenden Schnittes zwischen Straße und Bahn musste von dem neuen Kreuzungsbauwerk bis zum Anschluss an den bestehenden Straßenverlauf außer der geänderten Eisenbahnüberführung auch eine längere Stützmauer realisiert werden, die in die Erhaltungslast der Straße übergeht. 200

Das Verlangen des Schienenbaulastträgers lag lediglich in einer Verbreiterung der bestehenden Gewölbebrücke, die aus technischen Gründen mit gesondert gegründeten Randkappen aufgrund der Bausubstanz und der noch vorhandenen Restnutzungszeit des Gewölbes hätte realisiert werden können. 201

Das Verlangen des Straßenbaulastträgers lag in der Vergrößerung der lichten Weite und der Verlegung des Kreuzungspunktes. 202

Zur Ermittlung der Kostenteilung wurde wie folgt verfahren: 203

Für den Bereich des zu ändernden Brückenbauwerkes wurde die Kostenteilung über die umschlossenen Verkehrsräume entsprechend des jeweiligen Verlangens der Beteiligten nach dem vereinfachten Verfahren ermittelt. Dabei wurde für das Verlangen der Bahn lediglich der umschlossene Verkehrsraum für den Teil der Verbreiterung im Bereich der gesondert gegründeten Randkappen in Ansatz gebracht. Für das Verlangen der Straße wurde die Vergrößerung der lichten Weite unter Beibehaltung der vorhandenen Brückenbreite als umschlossener Verkehrsraum ermittelt. Hieraus wurde für den Anteil der Kosten des Brückenbauwerkes ein Teilungsschlüssel ermittelt.

Die wegen der Verlegung des Kreuzungspunktes zusätzlich entstandenen Kosten für die Straßenverlegung und für die erforderliche Stützwand waren vollständig vom Straßenbaulastträger verursacht und waren ihm daher kostenmäßig zu 100 % anzulasten. Unter Berücksichtigung dieser Kosten wurde dann ein allgemeiner Gesamtkostenteilungsschlüssel errechnet, der in der Kreuzungsvereinbarung für alle kreuzungsbedingt zu realisierenden Maßnahmen mit 5 % zu 95 % fest vereinbart wurde. 204

Dieses teilweise vereinfachte Verfahren liefert ein vergleichsweise schnelles Ergebnis und spart somit Planungskosten ein. Das Ergebnis kann allerdings unzureichend sein, wenn sich Teile der Kostenmasse nicht eindeutig einem Verlangen eines Kreuzungspartners zuordnen lassen. 205

Im Zweifelsfall ist der Kostenteilungsschlüssel nicht mit dem vereinfachten Verfahren, sondern insgesamt über jeweils gesonderte Fiktiventwürfe zu ermitteln. 206

Teil D Technische Erläuterungen, Beispiele und Tabellen

207 Der in der Kreuzungsvereinbarung festgelegte Kostenteilungsschlüssel ist sowohl für die Ermittlung der Erhaltungskosten der Stützmauer, die in die Erhaltungslast des Straßenbaulastträgers übergeht, heranzuziehen als auch für die Ermittlung des Ablösungsbetrages (Mehrerhaltungskosten/Vorteil) der Eisenbahnüberführung zu Grunde zu legen, die in geänderter Form und Art in der Erhaltungslast der Bahn verbleibt.

Fall 5: beiderseitiges Verlangen

208 Aus Anlass des viergleisigen Ausbaues einer Eisenbahn musste eine 4,0 m breite und 3,0 m hohe Eisenbahnüberführung über einen öffentlichen Feldweg zur Aufnahme der beiden zusätzlichen Gleise verbreitert werden. Während die Eisenbahn den neuen Brückenteil in etwa in der alten Breite und Höhe bauen wollte, verlangte die Straßenbauverwaltung eine Straßenbreite von 6 + 2 · 1 m und eine lichte Höhe von 4,50 m, beides nicht nur für den neuen Teil, sondern auch für den alten Teil. Sie begründete ihre Forderungen damit, dass diese Abmessungen bei dem wesentlich größeren Bauwerk für eine sichere Abwicklung des Straßenverkehrs erforderlich seien, wobei es sich nach ihrer Meinung deshalb nicht um ein Verlangen nach § 12 Nr. 2 EKrG handele. Diese Auffassung trifft aber nicht zu, da es sich hier hinsichtlich der beiden zusätzlichen Gleise nicht um eine neue Kreuzung handelt. Richtigerweise einigten sich die Beteiligten letztendlich über eine Kostenteilung nach § 12 Nr. 2 EKrG nach Fiktiventwürfen wie im Beispiel 4 des ARS Nr. 8/1989 vom 17. Mai 1989 (s. Anh. E 6) dargestellt. Die Mehrerhaltungskosten/Vorteile sind zu erstatten bzw. auf Grundlage einer entsprechenden Ablösungsberechnung abzulösen. und entsprechend des sich aus den Fiktiventwürfen ergebenden Kostenteilungsverhältnis auf die Kreuzungsbeteiligten aufzuteilen.

Fall 6: beiderseitiges Verlangen

209 Zwei Überholungsgleise in einem Bahnhof sollten soweit verlängert werden, dass eine viergleisige Eisenbahnüberführung einseitig um zwei Gleise verbreitert werden musste. Die Straßenbreite in der vorhandenen Überführung beträgt etwa 5 m (Abb. 20), die lichte Höhe 3,90 m. Die Straßenbauverwaltung beabsichtigte schon lange, die Brücke mit größeren Abmessungen verbreitern zu lassen, wobei gleichzeitig die Straßenführung verändert werden sollte. Sie hat dies jedoch wegen Mangel an Mitteln bisher immer wieder zurückgestellt. Nun verlangt sie, dass eine neue Überführung in neuer Lage mit einer lichten Weite von 16 m und einer lichten Höhe von 4,50 m errichtet werden soll. Schon jetzt wird der Verkehr in der mehr als 20 m langen Überführung nur einspurig mit Lichtzeichenregelung abgewickelt. Würde die Überführung in der vorhandenen lichten Weite um zwei Gleise erweitert, würde der einspurige Abschnitt nur unwesentlich verlängert, so dass die Forderung nach größerer Lichtweite keine Folge der eisenbahnseitig verlangten Erweiterung der Überführung, sondern ein davon unabhängiges Verlangen der Straßenverwaltung ist. Das Gleiche gilt für die geforderte lichte Höhe von jetzt 4,50 m. Die Kostenanteile wurden daher wie im vorhergehenden Falle durch Fiktiventwürfe ermittelt[35].

---

35 S. Anh. E 6, Beispiel Nr. 4.

2. Zu § 3 in Verbindung mit §§ 12, 13   **Teil D**

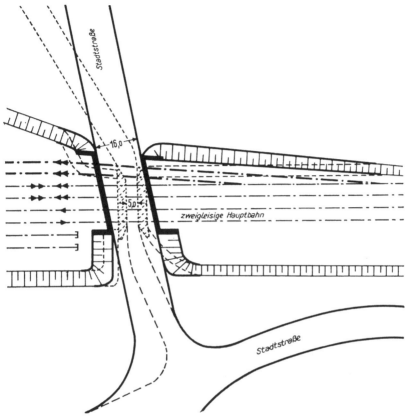

Abbildung 20

Die Mehrerhaltungskosten/Vorteile sind zu erstatten bzw. auf Grundlage einer ent-   210
sprechenden Ablösungsberechnung abzulösen. und entsprechend des sich aus den
Fiktiventwürfen ergebenden Kostenteilungsverhältnis auf die Kreuzungsbeteiligten
aufzuteilen;

Fall 7: Beiderseitiges Verlangen mit Kostenteilung 1:1

Mit dem folgenden Beispiel soll der Fall näher erläutert werden, wenn bei beiderseit-   211
tigem Verlangen aufgrund gleicher Interessenlagen die Kosten im Verhältnis 1:1 zu
teilen sind. Beim Bau einer Eisenbahnüberführung sind Stützen eingebaut worden,
die den heutigen Vorschriften für die Aufnahme von Seitenstößen infolge von An-
fahren durch Straßenfahrzeuge nicht mehr genügen. Hierdurch können die Sicherheit und Abwicklung des Verkehrs auf beiden Verkehrswegen gefährdet sein. Zur
Abwendung der Gefährdung sollen die nicht mehr anfahrsicheren Stützen durch

365

stoßsichere Stützen nach den heutigen Vorschriften ersetzt werden. In diesem Falle ist nach den Ausführungen in § 12 EKrG Rdn. 24 ff. nicht nach dem Veranlassungsprinzip zu prüfen, wer die heutige Unzulänglichkeit verursacht hat, sondern nach dem Interessenprinzip, wer aus der Sicht seiner Aufgaben die vorgenannten Maßnahmen zu verlangen hat, um auf seinem Verkehrsweg die Sicherheit und Abwicklung des Verkehrs zu gewährleisten. In diesem Beispiel sind beide Beteiligten in gleichem Maße verantwortlich, weil ein Einsturz der Überführung die Sicherheit und Abwicklung des Verkehrs auf beiden Verkehrswegen beeinträchtigen würde. Für diesen und ähnliche Fälle (z.B. weiteren Sicherungsmaßnahmen (Leitmale, Abweisriegel und zusätzliche Verkehrsschilder) hatte der BMVI in der Vergangenheit die obige Auffassung, die Kosten im Verhältnis 1:1 zu teilen, immer wieder vertreten[36]. Diese Entscheidung wurde später durch mehrere Gerichtsentscheidungen im Ergebnis bestätigt[37].

212 Auf diesen Erkenntnissen basieren auch weitere Entscheidungen des BMVI wie z.B. die Kostenteilung 1:1 bei Straßenüberführungen mit nichtanprallsicheren Stützen (analog zu den Eisenbahnüberführungen) oder wie im Zusammenhang mit der Umsetzung der neuen Richtlinien für passiven Schutz an Straßen durch Fahrzeug-Rückhaltesysteme (RPS) anzuwenden

Fall 8: beiderseitiges Verlangen im Zusammenhang mit Personenverkehrsanlagen

213 Bei der Änderung von Überführungen auf beiderseitiges Verlangen kommt es gelegentlich zu Meinungsverschiedenheiten darüber, ob Einzelmaßnahmen zur Kostenmasse gehören oder nicht. Hierfür folgendes Beispiel:

214 Im bebauten Stadtgebiet einer Mittelstadt kreuzt eine zweigleisige Hauptbahn eine städtische Hauptstraße mit einer Eisenbahnüberführung (s. Abb. 21). Anlässlich des Baues einer S-Bahn sollen zwei S-Bahngleise auf den Außenseiten neben den Ferngleisen gebaut werden und auf den Außenseiten je einen Außenbahnsteig erhalten. Da die Überführung etwa in der Mitte der Bahnsteige liegen wird, sollen die Bahnsteige durch 4 Treppen von der Straße aus zugänglich gemacht werden. Auf der Straße herrscht lebhafter Fußgängerverkehr, der nach Eröffnung des S-Bahnverkehrs erheblich ansteigen wird, so dass die geringen Gehwegbreiten nicht mehr ausreichen werden. Für die hiernach insgesamt notwendigen Änderungen an der Eisenbahnüberführung verlangte die Bahn die Verbreiterung für 2 weitere Gleise, für 2 Randbahnsteige und 4 Treppenzugänge zu den Bahnsteigen, die Stadt verlangte die Verbreiterung der Bürgersteige von 1 m auf 3 m. Durch die Anlage der S-Bahn-Haltestelle über der Überführung ließ sich eine für die Fahrgäste besonders günstige Anbindung an die Geschäfts- und Wohnstadt erreichen. Die Stadt war zunächst der Ansicht, dass sämtliche Kosten für alle Änderungen und Ergänzungen von der Bahn zu tragen seien, da sie den vermehrten Fußgängerverkehr veranlasse und einen sonst

---

36 Siehe § 12 EKrG Rdn. 43 f.
37 BVerwG, Beschl. v. 26.03.1982 – 4 C 6.80; OVG Hamburg, VkBl. 1979 – 31; VG Hannover, Urt. v. 17.09.1987 – 6 VG A 160/86; BVerwG, VkBl. 1992, 460 ff.

2. Zu § 3 in Verbindung mit §§ 12, 13   **Teil D**

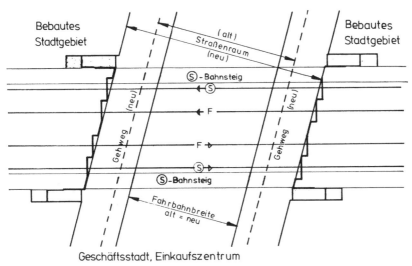

Abbildung 21

für die S-Bahn notwendigen eigenen Bahnsteigzugang erspare. Diese Ansicht war aber weder nach § 3 EKrG noch nach § 1 der 1. EKrV aufrechtzuerhalten. Für die Anwendung der EKrG-Vorschriften ist es unerheblich, wer einen neuen öffentlichen Verkehr auf einer Kreuzung veranlasst und ob hierzu im Kreuzungsbereich besondere bauliche Maßnahmen, z.B. Zugangswege oder Treppen u.a.m. erforderlich sind. In diesem und in ähnlich gelagerten Fällen entspricht es den anerkannten Regeln der Technik (§ 1 Abs. 1 der 1. EKrV), Haltestellen für den öffentlichen Personenverkehr möglichst günstig zu den Wohn- und Geschäftsvierteln einer Gemeinde anzulegen.

Die Beteiligten einigten sich daraufhin, für die drei von der Bahn verlangten Änderungen und für die von der Stadt verlangte Änderung durch Fiktiventwürfe die Kosten getrennt festzustellen und die tatsächlichen Baukosten für alle vier Teilmaßnahmen entsprechend § 12 Nr. 2 EKrG im Verhältnis der Fiktivkosten aufzuteilen und hiernach auch die Aufteilung der Erhaltungsmehrkosten zu berechnen. 215

2.8 Zu § 13 Abs. 1: Kostenregelung bei Maßnahmen an Bahnübergängen

Aus der nachstehenden Tabelle ist die Kostenregelung, wie sie sich aus § 13 Abs. 1 EKrG ergibt, zu ersehen. 216

Teil D   Technische Erläuterungen, Beispiele und Tabellen

Art der Kreuzung \ Kostenträger	1. Drittel Straßenbaulastträger			2. Drittel	3. Drittel
	Bund	Land	Kreis/Gemeinde	Eisenbahn des Bundes (z.B.: DB AG) oder NE	Eisenbahn des Bundes Bund, bei NE Land
Eisenbahnen mit Bundesfernstraßen in der Baulast des Bundes	/			/	/
Eisenbahnen mit Landesstraßen in der Baulast der Länder oder Landschaftsverbände		/		/	/
Eisenbahnen mit Straßen in der Baulast der Kreise und Gemeinden			/	/	/

3. Zu § 14a Einziehung einer Straße – Betriebseinstellung einer Eisenbahn (Stilllegung nach § 11 AEG)

217 In den vergangenen Jahren ist der Betrieb auf einer größeren Zahl von Eisenbahnlinien eingestellt worden, ohne dass an den Kreuzungen mit öffentlichen Straßen wesentliche Änderungen vorgenommen wurden. Zur Abwicklung des stark angestiegenen Straßenverkehrs kann es erforderlich werden, einen Teil der vorhandenen Kreuzungsanlagen zu beseitigen.

Fall 1

218 Eine stillgelegte Eisenbahnstecke kreuzt mittels einer Eisenbahnüberführung eine Landesstraße. Diese erhält aufgrund eines neuen Schulzentrums einen Geh- und Radweg. Um den Geh- und Radweg durchgängig herstellen zu können, wird die Eisenbahnüberführung abgebrochen und der vorhandene Bahndamm als Einschnitt hergestellt. Damit liegt ein Fall des § 14a Abs. 2 EKrG vor. Eisenbahnunternehmer und Straßenbaulastträger tragen die Abbruchkosten (Bauwerk einschl. Herstellen der Böschungen, Gleisanlagen im Kreuzungsbereich) je zur Hälfte. Die übrigen Kosten für die Anlegung des Geh- und Radweges trägt der Straßenbaulastträger alleine. Soweit der Eisenbahnunternehmer Eigentümer der für den Straßenausbau benötigten Grundstücksflächen ist, hat er dem Straßenbaulastträger gemäß § 14a Abs. 4 EKrG das Eigentum der Flächen gegen Entschädigung in Höhe des Verkehrswertes zu übertragen.

3. Zu § 14a Einziehung einer Straße – Betriebseinstellung einer Eisenbahn Teil D

Fall 2

Erfordert die Sicherheit oder Abwicklung des Verkehrs die Beseitigung eines Bahnübergangs und die Begradigung der anschließenden Straßenstücke (s. Abb. 22), dann sind die Kosten für die Beseitigung der Kreuzungsanlagen (Schienen, Schwellen, Schotter, Bahnübergangsbefestigung, Sicherungseinrichtungen und Verkehrszeichen) zwischen dem Eisenbahnunternehmer und der Straßenverwaltung hälftig zu teilen. Die Begradigung der Straße zur Sicherheit oder Abwicklung des Straßenverkehrs ist keine Beseitigungsmaßnahme i.S. des § 14a Abs. 2 S. 1 EKrG. Die Begradigung der Straße, die nach der Freistellung möglich und auch erforderlich ist, geht über die Beseitigung nicht mehr erforderlicher Kreuzungsanlagen hinaus; die Kosten hierfür sind daher vom Baulastträger des verbleibenden Verkehrsweges Straße allein zu tragen[38]. 219

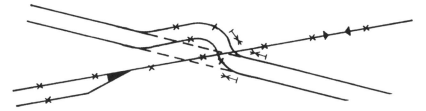

Abbildung 22

In beiden Fällen ist zu beachten, dass die Kreuzung im rechtlichen Sinne bestehen bleibt und diese nach erneuter Betriebsaufnahme (auch durch ein anderes EIU) wieder reaktiviert werden wenn kann, wenn nur die Betriebseinstellung (Stilllegung nach § 11 AEG), aber noch keine Freistellung von Bahnbetriebszwecken gemäß § 23 AEG erfolgt ist. Ebenso kann mit einer stillgelegten Strecke eine neue Kreuzung entstehen. Insofern empfiehlt es sich mittels Vereinbarung zu regeln welche Maßnahmen erforderlich werden, für den Fall, dass innerhalb eines festgelegten Zeitraums (z.B. 10 Jahre angelehnt an die vorhersehbare Verkehrsentwicklung) eine Reaktivierung stattfinden sollte und wer dann welche Kosten zu tragen hat. 220

Des Weiteren ist zu beachten, dass eine Ausnahmegenehmigung im Sinne von § 2 Nr. 2 EKrG erforderlich werden kann, wenn eine stillgelegte Eisenbahnstrecke von einer Straße höhengleich gekreuzt werden soll und damit defacto ein Bahnübergang entsteht. Eine solche Ausnahmegenehmigung hat der BMVI in einem Fall bereits erteilt. Eine neue Straße sollte eine Eisenbahnstrecke kreuzen, auf der der Betrieb dauerhaft eingestellt worden war. Die Freistellung von Bahnbetriebszwecken konnte nicht erfolgen, da noch Anlagen (Kabel) vorhanden waren, die für eine in der Nähe verlaufende Eisenbahnstrecke benötigt wurden. Weil es wirtschaftlich keinen Sinn gemacht hätte hier eine höhenfreie Kreuzung herzustellen, hat das BMVI die Zulassung des Bahnübergangs genehmigt, auch wenn dieser tatsächlich nicht hergestellt worden ist. 221

---

38 S. § 14a EKrG Rdn. 22.

Teil E. Anhang

E 1. Hinweise des BMV zum EKrG vom 11. November 1963

(VkBl. 1963 S. 612)

Das Gesetz über Kreuzungen von Eisenbahnen und Straßen (EKrG) vom 14. August 1963 (BGBl. I S. 681) tritt am 1. Januar 1964 in Kraft. Es ordnet die Rechtsverhältnisse an Kreuzungen zwischen Eisenbahnen und Straßen neu und soll damit die Maßnahmen zur Verbesserung der Sicherheit an Kreuzungen wirksam fördern. Zu den wichtigsten Änderungen gegenüber dem Gesetz über Kreuzungen von Eisenbahnen und Straßen (KrG) vom 4. Juli 1939 (RGBl. I S. 1211) und zur Überleitung auf die neue Regelung gebe ich folgende Hinweise.*

1. *Zu § 1:*

    Der Geltungsbereich des EKrG ist gegenüber dem KrG erweitert worden. Zu den Eisenbahnen gehören nach Absatz 3 auch die nach Landesrecht den Anschlußbahnen gleichgestellten Eisenbahnen. Ferner gilt das Gesetz für alle öffentlichen, d.h. rechtlich-öffentlichen Straßen, Wege und Plätze (Absatz 4). Die Beschränkung im KrG auf nur kraftfahrzeugfähige Straßen ist weggefallen. Straßenbahnen, die nicht im Verkehrsraum einer öffentlichen Straße liegen, werden, wenn sie Straßen kreuzen wie Eisenbahnen, und wenn sie Eisenbahnen kreuzen, wie Straßen behandelt (Absatz 5). Liegen sie im Verkehrsraum einer öffentlichen Straße, so gelten sie wie bisher als Benutzer der Straße.

2. *Zu § 3:*

    Die hiernach zu treffenden Maßnahmen sind etwa die gleichen wie in § 3 KrG. Begründung und Ausmaß werden bestimmt durch die gesetzliche Definition »wenn und soweit es die Sicherheit oder die Abwicklung des Verkehrs unter Berücksichtigung der übersehbaren Verkehrsentwicklung erfordert«. Änderungen »in sonstiger Weise« nach Nummer 3 sind solche, die in § 3 nicht besonders aufgeführt sind, die aber dennoch »die Sicherheit oder die Abwicklung des Verkehrs unter Berücksichtigung der übersehbaren Verkehrsentwicklung erfordert« (z.B. Änderung des Kreuzungswinkels oder des Straßengefälles, Verbreiterung

---

* Der Erlaß ist noch nicht auf den durch das EKrÄndG geänderten Rechtzustand geändert. Dies gilt insbesondere für die Änderungen von § 5 s. Anm. 3.1 zu § 5 EKrG, § 9 s. Anm. 1 zu § 9 EKrG, § 13 s. Anm. 2 zu § 13 EKrG, § 15 s. Anm. 2 zu § 15 EKrG, § 19 s. Anm. 2.1 EKrG.

der Kreuzung). Nicht unter diese Vorschrift fallen bloße Rationalisierungsmaßnahmen, weil sie nicht der Sicherheit oder der Abwicklung des Verkehrs dienen.

3. *Zu § 4:*

Die Duldungspflicht gilt nach Absatz 1 für neue Kreuzungen und nach Absatz 2 für bestehende Kreuzungen, sobald an ihnen eine Maßnahme nach § 3 vorgenommen wird.

4. *Zu § 5:*

Die Beteiligten sind gehalten, sich über Art, Umfang und Durchführung einer Maßnahme nach §§ 2 und 3 sowie über die Verteilung der Kosten untereinander zu verständigen. Dieses Vereinbarungsprinzip trägt dem Gedanken der Eigenverantwortlichkeit der Beteiligten für die Sicherheit an ihren Kreuzungen Rechnung. Die Anordnungsbehörde soll erst dann angerufen werden, wenn eine Vereinbarung zwischen den Beteiligten nicht zustande kommt.

Sollen Bund oder Land nach § 13 Abs. 1 Satz 2 zu den Kosten einer Maßnahme beitragen, so bedarf die Vereinbarung insoweit der Genehmigung des Bundesministers für Verkehr bzw. der von der Landesregierung bestimmten Behörde.

5. *Zu §§ 6–10:*

Die Vorschriften regeln das Kreuzungsrechtsverfahren. Eine Anordnung in diesem Verfahren kann jeder Beteiligte beantragen, wenn eine Vereinbarung zwischen den Beteiligten nicht zustande kommt (§ 6). Die Anordnungsbehörde kann das Kreuzungsrechtsverfahren von sich aus einleiten, wenn die Sicherheit oder die Abwicklung des Verkehrs eine Maßnahme erfordert, die Beteiligten aber keinen Antrag stellen (§ 7).

In der Anordnung ist auch über die Kostentragung zu entscheiden (§ 10 Abs. 1). § 10 Abs. 4 stellt klar, daß die Anordnungsbehörde hierüber auf Antrag allein entscheiden kann, wenn sich die Beteiligten über die durchzuführende Maßnahme im übrigen einig sind oder wenn die Maßnahme bereits durchgeführt ist.

Wird eine Anordnung erlassen und ist für die Maßnahme ein Planfeststellungsverfahren vorgeschrieben, so ist die Anordnungsbehörde auch Planfeststellungsbehörde. Die Planfeststellung ist mit der Anordnung zu verbinden (§ 9 Abs. 1). Landesrechtliche Regelungen nach § 9 Abs. 3** bleiben unberührt.

Zu dem Kreuzungsrechtsverfahren wird eine Allgemeine Verwaltungsvorschrift nach § 16 Abs. 2 vorbereitet.

** Jetzt § 9 Abs. 2 EKrG.

6. *Zu §§ 11–13:*

Die Kostenregelung für die Herstellung neuer Kreuzungen (§ 11) ist unverändert geblieben. Die Ausnahmevorschrift des § 6 Abs. 2 KrG für Anschlußbahnen und die Sonderregelungen des § 7 KrG sind weggefallen.

§ 12 betrifft Maßnahmen nach § 3 an Überführungen. Die Kostenverteilung entspricht der Regelung in der Vereinbarung über Änderungen und Ergänzungen an schienenfreien Kreuzungen zwischen Bundesfernstraßen und Bundesbahnstrecken vom 10. Januar/14. Februar 1957, mitgeteilt mit meinem Erlaß vom 30. Juli 1957 – StB 2 – Lkb – 2134 Vmz 57. Das EKrG stellt darauf ab, wer die Änderung verlangt oder im Falle einer Anordnung hätte verlangen müssen. Entscheidend ist daher, welcher Beteiligte nach seinem Zuständigkeits- und Aufgabenbereich das Änderungsverlangen stellt oder hätte stellen müssen. Die mit dem genannten Erlaß gegebenen Erläuterungen können zunächst weiter angewandt werden. Eine Rechtsverordnung nach § 16 Abs. 1 Nr. 2 über die Ermittlung der Baukosten in vereinfachter Form der bei getrennter Durchführung der Maßnahme nach § 3 entstehenden Kosten wird vorbereitet.

§ 13 betrifft Maßnahmen nach § 3 an Bahnübergängen. Das starre Kostenteilungsprinzip des KrG wird beibehalten, die Halbierung der Kosten aber durch eine Drittelung ersetzt. Je ein Drittel der Kosten tragen die an der Kreuzung Beteiligten. Das letzte Drittel der Kosten trägt bei Kreuzungen mit Bundesfernstraßen der Bund, bei Kreuzungen mit Landstraßen I. Ordnung das Land, und zwar auch dann, wenn die Ortsdurchfahrt einer Bundesstraße oder L. I. O. in der Baulast der Gemeinde steht. Bei Kreuzungen mit sonstigen Straßen tragen Bund und Land je ein Sechstel (geändert durch EKrÄndG). Wegen der finanziellen Beteiligung von Bund und Land bei Maßnahmen an Kreuzungen mit sonstigen Straßen ist es zweckmäßig, daß sich die Beteiligten rechtzeitig mit Bund und Land in Verbindung setzen.

Eine Rechtsverordnung nach § 16 Abs. 1 Nr. 1 über den Umfang der Kosten nach §§ 11–13 und über Pauschalbeträge für Verwaltungskosten wird vorbereitet. Es bestehen keine Bedenken, bis zu ihrem Inkrafttreten die Bestimmungen der zum KrG ergangenen Durchführungsverordnungen und der einschlägigen Erlasse entsprechend anzuwenden, sofern das EKrG nicht entgegensteht.

Wegen abweichender Vereinbarungen, die sich auf Kreuzungen zwischen Straßen und Straßenbahnen, Anschlußbahnen und den Anschlußbahnen gleichgestellten Eisenbahnen beziehen, verweise ich auf die Bemerkungen zu § 19 Abs. 2.

7. *Zu § 14:*

Betriebskosten sind nach Absatz 1 auf die örtlich entstehenden persönlichen und sächlichen Aufwendungen beschränkt. Absätze 2 und 3 bestimmen, was Eisenbahnanlagen und was Straßenanlagen sind. U.a. wird festgelegt, daß das zu den Eisenbahnanlagen rechnende Kreuzungsstück, das sowohl dem Eisenbahnverkehr als auch dem Straßenverkehr dient, begrenzt wird durch einen Abstand von 2,25 m, bei Straßenbahnen von 1,00 m, jeweils von der äußeren Schiene und parallel zu ihr verlaufend.

Zum Inkrafttreten der Regelung des § 14 verweise ich auf die Bemerkungen zu § 19.

8. *Zu § 15:*

Die durch Herstellung einer neuen Kreuzung (§ 11 Abs. 1) verursachte Erhaltungs- und Betriebslast des anderen Beteiligten ist nach Absatz 1 in jedem Falle – unter Zugrundelegung einer Benutzungsdauer von 20 Jahren*** abzulösen. Eine Rechtsverordnung nach § 16 Abs. 1 Nr. 3 über die Berechnung und die Zahlung der Ablösungsbeträge wird vorbereitet.

Werden beide Verkehrswege an der Kreuzung neu hergestellt (§ 11 Abs. 2), findet kein Ausgleich der Erhaltungs- und Betriebskosten statt.

Bei der Änderung von Überführungen (Absatz 2) ist die Erstattung, nicht aber die Ablösung der hierdurch verursachten Mehrkosten der Erhaltung vorgesehen. Eine Ablösung aufgrund Vereinbarung ist möglich.

9. *Zu § 18:*

Aufsichtsbehörden sind:
a) für die Bundesfernstraßen die Länder im Auftrag des Bundes (§ 20 FStrG); für die übrigen Straßen gelten die Bestimmungen der Landesstraßengesetze,
b) für die Deutsche Bundesbahn der BMV (§ 14 Abs. 2 BbG),
c) für die nichtbundeseigenen Eisenbahnen die Länder (vgl. aber § 5 AllgEisenbahnG),
d) für die Straßenbahnen die nach § 54 PBefG von den Landesregierungen bestimmten Behörden.

10. *Zu § 19:*

Soweit die Erhaltung bestehender Bahnübergänge, Eisenbahnüberführungen sowie Überführungen von Straßen in der Baulast des Bundes und der Länder aufgrund früherer Bestimmungen (z.B. durch KrG, Planfeststellungen, Vereinbarungen) abweichend von § 14 geregelt ist, treten diese Regelungen nach Absatz 1 am 1. Januar 1964 außer Kraft. Es ist dann § 14 anzuwenden.

Bei der Übergabe der Eisenbahnüberführungen an den Eisenbahnunternehmer und der Überführungen von Straßen an den Träger der Straßenbaulast ist darauf zu achten, daß die Bauwerke ordnungsmäßig erhalten sind und der notwendige Grunderwerb durchgeführt ist. Die Brückenbücher sind zu übergeben.

*** Geändert durch EKrÄndG.

Für die Erhaltung der Überführungen von Straßen in der Baulast von Gemeinden und Gemeindeverbänden bleiben die bisherigen Kostenregelungen bestehen. § 14 wird erst anwendbar nach einer wesentlichen Änderung oder Ergänzung der Kreuzung.

Nach Absatz 2 gelten bisherige Vereinbarungen fort, die sich auf Kreuzungen zwischen Straßen und Straßenbahnen, Anschlußbahnen sowie den Anschlußbahnen gleichgestellte Eisenbahnen beziehen. Die Vorschriften des EKrG (z.B. die §§ 12–15) sind insoweit nicht anzuwenden, wenn etwas anderes vereinbart ist.

Absatz 3 enthält als Übergangsregelung den Grundsatz, daß die bisherige Kostenregelung für Änderungen, die am 1. Januar 1964 bereits in der Ausführung begriffen sind, bestehen bleibt. Die Kosten sind in solchen Fällen nach § 5 Abs. 2 KrG hälftig zu teilen, sofern nicht abweichende Vereinbarungen bestehen. Die Formulierung »in Ausführung begriffen« stellt auf den Beginn der Baumaßnahme ab. Wann die Baumaßnahme begonnen ist, hängt von den Gegebenheiten des Einzelfalles ab.

Die Vereinbarung zwischen dem Bundesminister für Verkehr und der Deutschen Bundesbahn vom 13./31. August 1957 über die Beseitigung von Bahnübergängen ist nur noch auf die Maßnahmen anzuwenden, die am 1. Januar 1964 in Ausführung begriffen sind.

Absatz 4 läßt die Erstattungspflichten nach § 8 Abs. 2 KrG mit dem Inkrafttreten des EKrG ohne finanziellen Ausgleich erlöschen. Soweit sie bereits früher abgelöst worden sind, behält es dabei sein Bewenden.

Diese Hinweise übersende ich zur Anwendung bei den Auftragsverwaltungen für die Bundesfernstraßen und bei der Deutschen Bundesbahn. Ich empfehle, sie auch für die übrigen Straßen und für den Bereich der nichtbundeseigenen Eisenbahnen einzuführen.

Dieser Erlaß wird im Verkehrsblatt veröffentlicht.

E 2. Hinweise des BMV vom 9. September 1964 zur 1. EKrV

(VkBl. 1964 S. 458, 459)

Die Verordnung über die Kosten von Maßnahmen nach dem Eisenbahnkreuzungsgesetz (1. Eisenbahnkreuzungsverordnung – 1. EKrV –) vom 2. September 1964 ist am 5. September 1964 im Bundesgesetzblatt Teil I Nr. 47 verkündet worden.

Bei dem Erlaß der Verordnung sind die vom Bundesrat am 10. Juli 1964 beschlossenen Änderungsvorschläge (BR-Drucks. 279/64 – Beschluß) berücksichtigt worden; damit ist auch in § 1 der bisherige Absatz 3 entfallen, der folgende Fassung hatte:

»Nicht zur Kostenmasse gehören die Aufwendungen für Maßnahmen, die von einem Beteiligten als Träger der Baulast der kreuzenden Eisenbahn oder Straße aufgrund bestehender Rechtsverhältnisse nicht zu tragen sind.«

Hierzu weise ich darauf hin, daß ich der Begründung des Bundesrates für die Streichung nicht folgen kann. Die 1. Eisenbahnkreuzungsverordnung regelt – entsprechend der Ermächtigung des § 16 Abs. 1 Nr. 1 EKrG – den Umfang der Kostenmasse als Grundlage für die in §§ 11 bis 13 EKrG vorgesehene Kostenverteilung zwischen den an der Kreuzung beteiligten Trägern der Baulast der kreuzenden Eisenbahn und Straße (§ 1 Abs. 6 EKrG) sowie Bund und Land, sofern letztere nach § 13 EKrG einen Teil der Kosten zu tragen haben. Kosten, die ein Beteiligter nicht als Baulastträger zu tragen hat oder hinsichtlich derer ihm aufgrund bestehender Rechtsverhältnisse ein Anspruch gegen Dritte zusteht, gehören nicht zur Kostenmasse. Dies gilt vor allem für Aufwendungen, die zwar im Zusammenhang mit einer Maßnahme nach §§ 2, 3 EKrG notwendig werden, aber aufgrund bestehender Rechtsverhältnisse von einem Dritten zu tragen sind. Ob dies im Einzelfall zutrifft, richtet sich nach dem Inhalt dieser Rechtsverhältnisse.

Bei dem Vollzug der 1. Eisenbahnkreuzungsverordnung werde ich von dieser Auffassung ausgehen, die durch den entfallenden Absatz 3 lediglich klargestellt werden sollte. Die Deutsche Bundesbahn und die Auftragsverwaltungen für die Bundesfernstraßen werden gebeten, danach zu verfahren. Ich empfehle, diese Grundsätze auch im Bereich der übrigen Straßen und der nichtbundeseigenen Eisenbahnen anzuwenden.

Dieser Erlaß wird im Verkehrsblatt veröffentlicht.

E 3. Richtlinien für die Planung, Baudurchführung und Abrechnung von Maßnahmen nach dem Eisenbahnkreuzungsgesetz

ARS Nr. 10/2014
Sachgebiet 15.3: Eisenbahnkreuzungen

Betreff: Vollzug des Eisenbahnkreuzungsgesetzes (EKrG) Richtlinien für die Planung, Baudurchführung und Abrechnung von Maßnahmen nach dem Eisenbahnkreuzungsgesetz
Bezug: Allgemeines Rundschreiben Straßenbau Nr. 07/2000 vom 06.03.2000 – S 16/EW 15/78.10.20-04/8 Va 00, Anlage 2
Aktenzeichen: StB 15/7174.2/4-3/2178067
Datum: Bonn, 18.11.2014

Die anliegenden Richtlinien für die Planung, Baudurchführung und Abrechnung von Maßnahmen nach dem Eisenbahnkreuzungsgesetz gebe ich hiermit bekannt und bitte, sie für den Bereich der Bundesfernstraßen einzuführen.

Die DB Netz AG wird die Richtlinien in ihrem Geschäftsbereich ebenfalls einführen und entsprechend verfahren.

Die Richtlinien wurden neu strukturiert und beinhalten im Wesentlichen präzisierende Vorgaben zu den Informationspflichten im Rahmen des Vergabeverfahrens und der Baudurchführung. Weiterhin sind die Regelungen hinsichtlich der wechselseitigen Abrechnung von Eisenbahnkreuzungsmaßnahmen zur Verringerung des Verwaltungsaufwandes vereinfacht worden.

Anregungen zu den Entwürfen der Richtlinien wurden soweit möglich und zweckmäßig in der endgültigen Fassung berücksichtigt.

Einvernehmlich können die neuen Richtlinien auch bei noch nicht abgeschlossenen Vorhaben Anwendung finden.

Im Interesse einer einheitlichen Handhabung empfehle ich, die Richtlinien auch für die in Ihrem Zuständigkeitsbereich liegenden sonstigen Straßen einzuführen. Von Ihrem Einführungserlass bitte ich mir eine Kopie zu übersenden.

Das ARS 07/2000, Anlage 2 hebe ich hiermit auf. Die Anlage 1 des ARS 07/2000 wird derzeit überarbeitet. Der dortige Verweis unter *V. Haushaltsmäßige Behandlung und Rechnungslegung, Nr. 12 (1), Satz 1*, auf die Anlage 2 wird vorläufig wie folgt geändert:

(1) Die Auszahlung der Kostenanteile und Zuschüsse des Bundes und die haushaltsmäßige Abwicklung erfolgen nach dem ARS 10/2014 »Richtlinien für die Planung, Baudurchführung und Abrechnung von Maßnahmen nach dem Eisenbahnkreuzungsgesetz«

Anlage: Richtlinien für die Planung, Baudurchführung und Abrechnung von Maßnahmen nach dem Eisenbahnkreuzungsgesetz

Teil E Anhang

Anlage Richtlinien für die Planung, Baudurchführung und Abrechnung von Maßnahmen nach dem Eisenbahnkreuzungsgesetz

Inhaltsübersicht

I. Allgemeines
   1.1 Mitwirkungshandlungen
   1.2 Grundinanspruchnahme
II. Planung
   2.1 Allgemeines
   2.2 Entwurfsplanung
   2.3 Kreuzungsvereinbarung
III. Durchführung der Kreuzungsmaßnahmen
   3.1 Vergabe von Unternehmerleistungen
   3.2 Baudurchführung
   3.3 Abnahme und Übergabe der Anlagen
IV. Abrechnung
   4.1 Allgemeines
   4.2 Abschlagsrechnungen
   4.3 Abschlagszahlungen
   4.4 Schlussrechnung
   4.5 Schlusszahlung
   4.6 Umsatzsteuer
   4.7 Verjährung

Vorbemerkung:

Das Eisenbahnkreuzungsgesetz enthält keine Regelungen über die Zuständigkeit der Kreuzungsbeteiligten für die Planung und Baudurchführung von Baumaßnahmen.

Aufgrund der jeweils vorliegenden spezifischen Fachkompetenz empfiehlt es sich, die Maßnahmen an Eisenbahnanlagen durch das Eisenbahnunternehmen und an Straßenanlagen durch die Straßenbauverwaltung zu planen und durchzuführen. Die Kreuzungsbeteiligten haben sich im Rahmen der Kreuzungsvereinbarung über die entsprechende Aufgabenverteilung zu verständigen.

I. Allgemeines

1.1 Mitwirkungshandlungen

Aufgrund des bestehenden Gemeinschaftsverhältnisses zwischen Straße und Schiene ist für alle Kreuzungsfälle neben der gesetzlich normierten Duldungspflicht die gegenseitige Mitwirkung der Kreuzungsbeteiligten für eine ordnungsgemäße Durchführung der Maßnahmen unabdingbar (siehe Rundschreiben des BMVI vom 29.01.2014, Az.: StB 15/7174.2/5-14/2095549).

1.2 Grundinanspruchnahme

Unabhängig davon, ob beide Kreuzungsbeteiligte oder nur einer der Beteiligten die Kosten der Maßnahme tragen/trägt, haben sie den in ihrem Eigentum befindlichen und für die Kreuzungsanlage benötigten Grund und Boden jeweils unentgeltlich zur Verfügung zu stellen. § 3 Abs. (2) der 1. EKrV bleibt unberührt. Zudem gestatten sie sich während der Baudurchführung gegenseitig die unentgeltliche Inanspruchnahme ihrer an die Kreuzungsanlage angrenzenden öffentlichen Verkehrsflächen.

II. Planung

2.1 Allgemeines

Die Planung ist grundsätzlich von dem Baudurchführenden zu erstellen. Spätestens mit Beginn der Entwurfsplanung sind die Ausgangsparameter (z.B. welcher Kreuzungsfall liegt vor, möglicher Baubeginn, Auswirkungen auf den Verkehr und Betrieb des anderen Beteiligten) zwischen den Kreuzungsbeteiligten abzustimmen und – falls zweckmäßig – in einer Planungsvereinbarung festzuhalten.

Ferner stimmen sich die Kreuzungsbeteiligten frühzeitig über die Grundlagen der vom Baudurchführenden zu erstellenden Ablösungsberechnung (z.B. Fiktiventwürfe der nächsten Erneuerungen) ab.

2.2 Entwurfsplanung

Aus der Entwurfsplanung sollen alle Auswirkungen auf die Belange und Anlagen des anderen Kreuzungsbeteiligten sowohl für die Bauzustände als auch für den Endzustand hervorgehen.

Soweit vom Baudurchführenden Anlagen geplant werden, für die der andere Kreuzungsbeteiligte erhaltungspflichtig ist, ist diesem die Entwurfsplanung zur Prüfung hinsichtlich der Berücksichtigung seiner Belange vorzulegen.

Ist der Baudurchführende nicht allein kostenpflichtig, hat er die Entwurfsplanung, insbesondere auch in Bezug auf die Kostenveranschlagung und die Bestimmung der kreuzungsbedingten Kosten, mit dem anderen Kostenpflichtigen abzustimmen.

Falls vom Baudurchführenden landschaftspflegerische Maßnahmen durchgeführt werden müssen, stimmen sich die Kreuzungsbeteiligten frühzeitig darüber ab, in wessen Unterhaltungslast diese übergehen sollen.

2.3 Kreuzungsvereinbarung

Für die gemäß § 5 EKrG abzuschließende Kreuzungsvereinbarung sind die vom BMVI eingeführten Muster zu verwenden. Zur Vereinbarung gehören insbesondere ein Erläuterungsbericht, eine Kostenzusammenstellung (mit Darstellung der kreuzungsbedingten und nicht kreuzungsbedingten Kosten) und Pläne (Übersichtsplan, Lageplan, Höhenplan und Bauwerkspläne mit wesentlichen Ansichten und Schnitten).

Teil E Anhang

Sofern im Laufe der Projektabwicklung zusätzliche Maßnahmen oder Planungsänderungen erforderlich werden oder die veranschlagte Kostenmasse um mehr als 15 % überschritten wird, ist hierüber eine Nachtragsvereinbarung abzuschließen.

III. Durchführung der Kreuzungsmaßnahmen

3.1 Vergabe von Unternehmerleistungen

Der jeweils Baudurchführende ist für die Ausschreibung und Vergabe von Unternehmerleistungen zuständig. Er erteilt die Aufträge im eigenen Namen und auf der Grundlage der für ihn geltenden Vergabevorschriften. Er hat dafür einzustehen, dass die zur Durchführung der Maßnahme bereitgestellten Mittel zweckentsprechend und wirtschaftlich verwendet werden.

Ist der Baudurchführende nicht allein kostenpflichtig,
- informiert er den anderen Kostenpflichtigen rechtzeitig über den Zeitpunkt der Aufforderung zur Angebotsabgabe, damit dieser ggf. erforderliche Maßnahmen zur Sicherung der Finanzierung seines Kostenanteils ergreifen kann;
- bedarf es aufgrund der zwischen den Kreuzungsbeteiligten geschlossenen Kreuzungsvereinbarung grundsätzlich keiner Bestätigung des Kostenpflichtigen, dass der Baudurchführende die Aufträge vergeben darf. Sofern sich jedoch in Ausnahmefällen aufgrund der abgegebenen Angebote grundlegende neue Aspekte, z.B. zeitliche Verschiebungen, oder ggf. in Frage kommende Sondervorschläge, hier insbesondere im Hinblick auf die Unterhaltungspflicht des anderen Kreuzungsbeteiligen, ergeben sollten, ist vom Baudurchführenden umgehend die Entscheidung des anderen Kostenpflichtigen zur Vergabe einzuholen. Dabei ist dessen Zustimmung oder im Ausnahmefall Begründung für eine Aufhebung der Ausschreibung unter Wahrung der gesetzlichen Zuschlagsfristen an den Baudurchführenden zu übermitteln;
- teilt er dem anderen Kostenpflichtigen das Ergebnis der Vergabe mit und übersendet ihm Kopien der Bauverträge unverzüglich nach Auftragserteilung;
- übersendet er dem anderen Kostenpflichtigen auch die mit dem Unternehmer vereinbarten Nachträge zum Bauvertrag in Kopie unverzüglich nach deren Beauftragung.

3.2 Baudurchführung

Der Baudurchführende wird dem anderen Kreuzungsbeteiligten den tatsächlichen Baubeginn rechtzeitig schriftlich anzeigen (Einzelheiten sind in der Kreuzungsvereinbarung festzulegen). Sofern es zwischen Abschluss der Kreuzungsvereinbarung und Realisierung der Maßnahme zu längeren Verzögerungen (mehrere Jahre) gekommen ist, hat der Baudurchführende vor Einleitung des Vergabeverfahrens zu prüfen ob die Geschäftsgrundlage der Kreuzungsvereinbarung noch Bestand hat. Ist diese entfallen, ist die Kreuzungsvereinbarung anzupassen oder aufzuheben.

Ist der Baudurchführende nicht oder nicht alleiniger Kostenpflichtiger, muss er einen Mittelbedarfsplan aufstellen, in dem der voraussichtliche Mittelbedarf in Jahresraten dargestellt ist, und diesen jährlich fortschreiben. Auf Nachfrage kann der andere Kreuzungsbeteiligte Zwischeninformationen erhalten. Wenn sich Änderungen ergeben, hat der Baudurchführende den anderen Kostenpflichtigen über die Kostenentwicklung zu informieren und den erforderlichen Mittelbedarf mit ihm abzustimmen.

Wenn der Baudurchführende Anlagen errichtet, für die der andere Kreuzungsbeteiligte erhaltungspflichtig ist, führt er vor der Abnahme die erste Hauptprüfung nach den für die Anlagen geltenden Vorschriften durch, es sei denn, die Beteiligten haben etwas anderes vereinbart. Die jeweils geltenden Vorschriften sind in der Kreuzungsvereinbarung zu benennen. Der Baudurchführende räumt dem Träger der Erhaltungslast die Möglichkeit zur Teilnahme ein und gibt ihm dazu rechtzeitig den Termin der Prüfung bekannt. Die Ergebnisse der ersten Hauptprüfung sind dem Erhaltungspflichtigen zu übermitteln.

Soweit durch die Bauarbeiten Lage- und Höhenfestpunkte beseitigt werden müssen, sind diese nach Abschluss der Arbeiten durch den Baudurchführenden in Absprache mit dem anderen Kreuzungsbeteiligten neu zu setzen und einzumessen. Die Vermessungsunterlagen sind dem anderen Kreuzungsbeteiligten zu übergeben.

3.3 Abnahme und Übergabe der Anlagen

Eine nach VOB Teil B § 12 mit dem/den Auftragnehmer/n vereinbarte Abnahme obliegt dem Baudurchführenden. Die Abnahme ist zu verweigern, wenn die festgestellten Mängel der Verkehrsfreigabe/Betriebserlaubnis entgegenstehen. Vor der Abnahme soll eine gemeinsame Begehung durch die Kreuzungsbeteiligten erfolgen.

Wenn der Baudurchführende Anlagen errichtet, für die der andere Kreuzungsbeteiligte erhaltungspflichtig ist, erhält dieser die Möglichkeit, an der Abnahme teilzunehmen. Der zukünftige Erhaltungspflichtige ist berechtigt, durch ihn festgestellte Mängel an den Anlagen gegenüber dem Baudurchführenden protokollieren zu lassen. Die gemeinsam festgestellten Mängel werden im Rahmen der Abnahme vom Baudurchführenden gegenüber dem/den Auftragnehmer/n gerügt. Der Erhaltungspflichtige erhält eine Ausfertigung des Abnahmeprotokolls. Mit der Abnahme beginnt die Pflicht zur Verkehrssicherung und zur Erhaltung der Anlagen durch den gemäß § 14 EKrG zuständigen Erhaltungspflichtigen.

Nach der Abnahme soll die Übergabe der baulichen Anlagen, für die der andere Kreuzungsbeteiligte erhaltungspflichtig ist, erfolgen. Dabei sind die Bestandsunterlagen bzw. die vorläufigen Bestandsunterlagen (handrevidierte Fassung) einschließlich der Ausführungsstatik und der Prüfbericht der ersten Hauptprüfung zu übergeben. Unverzüglich nach Fertigstellung erhält der Erhaltungspflichtige weitere für die Erhaltung notwendigen Bauwerksunterlagen, z.B. Brückenbücher, endgültige Bestandszeichnungen, Leitungsbestandspläne etc. Soweit es aus Gründen der Überschneidung von Mängelbeseitigung und Verkehr/Betrieb der Anlagen erforderlich ist, sind im Rahmen der Übergabe Regelungen über die Verkehrssicherungspflicht zu treffen. Jeder Beteiligte erhält eine Ausfertigung des Übergabeprotokolls.

Unabhängig von der Übergabe der baulichen Anlagen ist der jeweils Baudurchführende verantwortlich für die Beseitigung der Mängel, die Gegenstand des Abnahmeprotokolls sind. Mängelbeseitigungsansprüche innerhalb der Verjährungsfrist verfolgt der jeweilige Baudurchführende gegenüber dem jeweiligen Auftragnehmer. Ausnahmen können in dem Übergabeprotokoll vereinbart werden. Die Erledigung der Mängelbeseitigung ist dem Erhaltungspflichtigen schriftlich anzuzeigen.

Die Bauwerksprüfungen, die nach der Abnahme fällig werden, erfolgen durch den jeweils Erhaltungspflichtigen der baulichen Anlagen zu seinen Lasten.

Der jeweils andere Beteiligte erhält Bestandsübersichtspläne der Kreuzungsanlage.

Nach der Abnahme veranlasst der Baudurchführende, dass für den Kreuzungsbereich eine Liegenschaftsvermessung (Schlussvermessung) durch das zuständige Katasteramt oder ein Vermessungsbüro mit öffentlicher Bestellung durchgeführt wird, in der die Abgrenzung des neu erstellten Kreuzungsbauwerks zu den betroffenen Verkehrswegen festgelegt wird.

IV. Abrechnung

4.1 Allgemeines

Der Prozess der Abrechnung setzt sich zusammen aus der Rechnungslegung, der Prüfung der Rechnung und der Zahlung. Das Abrechnungsverfahren gilt auch in Bezug auf das Kostendrittel des Bundes/Landes unabhängig davon, in wessen Baulast sich die Straße befindet.

Die im Zusammenhang mit der Abrechnung bestehende Nachweispflicht ist abhängig davon, ob die Baudurchführung von einem oder beiden Kreuzungsbeteiligten wahrgenommen wird, wer die Kosten der Maßnahme zu tragen hat und ob ein Ablösungsbetrag gezahlt werden muss.

Wird die Baumaßnahme von demjenigen Kreuzungsbeteiligten durchgeführt, der allein die Kosten zu tragen hat, bedarf es keiner Abrechnung. Ggf. wird jedoch eine Ablösungsberechnung erforderlich. Werden Anlagen erstellt, für die der andere Kreuzungsbeteiligte erhaltungspflichtig ist, ist dieser über die Herstellungskosten der Anlagen zu informieren.

Wird die Baumaßnahme von beiden Kreuzungsbeteiligten durchgeführt, obliegt beiden wechselseitig die Rechnungslegung, die Prüfung der Rechnung und Zahlung. Welcher Kreuzungsbeteiligte die Schlussrechnung zu erstellen hat, ist vertraglich zu vereinbaren.

Soweit eine Abrechnung erforderlich ist, gilt für diese Folgendes:

4.2 Abschlagsrechnungen

Rechnungen Dritter prüft ausschließlich der Baudurchführende in eigener Verantwortung hinsichtlich der sachlichen und rechnerischen Richtigkeit. Durch Legung der Abschlagsrechnung an den anderen Kreuzungsbeteiligten bestätigt der Baudurchführende, dass die in Rechnung gestellten Kosten im Rahmen der Kreuzungsvereinbarung angefallen, die Eigenleistungen erbracht sowie die Leistungen Dritter vertragsgemäß abgerechnet worden sind.

Der Baudurchführende ist berechtigt, entsprechend dem Baufortschritt und dem vereinbarten prozentualen Kostenanteil des anderen Beteiligten Abschlagsrechnungen zu stellen. Sie können die an Unternehmer geleistete Zahlungen (Ausgaben), Eigenleistungen (Kosten) und Grunderwerbskosten beinhalten. Mit der Abschlagsrechnung unterrichtet der Baudurchführende über den finanziellen Stand der Maßnahme durch eine Übersicht, in der die Höhe und der Zeitpunkt der geleisteten Zahlungen an Dritte und der angefallenen Kosten dargestellt sind. Ein detaillierter Kostennachweis und die rechnungsbegründenden Unterlagen sind mit der Schlussrechnung vorzulegen (siehe 4.4).

Die Verwaltungskosten nach § 5 der 1. EKrV weist der Baudurchführende gesondert aus.

Führen beide Kreuzungsbeteiligte die Maßnahme durch, beinhaltet die letzte Abschlagsrechnung desjenigen Beteiligten, der nicht für die Erstellung der Schlussrechnung verantwortlich ist, den vollständigen Kostennachweis gemäß Nr. 4.4 für die von ihm durchgeführten Leistungen. Sie ist entsprechend zu kennzeichnen. Dieser Abschlagsrechnung sind die rechnungsbegründenden Unterlagen beizufügen, die für die Schlussrechnung erforderlich sind.

4.3 Abschlagszahlungen

Die Abschlagsforderung wird innerhalb von 30 Tagen nach Zugang der Abschlagsrechnung fällig, soweit nicht etwas anderes vereinbart wurde.

Führen beide Kreuzungsbeteiligte die Maßnahme durch, ist die letzte Abschlagsrechnung desjenigen Beteiligten, der nicht für die Erstellung der Schlussrechnung verantwortlich ist, von dem anderen Beteiligten wie eine Schlussrechnung zu prüfen. Für die Prüfung und den auf diese Rechnung bezogenen Zahlungsausgleich gilt eine Frist von 3 Monaten ab Zugang der prüffähigen Rechnung, soweit nicht etwas anderes vereinbart wurde.

4.4 Schlussrechnung

Die Schlussrechnung kann erst nach Fertigstellung der Maßnahme und Leistung aller Zahlungen an Dritte erfolgen; sie ist nach Vorliegen aller Voraussetzungen unverzüglich vorzulegen.

Wenn die Schlussrechnung erst längere Zeit nach der Fertigstellung der Kreuzungsanlage möglich ist (z.B. wegen anhängiger Gerichtsverfahren mit Dritten), können die Kreuzungsbeteiligten vereinbaren, dass eine Teilschlussrechnung gelegt wird. Die noch ausstehende Leistungen/Abrechnungen/endgültige Berechnung der Umsatzsteuer werden dabei dem Grunde und der Höhe nach ausdrücklich vorbehalten. Für eine solche Teilschlussrechnung finden die Regelungen für die Schlussrechnung Anwendung.

Der Schlussrechnung sind eine Kostenzusammenstellung und ein Kostennachweis beizufügen. Die Kostenzusammenstellung (z.b. Zusammenstellung der endgültigen Kosten der DB oder eine vergleichbare Unterlage) muss alle Grunderwerbskosten, Kosten aus Unternehmer- und Eigenleistungen, Verwaltungskosten, Umsatzsteuer sowie den ggf. anfallenden Ablösungsbetrag enthalten. Die Erlöse gemäß § 3 Abs. 3 und § 4 Abs. 5 der 1. EKrV sind von den Grunderwerbs- und Baukosten abzuziehen. Bei der Ermittlung der Verwaltungskostenpauschale werden diese Abzüge nicht berücksichtigt.

Führen beide Kreuzungsbeteiligte die Maßnahme durch, muss der Beteiligte, der die Schlussrechnung erstellt, in der Kostenzusammenstellung alle Kosten der Kreuzungsbeteiligten aufführen.

Der Kostennachweis enthält Einzelaufstellungen zum Erwerb von Grundstücken, Entschädigungen fremder Grundstücke, Verkehrswert eigener Grundstücke, Eigenleistungen (Personal, Material, Einsatz Geräte, Transportkosten) und Unternehmerleistungen mit den entsprechenden rechnungsbegründenden Unterlagen in Kopie.

Zu den rechnungsbegründenden Unterlagen gehören insbesondere
- Schlussrechnungen der Unternehmer
- Nachweise über sonstige Leistungen von Dritten
- Gebührenbescheide
- Nachweise zu den Eigenleistungen (Kosteneinzelnachweise, anonymisierte Stundenlohnzettel eigener Mitarbeiter)
- Wertermittlung für Grunderwerb

Die Vorlage von Aufmaßen ist grundsätzlich nicht erforderlich. Sie kann aber verlangt werden, wenn begründete Zweifel an den Abrechnungsunterlagen bestehen.

Führen beide Kreuzungsbeteiligte die Maßnahme durch, kann sich der Beteiligte, der die Schlussrechnung erstellt, bei der Erstellung des Kostennachweises und der Vorlage der rechnungsbegründenden Unterlagen auf die Leistungen beschränken, für die er die Baudurchführung übernommen hat.

Die Beteiligten können vereinbaren, dass die rechnungsbegründenden Unterlagen elektronisch ausgetauscht werden können.

4.5 Schlusszahlung

Der jeweils Kostenpflichtige prüft in eigener Verantwortung die ihm vom Baudurchführenden berechneten Kosten der Kreuzungsmaßnahme. Wurde über das Prüfergebnis Einigung erzielt, ist dieses Grundlage für den vorzunehmenden Zahlungsausgleich. Sollte keine Einigung erzielt werden, ist zunächst der unstrittige Betrag auszugleichen. Die ggf. darüber hinausreichende Zahlungspflicht kann einer gerichtlichen Entscheidung zugeführt werden.

Einvernehmlich festgestellte Überzahlungen sind ohne Berechnung von Zinsen zu erstatten.

Für die Prüfung und den Zahlungsausgleich gilt eine Frist von 3 Monaten ab Zugang der prüffähigen Rechnung, soweit nicht etwas anderes vereinbart wurde.

4.6 Umsatzsteuer

Für privatrechtliche Unternehmen (z.b. DB Netz AG als Eisenbahn des Bundes oder nichtbundeseigene Eisenbahnen) gilt die Umsatzsteuerpflicht.

Körperschaften des öffentlichen Rechts, die die Aufgaben der Straßenbaulast ausüben, fallen nicht unter das Umsatzsteuergesetz.

Bei EKrG-Maßnahmen sind zwei Tatbestände zu unterscheiden:
1. Umsatzsteuer, die in den Leistungen und Lieferungen der Unternehmer enthalten ist.
Privatrechtliche Unternehmen sind vorsteuerabzugsberechtigt. Führt eine privatrechtlich organisiertes Eisenbahninfrastrukturunternehmen (EIU) eine Maßnahme nach §§ 11, 12, 13 EKrG durch, gehört die Umsatzsteuer nicht zur kreuzungsbedingten Kostenmasse und es sind nur die Nettokosten anzusetzen. Führt der Straßenbaulastträger (SBL) eine Maßnahme nach §§ 11, 12, 13 EKrG durch, zählt die in den Unternehmerrechnungen enthaltene Umsatzsteuer zur kreuzungsbedingten Kostenmasse und es sind die Bruttokosten maßgeblich. Ist in diesem Fall das EIU ganz oder teilweise kostenpflichtig, hat es entsprechend seines Anteils die Umsatzsteuer mitzutragen; der Vorsteuerabzug greift dann nicht.
2. Anfallende Umsatzsteuer bei Kostenerstattungen.
Übersteigen bei Maßnahmen mit der Kostenfolge nach §§ 11, 12 und 13 EKrG die dem EIU entstandenen Kosten die von ihm zu tragenden Kosten, wird der Differenzbetrag bzw. bei Maßnahmen nach §§ 3, 13 EKrG das Straßenbaulastträgerdrittel vom SBL erstattet. Es handelt sich dann bei dem Differenzbetrag bzw. dem Drittel des Straßenbaulastträgers um eine Einnahme, die der Umsatzsteuer unterliegt. Beim Staatsdrittel, welches der Bund/Land bei Maßnahmen nach § 13 EKrG übernimmt, handelt es sich um einen nicht steuerbaren echten Zuschuss, der nicht der Umsatzsteuer unterliegt (siehe hierzu auch Allgemeines Rundschreiben Straßenbau 13/2013 vom 02.05.2013 unter Hinweis auf das Urteil des Bundesfinanzhofes vom 16.12.2010 Az.: V R 16/10).
Soweit ein EIU einen Ablösungsbetrag an den SBL zu zahlen hat (Minderung der Einnahme) oder von diesem erhält (Erhöhung der Einnahme) ist dies bei der Ermittlung der Umsatzsteuer zu berücksichtigen.
Die im Rahmen der Kostenerstattung anfallende Umsatzsteuer ist von dem EIU und dem SBL – bei Maßnahmen nach §§ 3, 13 EKrG auch vom Bund/Land – nach Maßgabe der für die Aufteilung der Kostenmasse geltenden Regelung zu tragen.
Führt der SBL eine Maßnahme mit der Kostenfolge nach §§ 11, 12, 13 EKrG durch, besteht weder hinsichtlich der Kostenerstattung oder der Zahlung des Ab-

lösungsbetrages durch das EIU noch der Zahlung des Staatsdrittels durch den Bund/Land eine Umsatzsteuerpflicht.

4.7 Verjährung

Die Kreuzungsbeteiligten vereinbaren eine Verjährungsfrist von 10 Jahren. Die Regelungen zur Verjährung von Ablösungsbeträgen bleiben hiervon unberührt.

Die Verjährungsfrist beginnt am Schluss des Jahres, in dem dem Schuldner die prüffähige Schlussrechnung zugeht.

E 4. Richtlinie über das Verfahren nach dem Gesetz über Kreuzungen von Eisenbahnen und Straßen bei Zuständigkeit des Bundesministeriums für Verkehr, Bau- und Wohnungswesen – EKrG Richtlinie 2000

ARS Nr. 7/2000

Sachgebiet 15.3: Eisenbahnkreuzungen

S 16/EW 15/78.10.20-04/8 VA 00 vom 6. März 2000

Richtlinie über das Verfahren nach dem Gesetz über Kreuzungen von Eisenbahnen und Straßen bei Zuständigkeit des Bundesministeriums für Verkehr, Bau- und Wohnungswesen – EKrG-Richtlinie 2000 – (Anlage 1)

Richtlinie für das Verfahren bei der Baudurchführung und Abrechnung von Maßnahmen nach dem Eisenbahnkreuzungsgesetz (Anlage 2)

Mein ARS Nr. 10/1988 vom 17. Oktober 1988 – StB 17/78.10.20/25 Va 88 –

Anlagen – 2 –

Die EKrG-Richtlinie 2000 und die Richtlinie für das Verfahren bei der Baudurchführung und Abrechnung von Maßnahmen nach dem Eisenbahnkreuzungsgesetz (EKrG) führe ich hiermit ein. Das ARS Nr. 10/1988 vom 17.10.1988 bitte ich bei neuen Maßnahmen nicht mehr anzuwenden.

Wenn Anträge auf Entscheidungen für EKrG-Maßnahmen noch unter Zugrundelegung der Richtlinien 1988 vorgelegt wurden, ist eine Anpassung nicht erforderlich. Soweit es im Rahmen einer Prüfung gemäß § 5 EKrG erforderlich erscheint, wird zu diesen Maßnahmen hinsichtlich der eisenbahntechnischen Maßnahmen von der für die Prüfung/Genehmigung zuständigen Stelle eine Stellungnahme des Eisenbahn-Bundesamtes (EBA) eingeholt.

Die Änderungen der Richtlinien berücksichtigen im Wesentlichen
- das Eisenbahnneuordnungsgesetz (ENeuOG), das insbesondere zur Privatisierung der DB und zur Übertragung hoheitlicher Aufgaben auf das neu gegründete EBA führte,
- die bisherigen Erfahrungen bei der Anwendung der Richtlinien 1988
- Hinweise des BRH in Prüfungsbemerkungen.

Darüber hinaus wurden Anregungen zu den Entwürfen der Richtlinien soweit möglich und zweckmäßig in der endgültigen Fassung berücksichtigt.

Für bereits in Ausführung befindliche Maßnahmen ist hinsichtlich der Prüfung der Verwendungsnachweise (Nr. 12) ab sofort das EBA zu beteiligen. Wenn einzelne Maßnahmen vor der Schlussabrechnung stehen, entscheidet die vom Land bestimmte Behörde, ob das EBA noch eingebunden werden soll. Wenn keine Einschaltung

Teil E Anhang

des EBA erfolgt, ist hierüber ein Vermerk mit kurzer Begründung zu den Akten zu nehmen.

Die von der DB AG seit dem 01.01.1994 bis zur Einführung der EKrG-Richtlinie 2000 abgegebenen sachlichen und rechnerischen Bestätigungen gelten in dem Umfang wie jetzt festgelegt.

In die derzeit zwischen Bund und Ländern stattfindende Überprüfung der Vorlagegrenzen ist auch die EKrG-Richtlinie eingebunden. Sollte sich hier eine Änderung ergeben, werde ich Sie gesondert unterrichten.

Zu einzelnen Bestimmungen der EKrG-Richtlinie 2000 gebe ich folgende Hinweise:

Zu Nr. 3

Beteiligung des EBA:

Die Einschaltung des EBA im Rahmen der Nrn. 3 und 4 der Richtlinie ersetzt in keinem Fall die Zuständigkeit der Straßenbaubehörden (in der Richtlinie »... die zuständige oberste Landesbehörde ...«). Es handelt sich bei der fachtechnischen/wirtschaftlichen Prüfung der eisenbahntechnischen Planung um einen Bereich, bei dem die zuständigen obersten Landesbehörden meist nicht über die erforderlichen Erfahrungen verfügen. Die zuständige oberste Landesbehörde verweist für diesen Bereich bei ihrer Stellungnahme im Regelfall auf die EBA-Stellungnahme. Zusätzlicher Verwaltungsaufwand oder Doppelarbeit entsteht also nicht.

Die Einschaltung des EBA erfolgt in jedem Falle, also auch bei Maßnahmen < 6 Mio. DM.

Die Verantwortung der Beteiligten (Nr. 3 Abs. 2 der Richtlinie) bleibt von den Stellungnahmen der zuständigen obersten Landesbehörde und dem EBA unberührt.

Zu Nr. 5

Erläuterungsbericht:

Soweit die Ersatzmaßnahme räumlich an Ort und Stelle des vorhandenen Bahnüberganges gebaut wird, erübrigt sich im allgemeinen ein Erläuterungsbericht. In allen anderen Fällen ist es notwendig, die Überlegungen/Zwänge etc. die zu der geplanten Lösung geführt haben, nachvollziehbar zu erläutern.

Zu Nr. 12

Beteiligung des EBA:

Die verwaltungsseitige Prüfung durch das EBA bezieht sich auf alle Maßnahmen, auch auf Maßnahmen < 6 Mio. DM.

Die Muster für Vereinbarungen über Kreuzungsmaßnahmen gemäß §§ 5, 11, 12, 13 EKrG befinden sich in Überarbeitung. Sie werden zu einem späteren Zeitpunkt eingeführt.

Anlage 1 zum Allgemeinen Rundschreiben Straßenbau Nr. 7/2000 des
BMVBW vom 6. März 2000 [S 16/EW 15/78.10.20-04/8 Va 00]

Richtlinie

über das Verfahren nach dem Gesetz über Kreuzungen von Eisenbahnen und Straßen (Eisenbahnkreuzungsgesetz) in der Fassung der Bekanntmachung vom 21. März 1971 (BGBl. I S. 337), zuletzt geändert durch das Gesetz vom 9. September 1998 (BGBl. I S. 2858) bei Zuständigkeit des Bundesministeriums für Verkehr, Bau- und Wohnungswesen

EKrG-Richtlinie 2000

Inhaltsübersicht

I. Allgemeines
 1. Zuständigkeit des Bundesministeriums für Verkehr, Bau- und Wohnungswesen (BMVBW)
II. Vereinbarung
 2. Vereinbarungsprinzip
 3. Genehmigung
 4. Vorlage der Vereinbarung beim BMVBW
 5. Antragsunterlagen
 6. Nichtzustandekommen einer Vereinbarung
III. Anordnung
 7. Antrag auf Erlass einer Anordnung
 8. Durchführung des Kreuzungsrechtsverfahrens, Herstellung des Benehmens
 9. Anordnung, Zustellung
IV. Zuschüsse nach § 17
 10. Inhalt und Vorlage des Zuschussantrages
 11. Bewilligungsbescheid
V. Haushaltsmäßige Behandlung und Rechnungslegung
 12. Auszahlung der Kostenanteile und Zuschüsse des Bundes; Überwachung ihrer Verwendung
 13. Kostenänderung
 14. Antragsunterlagen bei Kostenerhöhung
 15. Nachweisung der Ausgaben gegenüber dem BMVBW
VI. Ausnahme vom Verbot neuer Bahnübergänge
 16. Antrag auf Zulassung einer Ausnahme
 17. Entscheidung, Zustellung
 18. Entscheidung über die Eigenschaft einer Straße nach § 10 Abs. 5

Teil E Anhang

I. Allgemeines

1. Zuständigkeit des Bundesministeriums für Verkehr, Bau- und Wohnungswesen (BMVBW)

(1) Nach dem Eisenbahnkreuzungsgesetz (EKrG) sind Entscheidungen vorgesehen über
a) die Genehmigung der Vereinbarung der Beteiligten (§ 5 Abs. 1 Satz 2*),
b) die Anordnung einer Maßnahme (§ 10 Abs. 1 und 3),
c) die Kostentragung (§ 10 Abs. 4),
d) die Gewährung von Zuschüssen (§ 17),
e) die Zulassung von Ausnahmen (§ 2 Abs. 2),
f) die Eigenschaft einer Straße (§ 10 Abs. 5).

(2) Das BMVBW ist zuständig für die Genehmigung von Vereinbarungen gemäß Absatz 1 Buchstabe a) über Maßnahmen an Bahnübergängen (§ 3) insoweit, als nach der Vereinbarung der Bund gemäß § 13 Abs. 1 Satz 2 das letzte Drittel der Kosten tragen soll, ohne an der Kreuzung als Straßenbaulastträger beteiligt zu sein. In den Fällen der Nr. 4 Abs. 2 und Nr. 13 Abs. 1 Satz 3 verzichtet das BMVBW einstweilen auf die Genehmigung.

(3) In den Fällen des Absatz 1 Buchstabe b) bis f) ist das BMVBW zuständig, wenn an der Kreuzung ein Schienenweg einer Eisenbahn des Bundes (§ 2 Abs. 6 AEG) beteiligt ist (§ 8 Abs. 1). Im Falle der Nr. 10 Abs. 2 Satz 2 entscheidet die zuständige Landesbehörde über die Gewährung eines Zuschusses.

II. Vereinbarung

2. Vereinbarungsprinzip

Über Art, Umfang und Durchführung einer Maßnahme nach § 2 oder § 3 sowie über die Verteilung der Kosten sollen die Beteiligten eine Vereinbarung treffen (§ 5 Abs. 1). Die Verhandlungen hierüber sind so frühzeitig einzuleiten, dass die Beteiligten rechtzeitig finanzielle Vorsorge treffen können und alle Fragen, auch in haushaltsmäßiger Hinsicht, bis zum Beginn der Baumaßnahme geklärt sind.

3. Genehmigung

(1) Die Genehmigung einer Kreuzungsvereinbarung oder Kostenerhöhung (Nrn. 4, 13) bezieht sich auf das Kostendrittel des Bundes nach § 13. Sie erfolgt durch das BMVBW auf der Grundlage der Angaben der Beteiligten (Nr. 5). In Fällen geringer finanzieller Bedeutung bedarf es keiner Genehmigung des BMVBW (§ 5 Abs. 1 Satz 4); in diesen Fällen erfolgt die kreuzungsrechtliche Prüfung durch die zuständige Landesbehörde (Nr. 4 Abs. 2).

---

* Paragraphen ohne Bezeichnung sind solche des EKrG.

(2) Unbeschadet der Erteilung der Genehmigung sind die Beteiligten für die ordnungsgemäße Ermittlung der Kostenmasse gemäß 1. Eisenbahnkreuzungsverordnung (1. EKrV) und des Kostendrittels des Bundes verantwortlich. Mit der Vorlage des Genehmigungsantrages erklären die Beteiligten stillschweigend, dass sie die Kostenmasse ordnungsgemäß ermittelt haben.

4. Vorlage der Vereinbarung beim BMVBW

(1) Die Vereinbarung ist nur dann dem BMVBW vorzulegen, wenn es sie zu genehmigen hat (Nr. 1 Abs. 2). Die Genehmigung ist einzuholen, bevor mit der Ausführung der Kreuzungsmaßnahme begonnen wird, sofern nicht ausnahmsweise die Sicherheit oder Abwicklung des Verkehrs die vorherige Ausführung der Kreuzungsmaßnahme unabweisbar macht.

(2) Das BMVBW verzichtet einstweilen auf die Genehmigung der Vereinbarung (§ 5 Abs. 1 Satz 4), wenn die Kostenmasse 6 Mio. DM (Kostendrittel des Bundes 2 Mio. DM) nicht übersteigt und die zuständige oberste Landesbehörde oder die von ihr bestimmte Behörde die Vereinbarung geprüft und festgestellt hat, dass das Kostendrittel des Bundes durch die zur Verfügung stehenden Haushaltsmittel gedeckt werden kann.

(3) Die Eisenbahn des Bundes veranlasst für alle von ihr durchgeführten Planungen von Maßnahmen nach §§ 3, 13 – unabhängig von der Kostenmasse – eine fachtechnische und wirtschaftliche Prüfung durch das Eisenbahn-Bundesamt (EBA), soweit es sich nicht um Straßenanlagen handelt; die entsprechende Prüfung der Straßenbauplanungen erfolgt durch die zuständigen Landesbehörden.

(4) Der Antrag wird mit den Unterlagen nach Nr. 5 über die zuständige oberste Landesbehörde oder die von ihr bestimmte Behörde mit deren Stellungnahme dem BMVBW vorgelegt. Die Entscheidung des BMVBW wird den Beteiligten auf dem gleichen Wege zugeleitet. Das EBA erhält Abdruck der Entscheidung, in den Fällen nach Nr. 4 Abs. 2 Abdruck des Prüfungsvermerks des Landes.

(5) Die zuständige Landesbehörde hat vor Weiterleitung des Antrages insbesondere auf die Einhaltung der Nr. 5 zu achten, damit weder unvollständige noch überflüssige Unterlagen vorgelegt werden.

5. Antragsunterlagen

(1) Dem Antrag sind folgende Unterlagen beizufügen:
a) Kreuzungsvereinbarung (Absatz 2),
b) Übersichtsplan,
c) Erläuterungsbericht,
d) Lageplan von der bestehenden Kreuzung,
e) Lageplan von der geänderten Kreuzung,
f) Höhenplan,
g) Bauwerkspläne (wesentliche Ansichten und Schnitte),
h) Straßenquerschnitte,

i) Kostenanschlag,
j) Finanzierungsplan,
k) Ergebnis der fachtechnischen und wirtschaftlichen Prüfungen gemäß Nr. 4 Abs. 3.

Von der Kreuzungsvereinbarung sind je eine Ausfertigung für die Beteiligten und ein Abdruck für das BMVBW beizufügen.

(2) Die Kreuzungsvereinbarung ist nach dem Muster 3 der Mustervereinbarung (VkBl. 1974, S. 86 ff.) aufzustellen. Die Maßnahme ist so ausreichend zu beschreiben (§ 2 der Mustervereinbarung), dass mit den übrigen Unterlagen (Absatz 1) eine schnelle und sichere Genehmigungsentscheidung nach §§ 3, 13 in Verbindung mit der 1. EKrV möglich ist.

(3) In dem Antrag ist auf Zweifel bei der Festlegung der Kostenmasse hinzuweisen; die getroffene Festlegung ist besonders zu begründen.

(4) In den Plänen sind die nicht kreuzungsbedingten und die kreuzungsbedingten Teile der Maßnahme unterschiedlich farblich zu kennzeichnen.

6. Nichtzustandekommen einer Vereinbarung

(1) Kommt eine Vereinbarung nach § 5 nicht zustande und erhebt ein Beteiligter unmittelbar eine verwaltungsgerichtliche Klage, kann das Kostendrittel des Bundes grundsätzlich dennoch erbracht werden, wenn die Kriterien der §§ 3, 13 vorliegen. In einem derartigen Fall legt der betreibende Beteiligte die Unterlagen einschließlich dem nicht von allen Beteiligten unterzeichneten Entwurf der Vereinbarung entsprechend Nr. 4 Abs. 1 zur Genehmigung bzw. Nr. 4 Abs. 2 zur kreuzungsrechtlichen Prüfung vor. Es ist gesondert darzulegen, aus welchen Gründen die Vereinbarung nicht abgeschlossen werden konnte.

(2) In diesen Fällen erfolgt die Bereitstellung und Auszahlung des Kostendrittels des Bundes im Falle der Genehmigung unter dem ausdrücklichen Vorbehalt eines rechtskräftigen Urteils, das der von dem betreibenden Beteiligten zu erhebenden Klage stattgibt.

III. Anordnung

7. Antrag auf Erlass einer Anordnung

(1) Kommt zwischen den Beteiligten keine Vereinbarung zustande und erhebt kein Beteiligter gegen den anderen Beteiligten unmittelbar eine verwaltungsgerichtliche Klage, so kann jeder Beteiligte Antrag auf Erlass einer Anordnung stellen. Die Anordnung ist gegenüber den Beteiligten ein Verwaltungsakt; dies gilt nicht gegenüber der Auftragsverwaltung (wenn der Bund Baulastträger der Straße ist). Eine Anordnung nach §§ 6 ff. ist nicht Voraussetzung für die verwaltungsgerichtliche Klage eines Beteiligten auf Kostenerstattung (BVerwG Beschluss vom 22. Dezember 1992, VkBl. S. 292). Der Antrag ist in doppelter Ausfertigung vorzulegen. Stellt der Träger der Straßenbaulast den Antrag, so soll der Antrag über die zuständige oberste Lan-

desbehörde mit deren Stellungnahme dem BMVBW zugeleitet werden. Stellt eine Eisenbahn des Bundes den Antrag, so soll deren Antrag über die Unternehmensleitung dem BMVBW zugeleitet werden. Im Falle einer unaufschiebbaren Maßnahme (§ 10 Abs. 3) kann der Antrag zugleich unmittelbar beim BMVBW vorgelegt werden.

(2) Der Antrag muss die entsprechenden Unterlagen wie ein Antrag auf Genehmigung nach Nr. 5 enthalten. Zusätzlich sind Name und Anschrift des örtlich zuständigen Verwaltungsgerichtes anzugeben, in dessen Bezirk die betroffene Eisenbahnkreuzung liegt (§ 52 VwGO).

(3) Die Gründe, die eine Vereinbarung verhinderten, sind unter eingehender Darlegung der unterschiedlichen Auffassungen anzugeben. Soll lediglich über die Kostentragung entschieden werden (§ 10 Abs. 4), so sind die in Nr. 5 genannten Unterlagen in dem Umfang beizufügen, wie es zur Beurteilung des Antrages notwendig ist.

8. Durchführung des Kreuzungsrechtsverfahrens, Herstellung des Benehmens

(1) Nach Eingang des Antrages wird das BMVBW dem anderen Beteiligten Gelegenheit zur Stellungnahme geben und die Beteiligten bei Bedarf zu einer mündlichen Verhandlung einladen.

(2) Vor Erlass der Anordnung stellt das BMVBW mit der von der Landesregierung bestimmten Behörde (§ 8 Abs. 1) das Benehmen her, indem es ihr mitteilt, wie es zu entscheiden gedenkt. Dies ist nicht erforderlich, wenn sich die Entscheidung des BMVBW mit der Stellungnahme der obersten Landesbehörde deckt.

9. Anordnung, Zustellung

Die Anordnung ist zu begründen, mit einer Rechtsmittelbelehrung zu versehen und der Eisenbahn des Bundes und dem Straßenbaulastträger förmlich zuzustellen. Dies gilt nicht gegenüber der Auftragsverwaltung (wenn der Bund Baulastträger der Straße ist). Die zuständige oberste Landesbehörde und das EBA erhalten eine Abschrift.

IV. Zuschüsse nach § 17

10. Inhalt und Vorlage des Zuschussantrages

(1) Gewährt der Bund für die Beseitigung von Bahnübergängen und sonstigen Maßnahmen nach §§ 2 und 3 den Beteiligten Zuschüsse, erfolgt dies nach Maßgabe dieser Richtlinie und der Vorläufigen Verwaltungsvorschriften (Vorl. VV) zu § 44 BHO als Zuwendungen. Die Zuschüsse werden als Projektförderung im Rahmen einer Anteilfinanzierung gewährt.

(2) Für Zuschüsse nach § 17 ist der Antrag eines Beteiligten erforderlich. Über den Antrag des Straßenbaulastträgers auf Gewährung eines Zuschusses bis zu 50 v.H. seines Kostenanteils entscheidet die zuständige oberste Landesbehörde oder die von ihr bestimmte zuständige Behörde im Rahmen der zur Verfügung stehenden Finanzmittel, wenn die Kostenmasse 300.000 DM nicht übersteigt. In allen anderen Fällen

entscheidet das BMVBW über den Antrag. Der Antrag ist entsprechend Nr. 7 Abs. 1 Satz 5 dem BMVBW zuzuleiten.

(3) Bemessungsgrundlage für die Zuschüsse sind die nach dem EKrG anerkannten kreuzungsbedingten Kosten.

(4) In dem Antrag ist konkret darzulegen,
- dass mit der Maßnahme noch nicht begonnen wurde.
- dass die Leistungskraft der Gemeinde unter dem Durchschnitt der übrigen Gemeinden des Landes liegt. Hierzu sind Angaben zu machen über das Verhältnis von Schuldenstand zu Steuerkraft (Gewerbesteuer, Grundsteuer A und B, Einkommensteueranteil, Schlüsselzuweisung); es ist eine Bestätigung der zuständigen obersten Aufsichtsbehörde beizufügen.
- warum eine Finanzhilfe nach Gemeindeverkehrsfinanzierungsgesetz (GVFG) nicht in Anspruch genommen wird.

(5) Soweit das BMVBW entscheidet, sind dem Antrag die Unterlagen entsprechend Nr. 5 beizufügen. Ist eine Vereinbarung dem BMVBW zur Genehmigung vorgelegt oder ein Antrag auf Anordnung gestellt, ist hierauf Bezug zu nehmen.

(6) Der Antrag auf Gewährung eines weiteren Zuschusses wegen Überschreitung der veranschlagten Kosten ist wie ein erstmaliger Antrag zu behandeln. Für die Zuständigkeit nach Absatz 1 ist die erhöhte Kostenmasse maßgeblich. Auf bereits vorgelegte Unterlagen kann Bezug genommen werden.

(7) Zuschüsse nach § 17 werden nicht gewährt, wenn für die Kreuzungsmaßnahme eine Finanzhilfe nach dem GVFG oder eine andere Förderung aus Bundesmitteln gewährt werden kann.

11. Bewilligungsbescheid

Das BMVBW oder die zuständige Landesbehörde entscheidet über den Antrag und legt den Zuschuss im Rahmen der zur Verfügung stehenden Haushaltsmittel unter Berücksichtigung der Dringlichkeit der Maßnahme in einem Vomhundertsatz des Kostenanteils des Beteiligten und in einem Höchstbetrag fest. Für die Bewilligung, Auszahlung und Abrechnung der Zuwendung sowie für den Nachweis und die Prüfung der Verwendung und die gegebenenfalls erforderliche Aufhebung des Bewilligungsbescheides und die Rückforderung der gewährten Zuwendung gelten die Vorl. VV zu § 44 BHO sowie die §§ 48 bis 49a des Verwaltungsverfahrensgesetzes (VwVfG). Der Bundesrechnungshof ist gemäß § 91 BHO zur Prüfung berechtigt.

V. Haushaltsmäßige Behandlung und Rechnungslegung

12. Auszahlung der Kostenanteile und Zuschüsse des Bundes; Überwachung ihrer Verwendung

(1) Die Auszahlung der Kostenanteile und Zuschüsse des Bundes und die haushaltsmäßige Abwicklung erfolgen nach der »Richtlinie für das Verfahren bei der Baudurchführung und Abrechnung von Maßnahmen nach dem Eisenbahnkreuzungs-

gesetz« – Anlage 2 des Allgemeinen Rundschreibens Straßenbau Nr. 7/2000 vom 6. März 2000. Dieses Verfahren ist bei der Auszahlung des Kostendrittels des Bundes nach § 13 Abs. 1 und von Zuschüssen des Bundes nach § 17 sowie bei der Rechnungslegung in diesen Fällen auch bei den Maßnahmen entsprechend anzuwenden, bei denen keine Bundesfernstraße in der Baulast des Bundes beteiligt ist. Wird die Baumaßnahme nicht von der Straßenbauverwaltung des Landes durchgeführt, so veranlasst die oberste Straßenbaubehörde des Landes oder die von ihr bestimmte Behörde die Auszahlung der Kostenanteile oder Zuschüsse des Bundes anteilig entsprechend dem Baufortschritt. Sie überwacht die bestimmungsgemäße Verwendung der Bundesmittel sowie den zeitgerechten Eingang der Nachweisung bzw. des Verwendungsnachweises.

(2) Die Bestätigung der sachlichen und rechnerischen Richtigkeit von eisenbahntechnischen Maßnahmen erfolgt durch die Eisenbahn des Bundes, soweit nicht der beteiligte Straßenbaulastträger sich diese vorbehalten hat. Für die von der Eisenbahn des Bundes durchgeführten Maßnahmen, soweit es sich nicht um Straßenanlagen handelt, führt das EBA die verwaltungsseitige Prüfung der Verwendung der Bundesmittel durch und unterrichtet vom Ergebnis die zuständige Landesbehörde.

(3) Die oberste Straßenbaubehörde des Landes oder die von ihr bestimmte Behörde als bewirtschaftende Dienststelle hat die mit dem Prüfungsvermerk versehene Ausfertigung der Nachweisung bzw. des Verwendungsnachweises aufzubewahren. Die rechnungslegende Kasse erhält das Original der förmlichen Kassenanweisung. Das EBA erhält einen Abdruck der Nachweisung bzw. des Verwendungsnachweises.

13. Kostenänderung

(1) Wird in den Fällen der Nr. 1 Abs. 2 die nach Nr. 4 genehmigte Kostenmasse überschritten, bedarf die Kostenerhöhung der Genehmigung durch das BMVBW. Das gleiche gilt, wenn die Kostenmasse infolge der Kostenerhöhung 6 Mio. DM (Kostendrittel des Bundes 2 Mio. DM) übersteigt. Im übrigen gilt Nr. 4 Abs. 2 entsprechend.

(2) Solange die Genehmigung nicht erteilt ist, dürfen Bundesmittel aus dem Straßenbauplan zur Finanzierung derjenigen Aufwendungen, die über die bisherige Veranschlagung hinausgehen, nicht in Anspruch genommen werden. Die Genehmigung ist deshalb rechtzeitig zu beantragen.

(3) Kostenminderungen sind dem BMVBW ab 10 % mitzuteilen, soweit die Vereinbarung durch das BMVBW genehmigt wurde.

14. Antragsunterlagen bei Kostenerhöhung

(1) Dem Antrag sind folgende Unterlagen beizufügen:
a) Vereinbarung über die neue Kostenmasse (Absatz 2),
b) Unterlagen entsprechend Nr. 5 Abs. 1 Buchstaben b) bis i) (Absatz 3),
c) Kostengegenüberstellung und Kostenanschlag (Absatz 4),
d) Begründung der Kostenerhöhung (Absatz 5).

(2) Wird eine Vereinbarung über die neue Kostenmasse vorgelegt, gilt Nr. 5 Abs. 1 Satz 2 entsprechend. Anstelle einer solchen Vereinbarung genügt es, wenn im Antrag die Einigung der Beteiligten mitgeteilt wird.

(3) Absatz 1 Buchstabe b) ist grundsätzlich nur bei Planungsänderungen und nur insoweit anzuwenden, wie dies zur Beurteilung der geänderten kreuzungsrechtlichen Situation und der dadurch bedingten Kostenüberschreitung erforderlich ist.

(4) Die Kostengegenüberstellung und der Kostenanschlag haben auf die vorhergehende Genehmigung nach Nr. 4 oder Nr. 13 Bezug zu nehmen.

(5) Die Schwerpunkte der Kostenerhöhung (neben allgemeinen Preissteigerungen z.B. auch nachträgliches Erfordernis einer Grundwasserwanne) sind im Antrag hervorzuheben und nach ihrem Gewicht angemessen zu begründen. Nr. 5 Abs. 3 gilt entsprechend.

15. Nachweisung der Ausgaben gegenüber dem BMVBW

Die zuständige oberste Landesbehörde oder die von ihr bestimmte zuständige Behörde erbringt den Nachweis der Ist-Ausgaben (Allgemeines Rundschreiben Straßenbau Nr. 25/1994 vom 19. August 1994, VkBl. 94 S. 585).

VI. Ausnahme vom Verbot neuer Bahnübergänge

16. Antrag auf Zulassung einer Ausnahme

(1) Soll eine neue Kreuzung im Sinne des § 2 Abs. 1 nicht als Überführung, sondern als Bahnübergang ausgestaltet werden, so hat der Beteiligte, dessen Verkehrsweg neu ist, die Zulassung einer Ausnahme (§ 2 Abs. 2) zu beantragen.

Der Antrag ist mit den folgenden Unterlagen in zweifacher Ausfertigung vorzulegen:

a) Ein Übersichtsplan und ein Lageplan mit Eintragung der Sicherungsanlagen,
a) Angaben über
 – die beteiligte Eisenbahnstrecke, die beteiligte Straße und den Kreuzungspunkt,
 – die Beschaffenheit der Straße gemäß § 2 Abs. 1,
 – die erwartete Verkehrsbelastung auf der Schiene und Straße unter Berücksichtigung der übersehbaren Verkehrsentwicklung, ggf. mit der Angabe von Verkehrsspitzen bzw. verkehrsschwachen Zeiten und
 – die Gründe für die Ausnahme; diese sind eingehend darzustellen,
b) Name und Anschrift des örtlich zuständigen Verwaltungsgerichts, in dessen Bezirk die neue Kreuzung geplant ist (§ 52 VwGO).

(3) Nr. 7 Abs. 1 Satz 5 und 6 gilt entsprechend.

(4) Vor der Entscheidung wird das BMVBW dem anderen Beteiligten Gelegenheit zur Stellungnahme geben.

17. Entscheidung, Zustellung

Die Entscheidung ist zu begründen, mit einer Rechtsmittelbelehrung zu versehen und der Eisenbahn des Bundes und dem Straßenbaulastträger förmlich zuzustellen. Dies gilt nicht gegenüber der Auftragsverwaltung (wenn der Bund Baulastträger der Straße ist). Die zuständige oberste Landesbehörde und das EBA erhalten eine Abschrift.

18. Entscheidung über die Eigenschaft einer Straße nach § 10 Abs. 5

Soll vorab darüber entschieden werden, ob eine öffentliche Straße nach der Beschaffenheit ihrer Fahrbahn geeignet und dazu bestimmt ist, einen allgemeinen Kraftfahrzeugverkehr aufzunehmen (§ 10 Abs. 5), so sind Nr. 7 Abs. 1, Nr. 8 Abs. 2 und Nr. 9 entsprechend anzuwenden. Der Antrag soll Angaben darüber enthalten, dass es sich um eine öffentliche Straße handelt und welche Gründe für oder gegen die Kraftfahrzeugfähigkeit der Straße sprechen.

Redaktioneller Hinweis: Anlage 2 wurde durch ARS 10/2014 ersetzt (siehe E 3).

E 5. Muster für Vereinbarungen über Eisenbahnkreuzungsmaßnahmen gemäß §§ 5, 11, 12, 13 des EKrG

ARS Nr. 02/2015
Sachgebiet 15.3: Eisenbahnkreuzungen

Vollzug des Eisenbahnkreuzungsgesetzes (EKrG)

Muster für Vereinbarungen über Eisenbahnkreuzungsmaßnahmen
gemäß §§ 5, 11, 12, 13 des EKrG

Bezug: Allgemeine Rundschreiben Straßenbau (ARS) Nr. 2/74 vom 02.01.1974 –
StB 2/E 1/6/78.11.00 und Nr. 26/79 vom 21.12.1979 – StB 15/78.11.00
Aktenzeichen: StB 15/7174.2/5-21/2346137
Datum: Bonn, 20.01.2015

Die mit ARS Nr. 2/74 bekannt gegebenen und mit ARS Nr. 26/79 angepassten Musterkreuzungsvereinbarungen sind unter Mitwirkung der Expertengruppe Kreuzungsrecht grundlegend überarbeitet und aktualisiert worden.

Ihre Anregungen zu den Vereinbarungsentwürfen wurden soweit möglich und zweckmäßig in den endgültigen Fassungen berücksichtigt.

Ich bitte Sie, bei Verträgen über Kreuzungsmaßnahmen zwischen Bundesfernstraßen in der Baulast des Bundes und Strecken von Eisenbahninfrastrukturunternehmen die drei auf der Homepage des Bundesministeriums für Verkehr und digitale Infrastruktur und im Verkehrsblatt veröffentlichen Muster zugrunde zu legen.

Die DB Netz AG wird die Muster in ihrem Geschäftsbereich ebenfalls einführen und diese zukünftig verwenden.

Einvernehmlich können die in den neuen Mustern enthaltenen Regelungen auch bei der Änderung bereits abgeschlossener Kreuzungsvereinbarungen Anwendung finden.

Im Interesse einer einheitlichen Handhabung empfehle ich, die Muster auch für die in Ihrem Zuständigkeitsbereich liegenden sonstigen Straßen einzuführen. Von Ihrem Einführungserlass bitte ich mir eine Kopie zu übersenden.

Die ARS 2/74 und 26/79 hebe ich hiermit auf. Rundschreiben auf die in den Musterverträgen Bezug genommen wird, bleiben unbefristet gültig.

Anlage: 3 Muster für Vereinbarungen über Eisenbahnkreuzungsmaßnahmen gemäß §§ 5, 11, 12, 13 des EKrG

Muster Herstellung einer neuen Kreuzung – Anlage 1 zum ARS 02/2015 vom 20.01.2015

Vereinbarung über eine Eisenbahnkreuzungsmaßnahme nach §§ 2, 11 EKrG

Zwischen[1] der

DB Netz AG[2]

vertreten durch ...

[Adresse]

– nachstehend **DB Netz AG** genannt –

und der/dem

...

vertreten durch ...

[Adresse]

– nachstehend **Straßenbaulastträger** genannt –

wird gemäß § 5 Eisenbahnkreuzungsgesetz (EKrG)

folgende Vereinbarung geschlossen:

§ 1 Gegenstand der Vereinbarung

(1) Die geplante neue .... Straße (Nr. ....)/Eisenbahnstrecke (Nr. ....) von .... nach .... wird die vorhandene Eisenbahnstrecke (Nr. ....)/Straße (Nr. ....). von .... nach .... in Bahn-km/Straßen-km *oder Stationskilometer* .... kreuzen.

Alternative zu § 1 Abs. 1
Die geplante neue .... Straße (Nr. ....)/Eisenbahnstrecke (Nr. ....) von .... nach .... wird die geplante neue Eisenbahnstrecke (Nr. ....)/Straße (Nr. ....) von .... nach .... in Bahn-km/Straßen-km oder Stationskilometer .... kreuzen.

(2) Die neue Kreuzung wird als Straßenüberführung/*Eisenbahnüberführung* hergestellt.

---

[1] Sind mehrere Schienenbaulastträger/Straßenbaulastträger beteiligt, so sind alle Beteiligten aufzuführen und eindeutig zu bezeichnen.
[2] DB Netz AG ist in der Vereinbarung zu ersetzen, wenn ein anderes Eisenbahninfrastrukturunternehmen Schienenbaulastträger ist.

Teil E Anhang

Alternative zu § 1 Abs. 2
(2) Die neue Kreuzung wird als Bahnübergang hergestellt. Mit Schreiben .... vom .... wurde die Ausnahmegenehmigung erteilt./Eine Ausnahmegenehmigung ist nicht erforderlich.

(3) Beteiligte an der Kreuzung sind die DB Netz AG als Baulastträger des Schienenweges und der/die/das .... als Baulastträger der Straße[3].

(4) Die Kreuzungsbeteiligten sind sich einig, dass es sich hierbei um die Herstellung einer neuen Kreuzung im Sinne der §§ 2, 11 Abs. 1 Satz 1 EKrG *bzw. im Sinne der §§ 2, 11 Abs. 2 EKrG* handelt.

Alternative zu § 1 Abs. 4
(4) Die Kreuzungsbeteiligten können sich nicht über die rechtliche Einordnung der Maßnahme einigen.

Die DB Netz AG vertritt die Auffassung, dass ....

Der Straßenbaulastträger vertritt hingegen die Auffassung, dass ....

Die DB Netz AG/Der Straßenbaulastträger wird hierzu
– *eine Anordnung des BMVI/der von der Landesregierung bestimmten Behörde im Kreuzungsrechtsverfahren gemäß § 10 Abs. 4 EKrG beantragen.*
[oder]
– *eine gerichtliche Klärung veranlassen.*

§ 2 Art und Umfang der Maßnahme

(1) Beschreibung der kreuzungsbedingten Maßnahme[4]:
   a) ...
   b) ...
   c) ...

(2) Beschreibung der nichtkreuzungsbedingten Maßnahme:

(3) Im Übrigen gelten die nachstehend aufgeführten Anlagen[5], die Bestandteile dieser Vereinbarung sind. Darüber hinaus gelten die Unterlagen und Pläne denen die Beteiligten schriftlich zugestimmt haben:
   – Anlage 1: Erläuterungsbericht
   – Anlage 2: Kostenzusammenstellung
   – Anlage 3: Übersichtsplan
   – Anlage 4: Lageplan

---

3 Wenn die Baulast für Fahrbahn und Gehwege geteilt ist, sind beide Baulastträger aufzuführen.
4 Die Maßnahme ist in ihren wesentlichen Teilen näher zu beschreiben; hierzu gehört auch die Beseitigung nicht mehr erforderlicher Anlagen.
5 Anlagen mit korrekter Bezeichnung sowie Stand mit Datumsangabe.

- Anlage 5: Höhenplan
- Anlage 6: Bauwerkspläne (wesentliche Ansichten und Schnitte)

§ 3 Öffentlich-rechtliches Zulassungsverfahren

Die DB Netz AG/*der Straßenbaulastträger* wird/hat für die Maßnahme ein Planfeststellungsverfahren/Plangenehmigungsverfahren nach dem Allgemeinen Eisenbahngesetz (AEG)/*Bundesfernstraßengesetz (FStrG)/Straßengesetz des Landes .... (LStrG)* beantragen/eingeleitet.

1. Alternative zu § 3:
Für die Maßnahme ist ein Planfeststellungsverfahren/Plangenehmigungsverfahren nach dem Allgemeinen Eisenbahngesetz (AEG)/Bundesfernstraßengesetz (FStrG)/Straßengesetz des Landes .... (LStrG) durchgeführt worden. (Planfeststellungsbeschluss/Plangenehmigung der/des .... vom ....; Aktenzeichen ....).

2. Alternative zu § 3:
Für die Maßnahme wird/ist ein Bebauungsplan nach § 17b Abs. 2 Bundesfernstraßengesetz (FStrG)/§ ..... Landesstraßengesetz in Verbindung mit § 9 Baugesetzbuch (BauGB) aufgestellt/aufgestellt worden (Aktenzeichen ....).

Ggf. zusätzlich:
Ergänzend dazu wird von der DB Netz AG für die Änderung ihrer Betriebsanlagen ein Planfeststellungs-/Plangenehmigungsverfahren beantragt/eingeleitet/ist von der DB Netz AG für die Änderung ihrer Betriebsanlagen ein Planfeststellungsbeschluss/eine Plangenehmigung erwirkt worden (Aktenzeichen ....).

§ 4 Planung und Durchführung der Maßnahme

(1) Die DB Netz AG plant und führt die in § 2 Abs. 1 Buchst. .... und/*oder der Straßenbaulastträger*[6] *plant und führt die in § 2 Abs. 1 Buchst. ....* aufgeführten Maßnahmen nach Maßgabe der »Richtlinien für die Planung, Baudurchführung und Abrechnung von Maßnahmen nach dem Eisenbahnkreuzungsgesetz« (Allgemeines Rundschreiben Straßenbau (ARS) Nr. 10/2014 vom 18.11.2014) durch.

Ergänzend zu diesen Richtlinien vereinbaren die Beteiligten folgendes: ....

(2) Ergeben sich durch die Maßnahmen aus § 2 Einwirkungen auf Anlagen des anderen oder dessen Verkehr, wird der Baudurchführende vorher dessen Zustimmung einholen. § 4 (1) des EKrG bleibt hiervon unberührt.

(3) Die Realisierung der Maßnahme ist in den Jahren .... vorgesehen. Der Baubeginn wird dem Straßenbaulastträger/*der DB Netz AG* ..... Wochen im Voraus

---

[6] Wenn mehr als ein Straßenbaulastträger Maßnahmen plant/durchführt sind diese getrennt aufzuführen.

Teil E Anhang

schriftlich angezeigt. Für die weiteren Einzelheiten, insbesondere zur zeitlichen Durchführung der Maßnahmen, gelten die im Schriftwechsel zu vereinbarenden Einzelheiten. Kurzfristig notwendige Änderungen des Bauablaufs werden dem jeweils anderen Kreuzungsbeteiligten unverzüglich angezeigt.

Ggf. zusätzlich bei Maßnahmen nach § 11 Abs. 1:
(4) Alle Arbeiten werden unter Aufrechterhaltung des Eisenbahnbetriebes/*Straßenverkehrs* ausgeführt. Der Verkehr auf dem vorhandenen Verkehrsweg wird während der Baudurchführung einschließlich Abnahme, Vermessung und Bauwerksprüfung so wenig wie möglich beeinträchtigt.

Alternative zu § 4 Abs. 4
(4) Während der Bauausführung wird die Eisenbahnstrecke/die Straße ganz/zeitweise gesperrt. Ein etwaig verbleibender Verkehr auf dem vorhandenen Verkehrsweg wird während der Baudurchführung einschließlich Abnahme, Vermessung und Bauwerksprüfung so wenig wie möglich beeinträchtigt.

§ 5 Abnahme, Vermessung, Bestandsunterlagen

(1) Das Verfahren hinsichtlich der Abnahme, Vermessung und Erstellung der Bestandsunterlagen erfolgt nach Maßgabe der »Richtlinien für die Planung, Baudurchführung und Abrechnung von Maßnahmen nach dem Eisenbahnkreuzungsgesetz« (ARS Nr. 10/2014 vom 18.11.2014).

Ergänzend zu diesen Richtlinien vereinbaren die Beteiligten folgendes: ....

(2) Für die erste Hauptprüfung sind die DIN 1076/*RL* .... *der DB Netz AG* zu beachten.

(3) Der jeweils Baudurchführende wird .... Wochen vor der Abnahme zu einer gemeinsamen Begehung einladen und gleichzeitig den genauen Termin der Abnahme bekannt geben.

Alternative zu § 5 Abs. 3
Der jeweils Baudurchführende wird den jeweiligen Träger der Erhaltungslast .... Wochen vor der Abnahme zu einer gemeinsamen Begehung einladen und gleichzeitig die genauen Termine für die Durchführung der 1. Hauptprüfung sowie der Abnahme bekannt geben.

(4) Der Status des geodätischen Datums (Referenzsystem und Projektion) wird zwischen den Kreuzungsbeteiligten wie folgt festgelegt: ....

(5) Der jeweils andere Beteiligte erhält Bestandsübersichtspläne der Kreuzungsanlage. Der jeweilige Träger der Erhaltungslast erhält alle für die Erhaltungszwecke seiner Anlagen erforderlichen Bauwerksunterlagen in ... Ausfertigungen. Soweit die Bestandspläne neue Anlagen betreffen, müssen die Unterlagen folgenden Standard erfüllen ...... Bei vorhandenen Anlagen, die im Zusammenhang mit dem

Neubau geändert werden, sind die Bestandspläne im vorhandenen Standard zu erstellen. Die Pläne werden bis spätestens .... übergeben.

(6) Für digital erstellte Bestandspläne und Vermessungsunterlagen wird folgendes Format der erforderlichen Dateien festgelegt:

....

§ 6 Kosten der Maßnahme

(1) Der Umfang der kreuzungsbedingten Kosten (Kostenmasse) wird unter Beachtung des § 11 EKrG, der 1. Eisenbahnkreuzungsverordnung (1. EKrV) sowie der dazu ergangenen und von den Kreuzungsbeteiligten eingeführten/anerkannten Durchführungsbestimmungen des BMVI ermittelt (u.a. Allgemeines Rundschreiben Straßenbau (ARS) Nr. 8/1989 vom 17. Mai 1989 – StB 17/E 10/E 14/78.10.20/19 Va 89 – »Richtlinien zur Ermittlung und Aufteilung der Kostenmasse bei Kreuzungsmaßnahmen«)[7].

(2) Die Kosten der Maßnahme (§ 2) betragen nach der als Anlage beigefügten »Zusammenstellung der voraussichtlichen Kosten« voraussichtlich ca. .... EUR, einschließlich anfallender Umsatzsteuer und Verwaltungskosten.

Sie sind in voller Höhe/*in Höhe von* voraussichtlich .... EUR kreuzungsbedingt und werden insoweit nach § 11 Abs. 1 EKrG von der DB Netz AG/ *vom Straßenbaulastträger*[8] getragen.

Alternative zu § 6 Abs. 2, Satz 2:
Sie sind in voller Höhe/in Höhe von voraussichtlich .... EUR kreuzungsbedingt und werden insoweit nach § 11 Abs. 2 EKrG von der DB Netz AG und vom Straßenbaulastträger[9] *je zur Hälfte getragen.*

Alternative zu § 6 Abs. 2:
(2) Die Beteiligten konnten sich nicht über den Umfang der Kostenmasse einigen.

Die DB Netz AG vertritt die Auffassung, dass ....

Der Straßenbaulastträger vertritt hingegen die Auffassung, dass ....

Die DB Netz AG/Der Straßenbaulastträger wird hierzu
– eine Anordnung des BMVI/der von der Landesregierung bestimmten Behörde im Kreuzungsrechtsverfahren gemäß § 10 Abs. 4 EKrG beantragen.
[oder]
– eine gerichtliche Klärung veranlassen.

---

7 Weitere Durchführungsbestimmungen sind bei den entsprechenden Absätzen aufgeführt.
8 Wenn sich ein weiterer Straßenbaulastträger an den kreuzungsbedingten Kosten der Straße beteiligt, ist dieser nachrichtlich aufzuführen.
9 Wie vor.

Teil E Anhang

Bis zu einer endgültigen Entscheidung werden die strittigen Kostenanteile von dem ..../der ... getragen. Der nach der Entscheidung auszugleichende Betrag ist mit 4 % pro Jahr ab Rechnungslegung zu verzinsen.

(3) Anfallende Umsatzsteuer gehört zur Kostenmasse.

(4) Bei der Berechnung der Personalkosten nach § 4 Abs. 2 Nr. 1 der 1. EKrV sind die Kosten für das tatsächlich eingesetzte Personal anzusetzen (Schreiben des BMVI vom 18.09.95 – StB 17/E 11/E16/78.11. 00/27 Va 95).

Bewertungsgrundlage für die Eigenleistungen der DB Netz AG sind die örtlichen »Dispositiven Kostensätze« (Dispo-Kosa) ohne Zuschläge. Sie stellen die Basis der Kostenrechnung der DB Netz AG dar, die vom Bund anerkannt wird. Die Kostensätze unterliegen der jährlichen Überprüfung durch einen unabhängigen Wirtschaftsprüfer. Bei Bedarf werden die örtlichen Kostensätze für die in Betracht kommenden Leistungen von der DB Netz AG mitgeteilt (Rundschreiben (RS) BMVI – StB 15/7174.2/5-07/1220977 vom 10.06.2010).

Für die Berechnung der Personalkosten des Straßenbaulastträgers findet der in seinem Zuständigkeitsbereich für die Abwicklung von Schadensfällen gegenüber Dritten bei Beschädigung von Straßeneigentum für Bundes-, Landes- und Kreisstraßen geltende Stundensatz Anwendung.

(5) Die Beteiligten werden Verwaltungskosten nach § 5 der 1. EKrV in Höhe von 10 v.H. der von ihnen aufgewandten kreuzungsbedingten Grunderwerbs- und Baukosten in Rechnung stellen (RS BMVI – StB 15/7174.2/5-14/2095549 vom 29.01.2014, geändert mit RS BMVI – StB 15/7174.2/5-14/2657509 vom 15.12.2016).

(6) Nachweisbare Kosten für Betriebserschwernisse während der Bauzeit gehören (als Baukosten) nur zur Kostenmasse, soweit sie den Kreuzungsbeteiligten selbst entstehen (RS BMVI – S 16/78.11.00/13 B 03 vom 28.09.2004).

(7) Aufwendungen für erforderliche Änderungen an den im Eigentum der DB Netz AG stehenden betriebsnotwendigen Bahn-Telekommunikationsanlagen gehören zur Kostenmasse. (Schreiben BMVI – S 16/78.11.00/2 Va 03 vom 23.01.2003 und S 16/78.11.00/1 BE 05 vom 23.08.2005)

(8) Für die Verlegung, Änderung oder Sicherung von Telekommunikationslinien, die nicht zu den Eisenbahn- oder Straßenanlagen gehören, gelten die Bestimmungen des Telekommunikationsgesetzes (TKG), soweit keine besonderen vertraglichen Regelungen bestehen.

(9) Von den Kosten für Leitungsanpassungsarbeiten werden nur die Anteile der Kostenmasse angelastet, die ein Beteiligter als Baulastträger eines der beteiligten Verkehrswege zu tragen hat. Nicht zur Kostenmasse zählen die auf Grund bestehender Rechtsverhältnisse von Dritten (z.B. Konzessionsverträge) zu übernehmenden Kosten. Diese sind erforderlichenfalls von den jeweiligen Vertragspartnern bis zur Durchsetzung ihrer Ansprüche vorzufinanzieren.

(10) Die nicht kreuzungsbedingten Kosten für .... in Höhe von voraussichtlich .... EUR trägt die DB Netz AG/der Straßenbaulastträger[10].

(11) Die endgültigen Kosten ergeben sich aus der Schlussrechnung.

§ 7 Abrechnung

(1) Das Verfahren zur Abrechnung der Kreuzungsmaßnahme zwischen den Kreuzungsbeteiligten erfolgt nach Maßgabe der »Richtlinien für die Planung, Baudurchführung und Abrechnung von Maßnahmen nach dem Eisenbahnkreuzungsgesetz« (ARS Nr. 10/2014 vom 18.11.2014).

Ergänzend zu diesen Richtlinien vereinbaren die Beteiligten folgendes: ....

(2) Die Kreuzungsbeteiligten übernehmen die Abrechnung für die von Ihnen durchgeführten Maßnahmen gemäß § 4 der Vereinbarung.

(3) Die Schlussrechnung wird von der DB Netz AG/*dem Straßenbaulastträger* erstellt.

§ 8 Grundinanspruchnahme

(1) Die DB Netz AG/*der Straßenbaulastträger* duldet die Kreuzungsanlage unentgeltlich auf Dauer gemäß § 4 Abs. 1 EKrG. Ein Grunderwerb findet insoweit nicht statt.

(2) Die DB Netz AG/*der Straßenbaulastträger* gestattet dem Straßenbaulastträger/*der DB Netz AG* während der Baudurchführung unentgeltlich die Inanspruchnahme seiner/ihrer an die Kreuzungsanlage angrenzenden öffentlichen Verkehrsflächen.

Die DB Netz AG/*der Straßenbaulastträger* verpflichtet sich, bei Inanspruchnahme dieser Flächen die verkehrlichen und betrieblichen Belange des anderen Kreuzungsbeteiligten angemessen zu berücksichtigen. Art und Umfang der Inanspruchnahme werden gemeinsam dokumentiert. Nach Beendigung der Bauarbeiten sind die genutzten Flächen unverzüglich in dem Zustand zurück zu geben, wie sie übernommen wurden.

(3) Die DB Netz AG/*der Straßenbaulastträger* führt den Grunderwerb von Dritten insgesamt durch.

Alternative zu § 8 Abs. 3
Die DB Netz AG führt für die Maßnahmen nach § 2 Abs. 1 Buchst. ... und der Straßenbaulastträger führt für die Maßnahmen nach § 2 Abs. 1 Buchst ... den Grunderwerb durch.

---

10 Wenn sich ein weiterer Straßenbaulastträger an den nichtkreuzungsbedingten Kosten der Straße beteiligt, ist dieser nachrichtlich aufzuführen.

(4) Für folgende Grundstücke soll die DB Netz AG/*der Straßenbaulastträger*[11] Grundstückseigentümer werden:

....

....

....

§ 9 Erhaltung der Kreuzungsanlage und Verkehrssicherungspflicht

(1) Für die Erhaltung der Kreuzungsanlagen gilt § 14 EKrG.
Danach erhält
a) die DB Netz AG ....
b) der Straßenbaulastträger[12] ....

(2) Die Beleuchtung und/oder die Verankerung der Oberleitungsanlagen (z.B. für Straßenbahn) an der Eisenbahnüberführung und/oder die Entwässerung der Straßenanlagen unterhalb der Eisenbahnüberführung gehören/gehört zu den Straßenanlagen.

Alternative zu § 9 Abs. 2
Die Verankerungen der Oberleitungsanlagen an der Straßenüberführung und/oder die Entwässerung der Eisenbahnanlagen unterhalb der Straßenüberführung gehören/ gehört zu den Eisenbahnanlagen

(3) Für Erhaltungsmaßnahmen, die Anlagen des anderen Beteiligten betreffen, wird dessen vorherige Zustimmung eingeholt, es sei denn, dass Gefahr im Verzuge ist. Dabei werden auch der Umfang der Mitbenutzung der Anlagen des anderen Beteiligten sowie ggf. erforderliche Sicherheitsvorkehrungen festgelegt.

(4) Die Verkehrssicherungspflicht für die Anlagen und/oder die Verkehrswege unterhalb der Straßenüberführung/*der Eisenbahnüberführung* obliegt der DB Netz AG/*dem Straßenbaulastträger*[13].

(5) Wenn ein Kreuzungsbeteiligter Anlagen des anderen Beteiligten erstellt, geht mit der Abnahme (§ 640 BGB/§ 12 VOB/B) die Verkehrssicherungspflicht auf den jeweiligen Erhaltungspflichtigen über. Sofern die gemäß Abnahmeprotokoll festgestellten Mängel zunächst der Verkehrsfreigabe/Inbetriebnahme entgegenstehen, übernimmt der Erhaltungspflichtige die Verkehrssicherungspflicht spätestens mit der Verkehrsfreigabe/Inbetriebnahme.

---

11 Wenn mehr als ein Straßenbaulastträger Grundstückseigentümer werden soll, sind diese getrennt aufzuführen.
12 Wenn mehr als ein Straßenbaulastträger Erhaltungspflichtiger wird, sind diese getrennt aufzuführen.
13 Wie vor, jedoch bezogen auf Verkehrssicherungspflicht.

Anl. 1 E 5

Hinweis:
Im Falle einer zu erstellenden Ablösungsberechnung folgende Ergänzung:

(6) Die zukünftigen Erhaltungs- und Betriebskosten werden der DB Netz AG/*dem Straßenbaulastträger* nach § 15 Abs. 1 Satz 1 und Abs. 4 EKrG abgelöst. Für die nach der verkehrsbereiten Fertigstellung erforderlich werdende Ablösungsberechnung sind die Verordnung zur Berechnung von Ablösungsbeträgen nach dem Eisenbahnkreuzungsgesetz, dem Bundesfernstraßengesetz und dem Bundeswasserstraßengesetz (Ablösungsbeträge-Berechnungsverordnung – ABBV) sowie die dazu ergangenen Richtlinien (ARS Nr. 26/2012 StB 157174.1/4-1/1816030 vom 12.12.2012) maßgebend.

Ggf. zusätzlich:
Die Kreuzungsbeteiligten haben sich darauf verständigt, eine vorläufige, vereinfachte Ablösungsberechnung zu erstellen. Diese ist unverbindlich und dient nur der Einplanung der voraussichtlich notwendig werdenden Haushaltsmittel. Der voraussichtlich anfallende Ablösungsbetrag wurde von der DB Netz AG/dem Straßenbaulastträger ermittelt und beläuft sich auf .... EUR.

§ 10 Sonstiges

(1) Genehmigungen für die Verlegung von Leitungen und für den An- oder Einbau sonstiger Einrichtungen durch Dritte obliegen jedem Beteiligten für seinen Verkehrsweg. Jeder Beteiligte wird dafür Sorge tragen, dass dem anderen Beteiligten Gelegenheit gegeben wird, seine Interessen zu vertreten, wenn die Verlegung von Leitungen und der An- oder Einbau sonstiger Einrichtungen Auswirkungen auf Anlagen des anderen Beteiligten oder dessen Verkehr haben kann.

(2) Für den Fall, dass die Einleitung des Oberflächenwassers eines Verkehrsweges in die Entwässerungsanlagen des kreuzenden Verkehrsweges erforderlich wird, gestattet die DB Netz AG/*der Straßenbaulastträger* dem Straßenbaulastträger/*der DB Netz AG* unwiderruflich die unentgeltliche Einleitung des Oberflächenwassers in die Eisenbahnentwässerung/die Straßenkanalisation. Für den Fall, dass die Abwasseranlage in der Baulast eines Dritten steht, ist eine gesonderte Vereinbarung oder sonstige Regelung mit diesem zu treffen.

(3) Der Erhaltungspflichtige eines Kreuzungsbauwerks ist nicht verpflichtet, die Ansichtsflächen zu säubern. Der Baulastträger des jeweils unterführten Verkehrsweges ist berechtigt, Ansichtsflächen im Bedarfsfall auf eigene Kosten zu säubern. Ausgleichsansprüche bzw. Ansprüche auf Vornahme entsprechender Maßnahmen gegenüber dem/den anderen Kreuzungsbeteiligten sind insoweit ausgeschlossen.

Ggf. zusätzlich:
(4) Der Übergang zwischen der Eisenbahnüberführung und den beiderseits anschließenden Rampenbauwerken wird durch Schein- oder Konstruktionsfugen gekennzeichnet und der Eisenbahnanlage/der Straßenanlage zugeordnet.

Teil E Anhang

ggf. weitere Regelungen:
( ) Über die Durchführung und Abwicklung der Baumaßnahme werden die Beteiligten eine besondere Vereinbarung treffen.

( ) Ansprechpartner des Straßenbaulastträgers für diese Maßnahme ist ...

( ) Ansprechpartner der DB Netz AG für diese Maßnahme ist ...

§ 11 Änderung der Vereinbarung

(1) Änderungen und Ergänzungen bedürfen der Schriftform.

(2) Für den Fall der Änderung der technischen Planung in einer Zulassungsentscheidung nach § 3 verpflichten sich die Parteien zu einer Anpassung der Vereinbarung.

§ 12 Ausfertigungen

Diese Vereinbarung wird ...-fach ausgefertigt. Die Beteiligten erhalten je ... Ausfertigung/en.

.............., den .... , ... den ...., den ....

....
Straßenbaulastträger   DB Netz AG   DB Netz AG

[Namen in Druckschrift wiederholen]

(........................)   (..........................)   (..........................)

Anl. 2   E 5

Muster Änderung einer Überführung – Anlage 2 zum ARS 02/2015 vom 20.01.2015

Vereinbarung über eine Eisenbahnkreuzungsmaßnahme nach §§ 3, 12 EKrG

Zwischen[1] der

DB Netz AG[2]

vertreten durch ...

[Adresse]

– nachstehend **DB Netz AG** genannt –

und der/dem

...

vertreten durch ...

[Adresse]

– nachstehend **Straßenbaulastträger** genannt –

wird gemäß § 5 Eisenbahnkreuzungsgesetz (EKrG)

folgende Vereinbarung geschlossen:

§ 1 Gegenstand der Vereinbarung

(1) Die .... Straße (Nr. .....) von .... nach .... kreuzt die Eisenbahnstrecke (Nr. .....) von .... nach .... in Bahn-km/Straßen-km *oder Stationskilometer* ....

(2) Die vorhandene Kreuzung ist als Straßenüberführung/Eisenbahnüberführung hergestellt.

(3) Beteiligte an der Kreuzung sind die DB Netz AG als Baulastträger des Schienenweges und der/die/das .... als Baulastträger der Straße[3].

(4) Aus Gründen der Sicherheit und/oder der Abwicklung des Verkehrs verlangt/verlangen die DB Netz AG .... und/oder der Straßenbaulastträger ....

---

1 Sind mehrere Schienenbaulastträger/Straßenbaulastträger beteiligt, so sind alle Beteiligten aufzuführen und eindeutig zu bezeichnen.
2 DB Netz AG ist in der Vereinbarung zu ersetzen, wenn ein anderes Eisenbahninfrastrukturunternehmen Schienenbaulastträger ist.
3 Wenn die Baulast für Fahrbahn und Gehwege geteilt ist, sind beide Baulastträger aufzuführen.

Teil E Anhang

(5) Die Kreuzungsbeteiligten sind sich einig, dass es sich hierbei um die Änderung einer Kreuzung im Sinne der §§ 3, 12 Nr. 1 EKrG *bzw. im Sinne der §§ 3, 12 Nr. 2 EKrG* handelt.

Alternative zu § 1 Abs. 5
(5) Die Kreuzungsbeteiligten können sich nicht über die rechtliche Einordnung der Maßnahme einigen.

Die DB Netz AG vertritt die Auffassung, dass ....

Der Straßenbaulastträger vertritt hingegen die Auffassung, dass ....

Die DB Netz AG/Der Straßenbaulastträger wird hierzu
– *eine Anordnung des BMVI/der von der Landesregierung bestimmten Behörde im Kreuzungsrechtsverfahren gemäß § 10 Abs. 4 EKrG beantragen.*
[oder]
– *eine gerichtliche Klärung veranlassen.*

§ 2 Art und Umfang der Maßnahme

(1) Beschreibung der kreuzungsbedingten Maßnahme[4]:
a) ...
b) ...
c) ...

(2) Beschreibung der nichtkreuzungsbedingten Maßnahme:

(3) Im Übrigen gelten die nachstehend aufgeführten Anlagen[5], die Bestandteile dieser Vereinbarung sind. Darüber hinaus gelten die Unterlagen und Pläne denen die Beteiligten schriftlich zugestimmt haben:
– Anlage 1: Erläuterungsbericht
– Anlage 2: Kostenzusammenstellung
– Anlage 3: Übersichtsplan
– Anlage 4: Lageplan
– Anlage 5: Höhenplan
– Anlage 6: Bauwerkspläne (wesentliche Ansichten und Schnitte)

§ 3 Öffentlich-rechtliches Zulassungsverfahren

Die DB Netz AG/*der Straßenbaulastträger* wird/hat für die Maßnahme ein Planfeststellungsverfahren/Plangenehmigungsverfahren nach dem Allgemeinen Eisenbahngesetz (AEG)/*Bundesfernstraßengesetz (FStrG)/Straßengesetz des Landes .... (LStrG)* beantragen/eingeleitet.

---

[4] Die Maßnahme ist in ihren wesentlichen Teilen näher zu beschreiben; hierzu gehört auch die Beseitigung nicht mehr erforderlicher Anlagen.
[5] Anlagen mit korrekter Bezeichnung sowie Stand mit Datumsangabe.

1. Alternative zu § 3:
Für die Maßnahme ist ein Planfeststellungsverfahren/Plangenehmigungsverfahren nach dem Allgemeinen Eisenbahngesetz (AEG)/Bundesfernstraßengesetz (FStrG)/Straßengesetz des Landes .... (LStrG) durchgeführt worden. (Planfeststellungsbeschluss/Plangenehmigung der/des .... vom ....; Aktenzeichen ....).

2. Alternative zu § 3:
Für die Maßnahme kann ein Planfeststellungs-/Plangenehmigungsverfahren gemäß § ... Bundesfernstraßengesetz (FStrG)/§ ... Landestraßengesetz (LStrG) entfallen.

3. Alternative zu § 3:
Für die Maßnahme wird/ist ein Bebauungsplan nach § 17b Abs. 2 Bundesfernstraßengesetz (FStrG)/§ ..... Landesstraßengesetz in Verbindung mit § 9 Baugesetzbuch (BauGB) aufgestellt/aufgestellt worden (Aktenzeichen ....).

Ggf. zusätzlich:
Ergänzend dazu wird von der DB Netz AG für die Änderung ihrer Betriebsanlagen ein Planfeststellungs-/Plangenehmigungsverfahren beantragt/eingeleitet/ist von der DB Netz AG für die Änderung ihrer Betriebsanlagen ein Planfeststellungsbeschluss/eine Plangenehmigung erwirkt worden (Aktenzeichen ....).

§ 4 Planung und Durchführung der Maßnahme

(1) Die DB Netz AG plant und führt die in § 2 Abs. 1 Buchst. .... und/*oder* der Straßenbaulastträger[6] plant und führt die in § 2 Abs. 1 Buchst. .... aufgeführten Maßnahmen nach Maßgabe der »Richtlinien für die Planung, Baudurchführung und Abrechnung von Maßnahmen nach dem Eisenbahnkreuzungsgesetz« (Allgemeines Rundschreiben Straßenbau (ARS) Nr. 10/2014 vom 18.11.2014) durch.

Ergänzend zu diesen Richtlinien vereinbaren die Beteiligten folgendes: ....

(2) Ergeben sich durch die Maßnahmen aus § 2 Einwirkungen auf Anlagen des anderen oder dessen Verkehr, wird der Baudurchführende vorher dessen Zustimmung einholen. § 4 (2) des EKrG bleibt hiervon unberührt.

(3) Die Realisierung der Maßnahme ist in den Jahren .... vorgesehen. Der Baubeginn wird dem Straßenbaulastträger/*der DB Netz AG* ..... Wochen im Voraus schriftlich angezeigt. Für die weiteren Einzelheiten, insbesondere zur zeitlichen Durchführung der Maßnahmen, gelten die im Schriftwechsel zu vereinbarenden Einzelheiten. Kurzfristig notwendige Änderungen des Bauablaufs werden dem jeweils anderen Kreuzungsbeteiligten unverzüglich angezeigt.

(4) Alle Arbeiten werden unter Aufrechterhaltung des Eisenbahnbetriebes und/oder des Straßenverkehrs ausgeführt. Der Verkehr auf den sich kreuzenden Verkehrs-

---

[6] Wenn mehr als ein Straßenbaulastträger Maßnahmen plant/durchführt sind diese getrennt aufzuführen.

wegen wird während der Baudurchführung einschließlich Abnahme, Vermessung und Bauwerksprüfung so wenig wie möglich beeinträchtigt.

Alternative zu § 4 Abs. 4
(4) Während der Bauausführung werden/wird die Eisenbahnstrecke und/oder die Straße ganz/zeitweise gesperrt. Der verbleibende Verkehr auf den sich kreuzenden Verkehrswegen wird während der Baudurchführung einschließlich Abnahme, Vermessung und Bauwerksprüfung so wenig wie möglich beeinträchtigt.

§ 5 Abnahme, Vermessung, Bestandsunterlagen

(1) Das Verfahren hinsichtlich der Abnahme, Vermessung und Erstellung der Bestandsunterlagen erfolgt nach Maßgabe der »Richtlinien für die Planung, Baudurchführung und Abrechnung von Maßnahmen nach dem Eisenbahnkreuzungsgesetz« (ARS Nr. 10/2014 vom 18.11.2014).

Ergänzend zu diesen Richtlinien vereinbaren die Beteiligten folgendes: ....

(2) Für die erste Hauptprüfung sind die DIN 1076/RL .... *der DB Netz AG* zu beachten.

(3) Der jeweils Baudurchführende wird .... Wochen vor der Abnahme zu einer gemeinsamen Begehung einladen und gleichzeitig den genauen Termin der Abnahme bekannt geben.

Alternative zu § 5 Abs. 3
Der jeweils Baudurchführende wird den jeweiligen Träger der Erhaltungslast .... Wochen vor der Abnahme zu einer gemeinsamen Begehung einladen und gleichzeitig die genauen Termine für die Durchführung der 1. Hauptprüfung sowie der Abnahme bekannt geben.

(4) Der Status des geodätischen Datums (Referenzsystem und Projektion) wird zwischen den Kreuzungsbeteiligten wie folgt festgelegt:

....

(5) Der jeweils andere Beteiligte erhält Bestandsübersichtspläne der Kreuzungsanlage. Der jeweilige Träger der Erhaltungslast erhält alle für die Erhaltungszwecke seiner Anlagen erforderlichen Bauwerksunterlagen in ... Ausfertigungen. Die Bestandspläne sind im Standard der vorhandenen Bauwerksunterlagen/im Standard .... zu erstellen. Die Pläne werden bis spätestens .... übergeben.

(6) Für digital erstellte Bestandspläne und Vermessungsunterlagen wird folgendes Format der erforderlichen Dateien festgelegt:

....

§ 6 Kosten der Maßnahme

(1) Der Umfang der kreuzungsbedingten Kosten (Kostenmasse) wird unter Beachtung des § 12 EKrG, der 1. Eisenbahnkreuzungsverordnung (1. EKrV) sowie der dazu ergangenen und von den Kreuzungsbeteiligten eingeführten/anerkannten Durchführungsbestimmungen des BMVI ermittelt (u.a. Allgemeines Rundschreiben Straßenbau (ARS) Nr. 8/1989 vom 17. Mai 1989 – StB 17/E 10/E 14/78.10.20/19 Va 89 – »Richtlinien zur Ermittlung und Aufteilung der Kostenmasse bei Kreuzungsmaßnahmen«)[7].

(2) Die Kosten der Maßnahme (§ 2) betragen nach der als Anlage beigefügten »Zusammenstellung der voraussichtlichen Kosten« voraussichtlich ca. .... EUR, einschließlich anfallender Umsatzsteuer und Verwaltungskosten.

Sie sind in voller Höhe/*in Höhe von* voraussichtlich .... EUR kreuzungsbedingt und werden insoweit nach § 12 Nr. 1 EKrG von der DB Netz AG/*vom Straßenbaulastträger*[8] getragen.

Alternative zu § 6 Abs. 2:, Satz 2:
Sie sind in voller Höhe/in Höhe von voraussichtlich .... EUR kreuzungsbedingt und werden insoweit nach § 12 Nr. 2 EKrG von der DB Netz AG und vom Straßenbaulastträger getragen.

Von den kreuzungsbedingten Kosten entfallen nach § 12 Nr. 2 EKrG
– auf die DB Netz AG ...... v.H., voraussichtlich .... EUR,
– auf den Straßenbaulastträger[9] *...... v.H., voraussichtlich .... EUR.*

Die Ermittlung des Kostenteilungsschlüssels erfolgt nach Fiktiventwürfen/*nach dem in den Rundschreiben des Bundesministeriums für Verkehr vom 29. Januar 1973 (VkBl. 1973 S. 138) und 20. Mai 1985 (ARS 10/1985 – VkBl. 1985 S. 387) beschriebenen vereinfachten Verfahren.*

Die Einzelheiten der Kostenteilung nach § 12 Nr. 2 EKrG ergeben sich aus der/den Anlage/n Nr. ..., die Bestandteil dieser Vereinbarung werden.

Alternative zu § 6 Abs. 2:
(2) Die Beteiligten konnten sich nicht über den Umfang der Kostenmasse und/oder die Kostenteilung einigen.

Die DB Netz AG vertritt die Auffassung, dass ....

Der Straßenbaulastträger vertritt hingegen die Auffassung, dass ...

---

[7] Weitere Durchführungsbestimmungen sind bei den entsprechenden Absätzen aufgeführt.
[8] Wenn sich ein weiterer Straßenbaulastträger an den kreuzungsbedingten Kosten der Straße beteiligt, ist dieser nachrichtlich aufzuführen.
[9] Wie vor.

Teil E Anhang

Die DB Netz AG/Der Straßenbaulastträger wird hierzu
– *eine Anordnung des BMVI/der von der Landesregierung bestimmten Behörde im Kreuzungsrechtsverfahren gemäß § 10 Abs. 4 EKrG beantragen.*
[oder]
– *eine gerichtliche Klärung veranlassen.*
Bis zu einer endgültigen Entscheidung werden die strittigen Kostenanteile von dem ..../der ... getragen. Der nach der Entscheidung auszugleichende Betrag ist mit 4 % pro Jahr ab Rechnungslegung zu verzinsen.

(3) Anfallende Umsatzsteuer gehört zur Kostenmasse.

(4) Bei der Berechnung der Personalkosten nach § 4 Abs. 2 Nr. 1 der 1. EKrV sind die Kosten für das tatsächlich eingesetzte Personal anzusetzen (Schreiben des BMVI vom 18.09.95 – StB 17/E 11/E16/78.11. 00/27 Va 95).

Bewertungsgrundlage für die Eigenleistungen der DB Netz AG sind die örtlichen »Dispositiven Kostensätze« (Dispo-Kosa) ohne Zuschläge. Sie stellen die Basis der Kostenrechnung der DB Netz AG dar, die vom Bund anerkannt wird. Die Kostensätze unterliegen der jährlichen Überprüfung durch einen unabhängigen Wirtschaftsprüfer. Bei Bedarf werden die örtlichen Kostensätze für die in Betracht kommenden Leistungen von der DB Netz AG mitgeteilt (s. Rundschreiben (RS) BMVI – StB 15/7174.2/5-07/1220977 vom 10.06.2010).

Für die Berechnung der Personalkosten des Straßenbaulastträgers findet der in seinem Zuständigkeitsbereich für die Abwicklung von Schadensfällen gegenüber Dritten bei Beschädigung von Straßeneigentum für Bundes-, Landes- und Kreisstraßen geltende Stundensatz Anwendung.

(5) Die Beteiligten werden Verwaltungskosten nach § 5 der 1. EKrV in Höhe von 10 v.H. der von ihnen aufgewandten kreuzungsbedingten Grunderwerbs- und Baukosten in Rechnung stellen (RS BMVI – StB 15/7174.2/5-14/2095549 vom 29.01.2014, geändert mit RS BMVI – StB 15/7174.2/5-14/2657509 vom 15.12.2016).

(6) Nachweisbare Kosten für Betriebserschwernisse während der Bauzeit gehören (als Baukosten) nur zur Kostenmasse, soweit sie den Kreuzungsbeteiligten selbst entstehen (RS BMVI – S 16/78.11.00/13 B 03 vom 28.09.2004).

(7) Aufwendungen für erforderliche Änderungen an den im Eigentum der DB Netz AG stehenden betriebsnotwendigen Bahn-Telekommunikationsanlagen gehören zur Kostenmasse (Schreiben BMVI – S 16/78.11.00/2 Va 03 vom 23.01.2003 und S 16/78.11.00/1 BE 05 vom 23.08.2005).

(8) Für die Verlegung, Änderung oder Sicherung von Telekommunikationslinien, die nicht zu den Eisenbahn- oder Straßenanlagen gehören, gelten die Bestimmungen des Telekommunikationsgesetzes (TKG), soweit keine besonderen vertraglichen Regelungen bestehen.

(9) Von den Kosten für Leitungsanpassungsarbeiten werden nur die Anteile der Kostenmasse angelastet, die ein Beteiligter als Baulastträger eines der beteiligten Verkehrswege zu tragen hat. Nicht zur Kostenmasse zählen die auf Grund bestehender Rechtsverhältnisse von Dritten (z.b. Konzessionsverträge) zu übernehmenden Kosten. Diese sind erforderlichenfalls von den jeweiligen Vertragspartnern bis zur Durchsetzung ihrer Ansprüche vorzufinanzieren.

Wenn beide Kreuzungsbeteiligte für ein und dieselbe Leitung Verträge mit unterschiedlichen Folgekostenregelungen geschlossen haben, gilt Folgendes: Die dem Ver- bzw. Entsorgungsunternehmen (VU) aufgrund der Leitungsänderung entstehenden Gesamtkosten sind jeweils zu 50 % dem Vertragsverhältnis mit dem Straßenbaulastträger und zu 50 % dem Vertragsverhältnis mit der DB Netz AG zuzuordnen. Das VU trägt von der einen Hälfte der Gesamtkosten die Kosten gemäß der vertraglichen Folgekostenregelung mit dem Straßenbaulastträger (z.b. Rahmenvertrag/Mustervertrag). Von der anderen Hälfte der Gesamtkosten trägt das VU die Kosten gemäß den Folgekostenregelungen mit der DB Netz AG (z.b. Gas- und Wasserleitungskreuzungsrichtlinien). Anstelle des Vertragsverhältnisses mit dem Straßenbaulastträger kann auch eine gesetzliche Folgekostenregelung treten. Die Abrechnung gegenüber dem VU erfolgt durch den Kreuzungsbeteiligten, welcher die Baudurchführung insgesamt bzw. die für die Leitungsänderung maßgeblichen Teile der Baudurchführung übernommen hat.

(10) Die nicht kreuzungsbedingten Kosten für .... in Höhe von voraussichtlich .... EUR trägt die DB Netz AG/der Straßenbaulastträger[10].

(11) Die endgültigen Kosten ergeben sich aus der Schlussrechnung.

§ 7 Abrechnung

(1) Das Verfahren zur Abrechnung der Kreuzungsmaßnahme zwischen den Kreuzungsbeteiligten erfolgt nach Maßgabe der »Richtlinien für die Planung, Baudurchführung und Abrechnung von Maßnahmen nach dem Eisenbahnkreuzungsgesetz« (ARS Nr. 10/2014 vom 18.11.2014).

Ergänzend zu diesen Richtlinien vereinbaren die Beteiligten folgendes: ....

(2) Die Kreuzungsbeteiligten übernehmen die Abrechnung für die von Ihnen durchgeführten Maßnahmen gemäß § 4 der Vereinbarung.

(3) Die Schlussrechnung wird von der DB Netz AG/*dem Straßenbaulastträger* erstellt.

---

10 Wenn sich ein weiterer Straßenbaulastträger an den nichtkreuzungsbedingten Kosten der Straße beteiligt, ist dieser nachrichtlich aufzuführen.

Teil E Anhang

§ 8 Grundinanspruchnahme

(1) Die DB Netz AG/*der Straßenbaulastträger* duldet die Änderung der Kreuzungsanlage unentgeltlich auf Dauer gemäß § 4 Abs. 2 EKrG. Ein Grunderwerb findet insoweit nicht statt.

(2) Die DB Netz AG/*der Straßenbaulastträger* gestattet dem Straßenbaulastträger/*der DB Netz AG* während der Baudurchführung unentgeltlich die Inanspruchnahme seiner/ihrer an die Kreuzungsanlage angrenzenden öffentlichen Verkehrsflächen.

Die DB Netz AG/*der Straßenbaulastträger* verpflichtet sich, bei Inanspruchnahme dieser Flächen die verkehrlichen und betrieblichen Belange des anderen Kreuzungsbeteiligten angemessen zu berücksichtigen. Art und Umfang der Inanspruchnahme werden gemeinsam dokumentiert. Nach Beendigung der Bauarbeiten sind die genutzten Flächen unverzüglich in dem Zustand zurück zu geben, wie sie übernommen wurden.

(3) Die DB Netz AG/*der Straßenbaulastträger* führt den Grunderwerb von Dritten insgesamt durch.

Alternative zu § 8 Abs. 3
Die DB Netz AG führt für die Maßnahmen nach § 2 Abs. 1 Buchst. ... und der Straßenbaulastträger führt für die Maßnahmen nach § 2 Abs. 1 Buchst ... den Grunderwerb durch.

(4) Für folgende Grundstücke soll die DB Netz AG/*der Straßenbaulastträger*[11] Grundstückseigentümer werden:

....

....

§ 9 Erhaltung und Eigentum

(1) Für die Erhaltung der Kreuzungsanlagen gilt § 14 EKrG.

Danach erhält
a) die DB Netz AG ....
b) der Straßenbaulastträger[12] ....

(2) Die Beleuchtung und/oder die Verankerung der Oberleitungsanlagen (z.B. für Straßenbahn) an der Eisenbahnüberführung und/oder die Entwässerung der Straßenanlagen unterhalb der Eisenbahnüberführung gehören/gehört zu den Straßenanlagen.

---

11 Wenn mehr als ein Straßenbaulastträger Grundstückseigentümer werden soll, sind diese getrennt aufzuführen.
12 Wenn mehr als ein Straßenbaulastträger Erhaltungspflichtiger wird, sind diese getrennt aufzuführen.

Alternative zu § 9 Abs. 2
Die Verankerungen der Oberleitungsanlagen an der Straßenüberführung und/oder die Entwässerung der Eisenbahnanlagen unterhalb der Straßenüberführung gehören/ gehört zu den Eisenbahnanlagen

(3) Für Erhaltungsmaßnahmen, die Anlagen des anderen Beteiligten betreffen, wird dessen vorherige Zustimmung eingeholt, es sei denn, dass Gefahr im Verzuge ist. Dabei werden auch der Umfang der Mitbenutzung der Anlagen des anderen Beteiligten sowie ggf. erforderliche Sicherheitsvorkehrungen festgelegt.

(4) Die Verkehrssicherungspflicht für die Anlagen und/oder die Verkehrswege unterhalb der Straßenüberführung/*der Eisenbahnüberführung* obliegt der DB Netz AG/*dem Straßenbaulastträger*[13].

(5) Wenn ein Kreuzungsbeteiligter Anlagen des anderen Beteiligten erstellt, geht mit der Abnahme (§ 640 BGB/§ 12 VOB/B) die Verkehrssicherungspflicht auf den jeweiligen Erhaltungspflichtigen über. Sofern die gemäß Abnahmeprotokoll festgestellten Mängel zunächst der Verkehrsfreigabe/Inbetriebnahme entgegenstehen, übernimmt der Erhaltungspflichtige die Verkehrssicherungspflicht spätestens mit der Verkehrsfreigabe/Inbetriebnahme.

<u>Hinweis:</u>
Im Falle einer zu erstellenden Ablösungsberechnung folgende Ergänzung:

(6) Die zukünftigen **Erhaltungskosten** werden der DB Netz AG/*dem Straßenbaulastträger* nach § 15 Abs. 2 und Abs. 4 EKrG abgelöst.

Für die nach der verkehrsbereiten Fertigstellung erforderlich werdende Ablösungsberechnung sind die Verordnung zur Berechnung von Ablösungsbeträgen nach dem Eisenbahnkreuzungsgesetz, dem Bundesfernstraßengesetz und dem Bundeswasserstraßengesetz (Ablösungsbeträge-Berechnungsverordnung – ABBV) sowie die dazu ergangenen Richtlinien (ARS Nr. 26/2012 StB 157174.1/4-1/1816030 vom 12.12.2012) maßgebend.

Ggf. zusätzlich:
Die Kreuzungsbeteiligten haben sich darauf verständigt, eine vorläufige, vereinfachte Ablösungsberechnung zu erstellen. Diese ist unverbindlich und dient nur der Einplanung der voraussichtlich notwendig werdenden Haushaltsmittel. Der voraussichtlich anfallende Ablösungsbetrag wurde von der DB Netz AG/dem Straßenbaulastträger ermittelt und beläuft sich auf .... EUR.

§ 10 Sonstiges

(1) Genehmigungen für die Verlegung von Leitungen und für den An- oder Einbau sonstiger Einrichtungen durch Dritte obliegen jedem Beteiligten für seinen Verkehrsweg. Jeder Beteiligte wird dafür Sorge tragen, dass dem anderen Beteiligten

---
13 Wie vor, jedoch bezogen auf Verkehrssicherungspflicht.

Teil E Anhang

Gelegenheit gegeben wird, seine Interessen zu vertreten, wenn die Verlegung von Leitungen und der An- oder Einbau sonstiger Einrichtungen Auswirkungen auf Anlagen des anderen Beteiligten oder dessen Verkehr haben kann.

(2) Für den Fall, dass die Einleitung des Oberflächenwassers eines Verkehrsweges in die Entwässerungsanlagen des kreuzenden Verkehrsweges erforderlich wird, gestattet die DB Netz AG/*der Straßenbaulastträger* dem Straßenbaulastträger/*der DB Netz AG* unwiderruflich die unentgeltliche Einleitung des Oberflächenwassers in die Eisenbahnentwässerung/die Straßenkanalisation. Für den Fall, dass die Abwasseranlage in der Baulast eines Dritten steht, ist eine gesonderte Vereinbarung oder sonstige Regelung mit diesem zu treffen.

(3) Der Erhaltungspflichtige eines Kreuzungsbauwerks ist nicht verpflichtet, die Ansichtsflächen zu säubern. Der Baulastträger des jeweils unterführten Verkehrsweges ist berechtigt, Ansichtsflächen im Bedarfsfall auf eigene Kosten zu säubern. Ausgleichsansprüche bzw. Ansprüche auf Vornahme entsprechender Maßnahmen gegenüber dem/den anderen Kreuzungsbeteiligten sind insoweit ausgeschlossen.

Ggf. zusätzlich:
(4) Der Übergang zwischen der Eisenbahnüberführung und den beiderseits anschließenden Rampenbauwerken wird durch Schein- oder Konstruktionsfugen gekennzeichnet und der Eisenbahnanlage/der Straßenanlage zugeordnet.

ggf. weitere Regelungen:
( ) Über die Durchführung und Abwicklung der Baumaßnahme werden die Beteiligten eine besondere Vereinbarung treffen.

( ) Ansprechpartner des Straßenbaulastträgers für diese Maßnahme ist ...

( ) Ansprechpartner der DB Netz AG für diese Maßnahme ist ...

§ 11 Änderung der Vereinbarung

(1) Änderungen und Ergänzungen bedürfen der Schriftform.

(2) Für den Fall der Änderung der technischen Planung in einer Zulassungsentscheidung nach § 3 verpflichten sich die Parteien zu einer Anpassung der Vereinbarung.

§ 12 Ausfertigungen

Diese Vereinbarung wird ...-fach ausgefertigt. Die Beteiligten erhalten je ... Ausfertigung/en.

...................., den ....   , ... den ...., den ....

....
Straßenbaulastträger   DB Netz AG   DB Netz AG

[Namen in Druckschrift wiederholen]
(........................)   (........................)   (........................)

Anl. 3   E 5

Muster Änderung eines Bahnübergangs – Anlage 3 zum ARS 02/2015 vom 20.01.2015

Vereinbarung über eine Eisenbahnkreuzungsmaßnahme nach §§ 3, 13 EKrG

Zwischen[1] der

DB Netz AG[2]

vertreten durch ...

[Adresse]

– nachstehend **DB Netz AG** genannt –

und der/dem

...

vertreten durch ...

[Adresse]

– nachstehend **Straßenbaulastträger** genannt –

wird gemäß § 5 Eisenbahnkreuzungsgesetz (EKrG)

folgende Vereinbarung geschlossen:

§ 1 Gegenstand der Vereinbarung

(1) Die .... Straße (Nr. ....) von .... nach .... kreuzt die Eisenbahnstrecke (Nr. ....) von .... nach .... in Bahn-km/Straßen-km oder Stationskilometer .... höhengleich.

(2) Der Bahnübergang ist technisch gesichert/nicht technisch gesichert. Die vorhandene Sicherung erfolgt mittels ....[3].

(3) Beteiligte an der Kreuzung sind die DB Netz AG als Baulastträger des Schienenweges und der/die/das .... als Baulastträger der Straße[4].

(4) Aus Gründen der Sicherheit und/oder der Abwicklung des Verkehrs ist es erforderlich, den Bahnübergang technisch zu sichern/die vorhandene technische Sicherung zu ändern/den Bahnübergang zu verbreitern/den Bahnübergang zu be-

---

1 Sind mehrere Schienenbaulastträger/Straßenbaulastträger beteiligt, so sind alle Beteiligten aufzuführen und eindeutig zu bezeichnen.
2 DB Netz AG ist in der Vereinbarung zu ersetzen, wenn ein anderes Eisenbahninfrastrukturunternehmen Schienenbaulastträger ist.
3 Die Art der Sicherung ist genauer zu beschreiben.
4 Wenn die Baulast für Fahrbahn und Gehwege geteilt ist, sind beide Baulastträger aufzuführen.

seitigen und durch eine Straßen-/Eisenbahnüberführung bzw. den Bau/Ausbau eines bahnparallelen Weges zu ersetzen.

(5) Die Kreuzungsbeteiligten sind sich einig, dass es sich hierbei um die Änderung einer Kreuzung im Sinne der §§ 3, 13 Abs. 1 EKrG/im Sinne der §§ 3, 13 Abs. 2 EKrG handelt.

Alternative zu § 1 Abs. 5
(5) Die Kreuzungsbeteiligten können sich nicht über die rechtliche Einordnung der Maßnahme einigen.

Die DB Netz AG vertritt die Auffassung, dass ....

Der Straßenbaulastträger vertritt hingegen die Auffassung, dass ....

Die DB Netz AG/Der Straßenbaulastträger wird hierzu
– *eine Anordnung des BMVI/der von der Landesregierung bestimmten Behörde im Kreuzungsrechtsverfahren gemäß § 10 Abs. 4 EKrG beantragen.*
[oder]
– *eine gerichtliche Klärung veranlassen.*

§ 2 Art und Umfang der Maßnahme

(1) Beschreibung der kreuzungsbedingten Maßnahme[5]:
a) ...
b) ...
c) ...

(2) Beschreibung der nichtkreuzungsbedingten Maßnahme:

(3) Im Übrigen gelten die nachstehend aufgeführten Anlagen[6], die Bestandteile dieser Vereinbarung sind. Darüber hinaus gelten die Unterlagen und Pläne denen die Beteiligten schriftlich zugestimmt haben:
– Anlage 1: Erläuterungsbericht
– Anlage 2: Kostenzusammenstellung
– Anlage 3: Übersichtsplan
– Anlage 4: Lageplan
– Anlage 5: Höhenplan (soweit als Ersatz ein Bauwerk errichtet wird)
– Anlage 6: Bauwerkspläne (wesentliche Ansichten und Schnitte, soweit als Ersatz ein Bauwerk errichtet wird)

§ 3 Öffentlich-rechtliches Zulassungsverfahren

Die DB Netz AG/*der Straßenbaulastträger* wird/hat für die Maßnahme ein Planfeststellungsverfahren/Plangenehmigungsverfahren nach dem Allgemeinen Eisenbahnge-

---

5 Die Maßnahme ist in ihren wesentlichen Teilen näher zu beschreiben; hierzu gehört auch die Beseitigung nicht mehr erforderlicher Anlagen.
6 Anlagen mit korrekter Bezeichnung sowie Stand mit Datumsangabe.

setz (AEG)/*Bundesfernstraßengesetz (FStrG)/Straßengesetz des Landes* .... *(LStrG)* beantragen/eingeleitet.

1. Alternative zu § 3:
Für die Maßnahme ist ein Planfeststellungsverfahren/Plangenehmigungsverfahren nach dem Allgemeinen Eisenbahngesetz (AEG)/Bundesfernstraßengesetz (FStrG)/Straßengesetz des Landes .... (LStrG) durchgeführt worden. (Planfeststellungsbeschluss/Plangenehmigung der/des .... vom ....; Aktenzeichen ....)

2. Alternative zu § 3:
Für die Maßnahme kann ein Planfeststellungs-/Plangenehmigungsverfahren gemäß § ... FStrG/§ ... LStrG entfallen.

3. Alternative zu § 3:
Für die Maßnahme wird/ist ein Bebauungsplan nach § 17b Abs. 2 Bundesfernstraßengesetz (FStrG)/§ ..... Landesstraßengesetz in Verbindung mit § 9 Baugesetzbuch (BauGB) aufgestellt/aufgestellt worden Aktenzeichen ....).

<u>*Ggf. zusätzlich:*</u>
Ergänzend dazu wird von der DB Netz AG für die Änderung ihrer Betriebsanlagen ein Planfeststellungs-/Plangenehmigungsverfahren beantragt/eingeleitet/ist von der DB Netz AG für die Änderung ihrer Betriebsanlagen ein Planfeststellungsbeschluss/eine Plangenehmigung erwirkt worden (Aktenzeichen ....).

§ 4 Planung und Durchführung der Maßnahme

(1) Die DB Netz AG plant und führt die in § 2 Abs. 1 Buchst. .... und/*oder* der Straßenbaulastträger[7] plant und führt die in § 2 Abs. 1 Buchst. .... aufgeführten Maßnahmen nach Maßgabe der »Richtlinien für die Planung, Baudurchführung und Abrechnung von Maßnahmen nach dem Eisenbahnkreuzungsgesetz« (Allgemeines Rundschreiben Straßenbau (ARS) Nr. 10/2014 vom 18.11.2014) durch.

Ergänzend zu diesen Richtlinien vereinbaren die Beteiligten folgendes: ....

(2) Ergeben sich durch die Maßnahmen aus § 2 Einwirkungen auf Anlagen des anderen oder dessen Verkehr, wird der Baudurchführende vorher dessen Zustimmung einholen. § 4 (2) des EKrG bleibt hiervon unberührt.

(3) Die Realisierung der Maßnahme ist in den Jahren ..... vorgesehen. Der Baubeginn wird dem Straßenbaulastträger/*der DB Netz AG* ..... Wochen im Voraus schriftlich angezeigt. Für die weiteren Einzelheiten, insbesondere zur zeitlichen Durchführung der Maßnahmen, gelten die im Schriftwechsel zu vereinbarenden

---

[7] Wenn mehr als ein Straßenbaulastträger Maßnahmen plant/durchführt sind diese getrennt aufzuführen.

Teil E Anhang

Einzelheiten. Kurzfristig notwendige Änderungen des Bauablaufs werden dem jeweils anderen Kreuzungsbeteiligten unverzüglich angezeigt.

(4) Alle Arbeiten werden unter Aufrechterhaltung des Eisenbahnbetriebes und/oder des Straßenverkehrs ausgeführt. Der Verkehr auf den sich kreuzenden Verkehrswegen wird während der Baudurchführung einschließlich Abnahme, Vermessung und Bauwerksprüfung so wenig wie möglich beeinträchtigt.

Alternative zu § 4 Abs. 4
(4) Während der Bauausführung werden/wird die Eisenbahnstrecke und/oder die Straße ganz/zeitweise gesperrt. Der verbleibende Verkehr auf den sich kreuzenden Verkehrswegen wird während der Baudurchführung einschließlich Abnahme, Vermessung und Bauwerksprüfung so wenig wie möglich beeinträchtigt.

§ 5 Abnahme, Vermessung, Bestandsunterlagen

(1) Das Verfahren hinsichtlich der Abnahme, Vermessung und Erstellung der Bestandsunterlagen erfolgt nach Maßgabe der »Richtlinien für die Planung, Baudurchführung und Abrechnung von Maßnahmen nach dem Eisenbahnkreuzungsgesetz« (ARS Nr. 10/2014 vom 18.11.2014).

Ergänzend zu diesen Richtlinien vereinbaren die Beteiligten folgendes: ....

(2) Für die erste Hauptprüfung sind die DIN 1076/RL .... *der DB Netz AG* zu beachten.

(3) Der jeweils Baudurchführende wird .... Wochen vor der Abnahme zu einer gemeinsamen Begehung einladen und gleichzeitig den genauen Termin der Abnahme bekannt geben.

Alternative zu § 5 Abs. 3
Der jeweils Baudurchführende wird den jeweiligen Träger der Erhaltungslast .... Wochen vor der Abnahme zu einer gemeinsamen Begehung einladen und gleichzeitig die genauen Termine für die Durchführung der 1. Hauptprüfung sowie der Abnahme bekannt geben.

(4) Der Status des geodätischen Datums (Referenzsystem und Projektion) wird zwischen den Kreuzungsbeteiligten wie folgt festgelegt:
....

(5) Der jeweils andere Beteiligte erhält Bestandsübersichtspläne der Kreuzungsanlage. Der jeweilige Träger der Erhaltungslast erhält alle für die Erhaltungszwecke seiner Anlagen erforderlichen Bauwerksunterlagen in ... Ausfertigungen. Soweit die Bestandspläne neue Anlagen betreffen, müssen die Unterlagen folgenden Standard erfüllen ...... Bei vorhandenen Anlagen, die im Zusammenhang mit dem Neubau geändert werden, sind die Bestandspläne im vorhandenen Standard zu erstellen. Die Pläne werden bis spätestens .... übergeben.

Anl. 3 E 5

(6) Für digital erstellte Bestandspläne und Vermessungsunterlagen wird folgendes Format der erforderlichen Dateien festgelegt:

....

§ 6 Kosten der Maßnahme

(1) Der Umfang der kreuzungsbedingten Kosten (Kostenmasse) wird unter Beachtung des § 13 EKrG, der 1. Eisenbahnkreuzungsverordnung (1. EKrV) sowie der dazu ergangenen und von den Kreuzungsbeteiligten eingeführten/anerkannten Durchführungsbestimmungen des BMVI ermittelt (u.a. Allgemeines Rundschreiben Straßenbau (ARS) Nr. 8/1989 vom 17. Mai 1989 – StB 17/E 10/E 14/78.10.20/19 Va 89 – »Richtlinien zur Ermittlung und Aufteilung der Kostenmasse bei Kreuzungsmaßnahmen«)[8].

(2) Die Kosten der Maßnahme (§ 2) betragen nach der als Anlage beigefügten »Zusammenstellung der voraussichtlichen Kosten« voraussichtlich ca. .... EUR, einschließlich anfallender Umsatzsteuer und Verwaltungskosten.

Sie sind in voller Höhe/in Höhe von voraussichtlich ..... EUR kreuzungsbedingt und werden insoweit nach § 13 Abs. 1 EKrG von der DB Netz AG/ vom Straßenbaulastträger[9] und vom Bund zu je einem Drittel getragen.

Demnach entfallen voraussichtlich auf
– den Bund .... €
– die DB Netz AG .... €
– den/die/das .... €

Alternative zu § 6 Abs. 2:
(2) Die Beteiligten konnten sich nicht über den Umfang der Kostenmasse einigen.

Die DB Netz AG vertritt die Auffassung, dass ....

Der Straßenbaulastträger vertritt hingegen die Auffassung, dass ....

Die DB Netz AG/Der Straßenbaulastträger wird hierzu
– eine Anordnung des BMVI/der von der Landesregierung bestimmten Behörde im Kreuzungsrechtsverfahren gemäß § 10 Abs. 4 EKrG beantragen.
[oder]
– eine gerichtliche Klärung veranlassen.
Bis zu einer endgültigen Entscheidung werden die strittigen Kostenanteile von dem ..../der ... getragen. Der nach der Entscheidung auszugleichende Betrag ist mit 4 % pro Jahr ab Rechnungslegung zu verzinsen.

---

8 Weitere Durchführungsbestimmungen sind bei den entsprechenden Absätzen aufgeführt.
9 Wenn sich ein weiterer Straßenbaulastträger an den kreuzungsbedingten Kosten der Straße beteiligt, ist dieser nachrichtlich aufzuführen.

(3) Anfallende Umsatzsteuer gehört zur Kostenmasse, wobei das sog. Staatsdrittel, welches der Bund bzw. das Land zu tragen hat, nicht als Entgelt für eine steuerpflichtige Leistung zu behandeln ist (ARS 13/2013, StB 15/7174.2/5-18/1943869 vom 02.05.2013 einschl. Ergänzungsschreiben StB 15/7174.2/5-18/2027138 vom 24.07.2013).

(4) Bei der Berechnung der Personalkosten nach § 4 Abs. 2 Nr. 1 der 1. EKrV sind die Kosten für das tatsächlich eingesetzte Personal anzusetzen (Schreiben des BMVI vom 18.09.95 – StB 17/E 11/E16/78.11. 00/27 Va 95).

Bewertungsgrundlage für die Eigenleistungen der DB Netz AG sind die örtlichen »Dispositiven Kostensätze« (Dispo-Kosa) ohne Zuschläge. Sie stellen die Basis der Kostenrechnung der DB Netz AG dar, die vom Bund anerkannt wird. Die Kostensätze unterliegen der jährlichen Überprüfung durch einen unabhängigen Wirtschaftsprüfer. Bei Bedarf werden die örtlichen Kostensätze für die in Betracht kommenden Leistungen von der DB Netz AG mitgeteilt (Rundschreiben (RS) BMVI – StB 15/7174.2/5-07/1220977 vom 10.06.2010).

Für die Berechnung der Personalkosten des Straßenbaulastträgers findet der in seinem Zuständigkeitsbereich für die Abwicklung von Schadensfällen gegenüber Dritten bei Beschädigung von Straßeneigentum für Bundes-, Landes- und Kreisstraßen geltende Stundensatz Anwendung.

(5) Die Beteiligten werden Verwaltungskosten nach § 5 der 1. EKrV in Höhe von 10 v.H. der von ihnen aufgewandten kreuzungsbedingten Grunderwerbs- und Baukosten in Rechnung stellen (RS BMVI – StB 15/7174.2/5-14/2095549 vom 29.01.2014, geändert mit RS BMVI – StB 15/7174.2/5-14/2657509 vom 15.12.2016).

(6) Nachweisbare Kosten für Betriebserschwernisse während der Bauzeit gehören (als Baukosten) nur zur Kostenmasse, soweit sie den Kreuzungsbeteiligten selbst entstehen (RS BMVI – S 16/78.11.00/13 B 03 vom 28.09.2004).

(7) Aufwendungen für erforderliche Änderungen an den im Eigentum der DB Netz AG stehenden betriebsnotwendigen Bahn-Telekommunikationsanlagen gehören zur Kostenmasse (Schreiben BMVI – S 16/78.11.00/2 Va 03 vom 23.01.2003 und S 16/78.11.00/1 BE 05 vom 23.08.2005).

(8) Für die Verlegung, Änderung oder Sicherung von Telekommunikationslinien, die nicht zu den Eisenbahn- oder Straßenanlagen gehören, gelten die Bestimmungen des Telekommunikationsgesetzes (TKG), soweit keine besonderen vertraglichen Regelungen bestehen.

(9) Von den Kosten für Leitungsanpassungsarbeiten werden nur die Anteile der Kostenmasse angelastet, die ein Beteiligter als Baulastträger eines der beteiligten Verkehrswege zu tragen hat. Nicht zur Kostenmasse zählen die auf Grund bestehender Rechtsverhältnisse von Dritten (z.B. Konzessionsverträge) zu übernehmenden Kosten. Diese sind erforderlichenfalls von den jeweiligen Vertragspartnern bis zur Durchsetzung ihrer Ansprüche vorzufinanzieren.

Wenn beide Kreuzungsbeteiligte für ein und dieselbe Leitung Verträge mit unterschiedlichen Folgekostenregelungen geschlossen haben, gilt Folgendes:

Die dem Ver- bzw. Entsorgungsunternehmen (VU) aufgrund der Leitungsänderung entstehenden Gesamtkosten sind jeweils zu 50 % dem Vertragsverhältnis mit dem Straßenbaulastträger und zu 50 % dem Vertragsverhältnis mit der DB Netz AG zuzuordnen. Das VU trägt von der einen Hälfte der Gesamtkosten die Kosten gemäß der vertraglichen Folgekostenregelung mit dem Straßenbaulastträger (z.b. Rahmenvertrag/Mustervertrag). Von der anderen Hälfte der Gesamtkosten trägt das VU die Kosten gemäß den Folgekostenregelungen mit der DB Netz AG (z.b. Gas- und Wasserleitungskreuzungsrichtlinien). Anstelle des Vertragsverhältnisses mit dem Straßenbaulastträger kann auch eine gesetzliche Folgekostenregelung treten. Die Abrechnung gegenüber dem VU erfolgt durch den Kreuzungsbeteiligten, welcher die Baudurchführung insgesamt bzw. die für die Leitungsänderung maßgeblichen Teile der Baudurchführung übernommen hat.

(10) Die nicht kreuzungsbedingten Kosten für .... in Höhe von voraussichtlich .... EUR trägt die DB Netz AG/der Straßenbaulastträger[10].

(11) Die endgültigen Kosten ergeben sich aus der Schlussrechnung.

§ 7 Abrechnung

(1) Das Verfahren zur Abrechnung der Kreuzungsmaßnahme zwischen den Kreuzungsbeteiligten erfolgt nach Maßgabe der »Richtlinien für die Planung, Baudurchführung und Abrechnung von Maßnahmen nach dem Eisenbahnkreuzungsgesetz« (ARS Nr. 10/2014 vom 18.11.2014).

Ergänzend zu diesen Richtlinien vereinbaren die Beteiligten folgendes: ....

(2) Die Kreuzungsbeteiligten übernehmen die Abrechnung für die von Ihnen durchgeführten Maßnahmen gemäß § 4 der Vereinbarung.

(3) Die Schlussrechnung wird von der *DB Netz AG/dem Straßenbaulastträger* erstellt.

§ 8 Grundinanspruchnahme

(1) Die *DB Netz AG/der Straßenbaulastträger* duldet die Änderung der Kreuzungsanlage unentgeltlich auf Dauer gemäß § 4 Abs. 2 EKrG. Ein Grunderwerb findet insoweit nicht statt.

---

10 Wenn sich ein weiterer Straßenbaulastträger an den nichtkreuzungsbedingten Kosten der Straße beteiligt, ist dieser nachrichtlich aufzuführen.

(2) Die DB Netz AG/*der Straßenbaulastträger* gestattet dem Straßenbaulastträger/*der DB Netz AG* während der Baudurchführung unentgeltlich die Inanspruchnahme seiner/ihrer an die Kreuzungsanlage angrenzenden öffentlichen Verkehrsflächen.

Die DB Netz AG/*der Straßenbaulastträger* verpflichtet sich, bei Inanspruchnahme dieser Flächen die verkehrlichen und betrieblichen Belange des anderen Kreuzungsbeteiligten angemessen zu berücksichtigen. Art und Umfang der Inanspruchnahme werden gemeinsam dokumentiert. Nach Beendigung der Bauarbeiten sind die genutzten Flächen unverzüglich in dem Zustand zurück zu geben, wie sie übernommen wurden.

(3) Die DB Netz AG/*der Straßenbaulastträger* führt den Grunderwerb von Dritten insgesamt durch.

Alternative zu § 8 Abs. 3
Die DB Netz AG führt für die Maßnahmen nach § 2 Abs. 1 Buchst. ... und der Straßenbaulastträger führt für die Maßnahmen nach § 2 Abs. 1 Buchst ... den Grunderwerb durch.

(4) Für folgende Grundstücke soll die DB Netz AG/*der Straßenbaulastträger*[11] Grundstückseigentümer werden:

....

....

....

§ 9 Erhaltung und Eigentum

(1) Für die Erhaltung der Kreuzungsanlagen gilt § 14 EKrG.

Danach erhält
a) die DB Netz AG ....
b) der Straßenbaulastträger[12] ....

(2) Die Beleuchtung und/oder die Verankerung der Oberleitungsanlagen (z.B. für Straßenbahn) an der Eisenbahnüberführung und/oder die Entwässerung der Straßenanlagen unterhalb der Eisenbahnüberführung gehören/gehört zu den Straßenanlagen.

Alternative zu § 9 Abs. 2
Die Verankerungen der Oberleitungsanlagen an der Straßenüberführung und/oder die Entwässerung der Eisenbahnanlagen unterhalb der Straßenüberführung gehören/gehört zu den Eisenbahnanlagen

---

[11] Wenn mehr als ein Straßenbaulastträger Grundstückseigentümer werden soll, sind diese getrennt aufzuführen.
[12] Wenn mehr als ein Straßenbaulastträger Erhaltungspflichtiger wird, sind diese getrennt aufzuführen.

(3) Für Erhaltungsmaßnahmen, die Anlagen des anderen Beteiligten betreffen, wird dessen vorherige Zustimmung eingeholt, es sei denn, dass Gefahr im Verzuge ist. Dabei werden auch der Umfang der Mitbenutzung der Anlagen des anderen Beteiligten sowie ggf. erforderliche Sicherheitsvorkehrungen festgelegt.

(4) Die Verkehrssicherungspflicht für die Anlagen und/oder die Verkehrswege unterhalb der Straßenüberführung/*der Eisenbahnüberführung* obliegt der DB Netz AG/*dem Straßenbaulastträger*[13].

(5) Wenn ein Kreuzungsbeteiligter Anlagen des anderen Beteiligten erstellt, geht mit der Abnahme (§ 640 BGB/§ 12 VOB/B) die Verkehrssicherungspflicht auf den jeweiligen Erhaltungspflichtigen über. Sofern die gemäß Abnahmeprotokoll festgestellten Mängel zunächst der Verkehrsfreigabe/Inbetriebnahme entgegenstehen, übernimmt der Erhaltungspflichtige die Verkehrssicherungspflicht spätestens mit der Verkehrsfreigabe/Inbetriebnahme.

§ 10 Sonstiges

(1) Genehmigungen für die Verlegung von Leitungen und für den An- oder Einbau sonstiger Einrichtungen durch Dritte obliegen jedem Beteiligten für seinen Verkehrsweg. Jeder Beteiligte wird dafür Sorge tragen, dass dem anderen Beteiligten Gelegenheit gegeben wird, seine Interessen zu vertreten, wenn die Verlegung von Leitungen und der An- oder Einbau sonstiger Einrichtungen Auswirkungen auf Anlagen des anderen Beteiligten oder dessen Verkehr haben kann.

(2) Für den Fall, dass die Einleitung des Oberflächenwassers eines Verkehrsweges in die Entwässerungsanlagen des kreuzenden Verkehrsweges erforderlich wird, gestattet die DB Netz AG/*der Straßenbaulastträger* dem Straßenbaulastträger/*der DB Netz AG* unwiderruflich die unentgeltliche Einleitung des Oberflächenwassers in die Eisenbahnentwässerung/die Straßenkanalisation. Für den Fall, dass die Abwasseranlage in der Baulast eines Dritten steht, ist eine gesonderte Vereinbarung oder sonstige Regelung mit diesem zu treffen.

(3) Der Erhaltungspflichtige eines Kreuzungsbauwerks ist nicht verpflichtet, die Ansichtsflächen zu säubern. Der Baulastträger des jeweils unterführten Verkehrsweges ist berechtigt, Ansichtsflächen im Bedarfsfall auf eigene Kosten zu säubern. Ausgleichsansprüche bzw. Ansprüche auf Vornahme entsprechender Maßnahmen gegenüber dem/den anderen Kreuzungsbeteiligten sind insoweit ausgeschlossen.

Ggf. zusätzlich:
(4) Der Übergang zwischen der Eisenbahnüberführung und den beiderseits anschließenden Rampenbauwerken wird durch Schein- oder Konstruktionsfugen gekennzeichnet und der Eisenbahnanlage/der Straßenanlage zugeordnet.

---

13 Wie vor, jedoch bezogen auf Verkehrssicherungspflicht.

Teil E Anhang

ggf. weitere Regelungen:
( ) über die Durchführung und Abwicklung der Baumaßnahme werden die Beteiligten eine besondere Vereinbarung treffen.
( ) Ansprechpartner des Straßenbaulastträgers für diese Maßnahme ist ...
( ) Ansprechpartner der DB Netz AG für diese Maßnahme ist ...

§ 11 Änderung der Vereinbarung

(1) Änderungen und Ergänzungen bedürfen der Schriftform.

(2) Für den Fall der Änderung der technischen Planung in einer Zulassungsentscheidung nach § 3 verpflichten sich die Parteien zu einer Anpassung der Vereinbarung.

§ 12 Genehmigungen

(1) Diese Vereinbarung bedarf wegen des in § 6 vorgesehenen Kostenanteils des Bundes/Landes der Genehmigung des Bundesministers für Verkehr und digitale Infrastruktur/der nach Landesrecht zuständigen Behörde nach § 5 EKrG.

Der/Die/Das .... wird die Genehmigung beantragen.

Alternative zu § 12 Abs. 1: (kreuzungsbedingte Gesamtkosten ≤ 3 Mio. €)
(1) Diese Vereinbarung bedarf wegen des in § 6 vorgesehenen Kostenanteils des Bundes eines Prüfvermerks durch die zuständige oberste Landesbehörde oder der von ihr bestimmten Behörde.

Diese Prüfung wird von dem/der .... eingeleitet.

(2) Die DB Netz AG veranlasst nach Unterzeichnung der Kreuzungsvereinbarung[14] eine fachtechnische Stellungnahme (FTS) beim Eisenbahn-Bundesamt.

§ 13 Ausfertigungen

Diese Vereinbarung wird ...-fach ausgefertigt. Die Beteiligten erhalten je ... Ausfertigung/en.

..............., den .... , ... den ...., den ....

....
Straßenbaulastträger   DB Netz AG   DB Netz AG

[Namen in Druckschrift wiederholen]
(........................) (........................) (........................)

---

14 *Wenn Bundesstraßen betroffen sind, ist die FTS vor Unterzeichnung der Kreuzungsvereinbarung einzuholen.*

E 6. Richtlinien zur Ermittlung und Aufteilung der Kostenmasse bei Kreuzungsmaßnahmen

(ARS 8/1989 – VkBl. 1989 S. 419)

Der Umfang der Kostenmasse bei der Herstellung neuer Kreuzungen oder bei Maßnahmen an bestehenden Kreuzungen ist in § 1 der 1. EKrV geregelt. Bei der Anwendung dieser Vorschrift ist zu beachten, daß zur Kostenmasse einer Kreuzungsmaßnahme nur die kreuzungsbedingten Aufwendungen gehören. Das ergibt sich aus der Überlegung, daß das EKrG die Rechte und Pflichten der beteiligten Baulastträger aus dem Kreuzungsrechtsverhältnis regelt und nicht allgemeine Fragen der Baulast zum Gegenstand hat. Auf diese Begrenzung weist ferner der Wortlaut des § 3 EKrG hin, nach dem Kreuzungen zu ändern sind, wenn und »soweit« es die Sicherheit oder Abwicklung des Verkehrs erfordert.

Der Grundsatz, daß zur Kostenmasse nur die kreuzungsbedingten Aufwendungen gehören, ist jedoch im Sinne des EKrG und der 1. EKrV zu interpretieren. § 1 Abs. 1 der 1. EKrV schließt hinsichtlich der sich kreuzenden Verkehrswege die Aufwendungen für alle verkehrlich notwendigen Maßnahmen in die Kostenmasse ein und stellt nicht auf die Mehraufwendungen ab, die dadurch entstehen, daß die Verkehrswege eine Kreuzung bilden. Der genannte Grundsatz schließt ferner ein, daß zur Kostenmasse nur die Aufwendungen für solche Maßnahmen gehören, für die die Kreuzungsmaßnahme ursächlich ist.

Danach gehören zu den kreuzungsbedingten Kosten
I. die Aufwendungen im Sinne der §§ 3 bis 5 der 1. EKrV (Grunderwerbs-, Bau- und Verwaltungskosten) für alle Maßnahmen in dem Bereich der an der Kreuzung beteiligten Verkehrswege, in dem sich das Vorhandensein der Kreuzung auswirkt,
II. die Aufwendungen für Folgemaßnahmen nach § 1 Abs. 2 Nr. 2 der 1. EKrV, die infolge einer Kreuzungsmaßnahme an Anlagen erforderlich werden, die nicht zu den sich kreuzenden Verkehrswegen der Beteiligten gehören.

Die richtige Abgrenzung der Kostenmasse hat vor allem praktische Bedeutung bei Maßnahmen an Bahnübergängen. Hierauf beziehen sich die nachfolgenden Ausführungen in erster Linie.
1. Ersatz eines Bahnüberganges durch eine Überführung.
   a) Mit Beibehaltung der Linienführung der beteiligten Verkehrswege (s. Beispiel 1).
   Kreuzungsbedingt sind alle Aufwendungen nach den §§ 3 bis 5 der 1. EKrV (Grunderwerbs-, Bau- und Verwaltungskosten) für das Bauwerk, die Rampen und Einschnitte, jeweils mit den Gleisen, der Fahrbahn und dem Unterbau in den Abmessungen und der Ausführung, die unter Berücksichtigung der anerkannten Regeln der Technik notwendig sind, damit die sich kreuzenden Verkehrswege den Anforderungen der Sicherheit und der Abwicklung

des vorhandenen und nach der übersehbaren Verkehrsentwicklung etwa innerhalb der nächsten 10 Jahre nach Fertigstellung der Maßnahme zu erwartenden Verkehrs genügen. Dies gilt auch für den Fall, daß in dem genannten Bereich die Linienführung der beteiligten Verkehrswege geringfügig verbessert wird (z.B. Beseitigung einer S-Kurve). Es sind nur solche Rampenneigungen zu berücksichtigen, die den örtlichen Verhältnissen (Ebene, Gebirge usw.) entsprechen. Üblich sind bei Straßen im Flachland 2 v.H., sonst 4 v.H., bei Eisenbahnen im Flachland 3 v.T., sonst die maßgebende Neigung der Strecke mit Berücksichtigung des Bogenwiderstandes. Sollen im Rahmen der übersehbaren Verkehrsentwicklung über den allgemein zu erwartenden Verkehrszuwachs hinausgehende strukturelle Verkehrssteigerungen auf Grund künftiger Planungen (z.B. Anbindung eines neuen Industriegebietes, zusätzliches S-Bahn-Gleis) berücksichtigt werden, so müssen diese Planungen so konkret sein, daß sie mit an Sicherheit grenzender Wahrscheinlichkeit in der übersehbaren Zeit verwirklicht werden. Als Nachweis hierfür kann jedoch – schon wegen der Länge des zu berücksichtigenden Zeitraumes – nicht verlangt werden, daß für solche Planungen bereits festgestellte und genehmigte Pläne vorliegen. Andererseits müssen vage Planungsvorstellungen ausscheiden, damit Fehlinvestitionen vermieden werden.

b) Mit kreuzungsbedingter Verlegung eines beteiligten Verkehrsweges (s. Beispiel 2).
Muß die Linienführung geändert werden, weil auf Grund der örtlichen Verhältnisse im Kreuzungsbereich bei objektiver Wertung der abwägungserheblichen Belange eine Verlegung notwendig ist (z.B. wegen topographischer Verhältnisse, schutzwürdiger Bebauung, Umweltschutz), so gehören außer den in Buchstabe a genannten Aufwendungen auch die Aufwendungen zur Kostenmasse, die über den Bereich des Bauwerkes, der Rampen und Einschnitte hinausgehen, und zwar in den Abmessungen und Ausführungen nach Buchstabe a, bis die verlegte Strecke wieder verkehrsgerecht angeschlossen ist.

c) Mit Verlegung eines beteiligten Verkehrsweges aus anderen Gründen (s. Beispiel 3).
Soll die Linienführung eines beteiligten Verkehrsweges aus anderen als den in Buchstabe b genannten Gründen geändert werden (z.B. wegen anderer Planungen), obwohl eine Änderung mit geringeren Kosten verkehrsgerecht möglich wäre, so umfaßt die Kostenmasse nur diese geringeren Kosten (vgl. § 1 Abs. 3 der 1. EKrV).
Auf einen Fiktiv-Entwurf kann verzichtet werden, wenn die kreuzungsbedingten Kosten auf einen abgrenzbaren Teil des Ausführungsentwurfes oder über einen vereinfachten Verteilungsschlüssel einvernehmlich festgelegt werden können.
Eventuelle Fiktiventwürfe müssen in der Regel nicht der Exaktheit von Ausführungsentwürfen entsprechen.
Aufwendungen für Folgemaßnahmen an Anlagen, die nicht zu den sich kreuzenden Verkehrswegen gehören – § 1 Abs. 1 Nr. 2 der 1. EKrV – (z.B. für die Verlegung von Wasserläufen oder Änderung von einmündenden Straßen) zählen zur

Kostenmasse. Werden für diese Anlagen Verbesserungen verlangt (z.B. Verbreiterung, Anlage von Gehwegen), die nicht wegen der Gestaltung der Kreuzungsanlage notwendig sind, so gehören diese Mehrkosten nicht zur Kostenmasse, sondern sind von denjenigen zu tragen, die nach den sonstigen Vorschriften hierfür zuständig sind.

2. Sonstige Änderung oder Ergänzung eines Bahnüberganges.
   a) Kreuzungsbedingt sind alle Aufwendungen nach den §§ 3 bis 5 der 1. EKrV für Maßnahmen (z.B. Verbreiterung, Einbau oder Änderung von technischen Sicherungen) innerhalb des Kreuzungsstückes, das in der Unterhaltungslast der Eisenbahn steht (§ 14 Abs. 2 Nr. 1 EKrG). Das gilt für Eisenbahn- und Straßenanlagen im Sinne des § 14 Abs. 2 EKrG auch außerhalb des Kreuzungsstückes (z.B. Schranken, Blinklichter, Lichtzeichen, Sichtflächen (Übersicht), Straßenverkehrszeichen und -einrichtungen). Im übrigen sind Aufwendungen für Maßnahmen an einem beteiligten Verkehrsweg außerhalb des Kreuzungsstückes nur dann kreuzungsbedingt, wenn sie zur Sicherheit oder Abwicklung des Verkehrs an der Kreuzung erforderlich sind (z.B. Anrückmelder, Signalabhängigkeit der Schranken, Verlegung einer Weiche, um im Kreuzungsstück den Wegfall eines Gleises zu ermöglichen, Änderung der Gradiente, Anlegung einer Abbiegespur zur Vermeidung von Stauungen im Kreuzungsbereich). Für die Ausführung und die Abmessungen gilt Nr. 1 Buchstabe a sinngemäß.
   b) Die Kosten der zusätzlichen Anbringung von amtlichen Straßenverkehrs- und Eisenbahnzeichen oder ihrer Änderung sind an sich auch teilungspflichtig. Zur Vereinfachung ist jedoch mit der Deutschen Bundesbahn vereinbart worden, daß an Kreuzungen zwischen Bundesfernstraßen, die an der Kreuzungsstelle in der Baulast des Bundes stehen, und Eisenbahnstrecken der Deutschen Bundesbahn die Kosten für die Aufstellung, Unterhaltung, Erneuerung, Änderung, Ergänzung oder Wiederherstellung von Verkehrszeichen nach der StVO mit Ausnahme der Andreaskreuze der Bund, die entsprechenden Kosten für Andreaskreuze und für Eisenbahnzeichen die Deutsche Bundesbahn allein trägt.
   Die Übernahme dieser Regelung für andere Kreuzungen wird empfohlen.

3. Änderung einer Überführung auf beiderseitiges Verlangen (s. Beispiel 4).
   Gemäß § 12 Nr. 2 EKrG fallen die Kosten für die Änderung einer Überführung beiden Beteiligten zur Last, wenn beide eine Änderung verlangen. Die Kostenmasse ist hierbei im Verhältnis der Kosten zu teilen, die jeder Beteiligte aufwenden müßte, wenn nur die von ihm verlangte Änderung des bestehenden Bauwerks durchgeführt würde.

Teil E Anhang

Beispiele für die Ermittlung und Aufteilung der Kostenmasse bei Kreuzungsänderungen

Beispiel 1: Ersatz eines Bahnübergangs durch eine Überführung mit Beibehaltung der Linienführung der beteiligten Verkehrswege.

Der Bahnübergang A wird nach § 3 EKrG durch eine Straßenüberführung B ersetzt. Die geringfügige Verlegung des Kreuzungspunktes zur Verbesserung der Straßenführung gilt nicht als »Verlegung« eines Verkehrsweges. Zur Berücksichtigung der übersehbaren Verkehrsentwicklung wird

a) die Überführung (einschl. der Rampen) breiter als die vorhandene Straße ausgeführt (4 statt bisher 2 Fahrstreifen) und

b) die lichte Weite der Überführung so bemessen, daß auf Grund konkreter Planungen erforderliche weitere zwei Gleise später verlegt werden können.

Zur Kostenmasse gehören alle Aufwendungen (Grunderwerbs-, Bau- und Verwaltungskosten) für das Bauwerk, die Rampen, den Unterbau und die Fahrbahn in neuer Breite (vierstreifig) und tatsächlicher Ausführung innerhalb des Kreuzungsbereichs. Dieser wird begrenzt durch die Punkte C, weil dort der Anschluß an den vorhandenen Straßenzug gefunden wird, und D, weil dort die Rampe – noch innerhalb des vorhandenen Straßenzugs – beginnt. Ferner gehören zur Kostenmasse die Aufwendungen für die Beseitigung der nicht mehr benötigten Anlagen (z.B. Postengebäude, Schrankenanlage, Fahrbahnbelag) einschließlich Wiederherstellung des normalen Schotterbettes für die Gleise.

Beispiel 2: Ersatz eines Bahnübergangs durch eine Überführung mit kreuzungsbedingter Verlegung eines Verkehrsweges.

Der Bahnübergang A im Zuge der B 19 soll nach § 3 EKrG durch eine Überführung ersetzt werden, die jedoch wegen der engen Bebauung nicht an derselben Stelle errichtet werden kann. Der Kreuzungspunkt muß daher kreuzungsbedingt nach B verlegt werden. Zur Berücksichtigung der übersehbaren Verkehrsentwicklung wird der neue Straßenzug der B 19 und die Straßenüberführung dem in etwa 10 Jahren zu erwartenden Verkehr entsprechend bemessen. Die Ortsteile beiderseits der Bahn sowie die L 240 müssen an die verlegte B 19 angeschlossen werden, wobei der Anschluß der L 240 aus verkehrstechnischen Gründen höhenfrei ausgebildet wird.

Zur Kostenmasse gehören alle Aufwendungen (Grunderwerbs-, Bau- und Verwaltungskosten) für das Bauwerk, die Rampen, den Unterbau und die Fahrbahn in neuer Breite und tatsächlicher Ausführung in dem durch die Punkte C und D begrenzten Kreuzungsbereich (Anbindung an die vorhandene Straße), einschließlich der Anschlüsse, beginnend bei den Punkten C und D. Die höhen**freie** Ausbildung des Anschlusses der L 240 an die verlegte B 19 ist nicht durch die Kreuzungsmaßnahme verursacht. Anstelle der hierfür erforderlichen Aufwendungen sind daher nur die Aufwendungen für einen fiktiven verkehrsgerechten höhen**gleichen** Anschluß in die Kostenmasse aufzunehmen. Für die Aufwendungen zur Beseitigung der nicht mehr benötigten Anlagen gelten die Ausführungen zu Beispiel 1.

E 6

Beispiel 1

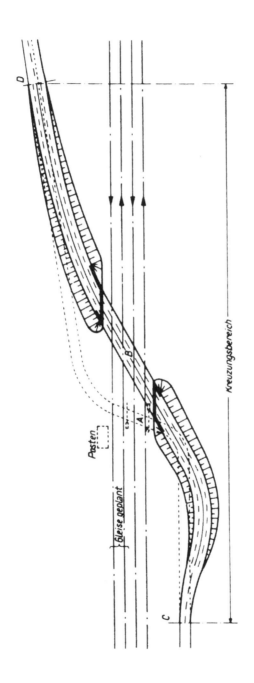

Teil E Anhang

Beispiel 2

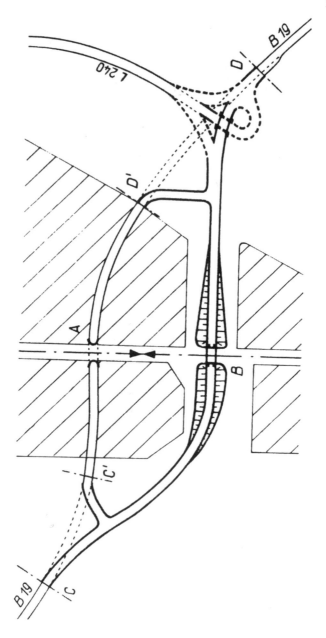

E 6

Beispiel 3: Beseitigung eines Bahnübergangs durch eine nicht kreuzungsbedingte Verlegung eines Verkehrsweges

Der Bahnübergang A im Zuge der B 10 soll nach § 3 EKrG beseitigt werden. Der Ersatz durch eine Überführung an derselben Stelle ist bei objektiver Wertung der abwägungserheblichen Belange gemäß Nummer 1 Buchstabe b möglich. Die Straßenbauverwaltung wünscht jedoch zur Verbesserung der ungünstigen Linienführung der Straße und zur Ausschaltung der engen Ortsdurchfahrt eine (nicht kreuzungsbedingte) Verlegung der B 10 zwischen B und C, wodurch der Bahnübergang ebenfalls beseitigt wird. Diese Verlegung erfordert höhere Aufwendungen als der Ersatz des Bahnübergangs durch eine Überführung an alter Stelle.

Zur Kostenmasse gehören nur die Aufwendungen für den fiktiven Ersatz des Bahnübergangs durch den Bau einer Überführung beim Punkt A einschließlich der Aufwendungen für die Beseitigung der nicht mehr benötigten Anlagen wie im Beispiel 1. Die Mehrkosten für die Verlegung der Straße trägt die Sraßenbauverwaltung nach § 1 Abs. 3 der 1. EKrV allein.

Beispiel 4: Änderungen einer Eisenbahnüberführung mit beiderseitigem Verlangen

Die vorhandene Eisenbahnüberführung (Bauteil 1) soll auf Verlangen der Straßenbehörde wegen der vorgesehenen Verbreiterung der Straße aufgeweitet werden. Hierzu wäre nur der Bauteil 2 erforderlich. Auf Verlangen der Eisenbahn soll zur Überführung weiterer zwei Gleise das Bauwerk verbreitert werden. Hierzu wäre nur der Bauteil 3 erforderlich.

Die Kostenmasse für die tatsächliche Gesamtausführung (Bauteile 1–4) ist in dem Verhältnis auf Straße und Bahn aufzuteilen, in dem die Aufwendungen für eine fiktive Ausführung nur für die Aufweitung (Bauteil 2) zu den Aufwendungen nur für die Verbreiterung (Bauteil 3) stehen. Die fiktiven Ausführungen müssen technisch einwandfrei realisierbar sein. Für die Aufweitung (Bauteil 2) kann – je nach den Umständen des Einzelfalles – der Bau einer zusätzlichen Öffnung unter Beibehaltung des Widerlagers als Pfeiler oder ein neuer Überbau über die Bauteile 1 und 2 in Betracht kommen. Für die Erweiterung (Bauteil 3) ist nur die Verlängerung der Überführung in der bisherigen lichten Weite notwendig. Die Kosten für Bauteil 4 bleiben bei der Ermittlung des Teilungsschlüssels außer Betracht, weil dieser Bauteil nicht benötigt würde, wenn nur der eine oder andere fiktive Entwurf ausgeführt würde.

Teil E Anhang

Beispiel 3

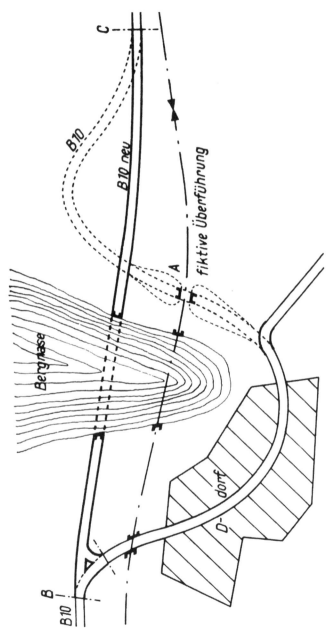

E 6

Beispiel 4

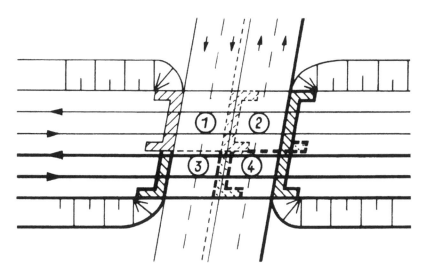

E 7. Vereinfachte Ermittlung der Kostenteilung bei Baumaßnahmen nach § 12 Nr. 2 EKrG und § 41 Abs. 5 WaStrG

(BMV S. v. 29. Januar 1973 – Z 7/78.10.15/2 Vmz 73 – VkBl. 1973 S. 138 und BMV S. v. 3. Dezember 1973 – Z 7/78.10.15/2 Vmz 73 II – nicht veröffentlicht –)

Wird an einer nicht höhengleichen Kreuzung einer Eisenbahn mit einer Straße (Überführung) eine Maßnahme nach § 3 EKrG durchgeführt, so fallen die dadurch entstehenden Kosten beiden Beteiligten zur Last, wenn beide die Änderung verlangen oder sie im Falle einer Anordnung hätten verlangen müssen, und zwar in dem Verhältnis, in dem die Kosten bei getrennter Durchführung der Änderung zueinander stehen würden (§ 12 Nr. 2 EKrG).

Wird eine Bundeswasserstraße ausgebaut und gleichzeitig ein öffentlicher Verkehrsweg geändert, beseitigt oder durch Baumaßnahmen, die den Verkehr an der Kreuzung vermindern, entlastet, haben die beiden Beteiligten die dadurch entstehenden Kosten in dem Verhältnis zu tragen, in dem die Kosten bei getrennter Durchführung der Maßnahme zueinander stehen würden (§ 41 Abs. 5 WaStrG).

Der Bundesminister für Verkehr ist ermächtigt, durch Rechtsverordnung mit Zustimmung des Bundesrates zu bestimmen, wie die bei getrennter Durchführung der Maßnahmen entstehenden Kosten unter Anwendung von Erfahrungswerten für die Baukosten in vereinfachter Form ermittelt werden (§ 16 Abs. 1 Nr. 2 EKrG; § 41 Abs. 7 Nr. 2 WaStrG).

In Vorbereitung einer solchen Verordnung ist unter Auswertung von 70 ausgeführten Baumaßnahmen ein Verfahren für die vereinfachte Ermittlung der Kosten entwickelt worden. Bevor dieses Verfahren durch den Erlaß einer Rechtsverordnung allgemein verbindlich gemacht wird, soll es für eine Übergangszeit in der Praxis erprobt werden, um die Erfahrungswerte zu gewinnen, auf die die Verordnungsermächtigungen abstellen.

Ich bitte daher, bei Ermittlung der Kosten in den Fällen des § 12 Nr. 2 EKrG und des § 41 Abs. 5 WaStrG künftig nach den nachstehenden Grundsätzen zu verfahren, wenn es sich um Kreuzungen von Strecken der Deutschen Bundesbahn, Bundesfernstraßen in der Baulast des Bundes oder Bundeswasserstraßen handelt. Den nicht bundeseigenen Eisenbahnen und den anderen Trägern der Straßenbaulast werden die Grundsätze zur Anwendung empfohlen.
1. Die Anteile beider Beteiligten an den Kosten der Baumaßnahmen ergeben sich
    a) aus dem Verhältnis der lichten Verkehrsräume der Bauwerke, die bei getrennter Durchführung der Maßnahmen entstehen würden (Fiktivbauwerke) und
    b) zusätzlich aus der Berücksichtigung des stärkeren Kosteneinflusses der lichten Weite(n) im Vergleich zu der Breite und der lichten Höhe durch Einführung des Exponenten 1,3 für die lichte Weite bei der Berechnung des lichten Ver-

kehrsraumes. Bei einem mehrfeldrigen fiktiven Bauwerk ist der lichte Verkehrsraum aus der Summe der Verkehrsräume der einzelnen Felder zu bilden (z.B. $L_1 = B_1 \cdot H_1 \cdot L_1^{1,3} + B_1 \cdot H_1 \cdot L_1^{1,3} \ldots$).
2. Hiernach sind die Kostenanteile nach folgender Formel zu berechnen:

$$K_1 = K \frac{I_1}{I_1 + I_2} \text{ und } K_2 = K \frac{I_2}{I_1 + I_2}$$

Es bedeuten:
K = zu teilende Kosten
K_1 = Kostenanteil des 1. Beteiligten
K_2 = Kostenanteil des 2. Beteiligten
$I_1 = B_1 \cdot H_1 \cdot L_1^{1,3}$ umschlossene Verkehrsräume
$I_2 = B_2 \cdot H_2 \cdot L_2^{1,3}$

B_1; B_2 = gemittelte Gesamtbreite des oder der Überbauten zwischen den Außenkanten der äußeren Gesimse

$L_1 = L_2 \frac{b}{\sin \alpha} =$ gemittelte Weite (parallel zu den Überbauachsen des überführten Verkehrsweges)

Hierbei ist
b = Nutzbreite des untenliegenden Verkehrsweges, d.h. bei der
Eisenbahn: Gesamtplanungsbreite nach den einschlägigen DB-Vorschriften sowie ggf. ein Zuschlag für Sichtfeldverbreiterungen
Straße: Summe der Breiten der befestigten Flächen (Verkehrsräume), der Mittelstreifen und der unbefestigten Seitenstreifen (Sicherheitsabstände) sowie der etwa erforderlichen Sichtfeldverbreiterungen
Wasserstraße: Summe der Breiten der Wasserfläche beim höchsten Schiffahrtswasserstand, der beiderseitigen Böschungsflächen und Leinpfade sowie der etwa erforderlichen Sichtfeldverbreiterungen
α = Kreuzungswinkel
H_1; H_2 = Mittelwert der einzelnen lichten Höhen zwischen Konstruktionsunterkante der Überbauten und den jeweiligen Schienenoberkanten, Straßenoberkanten oder Wasserflächen der untenliegenden Verkehrswege im Bereich der Nutzbreite.
3. Bei Vergrößerung der lichten Durchfahrtshöhe von Überführungen ist für H des fiktiven Bauwerkes des Veranlassers nur das Änderungsmaß ΔH anzusetzen, wenn bei getrennter Durchführung der Maßnahme der vorhandene Überbau nicht erneuert, sondern nur gehoben bzw. der untenliegende Verkehrsweg abgesenkt oder beides zugleich durchgeführt würde.

Beispiel: Anlage 1

Zahlenbeispiele 1–3

Teil E Anhang

Anlage 1 zum Schreiben des BMV
vom 29. Januar 1973 – Z 7/78.10.15/2 Vmz 73

Beispiel:

Eine bestehende Straßen-Überführung soll auf Veranlassung der Straßenverwaltung um zwei Fahrbahnen verbreitert werden.

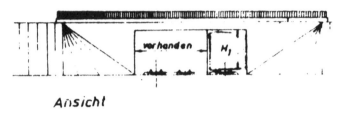

Ansicht

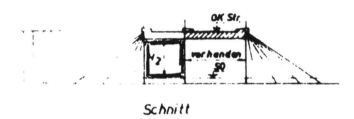

Schnitt

Umschlossene Verkehrsräume

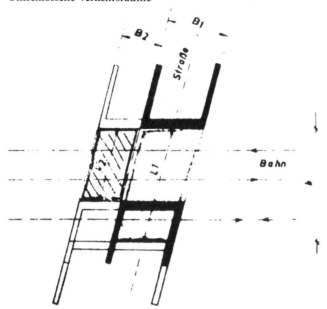

**Anlage 1 zum Schreiben des BMV
vom 3. Dezember 1973 – Z 7/78.10.15/2 Vmz 73 II**

Zahlenbeispiel 1

entsprechend dem allgemeinen Beispiel (Skizze) in der Anlage zum Schreiben vom 29. Januar 1973 – Z 7/78.10.15/2 Vmz 73 –
a) Veranlassung der DB
   Die lichte Durchfahrtsweite der Straßenüberführung muß um eine Gleisbreite vergrößert werden. Der vorhandene Überbau und ein Widerlager sind abzubrechen und den geforderten Abmessungen entsprechend – der Überbau mit vergrößerter Stützweite – zu ersetzen.
b) Veranlassung der Straßenbauverwaltung
   Die vorhandene Straßenüberführung muß um das Maß B_2 verbreitert werden. Der alte Decküberbau und beide Widerlager können beibehalten werden.

Teil E Anhang

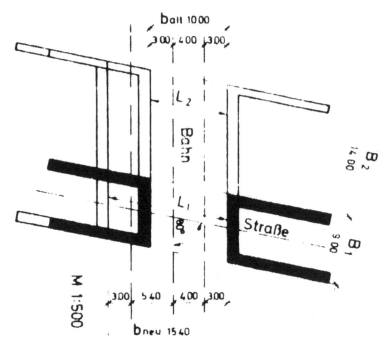

Geforderte Abmessung

b alt	= 10,00 m
b neu	= 15,40 m
B_1	= 9,00 m
B_2	= 14,00 m
$H_1 = H_2$	= 5,50 m
$\alpha = 80°$;	$\sin \alpha = 0{,}98481$

$$L_1 = \frac{b\ neu}{\sin \alpha} = \frac{15{,}40}{0{,}98481} = 15{,}64 \text{ m}$$

$$L_2 = \frac{b\ alt}{\sin \alpha} = \frac{10{,}00}{0{,}98481} = 10{,}15 \text{ m}$$

Umschlossene Verkehrsräume

a) DB: $\quad I_1 = B_1 \cdot L_1^{1,3} \cdot H_1 = 9{,}00 \cdot 15{,}64^{1,3} \cdot 5{,}50 = 1767$
b) Straße: $\quad I_2 = B_2 \cdot L_2^{1,3} \cdot H_2 = 14{,}00 \cdot 10{,}15^{1,3} \cdot 5{,}50 = 1566$
$\quad\quad\quad\quad\quad\quad\quad\quad\quad\quad\quad\quad\quad\quad\quad\quad I_1 + I_2 = 3333$

Kostenanteile

a) DB: $K_1 = K \cdot \dfrac{I_1}{I_1 + I_2} = K \cdot \dfrac{1767}{3333} = 0{,}53 \cdot K$

b) Straße: $K_2 = K \cdot \dfrac{I_2}{I_1 + I_2} = K \cdot \dfrac{1566}{3333} = 0{,}47 \cdot K$

Zahlenbeispiel 2
a) Veranlassung der DB
Die lichte Durchfahrtsweite der Straßenüberführung muß um eine Gleisbreite vergrößert werden. Der vorhandene Überbau und ein Widerlager sind abzubrechen und den geforderten Abmessungen entsprechend – der Überbau mit vergrößerter Stützweite – zu ersetzen.
b) Veranlassung der Straßenbauverwaltung
Die vorhandene Straßenüberführung muß auf das Maß B_2 verbreitert, der alte Überbau abgebrochen und durch einen neuen mit der Gesamtbreite B_2 – über den alten und neuen Straßenteil hinwegreichend – ersetzt werden. Die alten Widerlager entfallen.

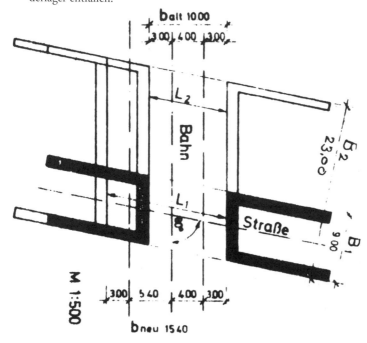

443

Teil E Anhang

Geforderte Abmessung

b alt = 10,00 m
b neu = 15,40 m
B_1 = 9,00 m
B_2 = 23,00 m
$H_1 = H_2$ = 5,50 m
$\alpha = 80°$;   sin α = 0,9848

$L_1 = \dfrac{b \text{ neu}}{\sin \alpha} = \dfrac{15,40}{0,9848} = 15,64 \text{ m}$

$L_2 = \dfrac{b \text{ alt}}{\sin \alpha} = \dfrac{10,00}{0,9848} = 10,15 \text{ m}$

Umschlossene Verkehrsräume

a) DB: $\quad I_1 = B_1 \cdot L_1{}^{1,3} \cdot H_1 = 9,00 \cdot 15,64^{1,3} \cdot 5,50 = 1767$
b) Straße: $\quad I_2 = B_2 \cdot L_2{}^{1,3} \cdot H_2 = 23,00 \cdot 10,15^{1,3} \cdot 5,50 = 2573$
$\qquad\qquad\qquad\qquad I_1 + I_2 = 4340$

Kostenanteile

a) DB: $\quad K_1 = K \cdot \dfrac{I_1}{I_1 + I_2} = K \cdot \dfrac{1767}{4340} = 0,41 \cdot K$

b) Straße: $K_2 = K \cdot \dfrac{I_2}{I_1 + I_2} = K \cdot \dfrac{2573}{4340} = 0,59 \cdot K$

Zahlenbeispiel 3
a) Veranlassung der DB
 Wie bei Beispiel 1
b) Veranlassung der Straßenbauverwaltung
 Wie bei Beispiel 1, jedoch mit dem Unterschied, daß der alte Decküberbau abgebrochen und in geänderter Form oder Tragfähigkeit ersetzt werden muß. Die alten Widerlager bleiben bestehen.

Hier wird empfohlen, versuchsweise zunächst die Kostenanteile für die Änderungsmaßnahme **ohne** die Kosten für den Überbau im Bereich von B_1 mit den Werten L_1 bzw. L_2 – wie bei Beispiel 1 – zu errechnen. Sodann sind die fiktiven Kosten der Beteiligten für die Überbauten bei getrennter Durchführung in Kostenüberschlägen zu ermitteln. Die Kostenanteile an dem auszuführenden Überbau werden dann in üblicher Weise im Verhältnis der Einzelmaßnahmen zueinander errechnet und den vorher nach den Formeln ermittelten Anteilen zugeschlagen.

Z.B.: Fiktivkosten für Überbau der Straße   300.000 €
  Fiktivkosten für Überbau der DB   375.000 €
  Gesamtkosten des auszuführenden Überbaues   525.000 €

E 7

Kostenanteile

a) DB: $= 0{,}53$ K (ohne Überbau) $+ \dfrac{375.000}{300.000 + 375.000} \cdot 525.000$

$\phantom{\text{a) DB:}} = 0{,}53$ K (ohne Überbau) $+ 291.700\ €$

b) Straße: $= 0{,}47$ K (ohne Überbau) $+ \dfrac{300.000}{300.000 + 375.000} \cdot 525.000$

$\phantom{\text{b) Straße:}} = 0{,}47$ K (ohne Überbau) $+ 233.300\ €$

E 8. Vereinfachte Ermittlung der Kostenteilung bei Baumaßnahmen nach § 12 Nr. 2 EKrG und § 41 Abs. 5 WaStrG, Ergänzungsschreiben

hier: Klarstellung zum Rundschreiben des BMV vom 29. Januar 1973 (VkBl. 1973 S. 138)

(ARS 10/1985 – VkBl. 1985 S. 387)

Mein o.g. Rundschreiben sollte der Vorbereitung einer Rechtsverordnung aufgrund des § 16 Abs. 1 Nr. 2 EKrG und des § 41 Abs. 7 Nr. 2 WaStrG dienen. Nach den von Ihnen mitgeteilten Erfahrungen hatte sich jedoch der Erlaß der Verordnung als unzweckmäßig erwiesen.

Die Methode zur vereinfachten Ermittlung der Kostenmasse hat weiterhin ihre Bedeutung für eine zügige Verwaltungsabwicklung und ist deshalb beibehalten worden.

Über die Anwendung des Rundschreibens sind Meinungsverschiedenheiten aufgetreten. Hierzu stelle ich klar:

Die »Kosten der Baumaßnahme« i.S. von Nr. 1 des Rundschreibens sind nur die Brückenbauwerkskosten.

Die übrigen Teile der Kostenmasse werden aufgrund von Kostenüberschlägen in dem Verhältnis aufgeteilt, in dem die Kosten der Einzelmaßnahmen der Beteiligten bei getrennter Durchführung zueinander stehen (§ 12 Nr. 2 EKrG; § 41 Abs. 5 WaStrG).

Nach der vereinfachten Kostenermittlung werden die Anteile an den Bauwerkskosten aus den lichten Verkehrsräumen unter dem Bauwerk abgeleitet. Diese Methode läßt sich auf die sonstigen kreuzungsbedingten Maßnahmen nicht übertragen. Anderenfalls würde man den Rahmen der Ermächtigungsnormen § 16 Abs. 1 Nr. 2 EKrG und § 41 Abs. 7 WaStrG verlassen und damit gegen den ursprünglichen und weiterhin geltenden Zweck des Rundschreibens verstoßen.

Ich bitte bei der vereinfachten Ermittlung der Kostenteilung im vorstehenden Sinne zu verfahren, wenn es sich um Kreuzungen von Strecken der Deutschen Bundesbahn, Bundesfernstraßen in der Baulast des Bundes oder Bundeswasserstraßen handelt. Den nicht bundeseigenen Eisenbahnen und den anderen Trägern der Straßenbaulast wird eine entsprechende Verfahrensweise empfohlen.

Das Bezugsschreiben hebe ich auf.

Dieses Schreiben wird im Verkehrsblatt veröffentlicht.

E 9. Richtlinie für Entwurf und Ausbildung von Brückenbauwerken an Kreuzungen zwischen Strecken einer Eisenbahn des Bundes und Bundesfernstraßen

ARS Nr. 07/2012
Sachgebiet 05.2: Brücken- und Ingenieurbau; Grundlagen

15.3: Kreuzungs- und Leitungsrecht; Eisenbahnkreuzungen

Richtlinie für Entwurf und Ausbildung von Brückenbauwerken an Kreuzungen zwischen Strecken einer Eisenbahn des Bundes und Bundesfernstraßen

– Änderung der Abstände bei Berührungsschutz-/Schutzerdungsanlagen

Bezug: Allgemeines Rundschreiben Straßenbau Nr. 25/2003 vom 16.07.2003 – S 16/78.10.20-01/25 Va 03, Aktenzeichen: StB 15/7174.2/4-3/1724191

Mit dem im Bezug genannten Allgemeinen Rundschreiben Straßenbau (ARS) hatte ich die »Richtlinie für Entwurf und Ausbildung von Brückenbauwerken an Kreuzungen zwischen Strecken einer Eisenbahn des Bundes und Bundesfernstraßen« eingeführt.

Zwischenzeitlich wurde die Aktualisierung der Richtlinie in folgenden Punkten erforderlich:
- Nr. (10)
  Änderung Abstände
- Erläuterungen zu (10)
  Änderung DIN/Abstand
- Erläuterungen zu (13)
  Änderung DIN

Die Änderungen sind mit dem Eisenbahn-Bundesamt und der DB Netz AG abgestimmt und in der beiliegenden überarbeiteten Richtlinie (Stand 07/2012) enthalten.

Ich bitte ab sofort beim Entwurf/Bau von Brückenbauwerken an Kreuzungen zwischen Strecken einer Eisenbahn des Bundes und Bundesfernstraßen die geänderten Werte zu Grunde zu legen.

Im Interesse einer einheitlichen Handhabung empfehle ich, dieses ARS auch für die in Ihrem Zuständigkeitsbereich liegenden Straßen einzuführen.

Das ARS 25/2003 wird hiermit aufgehoben.

Von Ihrem Einführungsschreiben bitte ich mir eine Kopie zu übersenden.

Anlage:
Richtlinie für Entwurf und Ausbildung von Brückenbauwerken an Kreuzungen zwischen Strecken einer Eisenbahn des Bundes und Bundesfernstraßen (Stand 07/2012)

Teil E Anhang

Anlage 1

Richtlinie

für Entwurf und Ausbildung von
Brückenbauwerken an Kreuzungen
zwischen Strecken einer Eisenbahn des Bundes
und Bundesfernstraßen

Übersicht Absatz
1. **Allgemeines**
   – Zweck der Richtlinie (1)
   – Geltungsbereich (2)
   – Maßgebende Vorschriften, Richtlinien, Richtzeichnungen und Typenentwürfe (3)
   – Ausnahmeregelungen aufgrund besonderer örtlicher Verhältnisse (4)
   – Zusammenarbeit der Beteiligten (5)
2. **Konstruktive Ausbildung**
2.1 Eisenbahnüberführungen
   – Tragwerk als Deckbrücke (6)
   – Fahrbahnabschlüsse (7)
   – Sicherung der Überbauten gegen Verschiebung durch Anprall (8)
   – Gestaltung der Wandflächen (9)
2.2 Straßenüberführungen
   – Berührungsschutzanlagen und Schutzerdungsanlagen (10)
2.3 Besichtigungseinrichtungen (11)
3 **Trassierungselemente**
3.1 Eisenbahnstrecken
   – Lichte Höhe bei Straßenüberführungen über Bahnanlagen (12)
   – Abstände von Gleismitte (13)
3.2 Bundesfernstraßen
   – Lichte Höhe unter Eisenbahnbrücken (14)
3.3 Widerlager und Gräben
   – Anordnung der Widerlager (15)
   – Zurückgesetzte Widerlager und Gräben (16)

1 Allgemeines

(1) – Zweck der Richtlinie ist es, Grundsätze für die Ausbildung von Kreuzungsanlagen aufzustellen, die zu schneller und sachgerechter Übereinkunft zwischen den Beteiligten führen. **Zweck der Richtlinie**

Die Grundsätze gehen von technischen Zielvorstellungen aus und berücksichtigen neben Forderungen der Stand- und Verkehrssicherheit die Anforderungen, die sich ergeben aus der
– wirtschaftlichen Erstellung,
– Schonung des Eisenbahnbetriebes und des Straßenverkehrs,
– wirtschaftlichen Erhaltung,
– überschaubaren technischen Entwicklung.

Abweichungen von diesen Grundsätzen sind im begründeten Einzelfall möglich.

(2) – Die nachstehenden Richtlinien gelten für den Neubau und die Erneuerung von Brückenbauwerken an Kreuzungen, die zwischen Strecken einer Eisenbahn des Bundes und Bundesfernstraßen erforderlich werden.

Geltungsbereich

(3) – Bei Eisenbahn- und Straßenüberführungen sind die zum Zeitpunkt der Planung, des Entwurfes bzw. der Ausführung gültigen Vorschriften, Richtlinien, Richtzeichnungen und Typenentwürfe des Bundesministerium für Verkehr, Bau und Stadtentwicklung, des Eisenbahn-Bundesamtes, der Eisenbahnen des Bundes (soweit hierzu Zulassung und Genehmigung vom EBA erteilt worden sind) und der Straßenbauverwaltung des jeweiligen Landes bei gegenseitiger Anerkennung zu beachten.

Maßgebende Vorschriften, Richtlinien, Richtzeichnungen und Typenentwürfe

(4) – Falls die Anwendung dieser Vorschriften, Richtlinien, Richtzeichnungen und Typenentwürfe aufgrund besonderer örtlicher Verhältnisse zu großen Schwierigkeiten und unverhältnismäßig hohen Kosten führt, ist in Abstimmung unter den Kreuzungspartnern eine Ausnahmeregelung herbeizuführen. Vorschriften, die die Stand- oder Verkehrssicherheit berühren, fallen nicht unter diese Ausnahmeregelung.

Ausnahmeregelung aufgrund besonderer örtlicher Verhältnisse

(5) – Für eine reibungslose Durchführung von Kreuzungsmaßnahmen ist eine frühzeitige Kontaktaufnahme und Abstimmung der Kreuzungspartner erforderlich. Planungen, Entwürfe und Berechnungen, die von den Kreuzungspartnern eingebracht werden, haben den anerkannten Regeln der Technik und den gegenseitig anerkannten Regelwerken bzw. Vorschriften der Beteiligten zu entsprechen. Die Kostenermittlungen sind in prüffähiger Form aufzustellen und gegenseitig anzuerkennen.

Zusammenarbeit der Beteiligten

2 Konstruktive Ausbildung

2.1 Eisenbahnbrücken

(6) – Eisenbahnbrücken sind in der Regel mit durchgehendem Schotterbett, wenn keine Feste Fahrbahn vorgesehen ist und als Deckbrücken auszuführen.

Tragwerk als Deckbrücke

(7) – Bei Eisenbahnbrücken sind die Fahrbahnen in der Regel mit einem rechtwinkligen Abschluss auszubilden.

Fahrbahnabschluss

Teil E Anhang

(8) – Bei lichten Höhen von H < 5,00 m unter Eisenbahnbrücken sind Überbauten mit Auflagerlasten aus ständigen Lasten je Stützenachse von weniger als 250 kN gegen waagerechte Verschiebung durch Anprall von Straßenfahrzeugen konstruktiv zu sichern.

Sicherung der Überbauten gegen Verschiebung durch Anprall

(9) – Die Wandflächen von Fuß- und Radwegunterführungen sind so auszuführen, dass normale wie willkürliche Verunreinigungen leicht entfernt werden können. Gleiches gilt für Widerlagerwände von Eisenbahnüberführungen an stark begangenen Fußwegen oder wo sonst aus den Umständen mit besonderen Verunreinigungen gerechnet werden muss.

Gestaltung der Wandflächen

2.2 Straßenüberführungen

(10) – Berührungsschutzanlagen (Straßenanlagen) und Schutzerdungsanlagen (Eisenbahnanlagen) sind an allen Straßenüberführungen über elektrisch betriebene und über solche Strecken anzubringen, bei denen aufgrund der Verkehrsentwicklung eine Elektrifizierung abzusehen ist.

Berührungsschutz- und Schutzerdungsanlagen

- Auf Berührungsschutzanlagen darf verzichtet werden, wenn der senkrechte Abstand zwischen Straßenoberfläche oder Geh-/Radweg des Bauwerkes und unter Spannung stehender Teilen der Fahrzeuge und Oberleitungsanlagen 3,00 m und größer ist.
- Auf Schutzerdungsanlagen darf verzichtet werden, wenn der senkrechte Abstand zwischen Bauwerksunterkante und unter Spannung stehenden Oberleitungsanlagen 8,00 m und größer ist.

2.3 Besichtigungseinrichtungen

(11) – Besichtigungseinrichtungen zur Überwachung und Prüfung der Tragwerke sind bei größeren Bauwerken dann vorzusehen, wenn die betrieblichen bzw. verkehrlichen Verhältnisse auf dem unterführten Verkehrsweg angemessene Sperrzeiten für die Tragwerksuntersuchung nicht zulassen.

Besichtigungseinrichtungen

3 Trassierungselemente

3.1 Eisenbahnstrecken

(12) – Bei elektrifizierten und zur Elektrifizierung vorgesehenen Strecken sind in der Regel folgende lichte Höhen vorzusehen:

Lichte Höhen bei Straßenüberführungen über Bahnanlagen

Auf der freien Strecke im Normalbereich der Kettenwerke bei Ausbaugeschwindigkeit

160 km/h < V ≤ 160 km/h 5,70 m ü SO
V ≤ 200 km/h 5,90 m ü SO
V > 200 km/h 6,70 m ü SO[1]
V > 200 km/h 7,40 m ü SO[2]

auf der freien Strecke im Bereich von Nachspannungen und in Bahnhöfen bei

160 km/h < V ≤ 160 km/h 6,20 m ü SO
V ≤ 200 km/h 6,20 m ü SO[3]
V > 200 km/h 7,20 m ü SO[1]
V > 200 km/h 7,90 m ü SO[2]

Bei nicht elektrifizierten Strecken beträgt die lichte Höhe 4,90 m ü SO.

Für reine S-Bahnstrecken mit V ≤ 120 km/h beträgt die lichte Höhe ü SO:
– bei Gleichstrom   (ohne Oberleitung):   4,80 m
– bei Wechselstrom   (mit Oberleitung):   6,10 m

Zusätzlich zu den angegebenen Werten sind Zuschläge bei überhöhten und geneigten Gleisen zu berücksichtigen.

(13) – Bei Widerlagern, Pfeilern und Stützen sind von der benachbarten Gleismitte in der Regel folgende Abstände einzuhalten: Abstände von Gleismitte

V ≤ 160 km/h: in den Geraden und in Krümmungen an der Bogeninnenseite   3,30 m
in Krümmungen an der Bogenaußenseite je nach Überhöhung: 3,30 bis zu 3,70 m

V ≤ 160 km/h: in den Geraden und in Krümmungen an der Bogeninnenseite: 3,80 m
in Krümmungen an der Bogenaußenseite je nach Überhöhung: 3,80 bis zu 4,20 m

---

1 Systemhöhe der Oberleitung 1,10 m, Längsspannweite 40,0 m, Überhöhung u = 0 mm, Längsneigung I = 0 ‰.
2 Systemhöhe der Oberleitung 1,80 m, Längsspannweite 40,0 m < a ≤ 65,0 m, Überhöhung u = 0 mm, Längsneigung I = 0 ‰.
3 Maximale Bauwerksbreite 15 m; Lage des Bauwerks mittig über dem Parallelfeld der Nachspannungen und Streckentrennungen und senkrecht zum Gleis.

3.2 Bundesfernstraßen

(14) – Unter Eisenbahnbrücken ist in der Regel eine lichte Höhe von mindestens 4,70 m vorzusehen.

Lichte Höhe unter Eisenbahnbrücken

3.3 Widerlager und Gräben

(15) – Widerlager sind in der Regel parallel zur Längsachse des unterführten Verkehrsweges anzuordnen. Bei sehr spitzem Kreuzungswinkel empfiehlt sich eine rechtwinklige Anordnung zur Längsachse des überführten Verkehrsweges.

Anordnung der Widerlager

(16) – Für die Eisenbahn- und Straßenüberführungsbauwerke sind Lösungen mit zurückgesetzten Widerlagern zu bevorzugen.

Zurückgesetzte Widerlager, Gräben

Straßen- und Eisenbahngräben sind möglichst ohne Verziehung mit zu überbrücken.

Erläuterungen zu (1)

Die Richtlinie dient dazu, Auffassungen über technische Notwendigkeiten dort, wo Forderungen der Sicherheit oder unbestrittene Regeln der Technik nicht entgegenstehen, durch Stetigkeit in den Entscheidungen zu harmonisieren.

Die in der Richtlinie dargestellten Grundsätze stellen die Regelausführung für den Neubau und die Erneuerung von Brückenbauwerken an Kreuzungen zwischen Strecken einer Eisenbahn des Bundes und Bundesfernstraßen dar. Aus diesen Grundsätzen allein ist nicht ableitbar, dass ein Beteiligter eine entsprechende Ausführung oder Änderung der Kreuzung im Sinne von § 12 Eisenbahnkreuzungsgesetz (EKrG) hätte verlangen müssen.

Erläuterungen zu (2)

Für Kreuzungen mit Straßen anderer Straßenbaulastträger werden die gleichen Grundsätze empfohlen.

Erläuterungen zu (6)

Die Deckbrücke hat folgende wesentliche Vorteile:
- Die großen Eisenbahnlasten werden auf kürzestem Weg in den Untergrund geführt.
- Alle Tragglieder liegen witterungsgeschützt unter der abgedichteten Fahrbahntafel. Es ist eine große Lebensdauer bei geringstem Unterhaltungsanspruch zu erwarten.
- Gleisverziehungen und Dammverbreiterungen im Kreuzungsbereich werden vermieden.
- Die Gleisanlage kann nachträglich verändert und zukünftigen Gegebenheiten angepasst werden.

- Weichenverbindungen können ohne Schwierigkeiten vorgesehen werden.
- Die Verlegung der Gleisgradiente ist von der Bauwerksgradiente unabhängig.

Erläuterungen zu (8)

Die Gefährdung durch Anprall ist durch konstruktive Maßnahmen zu begrenzen. Leichte Überbauten mit geringen Eigenlasten sollten an den Auflagern gegen waagerechte Verschiebung gesichert werden. Auf den DIN-Fachbericht Einwirkungen auf Brücken wird verwiesen.

Erläuterungen zu (9)

Das Ziel kann durch besondere Oberflächenbehandlung, durch widerstandsfähige Verkleidung der Wände oder durch Anordnung von Scheinfugen, die einen teilweisen Anstrich gestalterisch ermöglichen, erreicht werden.

Erläuterungen zu (10)

Zum Schutz gegen direktes Berühren sind nach EN 50 122-1 (VDE 0115-3): 2011-09 Maßnahmen erforderlich, die verhindern, dass sich Personen den unter Spannung stehenden Oberleitungsanlagen unzulässig nähern können. Der Schutz gilt als erreicht, wenn von den Standflächen aus mindestens ein Abstand von 3,00 m zu den unter Spannung stehenden Teilen eingehalten wird.

Der Berührungsschutz ist in der Ausführung vertikal vorzusehen.

Nicht zum Betriebsstromkreis der Oberleitungsanlagen gehörende leitfähige Teile im Bahnbereich sind nach

EN 50 122-1 (VDE 0115-3): 2011-09 zum Schutz von Personen gegen zu hohe Berührungsspannungen mit der Bahnerde zu verbinden (bahnzuerden). Das gilt auch für ganze oder teilweise leitende Bauwerke, um ein Verschleppen von Oberleitungsspannung durch gerissenen Fahrdraht oder entgleisten oder gebrochenen Stromabnehmer zu verhindern. Damit wird sichergestellt, dass die Oberleitungsanlage bei Unregelmäßigkeiten sofort abgeschaltet wird und gefährliche Berührungsspannungen nicht auftreten können.

Erläuterungen zu (12)

Die lichte Höhe bei elektrifizierten Strecken ist im Wesentlichen abhängig von
- der Ausbaugeschwindigkeit
- der Lage von Nachspannungen oder Streckentrennern
- der Breite des Bauwerkes und
- bei vorhandener Elektrifizierung von der Lage der Seilparabel.

Die an einem gegebenen Ort technisch tatsächlich notwendige lichte Höhe ist aus diesem Grunde erst nach einem Vorentwurf festlegbar. Dabei ist von Fall zu Fall zu untersuchen, ob durch Aufwand bei der Oberleitung oder beim Kreuzungsbauwerk die günstigste bzw. wirtschaftlichste Lösung zu erreichen ist. Die unterschiedlichen Werte der lichten Höhe für den Geschwindigkeitsbereich V > 200 km/h sind abhän-

Teil E Anhang

gig von der Bauwerksbreite und dem Kreuzungswinkel sowie der sich daraus ergebenden Systemhöhe der Oberleitung.

Mit den angegebenen Werten sind in der Regel keine Schwierigkeiten zu erwarten. Es wird empfohlen, bereits in der Planungsphase die notwendigen lichten Höhen mit der Eisenbahn des Bundes zu vereinbaren.

Erläuterungen zu (13)

Die Abstände, die über das Mindestmaß nach EBO hinausgehen, berücksichtigen einen Randweg und den in Abhängigkeit von der Geschwindigkeit notwendigen Schutzabstand. Bei den angegebenen Abständen kann in Abhängigkeit von der örtlichen Situation die Berücksichtigung von Anprallersatzlasten erforderlich sein (vgl. DIN EN 1991-1-7 NA und im Modul 804.2101). Falls sich bei Überbauungen Zwischenunterstützungen nicht vermeiden lassen, sollten für die Überbauten Durchlaufsysteme und für die Unterstützungen wandartige Scheiben gewählt werden.

Erläuterungen zu (14)

Die lichte Höhe von 4,70 m ermöglicht eine wirtschaftliche Deckenerneuerung im Hocheinbau. In Ausnahmefällen reicht eine lichte Höhe von 4,50 m aus; hierzu bedarf es der Zustimmung des Bundesministeriums für Verkehr, Bau und Stadtentwicklung, soweit der Bund Straßenbaulastträger ist.

Erläuterungen zu (16)

Die Vorteile dieser Bauweise sind:
- Herstellung der Widerlager und/oder Stützenfundamente ohne Abfangung der Straße bzw. des Gleises
- keine verkehrlichen und betrieblichen Behinderungen während der Bauausführung
- ungestörter Wasserablauf
- durchgehende Seitenwege
- Vermeidung von aufwendigen Widerlagerkonstruktionen
- Die Tunnelwirkung bei hohen Widerlagern beeinträchtigt die Übersicht und damit die Verkehrssicherheit. Dies gilt im Grundsatz, zwar eingeschränkt, auch für Straßenüberführungen über Eisenbahnen.
- Windschatteneinwirkungen beeinträchtigen die Straßenverkehrssicherheit.
- Hohe Widerlagerwände beeinträchtigen meistens das Landschaftsbild mehr als zurückgesetzte Widerlager.

Anl. 2 **E 9**

Anlage 2, Schreiben EBA – 2213-22sav/060-2239#001 vom 24.09.2012 –

Richtlinie für Entwurf und Ausbildung von Brückenbauwerken an Kreuzungen zwischen Strecken einer Eisenbahn des Bundes und Bundesfernstraßen – Stand 07/2012

Die Richtlinie für Entwurf und Ausbildung von Brückenbauwerken an Kreuzungen zwischen Strecken einer Eisenbahn des Bundes und Bundesfernstraßen wurde überarbeitet und mit dem Stand 07/2012 durch das BMVBS herausgeben.

Im Abschnitt (10) zweiter Anstrich steht: »*Auf Schutzerdungsanlagen darf verzichtet werden, wenn der senkrechte Abstand zwischen Bauwerksunterkante und unter Spannung stehenden Oberleitungsanlagen 8,00 m und größer ist.*«

Diese Vorgaben führen zu einem Widerspruch mit den Vorgaben des Infrastrukturbetreibers und einer möglicherweise nicht notwendigen Kostensteigerung. In der EN 50122-1:2011-09 Abs. 4.1 ist die maximale Höhe des Stromabnehmers als das hier geltende Maß deklariert. Diese Höhe ist durch den Infrastrukturbetreiber zu definieren. Der Infrastrukturbetreiber DB Netz AG hat die maximale Höhe des Stromabnehmers in der Richtlinie 997.0204:2003-03 Abs. 2 (14) in Verbindung mit der EBS Zeichnung 02.05.34 auf 8,00 m über Schienenoberkante und den in der Zeichnung aufgeführten Randbedingungen festgelegt.

Dieser Abschnitt sollte demnach lauten: »*Auf Schutzerdungsanlagen darf verzichtet werden, wenn der senkrechte Abstand zwischen Bauwerksunterkante und der Schienenoberkante 8,00 m und größer ist und wenn die Pfeiler oder Widerlager der Straßenbrücke von der Gleismitte größer 20 m entfernt sind und die Brückenlänge von Gleismitte aus jeweils zur Seite kleiner 60 m ist.*«

E 10. Richtlinien und Erläuterungen zu den Richtlinien für die Berechnung der Ablösungsbeträge der Erhaltungskosten für Brücken und sonstige Ingenieurbauwerke – Ablösungsrichtlinien 1980 –

(BMV ARS 16/1979 – VkBl. 1979 S. 733; BMV ARS 16/1988 – VkBl. 1988 S. 727)

– Auszug –

Durch die technische Entwicklung im Brückenbau und sonstigen Ingenieurbau ist eine Neufassung der »Ablösungsrichtlinien 1966« notwendig geworden, um eine unterschiedliche Auslegung und Anwendung in der Praxis bei der Abwicklung von Kreuzungsmaßnahmen zu vermeiden.

Die »Richtlinien für die Berechnung der Ablösungsbeträge der Erhaltungskosten für Brücken und sonstige Ingenieurbauwerke – Ablösungsrichtlinien 1980 –« führe ich hiermit für den Geschäftsbereich der Bundesfernstraßen ein.

Die Richtlinien sind auch auf alle Kreuzungsfälle mit Bundesfernstraßen anzuwenden, in denen eine Ablösung bisher nicht rechtsverbindlich vereinbart wurde und möglichst auch auf die Fälle, in denen eine Berechnung des Ablösebetrages der Erhaltungskosten strittig oder noch nicht durchgeführt war.

Die Abteilung Binnenschiffahrt und Wasserstraßen meines Hauses und die Hauptverwaltung der Deutschen Bundesbahn führen die »Ablösungsrichtlinien 1980« für ihre Geschäftsbereiche gleichzeitig ein.

Im Interesse einer einheitlichen Regelung empfehle ich, bei Maßnahmen an Landes-, Staats-, Kreis- und Gemeindestraßen die »Ablösungsrichtlinien 1980« bei der Abwicklung von Kreuzungsmaßnahmen entsprechend anzuwenden.

Für die Erläuterungen und Richtlinien für die Berechnung wird auf den Abdruck in der 5. Auflage, S. 362–405 verwiesen.

# E 11. Richtlinie zur Anwendung der Verordnung zur Berechnung von Ablösungsbeträgen nach dem Eisenbahnkreuzungsgesetz, dem Bundesfernstraßengesetz und dem Bundeswasserstraßengesetz – ABBV-Richtlinien –

ARS Nr. 26/2012
Sachgebiet 05: Brücken- und Ingenieurbau;
15: Kreuzungs- und Leitungsrecht

Richtlinien zur Anwendung der Verordnung zur Berechnung von Ablösungsbeträgen nach dem Eisenbahnkreuzungsgesetz, dem Bundesfernstraßengesetz und dem Bundeswasserstraßengesetz

(ABBV-Richtlinien – RL ABBV)

Aktenzeichen: StB 15/7174.1/4-1/1816030
Datum: Bonn, 12.12.2012

Die Verordnung zur Berechnung von Ablösungsbeträgen nach dem Eisenbahnkreuzungsgesetz, dem Bundesfernstraßengesetz und dem Bundeswasserstraßengesetz (Ablösungsbeträge-Berechnungsver-ordnung – ABBV) ist am 13.07.2010 in Kraft getreten.

Um einen einheitlichen Vollzug der Verordnung zu gewährleisten, gebe ich hiermit die »Richtlinien zur Anwendung der Verordnung zur Berechnung von Ablösungsbeträgen nach dem Eisenbahnkreuzungsgesetz, dem Bundesfernstraßengesetz und dem Bundeswasserstraßengesetz (ABBV-Richtlinien – RL ABBV)« bekannt und bitte, sie für den Bereich der Bundesfernstraßen einzuführen. Die Richtlinien sollen als Sonderdruck im Verkehrsblatt-Verlag und zeitnah auf der Homepage des Bundesministeriums für Verkehr, Bau und Stadtentwicklung unter www.bmvbs.de veröffentlicht werden.

Die Abteilung Wasserstraßen, Schifffahrt meines Hauses wird die Richtlinien für ihren Geschäftsbereich gesondert einführen. Die DB Netz AG wird diese ebenfalls anwenden.

Im Interesse einer einheitlichen Handhabung empfehle ich deren Anwendung auch bei Kreuzungsmaßnahmen an Landes-, Staats-, Kreis- und Gemeindestraßen.

Von Ihrem Einführungsschreiben bitte ich mir eine Kopie zu übersenden.

Das ARS 18/1979 und das RS StB 25/78.10.20/25099 Va 80 vom 24.10.1980 werden hiermit aufgehoben. Aufgrund des Erlasses der ABBV erfolgte die Aufhebung der ARS 16/1979, 17/1979, 19/1981, 14/1985 und 16/1988 bereits mit Schreiben StB 14/StB 15/7139.30/010-1382240 vom 31.03.2011.

Teil E Anhang

Richtlinien zur Anwendung der Verordnung zur Berechnung von Ablösungsbeträgen nach dem Eisenbahnkreuzungsgesetz, dem Bundesfernstraßengesetz und dem Bundeswasserstraßengesetz (ABBV-Richtlinien – RL ABBV –)

Übersicht

1. Allgemeines
Vorbemerkung
1.1 Zweck der Richtlinie
1.2 Geltungsbereich
2. Berechnung
2.1 Vorläufige Berechnung
2.2 Grundlagen zur Berechnung
2.2.1 Erhaltungs- bzw. Unterhaltungslast der Kreuzungsbeteiligten
2.2.2 Schlussrechnung
2.2.3 Fiktiventwürfe
2.2.4 Grundmaße für die Fiktivlösung der vorhandenen baulichen Anlage
2.2.5 Restnutzungsdauer
2.2.6 Theoretische Nutzungsdauer
2.3 Berücksichtigung der Umsatzsteuer bei der Berechnung
2.4 Erstattung und Ablösung von Erhaltungsmehrkosten bei beiderseitigem Änderungsverlangen
2.5 Erstattung und Ablösung des Vorteilsausgleichs bei beiderseitigem Änderungsverlangen
2.6 Erstattung und Ablösung von landschaftspflegerischen Maßnahmen
2.7 Streitigkeiten
3. Zahlung
3.1 Prüffähige Unterlagen
3.2 Verkehrsbereite Fertigstellung
3.3 Berücksichtigung der Umsatzsteuer bei Zahlung
3.4 Zahlungszeitraum
3.5 Verspätete Zahlung des Ablösungsbetrages
3.6 Verjährung
3.7 Haushaltsmittel
4. Anhang (Beispiele)

1 Allgemeines

Vorbemerkung:

Die bauliche Veränderung einer Kreuzungsanlage hat regelmäßig Auswirkungen auf den Umfang der Erhaltung bzw. Unterhaltung des Bauwerks. Die Änderungen können sich für den Erhaltungspflichtigen belastend auswirken (z.B. wenn der Straßenbaulastträger bei einer Eisenbahnbrücke eine Vergrößerung der lichten Weite auf zwei weitere Fahrspuren veranlasst), es kann sich aber auch ein Vorteil ergeben, insbesondere wenn eine ältere Brücke im Zuge der Änderung abgerissen und neu errichtet wird (Beispiel: Im Zuge der

Verbreiterung einer Bundeswasserstraße muss eine Brücke wegen eines zu engen Pfeilerabstandes durch eine neue Brücke mit größerer Spannbreite ersetzt werden).

Auch der Neubau einer Kreuzung kann sich bei Maßnahmen nach EKrG oder FStrG auf den zukünftigen Erhaltungspflichtigen belastend auswirken (z.B. wenn durch den Neubau einer Straße eine Eisenbahnstrecke gekreuzt wird und das Kreuzungsbauwerk als Eisenbahnüberführung hergestellt wird).

In den einschlägigen Gesetzen und Verordnungen (dazu unter 1.2) ist geregelt, ob und inwieweit diese Nachteile bzw. Vorteile ausgeglichen werden. Der Kreuzungsbeteiligte, der durch seine Änderungen/seinen Neubau Mehrkosten der Erhaltung beim anderen Kreuzungsbeteiligten verursacht, erstattet diese dem Erhaltungspflichtigen. Umgekehrt erstattet der erhaltungspflichtige Kreuzungsbeteiligte dem anderen die Vorteile, die er aus der Änderung der Anlage zieht (Vorteilsausgleich).

Die Erstattung erfolgt in der Regel durch eine einmalige Zahlung, den Ablösungsbetrag. Die Berechnung der Höhe richtet sich nach der ABBV.

Die Berechnungsmethodik zur Ermittlung der Ablösungsbeträge basiert auf folgender theoretischer Annahme:
- *Beim Neubau einer Kreuzungsanlage legt der Erhaltungspflichtige den Betrag, den er vom Veranlasser erhält, festverzinslich so an, dass mit dem Kapitalertrag die regelmäßige Unterhaltung und spätere Erneuerung (nach Ablauf der theoretischen Nutzungsdauer) finanziert werden kann. Der Ablösungsbetrag muss so bemessen sein, dass die Erhaltung der Kreuzungsanlage unendlich gewährleistet ist.*
- *Bei der Änderung einer Kreuzungsanlage geht man zum einen davon aus, dass sich beim Erhaltungspflichtigen zum Ablösungszeitpunkt bereits ein Betrag – für die immer wiederkehrende Unterhaltung und Erneuerung – angespart hat. Dieser Betrag muss vom Erhaltungspflichtigen in die Maßnahme mit eingebracht werden. Hat die Anlage die theoretische Nutzungsdauer erreicht oder überschritten, ist der Betrag sehr hoch. Für den Fall, dass die vorhandene Kreuzungsanlage noch eine hohe Restnutzungsdauer hat, fällt der Betrag wesentlich geringer aus.*

Zum anderen ist der Umfang der Änderungsmaßnahme zu berücksichtigen, weil diese sich – soweit durch den anderen Kreuzungsbeteiligten veranlasst – belastend für den Erhaltungspflichtigen auswirkt. Schlussendlich soll ihm wieder der Grundbetrag zur Verfügung stehen, der erforderlich ist, um die nunmehr geänderte Kreuzungsanlage zeitlich unbegrenzt zu erhalten. All diese Faktoren gehen in das idealisierte modellhafte Berechnungsverfahren ein und erfordern den Vergleich des vorhandenen Bauwerks (vor Durchführung der Änderung) mit dem neuen Bauwerk (nach Durchführung der Änderung).

Um die Höhe des Betrages berechnen zu können, der »heute« zinsbringend angelegt werden muss, damit (während der theoretischen Nutzungsdauer) die regelmäßige Unterhaltung und (nach Ablauf der theoretischen Nutzungsdauer) die Erneuerung der neuen Kreuzungsanlage finanziert werden kann, ist zunächst die <u>zukünftig erforderlich werdende Erneuerung</u> der neu geschaffenen oder geänderten Anlage zu betrachten und die dafür anfallenden Kosten (Baukosten, Kosten für Abbruch/Baubehelfe/Betriebserschwernisse)

Teil E Anhang

auf Basis eines Fiktiventwurfes zu ermitteln. Um die Höhe des Betrages bestimmen zu können, der sich beim Erhaltungspflichtigen bis zum Ablösungszeitpunkt angespart hat, wird die fiktive Erneuerung der vorhandenen Anlage nach Ablauf der theoretischen Nutzungsdauer (in den vorhandenen Grundmaßen) zu Grunde gelegt und die hierfür anfallenden Kosten ebenfalls auf Basis eines Fiktiventwurfes ermittelt.

Durch eine Abzinsung dieses Betrages mittels der Berechnungsformel (siehe ABBV) ergeben sich dann im Ergebnis die kapitalisierten Erhaltungskosten. Im Falle der erstmaligen Erstellung einer Kreuzung entsprechen diese dem Ablösungsbetrag, welcher die zukünftigen Erhaltungskosten der neuen Anlage darstellt. Bei der Änderung einer Kreuzung ergibt sich der Ablösungsbetrag durch die Differenz zwischen den kapitalisierten Erhaltungskosten der vorhandenen und der neuen Anlage. Es handelt sich um Erhaltungsmehrkosten wenn die kapitalisierten Erhaltungskosten für die neue Anlage größer sind als die kapitalisierten Erhaltungskosten für die vorhandene Anlage. Es ergibt sich ein Vorteil wenn die kapitalisierten Erhaltungskosten für die vorhandene Anlage größer sind als die kapitalisierten Erhaltungskosten für die neue Anlage.

1.1 Zweck der Richtlinien

Diese Richtlinien und die im Anhang dargestellten Berechnungsbeispiele dienen als Arbeitshilfe bei dem praktischen Vollzug der Ablösungsbeträge-Berechnungsverordnung (ABBV).

1.2 Geltungsbereich

Die Richtlinien kommen in Verbindung mit der ABBV zum Tragen. Die ABBV gilt immer dann, wenn in den ermächtigenden Fachgesetzen (Eisenbahnkreuzungsgesetz (EKrG), Bundesfernstraßengesetz (FStrG), Bundeswasserstraßengesetz (WaStrG)) der Ausgleich von Mehrkosten für die Erhaltung[1] (Unterhaltung und Erneuerung) sowie deren Ablösung festgelegt sind. Die entsprechenden Regelungen finden sich in § 15 Abs. 1 bis 4 EKrG, § 13 Abs. 3 und § 13a Abs. 1 Satz 3 und Abs. 2 FStrG sowie § 42 Abs. 2, 3, 4 Satz 3 und Abs. 4a WaStrG. Im Straßenkreuzungsrecht erfolgt eine Erstattung der Unterhaltungsmehrkosten nur dann, wenn eine neue Straße hinzukommt (§ 13 Abs. 3 FStrG). Bei einer Kreuzungsänderung haben dagegen die Träger der Straßenbaulast die veränderten Kosten ohne Ausgleich zu tragen (§ 13 Abs. 4 FStrG).

Die Berechnungsvorschrift der Verordnung berücksichtigt auch unter Umständen auszugleichende Vorteile für ersparte Unterhaltungs- und Erneuerungskosten. Ein derartiger Vorteilsausgleich ist für Eisenbahn-, Wasserstraßen- und Gewässerkreuzungen in § 12 Nr. 1 Halbsatz 2, Nr. 2 EKrG, § 41 Abs. 5a WaStrG und § 13a

---

[1] Gemäß § 1 Abs. 2 der ABBV entsprechen Erhaltungskosten (Unterhaltungs- und Erneuerungskosten) den Erhaltungs- und Betriebskosten im Sinne des Eisenbahnkreuzungsgesetzes sowie den Unterhaltungskosten im Sinne des Bundesfernstraßengesetzes und des Bundeswasserstraßengesetzes.

Abs. 2 Satz 2 FStrG normiert. Bei Straßenkreuzungen ist ein entsprechender Ausgleich nicht vorgesehen.

Regelungen des BMVBS, die zur Begrenzung des Verwaltungsaufwandes zwischen zwei Behörden der Bundesverkehrsverwaltung eingeführt worden sind, bleiben unberührt.

2 Berechnung

2.1 Vorläufige Berechnung

Einer vorläufigen Ablösungsberechnung bedarf es nicht. Es bleibt den Kreuzungsbeteiligten aber unbenommen, zur Anmeldung der erforderlich werdenden Haushaltsmittel den voraussichtlich anfallenden Ablösungsbetrag vorab zu ermitteln und in die Kreuzungsvereinbarung aufzunehmen.

2.2 Grundlagen zur Berechnung

2.2.1 Erhaltungs- bzw. Unterhaltungslast der Kreuzungsbeteiligten

Die Erhaltungs- bzw. Unterhaltungslast ergibt sich aus den jeweiligen Fachgesetzen (§ 14 Abs. 1 und 3 EKrG/§ 13 Abs. 1 und 2 sowie § 13a Abs. 1 Satz 1 und 2 FStrG/§ 42 Abs. 1 und 4 Satz 1 und 2 sowie § 43 Abs. 1 und 2 Satz 1 und 2 WaStrG).

Ergänzend dazu ist folgendes zu beachten:

a) Berührungsschutzanlagen

Berührungsschutzanlagen gehören zur Straßenüberführung und damit zu den Straßenanlagen. Zu den Berührungsschutzanlagen gehören insbesondere erhöhte und verkleidete Brückengeländer und mit dem Überbau verbundene Kragplatten.

b) Schutzerdungsanlagen

Schutzerdungsanlagen gehören nach § 14 Abs. 3 EKrG zu den Eisenbahnanlagen. Insbesondere gehören zu den Schutzerdungsanlagen Geländererdungen, Kontaktschienen, Bügelanschlagschienen und Erdleitungen.

c) Verankerungen von Leitungen der Eisenbahninfrastrukturunternehmen (EIU) an Straßenbrücken

Die Verankerungen von Fahr- und Speiseleitungen einschl. Fahrdrahtaufhänger und Stromverbindern an Straßenbrücken gehören zu den Eisenbahnanlagen.

Entsprechend dieser Festlegungen sind für den Fall, dass eine bauliche Anlage von verschiedenen Baulastträgern zu unterhalten ist (z.B. Eisenbahnüberführung und Straßentrog oder Straßenüberführung und Verankerung von Leitungen der EIU), gesonderte Berechnungen für die einzelnen Ingenieurbauwerke/Bauwerksteile aufzustellen.

2.2.2 Schlussrechnung

Die Schlussrechnung ist keine Voraussetzung für die Ermittlung des Ablösungsbetrages. Die in die Berechnung einfließenden Faktoren – vorhandene Grundmaße, wirtschaftliche Bauweise und Preisstand zum Zeitpunkt der Ablösung – sind nach der verkehrsbereiten Fertigstellung der baulichen Anlage im Wesentlichen verfügbar, auch wenn die Maßnahme noch nicht schlussgerechnet ist. Kosten für Positionen, die bei der nächsten Erneuerung zum Tragen kommen, bei der tatsächlichen Erstellung aber nicht anfallen, sind ohnehin unabhängig von der Schlussrechnung auf Basis von marktüblichen Preisen zu veranschlagen.

Einen Teil des Ablösungsbetrages ggf. über Jahre bis zur Vorlage der endgültigen Schlussrechnung zinslos zurückzuhalten wäre nicht sachgerecht, weil die Berechnungsvorschrift darauf abzielt, dem Baulastträger, welchem durch die Maßnahme des anderen Beteiligten Mehrkosten für Unterhaltung und spätere Erneuerung entstehen, den Geldbetrag zur Verfügung zu stellen, aus dem sich – zinsbringend angelegt – diese Mehrkosten begleichen lassen. Ebenso verhält es sich bei der Berechnung des Vorteilsausgleichs. Bei erheblichen Verzögerungen würde das Kapital nicht ausreichen, um den zukünftigen Erhaltungsbedarf zu decken. Die notwendigen Zeiträume für Aufstellung und Prüfung der Berechnung sind dabei allerdings in Kauf zu nehmen. (siehe auch 3.4).

2.2.3 Fiktiventwürfe

Zur Ermittlung der in die Ablösungsberechnung eingehenden Kosten wird im Zusammenhang mit der <u>erstmaligen Erstellung</u> einer baulichen Anlage <u>ein</u> Fiktiventwurf (zukünftige Erneuerung der neu erstellten baulichen Anlage) und im Falle der <u>Änderung</u> einer baulichen Anlage werden <u>zwei</u> Fiktiventwürfe (zukünftige Erneuerung der neu erstellten baulichen Anlage und fiktive Erneuerung der bestehenden baulichen Anlage) erforderlich (siehe auch Vorbemerkungen). In der Regel ist davon auszugehen, dass die jetzt tatsächlich angewandten Bauverfahren oder Baubehelfsmaßnahmen bei den zukünftigen Erneuerungen nicht mehr umsetzbar sein werden (z.B. ist beim Neubau einer Eisenbahnstrecke die erstmalige Herstellung einer Straßenüberführung ohne betriebliche Einschränkungen durch den Eisenbahnverkehr möglich, die zukünftige Erneuerung der Straßenüberführung erfolgt aber während des laufenden Eisenbahnbetriebs und demzufolge mit erheblichen Erschwernissen im Bauablauf). Daher sind für die Fiktiventwürfe die zu erwartenden Betriebserschwernisse zu berücksichtigen und die Bauverfahren bzw. Baubehelfsmaßnahmen anzunehmen, die fiktiv bei der nächsten Erneuerung durchführbar sind. Um bei der späteren Prüfung der Ablösungsberechnung Unstimmigkeiten zu vermeiden, sollten sich die Beteiligten bereits vor der Berechnung, ggf. bereits bei Abschluss der Kreuzungsvereinbarung, über die zugrunde zu legenden fiktiven baulichen Anlagen einigen.

In der Anlage zur ABBV ist zudem geregelt, dass den Fiktiventwürfen jeweils der Preisstand zum Zeitpunkt der Ablösung zugrunde zu legen ist. Insbesondere beim Neubau/der Änderung von Verkehrswegen kann es vorkommen, dass von den baudurchführenden Firmen signifikante Nachlässe gegeben werden, weil z.b. mehrere Bauabschnitte zusammenhängend vergeben werden. Sind dabei bauliche Anlagen betroffen, für die Ablösungsberechnungen erstellt werden müssen, ist zur Ermittlung der Kosten K_e/K_u von marktüblichen Preisen (ohne Berücksichtigung der Nachlässe) auszugehen.

Bei Maßnahmen nach § 12 Nr. 2 EKrG werden zwei weitere Fiktiventwürfe (fiktive Kosten für die Änderung der baulichen Anlage entsprechend dem Verlangen des Straßenbaulastträgers (SBL) und fiktive Kosten für die Änderung der baulichen Anlage entsprechend dem Verlangen des EIU) zur Ermittlung des Kostenteilungsschlüssels erforderlich. Entsprechend dieses Schlüssels wird auch der Ablösungsbetrag (Erhaltungsmehrkosten/Vorteil) auf die Kreuzungsbeteiligten aufgeteilt (siehe auch 2.4/2.5). Das gilt entsprechend für Maßnahmen nach § 41 Abs. 5 WaStrG.

2.2.4 Grundmaße für die Fiktivlösung der vorhandenen baulichen Anlage

In der Anlage zur ABBV ist geregelt, dass jeweils der Preisstand zum Zeitpunkt der Ablösung und die baulichen Anlagen mit den vorhandenen Grundmaßen in einer zum Zeitpunkt der Ablösung üblichen, wirtschaftlichen Bauweise zugrunde zu legen sind.

Sofern die neue bauliche Anlage im Vergleich zu der bestehenden Anlage kleiner hergestellt werden kann, weil z.b. weniger Gleise benötigt oder für die Straße durch Abstufung kleinere Querschnitte ausreichen, so sind bei der Ermittlung der kapitalisierten Erhaltungskosten auch der alten Anlage die verringerten Grundmaße anzusetzen. Ohne das Änderungsverlangen wären die Folgen der Verkehrsentwicklung (z.b. Abstufung der Bundesstraße) nämlich im Rahmen der nächsten Erneuerung des vorhandenen Bauwerks ebenso berücksichtigt worden. Voraussetzung ist aber, dass die tatsächlich erstellte bauliche Anlage auch in den geringeren Abmessungen errichtet wird. (Beispiel: Anlässlich der Verbreiterung einer Bundeswasserstraße muss eine bestehende vierspurige Straßenbrücke abgebrochen werden. Wegen einer Abstufung der Straße genügt eine zweispurige Brücke dem Verkehrsbedarf, die dem entsprechend errichtet wird. Für die Ablösungsberechnung werden die kapitalisierten Erhaltungskosten der Straßenbrücke in den geringeren Abmessungen bei ansonsten gleichen Parametern (z.b. Restnutzungsdauer) denen der neuen zweispurigen Brücke gegenübergestellt).

2.2.5 Restnutzungsdauer

In die Berechnung der kapitalisierten Erhaltungskosten der vorhandenen baulichen Anlage geht über das Jahr der verkehrsbereiten Fertigstellung auch deren Restnutzungsdauer ein. Diese ändert sich nicht, wenn in sich geschlossene bauliche Anlagen zwischendurch teilerneuert worden sind (z.b. Teilerneuerung einer Gewölbebrücke mittels Fahrbahnplatte) oder einzelne Bauwerksteile grundlegend unterhalten und ggf. teilerneuert worden sind (z.b. Austausch von Knotenblechen und Verstärkung des Überbaus). Wurde hingegen ein Überbau unter Beibehaltung der ursprünglichen

Teil E Anhang

Widerlager komplett erneuert, hat dies Auswirkungen auf den Ansatz der Restnutzungsdauer.

2.2.6 Theoretische Nutzungsdauer

Die theoretische Nutzungsdauer der vorhandenen alten baulichen Anlage ist nur für die Ermittlung der Restnutzungsdauer dieser alten Anlage von Bedeutung. Zur Ermittlung der kapitalisierten Erhaltungskosten der alten baulichen Anlage ist jedoch die theoretische Nutzungsdauer der fiktiven baulichen Anlage, welche vom Unterhaltungspflichtigen im Rahmen seiner Erhaltungspflicht bei der nächsten erforderlichen Erneuerung (ohne die durch den anderen Kreuzungsbeteiligten veranlasste Änderung) hergestellt worden wäre, maßgeblich (siehe hierzu auch Beispiel Nr. 4, Ziffern 1.1, 1.2 und 2.1.2).

2.3 Berücksichtigung der Umsatzsteuer bei der Berechnung

Wenn der zukünftige Erhaltungspflichtige kein Unternehmer im Sinne des Umsatzsteuergesetzes ist, sind bei den anzusetzenden Kosten, sofern es sich um Unternehmerleistungen handelt, Bruttokosten zu Grunde zu legen, weil für die zukünftige »Mehrerhaltung« Bruttopreise zu zahlen sind und der Erhaltungspflichtige nicht zum Vorsteuerabzug berechtigt ist bzw. ein sich ergebender Vorteil (Verringerung oder Wegfall der Erhaltungslast) auf gleicher Basis fiktiv angespart wurde.

Ist der zukünftige Erhaltungspflichtige Unternehmer im Sinne des Umsatzsteuergesetzes, ist die Berechnung auf Basis von Nettokosten durchzuführen, weil der Erhaltungspflichtige zum Vorsteuerabzug berechtigt ist und für die zukünftige »Mehrerhaltung« Nettopreise zu zahlen sind bzw. ein sich ergebender Vorteil (Verringerung oder Wegfall der Erhaltungslast) auf gleicher Basis fiktiv angespart wurde.

Grundlage der Kostenermittlung sind damit im Ergebnis jeweils die beim Erhaltungspflichtigen tatsächlich verbleibenden Kosten (Brutto- bzw. Nettopreise).

2.4 Erstattung und Ablösung von Erhaltungsmehrkosten bei beiderseitigem Änderungsverlangen

Bei beiderseitigem Verlangen gemäß § 12 Nr. 2 EKrG und § 41 Abs. 5 WaStrG hat der nicht erhaltungspflichtige Beteiligte die von ihm verursachten Erhaltungsmehrkosten dem erhaltungspflichtigen Baulastträger zu erstatten. Sein Anteil an den Erhaltungsmehrkosten ist nach dem Verhältnis zu ermitteln, in dem die fiktiven Kosten der Kreuzungsmaßnahme (Grunderwerbskosten, Baukosten, Verwaltungskosten) bei getrennter Durchführung der Änderung zueinander stehen würden. Dieses Verhältnis ist für Maßnahmen nach § 12 Nr. 2 EKrG wie folgt zu berechnen:
(1) Ist das EIU erhaltungspflichtig, so hat der SBL ihm

$$M_{SBL} = \frac{K_{SBL}}{K_{EIU} + K_{SBL}} \cdot M \text{ zu erstatten}$$

(2) Ist der SBL erhaltungspflichtig, so hat das EIU ihm

$$M_{EIU} = \frac{K_{EIU}}{K_{EIU} + K_{SBL}} \cdot M \text{ zu erstatten}$$

(3) In diesen Formeln bedeuten
- M = Erhaltungsmehrkosten (Differenz der kapitalisierten Erhaltungskosten der alten und neuen baulichen Anlage);
- M_{SBL} = Anteil der Erhaltungsmehrkosten, den der SBL an das erhaltungspflichtige EIU zu zahlen hat;
- M_{EIU} = Anteil der Erhaltungsmehrkosten, den das EIU an den erhaltungspflichtigen SBL zu zahlen hat;
- K_{SBL} = Fiktive Kosten für die Änderung der baulichen Anlage entsprechend dem Verlangen des SBL;
- K_{EIU} = Fiktive Kosten für die Änderung der baulichen Anlage entsprechend dem Verlangen des EIU.

(4) Für Maßnahmen nach § 41 Abs. 5 WaStrG ist das Verhältnis entsprechend zu ermitteln.

2.5 Erstattung und Ablösung von Vorteilsausgleich bei beiderseitigem Änderungsverlangen

Bei einem beiderseitigen Verlangen gemäß § 12 Nr. 2 EKrG und § 41 Abs. 5 WaStrG hat der erhaltungspflichtige Beteiligte den durch die Maßnahme des anderen Beteiligten verursachten Vorteil anteilig auszugleichen. Dessen Anteil an dem Vorteil ist nach dem Verhältnis zu ermitteln, in dem die fiktiven Kosten der Kreuzungsmaßnahme (Grunderwerbskosten, Baukosten, Verwaltungskosten) bei getrennter Durchführung der Änderung zueinander stehen würden. Dieses Verhältnis ist für Maßnahmen nach § 12 Nr. 2 EKrG wie folgt zu berechnen:

(1) Ist das EIU erhaltungspflichtig, so hat es dem SBL

$$V_{SBL} = \frac{K_{SBL}}{K_{EIU} + K_{SBL}} \cdot V \text{ zu erstatten}$$

(2) Ist der SBL erhaltungspflichtig, so hat er dem EIU

$$V_{EIU} = \frac{K_{EIU}}{K_{EIU} + K_{SBL}} \cdot V \text{ zu erstatten}$$

(3) In diesen Formeln bedeuten
- V = Gesamtvorteil, der durch die Änderung der baulichen Anlage entstanden ist;
- V_{SBL} = Anteil am Vorteil, den das EIU bei Änderung seiner baulichen Anlage an den SBL als Mitveranlasser auszugleichen hat;
- V_{EIU} = Anteil am Vorteil, den der SBL bei Änderung seiner baulichen Anlage an das EIU als Mitveranlasser auszugleichen hat;
- K_{SBL} = Fiktive Kosten für die Änderung der baulichen Anlage entsprechend dem Verlangen des SBL;

K_{EIU} = Fiktive Kosten für die Änderung der baulichen Anlage entsprechend dem Verlangen des EIU.

(4) Für Maßnahmen nach § 41 Abs. 5 WaStrG ist das Verhältnis entsprechend zu ermitteln.

2.6 Erstattung und Ablösung von landschaftspflegerischen Maßnahmen

Für den Fall, dass die Kreuzungsbeteiligten vereinbaren, auch landschaftspflegerische Maßnahmen aus Gründen der Zweckmäßigkeit gegenseitig oder gegenüber Dritten abzulösen, sind – soweit Bundesfernstraßen betroffen sind – die »Richtlinien zur Berechnung von Ablösungsbeträgen für landschaftspflegerische Maßnahmen im Straßenbau (RBALS)« anzuwenden. In allen übrigen Fällen wird deren Anwendung empfohlen.

Hinweis: Bis zur Einführung der RBALS kann, soweit zwischen den Kreuzungsbeteiligten Einigkeit besteht, auch der Entwurf zu Grunde gelegt werden.

2.7 Streitigkeiten

Sofern zwischen den Beteiligten keine Einigkeit erzielt werden kann, besteht die Möglichkeit der gerichtlichen Klärung vor dem örtlich zuständigen Verwaltungsgericht. Zuständig ist das Verwaltungsgericht, in dessen Bezirk das Bauwerk, auf das sich die Ablösungsberechnung bezieht, errichtet worden ist. Falls sich die Kreuzungsbeteiligten vor Abschluss der Kreuzungsvereinbarung nicht über die Grundlagen der Ablösungsberechnung einigen können, besteht zudem bei Kreuzungen zwischen Eisenbahnen und Straßen nach § 6 EKrG die Möglichkeit, die Durchführung eines Kreuzungsrechtsverfahrens beim BMVBS zu beantragen.

Die Fachgesetze enthalten auch die Ermächtigung des BMVBS, ein Verfahren zur gütlichen Beilegung von Streitigkeiten festzulegen. Hiervon hat das BMVBS jedoch bei Erlass der ABBV bewusst Abstand genommen. Ein entsprechendes Schlichtungsverfahren kommt somit nur dann in Betracht, wenn die Kreuzungsbeteiligten sich in der Kreuzungsvereinbarung hierauf verständigen.

3 Zahlung

3.1 Prüffähige Unterlagen

In den Unterlagen müssen alle in die Berechnung eingehenden Daten nachvollziehbar dargelegt sein. Die hierfür erforderlich werdenden Nachweise sind vor allem abhängig von der Art und dem Umfang der baulichen Anlage, der durchzuführenden Maßnahme (erstmalige Erstellung/Änderung einer bestehenden baulichen Anlage), den betrieblichen Randbedingungen und den örtliche Gegebenheiten. Zu den prüffähigen Unterlagen gehören neben der Ablösungsberechnung selbst, z.B.
- eine kurze Beschreibung der tatsächlich neu erstellten baulichen Anlage mit der Angabe, wer Baudurchführender ist,
- im Falle der Änderung zusätzliche Angaben zu der bestehenden Anlage,

– Ausführungen zur Wahl der zukünftigen, bei der nächsten Erneuerung auszuführenden baulichen Anlage/n und den dabei zugrunde gelegten Bauzuständen,
– die entsprechenden Fiktiventwürfe mit Massen- und Kostenermittlung
– eine übersichtliche zeichnerische Darstellung der fiktiven baulichen Anlagen und Bauzustände.

Die Fiktiventwürfe (Spiegelstrich 4) sind so zu erstellen, dass die bautechnische Umsetzung einschl. der Bauzustände nachvollziehbar zu erkennen ist und sich aus den Entwürfen die Massenberechnungen darstellen lassen.

3.2 Verkehrsbereite Fertigstellung

Die verkehrsbereite Fertigstellung ist mit der Abnahme (§ 640 BGB/§ 12 VOB/B) der abzulösenden neu erstellten baulichen Anlage erfolgt, auch wenn diese noch nicht in Betrieb genommen worden ist, weil ab diesem Zeitpunkt die theoretische Nutzungsdauer beginnt. Sofern in Ausnahmefällen die Inbetriebnahme der Anlage vor der Abnahme erfolgt ist, zählt für die verkehrsbereite Fertigstellung der frühere Zeitpunkt. Erfolgt der Bau eines Ingenieurbauwerks in Abschnitten und werden diese sukzessive in Betrieb genommen (z.B. Überbauten einer Brücke), ist für die verkehrsbereite Fertigstellung maßgeblich, dass die Anlage als Ganzes erstellt ist. Wird eine zusammenhängende bauliche Anlage (z.B. Brückenbauwerk und anschließender Straßentrog) abschnittsweise hergestellt, ist für die verkehrsbereite Fertigstellung auf den Zeitpunkt abzustellen, in dem die jeweilige Anlage insgesamt fertig gestellt ist.

3.3 Berücksichtigung der Umsatzsteuer bei Zahlung

Wenn der Empfänger des Ablösungsbetrages Unternehmer im Sinne des Umsatzsteuergesetzes ist, ist der ermittelte Ablösungsbetrag vom Zahlungspflichtigen zuzüglich Umsatzsteuer zu zahlen, und zwar auch dann, wenn der Ablösungsbetrag auf Grundlage von Bruttopreisen ermittelt worden ist; dieser Teil der Umsatzsteuer ist vom Empfänger an den Fiskus abzuführen.

Die auf den Ablösungsbetrag entfallende Umsatzsteuer steht aber immer in direktem Zusammenhang mit der Abrechnung der gesamten Kreuzungsmaßnahme. Dies bedeutet, dass in den Fällen, in denen der Empfänger des Ablösungsbetrages (Unternehmer im Sinne des Umsatzsteuergesetzes) gleichzeitig seinen Teil der kreuzungsbedingten Kosten an den die Maßnahme durchführenden anderen Kreuzungsbeteiligten zu zahlen hat, nur der Differenzbetrag zu versteuern ist, weil er nur den Betrag, den er »einnimmt«, zu versteuern hat. Ist dabei der kreuzungsbedingte Kostenanteil größer als der Ablösungsbetrag – und hat er damit keine »Einnahme« – fällt auch keine Umsatzsteuer an. Realisiert der Empfänger des Ablösungsbetrages (Unternehmer im Sinne des Umsatzsteuergesetzes) über seinen Finanzierungsanteil hinaus kreuzungsbedingte Kosten des anderen Beteiligten und hat er damit mehr Kosten zu tragen, als seinem Finanzierungsanteil entspricht, ist die Summe aus dem über den eigenen Finanzierungsanteil hinausgehenden Betrag und dem empfangenen Ablösungsbetrag zu versteuern. Da die Schlussrechnung bei Zahlung des Ablösungsbetrages in der Regel noch nicht vorliegt, ist die abschließende Ermittlung der insgesamt anfallenden Umsatzsteuer erst zu einem späteren Zeitpunkt möglich. Insofern ist in den Fällen, in denen eine Aufrechnung zwischen kreuzungsbedingten Kosten und Ablösungsbetrag erfolgt, der fällige Ablösungsbetrag zunächst ohne Umsatzsteuer zu zahlen. Die endgültige Berechnung der Umsatzsteuer ergibt sich dann im Zusammenhang mit der Schlussrechnung.

Ist der Empfänger des Ablösungsbetrages kein Unternehmer im Sinne des Umsatzsteuergesetzes (Bund, Land, Kreis oder Gemeinde), so unterliegt der Ablösebetrag nicht der Umsatzsteuer, weil er im Zusammenhang mit Einnahmen auch keine Umsatzsteuer an den Fiskus abzuführen hat. Unabhängig davon wird der Ablösungsbetrag, wenn er im Rahmen der Änderung einer Straßenüberführung zu ermitteln ist, auf Basis von Bruttopreisen berechnet (siehe 2.3).

3.4 Zahlungszeitraum

Der Ablösungsbetrag ist spätestens sechs Monate nach Zugang der Berechnung zu zahlen. Voraussetzung für den Beginn der sechsmonatigen Frist ist die Vorlage von prüffähigen Unterlagen. Die Zahlung gilt als fristgerecht bewirkt, wenn der Zahlungsbetrag am Fälligkeitstag (sechs Monate ab dem Tag des Zugangs der Berechnung) auf dem Empfängerkonto gutgeschrieben ist.

Da der Ablösungsbetrag nur dann auskömmlich ist, wenn er innerhalb der gesetzlichen Fristen zur Verfügung gestellt wird, sollte auf eine zügige Erstellung und Prüfung der Berechnung durch den anderen Beteiligten hingewirkt werden. Das Prüfergebnis ist dem für die Berechnung zuständigen Kreuzungsbeteiligten mitzuteilen. Unterbleibt die Bestätigung der Berechnung/wird die Berechnung teilweise strittig gestellt, ist der unstreitige Betrag fristgerecht zu zahlen.

Sonderregelung:

Bei Kreuzungen zwischen Bundesstraßen in der Baulast des Bundes und Landesstraßen, bei denen das Land als Auftragsverwaltung für den Bund handelt (Insichgeschäft), entfällt die Prüffrist und die Zahlung muss spätestens 30 Tage nach Erstellung der Berechnung erfolgt sein.

3.5 Verspätete Zahlung des Ablösungsbetrages

Das Ablösungsmodell basiert auf der Annahme, dass dem Erhaltungspflichtigen ein Grundkapital zur Verfügung steht, dessen Zinsen und Zinseszinsen die Erhaltung der baulichen Anlage für einen unbegrenzten Zeitraum ermöglichen. Dabei wird eine durchschnittliche Verzinsung von 4 % zugrunde gelegt, welche gemäß § 2 Abs. 5 ABBV spätestens sechs Monate nach Zugang der Berechnung beginnt. Ab diesem Zeitpunkt ist der gerundete Ablösungsbetrag taggenau mit einem Zuschlag in Höhe von 4 % p.a. zu versehen.

Da unterschiedliche Gründe für eine verspätete Zahlung mit unterschiedlichen Konstellationen vorliegen können, ist folgendes zu beachten:

a) fristgerechte Erstellung und Übermittlung der Berechnung

Unabhängig davon ob der Ersteller der Schuldner oder der Gläubiger ist, gilt bei verspäteter Zahlung der o.g. Grundsatz. Bei Meinungsverschiedenheiten darf die Zahlung der unbestrittenen Beträge nicht bis zur Klärung der Streitfragen zurückgestellt werden.

b) nicht fristgerechte Erstellung und Übermittlung der Berechnung durch den Schuldner

Nimmt die Erstellung und Übermittlung der Ablösungsberechnung durch den Schuldner des Ablösungsbetrages mehr Zeit in Anspruch als nach § 2 Abs. 4 ABBV vorgesehen, ist auf den Ablösungsbetrag für den entsprechenden Zeitraum ebenfalls ein Zuschlag in Höhe von 4 % p.a. zu berechnen. Dies gilt auch dann, wenn die nach der ABBV maximal vorgesehene Zeitspanne von 12 Monaten zwischen der verkehrsbereiten Fertigstellung und der Zahlung des Ablösungsbetrages insgesamt infolge einer beschleunigten Prüfung der Berechnung nicht überschritten wird.

c) nicht fristgerechte Erstellung und Übermittlung der Berechnung durch den Gläubiger

In der umgekehrten Konstellation – der für die Ablösungsberechnung verantwortliche Kreuzungsbeteiligte ist der Gläubiger des Ablösungsbetrages – bleibt die Überschreitung der Frist gemäß § 2 Abs. 4 Satz 2 ABBV grundsätzlich folgenlos. Betreibt der andere Kreuzungsbeteiligte wegen dieses Umstandes jedoch die Ersatzvornahme, lässt also die Berechnung von dritter Seite erstellen, hat der für die Ablösungsberechnung verantwortliche Kreuzungsbeteiligte die hierdurch bedingten Kosten zu tragen.

Sonderregelung:

Bei Kreuzungen zwischen Bundesstraßen in der Baulast des Bundes und Landesstraßen, bei denen das Land als Auftragsverwaltung (AV) für den Bund handelt (Insichgeschäft), schuldet der Bund bei einer Überschreitung der Erstell- bzw. Zahlungsfrist durch die AV auch dann keinen Zuschlag, wenn er Schuldner des Ablösungsbetrages ist. Ist der Bund Gläubiger des Ablösungsbetrages, ist bei Überschreitung der Erstellfrist durch die AV dem Ablösungsbetrag ein Betrag in Höhe von 4 % p.a. zuzuschlagen. Gleiches gilt, wenn nach Ermittlung des Ablösungsbetrages mehr als 30 Tage bis zur Zahlung verstrichen sind.

3.6 Verjährung

Die Verjährungsfrist beträgt nach §§ 62 Satz 2 VwVfG, 195 BGB drei Jahre. Wenn der Berechnende Gläubiger des Ablösungsbetrages ist, beginnt die 3-jährige Verjährungsfrist mit dem Schluss des Jahres, in dem die Berechnung dem anderen Kreuzungsbeteiligten zugegangen ist. Wenn der Berechnende der Schuldner ist, beginnt sie mit dem Schluss des Jahres, in dem der Zugang der Ablösungsberechnung bei dem anderen Kreuzungsbeteiligten bewirkt worden ist (§ 199 Abs. 1 BGB). Verzögert sich die Ablösungsberechnung längerfristig, verjährt der hieraus resultierende Anspruch des Empfängers der Ablösungsberechnung spätestens zehn Jahre von dem

Teil E Anhang

Zeitpunkt der verkehrsbereiten Fertigstellung der baulichen Anlage an (§ 199 Abs. 4 BGB). Den Kreuzungsbeteiligten steht es frei, abweichende Vereinbarungen zu treffen.

3.7 Haushaltsmittel

Der Ablösungsbetrag ist unmittelbare Folge des Neubaus oder der Änderung einer Kreuzung und wird daher als Teil der Herstellungskosten angesehen. Insofern sind die Ablösungsbeträge aus den für die Erhaltung zur Verfügung gestellten Mittel zu bestreiten. Ausgenommen hiervon sind Ablösungsbeträge für landschaftspflegerische Maßnahmen.

Anhang

Beispiele für die Berechnung der Ablösungsbeträge der Erhaltungskosten für Brücken und sonstige Ingenieurbauwerke sowie für Straßen und Wege

I	Beispielrechnungen Ingenieurbauwerke	Seite
1	Neubau einer Eisenbahnüberführung auf Veranlassung des Straßenbaulastträgers (SBL); **Maßnahme nach §§ 2, 11 (1) EKrG** Ablösungsbetrag: zukünftige Erhaltungskosten	472
2	Neubau einer Straßenüberführung auf Veranlassung des SBL; **Maßnahme nach §§ 2, 11 (1) EKrG** Ablösungsbetrag: zukünftige Erhaltungskosten <u>Besonderheit:</u> Ablösung von einzelnen Bauwerksteilen (Schutzerdungsanlagen und Verankerung der Fahrleitung)	474
3	Änderung einer Straßenüberführung auf Veranlassung des Eisenbahninfrastrukturunternehmers (EIU[2]); **Maßnahme nach §§ 3, 12 Abs. (1) EKrG** Ablösungsbetrag: Erhaltungsmehrkosten <u>Besonderheit:</u> Einseitige Änderung als Maßnahme nach § 3 EKrG (Vergrößerung der lichten Weite) mit gleichzeitiger Verringerung des Brückenquerschnittes	477
4	Änderung einer Straßenüberführung auf Veranlassung des EIU; **Maßnahme nach §§ 3, 12 Abs. (1) EKrG** Ablösungsbetrag: Erhaltungsmehrkosten <u>Besonderheit:</u> Über- und Unterbau des alten Bauwerks mit unterschiedlichen Jahren der verkehrsbereiten Fertigstellung	481

---

[2] Als EIU wird in den einzelnen Beispielen die DB Netz AG angenommen, da in der Regel deren Infrastruktur betroffen ist.

E 11

5	Änderung einer Eisenbahnüberführung auf Veranlassung des SBL; **Maßnahme nach §§ 3, 12 Abs. (1) EKrG** Ablösungsbetrag: Vorteil <u>Besonderheit:</u> reine Erhaltungsmaßnahme des EIU löst für SBL Maßnahme nach § 3 EKrG aus; vorhandenes Bauwerk mit Über- und Unterbau, zukünftiges Bauwerk als Rahmen	485
6	Änderung einer Eisenbahnüberführung auf Veranlassung der Wasser- und Schifffahrtsverwaltung des Bundes (WSV); **Maßnahme nach § 41 Abs. (1) WaStrG** Ablösungsbetrag: Vorteil <u>Besonderheit:</u> Unterhaltungslast des Bauwerks bei der WSV, die der Fahrbahn beim EIU, daher gesonderte Ablösung der Fahrbahn	488
7	Änderung einer Eisenbahnüberführung aufgrund beiderseitiger Veranlassung von SBL und EIU; **Maßnahme nach §§ 3, 12 Abs. (2) EKrG** Ablösungsbetrag: Vorteil	491
8	Änderung einer Straßenüberführung aufgrund beiderseitiger Veranlassung von SBL und WSV; **Maßnahme nach § 41 Abs. (5) WaStrG** Ablösungsbetrag: Erhaltungsmehrkosten	496
9	Neubau eines Troges einschließlich Stützwand im Zusammenhang mit dem Bau einer Hochgeschwindigkeitsstrecke; **Maßnahme aufgrund einer Verwaltungsvereinbarung** Ablösungsbetrag: zukünftige Erhaltungskosten	500
II	**Beispielrechnungen Straßen und Wege**	
10	Höhengleicher Anschluss einer Kreisstraße an eine Bundesstraße; **Maßnahme nach § 12 Abs. (1) FStrG** Ablösungsbetrag: zukünftige Erhaltungskosten	503
11	Anschluss einer Landesstraße an eine neue Bundesautobahn; **Maßnahme nach § 12 Abs. (1) FStrG** Ablösungsbetrag: zukünftige Erhaltungskosten <u>Besonderheit:</u> Das Land ist als Auftragsverwaltung und als Straßenbaulastträger beteiligt	507
12	Anschluss einer Kreisstraße an eine Bundesstraße einschließlich Einrichtung eines Linksabbiegerstreifens; **Maßnahme nach § 12 Abs. (1) FStrG** Ablösungsbetrag: zukünftige Erhaltungskosten	511
13	Umbau einer bestehenden Einmündung zu einem Kreisverkehr **Maßnahme nach § 12 Abs. (1) FStrG** Ablösungsbetrag: Erhaltungsmehrkosten	516

Teil E Anhang

Beispiel 1 Neubau einer Eisenbahnüberführung (einseitige Veranlassung durch SBL)

Infolge des Neubaus einer Bundesstraße entsteht eine neue Kreuzung mit einer Strecke der DB Netz AG. Das Kreuzungsbauwerk wird als Eisenbahnüberführung hergestellt, so dass der DB Netz AG zukünftig die Erhaltungspflicht obliegt. Die Maßnahme wird durch den Straßenbaulastträger durchgeführt.

Für die zukünftige Erneuerung des in 2011 erstmals erstellten Bauwerks wird vorausgesetzt, dass diese unter Aufrechterhaltung des Eisenbahnverkehrs stattfinden muss. Weiter wird davon ausgegangen, dass die Widerlager unter Hilfsbrücken errichtet werden, der Überbau neben dem vorhandenen Bauwerk erstellt und eingeschoben wird.

1. Angabe zu den Bauwerken

Zeile		Neues Bauwerk		Einheit
		Unterbau	Überbau	

1.1 Angaben zu dem erstellten Bauwerk

1	Jahr der verkehrsbereiten Fertigstellung	2011	2011	
2	Bauart	Stahlbeton	Stahl	
3	Theoretische Nutzungsdauer	110	100	Jahre
4	Restnutzungsdauer n	110	100	Jahre

1.2 Angaben zu den bei der nächsten Erneuerung zu erstellenden Bauwerken

5	Bauart	Stahlbeton	Stahl	
6	Theoretische Nutzungsdauer m	110	100	Jahre
7	Prozentsatz der jährl. Unterhaltungskosten p	0,5	1,5	v.H.
8	Reine Baukosten (netto)	730.000	405.000	EURO
	Kosten für Abbruch, Behelfszustände und Betriebserschwernisse (netto)	695.000	375.000	EURO
	10 % Verwaltungskosten	142.500	78.000	EURO
	Erneuerungskosten K_e	**1.567.500**	**858.000**	**EURO**
9	Reine Baukosten (netto) 10 % Verwaltungskosten	730.000 73.000	405.000 40.500	EURO EURO
	Kosten K_u	**803.000**	**445.500**	**EURO**

2. Berechnung der kapitalisierten Erhaltungskosten

$$E_{neu} = \frac{\left(1 + \frac{z}{100}\right)^{m-n}}{\left(1 + \frac{z}{100}\right)^{m} - 1} \cdot K_e + \frac{p}{z} \cdot K_u$$

E_{neu} = Kapitalisierte Erhaltungskosten des neuen Bauwerks $\qquad$ z = 4 v.H.

2.1 Unterbau

$E_{neu1} = \dfrac{1{,}04^{110-110}}{1{,}04^{110} - 1} \cdot 1.567.500 + \dfrac{0{,}5}{4} \cdot 803.000$

$E_{neu1} = 0{,}0136 \cdot 1.567.500 + 0{,}125 \cdot 803.000$

$E_{neu1} = 21.251 + 100.375 = 121.626$ EUR

2.2 Überbau

$E_{neu2} = \dfrac{1{,}04^{100-100}}{1{,}04^{100} - 1} \cdot 858.000 + \dfrac{1{,}5}{4} \cdot 445.500$

$E_{neu2} = 0{,}0202 \cdot 858.000 + 0{,}375 \cdot 445.500$

$E_{neu2} = 17.332 + 167.063 = 184.395$ EUR

2.3 Kapitalisierte Erhaltungskosten für das neue Bauwerk

$E_{neu} = 121.626 + 184.395 = 306.000$ EUR (gerundet)

3. Ergebnis

Für die DB Netz AG ergeben sich zukünftig Erhaltungskosten, die der Straßenbaulastträger ihr abzulösen hat.

Der Ablösungsbetrag ergibt sich aus:

$A = E_{neu}$

$A = 306.000$ EUR

Da der Erhaltungspflichtige, die DB Netz AG Unternehmer im Sinne des Umsatzsteuergesetzes ist, sind der Berechnung des Ablösungsbetrages Nettopreise zu Grunde zu legen; aus gleichem Grund ist bei Zahlung des Ablösungsbetrages vom Straßenbaulastträger an die DB Netz AG dieser der Umsatzsteuer zu unterwerfen.

Teil E   Anhang

4. Zahlung

4.1 für den Zahlungsvorgang erforderliche Angaben

Aufstellen der Berechnung durch den Straßenbaulastträger
verkehrsbereite Fertigstellung: 14.04.2011
Vorlage der Berechnung bei der DB Netz AG: 04.11.2011
Fälligkeitstag: *04.05.2012*
Bestätigung der Prüfung durch DB Netz AG: 09.02.2012
Gutschrift auf Empfängerkonto (DB Netz AG): 09.03.2012

4.2 Fristüberschreitung

Der Aufsteller der Ablösungsberechnung ist gleichzeitig auch der zur Zahlung verpflichtete Kreuzungsbeteiligte. Da er dem prüfenden Kreuzungsbeteiligten die Berechnung später als 6 Monate nach der verkehrsbereiten Fertigstellung vorgelegt hat, fällt für den Zeitraum vom 15.10.2011 bis 03.11.2011 (20 Tage) ein Zuschlag in Höhe von 4 % an, auch wenn der Zahlungsbetrag innerhalb von 12 Monaten gutgeschrieben worden ist.

4.3 zu zahlender Endbetrag

Unter Berücksichtigung der Fristüberschreitung und der zu zahlenden Umsatzsteuer* hat der Straßenbaulastträger der DB Netz AG folgenden Endbetrag zu zahlen:

306.000 EUR + [(306.000 EUR × 0,04) : 365 Tage] × 20 Tage

306.000 EUR + 671 EUR = 306.671 EUR

306.671 EUR + (306.671 EUR × 0,19) = **364.938 EUR gerundet**

* Der Straßenbaulastträger ist alleiniger Veranlasser und damit Kostenpflichtiger der Kreuzungsmaßnahme. Da er diese auch selbst durchführt, erfolgt zwischen den Kreuzungsbeteiligten keine gegenseitige Erstattung der Herstellungskosten. Insofern erhält die DB Netz AG den insgesamt ermittelten Betrag (Ablösungsbetrag einschließlich Aufschlag aus verspäteter Zahlung) zuzüglich der von ihr wieder an den Fiskus abzuführenden Umsatzsteuer.

Beispiel 2 Neubau einer Straßenüberführung (einseitige Veranlassung durch SBL)

Infolge des Neubaus einer Bundesstraße entsteht eine neue Kreuzung mit einer elektrifizierten Strecke der DB Netz AG. Das Kreuzungsbauwerk wird als Straßenüberführung erstellt. Dabei werden Schutzerdungsanlagen und eine Verankerung der Fahrleitung an dem Bauwerk erforderlich. Diese Bauwerksteile gehen in die Erhaltungslast der DB Netz AG über; für das reine Brückenbauwerk ist der Straßenbaulastträger der zukünftige Erhaltungspflichtige. Die Maßnahme wird durch den Straßenbaulastträger durchgeführt.

E 11

1. Angabe zu den Bauwerken

Zeile		Bauwerksteile		Einheit
		Schutzerdungsanlagen	Verankerung der Fahrleitung	

1.1 Angaben zu dem erstellten Bauwerk

1	Jahr der verkehrsbereiten Fertigstellung	2011	2011	
2	Bauart	—	—	
3	Theoretische Nutzungsdauer	30	30	Jahre
4	Restnutzungsdauern	30	30	Jahre

1.2 Angaben zu den bei der nächsten Erneuerung zu erstellenden Bauwerken

5	Bauart	—	—	
6	Theoretische Nutzungsdauer m	30	30	Jahre
7	Prozentsatz der jährl. Unterhaltungskosten p	5,0	5,0	v.H.
8	Reine Baukosten (netto)	7.800	6.500	EURO
	Kosten für Abbruch, Behelfszustände und Betriebserschwernisse (netto)	3.300	2.600	EURO
	10 % Verwaltungskosten	1.100	910	EURO
	Erneuerungskosten K_e	12.210	10.010	EURO
9	Reine Baukosten (netto)	7.800	6.500	EURO
	10 % Verwaltungskosten	780	650	EURO
	Kosten K_u	8.580	7.150	EURO

2. Berechnung der kapitalisierten Erhaltungskosten

$$E_{neu} = \frac{\left(1 + \frac{z}{100}\right)^{m-n}}{\left(1 + \frac{z}{100}\right)^m - 1} \cdot K_e + \frac{p}{z} \cdot K_u$$

E_{neu} = Kapitalisierte Erhaltungskosten der neuen Bauwerksteile;   z = 4 v.H.

Teil E Anhang

2.1 Schutzerdungsanlage

$$E_{neu1} = \frac{1{,}04^{30-30}}{1{,}04^{30} - 1} \cdot 12.210 + \frac{5{,}0}{4} \cdot 8.580$$

$E_{neu1} = 0{,}4458 \cdot 12.210 + 1{,}25 \cdot 8.580$

$E_{neu1} = 5.443 + 10.725 = 16.168$ EUR

2.2 Verankerung der Fahrleitung

$$E_{neu2} = \frac{1{,}04^{30-30}}{1{,}04^{30} - 1} \cdot 10.010 + \frac{5}{4} \cdot 7.150$$

$E_{neu2} = 0{,}4458 \cdot 10.010 + 1{,}25 \cdot 7.150$

$E_{neu2} = 4.462 + 8.938 = 13.400$ EUR

2.3 Kapitalisierte Erhaltungskosten für die neuen Bauwerksteile

$E_{neu} = 16.168 + 13.400 = 29.600$ EUR (gerundet)

3. Ergebnis

Für die DB Netz AG ergeben sich zukünftig Erhaltungskosten, die der Straßenbaulastträger ihr abzulösen hat.

Der Ablösungsbetrag ergibt sich aus:

$A = E_{neu}$

$A = 29.600$ EUR

Da der Erhaltungspflichtige, die DB Netz AG Unternehmer im Sinne des Umsatzsteuergesetzes ist, sind der Berechnung des Ablösungsbetrages Nettopreise zu Grunde zu legen; aus gleichem Grund ist bei Zahlung des Ablösungsbetrages vom Straßenbaulastträger an die DB Netz AG dieser der Umsatzsteuer zu unterwerfen.

4. Zahlung

4.1 für den Zahlungsvorgang erforderliche Angaben

Aufstellen der Berechnung durch den Straßenbaulastträger

verkehrsbereite Fertigstellung:	25.07.2011
Vorlage der Berechnung bei der DB Netz AG:	13.10.2011
Fälligkeitstag:	*13.04.2012*
Bestätigung der Prüfung durch DB Netz AG:	27.02.2012
Gutschrift auf Empfängerkonto (DB Netz AG):	27.03.2012

4.2 Fristüberschreitung

Keine; alle Fristen gemäß ABBV wurden eingehalten.

4.3 zu zahlender Endbetrag

Unter Berücksichtigung der zu zahlenden Umsatzsteuer* hat der Straßenbaulastträger der DB Netz AG folgenden Endbetrag zu zahlen:

29.600 EUR + (29.600 EUR × 0,19) = **35.224 EUR gerundet**

* Der Straßenbaulastträger ist alleiniger Veranlasser und damit Kostenpflichtiger der Kreuzungsmaßnahme. Da er diese auch selbst durchführt, erfolgt zwischen den Kreuzungsbeteiligten keine gegenseitige Erstattung der Herstellungskosten. Insofern erhält die DB Netz AG den Ablösungsbetrag insgesamt zuzüglich der von ihr wieder an den Fiskus abzuführenden Umsatzsteuer.

Beispiel 3 Änderung einer Straßenüberführung (einseitige Veranlassung durch EIU)

Eine Straßenüberführung in der Baulast des Bundes soll auf Verlangen der DB Netz AG im Zusammenhang mit der Elektrifizierung gehoben werden. Ferner ist für die Aufnahme von zwei weiteren Gleisen eine Aufweitung des Bauwerks erforderlich. Das alte Bauwerk muss ganz abgebrochen und aufgrund der größeren lichten Weite durch ein neues Bauwerk mit einem Überbau aus Spannbeton mit externen Spanngliedern ersetzt werden. Der Träger der Straßenbaulast hat keine Änderungswünsche im Sinne von § 3 des EKrG. Da die Bundesstraße aber nach Durchführung der Maßnahme in eine Gemeindestraße abgestuft werden soll, wird die vorhandene Brückenbreite zukünftig nicht mehr benötigt und das neue Bauwerk kann diesbezüglich mit geringeren Abmessungen hergestellt werden. Durchführender der Maßnahme ist die DB Netz AG.

Für die zukünftige Erneuerung des neuen Bauwerks wird die gleiche Bauweise wie die des tatsächlich in 2011 erstellten neuen Bauwerks vorausgesetzt. Für die fiktive Erneuerung des alten Bauwerks wird von einer Deckbrücke ausgegangen, wobei auch hierfür die verringerte Brückenbreite anzusetzen ist, denn, hätte die DB Netz AG keine Änderung verlangt, wären die Folgen der Verkehrsentwicklung (Abstufung der Bundesstraße) im Rahmen der nächsten Erneuerung des vorhandenen Bauwerks ebenso berücksichtigt worden. Insofern wird bei der Berechnung der kapitalisierten Erneuerungskosten für das alte und das neue Bauwerk die gleiche Basis hergestellt. Bei den Bauzuständen wird für beide Fiktiventwürfe angenommen, dass die jeweils neuen Bauwerke in endgültiger Lage neben den vorhandenen Bauwerken erstellt werden und die Straßenanschlüsse angepasst werden können.

Teil E Anhang

1. Angabe zu den Bauwerken

Zeile		Altes Bauwerk		Neues Bauwerk		Einheit
		Unterbau	Überbau	Unterbau	Überbau	

1.1 Angaben zu den erstellten Bauwerken

1	Jahr der verkehrsbereiten Fertigstellung	1978	1978	2011	2011	
2	Bauart	Beton	Stahl-beton	Stahl-beton	Spannbeton mit externen Spanngliedern	
3	Theoretische Nutzungsdauer	110	70	110	70	Jahre
4	Restnutzungsdauer n	77	37	110	70	Jahre

1.2 Angaben zu den bei der nächsten Erneuerung zu erstellenden Bauwerken

5	Bauart	Stahl-beton	Stahl-beton	Stahl-beton	Spannbeton mit externen Spanngliedern	
6	Theoretische Nutzungsdauer m	110	70	110	70	Jahre
7	Prozentsatz der jährl. Unterhaltungskosten p	0,5	0,8	0,5	1,1	v.H.
8	Reine Baukosten (brutto)	550.000	620.000	675.000	1.150.000	EURO
	Kosten für Abbruch, Behelfszustände und Betriebserschwernisse (brutto)	220.000	250.000	300.000	420.000	EURO
	10 % Verwaltungskosten	77.000	87.000	97.500	157.000	EURO
	Erneuerungskosten K_e	847.000	957.000	1.072.500	1.727.000	EURO
9	Reine Baukosten (brutto)	550.000	620.000	675.000	1.150.000	EURO
	10 % Verwaltungskosten	55.000	62.000	67.500	115.000	EURO
	Kosten K_u	605.000	682.000	742.500	1.265.000	EURO

E 11

2. Berechnung der kapitalisierten Erhaltungskosten

$$E_{alt}; E_{neu} = \frac{\left(1+\frac{z}{100}\right)^{m-n}}{\left(1+\frac{z}{100}\right)^m - 1} \cdot K_e + \frac{p}{z} \cdot K_u$$

E_{alt} = Kapitalisierte Erhaltungskosten des alten Bauwerks
E_{neu} = Kapitalisierte Erhaltungskosten des neuen Bauwerks;   z = 4 v.H.

2.1 Altes Bauwerk

2.1.1 Unterbau

$E_{alt1} = \frac{1{,}04^{110-77}}{1{,}04^{110} - 1} \cdot 847.000 + \frac{0{,}5}{4} \cdot 605.000$

$E_{alt1} = 0{,}0495 \cdot 847.000 + 0{,}125 \cdot 605.000$

$E_{alt1} = 41.895 + 75.625 = 117.520$ EUR

2.1.2 Überbau

$E_{alt2} = \frac{1{,}04^{70-37}}{1{,}04^{70} - 1} \cdot 957.000 + \frac{0{,}8}{4} \cdot 682.000$

$E_{alt2} = 0{,}2504 \cdot 957.000 + 0{,}200 \cdot 682.000$

$E_{alt2} = 239.610 + 136.400 = 376.010$ EUR

2.1.3 Kapitalisierte Erhaltungskosten für das alte Bauwerk

$E_{alt} = 117.520 + 376.010 = 493.530$ EUR

2.2 Neues Bauwerk

2.2.1 Unterbau

$E_{neu1} = \frac{1{,}04^{110-110}}{1{,}04^{110} - 1} \cdot 1.072.500 + \frac{0{,}5}{4} \cdot 742.500$

$E_{neu1} = 0{,}0136 \cdot 1.072.500 + 0{,}125 \cdot 742.500$

$E_{neu1} = 14.586 + 92.813 = 107.399$ EUR

Teil E Anhang

2.2.2 Überbau

$$E_{neu2} = \frac{1{,}04^{70-70}}{1{,}04^{70} - 1} \cdot 1.727.000 + \frac{1{,}1}{4} \cdot 1.265.000$$

$E_{neu2} = 0{,}0686 \cdot 1.727.000 + 0{,}275 \cdot 1.265.000$

$E_{neu2} = 118.518 + 347.875 = 466.393$ EUR

2.2.3 Kapitalisierte Erhaltungskosten für das neue Bauwerk

$E_{neu} = 107.339 + 466.393 = 573.792$ EUR

3. Ergebnis

Die kapitalisierten Erhaltungskosten für das neue Bauwerk sind größer als die für das alte Bauwerk. Es liegen Erhaltungsmehrkosten (M) für den Straßenbaulastträger vor, die diesem von der DB Netz AG abzulösen sind.

Der Ablösungsbetrag ergibt sich aus:

$A = E_{neu} - E_{alt}$

$A = 573.792 - 493.530 = 80.300$ EUR (gerundet)

Da der Erhaltungspflichtige, der Bund als Straßenbaulastträger, kein Unternehmer im Sinne des Umsatzsteuergesetzes ist, sind der Berechnung des Ablösungsbetrages Bruttopreise zu Grunde zu legen; aus gleichem Grund ist bei Zahlung des Ablösungsbetrages von der DB Netz AG an den Straßenbaulastträger dieser ohne Umsatzsteuer zu zahlen.

4. Zahlung

4.1 für den Zahlungsvorgang erforderliche Angaben

Aufstellen der Berechnung durch DB Netz AG

verkehrsbereite Fertigstellung:	18.11.2011
Vorlage der Berechnung beim Straßenbaulastträger:	18.05.2012
Fälligkeitstag:	*18.11.2012*
Bestätigung der Prüfung durch Straßenbaulastträger:	20.05.2013
Gutschrift auf Empfängerkonto (SBL):	19.06.2013

4.2 Fristüberschreitung

Der Aufsteller der Ablösungsberechnung ist gleichzeitig auch der zur Zahlung verpflichtete Kreuzungsbeteiligte. Prüfbare Unterlagen wurden zeitgerecht vorgelegt. Ungeachtet dessen, dass der prüfende Kreuzungsbeteiligte, der gleichzeitig der Gläubiger ist, die Prüffrist überschritten hat, wäre die DB Netz AG als Schuldner gemäß

E 11

ABBV verpflichtet gewesen, den von ihr ermittelten Betrag spätestens 6 Monate nach Zugang der Berechnung zu zahlen. Insofern fällt für den Zeitraum vom 19.11.2012 bis 18.06.2013 (212 Tage) ein Zuschlag in Höhe von 4 % an.

4.3 zu zahlender Endbetrag

Unter Berücksichtigung der Fristüberschreitung hat die DB Netz AG dem Straßenbaulastträger folgenden Endbetrag zu zahlen; es wird keine Umsatzsteuer* fällig.

80.300 EUR + [(80.300 EUR × 0,04) : 365 Tage] × 212 Tage

80.300 EUR + 1.866 EUR = <u>82.166 EUR</u> gerundet

* Die DB Netz AG ist alleinige Veranlasserin und damit auch Kostenpflichtige der Kreuzungsmaßnahme. Da sie diese auch selbst durchführt, erfolgt zwischen den Kreuzungsbeteiligten keine gegenseitige Erstattung der Herstellungskosten. Insofern hat die DB Netz AG den Ablösungsbetrag insgesamt zu zahlen. Der Straßenbaulastträger erhält diesen ohne Umsatzsteuer, da er kein Unternehmer im Sinne des UStG ist und dementsprechend auch keine Umsatzsteuer an den Fiskus abzuführen hat.

Beispiel 4 Änderung einer Straßenüberführung (einseitige Veranlassung durch EIU)

Eine Straßenüberführung in der Baulast des Bundes (der Überbau ist 35 Jahre nach der ersten Erstellung schon mal aus Unterhaltungsgründen erneuert worden) soll nunmehr auf Verlangen der DB Netz AG im Zusammenhang mit der Elektrifizierung und dem Bau eines zusätzlichen Gleises abgebrochen und durch eine neue Straßenüberführung mit einem Überbau in Stahl-Beton-Verbundbauweise (Stahltragwerk mit Betonplatte) ersetzt werden. Der Träger der Straßenbaulast hat keine Änderungswünsche; die Maßnahme wird aber von ihm durchgeführt.

Für die zukünftige Erneuerung des neuen Bauwerks wird die gleiche Bauweise wie die des tatsächlich in 2011 erstellten neuen Bauwerks vorausgesetzt und für die fiktive Erneuerung des alten Bauwerks wird von einer Deckbrücke ausgegangen. Bei den Bauzuständen wird für beide Fiktiventwürfe angenommen, dass die jeweils neuen Bauwerke in endgültiger Lage erstellt werden und für die Bauzeit eine Umfahrung mit Behelfsbauwerk erforderlich wird.

Teil E Anhang

1. Angabe zu den Bauwerken

Zeile		Altes Bauwerk		Neues Bauwerk		Einheit
		Unterbau	Überbau	Unterbau	Überbau	

1.1 Angaben zu den erstellten Bauwerken

1	Jahr der verkehrsbereiten Fertigstellung	1945	1980	2011	2011	
2	Bauart	Beton	Walzträger in Beton	Stahlbeton	Stahltragwerk mit Betonplatte	
3	Theoretische Nutzungsdauer	110	100	110	70	Jahre
4	Restnutzungsdauer n	44	69	110	70	Jahre

1.2 Angaben zu den bei der nächsten Erneuerung zu erstellenden Bauwerken

5	Bauart	Stahlbeton	Stahlbeton	Stahlbeton	Stahltragwerk mit Betonplatte	
6	Theoretische Nutzungsdauer m	110	70	110	70	Jahre
7	Prozentsatz der jährl. Unterhaltungskosten p	0,5	0,8	0,5	1,2	v.H.
8	Reine Baukosten (brutto)	730.000	550.000	1.020.000	915.000	EURO
	Kosten für Abbruch, Behelfszustände und Betriebserschwernisse (brutto)	695.00	252.000	905.000	830.000	EURO
	10 % Verwaltungskosten	142.500	107.500	192.500	174.500	EURO
	Erneuerungskosten K_e	1.567.500	1.182.500	2.117.500	1.919.500	EURO
9	Reine Baukosten (brutto)	730.000	550.000	1.020.000	915.000	EURO
	10 % Verwaltungskosten	73.000	55.000	102.000	91.500	EURO
	Kosten K_u	803.000	605.000	1.122.000	1.006.500	EURO

E 11

2. Berechnung der kapitalisierten Erhaltungskosten

$$E_{alt}; E_{neu} = \frac{\left(1+\frac{z}{100}\right)^{m-n}}{\left(1+\frac{z}{100}\right)^{m}-1} \cdot K_e + \frac{p}{z} \cdot K_u$$

E_{alt} = Kapitalisierte Erhaltungskosten des alten Bauwerks
E_{neu} = Kapitalisierte Erhaltungskosten des neuen Bauwerks; z = 4 v.H.

2.1 Altes Bauwerk

2.1.1 Unterbau

$$E_{alt1} = \frac{1,04^{110-44}}{1,04^{110}-1} \cdot 1.567.500 + \frac{0,5}{4} \cdot 803.000$$

$E_{alt1} = 0,1805 \cdot 1.567.500 + 0,125 \cdot 803.000$

$E_{alt1} = 282.871 + 100.375 = 383.246$ EUR

2.1.2 Überbau

$$E_{alt2} = \frac{1,04^{70-69}}{1,04^{70}-1} \cdot 1.182.500 + \frac{0,8}{4} \cdot 605.000$$

$E_{alt2} = 0,0714 \cdot 1.182.500 + 0,200 \cdot 605.000$

$E_{alt2} = 84.397 + 121.000 = 205.397$ EUR

2.1.3 Kapitalisierte Erhaltungskosten für das alte Bauwerk

$E_{alt} = 383.246 + 205.397 = 588.643$ EUR

2.2 Neues Bauwerk

2.2.1 Unterbau

$$E_{neu1} = \frac{1,04^{110-110}}{1,04^{110}-1} \cdot 2.117.500 + \frac{0,5}{4} \cdot 1.122.000$$

$E_{neu1} = 0,0136 \cdot 2.117.500 + 0,125 \cdot 1.122.000$

$E_{neu1} = 28.708 + 140.250 = 168.958$ EUR

Teil E Anhang

2.2.2 Überbau

$$E_{neu2} = \frac{1,04^{70-70}}{1,04^{70} - 1} \cdot 1.919.500 + \frac{1,2}{4} \cdot 1.006.500$$

$E_{neu2} = 0,0686 \cdot 1.919.500 + 0,3 \cdot 1.006.500$

$E_{neu2} = 131.729 + 301.950 = 433.679$ EUR

2.2.3 Kapitalisierte Erhaltungskosten für das neue Bauwerk

$E_{neu} = 168.958 + 433.679 = 602.637$ EUR

3. Ergebnis

Die kapitalisierten Erhaltungskosten für das neue Bauwerk sind größer als die für das alte Bauwerk. Es liegen Erhaltungsmehrkosten (M) für den Straßenbaulastträger vor, die diesem von der DB Netz AG abzulösen sind.

Der Ablösungsbetrag ergibt sich aus:

$A = E_{neu} - E_{alt}$

$A = 602.637 - 588.643 = 14.000$ EUR (gerundet)

Da der Erhaltungspflichtige, der Bund als Straßenbaulastträger, kein Unternehmer im Sinne des Umsatzsteuergesetzes ist, sind der Berechnung des Ablösungsbetrages Bruttopreise zu Grunde zu legen; aus gleichem Grund ist bei Zahlung des Ablösungsbetrages von der DB Netz AG an den Straßenbaulastträger dieser ohne Umsatzsteuer zu zahlen.

4. Zahlung

4.1 für den Zahlungsvorgang erforderliche Angaben

Aufstellen der Berechnung durch den Straßenbaulastträger

verkehrsbereite Fertigstellung:	02.03.2011
Vorlage der Berechnung bei der DB Netz AG	19.10.2012
Fälligkeitstag:	*19.04.2013*
Abschluss der Prüfung bei der DB Netz AG	15.03.2013
Gutschrift auf Empfängerkonto (SBL):	19.06.2013

4.2 Fristüberschreitung

Der Aufsteller der Ablösungsberechnung ist gleichzeitig auch der Empfänger des Ablösungsbetrages. Die vom ihm selbst verschuldete verspätete Vorlage der Berechnung bleibt folgenlos.

Da die Zahlung aber nicht innerhalb von 6 Monaten erfolgt ist, fällt für den Zeitraum vom 20.04.2013 bis 18.06.2013 (60 Tage) ein Zuschlag in Höhe von 4 % an.

4.3 zu zahlender Endbetrag

Unter Berücksichtigung der Fristüberschreitung hat die DB Netz AG dem Straßenbaulastträger folgenden Endbetrag (ohne Umsatzsteuer*) zu zahlen:

14.000 EUR + [(14.000 EUR × 0,04) : 365 Tage] × 60 Tage

14.000 EUR + 92 EUR = <u>14.092 EUR</u> gerundet

* Die DB Netz AG ist alleinige Veranlasserin und damit Kostenpflichtige der Kreuzungsmaßnahme. Da diese aber vom Straßenbaulastträger durchgeführt wird, hat die DB Netz AG ihm die bei der Maßnahmenrealisierung anfallenden Herstellungskosten (X) zu erstatten. Zusätzlich erhält der Straßenbaulastträger den Ablösungsbetrag einschließlich Zuschlag aus verspäteter Zahlung. Der Straßenbaulastträger erhält beide Beträge (X + 14.092 EUR) ohne Umsatzsteuer, da er kein Unternehmer im Sinne des UStG ist und dementsprechend auch keine Umsatzsteuer an den Fiskus abzuführen hat.

Beispiel 5 Änderung einer Eisenbahnüberführung (einseitige Veranlassung durch SBL)

Eine Eisenbahnüberführung in der Baulast der DB Netz AG ist abgängig und muss im Rahmen der Erhaltung erneuert werden; Änderungswünsche der DB Netz AG liegen nicht vor. In diesem Zusammenhang verlangt der Straßenbaulastträger eine größere lichte Weite und eine größere lichte Höhe. Das vorhandene Bauwerk – Unterbau aus Mauerwerk und Überbau aus Stahlbeton – soll durch ein Rahmenbauwerk aus Stahlbeton ersetzt werden. Die Maßnahme wird von der DB Netz AG durchgeführt.

Für die zukünftige Erneuerung des neuen Bauwerks und die fiktive Erneuerung des alten Bauwerks wird von einem rahmenartigen Tragwerk ausgegangen; der Bau erfolgt unter Hilfsbrücken. Da das alte vorhandene Bauwerk mit Unterbau und Überbau verschiedene Restnutzungsdauern aufweist und in die Berechnung die Restnutzungsdauer im Hinblick auf das fiktive Rahmenbauwerk eingeht, wird hier als ein mögliches Vorgehen, die Restnutzungsdauer gemittelt. Die Aufteilung erfolgt entsprechend den Flächenanteilen (Mantelflächen) des Fiktiv-Unterbaus (Trogteil des Rahmenbauwerks) und des FiktivÜberbaus (Deckel des Rahmenbauwerks)*. Dieses Vorgehen impliziert gleiche (Einheits-)Preise für Bodenplatte, Wände und Decke.

Teil E Anhang

1. Angabe zu den Bauwerken

Zeile		Altes Bauwerk		Neues Bauwerk	Einheit
		Unterbau	Überbau	Rahmen	

1.1 Angaben zu den erstellten Bauwerken

1	Jahr der verkehrsbereiten Fertigstellung	1926	1926	2012	
2	Bauart	Mauerwerk	Stahlbeton	Rahmenartiges Tragwerk aus Stahlbeton	
3	Theoretische Nutzungsdauer	110	70	70	Jahre
4	Restnutzungsdauer n	24	0	70	Jahre

1.2 Angaben zu den bei der nächsten Erneuerung zu erstellenden Bauwerken

5	Bauart		Rahmenartiges Tragwerk aus Stahlbeton	Rahmenartiges Tragwerk aus Stahlbeton	
6	Theoretische Nutzungsdauer m		70	70	Jahre
7	Prozentsatz der jährl. Unterhaltungskosten p		0,8	0,8	v.H.
8	Reine Baukosten (netto)		710.000	790.000	EURO
	Kosten für Abbruch, Behelfszustände und Betriebserschwernisse (netto)		780.000	870.000	EURO
	10 % Verwaltungskosten		149.000	166.000	EURO
	Erneuerungskosten K_e		1.639.500	1.826.000	EURO
9	Reine Baukosten (brutto)		710.000	790.000	EURO
	10 % Verwaltungskosten		71.000	79.000	EURO
	Kosten K_u		781.000	869.000	EURO

* Bei einem gleichschenkligen Rahmenbauwerk stehen die Flächenanteile von Trogteil und Deckel annähernd in einem Verhältnis von 3:1. Daher ergibt sich die gemittelte Restnutzungsdauer für das alte Bauwerk in vorliegendem Beispiel zu

$$n = \frac{24 \cdot 3 + 0 \cdot 1}{4} = 18$$

2. Berechnung der kapitalisierten Erhaltungskosten

$$E_{alt}; E_{neu} = \frac{\left(1+\frac{z}{100}\right)^{m-n}}{\left(1+\frac{z}{100}\right)^{m}-1} \cdot K_e + \frac{p}{z} \cdot K_u$$

E_{alt} = Kapitalisierte Erhaltungskosten des alten Bauwerks

E_{neu} = Kapitalisierte Erhaltungskosten des neuen Bauwerks; $z = 4$ v.H.

2.1 Altes Bauwerk

$$E_{alt} = \frac{1,04^{70-18}}{1,04^{70}-1} \cdot 1.639.000 + \frac{0,8}{4} \cdot 781.000$$

$E_{alt} = 0,5275 \cdot 1.639.000 + 0,200 \cdot 781.000$

$E_{alt} = 864.579 + 156.200 = 1.020.779$ EUR

2.1.1 Kapitalisierte Erhaltungskosten für das alte Bauwerk

$E_{alt} = 1.020.779$ EUR

2.2 Neues Bauwerk

$$E_{neu} = \frac{1,04^{70-70}}{1,04^{70}-1} \cdot 1.826.000 + \frac{0,8}{4} \cdot 869.000$$

$E_{neu} = 0,0686 \cdot 1.826.000 + 0,2 \cdot 869.000$

$E_{neu} = 125.312 + 173.800 = 299.112$ EUR

2.2.1 Kapitalisierte Erhaltungskosten für das neue Bauwerk

$E_{neu} = 299.112$ EUR

3. Ergebnis

Die kapitalisierten Erhaltungskosten für das neue Bauwerk sind kleiner als die für das alte Bauwerk. Es liegt ein Vorteil (V) für die DB Netz AG vor, die diese dem Straßenbaulastträger abzulösen hat.

Der Ablösungsbetrag ergibt sich aus:

$A = E_{alt} - E_{neu}$

$A = 1.020.779 - 299.112 = 721.700$ EUR (gerundet)

Da der Erhaltungspflichtige, die DB Netz AG Unternehmer im Sinne des Umsatzsteuergesetzes ist, sind der Berechnung des Ablösungsbetrages Nettopreise zu Grunde zu legen. Der Straßenbaulastträger als Empfänger des Ablösungsbetrages ist kein Un-

Teil E Anhang

ternehmer im Sinne des Umsatzsteuergesetzes, insofern unterliegt bei Zahlung des Ablösungsbetrages dieser nicht der Umsatzsteuer.

4. Zahlung

4.1 für den Zahlungsvorgang erforderliche Angaben

Aufstellen der Berechnung durch die DB Netz AG

verkehrsbereite Fertigstellung:	24.02.2012
Vorlage der Berechnung beim Straßenbaulastträger	28.07.2012
Fälligkeitstag:	*28.01.2013*
Bestätigung der Prüfung durch Straßenbaulastträger	30.11.2013
Gutschrift auf Empfängerkonto (SBL)	25.01.2013

4.2 Fristüberschreitung

Der Aufsteller der Ablösungsberechnung ist gleichzeitig auch der zur Zahlung verpflichtete Kreuzungsbeteiligte. Prüfbare Unterlagen wurden zeitgerecht vorgelegt und die Gutschrift erfolgte innerhalb der vorgeschriebenen sechsmonatigen Frist nach ABBV. Insofern wurden sowohl die Vorlagefrist als auch die Zahlungsfrist eingehalten.

4.3 zu zahlender Endbetrag

Die Deutsche Bahn AG hat dem Straßenbaulastträger einen Endbetrag in Höhe von **721.700 EUR** (ohne Umsatzsteuer*) zu zahlen:

* Der Straßenbaulastträger ist alleiniger Veranlasser und damit Kostenpflichtiger der Kreuzungsmaßnahme. Da diese aber von der DB Netz AG durchgeführt wird, hat er der DB Netz AG die bei der Maßnahmenrealisierung anfallenden Herstellungskosten (X) zu erstatten; auf diesen Betrag wird grundsätzlich Umsatzsteuer fällig. Im Gegenzug hat die DB Netz AG aber dem Straßenbaulastträger den Ablösungsbetrag zu zahlen; dieser Betrag ist, da der Straßenbaulastträger kein Unternehmer im Sinne des UStG ist, für sich genommen nicht umsatzsteuerpflichtig. Da die insgesamt anfallende Umsatzsteuer in direktem Zusammenhang zu der Abrechnung der gesamten Kreuzungsmaßnahme steht, wird die Umsatzsteuer hier nur auf den Differenzbetrag (X − 721.700 EUR) fällig. Sofern dieser Differenzbetrag im Ergebnis negativ sein sollte und die DB Netz AG folglich keine Kosten mehr erstattet bekäme, wäre auch keine Umsatzsteuer mehr an sie zu zahlen.

Beispiel 6 Änderung einer Eisenbahnüberführung (einseitige Veranlassung durch WSV)

Eine Eisenbahnüberführung mit stählernen Überbauten soll im Zuge des Ausbaus einer Bundeswasserstraße auf Verlangen der Wasser- und Schifffahrtsverwaltung sowohl eine größere lichte Weite als auch eine größere Durchfahrtshöhe erhalten. Die DB Netz AG hat kein Änderungsverlangen. Die Erhaltungslast der Brücke liegt bei der Wasser- und Schifffahrtsverwaltung und die des Fahrwegs bei der DB Netz AG.

E 11

Es erfolgt daher die gesonderte Ablösung des Fahrwegs. Durchführender der Maßnahme ist die DB Netz AG.

Für die zukünftige Erneuerung des neuen Bauwerks und die fiktive Erneuerung des alten Bauwerks wird angenommen, dass die Überbauten neben den vorhandenen Bauwerken erstellt werden und die beiden vorhandenen Gleise in einer Totalsperrung auf eine Länge von ca. 240 m (pro Gleis; Bauwerk + Übergangsbereiche) zurückzubauen und im Endzustand wieder herzustellen sind.

1. Angabe zu den Bauwerken

Zeile		Bauwerksteile alt	Bauwerksteile neu	Einheit

1.1 Angaben zu den erstellten Bauwerken

1	Jahr der verkehrsbereiten Fertigstellung	1990	2013	
2	Bauart	Schiene, Schwelle, Schotter	Schiene, Schwelle, Schotter	
3	Theoretische Nutzungsdauer	30	30	Jahre
4	Restnutzungsdauer n	7	30	Jahre

1.2 Angaben zu den bei der nächsten Erneuerung zu erstellenden Bauwerken

5	Bauart	Schiene, Schwelle, Schotter	Schiene, Schwelle, Schotter	
6	Theoretische Nutzungsdauer m	30	30	Jahre
7	Prozentsatz der jährl. Unterhaltungskosten p	4,0	4,0	v.H.
8	Reine Baukosten (netto)	240.000	240.000	EURO
	Kosten für Abbruch, Behelfszustände und Betriebserschwernisse (netto)	120.000	120.000	EURO
	10 % Verwaltungskosten	36.000	36.000	EURO
	Erneuerungskosten K_e	**396.000**	**396.000**	**EURO**
9	Reine Baukosten (netto)	240.000	240.000	EURO
	10 % Verwaltungskosten	24.000	24.000	EURO
	Kosten K_u	**264.000**	**264.000**	**EURO**

Teil E Anhang

2. Berechnung der kapitalisierten Erhaltungskosten

$$E_{alt}; E_{neu} = \frac{\left(1+\frac{z}{100}\right)^{m-n}}{\left(1+\frac{z}{100}\right)^{m}-1} \cdot K_e + \frac{p}{z} \cdot K_u$$

E_{alt} = Kapitalisierte Erhaltungskosten der alten Bauwerksteile

E_{neu} = Kapitalisierte Erhaltungskosten der neuen Bauwerksteile;   z = 4 v.H.

2.1 Kapitalisierte Erhaltungskosten für die alten Bauwerksteile

$$E_{alt} = \frac{1{,}04^{30-7}}{1{,}04^{30}-1} \cdot 396.000 + \frac{4{,}0}{4} \cdot 264.000$$

$E_{alt} = 1{,}0987 \cdot 396.000 + 1{,}0 \cdot 264.000$

$E_{alt} = 435.067 + 264.000 = 699.067$ EUR

2.2 Kapitalisierte Erhaltungskosten für die neuen Bauwerksteile

$$E_{neu} = \frac{1{,}04^{30-30}}{1{,}04^{30}-1} \cdot 396.000 + \frac{4{,}0}{4} \cdot 264.000$$

$E_{neu} = 0{,}4458 \cdot 396.000 + 1{,}0 \cdot 264.000$

$E_{neu} = 176.518 + 264.000 = 440.518$ EUR

3. Ergebnis

Die kapitalisierten Erhaltungskosten für die neuen Bauwerksteile sind kleiner als die für die alten Bauwerksteile. Es liegt ein Vorteil (V) der DB Netz AG vor, den diese der Wasser- und Schifffahrtsverwaltung abzulösen hat.

Der Ablösungsbetrag ergibt sich aus:

A = $E_{alt} - E_{neu}$

A = 699.067 − 440.518 = 258.500 EUR gerundet

Da der Erhaltungspflichtige, die DB Netz AG Unternehmer im Sinne des Umsatzsteuergesetzes ist, sind der Berechnung des Ablösungsbetrages Nettopreise zu Grunde zu legen. Die Wasser- und Schifffahrtsverwaltung als Empfänger des Ablösungsbetrages ist kein Unternehmer im Sinne des Umsatzsteuergesetzes, insofern unterliegt bei Zahlung des Ablösungsbetrages dieser nicht der Umsatzsteuer.

4. Zahlung

4.1 für den Zahlungsvorgang erforderliche Angaben

Aufstellen der Berechnung durch DB Netz AG
verkehrsbereite Fertigstellung: 15.02.2013
Vorlage der Berechnung bei der WSV: 15.07.2013
Fälligkeitstag: *15.01.2014*
Bestätigung der Prüfung durch WSV: 15.11.2013
Gutschrift auf Empfängerkonto (WSV): 13.12.2013

4.2 Fristüberschreitung

Keine; alle Fristen gemäß ABBV wurden eingehalten.

4.3 zu zahlender Endbetrag

Die DB Netz AG hat der WSV einen Endbetrag in Höhe von **258.500 EUR** (ohne Umsatzsteuer*) zu zahlen.

* Die WSV ist alleiniger Veranlasser und damit Kostenpflichtiger der Kreuzungsmaßnahme. Da diese aber von der DB Netz AG durchgeführt wird, hat sie der DB Netz AG die bei der Maßnahmenrealisierung anfallenden Herstellungskosten (X) zu erstatten; auf diesen Betrag wird grundsätzlich Umsatzsteuer fällig. Im Gegenzug hat die DB Netz AG aber der WSV den Ablösungsbetrag zu zahlen; dieser Betrag ist, da die WSV kein Unternehmer im Sinne des UStG ist, für sich genommen nicht umsatzsteuerpflichtig. Da die insgesamt anfallende Umsatzsteuer in direktem Zusammenhang zu der Abrechnung der gesamten Kreuzungsmaßnahme steht, wird die Umsatzsteuer hier nur auf den Differenzbetrag (X − 258.500 EUR) fällig. Sofern dieser Differenzbetrag im Ergebnis negativ sein sollte und die DB Netz AG folglich keine Kosten mehr erstattet bekäme, wäre auch keine Umsatzsteuer mehr an sie zu zahlen.

Beispiel 7 Änderung einer Eisenbahnüberführung (beiderseitige Veranlassung EIU/SBL)

Eine Eisenbahnüberführung in der Baulast der DB Netz AG soll auf Verlangen des Trägers der Straßenbaulast eine größere lichte Weite und eine größere lichte Höhe erhalten. Die DB Netz AG verlangt eine Verbreiterung des Bauwerks für die Aufnahme eines zusätzlichen Gleises. Da weder die Straßenoberkante noch die Schienenoberkante verändert werden können, ist bei der beschränkten Bauhöhe ein Stahlüberbau erforderlich. Baudurchführender ist die DB Netz AG.

Für die zukünftige Erneuerung des neuen Bauwerks wird ebenfalls von einem Stahlüberbau und für die fiktive Erneuerung des alten Bauwerks von einer Deckbrücke ausgegangen. Die Widerlager werden unter Hilfsbrücken erstellt. Bei den Bauzuständen wird für beide Fiktiventwürfe angenommen, dass die jeweils neuen Bauwerke neben den vorhandenen Bauwerken erstellt werden. Der Stahlüberbau wird dann eingehoben und die Deckbrücke eingeschoben.

Teil E Anhang

1. Angabe zu den Bauwerken

Zeile		Altes Bauwerk		Neues Bauwerk		Einheit
		Unterbau	Überbau	Unterbau	Überbau	

1.1 Angaben zu den erstellten Bauwerken

1	Jahr der verkehrsbereiten Fertigstellung	1955	1955	2011	2011	
2	Bauart	Stahlbeton	Stahlbeton	Stahlbeton	Stahl	
3	Theoretische Nutzungsdauer	110	70	110	100	Jahre
4	Restnutzungsdauer n	54	14	110	100	Jahre

1.2 Angaben zu den bei der nächsten Erneuerung zu erstellenden Bauwerken

5	Bauart	Stahlbeton	Stahlbeton	Stahlbeton	Stahl	
6	Theoretische Nutzungsdauer m	110	70	110	100	Jahre
7	Prozentsatz der jährl. Unterhaltungskosten p	0,5	0,8	0,5	1,5	v.H.
8	Reine Baukosten (netto)	510.000	380.000	645.000	720.000	EURO
	Kosten für Abbruch, Behelfszustände und Betriebserschwernisse (netto)	540.000	405.000	705.000	800.000	EURO
	10 % Verwaltungskosten	105.000	78.500	135.000	152.000	EURO
	Erneuerungskosten K_e	1.155.000	863.500	1.485.000	1.672.000	EURO
9	Reine Baukosten (netto)	510.000	380.000	645.000	720.000	EURO
	10 % Verwaltungskosten	51.000	38.000	64.500	72.000	EURO
	Kosten K_u	561.000	418.000	709.500	792.000	EURO

2. Berechnung der kapitalisierten Erhaltungskosten

$$E_{alt}; E_{neu} = \frac{\left(1+\frac{z}{100}\right)^{m-n}}{\left(1+\frac{z}{100}\right)^{m}-1} \cdot K_e + \frac{p}{z} \cdot K_u$$

E_{alt} = Kapitalisierte Erhaltungskosten des alten Bauwerks

E_{neu} = Kapitalisierte Erhaltungskosten des neuen Bauwerks; $\quad$ z = 4 v.H.

2.1 Altes Bauwerk

2.1.1 Unterbau

$E_{alt1} = \frac{1,04^{110-54}}{1,04^{110}-1} \cdot 1.155.000 + \frac{0,5}{4} \cdot 561.000$

$E_{alt1} = 0,1219 \cdot 1.155.000 + 0,125 \cdot 561.000$

$E_{alt1} = 140.809 + 70.125 = 210.934$ EUR

2.1.2 Überbau

$E_{alt2} = \frac{1,04^{70-14}}{1,04^{70}-1} \cdot 863.500 + \frac{0,8}{4} \cdot 418.000$

$E_{alt2} = 0,6171 \cdot 863.500 + 0,200 \cdot 418.000$

$E_{alt2} = 532.870 + 83.600 = 616.470$ EUR

2.1.3 Kapitalisierte Erhaltungskosten für das alte Bauwerk

$E_{alt} = 210.934 + 616.470 = 827.404$ EUR

2.2 Neues Bauwerk

2.2.1 Unterbau

$E_{neu1} = \frac{1,04^{110-110}}{1,04^{110}-1} \cdot 1.485.000 + \frac{0,5}{4} \cdot 709.500$

$E_{neu1} = 0,0136 \cdot 1.485.000 + 0,125 \cdot 709.500$

$E_{neu1} = 20.133 + 88.688 = 108.821$ EUR

Teil E Anhang

2.2.2 Überbau

$$E_{neu2} = \frac{1{,}04^{100-100}}{1{,}04^{100} - 1} \cdot 1.672.000 + \frac{1{,}5}{4} \cdot 792.000$$

$E_{neu2} = 0{,}0202 \cdot 1.672.000 + 0{,}375 \cdot 792.000$

$E_{neu2} = 33.774 + 297.000 = 330.774$ EUR

2.2.3 Kapitalisierte Erhaltungskosten für das neue Bauwerk

$E_{neu} = 108.821 + 330.774 = 439.595$ EURO

3. Ergebnis

Die kapitalisierten Erhaltungskosten für das neue Bauwerk sind kleiner als die für das alte Bauwerk. Es liegt ein Vorteil (V) für die DB Netz AG vor.

Der Ablösungsbetrag ergibt sich aus:

$A = E_{alt} - E_{neu}$

$A = 827.404 - 439.595 = 387.800$ EUR gerundet

Der sich ergebende Vorteil wird entsprechend dem beiderseitigen Verlangen auf die Beteiligten aufgeteilt.

Variable	Bedeutung	Wert
V	Vorteil	387.800 EUR
K_{SBL}	Fiktive Kosten für die Änderung der baulichen Anlage entsprechend dem Verlangen des SBL allein (Bauwerk müsste komplett geändert werden)	2.450.000 EUR
$K_{DB\,Netz\,AG}$	Fiktive Kosten für die Änderung der baulichen Anlage entsprechend dem Verlangen der DB Netz AG allein (Überbau für zusätzliches Gleis könnte neben vorh. Bauwerk erstellt werden)	1.100.000 EUR
$V_{DB\,Netz\,AG} = \frac{K_{DBNetzAG}}{K_{DBNetzAG} + K_{SBL}} \cdot V$	Anteil der DB Netz AG am Vorteil	120.163 EUR
$V_{SBL} = \frac{K_{SBL}}{K_{DBNetzAG} + K_{SBL}} \cdot V$	Anteil des Straßenbaulastträgers am Vorteil	267.637 EUR

Der Anteil der DB Netz AG am Vorteil beträgt

$$V_{DB\,Netz\,AG} = \frac{1.100.000}{1.100.000 + 2.450.000} \cdot 387.800 = 120.163 \text{ EUR}$$

E 11

Der von der DB Netz AG an den Straßenbaulastträger zu zahlende Vorteilsausgleich beträgt

$$V_{SBL} = \frac{2.450.000}{1.100.000 + 2.450.000} \cdot 387.800 = 267.637 \text{ EUR}$$

Da der Erhaltungspflichtige, die DB Netz AG Unternehmer im Sinne des Umsatzsteuergesetzes ist, sind der Berechnung des Ablösungsbetrages Nettopreise zu Grunde zu legen. Der Straßenbaulastträger als Empfänger des Ablösungsbetrages ist kein Unternehmer im Sinne des Umsatzsteuergesetzes, insofern unterliegt bei Zahlung des Ablösungsbetrages dieser nicht der Umsatzsteuer.

4. Zahlung

4.1 für den Zahlungsvorgang erforderliche Angaben

Aufstellen der Berechnung durch die DB Netz AG
verkehrsbereite Fertigstellung: 13.10.2011
Vorlage der Berechnung beim Straßenbaulastträger: 22.06.2012
Fälligkeitstag: *22.12.2012*
Bestätigung der Prüfung durch Straßenbaulastträger: 21.11.2012
Gutschrift auf Empfängerkonto (SBL): 01.02.2013

4.2 Fristüberschreitung

Der Aufsteller der Ablösungsberechnung ist gleichzeitig auch der zur Zahlung verpflichtete Kreuzungsbeteiligte. Da er dem prüfenden Kreuzungsbeteiligten die Berechnung später als 6 Monate nach der verkehrsbereiten Fertigstellung vorgelegt hat, fällt für den Zeitraum vom 14.04.2012 bis 21.06.2012 (69 Tage) ein Zuschlag in Höhe von 4 % an. Da die Gutschrift nicht innerhalb von sechs Monaten gemäß ABBV erfolgt ist, fällt für den Zeitraum vom 23.12.2012 bis 31.01.2013 (40 Tage) ein weiterer Zuschlag in Höhe von 4 % an.

4.3 zu zahlender Endbetrag

Die DB Netz AG hat dem Straßenbaulastträger folgenden Endbetrag zu zahlen:

267.637 EUR + [(267.637 EUR × 0,04) : 365 Tage] × 109 Tage

267.637 EUR + 3.197 EUR = **270.834 EUR** gerundet (ohne Umsatzsteuer*)

* Es liegt eine beiderseitige Veranlassung von Straßenbaulastträger und DB Netz AG vor, so dass die Kosten nach dem Verhältnis zu teilen sind, in dem die fiktiven Kosten der Kreuzungsmaßnahme bei getrennter Durchführung der Änderung zueinander stehen würden. Da die Kreuzungsmaßnahme von der DB Netz AG durchgeführt wird, hat der Straßenbaulastträger ihr seinen Anteil der bei der Maßnahmenrealisierung anfallenden Herstellungskosten (X) zu erstatten; auf diesen Betrag wird grundsätzlich Umsatzsteuer fällig. Im Gegenzug hat die DB Netz AG aber dem Straßenbaulastträger dessen Anteil am Ablösungsbetrag (Vorteil) zu zahlen; dieser Betrag ist, da der Straßenbaulastträger kein Unternehmer im Sinne des UStG ist, für sich genommen nicht umsatzsteuerpflichtig. Da die insgesamt anfallende Umsatzsteuer in di-

Teil E   Anhang

rektem Zusammenhang zu der Abrechnung der gesamten Kreuzungsmaßnahme steht, wird die Umsatzsteuer hier nur auf den Differenzbetrag (X − 270.834 EUR) fällig. Sofern dieser Differenzbetrag im Ergebnis negativ sein sollte und die DB Netz AG folglich keine Kosten mehr erstattet bekäme, wäre auch keine Umsatzsteuer mehr an sie zu zahlen.

Beispiel 8   Änderung einer Straßenüberführung (beiderseitige Veranlassung SBL/WSV)

Eine Straßenüberführung (3-feldriges Stahlfachwerk) im Zuge einer Bundesstraße, die aufgrund der Regelung der Ortsdurchfahrtenrichtlinien (Einwohnerzahl > 80.000) in der Unterhaltungslast einer Großstadt ist, soll auf deren Verlangen hin verbreitert werden und im Rahmen des Ausbaus einer Bundeswasserstraße auf Verlangen der Wasser- und Schifffahrtsverwaltung eine größere lichte Weite erhalten. Baudurchführender ist der Straßenbaulastträger.

Sowohl für die zukünftige Erneuerung des neuen Bauwerks als auch für die fiktive Erneuerung des alten Bauwerks wird von einem Stahlüberbau (Stabbogenbrücke) ausgegangen. Bei den Bauzuständen wird für beide Fiktiventwürfe angenommen, dass eine Behelfsbrücke neben dem vorhandenen Bauwerk errichtet wird, so dass die Widerlager und der Überbau an Ort und Stelle erneuert werden können.

1. Angabe zu den Bauwerken

Zeile		Altes Bauwerk		Neues Bauwerk		Einheit
		Unterbau	Überbau	Unterbau	Überbau	

1.1 Angaben zu den erstellten Bauwerken

1	Jahr der verkehrsbereiten Fertigstellung	1985	1985	2015	2015	
2	Bauart	Stahlbeton	Stahl	Stahlbeton	Stahl	
3	Theoretische Nutzungsdauer	110	100	110	100	Jahre
4	Restnutzungsdauer n	80	70	110	100	Jahre

496

E 11

1.2 Angaben zu den bei der nächsten Erneuerung zu erstellenden Bauwerken

5	Bauart	Stahlbeton	Stahl	Stahlbeton	Stahl	
6	Theoretische Nutzungsdauer m	110	100	110	100	Jahre
7	Prozentsatz der jährl. Unterhaltungskosten p	0,5	1,5	0,5	1,5	v.H.
8	Reine Baukosten (brutto)	2.590.000	7.300.000	3.350.000	9.350.000	EURO
	Kosten für Abbruch, Behelfszustände und Betriebserschwernisse (brutto)	2.200.000	6.150.000	2.500.000	6.300.000	EURO
	10 % Verwaltungskosten	479.000	1.345.000	585.000	1.565.000	EURO
	Erneuerungskosten K_e	5.269.000	14.795.000	6.435.000	17.215.000	EURO
9	Reine Baukosten (brutto)	2.590.000	7.300.000	3.350.000	9.350.000	EURO
	10 % Verwaltungskosten	259.000	730.000	335.000	935.000	EURO
	Kosten K_u	2.849.000	8.030.000	3.685.000	10.285.000	EURO

2. Berechnung der kapitalisierten Erhaltungskosten

$$E_{alt}; E_{neu} = \frac{\left(1 + \frac{z}{100}\right)^{m-n}}{\left(1 + \frac{z}{100}\right)^{m} - 1} \cdot K_e + \frac{p}{z} \cdot K_u$$

E_{alt} = Kapitalisierte Erhaltungskosten des alten Bauwerks

E_{neu} = Kapitalisierte Erhaltungskosten des neuen Bauwerks; $z = 4$ v.H.

2.1 Altes Bauwerk

2.1.1 Unterbau

$$E_{alt1} = \frac{1,04^{110-80}}{1,04^{110} - 1} \cdot 5.269.000 + \frac{0,5}{4} \cdot 2.849.000$$

$E_{alt1} = 0,0440 \cdot 5.269.000 + 0,125 \cdot 2.849.000$

$E_{alt1} = 231.691 + 356.125 = 587.816$ EUR

Teil E Anhang

2.1.2 Überbau

$$E_{alt2} = \frac{1{,}04^{100-70}}{1{,}04^{100} - 1} \cdot 14.795.000 + \frac{1{,}5}{4} \cdot 8.030.000$$

$E_{alt2} = 0{,}0655 \cdot 14.795.000 + 0{,}375 \cdot 8.030.000$

$E_{alt2} = 969.319 + 3.011.250 = 3.980.569$ EUR

2.1.3 Kapitalisierte Erhaltungskosten für das alte Bauwerk

$E_{alt} = 587.816 + 3.980.569 = 4.568.385$ EUR

2.2 Neues Bauwerk
2.2.1 Unterbau

$$E_{neu1} = \frac{1{,}04^{110-110}}{1{,}04^{110} - 1} \cdot 6.435.000 + \frac{0{,}5}{4} \cdot 3.685.000$$

$E_{neu1} = 0{,}0136 \cdot 6.435.000 + 0{,}125 \cdot 3.685.000$

$E_{neu1} = 87.243 + 460.625 = 547.868$ EUR

2.2.2 Überbau

$$E_{neu2} = \frac{1{,}04^{100-100}}{1{,}04^{100} - 1} \cdot 17.215.000 + \frac{1{,}5}{4} \cdot 10.285.000$$

$E_{neu2} = 0{,}0202 \cdot 17.215.000 + 0{,}375 \cdot 10.285.000$

$E_{neu2} = 347.743 + 3.856.875 = 4.204.618$ EUR

2.2.3 Kapitalisierte Erhaltungskosten für das neue Bauwerk

$E_{neu} = 547.868 + 4.204.618 = 4.752.486$ EUR

3. Ergebnis

Die kapitalisierten Erhaltungskosten für das neue Bauwerk sind größer als die für das alte Bauwerk. Es liegen Erhaltungsmehrkosten (M) für den Straßenbaulastträger vor.

Der Ablösungsbetrag ergibt sich aus:

$A = E_{neu} - E_{alt}$

$A = 4.752.486 - 4.568.385 = 184.100$ EUR (gerundet)

Die sich ergebenden Erhaltungsmehrkosten werden entsprechend dem beiderseitigen Verlangen auf die Beteiligten aufgeteilt.

Variable	Bedeutung	Wert
M	Erhaltungsmehrkosten	184.100 EUR
K_{SBL}	Fiktive Kosten für die Änderung der baulichen Anlage entsprechend dem Verlangen des SBL allein (Es müsste nur der Überbau geändert werden)	14.650.000 EUR
K_{WSV}	Fiktive Kosten für die Änderung der baulichen Anlage entsprechend dem Verlangen der WSV allein (komplettes Bauwerk müsste geändert werden)	19.800.000 EUR
$M_{WSV} = \dfrac{K_{WSV}}{K_{WSV} + K_{SBL}} \cdot M$	Anteil der WSV an den Erhaltungsmehrkosten	105.811 EUR
$M_{SBL} = \dfrac{K_{SBL}}{K_{WSV} + K_{SBL}} \cdot M$	Anteil des Straßenbaulastträgers an den Erhaltungsmehrkosten	78.289 EUR

Der Anteil des SBL an den Erhaltungsmehrkosten beträgt

$$M_{SBL} = \frac{14.650.000}{19.800.000 + 14.650.000} \cdot 184.100 = 78.289 \text{ EUR}$$

Die von der WSV an den Straßenbaulastträger zu zahlenden Erhaltungsmehrkosten betragen

$$M_{WSV} = \frac{19.800.000}{19.800.000 + 14.650.000} \cdot 184.100 = 105.811 \text{ EUR}$$

Da der Erhaltungspflichtige, der Straßenbaulastträger kein Unternehmer im Sinne des Umsatzsteuergesetzes ist, sind der Berechnung des Ablösungsbetrages Bruttopreise zu Grunde zu legen; aus gleichem Grund ist bei Zahlung des Ablösungsbetrages von der WSV an den Straßenbaulastträger dieser ohne Umsatzsteuer zu zahlen.

4. Zahlung

4.1 für den Zahlungsvorgang erforderliche Angaben

Aufstellen der Berechnung durch den SBL
verkehrsbereite Fertigstellung: 23.07.2015
Vorlage der Berechnung bei der WSV: 08.01.2016
Fälligkeitstag: *08.07.2016*
Abschluss der Prüfung bei der WSV: 31.08.2016
Gutschrift auf Empfängerkonto (SBL): 09.09.2016

4.2 Fristüberschreitung

Der Aufsteller der Ablösungsberechnung ist gleichzeitig auch der Empfänger des Ablösungsbetrages. Dem prüfenden Kreuzungsbeteiligten wurde die Berechnung zeitgerecht vorgelegt. Da die sechsmonatige Frist bis zur Zahlung nicht eingehalten wurde, fällt für den Zeitraum vom 09.07.2016 bis 08.09.2016 (62 Tage) ein Zuschlag in Höhe von 4 % an.

4.3 zu zahlender Endbetrag

Die WSV hat dem Straßenbaulastträger folgenden Endbetrag zu zahlen:

105.811 EUR + [(105.811 EUR × 0,04) : 365 Tage] × 62 Tage

105.811 EUR + 719 EUR = **106.530 EUR** gerundet (ohne Umsatzsteuer*)

* Es liegt eine beiderseitige Veranlassung von Straßenbaulastträger und WSV vor, so dass die Kosten nach dem Verhältnis zu teilen sind, in dem die fiktiven Kosten der Kreuzungsmaßnahme bei getrennter Durchführung der Änderung zueinander stehen würden. Da die Kreuzungsmaßnahme vom SBL durchgeführt wird, hat die WSV ihm ihren Anteil der bei der Maßnahmenrealisierung anfallenden Herstellungskosten zu erstatten. Zusätzlich hat die WSV dem Straßenbaulastträger ihren Anteil am Ablösungsbetrag (Mehrerhaltungskosten) zu zahlen. Beide Beträge unterliegen nicht der Umsatzsteuerpflicht, da der Straßenbaulastträger kein Unternehmer im Sinne des UStG ist.

Beachte:

Für den Fall, dass es sich in vorliegendem Beispiel um eine Kreuzung von Bundeswasserstraße und Bundesfernstraße in der Baulast des Bundes gehandelt hätte und ausschließlich die Wasser- und Schifffahrtsverwaltung und auf Seiten der Straßenbauverwaltung die Auftragsverwaltung beteiligt gewesen wären, wäre zu prüfen, ob der Erlass WS 15/S 16/526.5/5 vom 17.02.2009 über die Abrechnungserleichterungen noch Gültigkeit hat und auf eine Ablösungsberechnung verzichtet werden könnte.

Beispiel 9 Neubau eines Straßentrogs mit anschließender Stützwand

Eine Bundesstraße kreuzt eine Bundesautobahn (BAB). Im Bereich der Kreuzung führt von der Bundesstraße aus eine Betriebszufahrt zur BAB. Der Bau einer Hochgeschwindigkeitsstrecke der DB Netz AG (NBS) parallel zu der bestehenden BAB hat zur Folge, dass die Betriebszufahrt zwischen den beiden, sich in Dammlage befindlichen Trassen (NBS/BAB), zu liegen kommt. Da die Zufahrt erhalten werden muss, wird im Anschluss an das vorhandene Brückenbauwerk (Bundesstraße mit BAB) ein Trogbauwerk mit anschließender Stützwand erforderlich. Die zukünftige Erhaltungslast liegt beim Straßenbaulastträger. Die Herstellung des Trogs erfolgt unter Einbau von Spundbohlen entlang der beiden Trassen bzw. durch steilere Abgrabungen in Teilbereichen der flachen und breiten Böschungen. Baudurchführender ist der Straßenbaulastträger.

Für die fiktive Erneuerung des in 2011 erstmals erstellten Bauwerks wird vorausgesetzt, dass diese unter Aufrechterhaltung des Eisenbahn- und Straßenverkehrs stattfinden muss und die Betriebszufahrt während der Bauzeit gesperrt werden kann. Weiter wird davon ausgegangen, dass bei der zukünftigen Erneuerung die gleichen

E 11

Bauzustände erforderlich werden wie bei der ersten Erstellung. Da Stützwand und Trog die gleichen Werte für die theoretische Nutzungsdauer/jährliche Unterhaltungskosten aufweisen ist nur eine Berechnung erforderlich.

Es handelt es sich hierbei nicht um eine Maßnahme nach EKrG/FStrG, sondern um eine Folgemaßnahme bedingt durch den Bau einer neuen Eisenbahnstrecke. Die Ablösung der zukünftigen Erhaltungskosten für Trog/Stützwand ist im Rahmen der Planfeststellung geregelt worden.

1. Angabe zu den Bauwerken

Zeile		Neues Bauwerk Trog einschl. Stützwand	Einheit

1.1 Angaben zu dem erstellten Bauwerk

1	Jahr der verkehrsbereiten Fertigstellung	2011	
2	Bauart	Stahlbeton	
3	Theoretische Nutzungsdauer	110	Jahre
4	Restnutzungsdauer n	110	Jahre

1.2 Angaben zu den bei der nächsten Erneuerung zu erstellenden Bauwerken

5	Bauart	Stahlbeton	
6	Theoretische Nutzungsdauer m	110	Jahre
7	Prozentsatz der jährl. Unterhaltungskosten p	0,5	v.H.
8	Reine Baukosten (brutto)	950.000	EURO
	Kosten für Abbruch, Behelfszustände und Betriebserschwernisse (brutto)	250.000	EURO
	10 % Verwaltungskosten	120.000	EURO
	Erneuerungskosten K_e	**1.320.000**	**EURO**
9	Reine Baukosten (brutto)	950.000	EURO
	10 % Verwaltungskosten	95.000	EURO
	Kosten K_u	**1.045.000**	**EURO**

2. Berechnung der kapitalisierten Erhaltungskosten

$$E_{neu} = \frac{\left(1 + \frac{z}{100}\right)^{m-n}}{\left(1 + \frac{z}{100}\right)^{m} - 1} \cdot K_e + \frac{p}{z} \cdot K_u$$

E_{neu} = Kapitalisierte Erhaltungskosten des neuen Bauwerks; $\quad$ z = 4 v.H.

2.1 Trog/Stützwand

$E_{neu} = \frac{1{,}04^{110-110}}{1{,}04^{110} - 1} \cdot 1.320.000 + \frac{0{,}5}{4} \cdot 1.045.000$

$E_{neu} = 0{,}0136 \cdot 1.320.000 + 0{,}125 \cdot 1.045.000$

$E_{neu} = 17.896 + 130.625 = 148.521$ EUR

2.2 Kapitalisierte Erhaltungskosten für Trog/Stützwand

E_{neu} = 148.500 EUR (gerundet)

3. Ergebnis

Für den Straßenbaulastträger ergeben sich zukünftig Erhaltungskosten, die die DB Netz AG ihm abzulösen hat.

Der Ablösungsbetrag ergibt sich aus:

A = E_{neu}

A = 148.500 EUR

Da der Erhaltungspflichtige, der Straßenbaulastträger kein Unternehmer im Sinne des Umsatzsteuergesetzes ist, sind der Berechnung des Ablösungsbetrages Bruttopreise zu Grunde zu legen; aus gleichem Grund ist bei Zahlung des Ablösungsbetrages von der DB Netz AG an den Straßenbaulastträger dieser nicht der Umsatzsteuer zu unterwerfen.

4. Zahlung

4.1 für den Zahlungsvorgang erforderliche Angaben

Aufstellen der Berechnung durch die zuständige Auftragsverwaltung (AV)

verkehrsbereite Fertigstellung:	30.11.2011
Vorlage der Berechnung bei der DB Netz AG	30.04.2012
Fälligkeitstag:	*30.10.2012*
Abschluss der Prüfung bei der DB Netz AG	————
Gutschrift auf Empfängerkonto (SBL)	————

4.2 Fristüberschreitung

Der Aufsteller der Ablösungsberechnung ist gleichzeitig auch der Empfänger des Ablösungsbetrages. Dem prüfenden Kreuzungsbeteiligten wurde die Berechnung zeitgerecht vorgelegt. Seitens der DB Netz AG erfolgte weder eine Bestätigung der Berechnung noch hat der Straßenbaulastträger eine Zahlung erhalten. Die Verjährung beginnt am 31.12.2012 und tritt ein am 01.01.2016.

4.3 zu zahlender Endbetrag

In vorliegendem Beispiel wäre der Anspruch verjährt und gegenüber der DB Netz AG nicht mehr durchsetzbar.

Hinweis: Die erstmaligen Erstellungskosten (Brutto) für den Straßentrog mit anschließender Stützwand sind von der DB Netz AG als Veranlasser der Maßnahme zu tragen. Die zukünftige Erhaltung obliegt dem Straßenbaulastträger, auch wenn er keinen Ablösungsbetrag erhalten hat.

Beispiel 10 Höhengleicher Anschluss einer Kreisstraße an eine Bundesstraße

An eine bestehende Bundesstraße wird eine Kreisstraße höhengleich angeschlossen. Die Ausbildung der Einmündung erfolgt nach RAS-K-1, Einmündung mit Links- und Rechtsabbiegerstreifen. Baudurchführender ist der Baulastträger der Kreisstraße

1. **Angaben zu den Bauteilen, für welche die Erhaltungskosten abgelöst werden sollen**

Lfd. Nr.	Bauteil	Herstellungskosten[3] (brutto) EURO	theoretische Nutzungsdauer m Jahre	Jährliche Unterhaltungskosten p [v.H.]
1	*2*	*3*	*4*	*5*
1	Tragschicht ohne Bindemittel (d = 23 cm)	45.300	80	0,0
2	Tragschicht aus Asphalt (d = 14 cm)	42.195	40	0,0
3	Asphaltbinderschicht (d = 4 cm)	14.872	20	0,0
4	Deckschicht aus Asphaltbeton (d = 4 cm)	17.875	15	2,0
5	Bordsteine aus Beton	2.340	40	0,5
6	Entwässerungseinrichtungen innerhalb des Straßenkörpers	2.808	80	0,5

---

3 Einschl. anteiliger Baustelleneinrichtungskosten.

Teil E Anhang

Lfd. Nr.	Bauteil	Herstellungskosten (brutto) EURO	theoretische Nutzungsdauer m Jahre	Jährliche Unterhaltungskosten p [v.H.]
7	Straßenablauf	2.028	50	1,0
8	Vorgefertigtes Markierungssystem	3.710	4	0,0
9	Farbmarkierung für schwach belastete Straßen	1.040	3	0,0
10	Verkehrsschilder bis 1m²	4.466	10	3,0
11	Verkehrsschilder über 1 m²	11.655	15	3,0
12	Leitpfosten	500	10	10,0
13	Signalmaste	10.500	30	4,0
14	Signalgeber	12.360	20	4,0
15	Signalsteuergerät	25.190	15	4,0
16	Kabel	9.620	30	0,0
17	Kabelschächte	11.400	50	0,0
18	Induktionsschleifen	2.940	7	0,0
19	Energiekosten der LSA[4]			
20	Winterdienst[5]			

---

4 Gesonderte Berechnung nach Erfahrungswerten.
5 Wie vor.

E 11

2. Ermittlung der kapitalisierten Erhaltungskosten (E_{neu})

$$E_{neu} = \frac{\left(1+\frac{z}{100}\right)^{m-n}}{\left(1+\frac{z}{100}\right)^m - 1} \cdot K_e + \frac{p}{z} \cdot K_u$$

Bei m = n und z = 4 v.H. ergibt sich:

Lfd. Nr.	Bauteil	m = n Jahre	p v.H.	Baukosten (brutto) EURO	K_e (Baukosten + Abbruch[6] etc. + 10 % VK) EURO	K_u (Baukosten + 10 % VK) EURO	$\frac{1}{1{,}04^m - 1} \cdot K_e$ EURO	$\frac{p}{4} \cdot K_u$ EURO	Kapitalisierte Erhaltungskosten EURO
1	2	3	4	5	6	7	8	9	10 = 8+9
1	Tragschicht ohne Bindemittel	80	0,0	45.300	66.660	49.830	3.023	0	3.023
2	Tragschicht aus Asphalt	40	0,0	42.195	56.645	46.415	14.903	0	14.903
3	Asphaltbinderschicht	20	0,0	14.872	19.329	16.359	16.228	0	16.228
4	Deckschicht aus Asphaltbeton	15	2,0	17.875	22.633	19.662	28.258	9.831	38.089
5	Bordsteine aus Beton	40	0,5	2.340	2.574	2.574	677	322	999
6	Entwässerungseinrichtungen …	80	0,5	2.808	3.089	3.089	140	386	526
7	Straßenablauf	50	1,0	2.028	2.231	2.231	365	558	923
8	Vorgefertigtes Markierungssystem	4	0,0	3.710	4.081	4.081	24.026	0	24.026
9	Farbmarkierung für schwach …	3	0,0	1.040	1.144	1.144	9.162	0	9.162
10	Verkehrsschilder bis 1 m²	10	3,0	4.466	4.913	4.913	10.230	3.685	13.915
11	Verkehrsschilder über 1 m²	15	3,0	11.655	12.821	12.821	16.007	9.616	25.623
12	Leitpfosten	10	10,0	500	550	550	1.145	1.375	2.520
13	Signalmaste	30	4,0	10.500	11.550	11.550	5.148	11.550	16.698
14	Signalgeber	20	4,0	12.360	13.596	13.596	11.414	13.596	25.010
15	Signalsteuergerät	15	4,0	25.190	27.709	27.709	34.595	27.709	62.304
16	Kabel	30	0,0	9.620	10.582	10.582	4.717	0	4.717
17	Kabelschächte	50	0,0	11.400	12.540	12.540	2.053	0	2.053
18	Induktionsschleifen	7	0,0	2.940	3.234	3.234	10.236	0	10.236
19	Energiekosten der LSA	siehe nachstehende gesonderte Berechnung							74.250
20	Winterdienst	wie vor							6.450
	Summe E_{neu}								**351.655**

[6] (Kosten für Abbruch, Behelfe, Betriebserschwernisse (insgesamt für lfd. Nr. 1–18: geschätzt: 30.000 EUR) werden im Verhältnis der zu erneuernden Schichten aufgeteilt und den Baukosten dieser Schichten zugerechnet).

505

Teil E Anhang

Ablösungsbetrag für den Energieverbrauch (brutto)

Lfd. Nr. 19	Stromkosten einschließlich der Grundgebühren, Zählermiete usw. der LSA	
	Monatliche Kosten	225,00 EUR
	Jahreskosten 225,00 EUR · 12	2.700,00 EUR/a
	Verwaltungskostenzuschlag 10 %	270,00 EUR/a
		K_u = 2.970 EUR/a

$$A = E_{neu} = E_u = \frac{K_u}{z} = \frac{2.970 \cdot 100}{4} = 74.250 \text{ EUR}$$

Ablösungsbetrag für den Winterdienst (brutto)

Abgelöst werden die Winterdienstkosten nur auf den durch den Anschluss der neuen Straße bedingten Zusatzflächen auf der Bundesstraße. Außer Ansatz bleiben die Flächen im Einmündungsbereich der neuen Straße.

Lfd. Nr. 20	Kosten Winterdienst	
	Aufweitungsflächen der Fahrbahn der Bundesfernstraße (Links- und Rechtsabbiegerstreifen einschließlich der Verziehungsstrecken):	670 m²
	Winterdienstkosten im langjährigen Mittel auf dem maßgebenden Straßenzug	0,35 EUR/(m² · a)
	Jährliche Winterdienstkosten auf den Aufweitungsflächen: 670m² · 0,35 EUR/(m² · a)	234,50 EUR/a
	Verwaltungskostenzuschlag 10 %	23,45 EUR/a
		K_u = 258 EUR/a (rd.)

$$A = E_{neu} = E_u = \frac{K_u}{z} = \frac{258 \cdot 100}{4} = 6.450 \text{ EUR}$$

3. Ergebnis

Für den Baulastträger der Bundesstraße ergeben sich zukünftige Erhaltungskosten. Diese sind ihm vom Baulastträger der Kreisstraße abzulösen; dem Bund obliegt künftig die Unterhaltung und Erhaltung der Kreuzung einschließlich Signalanlage und Winterdienst.

Der Ablösungsbetrag ergibt sich aus:

$A = \Sigma E_{neu}$

$A = 351.700$ EUR (gerundet)

E 11

Da der Bund als Erhaltungspflichtiger kein Unternehmer im Sinne des Umsatzsteuergesetzes ist, sind der Berechnung des Ablösungsbetrages Bruttopreise zu Grunde zu legen; aus gleichem Grund ist bei Zahlung des Ablösungsbetrages vom Baulastträger der Kreisstraße an den Baulastträger der Bundesstraße dieser nicht der Umsatzsteuer zu unterwerfen.

4. Zahlung

4.1 für den Zahlungsvorgang erforderliche Angaben

Aufstellen der Berechnung durch den Baulastträger der Kreisstraße
verkehrsbereite Fertigstellung: 22.04.2011
Vorlage der Berechnung bei der zuständigen Auftragsverwaltung (AV): 25.11.2011
Fälligkeitstag: *25.05.2012*
Bestätigung der Prüfung durch AV: 23.03.2012
Gutschrift auf Empfängerkonto (AV): 19.04.2012

4.2 Fristüberschreitung

Der Aufsteller der Ablösungsberechnung ist gleichzeitig auch der zur Zahlung verpflichtete Kreuzungsbeteiligte. Da er dem prüfenden Kreuzungsbeteiligten die Berechnung später als 6 Monate nach der verkehrsbereiten Fertigstellung vorgelegt hat, fällt für den Zeitraum vom 23.10.2011 bis 24.11.2011 (33 Tage) ein Zuschlag in Höhe von 4 % an, auch wenn der Zahlungsbetrag innerhalb von 12 Monaten gutgeschrieben worden ist.

4.3 zu zahlender Endbetrag

Unter Berücksichtigung der Fristüberschreitung hat der Baulastträger der Kreisstraße folgenden Endbetrag zu zahlen:

351.700 EUR + [(351.700 EUR × 0,04) : 365 Tage] × 33 Tage

351.700 EUR + 1.272 EUR = **352.972 EUR** gerundet

Beispiel 11 Anschluss einer Landesstraße an eine neue Autobahn

Eine bestehende Landesstraße wird von einer neuen Autobahn gekreuzt und an diese angeschlossen. Die bisher geländegleich geführte Landesstraße wird abgesenkt und künftig in einem Einschnitt geführt. Wegen des zeitweise hohen Grundwasserstandes muss eine Grundwasserwanne (GW) mit Pumpstation und Leichtflüssigkeitsabscheider angelegt werden. Die Einmündungen der Anschlussäste werden nach RAS-K-1 mit Linksabbiegerstreifen und Ausfahrkeil ausgebildet. Baudurchführende ist die zuständige Auftragsverwaltung (AV).

Teil E Anhang

1. Angaben zu den Bauteilen, für welche die Erhaltungskosten abgelöst werden sollen

Lfd. Nr.	Bauteil	Herstellungskosten[7] (brutto) EURO	theoretische Nutzungsdauer m Jahre	Jährliche Unterhaltungskosten p [v.H.]
1	2	3	4	5
1	Trogbauwerk aus Stahlbeton	2.496.000	110	0,5
2	Stützkonstruktion (Gabionen)	13.984	50	0,2
3	Tragschicht ohne Bindemittel (d = 19 cm)	24.160	80	0,0
4	Tragschicht aus Asphalt (d = 14 cm)	23.280	40	0,0
5	Asphaltbinderschicht (d = 8 cm)	8.320	20	0,0
6	Deckschicht aus Asphaltbeton (d = 4 cm)	10.000	15	2,0
7	Bordsteine aus Beton	4.680	40	0,5
8	Entwässerungseinrichtungen innerhalb des Straßenkörpers	32.760	80	0,5
9	Rohrleitungen zum Vorfluter	45.240	80	2,0
10	Pumpanlage, baulicher Teil	32.240	50	1,0
11	Pumpanlage, mechanischer und elektrotechnischer Teil	59.746	15	2,0
12	Sickerrohrleitungen	13.000	60	2,0
13	Mulden	2.640	50	5,0
14	Straßenabläufe, Prüfschächte	7.436	50	1,0
15	Vorgefertigtes Markierungssystem	5.230	4	0,0
16	Farbmarkierung für schwach belastete Straßen	1.980	3	0,0
17	Verkehrsschilder bis 1 m²	2.639	10	3,0
18	Verkehrsschilder über 1 m²	18.648	15	3,0
19	Energiekosten GW Wanne[8]			
20	Winterdienst[9]			

---

[7] Einschließlich anteiliger Baustelleneinrichtungskosten.
[8] Gesonderte Berechnung nach Erfahrungswerten.
[9] Wie vor.

E 11

2. Ermittlung der kapitalisierten Erhaltungskosten (E_{neu})

$$E_{neu} = \frac{\left(1+\frac{z}{100}\right)^{m-n}}{\left(1+\frac{z}{100}\right)^m - 1} \cdot K_r + \frac{p}{z} \cdot K_u$$

Bei $m = n$ und $z = 4$ v.H. ergibt sich:

Lfd. Nr.	Bauteil	$m = n$ Jahre	p v.H.	Baukosten (brutto) EURO	K_e (Baukosten + Abbruch[10] etc. + 10 % VK) EURO	K_u (Baukosten + 10 % VK) EURO	$\frac{1}{1,04^m - 1} \cdot K_e$ EURO	$\frac{p}{4} \cdot K_u$ EURO	Kapitalisierte Erhaltungskosten EURO
1	2	3	4	5	6	7	8	9	10 = 8+9
1	Trogbauwerk aus Stahlbeton	110	0,5	2.496.000	3.570.600	2.745.600	48.409	343.200	391.609
2	Stützkonstruktion (Gabionen)	50	0,2	13.984	20.002	15.382	3.275	769	4.044
3	Tragschicht ohne Bindemittel	80	0,0	24.160	45.056	26.576	2.043	0	2.043
4	Tragschicht aus Asphalt	40	0,0	23.280	39.248	25.608	10.326	0	10.326
5	Asphaltbinderschicht	20	0,0	8.320	17.072	9.152	14.333	0	14.333
6	Deckschicht aus Asphaltbeton	15	2,0	10.000	14.960	11.000	18.678	5.500	24.178
7	Bordsteine aus Beton	40	0,5	4.680	5.346	5.346	1.406	668	2.074
8	Entwässerungseinrichtungen …	80	0,5	32.760	36.036	36.036	1.634	4.505	6.139
9	Rohrleitungen zum Vorfluter	80	2,0	45.240	49.764	49.764	2.257	24.882	27.139
10	Pumpanlage, baulicher Teil	50	1,0	32.240	35.464	35.464	5.807	8.866	14.673
11	Pumpanlage, mechanischer …	15	2,0	59.746	65.721	65.721	82.054	32.861	114.915
12	Sickerrohrleitungen	60	2,0	13.000	14.300	14.300	1.502	7.150	8.652
13	Mulden	50	5,0	2.640	2.904	2.904	476	3.630	4.106
14	Straßenabläufe, Prüfschächte	50	1,0	7.436	8.180	8.180	1.340	2.045	3.385
15	Vorgefertigtes Markierungssystem	4	0,0	5.230	5.753	5.753	33.869	0	33.869
16	Farbmarkierung für schwach …	3	0,0	1.980	2.178	2.178	17.443	0	17.443
17	Verkehrsschilder bis 1 m²	10	3,0	2.639	2.903	2.903	6.045	2.177	8.222
18	Verkehrsschilder über 1 m²	15	3,0	18.648	20.513	20.513	25.611	15.385	40.996
19	Energiekosten GW Wanne	siehe nachstehende gesonderte Berechnung							21.450
20	Winterdienst	wie vor							8.800
	Summe E_{neu}								758.396

[10] Kosten für Abbruch, Behelfe, Betriebserschwernisse (lfd. Nr. 1: geschätzt 750.000 EUR; lfd. Nr. 2: geschätzt 4.200 EUR
Kosten für Abbruch, Behelfe, Betriebserschwernisse (insgesamt für lfd. Nr. 3–18: geschätzt 40.000 EUR) werden im Verhältnis der zu erneuernden Schichten aufgeteilt und den Baukosten dieser Schichten zugerechnet.

Teil E Anhang

Ablösungsbetrag für den Energieverbrauch (brutto)

Lfd. Nr. 19	Stromkosten einschließlich der Grundgebühren, Zählermiete usw. für die Pumpanlage	
	Jahreskosten	780,00 EUR/a
		78,00 EUR/a
	Verwaltungskostenzuschlag 10 %	K_u = 858 EUR/a

$$A = E_{neu} = E_u = \frac{K_u}{z} = \frac{858 \cdot 100}{4} = 21.450 \text{ EUR}$$

Ablösungsbetrag für den Winterdienst (brutto)

Lfd. Nr. 20	Kosten Winterdienst	
	Fläche der Abbiegespuren	800 m²
	Winterdienstkosten im langjährigen Mittel	0,40 EUR/(m² · a)
	Jährliche Winterdienstkosten: 800m² · 0.40 EURO/(m² · a)	320,00 EUR/a
	Verwaltungskostenzuschlag 10 %	32,00 EUR/a
		K_u = 352 EUR/a

$$A = E_{neu} = E_u = \frac{K_u}{z} = \frac{352 \cdot 100}{4} = 8.800 \text{ EUR}$$

3. Ergebnis

Für den Baulastträger der Landesstraße ergeben sich zukünftige Erhaltungskosten. Diese sind ihm vom Baulastträger der neuen Bundesautobahn abzulösen; die Erhaltung der Grundwasserwanne einschließlich des Pumpbetriebs und des Winterdienstes wird Aufgabe des Baulastträgers der Landesstraße.

Der Ablösungsbetrag ergibt sich aus:

$A = \Sigma E_{neu}$

$A = 758.400$ EUR (gerundet)

Da das Land kein Unternehmer im Sinne des Umsatzsteuergesetzes ist, sind der Berechnung des Ablösungsbetrages Bruttopreise zu Grunde zu legen; aus gleichem Grund ist der Ablösungsbetrag bei Zahlung vom Baulastträger Bund an den Baulastträger der Landesstraße nicht der Umsatzsteuer zu unterwerfen.

4. Zahlung

4.1 für den Zahlungsvorgang erforderliche Angaben

Aufstellen der Berechnung durch die zuständige AV
verkehrsbereite Fertigstellung: 27.11.2012
Die Berechnung muss erstellt sein bis spätestens 27.05.2013
Fälligkeitstag: *26.06.2013*

Da das Land in vorliegendem Fall zum einen als Auftragsverwaltung für den Bund tätig wird und gleichzeitig als Straßenbaulastträger der Landesstraße betroffen ist, entfällt die Prüffrist und der Ablösungsbetrag muss spätestens 30 Tage nach Erstellung der Berechnung dem entsprechenden Haushaltstitel gut geschrieben sein.

4.2 Fristüberschreitung

Sofern die Erstellung der Berechnung und/oder die Zuweisung nicht fristgerecht erfolgen sollte, darf der Ablösungsbetrag nicht mit einem Zuschlag in Höhe 4 % zu Lasten des Bundes berechnet werden, da die Verantwortung für die Einhaltung dieser Fristen beim Land liegt.

4.3 zu zahlender Endbetrag

<u>758.400 EUR</u>

Beispiel 12 Anschluss einer neuen Gemeindestraße an eine Bundesstraße

An eine bestehende Bundesstraße wird eine neue Gemeindestraße angebunden. Aus Gründen der Leistungsfähigkeit ist die Einrichtung einer Linksabbiegespur notwendig. Aufgrund des überbreiten Querschnitts und der vorhandenen Befestigung der Bundesstraße ist eine bauliche Umgestaltung nicht erforderlich. Die Linksabbiegespur kann durch Ummarkierung hergestellt werden. Da im Rahmen der nächsten Erneuerung eine Reduzierung der Querschnittsbreite vorgesehen war, ist die durch Anlage der Linksabbiegespur künftig erforderliche Mehrbreite dem Baulastträger der durchgehenden Straße abzulösen. Der Neubau der Bundesstraße erfolgte 2003, die Anbindung der Gemeindestraße 2011. Baudurchführender ist die Kommune.

1. Detailinformationen

1.1 Angaben zur Linksabbiegespur

Fläche: 520 m² (Abbiegespur und Aufweitungen)
Befestigung: Bkl. III, Zeile 1 RStO 01
                4 cm Deckschicht (Deckschicht aus Asphaltbeton)
                4 cm Binderschicht (Asphaltbinderschicht)
                14 cm Tragschicht (Tragschicht aus Asphalt)
                38 cm Frostschutzschicht (Tragschicht ohne Bindemittel)

Teil E Anhang

1.2 Ermittlung der Kosten Fahrbahn

Bauteil	Herstellungskosten	Zuschlag Baustelleneinrichtung	Abbruchkosten (geschätzt)	Fläche	Baukosten ohne Abbruch (brutto)	Baukosten mit Abbruch (brutto)
	EURO/m²	EURO/m²	EURO/m²	m²	EURO	EURO
[1]	[2]	[3] = 0,04 · [2]	[4]	[5]	[6] = ([2]+[3]) × [5]	[7] = ([2] + [3] + [4]) × [5]
Tragschicht ohne Bindemittel	17,00	0,68	5,00	520	9.194	11.794
Tragschicht aus Asphalt	28,00	1,12	10,00	520	15.142	20.342
Asphaltbinderschicht	10,00	0,40	4,00	520	5.408	7.488
Deckschicht aus Asphaltbeton	12,00	0,48	4,00	520	6.490	8.570

1.3 Ermittlung der Kosten Fahrbahnmarkierung

Art der Markierung	Einheitspreis	Menge	Teilsumme
12er unterbrochen	5,80 EURO/m	57,00	331 EURO
12er durchgehend	5,80 EURO/m	84,70	491 EURO
12er Umrandung	5,80 EURO/m	262,60	1.523 EURO
50er Sperrfläche	7,80 EURO/m	117,85	919 EURO
50er Wartelinie	23,70 EURO/m	2,45	58 EURO
Richtungspfeil geradeaus	94,00 EURO/St.	3	282 EURO
Richtungspfeil links	94,00 EURO/St.	3	282 EURO
Richtungspfeil doppelt	112,00 EURO/St.	1	112 EURO
abzüglich normale Mittelmarkierung	5,80 EURO/m	119,25	– 692 EURO
Gesamtbetrag brutto			**3.306 EURO**

1.4 Ermittlung der Restnutzungsdauer n

Der Neubau der Bundesstraße erfolgte 2003. Insofern verbleiben vom Zeitpunkt der Fälligkeit der Ablösung in 2011 bis zur nächsten theoretischen Erneuerung der einzelnen Bauteile der vorhandenen Bundesstraße (zukünftige Linksabbiegespur der Gemeindestraße) folgende Restnutzungsdauern n:

Tragschicht ohne Bindemittel: $n = 80 - 8 = 72$ Jahre
Tragschicht aus Asphalt: $n = 40 - 8 = 32$ Jahre
Asphaltbinderschicht: $n = 20 - 8 = 12$ Jahre
Deckschicht aus Asphaltbeton: $n = 15 - 8 = 7$ Jahre

Teil E Anhang

2. Ermittlung der kapitalisierten Erhaltungskosten (E_{neu})

$$E_{neu} = \frac{\left(1+\frac{z}{100}\right)^{m-n}}{\left(1+\frac{z}{100}\right)^m - 1} \cdot K_e + \frac{p}{z} \cdot K_u$$

Bei $z = 4$ v.H. ergibt sich:

Lfd. Nr.	Bauteil	m	n	p	K_e (Baukosten + Abbruch + 10 % VK)	K_u (Baukosten + 10 % VK)	$\frac{(1{,}04)^{m-n}}{(1{,}04)^m - 1} \cdot K_e$	$\frac{p}{4} \cdot K_u$	Kapitalisierte Erhaltungskosten
		Jahre	Jahre	v.H.	EURO	EURO	EURO	EURO	EURO
1	2	3	4	5	6	7	8	9	10 = 8+9
1	Tragschicht ohne Bindemittel	80	72	0,0	12.973	10.113	805	0	805
2	Tragschicht aus Asphalt	40	32	0,0	22.376	16.656	8.057	0	8.057
3	Asphaltbinderschicht	20	12	0,0	8.237	5.949	9.464	0	9.464
4	Deckschicht aus Asphaltbeton	15	7	2,0	9.427	7.139	16.108	3.570	19.678
5	Vorgefertigtes Markierungssystem	4	4	0,0	3.637	3.637	21.412	0	21.412
6	Winterdienst	Siehe nachstehende gesonderte Berechnung							5.000
	Summe E_{neu}								64.416

514

E 11

Ablösungsbetrag für den Winterdienst (brutto)

Lfd. Nr. 6	Kosten Winterdienst	
	Fläche der Linksabbiegespur	520 m²
	Winterdienstkosten im langjährigen Mittel auf dem maßgebenden Straßenzug	0,35 EUR/(m² · a)
	Jährliche Winterdienstkosten: 520m² · 0.35 EUR/(m² · a)	182,00 EUR/a
	Verwaltungskostenzuschlag 10 %	18,20 EUR/a
		K_u = 200 EUR/a (rd.)

$$A = E_{neu} = E_u = \frac{K_u}{z} = \frac{200 \cdot 100}{4} = 5.000 \text{ EUR}$$

3. Ergebnis

Für den Baulastträger der Bundesstraße ergeben sich zukünftige Erhaltungskosten. Diese sind ihm vom Baulastträger der Gemeindestraße abzulösen; dem Bund obliegt künftig die Erneuerung und Unterhaltung der Linksabbiegespur im Zuge der Bundesstraße einschließlich der zugehörigen Markierungen.

Der Ablösungsbetrag ergibt sich aus:

A = Σ Eneu

A = 64.400 EUR (gerundet)

Da der Bund als Erhaltungspflichtiger kein Unternehmer im Sinne des Umsatzsteuergesetzes ist, sind der Berechnung des Ablösungsbetrages Bruttopreise zu Grunde zu legen; aus gleichem Grund ist bei Zahlung des Ablösungsbetrages vom Baulastträger der Gemeindestraße an den Baulastträger der Bundesstraße dieser nicht der Umsatzsteuer zu unterwerfen.

4. Zahlung

4.1 für den Zahlungsvorgang erforderliche Angaben

Aufstellen der Berechnung durch den Baulastträger der Gemeindestraße
verkehrsbereite Fertigstellung: 25.07.2011
Vorlage der Berechnung bei der zuständigen Auftragsverwaltung (AV): 22.12.2011
Fälligkeitstag: *22.06.2012*
Bestätigung der Prüfung durch AV: 04.05.2012
Gutschrift auf Empfängerkonto (AV): 22.06.2012

Teil E Anhang

4.2 Fristüberschreitung

Keine; alle Fristen gemäß ABBV wurden eingehalten.

4.3 zu zahlender Endbetrag

Der Baulastträger der Gemeindestraße hat an die zuständige AV einen Ablösungsbetrag in Höhe von **64.400 EURO** zu zahlen.

Beispiel 13 Umbau einer bestehenden Einmündung zu einem Kreisverkehr

Der bestehende Anschluss einer Bundesstraße mit einer Gemeindestraße wird aus Gründen der Leistungsfähigkeit und Verkehrssicherheit durch das Hinzukommen eines vierten Astes zu einem Kreisverkehr umgebaut. Auslöser für den Umbau ist die Anbindung eines neuen Gewerbegebietes. Der Umbau der Einmündung erfolgte 2010. Baudurchführender ist die Kommune, die auch die Baukosten und die Ablösekosten zu tragen hat.

1. **Detailinformationen**

   1.1 **Angaben zur vorhandenen Asphaltbefestigung**

   Fläche: 2.450 m² (durchgehende Fahrbahn)
   Befestigung: Bkl. III, Zeile 1 RStO 01
                   4 cm Deckschicht (Deckschicht aus Asphaltbeton)
                   4 cm Binderschicht aus Asphalt
                   14 cm Tragschicht (Tragschicht aus Asphalt)
                   38 cm Frostschutzschicht (Tragschicht ohne Bindemittel)

   1.2 **Angaben zur neuen Asphaltbefestigung**

   Fläche: 3.300 m²
   Befestigung: Bkl. II, Zeile 1 RStO 01
                   4 cm Deckschicht (Deckschicht aus Asphaltbeton)
                   8 cm Binderschicht aus Asphalt
                   14 cm Tragschicht (Tragschicht aus Asphalt)
                   38 cm Frostschutzschicht (Tragschicht ohne Bindemittel)

1.3 Ermittlung der Kosten Fahrbahn

Bestehende Fahrbahn

Bauteil	Herstellungskosten	Zuschlag Baustelleneinrichtung	Abbruchkosten (geschätzt)	Fläche	Baukosten ohne Abbruch (brutto)	Baukosten mit Abbruch (brutto)
	EURO/m²	EURO/m²	EURO/m²	m²	EURO	EURO
[1]	[2]	[3] = 0,04 · [2]	[4]	[5]	[6] = ([2] + [3]) · [5]	[7] = ([2] + [3] + [4]) · [5]
Tragschicht ohne Bindemittel	10,00	0,4	1,00	2.450	25.480,00	27.930,00
Tragschicht aus Asphalt	22,00	0,88	2,20	2.450	56.056,00	61.446,00
Asphaltbinderschicht	10,00	0,4	1,00	2.450	25.480,00	27.930,00
Deckschicht aus Asphaltbeton	12,00	0,48	1,20	2.450	30.576,00	33.516,00

Kreisverkehr und Anschlussbereich

Bauteil	Herstellungskosten	Zuschlag Baustelleneinrichtung	Abbruchkosten (geschätzt)	Fläche	Baukosten ohne Abbruch (brutto)	Baukosten mit Abbruch (brutto)
	EURO/m²	EURO/m²	EURO/m²	m²	EURO	EURO
[1]	[2]	[3] = 0,04 · [2]	[4]	[5]	[6] = ([2] + [3]) · [5]	[7] = ([2] + [3] + [4]) · [5]
Tragschicht ohne Bindemittel	10,00	0,4	1,00	3.300	34.320,00	37.620,00
Tragschicht aus Asphalt	22,00	0,88	2,20	3.300	75.504,00	82.764,00
Asphaltbinderschicht	10,00	0,4	1,00	3.300	34.320,00	37.620,00
Zusätzliche Asphaltbinderschicht	10,00	0,4	1,00	800	8.320,00	9.120,00
Deckschicht aus Asphaltbeton	12,00	0,48	1,20	3.300	41.184,00	45.144,00

Teil E Anhang

Mehrkosten Fahrbahn (bestehende Fahrbahn – Kreisverkehr)

Bauteil	Herstellungskosten	Zuschlag Baustelleneinrichtung	Abbruchkosten (geschätzt)	Fläche	Baukosten ohne Abbruch (brutto)	Baukosten mit Abbruch (brutto)
	EURO/m²	EURO/m²	EURO/m²	m²	EURO	EURO
[1]	[2]	[3] = 0,04 · [2]	[4]	[5]	[6] = ([2] + [3]) · [5]	[7] = ([2] + [3] + [4]) · [5]
Tragschicht ohne Bindemittel	10,00	0,4	1,00	850	8.840,00	9.690,00
Tragschicht aus Asphalt	22,00	0,88	2,20	850	19.448,00	21.318,00
Asphaltbinderschicht	10,00	0,4	1,00	850	8.840,00	9.690,00
Zusätzliche Asphaltbinderschicht	10,00	0,4	1,00	800	8.320,00	9.120,00
Deckschicht aus Asphaltbeton	12,00	0,48	1,20	850	10.608,00	11.628,00

1.4 Ermittlung der Kosten Pflasterarbeiten

Bauteil	Herstellungskosten	Zuschlag Baustelleneinrichtung	Abbruchkosten (geschätzt)	Menge	Baukosten ohne Abbruch (brutto)	Baukosten mit Abbruch (brutto)
	EURO/ Einheit	EURO/ Einheit	EURO/ Einheit		EURO	EURO
[1]	[2]	[3] = 0,04 · [2]	[4]	[5]	[6] = ([2] + [3]) · [5]	[7] = ([2] + [3] + [4]) · [5]
Granitgroßpflaster	60,00	2,4	6,00	210 m²	13.104,00	14.364,00
Granithochbord	30,00	1,20	3,00	10 m	312,00	342,00
Pflasterdecke Granitkleinpflaster	55,00	2,20	5,50	70 m²	4.004,00	4.389,00

1.5 Sonstige Kosten

Bauteil	Herstellungskosten	Zuschlag Baustelleneinrichtung	Abbruchkosten (geschätzt)	Menge	Baukosten ohne Abbruch (brutto)	Baukosten mit Abbruch (brutto)
	EURO/ Einheit	EURO/ Einheit	EURO/ Einheit		EURO	EURO
[1]	[2]	[3] = 0,04 · [2]	[4]	[5]	[6] = ([2] + [3]) · [5]	[7] = ([2] + [3] + [4]) · [5]
Oberboden Mittelinsel	2,00	0,08	0,20	60 m³	124,80	136,80
Kunststoffrohrleitungen	25,00	1,00	2,50	90 m	2.340,00	2.565,00
Straßenablauf	200,00	8,00	14,00	4 St	832,00	888,00

1.6 Ermittlung der Markierungsmehrkosten/Beschilderungsmehrkosten

Die Markierungsmehrkosten betragen in vorliegendem Fall 2.000,00 € (Thermoplastik) Die Beschilderungsmehrkosten betragen in vorliegendem Fall 5.000,00 €.

Teil E   Anhang

2. Ermittlung der kapitalisierten Erhaltungskosten (E_{neu})

$$E_{neu} = \frac{\left(1+\frac{z}{100}\right)^{m-n}}{\left(1+\frac{z}{100}\right)^m - 1} \cdot K_e + \frac{p}{z} \cdot K_u$$

Bei $z = 4$ v.H. ergibt sich:

Lfd. Nr.	Bauteil	m	n	p	K_e (Baukosten + Abbruch + 10 % VK)	K_u (Baukosten + 10 % VK)	$\frac{(1{,}04)^{m-n}}{(1{,}04)^m - 1} \cdot K_e$	$\frac{p}{4} \cdot K_u$	Kapitalisierte Erhaltungskosten
		Jahre	Jahre	v.H.	EURO	EURO	EURO	EURO	EURO
1	2	3	4	5	6	7	8	9	10 = 8+9
1	Tragschicht ohne Bindemittel	80	80	0,0	10.659	9.724	588	0	588
2	Tragschicht aus Asphalt	40	40	0,0	23.450	21.393	6.169	0	6.169
3	Asphaltbinderschicht	20	20	0,0	10.659	9.724	8.948	0	8.948
4	Zusätzliche Asphaltbinderschicht	20	20	0,0	10.032	9.152	8.422	0	8.422
5	Deckschicht aus Asphaltbeton	15	15	2,0	12.791	11.669	15.969	5835	21.804
6	Granitgroßpflaster	80	80	0,5	15.800	14.414	717	1.802	2.519
7	Granithochbord	80	80	0,5	376	343	17	43	60
8	Pflasterdecke	25	25	3,0	4.828	4.404	2.898	3.303	6.201
9	Oberboden	100	100	8,0	150	137	3	274	277
10	Kunststoffrohrleitungen	60	60	2,0	2.822	2.574	296	1.287	1.583
11	Straßenablauf	50	50	1,0	977	915	160	229	389
12	Beschilderung	10	10	3,0	5.500	5.000	11.453	3.750	15.203
13	Markierung	2	2	0,0	2.000	1.500	24.509	0	24.509
14	Winterdienst	Siehe nachstehende gesonderte Berechnung							9.350
	Summe E_{neu}								106.022

520

E 11

Ablösungsbetrag für den Winterdienst (brutto)

Lfd. Nr. 14	Kosten Winterdienst	
	Mehrfläche Kreisverkehr und Anschlussbereich	850 m²
	Winterdienstkosten im langjährigen Mittel auf dem maßgebenden Straßenzug	0,40 EUR/(m² · a)
	Jährliche Winterdienstkosten: 850m² · 0.40 EUR/(m² · a)	340,00 EUR/a
	Verwaltungskostenzuschlag 10 %	34,00 EUR/a
		K_u = 374 EUR/a (rd.)

$$A = E_{neu} = E_u = \frac{K_u}{z} = \frac{374 \cdot 100}{4} = 9.350 \text{ EUR}$$

3. Ergebnis

Für den Baulastträger der Bundesstraße ergeben sich Erhaltungsmehrkosten. Diese sind ihm vom Baulastträger der Gemeindestraße abzulösen; dem Bund obliegt künftig die Erneuerung und Unterhaltung des Kreisverkehrs im Zuge der Bundesstraße einschließlich der zugehörigen Ausstattung.

Der Ablösungsbetrag ergibt sich aus:

A = Σ Eneu

A = 106.000 EUR (gerundet)

Da der Bund als Erhaltungspflichtiger kein Unternehmer im Sinne des Umsatzsteuergesetzes ist, sind der Berechnung des Ablösungsbetrages Bruttopreise zu Grunde zu legen; aus gleichem Grund ist bei Zahlung des Ablösungsbetrages vom Baulastträger der Gemeindestraße an den Baulastträger der Bundesstraße dieser nicht der Umsatzsteuer zu unterwerfen.

4. Zahlung

4.1 für den Zahlungsvorgang erforderliche Angaben

Aufstellen der Berechnung durch den Baulastträger der Gemeindestraße
verkehrsbereite Fertigstellung: 26.07.2010
Vorlage der Berechnung bei der zuständigen Auftragsverwaltung (AV): 24.01.2011
Fälligkeitstag: *24.07.2011*
Bestätigung der Prüfung durch AV: 23.06.2011
Gutschrift auf Empfängerkonto (AV): 24.07.2011

Teil E Anhang

4.2 Fristüberschreitung

Keine; alle Fristen gemäß ABBV wurden eingehalten.

4.3 zu zahlender Endbetrag

Der Baulastträger der Gemeindestraße hat an die zuständige AV einen Ablösungsbetrag in Höhe von **106.000 EURO** zu zahlen.

E 12. DIN 1076; Ingenieurbauwerke im Zuge von Straßen und Wegen; Überwachung und Prüfung

ARS Nr. 25/1999
Sachgebiet 05.7: Brücken- und Ingenieurbau; Überwachung, Prüfung

Bonn, den 22. November 1999 S 25/38.55.40-01/108 Va 99

Überwachung und Prüfung; – DIN 1076, Ingenieurbauwerke im Zuge von Straßen und Wegen, Überwachung und Prüfung (Ausgabe November 1999)
a) Allgemeines Rundschreiben Straßenbau Nr. 4/1983 vom 5. April 1983 – StB 25/38.55.40-01/18 Va 83–
b) Allgemeines Rundschreiben Straßenbau Nr. 2/1998 vom 23. Januar 1998 – StB 25/12.20.72-30/109 Va 97–
c) Allgemeines Rundschreiben Straßenbau Nr. 3/1998 vom 30. Januar 1998 – StB 25/38.55.40-01/110 Va 97–

Anlage: Formblatt für die Dokumentation der laufenden Beobachtung und Besichtigung nach DIN 1076

Zur Durchführung der Bauwerksprüfung und zur Überwachung der Ingenieurbauwerke wurde die DIN 1076 in weiten Teilen überarbeitet und als Ausgabe November 1999 durch den Normenausschuss Bauwesen (NABau) im DIN neu herausgegeben.

Ich bitte die Norm DIN 1076, Ingenieurbauwerke im Zuge von Straßen und Wegen, Überwachung und Prüfung (Ausgabe November 1999) für den Geschäftsbereich der Bundesfernstraßen **ab sofort** anzuwenden.

Die Neuausgabe der DIN 1076 enthält folgende wesentliche Änderungen:
(1) Es wurde eine Definition aufgenommen, welche Bauwerke (Ingenieurbauwerke im Sinne der DIN 1076) nach DIN 1076 zu prüfen und zu überwachen sind. Alle anderen Bauwerke, die keine Ingenieurbauwerke im Sinne der DIN 1076 sind, unterliegen nicht der Pflicht der Prüfung und Überwachung nach DIN 1076, es sei denn, es wird von Ihnen etwas anderes festgelegt.
(2) Der Umfang der Einfachen Prüfung wurde dahingehend reduziert dass die Einfache Prüfung im wesentlichen eine vergleichende Prüfung zur Hauptprüfung ist.
Bei der Hauptprüfung werden im Prüfprogramm die Schäden gekennzeichnet, die bei der folgenden Einfachen Prüfung erneut zu prüfen sind.
(3) Die Laufende Beobachtung erfolgt zukünftig in der Regel nur noch zweimal jährlich, die Besichtigung wie bisher einmal jährlich.
Zur Dokumentation der laufenden Beobachtung und Besichtigung habe ich in der Anlage ein Formblau beigefügt, das ich zur Anwendung empfehle.

Teil E Anhang

(4) Ein Muster des neuen Bauwerksbuches nach DIN 1076 und ein Inhaltsverzeichnis ist im Anhang B (informativ) zur DIN beigefügt. Das Bauwerksbuch ist auf der Grundlage der Anweisung Straßeninformationsbank (ASS) – Teilsystem Bauwerksdaten – mittels eines Programmsystems automatisch aus den erfassten Daten zu erstellen.
Näheres zur ASB-Teilsystem Bauwerksdaten und zum Programmsystem ist dem Allgemeinen Rundschreiben Straßenbau Nr. 2/1998 zu entnehmen.

(5) Bei der künftigen Vorlage von Instandsetzungsentwürfen bitte ich weiterhin ein Exemplar des neuen Bauwerksbuches nach DIN 1076 auf Basis der ASB-Teilsystem Bauwerksdaten beizufügen.

Im Interesse einer einheitlichen Regelung würde ich es begrüßen, wenn für Bauvorhaben in Ihrem Zuständigkeitsbereich entsprechend verfahren würde.

Der Geschäftsbereich Wasserstraßen meines Hauses wird sinngemäß verfahren.

Die Allgemeinen Rundschreiben Straßenbau Nr. 4/1983 vom 5. April 1983, StB 25/38.55.40-01/18 Va 83 und Nr. 3/1998 vom 30. Januar 1998, StB 25/38.55.40-01/110 Va 97 sind überholt und werden hiermit aufgehoben.

BW-Nr.: .... Straße: ....

BW-Name: ....

Besichtigung nach DIN 1076 (Abschnitt 6.2)

Anlaß: ☐ jährlich ☐ nach Hochwasser
☐ nach Unfall ☐ nach Unwetter
☐ ....

Die Besichtigung wurde durchgeführt am ....
durch ....

☐ keine Veränderung gegenüber der letzten Besichtigung/Beobachtung

☐ es wurden folgende neue Mängel/Schäden festgestellt:

....

....

....

☐ Sonderprüfung nach DIN 1076 wurde veranlaßt

....
Unterschrift Leiter AM/SM

E 12

Laufende Beobachtung nach DIN 1076 (Abschnitt 6.3)

1. Beobachtung	2. Beobachtung
durchgeführt am	durchgeführt am ....
☐ keine Veränderung gegenüber der letzten Besichtigung/Beobachtung	☐ keine Veränderung gegenüber der letzten Besichtigung/Beobachtung
☐ es wurden neue Mängel/Schäden festgestellt (siehe Rückseite)	☐ es wurden neue Mängel/Schäden festgestellt (siehe Rückseite)
☐ Sonderprüfung nach DIN 1076 wurde veranlaßt	☐ Sonderprüfung nach DIN 1076 wurde veranlaßt
Unterschrift	Unterschrift ....
Gesehen	Gesehen ....
Leiter AM/SM	Leiter AM/SM

Mangel/Schäden 1. Beobachtung:

....

....

....

....

....

Mangel/Schäden 1. Beobachtung:

....

....

....

....

....

Teil E Anhang

Auszug aus DIN 1076 (Abschnitt 6)

6.2 Besichtigung

Alle Ingenieurbauwerke sind regelmäßig einmal ohne größere Hilfsmittel wie Besichtigungsfahrzeuge, Rüstung usw. aber unter Benutzung von am Bauwerk vorhandenen Besichtigungseinrichtungen, von begehbaren Hohlräumen des Bauwerks, von der Verkehrsebene und dem Geländeniveau, soweit zugänglich, auf offensichtliche Mängel/Schäden zu besichtigen.

Von der Besichtigung ausgenommen sind die Jahre, in denen eine Haupt- bzw. eine Einfache Prüfung erfolgt.

Dabei sind insbesondere folgende Feststellungen zu protokollieren:
- Außergewöhnliche Veränderungen am Bauwerk,
- erhebliche Schäden an und Fehlen von Verkehrszeichen, Schutzeinrichtungen und Absturzsicherungen
- erhebliche Schäden und Verunreinigungen an Entwässerungseinrichtungen und Übergangskonstruktionen,
- erhebliche Schäden an Belägen,
- erhebliche Anprallschäden und Betonabplatzungen, auffallende Risse,
- augenscheinliche Verformungen und Verschiebungen des Bauwerkes,
- Schäden an Böschungen; Auskolkungen und Anlandungen in Gewässern.

Darüber hinaus sind die Bauwerke nach außergewöhnlichen Ereignissen, die die Stand- und Verkehrssicherheit der Bauwerke beeinträchtigen können, wie z.B. nach Ablauf jedes größeren Hochwassers oder Eisganges und nach schweren Unfällen von Kraftfahrzeugen zu besichtigen.

6.3 Laufende Beobachtung

Alle Ingenieurbauwerke sind im Rahmen der allgemeinen Überwachung des Verkehrsweges in bezug auf deren Verkehrssicherheit **laufend** im Rahmen der Streckenkontrolle zu beobachten.

Darüber hinaus sind in der Regel **zweimal jährlich** alle Bauteile ohne besondere Hilfsmittel von Verkehrsebene und Geländeniveau aus auf offensichtliche Mängel/ Schäden zu beobachten. Dabei sollen nur erhebliche und evtl. die Stand- bzw. Verkehrssicherheit gefährdende Mängel/Schäden protokolliert werden.

Die Besichtigung nach Abschnitt 6.2. bleibt unberührt.

E 13. Richtlinien zur einheitlichen Erfassung, Bewertung, Aufzeichnung und Auswertung von Ergebnissen der Bauwerksprüfung nach DIN 1076 (RI-EBW-PRÜF)

ARS Nr. 10/2013
Sachgebiet 05.7:   Brücken- und Ingenieurbau; Überwachung und Prüfung

Prüfung und Überwachung von Brücken, Tunneln und anderen Ingenieurbauwerken

Richtlinie zur einheitlichen Erfassung, Bewertung, Aufzeichnung und Auswertung von Ergebnissen der Bauwerksprüfung nach DIN 1076 (RI-EBW-PRÜF)

Allgemeines Rundschreiben Straßenbau Nr. 12/2007 vom 30.11.2007 – S 18/7197.40/10-773453 –

Aktenzeichen: StB 17/7197.40/10-1972997
Datum: Bonn, 12.06.2013

Anlage: Richtlinie zur einheitlichen Erfassung, Bewertung, Aufzeichnung und Auswertung von Ergebnissen der Bauwerksprüfung nach DIN 1076, (RI-EBW-PRÜF), Ausgabe 03/2013

A.

(1) Auf Grund technischer Weiterentwicklungen im Brücken- und Ingenieurbau und im Programmsystem SIB-Bauwerke wurden umfangreiche Änderungen und Ergänzungen in der Richtlinie zur einheitlichen Erfassung, Bewertung, Aufzeichnung und Auswertung von Ergebnissen der Bauwerksprüfungen nach DIN 1076 (RI-EBW-PRÜF) erforderlich.

(2) Die zuständige BASt-Arbeitsgruppe hat im Auftrag der Bund/Länder Dienstbesprechung Brücken- und Ingenieurbau die RI-EBW-PRÜF, Ausgabe 2007 in weiten Teilen überarbeitet und die Ausgabe 2013 erstellt. Hierbei wurden Anpassungen und Ergänzungen in den Begriffsdefinitionen, Schadensbeispielen und den Texten vorgenommen sowie die Inhalte und die Drucktexte aktualisiert. Weiterhin wurde der Einsatz von visuellen Prüfverfahren geregelt und die Erstellung eines Prüfhandbuches aufgenommen.

(3) Gabionen und Irritationsschutzzäune wurden unter bestimmten Voraussetzungen ergänzend zur DIN 1076 den Ingenieurbauwerken nach DIN 1076 zugeordnet und unterliegen somit der Prüfpflicht.

(4) Für Holzbrücken ohne ausreichenden konstruktiven Holzschutz und/oder bei besonderer Beanspruchung aufgrund ihrer Lage im Bereich von Gewässern oder ähnlichem ist nun eine jährliche Hauptprüfung vorgesehen.

(5) Ich gebe hiermit die Richtlinie für die einheitliche Erfassung, Bewertung, Aufzeichnung und Auswertung der Bauwerksprüfung nach DIN 1076 (RI-EBW-

PRÜF), Ausgabe 2013 bekannt und bitte diese für den Geschäftsbereich der Bundesfernstraßen einzuführen.
Ich bitte um Übersendung Ihres Einführungserlasses.

B.

Folgendes bitte ich noch zu beachten:
(1) Die im Anhang zur RI-EBW-PRÜF beigefügten Tabellen umfassen eine Beispielsammlung für Schadensbewertungen zur Unterstützung des Prüfers, die trotz ihres Umfangs keinen Anspruch auf Vollständigkeit erhebt.
(2) In der Anlage 7 ist ein Beispiel für einen Prüfbericht mit Schadensskizze für den Überbau beigefügt. Ich empfehle weiterhin für die nähere Schadensbeschreibung, insbesondere bei Rissen, eine Schadensskizze in dieser Form zu verwenden.
(3) In der Anlage 9 sind die Schadensbeispiele zusammengefasst, bei denen zwingend Mengenangaben mit Dimension zu verwenden sind, um eine Kalkulation der Maßnahmen zu ermöglichen. Ich bitte um Beachtung.
(4) In der Anlage 10 ist ein Muster des »Erfassungsblattes zu Schadensbeispielen der RI-EBW-PRÜF« beigefügt. Bei Vorschlägen zur Änderung oder Ergänzung der Schadensbeispiele bitte ich das Erfassungsblatt von der BASt-Homepage herunterzuladen, auszufüllen und der BASt an die Adresse »schadensbeispiele.bruecken@bast.de« zu übersenden. Hierbei bitte ich die Erläuterungen zum Formblatt auf der BASt Homepage zu beachten.
(5) Bei der Bauwerksprüfung werden die aufgenommenen Schäden automatisch mit einer Schadens-ID-Nummer versehen, sofern ein Schadensbeispiel ausgewählt wurde, um eine automatische Zuordnung des Schadens zu einer Maßnahme zu ermöglichen. Dieses Vorgehen ist für die Entwicklung des Bauwerks-Management-Systems (BMS) zwingend erforderlich. Für die Bewertung von BMS-relevanten Schäden (im Allgemeinen mit einer Basiszustandszahl größer oder gleich 1,8) ist immer ein Schadensbeispiel zu wählen.
(6) Für Bauwerke und Bauteile mit konstruktiven Besonderheiten wie z.B. Brückenseile soll ein Prüfhandbuch entsprechend der Anlage aufgestellt werden, um Art und Umfang der notwendigen regelmäßigen Prüfungen und Messungen bereits bei der Erstellung des Bauwerkes festzulegen. Die beigefügte Bewertungsmatrix gilt nur beispielhaft
(7) Der Einsatz von visuellen Prüfverfahren, wie dem LaserScanner-Verfahren im Tunnelbau und der visuellen Prüfung von Brückenseilen, dient der Unterstützung der Bauwerksprüfung. Der Grundsatz der »handnahen Prüfung« nach DIN 1076 bleibt hiervon unberührt.
(8) Die Durchführung des Laser-Scanner-Verfahrens bei geeigneten Tunneln erfolgt weiterhin im Sinne von Punkt 98 der Ausgabenzuordnung; die Beschaffung, Wartung und der Betrieb von Geräten zum Zweck der visuellen Prüfung von Seilen als Ersatz für das Brückenseilbesichtigungsgerät des Bundes richtet sich nach Punkt 84 der Ausgabenzuordnung.

(9) Wird durch den Ingenieur der Bauwerksprüfung eine Schadensbewertung für die Standsicherheit von S=4 oder für die Verkehrssicherheit von V=4 abgegeben, so ist besonders darauf zu achten, dass der Bauwerkszustand nach Durchführung der Sofortmaßnahmen umgehend aktualisiert wird.

(10) Kann durch den Ingenieur der Bauwerksprüfung die Schadensursache nicht eindeutig ermittelt werden, so ist in der Regel eine weitere Untersuchung nach dem Leitfaden »Objektbezogene Schadensanalyse« durchzuführen.

(11) Nach Abschluss der Schadenserfassung sollen entsprechend den vorhandenen Schäden Empfehlungen zu den Maßnahmen für die Instandsetzung gegeben werden. Diese Empfehlungen können sowohl durch den Prüfer als auch durch den Bearbeiter der Erhaltung aus der Maßnahmenliste (Schlüsseltabelle) ausgewählt werden.

(12) Ein Exemplar der RI-EBW-PRÜF ohne den Anhang habe ich zur Information beigefügt. Die RI-EBW-PRÜF wird nicht in Papierform verteilt, sondern steht weiterhin neben anderen Regelwerken auf der BASt-Homepage unter »www.bast.de/Publikationen/Regelwerke zum Download/Brücken- und Ingenieurbau/Erhaltung« zum kostenlosen Download bereit.

C.

(1) Im Interesse einer einheitlichen Handhabung würde ich es begrüßen, wenn Sie die Prüfung der Bauwerke im Zuge von Landes-/Staats- und Kreisstraßen ebenfalls nach dieser Richtlinie durchführen.

(2) Das Allgemeine Rundschreiben Straßenbau Nr. 12/2007 vom 30.11.2007 hebe ich hiermit auf.

(3) Dieses Allgemeine Rundschreiben Straßenbau wird im Verkehrsblatt, Heft 13/2013 vom 15.07.2013 veröffentlicht.

E 14. Berechnung von Baukosten (Personalkosten/ Eigenleistungen) gem. § 4 Abs. 2 1. EKrV

1. Berechnung von Personalkosten

(BMV-Schreiben vom 18. September 1995)

Kosten für Maßnahmen nach dem Eisenbahnkreuzungsgesetz (EKrG); Berechnung der Personalkosten gem. § 4 Abs. 2 der 1. Eisenbahnkreuzungsverordnung (1. EKrV)

Meine Schreiben vom 1. Juli 1993 – StB 17/E 11/E 16/78.11.00/7 Bb 93, 8 D 93

Mit meinen o.a. Schreiben hatte ich die Durchschnittssätze für Personalleistungen (Ursprungsschreiben vom 20. Juni 1966 – StB 2/E 1 – Lkb – 53 B 66) ab dem 1. Juli 1993 bekanntgegeben.

Das Schreiben StB 17/E 11/E 16/78.11.00/7 Bb 93 bezog sich auf die Durchschnittssätze der DB und ging nur an die alten Länder, das Schreiben StB 17/E 11/E 16/78.11.00/8 D 93 bezog sich auf die DR und ging nur an die neuen Länder.

Mit der Privatisierung und Zusammenführung der DB und DR in die Deutsche Bahn AG sind diese Durchschnittssätze obsolet geworden. Die DB AG hat einen neuen Tarifvertrag (ETV), Beamtenleistungen kann die DB AG nicht mehr abrechnen.

Meine o.g. Bezugsrundschreiben hebe ich deshalb mit sofortiger Wirkung auf.

Soweit bei bereits begonnenen Maßnahmen Abschlagszahlungen noch nach den Durchschnittssätzen abgerechnet wurden, kann die Schlußrechnung ebenfalls danach erfolgen, soweit nicht erhebliche Bedenken eines Beteiligten dagegen sprechen.

Soweit bei bereits begonnenen Maßnahmen noch keine Abrechnung von Eigenleistungen erfolgt ist, sind die Durchschnittssätze nicht mehr anzuwenden. Die Berechnung der Kosten, entsprechend § 4 Abs. 2 Nr. 1 der 1. EKrV, erfolgt statt dessen nach dem tatsächlich eingesetzten Personal.

Im übrigen gehe ich davon aus, daß Eigenleistungen der Kreuzungsbeteiligungen inzwischen einen so geringen Anteil an der Kostenmasse ausmachen, daß die »spitze Ermittlung« des eingesetzten Personals nicht zu einem unverhältnismäßigen Aufwand führt.

E 14

2. Abrechnung von Eigenleistungen der DB Netz AG

Bezug: Schreiben S 16/78.11.00-02/11 Va 05 vom 15.06.2005
Aktenzeichen: StB 15/7174.2/5-07/1220977
Datum: Bonn, 10.06.2010

Bei Baumaßnahmen an Eisenbahnkreuzungen mit Bundesfernstraßen erfolgt derzeit die Abrechnung von Eigenleistungen der DB Netz AG auf Grundlage des Leistungskataloges 2004.

Die DB Netz AG hat das BMVBS über die von ihr vorgesehene Umstellung der Bewertung der Eigenleistungen die sog. örtlichen dispositiven Kostensätze (DISPO-KOSA) informiert. Nach ihren Ausführungen ist der DISPO-KOSA ein Zielkostensatz, welcher – da er künftige Rationalisierungen unterstellt – unter den Ist-Kosten liegt und der für die jeweilige Organisationseinheit vor Ort ermittelt wird. Kostensätze gibt es für Personal- und Maschinen-/Fahrzeugleistungen. Der Kostensatz für Personalleistungen kann sowohl Ansätze für Personal als auch für kleinere Maschinen/Geräte enthalten. Der Kostensatz für Maschinen/Fahrzeuge enthält nur Ansätze für Großmaschinen bzw. -fahrzeuge. Pro leistende Organisationseinheit (Kostenstelle) wird somit nur noch ein Kostensatz bezogen auf die geleisteten Stunden in Ansatz gebracht.

Das auf dem Kostenrechnungssystem der DB Netz AG basierende Bewertungsverfahren wird bereits bei Maßnahmen nach dem Bundesschienenwegeausbaugesetz (BSchwAG) und bei Leistungen für Dritte (Vertrags- und Schadensleistungen) angewandt.

Ab 01. Juli 2010 werden die Eigenleistungen der DB Netz AG im Einvernehmen mit dem BMVBS auch bei Kreuzungsmaßnahmen mit Bundesfernstraßen gemäß DISPO-KOSA abgerechnet. Eigenleistungen vor dem 01. Juli 2010 werden in dem bisherigen Abrechnungsverfahren auf Grundlage des Leistungskataloges 2004 bewert. Die Regelungen sind auf bestehende und neue Kreuzungsmaßnahmen anzuwenden.

Für die künftigen Abrechnungsunterlagen ergibt sich folgendes:
- Die Rechnung bleibt grundsätzlich unverändert. Lediglich die Rechnungspositionen zu den erbrachten Eigenleistungen werden den geänderten Bedingungen angepasst.
- Die erbrachten Eigenleistungen einer Organisationseinheit (Kostenstelle) werden in einer Rechnungsposition dargestellt. In dieser Position wird die Summe der erbrachten Eigenleistungen in EUR bewertet ausgewiesen.
- Als Detailnachweis für die Eigenleistungen wird eine separate Anlage beigefügt. Die erbrachten Leistungen werden mit DISPO-KOSA bewertet in Mengen und Wert ausgewiesen. Die einzelnen Leistungsinhalte können über die sogenannten FAT Nr. (siehe Anlage 1) und die Rahmenkostenstellen (Anlage 2), welche im Detailnachweis enthalten sind, nachvollzogen werden. Der angepasste Detailnachweis für die Darstellung der Eigenleistungen löst den heutigen Mengennachweis ab.
- Die Bautagesberichte (Stundennachweise) bleiben unverändert.

Insbesondere weise ich daraufhin, dass
- es sich beim DISPO-KOSA um Endbeträge handelt, auf die keine Zuschläge mehr nach § 4 Abs. 2 der 1. Eisenbahnkreuzungsverordnung erhoben werden dürfen und
- meine Regelungen hinsichtlich Betriebserschwerniskosten (siehe Schreiben S 16/78.11.00/13 B 03 vom 28.09.2004) und Fahrwegbenutzungskosten der DB Netz AG für ihren eigenen Fahrweg (siehe Schreiben S 16/78.11.00/77 Vm 03 vom 28.02.05) hiervon unberührt bleiben.

Sofern die in Ansatz gebrachte Kostenart (gemäß FAT) bzw. die Höhe der abzurechnenden Eigenleistungen aus Ihrer Sicht nicht nachvollziehbar dokumentiert sind, bitte ich mir zu berichten.

Anl. 1 E 14

Anlage 1 Verzeichnis der Fertigungs- und Arbeitsarten (FAT)

FAT	Kategorie	FAT-Bezeichnung
1000	FERTIGUNG ABL	Landschaftsbauarbeiten (auch Freiräumarbeiten bei Sturmschäden)
1001	FERTIGUNG ABL	Wasserhaltungsarbeiten
1002	FERTIGUNG ABL	Entwässerungskanalarbeiten
1003	FERTIGUNG ABL	Maurerarbeiten
1004	FERTIGUNG ABL	Werksteinarbeiten
1005	FERTIGUNG ABL	Zimmerer- und Holzarbeiten
1006	FERTIGUNG ABL	Klempnerarbeiten
1007	FERTIGUNG ABL	Putz- und Stuckarbeiten
1008	FERTIGUNG ABL	Fliesen- und Plattenarbeiten
1009	FERTIGUNG ABL	Estrich- und Asphaltarbeiten
1010	FERTIGUNG ABL	Tischlerarbeiten
1011	FERTIGUNG ABL	Beschlagsarbeiten
1012	FERTIGUNG ABL	Rolladenarbeiten
1013	FERTIGUNG ABL	Metall- und Schlosserarbeiten
1014	FERTIGUNG ABL	Verglasungsarbeiten
1015	FERTIGUNG ABL	Malerarbeiten
1016	FERTIGUNG ABL	Korrosionsschutz an Stahl- und Aluminiumbaukonstruktionen
1017	FERTIGUNG ABL	Bodenbelagsarbeiten
1018	FERTIGUNG ABL	Trockenbauarbeiten
1019	FERTIGUNG ABL	Gas-, Wasser- und Abwasserarbeiten
1020	FERTIGUNG ABL	Arbeiten an Mittelspannungsanlagen
1021	FERTIGUNG ABL	Arbeiten an Niederspannungsanlagen
1022	FERTIGUNG ABL	Arbeiten an Leuchten und Lampen
1023	FERTIGUNG ABL	Arbeiten an Notbeleuchtung
1024	FERTIGUNG ABL	Arbeiten an elektroakustischen-, Sprech- und Personenrufanlagen
1025	FERTIGUNG ABL	Arbeiten an Meldeanlagen
1026	FERTIGUNG ABL	Arbeiten an Lagern, Übergängen und Geländer für Kunstbauten
1027	FERTIGUNG ABL	Arbeiten an Zäunen
1028	FERTIGUNG ABL	Bauen im Bestand – Schutz vorhandener Bausubstanz
1029	FERTIGUNG ABL	Baustelleneinrichtung
1030	FERTIGUNG ABL	Erdarbeiten
1031	FERTIGUNG ABL	Verbau und Tiefgründungen
1032	FERTIGUNG ABL	Kabelverlegung
1033	FERTIGUNG ABL	Betonarbeiten
1034	FERTIGUNG ABL	Stahlbauarbeiten
1035	FERTIGUNG ABL	Abdichtungs- und Fugenarbeiten
1036	FERTIGUNG ABL	Korrosionsschutzarbeiten
1037	FERTIGUNG ABL	Arbeiten an Gerüsten, Behelfsbrücken, Hilfsbrücken
1038	FERTIGUNG ABL	Sanierung von Beton
1039	FERTIGUNG ABL	Dacharbeiten
1040	FERTIGUNG ABL	Arbeiten an Blitzschutz- und Erdungsanlagen
1041	FERTIGUNG ABL	Arbeiten an fernsehtechnischen Anlagen
1042	FERTIGUNG ABL	Arbeiten an Oberleitungsanlagen
1043	FERTIGUNG ABL	Arbeiten an Straßen, Wegen, Plätzen
1044	FERTIGUNG ABL	Verkehrsflächensicherung
1045	FERTIGUNG ABL	Bauarbeiten an Bahnübergängen
1046	FERTIGUNG ABL	Bauarbeiten an Gleisen und Weichen
1047	FERTIGUNG ABL	Schienenbefestigung auf Arbeitsgruben und Kranbahnen
1050	FERTIGUNG ABL	Arbeiten an Signalanlagen
1051	FERTIGUNG ABL	Arbeiten an Schrankenanlagen

Teil E Anhang

FAT	Kategorie	FAT-Bezeichnung
1052	FERTIGUNG ABL	Arbeiten an Weichen und Gleissperren
1053	FERTIGUNG ABL	Arbeiten an Fernwirk-, Schutz- und Rechneranlagen
1054	FERTIGUNG ABL	Arbeiten an Aufzügen, Fahrtreppen und Hebeanlagen
1055	FERTIGUNG ABL	Arbeiten an maschinentechnischen Anlagen
1056	FERTIGUNG ABL	Arbeiten an Druckluftanlagen
1057	FERTIGUNG ABL	Arbeiten an Fahrkartenautomaten
1058	FERTIGUNG ABL	Leistungen für die Entsorgung von Schwellen und Gleisjochen
1069	SONST.LEISTUNGEN ABL	Ausführungsplanung
1070	SONST.LEISTUNGEN ABL	Einsatz Maschinenbediener
1073	SONST.LEISTUNGEN ABL	Schweißerarbeiten
1074	SONST.LEISTUNGEN ABL	Einsatz von Sicherungsposten
1075	SONST.LEISTUNGEN ABL	Einsatz von operativem Betriebspersonal
1076	SONST.LEISTUNGEN ABL	Einsatz Bediener für Neben- und Kraftfahrzeuge
1077	SONST.LEISTUNGEN ABL	Einsatz von Arbeitszugführern
1078	SONST.LEISTUNGEN ABL	Einsatz von Erdern
1080	SONST.LEISTUNGEN ABL	Einsatz von Personal für Streckenbegehungen
1081	SONST.LEISTUNGEN ABL	Einsatz von Personal für Aufstellen und Abbau von Lf- Signalen
1082	SONST.LEISTUNGEN ABL	Einsatz Hilfszugmannschaft (Satz/MA) (nur für Erfassung)
1082m	SONST.LEISTUNGEN ABL	Einsatz Hilfszugmannschaft
1083	SONST.LEISTUNGEN ABL	Einsatz Feuerwehrmannschaft (Satz/MA) (nur für Erfassung)
1083m	SONST.LEISTUNGEN ABL	Einsatz Feuerwehrmannschaft
1084	SONST.LEISTUNGEN ABL	Vermessungsleistungen
1085	SONST.LEISTUNGEN ABL	Einsatz Mannschaft Notfallkräne (Satz/MA) (nur für Erfassung)
1085m	SONST.LEISTUNGEN ABL	Einsatz Mannschaft Notfallkräne
1089	SONST.LEISTUNGEN ABL	Bauleitertätigkeit
1090	MESSPERSONAL ABL	Einsatz von Messpersonal für Gleisgeometrie- und Brückenmessungen
1091	MESSPERSONAL ABL	Einsatz von Messpersonal für SPZ/SPE
1096	SONST.LEISTUNGEN ABL	Fertigung sicherheitstechn. Innenanlagen
1097	SONST.LEISTUNGEN ABL	Fertigung sicherheitstechn. Außenanlagen
1098	SONST.LEISTUNGEN ABL	Fertigung von Weichen und Weichengroßteilen
1500	FERTIGUNG NBL	Landschaftsbauarbeiten (auch Freiräumarbeiten bei Sturmschäden)
1501	FERTIGUNG NBL	Wasserhaltungsarbeiten
1502	FERTIGUNG NBL	Entwässerungskanalarbeiten
1503	FERTIGUNG NBL	Maurerarbeiten
1504	FERTIGUNG NBL	Werksteinarbeiten
1505	FERTIGUNG NBL	Zimmerer- und Holzarbeiten
1506	FERTIGUNG NBL	Klempnerarbeiten
1507	FERTIGUNG NBL	Putz- und Stuckarbeiten
1508	FERTIGUNG NBL	Fliesen- und Plattenarbeiten
1509	FERTIGUNG NBL	Estrich- und Asphaltarbeiten
1510	FERTIGUNG NBL	Tischlerarbeiten
1511	FERTIGUNG NBL	Beschlagsarbeiten
1512	FERTIGUNG NBL	Rolladenarbeiten
1513	FERTIGUNG NBL	Metall- und Schlosserarbeiten
1514	FERTIGUNG NBL	Verglasungsarbeiten
1515	FERTIGUNG NBL	Malerarbeiten
1516	FERTIGUNG NBL	Korrosionsschutz an Stahl- und Aluminiumbaukonstruktionen
1517	FERTIGUNG NBL	Bodenbelagsarbeiten
1518	FERTIGUNG NBL	Trockenbauarbeiten
1519	FERTIGUNG NBL	Gas-, Wasser- und Abwasserarbeiten
1520	FERTIGUNG NBL	Arbeiten an Mittelspannungsanlagen
1521	FERTIGUNG NBL	Arbeiten an Niederspannungsanlagen

Anl. 1   **E 14**

FAT	Kategorie	FAT-Bezeichnung
1522	FERTIGUNG NBL	Arbeiten an Leuchten und Lampen
1523	FERTIGUNG NBL	Arbeiten an Notbeleuchtung
1524	FERTIGUNG NBL	Arbeiten an elektroakustischen-, Sprech- und Personenrufanlagen
1525	FERTIGUNG NBL	Arbeiten an Meldeanlagen
1526	FERTIGUNG NBL	Arbeiten an Lagern, Übergängen und Geländer für Kunstbauten
1527	FERTIGUNG NBL	Arbeiten an Zäunen
1528	FERTIGUNG NBL	Bauen im Bestand – Schutz vorhandener Bausubstanz
1529	FERTIGUNG NBL	Baustelleneinrichtung
1530	FERTIGUNG NBL	Erdarbeiten
1531	FERTIGUNG NBL	Verbau und Tiefgründungen
1532	FERTIGUNG NBL	Kabelverlegung
1533	FERTIGUNG NBL	Betonarbeiten
1534	FERTIGUNG NBL	Stahlbauarbeiten
1535	FERTIGUNG NBL	Abdichtungs- und Fugenarbeiten
1536	FERTIGUNG NBL	Korrosionsschutzarbeiten
1537	FERTIGUNG NBL	Arbeiten an Gerüsten, Behelfsbrücken, Hilfsbrücken
1538	FERTIGUNG NBL	Sanierung von Beton
1539	FERTIGUNG NBL	Dacharbeiten
1540	FERTIGUNG NBL	Arbeiten an Blitzschutz- und Erdungsanlagen
1541	FERTIGUNG NBL	Arbeiten an fernsehtechnischen Anlagen
1542	FERTIGUNG NBL	Arbeiten an Oberleitungsanlagen
1543	FERTIGUNG NBL	Arbeiten an Straßen, Wegen, Plätzen
1544	FERTIGUNG NBL	Verkehrsflächensicherung
1545	FERTIGUNG NBL	Bauarbeiten an Bahnübergängen
1546	FERTIGUNG NBL	Bauarbeiten an Gleisen und Weichen
1547	FERTIGUNG NBL	Schienenbefestigung auf Arbeitsgruben und Kranbahnen
1550	FERTIGUNG NBL	Arbeiten an Signalanlagen
1551	FERTIGUNG NBL	Arbeiten an Schrankenanlagen
1552	FERTIGUNG NBL	Arbeiten an Weichen und Gleissperren
1553	FERTIGUNG NBL	Arbeiten an Fernwirk-, Schutz- und Rechneranlagen
1554	FERTIGUNG NBL	Arbeiten an Aufzügen, Fahrtreppen und Hebeanlagen
1555	FERTIGUNG NBL	Arbeiten an maschinentechnischen Anlagen
1556	FERTIGUNG NBL	Arbeiten an Druckluftanlagen
1557	FERTIGUNG NBL	Arbeiten an Fahrkartenautomaten
1558	FERTIGUNG NBL	Leistungen für die Entsorgung von Schwellen und Gleisjochen
1569	SONST.LEISTUNGEN NBL	Ausführungsplanung
1570	SONST.LEISTUNGEN NBL	Einsatz Maschinenbediener
1573	SONST.LEISTUNGEN NBL	Schweißerarbeiten
1574	SONST.LEISTUNGEN NBL	Einsatz von Sicherungsposten
1575	SONST.LEISTUNGEN NBL	Einsatz von operativem Betriebspersonal
1576	SONST.LEISTUNGEN NBL	Einsatz Bediener für Neben- und Kraftfahrzeuge
1577	SONST.LEISTUNGEN NBL	Einsatz von Arbeitszugführern
1578	SONST.LEISTUNGEN NBL	Einsatz von Erdern
1580	SONST.LEISTUNGEN NBL	Einsatz von Personal für Streckenbegehungen
1581	SONST.LEISTUNGEN NBL	Einsatz von Personal für Aufstellen und Abbau von Lf- Signalen
1582	SONST.LEISTUNGEN NBL	Einsatz Hilfszugmannschaft (Satz/MA) (nur für Erfassung)
1582m	SONST.LEISTUNGEN NBL	Einsatz Hilfszugmannschaft
1583	SONST.LEISTUNGEN NBL	Einsatz Feuerwehrmannschaft (Satz/MA) (nur für Erfassung)
1583m	SONST.LEISTUNGEN NBL	Einsatz Feuerwehrmannschaft
1584	SONST.LEISTUNGEN NBL	Vermessungsleistungen
1585	SONST.LEISTUNGEN NBL	Einsatz Mannschaft Notfallkräne (Satz/MA) (nur für Erfassung)
1585m	SONST.LEISTUNGEN NBL	Einsatz Mannschaft Notfallkräne
1589	SONST.LEISTUNGEN NBL	Bauleitertätigkeit

Teil E Anhang

FAT	Kategorie	FAT-Bezeichnung
1590	MESSPERSONAL NBL	Einsatz von Messpersonal für Gleisgeometrie- und Brückenmessungen
1591	MESSPERSONAL NBL	Einsatz von Messpersonal für SPZ/SPE
1596	SONST.LEISTUNGEN NBL	Fertigung sicherheitstechn. Innenanlagen
1597	SONST.LEISTUNGEN NBL	Fertigung sicherheitstechn. Außenanlagen
3000	TRANSPORT ABL	Einsatz Triebfahrzeugführer/Lotsen
3001	TRANSPORT ABL	Einsatz Rangierer/Lokrangierführer
3500	TRANSPORT NBL	Einsatz Triebfahrzeugführer/Lotsen
3501	TRANSPORT NBL	Einsatz Rangierer/Lokrangierführer
4200	TURMTRIEBWAGEN	Motorturmwagen MTW 100
4202	TURMTRIEBWAGEN	Turmtriebwagen BA 708
4204	TURMTRIEBWAGEN	Turmtriebwagen BA 701/702
4206	TURMTRIEBWAGEN	Instandhaltungsfahrzeug BA 703 Oberleitungsanlagen (IFO)
4208	TURMTRIEBWAGEN	Turmtriebwagen BA 704
4210	TURMTRIEBWAGEN	Instandhaltungsfahrzeug BA 711 Hubarbeitsbühnenfahrzeug (HIOB)
4212	TURMTRIEBWAGEN	Diagnose-VT (BA 701/702)
4220	PRÜFFAHRZEUGE	Tunnelmesswagen
4222	PRÜFFAHRZEUGE	Oberbaumesswageneinheit (OMWE)/RAILAB
4224	PRÜFFAHRZEUGE	Sonderfzg. f. Fahrweg- und Tunnelinspektion
4226	PRÜFFAHRZEUGE	Gleismesstriebzug (GMTZ)
4228	PRÜFFAHRZEUGE	Schienenprüfzug/-express (SPE/SPZ)
4230	PRÜFFAHRZEUGE	Brückenbesichtigungseinrichtungen
4240	MESSWAGEN	Messgerätewagen (BA 281)
4242	MESSWAGEN	Schallmesswagen (BA 306)
4244	MESSWAGEN	Oberleitungsmesswagen (BA 311)
4246	MESSWAGEN	Leistungsmesswagen (BA 312)
4248	MESSWAGEN	Einheitsmesswagen (BA 313)
4250	MESSWAGEN	Messwagen/Funk (BA 316)
4252	MESSWAGEN	Messwagen (BA 319)
4254	MESSWAGEN	Messbeiwagen/Belastungswagen (BA 322)
4256	MESSWAGEN	Messbeiwagen (BA 327)
4258	MESSFAHRZEUG	Lichtraumprofil- Messfahrzeug
4270	BAHNDIENSTWAGEN	Wohnschlafwagen
4272	BAHNDIENSTWAGEN	Oberleitungsbauwagen alle BA, außer BA 575
4273	BAHNDIENSTWAGEN	Oberleitungsbauwagen BA 575
4274	BAHNDIENSTWAGEN	Oberleitungsbauwagen BA 575
4276	BAHNDIENSTWAGEN	Werkstattwagen
4278	BAHNDIENSTWAGEN	Gerätewagen
4280	BAHNDIENSTWAGEN	Tunnelprüfwagen
4282	BAHNDIENSTWAGEN	Generatorwagen
4284	BAHNDIENSTWAGEN	Schutzwagen
4286	BAHNDIENSTWAGEN	Gewichtewagen (BA 810)
4310	RETTUNGSZUG	Rettungszug (RTZ) (incl. Tf- und Tfz-Leistungen)
4312	EHG	EHG mit Geräteausstattung
4314	EHZ	Einheitshilfszug EHZ (nur Wagen)
4316	ZHG	Zweiwegehilfsgerätefahrzeug (ZHG)
4330	KRÄNE	Gleis-Schwenkkran EDK 15 t
4331	KRÄNE	Gleis-Schwenkkran EDK 20 t
4333	KRÄNE	Gleis-Schwenkkran EDK 32 t
4336	KRÄNE	Kranwageneinheit 75 t (Notfalltechnik)
4338	KRÄNE	Kranwageneinheit 160 t (Notfalltechnik)
4343	KRÄNE	Gleis-Schwenkkran EDK 300/5
4345	KRÄNE	Gleis-Schwenkkran EDK 125 t

FAT	Kategorie	FAT-Bezeichnung
4350	KRÄNE	Auto- und Mobilkran 21–40 t
4360	BELASTUNGSWAGEN	Belastungswagen
4370	NEBENFAHRZEUGE	Fahrleitungsmontagewagen FMW
4371	NEBENFAHRZEUGE	Fahrleitungsmontagewagen FMW
4372	NEBENFAHRZEUGE	Fahrleitungsgerüstwagen m. Arbeitsbühne
4373	NEBENFAHRZEUGE	Oberleitungsmontagefahrzeug OMF
4374	NEBENFAHRZEUGE	Mehrzweckfahrzeug mit Arbeitsbühne (MZA)
4375	NEBENFAHRZEUGE	Mehrzweckfahrzeug mit Arbeitsbühne (MZA)
4376	NEBENFAHRZEUGE	Mehrzweckgrundgerät (MZG)
4377	NEBENFAHRZEUGE	Weichentransportwagen
4378	NEBENFAHRZEUGE	SKL TYP KLV 53 incl. Anhänger
4382	NEBENFAHRZEUGE	SKL TYP KLV 54 incl. Anhänger
4384	NEBENFAHRZEUGE	SKL TYP 25 incl. Anhänger
4385	NEBENFAHRZEUGE	SKL TYP 26 incl. Anhänger
4386	NEBENFAHRZEUGE	Kl 53/53,Prop-Sig-Wart
4388	NEBENFAHRZEUGE	Triebwagen für den Signaldienst VT 740
4500	KRAFTFAHRZEUGE	Bus > 2,8–4 t zGG 9 Sitze und mehr
4501	KRAFTFAHRZEUGE	Lkw > 2,8–4 t zGG Geldtransporter
4502	KRAFTFAHRZEUGE	Lkw > 2,8–4 t zGG Kastenwagen, auch Hochraum
4503	KRAFTFAHRZEUGE	Lkw > 2,8–4 t zGG Pritschenwagen
4504	KRAFTFAHRZEUGE	Lkw > 2,8–4 t zGG Servicefahrzeug
4505	KRAFTFAHRZEUGE	Lkw > 4–6 t zGG Fahrzeug mit Messeinrichtung
4506	KRAFTFAHRZEUGE	Lkw > 4–6 t zGG Kastenwagen, auch Hochraum
4507	KRAFTFAHRZEUGE	Lkw > 4–6 t zGG Kipper
4508	KRAFTFAHRZEUGE	Lkw > 4–6 t zGG Pritschenwagen, auch mit Ladebordwand
4509	KRAFTFAHRZEUGE	Lkw > 6–9 t zGG Kastenwagen, auch mit Hochdach
4510	KRAFTFAHRZEUGE	Lkw > 6–9 t zGG Kipper
4511	KRAFTFAHRZEUGE	Lkw > 6–9 t zGG Pritschenwagen, auch mit Ladebordwand
4512	KRAFTFAHRZEUGE	Lkw > 9 t zGG Kipper
4513	KRAFTFAHRZEUGE	Lkw > 9 t zGG Pritschenwagen, auch mit Ladebordwand
4514	KRAFTFAHRZEUGE	Bautrupp-Busse
4515	KRAFTFAHRZEUGE	Fahr- und Bahnstromleitungsgerätewagen
4516	KRAFTFAHRZEUGE	Lösch- und Tanklöschfahrzeuge
4517	KRAFTFAHRZEUGE	Geländewagen div. Hersteller
4518	KRAFTFAHRZEUGE	Lkw mit Hubbühne
4519	KRAFTFAHRZEUGE	Kipper mit Ladekran
4520	KRAFTFAHRZEUGE	Multicar mit Anbaugeräten
4521	KRAFTFAHRZEUGE	Pritschenwagen mit Ladekran
4522	KRAFTFAHRZEUGE	MB Unimog Zugmaschine und Lkw
4597	ZWEIWEGEFAHRZEUGE	ZWF Oberbauschweißen
4598	ZWEIWEGEFAHRZEUGE	Zweigefz. M.Arbeitsb. ZW
4601	BAUMASCHINEN	Bettungsreinigungsmaschine RM 80
4605	BAUMASCHINEN	Bettungsreinigungsmaschine ZRM 79
4607	BAUMASCHINEN	Schotterplaniermaschine USP 2000 SW
4613	BAUMASCHINEN	Schotterplaniermaschine SSP 80/90
4615	BAUMASCHINEN	Schotterplaniermaschine SSP 110 D
4617	BAUMASCHINEN	Schotterplaniermaschine SSP 110 SW/3
4619	BAUMASCHINEN	Schotterplaniermaschine SSP 2000
4623	BAUMASCHINEN	Gleishublader VG 17
4627	BAUMASCHINEN	Gleishublader VG 90
4628	BAUMASCHINEN	Gleisarbeitsfahrzeug GAF 100/200 inkl. Anhänger
4629	BAUMASCHINEN	Gleisarbeitsfahrzeug GAF 100/200 inkl. Anhänger
4635	BAUMASCHINEN	Gleiskraftwagen Robel 54.24
4636	BAUMASCHINEN	Gleiskraftwagen Robel 54.22

Teil E Anhang

FAT	Kategorie	FAT-Bezeichnung
4637	BAUMASCHINEN	Material/Förder/Siloeinh. MFS 40
4639	BAUMASCHINEN	Festpunktmessgeräte
4640	BAUMASCHINEN	Fahrleitungsumbaumaschine FUM
4641	BAUMASCHINEN	Schwellenwechselmaschine SVP 60
4643	BAUMASCHINEN	Schwellenwechselmaschine SVP 74
4645	BAUMASCHINEN	Schwellenwechselmaschine MRT
4647	BAUMASCHINEN	Schienenzugladeeinheit
4655	BAUMASCHINEN	Gleisstopfmaschine GSM 08-32
4656	BAUMASCHINEN	Gleisstopfmaschine GSM 08-32 U
4657	BAUMASCHINEN	Universalstopfmaschine USM 08-475 4S
4659	BAUMASCHINEN	Gleisstopfmaschine GSM 09-32
4661	BAUMASCHINEN	Universalstopfmaschine USM 08-275
4662	BAUMASCHINEN	Universalstopfmaschine USM 09-16 4S
4663	BAUMASCHINEN	Stopfexpress GSM 09-3X DYN
4664	BAUMASCHINEN	Universalstopfmaschine USM 90-32 4S
4665	BAUMASCHINEN	Universalstopfmaschine B 66 U
4666	BAUMASCHINEN	Einzelfehlerbeseitigungsmaschine (ESM)
4668	BAUMASCHINEN	Anbaustopfaggregat CEMAFER MB 8 A
4669	BAUMASCHINEN	Anbaustopfaggregat WINDHOFF AST 8
4671	BAUMASCHINEN	Zweiwegeverlademaschine ZVM 96
4673	BAUMASCHINEN	Raupenteleskopkran Typ RT 20-12/2
4676	BAUMASCHINEN	Mobilbagger Typ Atlas 1302
4677	BAUMASCHINEN	Mobilbagger Typ Atlas 1302
4678	BAUMASCHINEN	Mobilbagger Typ Atlas 1304
4679	BAUMASCHINEN	Mobilbagger Typ Atlas 1304
4680	BAUMASCHINEN	Zweiwegebagger Typ Atlas 1604
4681	BAUMASCHINEN	Zweiwegebagger Typ Atlas 1604
4682	BAUMASCHINEN	Zweiwegebagger Typ Atlas 1304
4683	BAUMASCHINEN	Zweiwegebagger Typ Liebherr A900 Litronic
4684	BAUMASCHINEN	Laderaupe Typ Caterpillar 939 C
4685	BAUMASCHINEN	Laderaupe Typ Caterpillar 953
4686	BAUMASCHINEN	Laderaupe Typ Caterpillar 963
4689	BAUMASCHINEN	Raupenbagger Typ Caterpillar 325 LN
4701	BAUMASCHINEN	Radschwenklader Typ Ahlmann AS 4
4702	BAUMASCHINEN	Radschwenklader Typ Ahlmann AS 7
4703	BAUMASCHINEN	Radschwenklader Typ Ahlmann AS 12
4704	BAUMASCHINEN	Radschwenklader Typ Ahlmann AS 15
4705	BAUMASCHINEN	Radschwenklader Typ Ahlmann AS 200
4706	BAUMASCHINEN	Radschwenklader AS 150
4707	BAUMASCHINEN	Schnellumbaumaschine UH 2000
4709	BAUMASCHINEN	Portalkran für Gleisjoche auf KTW
4711	BAUMASCHINEN	Gleisvorbaukran Niemag
4713	BAUMASCHINEN	Weichenwechselgeräte UWG/UWH
4722	BAUMASCHINEN	Lastarmverlängerung Baggeranbaugerät
4723	BAUMASCHINEN	Schotterpflug/Planierschild Baggeranbaugerät
4724	BAUMASCHINEN	Mulcher Baggeranbaugerät
4725	BAUMASCHINEN	Schwellenwechsler Baggeranbaugerät
4726	BAUMASCHINEN	Schwellenfachräumer, -verlegegerät Baggeranbaugerät
4727	BAUMASCHINEN	Saugförderanlage Baggeranbaugerät
4728	BAUMASCHINEN	Sortiergreifer Baggeranbaugerät
4729	BAUMASCHINEN	Felsmeißel Baggeranbaugerät
4731	BAUMASCHINEN	Planierraupe Caterpillar D 4H
4745	BAUMASCHINEN	Geschwindigkeitsprüfeinrichtungen
4746	BAUMASCHINEN	Geschwindigkeitsprüfeinrichtungen

Anl. 1 E 14

FAT	Kategorie	FAT-Bezeichnung
4747	BAUMASCHINEN	Az-Lok
4780	HILFSBRÜCKEN	ZwillingsträgerhilfsbrückenZH 07-24/HK + DK
4784	HILFSBRÜCKEN	verstärkte Kleinhilfsbrücken (KHBV)
4785	HILFSBRÜCKEN	Kleinhilfsbrücken (KHB)
481312	BRENNKRAFTKLEINLOK	Brennkraftkleinlok BR 312
481333	BRENNKRAFTKLEINLOK	Brennkraftkleinlok BR 333
481335	BRENNKRAFTKLEINLOK	Brennkraftkleinlok BR 335
481345	BRENNKRAFTKLEINLOK	Brennkraftkleinlok BR 345, 346
481347	BRENNKRAFTKLEINLOK	Brennkraftkleinlok BR 347
481360	BRENNKRAFTKLEINLOK	Brennkraftkleinlok BR 360
481362	BRENNKRAFTKLEINLOK	Brennkraftkleinlok BR 362
481363	BRENNKRAFTKLEINLOK	Brennkraftkleinlok BR 363
481364	BRENNKRAFTKLEINLOK	Brennkraftkleinlok BR 364
481365	BRENNKRAFTKLEINLOK	Brennkraftkleinlok BR 365

Teil E Anhang

Anlage 2 Rahmenkostenstellen zu Maßnahmen mit Beteiligung Dritter

RKOST	Bezeichnung	Bezeichnung mit ausgeschriebenen Abkürzungen
27320	ANLAGENMANAGEMENT	
27324	FACHBEAUFTRAGTE	
27335	OERTLICHE DURCHFUEHRUNG	
27380	SYSTEME UND DATEN INFRASTRUKTUR	
27645	ENGINEERING FUER INSTANDHALTUNG	
31151	WERKSTATT FUER RELAIS- UND BAUGRUPPEN	
31643	WEICHENGROSSTEIL FERTIGUNG U. WEICHENZUSAMMENBAU	
31657	ARBEITSPRUEFER	
32580	INSTANDHALTUNG ENERGIEANLAGENSERVICE	
35101	FAHRWEGINSTANDHALTUNG	
35111	BAUTRUPP LST 1	Bautrupp Leit- und Sicherungstechnik 1
35112	BAUTRUPP LST 2	Bautrupp Leit- und Sicherungstechnik 2
35120	BESONDERE INSTANDSETZUNG	
35121	FAHRWEGINSTANDHALTUNG REGIONALNETZE	
35162	BAUMANAGEMENT/BAUUEBERWACHUNG	
35163	BAULEITER/BAUUEBERWACHER LEIT-/SICHERUNGST.	
37492	HILFSBRUECKEN	
37493	HILFSBRUECKEN DES EINZELPLAN 12	
37703	GLEISKRAFTWAGEN TYP ROBEL 54.22	
37726	GESCHWINDIG -KEITSPRUEFEINRICHTUNGEN (GPE)	
43757	TRANSPORTLOGISTIK	
43760	VERSORGUNG BAUSTELLEN	
43772	ENTSORGUNG BAUSTELLEN	
46000	OERTLICHE BETRIEBSDURCHFUEHRUNG	
46011	LEISTUNGEN DER FDL FUER A.E./LFD FUB	Leistungen der Fahrdienstleiter für aktivierbare Eigenleistungen/ Leistungen für Dritte Fern- und Ballungsnetz
63110	PROJEKT GSM-R	Projekt Global System for Mobile Communications – Rail(way)

E 15. Richtlinien für die Benutzung der Bundesfernstraßen in der Baulast des Bundes (Nutzungsrichtlinien)

ARS 03/2014 – VKBL 2014 S. 214

– Auszug –

Teil D –
Ver- und Entsorgungsleitungen
1. Rechtsgrundlagen, Begriffsbestimmungen
2. Gestattungsverträge
3. Folgepflicht, Folgekostenpflicht, Herstellungskosten
4. Besondere Regelungen in den neuen Ländern für Mitnutzungsverhältnisse, die am 3. Oktober 1990 bestanden
5. Verwaltungsmäßige Durchführung
6. Behandlung ungeregelter Benutzungen
7. Anbaurecht
8. Mehrere Baulastträger
9. Kostenregelung bei straßenbaubedingter Änderung von Beleuchtungsanlagen in Ortsdurchfahrten mit geteilter Baulast
10. Leitungen der Verteidigung

8. Mehrere Baulastträger

8.1 Kreuzungsrecht

8.1.1 Straßenkreuzungen

Für Kreuzungen und Einmündungen öffentlicher Straßen gilt § 12 FStrG. Zu den kreuzungsbedingten Kosten (Kostenmasse) für die Herstellung neuer Kreuzungen oder die Änderung bestehender gehören auch die Aufwendungen für Folgemaßnahmen, die an anderen Anlagen als an den beteiligten Verkehrswegen notwendig sind und im ursächlichen Zusammenhang mit der Kreuzungsmaßnahme stehen. Das betrifft insbesondere die Änderung von Versorgungsleitungen. Die Aufwendungen dafür fallen jedoch nicht in die Kostenmasse, wenn bzw. soweit das VU folgekostenpflichtig ist (BGH, 16.09.1993, VkBl. 1994, 85).

a) Neue Kreuzungen Erfordert die Herstellung einer neuen Kreuzung die Änderung einer Leitung in der vorhandenen Straße, hängt die Folgekostenpflicht des VU von der Ausgestaltung des Benutzungsrechts ab. Im Regelfall hat der hinzukommende Straßenbaulastträger die Änderungskosten zu tragen, wenn der Benutzungsvertrag keine Folgekostenregelungen zu seinen Gunsten enthält; vgl. im übrigen 3.2.1 e) und 3.2.1 f). Besteht zwischen dem hinzukommenden (anderen) Baulastträger und dem VU ein RaV, gilt § 4 RaV. 87

b) Änderung bestehender Kreuzungen Für die Folgekostenpflicht ist entscheidend, welche vertragliche Ausgestaltung der jeweiligen Benutzungsrechte besteht. Insoweit sind die kreuzungsbeteiligten Straßenbaulastträger verpflichtet, die jeweiligen Rechte aus den Benutzungsverträgen einzubringen, um die Kostenteilungsmasse zu entlasten. Dabei ist zu beachten, dass bei Änderungen von höhengleichen Kreuzungen alle Kreuzungsbeteiligten Veranlasser der Änderung sind; deshalb finden die Regelungen in den Spiegelstrichen 1 bis 3 keine Anwendung bei der Änderung höhengleicher Kreuzungen.

Im Einzelnen ist wie folgt zu differenzieren:
– Besteht nur mit einem Straßenbaulastträger ein Benutzungsvertrag, dessen Folgekostenregelung den anderen Straßenbaulastträger mit einbezieht, so gilt die Folgekostenregelung dieses Vertrages, auch wenn der andere Straßenbaulastträger Veranlasser ist.
– Besteht nur mit einem Straßenbaulastträger ein Benutzungsvertrag, dessen Folgekostenregelung den anderen Straßenbaulastträger nicht miteinbezieht und ist der andere Straßenbaulastträger ausschließlich Veranlasser, so trägt das VU keine Folgekosten.
– Bestehen mit mehreren kreuzungsbeteiligten Straßenbaulastträgern Benutzungsverträge mit unterschiedlichen Folgekostenregelungen und ist einer der Straßenbaulastträger ausschließlich Veranlasser, so ist die Folgekostenpflicht dem mit diesem bestehenden Benutzungsvertrag zu entnehmen.
– Bestehen mit mehreren kreuzungsbeteiligten Straßenbaulastträgern Benutzungsverträge mit unterschiedlichen Folgekostenregelungen und ist eine ausschließliche Veranlassung nicht festzustellen, so trägt das VU im Verhältnis zu den beteiligten Straßenbaulastträgern grundsätzlich die Hälfte der Folgekosten; etwaige Besonderheiten sind im Einzelfall zu berücksichtigen.

8.1.2 Kreuzungen mit Schienenwegen

Für Kreuzungen von Eisenbahnen und Straßen gilt das Eisenbahnkreuzungsgesetz (EKrG). Hinsichtlich der Kostenmasse bei der Herstellung einer neuen Kreuzung oder bei Maßnahmen an bestehenden Kreuzungen bestimmt § 1 Absätze 1 und 2 Nr. 2 der 1. Eisenbahnkreuzungsverordnung (EKrV), dass auch die Aufwendungen für Folgemaßnahmen, die an anderen Anlagen als an den beteiligten Verkehrswegen notwendig sind und im ursächlichen Zusammenhang mit der Kreuzungsmaßnahme stehen, zur Kostenmasse gehören. Das betrifft insbesondere die Änderung von Versorgungsleitungen. Die Aufwendungen für kreuzungsbedingte Änderungen von Leitungen gehören dagegen nicht in die Kostenmasse, soweit sie aufgrund eines bestehenden Rechtsverhältnisses – Gesetz oder Vertrag – von dem VU zu tragen sind (BGH, 16.09.1993, VkBl. 1994, 85) und Einführungsschreiben des BMV vom 09.09.1964, VkBl. 1964, 458).

Nicht selten sehen die für ein und dieselbe Leitung mit beiden Kreuzungsbeteiligten geschlossenen Gestattungsverträge unterschiedliche Folgekostenregelungen vor. Die Paritätische Kommission hat zur Vermeidung von Problemen bei der Abrechnung

E 15

von Kreuzungsmaßnahmen, an denen die DB Netz AG als Schienenbaulastträger und der Bund als Straßenbaulastträger beteiligt sind, am 27.09.2012 folgende Regelung beschlossen:

Die dem VU aufgrund der Leitungsänderung entstehenden Gesamtkosten sind jeweils zu 50 % dem Vertragsverhältnis mit dem Straßenbaulastträger und zu 50 % dem Vertragsverhältnis mit der DB Netz AG zuzuordnen. Das VU trägt von der einen Hälfte der Gesamtkosten die Kosten gemäß der vertraglichen Folgekostenregelung mit dem Straßenbaulastträger (z.B. Rahmenvertrag/Mustervertrag). Von der anderen Hälfte der Gesamtkosten trägt das VU die Kosten gemäß den Folgekostenregelungen mit der DB Netz AG (z.B. Gas- und Wasserleitungskreuzungsrichtlinien). Anstelle des Vertragsverhältnisses mit dem Straßenbaulastträger kann auch eine gesetzliche Folgekostenregelung treten. Die Abrechnung gegenüber dem VU erfolgt durch den Kreuzungsbeteiligten, welcher die Baudurchführung insgesamt bzw. die für die Leitungsänderung maßgeblichen Teile der Baudurchführung übernommen hat.

E 16. Bundeswasserstraßengesetz

In der Fassung der Bekanntmachung vom 23. Mai 2007 (BGBl. I S. 962; 2008 I S. 1980), zuletzt geändert durch § 2 der Verordnung vom 15. Januar 2016 (BGBl. I S. 156)

– Auszug –

Abschnitt 9 Kreuzungen mit öffentlichen Verkehrswegen

§ 40 Duldungspflicht

(1) Erfordert die Linienführung einer neu zu bauenden Bundeswasserstraße oder eines anderen neuen öffentlichen Verkehrsweges eine Kreuzung, hat der andere Beteiligte die Kreuzungsanlage zu dulden. Seine verkehrlichen und betrieblichen Belange sind angemessen zu berücksichtigen. Dies gilt auch für die Änderung bestehender Kreuzungsanlagen.

(2) Öffentliche Verkehrswege sind
1. die Eisenbahnen, die dem öffentlichen Verkehr dienen, sowie die Eisenbahnen, die nicht dem öffentlichen Verkehr dienen, wenn die Betriebsmittel auf Eisenbahnen des öffentlichen Verkehrs übergehen können (Anschlussbahnen), und ferner die den Anschlussbahnen gleichgestellten Eisenbahnen,
2. die öffentlichen Straßen, Wege und Plätze,
3. die sonstigen öffentlichen Bahnen auf besonderen Bahnkörpern.

§ 41 Kosten der Herstellung von Kreuzungsanlagen

(1) Werden Bundeswasserstraßen ausgebaut oder neu gebaut und müssen neue Kreuzungen mit öffentlichen Verkehrswegen hergestellt oder bestehende geändert werden, hat die Wasser- und Schifffahrtsverwaltung des Bundes die Kosten der Kreuzungsanlagen oder ihrer Änderung zu tragen, soweit nicht ein anderer auf Grund eines bestehenden Rechtsverhältnisses dazu verpflichtet ist.

(2) Werden öffentliche Verkehrswege verändert oder neu angelegt und müssen neue Kreuzungen mit Bundeswasserstraßen hergestellt oder bestehende geändert werden, hat der Baulastträger des öffentlichen Verkehrsweges die Kosten der Kreuzungsanlagen oder ihrer Änderungen zu tragen, soweit nicht ein anderer auf Grund eines bestehenden Rechtsverhältnisses dazu verpflichtet ist.

(3) Zu den Kosten neuer Kreuzungen gehören auch die Kosten der Änderungen, die durch die neue Kreuzung an dem Verkehrsweg des anderen Beteiligten unter Berücksichtigung der übersehbaren Verkehrsentwicklung notwendig sind.

(4) Werden eine Bundeswasserstraße und ein öffentlicher Verkehrsweg gleichzeitig neu angelegt, haben die Beteiligten die Kosten der Kreuzungsanlage je zur Hälfte zu tragen.

(5) Wird eine Bundeswasserstraße ausgebaut und wird gleichzeitig ein öffentlicher Verkehrsweg geändert, haben die beiden Beteiligten die dadurch entstehenden Kosten in dem Verhältnis zu tragen, in dem die Kosten bei getrennter Durchführung der Maßnahmen zueinander stehen würden. Als gleichzeitig gelten die Maßnahmen, wenn beide Beteiligte sie verlangen oder hätten verlangen müssen.

(5a) Vorteile, die dem anderen Beteiligten durch Änderungen im Sinne der Absätze 1, 2 oder 5 erwachsen, sind auszugleichen (Vorteilsausgleich).

(6) Zu den Kosten der Kreuzungsanlage gehören die Kosten, die mit der Herstellung oder Änderung des Kreuzungsbauwerks, sowie die Kosten, die mit der durch die Kreuzung notwendig gewordenen Änderung oder Beseitigung öffentlicher Verkehrswege verbunden sind. Kommt über die Aufteilung der Kosten keine Einigung zustande, so ist hierüber im Planfeststellungsbeschluss (§ 14b) zu entscheiden.

(7) Das Bundesministerium für Verkehr und digitale Infrastruktur kann mit Zustimmung des Bundesrates Rechtsverordnungen erlassen, durch die
1. der Umfang der Kosten näher bestimmt wird und für die Verwaltungskosten Pauschalbeträge festgesetzt werden;
2. bestimmt wird, wie die bei getrennter Durchführung der Maßnahmen nach Absatz 5 entstehenden Kosten unter Anwendung von Erfahrungswerten für die Baukosten in vereinfachter Form ermittelt werden.

§ 42 Unterhaltung der Kreuzungsanlagen

(1) Die Kreuzungsanlagen im Zuge öffentlicher Verkehrswege hat der Beteiligte zu unterhalten, der die Kosten der Herstellung der Kreuzungsanlage ganz oder überwiegend getragen hat. Die Unterhaltung umfasst auch spätere Erneuerungen und den Betrieb der beweglichen Bestandteile der Kreuzungsanlagen.

(2) Hat ein Beteiligter nach § 41 Abs. 4 Herstellungskosten anteilig getragen, ist er verpflichtet, im Verhältnis seines Anteils zu den Unterhaltungskosten beizutragen. Hat ein Beteiligter nach § 41 Abs. 1 oder 2 Änderungskosten getragen, ist er verpflichtet, dem anderen Beteiligten die Mehrkosten für die Unterhaltung zu erstatten, die diesem durch die Änderung entstehen. Hat ein Beteiligter nach § 41 Abs. 5 Änderungskosten anteilig getragen, ist er verpflichtet, dem anderen Beteiligten im Verhältnis seines Anteils die Mehrkosten für die Unterhaltung zu erstatten, die diesem durch die Änderung entstehen.

(3) Der nach Absatz 1 Satz 1 zur Unterhaltung Verpflichtete hat die Mehrkosten zu erstatten, die anderen bei der Erfüllung ihrer Unterhaltungsaufgaben durch die Kreuzungsanlagen erwachsen.

(4) Ist die Wasser- und Schifffahrtsverwaltung des Bundes zur Unterhaltung nach Absatz 1 verpflichtet, erstreckt sich ihre Verpflichtung nur auf das Kreuzungsbauwerk. Die übrigen Teile der Kreuzungsanlagen haben die Beteiligten zu unterhalten, zu deren öffentlichen Verkehrswegen sie gehören. Die Wasser- und Schifffahrtsverwaltung des Bundes hat den Beteiligten die Mehrkosten der Unterhaltung an den Kreuzungsanlagen außerhalb des Kreuzungsbauwerks zu erstatten.

(4a) In den Fällen der Absätze 2, 3 und 4 Satz 3 sind die Mehrkosten und die anteiligen Unterhaltungskosten auf Verlangen eines Beteiligten abzulösen. Das Bundesministerium für Verkehr und digitale Infrastruktur wird ermächtigt, mit Zustimmung des Bundesrates durch Rechtsverordnung die Berechnung und die Zahlung von Ablösungsbeträgen näher zu bestimmen sowie dazu ein Verfahren zur gütlichen Beilegung von Streitigkeiten festzulegen.

(5) Die Absätze 1 bis 4 gelten nicht, wenn bei dem Inkrafttreten dieses Gesetzes die Tragung der Kosten nach bestehenden Rechtsverhältnissen anders geregelt ist oder wenn etwas anderes vereinbart wird.

§ 43 Durchfahrten unter Brücken im Zuge öffentlicher Verkehrswege

(1) Ist die Durchfahrt unter Brücken im Zuge öffentlicher Verkehrswege durch Leitwerke, Leitpfähle, Dalben, Absetzpfähle oder ähnliche Einrichtungen zu sichern oder durch Schifffahrtszeichen zu bezeichnen, hat der Rechtsträger, auf dessen Kosten die Brücke errichtet oder geändert wird, auch die Kosten der Herstellung dieser Einrichtungen zu tragen.

(2) Die Unterhaltung der Einrichtungen obliegt der Wasser- und Schifffahrtsverwaltung des Bundes. Die Unterhaltung umfasst auch spätere Erneuerungen und den Betrieb der Einrichtungen. Der Rechtsträger, auf dessen Kosten die Einrichtungen hergestellt sind, hat der Wasser- und Schifffahrtsverwaltung des Bundes die Unterhaltungskosten zu erstatten.

(3) Sind die Einrichtungen wegen der Entwicklung der Schifffahrt oder bei einer Änderung von Rechtsvorschriften durch andere Einrichtungen zu ersetzen, hat die Wasser- und Schifffahrtsverwaltung des Bundes die neuen Einrichtungen auf ihre Kosten herzustellen und zu unterhalten. Der nach Absatz 2 Satz 3 Verpflichtete hat zu den weiteren Unterhaltungskosten bis zur Höhe seiner bisherigen Verpflichtungen beizutragen.

(4) Werden die Einrichtungen erst nach der Errichtung der Brücke notwendig, hat sie die Wasser- und Schifffahrtsverwaltung des Bundes auf ihre Kosten herzustellen und zu unterhalten.

(5) Die Absätze 1 bis 4 gelten nicht, wenn bei dem Inkrafttreten dieses Gesetzes die Tragung der Kosten nach bestehenden Rechtsverhältnissen anders geregelt ist.

(6) Wenn es die besonderen Verhältnisse einer Brücke erfordern, kann die Wasser- und Schifffahrtsverwaltung des Bundes mit dem für die Brücke zuständigen Rechts-

träger vereinbaren, dass dieser Einrichtungen ganz oder teilweise herstellt, betreibt oder andere Aufgaben der Wasser- und Schifffahrtsverwaltung des Bundes zu ihrer Unterhaltung wahrnimmt. Durch die Vereinbarung werden die Obliegenheiten der Wasser- und Schifffahrtsverwaltung des Bundes nach den Absätzen 2 bis 4 nicht berührt.

E 17. Allgemeines Eisenbahngesetz (AEG)

Vom 27. Dezember 1993 (BGBl. I S. 2378, 2396, 1994 I S. 2439) (1), zuletzt geändert durch Artikel 1 des Gesetzes vom 28. Mai 2015 (BGBl. I S. 824)

– Auszug –

§ 1 Anwendungsbereich, Wettbewerbsbedingungen

(1) ¹Dieses Gesetz dient der Gewährleistung eines sicheren Betriebs der Eisenbahn und eines attraktiven Verkehrsangebotes auf der Schiene sowie der Sicherstellung eines wirksamen und unverfälschten Wettbewerbs auf der Schiene bei dem Erbringen von Eisenbahnverkehrsleistungen und dem Betrieb von Eisenbahninfrastrukturen. ²Dieses Gesetz dient ferner der Umsetzung oder Durchführung von Rechtsakten der Europäischen Gemeinschaften oder der Europäischen Union im Bereich des Eisenbahnrechts.

(2) ¹Dieses Gesetz gilt für Eisenbahnen. ²Es gilt nicht für andere Schienenbahnen wie Magnetschwebebahnen, Straßenbahnen und die nach ihrer Bau- oder Betriebsweise ähnlichen Bahnen, Bergbahnen und sonstige Bahnen besonderer Bauart. ³Es gilt ferner nicht für die Versorgung von Eisenbahnen mit leitungsgebundener Energie, insbesondere Fahrstrom, und Telekommunikationsleistungen, soweit nicht durch dieses Gesetz oder auf Grund dieses Gesetzes etwas anderes bestimmt ist.

(3) Die Vorschriften dieses Gesetzes sind, vorbehaltlich des § 26 Abs. 1 Satz 1 Nr. 1a in Verbindung mit Satz 2, nicht anzuwenden, soweit in der Verordnung (EG) Nr. 1371/2007 des Europäischen Parlaments und des Rates vom 23. Oktober 2007 über die Rechte und Pflichten der Fahrgäste im Eisenbahnverkehr (ABl. EU Nr. L 315 S. 14) inhaltsgleiche oder entgegenstehende Regelungen vorgesehen sind.

(4) Die Verordnung (EG) Nr. 1371/2007 ist nach Maßgabe ihres Artikels 2 Abs. 5 nicht auf solche Verkehrsdienste des Schienenpersonennahverkehrs anzuwenden, die hauptsächlich aus Gründen historischen Interesses oder zu touristischen Zwecken betrieben werden.

(5) Mit dem Ziel bester Verkehrsbedienung haben Bundesregierung und Landesregierungen darauf hinzuwirken, dass die Wettbewerbsbedingungen der Verkehrsträger angeglichen werden, und dass durch einen lauteren Wettbewerb der Verkehrsträger eine volkswirtschaftlich sinnvolle Aufgabenteilung ermöglicht wird.

§ 2 Begriffsbestimmungen

(1) Eisenbahnen sind öffentliche Einrichtungen oder privatrechtlich organisierte Unternehmen, die Eisenbahnverkehrsleistungen erbringen (Eisenbahnverkehrsunternehmen) oder eine Eisenbahninfrastruktur betreiben (Eisenbahninfrastrukturunternehmen).

(2) ¹Eisenbahnverkehrsleistungen sind die Beförderung von Personen oder Gütern auf einer Eisenbahninfrastruktur. ²Eisenbahnverkehrsunternehmen müssen in der Lage sein, die Zugförderung sicherzustellen.

(2a) Grenzüberschreitender Güterverkehr sind Verkehrsleistungen zur Beförderung von Gütern, bei denen der Zug mindestens eine Grenze eines Mitgliedstaates der Europäischen Union oder eines Mitgliedstaates des Abkommens vom 2. Mai 1992 über den Europäischen Wirtschaftsraum überquert; der Zug kann erweitert und geteilt werden und die verschiedenen Zugabschnitte können unterschiedliche Abfahrts- und Bestimmungsorte haben, sofern alle Wagen mindestens eine Grenze überqueren.

(2b) Grenzüberschreitender Personenverkehr sind Verkehrsleistungen zur Beförderung von Fahrgästen, bei denen der Zug mindestens eine Grenze eines Mitgliedstaates der Europäischen Union oder eines Mitgliedstaates des Abkommens über den Europäischen Wirtschaftsraum überquert und der Hauptzweck des Zuges die Beförderung von Fahrgästen zwischen Bahnhöfen in verschiedenen Mitgliedstaaten ist; der Zug kann erweitert und getrennt werden und die verschiedenen Zugabschnitte können unterschiedliche Abfahrts- und Bestimmungsorte haben, sofern alle Wagen mindestens eine Grenze überqueren.

(3) Die Eisenbahninfrastruktur umfasst die Betriebsanlagen der Eisenbahnen einschließlich der Bahnstromfernleitungen.

(3a) Betreiber der Schienenwege ist jedes Eisenbahninfrastrukturunternehmen, das den Betrieb, den Bau und die Unterhaltung der Schienenwege der Eisenbahn zum Gegenstand hat, mit Ausnahme der Schienenwege in Serviceeinrichtungen.

(3b) ¹Schienenwege, die zur Nutzung für den eigenen Güterverkehr betrieben werden, umfassen Schienenwege, die dem innerbetrieblichen Transport oder der An- und Ablieferung von Gütern über die Schiene für ein oder mehrere bestimmte Unternehmen dienen. ²Eigener Güterverkehr liegt auch dann vor, wenn über solche Schienenwege nicht das Unternehmen selbst, sondern ein Dritter den Transport für das Unternehmen durchführt.

(3c) Serviceeinrichtungen sind
1. Einrichtungen für die Brennstoffaufnahme,
2. Personenbahnhöfe, deren Gebäude und sonstige Einrichtungen,
3. Güterbahnhöfe und -terminals,
4. Rangierbahnhöfe,
5. Zugbildungseinrichtungen,
6. Abstellgleise,
7. Wartungseinrichtungen und andere technische Einrichtungen und
8. Häfen.

(4) *(weggefallen)*

(5) ¹Schienenpersonennahverkehr ist die allgemein zugängliche Beförderung von Personen in Zügen, die überwiegend dazu bestimmt sind, die Verkehrsnachfrage im

Stadt-, Vorort- oder Regionalverkehr zu befriedigen. ²Das ist im Zweifel der Fall, wenn in der Mehrzahl der Beförderungsfälle eines Zuges die gesamte Reiseweite 50 Kilometer oder die gesamte Reisezeit eine Stunde nicht übersteigt.

(6) Eisenbahnen oder Unternehmen des Bundes sind Unternehmen, die sich überwiegend in der Hand des Bundes oder eines mehrheitlich dem Bund gehörenden Unternehmens befinden.

(7) ¹Die beteiligten obersten Landesverkehrsbehörden entscheiden, soweit es sich nicht um Schienenbahnen des Bundes handelt, in Zweifelsfällen im Benehmen mit dem Bundesministerium für Verkehr und digitale Infrastruktur, ob und inwieweit eine Schienenbahn zu den Eisenbahnen im Sinne dieses Gesetzes zu rechnen ist. ²Sie entscheiden auch, soweit es sich nicht um Eisenbahnen des Bundes handelt, darüber, ob Schienenpersonennahverkehr im Sinne des Absatzes 5 vorliegt.

(8) Netze des Regionalverkehrs sind Schienenwege, auf denen keine Züge des Personenfernverkehrs verkehren.

(9) Regionalbahnen sind Eisenbahnverkehrsunternehmen, die ausschließlich Verkehrsleistungen auf Netzen des Regionalverkehrs erbringen, auch soweit sie über diese Netze hinaus bis in den Übergangsbahnhof außerhalb des jeweiligen Netzes des Regionalverkehrs verkehren.

§ 3 Öffentlicher Eisenbahnverkehr

(1) Eisenbahnen dienen dem öffentlichen Verkehr (öffentliche Eisenbahnen), wenn sie als
1. Eisenbahnverkehrsunternehmen gewerbs- oder geschäftsmäßig betrieben werden und jedermann sie nach ihrer Zweckbestimmung zur Personen- oder Güterbeförderung benutzen kann (öffentliche Eisenbahnverkehrsunternehmen),
2. Eisenbahninfrastrukturunternehmen Zugang zu ihrer Eisenbahninfrastruktur gewähren müssen (öffentliche Eisenbahninfrastrukturunternehmen),
3. Betreiber der Schienenwege Zugang zu ihren Schienenwegen gewähren müssen (öffentliche Betreiber der Schienenwege).

(2) Die nicht von Absatz 1 erfassten Eisenbahnen sind nicht öffentliche Eisenbahnen.

§ 4 Sicherheitspflichten, Zuständigkeiten des Eisenbahn-Bundesamtes

(1) Eisenbahninfrastrukturen und Fahrzeuge müssen den Anforderungen der öffentlichen Sicherheit
1. an den Bau zum Zeitpunkt der Inbetriebnahme und
2. an den Betrieb

genügen.

(2) Ist in einer Rechtsvorschrift für die Inbetriebnahme einer Eisenbahninfrastruktur oder eines Fahrzeuges eine Genehmigung vorgeschrieben, dann können Eisenbah-

nen, Halter von Eisenbahnfahrzeugen oder Hersteller die Genehmigung zur Inbetriebnahme beantragen.

(3) ¹Die Eisenbahnen und Halter von Eisenbahnfahrzeugen sind verpflichtet,
1. ihren Betrieb sicher zu führen und
2. an Maßnahmen des Brandschutzes und der Technischen Hilfeleistung mitzuwirken.

²Eisenbahnen sind zudem verpflichtet, die Eisenbahninfrastruktur sicher zu bauen und in betriebssicherem Zustand zu halten.

(4) ¹Eisenbahnen, die eine Sicherheitsbescheinigung oder eine Sicherheitsgenehmigung benötigen, haben ein Sicherheitsmanagementsystem nach Artikel 9 Absatz 2 und 3 der Richtlinie 2004/49/EG des Europäischen Parlaments und des Rates vom 29. April 2004 über Eisenbahnsicherheit in der Gemeinschaft und zur Änderung der Richtlinie 95/18/EG des Rates über die Erteilung von Genehmigungen an Eisenbahnunternehmen und der Richtlinie 2001/14/EG über die Zuweisung von Fahrwegkapazität der Eisenbahn, die Erhebung von Entgelten für die Nutzung von Eisenbahninfrastruktur und die Sicherheitsbescheinigung (»Richtlinie über die Eisenbahnsicherheit«) (ABl. L 164 vom 30.04.2004, S. 44, L 220 vom 21.06.2004, S. 16), die zuletzt durch die Richtlinie 2009/149/EG (ABl. L 313 vom 28.11.2009, S. 65) geändert worden ist, einzurichten und über dessen Inhalt in nicht personenbezogener Form Aufzeichnungen zu führen. ²Die übrigen Eisenbahnen haben in geeigneter Weise Regelungen zur Erfüllung der Anforderungen der öffentlichen Sicherheit festzulegen und über deren Inhalt in nicht personenbezogener Form Aufzeichnungen zu führen.

(5) ¹Die Eisenbahnen haben von ihnen nicht mehr verwendete Aufzeichnungen über das System nach Absatz 4 Satz 1 und 2 unverzüglich als solche zu kennzeichnen. ²Die Eisenbahnen sind verpflichtet, die Aufzeichnungen ab dem Tag der Kennzeichnung fünf Jahre lang aufzubewahren.

(6) ¹Im Hinblick auf Errichtung, Änderung, Unterhaltung und Betrieb der Betriebsanlagen und der Fahrzeuge von Eisenbahnen des Bundes obliegen dem Eisenbahn-Bundesamt
1. die Erteilung von Baufreigaben, Zulassungen und Genehmigungen,
2. die Abnahme, Prüfungen und Überwachungen
auf Grund anderer Gesetze und Verordnungen. ²§ 5 Absatz 5 bleibt unberührt.

(7) Der Betreiber der Schienenwege muss auch den Betrieb der zugehörigen Steuerungs- und Sicherungssysteme sowie die zugehörigen Anlagen zur streckenbezogenen Versorgung mit Fahrstrom zum Gegenstand seines Unternehmens machen.

§ 4a Instandhaltung

(1) ¹Die Eisenbahnen und Halter von Eisenbahnfahrzeugen sind für die Instandhaltung jedes ihrer Eisenbahnfahrzeuge zuständig (für die Instandhaltung zuständige

Stelle). ²Sie können die Aufgabe nach Satz 1 auf die für die Instandhaltung zuständige Stelle eines Dritten übertragen.

(2) Unbeschadet der Verantwortung der Eisenbahnen und Halter von Eisenbahnfahrzeugen für den sicheren Betrieb sind die für die Instandhaltung zuständigen Stellen verpflichtet, die von ihnen zur Instandhaltung übernommenen Eisenbahnfahrzeuge in betriebssicherem Zustand zu halten.

(3) ¹Zur Instandhaltung haben die zuständigen Stellen, die eine Instandhaltungsstellen-Bescheinigung benötigen, ein Instandhaltungssystem einzurichten und über dessen Inhalt in nicht personenbezogener Form Aufzeichnungen zu führen. ²Das Instandhaltungssystem richtet sich nach den Anforderungen des Artikels 4 der Verordnung (EU) Nr. 445/2011 der Kommission vom 10. Mai 2011 über ein System zur Zertifizierung von für die Instandhaltung von Güterwagen zuständigen Stellen und zur Änderung der Verordnung (EG) Nr. 653/2007 (ABl. L 122 vom 11.05.2011, S. 22). ³Die Instandhaltung richtet sich nach
1. den Instandhaltungsunterlagen jedes Eisenbahnfahrzeuges nach Artikel 4 Absatz 1 Buchstabe b der Verordnung (EU) Nr. 445/2011 und
2. den anwendbaren Anforderungen, einschließlich der einschlägigen Regelungen zur Fahrzeuginstandhaltung und der technischen Spezifikationen für die Interoperabilität.

(4) Die übrigen Stellen für die Instandhaltung von Eisenbahnfahrzeugen, die keine Instandhaltungsstellen- Bescheinigung benötigen, haben in geeigneter Weise Regelungen zur Erfüllung der Anforderungen der öffentlichen Sicherheit festzulegen und über deren Inhalt in nicht personenbezogener Form Aufzeichnungen zu führen.

(5) ¹Die in den Absätzen 3 und 4 genannten Stellen haben von ihnen nicht mehr verwendete Aufzeichnungen über das System nach Absatz 3 Satz 1 und Absatz 4 unverzüglich als solche zu kennzeichnen. ²Die Stellen sind verpflichtet, die Aufzeichnungen ab dem Tag der Kennzeichnung fünf Jahre lang aufzubewahren.

(6) ¹Die in den Absätzen 3 und 4 genannten Stellen haben die Instandhaltungsunterlagen jedes Eisenbahnfahrzeuges so lange aufzubewahren, wie das Eisenbahnfahrzeug als solches verwendet werden kann. ²Die zu den Instandhaltungsunterlagen zählenden Instandhaltungsnachweise jedes Eisenbahnfahrzeuges sind dabei nach DIN 27201-2:2012-02[1] aufzubewahren.

§ 4b Prüfsachverständige

(1) ¹Prüfsachverständige prüfen im Auftrag der Eisenbahnen, der Hersteller, der Sicherheitsbehörde oder der Eisenbahnaufsichtsbehörden der Länder
1. die Einhaltung der nationalen technischen Vorschriften, die nicht nach Artikel 17 Absatz 3 der Richtlinie 2008/57/EG des Europäischen Parlaments und

---

[1] Amtlicher Hinweis: Diese DIN-Norm ist im Beuth-Verlag GmbH, Berlin, erschienen und beim Deutschen Patent- und Markenamt in München archivmäßig gesichert niedergelegt.

des Rates vom 17. Juni 2008 über die Interoperabilität des Eisenbahnsystems in der Gemeinschaft (Neufassung) (ABl. L 191 vom 18.07.2008, S. 1), die zuletzt durch die Richtlinie 2014/38/EU (ABl. L 70 vom 11.03.2014, S. 20) geändert worden ist, notifiziert worden sind, oder
2. den Nachweis einer zulässigen Abweichung von in Nummer 1 bezeichneten technischen Vorschriften im Bereich
   a) der Erstellung von baulichen Anlagen, Signalanlagen, Telekommunikationsanlagen und elektrotechnischen Anlagen sowie
   b) der Verwendung von Bauprodukten, Bauarten, Komponenten, Systemen und Verfahren.

²Prüfsachverständige werden anerkannt, sofern sie die erforderliche Fachkompetenz besitzen, zuverlässig und vom Auftraggeber unabhängig sind. ³Ihre Tätigkeit wird überwacht. ⁴Das Nähere zu Anerkennung und Überwachung regelt eine Rechtsverordnung im Sinne des § 26 Absatz 1 Satz 1 Nummer 1 Buchstabe f.

(2) Prüfsachverständige nach Absatz 1 werden im Falle eines Auftrages der Sicherheitsbehörde oder der Eisenbahnaufsichtsbehörden der Länder als deren Verwaltungshelfer tätig.

§ 5 Eisenbahnaufsicht

(1) Durch die Eisenbahnaufsicht wird die Beachtung
1. dieses Gesetzes und der darauf beruhenden Rechtsverordnungen,
2. des Rechts der Europäischen Gemeinschaften oder der Europäischen Union, soweit es Gegenstände dieses Gesetzes oder die Verordnung (EG) Nr. 1371/2007 betrifft,
3. von zwischenstaatlichen Vereinbarungen, soweit sie Gegenstände dieses Gesetzes betreffen,
überwacht.

(1a) Für die Eisenbahnaufsicht und für Genehmigungen sind, soweit in diesem Gesetz nichts anderes bestimmt ist, zuständig
1. der Bund für
   a) Eisenbahnen des Bundes mit Sitz im Inland,
   b) Eisenbahnen des Bundes ohne Sitz im Inland hinsichtlich der Benutzung oder des Betreibens einer Eisenbahninfrastruktur auf dem Gebiet der Bundesrepublik Deutschland,
   c) nichtbundeseigene Eisenbahnen ohne Sitz im Inland hinsichtlich der Benutzung einer Eisenbahninfrastruktur auf dem Gebiet der Bundesrepublik Deutschland,
2. die Länder für
   a) nichtbundeseigene Eisenbahnen mit Sitz im Inland,
   b) nichtbundeseigene Eisenbahnen ohne Sitz im Inland hinsichtlich des Betreibens einer Eisenbahninfrastruktur auf dem Gebiet der Bundesrepublik Deutschland.

Teil E Anhang

(1b) ¹Für die Eisenbahnaufsicht und für Genehmigungen ist, soweit in diesem Gesetz nichts anderes bestimmt ist, zuständig
1. für Eisenbahnverkehrsunternehmen nach Absatz 1a Nr. 2 Buchstabe a das Land, in dem sie ihren Sitz haben,
2. für Eisenbahninfrastrukturunternehmen nach Absatz 1a Nr. 2 jeweils das Land, in dem sie ihre Eisenbahninfrastruktur betreiben.

²Im Falle des Satzes 1 Nr. 2 können die beteiligten Länder etwas anderes vereinbaren.

(1c) Die für die Eisenbahnaufsicht über ein Eisenbahninfrastrukturunternehmen zuständige Behörde hat auch die Aufsicht über Eisenbahnverkehrsunternehmen, soweit diese die ihrer Aufsicht unterliegende Eisenbahninfrastruktur benutzen.

(1d) ¹Dem Bund obliegt
1. die Anerkennung und Überwachung der
    a) benannten Stellen im Sinne des Artikels 2 Buchstabe j in Verbindung mit den Artikeln 18 und 28 der Richtlinie 2008/57/EG,
    b) bestimmten Stellen im Sinne des Artikels 17 Absatz 3 Satz 3 der Richtlinie 2008/57/EG und
2. die Aufgabe der Anerkennungsstelle von Bewertungsstellen im Sinne des Artikels 7 Buchstabe b in Verbindung mit Artikel 13 Absatz 1 der Durchführungsverordnung (EU) Nr. 402/2013 der Kommission vom 30. April 2013 über die gemeinsame Sicherheitsmethode für die Evaluierung und Bewertung von Risiken und zur Aufhebung der Verordnung (EG) Nr. 352/2009 (ABl. L 121 vom 03.05.2013, S. 8).

²Der Bund nimmt die Aufgaben nach Satz 1 durch die für die Eisenbahnaufsicht nach Absatz 2 Satz 1 zuständige Bundesbehörde als Sicherheitsbehörde wahr. ³Anerkennungen nach Satz 1 erteilt die Sicherheitsbehörde auf Antrag. ⁴Unbeschadet des Satzes 1 Nummer 1 Buchstabe a obliegt dem Bund die Wahrnehmung der Aufgaben einer benannten Stelle, soweit eine solche nach dem Recht der Europäischen Gemeinschaft oder der Europäischen Union im Zusammenhang mit dem interoperablen Eisenbahnsystem einzurichten ist. ⁵Hierzu wird bei der für die Eisenbahnaufsicht nach Absatz 2 Satz 1 zuständigen Bundesbehörde eine benannte Stelle eingerichtet.

(1e) ¹Dem Bund obliegt für die regelspurigen Eisenbahnen, die Halter von Eisenbahnfahrzeugen und die für die Instandhaltung zuständigen Stellen
1. die Genehmigung der Inbetriebnahme struktureller Teilsysteme und Teile von diesen im Sinne des Rechts der Europäischen Gemeinschaften oder der Europäischen Union;
2. die Erteilung von
    a) Sicherheitsbescheinigungen und Sicherheitsgenehmigungen sowie
    b) Instandhaltungsstellen-Bescheinigungen und Bescheinigungen für Instandhaltungsfunktionen;

3. die Anerkennung von Schulungseinrichtungen und die Überwachung deren Tätigkeit sowie das Führen eines Registers über die Schulungseinrichtungen;
4. die Eisenbahnaufsicht, ausgenommen die Überwachung der Beachtung der Vorschriften der §§ 8 bis 13, über nichtbundeseigene Eisenbahnen, die einer Sicherheitsbescheinigung oder Sicherheitsgenehmigung bedürfen;
4a. die Eisenbahnaufsicht über Halter nach § 32, deren Eisenbahnfahrzeuge im Fahrzeugeinstellungsregister nach § 25a eingetragen sein müssen;
5. die Eisenbahnaufsicht über das Inverkehrbringen von Interoperabilitätskomponenten im Sinne des Rechts der Europäischen Gemeinschaften oder der Europäischen Union;
6. die Überwachung der von öffentlichen Eisenbahnen festgelegten Regeln, die Anforderungen zur Gewährleistung der Eisenbahnsicherheit enthalten und für mehr als eine Eisenbahn gelten, mit Ausnahme der Regeln von Betreibern von Regionalbahnen und Netzen des Regionalverkehrs;
7. die Führung eines behördlichen Fahrzeugeinstellungsregisters, soweit dieses nach dem Recht der Europäischen Gemeinschaften oder der Europäischen Union einzurichten ist;
8. in den Fällen, in denen das Eisenbahnverkehrunternehmen über eine Sicherheitsbescheinigung oder das Eisenbahninfrastrukturunternehmen über eine Sicherheitsgenehmigung verfügen muss,
   a) die Erteilung, Aussetzung und Entziehung von Triebfahrzeugführerscheinen und die Überwachung des Fortbestehens der Erteilungsvoraussetzungen;
   b) die
      aa) Überwachung des Verfahrens zur Erteilung von Bescheinigungen über die Infrastruktur und die Fahrzeuge, die der Inhaber eines Triebfahrzeugführerscheines nutzen und führen darf (Bescheinigungen),
      bb) Überwachung, ob die Erteilungsvoraussetzungen für Bescheinigungen fortbestehen, und die erforderlichen Aufsichtsmaßnahmen,
      cc) Bearbeitung von Beschwerden im Rahmen des Verfahrens zur Erteilung von Bescheinigungen;
   c) das Führen eines Triebfahrzeugführerscheinregisters;
   d) die Anerkennung oder Zulassung von
      aa) Ärzten und Psychologen zur Tauglichkeitsuntersuchung und
      bb) Prüfern
      für die Erteilung von Triebfahrzeugführerscheinen und Bescheinigungen und deren Überwachung sowie die Führung jeweils eines Registers hierüber;
9. das Genehmigen von Ausnahmen von der Anwendung bestimmter technischer Spezifikationen für die Interoperabilität.

²Der Bund nimmt die Aufgaben nach Satz 1 durch die für die Eisenbahnaufsicht nach Absatz 2 Satz 1 zuständige Bundesbehörde als Sicherheitsbehörde wahr.

(1f) ¹Dem Bund obliegt die Untersuchung gefährlicher Ereignisse im Eisenbahnbetrieb auf Eisenbahninfrastrukturen, die seiner Eisenbahnaufsicht unterliegen. ²Der Bund nimmt die Aufgabe nach Satz 1 durch das Bundesministerium für Verkehr und digitale Infrastruktur als Untersuchungsbehörde wahr. ³Dieses kann jederzeit widerruflich das Eisenbahn-Bundesamt mit Untersuchungshandlungen beauftragen. ⁴Im Falle der Beauftragung hat das Eisenbahn-Bundesamt die Befugnisse der Untersuchungsbehörde, soweit die Befugnisse zur Durchführung der beauftragten Untersuchungshandlungen erforderlich sind.

(1g) Die für die Unfalluntersuchung zuständigen Beschäftigten des Eisenbahn-Bundesamtes unterstehen bei der Unfalluntersuchung ausschließlich und unmittelbar den Anordnungen des für die Untersuchung zuständigen Beschäftigten des Bundesministeriums für Verkehr und digitale Infrastruktur, soweit die Anordnungen nicht die dienstliche Stellung der Beschäftigten des Eisenbahn-Bundesamtes betreffen.

(1h) Dem Bund obliegt die Anerkennung und Überwachung von Prüfsachverständigen im Sinne von § 4b.

(1i) Die Aufgaben und die Befugnisse der für die Strafverfolgung und Ahndung von Ordnungswidrigkeiten zuständigen Behörden bleiben im Übrigen unberührt.

(2) ¹Für den Bund sind zuständig die nach dem Bundeseisenbahnverkehrsverwaltungsgesetz bestimmten Behörden, für das jeweilige Land die von der Landesregierung bestimmte Behörde. ²Das jeweilige Land und der Bund können miteinander vereinbaren, die Eisenbahnaufsicht, die Befugnis zur Erteilung von Genehmigungen sowie die Untersuchung von Unfällen und gefährlichen Ereignissen ganz oder teilweise dem Bund zu übertragen. ³Der mit den übertragenen Aufgaben verbundene Aufwand ist dabei dem Bund zu erstatten. ⁴Das Eisenbahn-Bundesamt führt die übertragenen Aufgaben nach den Weisungen und für Rechnung des Landes aus. ⁵Die Landesregierung kann anderen öffentlichen oder privaten Stellen die Eisenbahnaufsicht und die Befugnis zur Erteilung von Genehmigungen ganz oder teilweise durch Rechtsverordnung übertragen. ⁶Aufsichts- und Genehmigungsbehörde im Sinne dieses Gesetzes ist auch die Stelle, der die Landesregierung nach Satz 4 oder das Bundesministerium für Verkehr und digitale Infrastruktur nach dem Bundeseisenbahnverkehrsverwaltungsgesetz Aufgaben übertragen hat.

(3) Die Landesregierung bestimmt die Behörde, die zuständig ist für Eisenbahnen des Bundes sowie für nichtbundeseigene Eisenbahnen ohne Sitz im Inland, soweit es sich um die Einhaltung von Auflagen auf der Grundlage von Artikel 1 Abs. 5 und 6 der Verordnung (EWG) Nr. 1191/69 des Rates vom 26. Juni 1969 über das Vorgehen der Mitgliedstaaten bei mit dem Begriff des öffentlichen Dienstes verbundenen Verpflichtungen auf dem Gebiet des Eisenbahn-, Straßen- und Binnenschiffsverkehrs (ABl. EG Nr. L 156 S. 1), zuletzt geändert durch die Verordnung (EWG) Nr. 1893/91 des Rates vom 20. Juni 1991 (ABl. EG Nr. L 169 S. 1), betreffend den Schienenpersonennahverkehr dieser Eisenbahnen auf dem Gebiet der Bundesrepublik Deutschland handelt.

(4) ¹Abweichend von den Absätzen 1a und 1b ist zuständig für die Genehmigung und Einhaltung von Tarifen
1. im Schienenpersonennahverkehr die von der Landesregierung bestimmte Behörde des Landes, in dem das Eisenbahnverkehrsunternehmen seinen Sitz hat,

2. eines Verkehrs- und Tarifverbundes, die von einem Eisenbahnverkehrsunternehmen angewendet werden, die von der Landesregierung bestimmte Behörde des Landes, in dem der jeweilige Verbund seinen Sitz hat.
²Hat das Eisenbahnverkehrsunternehmen seinen Sitz im Ausland, ist die Behörde des Landes zuständig, in dem der nach der Streckenlänge überwiegende Teil der genutzten Eisenbahninfrastruktur liegt. ³Die zuständige Genehmigungsbehörde trifft ihre Entscheidung nach Anhörung der Genehmigungsbehörden der vom Anwendungsbereich eines Tarifs berührten Länder.

(5) ¹Die Einhaltung von Arbeitsschutzvorschriften wird von den nach diesen Vorschriften zuständigen Behörden überwacht. ²Für Schienenfahrzeuge und Anlagen, die unmittelbar der Sicherstellung des Betriebsablaufs dienen, kann das Bundesministerium für Verkehr und digitale Infrastruktur im Einvernehmen mit dem Bundesministerium für Arbeit und Soziales durch Rechtsverordnung mit Zustimmung des Bundesrates die Zuständigkeit auf das Eisenbahn-Bundesamt übertragen.

(6) ¹Auf Antrag eines Eisenbahnverkehrsunternehmens, das auch über den außerhalb des Netzes des Regionalverkehrs liegenden Übergangsbahnhof hinaus Schienenpersonennahverkehr bis in die nächste Stadt mit einer Einwohnerzahl von über 100.000 betreibt, kann das Bundesministerium für Verkehr und digitale Infrastruktur nach Anhörung der beteiligten Länder im Einzelfall anordnen, dass auf dieses Eisenbahnverkehrsunternehmen die Bestimmungen anzuwenden sind, die für Regionalbahnen gelten, soweit
1. dafür ein besonderes regionales Bedürfnis besteht,
2. das Eisenbahnverkehrsunternehmen die notwendige Befähigung nachgewiesen hat und
3. die Einheitlichkeit der Eisenbahnaufsicht nicht gefährdet wird.

²Die Anordnung ist dem Antragsteller und den beteiligten Ländern bekannt zu geben. ³Sie ist im Bundesanzeiger zu veröffentlichen.

§ 5a Aufgaben und Befugnisse der Eisenbahnaufsichtsbehörden

(1) ¹Die Eisenbahnaufsichtsbehörden haben die Aufgabe, die Einhaltung der in § 5 Abs. 1 genannten Vorschriften zu überwachen, soweit in diesem Gesetz nichts Besonderes bestimmt ist. ²Sie haben dabei insbesondere die Aufgabe,
1. Gefahren abzuwehren, die beim Betrieb der Eisenbahn entstehen oder von den Betriebsanlagen ausgehen, und
2. gefährliche Ereignisse im Eisenbahnbetrieb zu untersuchen.

(2) Die Eisenbahnaufsichtsbehörden können in Wahrnehmung ihrer Aufgaben gegenüber denjenigen, die durch die in § 5 Absatz 1 genannten Vorschriften verpflichtet werden, die Maßnahmen treffen, die zur Beseitigung festgestellter Verstöße und zur Verhütung künftiger Verstöße gegen die in § 5 Absatz 1 genannten Vorschriften erforderlich sind.

(3) ¹Die nach § 5 Abs. 1c zuständige Aufsichtsbehörde hat den Eisenbahnverkehrsunternehmen gegenüber nur die Befugnisse nach Absatz 2, Absatz 4 Nr. 2, 4 und Absatz 5. ²Sie hat die nach § 5 Abs. 1a, 1b und 2 sonst für das Eisenbahnverkehrsunternehmen zuständige Aufsichtsbehörde über Beanstandungen und getroffene Maßnahmen zu unterrichten.

(4) Die nach Absatz 2 Verpflichteten und die für sie tätigen Personen müssen den Eisenbahnaufsichtsbehörden und ihren Beauftragten zur Durchführung der Eisenbahnaufsicht gestatten,
1. Grundstücke, Geschäftsräume und Betriebsanlagen innerhalb der üblichen Geschäfts- und Arbeitsstunden zu betreten,
2. Eisenbahnfahrzeuge zu betreten sowie unentgeltlich und ohne Fahrausweis mitzufahren,
3. Bücher, Geschäftspapiere, Unterlagen, insbesondere Unterlagen, die die Verpflichtung der Eisenbahnen nach den §§ 4, 12 und 14 betreffen, einzusehen,
4. Gegenstände sowie Aufzeichnungen über Fahrtverlauf, Zugmeldungen und Störungen zur Untersuchung gefährlicher Ereignisse in amtliche Verwahrung zu nehmen.

(5) ¹Die nach Absatz 2 Verpflichteten und die für sie tätigen Personen haben den Eisenbahnaufsichtsbehörden und ihren Beauftragten alle für die Durchführung der Eisenbahnaufsicht erforderlichen
1. Auskünfte zu erteilen,
2. Nachweise zu erbringen,
3. Hilfsmittel zu stellen und Hilfsdienste zu leisten.

²Die Auskünfte sind wahrheitsgemäß und nach bestem Wissen zu erteilen. ³Der zur Auskunft Verpflichtete kann die Auskunft auf solche Fragen verweigern, deren Beantwortung ihn selbst oder einen der in § 383 Abs. 1 Nr. 1 bis 3 der Zivilprozessordnung bezeichneten Angehörigen der Gefahr strafrechtlicher Verfolgung oder eines Verfahrens wegen einer Ordnungswidrigkeit aussetzen würde.

(6) ¹Unternehmen, die Eisenbahnfahrzeuge sowie Betriebsleit- und Sicherheitssysteme im Inland instand halten, und die für sie tätigen Personen sind verpflichtet, den nach § 5 Abs. 1a, 1b, 1e, 1f und 2 zuständigen Aufsichtsbehörden und ihren Beauftragten zur Durchführung der Eisenbahnaufsicht zu gestatten, Eisenbahnfahrzeuge sowie Betriebsleit- und Sicherheitssysteme innerhalb der üblichen Geschäfts- und Arbeitsstunden zu untersuchen. ²Sie haben die dazu erforderlichen Hilfsmittel zu stellen und Hilfsdienste zu leisten. ³Findet die Instandhaltung im Ausland statt, sollen die Eisenbahnen den Aufsichtsbehörden die Prüfung nach Satz 1 ermöglichen.

(7) ¹Die Vorschriften des Verwaltungsverfahrensgesetzes über die Ermittlung des Sachverhaltes im Verwaltungsverfahren gelten für die Untersuchung gefährlicher Ereignisse im Eisenbahnbetrieb entsprechend. ²Die für die Untersuchung gefährlicher Ereignisse im Eisenbahnbetrieb zuständigen Behörden sind befugt, eine Versicherung an Eides statt zu verlangen. ³Zeugen und Sachverständige sind zur Aussage

oder zur Erstattung eines Gutachtens verpflichtet; Absatz 5 Satz 3 sowie § 65 Abs. 1 Satz 2 des Verwaltungsverfahrensgesetzes gelten entsprechend.

(8) ¹Den nach § 5 Abs. 1a zuständigen Eisenbahnaufsichtsbehörden obliegt bei Wahrnehmung ihrer Aufgaben nach Absatz 1 auch die Bearbeitung von Beschwerden über einen mutmaßlichen Verstoß einer Eisenbahn oder eines Reiseveranstalters oder Fahrkartenverkäufers im Sinne des Artikels 3 Nr. 6 oder Nr. 7 der Verordnung (EG) Nr. 1371/2007 gegen die Vorschriften dieser Verordnung oder einer auf Grund des § 26 Abs. 1 Satz 1 Nr. 1a erlassenen Rechtsverordnung. ²Die Zuständigkeit für Beschwerden wegen Gesetzesverstößen eines Reiseveranstalters oder Fahrkartenverkäufers bestimmt sich nach der Zuständigkeit für die Eisenbahn, deren Fahrkarten der Reiseveranstalter oder Fahrkartenverkäufer verkauft. ³Soweit das Eisenbahn-Bundesamt nicht selbst zuständige Eisenbahnaufsichtsbehörde ist, leitet es eine Beschwerde unverzüglich an die zuständige Eisenbahnaufsichtsbehörde weiter.

(8a) Die Eisenbahnaufsichtsbehörde kann natürliche oder juristische Personen des Privatrechts beauftragen, an der Erfüllung der Aufgaben mitzuwirken.

(9) ¹Die Eisenbahnaufsichtsbehörden können ihre Anordnungen nach den für die Vollstreckung von Verwaltungsmaßnahmen geltenden Vorschriften durchsetzen. ²Die Höhe des Zwangsgeldes beträgt bis zu 500.000 Euro.

§ 6 Erteilung und Versagung der Genehmigung

(1) ¹Ohne Genehmigung darf niemand
1. Eisenbahnverkehrsleistungen erbringen,
2. als Halter von Eisenbahnfahrzeugen selbstständig am Eisenbahnbetrieb teilnehmen oder
3. Schienenwege, Steuerungs- und Sicherungssysteme oder Bahnsteige betreiben.

²Keiner Genehmigung bedürfen
1. nichtöffentliche Eisenbahnverkehrsunternehmen, die ausschließlich Eisenbahnverkehrsleistungen im Güterverkehr erbringen und ausschließlich Eisenbahninfrastrukturen benutzen, die nicht dem öffentlichen Verkehr dienen,
2. Halter von Eisenbahnfahrzeugen, die ausschließlich Eisenbahninfrastrukturen benutzen, die nicht dem öffentlichen Verkehr dienen,
3. nichtöffentliche Eisenbahninfrastrukturunternehmen,
4. öffentliche Eisenbahninfrastrukturunternehmen für das Betreiben von Serviceeinrichtungen einschließlich der Schienenwege und der Steuerungs- und Sicherungssysteme in Serviceeinrichtungen sowie für die mit dem Zugang zu Serviceeinrichtungen verbundenen Leistungen; Satz 1 Nr. 3 bleibt unberührt.

Teil E Anhang

(2) ¹Die Genehmigung wird auf Antrag erteilt, wenn
1. der Antragsteller als Unternehmer und die für die Führung der Geschäfte bestellten Personen zuverlässig sind,
2. der Antragsteller als Unternehmer finanziell leistungsfähig ist,
3. der Antragsteller als Unternehmer oder die für die Führung der Geschäfte bestellten Personen die erforderliche Fachkunde haben und damit die Gewähr für eine sichere Betriebsführung bieten.

²Entsprechendes gilt für einen Antragsteller als Halter von Eisenbahnfahrzeugen, soweit es die selbstständige Teilnahme am Eisenbahnbetrieb betrifft und für die von diesem insoweit mit der Führung der Geschäfte bestellten Personen.

(3) Die Genehmigung wird nur erteilt
1. Eisenbahnverkehrsunternehmen für das Erbringen von Eisenbahnverkehrsleistungen zur Personen- oder Güterbeförderung,
2. Haltern von Eisenbahnfahrzeugen für die selbstständige Teilnahme am Eisenbahnbetrieb,
3. Eisenbahninfrastrukturunternehmen für das Betreiben einer bestimmten Eisenbahninfrastruktur.

(4) ¹Gültige Genehmigungen öffentlicher Eisenbahnen, die bei In-Kraft-Treten dieses Gesetzes bereits Eisenbahnverkehrsleistungen erbringen oder eine Eisenbahninfrastruktur betreiben, gelten fort, soweit sie inhaltlich den Anforderungen dieses Gesetzes genügen. ²Im Übrigen ist diesen Eisenbahnen auf Antrag die Genehmigung zu erteilen, ohne dass die Voraussetzungen des Absatzes 2 geprüft werden. ³Satz 2 gilt nur, sofern die Genehmigung innerhalb eines Jahres nach In-Kraft-Treten dieses Gesetzes beantragt wird.

(5) Antragsteller kann jedes Unternehmen mit Sitz in der Bundesrepublik Deutschland sein.

(6) Die Geltungsdauer der Genehmigung soll in der Regel bei
1. Eisenbahnverkehrsunternehmen höchstens 15 Jahre,
2. Eisenbahninfrastrukturunternehmen höchstens 50 Jahre
betragen.

(7) Die Genehmigungsbehörden unterrichten sich gegenseitig über die Erteilung, die Änderung oder den Widerruf von Genehmigungen.

(8) Wer nach dem Recht eines anderen Mitgliedstaates der Europäischen Union oder eines Mitgliedstaates des Abkommens vom 2. Mai 1992 über den Europäischen Wirtschaftsraum für Tätigkeiten nach Absatz 1 Satz 1 Nr. 1 oder 2 zugelassen ist, bedarf dafür im Inland keiner Genehmigung nach Absatz 1.

(9) Eisenbahnen, die nach dem Recht eines Staates, der nicht Mitglied der Europäischen Union oder des Abkommens vom 2. Mai 1992 über den Europäischen Wirtschaftsraum ist, zum Eisenbahnverkehr zugelassen sind, bedürfen für das Erbringen von Eisenbahnverkehrsleistungen im Inland keiner Genehmigung nach Absatz 1, sofern dies zwischenstaatlich vereinbart ist.

(10) ¹Die von den Absätzen 8 und 9 erfassten Eisenbahnen und Halter von Eisenbahnfahrzeugen müssen dem Eisenbahn-Bundesamt vor Aufnahme des Verkehrs auf dem Gebiet der Bundesrepublik Deutschland ihre Zulassung nachweisen. ²§ 14 bleibt unberührt.

§ 11 Abgabe und Stilllegung von Eisenbahninfrastruktureinrichtungen

(1) ¹Beabsichtigt ein öffentliches Eisenbahninfrastrukturunternehmen die dauernde Einstellung des Betriebes einer Strecke, eines für die Betriebsabwicklung wichtigen Bahnhofs oder die mehr als geringfügige Verringerung der Kapazität einer Strecke, so hat es dies bei der zuständigen Aufsichtsbehörde zu beantragen. ²Dabei hat es darzulegen, dass ihm der Betrieb der Infrastruktureinrichtung nicht mehr zugemutet werden kann und Verhandlungen mit Dritten, denen ein Angebot für die Übernahme der Infrastruktureinrichtung durch Verkauf oder Verpachtung zu in diesem Bereich üblichen Bedingungen gemacht wurde, erfolglos geblieben sind. ³Bei den Übernahmeangeboten an Dritte sind Vorleistungen angemessen zu berücksichtigen.

(1a) ¹Öffentliche Eisenbahninfrastrukturunternehmen haben ihre Absicht nach Absatz 1 Satz 1 entweder
1. im Bundesanzeiger zu veröffentlichen oder
2. im Internet zu veröffentlichen und die Adresse im Bundesanzeiger bekannt zu machen.

²In der Bekanntmachung sind Angaben für die betriebswirtschaftliche Bewertung dieser Infrastruktur aufzunehmen. ³Nach der Veröffentlichung können Dritte das öffentliche Eisenbahninfrastrukturunternehmen binnen einer Frist von drei Monaten zur Abgabe eines Angebotes auffordern. ⁴Im Angebot ist die Bestimmung der abzugebenden Grundstücke und Infrastruktureinrichtungen für Eisenbahnzwecke und deren Ertragswert bei der Preisbildung angemessen zu berücksichtigen. ⁵Bei der Bemessung des Pachtzinses ist maßgeblich der Ertragswert zu berücksichtigen. ⁶Das Angebot muss den Anschluss an die angrenzende Schieneninfrastruktur umfassen.

(2) ¹Die zuständige Aufsichtsbehörde hat über den Antrag unter Berücksichtigung verkehrlicher und wirtschaftlicher Kriterien innerhalb von drei Monaten zu entscheiden. ²Im Bereich der Eisenbahnen des Bundes entscheidet das Eisenbahn-Bundesamt im Benehmen mit der zuständigen Landesbehörde. ³Bis zur Entscheidung hat das Unternehmen den Betrieb der Schieneninfrastruktur aufrecht zu halten.

(3) ¹Die Genehmigung gilt als erteilt, wenn die zuständige Aufsichtsbehörde innerhalb der in Absatz 2 bestimmten Frist nicht entschieden hat. ²Versagt sie die Genehmigung nach Maßgabe des Absatzes 2, so hat sie dem Eisenbahninfrastrukturunternehmen die aus der Versagung entstehenden Kosten, einschließlich der kalkulatorischen Kosten zu ersetzen; die Zahlungsverpflichtung trifft das Land, wenn die von der Landesbehörde im Rahmen des Benehmens vorgetragenen Gründe für die Ablehnung maßgebend waren.

(4) Liegen die Voraussetzungen des Absatzes 1 Satz 2 nicht vor, ist die Genehmigung zu versagen.

(5) Eine Versagung nach Maßgabe des Absatzes 2 ist nur für einen Zeitraum von einem Jahr möglich; danach gilt die Genehmigung als erteilt.

§ 17 Vorarbeiten

(1) ¹Eigentümer und sonstige Nutzungsberechtigte haben zur Vorbereitung der Planung und der Baudurchführung eines Vorhabens oder von Unterhaltungsmaßnahmen notwendige Vermessungen, Boden- und Grundwasseruntersuchungen einschließlich der vorübergehenden Anbringung von Markierungszeichen und sonstige Vorarbeiten durch den Träger des Vorhabens oder von ihm Beauftragte zu dulden. ²Arbeits-, Betriebs- oder Geschäftsräume dürfen zu diesem Zweck während der jeweiligen Arbeits-, Geschäfts- oder Aufenthaltszeiten nur in Anwesenheit des Eigentümers oder sonstigen Nutzungsberechtigten oder eines Beauftragten, Wohnungen nur mit Zustimmung des Wohnungsinhabers betreten werden.

(2) Die Absicht, solche Arbeiten auszuführen, ist dem Eigentümer oder sonstigen Nutzungsberechtigten mindestens zwei Wochen vorher unmittelbar oder durch ortsübliche Bekanntmachung in den Gemeinden, in denen die Vorarbeiten durchzuführen sind, bekannt zu geben.

(3) ¹Entstehen durch eine Maßnahme nach Absatz 1 einem Eigentümer oder sonstigen Nutzungsberechtigten unmittelbare Vermögensnachteile, so hat der Träger des Vorhabens eine angemessene Entschädigung in Geld zu leisten. ²Kommt eine Einigung über die Geldentschädigung nicht zu Stande, so setzt die nach Landesrecht zuständige Behörde auf Antrag des Trägers des Vorhabens oder des Berechtigten die Entschädigung fest. ³Vor der Entscheidung sind die Beteiligten zu hören.

§ 18 Erfordernis der Planfeststellung

¹Betriebsanlagen einer Eisenbahn einschließlich der Bahnfernstromleitungen dürfen nur gebaut oder geändert werden, wenn der Plan vorher festgestellt ist. ²Bei der Planfeststellung sind die von dem Vorhaben berührten öffentlichen und privaten Belange einschließlich der Umweltverträglichkeit im Rahmen der Abwägung zu berücksichtigen. ³Für das Planfeststellungsverfahren gelten die §§ 72 bis 78 des Verwaltungsverfahrensgesetzes nach Maßgabe dieses Gesetzes.

§ 18a Anhörungsverfahren

Für das Anhörungsverfahren gilt § 73 des Verwaltungsverfahrensgesetzes mit folgenden Maßgaben:
1. ¹Die Anhörungsbehörde kann auf eine Erörterung verzichten. ²Findet keine Erörterung statt, so hat die Anhörungsbehörde ihre Stellungnahme innerhalb von sechs Wochen nach Ablauf der Einwendungsfrist abzugeben und zusammen mit den sonstigen in § 73 Absatz 9 des Verwaltungsverfahrensgesetzes aufgeführten Unterlagen der Planfeststellungsbehörde zuzuleiten.
2. Soll ein ausgelegter Plan geändert werden, so kann im Regelfall von der Erörterung im Sinne des § 73 Absatz 6 des Verwaltungsverfahrensgesetzes und des § 9

Absatz 1 Satz 3 des Gesetzes über die Umweltverträglichkeitsprüfung abgesehen werden.

§ 18b

(weggefallen)

§ 18c Rechtswirkungen der Planfeststellung und der Plangenehmigung

Für die Rechtswirkungen der Planfeststellung und Plangenehmigung gilt § 75 des Verwaltungsverfahrensgesetzes mit folgenden Maßgaben:
1. Wird mit der Durchführung des Plans nicht innerhalb von zehn Jahren nach Eintritt der Unanfechtbarkeit begonnen, so tritt er außer Kraft, es sei denn, er wird vorher auf Antrag des Trägers des Vorhabens von der Planfeststellungsbehörde um höchstens fünf Jahre verlängert.
2. Vor der Entscheidung nach Nummer 1 ist eine auf den Antrag begrenzte Anhörung nach dem für die Planfeststellung oder für die Plangenehmigung vorgeschriebenen Verfahren durchzuführen.
3. Für die Zustellung und Auslegung sowie die Anfechtung der Entscheidung über die Verlängerung sind die Bestimmungen über den Planfeststellungsbeschluss entsprechend anzuwenden.

§ 18d Planänderung vor Fertigstellung des Vorhabens

[1]Für die Planergänzung und das ergänzende Verfahren im Sinne des § 75 Abs. 1a Satz 2 des Verwaltungsverfahrensgesetzes und für die Planänderung vor Fertigstellung des Vorhabens gilt § 76 des Verwaltungsverfahrensgesetzes mit der Maßgabe, dass im Falle des § 76 Abs. 1 des Verwaltungsverfahrensgesetzes von einer Erörterung im Sinne des § 73 Abs. 6 des Verwaltungsverfahrensgesetzes und des § 9 Abs. 1 Satz 3 des Gesetzes über die Umweltverträglichkeitsprüfung abgesehen werden kann. [2]Im Übrigen gelten für das neue Verfahren die Vorschriften dieses Gesetzes.

§ 18e Rechtsbehelfe

(1) § 50 Abs. 1 Nr. 6 der Verwaltungsgerichtsordnung gilt für Vorhaben im Sinne des § 18 Satz 1, soweit die Vorhaben Schienenwege betreffen, die wegen
1. der Herstellung der Deutschen Einheit,
2. der Einbindung der neuen Mitgliedstaaten in die Europäische Union,
3. der Verbesserung der Hinterlandanbindung der deutschen Seehäfen,
4. ihres sonstigen internationalen Bezuges oder
5. der besonderen Funktion zur Beseitigung schwerwiegender Verkehrsengpässe
in der Anlage aufgeführt sind.

(2) [1]Die Anfechtungsklage gegen einen Planfeststellungsbeschluss oder eine Plangenehmigung für den Bau oder die Änderung von Betriebsanlagen der Eisenbahnen des Bundes, für die nach dem Bundesschienenwegeausbaugesetz vordringlicher Bedarf festgestellt ist, hat keine aufschiebende Wirkung. [2]Der Antrag auf Anordnung

der aufschiebenden Wirkung der Anfechtungsklage gegen einen Planfeststellungsbeschluss oder eine Plangenehmigung nach § 80 Abs. 5 Satz 1 der Verwaltungsgerichtsordnung kann nur innerhalb eines Monats nach der Zustellung des Planfeststellungsbeschlusses oder der Plangenehmigung gestellt und begründet werden. ³Darauf ist in der Rechtsbehelfsbelehrung hinzuweisen. ⁴§ 58 der Verwaltungsgerichtsordnung gilt entsprechend.

(3) ¹Der Antrag nach § 80 Abs. 5 Satz 1 in Verbindung mit Abs. 2 Nr. 4 der Verwaltungsgerichtsordnung auf Wiederherstellung der aufschiebenden Wirkung einer Anfechtungsklage gegen einen Planfeststellungsbeschluss oder eine Plangenehmigung für den Bau oder die Änderung von Betriebsanlagen der Eisenbahnen des Bundes, für die ein unvorhergesehener Verkehrsbedarf im Sinne des § 6 des Bundesschienenwegeausbaugesetzes besteht oder die der Aufnahme in den Bedarfsplan nicht bedürfen, kann nur innerhalb eines Monats nach Zustellung der Entscheidung über die Anordnung der sofortigen Vollziehung gestellt und begründet werden. ²Darauf ist in der Anordnung der sofortigen Vollziehung hinzuweisen. ³§ 58 der Verwaltungsgerichtsordnung gilt entsprechend.

(4) ¹Treten in den Fällen des Absatzes 2 oder 3 später Tatsachen ein, die die Anordnung oder die Wiederherstellung der aufschiebenden Wirkung rechtfertigen, so kann der durch den Planfeststellungsbeschluss oder die Plangenehmigung Beschwerte einen hierauf gestützten Antrag nach § 80 Abs. 5 Satz 1 der Verwaltungsgerichtsordnung innerhalb einer Frist von einem Monat stellen und begründen. ²Die Frist beginnt mit dem Zeitpunkt, in dem der Beschwerte von den Tatsachen Kenntnis erlangt.

(5) ¹Der Kläger hat innerhalb einer Frist von sechs Wochen die zur Begründung seiner Klage dienenden Tatsachen und Beweismittel anzugeben. ²§ 87b Abs. 3 der Verwaltungsgerichtsordnung gilt entsprechend.

§ 19 Veränderungssperre; Vorkaufsrecht

(1) ¹Vom Beginn der Auslegung der Pläne im Planfeststellungsverfahren oder von dem Zeitpunkt an, zu dem den Betroffenen Gelegenheit gegeben wird, den Plan einzusehen (§ 73 Abs. 3 des Verwaltungsverfahrensgesetzes), dürfen auf den vom Plan betroffenen Flächen bis zu ihrer Inanspruchnahme wesentlich wertsteigernde oder die geplanten Baumaßnahmen erheblich erschwerende Veränderungen nicht vorgenommen werden (Veränderungssperre). ²Veränderungen, die in rechtlich zulässiger Weise vorher begonnen worden sind, Unterhaltungsarbeiten und die Fortführung einer bisher ausgeübten Nutzung werden davon nicht berührt. ³Unzulässige Veränderungen bleiben bei der Anordnung von Vorkehrungen und Anlagen (§ 74 Abs. 2 des Verwaltungsverfahrensgesetzes) und im Entschädigungsverfahren unberücksichtigt.

(2) Dauert die Veränderungssperre über vier Jahre, können die Eigentümer für die dadurch entstandenen Vermögensnachteile Entschädigung verlangen.

(3) In den Fällen des Absatzes 1 Satz 1 steht dem Träger des Vorhabens an den betroffenen Flächen ein Vorkaufsrecht zu.

§ 20

(weggefallen)

§ 21 **Vorzeitige Besitzeinweisung**

(1) ¹Ist der sofortige Beginn von Bauarbeiten geboten und weigert sich der Eigentümer oder Besitzer, den Besitz eines für den Bau oder die Änderung von Betriebsanlagen der Eisenbahn benötigten Grundstücks durch Vereinbarung unter Vorbehalt aller Entschädigungsansprüche zu überlassen, so hat die Enteignungsbehörde den Träger des Vorhabens auf Antrag nach Feststellung des Planes oder Erteilung der Plangenehmigung in den Besitz einzuweisen. ²Der Planfeststellungsbeschluss oder die Plangenehmigung müssen vollziehbar sein. ³Weiterer Voraussetzungen bedarf es nicht.

(2) ¹Die Enteignungsbehörde hat spätestens sechs Wochen nach Eingang des Antrags auf Besitzeinweisung mit den Beteiligten mündlich zu verhandeln. ²Hierzu sind der Antragsteller und die Betroffenen zu laden. ³Dabei ist den Betroffenen der Antrag auf Besitzeinweisung mitzuteilen. ⁴Die Ladungsfrist beträgt drei Wochen. ⁵Mit der Ladung sind die Betroffenen aufzufordern, etwaige Einwendungen gegen den Antrag vor der mündlichen Verhandlung bei der Enteignungsbehörde einzureichen. ⁶Sie sind außerdem darauf hinzuweisen, dass auch bei Nichterscheinen über den Antrag auf Besitzeinweisung und andere im Verfahren zu erledigende Anträge entschieden werden kann.

(3) ¹Soweit der Zustand des Grundstücks von Bedeutung ist, hat die Enteignungsbehörde diesen bis zum Beginn der mündlichen Verhandlung in einer Niederschrift festzustellen oder durch einen Sachverständigen ermitteln zu lassen. ²Den Beteiligten ist eine Abschrift der Niederschrift oder des Ermittlungsergebnisses zu übersenden.

(4) ¹Der Beschluss über die Besitzeinweisung ist dem Antragsteller und den Betroffenen spätestens zwei Wochen nach der mündlichen Verhandlung zuzustellen. ²Die Besitzeinweisung wird in dem von der Enteignungsbehörde bezeichneten Zeitpunkt wirksam. ³Dieser Zeitpunkt soll auf höchstens zwei Wochen nach Zustellung der Anordnung über die vorzeitige Besitzeinweisung an den unmittelbaren Besitzer festgesetzt werden. ⁴Durch die Besitzeinweisung wird dem Besitzer der Besitz entzogen und der Träger des Vorhabens Besitzer. ⁵Der Träger des Vorhabens darf auf dem Grundstück das im Antrag auf Besitzeinweisung bezeichnete Bauvorhaben durchführen und die dafür erforderlichen Maßnahmen treffen.

(5) ¹Der Träger des Vorhabens hat für die durch die vorzeitige Besitzeinweisung entstehenden Vermögensnachteile Entschädigung zu leisten, soweit die Nachteile nicht durch die Verzinsung der Geldentschädigung für die Entziehung oder Beschränkung des Eigentums oder eines anderen Rechts ausgeglichen werden. ²Art und Höhe der Entschädigung sind von der Enteignungsbehörde in einem Beschluss festzusetzen.

(6) ¹Wird der festgestellte Plan oder die Plangenehmigung aufgehoben, so ist auch die vorzeitige Besitzeinweisung aufzuheben und der vorherige Besitzer wieder in den Besitz einzuweisen. ²Der Träger des Vorhabens hat für alle durch die Besitzeinweisung entstandenen besonderen Nachteile Entschädigung zu leisten.

(7) ¹Ein Rechtsbehelf gegen eine vorzeitige Besitzeinweisung hat keine aufschiebende Wirkung. ²Der Antrag auf Anordnung der aufschiebenden Wirkung nach § 80 Abs. 5 Satz 1 der Verwaltungsgerichtsordnung kann nur innerhalb eines Monats nach der Zustellung des Besitzeinweisungsbeschlusses gestellt und begründet werden.

§ 22 Enteignung

(1) ¹Für Zwecke des Baus und des Ausbaus von Betriebsanlagen der Eisenbahn ist die Enteignung zulässig, soweit sie zur Ausführung eines nach § 18 festgestellten oder genehmigten Bauvorhabens notwendig ist. ²Einer weiteren Feststellung der Zulässigkeit der Enteignung bedarf es nicht.

(2) ¹Der festgestellte oder genehmigte Plan ist dem Enteignungsverfahren zu Grunde zu legen. ²Er ist für die Enteignungsbehörde bindend.

(3) Hat sich ein Beteiligter mit der Übertragung oder Beschränkung des Eigentums oder eines anderen Rechtes schriftlich einverstanden erklärt, kann das Entschädigungsverfahren unmittelbar durchgeführt werden.

(4) Im Übrigen gelten die Enteignungsgesetze der Länder.

§ 23 Freistellung von Bahnbetriebszwecken

Die zuständige Planfeststellungsbehörde stellt für Grundstücke, die Betriebsanlage einer Eisenbahn sind oder auf dem sich Betriebsanlagen einer Eisenbahn befinden, auf Antrag des Eisenbahninfrastrukturunternehmens, des Eigentümers des Grundstücks oder der Gemeinde, auf deren Gebiet sich das Grundstück befindet, die Freistellung von den Bahnbetriebszwecken fest, wenn kein Verkehrsbedürfnis mehr besteht und langfristig eine Nutzung der Infrastruktur im Rahmen der Zweckbestimmung nicht mehr zu erwarten ist.

(2) ¹Vor der Entscheidung nach Absatz 1 hat die Planfeststellungsbehörde Eisenbahnverkehrsunternehmen, die nach § 1 Abs. 2 des Regionalisierungsgesetzes bestimmten Stellen, die zuständigen Träger der Landesplanung und Regionalplanung, die betroffenen Gemeinden sowie Eisenbahninfrastrukturunternehmen, soweit deren Eisenbahninfrastruktur an die vom Antrag betroffene Eisenbahninfrastruktur anschließt, durch öffentliche Bekanntmachung im Bundesanzeiger zur Stellungnahme aufzufordern. ²Die Frist zur Abgabe der Stellungnahme soll sechs Monate nicht überschreiten.

(3) ¹Die Entscheidung über die Freistellung ist dem Eisenbahninfrastrukturunternehmen, dem Eigentümer des Grundstücks und der Gemeinde, auf deren Gebiet sich das Grundstück befindet, zuzustellen. ²Die zuständigen Träger der Landesplanung und Regionalplanung sind zu unterrichten.

E 18. Eisenbahn-Bau- und Betriebsordnung (EBO)

vom 8. Mai 1967 (BGBl. II S. 1563), zuletzt geändert durch Gesetz zur Neuordnung des Eisenbahnwesens vom 27. Dezember 1993 (BGBl. I S. 2378, 2422; BGBl. III 933–10)

– Auszug –

Erster Abschnitt. Allgemeines

§ 1 Geltungsbereich

(1) Diese Verordnung gilt für die regelspurigen Eisenbahnen des öffentlichen Verkehrs in der Bundesrepublik Deutschland.

(2) Die Eisenbahnen werden entsprechend ihrer Bedeutung nach Hauptbahnen und Nebenbahnen unterschieden. Die Entscheidung darüber, welche Strecken Hauptbahnen und welche Nebenbahnen sind, treffen
1. für die Eisenbahnen des Bundes das jeweilige Unternehmen,
2. für Eisenbahnen, die nicht zum Netz der Eisenbahnen des Bundes gehören (nichtbundeseigene Eisenbahnen), die zuständige Landesbehörde.

(3) Die in voller Breite einer Seite gedruckten Vorschriften dieser Verordnung gelten für Haupt- und Nebenbahnen,

| die auf der linken Hälfte einer Seite nur für Hauptbahnen, | die auf der rechten Hälfte einer Seite nur für Nebenbahnen. |

(4) Die Vorschriften für Neubauten gelten auch für umfassende Umbauten bestehender Bahnanlagen und Fahrzeuge; sie sollen auch bei der Unterhaltung und Erneuerung berücksichtigt werden.

§ 2 Allgemeine Anforderungen

(1) Bahnanlagen und Fahrzeuge müssen so beschaffen sein, daß sie den Anforderungen der Sicherheit und Ordnung genügen. Diese Anforderungen gelten als erfüllt, wenn die Bahnanlagen und Fahrzeuge den Vorschriften dieser Verordnung und, soweit diese keine ausdrücklichen Vorschriften enthält, anerkannten Regeln der Technik entsprechen.

(2) Von den anerkannten Regeln der Technik darf abgewichen werden, wenn mindestens die gleiche Sicherheit wie bei Beachtung dieser Regeln nachgewiesen ist.

(3) Die Vorschriften dieser Verordnung sind so anzuwenden, daß die Benutzung der Bahnanlagen und Fahrzeuge durch Behinderte und alte Menschen sowie Kinder und sonstige Personen mit Nutzungsschwierigkeiten erleichtert wird.

(4) Anweisungen zur ordnungsgemäßen Erstellung und Unterhaltung der Bahnanlagen und Fahrzeuge sowie zur Durchführung des sicheren Betriebs können erlassen
1. für die Eisenbahnen des Bundes und für Eisenbahnverkehrsunternehmen mit Sitz im Ausland das Eisenbahn-Bundesamt,
2. für die nichtbundeseigenen Eisenbahnen die zuständige Landesbehörde.

§ 3 Ausnahmen, Genehmigungen

(1) Ausnahmen können zulassen
1. von allen Vorschriften dieser Verordnung zur Berücksichtigung besonderer Verhältnisse
   a) für Eisenbahnen des Bundes sowie für Eisenbahnverkehrsunternehmen mit Sitz im Ausland der Bundesminister für Verkehr; die zuständigen Landesbehörden sind zu unterrichten, wenn die Einheit des Eisenbahnwesens berührt wird;
   b) für die nichtbundeseigenen Eisenbahnen die zuständige Landesbehörde im Benehmen mit dem Bundesminister für Verkehr;
2. im übrigen, soweit Ausnahmen in den Vorschriften dieser Verordnung unter Hinweis auf diesen Absatz ausdrücklich vorgesehen sind,
   a) für Eisenbahnen des Bundes sowie für Eisenbahnverkehrsunternehmen mit Sitz im Ausland das Eisenbahn-Bundesamt;
   b) für die nichtbundeseigenen Eisenbahnen die zuständige Landesbehörde.

(2) Genehmigungen, die in den Vorschriften dieser Verordnung unter Hinweis auf diesen Absatz vorgesehen sind, erteilen
1. für Eisenbahnen des Bundes sowie für Eisenbahnverkehrsunternehmen mit Sitz im Ausland das Eisenbahn-Bundesamt,
2. für nichtbundeseigene Eisenbahnen die zuständige Landesbehörde.

§ 11 Bahnübergänge

(1) Bahnübergänge sind höhengleiche Kreuzungen von Eisenbahnen mit Straßen, Wegen und Plätzen. Übergänge, die nur dem innerdienstlichen Verkehr dienen, und Übergänge für Reisende gelten nicht als Bahnübergänge.

(2) Auf Strecken mit einer zugelassenen Geschwindigkeit von mehr als 160 km/h sind Bahnübergänge unzulässig

(3) Auf Bahnübergängen hat der Eisenbahnverkehr Vorrang vor dem Straßenverkehr. Der Vorrang ist durch Aufstellen von Andreaskreuzen (Anlage 5 Bild 1) zu kennzeichnen. Dies ist nicht erforderlich an Bahnübergängen von
1. Feld- und Waldwegen, wenn die Bahnübergänge ausreichend erkennbar sind,
2. Fußwegen,
3. Privatwegen ohne öffentlichen Verkehr, die als solche gekennzeichnet sind,

4. anderen Straßen und Wegen über Nebengleise, wenn die Bahnübergänge für das Befahren mit Eisenbahnfahrzeugen durch Posten vom Straßenverkehr freigehalten werden.

(4) Die Andreaskreuze sind an den Stellen anzubringen, vor denen Straßenfahrzeuge und Tiere angehalten werden müssen, wenn der Bahnübergang nicht überquert werden darf.

(5) An Bahnübergängen in Hafen- und Industriegebieten darf auf das Aufstellen von Andreaskreuzen verzichtet werden, wenn an den Einfahrten Andreaskreuze mit dem Zusatzschild »Hafengebiet, Schienenfahrzeuge haben Vorrang« angebracht sind. Dies gilt nicht für Bahnübergänge, die nach Absatz 6 technisch gesichert sind.

(6) Bahnübergänge sind durch
1. Lichtzeichen (Anlage 5 Bild 2) oder Blinklichter (Anlage 5 Bild 4) oder
2. Lichtzeichen mit Halbschranken (Anlage 5 Bild 3) oder Blinklichter mit Halbschranken (Anlage 5 Bild 5) oder
3. Lichtzeichen mit Schranken (Anlage 5 Bild 3) oder
4. Schranken

technisch zu sichern, soweit nachstehend keine andere Sicherung zugelassen ist. Als neue technische Sicherungen sollen Blinklichter und Blinklichter mit Halbschranken nicht mehr verwendet werden.

(7) Bahnübergänge dürfen gesichert werden
1. bei schwachem Verkehr (Absatz 13) durch die Übersicht auf die Bahnstrecke (Absatz 12) oder
bei fehlender Übersicht auf die Bahnstrecke an eingleisigen Bahnen durch hörbare Signale der Eisenbahnfahrzeuge (Absatz 18) wenn die Geschwindigkeit der Eisenbahnfahrzeuge am Bahnübergang höchstens 20 km/h – an Bahnübergängen von Feld- und Waldwegen höchstens 60 km/h beträgt;
2. bei mäßigen Verkehr (Absatz 13) und eingleisigen Bahnen durch die Übersicht auf die Bahnstrecke in Verbindung mit hörbaren Signalen der Eisenbahnfahrzeuge (Absatz 18) oder bei fehlender Übersicht auf die Bahnstrecke – mit besonderer Genehmigung (§ 3 Abs. 2) – durch hörbare Signale der Eisenbahnfahrzeuge, wenn die Geschwindigkeit der Eisen-

Teil E   Anhang

(8) Bahnübergänge über Nebengleise dürfen wie Bahnübergänge über Nebenbahnen (Absatz 7) gesichert werden.

bahnfahrzeuge am Bahnübergang höchstens 20 km/h – an Bahnübergängen von Feld- und Waldwegen höchstens 60 km/h beträgt.

(9) Bahnübergänge von Fuß- und Radwegen dürfen durch die Übersicht auf die Bahnstrecke (Absatz 12) oder durch hörbare Signale der Eisenbahnfahrzeuge (Absatz 18) gesichert werden. Außerdem müssen | dürfen Umlaufsperren oder ähnlich wirkende Einrichtungen angebracht sein.

(10) Bahnübergänge von Privatwegen ohne öffentlichen Verkehr, die als solche gekennzeichnet sind, dürfen gesichert werden bei einer Geschwindigkeit der Eisenbahnfahrzeuge am Bahnübergang von höchstens 140 km/h
a) durch die Übersicht auf die Bahnstrecke (Absatz 12) und Abschlüsse oder
b) durch Abschlüsse in Verbindung mit einer Sprechanlage zum zuständigen Betriebsbeamten
oder

1. ohne öffentlichen Verkehr, die als solche gekennzeichnet sind, dürfen gesichert werden
   a) durch die Übersicht auf die Bahnstrecke (Absatz 12) oder
   b) durch hörbare Signale der Eisenbahnfahrzeuge (Absatz 18), wenn ihre Geschwindigkeit am Bahnübergang höchstens 60 km/h beträgt, oder
   c) durch Abschlüsse in Verbindung mit einer Sprechanlage zum zuständigen Betriebsbeamten,
   d) mit besonderer Genehmigung (§ 3 Abs. 2) – durch Abschlüsse;
2. mit öffentlichem Verkehr in Hafen- und Industriegebieten dürfen bei schwachem und mäßigen Verkehr (Absatz 13) gesichert werden
   a) durch die Übersicht oder
   b) durch Abschlüsse, wenn die Geschwindigkeit der Eisenbahnfahrzeuge am Bahnübergang höchstens 20 km/h beträgt.

Abschlüsse (z.B. Sperrbalken, Tore) sind von demjenigen, dem die Verkehrssicherungspflicht obliegt, verschlossen, mit besonderer Genehmigung (§ 3 Abs. 2) nur geschlossen zu halten.

(11) Eine Sicherung nach den Absätzen 6 bis 10 ist nicht erforderlich, wenn der Bahnübergang durch Posten gesichert wird. Der Posten hat die Wegbenutzer so lan-

ge durch Zeichen anzuhalten, bis das erste Eisenbahnfahrzeug etwa die Straßenmitte erreicht hat.

(12) Die Übersicht auf die Bahnstrecke ist vorhanden, wenn die Wegbenutzer bei richtigem Verhalten auf Grund der Sichtverhältnisse die Bahnstrecke so weit und in einem solchen Abstand übersehen können, daß sie bei Anwendung der im Verkehr erforderlichen Sorgfalt den Bahnübergang ungefährdet überqueren oder vor ihm anhalten können.

(13) Bahnübergänge haben
1. schwachem Verkehr, wenn sie neben anderem Verkehr in der Regel innerhalb eines Tages von höchstens 100 Kraftfahrzeugen überquert werden,
2. mäßigen Verkehr, wenn sie neben anderem Verkehr in der Regel innerhalb eines Tages von mehr als 100 bis 2 500 Kraftfahrzeugen überquert werden,
3. starken Verkehr, wenn sie neben anderem Verkehr in der Regel innerhalb eines Tages von mehr als 2 500 Kraftfahrzeugen überquert werden.

(14) Weisen Bahnübergänge während bestimmter Jahreszeiten oder an bestimmten Tagen abweichend von der Einstufung nach Absatz 13 eine höhere Verkehrsstärke auf, so müssen sie, haben sie eine niedrigere Verkehrsstärke, so dürfen sie während dieser Zeiten entsprechend gesichert werden.

(15) Das Schließen der Schranken – ausgenommen Anrufschranken (Absatz 17) – ist auf den Straßenverkehr abzustimmen
1. durch Lichtzeichen oder
2. durch mittelbare oder unmittelbare Sicht des Schrankenwärters oder
3. bei schwachem oder mäßigen Verkehr durch hörbare Zeichen.

(16) Bahnübergänge mit Schranken – ausgenommen Anrufschranken (Absatz 17) und Schranken an Fuß- und Radwegen – müssen von der Bedienungsstelle aus mittelbar oder unmittelbar eingesehen werden können. Dies ist nicht erforderlich, wenn das Schließen der Schranken durch Lichtzeichen auf den Straßenverkehr abgestimmt und das Freisein des Bahnüberganges durch technische Einrichtungen festgestellt wird.

(17) Anrufschranken sind Schranken, die ständig oder während bestimmter Zeiten geschlossen gehalten und auf Verlangen des Wegebenutzers, wenn dies ohne Gefahr möglich ist, geöffnet werden. Anrufschranken sind mit einer Sprechanlage auszurüsten, wenn der Schrankenwärter den Bahnübergang von der Bedienungsstelle aus nicht einsehen kann.

(18) Vor Bahnübergängen, vor denen nach den Absätzen 7 bis 10 hörbare Signale der Eisenbahnfahrzeuge gegeben werden müssen, sind Signaltafeln aufzustellen.

(19) Ein Bahnübergang, dessen technische Sicherung ausgefallen ist, müssen – außer bei Hilfszügen nach § 40 Abs. 6 – durch Posten nach Absatz 11 gesichert werden. Ein Zug, der mit dem Triebfahrzeugführer allein besetzt ist, darf, nachdem er angehalten hat und die Wegebenutzer durch Achtung-Signal gewarnt sind, den Bahnübergang ohne Sicherung durch Posten überfahren.

§ 12 Höhengleiche Kreuzungen von Schienenbahnen

(1) Neue höhengleiche Kreuzungen von Schienenbahnen dürfen außerhalb der Bahnhöfe oder der Hauptsignale von Abzweigstellen nicht angelegt werden. Für vorübergehend anzulegende Kreuzungen sind Ausnahmen zulässig (§ 3 Abs. 1 Nr. 2).

(2) Wie bei höhengleichen Kreuzungen von Schienenbahnen der Betrieb zu führen ist, bestimmen
1. für Eisenbahnen des Bundes das Eisenbahn-Bundesamt,
2. für die nichtbundeseigenen Eisenbahnen die zuständige Landesbehörde.

E 19. Verordnung über den Bau und Betrieb der Straßenbahnen (BOStrab)

vom 11. Dezember 1987 (BGBl. I S. 2648), zuletzt geändert durch Artikel 1 der Verordnung vom 8. November 2007 (BGBl. I S. 2569)

– Auszug –

§ 1 Anwendungsbereich und allgemeine Begriffsbestimmungen

(1) Diese Verordnung gilt für den Bau und Betrieb der Straßenbahnen im Sinne des § 4 des Personenbeförderungsgesetzes (PBefG). Das Bauordnungsrecht der Länder bleibt unberührt.

(2) Straßenbahnen sind
1. straßenabhängige Bahnen (§ 4 Abs. 1 PBefG),
2. unabhängige Bahnen (§ 4 Abs. 2 PBefG).

(3) Bau ist der Neubau oder die Änderung von Betriebsanlagen und Fahrzeugen.

(4) Betrieb ist die Gesamtheit aller Maßnahmen, die der Personenbeförderung dienen, einschließlich der Ausbildung der Betriebsbediensteten und der Instandhaltung der Betriebsanlagen und Fahrzeuge.

(5) Fahrbetrieb umfaßt das Einstellen und Sichern der Fahrwege, das Abfertigen und Führen der Züge sowie das Rangieren.

(6) Betriebsbedienstete sind Bedienstete, die tätig sind
1. im Fahrbetrieb (Fahrbedienstete),
2. bei der Steuerung und Überwachung des Betriebsablaufs,
3. als Verantwortliche bei der Instandhaltung der Betriebsanlagen und Fahrzeuge,
4. als Leitende oder Aufsichtführende über Bedienstete nach den Nummern 1 bis 3.

(7) Betriebsanlagen sind alle dem Betrieb dienenden Anlagen, insbesondere
1. die bau-, maschinen- und elektrotechnischen Anlagen für den Fahrbetrieb, einschließlich der Hilfsbauwerke,
2. die für den Aufenthalt und die Abfertigung der Fahrgäste bestimmten Anlagen,
3. die Abstellanlagen für Fahrzeuge,
4. die an das Gleisnetz angeschlossenen Werkstätten.

(8) Fahrzeuge sind solche, die spurgebunden als Züge oder in Zügen verkehren können. Mehrteilige Fahrzeuge, die während des Fahrbetriebs nicht getrennt werden können, gelten als ein Fahrzeug.

(9) Betriebsfahrzeuge sind Fahrzeuge, die nicht der Personenbeförderung dienen. Sie werden insbesondere für die Ausbildung von Betriebsbediensteten, für die Instandhaltung von Betriebsanlagen oder für Maßnahmen bei Betriebsstörungen und Unfällen eingesetzt.

(10) Züge sind auf Streckengleise übergehende Einheiten. Sie können als Personen- oder Betriebszüge verkehren und aus einem oder mehreren Fahrzeugen bestehen.

§ 6 Ausnahmen

Die Technische Aufsichtsbehörde kann von den Vorschriften dieser Verordnung in bestimmten Einzelfällen oder allgemein für bestimmte Antragsteller Ausnahmen genehmigen.

§ 15 Streckenführung

(1) Die Streckenführung und die Lage der Haltestellen müssen den Verkehrsbedürfnissen entsprechen und insbesondere günstiges Umsteigen zu anderen Verkehrsmitteln ermöglichen.

(2) Bogenhalbmesser und Längsneigungen sollen fahrdynamisch günstig sein und hohe Geschwindigkeiten zulassen. Jedoch sollen sich die Geschwindigkeiten für die einzelnen Streckenabschnitte der jeweiligen Straßenraumnutzung und städtebaulichen Situation anpassen; dementsprechend können Bogenhalbmesser und Längsneigungen differenziert werden.

(3) Straßenbahnstrecken dürfen Eisenbahnstrecken des öffentlichen Verkehrs nicht höhengleich kreuzen.

(4) Kreuzen Straßenbahnstrecken Eisenbahnstrecken des nichtöffentlichen Verkehrs höhengleich, entscheiden die für die kreuzenden Bahnen zuständigen technischen Aufsichtsbehörden über Art und Umfang der Sicherung.

(5) Strecken für Zweirichtungsverkehr sollen nicht eingleisig sein.

(6) Strecken sollen unabhängige oder besondere Bahnkörper haben.

§ 20 Bahnübergänge

(1) Bahnübergänge sind durch Andreaskreuze nach Anlage 1 Bild 1 gekennzeichnete höhengleiche Kreuzungen von Straßenbahnen auf unabhängigem Bahnkörper mit Straßen, Wegen oder Plätzen.

(2) Auf Bahnübergängen hat der Straßenbahnverkehr Vorrang vor dem Straßenverkehr.

(3) Die den Vorrang nach Absatz 2 kennzeichnenden Andreaskreuze müssen an den Stellen stehen, vor denen Wegebenutzer warten müssen, wenn der Bahnübergang nicht überquert werden darf.

(4) Bahnübergänge müssen technisch gesichert sein. Dies gilt nicht für
1. Bahnübergänge, die innerhalb eines Tages in der Regel von nicht mehr als 100 Kraftfahrzeugen überquert werden und die durch die Übersicht auf die Bahnstrecke gesichert sind,

2. Bahnübergänge von Fußwegen und Radwegen, die durch die Übersicht auf die Bahnstrecke und durch Drehkreuze oder ähnlich wirkende Einrichtungen gesichert sind.

(5) Als technische Sicherung nach Absatz 4 müssen vorhanden sein
1. Geber für Lichtzeichen mit der Farbfolge Gelb – Rot nach Anlage 1 Bild 2, die mit Halbschranken nach Anlage 1 Bild 3 verbunden sein können,
2. Geber für Überwachungssignale Bü 0 und Bü 1 nach Anlage 4 vor dem Bahnübergang oder eine in Zugsicherungsanlagen eingebundene Überwachung der Einrichtungen nach Nummer 1.

(6) Die Sicherung durch die Übersicht auf die Bahnstrecke ist vorhanden, wenn die Wegebenutzer die Bahnstrecke so weit und aus einem solchen Abstand übersehen können, daß sie bei Anwendung der im Verkehr erforderlichen Sorgfalt den Bahnübergang ungefährdet überqueren oder vor ihm anhalten können.

(7) Als Bahnübergänge gelten auch höhengleiche Kreuzungen von Straßenbahnen auf besonderem Bahnkörper mit Straßen, Wegen oder Plätzen, wenn die Vorschriften der Absätze 3 bis 6 eingehalten sind.

E 20. Gesetz über Kreuzungen von Eisenbahnen und Straßen vom 4. Juli 1939

vom 4. Juli 1939[1] (RGBl. I S. 1211)

Die neuzeitliche Entwicklung des Verkehrs auf Eisenbahnen und Straßen erfordert die planmäßige Beseitigung höhengleicher Kreuzungen und durchgreifende Maßnahmen zu einer allen Bedürfnissen des Verkehrs entsprechenden Ausgestaltung der vorhandenen schienenfreien und der noch höhengleich verbleibenden Kreuzungen. Die Reichsregierung hat daher das folgende Gesetz beschlossen, das hiermit verkündet wird:

A. Geltungsbereich

§ 1

(1) Dieses Gesetz gilt für Eisenbahnen, die dem öffentlichen Verkehr dienen, für nicht dem öffentlichen Verkehr dienende Eisenbahnen nur, wenn ein Übergang von Betriebsmitteln auf Eisenbahnen des öffentlichen Verkehrs stattfinden kann (Anschlußbahnen).

(2) Straßen im Sinne dieses Gesetzes sind die Bundesfernstraßen[2], die Landstraßen I. und II. Ordnung sowie sonstige öffentliche Wege, die nach der Beschaffenheit ihrer Fahrbahn geeignet und dazu bestimmt sind, einen allgemeinen Kraftfahrzeugverkehr aufzunehmen.

B. Herstellung und Änderung von Kreuzungen

§ 2

Neue Kreuzungen zwischen Eisenbahnen und Straßen sind schienenfrei auszuführen. Ausnahmen können in Einzelfällen und für bestimmte Arten von Kreuzungen zugelassen werden.

§ 3

(1) Bei bestehenden Kreuzungen zwischen Eisenbahnen und Straßen kann zur Verbesserung der Abwicklung des Eisenbahn- oder Straßenverkehrs angeordnet werden, daß die beteiligten Eisenbahnunternehmer und Träger der Straßenbaulast
1. höhengleiche Kreuzungen durch schienenfreie ersetzen,
2. schienenfreie Kreuzungen ändern,

---

1 Begründung zum Gesetz s. RAnz. 1939 Nr. 158.
2 Änderung durch § 24 Abs. 8 FStrG.

3. an höhengleichen Kreuzungen bis zu ihrer schienenfreien Umgestaltung Eisenbahn- oder Straßenanlagen ändern oder ergänzen,
4. höhengleiche Kreuzungen beseitigen oder
5. an höhengleichen Kreuzungen zum Zwecke ihrer verkehrlichen Entlastung ohne Änderung oder Ergänzung der Kreuzung selbst sonstige bauliche Maßnahmen treffen, durch die sich eine sonst notwendige Änderung oder Ergänzung der Kreuzung erübrigt.

(2) Träger der Straßenbaulast im Sinne dieses Gesetzes sind die für die Straßenstrecken beiderseits der Kreuzungen öffentlich-rechtlichen Unterhaltungspflichtigen.

§ 4

Entscheidungen und Anordnungen nach den §§ 2 und 3 trifft der Reichsverkehrsminister im Einvernehmen mit dem Generalinspektor für das deutsche Straßenwesen. Soweit Länder als Träger der Straßenbaulast betroffen werden, ist auch Einvernehmen mit dem Reichsminister der Finanzen und, soweit straßenbaupflichtige Gemeinden oder Gemeindeverbände oder dem öffentlichen Verkehr dienende Eisenbahnen betroffen werden, an denen Gemeinden oder Gemeindeverbände überwiegend beteiligt sind, Einvernehmen mit dem Reichsminister des Innern erforderlich.

C. Kostenregelung

1. Kosten baulicher Maßnahmen

§ 5

(1) Die bei der Herstellung neuer Kreuzungen erwachsenden Kosten sind von dem Unternehmer des neu hinzukommenden Verkehrswegs zu tragen. Zu ihnen gehören auch die Kosten der durch die neue Kreuzung erforderlichen Änderungen des anderen Verkehrswegs.

(2) Die bei Änderungen oder Ergänzungen (§ 3 Abs. 1 Nr. 1 bis 5) an bestehenden Kreuzungen erwachsenden Kosten sind vom Eisenbahnunternehmer und vom Träger der Straßenbaulast je zur Hälfte zu tragen, soweit die Änderungen oder Ergänzungen durch die Überschneidung des Verkehrs erforderlich werden. Dies gilt auch für Änderungen und Ergänzungen, die ohne eine Anordnung im Einverständnis der Beteiligten ausgeführt werden.

(3) Im Falle des § 3 Abs. 1 Nr. 5 beschränkt sich die Beteiligung des Eisenbahnunternehmers oder des Trägers der Straßenbaulast an den baulichen Maßnahmen am anderen Verkehrsweg auf den Kostenanteilsbetrag, der sich für ihn bei Vornahme der ersparten Änderung oder Ergänzung der Kreuzung selbst ergeben würde.

§ 6

(1) Wird eine neue Kreuzung zwischen einer Eisenbahn und einer Straße vorgesehen, die beide neue Verkehrswege sind und an der Kreuzung noch hergestellt werden müssen, so sind die Kosten der Anlagen beider Verkehrswege vom Eisenbahnunternehmer und dem Träger der Straßenbaulast je zur Hälfte zu tragen, soweit die Anlagen durch die Überschneidung des Verkehrs erforderlich werden.

(2) Ist an einer solchen Kreuzung eine Anschlußbahn beteiligt, so ist sie hinsichtlich der Kostenlast gegenüber der beteiligten Straße als neu hinzukommender Verkehrsweg zu betrachten.

§ 7

(1) Werden nicht zu den Straßen gehörende öffentliche Wege zu Straßen im Sinne dieses Gesetzes ausgebaut, so gelten die dadurch erforderlich werdenden Änderungen oder Ergänzungen an bestehenden Kreuzungen solcher Wege mit Eisenbahnen hinsichtlich der Kostenlast als neue Kreuzungen im Sinne dieses Gesetzes (vgl. § 5 Abs. 1). Der auszubauende Weg ist dabei als neu hinzukommend zu behandeln.

(2) Entsprechendes gilt, wenn
1. Straßen, die keine Bundesautobahnen sind, zu Bundesautobahnen oder
2. Anschlußbahnen zu Eisenbahnen des öffentlichen Verkehrs ausgebaut werden.

2. Unterhaltungskosten

§ 8

(1) Die Unterhaltungslast liegt für die Anlagen an Kreuzungen, soweit sie Eisenbahnanlagen sind, dem Eisenbahnunternehmer, soweit sie Straßenanlagen sind, dem Träger der Straßenbaulast ob, unbeschadet der Mitheranziehung des anderen Beteiligten zu den Kosten der Unterhaltung nach Abs. 2 und 3. Die Unterhaltungslast umfaßt die Inbetriebhaltung und die Erneuerung.

(2) Wird eine neue Kreuzung mit einem schon vorhandenen Verkehrsweg hergestellt, so hat der Unternehmer des neu hinzukommenden Verkehrswegs dem Unternehmer des anderen Verkehrswegs eine durch die erforderlichen Änderungen eintretende Erhöhung der Kosten der Unterhaltung seiner Eisenbahn- oder Straßenanlagen zu erstatten.

(3) Bei Änderungen oder Ergänzungen an bestehenden Kreuzungen hat jeder Beteiligte seine veränderten Unterhaltungskosten ohne Ausgleich zu tragen. Soweit es sich jedoch um wesentliche Änderungen oder Ergänzungen im Sinne des § 3 Abs. 1 Nr. 1 bis 3 handelt, sind die Kosten späterer Erneuerungen der geänderten oder ergänzten Kreuzungsanlagen wie die Kosten einer Änderung (§ 5 Abs. 2) zu teilen.

3. Abweichende Regelungen

§ 9

(1) Die Bestimmungen über die Kosten baulicher Maßnahmen und über die Unterhaltungskosten (§§ 5 bis 8) finden keine Anwendung, soweit über ihre Verteilung eine andere Vereinbarung getroffen wird.

(2) Bei Inkrafttreten dieses Gesetzes bestehende, von den Grundsätzen des § 5 Abs. 2 und 3 und des § 7 abweichende Regelungen über die Kosten der Herstellung von Änderungen und Ergänzungen bestehender Kreuzungen treten außer Kraft; bestehende, von dem Grundsatz des § 8 Abs. 1 abweichende Regelungen über die Unterhaltung von Anlagen an Kreuzungen bleiben so lange in Kraft, bis an der Kreuzung eine wesentliche Änderung oder Ergänzung vorgenommen wird.

(3) Abweichende Regelungen im Sinne des Abs. 2, die sich auf Kreuzungen zwischen Straßen und Anschlußbahnen beziehen, bleiben unberührt.

D. Entscheidungen aufgrund des Gesetzes

§ 10

(1) Der Reichsverkehrsminister kann im Einvernehmen mit dem Generalinspektor für das deutsche Straßenwesen bestimmen, welche Anlagen an Kreuzungen Eisenbahnanlagen und welche Straßenanlagen sind.

(2) Der Reichsverkehrsminister entscheidet im Einvernehmen mit dem Generalinspektor für das deutsche Straßenwesen, wenn sich zwischen den Beteiligten Meinungsverschiedenheiten bei der Anwendung des Gesetzes ergeben.

§ 11

Anordnungen und Entscheidungen aufgrund dieses Gesetzes binden die Gerichte und Verwaltungsbehörden.

E. Straßenbahnen

§ 12

(1) Straßenbahnen außerhalb des Verkehrsraums einer öffentlichen Straße sind im Verhältnis zu den Eisenbahnen den Straßen gleich zu erachten; im übrigen gelten Straßenbahnen nur als Benutzer der Straße, in der sie liegen.

(2) Bei Straßenbahnen außerhalb des Verkehrsraums einer öffentlichen Straße treffen die nach diesem Gesetz dem Träger der Straßenbaulast obliegenden Verpflichtungen den Straßenbahnunternehmer.

F. Übergangs- und Schlußbestimmungen

§ 13

Die Kostentragung für Änderungen und Ergänzungen, die bei Inkrafttreten des Gesetzes bereits in der Ausführung begriffen sind, wird nach den bisherigen gesetzlichen Bestimmungen oder den getroffenen Regelungen behandelt, soweit nicht die Beteiligten etwas anderes vereinbaren.

§ 14

Der Reichsverkehrsminister erläßt im Einvernehmen mit den beteiligten Reichsministern und mit dem Generalinspektor für das deutsche Straßenwesen die zur Durchführung dieses Gesetzes erforderlichen Rechts- und Verwaltungsvorschriften. Er kann in gleicher Weise auch ergänzende Vorschriften erlassen.[3]

---

[3] VO v. 5. Juli 1939 (RGBl. I S. 1215).

E 21. Gesetz über Kreuzungen von Eisenbahnen und Straßen (Eisenbahnkreuzungsgesetz) – Stand 1971 –

Vom 14. August 1963 (BGBl. I S. 681) bis zu den Änderungen vom 8. März 1971 (BGBl. I S. 167) und vom 21. März 1971 (BGBl. I S. 337)

– Auszug –

§ 9

(1) Ist für die Durchführung einer nach § 10 Abs. 1 anzuordnenden Maßnahme ein Planfeststellungsverfahren vorgeschrieben, so ist es, wenn an der Kreuzung ein Schienenweg der Deutschen Bundesbahn oder eine Bundesfernstraße beteiligt ist, von der Anordnunggsbehörde einzuleiten und durchzuführen. Die Anordnungsbehörde ist Planfeststellungsbehörde. Sie bestimmt, nach welchen der für die Beteiligten geltenden Verfahren der Plan festzustellen ist. Der Planfeststellungsbeschluß ist mit der Anordnung zu verbinden.

(2) In sonstigen Fällen regeln die Länder das Verfahren und die Zuständigkeiten.

(3) Bedarf es für eine Maßnahme keiner Planfeststellung, so soll die Anordnungsbehörde diejenigen Stellen hören, deren Belange durch die Gestaltung der Kreuzung berührt werden. Die Anhörung ist durch die von der Landesregierung bestimmte Behörde durchzuführen.

§ 19

(1) Die Erhaltung und Inbetriebhaltung der bestehenden Bahnübergänge und die Erhaltung der Eisenbahnüberführungen regelt sich mit dem Inkrafttreten des Gesetzes nach § 14. Das gleiche gilt für die Erhaltung der Überführungen von Straßen in der Baulast des Bundes und in der Baulast der Länder oder Landschaftsverbände. Im übrigen tritt die Regelung des § 14 erst nach einer wesentlichen Änderung oder Ergänzung der Kreuzung ein. Solange die Regelung des § 14 noch nicht gilt, bleibt die bisherige Kostenregelung bestehen.

(2) Bisherige Vereinbarungen, die sich auf Kreuzungen zwischen Straßen und Straßenbahnen, Anschlußbahnen sowie den Anschlußbahnen gleichgestellte Eisenbahnen beziehen, gelten fort.

(3) Die bisherige Kostenregelung für Änderungen, die bei Inkrafttreten dieses Gesetzes bereits in der Ausführung begriffen sind, bleibt bestehen.

(4) Erstattungspflichten nach § 8 Abs. 2 des Gesetzes über Kreuzungen von Eisenbahnen und Straßen vom 4. Juli 1939 (Reichsgesetzbl. I S. 1211) erlöschen mit dem Inkrafttreten dieses Gesetzes.

E 22. Bundeshaushaltsordnung (BHO)

vom 19. August 1969 (BGBl. I S. 1284), zuletzt geändert durch Artikel 8 Absatz 10 des Gesetzes vom 3. Dezember 2015 (BGBl. I S. 2178)

– Auszug –

§ 23 Zuwendungen

Ausgaben und Verpflichtungsermächtigungen für Leistungen an Stellen außerhalb der Bundesverwaltung zur Erfüllung bestimmter Zwecke (Zuwendungen dürfen nur veranschlagt werden, wenn der Bund an der Erfüllung durch solche Stellen ein erhebliches Interesse hat, das ohne die Zuwendungen nicht oder nicht im notwendigen Umfang befriedigt werden kann.

§ 44 Zuwendungen, Verwaltung von Mitteln oder Vermögensgegenständen

(1) Zuwendungen dürfen nur unter den Voraussetzungen des § 23 gewährt werden. Dabei ist zu bestimmen, wie die zweckentsprechende Verwendung der Zuwendungen nachzuweisen ist. Außerdem ist ein Prüfungsrecht der zuständigen Dienststelle oder ihrer Beauftragten festzulegen. Verwaltungsvorschriften, welche die Regelung des Verwendungsnachweises und die Prüfung durch den Bundesrechnungshof (§ 91) betreffen, werden im Einvernehmen mit dem Bunderechnungshof erlassen.

(2) Sollen Bundesmittel oder Vermögensgegenstände des Bundes von Stellen außerhalb der Bundesverwaltung verwaltet werden, ist Absatz 1 entsprechend anzuwenden.

(3) Juristischen Personen des privaten Rechts kann mit ihrem Einverständnis die Befugnis verliehen werden, Verwaltungsaufgaben auf dem Gebiet der Zuwendungen im eigenen Namen und in den Handlungsformen des öffentlichen Rechts wahrzunehmen, wenn sie die Gewähr für eine sachgerechte Erfüllung der ihnen übertragenen Aufgaben bieten und die Beleihung im öffentlichen Interesse liegt. Die Verleihung und die Entziehung der Befugnis obliegen dem zuständigen Bundesministerium; die Verleihung bedarf der Einwilligung des Bundesministeriums der Finanzen. Die Beliehene unterliegt der Aufsicht des zuständigen Bundesministeriums; dieses kann die Aufsicht auf nachgeordnete Behörden übertragen.

E 23. Hinweis des BMVI zur Umsatzsteuer bei Maßnahmen nach §§ 3, 13 EKrG

ARS Nr. 13/2013
Sachgebiet 15.3: Kreuzungs- und Leitungsrecht; Eisenbahnkreuzungen
Betreff: Vollzug des Eisenbahnkreuzungsgesetzes (EKrG); – Umsatzsteuer bei Maßnahmen nach §§ 3, 13 EKrG
Bezug: Allgemeines Rundschreiben Straßenbau Nr. 10/1993 vom 05.04.1993 – StB 17/78.10/3 Va 93
Aktenzeichen: StB 15/7174.2/5-18/1943869
Datum: Bonn, 02.05.2013

Mit dem im Bezug genannten Allgemeinen Rundschreiben Straßenbau (ARS) hatte ich die Behandlung der Umsatzsteuer (USt) im Zusammenhang mit Maßnahmen nach §§ 3, 13 EKrG bekannt gegeben. Dabei hatte sich das Bundesministerium für Verkehr, Bau und Stadtentwicklung (BMVBS) der Auffassung des Bundesministeriums der Finanzen (BMF) angeschlossen, dass das sog. Staatsdrittel, das der Bund/das Land nach § 13 EKrG übernimmt, als umsatzsteuerpflichtiges Entgelt für eine Leistung zu werten ist.

Da sich durch das Urteil des Bundesfinanzhofes (vom 16.12.2010 Az.: V R 16/10) die Rechtsprechung insoweit geändert hat, hat das BMF mit Schreiben vom 01. Februar 2013 (siehe Anlage 1) bestimmt, dass es sich bei dem Staatsdrittel um einen nicht steuerbaren echten Zuschuss handelt. Diese Feststellung soll auf alle offenen Fälle angewandt werden. Gleichzeitig teilt das BMF mit, dass bei vor dem 1. Februar 2013 getroffenen Kreuzungsvereinbarungen nicht beanstandet würde, wenn die Kreuzungsbeteiligten das Staatsdrittel einvernehmlich noch als Entgelt fü eine steuerpflichtige Leistung an den Träger des Staatsdrittels behandeln.

Eine Neuberechnung der USt und ggf. Rückabwicklung gegenüber der zuständigen Finanzbehörde kann nur durch die DB Netz AG erfolgen. Insofern wurde in Abstimmung mit ihr folgendes festgelegt:
– Die neue Regelung zur Ermittlung der USt ist ab sofo rt für alle offenen Fälle grundsätzlich anzuwenden. Dabei erfolgt die Neuberechnung mit der nächsten Rechnungslegung (Abschlags oder Schlussrechnung).
– Maßnahmen, bei denen bereits die Schlussrechnungen an den Straßenbaulastträger übermittelt worden sind, gelten nicht als offene Fälle.D.h. es wird keine neue Berechnung der USt erforderlich. Dies gilt auch dann, wenn hinsichtlich der Schlussrechnung zwischen den Kreuzungsbeteiligten noch Verhandlungsbedarf besteht.
– Den Kreuzungsbeteiligten wird die Möglichkeit gegeben, einvernehmlich die Öffnungsklausel des BMF für offene Fälle zu nutzen und Kreuzungsmaßnahmen, bei denen es sich zur Minimierung des Verwaltungsaufwandes anbietet, entspre-

chend der alten Regelung abzurechnen. Einer gesonderten Zustimmung des BMVBS hinsichtlich des Bundesdrittels – unabhängig von der Baulast (Bund/Land/Kommune) – sowie des Straßenbaulastträgerdrittels im Zuge von Bundesstraßen bedarf es dafür nicht.

- Der Vorlage einer Nachtragsvereinbarung bzw. einer überarbeiteten Kostenzusammenstellung bedarf es ebenfalls nicht. Ein Schreiben der Kreuzungsbeteiligten, auf welches Verfahren man sich einvernehmlich verständigt hat, ist ausreichend. Dieses Schreiben ist für alle offenen Fälle dem Eisenbahn-Bundesamt und dem jeweils zuständigen Land vorzulegen. Die Länder leiten eine Kopie des Schreibens an das BMVBS weiter, sofern von diesem eine Genehmigung erteilt worden ist.
- Aufwendungen, die im Rahmen der Neuberechnung entstehen, zählen zur kreuzungsbedingten Kostenmasse und sind keine Verwaltungskosten im Sinne von § 5 der 1. EKrV.
- Soweit im Endergebnis zu viel USt gezahlt worden ist und Rückzahlungen erforderlich werden, sind diese sowohl für das Bundesdrittel (Kapitel 1222: Baulast Bund Titel 745 01; Baulast Länder Titel 882 01; Baulast Kommune Titel 883 01) als auch für das Drittel des Straßenbaulastträgers entsprechend der zuvor belasteten Haushaltstitel (für Baulast Bund Kapitel 1210, Titel 745 24) zurück zu buchen. Gleiches gilt in Bezug auf das Drittel des Schienenbaulastträgers soweit die Mittel hierfür nach Maßgaben des Bundesschienenwegeausbaugesetzes/des Gemeindeverkehrsfinanzierungsgesetzes finanziert worden sind.

Aufgrund der geänderten Rechtsprechung ist zukünftig zur Ermittlung der anfallenden Umsatzsteuer, die zur kreuzungsbedingten Kostenmasse gehört, wie folgt zu verfahren:

1. Sofern die DB Netz AG die Maßnahme insgesamt durchführt ist von der kreuzungsbedingten Kostenmasse (Nettobetrag) das von der DB Netz AG zu tragende Drittel und das Staatsdrittel in Abzug zu bringen. Auf den verbleibenden Betrag (= Straßenbaulastträgerdrittel) entfällt USt, die wiederum zu je einem Drittel von den Kreuzungsbeteiligten und dem Bund/Land zu tragen ist (siehe Anlage 2).
2. Wird die Maßnahme sowohl von der DB Netz AG als auch vom Straßenbaulastträger realisiert, ist von der bei der DB Netz AG anfallenden kreuzungsbedingten Kostenmasse (Nettobetrag) die von ihr insgesamt zu tragende kreuzungsbedingte Kostenmasse und das anteilige Staatsdrittel (bezogen auf die der DB Netz AG entstehende kreuzungsbedingte Kostenmasse) in Abzug zu bringen (siehe Anlage 3). Verbleibt ein positiver Ausgleichsbetrag, entfällt hierauf USt, die wie im Fall 1. wieder zu dritteln ist. Ist der Ausgleichsbetrag negativ, fällt keine USt an.

Die DB Netz AG wird ihren Vordruck »Zusammenstellung der voraussichtlichen Kosten« entsprechend anpassen.

Das ARS 10/1993 hebe ich hiermit auf. Hinweise zur USt im Zusammenhang mit Maßnahmen nach §§ 3, 13 EKrG in weiteren Schreiben des BMVBS, die im Widerspruch zu der neuen Rechtsprechung stehen, verlieren hiermit ihre Gültigkeit.

Anlage 1 Umsatzsteuerrechtliche Behandlung des Staatsdrittels bei Maßnahmen nach §§ 3, 13 des Eisenbahnkreuzungsgesetzes (EBKrG)

BMF-Schreiben vom 1. März 1971
– IV A 2 – S 7100 – 56/70 –;
BFH-Urteil vom 16. Dezember 2010
– V R 16/10 –

IV D 2 – S 7200/07/10010:017
2013/0101161

Wird an Kreuzungen von Schienenwegen und Straßen eine Baumaßnahme nach § 3 EBKrG durchgeführt, so tragen die Beteiligten – die Träger der Baulast des kreuzenden Schienenweges und der kreuzenden Straße – nach § 13 Absatz 1 EBKrG je ein Drittel der Kosten. Das letzte Drittel der Kosten trägt bei Kreuzungen mit einem Schienenweg einer Eisenbahn des Bundes der Bund, in allen sonstigen Fällen das Land (sog. Staatsdrittel).

Übernimmt ein Beteiligter die Durchführung der Maßnahme nach § 3 EBKrG, so erfüllt er dadurch nicht nur die eigenen, sondern auch die gesetzlichen Verpflichtungen des anderen Baulastträgers. Die Zahlungen des anderen Baulastträgers nach § 13 Absatz 1 Satz 1 EBKrG für die Erfüllung dieser Aufgabe sind Entgelt für eine steuerbare Leistung.

Aus der bloßen Kostentragungspflicht des Bundes oder des Landes nach § 13 Absatz 1 Satz 2 EBKrG ergibt sich nicht, dass an den Träger des Staatsdrittels insoweit eine Leistung erbracht wird (vgl. BFH-Urteil vom 16. Dezember 2010, V R 16/10). Zahlungen aus diesem Rechtsgrund sind nicht steuerbare, echte Zuschüsse. Das gilt auch in den Fällen, in denen der Baulastträger, der die Baumaßnahme vom anderen Beteiligten durchführen lässt, gleichzeitig Träger des Staatsdrittels ist und aus diesem Grunde zwei Drittel der Kosten aufbringen muss.

Die Grundsätze dieses Schreibens gelten für alle offenen Fälle. Bei vor dem 1. Februar 2013 über Maßnahmen nach §§ 3, 13 EBKrG getroffenen Kreuzungsvereinbarungen wird es nicht beanstandet, wenn die Kostenbeteiligten das Staatsdrittel einvernehmlich als Entgelt für eine steuerpflichtige Leistung an den Träger des Staatsdrittels behandeln.

Das BMF-Schreiben vom 1. März 1971 – IV A 2 – S 7100 – 56/70 – wird aufgehoben, soweit es den Grundsätzen dieses Schreibens widerspricht.

Dieses Schreiben wird im Bundessteuerblatt Teil I veröffentlicht. Es steht ab sofort für eine Übergangszeit auf den Internetseiten des Bundesministeriums der Finanzen (http://www.bundesfinanzministerium.de) unter der Rubrik Themen – Steuern – Steuerarten – Umsatzsteuer – BMF-Schreiben/Allgemeines zum Herunterladen bereit.

Teil E Anhang

Anlage 2 Berechnung der im Rahmen von Maßnahmen nach §§ 3, 13 EKrG anfallenden Umsatzsteuer, die zur kreuzungsbedingten Kostenmasse gehört

Realisierung der Maßnahme alleine durch die DB Netz AG

1. Berechnung des kreuzungsbedingten, zu versteuernden Ausgleichsbetrages:

der DB Netz AG entstehende kreuzungsbedingte Kosten (Nettobetrag)	9.000.000,00 €
von der DB Netz zu tragender Anteil der kreuzungsbedingten Gesamtkosten	3.000.000,00 €
verbleibt zunächst	6.000.000,00 €
abzgl. Staatsdrittel (bezogen auf die der DB Netz AG entstehenden kreuzungsbedingten Kosten; hier somit die insgesamt anfallende kreuzungsbedingten Kosten)	3.000.000,00 €
Ausgleichsbetrag	3.000.000,00 €

2. Berechnung der von der DB Netz AG auf der Grundlage der kreuzungsbedingten Kosten abzuführenden Umsatzsteuer

0,19 × 3.000.000 €	570.000,00 €

3. Berechnung der von den Kostenbeteiligten zu tragenden kreuzungsbedingten Umsatzsteueranteile

DB Netz AG	190.000,00 €
Straßenbaulastträger	190.000,00 €
Bund/Land	190.000,00 €

Anl. 3 **E 23**

Anlage 3 Berechnung der im Rahmen von Maßnahmen nach §§ 3, 13 EKrG anfallenden Umsatzsteuer, die zur kreuzungsbedingten Kostenmasse gehört

Realisierung der Maßnahme durch die DB Netz AG und den Straßenbaulastträger

1. Berechnung des kreuzungsbedingten, zu versteuernden Ausgleichsbetrages:

		nachrichtlich:
der DB Netz AG entstehende kreuzungsbedingte Kosten (Nettobetrag)	6.000.000,00 €	
dem Straßenbaulastträger entstehende kreuzungsbedingte Kosten (Bruttobetrag)		3.570.00,00 €
von der DB Netz zu tragender Anteil der kreuzungsbedingten Gesamtkosten	3.190.000,00 €	
verbleibt zunächst	2.810.000,00 €	
abzgl. Staatsdrittel anteilig (bezogen auf die der DB Netz AG entstehenden kreuzungsbedingten Kosten; hier somit nur Anteil der insgesamt anfallenden kreuzungsbedingten Kosten)	2.000.000,00 €	anteiliges Staatsdrittel bezogen auf kreuzungsbedingte Kosten des SBL 1. 190.000,00 €
Ausgleichsbetrag	810.000,00 €	

2. Berechnung der von der DB Netz AG auf der Grundlage der kreuzungsbedingten Kosten abzuführenden Umsatzsteuer

0,19 × 810.000 €	153.900,00 €

3. Berechnung der von den Kostenbeteiligten zu tragenden kreuzungsbedingten Umsatzsteueranteile

DB Netz AG	51.300,00 €
Straßenbaulastträger	51.300,00 €
Bund/Land	51.300,00 €

Teil E Anhang

Ergänzung: Vollzug des Eisenbahnkreuzungsgesetzes (EKrG) Umsatzsteuer bei Maßnahmen nach §§ 3, 13 EKrG

Bezug: Allgemeines Rundschreiben Straßenbau Nr. 13/2013
Aktenzeichen: StB 15/7174.2/5-18/2027138
Datum: Bonn, 24.07.2013
Seite 1 von 1

Aus Gründen einer einheitlichen Abrechnungspraxis und zur Verwaltungsvereinfachung hat sich die DB Netz AG entschieden, die Kostenmasse aus Umsatzsteuer für alle offenen Fälle entsprechend den Regelungen im ARS 13/2013 neu zu berechnen. Eventuell zusätzliche Gemeinkosten bezüglich der Neuberechnung werden grundsätzlich nicht in Ansatz gebracht. Damit ist die Neuberechnung das Regelverfahren.

Eine Schriftwechselvereinbarung (ARS 13/2013, Seite 2, Anstrich 4) ist somit nicht erforderlich. Die DB Netz AG informiert mit Zustellung der nächsten Abschlagsrechnung bzw. der Schlussrechnung über das Ergebnis der entsprechenden Neuberechnung. Die vorlaufenden Abschlagsrechnungen werden auf dieser Grundlage korrigiert.

E 24. Hinweise des BMVI zu Mitwirkung, Übertragung von Planungs- und Verwaltungsleistungen, Abgrenzung Verwaltungs- und Baukosten

A. Rundschreiben vom 29.01.2014
– Mitwirkungspflichten der Kreuzungsbeteiligten
– Übertragung von Planungs- und Verwaltungsleistungen
– Abgrenzung von Verwaltungs- und Baukosten

Aktenzeichen: StB 15/7174.2/5-14/2095549
Datum: Bonn, 29.01.2014

Im Rahmen der Abrechnung von Baumaßnahmen an Eisenbahnkreuzungen bitte ich nach folgenden mit der Länderfachgruppe Straßenrecht und der DB Netz AG abgestimmten Regelungen zu verfahren:

I. Mitwirkungspflichten und hoheitliche Sicherungspflichten

Aufgrund des Gemeinschaftsverhältnisses zwischen dem Straßen- und dem Schienenbaulastträger ist neben der gesetzlich normierten Duldungspflicht (§ 4 EKrG) die gegenseitige Mitwirkung der Kreuzungsbeteiligten für eine ordnungsgemäße Durchführung von Eisenbahnkreuzungsmaßnahmen unabdingbar. Die hieraus folgende Mitwirkungspflicht der Kreuzungsbeteiligten ist allerdings auf den Bereich beschränkt, in dem der Baudurchführende auf die Mitwirkung des anderen Beteiligten angewiesen ist. Sie kann demnach ausschließlich Tätigkeiten betreffen, die nur der andere Beteiligte selbst durchführen kann oder die in seine unentziehbare Verantwortung nach § 4 AEG bzw. § 4 FStrG bzw. entsprechender landesrechtlicher Regelung fallen.

Die Mitwirkungs- und hoheitlichen Sicherungspflichten gehören bei allen Kreuzungsmaßnahmen nach §§ 11–14 EKrG zu den gesetzlichen Baulastaufgaben der Kreuzungsbeteiligten. Ihre Erfüllung erfolgt unentgeltlich

II. Übertragung von Planungs- und Verwaltungsleistungen

Von den unentgeltlich zu erfüllenden Mitwirkungspflichten sind die Leistungen im Sinne des § 5 der 1. Eisenbahnkreuzungsverordnung (1. EKrV) zu unterscheiden, welche in den Fällen der §§ 11 bis 13 EKrG grundsätzlich pauschal abgegolten werden (10 % der aufgewandten Grunderwerbs- und Baukosten). Die Pauschale erfasst insbesondere Aufwendungen zur Erlangung des Baurechts, Erstellung des vergabereifen Entwurfs und der Bauüberwachung.

Wenn der baudurchführende Kreuzungsbeteiligte vom anderen Beteiligten einzelne Planungs- und Verwaltungstätigkeiten (z.B. Schaltantragstellung und Abnahme, Umsetzung und Überwachung der Betriebs- und Bauanweisung (Betra), Erstellung eines Sicherheitsaudits) erbringen lässt, hat der Baudurchführende die Kosten hierfür vollständig zu tragen, da er den anderen Kreuzungsbeteiligten wie einen Dritten (vergleichbar einem Ingenieurbüro) einschaltet. Dies gilt auch dann, wenn sich der andere Kreuzungsbeteiligte gemäß den Bestimmungen des EKrG an den Kosten der Kreuzungsmaßnahme insgesamt zu beteiligen hat. Art, Umfang und Vergütung dieser Leistungen sind zwischen den Kreuzungsbeteiligten zu vereinbaren (KrV, Baudurchführungsvereinbarung, sonstige Vereinbarung).

In der **Anlage 1** sind die vorgenannten Regelungen sowie mögliche Fallkonstellationen mit entsprechenden Beispielen schematisch dargestellt.

III. Abgrenzung Verwaltungs- und Baukosten

Die 1. EKrV, welche den Umfang der Kosten nach §§ 11, 12 und 13 EKrG näher bestimmt und für die Verwaltungskosten Pauschalbeträge festsetzt, wurde 1964 erlassen. Seit dieser Zeit haben sich im Bereich der Straßenbauverwaltungen und Eisenbahninfrastrukturunternehmen erhebliche strukturelle Veränderungen ergeben. Zudem haben sich die gesetzlichen Anforderungen für die Planung und Durchführung von Baumaßnahmen (Umweltverträglichkeitsprüfung, Schall- und Erschütterungsschutz, Boden-, Wasser- und Denkmalschutz, Abfallrecht, Beteiligung von Bürgern und Verbänden) maßgeblich erhöht. Die hierauf zurückzuführenden zusätzlichen Leistungen sind gemäß der als Anlage 2 beigefügten Tabelle den Verwaltungs- bzw. Baukosten zuzuordnen. Die Zuordnung folgt dabei der Intention der 1. EKrV und orientiert sich an technischen Regelwerken wie z.B. der ZTV-ING oder der HOAI. Hinsichtlich der Zuweisung der Position »Prüfung der statischen Berechnungen« zu den Verwaltungskosten (siehe § 5 Satz 2 der 1. EKrV) besteht Einvernehmen, dass es sich hierbei um Aufwendungen für das Prüfen der Vorstatik handelt und die Aufwendungen für das Prüfen der Ausführungsunterlagen (Statik und Pläne), entsprechend denen der Ausführungsunterlagen selbst, zu den Baukosten zu zählen sind.

Bei der Durchführung von Kreuzungsrechtsverfahren in der Zuständigkeit des Bundesministeriums für Verkehr und digitale Infrastruktur finden diese Grundsätze Anwendung. Im Interesse einer einheitlichen Handhabung empfehle ich daher, über den Bereich der Bundesfernstraßen hinaus auch bei Maßnahmen unter Beteiligung von Landes-, Staats- und Kommunalstraßen entsprechend zu verfahren. Von Ihrem Einführungserlass bitte ich mir eine Kopie zu übersenden.

Anlage 1 zum Schreiben StB 15/7174.2/5-14/2095549 vom 29.01.2014

I. Nicht übertragbare Aufgaben bei Maßnahmen nach §§ 11–14 EKrG (Mitwirkungshandlungen und hoheitliche Sicherheitspflichten)

Tätigkeiten, die nur einer der Kreuzungsbeteiligten durchführen kann oder die seine hoheitlichen Sicherheitspflichten berühren	
Rechtsgrundlage für die Aufgabe	Rechtsgrundlage für die Kostentragung
Mitwirkungshandlungen: Beim Kreuzungsrechtsverhältnis handelt es sich um ein gesetzliches Dauerschuldverhältnis zwischen den Kreuzungsbeteiligten, aus dem sich wechselseitige Duldungs-, Mitwirkungs- und Leistungspflichten ergeben, die über eine bloße Rücksichtnahme hinausgehen.	Im EKrG und der 1. EKrV ist hierzu nichts geregelt. Mitwirkungshandlungen gehören zu den eigenen Baulastaufgaben. Eine Kostenerstattung findet nicht statt. Kein Fall des § 5 der 1. EKrV.
Hoheitliche Sicherheitspflichten: § 4 AEG/§ 4 FStrG/Straßengesetze der Länder	Eine Gebührenordnung existiert hierzu nicht, somit erfolgt keine Kostenerstattung.

II.1. Übertragbare Planungs- und Verwaltungsleistungen beim Bau oder der Änderung von Kreuzungen (§§ 11–13 EKrG)

Ein Kreuzungsbeteiligter tätigt Grunderwerb und/oder erbringt Bauleistungen <u>allein</u> (siehe Beispiel 1 und 2)	
Rechtsgrundlage für die Aufgabe	Rechtsgrundlage für die Kostentragung
Übertragbare Leistungen, die vom nicht baudurchführenden Kreuzungsbeteiligten erbracht werden sollen, bedürfen einer gesonderten vertraglichen Vereinbarung (KrV, Baudurchführungsvereinbarung, sonstige Vereinbarung)	Die Kosten für die an den nicht baudurchführenden Kreuzungsbeteiligten übertragenen Leistungen sind ihm auf Grundlage der Vereinbarung zu erstatten. Der baudurchführende Kreuzungsbeteiligte stellt, soweit der andere Beteiligte Grunderwerbs-/Baukosten zu tragen hat, diesem auf seinen Anteil gemäß § 5 der 1. EKrV die Verwaltungskostenpauschale in Rechnung.

Beide Kreuzungsbeteiligte tätigen Grunderwerb und/oder erbringen Bauleistungen anteilig (siehe Beispiel 3)	
Rechtsgrundlage für die Aufgabe	Rechtsgrundlage für die Kostentragung
Aufgabenverteilung nach KrV; in der Regel werden keine Leistungen an den jeweils anderen Beteiligten übertragen.	Jeder Beteiligte trägt die in seinem Aufgabenbereich anfallenden Verwaltungskosten selbst und bekommt diese im Rahmen der Verwaltungskostenpauschale gemäß § 5 der 1. EKrV anteilig von dem anderen Kostenbeteiligten erstattet.

II.2. Übertragbare Planungs- und Verwaltungsleistungen bei Erhaltungsmaßnahmen (§ 14 EKrG)

Der erhaltungspflichtige Kreuzungsbeteiligte führt an seiner Anlage Erhaltungsmaßnahmen durch (siehe Beispiel 4)	
Rechtsgrundlage für die Aufgabe	Rechtsgrundlage für die Kostentragung
Übertragbare Leistungen, die vom nicht erhaltungspflichtigen Kreuzungsbeteiligten erbracht werden sollen, bedürfen einer gesonderten vertraglichen Vereinbarung	Die an den anderen Kreuzungsbeteiligten übertragenen Leistungen sind ihm auf Grundlage der Vereinbarung zu erstatten.

Beispiel 1:

Die DB Netz AG ist alleinige Veranlasserin und Baudurchführende für die Änderung einer Straßenüberführung (SÜ); Maßnahme nach §§ 3,12 (1) EKrG. Sie vereinbart mit dem Straßenbaulastträger (SBL), dass dieser für sie das Sicherheitsaudit erstellt. Zwar gehören die Aufwendungen für das Sicherheitsaudit zu den Verwaltungskosten gemäß § 5 der 1. EKrV. Die Verpflichtung zur Durchführung des Sicherheitsaudits trifft jedoch die DB Netz AG als Baudurchführende. Im Falle einer vertraglichen Übertragung dieser Verpflichtung sind dem SBL die ihm entstandenen Kosten zu erstatten. Für Mitwirkungshandlungen, wie z.B. die Prüfung der Planung der SÜ hinsichtlich straßenplanerischer Belange durch den SBL erfolgt keine Kostenerstattung.

Beispiel 2:

Der SBL plant die Aufweitung einer Eisenbahnüberführung (EÜ). Die DB Netz AG äußert keine Änderungsabsichten. Da für die EÜ mit der Änderung durch den SBL aber der Bestandsschutz entfällt und die EÜ nicht dem technischen Regelwerk der DB entspricht, kommt § 12 Nr. 2 EKrG zur Anwendung mit der Folge, dass sich die DB Netz AG an den Kosten zu beteiligen hat. Gemäß Kreuzungsvereinbarung führt der SBL die Maßnahme insgesamt durch. Da hier eine EÜ geändert wird, ist die Verwaltungsvorschrift über die Bauaufsicht im Ingenieurbau, Oberbau und Hochbau (VV BAU) zu beachten. Danach sind für die Baumaßnahme ein Bauvorlageberechtigter (BVB), ein Bauüberwacher Bahn (BÜB) und ein Inbetriebnahmeverantwortlicher (IBV) einzusetzen. Der BVB und der BÜB werden vom SBL beauftragt. An den Kosten für den BÜB beteiligt sich die DB Netz AG zu x %; dies für den Anteil der auf dessen Aufgaben in Erfüllung öffentlich-rechtlicher Verpflichtungen (§ 4 AEG) entfällt (siehe nachfolgende Auflistung). Der IBV, der ein Mitarbeiter der Eisenbahn des Bundes sein muss, wird von der DB Netz AG bestellt. Seine Leistungen fallen insgesamt unter die Mitwirkungshandlungen und sind von der DB Netz AG zu tragen. Das Gleiche gilt auch bezüglich der Kosten, die für weitere auf Seiten der DB Netz notwendig werdende Mitwirkungshandlungen (siehe nachfolgende Auflistung) entstehen. Die DB Netz AG beteiligt sich zudem an den insgesamt anfallenden Planungs- und Verwaltungskosten über die Pauschale des § 5 der 1. EKrV, die ihr anteilig gemäß § 12 Nr. 2 EKrG vom SBL in Rechnung gestellt wird.

Beispiel 3:

Der SBL und die DB Netz AG schließen eine Vereinbarung über die Beseitigung eines Bahnübergangs (BÜ) ab, wobei als Ersatz eine EÜ mit Straßentrog erstellt wird; Maßnahme nach §§ 3, 13 EKrG. Gemäß Kreuzungsvereinbarung ist der SBL Baudurchführender für den Straßentrog, die DB Netz AG für die Erstellung der EÜ und Rückbau des BÜ. Da wegen des Rückbaus des BÜ und des Neubaus der EÜ die Oberleitungs-/Signalanlagen angepasst werden müssen, ist neben der VV BAU auch die Verwaltungsvorschrift für die Bauaufsicht über Signal-, Telekommunikations- und Elektrotechnische Anlagen (VV BAU-STE) zu beachten. Danach sind für die Baumaßnahme mindestens zwei BVB (gemäß VV BAU und VV BAU-STE), mindestens zwei BÜB (gemäß VV BAU und VV BAU-STE) und ein IBV von der DB Netz AG zu bestellen und alle Kosten hierfür zu tragen. Sofern die jeweiligen BVB und BÜB nicht für alle Gewerke die Kompetenz besitzen, sind weitere BVB und BÜB zu beauftragen. Der SBL lässt ein Verkehrskonzept für Umleitungen während der Bauzeit und ein Sicherheitsaudit erstellen und hat alle Kosten hierfür zu tragen. Jeder Beteiligte trägt also die in seinem Aufgabenbereich anfallenden Verwaltungskosten selbst. Die Höhe des entsprechenden Ausgleichsanspruchs gegenüber dem jeweils anderen Kreuzungsbeteiligten hängt von den jeweils aufgewendeten Bau- und Grunderwerbskosten ab, § 5 der 1. EKrV.

Beispiel 4:

Der SBL erneuert eine SÜ erhaltungsbedingt; Maßnahme nach § 14 EKrG. Zur Erstellung der neuen Widerlagerfundamente ist im Druckbereich der äußeren Gleise ein Verbau einzubringen, die Oberleitung ist zeitweise abzuschalten und es werden Gleissperrungen notwendig. Der SBL vereinbart mit der DB Netz AG, dass diese sämtliche Leistungen im Zusammenhang mit der erforderlich werdenden Betra übernimmt. Die Aufwendungen für Beantragung, Umsetzung und Überwachung der Betra sind der DB Netz AG zu erstatten. Bei dem Zusammenstellen der Daten und der Genehmigung der Betra handelt es sich um Mitwirkungshandlungen der DB Netz AG, die Aufwendungen hierfür sind nicht erstattungsfähig. Soweit ein BÜB/BVB/IBV zu bestellen ist, gelten die hierzu im Beispiel 2 gemachten Aussagen.

Dabei ist zu beachten, dass auf den BÜB nur die Aufgaben zur Erfüllung öffentlich-rechtlicher Verpflichtungen gemäß § 4 AEG entfallen. Die Bauüberwachung im Zusammenhang mit der Erneuerung der SÜ obliegt dem SBL.

Auflistung von Mitwirkungshandlungen der Kreuzungsbeteiligten

Leistungen	Bemerkungen
Bestandsunterlagen zur Verfügung stellen	Vorhandene Bestandsunterlagen (hierzu zählen auch Pläne im GIS-Format) der zu ändernden Anlagen sind dem jeweils Baudurchführenden unentgeltlich zur Verfügung zu stellen.
Prüfung der Planung hinsichtlich eisenbahntechnischer/straßen-bautechnischer Belange	Soweit ein Kreuzungsbeteiligter seine eigenen Anlagen neu baut, ändert oder Erhaltungsmaßnahmen durchführt, hat der andere Kreuzungsbeteiligte dessen Planung auf Wahrung seiner Belange bezogen auf seinen eigenen Verkehrsweg zu überprüfen. Sofern ein Kreuzungsbeteiligter Anlagen des anderen Kreuzungsbeteiligten neu baut oder ändert, liegt es im Eigeninteresse des zukünftigen Unterhaltungspflichtigen, dass er die Planung hinsichtlich seiner Belange prüft.
Daten seitens der DB Netz AG für die Beantragung der Betriebs- und Bauanweisung (Betra) zur Verfügung stellen.	Eine Betra wird immer erforderlich, wenn im Zusammenhang mit Arbeiten an und in den Anlagen der DB Netz AG betriebliche Maßnahmen (z.B. Gleissperrungen, Abschalten der Oberleitung) anfallen. *Hinweis: Für die Zurverfügungstellung von Daten für die Straßensperrungen oder Verkehrseinschränkungen liegt die Zuständigkeit bei der Straßenverkehrsbehörde; hierfür fallen Gebühren an, die jedoch zu den Baukosten zählen.*
Genehmigung des Betra-Antrages (Erstellung der Betra)	Diese Leistungen dürfen nur von der DB Netz AG durchgeführt werden. Die Betra gilt als **erstellt** wenn sie von der DB Netz AG genehmigt worden ist.
Festlegung der Sicherungsmaßnahmen zur Abwendung von Gefahren aus dem Bahnbetrieb durch die für den Bahnbetrieb zuständige Stelle (BzS)	Aufgabe ist Bestandteil des Sicherungsplans und darf nicht an Dritte beauftragt werden.
Festlegung der Sicherungsmaßnahmen zur Abwendung von Gefahren aus dem Straßenverkehr	Nur soweit der Straßenbaulastträger tätig werden muss.

Leistungen	Bemerkungen
Die DB Netz AG stellt dem SBL auf seine Anforderung eine Liste mit zugelassenen Büros für die Übernahme von Aufgaben des BVB zur Verfügung; die Beauftragung des BVB erfolgt durch den SBL.	Die Aufgaben des BVB selbst fallen <u>nicht</u> unter die Mitwirkungshandlungen (siehe Anlage 2 Nr. 4.3).
Die DB Netz AG stellt dem SBL auf seine Anforderung eine Liste mit zugelassenen Büros für die Übernahme von Aufgaben des BÜB zur Verfügung; die Beauftragung des BÜB erfolgt durch den SBL	Die Aufgaben des BÜB fallen nur anteilig unter die Mitwirkungshandlungen.
Wahrnehmung von sicherheitsrelevanten Aufgaben des BÜB nach § 4 Abs. 1 AEG	Hierunter fallen folgende Tätigkeiten: Die BÜB überwachen bei Bauzuständen, insbesondere beim Bauen unter dem rollenden Rad, dass jederzeit die Betriebs-, Stand- und Verkehrssicherheit gewährleistet ist. Die BÜB geben Bauzustände mit der zulässigen Geschwindigkeit für den Eisenbahnbetrieb frei, sofern sich dies nicht der IBV vorbehalten hat. Alle weiteren Tätigkeiten des BÜB (Überwachung der Ausführung der Baumaßnahme auf Übereinstimmung mit den zur Ausführung genehmigten Unterlagen, dem Bauvertrag sowie den allgemein anerkannten Regeln der Technik und den einschlägigen Vorschriften) zählen nicht zu den Mitwirkungshandlungen.
Wahrnehmung von sicherheitsrelevanten Aufgaben des Straßenbaulastträgers nach den Straßengesetzen	
Wahrnehmung der Aufgaben des Inbetriebnahmeverantwortlichen (IBV)	Der IBV muss ein Mitarbeiter der DB Netz AG sein. Ihm obliegt die Prüfung und Feststellung, dass einer sicheren Nutzung der Bahnanlagen nichts entgegensteht. Soweit erforderlich stellt er beim EBA den Antrag auf Nutzungsgenehmigung (außerhalb TEN-Netz) bzw. auf Inbetriebnahme-Genehmigung (TEN-Netz).

Teil E Anhang

Leistungen	Bemerkungen
Funktionale Abnahme	Dabei handelt es sich um die Prüfung der Qualität und Funktionsfähigkeit bei erstellten LST-Anlagen (Leit-, Signal- und Telekommunikationstechnik), Leistung ist von Mitarbeitern der DB Netz AG zu erbringen (vgl. VV BAU-STE und RiL 809)
Endabnahme bei Eisenbahnanlagen	Diese ist Aufgabe des IBV.

Anlage 2 zum Schreiben StB 15/7174.2/5-14/2095549 vom 29.01.2014

III. Abgrenzung der nicht in der 1. EKrV aufgelisteten Verwaltungs- und Baukosten

lfd. Nr.	Leistung	Baukosten[1]	Verwaltungskosten	Bemerkungen
1.	Abfallentsorgungskonzept und Abfallentsorgung einschl. des Abfallbeauftragten des AN (Bauleiter Abfallmanagement)	x		
2.	Abnahmen			
2.1	Zwischenabnahme/Abnahme protokollpflichtiger Tätigkeiten (soweit nicht Aufgabe des Prüfers, siehe lfd. Nr. 4.2)		x	Leistung wird in der Regel durch BÜB erbracht z.b. Baubehelfe, Bewehrung, Lager (vgl. VV Bau Anhang 3.1 zu § 25)
2.2	Vertragsrechtliche Abnahme		x	Bestätigung der Leistungen als vertragsgerecht gegenüber dem ausführenden Unternehmen
2.3	Zwischenabnahme/Abnahmeprüfung der inneren Erdung bei einer SÜ		x	Leistung ist von zertifizierten Prüfern zu erbringen, vgl. RIL 997, 132.0123
2.4	Abnahmeprüfung des Berührungsschutzes bei einer SÜ		x	Leistung ist von zertifizierten Prüfern zu erbringen, vgl. RIL 997, 132.0123
2.5	Abnahmeprüfung der äußeren Erdung bei einer SÜ (einschl. Bahnerdung)		x	Leistung ist von zertifizierten Prüfern zu erbringen, vgl. RIL 997, 132.0123
2.6	Abnahme der STE-Anlagen		x	Leistung ist durch Abnahmeprüfer gemäß VV Bau STE durchzuführen
3.	Amtliche Gebühren			
3.1	Gebühren für Planrecht und Bauaufsicht		x	Einschl. Gebühren von Anhörungsbehörden im Zusammenhang mit Planfeststellungsverfahren.
3.2	Sonstige Gebühren	x		Sonstige Gebühren Dritter, die nach einer Gebührenordnung erhoben werden. Gebühren von »benannten Stellen« (z.B. TÜV) für das EG-Prüfverfahren, Gebühren für Ausnahmegenehmigungen wie Nachtarbeit, wasserrechtliche Erlaubnis, Auskunft über Kampfmittelfreiheit, Gebühren für Sondierung auf Verdachtsflächen, Gebühren für verkehrsrechtliche Anordnungen.

---

[1] Bzw. Grunderwerbskosten (z.B. lfd. Nr. 30.2, 30.3, 34.4, 34.5).

Teil E Anhang

lfd. Nr.	Leistung	Baukosten	Verwaltungskosten	Bemerkungen
4.	Ausführungsplanung			
4.1	Ausführungsplanung erstellen	x		Grundsätzlich für den Teil Objektplanung (Abschnitte Freianlagen/Ingenieurbauwerke/ Verkehrsanlagen und den Teil Fachplanung (Abschnitte Tragwerksplanung/Technische Ausrüstung), soweit Leistungen der Leistungsphase 5 der HOAI anfallen.
4.2	Bautechnische Prüfung der Ausführungsunterlagen hinsichtlich der allg. Anforderungen wie z.b. Standsicherheit, Konstruktion, Brandschutz	x		Leistung ist von unabhängigen, zugelassenen (EBA/Länder) Prüfern (Prüfingenieure bzw. Planprüfer bei STE-Anlagen) durchzuführen und wird über Gebühren/Honorare abgerechnet. Hierzu zählt auch die vom Prüfingenieur ggf. erforderliche Abnahme von Lehrgerüsten (Hilfskonstruktionen). Soweit Aufwendungen für Prüfungen in der Planungsphase (z.B. Prüfen der Vorstatik) erforderlich werden, zählen diese gemäß § 5 der 1. EKrV zu den Verwaltungskosten.
4.3	Ausführungsunterlagen freigeben, Bauvorlagen (z.B. Ausführungsunterlagen Unterlagen für Bauzustände und Baubehelfe) prüfen.		x	Leistung fällt im Zusammenhang mit Maßnahmen an Eisenbahnanlagen an (vgl. VV BAU und VV BAU-STE) und ist vom Bauvorlageberechtigten (BVB) zu erbringen. Er ist z.B. dafür verantwortlich, dass die Unterlagen vollständig sind, die bautechnische Prüfung rechtzeitig durchgeführt und abgeschlossen ist. Er hat sicherzustellen, dass die Unterlagen vor Beginn der Ausführung auf der Baustelle zur Verfügung stehen und den öffentlich-rechtlichen Vorschriften sowie der planungsrechtlichen Zulassungsentscheidung entsprechen.
5.	Baubüro des Auftraggebers (Errichten, Vorhalten und Rückbau)		x	
6.	Baugrunduntersuchungen			
6.1	Voruntersuchung		x	Z.B. für Standortwahl, Linienbestimmung, Variantenuntersuchung
6.2	Hauptuntersuchung	x		Für die zur Ausführung kommende Maßnahme; hierzu gehört auch die Freigabe der Gründungssohle (Flachgründung, bodengutachterliche Begleitung bei Tiefgründungen einschl. Bohrpfahlabnahme)
7.	Baustelleninformationsschild (Liefern, Aufstellen und Rückbau)	x		

lfd. Nr.	Leistung	Bau-kosten	Verwal-tungs-kosten	Bemerkungen
8.	Bauüberwachung		x	Z.B. Überwachung der vertragsgerechten Baudurchführung, der Einhaltung der Qualität sowie der finanziellen und zeitlichen Vorgaben; (sofern Eisenbahnanlagen betroffen sind, werden diese Aufgaben durch den BÜB oder Fachbauüberwacher (FBÜ) durchgeführt)
9.	Bauwerksakte			
9.1	Bauwerksbuch/Brückenbuch erstellen	x		Erstellung eines Datenbestands- und Änderungsbeleges (D/Ä-Beleg) gemäß DIN 1076 im Zusammenhang mit der erstmaligen Erstellung oder Änderung eines Ingenieurbauwerks (z.B. EÜ/SÜ) bzw. Änderung eines BÜ in eine höhenfreie Kreuzung.
9.2	Bauwerksakte (u.a. Bahnübergangspass) für BÜ aktualisieren	x		Im Zusammenhang mit der Änderung eines BÜ nach §§ 3, 13 EKrG (z.B. Änderung der Art der Sicherung)
10.	Bearbeitungsentgelt von Drittbetroffenen	x		Entgelt bei Betroffenheiten von Privatbahnen/Anschlussbahnen, Entgelt für Beantwortung von Leitungsabfragen
11.	Bedienungspersonal einweisen		x	Schulungen von Mitarbeitern der DB Netz AG; kreuzungsbedingt, soweit erforderlich aufgrund von Maßnahmen gemäß §§ 3, 13 EKrG
12.	Betriebs- und Bauanweisung (Betra)			
12.1	Beantragung der Betra	x		Betra-Anträge dürfen durch die DB Netz AG zugelassene/zertifizierte Dritte mit Befähigung als Bauüberwacher Bahn oder Fachbauüberwacher mit Prüfungsbescheinigung gemäß Ril 046.2751 ff sowie DB-Mitarbeiter mit entsprechender Qualifikation stellen.
12.2	Umsetzung und Überwachung der Betra		x	Leistungen werden vom Technisch Berechtigten – Bindeglied zwischen Fahrdienstleiter und Baustelle – durchgeführt. U.A. beantragt er Gleissperrungen beim zuständigen Fahrdienstleiter, führt er die Ein- bzw Unterweisung der Arbeitsverantwortlichen der bauausführenden Firmen und der Sicherungsfirmen über die Inhalte und Vorgaben der Betra durch, stellt er die Einhaltung der Sperrpausen sicher. Leistungen können auch in Personalunion vom Fachbauüberwacher bzw. dem Bauüberwacher Bahn durchgeführt werden.
13.	Bodenkundliche und landschaftsplanerische Beratungen	x		Siehe § 4 der 1. EKrV

Teil E Anhang

lfd. Nr.	Leistung	Bau-kosten	Verwal-tungs-kosten	Bemerkungen
14.	Dokumentation			
14.1	Bestands- bzw. Revisionspläne (z.B. für Ingenieurbauwerke, Straßen-/Gleistrasse, Bahnübergänge) erstellen nach Fertigstellung der Baumaßnahme einschl. Digitalisierung und evtl. erforderlicher Mikroverfilmung	x		Soweit nicht bereits mit der Erstellung des Bauwerksbuches abgegolten (Bestandsunterlagen ergeben sich in der Regel aus den Ausführungsunterlagen).
14.2	Fotodokumentation	x		Z.B. zur Darstellung der Ausbildung von Einzelkonstruktions- und Bauwerksteilen, die später nicht mehr sicht- und prüfbar sind.
14.3	Beweissicherung vor Baubeginn und nach Fertigstellung	x		Auch die Beweissicherung nach Bundes-Bodenschutz- und Altlastenverordnung
15.	Erdung von Oberleitungen			
15.1	Schaltantragstellung und Abnahme		x	Bahnerdungsberechtigter (besonders unterwiesener Beschäftigter)
15.2	Erdung von Oberleitungen durchführen	x		Bahnerdungsberechtigter (besonders unterwiesener Beschäftigter für Erdungsarbeiten u. Aufstellen der Sh2-Scheibe (Schutzsignal)
16.	Fahrzeuge für Probebelastungen (Lastenzug der DB AG oder schwere LKW) z.B. zur Überprüfung der Durchbiegung des Bauwerks vor Inbetriebnahme		x	Gem. § 5 der 1. EKrV
17.	Geodätisches Datum (Referenzsystem und Projektion)		x	Status des geodätischen Datums (Referenzsysteme und Projektion) abstimmen und dokumentieren
18.	Gutachten	x		Z.B. Baulärmgutachten, BOVEK-Gutachten (Bodenverwertungs- und Entsorgungskonzept), Erschütterungsgutachten, Wertgutachten für Grunderwerb
19.	Kampfmitteltechnische Baubegleitung	x		Bei Bauarbeiten mit besonderem Gefahrenpotential, z.B. Rammen
20.	Kampfmittelsondierung	x		
21.	Lage von Leitungen Dritter exakt ermitteln anhand von Suchschachtungen während der Bauausführung	x		
22.	Markierungs- und Beschilderungsplan	x		

lfd. Nr.	Leistung	Bau- kos- ten	Verwal- tungs- kosten	Bemerkungen
23.	Messprogramme aufstellen und durchführen	x		Z.B. Messungen zur Erfassung von Bewegungen und Deformationen von vorhandenen Objekten (Bestandsobjekten) z.b. für in Betrieb befindliche Gleise oder Straßen zur Überwachung von Setzungen bei Durchpressungen oder Rammarbeiten
24.	Planunterlagen für EG-Zertifizierung nach TEIV/TSI			
24.1	Unterlagen in der Planungsphase zusammenstellen		x	Unterlagen (auch im Zusammenhang mit der Erstellung von Straßenüberführungen, insbesondere hinsichtlich RPS 2009, Lichtraum und Schutz gegen elektrischen Schlag) als Voraussetzung für EG-Zertifizierungen des Teilsystems Infrastruktur und Energie im TEN und damit für Inbetriebnahme-Genehmigungen nach TEIV
24.2	Unterlagen in der Phase der Ausführungsplanung und zur Inbetriebnahme zusammenstellen	x		Wie vor
25.	Prüfungen			
25.1	Prüfungen des Auftragnehmers	x		in der Regel keine gesonderte Leistungen, sondern in den Einheitspreisen enthalten, z.B. – Grundprüfung, Eignungsprüfung bzw. Erstprüfung als Qualitätssicherung der Baustoffe, Baustoffsysteme und Bauteile – Prüfungen bei der Eigenüberwachung (Feststellung ob die Lagerung und Verarbeitung der Baustoffe, Baustoffsysteme und die fertige Leistung den vertraglichen Anforderungen entsprechen; z.B. Lastplattendruckversuche als Nachweis, dass die hergestellten Festigkeiten der Böden ausreichend sind/erreicht wurden, Herstellen von Probekörpern auf der Baustelle zum späteren Nachweis der Festigkeit des Betons) – Dichtigkeitsprüfungen von Leitungen. – Prüfungen bei der Fremdüberwachung (Feststellung, ob die personellen und ausstattungsmäßigen Voraussetzungen für eine ordnungsgemäße Eigenüberwachung gegeben sind und ob die fertige Leistung den vertraglichen Anforderungen entspricht)

Teil E Anhang

lfd. Nr.	Leistung	Baukosten	Verwaltungskosten	Bemerkungen
25.2	Kontrollprüfungen des Auftraggebers (DB Netz AG/SBL)		x	z.B. – Werkstoffprüfungen (Stahlbau) – Fertigungsüberwachung – Von der Bauüberwachung angeordnete Lastplattendruckversuche, Entnahme von Probekörpern – Ebenheitsmessungen, Griffigkeitsmessungen
25.3	TV-Untersuchung und Dichtheitsprüfungen bei neu hergestellten Entwässerungskanälen und -leitungen	x		Nachweis des AN
25.4	1. Hauptprüfung bei Ingenieurbauwerken	x		
25.5	Prüfsachverständiger für Erd- und Grundbau	x		im Einzelfall neben dem Prüfingenieur, sofern auf Grund der hohen Komplexität der Maßnahmen bei der Prüfung der Konstruktion und der statischen Berechnung notwendig
26.	Sicherungsmaßnahmen			
26.1	Koordinierung der Sicherheitsmaßnahmen auf der Baustelle durch den Si/Ge-Koordinator, u.a. Sicherheits- und Gesundheitsschutzplan erstellen und fortschreiben		x	Gemäß Baustellenverordnung
26.2	Sicherungsplan erstellen (zur Abwendung von Gefahren, die von bewegten Schienenfahrzeugen ausgehen)	x		Planung der Sicherungsmaßnahmen auf der Grundlage der Vorgaben der DB Netz AG durch das für die Sicherungsüberwachung zuständige Unternehmen (siehe auch Anlage Mitwirkungshandlungen).
26.3	Durchführung der Sicherungsmaßnahmen in der Planungsphase		x	Leistung wird in der Regel durch präqualifizierte Sicherungsunternehmen mit Sicherungsaufsicht (Sakra) und Sicherungsposten (Sipo) erbracht; hierzu zählen auch akustische Warnsignalgeber, Feste Absperrung (FA), Automatisches Warnsystem (AWS)
26.4	Durchführung der Sicherungsmaßnahmen in der Baudurchführung	x		Leistung wird in der Regel durch präqualifizierte Sicherungsunternehmen mit Sicherungsaufsicht (Sakra) und Sicherungsposten (Sipo) erbracht; hierzu zählen auch akustische Warnsignalgeber, Feste Absperrung (FA), Automatisches Warnsystem (AWS), Aufstellen der Sh2-Scheibe

lfd. Nr.	Leistung	Bau- kosten	Verwal- tungs- kosten	Bemerkungen
26.5	Koordinierung der Sicherungsmaßnahmen	x		Erforderlich, wenn sich mehrere Sicherungsmaßnahmen gegenseitig beeinflussen können; Aufgabe kann auch ein Dritter erfüllen, aber nicht eines von den für die Sicherungsüberwachung zuständigen Unternehmen
26.6	Sicherungsüberwachung	x		Überwachung der Sicherungsmaßnahmen, Aufgabe kann auch ein Dritter erfüllen, aber nicht das für die Sicherungsmaßnahmen zuständige Unternehmen
26.7	Sicherung bzw. Absperrung der fertiggestellten Anlage bis zur Inbetriebnahme einschl. Rückbau	x		
27.	Sicherheitsaudit, Sicherheitsmanagement		x	Ergibt sich u.a. aus EU-Vorgaben
28.	Unternehmensinterne Genehmigung (UIG) beantragen und erteilen		x	Bei Abweichungen vom Regelwerk der DB AG/DB Netz AG
29.	Umweltfachliche Bauüberwachung/Umwelt Baubegleitung	x		Gemäß Umweltleitfaden VII des EBA/nach Angaben des SBL; hierzu gehört auch die ggf. erforderliche werdende Errichtung, Vorhaltung und Beseitigung von Messstellen wie z.B. im Zusammenhang mit dem Grundwassermonitoring
30.	Verfahrenskosten			
30.1	Gerichtsverfahren		x	Für die Durchsetzung oder Abwehr von Forderungen gegenüber Dritten
30.2	Besitzeinweisung	x		
30.3	Enteignung	x		
31.	Verkehrskonzept für die Bauzeit (Umleitungen) erstellen		x	Leistungen können von qualifizierten Dritten oder vom Straßenbaulastträger selbst erbracht werden
32.	Verkehrslenkungsmaßnahmen umsetzen	x		Durchführung und/oder Aufhebung von Straßen-/Streckensperrungen, Absperrposten, Beschilderung
33.	Versicherungsprämien für Bauleistungs- und Haftpflichtversicherungen	x		Soweit es sich um Versicherungen im Zusammenhang mit Bauleistungen handelt.

Teil E Anhang

lfd. Nr.	Leistung	Bau-kosten	Verwaltungs-kosten	Bemerkungen
34.	Vermessung			
34.1	Bauvermessung	x		z.B. gemäß ZTV Verm-StB 01: Grundlagennetze und ggf. Absteckungen, ggf. Sondernetze sowie Vermessung zur Überprüfung und Sicherung von Fest- und Achspunkten, Vermessung zur Verdichtung des Lage- und Höhennetzes, Absteckungsvermessung nach Lage und Höhe, Vermessung zur Erfassung von Horizontal- und Vertikalverschiebungen, Kippungen sowie Verformungen (Deformationsmessungen), Eigenüberwachungsvermessung, Fortlaufende Bestandserfassung während der Bauausführung
34.2	Lage- und Höhenfestpunkte neu setzen und einmessen	x		Soweit durch die Bauarbeiten Lage- und Höhenfestpunkte beseitigt werden müssen, sind diese nach Abschluss der Arbeiten nach Absprache zwischen den Kreuzungsbeteiligten neu zu setzen und einzumessen
34.3	Kontrollvermessung durch den AG		x	gemäß ZTV Verm-StB 01: Vermessung zur Kontrolle der Ausführungsvermessung und der Bauleistung
34.4	Liegenschafts-/Schlussvermessung durch Katasteramt oder öffentlich bestellten Vermesser	x		nach Abschluss der Bauarbeit für den Kreuzungsbereich veranlasst, in der Schlussvermessung wird die Abgrenzung der erstellten Kreuzung zu den betroffenen Verkehrswegen festgelegt
34.5	Veränderungs- und Eigentumsnachweise erstellen	x		Veränderungen eines Grundstücks in Form, Größe oder Beschreibung wird für die Fortführung des Liegenschaftskatasters und des Grundbuchs sowie als Unterlage für die notarielle Beurkundung in einem Veränderungsnachweis (auf Grundlage Vermessung) erstellt, in dem der alte und neue Bestand gegenübergestellt und die Veränderungen erläutert sind. Die Eigentumsänderungen werden vom Notar beurkundet und an das Grundbuchamt zur Eintragung weitergeleitet.
35.	Zustimmung im Einzelfall (ZIE) beantragen		x	Bei Abweichungen vom Regelwerk der DB AG/ DB Netz AG in den vom EBA geforderten Fällen, Voraussetzung dafür ist eine UIG

Abkürzungsverzeichnis

Betra	Betriebs- und Bauanweisung Es handelt sich hierbei um eine schriftliche Anweisung, die Regelungen aller beteiligten Fachdienste enthält. Sie beinhaltet auch Zuständigkeiten und Festlegungen für die Bauleitung, die Bauüberwachung sowie für den Arbeitsschutz, die Unfallverhütung und das Notfallmanagement. Eine Betra ist bei planbaren Bauarbeiten mit Betriebsbeeinflussung stets erforderlich.
EBA	Eisenbahn-Bundesamt
RIL	Richtlinien der DB AG/DB Netz AG
TEIV	Transeuropäische-Eisenbahn-Interoperabilitätsverordnung
TEN	Transeuropäisches Netz
TSI	Technische Spezifikationen Interoperabilität
VV BAU	Verwaltungsvorschrift des Eisenbahn-Bundesamtes über die Bauaufsicht im Ingenieurbau, Oberbau und Hochbau
VV BAU STE	Verwaltungsvorschrift der Eisenbahnbundesamtes für die Bauaufsicht über Signal-, Telekommunikations- und Elektrotechnische Anlagen
ZTV Verm StB 01	Zusätzliche Technische Vertragsbedingungen und Richtlinien für die Bauvermessung im Straßen- und Brückenbau

B. Rundschreiben vom 15.12.2016

Vollzug des Eisenbahnkreuzungsgesetzes (EKrG); Abgrenzung von Verwaltungs- und Baukosten

hier: Behandlung der Gebühren des Eisenbahn-Bundesamtes (EBA)

Bezug: Schreiben des BMVI – StB 15/7174.2/5-14/2095549 – vom 29.01.2014
Aktenzeichen: StB 15/7174.2/5-14/2657509
Datum: Bonn, 15.12.2016

Gemäß Urteil des OVG Berlin-Brandenburg vom 06.04.2016 (OVG 12 B 13.14) sind amtliche Gebühren für das Planrecht und die Bauaufsicht auf Grundlage der 1. Eisenbahnkreuzungsverordnung den Verwaltungskosten zuzuordnen und demzufolge mit der entsprechenden Pauschale abgegolten.

Vor diesem Hintergrund sind die Anlage 2 zum Bezugsschreiben unter Ziffer 3 geändert sowie die Muster-Kreuzungsvereinbarungen ergänzt worden. Die aktuelle Fassung der Anlage 2 habe ich beigefügt. In Kürze sind die ergänzten Muster-Kreuzungsvereinbarungen unter www.bmvi.de verfügbar.

Stichwortverzeichnis

Fett gedruckte Ziffern verweisen auf den Paragraf im EKrG (Teil C1). Fett gedruckte Großbuchstaben bzw. die Abkürzung 1. EKrV (Teil C2) verweisen auf die entsprechenden Teile im Werk. Mager gedruckte Ziffern verweisen auf die Randnummern.

Abbruch A 12; E 11
– von Gebäuden 1. EKrV 4 7
– von Überführungen 3 101; 14a 22; D 28, 90, 168, 170, 218
ABBV Richtlinie 15 27; E 11
Ablösung der Erhaltungs- und Betriebslast 14a 17; 15 2 ff, 8 ff, 16, 19, 23 ff; 16 16 f; D 23, 27, 35
Ablösungsbetrag 11 12; 12 15, 50; 13 19; 15 25, 28 f; 16 5; 1. EKrV 1 12; D 89, 122, 161, 165, 167 f, 171, 207 ff
Ablösungsbeträge-Berechnungsverordnung 15 24; 16 6, 18; A 12
Ablösungsrichtlinien 1980 12 16; 14a 17; 15 25 ff; 16 19; E 10
Ablösungsvereinbarung 14 4
Abmessungen 3 118 ff; 11 8; 12 12, 22, 26, 29, 33; 15 21; 1. EKrV 1 23, 51; D 71, 88, 104, 167, 179, 184, 188, 194, 208 f
Abwicklung des Verkehrs 1 18; 2 43; 3 1, 20, 31 ff, 57, 90, 92, 98, 102, 105, 108, 112, 118, 120; 7 4, 7 ff; 10 20; 11 7; 12 1, 3, 34 f, 52; 13 2, 20, 30; 14a 3, 15, 20; 1. EKrV 1 5, 11, 51 f; D 69, 90, 125, 134, 147, 155, 179, 211, 219
Abzug von Kosten *siehe Kosten*
Alarmeinrichtungen *siehe auch Sperr- und Meldeeinrichtungen* 3 34; 1. EKrV 4 7; D 149
Allgemeine Verwaltungsvorschriften 16 23 ff; 17 18
Allgemeines Wohl 4 32; B 40
Änderungen 1 2, 76 f, 80 ff; 2 4, 6, 8, 13; 3 1, 26, 28, 47, 72, 77, 106, 108, 110 f; 4 8, 27; 7 19; 10 1, 12, 42; 14 37, 57; 1. EKrV 1 10, 23, 35, 40; D 52 ff, 69, 81 f, 88 ff

– **Bahnübergänge** 1 46 f; 2 45; 3 44 ff, 47, 49, 51, 82, 86, 88; 5 13 f, 33 f; 13 2 f, 26, 29 ff; 14 23; 14a 8; 15 22; 1. EKrV 1 11, 36; D 48, 72 ff, 126, 127 ff, 147, 153, 154 ff
– sonstige 2 44; 3 98 ff
– Überführungen 2 45; 3 99 ff, 113, 116 ff; 5 13; 12 1 ff, 4 ff, 18 ff, 47 ff, 51; 15 16 ff; 19 18 f, 71, 103, 112; 1. EKrV 1 51; D 10, 13, 71, 88 ff, 161 ff, 174 ff
– wesentliche 2 14; 3 8, 14; 12 17; 19 4, 48, 113; D 217
Andreaskreuze 13 23; 14 15; 1. EKrV 4 7; D 149
anerkannte Regeln der Technik *siehe Regeln der Technik*
Anordnung 2 41, 50 f; 3 2, 16, 68 ff, 90; 4 39; 5 9; 6 7 f; 7 7, 11, 23 f; 8 3, 6, 15; 10 4, 39; 11 21 ff; 12 11, 42, 51 ff; 13 23, 35; 14 55; 17 26; 18 1 ff; 1. EKrV 1 15; D 71, 75 f, 146
– Herstellen des Benehmens 8 8, 13 ff, 20; 10 43, 57; 13 26
– Inhalt der Entscheidung 10 5 ff
Anordnungsbehörde 2 32, 35, 41, 47, 50 f; 3 2, 20, 26, 63; 5 39; 6 2, 8 ff; 7 3, 5; 8 9 ff, 16 ff; 10 25; 12 32; 13 26; 14a 37; 17 7, 11, 13, 25; 18 2; 19 15, 104; 1. EKrV 1 2; D 45, 50
– Auskunftspflicht 10 22 ff
– Kostenentscheidung 10 14 ff, 30 ff
– Planvorlage 7 21 ff; 10 23
– Untätigkeit 7 13 ff
– Verfahren 10 43 ff
– Vorabentscheidung 10 25 ff
Anordnungsbehörde, Zuständigkeit
– Kreuzungen mit Eisenbahnen des Bundes 8 9 ff
– Sonstige Kreuzungen 8 16 ff
– Verfassungsrechtliche Fragen 8 1 ff

Stichwortverzeichnis

Anordnungsverfahren *siehe Kreuzungsrechtsverfahren*
Anpassungsmaßnahmen nach der EBO 3 34
Anprallschutz/Anprallsicherheit 3 34, 99, 116; 12 43 ff; 14 22; 1. EKrV 4 7; D 89, 106, 166 ff, 211
Anrückmelder 3 34; 1. EKrV 4 7; D 149
Anrufschranken 3 49; D 148, 151
Anschlussbahnen 1 25 f, 33 ff, 65, 69, 79; 2 12; 8 12, 16; 11 17; 14 4; 14a 18; 17 11; 19 76 f; D 44 f
Anschlussgleis 14a 18; D 44 f
Äquivalenzprinzip B 28
Arbeitszüge und -führer 1. EKrV 4 7, 23
Architektengebühren 1. EKrV 4 7
Aufrechterhaltung des Verkehrs 3 80; 10 13; 1. EKrV 4 2, 7
Aufsichtsbehörden 1 26, 43; 3 17; 7 1, 18 ff; 12 26, 32; 14 55; 14a 8, 24; 17 9, 21; 18 4 ff
Aufwendungen, notwendige 3 9; 4 17; 11 7 f; 14a 29; 1. EKrV 1 4 ff, 13 ff, 51; 2 1; 3 1; 4 1 ff, 7, 9, 17, 30; 5 15; D 93, 160
Ausnahmegenehmigung *siehe auch Bahnübergänge, Verbot bzw Ausnahme vom Verbot* 1 66; 2 2, 5, 9, 41 ff, 50; 3 43; 10 1, 38; D 43 ff, 47 ff, 50 f, 63, 221

Bahnübergänge *siehe auch Änderung / Beseitigung/Ausnahmegenehmigung* 1 13 ff, 46, 73, 77, 83; 3 30, 36 ff, 42 ff, 64, 67; 4 7; 13 1 ff; 14 8, 14, 28, 33, 44; D 43 ff, 72 ff, 84, 130 ff
– Ausnahmen vom Verbot 2 36 ff; D 43 ff
– Entlastungsmaßnahme statt Änderung 3 78 ff; 13 29 ff; D 126
– Schwacher Verkehr 2 37 f
– Verbot neuer 2 9, 29 ff, 50 ff; 3 25, 43
Bahnübergangsvorschrift (BÜV) 3 36, 95
Bahnwärterdienstgebäude D 148
Bahnwärterdienstgebäude *siehe auch Schrankenpostengebäude* 1. EKrV 4 7; D 149
Baken 1. EKrV 4 7; D 149
Baudurchführung und Abrechnung, Verfahren 1. EKrV 1 55; E 3

Baudurchführungsvereinbarungen 4 3; 5 24; 14 42, 44; 1. EKrV 1 55; D 33
Baugrunduntersuchungen 1. EKrV 4 1, 7; B 104; E 24
Baukosten 12 48; 1. EKrV 1 48; 4 1 f, 7 ff, 17, 23 ff, 32; 5 1 f, 6, 11, 13; D 34, 43, 46, 120, 138, 215; E 24
Baustoffuntersuchungen 1. EKrV 4 7
Bauüberwacher Bahn 4 26; 1. EKrV 5 12 ff; E 24
Bauwerke 1 12, 59, 78, 80; 3 113 ff; 12 10, 12, 26, 39 f; 14 30, 39, 58 f; 14a 13, 15, 19, 21 f; 15 20 f; 16 12; 1. EKrV 1 14, 51; 4 7; D 10, 14 ff, 23 f, 27 ff, 71, 81, 98, 104, 109, 127, 134, 161, 165 f, 170 ff, 174 ff, 184 ff, 198, 200 ff
Bauzüge 1. EKrV 4 7
Beförderungskosten 1. EKrV 4 7, 29
Behelfsmaßnahmen 1. EKrV 4 7
Belegmeldeeinrichtungen 3 34
Beleuchtung 3 98; 4 10; 14 26, 28, 44; 15 6; 1. EKrV 4 7
Benehmen *siehe Anordnung*
Bepflanzung 1. EKrV 4 7
Beratungen 1. EKrV 4 1, 7
Bergbahnen 1 29 f; 20 2
Berührungsschutzanlagen 3 34, 99; 14 16, 1. EKrV 4 7
beschränkt-öffentlicher Weg *siehe Wege*
Beseitigung 10 1; 14 56; D 65
– Anlagen 1. EKrV 4 7
– Bahnübergänge 1 18, 83; 2 45; 3 37, 43, 67, 84; 14a 21; 15 20; D 74, 110 ff
– Gefahrenquellen 1 18, 45; 3 25, 87
– Kreuzungen 2 1; 3 72 ff, 101; 14a 1, 3, 15, 20 ff; D 78
– Schäden 3 123; 14a 22
Beseitigungspflicht 14a 3, 15, 20 ff
Bestandsschutz D 80 ff, 161, 198
Beteiligte 1 68 ff; 3 1 f, 5, 16 f, 24, 27, 68 ff, 86, 111; 4 26; 5 1 f, 24 ff, 31, 39, 43; 6 1 ff, 8 ff; 7 1, 18, 22 ff; 10 3, 8, 11, 18, 22, 36, 45, 47, 49, 53; 11 11 ff, 23; 12 2 f, 6, 17, 20, 26, 28 ff, 37 ff, 45, 48; 13 13, 18, 33; 14 4, 29, 42, 55 ff, 64; 14a 11 ff, 15, 19, 24, 30; 15 1; 16 2; 17 6 ff; 19 47; 1. EKrV 1 2, 4, 20, 24 ff, 40, 43, 45 ff

Stichwortverzeichnis

Betriebs- und Bauanweisung (Betra) 12 5; 14 42; 1. EKrV 5 6; E 24
Betriebserschwernisse 1. EKrV 4 2 f, 7; E 11
Betriebskosten 11 12, 19; 14 45 ff; 15 1, 8, 12 f, 22; 16 15; 1. EKrV 1 34; D 23, 45, 128
Bewachung eines Bahnüberganges 1. EKrV 4 7
Blinklichtanlagen 2 52; 3 34, 38 f, 98; 14 44; 1. EKrV 4 7; D 45, 149
– Optik/Optikverbesserung 1. EKrV 4 7; D 149
Büstra-Anlagen 3 34; D 149

DISPO-KOSA 1. EKrV 4 22; E 14
Drehkreuze D 148
Duldungspflicht 1 48; 3 68; 4 1 ff; 5 32; 10 7, 26, 31; 14 10; 14a 30; 18 1; 1. EKrV 3 5; D 36, 41
– Durchsetzbarkeit 4 39 f
– Ende der 4 38
– Voraussetzungen 4 27 ff
Duldungspflichtiger 4 24
Durchfahrtshöhe/lichte Höhe
– beschränkte 12 45; D 185 ff
– Vergrößerung 3 34, 99, 117; 12 45 f; D 54, 88, 90, 116, 120, 170, 174 ff, 208 f

EBÜT-80-Anlagen 3 34, 37
Eigenleistungen 1. EKrV 4 5, 7, 17 ff, 31; 5 6; E 14
Eigentümerwege *siehe Wege*
Eigentumsübergang 14a 32 ff
Einschaltkontakte/Einschaltstrecken ändern 3 34; 1. EKrV 1 11; D 149
Einstellung des Eisenbahnbetriebes 2 18, 43; 3 60, 62; 12 5; 14a 1, 3 f, 8 ff, 12, 15 f, 18, 22, 35, 38; B 106 f; D 217 ff
Einziehung der Straße 2 43; 3 60; 12 5; 14a 1, 3, 7, 15 f, 35; B 106 f
Eisenbahnen 1 25 ff
– im Verkehrsraum einer Straße 1 65 ff
– nichtbundeseigene 1 29, 66; 5 37; 8 16, 18; 13 4, 21, 24; 14 62; 17 11, 28; 18 4; B 109
– nichtöffentliche 1 27, 43; D 47
Eisenbahnkreuzungsrecht 3 45; B 8

– Entwicklung des Eisenbahnkreuzungsrechts B 48 ff
Eisenbahnüberführungen *siehe auch Überführungen* 3 66, 116; 4 10, 23; 5 24; 11 18; 12 14, 45, 47 ff; 14 7, 22, 26 f; 14a 19, 22; 15 6, 19 f; 19 4; 1. EKrV 3 5; D 5 ff, 8 ff, 19 ff, 24 ff, 89 f, 110 ff, 130 ff, 143, 174 ff
Eisenbahnzeichen und -einrichtungen 13 23; 14 8; 1. EKrV 4 7; D 149
Elektrifizierung 3 28, 34; D 116, 162
Engstellenbeseitigung 3 34; D 46, 126, 154, 158
Entschädigungen 3 96; 14a 33; 1. EKrV 3 2, 4; D 218
– Enteignungsentschädigung 1. EKrV 3 1
– Flur- und Sachschäden 1. EKrV 4 7
– Nebenentschädigung 1. EKrV 3 1
– Umwegentschädigung 3 76
Entsorgungsleitungen 1. EKrV 1 28 f, 41 f
Entwässerungsanlagen 4 12; 1. EKrV 4 7
Entwidmung *Einziehung der Straße*
Erdbau 1. EKrV 4 7; D 157
Erdung *siehe Schutzerdungsanlagen*
Erforderlichkeit einer Änderung oder Beseitigung 3 20 ff, 44, 64; 14a 20; 15 21; D 67 ff, 75 f, 110, 123, 134, 142, 151
Erhaltung 1 15; 3 101, 106 ff; 12 1, 20 f; 14 1 ff, 15, 20, 22, 28, 40 f, 52; 14a 1; 16 17; 19 16, 48, 54, 71; D 7, 13, 35, 41, 88, 124, 161, 174 ff
Erhaltungskosten 10 21, 37; 11 12, 19; 14 4, 17, 39, 46, 62, 64; 15 1, 8, 12 f, 22; 16 15; 18 2; 19 41; 1. EKrV 1 34; D 7, 17, 23, 30 f, 35, 43
Erhaltungslast 1 48; 12 8, 10, 12 ff, 17; 14 1 ff, 15, 20, 22, 28, 40 f, 52; 14a 4, 12, 15 ff, 24; 15 6 f, 9, 11 f, 18; 19 2, 8 ff, 51, 54, 61, 72, 81; D 7, 23 ff, 27, 40, 143, 207
Erhaltungsmehrkosten 15 3, 16 ff; D 7, 12, 24 f, 41, 113 f, 122, 131, 161, 165, 167, 171, 181, 207 f, 210, 215
Erhaltungspflicht 3 113, 122; 12 10, 12, 50; 14 27, 31, 42; 14a 11, 13, 19, 20, 24, 31; 15 21; 19 16, 49, 112

Stichwortverzeichnis

Erneuerung 3 50, 112, 114, 119; 4 8; 12 10, 12; 13 23; 14 33 ff, 46, 60; 15 20 f, 25; 19 16, 18, 49, 71 f, 100, 102 f, 113; D 79, 87, 90, 138, 167, 175 ff
Erneuerungskosten 15 24; 1. EKrV 1 34; A 12; E 11

Fahrbahn 1 19, 53, 79; 2 25, 34; 3 60, 66, 113; 14a 22; 1. EKrV 1 14; 4 7; D 6, 18, 43, 92, 160, 174
Fahrbahnmarkierung 14 25
Fahrbahnverbreiterung *siehe Verbreiterung*
Fahrdrahtaufhänger 14 19; 1. EKrV 4 7
Fahrlässigkeit, leichte/grobe 1. EKrV 1 45, 46
Fahrleitungen 3 99; 14 19; 1. EKrV 4 7; D 149, 162, 170
Fahrleitungsmaste 1. EKrV 4 7
Fahrzeuggestellung 1. EKrV 4 7
Fälligkeit 1. EKrV 4 10
Falschfahrkontakte 1. EKrV 4 7; D 149
Feldwege *siehe Wege*
Fernmeldeanlagen 1 9; 3 98; 4 19; 10 8; 1. EKrV 1 40 f; 4 7
Fernsehanlagen 3 40; 1. EKrV 4 7; D 149 f, 153
Fiktiventwurf 3 46, 56; 12 47 ff; 16 12; 1. EKrV 1 49 ff; D 16, 18, 55, 57, 76, 79, 89, 94 ff, 100 ff, 108 f, 112, 120 ff, 131, 134, 136 f, 138 ff, 167 f, 206, 208, 209 f, 215
Folgekostenpflichten 10 12; 1. EKrV 1 24, 27, 31, 38
Folgemaßnahme/-kosten 1. EKrV 1 19, 21, 30, 40; D 26 ff, 109, 112 ff, 141
Freimachen des Baugeländes 1. EKrV 4 7
Freistellung von Bahnbetriebszwecken *siehe auch Einstellung des Eisenbahnbetriebes* D 220 f; E 17
Frostschutzschicht 1. EKrV 4 7
Fuhrleistungen 1. EKrV 4 7
Führungsschienen, Nachrüstung 3 34; D 89, 167, 169
Funktionsprinzip 14 48; 19 18, 36, 39, 51; B 37 ff

Gebühren 1. EKrV 3 1; 4 25; 5 11; E 24, Anlage 2 Amtliche Gebühren

Gefahrraumfreimeldeanlagen (GFR) D 149
Gefälle beseitigen / ändern 3 34, 98
Gehwegschranken 3 34, 48, 57; 1. EKrV 4 7; D 149
Gemeindeprivileg 14 5; 14a 4, 6; 16 17; 19 2, 7 ff, 17, 20, 71, 95; B 121
Gemeinschaftsanlage Kreuzung 8 2; 12 37; 13 5, 22; B 40 ff
Gerätegestellungen 1. EKrV 4 7, 17, 28, 30
Gleise 2 4; 3 14, 108, 119 f; 12 45; 14a 21; 1. EKrV 1 16, 40; 4 7; D 13, 42, 44, 50, 60 f, 115 ff, 154 f, 160, 165, 208 f, 214
Gradientenverbesserungen 3 34; D 127, 154, 157
Graffiti 14 27
Grunderwerbskosten (Abs. 1) 1. EKrV 3 1 ff, 5, 8; 5 1; D 43
Güteprüfungen 1. EKrV 4 7; E 24 Anlage 2, Prüfungen

Hafenbahnen 1 32
Haftung 3 17; 4 3; 5 24; 7 17; 14 42
– DB AG vor Inkrafttreten des ENeuOG 19 42 ff
Haftungsfreistellung 4 3; 14 41, 54
Halbschranken 2 52; 3 34, 38 f, 48 ff, 57 f, 98; 14 15; 1. EKrV 4 7; D 148 f
Hebezeuge, Hebefahrzeuge 1. EKrV 4 7
Hilfsbrücken 1. EKrV 4 7; E 11 (Beispiele)
Hilfsein- und -ausschalttasten 3 34, 45; 1. EKrV 4 7; D 149
Hilfsfahrzeuge 1. EKrV 4 7
Höhe, lichte *siehe Durchfahrtshöhe*
Höhenlage 3 34; 1. EKrV 1 9; D 138, 154, 157, 160
höhere Gewalt 1 2; 3 121; 14 39, 41

Inbetriebhaltung 10 37; 14 1, 3, 28, 33 f, 45 f, 48, 56, 61; 14a 1
Inbetriebhaltungslast 14a 15 ff
Inbetriebhaltungskosten 10 37; 14 44 f; 18 2; D 43
Inbetriebhaltungspflicht 14a 20
Induktive Zugsicherung 3 34; 1. EKrV 4 7; D 149

Stichwortverzeichnis

Interessenprinzip 12 2 f, 20, 45; 15 2, 16; B 23 ff; D 211
Isolation, elektrische 1. EKrV 4 7

Kaufpreis 4 23; 1. EKrV 3 1, 5
Kennzeichnung 3 34; *siehe auch Leitmale*
Kirchenwege 1 50
Klassifizierung 1 79; 2 14
Kontaktschienen 3 34; 14 17, 51; 1. EKrV 4 7
Konzentrationswirkung 2 47
Kosten
– Abzug 1. EKrV 3 8 f; 4 32 f
– einmalige A ABBV
– Fälligkeit 1. EKrV 4 10
– kreuzungsbedingte 1 71; 3 16; 4 10; 11 6; 13 14; 1. EKrV 1 4, 9, 35, 52; D 28, 94, 97, 107, 112, 114, 119 ff, 128 f, 140, 159
– Skonto 1. EKrV 4 16
– Zinsen 1. EKrV 3 5; 4 10 ff; D 127
– zusätzliche 1. EKrV 3 5 ff
Kostenanschlag 7 29; 1. EKrV 5 7 f; D 170
Kostenbegrenzung 13 32
Kostenbeteiligte 1 68, 81; D 118
Kostenentscheidung *siehe Anordnungsbehörde*
Kostenlast/Kostenbelastung 1 67; 10 31; 13 33; 19 16; 1. EKrV 5 15; D 112
Kostenmasse 3 16, 22, 46, 56; 4 17; 10 34 f; 11 6, 13, 22; 12 48 f; 13 32, 36; 14a 29; 16 1; 1. EKrV 1 1 f, 4 ff, 13 ff; 2 1; 3 4 f, 9; 4 2 f, 14 ff, 28, 34, 38; 5 2, 4; D 67, 79, 84, 93 ff, 114, 126 f, 131, 134, 138 ff, 153, 157 ff, 205, 213
– Beschränkung 1. EKrV 1 49 ff
– Schäden 1. EKrV 1 45 ff
Kostenpflicht 3 55, 68; 11 2, 8; 12 5, 20, 24; 13 20; 14a 36
Kostenregelung 3 45 ff, 55, 82; 4 5; 5 25 f, 31; 10 15, 25, 35; 11 10; 12 11, 52; 13 23, 28; 14a 3, 11; 15 7; 19 51 f, 80, 88; 1. EKrV 1 24; D 13, 170, 216
Kostenteilung 3 45 f, 70, 116; 5 27 ff; 14 60; 14a 27; 1. EKrV 5 15
– Änderung Überführung 12 44, 47 f

– vereinfachtes Verfahren 12 48 f; 16 14; 1. EKrV 1 51; D 89, 108 f, 168, 203 ff; E 8
Kostentragung 2 11; 3 4, 26, 117; 4 10, 37; 5 19 f; 10 14, 28, 31, 36 f, 47, 59; 14 3, 60 ff; 14a 3 f, 26; 17 26; 18 1; D 80, 90
– Änderung Überführung, beidseitiges Verlangen 12 18 ff; 1. EKrV 1 51; D 66, 173
– Änderung Überführung, einseitiges Verlangen 12 4 ff; D 66
– Bahnübergänge 3 51, 57, 82; 13 6 ff, 20 ff; D 66, 118, 142
– neue Kreuzung 11 2 ff, 6 ff, 13, 23; D 4, 11
Kraftfahrzeugfähigkeit *siehe Straßen*
Kreuzungen 1 1 ff
Kreuzungen, neue 2 1 ff, 35; 4 27; 5 13; 7 22; 10 38; 11 1 f; 12 22; 15 8; D 3 ff; E 1 Nr. 3; 15 Nr 8.1.1 a; 16 § 41 (1) u. (2)
– gleichzeitige Anlage neuer Verkehrswege 11 13 ff
Kreuzungsmaßnahmen
– nach § 10 Abs. 1 EKrG 10 1 ff
– nach § 14a EKrG, Verfahren 14a 35 ff
– nach § 3 EKrG 3 1 ff, 20 ff, 44, 47, 56
Kreuzungsrecht B 1 ff
Kreuzungsrechtsprinzipien B 9 ff
Kreuzungsrechtsverfahren 4 39; 5 5, 19; 6 1 ff; 7 20; 10 3, 8, 11, 32, 36, 56; 12 32, 52; 13 26, 35; 14a 24; 1. EKrV 4 10; B 75, 79; D 40, 176 ff
– Voraussetzungen für den Antrag 6 8 ff
Kreuzungswinkel 3 34, 98 f; D 154
Kurven Beseitigung/Verbesserung 3 31, 34; 1. EKrV 1 9; D 92

Läutewerke 1. EKrV 4 7
Leistungsfähigkeit 10 6, 16; 17 7
– mangelnde Leistungsfähigkeit 3 1, 21 ff, 33; 7 6; 12 7, 35
Leistungsklage 13 24, 39; 1. EKrV 4 13
Leitmale 3 99; 14 22, 39; D 211; *siehe auch Kennzeichnung*
Leitplanken 14 22; 1. EKrV 4 7
Leitsteine 3 34
Lichtraumprofil 1 23; 3 34; 11 18

611

Stichwortverzeichnis

Lichtzeichen an Schranken 3 34, 40, 45, 48 f, 52, 57, 58, 102; 14 44; 14a 21; D 23, 148 ff, 209
Linienbestimmung 3 62
Linienführung 3 8, 34; 4 28, 29; 14a 29; 1. EKrV 1 49 f; D 19, 69, 79, 92, 146, 154, 157

Mehrerhaltungskosten *siehe Erhaltungsmehrkosten*
Mehrkosten 2 38; 4 3; 11 9; 12 22, 41; 15 20, 25; 1. EKrV 1 14; B 15, 23; D 32, 50, 127, 198
Mehrkostenlösung 12 41
Mitwirkungspflicht 4 26; B 44; E 24
Modelle 1. EKrV 4 7; B 104
Muster für Vereinbarungen *siehe Vereinbarungsmuster*

Neubau 2 4, 22; 3 8, 106 ff; 11 5; 15 20; 19 16 f, 48, 71, 108, 112; 1. EKrV 1 17; D 61, 164
nicht anprallsichere Stützen *siehe Anprallschutz / Anprallsicherheit*

öffentlicher Weg *siehe Wege*
Offizialverfahren 7 1 ff, 13, 26; 12 53; D 178
– Voraussetzungen 7 4 ff
Optische Ankündigung des Schrankenschließens *siehe auch Lichtzeichen an Schranken* 1. EKrV 4 7
ordnungsgemäße(r) Erhaltung / Zustand *siehe Erhaltung*

Pauschalierung der Verwaltungskosten 4 26; 12 5; 1. EKrV 4 8, 24 f, 28; 5 1 ff, 15 ff; E 24
Planfeststellungsbehörde 2 35; 4 29; 9 3
Prioritätsprinzip 11 4; B 11 ff
Privatwege *siehe Wege*

Rampen 3 5; 4 8; 14 7, 21; 1. EKrV 3 5; 4 7; D 43 f, 85, 92, 109, 120, 127, 136 f, 199
Rampenhalbmesser 3 99
Rampenneigung 3 99

Rationalisierungsmaßnahmen 1 2; 3 45 f, 48 f, 52 f, 57, 103, 105; 5 8; 7 11; 10 1; 13 20; 14 3; 15 4; 17 3; 1. EKrV 1 10, 40, 52; D 95, 156
Rauchschutzeinrichtungen 1. EKrV 4 7
Rechtsverordnungen 2 51; 12 48; 13 3; 16 1 ff
Regeln der Technik 3 1, 27; 11 7; 12 25, 39, 46; 1. EKrV 1 7, 9; D 77, 80, 82 f, 85, 165, 214
Rücksichtnahme 1 20 f; 3 22; 4 24, 32 ff; 11 13; 12 22; 13 14, 18; 14 20, 57; 1. EKrV 4 10; B 1, 40, 44; D 5, 33 ff
Rückstrahler 1. EKrV 4 7

Scheinwerfer 1. EKrV 4 7
Schienenersatzverkehr 1. EKrV 4 3
Schneeräumen 14 44
Schranken 1 7, 14 f, 17; 3 45, 92, 102, 120; 14 10, 14 f, 45 f; 14 a 21; 1. EKrV 1 9; 4 7; D 148 ff
– Signalabhängigkeit 3 34; 1. EKrV 1 11; D 149
Schrankenantriebe 1. EKrV 4 7; D 149
Schrankenbehang 3 34; 1. EKrV 4 7; D 149
Schrankenpostengebäude 3 34; D 148 f
Schrankenteilungen oder -umsetzungen D 149
Schrankenverriegelungen 3 34; D 149
Schutzbügel 1. EKrV 4 7
Schutzerdungsanlagen 3 34, 99; 14 16 f, 22, 51, 64; 1. EKrV 4 7; D 163
Sicherheit des Verkehrs 1 18; 2 43; 3 1, 20, 25, 30 ff, 57, 90, 92, 98, 102, 105, 108, 112, 118, 120; 7 4 ff; 10 20, 25; 11 7; 12 1, 3, 32 ff, 52; 13 2, 20, 30; 14a 3, 15, 20; 1. EKrV 1 5, 11, 51 f; D 69, 90, 125, 134, 147, 155, 179, 211, 219
Sicherung des Bahnüberganges durch Posten 3 34; 15 15
Sicherungseinrichtungen 10 13; D 14 f, 73, 146, 219
Sicherungsmaßnahmen 2 50 ff; 11 22
Sicherungsposten 15 15; 1. EKrV 4 7, 23; E 24, Anlage 2 Sicherungsmaßnahmen

Stichwortverzeichnis

Sichtflächen / Sichtdreiecke 3 34, 93 ff; 14 22 ff, 50 f; 15 12; 1. EKrV 4 7; D 149
Skontoabzug 1. EKrV 4 16
Speiseleitungen 3 99; 14 19; 1. EKrV 4 7
Sperr- und Meldeeinrichtungen 3 34, 92; 1. EKrV 4 7; D 149
Statische Berechnungen 1. EKrV 4 7; E 24
Stilllegung von Eisenbahnen *siehe Einstellung des Eisenbahnbetriebes*
Stoffkosten 1. EKrV 4 7, 29 ff
Straßen 1 44 ff
– kraftfahrzeugfähige 1 45; 2 24 ff; 10 38 ff; 18 1
– nichtkraftfahrzeugfähige 1 45 f; 10 38
– rechtlich-öffentliche 1 44 f, 50 ff; 2 5; 14a 7
– sonstige öffentliche 1 50
Straßenausbau 3 34, 51; D 110, 218
Straßenbahnen 1 1, 25, 56 ff, 65; 2 34; 3 60, 104; 4 29; 8 3, 16; 10 8; 14 4, 8, 53; 17 11; 19 76 ff; 1. EKrV 1 19; D 33, 43
– außerhalb des Verkehrsraumes einer Straße 1 59
– im Verkehrsraum einer Straße 1 59
Straßenüberführungen *siehe auch Überführungen* 3 8; 4 11, 36; 11 10, 18; 12 14, 23, 29, 33; 14 16, 19 ff, 41 f, 49; 14a 4, 11 f, 22; 15 18; 16 17; 19 2, 4, 8, 11, 14 ff, 22 ff, 61, 89 ff; 1. EKrV 1 15; 3 5; D 5 ff, 14 ff, 19 ff, 52 ff, 89 f, 112, 115 ff, 127 f, 133 ff, 135 ff, 145 f, 161 ff
Straßenumleitungen 1. EKrV 4 7
Stützen 14 7, 21, 39; *siehe auch Anprallschutz/Anprallsicherheit*
Stützmauern 3 126; 14 7, 21; 1. EKrV 4 7; D 200, 207

Talübergang 1 24
Technische Lösungen
– Bahnübergänge D 84
– Überführungen D 85 ff
Technische Sicherungen 3 40, 88 ff; D 148 ff
Telekommunikationslinien 1. EKrV 1 28, 30, 38, 40 f

Tragfähigkeit Brücken 1 23; 3 34, 99, 113, 118; 12 20, 26 ff, 41; 19 19, 71, 101; D 92, 116
Transportkosten 1. EKrV 4 7, 31
Tunnel 1 20 ff; 4 21; 14 20; 15 6; D 26 ff, 33 ff

Überführungen *siehe auch Änderungen* 1 7, 13, 18 f, 23 f, 45, 78; 2 32, 44 f; 3 25, 53, 83 ff; 5 13; 10 38; 11 15; 12 17, 22 f, 26; 13 30 f; 14 7, 52; 14a 21; 15 11, 13, 22; 17 3; 19 2, 87; 1. EKrV 1 40; 4 4, 7; D 5 ff, 33, 44 f
Übergangsregelung (§ 19) 13 28; 14a 4, 17; B 121
– Allgemeines 19 1 ff
– Fortgeltung von Vereinbarungen 19 75 ff
– für in Ausführung befindliche Maßnahmen 19 80 ff
– Ordnungsgemäße Erhaltung 19 11 ff, 89 ff; B 122 f
– Verfassungsrechtliche Überprüfung 19 33 ff
übersehbare Verkehrsentwicklung *siehe Verkehrsentwicklung*
Überspannungsschutz 3 34
Umlaufsperren 14 15; D 148
Umsatzsteuer 1. EKrV 1 12; 4 7, 34 ff; E 23
Umsatzsteuerpflicht 15 28 f; 1. EKrV 1 12; 4 34 ff
Unterbau 1. EKrV 4 7; D 160
Unterhaltungskosten 14 38; 15 24; 19 79; A 12; E 11

Verankerung von Leitungen *siehe auch Fahrdrahtaufhänger* 3 34, 99; 14 19
Veranlassungsprinzip 11 4; 12 3; 13 2; 15 2, 8; 19 112; 1. EKrV 1 29, 42; B 15 ff; D 211
Verbesserung der Sicherheit oder Abwicklung des Verkehrs 2 9, 31; 3 1, 28 ff, 46, 48, 56 f, 69, 78, 90 ff, 98, 103, 105, 113, 124; 11 4; 12 1, 20, 34; 13 22; 14 37; 14a 22, 32; 19 16, 18, 23, 103; 1. EKrV 1 9, 15, 21, 40; D 87, 141, 152

Stichwortverzeichnis

Verbreiterung Fahrbahn/Gleisanlage/Brückenbauwerk 3 34, 60, 98 f, 104; 12 18; 14a 22, 29; 15 20; 19 71; 1. EKrV 1 9, 14; D 15, 18, 27, 92, 103, 111 ff, 116, 122, 126, 138, 149, 153, 158, 160, 170, 201, 203, 214
Vereinbarung 3 2 f, 16, 64, 68 ff, 90; 4 17; 5 9 ff, 15 ff, 25 f, 31; 6 2, 7 f, 10; 10 4, 34, 39; 11 21 ff; 12 11, 20, 51 ff; 13 23 f, 26, 35, 39; 14 20; 15 5, 7; 19 17 ff, 75 ff, 80 ff; 1. EKrV 1 37, 47, 53, 55; D 42, 97, 131, 198, 204, 220
– Genehmigungsvorbehalt 5 13 f, 33 ff
– Inhalt 5 18 ff
– Verfahren Genehmigung 13 37 ff
– Zuständigkeit Genehmigung 5 41
Vereinbarungsprinzip 5 1 ff, 34; 10 36; 13 23; 15 7; 19 19; B 75, 85
Vereinfachte Verfahren zur Kostenteilung *siehe Kostenteilung*
Vereinfachtes Verfahren *siehe Kostenteilung*
Verjährungsfrist 5 21; 13 19; E 3; 11
Verkabelung 3 34, 45
Verkehrsentwicklung 2 21, 36, 43, 45; 3 1, 6, 59 ff, 126; 4 34; 5 14; 11 8, 22; 13 3; 1. EKrV 1 13 ff; D 27, 32, 50, 65, 68, 76, 126, 152, 155, 220
Verkehrsraum einer Straße *siehe Eisenbahnen bzw. Straßenbahnen*
Verkehrssicherheit *siehe Sicherheit des Verkehrs*
Verkehrsumleitungen 3 28; 1. EKrV 4 7
Verkehrszeichen- und -einrichtungen 3 34, 99, 117; 4 2; 12 43; 13 23; 14 22, 25, 39; 14a 21; 15 12; 1. EKrV 4 7; D 149, 211, 219
Verkürzung Sperrstrecke 3 34
Verlangen / hätte verlangen müssen 3 1, 126; 12 2 f, 4 f, 18, 20, 24 f, 27 ff, 37 ff, 42, 45 ff, 52 f; 19 103, 112; 1. EKrV 1 15, 51; D 9, 55, 66, 71 f, 81, 85 ff, 107, 115 f, 161, 162 ff, 165, 166 ff, 170 f, 172 f, 174 ff, 184 ff, 190 ff, 200 ff, 208, 209 f, 211 f, 213 ff
Verordnungsermächtigungen gemäß § 16 16 7 ff
Versorgungsleitungen 1 9, 59; 10 8, 12; 1. EKrV 1 19, 22, 24, 28, 31, 41 f

Verwaltungsvorschriften 16 2, 25; 17 25
Verwendungsprüfung 5 24; 13 41
Viadukt 1 24
Vollschranken 3 48, 52, 103
– postenbedient 3 34
– wärterbedient 3 48, 57 f
Vorflutanlagen 1. EKrV 4 7
Vorteilsausgleich 11 11; 12 7 ff, 23, 33, 50; 13 27; 14a 28 f; 15 18, 24; 19 112 f; 1. EKrV 1 34; 3 2; B 21 ff, 62, 71, 75, 82, 91, 112; D 30, 34, 87, 93, 113 f, 122, 146, 161, 165, 167, 171, 176, 181, 207 f, 210

Waldwege *siehe Wege*
Wege
– beschränkt-öffentliche Wege 1 50
– Eigentümerwege 1 50
– öffentliche 1 16
– öffentliche Feld- und Waldwege 1 50; D 46 ff, 208
– Privatwege 1 48; 2 5; 14a 7
– Radwege 1 45, 50, 55, 59; 2 6, 9, 33; 3 5, 57, 118
Weißes Zusatzlicht 3 34
Weite, lichte 4 36; D 54, 90, 174 ff, 185 ff, 192 ff, 202 f, 208 f
Werkzeug 1. EKrV 4 7, 28
Wertigkeitsprinzip B 27 ff
Wirtschaftlichkeit 5 26; 10 34; D 76, 93, 102, 107, 112, 151, 166, 221

Zugvormeldanlagen/Zugmeldeeinrichtungen 3 98; 17 21; 1. EKrV 4 7; D 149
Zuschüsse nach § 17 5 27, 39; 7 6; 10 15 ff, 44; 11 4; 14a 38; 17 1 f; 1. EKrV 1 2; 4 39
– förderungsfähige Vorhaben 17 3 f
– Verfahren 17 18 ff
Zuschüsse nach GVFG und FStrG 5 27; 17 27 ff; 1. EKrV 1 31
Zuschussempfänger 17 5 ff
Zuschussgeber 17 11 ff
Zuschusshöhe 17 14 ff
Zuständigkeiten *siehe auch Anordnungsbehörde, Zuständigkeit / Vereinbarung* 7 2; 10 8, 11, 28; 14 2, 6, 48, 51; 14a 11; 17 12; B 37